2020
中国侨联年鉴

2020 Yearbook

All-China Federation of Returned Overseas Chinese

中国侨联年鉴编纂委员会　编

中国華僑出版社
·北京·

图书在版编目（CIP）数据

2020中国侨联年鉴 / 中国侨联年鉴编纂委员会编
. --北京：中国华侨出版社, 2020.11
ISBN 978-7-5113-8341-9

Ⅰ. ①2… Ⅱ. ①中… Ⅲ. ①华侨组织—中国—2020—年鉴 Ⅳ. ①D634.1-54

中国版本图书馆CIP数据核字（2020）第200614号

● **2020中国侨联年鉴**

编　　者 / 中国侨联年鉴编纂委员会
出 版 人 / 刘凤珍
责任编辑 / 高文喆
装帧设计 / 中文天地
经　　销 / 新华书店
开　　本 / 889mm×1194mm　1/16　印张：45.25　字数：1398千字
印　　刷 / 晟德（天津）印刷有限公司
版　　次 / 2020年11月第1版　2020年11月第1次印刷
书　　号 / ISBN 978-7-5113-8341-9
定　　价 / 480.00元

中国华侨出版社　北京市朝阳区西坝河东里77号楼底商5号　邮编：100028
法律顾问：陈鹰律师事务所
编 辑 部：（010）64443056　64443979
发 行 部：（010）64443051　传真：（010）64439708
网　　址：www.oveaschin.com
E-mail：oveaschin@sina.com

《2020中国侨联年鉴》
编纂委员会

《2020中国侨联年鉴》
编辑人员

主　　　编： 张春旺　张秀明

副　主　编： 胡修雷

编　　　辑：（以姓氏笔画排序）

于　丹　宁　一　朴美儒　吕登峰　乔印伟　刘智斐
孙亚赛　李章鹏　李斌斌　张焕萍　罗　杨　娄正立
高媛媛　密素敏

特 约 编 辑：（以姓氏笔画排序）

丁　强　王丽婷　王斯倩　韦汶君　邓东子　史才伟
朱小平　刘　正　刘　晋　刘　超　刘　慧　刘晓洁
刘琳琳　刘衡清　齐永荣　次旦朗杰　杜宝忠　李　鸣
李　萌　李开华　李润洲　李瑶萱　吴　琼　张　林
张　凯　张嘉明　陈　栋　陈志敏　陈志博　陈苏琤
林　杉　林　涛　罗孔富　周艾林　周康宁　孟晨啸
娜仁琪琪格　钱人源　高　慧　高文喆　唐　敏
银苑丹　梁　剑　谢　江　靳　颖　魏　锐

编辑说明

一、2020 卷力求全面、系统、客观、公正地记载自 2019 年 1 月 1 日至 12 月 31 日期间全国各级侨联工作取得的成就、经验和发展的新趋势、新动向，为各级侨联沟通信息、交流经验开辟渠道，为社会各界了解侨联工作开辟窗口。

二、2020 卷采用编纂年鉴通用的分类编辑法，主体内容分为类目、分目、条目三个层次。类目为大单元，其下设置若干个分目。分目下设条目，条目为年鉴的基本单位和主要内容载体。

三、根据中国侨联的工作性质和机构特点，本卷年鉴共设类目 7 个。各类目刊载的内容为：

1. “中国侨联领导讲话”：收录会领导的有关讲话。

2. “大事记”：收录会领导重要活动等内容。

3. “综合”：围绕服务经济发展、依法维护侨益、拓展海外联谊、积极参政议政、弘扬中华文化、参与社会建设等职能，收录中国侨联机关各部门的工作情况。

4. “中国侨联直属企事业及社会团体工作”：收录中国侨联直属企事业单位及中国侨联所属各社会团体的主要工作。

5. “省级侨联工作”：收录各省级侨联和部分地市（含以下）侨联工作情况。

6. “侨情概览”：按地区、国别收录 2019 年海外华侨华人发生的有影响力的大事、要事等。

7. “附录”：收录各省区市、地市（含以下）侨联通讯录等内容。

四、本卷年鉴由各省级地方侨联，新疆生产建设兵团侨联，中央和国家机关侨联，中央企业侨联，中国侨联机关各部门、直属企事业单位和社会团体提供稿件，稿件均经编委（各单位负责人）审阅。

五、《中国侨联年鉴》由中国侨联办公厅、中国华侨华人研究所主办，《中国侨联年鉴》编辑部编辑，中国华侨出版社出版。

1月6日—8日，万立骏主席（左一）在广西南宁慰问侨界群众并调研

3月6日，万立骏主席与班子成员一道看望出席全国两会的侨联界政协委员并座谈

4月19日，中国侨联党组书记、主席万立骏（左）与重庆市委副书记、市长唐良智（右）签订部市合作协议

5月30日，万立骏主席率团赴张家口开展冬奥调研和经贸考察活动，听取冬奥规划和筹备工作介绍

6月13日—14日，万立骏主席在福建宁德调研学习

7月16日，万立骏同志率侨联领导班子成员和各单位各部门主要负责同志前往北大红楼开展主题党日活动

7 月 17 日—19 日，万立骏主席在江西上饶调研中国侨联定点扶贫工作并围绕“不忘初心、牢记使命”主题教育参观学习

8 月 20 日—24 日，万立骏主席在俄罗斯看望侨胞并调研了解侨情

9 月 19 日，万立骏主席到侨资企业北京金恒丰科技有限公司调研

11 月 12 日，中国侨联党组书记、主席万立骏在浙江省侨联调研

11 月 12 日—16 日，全国主要大中城市基层侨联建设经验交流暨业务培训活动在浙江杭州举办，中国侨联党组书记、主席万立骏出席并讲话

12 月 28 日，中国侨联党组书记、主席万立骏（右四）在上海调研时走访“新侨驿站”

5 月 16 日，李卓彬副主席（左四）等嘉宾为“一带一路”侨商组织年会揭幕

6 月 14 日，李卓彬副主席出席“创业中华·牵手京津冀”活动启动仪式

6 月 26 日，李卓彬副主席（右四）访问泰国期间到泰国正大集团调研

3 月 26 日，隋军副主席（左三）在山东调研

6 月 17 日—18 日，隋军副主席（左三）在福建泉州调研

11 月 16 日，隋军副主席（左五）在浙江青田调研

4 月 2 日，李波副主席（右二）一行在三亚市林达鸿港市场调研

4 月 4 日，李波副主席在上海调研基层工作

7 月 11 日，李波副主席（右二）在河南师范大学新联学院调研“侨胞之家”建设

5 月 29 日，齐全胜副主席（中）在武汉辛亥革命博物馆分别为两个基地授予“中国侨联国际文化交流基地”牌匾

8 月 6 日，齐全胜副主席（左）出席《金色道钉——美国铁路华工展》开幕式

11 月 6 日，中国侨联“追梦中华 · 海外华文媒体高级研修班”在中华文化学院举行结业式，齐全胜副主席（主席台左二）出席并讲话

中国侨联 年鉴 2020 中国侨联年鉴

目录

CONTENTS

中国侨联领导讲话

大事记

综　合

经济科技部 …………………………………… 161

中国侨联直属企事业及社会团体工作

省级侨联工作

侨情概览

附 录

中国侨联
年鉴

中国侨联领导讲话

中国侨联年鉴

2020 中国侨联年鉴

在中国侨联十届二次全委会议上的工作报告

（2019 年 1 月 17 日）

万立骏

各位委员，各位顾问，同志们：

这次全委会议的主要任务是：以习近平新时代中国特色社会主义思想为指导，深入学习贯彻习近平总书记关于侨务工作的重要论述，贯彻中央书记处重要指示要求，总结十代会以来的工作，研究部署 2019 年工作，推动十代会精神落实。

现在，我代表中国侨联十届常委会和主席会向全委会议报告工作，请予审议。

一、十代会以来的主要工作

2018 年 8 月中国侨联第十届委员会产生后，我们召开了十届一次常委会议、主席会议。大家充分认识到，推动侨联事业发展的接力棒交到了我们手中，这是对我们的高度信任和殷切希望。我们要始终牢记党的要求，不忘初心使命，切实履职尽责，团结凝聚广大归侨侨眷和海外侨胞，贯彻新思想，建功新时代，为实现中华民族伟大复兴的中国梦而努力奋斗，为推动构建人类命运共同体作出积极贡献。

四个月来，在以习近平同志为核心的党中央坚强领导下，中国侨联与各级侨联组织一道，牢固树立“四个意识”，坚定“四个自信”，坚决做到“两个维护”，全面贯彻党的十九大和十九届二中、三中全会精神，以习近平新时代中国特色社会主义思想为指导，贯彻习近平总书记关于侨务工作的重要论述，落实中央书记处重要指示要求，坚持稳中求进工作总基调，坚持“五个不忘”，坚持“两个并重”、“两个拓展”、推动“两个建设”，加强思想政治引领，进一步深化改革，深入开展调查研究，认真总结改革开放 40 年来的侨联工作，团结动员广大归侨侨眷和海外侨胞奋进新时代，着力加强自身建设，各项工作取得新进展新成效。

（一）持续推进习近平新时代中国特色社会主义思想特别是习近平总书记关于侨务工作的重要论述的学习宣传贯彻

1. 加强侨联干部学习教育。**一是**坚持党组带头学。中国侨联党组理论学习中心组共组织 9 次集体学习，带动各级侨联认真学习习近平新时代中国特色社会主义思想和党的十九大和十九届二中、三中全会精神，深入学习习近平总书记在庆祝改革开放 40 周年大会上的重要讲话，及时传达学习全国宣传思想工作会议等重要会议精神，把思想和行动统一到党中央决策部署上来。**二是**实行班子成员讲党课。贯彻学懂、弄通、做实的要求，万立骏同志为机关干部和侨联系统干部作了题为《把握根本深化认识改革创新开创新时代侨联工作新局面》的辅导党课。中国侨联各位驻会领导均为侨联干部专题授课，促进侨联干部自觉用习近平新时代中国特色社会主义思想武装头脑、指导实践、推动工作。**三是**抓好侨联机关学习。通过举办培训班、辅导讲座，发放学习用书，召开座谈会、交流会，参加学习研讨，参观主题展览等方式，加强侨联理论武装工作。邀请中央党校等单位专家学者作辅导报告；组织党员干部参观“伟大的变革——庆祝改革开放 40 周年大型展览”、警示教育基地等；开展党章党规党史系列知识竞赛答题活动；面向省、地市侨联班子成员和侨联青年干部举办两期培训班，共 240 多人参加，教育侨联干部牢固树立“四个意识”，坚定“四个自信”，坚决维护习近平总书记核心地位，坚决维护党中央权威和集中统一领导，自觉在思想上政治上行动上同以习近平同志为核心的党中央保持高度一致。**四是**推动学习教育向下延伸。各级侨联机关干部深入基层，基层侨联组织积极行动，加强学习交流，深刻领会党中央对侨务工作的新部署、对侨联工作的新要求，深入思考侨联改革发展面临的新情况，做到思想统一、行动自觉。

2. 加强侨界群众思想引领。**一是**突出政治引领。广泛举办侨界学习党的十九大精神交流会，组织专家宣讲团，赴山西、上海、安徽、湖北、重庆、宁夏等省区市集中宣讲，让侨界群众感受习近平新时代中国特色社会主义思想的信仰感召力、理论说服力、思想穿透力、政治凝聚力和社会动员力。在侨联组织请进来和侨联干部走出去过程中，积极宣讲习近平新时代中国特色社会主义思想。注重以内联外，发挥侨胞融通中外的优势，讲述中国共产党的故事、中国故事、中国人民的故事。**二是**加强价值引领。以习近平总书记对黄大年同志先进事迹作出重要指示1周年、周恩来诞辰120周年、改革开放40周年为契机，吉林、山西、上海、江苏、广东等地侨联举办报告会、座谈会、征文活动、图片展、书画作品展、文艺演出等丰富多样、喜闻乐见的活动，深化中国特色社会主义和中国梦宣传教育，弘扬社会主义核心价值观。**三是**扩大工作覆盖。用好官方网站、侨联公众号、微信群等手段，加强与人民网等的合作，同时，依托归侨侨眷、侨联委员、海外侨领，宣传阐释党的创新理论、中国的发展成就和美好前景，引导侨界群众增进对习近平新时代中国特色社会主义思想的理解和认同，在侨界树立习近平总书记大党领袖、大国领袖、人民领袖的形象。

3. 加强理论研究宣传阐释。**一是**收集、整理习近平总书记在不同场合、不同会议上有关华侨华人、侨务工作的重要论述，内部编印《习近平论侨务》(2018版)，将其作为中国侨联、地方侨联举办学习培训的教材，为开展侨务研究提供参考。**二是**推动地方侨联组织认真学习中国侨联党组在《求是》杂志发表的题为《新时代侨联工作改革创新的根本遵循》的理论学习文章，从海外侨胞的地位作用，凝聚侨心侨力同圆共享中国梦的工作主题，“根”“魂”“梦”的工作主线，“三有利”的工作原则，“大侨务”的工作格局，推动构建人类命运共同体的工作重点，“贴心人”“实干家”的侨务干部队伍建设要求等七个方面，深刻学习领会习近平总书记关于侨务工作的重要论述的科学内涵。**三是**在暨南大学举办2018习近平总书记关于侨务工作的重要论述研讨会，推动侨务理论学习、研究和宣传，为侨联改革发展凝聚思想共识。

4. 庆祝改革开放40周年。**一是**在人民大会堂召开中国侨联庆祝改革开放40周年座谈会，组织海内外侨界代表和侨联工作者共话改革开放进程中特别是党的十八大以来侨的贡献，总结回顾了中国侨联恢复活动40年来的发展历程，进一步增强了推进改革开放再出发的责任感和使命感。**二是**举办“华侨华人与改革开放——庆祝改革开放40周年主题展”，开展华侨华人与改革开放40周年征文活动，与CCTV中文国际频道《华人世界》栏目联合举办“华侨华人与改革开放40周年”研讨会，与《人民日报(海外版)》联合开辟“百年侨领”专栏，策划出版“华侨华人与改革开放”系列丛书。**三是**在北京、安徽、福建、广东举办庆祝改革开放40周年文艺展演，支持配合央视拍摄“华侨华人与改革开放”专题系列节目《四海共潮生》，激发侨界投身新时代改革开放的热情和信心。

（二）进一步深化侨联改革

认真学习习近平总书记关于群团工作的重要论述，贯彻党的群团改革要求，聚焦强“三性”、去“四化”，落实《中国侨联改革方案》，完成好深化党和国家机构改革中的涉侨改革任务，深化转职能、转方式、转作风。

1. 推进侨联领导机构改革。通过召开十代会，严格落实侨联改革要求，大幅提高了来自基层一线的代表、委员、常委比例。中国侨联领导班子成员中，减少1名专职副主席，增加1名挂职副主席。推动兼职副主席更好履职尽责、充分发挥作用。加强对天津、中央企业、江西、广西、海南5家省级侨联换届、中央和国家机关侨联组建和辽宁、上海、浙江、广东、甘肃、新疆、四川、云南、吉林9家省级侨联领导班子人选调整工作的指导。

2. 深化侨联机关改革。**一是**与中央编办沟通，协调中国侨联“三定”规定调整有关事宜。**二是**根据中央《关于调整中国侨联“三定”规定的通知》精神，研究、出台《中国侨联机关“三定”实施方案》。调整后的中国侨联机关设有8个内设机构（撤1设3，撤销海外联谊部，设立信息传播部、联谊联络部、基层建设部），行政编制由94名增加至134名。**三是**坚决贯彻中央要求，按照“编随事走、人随编走”的原则，与中央统战部、原国务院侨办进行沟通协商，划转原国务院侨办国内司、国外司、经科司的6个处、25名人员到中国侨联工作。经相关程序，25名干部于十代会前转隶到中国侨联并上会工作。**四是**执行中国侨联机关“三定”实施方案，推进机关人员岗位调整，对转隶人员和原侨联机关干部进行混岗安排，促进全面融合。目前，中国侨联已按新部门、处室运行，机关建设呈现新面貌。**五是**按照中央编办协调意见，就有关工作事项衔接和工作项目划转，与中央统战部、原国务院侨办进行协商。**六是**推进机关服务中心和直属企业改革。

3. 推进专兼挂职相结合的干部队伍建设。规范机关挂职干部管理，适时进行轮岗，增加锻炼机会。健全制度、加强培训、严格监督，引导机关干部做到政治强、素质好、作风优、效率高。

4. 加强侨联基层组织建设。制定出台《基层侨联组织工作条例（试行）》，在重点侨乡、重点领域、薄弱环节，积极建立基层侨联组织，扩大侨联组织的覆盖面。与国家发改委、民政部、中央编办、市场监管总局进行沟通，破解基层侨联组织申领统一社会信用代码证的难题。各地侨联继续加大建设力度，基层侨联组织数量不断增加，活力进一步增强。

5. 推进网上侨联建设。**一是**加强顶层设计。深入开展可行性论证，初步形成了以微信为基础的“网上侨联”工作方案。**二是**做好中国侨联官方网站及微信公众号的运维、改版工作。截至2018年12月底，网站点击量超过100万人次，公众号阅读次数超过67万次。**三是**推动机关信息化建设。开展中国侨联信息系统等级保护评测等工作，研究推进电子政务内网建设。

6. 深入开展调查研究。提出“大学习、大调研、大讨论，作出大贡献”的要求，推动侨联系统深入开展调研工作，围绕参与“一带一路”建设、助力脱贫攻坚、深化侨联改革、促进新侨创新创业、传播中华优秀文化、拓展海外联谊等工作，了解基层情况，听取意见建议。召开中国侨联机关工作务虚会、全国侨联系统工作务虚会，学习习近平总书记关于侨务工作的重要论述，深入交流，集思广益，谋划和推进新时代侨联工作。

7. 推动地方侨联改革。召开省级侨联负责人会议，介绍深化党和国家机构改革中中国侨联的有关做法，指导各地抓住机遇、用好政策。各省级侨联主动汇报、积极沟通，在职能划转、机构编制增加、力量加强、项目划转、夯实基础等方面争取支持、做好衔接，为侨联事业发展创造条件。

（三）团结引领归侨侨眷和海外侨胞为新时代党和国家事业发展作贡献

1. 突出经济科技，服务国家发展战略。**一是**打造“创业中华”品牌。以“聚合新动力·赋能大健康”为主题，联合浙江省侨联、杭州市人民政府举办“创业中华——2018侨界精英创新创业峰会”，引导侨胞参与长江经济带发展。来自24个国家和地区的海外人才、侨领和侨企代表等600余人参加，对接洽谈项目101个，签约项目50个，总投资268亿。联合北京市侨联、天津市侨联、河北省侨联共同主办“创业中华·牵手京津冀——第十八届海外侨界高层次人才为国服务活动”，助推京津冀协同发展。来自11个国家和地区的近70位海外人才参加，对接优秀项目80多个。指导安徽省侨联联合省直部门、省辖市侨联、高校侨联开展2018海外侨胞故乡行巢湖侨创峰会活动，来自20多个国家和地区的150多名海外侨胞参加。

二是鼓励和支持侨胞创新创业。举办“创业中华·海外专家团走进园区——2018旅美专家中关村生物医药园专场活动”，参加旅美科协“2018全球创新高峰论坛暨中国旅美科协第26届年会”和巴西侨胞“一带一路”座谈会等活动，拓展与海外华侨华人专业社团的联系。举办特聘专家建言江苏紫金论坛暨2018特聘专家委员会年会，推选新任特聘专家委员会主任委员，增聘特聘专家27人，为江苏发展提供智力支持；发挥特聘专家建言献策作用，全年共收到96篇专家建议书；组织特聘专家赴广东湛江开展肿瘤筛查义诊，共服务2700多名归侨侨眷、基层群众。与中国科协共同主办“海外人才离岸创新创业座谈会”。支持地方侨联成立新侨创新创业联盟。首次举办侨创联盟海外委员培训班。

三是推动构建“地方侨联＋大学侨联＋校友会”工作模式。在安徽召开高校侨联暨新侨人才工作专题会议，部署和推动各地积极构建“地方侨联＋大学侨联＋校友会”工作模式，浙江、重庆等地侨联纷纷响应，召开专题工作会、联合政府部门下发相关文件等，促进地方经济社会发展的智力需求、大学的人才需求和新归侨的发展需求有效对接。

四是发挥侨商会的平台作用。组织千余位侨商参加首届中国国际进口博览会、宁商大会等大型经贸活动，与河南省侨联、四川省侨联联合举办第七届中国·商丘国际华商节、四川2018“一带一路”华商峰会等活动，服务区域经济发展。组织侨商出访加拿大、古巴等国，深化经贸交流，助推“一带一路”建设。组织和接待来自美国、瑞典、菲律宾、德国、印尼、南非、英国等国的华侨华人代表团来访，加强与海外侨团的联系。

五是激发侨资企业家发展信心。组织来自15个国家和地区的40多名有代表性的侨资企业家学习贯彻习近平总书记在民营企业座谈会上的重要讲话精神，引导广大侨资企业家保持定力、增强信心，聚精会神把企业做优做强，为我国高质量发展加油助力。

2.加强联谊联络，服务党和国家外交工作和港澳台工作大局。**一是**加强队伍建设。通过十代会，扎实做好港澳顾问、委员、海外顾问、委员换届工作。加强侨联青年委员会建设，举办2018海外侨领中国国情研修班、中国侨联海外青年“一带一路”高级研修班等，举办首期“侨青圆桌”活动。

二是扩大侨联朋友圈。改进方式、突出重点，认真执行出国（境）任务，深入侨社、了解侨情；邀请接待来访团组、华侨华人，向海外重点社团致发贺电、贺信，广交朋友、加深了解。推动“一带一路·侨爱心光明行”走进缅甸，为当地困难患者实施复明手术，促进“一带一路”民心相通。

三是开展海外侨胞故乡行活动。联合辽宁、江苏、福建、广东等地侨联举办“海外（港澳台）侨胞故乡行”活动，加强地方侨联与海外侨界、中国侨联与地方侨联的联系，邀请华侨华人600多人赴各地参访，让他们体会党和国家对侨联工作的高度重视和对海外侨胞的关心惦念，感受家乡日新月异的巨大变化，坚定对新时代中国特色社会主义和对祖（籍）国发展的信心。

四是做好海外侨社骨干培养工作，加大拓展华裔新生代和拓展新侨的力度。在广州、厦门举办两期海外侨领研修班，增进侨领对祖（籍）国了解、促进交流合作，收效明显，有利于密切与华裔新生代的联系。与全美华人金融协会、中国留美经济学会、旅美中国科学家工程师专业人士协会、北美高校联盟等新侨社团建立联系、座谈交流，涵养侨务资源。

五是探索走出华人社会，讲好中国故事。拜会美中关系全国委员会、亚美商业发展中心等美国主流民间机构，邀请当地侨胞参加博鳌亚洲论坛罗马会议论坛交流，发挥侨胞独特优势，用住在国人民易于接受的语言和方式传播好中国声音，影响住在国主流社会，推动侨联工作更好服务我国外交工作大局。

六是促进港澳台地区侨务工作。开展港澳青年侨领培训，与澳门归侨总会共同举办“纪念改革开放40周年暨‘一带一路’海外侨青高峰论坛”。团结海外台湾省籍侨胞、亲台传统侨团和台胞青年，做好涉台重点侨团和人士的工作，邀请台湾中华侨联总会参访团访问湖南、台湾华侨协会总会参访团访问云南。

七是做好少数民族侨胞工作。加强对民族地区侨联的工作联系和支持，邀请国（境）外少数民族侨胞回国参访研修。举办第三期境外归国藏胞代表人士国情教育活动。新疆侨联努力做好“访惠聚”工作，为稳疆治疆发挥积极作用。

3.办好“亲情中华”主题活动，弘扬中华文化、促进中外文明交流互鉴。“亲情中华”是中国侨联多年来着力打造的工作品牌，深受广大侨胞欢迎。**一是**加强文化交流。承办或联动山西、江苏、浙江、安徽、福建、广东、重庆、四川、陕西等省市侨联，组派9个“亲情中华”艺术团和文化团组出访15个国家和地区巡演，组派3个“亲情中华”中医药团出访海外，让海外侨胞和当地民众直接感受中华优秀文化的魅力。联动21个省级侨联，举办“亲情中华”夏（冬）令营38个，来自40个国家和地区的1719名华裔青少年参加。**二是**开展文化活动。举办“海外华文媒体安徽行”采风活动，来自13个国家和地区的30家海外华文媒体负责人参加，记录和传播真实的中国。**三是**建设文化阵地。完成第六批41家侨联文化交流机构和单位有关确认工作，加强对全国现有205个中国华侨国际文化交流基地、7个侨乡文化研究中心的指导。办好中国华侨历史博物馆，接待社会各界观众8000多人次。**四是**加强文化研究。与浙江省侨联共同举办“海外中餐文化”理论研讨会，就发挥海外侨胞作用、传承中华文化、讲好中国故事进行交流。推动出版《新时代侨务工作知识手册》《侨务知识百问百答》等涉侨图书。与暨南大学联合组成国家社科基金重大课题特别委托项目课题组，开展“‘一带一路’战略视野下我国沿边地区侨情调研”。

4.代表侨界声音，积极参政议政。**一是**认真准备提案议案素材。加强与全国政协港澳台侨委办公室的沟通协调，拟定2019年全国政协侨联界委员调研主题，为侨界代表建言献策提供参考。**二是**反映侨界呼声。依托中国侨联法顾委专业力量，对英雄烈士保护法、刑事诉讼法等53部法律文件草案提出修改意见和建议。**三是**办好《侨情专报》。召开两次片区专题座谈会，加强分类指导，强化工作规范、提高文稿质量。围绕打赢三大攻坚战、粤港澳大湾区建设、中美贸易摩擦、华侨回国定居等重点热点问题组织稿件、提出建议，得到中央领导同志肯定。

5.做好帮扶工作，助力脱贫攻坚。**一是**开展定点帮扶。持续做好中国侨联定点帮扶江西上饶县工作，巩固深化扶贫成果。目前，上饶县已通过国家验收，脱贫摘帽。福建侨联开展“百侨帮百村——联村助户”精准帮扶活动，每年联系100个村（居）、帮扶1000户。**二是**开展健康帮扶。继续实施“侨爱心光明行”项目，在黑龙江、山西、重庆、泉州、湘西、周口等地的深度贫困县、革命老区实施复明手术4442例。为全国欠发达地区基层医院提供医疗仪器，已有131家医院拿到设备、投入使用，其中，江西省上饶县人民医院是中国侨联扶贫点医院，福建省华侨医院是福建省服务华侨的公益性综合性医院。海南省侨联扎实开展“微笑工程”，受到侨界群众欢迎。**三是**开展教育帮扶。黑龙江、内蒙古、湖北、贵州、甘肃、青海、宁夏、新疆等地侨联继续深入推进“侨爱心工程”，推动“珍珠班”“树人班”工作落实，发挥侨界力量济困助学。**四是**开展侨界困难群众帮扶。持续做好元旦春节期间“送温暖、献爱心”活动，坚持领导带头，走访慰问困难归侨侨眷。向山东、河南、广东、云南、宁夏、新疆、新疆生产建设兵团等9个省区发放困难归侨侨眷慰问款和定点扶贫专项金240多万元，受惠困难归侨侨眷和贫困人口超过7000人。推动“365惠侨济困行动”，设立“中国侨联扶侨帮困”专项基金。辽宁建立“侨爱心精准扶贫基地”，江西开展“侨联四海·情满赣鄱”慰侨活动，山东开展“侨星志愿服务”活动，湖南推进“千侨帮千户”工程，为困难归侨侨眷办好事、解难事。

6.依法维护侨益，服务法治中国建设。**一是**创新维护侨益机制。与最高法联合出台《关于在部分地区开展涉侨纠纷多元化解试点工作的意见》，赴安徽、云南、广东等地开展工作调研。**二是**加强侨联法顾委建设。召开法顾委2018年年会，制定《中国侨联机关法律顾问制度（试行）》，设立中国侨联法顾委法律服务专项基金。编发《中国侨联海外留学人员安全防范手册》，参与海外侨胞及留学生安全保护工作。**三是**开展法治宣传。在山西、安徽等地举办“法治中国·你我同行”——2018年侨界法治学习活动；与云南省侨联合作开展“法治宣传边关行暨12·4国家宪法日活动”，组织沿海沿边13个省区侨联观摩；举办宪法宣讲走进北京留创园活动；办好普法公众号。**四是**做好信访工作。共受理群众来信270封，接待侨界群众来访70批次107人，协调办理案件30多件，回应侨界群众利益关切。

（四）全面加强侨联党的建设

贯彻新时代党的建设总要求，以党的政治建设为统领，扎实抓好侨联党的建设各项工作，提升侨联组织的战斗力。

1. 加强政治建设。认真学习习近平总书记对中央和国家机关党的政治建设工作的重要批示、中央和国家机关党的政治建设推进会、中央和国家机关警示教育大会精神，开好民主生活会和组织生活会，修订完善党组会议等相关规则，教育引导侨联党员干部提高政治站位，严守党的政治纪律和政治规矩，牢固树立“四个意识”，坚决做到“两个维护”，在政治立场、政治方向、政治原则、政治道路上同以习近平同志为核心的党中央保持高度一致。加强侨联思想建设和领导班子建设，推进“两学一做”学习教育常态化制度化。

2. 抓好党风廉政建设。对中央巡视整改任务完成情况进行专项督查，筹备开展内部巡视，建章立制。修订、落实《中国侨联贯彻中央八项规定精神实施细则》，做好节日提醒和检查，锲而不舍反“四风”。深化运用监督执纪“四种形态”，早发现、早提醒。多种形式抓好新修订的《中国共产党纪律处分条例》等党规党纪学习，增强遵规守纪意识；扎实抓好10月份警示教育月活动，做到警钟长鸣。

3. 落实党建责任制。履行全面从严治党的主体责任，压实“一岗双责”，推动侨联工作与党建工作同部署同检查。配齐配强直属机关党委领导班子。扎实推动基层党组织任期制度和换届选举制度的落实。推进侨联所属社会组织党建工作。完成直属机关工青妇侨群团组织换届选举工作。做好老干部工作。

4. 严肃党内政治生活。贯彻《关于新形势下党内政治生活的若干准则》，督导检查“三会一课”制度的执行和落实情况。认真落实基层党建七项重点任务。制定修订相关制度，扎紧制度笼子。

以上报告的是四个多月以来的侨联工作。这些工作的推进和各项成绩的取得，是在以习近平同志为核心的党中央坚强领导下，在各级党委政府和社会各界关心支持下，各级侨联组织和广大侨联干部勇于拼搏、共同奋斗的结果。中国侨联十届委员会的成员在各自岗位上心系大局，扎实工作，对我们的工作给予了热情参与和有力支持。在此，我代表中国侨联党组，向同志们表示衷心的感谢！

二、当前侨联工作面临的形势与任务

2019年是新中国成立70周年，是全面建成小康社会的关键之年。扎实做好2019年侨联工作，对于贯彻党中央要求，落实十代会部署，开创新时代侨联工作新局面，在党和国家事业发展中发挥更大作用，具有十分重要的意义。习近平总书记在中央经济工作会议上深刻指出，世界面临百年未有之大变局，变局中危和机同生并存，这给中华民族伟大复兴带来重大机遇。侨联事业是党和国家事业的重要组成部分，侨联工作与世情、国情、侨情变化紧密相连。“明者因时而变，知者随事而制”。侨联工作者一定要紧跟形势任务变化，学习新事物，了解新情况，解决新问题，推动侨联事业实现新发展。

（一）党中央为侨联工作指明了前进方向。党的十八大以来，以习近平同志为核心的党中央高度重视发挥归侨侨眷和海外侨胞的作用，高度重视做好归侨侨眷和海外侨胞的工作，从全局和战略的高度，对推进侨联改革、做好侨务工作作出一系列重要部署。2014年，中央出台《关于加强和改进新形势下侨联工作的意见》，这是历史上关于侨联工作的首个中央文件。2016年，中央出台《中国侨联改革方案》，这是经过中央政治局常委会会议、中央全面深化改革小组会议、中央书记处办公会议审议的。2018年，中央出台的《深化党和国家机构改革方案》提出，将国务院侨务办公室海外华人华侨社团联谊等职责划归中国侨联行使。习近平总书记对侨有着深厚的感情，对侨联改革发展亲自谋划、亲自指导、亲切关怀。去年3月4日，习近平总书记在看望参加全国政协十三届一次会议的民盟致公党无党派人士侨联界委员并发表重要讲话时对侨联发挥作用提出明确要求。去年8月，习近平总书记和中央政治局全体常委同志以及有关党和国家领导同志出席第十次全国归侨侨眷代表大会开幕会，极大振奋了广大归侨侨眷和海外侨胞、侨联工作者的精神，有力推动了我国侨联事业发展。习近平总书记关于侨务工作的重要论述，深刻阐明了党的侨务工作的地位作用、目标任务、职责使命、实践要求，为新时代侨联工作改革创新提供了根本遵循。今年1月2日，习近平总书记在《告台湾同胞书》发表40周年纪念会上发表重要讲话时希望香港同胞、澳门同胞和海外侨胞一如既往，为推动两岸关系和平发展、实现祖国和平统一再立新功。1月5日上午，中央书记处召开办公会议，听取工、青、妇、科、侨五家群团组织工作汇报，中央书记处充分肯定了包括侨联在内的群团组织过去一年的工作，就做好2019年群团工作作出重要指示。我们一定要有更强的责任感和使命感，要有更大压力，要有担当精神，只争朝夕，加倍努力，把侨联工作做得更好，不辜负习近平总书记和党中央的嘱托和期待。

（二）新时代党和国家事业发展对侨联工作提出了新要求。新时代是我国发展新的历史方位，新时代有新要求，新方位有新特点。党的十九大和十九届二中、三中全会对党和国家事业发展作出了部署，中央相继召开了组织工作会议、宣传工作会议、经济工作会议、中纪委三次全会等重要会议。侨联必须认真对照、把准要求、精准施策，展现新作为。比如，坚持党对一切工作的领导，要求侨联旗帜鲜明讲政治，增强“四个意识”，坚定“四个自信”，做到“两个维护”。我国社会主要矛盾发生变化了，坚持以人民为中心的发展思想，要求侨联摸清侨情，有针对性做好为侨服务的工作。树立新发展理念，推进供给侧结构性改革，做到“六稳”，打赢三大攻坚战，要求侨联创新思路举措，促进新侨创新创业，提高引资引智引技工作水平。广泛团结联系海外侨胞和归侨侨眷，共同致力于中华民族伟大复兴，要求侨联深入把握侨务工作的内涵和外延，统筹国内国际两个大局，更好地凝聚侨心、汇聚侨智、维护侨益、发挥侨力。走中国特色大国外交之路，要求侨联发挥“侨”的独特作用，参与“一带一路”建设、推动构建人类命运共同体，讲好中国共产党的故事、讲好中国故事、讲好中国人民的故事。推进群团改革，要求侨联走中国特色社会主义群团发展道路，强“三性”、去“四化”，夯实基层基础，密切联系群众，围绕中心、服务大局、服务侨胞。深化党和国家机构改革，要求侨联在贯彻群团改革要求的基础上，落实涉侨改革任务，加强建设、完善机制，深化转职能、转方式、转作风，为党的群团工作和侨务工作发挥更大作用。

（三）海内外侨情变化对侨联工作提出了新课题。一方面，从数量上看，国内以侨眷为主，海外以华人为主，国内老侨逐渐减少、新侨群体迅速壮大，海外侨胞整体经济科技实力提升，华侨华人专业人士数量持续增长。从趋势上看，留学回国人数稳步提升，高层次人才回流趋势明显。另一方面，侨的分布更加分散、成分更加多元，具有较强流动性的跨国公民、“两栖”侨胞日益增多，海外华人在住在国参政意识和维护族群权益的意识增强，海外华侨华人社会发展面临新的挑战，利益诉求更加多样。同时，国内新经济组织、新社会组织中有大量新归侨，政府部门、事业单位等也有不少新侨眷，扩大侨联组织覆盖十分紧迫；海外传统的侨团、侨校、侨报等渠道出现新情况，加强海外联谊面临新挑战。我们既要着眼全局、把握大势，加强宏观思考和顶层设计，更要立足本地区、本系统的实际，把侨情搞清楚、把底数搞明白，因地制宜，有的放矢，探索新的组织模式、新的工作机制、新的联系渠道，努力做到“侨在哪里，侨联工作就做到哪里；侨有什么需求，侨联就提供有针对性的服务”。

（四）侨联自身建设面临新情况。侨联是党领导的有着光荣历史的组织，在各个历史时期都发挥了积极作用。经过长期努力，侨联事业发展积累了良好的基础，侨联干部有热情，侨联工作有创新，基层组织和涉侨社团组织有了很大发展，尽管工作经费不多，但工作努力，取得了工作成绩，打造了工作品牌，形成了自己的工作特点；但同时，随着形势和任务的发展变化，侨联工作在思想观念、内容载体、方式方法、体制机制方面存在一些不适应不到位的地方，特别是在全面深化改革的大背景下，我们对侨务工作的系统性认识有待于进一步提高，对涉侨改革中承接好相关职能和项目、转化为适合侨联特点的工作、符合中央要求的理解还不够深，在摸清侨情、改革创新、搭建平台、分类施策上还要付出更大努力。事业是干出来的。回望中国侨联1978年恢复活动以来的发展历程，可以清晰看到，侨联事业的成长进步都是一路拼搏、不懈奋斗走过来的。近一年多来，我们深入领会、认真贯彻中央要求，围绕侨联的职责、定位、发挥作用的方式，探索了“两张网”“两个建设”“两项机制”等工作机制和方式方法，努力使侨联工作更加具体化、更加丰富、更加有效，实现了新的良好开局。当前，侨联改革发展正处在重要时期，遇到的新情况、新问题、新挑战是全面的、深刻的。如何看待，如何解决，需要侨联上下积极思考、深入研究，拿出智慧、拿出办法。2019 年是全面落实十代会部署的重要一年，我们要按照“梳理、检查、巩固、提升”的要求，认真分析哪些工作需要坚持发扬、哪些需要反思改进、哪些需要加强，在此基础上，制定计划，提出规划，大胆探索，勇于创新，狠抓落实，让侨联工作紧跟时代、充满活力，让党放心、让侨胞满意。

三、2019 年侨联工作安排

经党中央批准，今年侨联工作的总体思路是：**全面贯彻党的十九大、十九届二中、三中全会精神，以习近平新时代中国特色社会主义思想为指导，深入学习贯彻习近平总书记关于侨务工作的重要论述，增强“四个意识”、坚定“四个自信”、做到“两个维护”，落实十代会部署，坚持稳中求进工作总基调，坚持“五个不忘”，坚持“两个并重”、“两个拓展”、推动“两个建设”，聚焦保持和增强政治性、先进性、群众性，着力加强思想政治引领，着力加强海外联谊，着力服务大局、服务侨胞，着力加强自身建设，团结凝聚广大归侨侨眷和海外侨胞为决胜全面建成小康社会收官打下决定性基础、实现中华民族伟大复兴的中国梦贡献力量，以优异成绩庆祝新中国成立 70 周年。**

（一）加强思想政治引领，持续推进习近平新时代中国特色社会主义思想特别是习近平总书记关于侨务工作的重要论述的学习宣传贯彻。政治性是侨联的灵魂，为党团结侨、凝聚侨是侨联的重要任务。加强思想政治引领，关键是要学习贯彻习近平新时代中国特色社会主义思想特别是习近平总书记关于侨务工作的重要论述，引导侨界群众听党话、跟党走，画好侨界团结最大同心圆。

1. 突出重点、分类施策。面向广大侨界群众，以学习宣传习近平新时代中国特色社会主义思想为重点，增进政治认同、实践认同、情感认同，把侨团结凝聚在党的周围；同时，发挥侨的作用，讲好中国共产党治国理政的故事、中国坚持和平发展合作共赢的故事、中国人民奋斗圆梦的故事，让世界了解全面、立体、真实的中国。面向各级侨联组织和广大侨联干部，用习近平新时代中国特色社会主义思想武装头脑、指导实践、推动工作，在思想上政治上行动上同以习近平同志为核心的党中央保持高度一致，把习近平总书记关于侨务工作的重要论述落实到侨联的全部工作和建设之中。

2. 拓宽渠道、创新方式。广泛开展学习、宣讲、培训、研讨、展览展示等活动，加强媒体合作，用好官网、微信公众号等手段和文化、艺术载体，推动思想政治引领往实里走、往深里走、往心里走。把握侨的特点，把解决思想问题和解决实际问题结合起来，提高思想引领的针对性和精准度。选树侨界先进典型，推出“侨耀中华”项目。借助专业力量，探索建设侨联全媒体平台，提高宣传工作质量和传播效果。加强学习贯彻习近平总书记关于侨务工作重要论述的理论研究阐释和经验总结交流，举办“新时代侨联改革发展”年会。

3. 用好契机、务求实效。大力开展庆祝新中国成立 70 周年系列活动，面向基层、面向群众，宣传伟大历程和光辉成就，宣传党的十八大以来取得的历史性成就、发生的历史性变革，激励侨界群众在党的领导下继续奋斗、向着伟大目标前进。加强形势和政策教育，开展中国特色社会主义和中国梦的宣传教育，引导侨界群众践行社会主义核心价值观，发扬伟大的改革开放精神，坚定信心，立足本职，锐意进取，艰苦奋斗。用好“请进来、走出去”契机，宣介习近平新时代中国特色社会主义思想，宣传中国政策主张，传播好中国声音，引导海外侨胞更好融入和回馈当地社会。

（二）履行好海外华人华侨联谊等职责，扩大侨联朋友圈。深化党和国家机构改革过程中，党中央明确要求侨联切实承担海外华人华侨社团联谊等职责，充分发挥党和政府联系广大归侨侨眷和海外侨胞的桥梁纽带作用。我们要坚决贯彻中央要求，牢牢把握民间性、群众性特点，以更大力度、更宽视野、更实举措，加强联谊联络，广交朋友、深交朋友，为党和国家事业发展凝聚侨心、侨力、侨智。

1. 加强顶层设计。找准定位、明确目标，梳理现有工作载体、活动、项目、品牌和机制，探索侨联联谊联络新的项目和机制。争取支持，参与中央相关平台和机制，在围绕中心、服务大局中发挥积极作用。增强系统合力，实行侨联机关与基层、联谊联络部门与其他部门和单位的工作联动，各有侧重、整体推进。建好工作渠道，把依托重点人士、重点侨团与广泛开展各类活动相结合，扩大与不同阶层、不同领域海外侨胞的联系。

2. 抓实重点工作。加强侨情调研，逐步建立侨情基础数据库，按季度召开联席会议。加强海外联谊，有针对性做好“一带一路”和周边国家工作，实施好“海外侨胞故乡行”项目。密切与海外侨团的联系，邀请重点社团回国访问。拓展与海外新侨、专业人士的联系。加强侨界青年工作，召开中国侨联青年委员会第四届委员会大会，举办侨青圆桌活动。探索举办区域性华侨华人社团论坛。继续探索走出华人社会，讲好中国故事。配合做好港澳地区工作，加强港澳顾问、委员队伍建设，注重培养青年一代，举办港澳侨青国情研修班。配合做好侨务对台工作，密切与台湾涉侨团体的交往，推动形成两岸侨界制度化交流机制，加强同乡会、宗亲会工作，共同维护民族大义。推进民族地区侨联工作，加强海外少数民族侨胞联系、服务和引导。

3. 构建两项机制。整合各方力量，建立机制化工作和活动平台，推行“地方侨联 + 大学侨联 + 校友会”和“基层侨联（涉侨社团组织）+ 海外华侨华人社团”模式，以血缘、地缘、语缘为基础，以亲情、友情、乡情为纽带，形成以侨为桥、以侨联侨、以内联外、内外联动的工作局面。

（三）统筹推进侨联为大局服务、为侨服务各项工作，团结引领侨胞建功新时代。围绕中心、服务大局是侨联的工作主线，服务侨胞是侨联工作的生命线，突出主线、紧扣生命线，侨联工作才能体现价值，增强影响力和凝聚力。侨联要紧紧围绕党政工作大局和侨胞紧迫需求，进一步找准聚焦点、着力点、突破点，深化各项品牌和活动，提高服务能力和服务水平，把广大侨胞建功新时代的积极性主动性创造性激发出来、发挥出来。

1. 增强新侨创新创业工作针对性有效性。围绕高质量发展和国家发展战略，做强“创业中华”品牌，办好与地方政府联合举办的机制性平台活动，举办新侨创新创业系列活动，建好侨创联盟、侨创基地，用好侨商会、特聘专家委员会等平台。着力加强侨联人才工作，突出科技领军人才和创新团队，举办海外华侨华人专业社团负责人联谊会。加强对侨联系统参与“一带一路”建设的规划和指导。稳步推进中国侨商投资企业协会整合融入中国侨商联合会，筹备召开中国侨商联合会第五次会员代表大会。发挥好侨联特聘专家、侨创联盟海外委员作用。

2. 提高文化交流工作质量和规模。围绕中华文化传播和中外文明交流，加强“亲情中华”品牌建设，抓好“筑梦丝路”等项目，向“一带一路”沿线国家倾斜。加强海外华文教育，坚持文化办营、规范办营、特色办营，深化海外侨胞子女夏令营活动。承接好“四海同春”、“文化中国”和“寻根之旅”夏令营等项目。举办世界华侨华人美术书法展和摄影展，建设华侨国际文化交流基地。加强华侨华人历史和侨乡文化研究宣传，办好华侨历史博物馆，打造“侨乡历史名村（街区）”，推动办好侨刊乡讯。实施海外中餐馆文化传播项目等。

3. 构建参政议政工作格局。畅通表达渠道，倾听和收集侨界群众呼声。加强对人大归侨代表、政协侨联界委员的联系和服务，办好侨情专报，就国家发展和侨界关注的重点难点问题建言献策。代表侨界声音，就归侨侨眷权益保护法修订、华侨权益保护立法等涉侨法律法规、政策研究拟订提出意见建议。

4. 形成助力脱贫攻坚合力。坚持精准扶贫、精准脱贫，深化“侨爱心工程”，以健康、教育为着力点，实施“光明行”、医疗设备捐赠、“树人班”等重点项目。继续做好定点帮扶工作，帮助发展特色产业，增强可持续发展能力。动员各级侨联组织，加强对口帮扶，多做入村入户结对子工作。

5. 服务侨界群众紧迫需求。推进涉侨纠纷多元化解机制建设，发挥好侨联法顾委作用，以维护侨资企业合法权益为重点，做好涉侨涉诉案件协调处理工作，多做雪中送炭、思想引导、理顺情绪、化解矛盾的工作，为维护政治安全和社会稳定作贡献。深化“法治中国·你我同行”活动，扩大侨界法治宣传影响，参与社会治理创新。关注归侨侨眷养老、医疗、子女教育等需求，实施助侨惠侨行动。扎实做好困难归侨侨眷的帮扶工作，广泛开展“送温暖、献爱心”等活动，把党和政府的温暖送到困难侨界群众手中。

（四）深化侨联改革，推动“两个建设”。深化侨联改革是党中央的要求，也是侨联破解难题、增强活力、更好发展的需要。这里要强调的是，侨联改革要认真贯彻习近平总书记和党中央关于群团改革的要求，按照《中国侨联改革方案》去做，这一轮党和国家机构改革中的涉侨改革与侨联改革有关联，但不是侨联改革的全部。侨联改革，关键是强“三性”、去“四化”，必须牢牢把握。侨联改革不是简单地增编、加人，工作的注意力也不能仅放在增编、加人、要项目上，而是要把职能、编制、人员、工作内容、工作载体、方式方法等统筹考虑，着力推动“两个建设”，把侨联组织自身建强，把侨联工作做得更好，在新时代党和国家事业发展中发挥更大作用。

1. 狠抓机关基础建设。加强能力建设，抓住机遇，理顺体制，强化支持保障，优化职能、编制和机构，充实力量，创新机制；重视调查研究，增强开放意识和创新精神，注意探索新的工作方式方法。加强制度建设，用制度和规则管人管事，制定侨联工作五年规划。加强信息和数据建设，推进硬件建设，增强官网、微信等网络平台吸引力；加强有关数据库建设，从满足工作需要入手稳步推进，逐步增加侨联信息数据积累。

2. 下大力气推进基层组织建设。制定出台《关于推进新时代基层侨联组织建设的指导意见》。突出重点侨乡、重点领域，加强薄弱地区，打造纵横交织的组织网络体系和为侨服务工作体系，在找到人、扩覆盖、增活力上迈出坚实步伐。加强涉侨社团组织建设，延伸组织手臂。大力建设“侨胞之家”，用好网络手段，加大基层兼职干部工作力度，加强为侨服务能力建设，更广泛地联系服务侨界群众。坚持“党建带侨建”，破解基层侨联组织“四缺”问题。落实基层侨联组织统一社会信用代码制度，推动赋码信息系统建设。

3. 织好“两张网”。树立大侨务的理念，构建侨联系统内部的组织网络，从上到下，从中国侨联到基层侨联、包括海外侨团侨社，加强组织、工作、活动、品牌的联动，形成目标一致、相互支持、整体推进的局面；构建与相关群团组织、职能部门之间的工作网络，通过密切联系、项目合作、工作联动、建立机制等，争取资源和支持，形成群团工作“大合唱”。

（五）把政治建设摆在首位，加强侨联党的建设。党的建设是侨联一切工作的根本保证。加强侨联党的建设，要贯彻新时代党的建设总要求和新时代党的组织路线，以党的政治建设为统领，加强班子建设和队伍建设，发挥党支部战斗堡垒作用和党员先锋模范作用，引领侨联走在前列、干在实处。

1. 加强党的政治建设。牢固树立“四个意识”，坚定“四个自信”，坚决做到“两个维护”。按照党中央统一部署，开展好“不忘初心，牢记使命”主题教育。发挥党组理论中心组作用，加强干部理论教育和党性教育，提高政治素养。严明党的政治纪律和政治规矩，严肃党内政治生活。抓好侨联党风廉政建设和反腐败工作，召开2019年党风廉政建设会议，加强纪律建设，强化警示教育，开展内部巡视，用好监督执纪“四种形态”。

2. 建设政治上强、作风优良、专业水平高的侨联干部队伍。坚持好干部标准，做好干部培育、选拔、管理、使用工作。加强统筹，制定干部教育培训规划。通过学习培训、挂职锻炼、多岗位交流等，为干部提高群团工作本领创造条件。完善专兼挂职干部制度，注重培养年轻干部。强化从严管理、日常监督，完善干部考核体系。开展“作风建设年”活动，教育引导侨联干部勇担当、善作为、讲效率、重落实。

3. 提升基层党建工作质量。落实党建工作责任制，对照新修订《中国共产党支部工作条例（试行）》，推进基层党组织标准化、规范化建设。

完善侨联基层党建述职评议考核制度和党支部工作制度。评选表彰先进基层党组织、优秀党务工作者和优秀党员。抓好党务干部培训。加大督查执行“三会一课”、党内政治生活制度力度，提升支部战斗力。

各位委员，各位顾问，同志们！习近平总书记在新年贺词中指出，“我们都在努力奔跑，我们都是追梦人”，“2019 年，有机遇也有挑战，大家还要一起拼搏、一起奋斗”。迎着新年的阳光，我们奋进在新时代的大路上。让我们更加紧密地团结在以习近平同志为核心的党中央周围，坚定信仰、信念、信心，同拼搏、齐奋斗，勇做追梦人、建功新时代，共同书写侨联工作新篇章，以优异成绩迎接中华人民共和国成立 70 周年！

大力加强侨联联谊联络工作 为新时代凝聚侨心侨力侨智

——在2019全国侨联联谊联络工作会议上的讲话

（2019年3月21日）

万立骏

同志们：

这次会议是中国侨联十届二次全委会议之后召开的一次重要的专项工作会议。中国侨联党组对开好这次会议十分重视，专题进行研究、提出明确要求。召开这次会议，主要有几点考虑，**一是**深化党和国家机构改革中党中央明确将海外华人华侨社团联谊等职责划归中国侨联行使，侨联需要认真研究、作出部署，以回应中央关切；**二是**联谊联络是侨联非常重要的工作，按照惯例，需要召开年度工作会议，特别是十代会之后，中国侨联撤销海外联谊部成立联谊联络部，新的部门有新的职能，有必要进行工作安排和说明。原计划，中国侨联在近期要召开文化宣传、经济科技、基层建设、联谊联络四个会议。不久前，中共中央办公厅下发了《关于解决形式主义突出问题为基层减负的通知》。为了贯彻中央精神，我们对这四个会议进行了调整，只保留了联谊联络工作会议，其他三个会议暂不召开。所以，大家要重视这次会议，集中精力把会议开好。

这次会议的主题是：**以习近平新时代中国特色社会主义思想为指导，深入学习贯彻习近平总书记关于侨务工作的重要论述，大力加强侨联联谊联络工作，为新时代党和国家事业发展凝聚侨心、侨力、侨智。**

2018年是侨联事业发展十分重要的一年。在以习近平同志为核心的党中央坚强领导下，我们召开了第十次全国归侨侨眷代表大会，持续推进习近平新时代中国特色社会主义思想特别是习近平总书记关于侨务工作的重要论述的学习宣传贯彻，进一步深化侨联改革，统筹推进联谊联络、经济科技、文化交流、参政议政、困难帮扶、维护侨益等工作，全面加强侨联党的建设。**一是**扎实做好十代会港澳顾问、委员、海外顾问、委员换届工作，建好侨联青年委员会，工作队伍得到加强。**二是**改进方式、突出重点，认真执行出国（境）任务，做好邀请接待来访团组、华侨华人工作，扩大了侨联朋友圈。**三是**加强地方侨联与海外侨界、中国侨联与地方侨联的联系，开展海外侨胞故乡行活动，得到了侨胞好评。**四是**做好海外侨社骨干培养工作，加大拓展华裔新生代和拓展新侨的力度，涵养了侨务资源。**五是**内外联动，积极宣讲习近平新时代中国特色社会主义思想，同时，探索走出华人社会，讲好中国故事。**六是**促进港澳台地区侨务工作，做好少数民族侨胞工作。在此，我代表中国侨联党组，向全国侨联联谊联络战线的同志们以及参与和支持侨联联谊联络工作的同志们，表示衷心的感谢！

今年1月，我们召开了中国侨联十届二次全委会议，对2019年侨联工作做了全面部署。关于2019年侨联联谊联络工作，会上印发了《工作要点》。一会儿，李波同志还要作工作部署。这里，我先讲几点意见。

一、从全局和长远角度，充分认识加强侨联联谊联络工作的重要性紧迫性

1. 加强联谊联络工作，是侨联落实党和国家机构改革任务的实际行动。党的十八大以来，以习近平同志为核心的党中央对侨联工作高度重视、亲切关怀。2018 年，在党中央推进党和国家机构改革的过程中，决定将国务院侨务办公室海外华人华侨社团联谊等职责划归中国侨联行使，发挥中国侨联作为党和政府联系广大归侨侨眷和海外侨胞的桥梁纽带作用；同时，还为中国侨联增加了编制、机构和力量。我们理解，一方面，这是侨务工作体制机制、工作方式的深刻变革；另一方面，也是对侨联组织的极大信任和支持。我们必须以高度的政治自觉、思想自觉、行动自觉，以更大的力度、更实的举措，努力工作，不辜负党中央和习近平总书记的厚望。

2. 加强联谊联络工作，是侨联围绕中心、服务大局的时代需要。首先，通过侨联的渠道，做好侨资侨智侨技引导工作，对于我国实现产业升级、实施创新驱动、提高对外开放水平具有重要意义。在“一带一路”建设的过程中，海外侨胞是重要依托力量。**其次，**团结海外侨胞和归侨侨眷维护中华民族大义，确保国家主权和领土完整，是侨联义不容辞的责任。**其三，**加强侨联文化交流工作，鼓励和支持海外侨胞传播中华文化，可以提高中国软实力。**其四，**侨联是开展民间外交的重要力量，发挥海外侨胞熟悉住在国政治和社会环境，熟悉当地民众思维模式、语言习惯、文化背景等优势，有利于讲好中国故事，传播好中国声音。

3. 加强联谊联络工作，是侨联紧跟侨情变化、履行基本职能的必然要求。拓展海外联谊是侨联的六大职能之一。履行好这一职能，必须紧跟侨情变化，有的放矢。我在中国侨联十届二次全委会上曾对侨情做过简要分析。就海外联谊工作而言，有几个方面需要特别注意：**一是**海外侨胞数量不断增多，流动性大大加强；**二是**海外侨胞以华人为主，华侨华人专业人士数量持续增长；**三是**海外华人在住在国参政意识和维护族群权益的意识增强，海外华侨华人社会发展面临新的挑战；**四是**海外传统的侨团、侨校、侨报等发展出现新情况，海外留学生权益保护面临新课题；**五是**海外侨务工作的敏感性已从传统意义上的东南亚地区扩展至部分西方国家。把侨情搞清楚、把底数搞明白，探索新的组织模式、新的工作机制、新的联系渠道，已成为当务之急。

二、贯彻党中央要求，把握侨联联谊联络工作的重要问题

做好侨联联谊联络工作，关键是以习近平新时代中国特色社会主义思想为指导，深入学习贯彻习近平总书记关于侨务工作的重要论述。中国侨联党组去年在《求是》杂志上刊发了理论学习文章，提出要从海外侨胞的地位作用，凝聚侨心侨力同圆共享中国梦的工作主题，“根”“魂”“梦”的工作主线，“三有利”的工作原则，“大侨务”的工作格局，推动构建人类命运共同体的工作重点，“贴心人”、“实干家”的侨务干部队伍建设要求等七个方面，深刻学习领会习近平总书记关于侨务工作的重要论述的科学内涵。我们要以这些重要论述为根本遵循，准确把握侨联联谊联络工作的重要问题。

1. 明确目标任务。联谊联络，就是要找到人，交朋友。侨联工作本质上是做人的工作。对于联谊联络工作而言，找到人，就是要找到侨胞；交朋友，就是要交侨胞朋友、交对我友好的外国朋友。进一步讲，侨联联谊联络工作，**一是**要支持和保护侨胞在海外发展，引导侨胞融入和回馈当地社会；**二是**要涵养侨务资源，凝聚侨心侨力侨智，在服务中国发展、讲好中国故事、弘扬中华文化、助力一带一路、营造良好环境等方面发挥作用。衡量联谊联络工作的一个重要标准，就是看能不能找得到人、对得上话、办得成事，交的朋友多不多、真不真、好不好、能不能发挥作用。

2. 健全组织体系。加强联谊联络，组织体系建设是基础。**一是**要发挥海外顾问、海外委员作用，广泛联系侨领骨干；发挥侨团侨社侨领作用，广泛团结侨胞；还要发挥侨青委作用，广泛联系华裔新生代。要通过亲情中华夏令营等活动，广泛联系华裔青少年。**二是**要用好侨团、侨校、侨媒，提供支持，借力发力。**三是**要加强与驻外使领馆领保机构的沟通与协作，前方后方联动，提升工作质量。**四是**要以法顾委、特聘专家委员会，以及侨商会、文促会、公益基金会等涉

侨社团组织为载体，扩大覆盖，优势互补，形成合力。

3. 构建“两项机制”。加强侨联联谊联络，要坚持以内联外、内外联动，同时注意侨界、学界联动。为此，我们提出要构建“地方侨联 + 大学侨联 + 校友会”“基层侨联（侨社）+ 海外华侨华人社团”两项机制。去年，中国侨联在安徽对“地方侨联 + 大学侨联 + 校友会”这项机制做过专题部署。通过这项机制，一些地方在服务招商引资、招才引智方面产生了不错的效果。在海外，我们也要打通侨界、学界的联系，通过海外侨团与海外留学生组织的多方互动、优势互补，扩大侨联的朋友圈。

4. 突出为侨服务。团结凝聚侨胞，一靠思想引领，二靠提供服务。有了实实在在的服务，侨胞就会跟着侨联走。同时，为侨服务要与为大局服务相统一。现在，海外侨胞的构成发生深刻变化（华侨、华人），利益诉求发生深刻变化（落叶归根、落地生根）。从国家需要和侨胞需要结合出发，我们要突出三服务：**一是**通过思想引导、提供支持，为海外侨胞融入和回馈当地社会服务；**二是**通过举办各种活动，利用各种平台，促进交流，解疑释惑，为海外侨胞回到祖（籍）国发展服务；**三是**通过组派团组、开展培训、提供条件等手段，为海外侨胞传播中华文化、讲好中国故事服务。

5. 打造工作品牌。群团组织开展工作，打造品牌十分重要。有了品牌，就有了影响力，也会带来资源。长期以来，侨联打造了创业中华、亲情中华、侨爱心工程、海外侨胞故乡行等品牌活动。我们要在做大做强老品牌上下功夫，巩固支柱项目、提高项目之间关联度、完善管理运行机制、加强品牌宣传推广；同时，围绕联谊联络工作目标任务，设计推出新项目，举办新活动，争取通过几年的努力，形成影响力，逐步形成社会关注、侨界欢迎、特色鲜明的侨联工作品牌。

6. 发挥独特作用。找到人、交朋友，最终要落到发挥作用上。海外侨胞和归侨侨眷的工作不是侨联独家在做，侨联不能包打天下，而是要突出民间性、群众性特点，在当好桥梁纽带上聚焦发力；在发挥独特作用、发挥自身优势上深耕厚植。今年，侨联联谊联络工作要以服务“一带一路”建设为重点，开展活动，争取实效。要突出思想政治引领，在走出去、请进来的过程中，积极宣讲习近平新时代中国特色社会主义思想，讲好中国共产党治国理政的故事、中国人民奋斗圆梦的故事、中国坚持和平发展合作共赢的故事。要围绕国家发展重点难点问题，主动加强与有关部门联系与配合，在服务高访团、引进重点人才、争取友好力量等方面有所作为。

三、树立大侨务理念，形成推进侨联联谊联络工作的合力

1. 加强对联谊联络工作的领导。联谊联络是侨联系统一项基本职能，也是一项政治任务，必须高度重视。各级侨联机关党组要负起政治责任和领导责任，把联谊联络工作摆到突出位置，加强对重要问题的分析研判和重要任务的统筹指导，提高本地区、本系统联谊联络工作能力。联谊联络部门承担着重要的具体职责，要有更大的压力、更强的责任、更高的水平，发挥好牵头作用，制定工作计划和规划，及时汇总分析，推动任务落实。要打整体战，动员各条战线各个部门一起来做，把联谊联络工作同信息传播、经济科技、文化交流、权益保障、基层建设等领域的工作紧密结合，在科学分工、有效协同中取得更好成效。

2. 构建联谊联络工作“两张网”。一张网是要建好侨联组织内部自上而下包括涉侨社团在内的组织网络，努力实现找到人、有机构、有力量、有工作的目标。特别是要加强侨联基层组织建设，依靠覆盖广泛的基层组织把联谊联络工作广泛开展起来。另一张网要建好侨联与其他部门、其他群团组织之间的工作网络，通过制定政策、项目合作、资源支持等方式，努力实现借力发力、协同发展的目标。要积极参与外事、港澳台等工作协调机制，加强与涉侨单位的沟通协调，形成侨务工作合力。

3. 加强侨联外事工作管理。一方面，要积极向外事审批部门汇报，讲清楚中央划转侨联海外联谊职能，讲清楚侨联工作特点和要求，争取更多出访和邀请团组批次；另一方面，要加强侨联外事归口管理，严格按政策办事、按程序报批，强化工作统筹，优化出访国家布局。特别要强调，严格管理不是限制，而是要围绕国家工作大

局和侨联工作方向，把有限的资源用好，不能为了出国而出国，避免有的国家反复去、有的国家没人去。要提高出访和接待工作水平，做到联谊有重点、交流有方向、效果有预期。

4. 创新联谊联络工作理念和方式方法。一是要把集中开展活动和抓好经常联系结合起来。交朋友要多走动、多联系，不能搞一次活动就结束了。要在集中活动中扩大覆盖面，在经常性联系中加深感情，积少成多，日积月累，我们的朋友就会越来越多、越来越密切。要进一步激活侨联联谊联络工作的组织体系，用好的活动、好的机制，把他们的积极性、主动性、创造性发挥出来。**二是**要把思想引导和提供服务结合起来。既要面向侨胞加强国家政策宣传和侨联工作宣传，也要关注侨胞所思所想、所期所盼，尽力帮助他们解决实际问题，以思想引导增共识、以有效服务促凝聚。**三是**要把工作对象变为工作力量。既要面向侨胞开展各种活动，密切联系、增进友谊，还要善于借助他们的优势、资源和力量开展侨联工作，携手共进。要通过数据库建设、吸纳进各类组织等手段，把活动中联系到的侨胞骨干队伍建设好。**四是**要用好互联网手段。侨胞分布世界各地，流动性强。做好联谊联络工作，不仅要面对面接触，还要“键对键”交流。各级侨联组织要建好网、用好网、管好网，借助各种互联网平台和技术，联合专业力量，立足自身特点，提高侨联工作的信息化水平，使互联网成为联系、宣传、动员、服务侨胞的重要手段。

5. 加强联谊联络干部队伍建设。习近平总书记强调，要建设一支忠于党、忠于国家、忠于人民，政治坚定、业务精湛、作风过硬、纪律严明的对外工作队伍。按照这样的要求，侨联联谊联络干部，**一是**要讲政治，增强“四个意识”、坚定“四个自信”、做到“两个维护”，党有号召、侨有行动，听党话、跟党走。要特别注意增强政治敏感性，从政治上看待问题、分析问题、解决问题，在维护国家主权、安全、发展利益上旗帜鲜明、坚定不移。**二是**要懂政策，胸怀全局，学好用好党的理论、方针、政策，以理服人。**三是**要讲方法，善于与人打交道，一把钥匙开一把锁。**四是**要守纪律，严格遵守中央八项规定精神，严格遵守外事纪律，不碰红线和高压线。**五是**要强作风，诚恳谦和、平等待人、廉洁奉公，真正赢得侨胞尊重和认同。

最后，我再强调两件事。**一是**做好庆祝新中国成立70周年工作。庆祝新中国成立70周年是今年党和国家工作中的一件大事。侨在新中国成立70年的光辉历程中发挥了重要作用。做好今年的侨联工作，一定要把庆祝新中国70周年这一主题突出出来。目前，中国侨联已经制定了活动方案，相关部门和单位分工负责，认真把这件大事抓好。联谊联络战线也要紧紧围绕这个主题开展工作，宣传新中国成立70年取得的伟大成就，反映侨界群众建设新中国、奋进新时代的历程、贡献和精神，引导归侨侨眷和海外侨胞更加紧密团结在以习近平同志为核心的党中央周围，为实现中华民族伟大复兴中国梦、推动构建人类命运共同体不懈奋斗。

二是树立底线思维、增强风险意识的问题。今年，关键时间节点较多，党和国家事业发展中面临的风险挑战不少。今年1月，习近平总书记在省部级主要领导干部坚持底线思维着力防范化解重大风险专题研讨班上发表重要讲话，就防范化解各领域重大风险提出明确要求。各级侨联组织要提高站位、深化认识，按照中央精神做好各项工作。我们注意到，随着当前国际形势发展和中外关系变化，我国的外部环境不确定性增加，侨联海外工作面临一些问题和挑战：**一是**引才引智工作敏感性增加，**二是**有的海外侨领受到“特别关注”，**三是**一些海外侨社不够和谐，**四是**部分华商存在违法经营现象，**五是**社会治安等安全问题殃及华侨华人，**六是**国内问题国际化。对此，一定要高度警惕、未雨绸缪，增强预见性，把握主动性。要突出问题导向，坚持稳中求进，加强分析研判，管住基本面、管控好风险点。要注意内外有别，注意方式方法，避免授人以柄，带来不必要的麻烦。

同志们，新时代侨联联谊联络工作是一个大课题，是一个系统工程，需要侨联上下群策群力、共同担当。奋斗成就事业，作为决定地位。让我们更加紧密地团结在以习近平同志为核心的党中央周围，勇做追梦人，奋斗新时代，展现新作为，开创侨联联谊联络工作新局面，以优异成绩迎接中华人民共和国成立70周年！

在 2019 习近平总书记关于侨务工作重要论述研讨会上的讲话

（2019 年 6 月 15 日）

万立骏

各位专家、学者，同志们，朋友们：

在全党上下认真开展“不忘初心、牢记使命”主题教育之际，我们在这里举办 2019 习近平总书记关于侨务工作重要论述研讨会。这是侨联组织深入学习贯彻习近平新时代中国特色社会主义思想特别是习近平总书记关于侨务工作重要论述的实际行动，是推动习近平总书记关于侨务工作重要论述研究的实际行动，是凝聚华侨华人和侨务工作研究力量的实际行动。首先，我代表中国侨联，对研讨会的举办表示热烈的祝贺！对来自各个领域的专家、学者，对各涉侨单位的侨务工作者和各地侨联干部表示诚挚的问候！对社会各界对侨联工作的关心和支持表示衷心的感谢！

我们党自成立之日起，就始终重视从思想上建党，始终重视用马克思主义理论武装全党，始终把思想理论建设放在党的建设首位。我们党的理论创新每前进一步，理论武装就要跟进一步。党中央部署开展“不忘初心、牢记使命”主题教育，很重要的意向任务就是要坚持思想建党、理论强党，深入学习贯彻习近平新时代中国特色社会主义思想，做到理论学习有收获，增强贯彻落实的自觉性和坚定性，提高运用党的创新理论指导实践、推动工作的能力。习近平总书记关于侨务工作的重要论述，是习近平新时代中国特色社会主义思想的重要内容，是新时代党的侨务工作的根本遵循。深入学习贯彻习近平新时代中国特色社会主义思想特别是习近平总书记关于侨务工作的重要论述，是侨联组织的重要政治任务和重要职责，也是做好新时代侨联工作的必然要求。

中国侨联党组始终坚持从旗帜鲜明讲政治、增强“四个意识”、做到“两个维护”的高度，十分重视做好习近平新时代中国特色社会主义思想特别是习近平总书记关于侨务工作的重要论述学习宣传贯彻工作。**一是抓根本。**十代会明确提出用习近平新时代中国特色社会主义思想统领侨联工作，将习近平新时代中国特色社会主义思想作为侨联工作指导思想并写入修改后的中国侨联章程，这从根本上保证了侨联工作正确的前进方向。**二是抓部署。**十代会工作报告对侨联组织深入学习贯彻习近平新时代中国特色社会主义思想作了阐述，并作出全面部署。中国侨联党组在《求是》杂志上发表了《新时代侨联工作改革创新的根本遵循》一文，系统梳理了习近平总书记关于侨务工作的重要论述的丰富内涵、重要意义和贯彻措施。**三是抓学习。**贯彻学懂、弄通、做实的要求，坚持党组带头学、实行班子成员讲党课、突出侨联机关学习、推动学习教育向下延伸，通过举办中心组学习、培训班、讲座，发放学习用书，召开座谈会、交流会，参加学习研讨等措施，下大力气推进侨联干部学习教育，强化理论武装。**四是抓引领。**组织专家宣讲团，赴地方集中宣讲，加强侨界群众思想政治引领，帮助他们加深对习近平新时代中国特色社会主义思想的认识；在侨联组织请进来和走出去过程中，积极宣讲习近平新时代中国特色社会主义思想，宣讲习近平总书记关于侨务工作的重要论述。**五是抓研究。**中国华侨华人研究所每年编印《习近平论侨务》，为开展侨联干部培训和侨务研究提供重要参考；《习近平同志关于侨务工作重要论述摘编》得到了中央党史和文献研究院的支持与指导；连续五年举办习近平总书记关于侨务工作的重要论述研讨会，推动侨务理论学习、研究和阐释。

在此基础上，我们把研究成果不断转化对工作的指导，提出了“两个并重”、“两个拓展”、推动“两个建设”，织好“两张网”，建立“两项机制”。实践证明，理论一旦与实践相结合，便会成为侨务事业发展的强大动力。

在此过程中，我们高兴地看到，习近平总书记关于侨务工作的重要论述研究这一方向得到了国内外研究机构、高校和侨务工作部门、单位、组织的积极响应。很多专家、学者和研究人员撰写了许多学习研究论文，不少发表在全国有影响的期刊杂志上。本次会议收入的多篇高质量的学习研究论文就是一个生动缩影。我们也高兴地看到，经过几年的发展，习近平总书记关于侨务工作的重要论述研讨会由最初只有部分专家学者和侨务工作者参加，到现在有统战系统、中央党史和文献研究院、全国人大华侨委、政协港澳台侨委、致公党中央等单位的领导和干部，全国相关专家学者、侨联系统干部参加，无论从参加人员的规模上、参与人员的范围上，还是活动的影响力和权威性，都达到了新水平。

今天的研讨会，既是一次总结会、交流会，更是一次再部署、再出发的会。刚才，陈清泉、任镜波同志深情回忆了习近平总书记与侨胞交流交往的故事，李鸿阶、庄国土同志分享了他们学习研究习近平总书记关于侨务工作的重要论述的最新成果，听了之后，十分感动，很受启发。今天在座的都是华侨华人和侨务工作研究领域的专家、学者，是中国侨联宝贵的智库资源，希望大家在本次会议上深入交流、相互启发、共同探讨，取得更多、更好、更有分量的研究成果。借此机会，我代表中国侨联，谈几点学习体会，请各位专家学者批评指正。

一、提高站位，把对习近平总书记关于侨务工作的重要论述的认识理解引向深入

时代是思想之母，实践是理论之源。在几年的学习领会、贯彻落实过程中，我们对习近平总书记关于侨务工作的重要论述形成了以下几个方面的认识：

第一，从理论产生来看，习近平总书记关于侨务工作的重要论述萌发于侨乡、探索于侨乡、发展于新时代。习近平总书记曾长期在侨务大省福建、浙江及新侨集中地上海工作，对侨有着深厚的情感，对侨务工作有着丰富的实践和深入的思考；到中央工作后，曾分管中国侨联，对侨联工作倾注了心血。党的十八大以来，习近平总书记从实现中华民族伟大复兴中国梦的战略高度，对发挥华侨华人的独特作用，对发挥侨胞作用、做好侨务工作、推进侨务改革、加强侨联建设等提出了一系列富有创见的新思想新观点新论断，形成了关于侨务工作的重要论述。

第二，从理论内容来看，习近平总书记关于侨务工作的重要论述内涵丰富、深中肯綮、系统完整、逻辑严密。主要包括七个方面：明确并高度肯定了海外侨胞的地位作用，明确了凝聚侨心侨力同圆共享中国梦的新时代侨务工作主题，明确了“根”“魂”“梦”的新时代侨务工作主线，明确了“三有利”的新时代侨务工作原则，明确了“大侨务”的新时代侨务工作格局，明确了推动构建人类命运共同体的新时代侨务工作重点，明确了“贴心人”“实干家”的侨务干部队伍建设要求。

第三，从理论贡献来看，习近平总书记关于侨务工作的重要论述深刻阐明了党的侨务工作的地位作用、目标任务、职责使命、实践要求，科学回答了侨务工作的一系列根本性、方向性重大问题，凝结着习近平总书记对党的侨务工作的深邃理论思考，体现了党和国家对新时代侨务工作的战略部署，是党的侨务理论的最新成果，是习近平新时代中国特色社会主义思想的侨务篇。

第四，从理论特色来看，习近平总书记关于侨务工作的重要论述是放眼世界、把握大势、扎根中国大地、具有中国气派的科学理论，与实现中华民族伟大复兴中国梦的时代主题紧密结合，发扬了我们党重视侨务工作、重视发挥华侨华人作用的传统，回应了华侨华人在海外如何发展、如何为祖（籍）国做贡献等新情况新问题，体现了以侨胞为中心的发展思想，对新时代侨务工作具有很强的指导意义，体现了其鲜明的时代性、

继承性、创造性、人民性、实践性。

实践发展无止境，认识真理无止境。在持续开展侨务研究、推进侨联工作的实践中，我们还需要从以下 3 个方面加深对习近平总书记关于侨务工作的重要论述的理解。

1. 要从世情的变化中加深理解。习近平总书记在去年中央外事工作会议上发表讲话时深刻指出，当前，世界处于百年未有之大变局。党的十八大以来，习近平总书记从深刻把握人类社会发展规律、推动全球治理体系变革的高度，提出了构建人类命运共同体的重要思想和建设“一带一路”的倡议。大变局、共同体、一带一路，与遍布世界各地的海外侨胞生存发展休戚相关。

习近平总书记强调：“中国梦既是中国人民追求幸福的梦，也同各国人民追求幸福的梦想相通。国家好、民族好，大家才会好。中国坚持走和平发展道路，是世界繁荣发展的正能量。广大海外侨胞要运用自身优势和条件，积极为住在国同中国各领域交流合作牵线搭桥，更好融入和回馈当地社会，树立良好形象，为促进世界和平与发展不断作出新贡献。”我们要深刻理解、深入挖掘这一论述的重要价值，更好地贯彻“三有利”的侨务工作原则，引导海外侨胞融入和回馈当地社会，树立良好形象，为住在国经济社会发展作贡献；引导海外侨胞讲好中国故事，传递中国发展理念，传播好中国声音，为我国发展营造良好外部环境作贡献；引导海外侨胞发挥联系广泛、融通中外的特点，为促进中外文明交流互鉴、加强中外经贸合作，为建设“一带一路”、推动构建人类命运共同体作贡献。

2. 要从国情的变化中加深理解。中国特色社会主义进入新时代，这是我国发展新的历史方位。“四个全面”，“五位一体”，树立新的发展理念，打赢防范化解重大风险、精准脱贫、污染防治三大攻坚战，实现高质量发展，实现两个一百年奋斗目标，实现中华民族伟大复兴的中国梦，是党和国家事业发展大局之所在。我国正处在历史上最好的时期，明年将全面建成小康社会。越是形势好，越要保持清醒，越要凝聚共识、凝聚力量。

习近平总书记强调：“实现中华民族伟大复兴，需要海内外中华儿女共同努力。把广大海外侨胞和归侨侨眷紧密团结起来，发挥他们在中华民族伟大复兴中的积极作用，是党和国家的一项重要工作。”我们要深刻理解、深入挖掘这一论述的重要价值，更好地把握凝聚侨心侨力同圆共享中国梦的侨务工作主题，以庆祝中华人民共和国成立 70 周年为契机，从近代以来广大海外侨胞和归侨侨眷寻求民族独立、国家富强的历程出发，引导他们深刻理解中国特色社会主义道路的历史逻辑；从改革开放以来海外侨胞和归侨侨眷所做的历史贡献出发，引导他们深刻认识中国特色社会主义的实践逻辑；从习近平总书记关于侨务工作重要论述出发，引导广大海外侨胞和归侨侨眷深刻认识中国特色社会主义的理论逻辑，画好侨界团结最大同心圆。

3. 要从侨情的变化中加深理解。这种变化，反映在侨的数量、结构、分布、流动、利益诉求、发展趋势等方面出现的新情况上，也反映在侨领、侨社、侨校、侨媒等侨务工作渠道面临的新挑战上，还反映在海外侨务工作的敏感性复杂性增加上。

习近平总书记强调：“侨联组织要发挥桥梁和纽带作用，广泛凝聚侨心、侨力、侨智，团结动员广大归侨侨眷和海外侨胞为改革开放和社会主义现代化建设贡献力量。”我们要深刻理解、深入挖掘这一论述的重要价值，更好地把握“大侨务”的工作格局，把为党和国家工作大局服务与为侨服务结合起来，不断增强侨联组织的政治性、先进性、群众性；把服务侨务工作整体格局与体现侨联组织特点和优势结合起来，不断织密织好“两张网”；把扎实开展“不忘初心、牢记使命”主题教育与深化侨联改革、推动“两个建设”结合起来，开创新时代侨联工作的新局面。

二、多措并举，把对习近平总书记关于侨务工作的重要论述的学习宣传贯彻引向深入

学习好、宣传好、贯彻好习近平总书记关于侨务工作的重要论述，关系党和国家事业发展，关系中华民族伟大复兴，关系侨联事业创新发展。我们要增强政治自觉、思想自觉、行动自觉，以学习、宣传、贯彻为关键环节，在常学常新中提高理论修养，在常学常思中提高理论认识，在常学常用中提高工作能力，做到学、思、用贯通，知、信、行统一，努力推动习近平总书

记关于侨务工作的重要论述在侨界深入人心、在侨联落地生根。

1. 要在理论学习上用功。“不登高山，不知天之高也；不临深溪，不知地之厚也。”理论学习贵在用功、贵在深入，需要不断参悟、深刻领会。**一是**要全面系统学。既要坚持联系地而不是孤立地、系统地而不是零散地、全部地而不是局部地学习习近平总书记关于侨务工作的重要论述，学原著、读原文、悟原理，全面领会和把握“七个明确”的丰富内涵、精神实质，形成理论框架，又要学习和掌握贯穿其中的马克思主义立场、观点、方法，做到知其然、更知其所以然，增强理论自觉。**二是**要联系实际学。要紧密结合新时代侨联工作的新实践，把自己摆进去，把职责摆进去，把工作摆进去，做到干中学、学中干，学以致用、用以促学、学用相长，使学习的过程成为深化理论学习、强化思想武装的过程，成为查找问题、改进工作的过程，成为推动履职、提升质量的过程。**三是**要健全制度学。要以侨联领导机构和领导机关为重点，探索建立侨联党组中心组、主席会议、常委会议、直属机关党委、机关各部门、各直属单位党组织到业务处室党小组的全覆盖的学习制度体系。要探索建立定期学习研讨制度，制定学习计划，分专题学、形成系列，深入交流、学思践悟。**四是**要创新形式学。要坚持个人自学与集体学习相结合、集体研讨与专题讲座相结合、学习培训与实地考察相结合、文本学习与网络学习相结合，提高学习质量和效果，学出觉悟、学出担当、学出能力。

2. 要在理论宣传上用心。让习近平总书记关于侨务工作的重要论述深入侨胞深入人心，发挥强信心、聚侨心、暖人心、筑同心的作用，对我们做好侨联理论宣传工作提出了新的要求。**一是**要把握宣传目标。面向国内，要以增进政治认同、实践认同、情感认同为重点，把侨界群众团结凝聚在党的周围；面向海外，讲好中国共产党治国理政的故事、中国坚持和平发展合作共赢的故事、中国人民奋斗圆梦的故事，让世界了解全面、立体、真实的中国。**二是**要打磨宣传内容。要把想说的和想听的结合起来，解读习近平总书记关于侨务工作的重要论述，宣传习近平总书记深厚的对侨感情、深邃的理论思考、扎实的实践情怀、宽广的世界视野，学习宣传党中央对侨胞的重视和关心、对侨务工作的坚强领导和决策部署，宣传归侨侨眷和海外侨胞促进中外交流、助力“一带一路”建设、参与祖（籍）国发展等方面的贡献，确保贴近生活、回应现实、走进人心。**三是**要丰富宣传渠道。既要借助涉侨各类新闻媒体，又要依托侨媒、侨社、中餐馆等侨务宣传渠道，用好侨联官方网站、微信订阅号、微信群等手段，开展有步骤、有声势、有特色、有成效的理论宣传活动。特别是要契合网络环境下受众的接受习惯，多在“微”字上下功夫，通过微视频、微电影、微纪录片、微动画等，激发侨界群众关注理论、了解理论的兴趣。**四是**要创新表达方式。要善于把我国侨务理论的发展、侨务政策和法律法规的出台、侨务事业的进步融入故事中，用小故事讲述大道理；善于在说理中带感情，做到既有理论深度，也有民生温度；善于运用嵌入式的宣传方式，把理论宣传融入到侨联各种活动推进中、各种典型宣传中，春风化雨、润物无声。

3. 要在理论贯彻上用力。中国侨联十代会报告，明确提出了侨联学习贯彻习近平新时代中国特色社会主义思想特别是习近平总书记关于侨务工作的重要论述的七个方面要求：必须坚持不忘初心，勇担新时代使命；必须坚持铸牢灵魂，旗帜鲜明讲政治；必须坚持胸怀全局，与时俱进谋发展；必须坚持牢固纽带，文化引领聚人心；必须坚持固本培元，当好侨胞贴心人；必须坚持问题导向，坚定不移推改革；必须坚持从严治会，持之以恒抓建设。2019 年，中国侨联重点推进六个方面的工作。**一是**加强思想政治引领，增强“四个意识”、坚定“四个自信”、做到“两个维护”，党有号召、侨有行动，听党话、跟党走，开展庆祝新中国成立 70 周年系列活动，凝聚侨界人心。**二是**抓好侨联为大局服务、为侨服务各项活动品牌，团结引领侨胞建功新时代。**三是**推进“两个加强”，以能力建设、制度建设、信息和数据建设为重点强机关，以组织起来、活跃起来、行动起来、贡献起来为目标强基层。**四是**加强海外联谊，以服务“一带一路”建设为突破口，针对侨情发展变化，创新做好侨青委换届、侨青圆桌、区域性论坛交流活动等工作，广泛凝聚侨心、侨力、侨智。**五是**深化侨联改革，强“三性”、去“四化”，做好有关涉侨改革项目划转对接工作。**六是**以党的政治建设为统领，加强侨联机关党建和侨联系统党建，开展“不忘初心、牢记使命”主题教育，引领侨联走在前列、干在实处。

三、改革创新，把对习近平总书记关于侨务工作的重要论述的研究阐释引向深入

研究、阐释习近平总书记关于侨务工作的重要论述，既是一项重要政治任务，又是一项重要系统工程，需要在党的领导下，政界、学界、侨界共同努力推进。这里，我提几点建议。

1. 要确保政治方向。要把坚定正确的政治方向作为第一位的要求，贯穿理论研究工作始终，牢固树立“四个意识”、坚定“四个自信”、做到“两个维护”。要引导和激励华侨华人和侨务工作研究人员自觉肩负起政治责任、社会责任、学术责任，用高水平的研究成果为党的侨务工作提供理论支撑和智力支持。

2. 要找准研究方向。要开展系统性研究，广泛收集、整理习近平总书记在不同场合、不同会议上有关华侨华人、侨务工作的重要观点、重要论断，不断丰富习近平总书记关于侨务工作的重要论述的理论体系。要开展内涵性研究，结合华侨华人发展历史和中华文化传承，结合广大海外侨胞参与、支持改革开放的历程，结合我国侨务工作的生动实践，深入阐释习近平总书记关于侨务工作重要论述的时代特点、实践基础、理论渊源、历史贡献，提高理论的深度和权威性。要开展实务性研究，坚持理论联系实际，深入研究侨联如何坚持“两个并重”“两个拓展”、履行六大职能，深入研究侨务工作面临的新情况新问题，深化对侨务工作、侨联工作规律的认识和把握，为侨联事业创新发展建言献策。

3. 要创新研究方法。既要坚持以学术讲政治，又要坚持以文资政，发挥智库作用；既要开展基础性研究，也要开展应用性研究、前瞻性研究，把侨的理论、政策、动态、方法搞清楚；既要开展定性研究，又要开展定量研究，提高研究成果的科学性和质量；既要潜心搞研究，又要与有关部门和机构加强联系，拓展研究视野，汇聚研究资源；既要开展理论研究、文献研究，又要开展实地调研，让研究工作有深度、接地气。

4. 要凝聚研究力量。要发挥侨联的组织体系健全、联系广泛优势，加强与涉侨单位和部门工作联动，发挥中国华侨华人研究所和华侨华人历史学会的龙头作用，发挥重大课题、重要期刊、重要表彰的牵引作用，整合国内外高校和科研院所的研究力量和研究资源，打造组织化、社会化、专业化的侨务理论研究共同体。各地侨联要重视团结、联系专家学者，关心和支持华侨华人和侨务工作研究，形成推动工作的“外脑”。

5. 要打造研究平台。要着力打造习近平总书记关于侨务工作的重要论述研讨会这一品牌，每年确定一个主题，细分研究领域，扩大学者参与，提高论文质量，加强会议组织，努力成为华侨华人和侨务工作领域学术研究的权威、工作实践的参谋、政策咨询的智库，为侨务理论研究和侨联工作发展发挥更大作用。

6. 要推出研究成果。一方面，要坚持研以致学，有重点、有计划地组织开展研究，推出一批有分量的研究文章，通过几年努力，形成侨务理论和方针政策研究的学术高地、学术热点；另一方面，要坚持研以致用，围绕党政关注、侨界所急、侨联所需，提出一批有价值的政策建议，并与中国侨联侨情专报工作相结合，扩大研究影响，提高研究实效。要加强各级侨联之间的理论研究成果交流，相互学习，取长补短。中国侨联将积极总结、提炼、推广地方侨联在理论和实践创新中形成的好经验好做法。

福建是习近平新时代中国特色社会主义思想的重要萌发地，也是习近平总书记关于侨务工作重要论述的萌发地。厦门也是习近平总书记曾经工作过的地方。厦门大学由中国侨联的第一任主席陈嘉庚先生创办，有着鲜明的侨的基因。在福建、在厦门大学举办习近平总书记关于侨务工作的重要论述研讨会，有着特殊的意义。希望各位专家学者紧跟时代大势，开创研究新高度；希望各级侨联组织以习近平总书记关于侨务工作的重要论述为指导，为新时代侨务事业发展作出新的更大的贡献。

预祝本次研讨会取得圆满成功！谢谢大家！

在中国侨联十届三次常委会议上的讲话

（2019 年 7 月 31 日）

万立骏

各位常委，同志们：

根据中国侨联章程规定，常委会议每年召开两次，按惯例，年中召开一次，年底或年初全委会议时套开一次。这次会议是十届三次常委会议，主要任务是：以习近平新时代中国特色社会主义思想为指导，深入学习贯彻习近平总书记关于侨务工作的重要论述，紧密结合“不忘初心、牢记使命”主题教育，全面落实十代会工作部署，总结 2019 年上半年工作，部署下半年工作任务，以优异成绩迎接中华人民共和国成立 70 周年。

下面，我讲三个方面的意见。

一、上半年侨联工作进展顺利，取得积极成效

今年以来，在以习近平同志为核心的党中央坚强领导下，中国侨联与各级侨联组织一道，以习近平新时代中国特色社会主义思想为指导，深入学习贯彻习近平总书记关于侨务工作的重要论述，认真开展“不忘初心、牢记使命”主题教育，全面推动十代会部署落实，在理论武装、侨联改革、海外联谊、引领侨胞建功新时代、党的建设上聚焦发力、持续用力，各项工作取得新进展新成效。

（一）加强思想政治引领，持续推进习近平新时代中国特色社会主义思想特别是习近平总书记关于侨务工作重要论述的学习宣传贯彻

1. 抓实理论武装。**一是**把学习习近平新时代中国特色社会主义思想特别是习近平总书记关于侨务工作的重要论述作为重大政治任务，以侨联干部为重点，持之以恒推进。中国侨联党组在《机关党建研究》刊发《坚定不移跟党走为党和国家事业发展凝聚侨心侨力侨智》文章，理论学习中心组共组织 23 次集体学习，带动广大党员干部学好党的理论，补足精神之钙，夯实思想根基，做到旗帜鲜明讲政治、坚定不移跟党走。及时召开机关大会，传达全国“两会”等中央重要会议精神，把思想和行动统一到中央决策部署上来。**二是**创新学习方式，开设“特聘专家讲堂”，邀请中国侨联特聘专家委员会院士、专家为党员干部授课，从不同领域讲述以党的创新理论指导推动工作的生动实践，推动学习教育往实里走。**三是**扩大理论学习覆盖面，联合省级侨联，组织举办青年干部培训班、省级侨联组织人事干部培训班等，共培训侨联干部 280 人次，示范带动全国侨联系统理论武装工作深入开展。

2. 抓好理论宣传。**一是**突出主题宣传，落实中央有关要求，围绕新中国成立 70 周年，部署在侨界群众中广泛开展“我和我的祖国”主题宣传教育活动，在人民大会堂举办“亲情中华·一起读中国”朗诵音乐会，联合人民日报海外网开展“追梦中华·侨这七十年”网络主题活动，以“追梦中华·生态优先”为主题，组织海外华文媒体赴内蒙古采风，联合江苏省侨联举办“大运河文化带建设”海外华文媒体江苏行，大力宣传阐释党的创新理论、中国的发展成就和民族复兴的美好前景。**二是**注重典型宣传，在人民日报开设“追梦中华·侨界菁英”侨界青年人物专栏，联合中央广播电视总台拍摄以“华侨华人与新中国”为主题的纪录片，支持拍摄纪录片《国家荣光》，生动讲述侨胞故事，弘扬侨界爱国奋斗精神。**三是**规范工作宣传，制订《中国侨联关

于加强新闻宣传、规范新闻报道的实施办法（试行）》，拍摄中国侨联宣传片，制作中国侨联宣传折页，对中国侨联重大活动、重要品牌工作进行全面、深入报道，让更多海内外侨胞和社会公众了解侨联、关注侨联。

3. 抓深理论研究阐释。联合中央党史和文献研究院，推动《习近平侨务工作论述摘编》出版。中国华侨出版社编辑出版《习近平与侨的故事》，生动反映习近平同志对侨、对侨联的深厚感情。在厦门大学举办 2019 习近平总书记关于侨务工作重要论述研讨会，参会人员规模、范围、活动影响力有新的较大提升，进一步凝聚起学习总书记论述、推动新时代侨联发展的思想共识。

（二）贯彻党中央部署，认真开展“不忘初心、牢记使命”主题教育

1. 重谋划、抓部署。中国侨联党组第一时间传达学习习近平总书记在“不忘初心、牢记使命”主题教育会议、中央政治局第十五次集体学习、中央和国家机关党的建设工作会议上的重要讲话精神，在中央第十三指导组的指导下，把握“深入学习贯彻习近平新时代中国特色社会主义思想，锤炼忠诚干净担当的政治品格，团结带领全国各族人民为实现伟大梦想共同奋斗”的根本任务，按照“守初心、担使命，找差距、抓落实”的总要求和“理论学习有收获、思想政治受洗礼、干事创业敢担当、为民服务解难题、清正廉洁作表率”的具体目标，把握学习教育、调查研究、检视问题、整改落实的方法步骤，认真研究实施方案，召开动员大会，对侨联开展主题教育进行全面部署。成立主题教育领导小组，做好组织领导、沟通协调、宣传引导。定期召开会议，研究重要事项，分析存在问题，推动工作落实。

2. 读原文、悟原理。以个人自学和集中学习相结合的方式，原原本本学习《习近平关于“不忘初心、牢记使命”重要论述选编》《习近平新时代中国特色社会主义思想学习纲要》等一系列学习篇目，跟进学习习近平总书记关于主题教育、深化党和国家机构改革等领域的最新重要讲话。以理论学习中心组集中学习研讨的方式，将领学和重点发言相结合，先后围绕“党的政治建设”“理想信念”“全面从严治党”“担当作为”“党性修养”“宗旨性质”“政治纪律和政治规矩”等主题开展 10 次交流研讨，谈体会、说心得、查问题、挖根源、明方向。以主题党日活动的方式赴北京新文化运动纪念馆开展活动，重温入党誓词，深入了解马克思主义在中国的传播，接受思想洗礼，检视理想信念，汲取前进动力。

3. 抓调研、讲党课。坚持把学习研讨同研究解决侨联改革发展的实际问题、侨联党的建设面临的突出问题结合起来，深入思考，广泛调研。围绕主题教育，中国侨联领导班子成员分别赴北京、河北、江苏、福建、江西、河南、贵州、云南、陕西、青海等地开展调研，掌握第一手资料，听取基层一线声音。在此基础上，党组主要负责同志以“贯彻新思想、把握新情况、开创新局面”为主题给全体党员上党课，强调侨联初心和使命，全面学习贯彻习近平新时代中国特色社会主义思想特别是习近平总书记关于侨务工作的重要论述，梳理了新时代侨联工作十三个方面的重要部署和安排，明确了开展主题教育的重要要求。其他领导班子成员分别为分管领域、分管部门党员干部讲党课，加深认识，提高站位，增强自觉。

4. 查问题、抓整改。发扬自我革命精神，对照习近平新时代中国特色社会主义思想和党中央决策部署，对照党章党规，对照初心使命，按照中央印发的《关于在“不忘初心、牢记使命”主题教育中开展专项整治的通知》要求，查摆自身不足，查找工作短板，深刻检视剖析。通过印发征求意见表、设置意见箱、集中召开 13 场座谈会、在地方调研交流、个别谈心谈话等方式，广泛听取侨联系统党员干部、归侨侨眷和海外侨胞的意见建议。在此基础上，梳理、研究、归纳出 9 个方面的问题清单，明确了整改措施、牵头领导和责任部门。坚持以上率下，坚持立行立改，坚持边学边查边改，对于有条件解决的问题立即整改落实，对于不能马上解决的，制定路线图、时间表，一抓到底，久久为功。中国侨联成立主题教育专项整治工作小组，形成专项整治工作方案。

5. 抓支部、促落实。压实基层党组织的责任，建立支部主题教育情况定期报告制度。中国侨联 15 个基层党组织按照主题教育部署，认真推进相关工作。编印《党的知识应知应会》，购买、发放主题教育学习书籍，带动各基层党组织和党员干部，以及中国侨联青年读书小组，静下心来学理论，在学懂弄通做实上下功夫。各基层党组织在“七一”前后分别赴西柏坡、周恩来邓颖超纪念馆、焦裕禄纪念馆、北京市规划展览馆等地开展革命传统教育，加强对党的初心和使命的认识理解。同时，各基层党组织立足解决实际问题，分析检视问题，支部书记结合学习调研情况，在本支部讲党课。

（三）扎实推进侨联改革，加强“两个建设”

1. 认真做好中国侨联机构改革职能划转有关工作。坚决贯彻中央关于涉侨机构改革的决策部署，提高政治站位、强化大局意识，加强沟通协调，克服困难，有序有力做好有关工作品牌、项目、经费划转等工作。**一是**扎实推进中国侨商投资企业协会整合融入中国侨商联合会相关工作，按照民政部“先转隶后调整”的意见，召开中国侨商投资企业协会转隶工作会议，认真筹备侨商会换届工作。**二是**完成3家国内基金会和5家境外基金会境内代表处划转我会主管有关工作。**三是**平稳承接“中国寻根之旅”夏令营工作，加强与原办营单位的沟通，召开中国侨联“寻根之旅”夏令营工作会议，部署工作，精心安排。研究制定《“寻根之旅”夏令营办营规范》，加强对各地侨联和各办营单位的指导，确保安全办营、高质量办营。**四是**共同主办“四海同春”等文化项目，并做好2020年起由我会具体承办的有关准备工作。**五是**与中央统战部（以国务院侨办名义）共同主办第九届世界华侨华人联谊大会，派干部参与服务中华海外联谊会理事大会组织及参访活动。**六是**按照钱随事走的原则，加强与有关方面的沟通、协调，推进有关经费划转使用。**七是**加强汇报、协调，推动中央编办就改革中出现的分歧予以明确。

2. 积极指导和推动地方侨联改革。**一是**中国侨联领导班子成员分赴各省开展专题调研，加强政策解读、指导，督促各地侨联主动汇报、积极沟通，抓住机遇、用好政策，在职能划转、机构编制增加、力量加强、项目划转、夯实基础等方面争取支持、做好衔接，为侨联事业发展创造有利条件。目前全国31个省区市和新疆生产建设兵团侨联中，有28个基本完成改革，占比87.5%；浙江、福建、广东、重庆、四川等20个省级侨联增加了编制或内设机构。**二是**督促省级侨联做好换届人事安排和届中调整工作，协助做好省级侨联领导班子成员归侨侨眷身份审核、复函和备案工作。2019年上半年先后完成山东、四川、河北3个省级侨联换届和新疆、云南、甘肃、湖南等4个省级侨联调整领导班子人选工作。

3. 狠抓侨联机关基础建设。**一是**贯彻“大学习、大调研、大讨论，作出大贡献”要求，在调查研究上下功夫。落实2019年重点调研课题计划和部门调研课题计划，中国侨联领导牵头指导，部门负责人直接推进。依托研究所、华侨历史学会，推动国家社科基金重大课题特别委托项目“一带一路战略视野下我国沿边地区侨情调研”，召开我国沿边地区侨情研讨会。建立中国华侨华人（浙师大）研究中心，探索“侨联＋科研院所”的合作模式。**二是**以中国侨联机关“作风建设年”为抓手，在加强机关工作制度化、规范化建设上下功夫。力戒形式主义、官僚主义，进一步改革公文运转制度流程，精简公文、压缩会议，务求实效，修订完善了《中国侨联党组工作规则》《中国侨联主席办公会议议事规则》等10项制度。加强工作督查，建立中国侨联各部门各单位2019年工作安排台账，共215项；开展中期督查，跟进工作开展，推动有效落实。**三是**根据侨联工作需要，在加强机关信息化建设上下功夫。聚焦提升网络安全、优化网站设置、丰富网站内容、规范工作程序，实施信息化工作重大专项。上线新中国成立70周年和“不忘初心、牢记使命”主题教育专栏，链接中央“不忘初心、牢记使命”主题教育官网，加强和改进微信工作平台建设。截至6月30日，中国侨联网站点击量达50万人次，微信公众号总阅读次数超过28万人次，阅读人数超过19万人。

4. 下大力气推进基层组织建设。**一是**加强系统推动。制定印发《关于新时代加强基层侨联建设的指导意见》，8个省省委分管领导对学习贯彻作出重要批示。在河南等地召开工作培训，22个省区市侨联140多人参加活动，解读文件，推动各地加大工作力度，扩大组织覆盖。**二是**注重交流互鉴。搭建交流平台，挖掘推广基层侨联特色做法和亮点工作，促进各地侨联学典型、抓基层。**三是**激发基层活力。争取国家发改委支持，积极推进解决基层侨联统一社会信用代码赋码工作。积极推动“侨胞之家”建设，今年共支持29个省级侨联开展“侨胞之家”建设项目284个，支付经费430万元。联合内蒙古、吉林、上海、江苏、浙江、安徽、江西、河南等10多个省区市侨联以项目化方式，开展基层侨联干部专项培训，支付经费403万元。

（四）落实中央涉侨职能划转任务，履行海外华人华侨社团联谊职责

1.抓好顶层设计。召开2019年全国侨联系统联谊联络工作会议，分析海外联谊联络工作面临形势，明确目标任务，进一步加强工作统筹、形成工作合力。建立并每季度召开中国侨联海外工作联席会议，通报海外侨情，协调外事工作。深入研究论证，设计推出“侨连五洲”新项目，整合各方面力量，打造侨联海外联谊工作新亮点。

2.加强侨情分析。科学制定海外侨情调研短期目标和长期目标，明确时间表和路线图；加强与中央有关涉外单位的交流合作，形成海外侨情共享机制，扩展海外侨情来源渠道。盘活存量，设计海外重点侨领、重点侨团及综合侨情的标准表格，各部门各单位填写汇总，初步形成侨情数据库。提高要求，形成出访团组承担海外侨情调研任务的工作机制。编印《海外侨情动态》和《海外侨情分析》，为开展工作提供支持。

3.开展系列活动。通过“走出去”“请进来”密切与各国侨社侨领的联系，积极广泛宣讲，强化思想引导，增进情感友谊，上半年，接待来访侨胞近2000人次、海外团组50多个。认真筹备中国侨联青年委员会第四届委员会换届工作，扩大视野、严格程序、收集整理人选信息，为换届大会打好基础。以“WTO改革：中国方案与国际共识”为主题，举办13期“侨青圆桌”，更广泛地团结侨界青年人才。举办2019海外侨领中国国情研修班，培养工作骨干。

（五）统筹抓好侨联各项工作，团结引领侨胞建功新时代

1.突出品牌引领、人才支撑、工作统筹，服务经济高质量发展。**一是**做强“创业中华”品牌。围绕高质量发展和国家发展战略，举办“创业中华·牵手京津冀——第十九届海外高层次人才为国服务团”活动，参与主办2019中国·天津投资贸易洽谈会暨PECC博览会，服务京津冀协同发展。与山西、安徽、福建、山东、河南、青海等地方，联合举办“改革创新、奋发有为——山西侨界青年在行动”“2019巢湖侨创峰会”“创业中华·侨智八闽行”“经略海洋双招双引——侨界高层论坛暨项目推介活动”“创业中华·出彩中原”“2019知名侨商台商走进青海高峰论坛”等活动，与重庆市人民政府签订“共同推进重庆建设内陆开放高地合作协议”，助力地方经济高质量发展。依托侨商会平台，共组织约700余位侨商参与全国有关省区市举办的大型经贸活动11项，有力支持了国家区域经济发展战略。

二是加强侨联人才工作。加强特聘专家委员会建设，召开2019年中国侨联特聘专家委员会工作务虚会，充分发挥智库作用，做好建言献策。加强新侨创新创业联盟建设，召开侨创联盟理事长会议，举办中国侨联经济科技工作暨新侨创新创业联盟理事交流活动，在北京大学举办中国侨联新侨双创研修班，助力科技人才、创新团队、侨资企业发展。动员广大侨胞积极投身冬奥事业，募款支持张家口市冬奥会筹办工作。推动构建“地方侨联+大学侨联+校友会”机制，省级侨联积极行动，赴本地高校开展专题调研、交流座谈，密切与高校沟通联系，浙江省侨联先后在西湖大学、浙江中医药大学、浙江商业职业技术学院等建立侨联组织。动员社会力量捐赠1000万元，支持华侨大学建设。

三是注重侨联参与“一带一路”建设的工作统筹。建立中国侨联联席会议制度，通报工作、研究推动重要事项。举办“侨连五洲·七彩云南”系列活动，紧紧围绕“华侨华人与一带一路”的主题，将原东盟华商会活动内容扩大到联谊、经济、科技、金融、文化、公益、青年、侨社等领域，组织了开幕式、侨界专家企业家峰会、金融支持“一带一路”论坛、“亲情中华·七彩云南”演出、侨青圆桌、和谐侨社论坛、招商推介会、丽江市参访等20余场活动，来自53个国家和地区的700余名海内外嘉宾参加。与陕西、四川、重庆等地方侨联联合举办第四届丝绸之路国际博览会暨中国东西部合作与投资贸易洽谈会,2019“一带一路”华商峰会和“一带一路”侨商组织年会。面向19个“一带一路”沿线国家地区增聘海外律师委员，做好“一带一路”沿线法律服务工作。拓展“一带一路光明行”等海外公益项目，与海外侨界社团密切合作，落实专项基金项目，培训柬埔寨五官科医务工作者，并为当地老百姓进行耳鼻喉检查及健康知识普及；为乌兹别克斯坦75名贫困女性白内障患者免费实施复明手术。举办《“一带一路”沿线华侨华人史话丛书》首发式暨学术研讨会，在菲律宾宿务市设立海外首家“侨心书苑”。

2.突出文化交流、华文教育、文化活动，提高侨联文化工作质量、规模和效益。**一是**深化“亲情中华”品牌，提升影响力。组派“亲情中华”艺术团赴韩国、匈牙利、斯洛文尼亚、奥地利、塔吉克斯坦、澳大利亚、新西兰和斐济等8个国家和中国香港、中国澳门地区举办17场慰侨文艺演出，送去祖（籍）国的关心和惦念，展现新时代祖（籍）国的风采。参与有关部门重大海外传播项目，以侨为桥，弘扬中华文化，促进中外文明交流互鉴。

二是助推华文教育发展，增强海外华裔青少年对中华文化的认同。2019年起，中国侨联承接主办“寻根之旅”海外华裔青少年夏令营。截至目前，全国共有28个省区市级侨联启动网上报名工作，共建营263个。举办第二十届世界华人学生作文大赛，吸引34个国家和地区近300万学生参赛，比去年增加了10个国家。继续举办“亲情中华”台湾青少年冬令营，来自台湾的22名学生和老师参营。

三是丰富文化活动载体，满足侨界群众精神文化生活。组派“亲情中华”艺术团赴重庆、四川、广东、海南、广西和云南等地举办10场文艺晚会，慰问当地归侨侨眷和回乡探亲的海外侨胞，现场观众累计近万人，在线观众累计突破55万。首次在航天一院举办“亲情中华·走进航天”文艺晚会，慰问航天战线侨界科技工作者。华侨博物馆举办主题展览、公益讲座，上半年共接待社会各界观众10542人次。华侨出版社出版图书109种。

3.突出联系服务、建言献策，积极参政议政。**一是**做好全国人大归侨代表、全国政协侨联界委员联系、服务工作。做好建议、提案素材收集工作，2019年全国“两会”召开之际，共向代表、委员提供素材38篇。召开全国政协侨联界委员座谈会议，集中力量抓好提案工作。组织全国政协侨联界委员赴江西就脱贫攻坚工作开展专项调研，并形成调研报告。组织特聘专家召开课题论证会，形成相关科技领域战略思考和工作建议并及时上报。认真开展建议提案办理工作，2019年共承办人大建议和政协提案28件。

二是办好侨情专报。在河北召开部分省区市侨联侨情专报工作推进会，加强分类指导，提高专报信息的针对性、实效性；整合侨界智力资源优势，围绕应对中美经贸摩擦、防范化解侨务工作面临的重大风险等问题，积极建言献策。

三是代表侨界声音。依托中国侨联法顾委力量，对永久居留管理规定、外商投资法等28部法律文件草案提出了修改意见和建议。参加全国政协征求对建言资政质量评价相关文件意见座谈会，参加“一带一路”投资保护、国籍法等相关座谈会，反映侨界群众呼声和诉求。

4.突出重点扶贫、困难关爱、公益扶贫，助力脱贫攻坚。**一是**抓好定点帮扶。坚持“摘帽不摘帮扶”，召开中国侨联扶贫工作领导小组会议，结合上饶需求，形成《中国侨联2019年定点扶贫行动方案》《中央单位定点扶贫责任书（中国侨联）项目分解表》。完善相关规章制度，制定《中国侨联定点扶贫县脱贫攻坚督促检查工作实施办法》。组织中草药种植专家、香港侨商赴上饶开展产业扶贫、教育扶贫等专项调研，推动捐助项目落地，帮助当地增强“造血”能力。

二是着力改善侨界民生。推进2019年两节“送温暖、献爱心”慰问活动，走访慰问侨界代表人士和困难归侨侨眷，发放慰问金140.35万元，直接受益的困难归侨侨眷超过千户。向3名南侨机工发放生活补助；调研旅朝华侨退休教师及老侨干生活状况，提高补助标准，协调发放补助款50多万元。委托地方侨联开展“侨爱心——归侨侨眷技能培训”工作、“侨爱心——送温暖医疗队”活动，拨付经费548万元，送去党和政府的温暖。

三是做强侨界公益力量。深化“侨爱心工程”品牌建设，以医疗助困、教育、健康为着力点，做强“光明行”“健康行”“树人班”“图书室”“基层医疗”等项目。上半年，“树人班”项目资助学生1022人，协助“珍珠班”项目资助学生1.8万人；“光明行”项目实施免费复明手术5000多例；“图书室”采购价值100万元人民币的图书，用于资助云南省丽江市15所中学、35所小学建设“侨爱心·图书室”；持续推进开展司迈医疗设备捐赠公益活动，为基层医院捐赠手术设备价值3000余万元。积极参与云南深度贫困地区困难家庭脱贫帮扶工作，推动实施中国侨联与云南省政府签署的《实施精准扶贫助力乡村振兴合作备忘录》落实，组织7家境外侨团（基金会）与云南华商公益基金会、5个深度贫困地区市（县）侨联签署“一对一”结对帮扶协议。汇总分析2018年度全国侨联系统接受华侨捐赠情况，举办港澳侨界慈善人士新春恳谈会，广泛发动侨界公益力量。编辑出版《华侨华人海外公益纪实》，引领和鼓励海外侨胞以多种方式为当地社会建设和发展贡献智慧和力量。

5. 突出观念引导、纠纷化解、信访接待，依法维护侨益。**一是**增强侨界法治观念。在辽宁沈阳、青海西宁举办“法治中国你我同行”侨界法治学习活动，23个省区市400余名基层侨联工作者、侨商代表和侨界群众参加。启动《中国公民海外平安旅游》知识手册编撰工作，从住在国特点出发提出平安旅游安全提示。在《中国侨商》杂志开辟“法律茶座”专栏，开展有针对性的政策法规宣传。

二是坚持需求导向。深入侨企问需问计，通过座谈研讨、实地走访、上门取经、调查问卷等方式，面向百余家侨界民营企业征求意见，广泛了解对各地法治环境的评价和建议，深入把握侨资企业迫切需求，促进侨资企业更好发展。

三是促进维权工作提质增效。完善涉侨纠纷多元化解机制，组织法顾委调研组分赴山西、辽宁现场调研。加强法顾委建设，组织召开法顾委主任会议，组织召开4场案例分析会，研究出台《法顾委专业委员会活动规则》，加快法顾委规范化、制度化建设。加强公职律师业务培训。

四是做好信访工作。受理群众来信150余封，接待群众来访58批次79人，向地方转办信访函33封；办理涉侨涉诉案件70件次，召开4场案例分析会；与北京泽文律师事务所联合组建律师志愿者队伍，建立律师值班参与涉诉纠纷案件工作机制，及时接待上访侨界群众、解答信访人疑惑。

6. 突出为国家港澳台工作大局服务，做好港澳侨务工作和侨务对台工作。在人民大会堂举办“中国侨联庆祝新中国成立70周年系列活动——香港‘千人老归侨访京团’招待会”等活动，鼓舞香港侨界士气，引导香港侨界人士继续为香港长期繁荣稳定作贡献。举办第十一届海峡论坛分论坛——2019两岸侨联和平发展论坛·海峡两岸暨港澳侨界圆桌峰会。来自岛内、港澳地区及海外的150余名侨界代表围绕“推动两岸和平发展致力民族伟大复兴”的主题进行深入交流，扩大两岸和港澳侨界交往，深化人文交流，促进两岸同胞心灵契合，团结凝聚海内外侨界力量，厚植支持两岸关系和平发展的民意基础。与香港海外学人联合会、香港侨界社团联会青年委员会联合主办“侨青圆桌——粤港澳大湾区协同发展的机遇与挑战”论坛，围绕科技创新和金融支持两大核心问题，助力粤港澳大湾区建设。参加在澳门举办的第十届世界缅华同侨联谊大会和“一带一路”及粤港澳大湾区发展机遇论坛，凝聚侨界人心，发挥侨胞作用。

（六）以党的政治建设为统领，全面加强侨联组织党的建设

1. 把党的政治建设摆在首位。认真学习习近平总书记在中央和国家机关党的建设工作会议上的重要讲话精神，教育引导侨联党员干部提高政治站位，严守党的政治纪律和政治规矩，增强“四个意识”，坚定“四个自信”，坚决做到“两个维护”，自觉在思想上政治上行动上同以习近平同志为核心的党中央保持高度一致。坚持把政治标准和政治要求贯穿到侨联各项事业之中，增强政治执行力，防止形式主义、官僚主义，坚决推动党中央对侨联工作的要求部署落到实处。

2. 建设政治上强、作风优良、专业水平高的侨联干部队伍。坚持好干部标准，做好干部培育、选拔、管理、使用工作，中国侨联机关新提拔任命21名局处级干部。制定《2019-2023年中国侨联培训规划》，通过学习培训、挂职锻炼等，为干部提高能力本领创造条件。完善专兼挂职干部制度，注重培养年轻干部。开展“作风建设年”活动，印发实施方案，进行任务分解，成立督查组，教育引导侨联干部勇担当、善作为、讲效率、重落实。发挥中国侨联青年读书小组作用，举行研讨会、座谈会、演讲比赛及主题团日等活动，提高青年同志的理论功底和业务能力。做好离退休干部工作。

3. 大力推动支部建设。召开2018年度中国侨联直属机关基层党组织书记党建述职大会，压实基层党组织党建工作责任。开展党支部建设状况调研，综合分析研判，提出加强和改进基层党支部建设的措施意见。召开“七一”表彰大会，表彰先进，树立真抓实干的鲜明导向。及时督导各基层党支部做好支委班子换届选举工作，督促各支部严格落实“三会一课”制度，总结党费收缴使用和管理情况，规范组织关系接转、发展党员审核批复等工作，扎实推进基层党组织建设。加强机关群团工作，发挥群团组织作用。

4. 驰而不息正风肃纪。召开党风廉政建设工作会议。持续抓好中央巡视反馈问题的整改落实，开展第一轮内部巡视。坚决纠“四风”、转作风，及时开展警示教育，畅通举报渠道。开展经常性纪律教育，深化运用监督执纪“四种形态”，强化日常监督，依纪依规及时处置来信来访。严格干部提拔、试用期转正、评先争优、因私出国（境）等事项的党风廉政审核把关。认真落实问题线索管理和报备规定。完善党员领导干部廉政档案。

回顾十代会以来走过的历程，我们深切感到，随着新时代党和国家事业的发展，侨联工作迎来了极为难得的发展机遇，职能在加强，条件在改善，任务在加重，责任在增加，工作节奏在加快，工作氛围在变好，各方面对侨联的期待也在增加。总结今年以来的工作，我们深切感到，各项任务的顺利推进和以上成绩的取得，是在以习近平同志为核心的党中央坚强领导下，是在中央书记处的直接指导下，在各级党委政府和社会各界的关心支持下，各级侨联组织和广大侨联干部勇于担当、锐意进取、勤勉工作、不懈努力的结果。中国侨联十届常委会的各位成员在各自岗位上对中国侨联的工作给予了热情参与和积极支持。在此，我代表中国侨联党组，向同志们表示衷心的感谢！

在看到成绩的同时，我们也清醒地认识到，与新时代新要求相比，按照“不忘初心、牢记使命”主题教育检视问题的要求，侨联工作中还存在一些问题和不足。比如，学习贯彻习近平总书记关于侨务工作的重要论述还不够深透，将理论转化为实际行动还不够；在涉侨机构改革中承接划转职能、项目方面还需进一步沟通落实，海外联谊工作力度需要加大；十代会提出的“两个建设”“两项机制”“两张网”等重点部署结合本领域本地区本系统实际落实还不够紧密；侨联工作的规划性还不足，制度规定尚需进一步建立健全；地方侨联特别是市、县侨联改革存在不到位的情况；侨联干部队伍专业化建设需要用更大力气，等等。这些问题有的是共性的，有的是局部的，都要给予高度重视，采取有力措施切实予以解决。

二、下半年侨联工作任务繁重，要加大力度、确保落实

实践在深入，认识在深化。我们感到，中国特色社会主义进入了新时代，侨联工作也进入了新时期，习近平总书记和党中央对侨联的重视和关心前所未有，党和国家事业发展对侨联提出的新要求前所未有，侨联工作对象的变化前所未有，侨胞对侨联的期待前所未有，侨联海外工作的环境变化前所未有。对此，侨联上下要有清醒认识，结合本地区、本领域实际，分析研判、科学施策、抓住机遇、应对挑战、防范风险，开创新局面、展现新作为。

时间过半再加压，扭紧螺丝再出发。做好今年下半年工作，我们要深入学习贯彻习近平新时代中国特色社会主义思想特别是习近平总书记关于侨务工作的重要论述，增强“四个意识”、坚定“四个自信”、做到“两个维护”，落实十代会部署，坚持稳中求进，坚持“五个不忘”，坚持“两个并重”、“两个拓展”、推动“两个建设”，聚焦保持和增强政治性、先进性、群众性，围绕“十三个方面”的工作部署和要求，着力讲

政治、迎国庆、促改革、强服务、抓党建，以自我革命精神和奋发有为的实际行动，庆祝中华人民共和国成立70周年，确保全年工作任务圆满完成。

（一）继续抓好“不忘初心、牢记使命”主题教育，持续推动侨联理论武装工作往深里走、往心里走、往实里走。按照中央统一部署，中国侨联机关主题教育持续到8月底。要力度不减，劲头不松，务求实效。**一是**把握学习主线。坚持把学习贯彻习近平新时代中国特色社会主义思想特别是习近平总书记关于侨务工作的重要论述作为重中之重、贯彻始终，与学习党中央一系列决策部署相结合，悟深悟透、融会贯通、推动工作。发挥领导干部领学作用，发挥基层党组织促学作用，激发党员干部主体作用，认认真真读原著悟原理，在原有学习的基础上取得新进步、达到新高度。**二是**找准问题差距。弘扬刀刃向内的自我革命精神，自觉对照习近平新时代中国特色社会主义思想，对照党中央关于侨务工作、侨联工作的决策部署，对照侨界群众新期待，对照先进典型、榜样，找差距、查短板，并在不断深化调查研究中，把问题找准查实。**三是**狠抓整改落实。突出重点，边查边改，把“改”字贯彻始终，特别是抓好专项整治工作，解决改革重点难点问题，解决侨界群众最关心最紧迫的利益问题，做到解难题、促发展、求实效。坚持知行合一、学做结合，自觉用党的创新理论指导、推动工作，把开展主题教育成效体现到贯彻党中央要求、落实十代会部署的实际行动中。

（二）大力开展庆祝新中国成立70周年系列活动，营造侨心向祖国、奋进新时代、共圆中国梦的浓厚氛围。这是下半年工作的一个重点，各地要根据中国侨联部署，结合本地党委政府要求，突出侨的特色，把活动有效开展起来。**一是**按照中央安排部署，配合有关部门，落实好侨界代表参加国庆有关活动事宜。**二是**广泛开展“我和我的祖国”主题宣传教育活动。陈嘉庚先生是“华侨旗帜、民族光辉”。习近平总书记对弘扬嘉庚精神作出重要指示。要在侨界群众中大力开展形式新颖、富有时代气息的群众性主题宣传教育活动，增强仪式感、参与感、现代感，讲好中国共产党故事，讲好中国故事，讲好中国人民故事，引导广大归侨侨眷和海外侨胞向陈嘉庚先生学习，深怀爱国之情，坚守报国之志，同祖国人民一道，共圆民族复兴之梦。要集中力量、精心组织，热在基层、热在群众。**三是**实施好侨联重点活动，提高政治站位，将政治性、思想性贯彻始终，创新方式方法，增强对侨界群众的吸引力和对海外的辐射面。**四是**开展“追梦中华·侨这七十年”网络主题活动，抓实六方面任务，突出参与面和影响力，探索运用互联网手段开展宣传思想工作的新方式新途径。

（三）进一步深化侨联改革，在转职能、转方式、转作风方面取得新成效。这一轮机构改革在侨联发展历程中具有里程碑意义。改革是冲着问题去、冲着难题去的，所以一定要有啃硬骨头的韧劲，有攻坚克难的勇气和办法，把改革机遇转化为实实在在的改革成效。**一是**继续与中央统战部进行沟通协调，对照有关协调意见，把未推进的改革任务或者落实不到位的改革任务抓实、抓好。**二是**把两家侨商会整合融入工作、“寻根之旅”夏令营、“四海同春”项目等正在划转或承接主办的工作做稳妥、做出成效，同步推进机关服务中心、直属企业、华侨农场等机构改革，增强改革的整体效应。**三是**按照发生化学反应的要求，思考和谋划如何将划转过来的项目、品牌、平台、机制，和侨联原有的工作有机融合好，同时对照党对侨联的新要求，进行整合、重塑和提升、创造，以开创新时代侨联工作新局面。**四是**对照以习近平同志为核心的党中央关于群团改革的重要部署，对《中国侨联改革方案》推进情况进行“回头看”，以保证侨联改革按照强“三性”、去“四化”的总方向去推进。**五是**继续加强对省级侨联改革的指导和推动，努力帮助解决长期存在的体制机制问题。把中国侨联改革做法和省级侨联改革的好做法向下复制和延伸，在加强市、县侨联改革上持续用力。**六是**在推动“两个建设”、织好“两张网”、构建“两项机制”、建设政治上强、专业水平高、作风优良的侨联干部队伍等重点部署上出实招，推动侨联工作整体上台阶。

（四）聚焦海外工作，形成履行侨联联谊联络职责的强大合力。职能的划转，意味着侨联海外工作责任的加重，这是中央交给侨联的任务，也是对侨联的充分信任。任务必须完成，信任不可辜负。**一是**加强工作领导。各级侨联领导要强化政治责任和领导责任，把联谊联络工作摆到突出位置，加强重要问题的分析研判和重要任务的统筹指导，制定工作规划，动员部门联合、科学分工、有效协同。**二是**树立大侨务理念。各部门、各单位、各地、各层级都要有海外工作的意识，结合实际，密切配合。要建好侨联组织内部自上而下包括涉侨社团在内的组织网络，努力实现找到人、有机构、有力量、有工作目标，形成侨联系统的整体联动；建好侨联与其他部门、其他群团组织如外交部、中联部、中科院、中央金融机构等单位的工作网络，通过信息共享、制定政策、项目合作、资源支持等方式，努力实现借力发力、协同发展的目标。**三是**创新工作思路和方式。加大海外侨情调研力度，把握世情国情侨情发展变化的新情况、新特点、新趋势，深化对海外侨务工作发展规律的认识，稳妥推进、创新开展联谊联络工作。**四是**抓好重点工作。加强“侨连五洲”品牌活动建设。拓展侨界青年工作，继续办好“侨青圆桌”系列活动，全力筹备开好中国侨联青年委员会第四届委员会换届大会。着力开展华裔新生代工作，办好夏令营，推动海外华文教育发展，增强他们对祖（籍）国的认识、认知和认同。开展港澳台和少数民族地区侨的工作，助力“一国两制”和祖国和平统一，巩固中华民族大团结。

（五）突出重点、打造亮点，提高侨联围绕中心、服务大局、服务侨胞的工作水平。一是聚焦创新引领。更好发挥特聘专家委员会、侨创联盟平台作用，举办海外华人专业社团联谊活动，加强与地方侨联活动的对接，强化与海外科技团体、专业社团的合作交流，涵养凝聚侨界人才资源。做强“创业中华”品牌，举办新侨创新创业系列活动，办好与地方政府联合举办的机制性平台活动，为发挥人才作用，积极创造条件、提供有力支持。做好中国侨商联合会与中国侨商投资企业协会整合换届工作，进一步整合资源、发挥作用。**二是**聚焦“一带一路”。强化与“一带一路”相关部门信息沟通交流，发挥侨联“一带一路”联席会议制度，加强对侨联系统参与“一带一路”建设的规划和指导，统筹经贸往来、文化交流、法律服务、公益基金等方面的资源项目，发挥聚集效益。注重引导侨胞在为“一带一路”牵线搭桥、助力“一带一路”民心相通等方面发挥更大作用。**三是**聚焦脱贫攻坚。继续做好定点帮扶工作，协调科技、资金等资源，帮助发展特色产业。深化“侨爱心工程”品牌建设，继续实施“光明行”“健康行”“树人班”等项目。动员侨界力量，关爱帮扶侨界困难群体。**四是**聚焦文化传播。加强“亲情中华”品牌建设，承接好“四海同春”“文化中国”等项目，加强资源整合，不断提升文化交流质量和规模。深化海外华文教育，合力办好“寻根之旅”夏令营，加强对各地办营要求指导，调研营员参营体验，优化营期安排，力争活动上规模、上水平。**五是**聚焦基层组织建设。推动《关于新时代加强基层侨联建设的指导意见》的学习贯彻，强化为侨服务宗旨意识，多办实事，增强侨界群众的获得感、幸福感。创新工作机制，做好新侨和留学归国人员的组织建设工作，运用互联网做好服务和宣传引导工作。推动“侨胞之家”建设，加大基层兼职干部培训力度，更广泛地联系服务侨界群众。

（六）坚持严实标准，推动侨联党的建设高质量发展。一是坚决做到“两个维护”。广大侨联干部要提高政治站位，严守政治纪律和政治规矩，做到党中央提倡的坚决响应、党中央决定的坚决照办、党中央禁止的坚决杜绝。要把坚决做到“两个维护”体现在贯彻党中央关于侨联工作决策部署的行动上，体现在履职尽责、做好本职工作的实际行动上，体现在党员干部的日常言行上，体现在高度的理性认同、情感认同上，体现在坚决的维护定力和自觉上。**二是**着力建设政治上强、作风优良、专业水平高的侨联干部队伍。要以新的理念、思路、办法、手段解决好侨联机关和干部队伍建设中存在的短板和问题，在侨联机关倡导重学习、懂感恩、走正道，同事之间彼此欣赏、相互促进、团结共事，坦坦荡荡做人、干干净净做事。要把严管和厚爱结合起来，形成正向激励。要树立能力导向、实绩导向，注重在实践一线、复杂情况、重大活动中培养锻炼和选拔使用干部。**三是**树立大抓基层的导向。组织好直属机关党委、纪委换届工作。落实好“三会一课”等制度，营造比学赶帮超的良好氛围，发挥支部的战斗堡垒作用和党员的先锋模范作用。强化抓好党建是本职、不抓党建是失职、抓不好党建是不称职的理念，坚持“书记抓、抓书记”，推动领导干部履行“一岗双责”，做到明责、履责、尽责，坚持党建、业务两手抓、两促进。

三、中国侨联常委要牢记党的要求，为全国侨联系统干部作表率

习近平总书记对侨务战线的同志提出了贴心人、实干家的明确要求，党中央致词中要求侨联干部政治上强、专业水平高、作风优良，这是党中央对侨联干部的嘱托。中国侨联常委是经过层层推选，由全国归侨侨眷代表大会选举产生的中国侨联最高领导机构的成员，是整个侨联的领导骨干，你们的整体形象、精神状态、工作作风，代表全侨联、影响全侨联。希望大家按照党的要求，全面提高自己，从严要求自己，以过硬的素质、作风和能力，当好全国侨联系统干部表率。

一是要追求做事而不追求当官，在坚定理想信念上作表率。习近平总书记强调，立志是一切开始的前提，要立志做大事，不要立志做大官。侨联干部是党的干部的一部分，是受党委派做侨的工作。侨联干部要树立为党分忧、为党尽责的理想信念，为党的侨务事业勤勉工作。侨联的岗位是干事的平台、广阔的舞台。希望大家带头坚定理想信念，在侨联的岗位上追求做事而不是追求当官，在为党、为国家、为侨胞做事中实现自己的人生抱负。

二是要讲政治、知大局、懂政策，在把握工作方向上作表率。做领导干部，把方向是第一位的。侨联工作政治性、政策性很强。如何把方向？首先要旗帜鲜明讲政治，增强“四个意识”，坚定“四个自信”，做到“两个维护”，注意从政治的角度认识问题、把握工作、推动发展。其次，要深入学习掌握党和国家的大政方针特别是与侨联工作有关的侨务工作、统战工作、外事工作的法律、法规和有关政策，牢牢把握围绕中心、服务大局的工作主线。

三是要努力学习、钻研业务，在提高履职能力上作表率。习近平总书记指出，全党同志特别是各级领导干部要有本领不够的危机感，以时不我待的精神，一刻不停增强本领。现在，世情、国情、侨情变化很大，侨联工作不是随随便便就能干好的。不重视学习，不注意思考研究问题，光吃老本，是不行的。希望侨联系统干部队伍树立学习研究、钻研业务的好风气。学明白了，想明白了，研究明白了，工作才能干明白、有水平，才能让侨胞信服。

四是要强担当、重落实、讲效率，在培养优良作风上作表率。作风就是形象，作风影响成败。大家看侨联怎样，很大程度上是看侨联干部怎样。我们要用好的作风、好的形象去赢得尊重和认可。对于自己的职责范围内的事情，要切实担当起来，不能推诿，做局内人、不做看客；已经决定的工作，要马上就办，雷厉风行；要有时间观念，讲究效率，做到件件有着落、事事有回音，不能拖拖拉拉；要抓住主要矛盾不放松，一盯到底，每年抓好几件大事。

五是要严格自律、清正廉明，在坚守做事做人原则上作表率。习近平总书记强调，干部要忠诚干净担当。当干部，就要严格要求自己，习惯在监督和约束的环境下工作生活，清正、清廉、清明。以前一般认为侨联是群团组织，群团干部手中也没有多少权力，不会出什么腐败问题。现在看来也并不完全是这样。希望大家要以反面典型为镜鉴，警钟长鸣，严格执行领导干部廉洁从政各项规定，不贪图小便宜，坚守共产党人政治本色。

各位常委，同志们！

七十载征程壮阔，新时代气象万千。让我们更加紧密地团结在以习近平同志为核心的党中央周围，不忘初心、牢记使命、砥砺奋进，贯彻新思想、把握新情况、开创新局面，团结凝聚广大归侨侨眷和海外侨胞建功新时代、共圆中国梦、推动构建人类命运共同体，以优异成绩迎接中华人民共和国成立70周年！

建功新时代　勇做追梦人

——在中国侨联青年委员会第四次会员大会上的讲话

（2019年11月8日）

万立骏

各位委员，同志们：

中国侨联青年委员会第四次会员大会今天隆重开幕了，这是进入新时代召开的一次侨界青春盛会。我代表中国侨联，向大会的召开表示热烈的祝贺！向中国侨联新一届青委会委员和广大海内外侨界青年致以诚挚的问候！

党的十八大以来，在以习近平同志为核心的党中央坚强领导下，党和国家各项事业取得全方位、开创性成就，发生深层次、根本性变革，中国特色社会主义进入了新时代。伴随着这一进程，中国侨联牢固树立“四个意识”、坚定“四个自信”、坚决做到“两个维护”，以习近平新时代中国特色社会主义思想为指导，深入学习贯彻习近平总书记关于侨务工作的重要论述，坚持“两个并重”、“两个拓展”，加强“两个建设”，全面履行六大职能，着力讲政治、推改革、强基层、抓服务、重党建，推动各项工作实现新发展，侨联组织展现新面貌。

中国侨联青年委员会第三次会员大会以来，坚持围绕中心、服务大局、服务侨界青年，适应国内外形势发展和侨情变化，努力发挥桥梁纽带作用，在强化理论武装、促进新侨创新创业、拓展联谊联络、加强自身建设等方面，开展了许多卓有成效的工作，为延伸侨联工作手臂、团结服务侨界青年发挥了重要作用，为服务祖国发展、坚持“一国两制”、推进祖国统一、弘扬中华文化、促进中外交流与合作、共建“一带一路”、推动构建人类命运共同体发挥了积极作用。

广大侨界青年牢记祖国和人民的嘱托，发扬侨界传统，秉承赤子之心，积极投身我国改革开放和社会主义现代化建设的伟大实践。创新创业的第一线、脱贫攻坚的主战场、社会服务的各领域、国际交往的大舞台，活跃着侨界青年的奋斗身影，展现出侨界青年敢于追梦、勇于创造、甘于奉献、自信开放的良好形象。

实践证明，中国侨联青年委员会不愧为侨联团结凝聚广大海内外侨界青年的重要组织依托和工作平台，广大侨界青年不愧为归侨侨眷和海外侨胞中一支生机勃勃的重要力量。

侨联事业的不断进步，侨界青年的成长发展，根本在于以习近平同志为核心的党中央高度重视和坚强领导。习近平总书记亲自谋划、亲自指导、亲切关怀，为侨务改革和侨联工作指方向、提要求，极大振奋了广大归侨侨眷和海外侨胞、广大侨联工作者的精神，有力推动了我国侨联事业的发展。

今天，来自97个国家和地区的近500名侨界青年代表相聚北京人民大会堂，召开中国侨联青年委员会第四次委员大会，有着承载光荣史、奋斗新时代、开拓新未来的重大意义。党中央对这次会议十分重视。刚才，中央书记处书记、中央统战部部长尤权同志代表党中央亲切接见了大家并发表了讲话，我们要认真学习领会，抓好贯彻落实。一会儿，乔卫同志将作第三届中国侨联青年委员会工作报告。下面，我就贯彻党中央要求、促进侨界青年建功立业、做好青委会工作，讲几点意见。

一、深入学习贯彻党中央重大决策和部署，正确认识我国经济社会发展中的几个问题

“不谋全局者，不足以谋一域”。习近平总书记强调，要“胸怀大局、把握大势、着眼大事”。中国侨联青年委员会是侨界青年的优秀代表，肩负着重要职责。无论大家身处国内还是海外，都要提高站位、形成自觉，深入学习贯彻党中央关于我国经济社会发展的一系列决策部署，正确认识形势，把准前进方向。

当前，我国正处在实现“两个一百年”奋斗目标的历史交汇点上。从国际看，世界发展面临百年未有之大变局，中国发展的外部环境更趋复杂。从国内看，我国正处于实现中华民族伟大复兴关键时期，决胜全面建成小康社会进入收官阶段。今年又恰逢新中国成立70周年，党中央对改革发展稳定各项工作作出部署和安排。对大家来讲，需要重点关注以下几个方面。

一是防范和化解重大风险。今年年初，中央举办了省部级主要领导干部坚持底线思维着力防范化解重大风险专题研讨班。习近平总书记就此问题进行全面分析、系统部署。近年来，海外侨务工作敏感性增加，侨胞在海外生存发展也面临不少挑战。我们要充分认识到，坚持底线思维、增强忧患意识、防范化解风险，不仅事关大局，也事关侨联工作，事关侨胞自身，必须树立问题导向，未雨绸缪，防患于未然。

二是新中国成立70周年。国庆大典振奋党心民心，是一堂鲜活生动的在党的领导下新中国奋斗腾飞的历史课，也是一堂厚重、深刻、有温度的爱国主义、中国特色社会主义教育课。习近平总书记在庆祝中华人民共和国成立70周年大会上、在国庆招待会上、在国家勋章和国家荣誉称号颁授仪式上发表了重要讲话。讲话内容精炼而内涵深邃、意义重大，大家要深入学习领会。要更加坚定地坚持中国共产党领导，坚持人民主体地位，坚持中国特色社会主义道路，在创造新的历史伟业、实现祖国完全统一、推动构建人类命运共同体的进程中做出侨界青年应有的贡献。

三是坚持和完善中国特色社会主义制度、推进国家治理体系和治理能力现代化。党的十九届四中全会从政治上、全局上、战略上就此专题研究、作出《决定》。《决定》全面总结了中国特色社会主义制度建设的历史性成就，集中概括了中国特色社会主义制度和国家治理体系的显著优势，深刻阐述了支撑中国特色社会主义制度的根本制度、基本制度、重要制度，明确了坚持和完善中国特色社会主义制度、推进国家治理体系和治理能力现代化的总体要求、总体目标和重点任务。《决定》全面回答了在我国国家制度和国家治理上，应该“坚持和巩固什么、完善和发展什么”这个重大政治问题。特别是，《决定》提出，必须加强和创新社会治理，完善党委领导、政府负责、民主协商、社会协同、公众参与、法治保障、科技支撑的社会治理体系，这对发挥侨联等群团组织作用提出了明确要求。侨联要贯彻《决定》要求，推动“两个建设”，织好“两张网”，为做好党的群团工作、坚持和完善共建共治共享的社会治理制度作出积极贡献。

四是深化党和国家机构改革。去年召开的党的十九届三中全会对此作出部署。今年7月，党中央召开深化党和国家机构改革总结会议。习近平总书记出席会议并发表重要讲话。这次深化党和国家机构改革是对党和国家组织结构和管理体制的一次系统性、整体性重构。在这当中，党中央对涉侨机构进行了改革，侨联机关职能、机构、编制和力量得到了加强，体现了习近平总书记和党中央对侨联工作的重视和关心。我们感到，涉侨改革，不仅是机构和职能的调整，更重要的是理念、思路、方式、方法、机制等的变化。对于侨联而言，涉侨改革只是侨联改革的一部分，而不是全部。总的讲，侨联深化改革要按照习近平总书记对群团改革和群团工作的要求去做，进一步强“三性”、去“四化”，更好发挥党和政府联系广大归侨侨眷和海外侨胞的桥梁纽带作用。

对于当前我国发展的形势和任务，各位青年委员都有着自己的见解。我们希望大家对一些比较重要的问题有更深入的认识。

第一，深刻认识新中国成立70年来、改革开放40多年来、党的十八大以来我国发展取得的巨大成就，坚定中国特色社会主义道路的信念。我国发展取得的伟大成就举世公认。大家也亲身经历、见证了改革开放以来国家面貌、人民生活发生的巨大变化，也见证了我国综合国力的提升、

国际影响力增强的辉煌历程。世界并不太平，这边风景独好，中国创造了发展和稳定两大奇迹，民族复兴展现出更加美好的前景。大家不仅要看到这些成就本身，还要深入思考背后的原因：中国为什么能？中国共产党为什么能？中国人民为什么能？要从历史逻辑、现实逻辑、理论逻辑、国际比较逻辑的综合分析中，深刻理解中国共产党，深刻理解中国特色社会主义道路、理论、制度、文化，深刻理解中华民族的品格，增进对党、对国家、对社会主义的拥护、理解和认同。

第二，准确把握我国发展的历史方位，树立坚定的奋斗精神。党的十九大报告明确提出“中国特色社会主义进入了新时代”、“我国社会主要矛盾已经转化为人民日益增长的美好生活需要和不平衡不充分的发展之间的矛盾”，同时强调“我国仍处于并将长期处于社会主义初级阶段的基本国情没有变，我国是世界最大发展中国家的国际地位没有变”。“变”与“不变”，指明了党和国家事业发展所处的时代坐标，也为我们认清基本国情、把握新时代赋予的新使命提供了遵循。大家既要看到我国经济实力和综合国力显著增强，但同时我国人均国内生产总值仍处在中等收入阶段，依然远低于发达国家；既要看到有的发展领域进步很大，也要看到自主创新能力的不足，关键核心技术面临卡脖子的危险；既要看到人民生活水平的提高，也要看到我国国民的基本文明素质、教育程度、法制意识、道德水平等方面存在的差距；既要看到社会建设的不断推进，也要看到人民群众在就业、教育、医疗、居住、养老等方面面临不少难题，城市管理和生态文明建设领域还有不少“短板”。对我国仍处于并将长期处于社会主义初级阶段的基本国情必须有清醒认识，不能骄傲自满，而要继续立足本职，勤勤恳恳，艰苦奋斗，撸起袖子加油干，同心共筑中国梦。

第三，正视我国发展中出现的社会问题，牢固树立为侨服务的理念。社会基本矛盾运动是社会发展的根本动力。一些矛盾和问题会随着发展不断解决，同时在发展中又会有新的矛盾和问题产生。在我国高速发展、加快推进现代化的四十多年中，不可避免也出现了一些矛盾和问题。西方发达国家在上百年工业化、城市化进程中渐次出现的问题，在我国以“时空压缩”的方式集中呈现出来。比如，交通拥堵、环境污染、食品安全、垃圾处理、贫富差距、特殊群体的权益维护等问题。这些社会问题不可回避，解决这些问题也不可能一蹴而就。我们党坚持以人民为中心，打赢三大攻坚战，下大力气改善民生，在破解社会建设的短板上持续用力。在这个过程中，各级侨联组织都要坚持为侨服务的宗旨，深入了解侨胞所需所求、所期所盼，有针对性地开展服务，增强他们的获得感、幸福感，当好侨胞的贴心人。

第四，正确认识中国经济发展趋势，把握中国发展的宝贵机遇。大家都十分关注中国经济形势。到底怎么看？总的讲，中国人口众多，市场潜力巨大，发展后劲足，中国经济长期向好趋势没有变，它正在从高速度增长不断转向高质量发展，新旧动能不断接续转换，呈现出一些新的趋势和新的机会。比如，最终消费支出增长成为经济增长的第一拉动力，对某几种消费品大众化、排浪式消费正转向追求高品质、差异化、多样化的选择性消费；城乡居民恩格尔系数明显下降，服务消费在居民消费中的比重不断上升，旅游、文化、体育、养老、家政等服务消费十分活跃；生产投入日益科技化、数据化，产生了数字媒体、电子商务、电子金融服务，出现了许多新产品、新行业、新业态；高端制造和智能制造正在改变工业经济结构；部分公共品供给成为新兴服务产业，健康产业、养老产业兴起；湾区经济和城市群经济资源配置规模效应凸显，一些城市发展迅速；乡村振兴出现新契机；“一带一路”建设走深走实，中国与开放型世界经济联系更紧密。近年来，国家和地方政府还出台了很多扶持政策，鼓励创新创业。青年人最少保守思想，敢闯敢试，侨界青年更是如此。希望大家紧跟这些趋势变化，结合自身优势，找准结合点和发展方向，珍惜和用好难得的机遇，发展事业，投资兴业，实现个人梦想，服务祖国发展，书写青春建功新时代的动人篇章。

二、深入学习贯彻习近平总书记对青年成长的重要要求和党中央对侨胞的殷切希望，促进侨界青年在新时代展现新风采

党的十八大以来，习近平总书记对青年念兹

在兹，每年五四前后，都要参加青年的活动，和青年在一起，对青年一代寄予厚望，提出明确要求。总书记强调，青年一代有理想、有本领、有担当，国家就有前途、民族就有希望。代表广大青年、赢得广大青年、依靠广大青年是我们党不断从胜利走向胜利的重要保证。中华民族伟大复兴的中国梦终将在一代代青年的接力奋斗中变为现实。总书记要求，广大青年要坚定理想信念、练就过硬本领、勇于创新创造、矢志艰苦奋斗、锤炼高尚品格，在弘扬和践行社会主义核心价值观中勤学、修德、明辨、笃实，爱国、励志、求真、力行。这是对广大青年的要求，也是对侨界青年的要求。

以习近平同志为核心的党中央重视发挥归侨侨眷和海外侨胞的作用。习近平总书记多次亲切接见侨胞，发表重要讲话。去年 8 月，习近平总书记等党和国家领导人出席第十次全国归侨侨眷代表大会，给广大归侨侨眷和海外侨胞以巨大鼓舞和激励。党中央致词强调，希望广大归侨侨眷和海外侨胞传播好中国声音，让世界深入了解中国；助力祖国发展，同圆共享中国梦；维护中华民族大义，做祖国统一、民族团结的促进派；弘扬中华文化，推动中外文明交流互鉴。这是对广大侨胞的要求，也是对侨界青年的要求。

党的十九大擘画了决胜全面建成小康社会、开启全面建设社会主义现代化国家新征程的宏伟蓝图。这是全党全国人民的共同目标，也是海内外中华儿女的共同使命。广大侨界青年生逢其时，重任在肩。大家要牢记习近平总书记的要求，响应祖国和人民的召唤，建功新时代，勇做追梦人，在实现中华民族伟大复兴的中国梦、推动构建人类命运共同体的宏伟进程中展现青春风采。

在座的各位是经过多方推荐、层层筛选出来的，能够成为一名青年委员，既是一种肯定和光荣，也是一种责任和使命。来到大家中间，感到了青春的气息、青春的活力。青春不仅仅是年龄阶段，而是人生的一种“资本”，体现为很强的好奇心、求知欲、探求精神，表现在激情、热情、冲动，这都是青春的特点；青春更重要的是有神秘感，意味着有很多机会，有很多可能，有很多的发展空间。每个人都有自己的青春。回望你们父辈们年轻时所处的条件，大家都要发自内心地感恩党、感恩国家、感恩时代，都要珍惜青春、不负韶华，坚实地走好自己的青春路、人生路。在这里，我提几点希望。

第一，要坚持志存高远与脚踏实地相结合。“取法其上，得乎其中；取法其中，得乎其下；取法其下，法不得也。”所以，大家都要有一个远大的理想。理想不能是虚无缥缈的，而是要具体化、看得见、摸得着的。要立一个契合国家需要、符合自己情况、能对人类有贡献的志向，并为之不懈奋斗。实现理想的过程并不会一帆风顺，要树立正确的奋斗观，脚踏实地，一步一个脚印，能吃苦、肯吃苦，保持定力，在顺境中不骄傲、不急躁，在遇到困难和挫折时不消沉、不动摇，不埋怨、不放弃、不逃避，让青春的理想抵得住风浪、经得起考验。每个时代都有自己的英雄，每个人心中都有自己的榜样。要向英模学习，学习他们忠诚、执着、朴实的品格，在追梦与圆梦的征程中实现人生出彩。

第二，要坚持学好理论与深入实践相结合。为什么要学理论？因为年轻人阅历不足，扎实的理论功底能够让大家“不畏浮云遮望眼”，正确看待社会现象，把握事物规律和本质，防止片面的、错误的认识，不会“横看成岭侧成峰”，并且少走弯路。大家要认真学习党的科学理论，学习习近平新时代中国特色社会主义思想，学习与自身发展相关的自然科学和社会科学的基本理论，提高理论素养，夯实理论根基。同时，理论来自于实践，事非经过不知难，实践的感受最深刻。大家要注重培养自身的实践品格，发扬侨界优良传统，用好智力、财力两种资源，投身祖国建设与发展，在实现“两个一百年”奋斗目标中展现作为；发挥融通中外、联系广泛的优势，推动中外民间友好交往，在营造中国发展良好外部环境中展现作为；牢固树立中华民族共同体意识，维护民族大义，在促进祖国统一和民族团结中展现作为；强化群体认同感，倡导团结友爱、相互包容、相互借鉴、共同发展的理念，在建设和谐侨社中展现作为。

第三，坚持追求个人成就与服务国家发展相结合。国家好，民族好，大家才会好。强大的祖国是侨胞发展的坚强后盾和最大底气。各位委员身处世界各地，经过自身的努力，在不同的领域取得了个人的事业成就，这是值得肯定的，也是大家为国家、为民族作贡献的重要基础。但仅有个人事业的成就还不够，作为侨界青年的代表，还要承担更大的使命，思考如何把个人的成就与服务、报效国家结合起来。报效国家，不是抽象的、遥不可及的，而是具体的、人人可为的。搞科技、科研的，可以为国家科技进步建言献策、献计出力；搞企业的，可以回国投资兴业，也可以参与公益事业，扶贫济困；搞中餐馆的，可以传播中华文化，广交朋友；搞媒体的，可以讲述中国故事，介绍全面、立体、真实的中国。为国家做事，不怕小，关键是一件一件做起来，积沙成塔，集腋成裘，就会汇聚侨心向祖国、共圆中国梦的澎湃力量。

第四，要坚持尊重物质财富创造与保持精神追求相结合。时代在发展、社会在进步，年轻一代对于物质有追求，希望生活更富足，这是正常的、合理的。但要强调的是，不能唯物质论、唯物质化，一定要有更高的精神追求。毛主席说，人是需要有一点精神的。大家一定要清楚，无论物质财富如何丰富，物质终究不能完全替代精神，个人成长和社会进步都需要精神力量的支撑与推动。正所谓“革命理想高于天”。而且，人的快乐与生活条件好坏并没有很大关系，真正的快乐感、幸福感都要从充实、有价值的工作和健康向上的生活追求中来。大家要树立正确的名利观，确立人生价值的标尺，始终保持一份朴实纯粹，始终保持一份信仰信念，在祖国最需要的地方艰苦奋斗、建功立业，在平凡的岗位上苦干实干、创造实绩，提升人生境界，创造人生高度。

第五，要坚持落叶归根和落地生根相结合。现在，国家发展条件好了，机遇更多了，同时，中国与世界的联系也越来越紧密了，广大侨界青年有了更多选择，可以回国发展，可以在海外奋斗，还可以做“两栖”人。无论是落叶归根，还是落地生根，都一样值得尊重。2015 年 9 月，习近平主席在美国西雅图出席侨界举行的欢迎招待会上发表重要讲话时提出，希望大家积极融入主流社会，推动当地经济社会发展。这是一个十分重要的理念，广大侨界青年应当积极践行、走在前列。大家要牢记，每一位华侨华人都流淌着中华民族血液，都是中国移动的名片，是中国人的代表。要发扬自强不息、勤劳善良等中华传统美德，把自身事业做成功，同时，积极融入主流，回馈当地社会，遵守住在国法律，尊重当地习俗，与住在国人民和睦相处，用自己的劳动、创造和奉献赢得信任和尊重，展示中华儿女的良好形象。

三、深入学习贯彻中国侨联工作的总体部署和青委会职责使命，把青委会建设得更加坚强有力、更加充满活力

党的十八大以来，以习近平同志为核心的党中央高度重视做好归侨侨眷和海外侨胞的工作，从全局和战略的高度，对推进侨联改革、深化侨务改革、做好侨务工作作出一系列重要部署。习近平总书记关于侨务工作的重要论述，深刻阐明了党的侨务工作的地位作用、目标任务、职责使命、实践要求，为新时代侨联工作改革创新提供了根本遵循。

贯彻习近平总书记要求和党中央部署，中国侨联十代会、十届二次全会会议、十届三次常委会议，对做好新时代侨联工作相继作出部署。当前和今后一个时期，侨联工作的重点：**一是**旗帜鲜明讲政治，把握侨联组织是政治组织、侨联机关是政治机关、侨联工作是为党做团结凝聚侨的工作、侨联干部是党的干部的一部分的定位，增强“四个意识”、坚定“四个自信”、做到“两个维护”，自觉在思想上政治上行动上同以习近平同志为核心的党中央保持高度一致。**二是**强化侨界群众思想政治引领，加强理论武装，深入学习宣传习近平新时代中国特色社会主义思想特别是习近平总书记关于侨务工作的重要论述，画好侨界团结最大同心圆，引导侨界群众听党话、跟党走。**三是**全面履行六大职能，坚持“两个并重”“两个拓展”，推动“两个建设”，织好“两张网”，构建两项机制，深化“亲情中华”“创业中华”“侨爱心工程”等品牌活动，探索推进“追梦中华”“侨连五洲”等新载体，统筹做好围绕中心、服务大局、服务侨胞各项工作。**四是**深化侨联改革，强“三性”、去“四化”，做好职能划转有关工作，让侨联强身健体、增强活力。**五是**打造政治上强、专业水平高、作风优良的侨联工作队伍，努力做侨胞贴心人和侨务工作实干

家。**六是**全面加强侨联党的建设，巩固“不忘初心、牢记使命”主题教育成果，锲而不舍反“四风”特别是形式主义、官僚主义，突出支部建设，抓好党风廉政建设，为侨联事业发展提供坚强政治保证。

中国侨联青年委员会是团结联系广大侨界青年的组织，肩负着联系侨界青年人才、培养侨界青年骨干、壮大侨界新生力量、带动广大侨界青年的重要职责。中国侨联青年委员会工作是侨联工作的重要组成部分，在侨联事业发展中具有特殊意义。中国侨联高度重视青委会工作，支持青委会开展活动，希望青委会发挥独特作用。进入新时代，青委会要坚守“中国”的国家队定位，“侨联”的组织归属感，“青年”的组织特质，“委员会”的组织形式，把握根本、突出重点、求真务实、形成特色，在服务党和国家工作大局中扩大影响力，在服务侨界青年中增强凝聚力，在服务侨联事业发展中提高贡献力。

从侨联工作全局出发，立足青委会长远发展，有几个方面需要特别强调。

1. 用习近平新时代中国特色社会主义思想统领青委会工作。习近平新时代中国特色社会主义思想是新时代党和国家事业发展的指导思想。十代会上，我们把这一思想确立为侨联工作的指导思想，写入了中国侨联章程。青委会是中国侨联创立和领导的青年组织，必须自觉坚持以习近平新时代中国特色社会主义思想为统领，用这一思想指导、谋划、推进和检验工作，把习近平总书记关于侨务工作的重要论述和关于青年工作的重要思想贯彻落实到青委会的全部工作之中，立足新起点，开创新局面。

2. 加强侨界青年思想政治引领。夯实侨界青年团结奋斗的共同思想基础，是青委会的重要任务。青委会成员来自不同的国家和地区，对一些问题的看法和认识不尽相同。但在一些事关根本的问题上，一定要有共识。要高举爱国主义、社会主义旗帜，引导侨界青年拥护党的领导，拥护习近平总书记，坚定中国特色社会主义的理论自信、道路自信、制度自信、文化自信。要引导侨界青年深入学习贯彻习近平新时代中国特色社会主义思想，了解其理论判断和科学内涵，了解蕴含其中的立场、观点和方法。要引导侨界青年了解历史的中国、当代的中国，增强国家认同、民族认同，讲好中国故事，传递中国发展理念，展示中国良好形象，加深世界对中国的了解和认识。要适应侨情变化，把握侨界青年脉搏，汇聚海内外侨界青年同圆共享中国梦的磅礴力量。

3. 为青年委员成长发展、建功立业提供服务。这是增强青委会凝聚力和影响力的重要条件，也是青委会团结引领广大侨界青年的重要前提。服务委员成长，可以从三个方面着力。

一是促进青年委员提高能力素质。人才荟萃是侨青会的鲜明特点。各位青年委员是海内外各个领域、各个行业中的优秀青年代表，在能力素质上有着良好基础。大家相聚在青委会，就是走进了一个学习的新天地，可以在相互交流、相互借鉴、相互激励中，获得更多的知识、更宽的视野、更高的本领。青委会要搭建学习的平台，开展经典性、系统性、前沿性知识的学习，帮助青年委员完善知识结构、提高发展本领；要搭建交流的平台，分享经验，学习借鉴，碰撞思想，启发思考，共同成长进步。

二是助力青年委员壮大事业。加入组织的目的，在于解决单个个体无法解决的问题。青委会要搭建合作共赢的平台，注重牵线搭桥，让青年委员之间沟通信息、扩大眼界，广交朋友、发现机会，优势互补、加强合作，实现事业的更大发展。青年委员在学习和工作中，也会遇到一些困难和问题。青委会要密切与委员的联系，了解委员的需求，主动为委员着想，尽力为他们服务。

三是引导青年委员培育共同的组织文化。深层次讲，青委会的组织凝聚力和对广大侨界青年的影响力，可能并不是体现在一个个具体的工作项目上，而是体现在组织文化和价值观的感召上。青委会要根据时代发展和组织特质，进一步归纳、提炼侨青的共同价值观，使之成为每一位青年委员的行为准则和习惯，使之成为引领广大侨界青年的重要精神力量。比如，平等、包容的精神。不论大家生活在哪一个国家，在各自领域有多么大的成就，但在青委会这个大家庭里是平等的、相互包容的。又如，职业精神、专业素养。大家成长经历不同，从事行业不同，成功的道路各不相同，但是有一点是相通的，就是都具备了职业精神、专业素养。这是市场经济条件下支撑人们干成事、干好事的重要基础，是能够启发和激励广大侨界青年成长奋斗的精神力量。再如，团结互助、奉献精神。长期以来，青委会开展了不少活动，也参与了不少公益事业，其背后的一条精神准则就是团结互助和奉献。以文化人，塑造精神，这也是青委会作为青年组织的重要价值所在。

4. 推动青委会工作高质量发展。在社会组织不断发展、人们对组织的选择更加多元的背景下，青委会的工作和活动必须系统性、整体性、持久性的谋划和推进，提高质量和效果，提高组织的核心竞争力。

一是工作设计要服务大局、面向青年。要从党和国家工作大局的要求出发，从广大普通侨界青年的需要出发，从青委会的组织优势出发，总结过去经验，整合各方资源，设计、推出符合时代特点、党政需要、社会认可、青年欢迎的活动。特别是，青委会作为一个团结联系海内外各行各业的侨界青年的代表性组织，一定要深深植根于广大侨界青年之中，最广泛地团结凝聚和引导服务侨界青年。失去了代表性、广泛性，只局限"高大上"，脱离了广大普通侨界青年，就失去了青委会的存在价值。

二是活动形式要丰富多彩、务求实效。没有丰富的活动，没有青年委员的广泛参与，不能让委员有所收获，青委会的活力无从谈起。可以考虑按照青年委员从业的不同、国家的不同、海内外的不同，设置界别或者活动组别，提高开展活动的针对性、便利性和有效性，增强活动的思想性、政治性和深度。青委会秘书处要发挥好统筹协调和指导推动作用。

三是工作推进要久久为功、打造品牌。群团组织开展工作，尤其需要打造品牌。对于那些在实践中受到好评、叫得响的工作，要集中力量、深入持久地开展下去。比如，近年来青委会开展的侨青圆桌、"一带一路"海外侨青高峰、"世界客属青年大会"等工作，在海内外产生了良好影响。要深耕厚植，做大做强做出影响，使之成为青委会的金字招牌。

5. 建设侨界青年之家。紧跟形势发展，加强自身建设，建设侨界青年之家，是青委会事业不断发展的必然要求。**一是**要加强侨青调研，了解底数，研究分析不同国家和地区、不同社会制度条件下侨界青年生存、发展的特点，有的放矢，科学施策。**二是**要扩大组织覆盖，吸引更多有代表性的侨界新生代加入到中国青委会的队伍中来，同时，推动青委会向省级和有条件的地市延伸，使青委会的涵盖领域更广、更宽。**三是**要完善内部治理，完善成员发展与管理、组织运行与保障、活动开展与评估、纪律规范与约束等一整套制度和机制体系，推动青委会规范化、制度化发展。**四是**要加强队伍建设，培养骨干、形成梯队、提高能力，对内树立团队精神、对外树立良好形象，让青委会是海内外侨界青年之家的观念深入侨青心中。

各位委员，同志们！七十载征程壮阔，新时代气象万千。让我们更加紧密地团结在以习近平同志为核心的党中央周围，贯彻新思想，建功新时代，勇做追梦人，为决胜全面建成小康社会、夺取新时代中国特色社会主义伟大胜利、实现中华民族伟大复兴中国梦、推动构建人类命运共同体作出新的更大贡献！

开拓创新　奋发有为
推动侨联基层组织建设实现新发展

——在2019年全国主要大中城市基层侨联建设经验交流暨业务培训活动上的讲话

（2019年11月13日）

万立骏

同志们：

大家好！正值杭州“山寺月中寻桂子，郡亭枕上看潮头”的美好时节，我们齐聚西子湖畔，举办2019年全国主要大中城市基层侨联建设经验交流暨业务培训活动。这是在全国上下深入学习贯彻十九届四中全会精神、深入开展“不忘初心、牢记使命”主题教育的大背景下召开的，是全面落实十代会部署、加强侨联基层组织建设的一次重要活动。

本次活动的主要任务是：以习近平新时代中国特色社会主义思想为指导，深入学习贯彻习近平总书记关于侨务工作的重要论述，学习贯彻党的十九届四中全会精神，围绕中国侨联改革要求和十代会工作部署，突出分类指导，总结交流大中城市侨联基层组织建设的经验，启动基层侨联统一社会信用代码制度建设，规范华侨事务预算专项经费使用管理，推动基层侨联组织建设实现新发展，开创新时代侨联工作新局面。

刚才，浙江省委常委、组织部部长黄建发同志发表了热情洋溢的致辞，体现了省委省政府对侨联工作的重视和关心。全国组织机构统一社会信用代码数据服务中心主任宿忠民同志介绍了基层侨联组织统一社会信用代码制度的建立有关情况，体现了国家发展改革委、市场监管总局等部委对侨联工作的热情支持。我们还向30家侨乡地区的基层侨联组织颁发了第一批统一社会信用代码证书，听取了浙江、北京、上海市侨联推进侨联基层组织建设的经验交流，大家讲得都很好，有思路、有部署、有措施、有成效，结合了实际，谈出了观点，体现了思考。这三家的工作也从一个侧面反映了各地侨联加强基层组织建设的积极探索和不懈努力，这也进一步坚定了我们继续抓好基层组织建设的信心和决心。同时，与会各省区市侨联也认真准备了书面交流材料，还将进行大会交流发言和分组交流。我们相信，通过交流分享，互学互鉴，启发思路，扬长避短，一定会有助于我们更加深刻领会习近平总书记关于侨务工作的重要论述，更加深刻理解侨联在新时代的使命和任务，更加有力地推动侨联基层组织的发展。

下面，我就贯彻中央要求，进一步抓好侨联基层组织建设，讲几点意见。

一、高度重视，真抓实干，侨联基层组织建设取得积极成效

为什么要抓基层组织建设？中国侨联党组有两方面重要考虑：一是侨联组织的优势在基层，活力在基层，生命力在基层，侨联工作的重点也在基层；二是贯彻中央党的群团工作部署，落实中国侨联改革要求，强“三性”、去“四化”，破解侨联工作的难题和薄弱环节，必须下大力气抓好基层组织建设。十代会以来，全国侨联系统上下高度重视，目标一致，认真部署，细化措

施，真抓实干，推动侨联基层组织建设取得积极成效，迈出重要步伐。主要体现在四个方面：

1. 加强顶层设计，为各地提供政策依据。一是十代会修改通过的中国侨联章程新增了基层组织一章，从根本上明确了基层组织的地位、作用、任务。**二是**在出台《基层侨联组织工作条例（试行）》，提出基层组织建设六方面关键点的基础上，深入调研、反复征求意见，制定印发了《关于新时代加强基层侨联建设的指导意见》，提出了五大建设的目标任务，这样就形成了章程、条例、意见为一体的系统工作安排。**三是**在机构改革中专门成立基层建设部，专责推动基层侨联组织建设。

2. 加强支持保障，着力破解工作难题。一是围绕基层组织政策困扰，积极争取国家发改委、民政部、中编办、国家市场监管总局的支持，解决了多年来困扰基层侨联组织无法申领《统一社会信用代码证》的制度性难题。**二是**围绕基层组织经费困扰，出台《中国侨联关于华侨事务预算专项经费使用管理的指导意见》，对本次党和国家机构改革后中编办赋予侨联系统使用管理的华侨事务预算专项经费，根据侨联的性质与特点进一步明确使用范围，系统性解决基层工作经费难题。**三是**围绕基层组织活跃度不高的困扰，中国侨联安排经费会同各省级侨联开展了基层侨联干部大培训、支持“侨胞之家”建设、侨爱心医疗队和困难归侨侨眷技能培训等四个专项工作，帮助基层侨联组织提高工作能力，激发基层组织活力。

3. 加强工作指导，为各地开展工作提供参考借鉴。一是中国侨联提出“大学习、大讨论、大调研、作出大贡献”的工作要求，会领导分头带队深入基层一线调研，研究问题、谋划思路，推动建设。**二是**编发了20期《基层侨联建设》简报，宣传推介十多个省市基层侨联好的经验做法。**三是**基层建设部加强分类推动，深入一线，靠前指导，参加基层活动，营造重视基层、支持基层、共抓基层的浓厚氛围。

4. 加强工作创新，探索了加强基层组织建设的新路子。各地侨联按照中国侨联的统一部署，紧紧依靠党和政府，在地方党委的领导下，结合地方实际，大胆创新，形成了不少新思路新途径。**一是**在基层侨联建设上，广东、福建、浙江、上海、江西、重庆实现了县区侨联全覆盖，不少侨联组织在机构改革后得到加强，增加了编制和经费。河南省侨联基层组织建设列入省委专项督导，3个省辖市侨联由副处级升格为正处级，全省157个县区侨联即将实现全覆盖。**二是**在政策措施上，上海、江西、浙江、福建等侨联都出台了《关于新时代加强基层侨联建设的指导意见》的实施方案，对基层侨联建设提出更明确具体的要求。**三是**在“侨胞之家”建设上，各地侨联依托党群服务中心等载体，突出共享、共建、共用特点，增强“侨胞之家”为侨服务功能，吉林、上海、浙江、福建、湖北、山西等省侨联对“侨胞之家”进行了评星、评级示范创建，四川、天津、辽宁、河北、广西、云南、贵州等省都加大了“侨胞之家”建设力度，中央和国家机关侨联也对13家部委单位侨联“侨胞之家”集中授牌。**四是**在两个机制建设上，安徽、湖南、山东侨联会同省委教育工委出台加强高校侨联组织建设工作的意见，上海、浙江侨联专题召开高校侨联建设研讨会，北京、湖北、黑龙江等省侨联也进行了有益尝试。五是在智慧侨联建设上，福建、浙江、陕西、四川侨联还积极探索网络新媒体为侨服务平台建设，通过信息化手段更好为基层侨联服务。此外内蒙古、甘肃、青海、宁夏、新疆、兵团侨联也加大了基层侨联建设的力度，探索做好边疆少数民族地区基层侨联组织建设的路径和方式。对十代会以来，基层组织建设取得的成效，中国侨联党组给予充分肯定。

在总结成绩的同时，我们还必须清醒地看到，尽管这两年侨联基层组织建设有了很大改观，但侨联基层组织整体上仍然比较薄弱，与其他群团组织相比，差距不小；归侨侨眷的底数还不精准，对侨联基层组织的设置方式、运行机制、活动方式研究还不深透，规律性的认识有待深化；分类指导的力度还需加大；对基层支持的长效机制尚未建立；基层侨联干部培训的覆盖面不够等。这些问题，有些是历史形成的，有些是经济社会发展带来的，有些是地方党委政府需要重视关心的，还有是地方和基层侨联主动性、创造性、攻坚克难不够的。必须高度重视，认真研究分析，有针对性予以解决。

二、提高站位，深化认识，进一步增强抓好侨联基层组织建设的责任感使命感紧迫感

2015 年 7 月，习近平总书记在中央党的群团工作会上强调，要大力健全组织特别是基层组织，加快新领域新阶层组织建设。2017 年 8 月，习近平总书记对群团改革作出重要指示强调，要紧紧围绕增强政治性、先进性、群众性，直面突出问题，采取有力措施，敢于攻坚克难，注重夯实群团工作基层基础。不久前召开的中国共产党十九届四中全会强调，要坚持和完善中国特色社会主义制度、推进国家治理体系和治理能力现代化，其中特别强调联系广泛、服务群众的工作体系，推动人民团体增强政治性、先进性、群众性，把各自联系的群众紧紧团结在党的周围；强调坚持和完善共建共治共享的社会治理制度，完善党委领导、政府负责、民主协商、社会协同、公众参与、法律保障、科技支持的社会治理体系，这都对侨联等群团组织发挥作用提出了新要求。面对新形势新任务，我们必须提高政治站位，深刻认识侨联组织的初心和使命，从围绕中心、服务大局的高度，从侨联事业发展的维度，从侨情变化的角度，进一步加强对抓好基层组织建设重要性紧迫性的认识，强化责任，形成自觉。

1. 立足党中央对侨联工作前所未有的重视和关心，深刻认识加强基层侨联建设的重要性。党的十八大以来，以习近平同志为核心的党中央就加强侨联工作和侨联改革，通过出文件、明方向，交任务、给支持，送关怀、提要求，强指导、重推动，给予侨联前所未有的重视和关心。习近平总书记等党和国家领导人出席十代会，赵乐际同志代表党中央致词，有力推动侨联事业发展。以中央名义下发了《关于加强和改进新形势下侨联工作的意见》《中国侨联改革方案》。党的十九大之后，中央政治局常委、中央书记处书记王沪宁同志直接分管中国侨联，对侨联工作悉心指导。如何将党中央重视和关心转化为立足新起点、开创新局面的实际行动，如何将党中央关于侨联工作的决策部署落地落实，是摆在各级侨联组织面前的重大课题。这需要中国侨联、地方侨联、基层侨联同题共答，形成合力。要充分认识到，没有数量庞大、工作活跃的基层组织作支撑，党中央的重视和关心就很难直接传递到归侨侨眷和海外侨胞中，党中央关于侨联工作的决策部署就很难普遍落实，就会使侨联工作悬在半空中，热在上面、冷在下面，覆盖面和实效性就很难保证，与最广泛凝聚侨心侨力侨智的要求相距甚远，所以，我们始终强调侨联组织的优势、活力、生命力在基层，工作重点在基层。

2. 立足党和国家事业发展对侨联提出前所未有的新要求，深刻认识加强基层侨联工作的必要性。新时代党和国家的事业发展是全方位的，发挥侨务资源优势服务于党和国家发展大局也是全方位的，如何更好地发挥侨务资源优势就是新时代对侨联提出的新问题、新要求。比如，如何更有针对性做好招商引资、招才引智工作，服务创新驱动和区域发展战略；如何发挥侨融通中外、联系广泛的优势，讲好中国故事，营造对我有利外部环境；如何用好侨的人脉、资金、技术等资源，参与和推动“一带一路”建设；如何扩大基层组织覆盖，发出侨的声音，积极建言献策，参与社会治理，等等。我们要深刻领会新时代党和国家对侨联工作提出的新要求，紧紧依靠党和政府，进一步发挥好联系广大归侨侨眷和海外侨胞的桥梁纽带作用，紧紧围绕中心、服务大局，把基层工作搞活跃，把侨联工作品牌和活动向下延伸，让广大归侨侨眷和海外侨胞广泛参与，在服务经济发展、依法维护侨益、拓展海外联谊、积极参政议政、弘扬中华文化、参与社会建设工作等方面作出应有贡献。

3. 立足侨联工作对象前所未有的新变化，深刻认识加强基层侨联能力建设的紧迫性。我们的工作对象是侨，只有把侨的问题搞清楚、弄明白，工作才可能做到关键点、要害处。随着世情、国情的变化，侨胞群体数量在增加、分布更广泛、结构更多元、流动在加大、差异很明显、作用更突出。与之不相适应的是我们对侨的底数掌握不够精准，基层侨联组织覆盖面还不足，对新侨的吸引力凝聚力还不够强，工作覆盖还不到位，组织设置和活动方式还不能适应侨的需求，基层侨联能力建设亟待加强。特别是目前全国侨联系统只有 2 万多个基层侨联组织，还存在没有覆盖的盲区，中西部地区还有一定比例的县区尚未成立侨联，企事业单位、院校、园区等归侨侨眷相对集中的地方侨联组织还有不少空白，许多基层侨界群众还感觉不到侨联的存在。为此，我们必须只争朝夕、时不我待，根据各地实际情况，下大力气推进基层侨联建设。

4. 立足海外侨胞对侨联工作前所未有的期待，深刻认识加强基层侨联服务工作的针对性。许多侨胞认为，这次党和国家机构改革后，侨联组织已成为直接面向广大侨胞开展侨务工作主要依托，对侨联工作寄予厚望。综合各方面情况，侨胞对侨联工作的期待主要集中在历史遗留问题、回国发展问题、落叶归根问题、华侨出入境便利问题、经济纠纷问题、政治参与问题、海外华文教育问题、海外侨社发展问题、参与侨联工作问题等方面。对标海外侨胞的需求，我们各级侨联为侨服务的工作还存在一定的差距。因此，我们要更加深入了解归侨侨眷和海外侨胞的所需所求所期所盼，围绕他们的需求设计工作，在党和政府的领导下开展工作，更好地发挥桥梁与纽带作用，不断为归侨侨眷和海外侨胞提供更加有针对性的服务，不断增强他们的获得感、幸福感、安全感，努力做侨胞贴心人。

5. 立足侨联海外联谊联络工作前所未有的环境变化，深刻认识基层侨联海外工作的敏感性。侨的工作历来与国际大环境息息相关，随着国际形势发展和中外关系变化，我国的外部环境不确定性增强，海外联谊工作将面临更多的挑战。海外侨务工作的敏感性由东南亚向西方国家蔓延扩散，引才引智工作敏感性明显增加，个别侨胞告洋状的现象时有发生，等等。大家一定要清醒认识到，侨联组织是政治组织，侨联工作是为党团结凝聚侨，侨联干部是党的干部的一部分，政治性是侨联的灵魂。基层侨联处于海外联谊联络的一线，尤其需要增强政治意识，牢记涉外工作无小事。特别是在新形势下，对外交往中要站稳政治立场，提高政治敏感性，加强分析研判，注意内外有别，讲究方式方法，把工作做细致、做到位，为党的侨务工作作出更大贡献。

在看到侨联基层组织建设重要性紧迫性的同时，我们还要看到规律性和不平衡性，突出重点、分类施策、分类指导。比如，在侨乡地区，基层侨联建设要提质增效，不断增强基层侨联的吸引力、凝聚力、影响力。在中西部地区，基层侨联建设要增量扩面，加大县区、街道等基层侨联建设力度。大中城市是新侨及海外留学归国人员的集中地，大中城市的高校、科研院所、各类园区和“两新”组织等聚集了一大批的侨，抓住了大中城市侨联基层组织建设，就抓住了整个侨联基层组织建设的一个重点和增长点，这也是我们召开这次会议的重要考虑。中国侨联党组在前一段时期“不忘初心、牢记使命”主题教育活动中，按照中央部署认真抓好学习教育、调查研究、检视问题、整改落实，把加强基层侨联建设特别是城市基层侨联建设作为一项重要任务和工作目标。实现这个奋斗目标，需要全国侨联齐心协力、上下联动、持之以恒地加以落实。

三、开拓创新，加大力度，开创侨联基层组织建设新局面

各级侨联组织要按照党的群团改革和中国侨联“十代会”部署，以更大的决心、更大的力度、更实的举措加强基层侨联建设，努力实现基层侨联组织“数量要明显增加、底数要相对清楚、组织力要显著增强、干部能力要有所提升，保障机制要更加有力”的目标任务，推动基层侨联实现“五个转变”：

1. 推动基层侨联从“有形覆盖”向“有效覆盖”转变。“有形覆盖”就是指建了组织，挂了牌子，有了人员；“有效覆盖”就是指基层侨联组织的各项活动和全部工作都是围绕中心、服务大局，能够为侨界群众提供有效服务。侨联组织能否贯彻落实党中央要求，发挥应有的重要作用，一个重要的指标和影响因素就是组织的覆盖面。只有织牢织密覆盖基层组织的广泛网络，形成规模和体系，才能汇聚系统合力。具体到基层侨联组织建设，就是要看成员数、组织数、干部数、阵地数是否达到适应形势要求和工作需要。根据新时期党中央“大抓基层”的精神，侨联基层组织必须首先坚持应建尽建的原则做到“有形覆盖”，实现数量的明显提升。同时，既注重形式更注重实际效果，通过增强活力、提质增效，达到侨联组织在基层的“有效覆盖”，组织力、凝聚力、影响力有明显提升。比如，在宣传方面，要从保持传统的“制度上墙”基础上，进一步转变为综合运用新媒体、新技术手段主动引领舆论宣传，引导侨界群众更加方便快捷的了解党

的大政方针和各项侨务政策。只有实现理念上的转变，才能实现基层组织“建、管、活、用”的逐步升级。**一是抓基础保障。**注重把工作重心落到基层，把力量和资源倾斜到基层，强化活动阵地建设、增强服务功能、配强人员力量、加强经费保障。**二是抓系统推进。**加强上级侨联组织对所属基层侨联组织和涉侨社团的指导，搭建组织联合、资源整合、服务共享的平台，实现互利互惠、协调发展。**三是抓作用发挥。**以侨界群众的共同利益、共同需求为导向，优化活动载体、丰富活动内涵、增强活动实效，切实提升侨界群众对侨联工作的信任度和满意度。

2. 推动基层侨联从“行政推动”向“功能驱动”转变。侨联是党领导的人民团体，是群团组织而不是党政部门。基层侨联建设不能仅仅局限于依靠行政体系和编制、依靠行政命令的方式去推动，还要把更多的精力放在新归侨、留学人员相对集中的新兴业态和社会组织，哪里侨胞多、条件成熟，就在哪里建组织、就把服务和功能延伸到哪里，努力覆盖侨胞所从业的各个领域，形成横向到边、纵向到底、上下联动、内外互动的组织体系。**一要注重发展布点。**积极探索“基层侨联（涉侨社团）+ 海外华侨华人社团”工作机制，在“高校、园区、企业、社区”推动设立基层侨联组织或者设立侨联分会、小组、工作站，特别是在侨胞集聚的海创园、科创园等创业创新平台中建设功能型基层侨联组织，切实帮助他们解决创新创业中遇到的一些实际困难。**二要提质扩面服务侨胞。**因地制宜，建立常态化、制度化的为侨服务机制，力争在社区、街道侨联中实现基础服务，在区、县（市）侨联中实现品牌特色服务，分层分类构建“侨有所呼、我有所应”的侨联服务网络体系。**三要拓展外延引领发展。**积极推行“地方侨联 + 高校侨联 + 校友会”模式，鼓励地方侨联、高校和科研院所侨联与海外校友会开展形式多样的联谊合作，协同三方共同发力，把地方经济社会发展的智力需求、大学的人才需求与新侨的发展需求有效对接。

3. 推动基层侨联从“单打独斗”向“齐抓共管”转变。基层侨联组织是社会治理体系中的一个组成部分，基层侨联工作应主动融入社会建设的大局中，不能只唱独角戏，更需要加入大合唱，要织好“两张网”，善于借船出海、借梯登高。**一是突出共建。**要积极依托各级党组织的统筹协调，在资源有限的情况下，“不求所有、但求所用”，打破行业、领域隔阂，组织发动侨界自身的力量，协调依托街区等各方面力量，主动加强与其他群团组织合作，通过资源整合最大限度地发挥为侨服务阵地的效能。**二是促进共享。**要开放办侨联、开门办侨联，注重借鉴党政部门和其他群团组织好的做法和先进经验，统筹各种侨务资源，共同扩展服务社会的空间，做到信息共享、阵地共享、文化共享，为侨界群众提供创业帮扶、文化交友、生活咨询等“菜单式”服务，增强侨胞归属感。

4. 推动基层侨联从“传统模式”向“智慧模式”转变。在做好线下侨联组织建设的同时，要更好地运用互联网思维加强和改进党的群团工作，进一步团结凝聚归侨侨眷和海外侨胞，是适应时代发展、适应侨的分布、适应群团特点、加强基层侨联建设的现实需要，线上线下结合、传统和智慧互动，将有力提升侨联基层组织联系面、活跃度。**一是加强“网上侨联”建设。**注重应用互联网思维和技术，把网上侨联建设与建设全方位、立体化、多层次的侨联组织体系有机结合起来。集中力量推进侨联电子政务、门户网站、微信服务平台、专属邮件系统建设，使之与侨联各项工作有机融合。要善于运用新兴媒体和网络平台，亮出侨联旗帜、发出侨界声音，在涉侨层面上起到引导舆论、鼓舞士气的作用，把广大侨界群众团结凝聚到党的周围。**二是加强互联网服务。**不断丰富网上“侨胞之家”和网上侨联阵地的服务内容，即时发布信息、推送侨刊乡讯，传递家乡好声音，及时回应合理诉求，做好理论宣讲政策解读等，增强交流互动、维护权益、法律咨询等功能，更好地服务地方经济社会建设与对外交往需要。特别是在当前“最多跑一次改革”等有利背景下，要积极推广和深化海外侨务“全球通”等创新举措，努力配合有关部门将政务服务、司法服务、海外信访服务和领事保护等服务事项统一整合到为侨服务中来，为侨胞提供“一站式”便利服务。

5. 推动基层侨联从“补齐短板”向“延伸跳板”转变。基层侨联建设水平不一，各地千差万别。实现广泛覆盖的目标，必须对标《关于新时代加强基层侨联建设的指导意见》组织体系和工作体系的要求，存在不足的一些侨联组织需要补齐短板，发展较好的侨联组织需要紧跟侨胞需求创新服务、延伸跳板。**一是大力推进枢纽型侨联组织建设。**加强基层侨联组织对所属社团组织的支持和引导，使大大小小的社团成为侨联组织的"二传手"延伸到各个涉侨领域。大中城市的侨联组织尤其要关注新侨为主体的海外校友会等社团组织发展，切实为其组织和活动提供方便和支持。**二是大力推进示范性"侨胞之家"建设。**"侨胞之家"作为侨联直接联系服务广大侨界群众的阵地和依托，各地要逐级开展示范创建活动，规范建设。中国侨联将持续扶持一批"侨胞之家"提质增效，在总结推广成功经验的基础上开展全国侨联系统"侨胞之家"示范单位创建活动。

四、把握规律，强化责任，提升做好侨联基层组织建设工作的能力和水平

加强基层组织建设是一项打基础、利长远的工作，是一项短期难出成效、长期必见真章的基本功、良心活。组织建设也是一门科学，我曾在全国侨联基层组织建设工作会议上讲过，新时代侨联基层组织建设要牢牢把握"六个关键点"：一是要注重强化系统推进的观念，二是要注重用好"党建带侨建"工作法宝，三是要注重通过扩大覆盖面来做好直接联系群众工作，四是要注重利用互联网做好联络服务和宣传引导工作，五是要注重做好新侨和留学归国人员的组织建设工作，六是要注重加强对侨联基层组织建设工作的分类指导。学习党的组织建设经验，把握群团组织建设规律，结合推进侨联基层组织建设的实践，有三个方面需要科学把握。

1. 正确处理好"党建带侨建"和"侨建促党建"辩证关系，增强基层侨联组织的政治性、先进性、群众性。"党建带侨建"和"侨建促党建"一体两面，是相互联系、相互促进的辩证统一关系。讲政治是对侨联组织第一位的要求，"党建带侨建"是加强基层侨联建设的重要法宝。基层侨联组织不健全、存在薄弱环节在一定程度上意味着党建工作有缺失，因此更要紧紧依靠党的领导，积极争取当地党委支持，把侨建纳入党建的总体部署，在党的基层建设大格局中不断推进侨联基层组织建设。"侨建促党建"要求侨联工作要紧紧围绕当地党委、政府的中心任务，把广大侨界群众凝聚起来，紧密团结在党的周围，积极投身新时代各项建设事业，不断提高"党有号召、侨有行动"的自觉性、主动性、坚定性。基层侨联要将巡视和主题教育活动作为增强基层侨联建设的契机，一方面积极争取政策和支持，另一方面也要振奋精神、攻坚克难，作出贡献，做到有为有位。

2. 正确把握"为侨服务"和"为大局服务"的辩证关系，提升基层侨联组织建设的效能。"为侨服务"和"为大局服务"是辩证统一的，侨联为大局服务是通过为侨服务来体现的，为侨服务的同时也是在为大局服务。只有不断提升为侨服务的能力和水平，才能更好地做到为大局服务。在一些地方和基层，"为侨服务"和"为大局服务"有时会被割裂开，没有形成辩证统一的认识。我们每年举办的"送温暖献爱心"活动既是为侨服务，同时也是为大局服务；我们为侨胞投资兴业做好跟踪服务，既是为侨服务，也是为当地经济发展服务。各级侨联要找准为侨服务和为大局服务的结合点、切入点，打造一批符合党和国家事业需要、侨胞欢迎和认可、侨联组织大有作为的品牌和活动，在"一带一路"建设、高质量发展、参政议政、社会治理等方面展现新作为。

3. 正确把握组织覆盖与工作覆盖的辩证关系，做到两者互为前提、互相促进、实现有效覆盖。组织覆盖与工作覆盖双轮驱动、有效结合，这是加强基层侨联建设必须遵循的重要方法。基层侨联组织建设的关键是提高侨联组织覆盖面，同步增强侨联组织的工作内涵，处理好侨联的组织对象与工作对象的关系，才能解决好直接联系和服务侨界群众的载体问题。没有工作覆盖的组织覆盖是没有生命力的，也是不可持续的。基层侨联组织既要"建起来"更要"活起来"，组织活力才是推动组织建设的关键。当前，基层侨联建设还不同程度存在薄弱环节和领域，需要同步推进组织覆盖和工作覆盖。通过开展丰富多彩的具有浓郁"侨味"的活动与服务，真正体现"知侨、懂侨、爱侨"，真正做到把侨界群众"组织

起来、活跃起来、行动起来、贡献起来”。

这次经验交流活动之后还要配套进行业务培训，就基层侨联组织统一社会信用代码制度和华侨事务专项经费的使用管理进行培训。这两项工作都是中国侨联在制度和政策层面上逐步解决制约基层侨联组织发展问题的新举措，是群团改革与这次党和国家机构改革后赋予侨联的新任务，对进一步加强基层侨联建设具有重要意义。

建立基层侨联组织的统一社会信用代码赋码制度和管好用好华侨事务专项经费，对各级侨联而言都是新任务新职责，需要构建一个新的工作系统，制定一套新的规章制度。各级侨联要从政治高度上重视和把握这两项工作的政策性和严肃性，抓好落实、扎实推进。

同志们，潮平岸阔风正劲，扬帆起航正当时。让我们更加紧密地团结在以习近平同志为核心的党中央周围，不忘初心、牢记使命，锐意进取、扎实工作，奋力推动侨联基层组织建设实现新发展，广泛团结动员广大侨界群众，为全面建成小康社会、实现中华民族伟大复兴的中国梦作出新的更大贡献！

凝聚侨商力量　为新时代奋斗

——在中国侨商联合会第五次会员代表大会开幕式上的讲话

（2019年11月17日）

万立骏

各位代表，同志们：

大家上午好！

在中华人民共和国成立七十周年这一重要的年份，在全国上下深入学习贯彻党的十九届四中全会精神之际，中国侨商联合会第五次会员代表大会隆重开幕了。这是进入新时代召开的一次侨商盛会，是落实党中央涉侨机构改革任务、推进中国侨商投资企业协会整合融入中国侨商联合会的实际行动，是两家商会发展进程中的一件大事，是站在新的历史起点上，推动侨商会发展、凝聚侨商力量、为新时代奋斗的一次重要会议。首先，我代表中国侨联，对大会的召开表示热烈的祝贺，向出席大会的侨商朋友们表示热烈的欢迎，向遍布在世界各地的海内外侨商致以诚挚的问候！

党的十八大以来，以习近平同志为核心的党中央对侨联工作高度重视、亲切关怀，对深化侨联改革、推进侨联工作作出一系列重要部署。习近平总书记曾长期在侨乡和新侨集中地工作，对侨有着深厚的感情，对侨务工作有着丰富的实践和深邃的思考，提出了许多新思想、新观点、新论断，形成了关于侨务工作的重要论述，为侨联工作创新发展提供了根本遵循。习近平总书记从全局和战略的高度，亲自谋划和推动侨联改革，出席第十次全国归侨侨眷代表大会，极大振奋了海内外侨胞和广大侨联干部的精神，有力推动了侨联事业发展。

做好侨商、侨企工作事关党和国家事业大局。有数据显示，改革开放以来，我国吸引的外资中，侨资占60%，在华投资的企业中，侨企占70%；海外侨胞、港澳同胞向国内公益事业捐赠超过1000亿元人民币。这充分体现了侨资、侨企、侨捐在我国经济社会发展中的重要作用。特别是在我国实现高质量发展、推进“一带一路”建设、推动构建人类命运共同体的进程中，侨商、侨企融通中外、联系广泛，可以发挥不可替代的独特作用。侨联作为党和政府联系广大归侨侨眷和海外侨胞的桥梁和纽带，在团结、联系、服务侨商、侨资企业家方面肩负着义不容辞的责任。

党中央对这次大会十分关心，对做好侨商会工作、发挥好侨商作用寄予厚望。中共中央政治局常委、中央书记处书记王沪宁同志将出席大会并接见与会代表，中央书记处书记、统战部部长尤权同志，全国人大常委会副委员长白玛赤林，全国政协副主席、致公党中央主席万钢等领导将出席大会。我们要提高站位、深化认识，把党中央关心和鼓励，转化为真抓实干、开拓创新的实际行动，不忘初心、牢记使命，立足新起点、展现新作为，为新时代党和国家事业发展贡献智慧和力量。

中国侨联对侨商会工作十分重视，就推进两家商会整合融入、筹备开好这次换届大会多次研究，提出明确要求。今年5月21日，民政部批复，中国侨联作为中国侨商投资企业协会新的业务主管单位。5月29日，我们召开了中国侨商投资企业协会转隶工作会议，通报有关情况，深化认识、增进共识、集思广益、共谋发展。会上，谢国民会长、许荣茂会长分别代表两家商会作了很好的发言，与会同志一致表示拥护中央改革决定，一如既往地支持和参与新的侨商会建设与发展，充分体现了大家对国家发展的深深责任，对侨联组织的深深情谊，对协会发展的深深期待。经过几个月的努力，两家商会整合融入、成立新的中国侨商联合会各项筹备工作已经就绪。经党中央批准，中国侨商联合会第五次会员代表大会今天开幕。这标志着中央部署的两家商会整合融入改革任务将顺利完成，也标志着全国唯一、规模最大、实力最强、联系面最广、海内外影响最大的侨商组织将正式成立。

这次大会将以习近平新时代中国特色社会主义思想为指导，深入学习贯彻习近平总书记关于侨务工作的重要论述，听取审议《中国侨商联合会第四届理事会工作报告》，修改《中国侨商联合会章程》，选举产生侨商会新一届理事会和首届监事会。希望大家认真履行代表职责，认真参加各项会议和活动，开出好会风，保证好效果。在这里，我代表中国侨联，就贯彻中央精神、进一步做好侨商会工作，先讲几点意见，同大家作交流。

一、对中国侨商联合会和中国侨商投资企业协会取得的成绩、发挥的作用应当充分肯定

行业协会、商会组织是商品经济的产物，是发展市场经济的重要组织形式。伴随着我国改革开放、发展社会主义市场经济的历史进程，我国的企业数量不断增加，行业协会、商会组织开始兴起。在侨商、侨企蓬勃发展的大潮中，为了更好地团结联系和服务侨商、侨企，不少地方相继成立侨商组织。进入新世纪后，成立全国性的侨商组织的呼声渐浓。中国侨商联合会和中国侨商投资企业协会分别于 2003 年、2008 年应运而生。

成立 10 多年来，两家商会锐意进取，不断发展。两家商会的会员，基本涵盖了所有在中国大陆投资较大、成就突出、在海内外有相当影响的知名侨商和侨资企业家。两家商会致力于服务大局、服务会员，开展了大量形式多样、务实有效的工作，为我国经济发展、公益慈善事业推进、中外交流与合作等作出了积极贡献。特别是党的十八大以来，两家商会紧紧围绕区域发展、创新驱动、“一带一路”建设等国家发展战略，组织动员侨商、侨企参与地方经贸合作、科技交流等活动，参与国家对外合作重大项目，在促进我国“引进来”与“走出去”，在讲好中国故事、传播好中国声音等方面发挥了积极作用。

历经十多年的发展，两家商会实力不断增强，影响不断扩大，已经成为广大侨商、侨资企业家交流协作的重要平台，成为党和政府联系侨商、侨企的重要桥梁，成为开展侨务工作的重要依托。

2008 年 9 月 27 日，习近平同志在北京人民大会堂亲切会见了出席中国侨商联合会第三次会员大会的全体代表；2011 年 6 月 17 日，习近平同志在北京人民大会堂亲切会见出席中国侨商投资企业协会第二届会员代表大会的全体代表；2013 年 9 月 25 日，国家主席习近平向第十二届世界华商大会致贺信，广大侨商、侨资企业家深受鼓舞、倍感振奋，这是两家商会组织发展史上值得铭记的大事。

回顾两家商会走过的历程，我们深刻感到，所有成绩的取得，归功于党中央重视和关心，得益于业务主管部门的领导和指导，凝结着侨商组织工作者的努力和付出，离不开广大侨商、侨企的参与和支持。

在这一轮深化党和国家机构改革过程中，党中央作出了两家商会整合融入、组建新的中国侨商联合会的决定。这是党中央统筹全局、把握大势作出的重要决策，是发挥侨联组织作用、更广泛凝聚侨商、侨资企业家的殷切期待，是两家商会组织适应新要求、做到优势集成、实现更好发展的重要机遇。新时代有新使命，新使命呼唤新作为。侨商会要牢记使命，乘势而上，抓住机遇，不断发展，不辜负党中央的期望和广大侨商、侨企的期待。

二、深刻领会习近平总书记在民营经济座谈会上的重要讲话和党的十九届四中全会精神，把准大势、保持定力、坚定信心

观大势，是习近平总书记对领导干部素质和能力的重要要求。他强调，要“善于观大势、谋大事，自觉在大局下想问题、做工作”；“增强世界眼光、历史眼光，提高观大势、定大局、谋大事的能力”。大家都是闯荡商海、事业有成的人，

无论在国内还是在海外，进一步寻找机会、壮大事业、攀登高峰，首先要把准大势，在事关根本的问题上看得清、看得远。当前最重要的是，深入学习习近平总书记在民营经济座谈会上的重要讲话和党的十九届四中全会精神，读懂中国，理解中国。

2018年11月1日，习近平总书记在北京人民大会堂主持召开民营企业座谈会并发表重要讲话。习近平总书记的讲话突出问题导向，积极回应社会关切，就坚持基本经济制度的一系列重大理论和实践问题作出深刻阐释，提出支持民营经济发展壮大的6个方面政策举措，表明党中央毫不动摇鼓励、支持、引导非公有制经济发展的坚定决心和鲜明态度，为民营经济健康发展注入强大信心和动力。去年11月12日，中国侨联专门组织侨商、侨资企业家在北京召开了座谈会，学习贯彻习近平总书记在民营企业座谈会上的重要讲话精神。

2019年10月28日至31日，党的十九届四中全会在北京举行。会议听取和讨论了习近平总书记受中央政治局委托做的工作报告。全会充分肯定、高度评价了党的十九届三中全会以来中央政治局的工作。会议审议通过了《中共中央关于坚持和完善中国特色社会主义制度、推进国家治理体系和治理能力现代化若干重大问题的决定》。会议结束时，习近平总书记发表了重要讲话。

这次会议为什么如此重要？我体会，一是这次全会时机特殊。现在，我国正处在实现“两个一百年”奋斗目标的历史交汇点上。从国际看，世界发展面临百年未有之大变局，中国发展的外部环境更趋复杂。从国内看，我国正处于实现中华民族伟大复兴关键时期，决胜全面建成小康社会进入收官阶段。今年又恰逢新中国成立70周年。二是这次全会主题重大。坚持和完善中国特色社会主义制度，推进国家治理体系和治理能力现代化是关系党和国家事业兴旺发达、国家长治久安、人民幸福安康的重大问题。用一次中央全会专门研究并作出决定，这在党的历史上还是第一次。三是这次全会影响深远。全会最重要的成果就是审议通过了《决定》。《决定》最大的历史贡献是全面回答了在我国国家制度和国家治理上，应该“坚持和巩固什么、完善和发展什么”这个重大政治问题，是坚持和完善中国特色社会主义制度、推进国家治理体系和治理能力现代化的行动纲领。

对这篇重要讲话和这个重要《决定》，大家都有自己的见解，我们希望大家在以下几个方面加强学习和理解。

一是要搞清楚什么是根本制度、基本制度、重要制度。特别是要理解好我国的国家制度和治理体系十三个方面的优势，把握好坚持和完善中国特色社会主义制度、推进国家治理体系和治理能力现代化十三个方面的重要部署，更加深入地了解“中国之治”，珍惜中国的发展环境，找准干事兴业的切入点、着力点、增长点，抢抓中国发展的机遇，搭乘中国发展的“高铁”。

二是要搞清楚什么是社会主义基本经济制度。基本经济制度是经济制度体系中具有长期性和稳定性的部分，对经济制度属性和经济发展方式具有决定性影响。多年来，我们把“公有制为主体、多种所有制经济共同发展”作为基本经济制度。十九届四中全会的一大创新，就是在此基础上，把“按劳分配为主体、多种分配方式并存”“社会主义市场经济体制”上升为基本经济制度。三者相互联系、相互支撑、相互促进，这也标志着我国社会主义经济制度更加成熟、更加定型，对于更好发挥社会主义制度优越性，解放和发展社会生产力，推动经济高质量发展具有重要的指导意义。广大侨商、侨企要理解好这三项基本经济制度，更好地在大陆创业兴业，实现再壮大、再腾飞。

三是要搞清楚什么是“两个毫不动摇”、“三个没有变”。习近平总书记强调：“毫不动摇巩固和发展公有制经济，毫不动摇鼓励、支持、引导非公有制经济发展。”“非公有制经济在我国经济社会发展中的地位和作用没有变，毫不动摇鼓励、支持、引导非公有制经济发展的方针政策没有变，为非公有制经济发展营造良好环境和提供更多机会的方针政策没有变。”“两个毫不动摇”、“三个没有变”释放了正本清源、提振信心的强烈信号，给包括广大侨商、侨企在内的民营企业吃了定心丸。2008年，习近平同志在会见中国侨商联合会侨商代表时强调，一切为了中国社会主义现代化建设作出贡献的劳动都是光荣的，境内外各类投资者为中国现代化建设事业进行的创业活动都应当受到鼓励。大家要保持定力，“不畏浮云遮望眼”，安心、全心谋发展。

四是要搞清楚党和政府支持民营经济发展壮大的政策举措。主要包括六个方面：减轻企业税费负担、解决民营企业融资难融资贵问题、营造公平竞争环境、完善政策执行方式、构建“亲、清”新型政商关系、保护企业家人身和财产安全。大家都有在海内外工作和生活的经历，可以说，世界上没有一个政府，能像中国政府这样对企业、企业家这么重视，提供这么多、这么好的政策和环境。广大侨商、侨企要把习近平总书记对民营企业发展的关心厚爱铭记于心、转化为坚定的决心信心和强大的行动力，一心一意推动企业创新发展、开放发展、壮大发展、高质量发展。

三、广大侨商、侨资企业家要像改革开放初期那样，积极投身、热情支持中国发展，做新时代的参与者、贡献者、受益者

侨胞众多是我国的一大优势。长期以来，广大华侨华人秉承中华民族优秀传统，艰苦创业，拼搏进取，积极融入住在国社会，同当地人民和睦相处，在事业上不断取得发展，为各国经济发展和社会进步作出了积极贡献。

改革开放伊始，广大海外侨胞响应祖（籍）国召唤，发挥在资金、技术、管理、商业网络等方面的优势，率先进入经济特区和沿海侨乡投资兴业，拉开了我国对外开放、引进外资的序幕；以各种方式支持科教兴国、人才强国等重大战略，促进了我国的科技进步和经济发展；积极捐赠兴办公益慈善事业，惠及教育、医疗卫生、交通、文化体育、社会福利和救灾扶贫等诸多领域；坚决维护祖国统一、积极弘扬中华优秀文化、努力促进中外友好，成为推动中国与世界交流交往的重要桥梁和纽带。习近平总书记指出：“中国改革开放事业取得伟大成就，广大华侨华人功不可没。”

在这一波澜壮阔的历史进程中，侨商、侨资企业家群体在增加，侨商、侨企力量在加强，侨资和侨资企业的层次也在提高，已成为中国国民经济重要组成部分，成为社会主义现代化建设事业的重要力量。

现在，中国特色社会主义进入了新时代，中国已经确定了“两个一百年”的奋斗目标，开启了实现中华民族伟大复兴中国梦的新征程。2018年12月18日，党中央召开了庆祝改革开放40周年大会，习近平总书记在大会上发表重要讲话，明确提出了坚定不移全面深化改革、扩大对外开放、不断把新时代改革开放继续推向前进的目标要求。实现中国梦，是海内外中华儿女的共同愿景，也将为世界各国人民带来更多利益和机遇。这为广大侨商、侨企施展抱负、建功立业提供了广阔舞台。随着我国开放的大门越开越大，随着进一步深化改革、完善政策、强化服务，依法保护外资在华投资兴业权益，鼓励和支持外资为中国发展助力，随着“一带一路”建设、京津冀协同发展、长江经济带发展、粤港澳大湾区建设、自贸区自贸港、进博会等的推进，广大侨商、侨企在中国发展的环境更好了，条件更优了，机遇更多了。

同时，我们现在所处的，是一个船到中流浪更急、人到半山路更陡的时候，是一个愈进愈难、愈进愈险而又不进则退、非进不可的时候。改革开放已走过千山万水，但仍需跋山涉水。希望广大侨商、侨资企业家发扬爱国爱乡的优良传统，把握机遇、发挥优势，像改革开放初期那样，更加积极关心和参与中国改革开放和现代化建设，在筑梦新时代中实现自身事业更大发展，为实现中华民族伟大复兴、推动构建人类命运共同体，作出新的更大的贡献。在这里，我提几点希望。

第一，希望大家认识要更高，追根溯源、饮水思源，增进对党、对社会主义制度的拥护、理解和认同。我们中国是有着5000多年文明史的大国，历史上曾长期走在世界前列。近代以后，中国陷入积贫积弱、内忧外患甚至亡国亡种的危险境地。中国共产党的成立，是中华民族历史上开天辟地的大事件。中华人民共和国的诞生，彻底改变了近代以后100多年中国积贫积弱、受人欺凌的悲惨命运，中华民族走上了实现伟大复兴的壮阔道路。新中国成立70年来，我们党领导人民不断探索、不断实践，形成了具有强大生命力和巨大优越性的制度和治理体系，创

造了世所罕见的经济发展奇迹和政治稳定奇迹。从1952年到2018年，我国GDP从679.1亿元跃升至90.03万亿元，实际增长174倍；人均GDP从119元提高到6.46万元，实际增长70倍。中国连续多年对世界经济增长贡献率超过30%，成为世界经济增长的主要稳定器和动力源；中国有7亿多农村贫困人口摆脱贫困，对全球减贫贡献率超过70%，创造了人类减贫史上的传奇。对外贸易持续增加，2009年中国成为全球最大货物出口国、第二大货物进口国，2013年成为全球货物贸易第一大国。

事实雄辩证明，没有共产党，就没有新中国；只有社会主义才能救中国，只有中国特色社会主义才能发展中国。办好中国的事情，关键在党。历史和现实都表明，在中国这样一个大国，没有中国共产党领导，必然四分五裂，一事无成。在中国共产党登上历史舞台掌握民族命运之前，国力衰弱，海外华侨被称为“海外孤儿”。华侨华人是新中国发展变化的亲历者、见证者和参与者，也是受益者。70年峥嵘岁月见证了海外侨胞和归侨侨眷的家国情怀，对中国发生的变化，相信大家的感受是一致的。新中国之所以能取得令世界刮目相看的伟大成就，决定性因素是中国共产党的领导。很多侨商、侨企的发展都得益于改革开放，得益于党的好政策。吃水不忘挖井人。人要有感恩之心、感激之情。没有国家的大平台，谁的事业也做不起来、做不大。

中国特色社会主义最本质的特征是中国共产党领导。新中国70年特别是改革开放以来的伟大实践无可辩驳地证明，只有中国特色社会主义，而没有别的什么主义能够解决当代中国的发展进步问题，这是党和人民从历史和现实中得出的不可动摇的结论。在新征程中，有着高度的历史自觉和自我革命精神的中国共产党，一定能够领导人民进行伟大的社会革命，使中国特色社会主义展现出更加强大、更有说服力的真理力量。

世界并不太平，这边风景独好。大家要从中华民族5000多年的历史、近代以来的历史、中国共产党成立98年的历史中，从新中国成立70年、改革开放40多年、党的十八大以来我国发展取得的巨大成就中，深入思考：中国共产党为什么能？中国为什么能？中国人民为什么能？要从历史逻辑、现实逻辑、理论逻辑、国际比较逻辑的综合分析中，深刻理解中国共产党，深刻理解中国特色社会主义道路、理论、制度、文化，深刻理解中华民族的品格，增进对党、对国家、对社会主义的拥护、理解和认同。

第二，希望大家本领要更强，苦练内功、外树形象，做有担当、有风采、有影响力的企业家。打铁尤需自身硬。在激烈的竞争中立于不败之地，需要对国内外形势、产业、企业发展等规律有着敏锐的把握。

从国际情况看，当今世界正处在百年未有之大变局，不确定性、不稳定性、不可预见性增加，新一轮科技革命和产业变革动能逐渐释放，为生产力进步和经济社会发展开辟了新天地。同时，保护主义、霸凌主义逆流而动，冲击国际贸易和投资，加剧世界经济下行压力。

从工业周期来看，俄罗斯的经济学家曾提出“康波周期”理论：自工业革命以来，大概每60年是一个大的科技和产业周期。比如，1820年代，英国人发明了蒸汽机，进入工业革命1.0。1880–1890年代，美国崛起，通过分工和生产线的方式能够产生更大的劳动效率，进入工业2.0时代。1930年代，德国出现了新的工业模型——电气化工业，进入3.0时代。到了2006、2007年的时候，德国有人提出了工业4.0，即，智能化制造。

从产业发展来看，过去三四十年，产业发展周期是比较趋缓的，产品和消费的改变，产业组织形势和产业链条的改变，大概需要五年、十年时间，但是这几年行业所面临的经济周期在大幅压缩，新产业、新技术、新业态、新模式层出不穷，人工智能、量子科技、区块链技术等前沿领域和颠覆性技术不断涌现，业态结构、生态圈、营销渠道不断迭代。因此，敏锐的、有竞争力的企业必须在很短的时间里面进行组织变革和模式变革。1978年，中国一年生产轿车10万辆，2009年中国的轿车产量超过美国，去年是2870万辆，成为全球最大的汽车产销国。十年前，中国只有一条高铁，天津到北京100多公里，现在是2.9万公里，增加了183倍，全世界70%的高铁在中国。过去10年，房价增长也很快，深圳房价涨了4.7倍，北京涨了4.2倍，厦门涨了5.3倍，杭州3.6倍。十年前，没有智能手机，没有电商、微信、微博、天猫、抖音，而现在已经成为一种生活方式。现在很多人口袋里的现金不会超过500元，收废品的都扫二维码，网上支付。

从企业发展看，很少有企业能够真正地活到一百年。全球500强企业平均寿命为40年。所有的企业中能够活过十年的，在中国地区的有6%，美国是8.7%，日本是12%。

从侨商、侨企发展看，现在的挑战至少有三个方面：一是传统行业和传统经营模式具有一定的不可持续性，面临转型升级的压力；二是有的企业规模还不是很大，品牌的竞争力相对较弱；三是经营家族化特征在企业发展初期有优势，但随着业务扩大和企业发展，面临后继无人、经营管理现代化等挑战。

新一代侨商、侨资企业家要继承和发扬老一辈人艰苦奋斗、敢闯敢干、聚焦实业、做精主业的精神，不停步、不松懈、不骄傲，不断学习，不断捕捉商机，不断向上攀登，把能力本领锻炼得更强更专业，努力把企业做强做优。要有企业家精神、工匠精神，有打造百年老店的雄心壮志，超前布局、提前谋划，抢抓机遇、抢争赛道，拓展国际视野，增强创新能力和核心竞争力，掌握主动、赢得优势，形成更多具有全球竞争力的世界级企业，展示中华儿女的优秀形象。

第三，希望大家贡献要更大，胸怀家国、兼济天下，为中国特色社会主义伟大事业添砖加瓦。家是最小国，国是千万家。家国情怀，兼济天下，是中华民族的优秀品格。大家都是事业有成的人。能力越大，责任也越大。成就越大，贡献就要越大。

中国经济发展需要侨商、侨企发挥重要作用。当前，我国经济已由高速增长阶段转向高质量发展阶段，正处在转变发展方式、优化经济结构、转换增长动力的攻关期。2008年国际金融危机发生后，受多种因素影响，我国经济经受了增速换挡这一考验。2012年以来，经过持续努力，经济运行缓中趋稳、稳中向好，但仍面临下行压力。希望大要围绕国家发展战略和人民美好生活需要，把侨的资金、技术、管理、人脉等优势和资源调动起来、发挥出来，为改革开放增添新的动能，为打赢三大攻坚战献计出力，为攻克核心关键技术努力拼搏，在追求个人梦想的同时汇聚实现中国梦的磅礴力量。

维护中华民族大义、实现祖国统一需要侨商、侨企发挥重要作用。希望大家发挥自身影响大等特点，旗帜鲜明反对一切分裂国家、分裂民族的言论、行为和活动，融洽同胞感情、增进民族共识，为保持香港澳门长期繁荣稳定，为推进祖国和平统一进程，发声奔走、多作贡献。近来，香港持续发生的激进暴力犯罪行为，严重践踏法治和社会秩序，严重破坏香港繁荣稳定，严重挑战“一国两制”原则底线。止暴制乱、恢复秩序是香港当前最紧迫的任务。希望大家积极宣传中国政府主张，支持行政长官带领香港特别行政区政府依法施政，支持香港警方严正执法。

讲好中国故事、弘扬中华文化、推动中外友好需要侨商、侨企发挥重要作用。希望大家现身说法，以丰富的事例、鲜明的视角、生动的语言，传递中国发展理念，阐述中国政策主张，让世界了解一个全面真实立体的中国。积极发挥民间往来优势，开展文化交流和文化活动，推动中外文明交流互鉴。积极融入主流，回馈当地社会，遵守住在国法律，尊重当地习俗，与住在国人民和睦相处，热心公益事业，以良好形象赢得更多尊重。

第四，希望大家作用要更好，以侨为桥、以内联外，在共建“一带一路”、助力中国企业“走出去”中展现作为。经济全球化，促成了贸易大繁荣、投资大便利、人员大流动、技术大发展，各国人民从中受益，为世界经济发展作出了重要贡献。中国是经济全球化的积极参与者，也是坚定支持者。近三年，中国经济总量连续跨越70万、80万和90万亿元大关，占世界经济的比重接近16%。2013－2018年，中国对世界经济增长的平均贡献率超过28.1%。中国是在开放条件下发展起来的，中国实现更好发展，也需要在更加开放的条件下进行。中国将继续实施一系列重大开放举措，大规模“引进来”，大踏步“走出去”。

目前，中国对外投资合作持续健康发展，投资层次和水平不断提升，2018年中国对外直接投资达到1430.4亿美元，是2002年的53倍，年均增长28.2%。广大侨商、侨企分布在世界上100多个国家和地区，侨商、侨企长期形成的庞大而细密的商贸流通网络，在世界上得到广泛赞誉。侨商的产生和发展壮大是经济全球化的结果，也是推动经济全球化深入发展的一支重要力量。在世界贸易摩擦此起彼伏、贸易保护主义抬头、中国经济“走出去”的背景下，发挥侨商、侨企商业网络的优势，维护和推动经济全球化发展，显得尤为重要。

“一带一路”倡议源于中国，机会和成果属于世界。据报告显示，“一带一路”建设将使相关国家760万人摆脱极端贫困、3200万人摆脱中度贫困，将使参与国贸易增长2.8%至9.7%、全球贸易增长1.7%至6.2%、全球收入增加0.7%至2.9%。“一带一路”建设是名副其实的资源共享、共同繁荣、共同发展之路。80%以上的侨商分布在“一带一路”沿线国家和地区，“一带一路”建设的顺利推进给侨商、侨企带来无数商机。近几年来，中国企业在“一带一路”沿线国家进行了许多重大投资，侨商、侨企也有很多投资。

希望大家树立世界眼光、全球视野，充分发挥联系广泛的独特优势，各尽其能，各展所长，深耕“一带一路”，助力中国企业顺利“走出去”，广泛开展国际合作，干出一番大事业，闯出一片新天地，在更大范围、更宽领域、更高水平上，书写丝绸之路侨商、侨企新传奇。

四、以习近平新时代中国特色社会主义思想为指导，努力建设世界一流、中国特色的侨商组织

面对新时代新要求，侨商会要以习近平新时代中国特色社会主义思想为指导，坚持围绕中心、服务大局、服务会员，积极参与和支持侨联工作，以世界一流、中国特色为目标，建设具有全球影响的侨商组织，更好引领广大侨商、侨资企业家成长发展，为全面建成小康社会、实现中华民族伟大复兴的中国梦、推动构建人类命运共同体贡献智慧和力量。关于侨商会工作，章程和工作报告已经有了很好的规划。我在中国侨商企业投资协会转隶工作会议上讲了一些意见。这里，我再强调几点。

第一，要在坚定正确的政治方向上下功夫。这是由侨商会的属性决定的。要坚持党对侨商会工作的领导，增强“四个意识”、坚定“四个自信”、做到“两个维护”。要以习近平新时代中国特色社会主义思想统领侨联工作，学习贯彻习近平总书记关于侨务工作的重要论述，把准前进方向。要认真贯彻党中央有关决策部署，贯彻中国侨联有关工作要求，有力有效地开展侨商会工作。

第二，要在坚守鲜明的工作定位上下功夫。“中国”体现了侨商会“国家队”的发展定位。所以，侨商会的气质要有家国情怀，侨商会的宗旨要注重服务国家，侨商会的建设要在国内整个社会组织中争先进、当排头兵，在整个侨商社会组织体系中发挥龙头、枢纽和示范带动作用。“侨商”体现了侨商会特殊的成员定位。侨商、侨企最大的特点，就是有侨的身份、侨的元素，有国际化的视野，有联通中外、遍布世界的商业网络和人脉资源，这是侨商会不同于其他商会的突出特点。离开了这一条，侨商会就失去了特色，也失去了存在和发展的最大价值。“联合会”体现了侨商会的组织定位。即，侨商会是一个社会组织。因此，要按照《社会组织登记管理条例》去发展，服从民政部及其社会组织管理局的管理和指导；要用章程去管人管事，完善内部治理结构，提高吸引力、凝聚力和公信力。

第三，要在履行光荣的职责使命上下功夫。我在前面讲到了侨商会的作用，即：广大侨商、侨资企业家交流协作的重要平台，党和政府联系侨商、侨企的重要桥梁，开展侨务工作的重要依托。所以，侨商会最重要的使命有三个方面：

要服务国家发展大局。从宏观来看，就是要服务“四个全面”、“五位一体”、两个“一百年”、实现中华民族伟大复兴的中国梦、推动构建人类命运共同体。具体来讲，一是经济发展，动员侨商、侨企为供给侧结构性改革、高质量发展、创新驱动发展战略贡献智慧和力量；二是社会建设，动员侨商、侨企参与打赢脱贫攻坚战，开展公益慈善事业；三是“一带一路”建设，动员侨商、侨企为中国经济“走出去”穿针引线、当好表率。

要服务会员事业发展。要促进学习交流，围绕侨商、侨企的特点和发展需求，加强调查研究，组织会员开展系统性、经典性、前沿性的学

习，开展商会内部的宏观经济信息、行业发展信息、企业经营管理新方法的交流，侨商会与有关政府部门的交流、行业组织的交流、国际组织的交流等，提高学习交流的效果。要促进成长发展，通过侨商会组织化的力量、通过优秀企业家的示范，引导和帮助会员提高素质、壮大事业。要促进权益维护，收集和反映会员群体的普遍性利益诉求，注重有序的政治参与，用好政协侨联界别渠道，发挥侨界人大代表作用，为改善侨商群体的成长环境、发展条件、准入机会、重要产业领域的政策变化等努力。

要支持和参与侨联工作。包括两方面，一是手臂延伸，通过侨商会开展活动、联系服务侨胞；二是资源依托，为侨联完成重要任务提供必要的资源保障。要加大力度，使侨商会与侨联中心工作贴得更紧、参与更多、支持更有效。

第四，要在完善科学的治理体系上下功夫。近代的商会组织是舶来品。侨商会要有追求卓越的气魄，以这次换届为契机，对标国际一流商会，完善内部治理，精心打造品牌，建设国际化、现代化、有全球影响力的商会组织。要建立和完善制度体系，提高侨商组织内部管理制度化、规范化、科学化的水平。要建立和完善工作体系，梳理侨商会过去的好做法，借鉴国内外有益经验，设计推出几个工作品牌，打造一批项目，同时提高相互之间的关联度，做到工作品牌化、品牌项目化、项目具体化，可操作、可呈现、可检验。要建立和完善组织体系，合理设置内设机构和职责，注重联系和团结会员团体，增强代表性、广泛性，提高专业化水平和组织力。要制定和完善侨商会中长期发展规划，加强顶层设计，体现特点、突出优势、立足长远，将侨商会的发展与中国经济的发展紧密结合、与对外开放事业发展紧密结合、与侨商自身事业发展紧密结合。要加强队伍建设，加强对秘书处工作人员履职能力和服务水平的培训力度，着力培养一批具有改革创新思维、国际战略视野、现代管理能力的社会组织管理人员。要加强侨商会地方和基层组织建设，按照侨联“两个建设”的要求，扩大侨商组织的覆盖面和活跃度，形成侨商组织系统性的力量。

第五，要在加强秘书处的党建工作上下功夫。2015 年 9 月，中央印发《关于加强社会组织党的建设工作的意见（试行）》。民政部正在修订的《社会团体登记管理条例》和《社会团体章程示范文本》中明确了加强党建工作的要求。近期，中国侨商联合会秘书处成立了党组织。要按照侨联党建工作总体要求，把党的工作和党的活动开展起来，发挥党组织的战斗堡垒作用和党员的先锋模范作用，以高水平的党建工作保障侨商会的高质量发展。

侨商会是侨联直接领导的社会组织。侨联要全力支持侨商会的工作。要加强对侨商会的领导，定期研究侨商会重大事项，帮助解决存在的难题，鼓励支持侨商会依法依章程开展工作，使其团结凝聚侨商、服务大局、服务会员、支持侨联工作的作用得到充分发挥、有效彰显。

各位代表，同志们！十几载砥砺奋进，新起点扬帆起航。侨商会伴随着改革开放茁壮成长、在全面建成小康社会的进程中发展壮大，也必将在奋进新时代的新征程上再创佳绩。让我们紧密团结在以习近平同志为核心的党中央周围，不忘初心、牢记使命，锐意进取、扎实工作，广泛凝聚侨商力量，奋力谱写侨商会发展新篇章，向着中华民族伟大复兴中国梦的宏伟目标奋勇前进！

在中国侨联十届二次全委会议上的总结讲话

（2019 年 1 月 17 日）

李卓彬

各位委员，各位顾问，同志们：

中国侨联十届二次全委会议圆满完成各项议程，马上就要闭幕了。受主席会议委托，现在由我对会议作简要总结。

这次会议传达学习了中央书记处办公会议的重要指示精神，听取了万立骏主席所作的工作报告，对于推动落实十代会部署，推进新时代侨联事业发展具有重要意义。万立骏主席所作的工作报告全面总结了十代会以来的工作，对 2019 年工作作出具体部署，提出明确要求。在分组讨论中，大家就贯彻落实好中央书记处办公会议重要指示精神和十代会部署，切实完成好工作报告提出的目标与任务，扎实推进今年各项工作，进行了认真学习和讨论，进一步统一了思想、凝聚了共识、增强了信心。

通过学习和讨论，大家深刻认识到，党的十八大以来，以习近平同志为核心的党中央高度重视侨联工作，习近平总书记关于侨务工作的一系列重要论述深刻回答了侨联事业发展的方向性、根本性、战略性问题，是做好新时代侨联工作和改革的行动指南。我们必须要切实增强“四个意识”，坚决做到“两个维护”，时刻对标看齐、反复检查落实，不辜负习近平总书记和党中央的重托。通过学习和讨论，大家表示，中央书记处办公会议专门听取工青妇科侨工作汇报，王沪宁同志在会上发表重要讲话，对工青妇科侨 2019 年工作作出重要指示，让人倍感振奋、深受鼓舞；中央书记处办公会议关于侨联工作的重要指示是做好侨联工作的重要遵循，是侨联组织立足新时代、开启新征程的重要指导性文件，我们必须认真学习贯彻，切实增强政治性、先进性、群众性，不断推进侨联改革向纵深发展，扎实有效推进侨联工作。通过学习和讨论，大家一致认为，万立骏主席做所的工作报告工作回顾系统全面、实事求是，工作部署思路清晰、重点突出、措施具体，点明了当前侨联工作面临的新方向、新要求、新情况、新课题，体现了习近平总书记对做好侨务工作的重要指示精神，体现了党中央决策部署。我们必须进一步增强使命感和责任感，锐意进取、主动作为，确保各项工作任务和目标能够顺利完成、落到实处。

会议讨论热烈、发言踊跃，大家提出了不少很好的意见和建议，归纳起来主要有几个方面。一是在加强自身建设方面，建议针对新进省级、副省级城市侨联的主席、副主席进行培训；建议侨联系统干部挂职制度化常态化；二是在加强海外联谊方面，建议发挥海外侨胞作用，在讲好中国故事的同时倾听海外侨胞声音，反馈信息；建议发挥港澳侨界人士优势，为粤港澳大湾区建设献计出力；三是在创新工作方式方面，建议加强“网上侨联”数据化建设，推进侨联系统信息互通共享；建议探索推进侨联专兼挂副主席共同参与侨联工作机制；建议对新中国成立 70 周年系列庆祝活动的统筹协调；四是在推进侨联改革方面，建议更好吸收和承接侨办转移过来的相关工作内容，在开展好侨联现有工作品牌活动的同时，既保证活动连续性又提升影响力；五是在新侨工作方面，建议重视少数民族地区侨界青年的政治思想引领，发挥他们在维护祖国统一和民族团结方面的作用。讨论中，大家还对学习贯彻中央书记处办公会议精神提出了具体设想和打算，对工作报告提出了具体文字修改意见等。会后我们将对这些意见和建议认真归纳整理，进一步细化落实到各项工作中去。

2019年是新中国成立70周年，是决胜全面建成小康社会的关键之年，也是侨联事业发展中十分重要的一年。“一分部署，九分落实”，关于今年侨联的各项工作任务，万立骏主席已作了全面部署，接下来就是要集中精力抓落实。为落实好这次全委会议精神，确保今年各项任务圆满完成，我再强调几点意见。

一、坚持讲政治抓引领，深化学习宣传贯彻

万立骏同志在工作报告中强调政治性是侨联的灵魂，为党团结侨、凝聚侨是侨联的重要任务。我们要牢固树立“四个意识”，坚定“四个自信”，坚决做到“两个维护”，自觉用习近平新时代中国特色社会主义思想特别是习近平总书记关于侨务工作的重要论述武装头脑、指导实践、推动工作，切实加强对侨界群众的思想政治引领。要把深入学习宣传贯彻习近平新时代中国特色社会主义思想作为首要任务，将深入学习宣传贯彻习近平新时代中国特色社会主义思想和落实十代会精神紧密结合起来，在坚持“两个并重”“两个拓展”、推动“两个建设”上下功夫，推动学习宣传贯彻往深里走、往实里走、往心里走，切实学懂弄通做实。要加强理想信念和社会主义核心价值观的宣传教育，加强意识形态引导，关心关注侨界群众的思想动态、心理需求、实际困难，努力增强思想政治工作的针对性和精准度。要积极围绕新中国成立70周年，按照党中央统一部署，营造迎华诞共奋进的浓厚氛围，有针对性地加强宣传教育。

二、坚持深入调查研究，科学高效摸清侨情

大力弘扬求真务实之风，切实加强调查研究，创新工作方式方法，贯彻落实好“大学习、大讨论、大调研，做出大贡献”要求，是推进侨联事业发展的必然需求，是不断改进侨联工作的基本方法。要坚持立足全局、目光向下、脚踏实地，大处着眼、小处入手、实处发力，既善于总结成功经验，也敢于研究复杂问题，及时掌握第一手鲜活素材，及时了解侨界群众的所思所想、所盼所求，听取真实的意见建议，在深入调研中积极主动地思考问题、寻找答案、认识规律、形成对策。要从满足工作需要、提升工作效率入手，充分利用信息化手段，通过建立侨情数据库和工作档案，不断提高工作覆盖、拓宽渠道来源，及时更新研判海内外侨情变化，同时还要加强各级侨联组织之间的信息数据积累和互通共享。

三、坚持推进改革落地，提升联谊工作效能

履行好海外华侨华人社团联谊等职能，更好发挥侨联组织桥梁和纽带作用，是党中央在这次深化党和国家机构改革中对侨联工作提出的明确要求，万立骏主席在工作报告中也作了重点规划部署。我们要着眼于转职能、转方式、转作风，积极向当地党委政府沟通汇报，向机构改革办、编办汇报中央、中国侨联改革方向和进展情况，落实政策、争取支持，进一步理顺体制机制，明确内部机构职责边界，推动专兼挂干部队伍建设。侨联干部要做改革的坚定支持者和积极推动者。要加强和统战部等其他涉侨部门加强沟通交流，在职能划分、人员划转、项目划转、工作方式等方面多商量、多协调，探索建立顺畅高效的沟通机制。要通过定期召开侨联海外工作联席会议等形式，传达中央和有关部门重要会议精神和相关工作部署，通报侨联海外工作的最新要求和工作动态，做好国家对外工作政策解读，对海外联谊工作中出现苗头性、倾向性问题，及时提出意见。要充分发挥海外顾问、委员的作用，加强与外交部、驻外使领馆等部门和机构的合作，尝试建立侨情会商制度，探索创建海外联谊工作新平台、新品牌。

四、坚持做好工作规划，切实抓好检查督促

面对党和国家事业发展对侨联工作提出的新要求，海内外侨情变化对侨联工作提出的新课题，侨联改革发展面临的新情况，要抓好2019年侨联工作，我们要深刻理解好万立骏主席工作报告中对当前侨联工作面临的新形势新任务的分析研判，要结合工作实际提出切实可行的工作规划，进一步明确工作目标、实施步骤、实现路径，突出规划引领、细化工作方案。要在谋划好今年工作安排的基础上，科学研究、合理制定五年工作规划，以规划明确工作方向、目标、重点，确保工作措施、平台、项目的系统性和连续性。要结合自身特点，探索建立涵盖情况督查、成效评估、问题纠偏等方面内容的工作督导机制，确保各项任务在本地区、本层级有效转化、落地落实。要借助信息化、智能化手段，在办公自动化、资源数字化、传播信息化方面取得新进展，打造线上线下融合发展的侨联工作新格局。

五、坚持做强工作品牌，整合用好资源平台

侨联组织服务党和国家工作大局，就要围绕统筹推进“五位一体”总体布局、协调推进“四个全面”战略布局，贯彻新发展理念，聚焦深化供给侧结构性改革、打好三大攻坚战、推动高质量发展，通过规划实施好“创业中华”“亲情中华”“侨爱心工程”“海外侨胞故乡行”“涉侨纠纷多元化解机制”等重点品牌活动和工作机制，找准服务大局的切入点、结合点、着力点。要全面梳理现有工作载体和机制，继续深耕厚植重要品牌和工作机制建设，切实整合发挥特聘专家委员会、法顾委、侨商会、侨创联盟、基金会等平台的合力，不断拓展工作对象和范围，不断提高为侨服务能力，努力做到目标一致、项目支持、整体活跃。要加强层级联动，注重把资源和力量下沉基层，复制推广成功的工作手段和标准流程，通过主动参与、积极融入中国侨联的品牌活动和重点工作，最大限度地发挥好侨联组织的系统优势和生机活力。

六、坚持着眼两个建设，敢于担当善于作为

习近平总书记强调，群团组织要坚持服务群众的工作生命线。对于越是基础薄弱、基层组织不够健全的地区领域环节，越需要我们大胆破题、接续努力、抓出成效，因此我们必须坚持着眼“基层组织建设”和“基础建设”，按照《基层侨联组织工作条例（试行）》，把侨的需求作为谋划和推进工作的重要依据，把侨的获得感幸福感作为工作成效的评判标准，努力做侨胞的贴心人和侨务工作的实干家。要发扬斗争精神和担当精神，坚定攻坚克难的信心和勇气，坚持直面群众、沉下基层，下大力气推进基层组织建设，以立说立行为标准，以善作善成为导向，以干净干事为底线，对部署了的任务一抓到底，确保基层组织建设各项目标任务落地生根、开花结果。要增强危机感和紧迫感，磨砺担当的宽肩膀、锤炼干事的真功夫，沉下心来干工作、一心一意谋发展，以更硬的作风、更强的执行力推动侨联各项工作落地落实，在侨联系统形成想作为、敢作为、善作为的良好氛围。要扎实推进侨联机关党的建设，按照新时代党的建设总要求，抓好“两学一做”学习教育常态化制度化，坚持不懈地反对四风，持之以恒地抓好作风建设，锻造一支政治上强、作风优良、专业水平高的干部队伍，为侨联工作提供坚强政治保证和组织保证。

各位委员，各位顾问，同志们！

中央书记处对此次会议十分重视和关心。会后大家要把中央书记处办公会议对侨联工作的重要指示和这次全委会议精神传达落实下去，有关贯彻落实情况及时报中国侨联办公厅。

团结凝聚力量，实干创造未来。崭新的2019年召唤奋斗者一起拼搏，呼唤追梦人一起奋斗。让我们紧密团结在以习近平同志为核心的党中央周围，以习近平新时代中国特色社会主义思想为指导，扎实做好侨联各项工作，以优异的成绩迎接新中国成立70周年！

传统的新春佳节将至，在此我也代表中国侨联向大家拜个早年，感谢一年来大家对中国侨联工作的大力支持和辛勤付出，祝大家在新的一年里身体健康、事业兴旺、阖家幸福、万事如意！

在中国侨联经济科技工作暨新侨创新创业联盟理事交流活动上的讲话

（2019年4月23日）

李卓彬

尊敬的任爱荣副省长，同志们，侨胞朋友们：

很高兴和大家相聚在泉城济南，共同出席中国侨联经济科技工作暨新侨创新创业联盟理事交流活动。首先，我谨代表中国侨联和万立骏主席，向与会的各位同事、各位侨胞表示热烈欢迎！向长期以来关心和支持侨联工作的山东省委、省政府表示衷心感谢！

本次活动主题是：以习近平新时代中国特色社会主义思想为指导，认真贯彻2019中央经济工作会议精神和全国“两会”精神，全面落实“十代会”工作部署，总结回顾2018年侨联系统经济科技工作，找准侨联经科工作的切入点和着力点，交流经验、统一思想、凝聚共识，研究部署下一阶段全国侨联经科工作；同时总结新侨双创联盟理事会2018年工作，布置2019年工作，调整联盟理事会机构，增补一批副理事长、理事。

下面，我谈几点意见。

一、2018年侨联系统经科工作简要回顾

2018年，全国侨联系统认真贯彻落实党的十九大和十九届二中、三中全会精神，贯彻落实习近平总书记关于侨务工作的重要论述精神，在中国侨联、各级党委和政府以及相关部门的关心支持下，立足本职、开拓创新，“创业中华”品牌得到全面加强，各类平台建设取得新的进展，侨联经科工作迈上了新的台阶，概括起来主要有以下三个方面。

（一）擦亮品牌打造载体，服务侨胞创新创业

1. 坚持深耕细作，做强“创业中华”品牌

经过多年努力，“创业中华”已成为侨联系统重要品牌活动，得到中央书记处和会党组的充分肯定。去年5月，中国侨联出台《中国侨联关于加强“创业中华”品牌活动的指导意见》，明确活动的指导思想、内容形式和具体要求，加强品牌管理、深化品牌建设、厚植品牌影响力。一年来，中国侨联与京津冀、浙江、福建、山东、陕西等省市联合开展“创业中华”系列品牌活动，通过主题论坛、项目路演、参观考察、对接洽谈以及经验分享等多种形式，广泛凝聚海内外创新创业资源，促进侨资与侨智有效对接和深度融合，服务地方经济转型升级和侨胞事业发展。如，在浙江杭州举办的“创业中华——2018侨界精英创新创业峰会”，围绕大健康产业发展，累计签约项目50个，总投资达268亿元。

2. 坚持完善服务，成立新侨创新创业基地

2018年，中国侨联在全国陆续成立了19家中国侨联新侨创新创业基地，针对新侨创新创业特点，出台优惠政策和服务措施，打造人才引进、项目路演、金融支持、企业创办、项目孵化、市场开拓、规模生产一条龙服务，让创新创业人才进得来、留得住、发展好。各地侨联也发挥各自优势，积极搭建新侨创新创业平台和基地，如北京打造“联盟+基地+网络共享平台+合投基金”发展框架，江苏、浙江、安徽、河南也在积极打造本省的新侨创新创业基地并初见成效。

3. 坚持分类指导，成功举办各类培训研修班

为让回国创业的侨胞了解国内政治体制、国家重大发展战略、各类优惠政策、金融支持平

台、企业规范经营等情况，中国侨联在清华大学举办首届新侨创新创业联盟海外委员培训班，系统解读国内外经济形势和创新创业政策，鼓励海外委员回国（来华）创业创新发展，40多位海外委员参加培训。北京、天津、河北、山西、江苏、浙江、福建、深圳、宁波等省市侨联也举办各具特色的培训班、研修班，取得良好效果。

4. 坚持学习典型，增强侨胞创新创业荣誉感使命感

去年6月，中国侨联举办第七届新侨创新创业成果交流活动，评选表彰“中国侨界贡献奖”104人。这些典型都是由地方侨联和中央单位侨联推荐，经过层层审核评定遴选出来的，具有较高的权威性和代表性。通过对先进典型的表彰和宣传，发挥榜样的示范引领作用，激励新侨人才建功立业、报效国家。不少地方侨联也根据本地情况，开展了典型树立和宣传活动。

（二）持续涵养侨务资源，夯实经科工作基础

1. 创新工作机制，“地方侨联 + 大学侨联 + 校友会”成效初显

去年6月，中国侨联在安徽合肥召开全国高校侨联与新侨人才工作会议，加快推进构建“地方侨联 + 大学侨联 + 校友会”机制。会后各地和高校侨联迅速跟进，落实会议精神：如安徽、重庆侨联召开专门会议并下发指导性文件，积极打通渠道、建立模式、涵养资源；北京、黑龙江、浙江、福建、江西、山东、河南、云南、新疆等侨联赴当地高校开展专题调研和侨情普查，统计掌握侨情数据，密切高校沟通联系；部分高校也积极响应号召，如中国科学院大学成立侨联并通过章程。

2. 积极建言献策，特聘专家委员会成果显著

2018年，中国侨联累计收到96篇特聘专家建言，其中12篇入选侨情专报，40余篇编入《中国侨联特聘专家建言集》。在2018年中国侨联特聘专家委员会年会上，新增聘了27位委员，专家规模达316人；路演和对接10余个项目，助力地方经济转型升级；6位专家发表真知灼见，并分期在《新华日报》上刊载。各地侨联也依托省级特聘专家委员会，开展形式多样的活动。如，辽宁多次组织侨商和特聘专家面对面沟通交流，推动提高科研成果的转化；吉林开展“省侨联特聘专家走进市州”活动，为地方经济发展把脉献策；江苏组织侨商企业家及省侨联特聘专家参加“长三角区域科技协同创新”主题“侨智论坛”；福建探索成立“为侨医疗服务特聘专家”，更好地服务侨界群众；四川组织特聘专家参加“侨智精英科博行”，以圆桌对话形式碰撞智慧、共议发展；山东青岛举办特聘专家“服务创新发展研讨会”，助力新旧动能转化等。

3. 加强引导服务，新侨创新创业联盟快速发展

作为团结凝聚新侨创新创业人才的重要平台，中国侨联新侨创新创业联盟自成立以来，紧紧围绕国家重大发展战略，着力完善联盟机制网络，搭建平台、丰富活动、凝心聚力，有力助推成员事业壮大，扎实服务地方经济发展。一年来，联盟组织成员积极参与“创业中华”活动，鼓励成员携带技术和项目参与对接交流和合作洽谈，达成多项合作意向；积极建言献策，就侨界在产业升级和“一带一路”建设中的作用提交全国“两会”提案建议素材。同时联盟规模不断扩大，本次增聘后联盟成员总数将达到421家；北京、武汉、大连等地双创联盟也相继成立。

4. 深化商会改革，侨商组织作用进一步彰显

2018年，中国侨商联合会累计组织约700位侨商参与各省市举办的大型经贸活动20余项，项目签约金额近千亿元；组织会员多批次出访“一带一路”沿线国家，举行项目对接、合作签约等，深化与海外的经贸交流；积极开展会员培训工作，召开侨商会全国或区域办事处年度工作会议，听取各方意见和工作设想；加强基层侨商组织建设，指导地方侨商会换届、完善组织架构、丰富会务活动等。同时，按照中央关于机构改革的要求，做好中国侨商投资企业协会整合融入中国侨商联合会的相关工作，对照民政部社团管理的相关规定，认真履行必要的法定程序，着力深化商会组织改革，确保侨商组织整合融入依法合规、按期完成。

（三）发挥桥梁纽带作用，助力“一带一路”建设

一是努力探索部校合作机制。中国侨联与清华大学“一带一路”战略研究院举办两期“一带一路华商国际合作与交流系列活动”，支持清华大学“一带一路”研究院开展主题研讨会。**二是**

积极参与“一带一路”有关活动。中国侨联参与主办的丝绸之路国际博览会，现已成为“一带一路”共建国家和地区政府对话、企业合作、民间交流、友城互动的重要平台。中国侨商联合会参与2018“一带一路”华商峰会等活动，服务侨资侨智“引进来，走出去”。**三是加强沿线国家侨胞联谊联络。**中国侨联经济科技部组团出访宣介“一带一路”建设成效，主动了解侨胞诉求，鼓励侨胞投身共建“一带一路”，实现互利共赢。各地侨联也积极响应、主动作为，如，天津首次主办“一带一路”电子竞技大赛；江苏召开陆桥沿线城市侨联服务“一带一路”合作联盟会议，深度开展沿线城市间合作交流；广东积极推进构建华商协作网络，举办“一带一路”国际华商经贸交流会；广西推动与东盟国家实现合作共赢，精心组织“桂企东盟行”活动等。

此外，中国侨联和各地方侨联主办或参与2018中国·天津投资贸易洽谈会、2018世界制造业大会和2018中国国际徽商大会、第二十四届中国兰州投资贸易洽谈会、第十六届东盟华商会、第七届中国·商丘国际华商节、2018侨智精英科博行等大型经贸活动，受到地方各级政府和广大侨胞的热烈欢迎和积极响应。

同志们、朋友们，2018年侨联经科工作成绩的取得离不开以习近平同志为核心的党中央的坚强领导，离不开各级党委政府的大力支持，离不开广大侨胞的倾力参与，离不开侨联系统经科干部的辛勤付出，在此，我代表中国侨联向大家表示衷心的感谢！同时，我们也应看到侨联经科工作同党中央要求、与侨界群众期盼仍存在不小差距，我们要坚定信心和勇气，创新工作思路，脚踏实地、真抓实干，不断推动侨联经科工作取得新的更大进步。

二、新时代侨联经科工作面临的新形势新任务新要求

（一）深化党和国家机构改革为侨联经科工作指明了前进方向

习近平总书记对侨有着深厚感情。党的十八大以来，以习近平同志为核心的党中央高度重视发挥归侨侨眷和海外侨胞的作用，从全局和战略的高度对推进侨联改革、发挥侨界优势、做好侨务工作作出了一系列重要部署，深刻阐明了党的侨务工作的地位作用、目标任务、职责使命、实践要求，为我们在新时代做好侨联工作和改革创新提供了根本遵循；先后出台一系列加强侨联工作的意见和措施，党和国家机构改革中更是将国务院侨务办公室海外华人华侨社团联谊等职责划归中国侨联行使，中国侨联的职责和使命更加重大。2018年8月，习近平总书记等中央政治局全体常委出席第十次全国归侨侨眷代表大会开幕会，极大振奋了广大归侨侨眷和海外侨胞、侨联工作者的精神。应当说，侨联组织迎来了事业发展的历史机遇期。

（二）世情国情侨情深刻变化对侨联经科工作提出新要求

国际形势纷繁复杂。当前，世界正处在大发展大变革大调整时期，经济全球化遭遇波折，多边主义受到冲击，国际竞争摩擦呈上升之势，地缘博弈色彩明显加重，国际社会信任和合作受到侵蚀，国际金融市场震荡，国际大宗商品价格大幅波动，不稳定不确定因素明显增加，特别是中美经贸摩擦给国内企业生产经营、市场预期带来不利影响；另一方面，经济全球化仍是推动世界经济增长的引擎，新一轮科技革命和产业变革明显加速，全球科技创新活动进入高密集期，颠覆性技术不断涌现，正在迅速重塑全球经济和产业格局，谁能顺应产业变革趋势，掌握科技创新资源，把握转型发展主动权，谁就能赢得国际竞争主动权。中国坚持创新驱动、协同联动、公平包容，打造富有活力的增长模式、开放共赢的合作模式和平衡普惠的发展模式，让世界各国人民共享经济全球化发展成果。

国内经济面临诸多挑战。我国经济由高速增长转向高质量发展，目前仍处于换挡期、阵痛期和消化期的“三期叠加”，科研自主创新能力不强，关键核心技术短板问题凸显，低端供给过剩和高端供给不足的结构性矛盾依然突出，产业整体仍处于价值链中低端。面对压力和挑战，中央推出“六稳”政策，不断扩大有效投资、扩大居民消费，伴随着减税降费政策的落实、“放管服”改革的深化，今年一季度GDP同比增长6.4%，经济开局平稳并超过预期，市场积极因素逐渐增多，经济运行由原来的稳中有变、变中有忧到目前的总体平稳、稳中有进，市场预期和信心明显

增强。

同时中央经济工作会议也指出，必须善于化危为机、转危为安，变压力为加快推动经济高质量发展的动力。在中央部署今年要抓好的7项重点任务中，首项任务就是推动制造业高质量发展。制造业从低端逐步向中高端升级迈进，是支撑大国经济实现工业化和现代化的根本力量，先进制造业是制造业中创新最活跃、成果最丰富的领域，也是价值链上高利润、高附加值的领域。发展先进制造业必须发挥创新主引擎作用，要以先进技术的产业化应用为导向，推动产业链、创新链、资金链、政策链相互支撑，形成高效立体的创新体系。在做大做强新兴产业的同时，改造提升传统产能，不断提高产品性能，改良生产工艺，实现优质制造，以便更好适应和引领消费需求。

综上，我们可以看出，中国发展仍处于并将长期处于重要战略机遇期，长期稳中向好的总体势头没有改变。伴随着营商环境的不断改善、减费降税政策的落地，中国仍是侨商投资兴业的首选之地，希望广大侨胞朋友们在保持忧患意识的同时，要充分把握中国转型发展的机遇，充分发挥资金、人才、技术和管理等方面的综合优势，创新求进、积极有为。

海内外侨情发生深刻变化。随着经济全球化深入发展和我国对外不断开放，海内外侨情呈现新变化。海外侨胞数量增多，新侨群体迅速壮大，专业人士数量持续增长，海外侨胞经济科技实力明显增强，海外侨胞积极融入当地，在住在国的受尊重程度普遍提高，社会政治地位得到提升。国内侨胞中老侨数量逐渐减少，留学回国人数稳步提升，高层次人才回流趋势明显，不少新归侨已经成为我国各领域、各行业的技术骨干和领军人才。但也要看到，海外社团功能不健全、发展不平衡，华裔新生代对中华文化认同存在差异，对祖（籍）国利益诉求更加多元，侨务工作凝聚思想共识、协调利益关系、涵养调动资源的难度增大。

（三）海外侨务经科资源蕴藏丰富、潜力巨大

据统计，海外有华侨华人6000多万，国内归侨侨眷约3000多万。一直以来，广大海外侨胞秉承自强不息、勤劳刻苦、团结互助等中华民族优秀传统美德，筚路蓝缕、艰苦创业，用智慧和汗水成就个人事业的辉煌，涌现出一大批成功的企业家和科技专业人士，为世界经济发展和科技进步作出重要贡献。海外侨商经济总量不少于5万亿美元，为当地经济社会发展和社会民生作出巨大贡献，很多侨商产业已成为住在国的支柱产业。海外有约400万华侨华人专业人士，专业涵盖几乎所有科技前沿领域，在国际500余所著名大学中，有2.5万多名华裔专家学者，发达国家的科学院和工程院中有350多位华裔院士，他们掌握着国际先进知识、科学技术和管理经验，具有很强的创新创业意识和活力，是各国和世界科技进步的重要推动力量。

三、锐意进取、真抓实干，同心协力开启侨联经科工作新局面

2019年是新中国成立70周年，也是全面建成小康社会的关键之年，扎实做好2019年侨联经科工作，对于落实十代会部署，推进新时代侨联工作，具有十分重要的意义。面对新形势、新任务、新要求，我们必须不忘初心、牢记使命，深入学习贯彻习近平总书记关于侨务工作的重要论述，坚决贯彻落实党中央关于侨联工作的各项决策部署，按照“十代会”要求，坚持“两个并重”“两个拓展”，着力推进“两个建设”，织好“两张网”，构建“两项机制”，聚焦保持和增强政治性、先进性、群众性，坚持服务大局、服务侨胞，不断开创侨联经科工作新局面。

（一）始终把牢政治方向，坚定不移听党话、跟党走

政治性是侨联工作的灵魂，讲政治是侨联第一位的要求。增强侨联政治性就是要在思想上、政治上、行动上同以习近平同志为核心的党中央保持高度一致，牢固树立“四个意识”，更加坚定“四个自信”，自觉践行“两个维护”，引导侨界群众听党话、跟党走，画好侨界团结最大同心圆。侨联经科干部要加深对侨联组织的认识，深入学习贯彻习近平总书记关于侨务工作的重要论述，贯彻落实党中央关于侨联工作的决策部署，自觉用习近平新时代中国特色社会主义思想武装头脑、指导实践、推动工作。要关注国内外经济科技的最新形势，紧盯科学技术领域的发展动向和前沿进展，加强对中央经济工作会议、国

家科学技术奖励大会等会议精神的领会学习，准确把握国家经济形势和创新创业的政策举措，改进工作方式方法，引导侨资侨智参与国家重大发展战略，不断开创侨联经科工作新局面。

（二）广泛凝聚汇集侨界资源，服务创新驱动发展和经济转型升级

一是深入打造“创业中华”品牌。“创业中华”是中国侨联引资引智的知名品牌，打响、擦亮这块“金字招牌”，就必须要紧紧围绕创新驱动发展、京津冀协同发展、长江经济带建设、粤港澳大湾区建设、长三角一体化发展等国家战略，推动“创业中华”品牌与国家重大战略的衔接呼应，组织开展有针对性的引资引智和平台对接活动，不断拓展其内涵和外延，以品牌带动活动，用活动提升侨联影响力。要全面落实中国侨联与各省市签订的战略合作协议，主动向省市领导请示报告，加强与地方政府和相关部门的沟通协调，争取将“创业中华”活动列入当地重点任务清单，建立健全上下联动、横向互动、协同推动的工作机制。要策划好活动主方案和分方案，提升活动的层次：一般活动应有开幕式、主论坛、政策推介、项目路演、重点项目签约仪式、人才招聘、参观考察、成果发布等内容，有条件的地方侨联可以举办创新创业大赛，发现培育和推介优秀项目。要加强与当地非银行金融机构的联系，引导侨胞争取风投基金、产业基金、重点项目基金等支持，解决初创企业融资难、融资贵的问题，促进项目早日落地生根、开花结果。要着眼提供全流程服务，活动前广泛发动、提前对接，活动后及时跟进、持续跟踪，把有意愿、有能力投资创业的海外侨胞凝聚到活动中，将“创业中华”品牌打造成永不落幕的引智引资盛会。

二是充分用好侨联经科工作抓手。要重视特聘专家委员会的规范化管理，建立责权利明确的规章制度，让委员会联系起来、活跃起来，发挥更大作用；以问题和需求为导向，针对各相关领域重大理论和现实问题，加强全局性、战略性、前瞻性研究，不断提升综合研判和科学谋划水平，建设有“侨”的特色、高水平的“思想库”和“智囊团”。要加强侨创联盟的制度建设，围绕创新创业和经济社会发展的需求，协助地方政府开展招商引资、招才引智等工作，积极组织联盟理事参与考察交流、投资洽谈等活动，鼓励理事开展二次创业、协同创新，在服务国家战略、带动地方经济转型升级的同时实现个人事业新的腾飞。要加快推进中国侨商投资企业协会整合融入中国侨商联合会有关工作，筹备召开中国侨商联合会第五次会员大会，指导各省级侨联开展地方侨商会的整合融入工作。要抓住“海外华侨华人社团联谊等职能划归中国侨联行使”这一历史机遇，拓展服务海外华侨华人专业人才的方式和手段，召开海外华侨华人专业社团负责人联谊会，以点带线、连线成网，搭建信息交流平台，将海外专业人才纳入日常联络和工作范围。要以新侨创新创业基地作为承接载体，举办各类项目路演、创业论坛、培训辅导、洽谈交流等活动，邀请政府部门或专家学者作政策解读或专题讲座等，推动海外人才携带专利技术和项目回国发展。要依托大学、园区举办各类培训班、研修班，精选课程，有针对性地对回国创业的侨胞进行创业培训辅导，增强他们创业的素质和能力。在已回国成功创业的企业家中优选一部分人，组建创业导师队伍，以他们的创业经历现身说法，帮助初创者少走弯路。

三是大力提升侨联经科工作信息化水平。要强化互联网思维，做好“互联网 +”文章，熟练运用微信群、公众号等新媒介，将“网上侨联”建设同经科工作同推共进，使互联网成为涵养资源、宣传引导、开展工作的重要渠道和平台。要探索使用大数据、云计算等现代化信息手段，尝试开展海外高层次人才等信息库数据库建设，为侨胞回国（来华）投资兴业、创新创业、智力报国提供更加全面科学的综合服务，使经科工作走在信息化侨联建设的前列。要促进线上线下融合，进一步加强侨资和侨智的互动，搭建科学家、企业家和地方政府的沟通交流信息平台，畅通科技成果向现实生产力的转化通道，实现互利共赢。

（三）以“一带一路”建设为重点，服务中国特色大国外交和人类命运共同体构建

“一带一路”倡议是以习近平同志为核心的党中央作出的重大战略决策。6 年来，我国秉承“共商、共建、共享”原则，重点围绕“五通”，推动“一带一路”建设取得重要进展和显著成效：累计与125个国家、29个国际组织签署173份合作文件，中外产能合作园区稳步推进，与沿线国家货物贸易总额超过6万亿美元。侨联经科工作要在推动人类命运共同体的大格局中寻找工作的着力点，围绕“一带一路”建设的核心内涵和基本要求，激发广大华侨华人参与建设的积极性和主动性。

一是充分发挥民间外交的独特优势。海外侨胞熟悉中国和住在国的经济社会和政治文化情况，可以发挥自己的独特优势，通过民间传播渠道，用侨界声音讲好中国故事、塑造良好形象，当好中国外交的民间大使，把“亲、诚、惠、容”的理念深植到“一带一路”民众中，促进中国经济与相关国家交融共生、合作共赢。

二是引导侨胞积极参与“一带一路”建设。“一带一路”不仅为沿线国家描绘了互利共赢的美好未来，也为海外侨胞发展提供了巨大机遇。要加强调研，增强侨胞服务“一带一路”的意识，引导侨胞们主动参与“一带一路”沿线重要基础设施、产业园区等合作项目建设，整合侨商资源、建立行业联盟、制定服务标准，促进信息、资本、技术等要素资源跨国配置，减少潜在贸易投资壁垒的负面影响，助力“一带一路”建设延伸拓展。

三是助力中国企业走出去。海外侨胞具有熟悉当地、融通中外的优势，他们比国内企业、民众更了解当地的需求、喜好和风俗习惯，也更知道如何融合中外智慧破解因文化差异导致的沟通交流困难。要引导海外侨胞协助国内企业做好项目的前期论证、市场分析和风险评估等工作，使其能根据时局变化及时做好风险预警，灵活运用规则合力规避争端，让海外侨胞为中国企业“走出去”提供更好帮助和支持，实现多方合作共赢。

同志们，我们身处光荣与梦想并存的伟大新时代，宏伟的蓝图已经绘就、伟大的征途已经开启，让我们不负历史荣光，以只争朝夕、永不懈怠的干劲，干出一番无愧历史与人民的伟大成绩，共同谱写侨联系统经科工作新篇章，为实现中华民族伟大复兴的中国梦和“两个一百年”奋斗目标而不懈奋斗！

在中国侨联十届三次常委会议上的总结讲话

（2019年7月31日）

李卓彬

各位常委，同志们：

中国侨联十届三次常委会议圆满完成各项议程，马上就要闭幕了。受主席会议委托，现在由我对会议作简要总结。

这次会议听取了万立骏主席的讲话，征求了各位常委对中国侨联工作的意见建议，对于贯彻落实十代会部署、深化侨联改革具有重要意义。万立骏主席总结了上半年工作情况，部署了下半年工作任务，对深入学习贯彻习近平新时代中国特色社会主义思想特别是习近平总书记关于侨务工作的重要论述，扎实推进“不忘初心、牢记使命”主题教育取得实效提出了明确要求，同时，倡导十届常委要牢记党的嘱托，发挥示范表率作用。在分组讨论中，大家就学习万立骏主席讲话谈认识、谈体会，就深化侨联改革、大力推进工作落实认真研讨，进一步深化了认识、明确了方向。

大家一致认为，习近平总书记关于侨务工作的重要论述，是习近平新时代中国特色社会主义思想的重要内容，凝结着习近平总书记对侨务工作丰富的实践经验和深邃的理论思考，是做好新时代侨联工作的根本遵循。侨联是党领导的群团组织，我们必须坚定不移跟党走，切实增强“四个意识”、坚定“四个自信”、坚决做到“两个维护”，为党和人民事业凝聚侨心、侨力、侨智。大家纷纷表示，新时代全面深化改革大力推进，改革在给侨联带来重大机遇的同时，也对侨联自身建设提出了新的更高要求，我们要主动作为，坚决贯彻落实党的群团改革、涉侨机构改革的要求部署，坚持问题导向、任务导向、目标导向，完善体制机制，深化转职能、转方式、转作风。大家一致认为，万立骏主席的讲话工作总结系统全面、实事求是，工作部署政治站位高、指导性强、重点突出、措施具体。讲话深刻阐述了新时代侨联工作面对的新情况、新问题，充分体现了以习近平同志为核心的党中央对侨联工作提出的殷切期望和明确要求。同时，在侨联事业创新发展、改革深入推进的重要时期，倡导十届常委作“五个表率”，极为必要也十分重要。大家一致表示，要坚决按照党中央的要求，不断深化侨联改革，提高做好新时期侨联工作的政治自觉、思想自觉、行动自觉，全面提升能力本领，保持定力、坚定信心、攻坚克难、勇于创新，努力开创侨联工作新局面。

大家解放思想、讨论热烈，根据“不忘初心、牢记使命”主题教育要求，对中国侨联工作、侨联改革发展、具体项目落地见效等提出了很多很好的意见和建议，归纳起来主要有几个方面：一是在机构改革职能划转方面，建议进一步加强对地方、基层侨联机构改革的督导，对职能划转项目的开展、经费的使用等，给予地方更多具体指导。二是在基层组织建设方面，建议加强市、县侨联组织建设，研究如何发挥基层兼职侨联干部作用。三是在自身建设方面，建议加大侨联系统干部的培训力度，提升做好新时期侨联工作的能力本领。四是在品牌活动方面，建议进一步强化对中国侨联品牌活动的总结与提炼，指导地方侨联更有针对性、实效性地开展工作。建议进一步关注港澳侨界青少年的思想情况和教育情况，依托侨联组织活动平台，发挥凝心聚力的作用。五是在创新工作方面，建议加强对“地方侨联＋大学侨联＋校友会”机制的经验总结、实践推广。六是在新侨工作方面，建议根据国内外形势变化，进一步指导支持地方侨联联系、吸引海外人才工作。建议进一步发挥侨界人才智库作用，聚焦高质量发展、宏观经济、风险防控等建言献策。建议各级侨联组织针对海外归国人才在工作、生活上面临的问题，如落户、子女教育、医疗等，提供更多政策服务。会后我们将对这些意见和建议进行认真梳理，研究吸收到中国侨联领导班子检视问题清单中，进一步整改落实，推动侨联各项工作更好开展。

今年是贯彻落实十代会要求部署的开局之年，也是涉侨机构改革后，侨联组织深化转职能、转方式、转作风的重要一年。下面，我结合万立骏主席提出的工作要求和重点任务，就进一步集中精力抓落实、更好完成今年工作谈几点意见。

一、着力加强理论学习，以习近平新时代中国特色社会主义思想武装头脑、指导实践。这次全党开展“不忘初心、牢记使命”主题教育，很重要的一项任务就是思想建党、理论强党，很重要的一项目标就是理论学习有收获。万立骏主席在讲话中强调要把学习贯彻习近平新时代中国特色社会主义思想特别是习近平总书记关于侨务工作的重要论述作为重中之重、贯彻始终。这是做好新时代侨联工作的根本遵循。我们要静下心来认真读原著、学原文、悟原理，不断加深对习近平新时代中国特色社会主义思想和党中央大政方针的理解，深化对习近平总书记关于侨务工作重要论述的认识，全面准确把握“凝聚侨心侨力同圆共享中国梦”，强“三性”、去“四化”，坚持“两个并重”、“两个拓展”、推动“两个建设”，履行“海外华人华侨社团联谊职责”等新时代党中央对侨联工作的新要求、新部署，紧密结合本领域本地区本系统实际，转化为具体行动，坚持做到学思用贯通、知信行统一。真正通过理论学习，学出一份坚定，坚持旗帜鲜明讲政治，坚决做到“两个维护”；学出一份担当，以更加奋发有为的精神状态投入侨联事业发展；学出一份自信，自觉运用党的创新理论指导实践、推动工作。

二、着力加强政治引领，不断推动党的创新理论深入人心。侨联是党领导的群团组织，为党团结侨、凝聚侨是侨联的重要任务。要宣传好、阐释好习近平新时代中国特色社会主义思想，夯实归侨侨眷和海外侨胞团结奋斗的共同思想基础。要紧紧围绕庆祝新中国成立70周年，广泛开展“我和我的祖国”主题宣传教育活动，拓宽渠道、创新方式，突出宣传覆盖面和效果质量，不断推进思想政治引领往深里走、往心里走、往实里走。要把解决思想问题和解决侨胞实际问题结合起来，排忧解难、强化服务，切实提高思想引领的针对性和实效性。要引导侨界群众践行社会主义核心价值观，坚定自信，开拓进取，展现风采；引导海外侨胞发扬中华传统美德，积极融入和回馈当地社会，展现中华儿女的良好形象。同时，要发挥侨胞联系广泛、融通中外的优势，引导他们用丰富的事例、生动的语言，讲好中国共产党治国理政的故事、中国坚持和平发展合作共赢的故事、中国人民奋斗圆梦的故事，让世界了解全面、立体、真实的中国，为新时代党和国家事业发展营造良好外部环境。

三、着力深化侨联改革，大力加强海外联谊联络工作。改革是侨联的重大任务，也是重大机遇。我们要坚持党对侨联改革的全面领导，对照党中央关于党的群团改革、涉侨机构改革的指示要求，深入总结经验、巩固改革成果，持续推进强“三性”、去“四化”，持续推进工作整合、重塑和提升、创造。要坚持问题导向，结合“不忘初心、牢记使命”主题教育要求，在推动解决改革重点、难点问题上持续用力，拿出切实有效的方法举措。此次涉侨机构改革将海外华人华侨社团联谊等职责划归中国侨联行使，这是党中央对加强侨联工作的新期望、新要求。我们要不断提高认识、总结创新、整合资源、形成合力，健全完善中国侨联海外工作联席会议、全国侨联联谊联络工作会议等统筹协调机制，充分发挥海外顾问、委员、青年委员和侨团侨社侨领作用，充分依托特聘专家委员会、法顾委以及侨商会、文促会、公益基金会等涉侨社团组织，积极打造创业中华、亲情中华、侨爱心工程、侨连五洲、追梦中华、海外侨胞故乡行等品牌活动。同时，更要紧跟世情国情侨情变化，树立底线思维、增强风险意识，突出侨联民间性、群众性特点，发挥自身优势，探索新的组织模式、工作机制、联系渠道。根据工作安排，今年10月中国侨联青年委员会将举行换届大会。11月，中国侨商联合会将进行换届，这是机构改革后，中国侨商投资企业协会转隶中国侨联后，举行的换届。青委会、侨商会换届是下半年侨联的重点任务，更是深化侨联改革的重要举措，筹备工作时间紧、任务重、涉及面广，我们要全力以赴、充分沟通、通力合作，把广泛征求意见、制定执行选举程序、会议安排接待等工作抓细抓实抓到位，确保党中央关于侨联改革的指示要求落实到具体工作中。

四、着力推进“两个建设”，织好“两张网”构建“两项机制”。这是十代会的重要部署，是新时代加强侨联组织建设、拓展侨联工作覆盖面、形成侨务工作合力的重要根基、方法、路径。推进“两个建设”，要注重以能力建设、制度建设、信息和数据建设为着力点，强化机关基础建设；以组织起来、活跃起来、行动起来、贡献起来为目标，强化基层组织建设。织好“两张网”，要注重上下贯通、横向联动，建好侨联组织内部自上而下包括涉侨社团在内的组织网络，建好侨联与其他部门、其他群团组织之间的工作网络。构建“两项机制”，要坚持以侨为桥、以内联外、内外联动，探索推行“地方侨联＋大学侨联＋校友会”和“基层侨联＋海外华侨华人社团”机制。各级侨联组织要准确把握要求、结合实际、共同发力，突出在服务经济高质量发展、助力“一带一路”建设、讲好中国故事、弘扬中华文化等重要领域的创新运用。要追求实效，适时开展工作交流，推广成功经验、有效做法，注重选树典型，发挥引领示范作用。

五、着力推进为侨服务，增强归侨侨眷和海外侨胞的获得感幸福感安全感。以人为本、为侨服务是侨联组织的宗旨，是坚持以人民为中心思想在侨联工作中的具体体现。要把侨的需求作为谋划和推进工作的重要依据，及时了解侨界群众在就业、社保、住房、教育、医疗等方面最关心最直接最现实的问题，加强调查研究，关注新时期海外回国人才、海外侨胞的呼声和意愿，增强对影响侨胞切身利益因素的预判。为侨服务最终体现在办实事、解决实际问题上，要发挥全国人大归侨代表、全国政协侨联界委员参政议政作用，用好侨情专报等建言献策渠道，及时把侨的合理需求、诉求反映到有关部门。要发挥侨界公益资源优势，配合支持为民办实事工作，为侨界困难群体提供及时必要的帮扶。各级侨联组织都要根据自身情况，加强与政府有关部门沟通协调，发挥“侨胞之家”阵地作用，着力办好事、办实事、解难事，切实增强归侨侨眷和海外侨胞的获得感、幸福感、安全感。侨联干部要进一步增强为侨服务的能力本领，准确掌握党和国家的侨务政策、法律法规，不断提高知识化、专业化水平，在实践中不断解决新问题、实现新发展，真正当好归侨侨眷和海外侨胞的贴心人，成为侨务工作的实干家。

六、着力加强作风建设，引导广大侨联干部勇于担当、狠抓落实。工作要求已明确，接下来就是要以钉钉子的精神抓好落实。不抓落实，再好的蓝图都是空中楼阁。要深入领会万立骏主席的讲话精神，进一步增强广大侨联干部的责任感、使命感、紧迫感，自觉对标对表，提升本领，做到求真务实、锐意进取、追求卓越。要全面提高侨联党的建设质量，进一步增强政治性、先进性、群众性，弘扬自我革命精神，把“不忘初心、牢记使命”主题教育与推进侨联重点工作结合起来，切实做到两结合两促进；持之以恒抓好作风建设，锻造一支政治上强、作风优良、专业水平高的干部队伍。要勇于担当作为，紧盯侨界群众所急、党政所需、侨联所能，突出重点、善作善成，抓好抓实庆祝新中国成立70周年系列活动、服务创新驱动发展、加强参与“一带一路”建设、讲好中国故事、拓展海外联谊联络工作等，充分发挥桥梁和纽带作用。要讲求工作方法、提高效率质量，从大处着眼、小处着手，找到有效抓手，把握关键环节，拿出具体措施，做好督促检查，确保各项工作取得实实在在成效。

最后，我再通知一件事情：经中国侨联研究决定，2019年7月至10月，在全国侨联系统开展“祖国不会忘记”慰问老归侨活动。活动以老归侨数量较多的、华侨农场所在的省区市为重点，通过举办群众性文体活动、“侨胞之家”关爱活动等，宣传新中国成立 70 周年取得的伟大成就，反映侨界群众建设新中国、奋进新时代的历程。各级侨联组织要高度重视、精心部署、加强宣传、扩大影响。根据中央关于为基层减负的精神，此次活动通知不再印发，请各省级侨联负责人会后及时策划部署相关工作，共同将活动开展好。

各位常委，同志们！

让我们更加紧密地团结在以习近平同志为核心的党中央周围，以奋发有为的精神、锐意进取的勇气、求真务实的作风，全力以赴抓好各项工作落实，不断推动侨联事业创新发展，以优异的成绩迎接中华人民共和国成立 70 周年！

不忘奋斗初心　共创美好未来

——在中国侨商联合会第五次会员代表大会闭幕会上的讲话

（2019 年 11 月 18 日）

李卓彬

各位会员，侨商朋友们，同志们：

大家上午好！

在党中央的亲切关怀下，在中国侨联的具体指导下，在广大侨商会员的共同努力下，中国侨商联合会第五次会员代表大会已经圆满完成了各项议程，今天就要闭幕了。在此，我谨代表中国侨联向大会的成功召开，向谢国民会长、许荣茂会长等新当选的侨商会领导集体表示热烈的祝贺！向出席大会的全体会员表示衷心的感谢！

党中央对这次大会高度重视。刚刚，中共中央政治局常委、中央书记处书记王沪宁同志亲切接见了全体代表，中共中央书记处书记、中央统战部部长尤权，全国人大常委会副委员长白玛赤林，全国政协副主席万钢等领导参加会见并出席大会，大家倍感振奋、深受鼓舞。昨天，万立骏主席代表中国侨联发表了重要讲话；大会通过了《中国侨商联合会第四届理事会工作报告》《中国侨商联合会章程（修正案）》等重要文件，选举产生了以谢国民先生、许荣茂先生为会长的第五届理事会和首届监事会；与会代表就各项议题进行了认真审议，共同就侨商会未来发展深入探讨，提出了许多真知灼见。可以说，这次大会是一次团结和谐的大会、继往开来的大会、催人奋进的大会！

这次大会是在全国上下深入学习贯彻党的十九届四中全会精神的背景下召开的。大会一致认为，中国共产党团结带领中国人民创造的世所罕见的经济快速发展奇迹和社会长期稳定奇迹，充分证明中国特色社会主义制度和国家治理体系具有显著优势，是当代中国发展进步的根本保障。大家纷纷表示，要深入学习贯彻党的十九届四中全会精神，自觉把思想和行动统一到以习近平同志为核心的党中央决策部署上来，用实际行动继续关心、参与、支持中国改革发展，为坚持和完善中国特色社会主义制度、推进国家治理体系和治理能力现代化添砖加瓦，为把中国制度优势更好转化为国家治理效能、助力实现“两个一百年”奋斗目标献计出力。

广大侨商是中国建设和发展的一支重要力量，在中国革命、建设、改革的各个历史时期，都作出了不可替代的重要贡献。新中国成立 70 年特别是改革开放 40 年中，广大侨商中涌现出一大批优秀的杰出代表：从爱国爱港、热心侨务的陈有庆先生，到敢为人先、投资中国的谢国民先生，从回报社会、投身公益的许荣茂先生，到致力中外交流、获得“中国政府友谊奖”的郭孔丰先生。等等。他们在推动中国改革开放、积极参政议政、弘扬中华文化、促进中外友好交流、参与社会公益事业等方面发挥重要示范带头作用。

侨商社会组织是团结凝聚侨商、促进共同发展的重要载体和平台。经过十余年的发展，侨商组织已经成为服务中国经济建设和社会发展的重要力量。换届后的中国侨商联合会，汇聚了包括陈有庆、谢国民、许荣茂、李文正、陈永栽、张晓卿、庄启程、陈丽华、施恭旗、马介璋、彭云鹏、黄志源、曹德旺、陈经纬、郭孔丰、陈江和、林文光、周泽荣、严彬、郭孔丞、张茵、林建岳等在内的一大批世界知名侨商、侨领，将成为规模最大、实力最强、海内外影响广泛的全国性侨商社会组织。

一代人有一代人的历史使命，一代人有一代人的责任担当。正如习近平总书记所说："一个不记得来路的民族，是没有出路的民族。不论我们的事业发展到哪一步，不论我们取得了多大成就，我们都要大力弘扬伟大长征精神，在新的长征路上继续奋勇前进。"面对新时代、新征程、新挑战，我们必须继承和发扬老一辈精神，不忘奋斗初心，牢记历史使命，为不辜负党中央的殷切期望和广大侨商的支持和信任，为进一步发挥新时代侨商社会组织的独特作用，而不懈努力、不断前进！

为贯彻落实党的十九届四中全会精神，贯彻落实万立骏主席在大会开幕会上的讲话精神，进一步加强侨商会各项工作，我提四点希望：

一、提高政治站位，更加自觉以习近平新时代中国特色社会主义思想指导和推动工作

中国侨联是由党缔造、受党领导、为党做侨界群众工作的人民团体，政治性是侨联组织的灵魂。习近平新时代中国特色社会主义思想是新时代党和国家事业发展的指导思想，也是侨联工作的指导思想、行动指南和强大思想武器。

面对新时代、新使命、新要求，作为中国侨联主管的社会组织，作为中国侨联联系服务广大侨商的重要平台，中国侨商联合会必须要引导广大侨商会员增强"四个意识"，坚定"四个自信"，做到"两个维护"，自觉在思想上政治上行动上始终同以习近平同志为核心的党中央保持高度一致。必须要坚持以习近平新时代中国特色社会主义思想为统领，指导、谋划、推进和检验一切工作，切实把习近平总书记关于侨务工作的重要论述落实到侨商组织工作和建设之中，立足新起点、实现新发展。必须要自觉接受中国侨联的领导，按照侨联事业目标要求，依法依章程开展工作，使其团结凝聚侨商、服务大局、服务会员、支持侨联工作的作用得到充分发挥、有效彰显。必须要在中国侨联的指导下做好党建工作，发挥党组织的战斗堡垒作用和党员的先锋模范作用，以党的建设高水平保障侨商联合会发展的高质量。各地侨商组织也要尽快建立党组织，真正把"党建带侨建"开展起来。

二、聚焦改革发展，使整合融入工作真正落地生根

中国侨商投资企业协会整合融入中国侨商联合会，是党中央的决策部署，是涉侨机构改革工作的重要任务之一，也是侨商社会组织发展历程中的一件大事。此次大会的成功召开，标志着中国侨商投资企业协会与中国侨商联合会实现了完全融合，标志着中央交办的侨商组织整合融入工作任务得到了圆满完成。

习近平总书记在深化党和国家机构改革总结会议上强调："完成组织架构重建、实现机构职能调整，只是解决了'面'上的问题，真正要发生'化学反应'，还有大量工作要做。"今天，新的中国侨商联合会已经完成组建；今后，侨商会要对标世界一流商会的要求，重点在以下方面持续发力：**一是**要扎实做好思想引领。要始终站在党和人民的立场上，坚持为党凝侨心、为国聚侨力，多做组织侨商、宣传侨商、引导侨商的工作，多做统一思想、凝聚人心、保障权益、增进感情、激发动力的工作，确保融合之后大家心往一处想、劲往一处使。**二是**要不断加强组织建设。要坚持以会员为中心，让会员当主角，竭诚为侨服务，充分整合会内各种资源、力量和平台，不断扩大侨商会组织的覆盖面和活跃度，切实增强侨商会组织的广泛性、代表性和影响力。**三是**要努力创新工作方式。要及时总结提炼过去两会的成功经验和做法，更多采用社会化、专业化、品牌化、网络化的工作方式和活动平台，注意吸纳新产业、新业态的侨商侨企，提高组织活动的创新性、实效性，不断提高侨商组织参与经济建设和社会管理的能力和水平。

此次大会后，全国各省区市侨商组织整合融入工作也将陆续展开，各级侨联、侨商组织要深刻认识侨商组织整合融入工作的重大意义，通过努力实现全国各级侨商组织的大联合、大团结，在新时代伟大征程中展现更大作为。

三、加强制度建设，推动侨商会管理能力和水平再上新台阶

建立现代社团组织管理制度是侨商组织科学发展的必然要求，也是为侨商服务的重要基础性工作。为此，我们要始终着力加强制度建设，推

进管理能力和水平再上新台阶：**一是**制度体系要更加完善。要严格按照《中国侨商联合会章程》的要求和有关规定，按期召开会员代表大会、常务理事会、理事会、监事会，充分发挥侨商会的民主决策能力，制定重大发展安排和相关制度、年度工作计划及计划完成情况、及时公布财务收支状况，使广大会员充分享有知情权和监督权，切实提升侨商组织管理能力和水平。**二是**工作规划要更加科学。研究制订《中国侨商联合会中长期发展规划》，进一步创新工作思路，强化服务手段，提高服务质量，全面加强侨商会内部治理，为未来一段时期侨商会各项工作有序推进提供重要依据。**三是**工作体系要更加先进。要对标国际一流商会，进一步完善内设机构设置，进一步细化管理职责和任务，不断提高专业化水平和整体效能，利用现代信息技术增强为侨服务精准度，促进侨资侨智融合发展，助力侨资企业转型升级。**四是**队伍建设要更加扎实。要通过组织经常性的学习和培训，通过合理运用正确的激励和引导，加强工作目标考核，使侨商会秘书处工作人员进一步明确岗位职责和目标要求，进一步锻造专业精神和过硬作风，为侨商会的顺畅运行和工作拓展提供坚实的组织保障。

四、着眼作用发挥，不断增强为大局服务、为侨商服务的工作实效

一直以来，广大侨胞积极参与创新驱动发展、“一带一路”建设、京津冀协同发展、长江经济带发展、粤港澳大湾区建设、西部大开发、东北振兴等国家重大战略，侨资侨智在我国发展建设中的作用更加凸显。

为此，我们必须始终着眼发挥侨商的独特作用，不断增强为大局服务、为侨商服务的工作实效：**一要**继续服务国家重大战略。组织广大侨商紧紧围绕国家重大战略，以推动经济高质量发展为主要任务，以创新驱动为努力方向，以对接优质资源为工作重点，继续支持国家和地方大型经贸活动，在服务区域经济发展、促进转型升级等方面发挥更大作用。**二要**继续助力“一带一路”建设。充分发挥侨商联通中外的独特优势和遍布全球的网络优势，为中国企业拓展海外业务，为国外企业参与市场合作，提供信息、畅通渠道、因地制宜，更深层次、更广领域参与国家“一带一路”倡议的实施。**三要**继续落实民营企业座谈会精神。积极帮助侨资企业加快转型升级，协助拓宽资金周转渠道，反映侨商侨企心声诉求，切实为侨资企业更好发展提供精准服务。**四要**继续聚焦关键领域。着眼数字经济、人工智能等前沿技术领域，引导广大侨商积极参与助力新技术、新产业、新业态、新模式发展壮大，不断创新服务方式，引导侨商企业提高创新能力，支持侨商企业创新发展。**五要**继续擦亮工作品牌。通过搭建经贸平台、树立创新转型企业典型等方式，积极引导侨资企业转型升级，继续与各省区市开展侨智与侨资对接活动，不断擦亮“创业中华”等重要品牌。

各位会员，同志们、朋友们！

当前，世界正经历百年未有之大变局，我国正处在实现中华民族伟大复兴的关键时期，改革发展稳定任务艰巨繁重，国内外风险挑战明显增多，也是爬坡过坎的困难时期。我们只有不忘初心，牢记使命，攻坚克难，砥砺前行；只有保持清醒头脑，坚定信心和决心，增强“四个意识”，坚定“四个自信”，做到“两个维护”，更加自觉地团结在以习近平同志为核心的党中央周围，更加坚定地执行好党中央的各项决策部署，才能紧跟新时代、建功新时代，才能在决胜全面建成小康社会、夺取新时代中国特色社会主义伟大胜利、实现中华民族伟大复兴的中国梦、推动构建人类命运共同体的历史进程中谱写新的篇章！

立足新起点　开创新局面

——在中国侨联青年委员会第四次委员大会闭幕会上的讲话

（2019 年 11 月 9 日）

隋　军

各位委员，同志们：

在党中央亲切关怀下，在与会代表和全体工作人员的共同努力下，中国侨联青年委员会第四次委员大会圆满完成各项议程，就要胜利闭幕了。

这是一次牢记使命、团结奋进的侨青盛会。以习近平同志为核心的党中央对侨联工作高度重视、亲切关怀，对广大归侨侨眷和海外侨胞寄予厚望，对这次大会十分关心。中共中央书记处书记、中央统战部部长尤权，全国人大常委会副委员长白玛赤林，全国政协副主席、民革中央副主席郑建邦出席大会，中央和国家机关有关部门负责同志到会祝贺。尤权同志亲切会见全体代表并发表讲话。他希望中国侨联青年委员会始终高举爱国主义旗帜，把牢正确方向，扎实做好服务团结引领工作，引导广大侨界青年发挥独特作用，积极投身强国复兴伟大实践，为推进祖国和平统一大业、促进中外文明交流互鉴作出新贡献。这是对广大侨界青年提出的殷切希望，为做好新时代青委会工作指明了前进方向。与会代表深受鼓舞、倍感振奋，一致表示，要牢记祖（籍）国和人民的嘱托，携手并肩、砥砺前行，为改革开放和社会主义现代化建设贡献青春、智慧和力量。

这是一次规划蓝图、明确任务的侨青盛会。万立骏主席在大会开幕会上作了题为《建功新时代　勇做追梦人》的讲话，从党和国家事业发展的全局出发，从侨务事业和侨联工作大局出发，强调要认真学习贯彻党中央决策部署，学习贯彻习近平总书记对青年的重要要求，正确认识中国经济社会发展中的几个问题，并对广大侨界青年成长发展、建功立业提出了“五个结合”的希望，对青委会工作提出了五个方面的要求。乔卫同志代表第三届委员会所作的工作报告，总结了过去五年的工作，对未来五年的任务提出了建议。大会通过的青委会章程修订稿，体现了党的十九大精神和侨联事业发展的新要求。大会作出的决策部署，必将在青委会发展史上留下闪亮印记，必将对青委会工作紧跟新时代、开创新局面，发挥重要的指导和推动作用。

这是一次承前启后、接续奋斗的侨青盛会。本次大会适逢新中国成立 70 周年。会议组织与会代表参观了新中国成立 70 周年成就展，听取外交部领事司负责人所作的专题报告。大家一致认为，国庆大典充分展示了新中国成立 70 年来的辉煌成就，极大振奋了民族精神；在 70 年的光辉历程中，华侨华人不忘桑梓、从未缺席；在民族复兴的新征程中，侨界青年必将与祖（籍）国休戚与共、行远同梦。大会产生了新一届会长、副会长、常委和秘书长。中国侨联决定由我担任第四届青委会会长，这是侨联组织和广大侨界青年的信任和重托。我们感到无比荣光，更深感责任重大。我们将在中国侨联的领导下，不忘初心、牢记使命，奋发有为、锐意进取，把青委会工作不断推向前进。

过去五年，第三届青委会认真履职，扎实工作，为推动侨界青年工作发展作出了重要贡献。乔卫同志在担任会长期间，勤勉工作，开拓创新，付出了大量心血，为青委会的工作打下了坚实基础。在此，我提议，让我们以热烈的掌声，向乔卫同志和第三届青委会的委员们表示衷心感谢，致以崇高敬意！

各位委员，同志们！当今世界正处于百年未有之大变局，实现中华民族伟大复兴正处于关键时期。国运兴、侨运旺，祖国繁荣富强，海外侨社和谐发展，为侨界青年成长进步、建功立业提供了重要机遇，开辟了广阔天地。人心是最大的政治，团结是最大的力量。青委会的职责使命就是最大程度组织动员侨界青年，激发大家的热忱动能和无限潜力，心往一处想、劲往一处使，在同圆共享中国梦和构建人类命运共同体的伟大事业中放飞青春梦想，书写无悔篇章。一分部署，九分落实。贯彻尤权书记讲话精神和万立骏主席要求，推动大会各项任务落到实处，需要各位青年委员和广大侨界青年勠力同心、真抓实干。这里，我讲四点意见。

第一，要在坚定信仰、信念、信心上下功夫。习近平总书记深刻指出，“信仰、信念、信心，任何时候都至关重要。小到一个人、一个集体，大到一个政党、一个民族、一个国家，只要有信仰、信念、信心，就会愈挫愈奋、愈战愈勇，否则就会不战自败、不打自垮。”青委会是侨联团结联系海内外侨界青年的重要组织和桥梁，肩负着光荣使命。要引导广大侨界青年从中华民族5000多年、鸦片战争以来、中国共产党成立以来、新中国成立70年、改革开放40多年、党的十八大以来的历史进程中，从中国共产党带领全国人民革命、建设、改革的伟大实践中，从新中国取得的巨大成就和人民生活发生的翻天覆地变化中，深刻了解中国共产党和中国人民，深刻了解新中国和中国特色社会主义制度，不断凝聚对中国特色社会主义道路、理论、制度、文化的广泛共识。要引导广大侨界青年积极宣介习近平新时代中国特色社会主义思想，讲好中国故事，传递中国发展理念，阐述中国主张，展示全面、立体、真实的中国，不断增进国际社会对中国的正确认识。要办好海外侨胞故乡行、中国寻根之旅夏令营等活动，组织动员更多华裔青少年来到中国，寻根问祖，体验大好河山，感知中国发展，种下中华文化的种子，延续中华民族的根脉，不断增进对民族、祖（籍）国的深厚感情。

第二，要在加强联络、联谊、联合上下功夫。侨联侨联，体现了侨联组织“侨”的性质、“联”的特点。青委会工作，也应发挥“侨”的优势，在“联”字上做文章。一是要加强联络，坚持“两个并重”“两个拓展”，推动“两个建设”，构建“两项机制”，以血缘、地缘、语缘为基础，以亲情、乡情、友情为纽带，找到人、联系上，以侨为桥、以内联外、内外联动，扩大团结面。二是要加强联谊，通过做强活动、做优服务、做好引领，广交朋友，深交朋友，交真朋友，不断扩大侨联的朋友圈。三是要加强联合，青年委员通过交流分享经验，发挥各自的人脉、资金、技术、管理优势，寻找契合点和合作空间，发展壮大事业，形成“1+1>2”的效应，实现合作共赢。更重要的是，要发挥广大侨界青年联系广泛、融通中外的优势，为中国高质量发展牵线搭桥，为共建“一带一路”穿针引线，为推进构建人类命运共同体发挥桥梁纽带作用。

第三，要在夯实基层、基础、机制上下功夫。做好青委会工作，要在抓基层、打基础、建机制上深耕厚植、不断探索。抓基层，就是要增强代表性和广泛性，克服贵族化、精英化，把各行各业、海内外方方面面有代表性的侨界青年尽可能吸纳进来，深深植根于广大海内外侨界青年之中。打基础，就是要摸清底数，完善青年委员数据库，有基本制度、基本规范，有工作计划、联系渠道，还有工作载体、工作队伍、经费保障，让青委会的工作更扎实，生命力更彰显。建机制，就是要聚焦良性运转、发挥作用，建立健全青委会的组织机制、运行机制、活动机制、保障机制，完善激励约束机制、合法权益维护机制，织好“两张网”，畅通发声渠道，推动青委会工作走上制度化、规范化的轨道。无论是抓基层、打基础，还是建机制，都需要一张蓝图绘到底，持之以恒，久久为功，发挥好青委会的独特优势，提升组织的凝聚力和执行力。

第四，在聚焦做精、做专、做实上下功夫。青年委员是侨联组织中最具创新创造活力的群体，具有专业性强、覆盖面广等鲜明特点。对这样一个人才荟萃、朝气蓬勃的组织而言，工作要更加精准、更加科学、更加务实。一是要做精。

青年委员人数众多，遍布近100个国家和地区，委员们要“常相聚”不容易。因此，青委会开展联谊、举办活动要突出精准意识，深入调查研究，对联谊活动的主题、内容、方式、机制等进行充分论证设计，统筹力量、资源和渠道，走品牌化发展的路子，通过长时间积累，不断丰富发展，努力形成有特点、可持续、有吸引力、有收获的一批工作项目和若干核心品牌。二是要做专。青年委员分布在各地各行各业，从事领域不同，发展阶段不同，必须更加突出专业化导向，因地制宜、因人施策。活动不一定求大、求全、求集中，关键是覆盖不同专业群体，从不同行业领域需求出发，针对性强、各有侧重，通过多层次、宽领域互动交流，形成规模、形成特色。三是要做实。现在，各种社会组织很多，大家也加入了不同组织。有没有收获，有没有价值，是是否加入和留在一个组织的评判标准。青委会一定要着眼大局大势，以委员为重点，在促进委员成长、助力委员事业、维护委员权益、推动委员社会参与等方面聚焦发力，搭建平台，开展活动，活跃会务，以实实在在的成效赢得委员们的认可和支持。

各位委员，同志们！能够成为中国侨联青年委员会的成员，不仅是一份荣誉，更是一份责任。各位副会长、常委、秘书长，在青委会中肩负重要职责，代表着青委会的形象，体现着青委会的水平，引领着青委会的未来。我们一定要加强自我修炼、发挥带头作用，以更高的标准、更严的要求，为广大侨界青年作表率。在此，我谈几点希望，与大家共勉。

第一，要作树立家国情怀的表率。家是最小国，国是千万家。家国情怀铭记在中国人的心灵中，融入中国人的血脉中，是中华儿女的鲜明标识，是支撑中华民族生生不息、薪火相传的重要精神力量。作为青年委员，要大力弘扬嘉庚精神，有信仰、有情怀、有担当，树立高远的理想追求和深厚的家国情怀，努力做对祖（籍）国、对民族、对社会、对人民有贡献的人，把自己的前途命运同国家和民族的前途命运紧紧联系在一起，把追求个人梦想的实践汇入实现中国梦和人类命运共同体的伟大事业之中，以“小我”的涓涓细流成就“大我”的历史洪流，创造属于自己的精彩人生。每个人怀抱远大理想、奉献伟大时代，每个人都为中华民族大家庭作出贡献，就能集腋成裘、聚沙成塔，汇聚成同心筑梦的磅礴力量。

第二，要作勤学善思明辨的表率。好学才能上进，学习是托起梦想成就梦想的奠基石和金钥匙。习近平总书记强调，“梦想从学习开始，事业从实践起步。”重视学习、善于学习是中华民族的精神气质和活力源泉。当今世界，知识信息快速更新，学习稍有懈怠，就会落伍。青年委员作为侨界青年中的精英，要大兴学习之风，以学立德、以学固本、以学增智、以学兴业，通过学习为事业发展找定力、添能量，通过学习深入了解中华历史兴衰得失、深刻理解当今中国治国理政方略、准确把握中华民族前途发展大势，从而更加坚定担当侨界青年的使命任务。勤学还要善思，只有勇于独立思考、深入洞察，才能在纷繁复杂的社会现象、杂音不断的国际舆论中看清真相，找到背后的逻辑与关联，不人云亦云、不随波逐流，形成自己更加客观公正的见解。勤学还要明辨，只有保持清醒、认清形势，才能在大是大非面前，在涉及民族大义等核心问题上，站稳立场、把牢方向，作出正确抉择。

第三，要作组织动员侨界青年的表率。青年委员的价值，不仅在于自身事业的成功，成为青年中的佼佼者，更重要的是以自身的成就、品格、行为影响和带动广大侨界青年群体。一是要致力服务祖（籍）国。以世界眼光关注中国发展，紧紧围绕“一带一路”建设和京津冀一体化、长三角区域一体化、粤港澳大湾区等发展战略，把握机遇、发挥优势，努力与中国改革开放和现代化建设同心同向、同频共振。二是要深入青年之中。接地气，才有底气。青年委员要走进侨界青年大众之间，了解他们的工作生活，关注他们的安危冷暖，帮助化解思想困惑，助力解决发展难题，“送人玫瑰，手有余香”，做一个有社会责任感的人，成为广大侨界青年的良师益友。三是要永葆青春朝气。年轻人就要有年轻人的样子，要满怀希望、乐观向上、充满阳光。青年委员就要带着这股精气神，无论在哪里，无论做什么，都能一往无前，勇于开拓，闯出一片新天地、创造一番新业绩，做侨界青年的榜样。青春朝气常在，人生的道路必定越走越宽广。

第四，要作奉献回馈社会的表率。万立骏主席在开幕会讲话中提出了坚持把落叶归根和落地生根相结合的重大命题，阐明了情系桑梓、开拓事业与融入主流、回馈社会的辩证关系，对广大侨界青年很有启发意义。青年委员要在奉献社会、关注民生、促进发展上示范带头、走在前列。一是传承中华民族勤劳奋斗的优良传统，通过自身努力实现人生价值，同时，遵守住在国法律法规，尊重当地民风习俗，与各族裔人民和睦相处，为住在国经济社会发展贡献力量。二是身体力行、积极参与，促进中外各领域务实交流合作，为中外友好往来、民心相通添砖加瓦。三是弘扬扶贫济困的中华美德，积极投身公益事业，展示中华儿女的良好形象，营造良好社会氛围。

第五，要作和谐侨社建设的表率。侨社是团结凝聚和服务华侨华人的重要依托。人心齐，泰山移，侨界青年是广大侨胞中的生力军，是侨界的未来。侨社建设好了，侨团之间相互尊重、紧密联合，就会为华侨华人社会增添强大正能量。青年委员要在侨社中大力弘扬和睦友爱、彼此包容、相互借鉴、共同发展的理念，不断扩大团结面、增强包容性，以宽广的视野、礼让的胸怀，带头摈弃历史纷争和个人恩怨，跳出地域、宗亲、行业等局限，加强与其他侨团、侨胞的沟通、联系与合作，最大程度地促和谐、谋发展，推动形成老中青互动、各侨团协同、多族群共存的良好局面，将侨社建设成为心手相连、风雨同舟的团结之家、奋斗之家、温暖之家。

各位委员，同志们！蓝图已经绘就，奋斗成就未来。我们要以习近平新时代中国特色社会主义思想为指导，深入学习贯彻习近平总书记关于侨务工作的重要论述，立足新起点，开创新局面，团结带领广大海内外侨界青年在实现中华民族伟大复兴的中国梦、推动构建人类命运共同体的宏伟进程中绽放青春光彩、贡献侨界力量！

在 2019 年度部分省区市基层侨联建设交流培训活动上的讲话

（2019 年 7 月 10 日）

李　波

尊敬的河南省委副书记、政法委书记喻红秋同志，同志们：

大家上午好！

今天，我们在中原大地河南郑州召开中西部非传统侨乡地区基层侨联建设片会，交流经验、研究举措、部署工作。中国侨联党组非常重视这次活动，万立骏主席亲自批准方案，并提出明确要求。我们要按照万主席要求，结合“不忘初心、牢记使命”主题教育活动，将此次会议开成体现中国侨联“作风建设年”要求、推进工作重心向基层下移，提升基层组织活力的经验交流大会，紧贴实际、富有收获、务求实效。

过去一年多来，全国侨联基层组织建设工作，坚持以习近平新时代中国特色社会主义思想为指导，落实党的群团改革和中国侨联十代会部署，围绕强“三性”、去“四化”的要求，坚持“两个并重”“两个拓展”，推进“两个建设”，着力扩大组织覆盖，广泛联系侨界群众，激发基层建设活力，进一步夯实了新时代侨联事业高质量发展的基层基础，初步取得四方面成效：一是以机构改革为动力，增强侨联组织的工作能力与力量，推进基层组织建设向县级和县级以下延伸，向高校、科研院所、企事业单位、两新组织和园区社区楼宇拓展，基层组织网络不断健全。二是构筑“地方侨联 + 高校侨联 + 校友会”和“基层侨联组织（涉侨社团组织）+ 海外华侨华人社团”工作模式，海外拓展的国内基础更加扎实。三是基层建设规范水平不断增强，基层侨联组织统一社会信用代码赋码制度的建设工作有序推进，建立项目化工作模式。四是出台了《关于新时代加强基层侨联建设的指导意见》，得到部分省市领导的重要批示，上海、江西也相应出台了细化实施方案，基层反映《指导意见》具有较强的指导作用、促进作用。关于《指导意见》有关精神以及基层侨联统一社会信用代码赋码工作，明天张毅同志还将专题解读，也欢迎大家结合工作实践提出意见建议。

侨联基层组织建设取得的成绩，是党中央高度重视、中国侨联党组狠抓落实的成果，也是各级侨联因地制宜、群策群力、真抓实干的结果。在此，我受万立骏主席委托，代表中国侨联党组，向大家表示衷心感谢！

下面，我结合中西部及非传统侨乡地区侨联工作实际，讲几点意见，供大家参考。

一、提高政治站位，充分认识加强侨联基层建设工作的重要性紧迫性

十代会后，中国侨联党组提出“大学习、大讨论、大调研、大贡献”要求，我们围绕加快基层组织建设的课题，对各地进行了多次调研，走访了大量的基层侨联组织，对侨联基层组织建设工作，有了更深刻更深入的了解，也收集了很多的第一手资料。我们认为，基层组织建设要突出“强”的导向，强组织、强基层。从这一出发点，把握特点、创新思路、补齐短板、寻找对策，以强有力的责任感推进基层组织建设迈上新台阶。通过学习，我们认识到加强基层侨联建设工作具有重要的意义。

（一）加强基层建设工作，是侨联落实党和国家机构改革任务的实际行动。

党的十八大以来，习近平总书记对群团改革多次作出重要指示，要求各群团组织结合自身实际，紧紧围绕增强“政治性、先进性、群众性”，直面突出问题，采取有力措施，敢于攻坚克难，注重夯实群团工作基础。党中央高度重视侨联改革，2014 年中央出台《关于加强和改进新形势下侨联工作的意见》，2016 年中央又出台了《中国侨联改革方案》，这些都充分体现了以习近平同志为核心的党中央高度重视发挥归侨侨眷和海外侨胞的作用。中央对侨联改革的精神，就是要从巩固党执政基础的政治高度，做好党的侨务工作，进一步巩固和发展侨联组织的群众基础，形成完善的组织体系，实现有效覆盖，这就要求我们必须大力推进基层侨联组织建设，着力增强基层侨联工作。

去年，中央出台《深化党和国家机构改革方案》，“将原国务院侨务办公室海外华人华侨社团联谊等职责划归中国侨联行使”，这句话除了明确海外华人华侨社团联谊职责的划归，“等”字的内容也非常丰富，其中之一就是把国内侨务工作的主要职能也划转到了中国侨联，相关的本级经费也转到了中国侨联；中国侨联新增行政编制 40 名，其中从原国务院侨办转隶了 25 人。在这次党和国家机构改革进程中，绝大部分省侨联的力量都不同程度地得到增强，也为基层组织建设增添了新动能。各级侨联组织要认真学习领会中央关于群团改革和机构改革的精神，牢牢把握新时代侨联改革的正确方向，以党建带侨建下大力气抓好基层侨联组织建设，不断开创基层侨联工作新局面。

（二）加强基层建设工作，是侨联围绕中心、服务大局的时代需要。

党的十八大以来，习近平总书记从实现中华民族伟大复兴的高度，对侨务工作作出一系列重要论述，全面阐述了侨与国家民族的关系、侨与改革开放的关系，科学回答了如何做好侨务工作等重大方向性问题，这些论述是习近平新时代中国特色社会主义思想的重要组成部分，为新时代的侨联工作提供了根本遵循。基层组织是侨联的基础，所谓基础不牢，地动山摇。夯实侨联基础就必须下大力气加强基层侨联建设，最根本的一条是必须坚持党的领导，始终坚持侨联工作正确的政治方向。加强基层侨联建设首先要突出政治建设，始终坚持以习近平新时代中国特色社会主义思想为指引，在政治上思想上行动上同以习近平同志为核心的党中央保持高度一致，不断增强“四个意识”、自觉践行“两个维护”；始终坚持把习近平总书记对侨界群众的关怀厚爱和殷切期望转化为推动侨联工作的强大动力，旗帜鲜明讲政治，只有这样才能确保基层侨联建设的正确政治方向。

（三）加强基层建设工作，是侨联适应侨情变化、履行基本职责的必然要求。

党的十八大以来，习近平总书记对侨务工作作出一系列重要论述，指明了侨务工作和侨联事业在实现中华民族伟大复兴的中国梦、构建人类命运共同体进程中的重要使命。作为党和政府联系广大归侨侨眷和海外侨胞的桥梁和纽带，团结服务侨界是侨联工作的生命线，调动侨界资源服务大局是侨联工作的价值所在。基层侨联组织身处侨务工作的最前沿，直接联系服务广大侨界群众，要把侨务资源转化为实现中华民族伟大复兴的强大助力，就需要加强基层侨联建设，加强思想政治引领，以学习宣传习近平新时代中国特色社会主义思想为重点，增进政治认同、情感认同、实践认同，把侨界群众紧紧团结凝聚在党的周围。加强基层侨联建设，要全面贯彻党的侨务政策，传递党和国家对广大侨界群众的关心爱护，确保广大归侨侨眷和海外侨胞共享改革发展的成果，更好地维护和促进海内外同胞关系和谐。加强基层侨联建设，就是要把广大归侨侨眷组织起来、调动起来，践行中华文化敬祖、孝亲、睦邻、和居传统，影响和带动广大海外侨胞共同维系海内外中华儿女的精神血脉，强化同根同源的情感纽带。加强基层侨联建设，就是要继续维护侨界群众在国内的合法权益，努力营造公平正义、和谐稳定的社会环境。各级侨联组织要自觉地把侨联工作和国家民族的前途命运联系起来，不断增强做好基层侨联建设工作的使命感，更好地服务广大归侨侨眷和海外侨胞，想侨之所想、急侨之所急，团结凝聚广大侨界群众为实现中华民族伟大复兴中国梦、推动构建人类命运共同体做出更大贡献，共享民族复兴带来的机遇和福祉。

二、强化系统思维，把握侨联基层组织建设工作的重要问题

基层组织建设是系统工程，既要有宏观视野、战略眼光，准确把握侨界群众的结构构成、分布特点、发展趋势，探索应覆盖尽覆盖的组织形式，也要有发展规划、行动纲领，形成符合侨界特点的组织建设目标、品牌项目、特色活动，以基层活力增强组织凝聚力，还要有地域特点、群体特点，做到因地制宜、分类指导。推进基层组织建设，应重点把握好以下几个方面。

（一）用好“党建带侨建”的法宝。我们做的是党的侨界群众工作，“党建带侨建”是侨联基层组织建设的立身之基、力量之源。基层侨联组织要成为团结带领侨界群众的战斗堡垒。侨联基层组织建设必须坚持党的领导，积极争取当地党委政府的支持和指导，通过与党建活动有机结合，使侨建纳入党建的总体部署，在党的基层组织建设大格局中不断推进侨联基层组织建设，以党建创新带动基层侨联的思想、组织、队伍、阵地建设和工作发展，有效解决侨联基层组织“四缺”问题。近年来，中西部地区基层侨联，依靠“党建带侨建”的政治优势，组织建设、工作力量、社会影响有了显著提升，党有号召、侨有行动的光荣传统不断传承，工作中要进一步把握机遇、加快发展、打开局面。

（二）注重顶层设计。基层侨联组织身处侨务工作的最前沿，直接联系服务广大侨界群众。基层组织建设工作是否扎实，直接影响党与侨界群众的血肉联系。所以，团结引领侨界群众听党话、跟党走，夯实党的侨界群众基础，必须成为我们工作的根本遵循和永恒目标。我们要发挥团结教育引领侨界群众的政治优势，认真落实党的侨务政策，传递党和政府对广大侨界群众的关心爱护，让侨界群众更多更充分享有发展成果；要发挥中华文化如水力量，共同维系海内外中华儿女的精神血脉，强化同根同源的情感纽带，画好侨界团结同心圆；要履行维护侨益的法律职责，努力营造公平正义、和谐稳定的社会环境；要以侨引侨、以侨引外、内外交流，共同传播人类命运共同体理念。可以说，基层组织建设工作，就是侨联事业发展最活跃的变量，直接影响侨联“六项职能”的发挥。

中国侨联高度重视基层组织建设工作的顶层设计，加强总体规划，鼓励基层首创，给予坚实保障，把侨联事业的“地基”打得更扎实。2018年初，中国侨联制定下发了《基层侨联组织工作条例（试行）》，第十次全国归侨侨眷代表大会修订的中国侨联章程中新增了第六章基层组织，这是基层侨联建设的根本性文件依据，对推进基层侨联组织的建设与发展发挥了重要作用。今年2月，中国侨联又下发了《关于新时代加强基层侨联建设的指导意见》，《指导意见》是对章程和条例的具体化，是对党的十八大以来基层侨联建设所遵循的基本原则和成功实践的梳理与总结，是新时代进一步加强基层侨联建设的重要抓手，需要各级侨联在实践中认真贯彻落实并不断丰富发展。中西部地区侨联，要紧密结合本地区实际，提出针对性、操作性更加具体的基层组织建设实施意见，进一步释放基层活力。

（三）健全组织体系。基层强不强，主要看组织覆盖和工作覆盖。侨联基层组织建设要紧扣当地侨情特点、紧扣经济社会发展情况，做到“拓面”与“布点”双轮驱动，要在组织类型上，涵盖地域、行业领域、社会组织、基层社区等各种类型，做到面面俱到；在建设重点上，放在高校、科研院所、各类园区等创新创业人才的聚集地，归侨侨眷比较集中的机关、企事业单位，特别是新经济组织、新社会组织中要加大拓展力度，最大限度地将新侨团结凝聚起来。

（四）构建“两项机制”。侨联组织的一个显著特点，就是国内海外“两个平台”。加强侨联基层建设，要坚持以内联外、内外联动，同时注意侨界、学界、工商界联动。为此，我们推行“地方侨联＋高校侨联＋校友会”“基层侨联（涉侨社团组织）＋海外华侨华人社团”两项机制。一方面，鼓励地方侨联、高校和科研院所侨联与校友组织开展形式多样的联谊合作，加强三方力量的相互协同，实现组织网络、信息、人才优势的相互借鉴、相互帮助，把地方经济社会发展的智力需求、大学的人才需求与新侨的发展需求有效对接。另一方面，以血缘、地缘、语缘为基础，以亲情、乡情、友情为纽带，广泛联系海外华侨华人社团和海外侨胞，形成以侨为桥、以

侨联侨、以内联外、内外联动的生动局面。中西部地区与“一带一路”沿线国家侨胞具有天然联系，要鼓励基层侨联与海外同乡会、校友会等组织建立机制化联系，在侨胞所能与地方所需的有序对接中，彰显侨联基层组织优势。一句话，亲戚要越走越亲。前不久，我们在云南举办的“侨连五洲·七彩云南”系列活动上专门开展了一场结对子帮扶活动，5 家海外的侨社与云南的 5 个贫困县结成对子。在接下来的四年里 5 家侨社将大力支持这些贫困县脱贫攻坚，这是我们针对两项机制中的第二项机制所做的一个具体尝试。

（五）围绕新侨特点，推动“五个建设”。《指导意见》提出要从组织建设、平台建设、功能建设、激励机制建设、保障体系建设等五个方面推进基层侨联建设。下一步，我们要围绕这“五个建设”，想办法、补短板、做文章，重点思考如何组织发动引领新归侨。与老归侨相比，新归侨至少有以下几个方面的特点：第一，很大一部分新归侨忙于创新创业；第二，很大一部分新归侨是专业人士，是学者，是专家；第三，很多新归侨回来以后都渴望与所在地各界交朋友，希望有更多的交流和互动，甚至很多新归侨还是单身，他们可能还有成家的需求；第四，新归侨往往都有比较强烈的文化需求和文化归宿感，他们回到祖国的一个重要原因就是怀念自己的文化；第五，新归侨的政治参与能力和热情都比较高；第六，新归侨善于运用现代法律武器维护自己的权益；第七，新归侨都比较热衷于社会公益慈善事业。新归侨工作是我们侨联的短板，我们要围绕新归侨的特点，想办法把新归侨组织起来、动员起来、行动起来。积极发挥侨胞之家、新侨驿站、新侨创新创业基地等平台的作用，组织一些有吸引力、有意义的活动。围绕当地党委政府关心的问题，引领组织他们做一些课题和研讨，积极建言献策。

（六）织好两张网，做好资源对接。一张网是侨联内部上下联动，各部门联动的内部网，从中国侨联到省市县乡村侨联上下联动。“侨连五洲·七彩云南”就是一个典型的各部门联动的大型活动，我们的信息、联谊、经科、文化、权益、基层等部门都参加了，“侨连五洲·七彩云南”成了一个为侨服务的立体平台。第二张网是外部的网，这个也很重要，侨联的基层组织有没有吸引力，新归侨愿不愿意参加基层侨联的活动，很大程度上取决于侨联能不能给他们带来资源，能不能带来资源很大程度上又取决于侨联外部这张网织得好不好，织得密不密，织得有没有用。因此，推动基层侨联组织建设，建好第二张网，吸引新归侨，一定要引入资源，让基层组织、基层平台、基层活动有吸引力，让新归侨有实实在在的获得感。举办“侨连五洲·七彩云南”活动时，我们把金融资源、科技资源、外交部的领事资源、最高法院的司法资源、公益慈善资源等都带到了云南，还在活动中专门举办了“金融支持‘一带一路’和华侨华人”分论坛，由国家开发银行主办，邀请了工商银行、中国银行、建设银行、渣打银行、丝路基金等共同参与。我们把金融资源引进来，侨胞们和当地政府都非常感兴趣，而且我们不仅仅是开个论坛，重点是在落实，会后，国家开发银行明确提出来要与地方侨联合作，为经过当地侨联、党委政府认可的侨胞、侨商设立专项贷款额度。科技资源方面，我们请了中国科学院的两位院士参加我们的活动。今年 4 月份我们与中国科学院专门签订了一个战略合作协议，发动侨胞为中国科学院与“一带一路”沿线国家开展科技交流活动提供侨界支持，借助侨界力量帮助中国科学院实现科研成果转化。金融、科技、企业、公益慈善等领域有我们的很多侨胞，基层侨联组织要建设好，就要把这些侨胞吸引进来、发动起来，从而带动更多的侨胞参与到基层侨联组织建设中，这样基层侨联组织才有吸引力，才能在服务侨胞的同时服务国家发展大局。

三、树立大侨务理念，增强侨联基层组织建设合力

（一）加强对基层建设工作的领导。基层组织建设是侨联事业的基础工程，只能强化，不能弱化、边缘化。中西部地区侨联，要增强大侨务理念，不能简单以本乡本土侨的数量多少来衡量基层组织建设的潜力和价值，而是要积极主动作为，具体情况具体分析，选准切入点和突破口，在把握地方侨情的基础上，把工作扩大到与本乡本土有千丝万缕关系的各界侨胞当中去，进而通过侨联组织的网络，把工作

做到更广大的侨胞群体中去，变侨的资源洼地为侨的工作高地。要鼓励基层首创精神，加快“侨胞之家”等平台建设步伐，办好技能培训班等利侨惠侨实事，不断增强侨胞安全感、获得感、幸福感。

（二）推动基层建设理念工作方式创新。要突出因地制宜的特点，一地一策、分类指导，鼓励基层侨联用改革的办法破难题，用创新的思路谋发展；要强化互联网思维，织密网上组织网络，建立与侨界群众的直接联系，实现从“面对面”做工作向“点对点”做工作转变；要坚持百花齐放，统筹做好涉侨社团组织发展，积极推进“枢纽型侨联组织”建设，通过“1+N”（1个侨联基层组织加N个涉侨社团组织）模式，延伸侨联工作的手臂。

（三）加强基层干部队伍建设。要严格按照“守初心、担使命，找差距、抓落实”的总要求，把学习领会新思想与学习贯彻习近平总书记“不忘初心、牢记使命”主题教育的重要论述结合起来，与习近平总书记侨务工作重要论述结合起来，牢记对党忠诚的使命，对照初心，对照侨界群众新期待，对照先进典型、身边榜样，结合工作实际，把自己摆进去，把职责摆进去，一体领会、一体把握、一体践行，自觉找到破解侨联工作矛盾问题的钥匙，推动侨联事业迈上新的台阶，真正做到理论学习有收获，思想政治受洗礼。我们不仅要弄清初心就是红心，初心就是恒心，牢记服务发展的使命，引导侨界群众守初心、担使命，积极投身国家现代化建设的各项事业，在凝聚海内外中华儿女同圆共享中华民族伟大复兴中国梦、推动构建人类命运共同体上体现担当作为。同时，我们的初心也是侨心，牢记为侨服务的使命，坚持党的群众路线，深入开展调查研究，摸清广大侨界群众的所思所想、所期所盼、所需所求，通过办好一件件具体事情、解决一个个实际问题，多做雪中送炭、排忧解难的工作，增强侨界群众的获得感、幸福感，真正做到为侨服务解难题。还要记住初心就是公心，牢记清正廉洁的使命，牢记党员干部严格遵守廉洁自律各项规定，知敬畏、存戒惧，始终不闯红灯、不碰红线，在群众中树立党员干部的良好形象。各级侨联形成关爱支持基层侨联工作的鲜明导向，将关爱体现在指引政治方向上，增强“四个意识”、坚定“四个自信”、做到“两个维护”，特别注重增强政治敏感性，从政治上看待问题、分析问题、解决问题；体现在培育全局视野上，加强培训，促进交流，让基层干部真正成为多面手；体现在锻造良好作风上，坚持规矩意识、纪律意识，展示友善之心、亲和之意，以过硬作风赢得侨胞的尊重和认同。

风正帆悬再起航，凝心聚力谱新章。希望中西部、河北及东北地区侨联的同志们把握机遇、再接再厉，努力开创基层组织建设新局面，以优异成绩庆祝新中国成立70周年。

在"侨说伏羲文化"研讨会上的讲话

（2019年6月21日）

齐全胜

尊敬的各位领导，各位侨界朋友，各位专家，各位嘉宾：

大家下午好！

仲夏时节，万物丰茂，很高兴与大家相聚在美丽的羲皇故里天水，共祭中华民族的人文始祖伏羲，共话传承弘扬中华优秀传统文化。在此，我谨代表中国侨联对本次研讨会的召开表示热烈祝贺！向远道而来的各位中国华侨国际文化交流促进会理事、海外侨团侨领和侨商朋友表示诚挚的问候！同时，向长期以来关心支持侨联工作的甘肃省委省政府、天水市委市政府及相关部门和社会各界表示衷心的感谢！

本次研讨会是在年度公祭伏羲大典即将举行之际召开的，很有意义。**一是有助于侨界嘉宾深入了解和认识伏羲文化。**伏羲文化博大精深、源远流长，包括龙文化、姓氏文化、渔猎文化、太极八卦文化等等，值得深入挖掘和探究。通过研讨，大家能对伏羲文化及其对中华文化的深远影响有更全面的认知。**二是有助于提升侨界嘉宾对公祭伏羲大典意义的认同。**通过研讨，大家能更进一步认识到伏羲文化是中华民族的根脉之一，公祭伏羲大典是全世界华人共同的节日，对于增强海内外中华儿女的根祖认同、民族凝聚和文化自信，具有重要意义。**三是有助于向海内外广泛传播伏羲文化。**各位嘉宾在这里就伏羲文化议论风生、切磋交流，必会受到侨界广泛关注，这非常有利于提升伏羲文化以及甘肃和天水在海内外的影响力。

伏羲文化是中华文化的本源之一，传承弘扬伏羲文化是光大中华优秀传统文化的题中应有之义。习近平总书记高度重视弘扬中华优秀传统文化，作了大量论述。最近，《求是》杂志刊发了习近平总书记的重要文章《坚定文化自信，建设社会主义文化强国》，文章全面深刻阐述了中华文化的力量和文化建设的任务，其中，对传承弘扬中华优秀传统文化提出了明确要求，强调要实现中华优秀传统文化的创造性转化和创新性发展。我们要以习近平新时代中国特色社会主义思想特别是关于文化建设的论述为指导，动员侨界力量，支持甘肃及天水，共同做好传承弘扬伏羲文化的工作，努力创造新时代发扬光大中华优秀传统文化的范例。

一是进一步运用伏羲文化凝聚海内外中华儿女。追寻中华民族的根脉，我们就会想到"三皇"，即伏羲、炎帝、黄帝，而伏羲位居"三皇"之首。中华文明史上一些重大的发明创造，如始画八卦、结网罟、兴嫁娶、创乐器等，都与伏羲相关联。中华民族被称为龙的传人，其源头，也在于远古时代伏羲创制龙图腾。伏羲作为中华民族的主要人文始祖之一，具有巨大的感召力，能够很好地增强当今海内外中华儿女的凝聚。

二是进一步挖掘伏羲文化的现实意义。伏羲文化历史久远、底蕴深厚，传承弘扬伏羲文化，还需立足当今时代的精神需求，深入挖掘伏羲文化所蕴含的精神富矿，并以现代的形式进行表现和传播。比如，大力弘扬伏羲文化所蕴含的天人合一的合和精神、敢为人先的创造精神、百折不挠的奋斗精神、兼容并包的厚德精神等等，做到古为今用，促进社会主义核心价值观建设，为奋斗新时代、同圆中国梦增添精神动力。

三是以侨为桥，争做包括伏羲文化在内的

中华优秀文化的传播使者。中华文化是海内外中华儿女共同的魂，伏羲文化是中华文化百花园中的精粹。侨界人士遍布世界，在弘扬中华优秀文化、促进中外文明交流互鉴中具有独特优势，一定能在研习传承基础上，向世界生动展示好包括伏羲文化在内的中华文化的精神标识和神韵魅力。

伏羲文化是在甘肃及天水这片古老土地上孕育的，是甘肃及天水的一张闪亮名片。传承弘扬伏羲文化的过程，必然也是向世界推介甘肃及天水的过程。甘肃是古丝绸之路的重要通道，历史悠久、文化厚重，始祖文化、丝路文化、农耕文化等交相辉映。新中国成立 70 年来，在中国共产党的坚强领导下，甘肃人民艰苦奋斗，保护生态、传承文化、发展经济、脱贫攻坚，甘肃已经并在继续发生着翻天覆地的变化。“一带一路”倡议的实施，更使甘肃成为中国向西开放的前沿和丝绸之路经济带的黄金段，焕发出勃勃生机。希望各位侨界朋友在甘肃多走走、多看看，持续关注甘肃，深入认识文化灿烂、山川壮美、民族团结、持续发展、潜力巨大的甘肃，为宣传推介甘肃、支持甘肃发展作出宝贵贡献。

中国侨联将会同、支持甘肃省各级侨联，进一步履行职能，深入挖掘运用古今文化资源，更好发挥侨界融通中外的优势，讲好中国故事、甘肃篇章，广泛集聚侨智侨力，持续助推甘肃经济社会发展，在服务侨胞、服务大局中作出侨联应有的新贡献。

在挖掘弘扬伏羲文化、丝路文化等文化资源的过程中，侨界文化单位要做好相关工作。希望中国华侨出版社积极与各界人士切磋交流，加强选题策划和内容组织，不断推出弘扬中华优秀传统文化的精品出版物。

最后，祝本次研讨会和公祭伏羲大典取得圆满成功！祝我们伟大的祖国、祝甘肃及天水更加繁荣美好！祝各位嘉宾身体健康、阖家幸福、事业顺达！

中国侨联年鉴

大事记

中国侨联年鉴

2020 中国侨联年鉴

·发文发电·

2019年1月

1. 1月3日我会办公厅向各省、自治区、直辖市、新疆生产建设兵团侨联，中央和国家机关、中央企业侨联，中国侨联机关各部门、各直属企事业单位印发《中国侨联办公厅关于召开中国侨联十届二次全委会议的通知》（中侨厅〔2019〕1号）

2. 1月11日我会办公厅向机关各部门、各直属企事业单位印发《关于印发〈中国侨联新闻发布管理制度（试行）〉的通知》（中侨厅〔2019〕3号）

3. 1月11日我会向安徽省人民政府复函《中国侨联关于同意作为2019世界制造业大会支持单位的复函》（中侨函〔2019〕3号）

4. 1月16日我会向天津市人民政府复函《中国侨联关于同意担任2019中国·天津投资贸易洽谈会暨PECC博览会主办单位的复函》（中侨函〔2019〕8号）

5. 1月25日我党组向中共中央呈报《中国侨联党组关于2018年度工作情况的报告》（中侨（党）呈〔2019〕3号）

6. 1月29日我会向各省、自治区、直辖市侨联，新疆生产建设兵团侨联，中央和国家机关、中央企业侨联，中国侨联机关各部门、各直属企事业单位印发《中国侨联关于印发十届二次全委会议文件的通知》（中侨发〔2019〕1号）

7. 1月29日我会向各省、自治区、直辖市侨联，新疆生产建设兵团侨联，中央和国家机关、中央企业侨联，中国侨联机关各部门、各直属企事业单位印发《中国侨联关于通报表彰2018年全国侨联系统信息工作先进单位的决定》（中侨发〔2019〕2号）

8. 1月31日我会向各省、自治区、直辖市侨联，新疆生产建设兵团侨联，中央和国家机关、中央企业侨联，中国侨联机关各部门、各直属企事业单位印发《中国侨联印发〈关于进一步加强侨情专报工作的意见〉的通知》（中侨发〔2019〕3号）

2019年2月

1. 2月12日我会复函重庆市人民政府《中国侨联关于同意担任中国西部国际投资贸易洽谈会共同主办单位的复函》（中侨函〔2019〕13号）

2. 2月20日我会党组向中央和国家机关工委报送《中国侨联党组关于理论学习中心组2018年学习情况和2019年专题学习重点内容安排的报告》（中侨党字〔2019〕4号）

3. 2月20日我会办公厅向机关各部门、各直属企事业单位印发《关于转发部分新媒介泄密典型案例积极做好网络信息安全保密工作的通知》（中侨厅函〔2019〕13号）

4. 2月20日我会办公厅致函国家市场监督总局办公厅《中国侨联办公厅关于申请基层侨联组织统一社会信用代码码段的函》（中侨厅函〔2019〕22号）

5. 2月20日我会办公厅向各省、自治区、直辖市侨联，新疆生产建设兵团侨联，中央和国家机关、中央企业侨联，中国侨联机关各部门、各直属企事业单位印发《中国侨联办公厅关于召开2019全国侨联文化宣传工作会议的通知》（中侨厅函〔2019〕23号）

6. 2月22日我会办公厅向机关各部门、各直属企事业单位印发《关于印发我会内设领导机构组成人员名单的通知》（中侨厅〔2019〕5号）

7. 2月23日我会办公厅向机关各部门、各直属企事业单位印发《中国侨联印发〈中国侨联机关档案管理实施细则〉的通知》（中侨厅〔2019〕6号）

8. 2月28日我会向各省、自治区、直辖市侨联，新疆生产建设兵团侨联，中央和国家机关、中央企业侨联，中国侨联机关各部门、各直属企事业单位印发《中国侨联〈关于新时代加强基层侨联建设的指导意见〉的通知》（中侨发〔2019〕4号）

9. 2月28日我会致函民政部《中国侨联关于同意担任中国侨商投资企业协会业务主管单位的函》（中侨函〔2019〕16号）

2019 年 3 月

1. 3 月 4 日我会办公厅向各省、自治区、直辖市侨联，新疆生产建设兵团侨联，中央和国家机关侨联，中央企业侨联，中国侨联机关各部门、各直属企事业单位印发《中国侨联办公厅关于召开 2019 年全国侨联联络工作会议的通知》（中侨厅函〔2019〕32 号）

2. 3 月 7 日我会办公厅致函民政部办公厅《中国侨联办公厅关于同意作为 3 家涉侨基金会业务主管单位事的函》（中侨厅函〔2019〕34 号）

3. 3 月 13 日我会复函陕西省人民政府《中国侨联关于共同主办清明公祭轩辕黄帝典礼的复函》（中侨函〔2019〕18 号）

4. 3 月 18 日我会复函中国企业经营咨询公司《中国侨联关于同意所属企业改革方案的批复》（中侨函〔2019〕19 号）

5. 3 月 27 日我会办公厅致函中国教育电视台《中国侨联关于商请联合主办“世界华人学生作文大赛”的函》（中侨厅函〔2019〕44 号）

2019 年 4 月

1. 4 月 1 日我会办公厅向各省、自治区、直辖市侨联，新疆生产建设兵团侨联印发《中国侨联办公厅关于做好第二十届世界华人学生作文大赛征稿工作的通知》（中侨厅函〔2019〕53 号）

2. 4 月 11 日我会向中央统战部复函《中国侨联关于报送“中国寻根之旅”夏令营承办计划的函》（中侨函〔2019〕26 号）

3. 4 月 16 日我会办公厅向天津、河北、山西、内蒙古、辽宁、吉林、黑龙江、江苏、浙江、山东、河南、甘肃、宁夏等省（自治区、直辖市）侨联印发《中国侨联办公厅关于召开部分省市侨联侨情专报工作推进会的通知》（中侨厅函〔2019〕63 号）

4. 4 月 25 日我会办公厅向浙江师范大学致函《中国侨联办公厅关于同意在贵校成立“中国华侨华人（浙师大）研究中心”的函》（中侨厅函〔2019〕68 号）

5. 4 月 28 日我会办公厅致函山西、辽宁、江苏、湖南、广西、海南省（自治区）侨联《中国侨联办公厅关于法律顾问委员会开展调研活动的通知》（中侨厅函〔2019〕71 号）

6. 4 月 30 日我会办公厅致函各省、自治区、直辖市侨联，新疆生产建设兵团侨联《中国侨联办公厅关于做好 2019 年“中国寻根之旅”夏令营申报和筹备工作的通知》（中侨厅函〔2019〕74 号）

2019 年 5 月

1. 5 月 6 日我会办公厅致函天津、河北、山西、辽宁、安徽、福建、河南、广西、贵州、云南、西藏、甘肃省（自治区、直辖市）侨联《中国侨联办公厅关于举办“法治中国 · 你我同行”——2019 年侨界法治学习活动（辽宁）的通知》（中侨厅函〔2019〕76 号）

2. 5 月 6 日我会办公厅向各省、自治区、直辖市侨联，新疆生产建设兵团侨联，中央和国家机关、中央企业侨联，中国侨联机关各部门、各直属企事业单位印发《中国侨联办公厅关于印发信息传播工作要点的通知》（中侨厅〔2019〕9 号）

3. 5 月 7 日我会办公厅致函各省、自治区、直辖市侨联，新疆生产建设兵团侨联《中国侨联办公厅关于召开 2019 年全国侨联夏令营工作会议的通知》（中侨厅函〔2019〕77 号）

4. 5 月 27 日我会办公厅致函全国政协办公厅《中国侨联关于报送全国政协侨联界委员赴江西考察报告的函》（中侨函〔2019〕45 号）

2019 年 6 月

1. 6 月 5 日我会党组向中央第 13 指导组呈报《中国侨联党组关于报送开展“不忘初心、牢记使命”主题教育实施方案的函》（中侨党字〔2019〕21 号）

2. 6 月 5 日我会办公厅复函中国西部国际博览会组委会《中国侨联办公厅关于同意作为中国西部国际博览会进出口商品展暨中国西部（四川）国际投资大会支持单位的复函》（中侨厅函〔2019〕131 号）

3. 6 月 5 日我会办公厅复函广西壮族自治区侨联《中国侨联办公厅关于同意作为“一带一路”侨商侨领交流合作大会主办单位的复函》（中侨厅函〔2019〕132 号）

4. 6 月 18 日我会向各省、自治区、直辖市侨联，新疆生产建设兵团侨联，中央和国家机关、中央企业侨联，中国侨联机关各部门、各直

属企事业单位印发《中国侨联关于在侨界群众中广泛开展“我和我的祖国”主题宣传教育活动的通知》（中侨发〔2019〕6号）

5. 6月18日我会办公厅向机关各部门、各直属企事业单位印发《关于印发〈中国侨联2019年定点扶贫工作计划〉〈2019年中央单位定点扶贫责任书（中国侨联）项目任务分解表〉的通知》（中侨厅〔2019〕13号）

6. 6月21日我会办公厅复函安徽省侨联《中国侨联办公厅关于同意作为2019“巢湖侨创峰会”指导单位的复函》（中侨厅函〔2019〕135号）

7. 6月24日我会党组向直属机关各党支部、中国企业经营咨询公司党委印发《关于印发〈中国侨联党组开展“不忘初心、牢记使命”主题教育实施方案〉和万立骏同志动员讲话的通知》（中侨党字〔2019〕23号）

8. 6月28日我会办公厅向机关各部门、各直属企事业单位印发《关于印发〈中国侨联关于加强新闻宣传、规范新闻报道的实施办法（试行）〉的通知》（中侨厅〔2019〕15号）

2019年7月

1. 7月1日我会办公厅向机关各部门、各直属企事业单位印发《关于印发〈中国侨联机关文件材料归档范围和文书档案保管期限规定〉的通知》（中侨厅〔2019〕16号）

2. 7月10日我会办公厅向各省、自治区、直辖市侨联，新疆生产建设兵团侨联，中央和国家机关、中央企业侨联，中国侨联机关各部门、各直属企事业单位印发《中国侨联办公厅关于召开中国侨联十届三次常委会议的通知》（中侨厅〔2019〕17号）

3. 7月22日我会向机关各部门、各直属企事业单位印发《关于印发〈中国侨联主席办公会议议事规则〉的通知》（中侨发〔2019〕7号）

4. 7月22日我会党组向机关各部门、各直属企事业单位印发《关于印发〈中国侨联党组工作规则〉的通知》（中侨党字〔2019〕25号）

5. 7月30日我会党组向机关各部门、各直属企事业单位印发《关于印发〈中国侨联党组“不忘初心、牢记使命”主题教育专项整治实施方案〉的通知》（中侨党字〔2019〕26号）

6. 7月30日我会办公厅向各省、自治区、直辖市侨联印发《中国侨联办公厅关于转发〈中国侨商联合会第五次会员代表大会筹备工作方案〉的通知》（中侨厅函〔2019〕163号）

2019年8月

1. 8月5日我会党组向党组理论学习中心组（扩大）成员印发《关于印发〈中国侨联党组理论学习中心组学习规则〉的通知》（中侨党字〔2019〕27号）

2. 8月5日我会向各省、自治区、直辖市侨联，新疆生产建设兵团侨联，中央和国家机关、中央企业侨联印发《中国侨联印发〈关于充分发挥兼职副主席作用规范和加强履职工作的暂行规定〉的通知》（中侨发〔2019〕8号）

3. 8月5日我会办公厅向机关各部门印发《关于印发〈中国侨联机关公职律师管理办法〉的通知》（中侨厅〔2019〕20号）

4. 8月13日我会办公厅向河北、内蒙古、吉林、上海、浙江、湖北、湖南、广东、四川、宁夏、新疆、青海省（自治区、直辖市）侨联印发《中国侨联办公厅关于举办“法治中国　你我同行”——2019年侨界法治学习活动（河北）的通知》（中侨厅函〔2019〕173号）

5. 8月22日我会党组向中央第十三指导组呈报《中国侨联党组关于报送中国侨联领导班子“不忘初心、牢记使命”专题民主生活会工作方案的函》（中侨党字〔2019〕29号）

6. 8月22日我会办公厅向中央统战部办公厅呈报《中国侨联办公厅关于报送2019年“文化中国·全球华人音乐会”活动方案的函》（中侨厅函〔2019〕183号）

7. 8月28日我会向各省、自治区、直辖市侨联，新疆生产建设兵团侨联，中央和国家机关、中央企业侨联印发《中国侨联关于印发〈中国华侨国际文化交流基地管理办法〉的通知》（中侨发〔2019〕10号）

8. 8月29日我会办公厅向中国华侨出版社有限公司、中国企业经营咨询公司印发《中国侨联办公厅关于印发〈中国侨联关于深化直属企业负责人薪酬制度改革实施方案〉〈中国侨联直属企业负责人考核评价办法〉的通知》（中侨厅〔2019〕22号）

2019 年 9 月

1. 9 月 30 日我会办公厅向全国人大常委会办公厅联络局致函《中国侨联办理十三届全国人大二次会议代表建议工作总结》（中侨厅函〔2019〕200 号）

2019 年 10 月

1. 10 月 8 日我会办公厅向联谊联络部、文化交流部印发《关于〈持因私护照人员随中国侨联文化交流团组出访的管理规定〉的通知》（中侨厅函〔2019〕199 号）

2. 10 月 10 日我会办公厅复函广东省侨联《中国侨联办公厅关于同意作为华侨华人文化交流合作暨粤港澳大湾区青年文化创意发展大会指导单位的复函》（中侨厅函〔2019〕202 号）

3. 10 月 12 日我会办公厅向各省、自治区、直辖市侨联，中国侨商投资企业协会印发《中国侨联办公厅关于召开中国侨商联合会第五次会员代表大会的通知》（中侨厅〔2019〕27 号）

4. 10 月 17 日我会办公厅向各省、自治区、直辖市侨联，新疆生产建设兵团侨联印发《中国侨联办公厅关于印发〈中国侨联关于华侨事务预算专项经费使用管理的指导意见〉的通知》（中侨厅〔2019〕28 号）

5. 10 月 21 日我会办公厅复函浙江省侨联《中国侨联办公厅关于同意作为第二届华侨进口商品博览会指导单位的复函》（中侨厅函〔2019〕206 号）

6. 10 月 23 日我会办公厅向各省、自治区、直辖市侨联，新疆生产建设兵团侨联，中央和国家机关、中央企业侨联印发《中国侨联办公厅关于举办 2019 年全国主要大中城市基层侨联建设经验交流暨业务培训活动的通知》（中侨厅函〔2019〕209 号）

7. 10 月 28 日我会复函审计署《中国侨联关于 2018 年度预算执行和其他财政收支审计查出问题的整改报告》（中侨函〔2019〕103 号）

2019 年 11 月

1. 11 月 7 日我会办公厅向各省、自治区、直辖市侨联，新疆生产建设兵团侨联，中央和国家机关、中央企业侨联印发《中国侨联办公厅关于开展基层侨联组织统一社会信用代码赋码工作的通知》（中侨厅〔2019〕29 号）

2. 11 月 7 日我会办公厅向机关各部门、各直属企事业单位印发《关于印发〈中国侨联新闻发布管理制度（试行）〉的通知》（中侨厅〔2019〕30 号）

3. 11 月 14 日我会复函中国国际跨国公司促进会《中国侨联关于同意作为“国际跨国公司领袖圆桌会议”合作单位的复函》（中侨函〔2019〕106 号）

4. 11 月 15 日我会党组向直属机关各党支部、中国企业经营咨询公司党委印发《关于印发〈中国侨联党组中央纪委国家监委驻中央统战部纪检监察组贯彻执行党组讨论和决定党员处分事项工作程序规定（试行）的协调办法（试行）〉的通知》（中侨党字〔2019〕46 号）

5. 11 月 18 日我会办公厅致函各省、自治区、直辖市侨联，新疆生产建设兵团侨联《中国侨联办公厅关于举办侨联系统维权干部、涉侨纠纷调解员维护侨益工作学习活动通知》（中侨厅函〔2019〕227 号）

6. 11 月 18 日我会办公厅致函吉林、上海、江苏、浙江、安徽、福建、湖南、广东、广西、海南、云南省（自治区、直辖市）侨联《中国侨联办公厅关于召开涉侨纠纷多元化解试点地区工作经验交流会的通知》（中侨厅函〔2019〕228 号）

7. 11 月 19 日我会向中央和国家机关工委报送《中国侨联关于报送 2019 年贯彻执行中央八项规定精神情况报告的函》（中侨函〔2019〕108 号）

8. 11 月 22 日我会办公厅致函各省、自治区、直辖市侨联、新疆生产建设兵团侨联《关于召开中国侨联文化交流干部培训班的通知》（中侨厅函〔2019〕231 号）

9. 11 月 22 日我会党组向直属机关各党支部、中国企业经营咨询公司党委印发《关于印发〈中国侨联党组关于创建“让党中央放心、让人民群众满意的模范机关”的实施意见〉的通知》（中侨党字〔2019〕49 号）

10. 11 月 23 日我会党组向中共中央呈报《中国侨联党组关于认真学习十九届四中全会精神情况的报告》（中侨（党）呈〔2019〕44 号）

2019 年 12 月

1. 12 月 3 日我会向协调管理社会组织参与

国际非政府组织活动部际联席会议办公室报送《中国侨联关于报送2019年协调管理社会组织参与国际非政府组织活动工作总结和2020年工作规划的函》（中侨函〔2019〕117号）

2. 12月5日我会致函中央广播电视总台《中国侨联关于商请播出电视专题片〈华侨华人与共和国〉的函》（中侨函〔2019〕118号）

3. 12月5日我会致函北京2022年冬奥会和冬残奥会组织委员会《中国侨联关于动员海内外侨胞共同助力冬奥相关事宜征求意见的函》（中侨函〔2019〕119号）

4. 12月9日我会向中央和国家机关工委报送《中国侨联2019年定点扶贫工作自评报告》（中侨函〔2019〕123号）

5. 12月9日我会向中央统一战线工作领导小组办公室报送《中国侨联关于报送2019年工作总结和2020年工作要点的函》（中侨函〔2019〕116号）

6. 12月9日我会向各省、自治区、直辖市侨联，新疆生产建设兵团侨联，中央和国家机关、中央企业侨联印发《中国侨联关于确认第六批“中国华侨国际文化交流基地”的通知》（中侨发〔2019〕13号）

7. 12月12日我会办公厅向中国侨联作为业务主管单位的各非公募涉侨基金会（代表处）印发《中国侨联办公厅关于印发〈中国侨联非公募涉侨基金会管理办法〉的通知》（中侨厅〔2019〕31号）

8. 12月12日我会向中央文明办报送《中国侨联关于报送2019年精神文明建设工作情况和2020年工作安排的函》（中侨函〔2019〕124号）

9. 12月16日我会向机关各部门、各直属企事业单位印发《关于印发〈中国华侨华人研究所五年工作规划（2019—2023年）〉的通知》（中侨发〔2019〕14号）

10. 12月17日我会党组向中央“不忘初心、牢记使命”主题教育领导小组办公室呈报《中国侨联党组关于“不忘初心、牢记使命”主题教育“回头看”有关情况的报告》（中侨党字〔2019〕51号）

11. 12月24日我会办公厅向各省、自治区、直辖市侨联，新疆生产建设兵团侨联，中央和国家机关、中央企业侨联，中央军委政治工作部组织局群团处，中国侨联机关各部门、各直属企事业单位印发《中国侨联办公厅关于召开中国侨联十届三次全委会议的通知》（中侨厅〔2019〕31号）

·会议活动·

2019年1月

1. 1月2日，万立骏同志出席《告台湾同胞书》发表40周年纪念会。

2. 1月2日，隋军同志在福建调研。

3. 1月2日至4日，李波同志赴云南走访慰问困难侨界群众，并就侨乡文化和“侨胞之家”建设等工作进行调研。

4. 1月5日，中共中央政治局常委、中央书记处书记王沪宁同志主持召开中央书记处办公会议，听取中国侨联党组工作汇报，万立骏、李卓彬、隋军、李波、齐全胜同志列席会议。

5. 1月6日至8日，万立骏同志赴广西南宁出席2019年世界桂商暨商会经贸文化交流合作大会，并走访自治区侨联机关，慰问侨界群众，就如何发挥侨界作用、加强基层建设、深化侨联改革、服务侨界群众等进行调研。

6. 1月6日，齐全胜同志出席全国宣传部长会议。

7. 1月8日，隋军同志出席由清华大学华商研究中心、中国华侨华人研究所主办的《“一带一路”沿线华侨华人史话丛书》首发式暨学术研讨会。

8. 1月9日，隋军同志出席中央和国家机关部分部门机关党委书记现场述职评议会。

9. 1月9日，隋军同志出席中国侨联局处级干部座谈会。

10. 1月10日上午，万立骏同志主持召开十届五次主席办公会议、十届党组九次会议，李卓彬、隋军、李波、齐全胜同志出席。

11. 1月10日，万立骏、隋军、李波、齐全胜同志出席中国侨联青年干部座谈会，与青年干部进行亲切交流，同时听取青年干部对会领导班子民主生活会的意见建议。

12. 1月11日，万立骏同志出席十九届中央纪委三次全会。

13. 1月11日，中国侨联举办党组理论学习中心组（扩大）专题辅导讲座，中国改革报副社长、中央电视台特约评论员杨禹作专题报告，李卓彬、隋军、李波同志出席。

14. 1月11日至12日，齐全胜同志赴江苏盐城走访慰问困难归侨侨眷并开展调研。

15. 1月14日上午，万立骏同志主持召开中国侨联党组理论学习中心组（扩大）会议，李卓彬、隋军、李波、齐全胜同志出席。

16. 1月14日，隋军同志出席全国组织部长会议

17. 1月15日，万立骏同志看望美国归侨、著名物理化学家、国家最高科学技术奖获得者、中国科学院院士张存浩，走访侨资企业北京停简单信息技术有限公司，看望中国侨商联合会副会长郭俊琴，向他们致以诚挚问候，向广大归侨侨眷致以新春祝福。

18. 1月15日，李卓彬同志出席致公党中央“历史文化古迹保护与利用”专题座谈会。

19. 1月15日，隋军同志看望慰问侨界知名人士陈香美、李桓英。

20. 1月15日，齐全胜同志会见吕嘉华人艺术发展基金会负责人。

21. 1月16日至17日，中国侨联十届二次全委会议在京召开。万立骏同志传达了中央书记处重要指示精神，并代表中国侨联十届常委会和主席会作了工作报告。李卓彬同志作会议总结。中国侨联副主席隋军、李波、齐全胜、黄志贤、邵旭军、吴晶、余国春、卢文端、刘艺良、朱奕龙、刘以勤、包东、陈式海、周琪、周建农、李兴钰、黎静，秘书长陈迈，十届委员、会内顾问出席会议。省级侨联驻会党组书记、主席，中国侨联机关各部门、单位主要负责人列席会议。16日，中国侨联十届二次主席会议、常委会议分别召开，传达学习中央指示精神，讨论全委会议有关文件。

22. 1月16日，齐全胜同志出席由中国华侨历史博物馆、北京市东城区文学艺术界联合会主办的《南北遗韵　灵指相承》非物质文化遗产展开幕式。

23. 1月18日，万立骏、隋军同志出席中

国侨联挂职干部座谈会。

24. 1月18日，李波同志出席全国统战部长会议。

25. 1月19日，万立骏、李卓彬、齐全胜同志出席观看“亲情中华·走进航天”慰问演出，并看望航天战线侨界科技工作者代表。

26. 1月21日至24日，万立骏同志出席省部级主要领导干部坚持底线思维着力防范化解重大风险专题研讨班。

27. 1月21日，李卓彬同志出席全国政协常委座谈会。

28. 1月21日至24日，隋军同志赴安徽、江西慰问困难侨界群众，并看望中国侨联挂职干部。

29. 1月21日，齐全胜同志走访中央宣传部。

30. 1月22日，李卓彬同志出席2019年中国侨联特聘专家委员会工作务虚会。

31. 1月25日，万立骏、李卓彬、隋军、李波、齐全胜同志参加中国侨联党组民主生活会。

32. 1月26日至28日，齐全胜同志赴上海出席上海市政协十三届二次会议。

33. 1月29日，万立骏、李卓彬、隋军、李波、齐全胜同志出席中国侨联领导班子年度考核暨“一报告两评议”大会。

34. 1月29日，万立骏、李卓彬、隋军、李波、齐全胜同志出席“走在春风里”2019年华侨华人春节大联欢。

35. 1月30日，万立骏同志录制新年贺词。

36. 1月30日至31日，李卓彬同志赴广东慰问困难侨界群众。

37. 1月30日，齐全胜同志走访人民网。

38. 1月31日，万立骏、隋军、李波、齐全胜同志出席中国侨联2019年新春联欢会。

39. 1月31日，隋军同志出席2019年中央和国家机关工委党的工作暨纪检工作会议。

2019年2月

1. 2月2日，隋军同志在福建慰问，走访看望新侨人才、侨界高级知识分子、著名医学专家、侨资企业、贫困归侨等。

2. 2月3日，万立骏同志出席中共中央、国务院2019年春节团拜会。

3. 2月13日，隋军、齐全胜同志赴中央编办沟通协商。

4. 2月13日，齐全胜同志走访北京市朝阳区侨联及文化企业。

5. 2月14日，隋军同志出席中国侨联直属机关党委、纪委会议。

6. 2月14日，隋军、齐全胜同志出席中国侨联庆祝新中国成立70周年工作安排专题座谈会。

7. 2月15日，齐全胜同志赴中央和国家机关侨联调研宣传文化工作。

8. 2月18上午，万立骏同志主持召开十届六次主席办公会议、十届党组十一次会议，李卓彬、隋军、李波、齐全胜同志出席。

9. 2月18日，万立骏、隋军、李波、齐全胜同志出席中国侨联党组理论学习中心组（扩大）学习会议。

10. 2月18日，万立骏同志出席中央精神文明建设指导委员会第二次全体会议。

11. 2月20日，隋军同志出席中华职业教育社第十二次全国代表大会开幕会。

12. 2月22日，万立骏、隋军、李波、齐全胜同志出席中国侨联2019年党的工作暨党风廉政建设工作会议。

13. 2月22日，隋军同志主持召开中国侨联直属机关基层党组织书记党建述职大会。

14. 2月22日，齐全胜同志走访国家汉办。

15. 2月25日，万立骏、李卓彬、隋军、李波、齐全胜同志会见中编办吴知论副主任一行。

16. 2月26日，万立骏、李卓彬、隋军、李波、齐全胜同志出席中国侨联2018年度考核述职暨工作交流和“作风建设年”动员会议。

17. 2月26日下午，万立骏同志主持召开十届七次主席办公会议、十届党组十二次会议，李卓彬、隋军、李波、齐全胜同志出席。

18. 2月28日至3月1日，齐全胜同志赴宁夏调研。

19. 2月28日，万立骏、隋军同志出席中国侨联党组理论学习中心组（扩大）专题辅导讲座。

20. 2月28日至3月1日，李卓彬同志出席全国政协十三届常委会第五次会议。

21. 2月28日至3月13日，李波同志赴井冈山干部学院参加省部级干部党性修养专题培训班。

2019年3月

1. 3月3日至13日，李卓彬同志出席全国政协十三届二次会议。

2. 3月5日上午，万立骏同志列席十三届全国人大二次会议开幕式。

3. 3月5日，隋军同志赴天津就以党建带侨建、推动基层侨联组织建设等工作进行走访调研。

4. 3月5日，齐全胜同志走访国家汉语国际推广领导小组办公室，就加强相关合作交换意见。

5. 3月6日上午，万立骏、李卓彬、隋军同志参加全国政协十三届二次会议侨联界委员讨论会，听取委员对政府工作报告的讨论、对侨联改革发展的意见建议，通报中国侨联工作。

6. 3月7日，万立骏、李卓彬、隋军、齐全胜同志会见宴请列席全国政协十三届二次会议的海外侨胞代表。本次会议期间，有来自31个国家的40名海外侨胞列席会议。

7. 3月7日，隋军同志出席全国妇联中外妇女招待会。

8. 3月7日，齐全胜同志走访看望老一辈及侨界著名艺术家谷建芬、郑小瑛。

9. 3月8日，万立骏、隋军同志出席中国侨联挂职干部欢迎会。

10. 3月8日，李卓彬同志出席致公党中央十五届六次全体会议。

11. 3月11日，李卓彬同志在全国政协十三届二次会议第四次全体会议上作题为《发挥侨务资源在“一带一路”建设中的作用》的发言。

12. 3月12日上午，万立骏同志列席十三届全国人大二次会议第三次全体会议。

13. 3月12日至13日，隋军同志在京走访调研侨资企业，并与侨资企业负责人座谈。

14. 3月12日，齐全胜同志到北京市延庆区2019世界园艺博览会园区调研。

15. 3月13日下午，万立骏同志主持召开十届八次主席办公会议、十届党组十三次会议，李卓彬、隋军、李波、齐全胜同志出席。

16. 3月15日上午，万立骏同志列席十三届全国人大二次会议闭幕会。

17. 3月15日下午，万立骏、李卓彬、隋军、李波、齐全胜同志出席中国侨联传达贯彻全国“两会”精神大会。

18. 3月15日下午，中国侨联党组举办理论学习中心组（扩大）专题辅导讲座暨特聘专家讲堂活动，万立骏同志做首场科普讲座，李卓彬、隋军、李波、齐全胜同志出席。

19. 3月18日至20日，隋军同志赴辽宁省沈阳市、丹东市，就侨联机构改革、基层组织建设等工作开展调研。

20. 3月18日，齐全胜同志走访北京市陈铎艺术创作室，与参与筹备中国侨联专题朗诵音乐会的主创团队进行座谈。

21. 3月19日，齐全胜同志走访中国网，深入了解中国网面向海外进行信息传播、讲好中国故事的实践经验。

22. 3月20日至27日，齐全胜同志率团访问菲律宾、斯里兰卡。

23. 3月22日上午，万立骏同志主持召开十届九次主席办公会议，李卓彬、隋军同志出席。

24. 3月25日至26日，万立骏同志赴四川出席四川省第八次归侨侨眷代表大会。

25. 3月25日，隋军同志主持召开中国侨联机关巡视工作领导小组及办公室会议。

26. 3月25日至27日，隋军同志赴山东出席山东省第九次归侨侨眷代表大会并调研。

27. 3月27日，李卓彬同志出席全国政协第一次重点关切问题情况通报会。

28. 3月28日，隋军同志主持召开华侨大厦资产追讨小组碰头会。

29. 3月29日，李卓彬同志出席全国政协习近平新时代中国特色社会主义思想第五学习小组第一次学习座谈会。

30. 3月29日，隋军、齐全胜同志在河北怀来官厅华侨农场参加义务植树活动。

31. 3月29日，李波同志赴河北张家口就侨胞参与支持冬奥会工作调研。

32. 3月30日，隋军同志参加共和国部长义务植树活动。

2019年4月

1. 4月1日至4日，李波同志赴海南、上海，就贯彻落实《关于新时代加强基层侨联建设的指导意见》、加强基层侨联组织建设等进行调研。

2. 4月2日，万立骏、隋军同志出席第一期中国侨联青年学习研讨会。

3. 4月2日至4日，齐全胜同志赴广西防城港出席“五洲筑梦——海外华侨华人防城港（东兴）联谊大会”和“弘扬丝路精神、凝聚侨界力量”座谈会。

4. 4月3日至5日，万立骏同志赴陕西出席己亥年清明公祭轩辕黄帝典礼、“侨心林”纪念植树启动仪式并调研侨联工作。

5. 4月3日，李卓彬同志会见爱尔兰科克市华人商会代表团。

6. 4月4日至11日，隋军同志率团访问德国、西班牙。

7. 4月5日至9日，万立骏同志赴河南洛阳、郑州、开封调研，出席己亥年黄帝故里拜祖大典、“创业中华·出彩中原”——2019海外华侨华人高端人才助力创新发展峰会，走访园区、企业、学校，与归侨、海外留学归国人员和侨联干部交流、座谈，并到兰考县学习焦裕禄精神。

8. 4月9日，齐全胜同志赴中央统战部出席2019年“四海同春”慰侨访演工作总结会。

9. 4月11日，万立骏、李卓彬、李波、齐全胜同志会见泰国正大集团资深董事长、中国侨商投资企业协会会长谢国民一行。

10. 4月12日，齐全胜同志出席中国华侨出版社领导班子成员（扩大）专题学习会。

11. 4月15日，隋军、李波同志赴中央统战部沟通第九届世界华侨华人社团联谊大会筹备工作。

12. 4月16日，李卓彬同志在四川成都出席2019“一带一路”华商峰会并致辞。

13. 4月17日至19日，万立骏同志赴重庆调研，并出席中国侨联与重庆市人民政府关于共同推进重庆建设内陆开放高地合作协议签约仪式。

14. 4月17日，隋军同志出席中国侨联第一轮巡视联谊联络部和《海内与海外》杂志社动员部署会并讲话。

15. 4月18日，李卓彬同志在天津出席2019中国·天津投资贸易洽谈会暨PECC博览会。

16. 4月19日，李卓彬、齐全胜同志出席“亲情中华·一起读中国”朗诵音乐会捐赠仪式。

17. 4月21日，万立骏、李卓彬、隋军、李波、齐全胜同志在人民大会堂出席“亲情中华·一起读中国”朗诵音乐会。

18. 4月22日，万立骏同志主持召开十届十一次主席办公会议、十届党组十五次会议，李卓彬、隋军、李波、齐全胜同志出席。

19. 4月23日，万立骏、李波同志会见第二期泰中新时代领导精英研习班访华团。

20. 4月23日至24日，李卓彬同志赴山东济南出席中国侨联经济科技部工作会议暨新侨创新创业联盟理事交流活动。

21. 4月24日，李波同志会见参加“一带一路”峰会民心相通论坛海外嘉宾。

22. 4月24日至26日，隋军同志赴河北出席部分省区市侨联侨情专报工作推进会并调研。

23. 4月24日至28日，李波同志率团访问香港。

24. 4月24日，齐全胜同志走访央视中文国际频道。

25. 4月26日至28日，李卓彬同志赴澳门出席第十届缅华同侨联谊会第二十四届澳门缅华泼水节活动。

26. 4月27日至30日，齐全胜同志赴江西调研。

27. 4月29日，万立骏、李卓彬、隋军同志出席“侨青心向党·建功新时代”中国侨联青年干部演讲比赛暨五四表彰大会。

28. 4月29日，隋军同志赴中央统战部沟通“中国寻根之旅夏令营”有关工作。

29. 4月29日，李波同志在深圳市调研。

30. 4月30日，万立骏同志出席纪念五四运动100周年大会。

2019年5月

1. 5月5日至10日，李卓彬同志率全国政协侨联界委员考察团赴江西对当地脱贫攻坚工作进行考察。

2. 5月6日，万立骏同志主持召开十届十二次主席办公会议、十届党组十六次会议、党组理论学习中心组（扩大）第9次学习会议，隋军、李波、齐全胜同志出席。

3. 5月6日，隋军同志出席中央和国家机关解决形式主义突出问题为基层减负工作推进会。

4. 5月6日，齐全胜同志会见美国硅谷合唱联盟主席。

5. 5月7日，万立骏、隋军、李波、齐全胜同志出席中国侨联“一报告两评议”大会。

6. 5月7日，隋军同志出席中国侨联直属机关党委、纪委委员会议。

7. 5月8日，万立骏、李波同志在北京会见以黄德新为团长、黄印华为副团长的印尼华裔总会一行。

8. 5月8日至12日，隋军同志赴甘肃兰州、张掖、酒泉、嘉峪关等地，就贯彻落实十代会精神、推进“党建带侨建”工作、侨联机构改革进展及基层侨联组织建设等情况进行调研。

9. 5月8日，李波同志主持召开“WTO改革：中国方案与国际共识”课题研讨会暨侨青圆桌会议。

10. 5月8日，齐全胜同志在中国华侨历史博物馆出席2019年海外华裔“亲情中华”夏令营福建石狮营开营仪式。

11. 5月9日至18日，李波同志率团访问孟加拉国、老挝、尼泊尔。

12. 5月9日，齐全胜同志考察北京市夏令营办营基地。

13. 5月10日至11日，李卓彬同志赴陕西西安出席第四届丝绸之路国际博览会暨中国东西部合作与投资贸易洽谈会。

14. 5月11日至14日，齐全胜同志赴山西晋城出席2019新时代海外侨胞山西晋城经贸文化交流活动。

15. 5月14日，万立骏同志主持召开十届党组十七次会议，隋军、李波、齐全胜同志出席。

16. 5月14日至15日，齐全胜同志出席中国侨联“寻根之旅”夏令营工作会议并讲话。

17. 5月15日，万立骏同志出席中央统一战线工作领导小组全体会议。

18. 5月15日至16日，李卓彬同志赴重庆出席第二届中国西部国际投资贸易洽谈会开幕式和“一带一路”侨商组织年会并致辞。

19. 5月15日，中国侨联举办党组理论学习中心组（扩大）专题辅导讲座，邀请故宫博物院原院长、故宫学院院长、中国文物学会会长单霁翔作辅导报告，隋军同志出席。

20. 5月15日，隋军同志出席中国侨联离退休党员干部学习班开班仪式并讲话。

21. 5月16日，万立骏同志出席“侨爱心”工程项目捐赠签约仪式并会见中国侨联顾问、香港金轮集团董事长王钦贤一行。

22. 5月16日，万立骏、隋军同志会见广东省委常委、统战部部长黄宁生一行。

23. 5月16日，齐全胜同志出席中国侨联有关信息化试点工作例会。

24. 5月17日至26日，万立骏同志率团访问美国、韩国、日本。

25. 5月17日，隋军同志在机关与财政部行政政法司负责同志会谈。

26. 5月17日，齐全胜同志走访国家博物馆。

27. 5月18日，齐全胜同志在中国华侨历史博物馆出席《根脉何处——中华姓氏现代雕塑展》开幕式。

28. 5月20日，李卓彬、隋军、李波、齐全胜同志在华侨大厦会见香港福建社团联会访问团。

29. 5月20日，齐全胜同志在人民美术出版社出席“祖国颂·侨说70年”活动启动仪式暨著名画家、新加坡归侨宋明远艺术成就展开幕式。

30. 5月21日，李卓彬同志出席全国政协港澳台侨委员会第二次界别委员学习座谈会。

31. 5月21日，李卓彬、隋军、李波、齐全胜同志在人民大会堂出席“中国侨联庆祝新中国成立70周年系列活动——香港‘千人老归侨访京团’招待会”。

32. 5月22日，齐全胜同志赴世界中餐业联合会走访调研。

33. 5月26日至27日，李波同志赴日本出席“全球增长动力：亚洲贸易、投资、金融合作”午餐圆桌会及小型 WTO 座谈会。

34. 5月27日，李卓彬同志出席中国侨联推动“一带一路”建设联席会议第一次会议。

35. 5月28日，党和国家领导人习近平、汪洋等在北京人民大会堂会见第九届世界华侨华人社团联谊大会和中华海外联谊会五届一次理事大会全体代表，万立骏、李卓彬、隋军、李波、齐全胜同志参加接见。

36. 5月28日下午，万立骏同志主持召开十届十三次主席办公会议，李卓彬、隋军、李波、齐全胜同志出席。

37. 5月28日晚，李波同志出席中华海外联谊会第五届一次理事大会、第九届世界华侨华人社团联谊大会招待会。

38. 5月29日，万立骏、李波同志出席第九届世界华侨华人社团联谊大会，万立骏同志代表主办单位致欢迎词，李波同志主持大会。

39. 5月29日，万立骏、李卓彬同志出席中国侨商投资企业协会转隶工作会议。

40. 5月29日，齐全胜同志在湖北武汉出席《华侨与辛亥首义图典》首发式。

41. 5月29日晚，万立骏同志主持召开十届党组十八次会议，李卓彬、隋军、李波同志出席。

42. 5月29日至30日，隋军同志在侨联机关检查“作风建设年”活动开展情况。

43. 5月30日至31日，齐全胜同志在湖北随州出席世界华人炎帝故里寻根节并调研“寻根之旅”夏令营筹备工作。

44. 5月31日，万立骏同志参加“不忘初心、牢记使命”主题教育工作会议。

45. 5月31日，中国侨联举办党组理论学习中心组（扩大）专题辅导讲座暨特聘专家讲堂，邀请中国科学院院士、美国国家科学院外籍院士、中国疾病预防控制中心主任高福作辅导报告，李卓彬、隋军同志出席。

2019年6月

1. 6月3日，万立骏同志主持召开十届党组十九次会议（党组理论学习中心组学习会议），李卓彬、隋军、李波、齐全胜同志出席，传达学习习近平总书记在“不忘初心、牢记使命”主题教育工作会议上的重要讲话精神。

2. 6月4日，万立骏同志以普通党员身份参加组织人事部党支部“不忘初心、牢记使命”专题学习会并提出要求。

3. 6月4日，隋军同志主持召开直属企业改革月度汇报会议。

4. 6月5日，齐全胜同志到中国歌舞剧院走访调研。

5. 6月6日，万立骏、李卓彬、隋军、李波、齐全胜同志出席中国侨联“不忘初心、牢记使命”主题教育动员大会。

6. 6月10日至11日，万立骏、李卓彬、李波同志在云南出席“侨连五洲·七彩云南”第17届东盟华商会暨第1届“一带一路”侨社论坛。

7. 6月10日，隋军同志主持召开中国侨联“不忘初心、牢记使命”主题教育领导小组办公室成员会议。

8. 6月11日至12日，万立骏同志在贵州调研侨联工作。

9. 6月12日，李卓彬同志在北京大学出席中国侨联新侨双创研修班开班式。

10. 6月12日，隋军同志在侨联机关出席挂职干部座谈会。

11. 6月13日至14日，万立骏、隋军同志在福建宁德就侨联组织开展“不忘初心、牢记使命”主题教育开展调研学习。

12. 6月14日，万立骏、隋军同志在福建厦门出席中国华侨历史学会七届四次理事会，会议选举隋军为学会会长。

13. 6月14日，李卓彬同志在天津出席“创业中华·牵手京津冀”第十九届海外侨界高层次人才为国服务活动。

14. 6月14日，齐全胜同志参加中宣部有关会议。

15. 6月15日上午，万立骏、隋军同志在厦门大学出席2019年习近平总书记关于侨务工作重要论述研讨会。

16. 6月15日下午，万立骏、李波同志在福建厦门出席第十一届海峡论坛暨2019两岸侨联和平发展论坛·海峡两岸暨港澳侨界圆桌峰会。

大事记

17. 6月16日，隋军同志在福建南安调研。

18. 6月17日，隋军同志在福建南安出席2019年“寻根之旅”夏令营——印尼华裔青少年福建南安营开营式。

19. 6月17日至19日，李卓彬同志在北京参加政协第十三届全国委员会常务委员会第七次会议。

20. 6月18日，隋军同志在福建福州出席第六届世界闽商大会。

21. 6月18日，李波同志在北京出席WTO改革小范围会议。

22. 6月18日上午，齐全胜同志在侨联机关为文化交流部支部党员上党课。

23. 6月18日下午，齐全胜同志在北京市东城区侨联围绕“不忘初心、牢记使命”主题教育与基层侨联干部座谈交流征求意见。

24. 6月19日，隋军同志在陕西西安出席2019北京等五地侨联系统干部、委员“不忘初心·侨情侨史”培训班并授课。

25. 6月20日，隋军同志在青海西宁出席第二十届中国·青海绿色发展投资贸易洽谈会并赴黄南州慰问调研。

26. 6月20日至22日，齐全胜同志在甘肃天水出席“公祭伏羲大典”和“侨说伏羲文化研讨会”并调研。

27. 6月22日，万立骏同志在河北石家庄出席河北省第十次归侨侨眷代表大会并讲话。

28. 6月24日，万立骏、隋军、李波、齐全胜同志在侨联机关参加党组理论学习中心组（扩大）第14次学习会。

29. 6月24日，隋军同志主持召开中国侨联“不忘初心、牢记使命”主题教育领导小组办公室成员会议。

30. 6月24日至7月1日，李卓彬同志率团访问泰国、马来西亚。

31. 6月25日，万立骏同志主持召开十届十四次主席办公会议、十届党组十九次会议，隋军、李波、齐全胜同志出席。

32. 6月25日，万立骏、隋军、李波、齐全胜同志在侨联机关参加党组理论学习中心组（扩大）第15次学习会。

33. 6月25日，齐全胜同志在北京出席中央文明办举办的“不忘初心、牢记使命”主题音乐会。

34. 6月26日，万立骏、隋军、李波、齐全胜同志在侨联机关参加党组理论学习中心组（扩大）第16次学习会。

35. 6月27日，万立骏、隋军、李波、齐全胜同志出席中国侨联“七一”表彰大会，万立骏同志做“不忘初心、牢记使命”主题教育党课。

36. 6月28日至7月2日，万立骏同志访问加拿大。

37. 6月28日，齐全胜同志参加信息传播部、文化交流部联合学习会。

2019年7月

1. 7月1日，隋军同志在侨联机关参加2020年预算工作布置会、我会主题教育领导小组办公室会议。

2. 7月1日，李波同志为分管部门党员讲党课。

3. 7月1日，齐全胜同志在中国人民大学出席“追梦中华·北京情思”2019海外华文媒体北京行活动启动仪式。

4. 7月2日，隋军同志在侨联机关参加离退休老干部党支部主题教育座谈会。

5. 7月2日至3日，李卓彬、隋军、李波、齐全胜同志分别与分管部门同志座谈并听取工作意见。

6. 7月3日下午，隋军同志主持召开主题教育领导小组办公室会议。

7. 7月4日上午，万立骏、李卓彬、隋军、李波、齐全胜同志参加党组理论学习中心组（扩大）学习会议，以“学习先进典型、坚定理想信念”为专题举行第18次集体学习研讨。

8. 7月4日下午，万立骏、李卓彬、隋军、李波、齐全胜同志参加党组理论学习中心组（扩大）学习会议，以“担当作为—如何做好新时代侨务工作”为专题举行第19次集体学习研讨。

9. 7月5日，万立骏同志出席深化党和国家机构改革总结会议。

10. 7月8日上午，万立骏主持召开十届十五次主席办公会议、十届党组二十一次会议，李卓彬、隋军、李波同志出席。

11. 7月8日下午，万立骏同志在侨联机关主持召开主题教育征求意见建议座谈会，隋军同志出席。

12. 7月8日至10日，齐全胜同志在云南丽江出席第四届海外华文新媒体高峰论坛并调研丽江市侨联工作，与“中国寻根之旅”夏令营丽江营营员座谈。

13. 7月9日，万立骏、隋军同志出席中央和国家机关党的建设工作会议。

14. 7月9日，李波同志在江苏南京调研基层组织建设情况并出席中国侨联海外侨领研修班结业式。

15. 7月10日至11日，李卓彬同志在安徽合肥出席2019巢湖侨创峰会。

16. 7月10日至11日，隋军同志在江苏昆山出席“国际华商·清华论坛”，并在苏州调研。

17. 7月10日至11日，李波同志在河南郑州出席2019年部分省区市基层侨联建设培训班开班仪式并调研，在兰考参加基层建设部党支部主题教育学习活动。

18. 7月12日上午，万立骏、李卓彬、隋军、李波、齐全胜同志参加党组理论学习中心组（扩大）学习会议，以“理想信念、宗旨性质、政治纪律和政治规矩——守初心、担使命、找差距、抓落实”为专题举行第20次集体学习研讨，传达学习习近平总书记在中央政治局第十五次集体学习时的重要讲话精神。

19. 7月12日下午，隋军、齐全胜同志出席机关信息化试点工作领导小组会议。

20. 7月15日，万立骏同志率调研组就侨联组织开展主题教育到北京市经济技术开发区进行专题调研。

21. 7月15日下午，隋军同志在侨联机关为分管领域、分管部门党员干部讲党课。

22. 7月16日上午，万立骏、李卓彬、隋军、李波同志前往北大红楼（北京新文化运动纪念馆）开展主题党日活动。

23. 7月16日上午，齐全胜同志出席中国文联、中国作协成立70周年座谈会。

24. 7月17日至19日，万立骏同志到江西上饶县调研中国侨联定点扶贫工作并围绕主题教育参观学习。

25. 7月18日上午，隋军同志主持召开机关主题教育领导小组办公室会议。

26. 7月18日，李波同志在人民银行参加人口老龄化与金融市场结构性变迁研讨会。

27. 7月22日上午，隋军同志在中央社会主义学院出席2019全国侨联系统组织人事干部培训班并作专题讲座。

28. 7月22日下午，万立骏、李卓彬、隋军、李波、齐全胜同志参加党组理论中心组（扩大）学习会议，以“增强忧患意识，防范风险挑战”为专题举行第21次集体学习研讨。

29. 7月23日，李卓彬同志参加全国政协专题协商会议。

30. 7月23日，隋军同志主持召开直属机关党委委员、纪委委员学习会议暨六届二十四次党委会。

31. 7月23日上午，隋军同志主持召开中国侨联所属企业改革工作第四次汇报推进会。

32. 7月23日，李波同志在清华大学出席2019海外侨领中国国情研修班开班式并作专题讲座。

33. 7月23日下午，隋军同志向驻部纪检组汇报主题教育开展情况。

34. 7月24日上午，全体会领导在侨联机关参加党组理论中心组（扩大）第21次集体学习研讨，传达学习习近平总书记在中央和国家机关党的建设工作会议上的重要讲话、丁薛祥同志的总结讲话等。

35. 7月25日，万立骏主持召开十届十六次主席办公会议、十届党组二十二次会议，李卓彬、隋军、李波、齐全胜同志出席。

36. 7月26日上午，李卓彬同志在全国政协机关参加全国政协领导同侨联界党外委员谈心谈话。

37. 7月26日下午，李波同志在国开行参加国开行、中科院工作会议。

38. 7月27日上午，齐全胜同志出席第二十届世界华人学生作文大赛颁奖典礼。

39. 7月28日至8月6日，李波同志率团访问智利、巴拿马、美国。

40. 7月29日上午，万立骏同志参加李鹏同志遗体告别仪式。

41. 7月29日上午，隋军同志到中企公司调研。

42. 7月29日下午，万立骏、隋军、齐全胜同志参加党组理论学习中心组（扩大）第23次集中学习。

43. 7月29日下午，李卓彬同志在全国政协机关参加全国政协港澳台侨委党课学习会。

44. 7月30日，万立骏、李卓彬同志在友谊宾馆出席中国侨联首届海外华侨华人专业社团联谊活动。

45. 7月30日上午，隋军同志主持召开中国侨联党组第一轮内部巡视反馈会。

46. 7月30日，齐全胜同志在侨博出席“纪念沈慕羽先生逝世十周年书画展”开幕式。

47. 7月30日晚，中国侨联十届三次主席会议在北京亚洲大酒店举行，万立骏主席主持会议，李卓彬、隋军、齐全胜、邵旭军、吴晶、余国春、卢文端、刘艺良、朱奕龙、刘以勤、包东、周琪、周建农、李兴钰、黎静副主席，陈迈秘书长出席。

48. 7月31日，中国侨联十届三次常委会议在北京亚洲大酒店举行，万立骏、李卓彬、隋军、齐全胜、邵旭军、吴晶、余国春、卢文端、刘艺良、朱奕龙、刘以勤、包东、周琪、周建农、李兴钰、黎静、陈迈和常委110余人出席。

2019年8月

1. 8月1日至2日，万立骏同志出席中科院会议。

2. 8月2日，李卓彬同志在湖南长沙出席“创业中华·兴业湖南”——第五届侨商侨智聚三湘活动开幕式暨高层人才论坛并讲话。

3. 8月1日至3日，隋军同志赴黑龙江出席2019海外侨领中国国情研修班现场教学活动并调研。

4. 8月2日，齐全胜同志在四川成都出席“中国寻根之旅”夏令营四川营开营仪式并致辞。

5. 8月3日，齐全胜同志在厦门大学出席“追梦中华·海外华文媒体高级研修班”结业仪式并讲话。

6. 8月5日至14日，隋军同志率团访问埃塞俄比亚、塞内加尔、阿联酋。

7. 8月6日，齐全胜同志在中国华侨历史博物馆出席“金色道钉——美国铁路华工展”开幕式。

8. 8月7日，万立骏、李波、齐全胜同志参加党组理论学习中心组（扩大）第24、25次集中学习，分别以“党的政治建设”和“廉洁自律”为专题开展“不忘初心、牢记使命”主题教育学习研讨。

9. 8月8日至11日，李波同志赴四川成都调研工作。

10. 8月9日至16日，齐全胜同志率团访问波兰、奥地利。

11. 8月12日至13日，李波同志在深圳出席第五届华人华侨产业交易会。

12. 8月14日，万立骏、李波同志在北京会见以严浩为团长的日本中华总商会访问团。

13. 8月15日，万立骏主持召开中国侨联党组临时（扩大）会议，李卓彬、隋军、李波同志参加，学习领会中央“不忘初心、牢记使命”主题教育领导小组关于专项整治、专题民主生活会等通知精神，研究部署下一阶段主题教育工作。

14. 8月16日上午，万立骏、李卓彬、隋军、李波同志参加党组理论学习中心组（扩大）学习暨调研成果交流会。

15. 8月16日下午，万立骏同志参加组织人事部党支部党员大会，与全体党员座谈并提出要求。

16. 8月16日，李卓彬同志在全国农业展览馆出席“不忘初心、牢记使命——中央和国家机关定点扶贫工作成果展”开幕式并观展。

17. 8月17日，李卓彬同志在贵州毕节出席十五届致公党中央常委会第八次全体会议。

18. 8月19日上午，万立骏同志主持召开十届十七次主席办公会议、十届党组二十三次会议，李卓彬、隋军、李波、齐全胜同志参加。

19. 8月19日下午，隋军、李波同志赴中央统战部协商有关工作。

20. 8月20日至27日，万立骏同志率团访问俄罗斯、哈萨克斯坦。

21. 8月20日上午，齐全胜同志在侨联机关出席有关信息试点工作例会。

22. 8月20日下午，隋军同志在机关主持机关党委（扩大）会议，听取各党支部开展主题教育、落实问题整改情况汇报，细化部署下阶段主题教育工作。

23. 8月22日至25日，齐全胜同志在上海出席上海市侨联十一届六次会议，会议前后分别看望了在沪参加“亲情中华”夏令营的台湾青少年营员和侨界人士。

24. 8月23日上午，李卓彬同志参加权益保障部党支部主题教育专题组织生活会。

25. 8月23日上午，隋军同志在侨联机关主持召开中国侨联所属企业改革工作第五次汇报会。

26. 8月23日下午，隋军同志陪同主题教育中央第十三指导组赴侨博调研。

27. 8月23日晚，隋军同志主持召开会主题教育领导小组办公室成员会议。

28. 8月26日至28日，李卓彬同志在全国政协机关出席第十三届全国政协常委会第八次会议。

29. 8月26日，隋军同志在侨联机关参加办公厅党支部主题教育专题组织生活会。

30. 8月26日至27日，李波同志在深圳出席世界福州十邑同乡会等活动。

31. 8月26日上午，齐全胜同志参加侨博党支部主题教育专题组织生活会。

32. 8月26日下午，齐全胜同志参加文化交流部党支部主题教育专题民主生活会。

33. 8月27日上午，隋军同志参加侨研所党支部主题教育专题组织生活会。

34. 8月27日下午，隋军同志参加中企公司党支部主题教育专题民主生活会。

35. 8月27日下午，隋军同志向中国侨联法律顾问颁发聘书。

36. 8月28日上午，隋军同志参加机关服务中心党支部主题教育专题组织生活会，李波同志在参加基层建设部党支部主题教育专题组织生活会，齐全胜同志参加出版社党支部主题教育专题组织生活会。

37. 8月28日下午，隋军同志参加组织人事部党支部主题教育专题民主生活会，李波同志参加联谊联络部党支部主题教育专题民主生活会。

38. 8月29日上午，李卓彬同志在北京国谊宾馆出席新时期维护侨益座谈会。

39. 8月29日上午，隋军同志赴中央和国家机关工委汇报工作。

40. 8月29日上午，李波同志参加基金会党支部主题教育专题组织生活会。

41. 8月29日下午，李卓彬同志参加经济科技部党支部主题教育专题组织生活会，齐全胜同志参加信息传播部党支部主题教育专题组织生活会。

42. 8月30日上午，万立骏、李卓彬、隋军、李波、齐全胜同志参加会领导班子“不忘初心、牢记使命”专题民主生活会。

43. 8月31日至9月2日，隋军同志率团访问香港。

2019年9月

1. 9月1日至2日，隋军同志赴香港出席香港福建妇女协会成立五周年庆典活动并调研。

2. 9月2日，万立骏、李卓彬同志会见回国参访的中国侨联法顾委海外律师团。

3. 9月2日，李波同志出席中国红十字会第十一次全国会员代表大会。

4. 9月3日上午，李卓彬、李波、齐全胜同志参加中国侨联党组理论学习中心组（扩大）学习暨特聘专家讲堂专题讲座，中国侨联副主席、中国侨联特聘专家委员会主任、中科院动物研究所所长周琪院士作科普讲座。

5. 9月3日下午，齐全胜同志赴中国人民抗日战争纪念馆参观学习，并与北京市丰台区侨联座谈弘扬抗战精神。

6. 9月4日，万立骏同志在中国华侨历史博物馆出席第四届世界华侨华人摄影展开幕式并致辞，李卓彬、李波同志出席，齐全胜同志主持开幕式。

7. 9月5日，万立骏同志参加第七届全国道德模范表彰会见合影活动。

8. 9月5日，李卓彬同志主持召开中国侨商会换届筹备工作领导小组第二次会议，隋军同志出席。

9. 9月5日，齐全胜同志主持召开专题会，与信息传播部全体党员干部座谈学习《中国共产党宣传工作条例》。

10. 9月6日上午，召开中国侨联“不忘初心、牢记使命”主题教育总结大会，万立骏同志讲话，隋军同志主持，李卓彬、李波、齐全胜同志参加。

11. 9月6日上午，万立骏、李卓彬、隋军、李波、齐全胜同志在中国华侨历史博物馆出席中国侨联直属机关侨联庆祝新中国成立70周年“我和我的祖国”座谈会。

12. 9月6日下午，万立骏同志主持召开十届十八次主席办公会议、十届党组二十四次会议，李卓彬、隋军、李波、齐全胜同志参加。

13. 9月7日下午，隋军同志主持召开中国侨联巡视联络工作组动员会议。

14. 9月7日，齐全胜同志出席在中国华侨历史博物馆举办的“亲情中华·瑞福新章”—庆祝新中国成立七十周年浙江青田石篆刻作品展开幕式并致辞。

15. 9月9日，隋军同志在陕西西安出席陕西省第八次归侨侨眷代表大会开幕式并致词。

16. 9月10日，万立骏同志参加中央第七巡视组与中国侨联党组主要负责人见面沟通会，主持召开中央第七巡视组巡视中国侨联党组工作动员会，中央巡视组组长郭旭明作动员讲话，李卓彬、隋军、齐全胜同志参加会议。

17. 9月11日上午，万立骏同志出席中央统一战线工作领导小组会议。

18. 9月11日下午，隋军同志主持召开河北官厅华侨农场移交工作专题会。

19. 9月11日至12日，齐全胜同志赴重庆出席第八届重庆国际文化产业博览会并调研。

20. 9月12日上午，李卓彬、隋军、齐全胜同志参加党组理论学习中心组（扩大）学习会议。

21. 9月16日至24日，李卓彬同志率团访问斐济、新西兰。

22. 9月19日，万立骏同志赴侨资企业北京金恒丰科技有限公司调研。

23. 9月19日至20日，齐全胜同志赴安徽合肥出席2019世界制造业大会和“百家侨企”签约会并调研。

24. 9月20日至21日，万立骏、隋军同志出席中央政协工作会议暨庆祝中国人民政治协商会议成立70周年大会。

25. 9月22日至23日，隋军同志赴上海出席“2019一带一路华侨华人与中国市场高峰论坛”并调研。

26. 9月22日，齐全胜同志在浙江丽水出席世界丽水人大会开幕式和丽水市第七次归侨侨眷代表大会。

27. 9月23日，万立骏同志出席“伟大历程　辉煌成就——庆祝中华人民共和国成立70周年大型成就展”开幕式。

28. 9月23日，齐全胜同志在浙江嘉兴出席中国侨联第七期青年干部培训班并作辅导报告，参加浙江清华长三角研究院侨联成立大会。

29. 9月25日上午，万立骏、李卓彬、齐全胜同志参加党组理论学习中心组（扩大）学习会议。

30. 9月25日下午，李卓彬同志主持召开中国侨商会换届筹备工作领导小组第三次会议。

31. 9月25日晚，万立骏、齐全胜同志在钓鱼台国宾馆会见宴请全球华人音乐会音乐家。

32. 9月26日至28日，李卓彬同志在中央社会主义学院参加中国特色社会主义参政党建设专题研讨班。

33. 9月27日上午，齐全胜同志会见全美中文学校代表团。

34. 9月27日晚，万立骏、李卓彬、齐全胜同志在国家大剧院出席“2019文化中国·全球华人音乐会”。

35. 9月28日晚，万立骏、李卓彬、齐全胜同志出席全国政协办公厅、中央统战部、国务院侨务办公室、国务院港澳办、国务院台办、中国侨联等部门联合举办的庆祝新中国成立70周年招待会。

36. 9月29日，万立骏同志出席庆祝新中国成立70周年文艺晚会。

37. 9月29日，李卓彬同志在钓鱼台国宾馆出席中央统战部、全国人大华侨委、外交部、国务院侨办、全国政协港澳台侨委、致公党中央、中国侨联等七部门联合举办的庆祝新中国成立70周年欢迎招待会。

38. 9月30日，万立骏同志出席党中央、国务院举办的庆祝新中国成立70周年招待会。

39. 9月30日，李卓彬同志参加向人民英雄纪念碑敬献花圈仪式和全国政协国庆招待会。

40. 9月30日，齐全胜同志出席全国台联国庆招待晚宴。

2019年10月

1. 10月1日上午，万立骏、李卓彬、隋军同志出席庆祝中华人民共和国成立70周年大会。

2. 10月1日晚上，万立骏、李卓彬、隋军同志出席首都国庆联欢活动。

3. 10月8日至9日，李卓彬同志赴河北石家庄出席“法治中国·你我同行”2019年侨界法治学习活动。

4. 10月9日上午，隋军同志出席全国干部监督工作会议。

5. 10月9日上午，齐全胜同志在北京中华世纪坛参观“印记中国——庆祝中华人民共和国成立70周年大众篆刻作品展”。

6. 10月10日上午，隋军同志在北京301医院出席“澜湄合作——五官科国际交流与培训”项目结业仪式。

7. 10月10日下午，中央第七巡视组在侨联机关召开会议，听取中国侨联党组工作汇报，中央巡视组组长郭旭明，副组长么志宏，万立骏、李卓彬、隋军、齐全胜同志出席，万立骏同志代表党组汇报。

8. 10月11日上午，万立骏同志主持召开十届十九次主席办公会议、十届党组二十六次会议，李卓彬、隋军、齐全胜同志参加。

9. 10月11日下午，万立骏、李卓彬、隋军、齐全胜同志参加第30次党组理论学习中心组（扩大）学习会。

10. 10月12日上午，齐全胜同志在北京展览馆参观庆祝中华人民共和国成立70周年大型成就展。

11. 10月12日，万立骏、隋军同志会见欧洲福建侨团联合总会访问团。

12. 10月12日下午，李卓彬同志出席北京市“侨之家·怡海社区”命名仪式。

13. 10月12日下午，隋军同志主持召开直属机关党委六届二十次（扩大）会议；主持召开会巡视工作领导小组会议。

14. 10月14日至15日，万立骏同志赴甘肃兰州调研侨联工作。

15. 10月14日下午，李卓彬同志会见全国政协港澳台侨委尹宗华副主任一行。

16. 10月14日下午，齐全胜同志参加中国华侨历史博物馆党支部（扩大）学习会，与全体干部座谈。

17. 10月14日晚上，李卓彬同志会见泰中新时代领导精英研修班青年班访华团。

18. 10月14日至16日，隋军同志访问澳门，出席“澳门福建同乡总会成立30周年庆典”、澳门福建同乡总会第十一届理监事就职典礼并调研。

19. 10月15日上午，李卓彬同志会见清华大学党委副书记、清华大学“一带一路”战略研究院院长向波涛一行。

20. 10月15日上午，李卓彬、齐全胜同志在机关会见香港侨界社团联会访问团。

21. 10月15日晚上，李卓彬同志会见世界知名台商大陆参访团。

22. 10月16日，万立骏同志出席中华人民共和国成立70周年庆祝活动总结会议。

23. 10月16日，齐全胜同志参加中国华侨出版社党支部学习座谈会。

24. 10月17日至24日，李卓彬同志率团访问爱尔兰、英国，出席第十五届世界华商大会。

25. 10月17至18日，隋军同志赴福建考察干部，并出席在华侨大学举办的七省市侨联系统干部培训班开班式并授课。

26. 10月18日，万立骏同志出席习近平总书记关于加强和改进统一战线工作的重要思想研讨会。

27. 10月21日至23日，万立骏同志率团访问香港，出席香港侨界社团联会第七届会董就职典礼等活动。

28. 10月22日至24日上午，隋军同志出席中央和国家机关推进新时代机关党建高质量发展研讨班。

29. 10月24日下午，万立骏、隋军、齐全胜同志出席中国侨联学习黄文秀同志先进事迹报告会。

30. 10月25日上午，万立骏同志赴中央社会主义学院看望中国侨联第二十四期干部培训班学员并作报告，隋军同志主持报告会。

31. 10月25日下午，万立骏、隋军同志出席国营官厅华侨农场整建制移交签约仪式。

32. 10月25日，李卓彬同志出席十三届全国政协连任委员学习研讨班。

33. 10月27日上午，隋军同志为中国侨联第二十四期干部培训班学员专题授课。

34. 10月28日至31日，万立骏同志出席党的十九届四中全会。

35. 10月28日中午，隋军同志会见孟加拉国华侨华人联合会访问团。

36. 10月28日下午，李卓彬、隋军同志专项研究“冬奥·华侨冰雪博物馆”募捐工作。

37. 10月29日上午，李卓彬同志出席2019致公党组织工作会议。

38. 10月29日上午，齐全胜同志出席“南洋华侨机工回国服务80周年”展览开幕式。

39. 10月29日下午，李卓彬同志会见经纬集团副主席陈亨达一行。

40. 10月30日至31日，李卓彬同志赴浙江杭州出席“创业中华——2019侨界精英创新创业峰会”。

41. 10月30日上午，隋军、齐全胜同志在国家博物馆出席“行远同梦——华侨华人与新中国特展”开幕式。

42. 10月31日下午，隋军同志在河北张家口参加国营官厅华侨农场整建制移交接收大会。

43. 10月31日，齐全胜同志会见马来西亚华校教师总会代表一行。

2019年11月

1. 11月1日，万立骏同志主持召开中国侨联党组理论学习中心组（扩大）会议并传达十九届四中全会盛况，隋军同志传达学习十九届四中全会公报，李卓彬、齐全胜同志出席会议。

2. 11月1日，万立骏同志主持召开十届二十次主席办公会议、十届党组二十七次会议，李卓彬、隋军、齐全胜同志参加。

3. 11月1日，万立骏、隋军同志会见以贺乃和会长为团长的全日本华侨华人联合会访问团一行。

4. 11月4日，李卓彬同志出席党外人士情况通报会。

5. 11月4日，李卓彬同志会见中国国际跨国公司促进会常务副会长张笑宇一行。

6. 11月5日至7日，李卓彬同志出席十三届全国政协第九次常委会议。

7. 11月5日，隋军同志主持召开中国侨联所属企业改革工作第五次汇报会，主持召开捐建华侨冬奥冰雪博物馆第二次工作协调会。

8. 11月6日，隋军同志向部级离退休干部传达党的十九届四中全会精神，举行中国侨联离退休老干部工作领导小组会议，主持召开六届二十八次党委会。

9. 11月6日，齐全胜同志在中华文化学院出席中国侨联“追梦中华·海外华文媒体高级研修班”结业式并讲话。

10. 11月8日，李卓彬同志出席十五届致公党中央第九次常委会。

11. 11月8日，中共中央书记处书记、中央统战部部长尤权在人民大会堂会见中国侨联青年委员会第四次委员大会代表，全国人大常委会副委员长白玛赤林、全国政协副主席郑建邦，万立骏、李卓彬、隋军、齐全胜同志参加会见，万立骏同志在开幕会上讲话，隋军同志主持会议，李卓彬、齐全胜同志出席会议。

12. 11月8日至10日，万立骏、李卓彬同志在重庆出席2019年中国侨联特聘专家委员会年会、2019重庆英才大会、“侨界杰青走进重庆”参访活动欢迎会，并深入两江新区礼嘉智慧公园调研。

13. 11月9日，隋军同志出席中国侨联青年委员会第四次委员大会闭幕会并讲话。

14. 11月10日至12日，万立骏同志在福建福州出席福建省侨联成立60周年座谈会等活动并在福建调研。

15. 11月13日，万立骏、李卓彬同志在浙江杭州出席全国大中城市基层侨联建设经验交流暨业务培训活动。

16. 11月14日，万立骏同志主持召开全体干部大会传达贯彻党的十九届四中全会精神，李卓彬、隋军、齐全胜同志出席会议。

17. 11月14日上午，万立骏同志主持召开十届党组二十八次会议，李卓彬、隋军、齐全胜同志参加。

18. 11月14日至16日，隋军同志赴浙江出席2019中国华侨历史学会会长（扩大）会议、第二届华侨进口商品博览会暨青田进口葡萄酒交易会，并深入温州、青田基层侨联组织调研。

19. 11月15日，齐全胜同志在辽宁沈阳出席世界华侨华人摄影展辽宁巡展开幕式并致辞，走访看望在辽侨界模范人物。

20. 11月16日，李卓彬同志出席中国侨商投资企业协会会员大会、中国侨商联合会第五次会员代表大会预备会议并讲话。

21. 11月17日上午，万立骏、李卓彬、隋军同志出席中国侨商联合会第五次会员代表大会开幕会，万立骏同志在开幕会上讲话，隋军同志主持会议。

22. 11月17日上午，李卓彬同志主持召开中国侨商联合会五届一次理事会、一届一次监事会。

23. 11月17日下午，李卓彬同志出席第十届中国侨商论坛。

24. 11月18日，中共中央政治局常委、中央书记处书记王沪宁在人民大会堂会见出席中国侨商联合会第五次会员代表大会的全体代表，中央书记处书记、中央统战部部长尤权，全国人大常委会副委员长白玛赤林，全国政协副主席万钢等党和国家领导人参加会见并出席闭幕会，万立骏同志主持大会，李卓彬、隋军、齐全胜同志出席大会。

25. 11月19日上午，李卓彬同志在江苏南京出席“创业中华·江海筑梦”首届长三角华商大会开幕式并致辞。

26. 11月19日下午，李卓彬同志在江苏南京出席江苏省侨商组织整合融入大会暨江苏省侨商总会第四次会员代表大会并讲话。

27. 11月20日上午，隋军同志出席2019年第三次海外侨情分析会。

28. 11月20日下午，万立骏、李卓彬、隋军、齐全胜同志出席2019年警示教育大会，会议传达贯彻中央和国家机关所属企事业单位警示教育大会精神，通报有关案件情况，部署侨联机关和直属企事业单位警示教育活动。

29. 11月21日上午，李卓彬同志出席中国侨联法顾委2019年下半年主任会议，万立骏同志在会前亲切会见了中国侨联法顾委主任张耕等与会领导。

30. 11月21日下午，万立骏、齐全胜同志在中国国家博物馆参观“行远同梦——华侨华人与新中国特展”。

31. 11月21日下午，李卓彬同志出席第十二届国际跨国公司领袖圆桌会议并发表开幕式演讲。

32. 11月22日，隋军同志参加中国侨联直属机关党委“谈心日”活动，与机关干部谈心交流。

33. 11月22日上午，齐全胜同志出席信息传播部“学习四中全会精神，做好侨联宣传工作”座谈会并讲话。

34. 11月22日下午，李卓彬同志参加致公党基层党组织调研。

35. 11月25日上午，万立骏同志主持召开十届二十一次主席办公会议、十届党组二十九次会议，李卓彬、隋军、齐全胜同志参加。

36. 11月25日下午，李卓彬同志出席中国侨联“一带一路”联席会议第二次会议。

37. 11月25日下午，隋军同志拜会北京2022年冬奥会和冬残奥会组委会。

38. 11月26日，万立骏同志出席北京市第十五次归侨侨眷代表大会并讲话。

39. 11月26日下午，李卓彬同志出席中国侨联提议案领导小组和扶贫工作领导小组会议。

40. 11月26日至28日，隋军同志赴湖南长沙出席湖南省第八次归侨侨眷代表大会并调研。

41. 11月26日至27日，齐全胜同志赴浙江台州出席“创业中华·智造台州”——2019高校海归创业创新科技成果洽谈会并调研文化宣传工作。

42. 11月27日至12月6日，万立骏同志率团访问希腊、匈牙利、意大利。

43. 11月28日至29日，李卓彬同志在江苏无锡出席“创业中华·智汇江苏”——新侨菁英创享无锡活动。

44. 11月28日至29日，齐全胜同志在海南三亚出席第十六届世界海南乡团联谊大会和第一届（海南）海上丝绸之路文化经济论坛。

45. 11月29日，隋军同志主持召开中国侨联所属企业改革工作第六次汇报会。

2019年12月

1. 12月1日至5日，万立骏同志率代表团访问意大利，出席中国侨联欧洲地区海外委员座谈会并调研了解侨情。

2. 12月1日，李卓彬同志在广东广州出席2019从都国际论坛。

3. 12月2日，李卓彬同志在广东广州参加致公党暨南大学基层组织建设调研。

4. 12月3日，李卓彬同志在广东广州出席第八届（广州）华人文化艺术节开幕式并致辞。

5. 12月3日上午，隋军同志主持召开主题教育整改落实情况“回头看”专题会。

6. 12月4日上午，隋军同志主持中国侨联党组理论学习中心组（扩大）学习会暨国家宪法日普法讲座，齐全胜同志参加。

7. 12月4日下午，齐全胜同志在北京市丰台区怡海花园“侨之家”调研。

8. 12月5日上午，隋军同志主持召开直属企业工资分配制度改革领导小组会议。

9. 12月5日下午，隋军同志出席中国侨联机关2020年“二上”预算工作布置会。

10. 12月6日至13日，隋军同志率团访问缅甸、柬埔寨。

11. 12月9日，李卓彬同志参加致公党中央有关谈话活动。

12. 12月10日至12日，万立骏同志出席中央经济工作会议。

13. 12月10日，李卓彬同志出席2019年度侨界基金会（代表处）工作会议并讲话。

14. 12月10日，齐全胜同志在中国华侨历史博物馆出席全国爱国主义教育示范基地揭牌仪式暨“侨爱中华”故事会。

15. 12月11日，李卓彬同志出席中国侨联法顾委2019年年会并讲话。

16. 12月12日，齐全胜同志会见马来西亚汉文化中心访问团一行。

17. 12月13日，齐全胜同志主持召开中国侨联党组中心组（扩大）学习会暨特聘专家讲堂专题讲座。

18. 12月16日上午，万立骏同志在全国组织干部学院出席中国侨联学习贯彻党的十九届四中全会精神培训班（党务干部和第八期青年干部培训班）开班式并作动员讲话。

19. 12月16日上午，隋军同志在北京出席全国离退休干部先进集体和先进个人表彰大会。

20. 12月16日下午，万立骏同志主持召开十届二十二次主席办公会议、十届党组三十次会议，李卓彬、隋军、齐全胜同志参加。

21. 12月17日，万立骏同志在中国华侨历史博物馆出席“追梦中华·侨这七十年”网络主题活动成果展开幕式并致辞。

22. 12月17日至18日，齐全胜同志赴福建福州出席中宣部中华文化走出去工作推进会。

23. 12月19日，隋军同志出席中国侨联“一带一路”公益年会暨“一带一路”公益研讨会。

24. 12月20日，隋军同志在全国组织干部学院出席中国侨联学习贯彻党的十九届四中全会精神培训班（党务干部和第八期青年干部培训班）结业式并作总结讲话。

25. 12月22日，李卓彬同志出席致公党中央十五届三中全会。

26. 12月22日至25日，隋军同志赴西藏拉萨出席西藏自治区第二次归侨侨眷代表大会并调研。

27. 12月23日，李卓彬同志主持召开中国侨联提议案领导小组和扶贫工作小组会议。

28. 12月23日上午，齐全胜同志主持召开信息化工作例会。

29. 12月23日，齐全胜同志主持召开“四海同春”演出工作推进会。

30. 12月24日上午，万立骏、李卓彬、齐全胜同志参加党组理论学习中心组（扩大）学习会议。

31. 12月24日至27日，齐全胜同志赴湖南长沙、株洲开展“送温暖、献爱心”活动，慰问侨界困难群众。

32. 12月25日，万立骏同志出席中央统一战线工作领导小组2019年第二次全体会议。

33. 12月26日至27日，万立骏同志赴安徽马鞍山慰问并调研。

34. 12月26日上午，隋军同志主持召开中国侨联所属企业改革工作第七次汇报会。

35. 12月26日下午，隋军同志主持召开中国侨联直属机关党委六届三十一次会议，审议直属机关党代会有关事宜。

36. 12月27日至28日，隋军同志在福建福州出席福建捐建“华侨冬奥冰雪博物馆”活动座谈会并调研。

37. 12月27日至29日，万立骏同志赴上海调研。

38. 12月29日至30日，万立骏同志赴广东广州出席广东省第十一次归侨侨眷代表大会。

39. 12月29日，隋军同志在江西南昌出席“壮丽七十年·侨联四海亲”——2020年江西海内外侨胞迎新年大联欢活动。

40. 12月31日上午，李卓彬同志出席全国政协新年茶话会。

41. 12月31日下午，万立骏同志主持召开十届党组三十一次会议，李卓彬、隋军、齐全胜同志参加。

中国侨联年鉴

综　合

中国侨联年鉴

2020中国侨联年鉴

办 公 厅

【领导成员名单】

主　　任：陈　迈（秘书长兼办公厅主任）

一级巡视员：李　洋

副 主 任：张　凌（2019年5月任职）

副 主 任：刘　红（2019年10月任职）

二级巡视员：李舰舶

【综述】2019年，在中国侨联党组的坚强领导下，办公厅坚持以习近平新时代中国特色社会主义思想为指导，全面贯彻党的十九大和十九届二中、三中、四中全会精神，始终把学习宣传贯彻习近平总书记关于侨务工作的重要论述作为重中之重，认真学习领会习近平总书记对办公厅工作的重要指示精神，增强“四个意识”、坚定“四个自信”、做到“两个维护”，主动适应新形势新任务新要求，结合开展“不忘初心、牢记使命”主题教育和配合中央巡视，以“服务会党组、服务机关各部门各直属单位、服务地方侨联和侨界群众”为宗旨，以落实“十代会”部署为主线，以办好会、行好文、用好钱、管好物、服好务、谋好事为主要任务，以做好决策参谋、秩序保障、组织协调、资源配置为目标，坚持谋划于早、带头于先、行动于快、检查于细、督促于紧、落实于实，突出重大专项保障、建言献策、经费支持、基础运行、建章立制、党建引领，推动各项工作在改革创新中不断前进。

【突出办文办会和协调各方，服务重大活动和重要工作】办公厅坚持围绕大局、勇于担当，支持保障全会重大活动、重要专项，从严从实、有序有力推动工作开展。一是认真负责，全力配合中央巡视工作。根据中央巡视“四个落实”要求，按照会党组工作部署，做好巡视动员会、党组工作汇报会、沟通会、反馈会等会议的筹备；起草党组工作汇报、动员会讲话、巡视组调阅材料综合汇总及相关情况说明等文稿工作；协调保障巡视组座谈、列席会议、调研等工作；配合做好巡视组驻地后勤保障工作，顺利完成巡视工作任务。巡视期间，按照巡视组60余份材料清单的要求，向巡视组报送各类材料700余项1000余份；完成司局级以上领导干部外出和在京参加重大活动报备18批147人次。二是注重配合，服务保障青委会、侨商会。负责沟通中办、统战部、大会堂管理局等单位，具体对接党和国家领导同志出席青委会、侨商会有关活动，制定接见、合影、颁奖等专项工作方案，坚决落实政治要求，保证工作标准质量。把握会议筹备工作节点，主动与具体承办部门、单位对接，支持筹备工作，督促工作进度；加强重大活动相关文稿的审核把关，确保会议政治性、规范性、专业性水平。三是统筹各方，组织筹备向中央书记处汇报、全委会、常委会。紧紧围绕学习贯彻党的十九届四中全会精神，围绕落实“十代会”工作部署，按照会党组指示要求，服务保障向中央书记处汇报，筹办十届二次、三次全委会和十届二次、三次、四次常委会，统筹会务工作，制定会议方案，草拟会议文稿，组织会议实施，坚持高度负责、严谨细致、专业规范，圆满完成各项任务，实现会议目标要求。四是沟通协调，推动落实侨联改革与涉侨机构改革有关事宜。坚持从政治上、大局上把握改革，根据有关协调意见，积极主动与中央统战部对接，推动原国侨办划转有关工作项目，与会内各部门紧密配合做好“寻根之旅”夏令营、社团联谊大会、“四海同春”慰侨演出、侨商投资企业协会整合融入、涉侨基金会（代表处）主管转隶等改革任务。落实《中国侨联改革方案》，与河北省委省政府、张家口市委市政府充分沟通协商，回应农场职工关切，就农场整体移交工作达成共识。10月，中国侨联与河北省政府在京签署《华侨农场整建制移交工作框架协议》，与张家口市政府签署《华侨农场整建制移交工作协议》，召开国营官厅华侨农场整建制移交接收会议，正式将农场移交地方、融入地方经济社会发展。

【突出建言献策和调查研究，服务科学决策】发挥办公厅作为会党组参谋助手作用，开展调研和信息工作，及时掌握情况、积极建言献策。一是强化调查研究，实施侨联系统重点调研课题计划。贯彻落实会党组“大学习、大调研、大讨论，作出大贡献”的工作部署，组织中国侨联机关、省级侨联申报2019年调研课题，确定17篇年度重点调研课题计划。制定评审方案，收集侨联系统重点课题和调研报告79篇，组织评审表彰，对优秀调研报告进行奖励，编印《中国侨联调研课题成果汇编（2019）》，强化调研成果交流，扩大研究影响力。二是强化文稿工作，提高文稿起草、文字综合能力。起草学习习近平总书记重要讲话精神、党的十九届四中全会精神报告、中国侨联改革推进情况报告等重要文稿，围绕主题教育、中央巡视、涉侨机构改革、防范化解风险、落实中央八项规定精神等专项工作，起草专题报告，系统梳理分析中国侨联各项工作情况、思路举措、意见建议等，切实提升“以文辅政”工作水平。编制《第十次全国归侨侨眷代表大会工作资料汇编》《2019年全国侨联系统工作总结汇编》，整理各类文稿资料和大型会议活动文件资料，积累工作经验。继续推动《习近平与侨的故事》编印工作。三是强化信息工作，进一步打造侨情专报品牌。2019年，首次遴选优质信息向中办报送，采用篇数和积分在群团中均排名靠前。组织重点选题，围绕专题进行定向约稿；建立质量评价和工作交流机制，每半年通报相关工作情况，实现侨情专报可量化、可评价的目标。总结经验，制定工作意见，在河北召开专报片区会，采用授课的方式加强分类指导、答疑解惑，为地方侨联开展工作提供具体指导。

【突出资源配置和经费支持，服务机关运转】严格执行财务规定，服务大局，围绕涉侨机构改革职能、项目划转，积极争取经费支持，努力实现资金保障、资源合理化配置。一是保障全会运转和重点工作。大力推进2019年度预算执行及绩效管理，加强预、决算签报和报销凭证的审核工作，有效保证预算合理安排及合规性支出；定期拟制全会预算执行和预算支出报销进度表，督促各部门各单位加快预算执行和报销工作。积极与财政部沟通协调，根据涉侨机构职能、项目划转，争取追加、划转预算；盘活存量资金，将预计结余经费调剂用于重点工作和急需项目，提高资金使用效率。二是提升财务管理水平。编制上报2018年决算和2019年预算公开文件，完成年度基本经费、各项目经费用款计划编报及协调批复工作；编制完成2020—2022年“一上、二上”预算及规划申报、预算追加申报；编写上报全会内部控制报告，开展绩效自评；全力配合审计署审计工作，提供财务资料和相关文件资料，协调解决审计提出问题，起草编写审计反馈报告、整改报告等，审计整改事项均已落实完成。三是严格资产管理。严格落实中央八项规定精神和国务院《厉行节约反对浪费条例》要求，切实提高资产管理水平。全面清查办公资产设备，做好核查、数据汇总等工作，启动资产月报工作，把握统计口径，每月按时上报数据；依规清理报废老旧设备，开展资产折旧工作，实现资产账和会计账同步一致，资产动态管理；保障领导干部、挂职干部住房，完成2018年度职工住宅分配，妥善解决部分职工住房困难问题。

【突出抓早抓小和抓细抓实，提升行政服务质量】立足办公厅“中枢”的职能作用，强调政治性、规范性、统筹性、时效性，提高机关基础运行效率、质量，提升服务保障水平。一是推动公文流转严谨规范。召开机关公文规范和档案管理培训会，向全体机关干部发送更新版中国侨联常用公文模板和档案管理培训讲义，增强规范严谨办文的意识。严格日常公文审核把关力度，加强公文要素指导、内容审核，优化运转审批流程，严格印章管理。规范文件收发运转的电子化登记，提高文件信息查找利用效率。二是推动文秘工作高质高效。每月整理汇总领导出席会议活动情况；联系沟通、服务保障会领导各类会议活动，起草修改会领导讲话稿，编发会领导新闻稿，发挥综合协调作用，及时传达会领导指示要求，有力宣传侨联会议活动、推进侨联各项工作。三是推动机要档案工作严格有序。全年接收、登记、运转、保管党中央、国务院及各类文件3000余份，会内签报1000余份；完成机要交换、文件清退和销毁，做到工作零失误。制定档案管理细则，有效调阅使用档案，2018年度归档文件72盒、2170件、25172页；对往年档案200余卷、1700件、20000页进行了补充、校对、整合。四是推动日常运转保障有力。认真编排会领导每周工作安排、近期活动安排，及时更新印发机关电话表；做好主要负责同志离京向中办报备工作、司局级干部离京报备工作；严肃值班工作纪律，24小时值班无缝对接；做好节假日、特殊时期、敏感时期的值班带班和安全保卫工作。

【突出建章立制和程序流程，提升机关管理水平】办公厅认真学习贯彻党的十九届四中全会精神，落实会党组“两个建设”要求，聚焦制度机制建设、督查落实、风险防控，提高科学管理水平。一是推动完善决策议事机制。按照会党组要求，牵头起草《中国侨联党组工作规则》《中国侨联主席办公会议议事规则》《关于充分发挥兼职副主席作用　规范和加强履职工作的暂行规定》，完善议事决策制度，规范优化议题统筹、会议组织、纪要编发等工作。全年召开22次党组会议，审议议题118个；召开22次主席办公会议，审议议题112个。二是狠抓制度机制建设。督促各部门各单位贯彻落实中央精神，结合事业发展需要，及时修订、制定规章制度。汇总、编辑、印发《中国侨联规章制度（2019）》，共收录规章制度13类95项，其中新修订30项、新制定22项、补录5项，进一步推动机关制度建设。结合文秘、信息工作职能，出台《中国侨联关于进一步加强侨情专报工作的意见》《中国侨联办公厅关于进一步规范文件简报和信息报送工作的通知》《关于进一步规范各部门发文发函和信息简报等工作的通知》等制度规定；结合中央财务资产管理最新规定，修订《中国侨联机关预算经费使用、报销管理办法》等8个有关财务管理办法和规定。三是严格督查督办。坚持日常督办，全年召开机关例会20次，就工作事项进行通报、询问、沟通，有力促进全会工作统筹、协调、落实。坚持重点督查、全面督查，落实《中国侨联党组督促检查工作实施办法》，着力开展主席办公会和党组会决议、会领导重要批示落实情况督查，确保会党组的部署要求落在实处；建立中国侨联各部门各单位2019年工作安排台账，及时开展督查问效，形成汇总材料，进行内部通报。严格按照时限要求，每10天汇总报送《中国侨联工作信息》，全年报送37期。四是增强防风险意识。认真贯彻落实党中央关于防范化解重大风险的决策部署，按照会党组要求，组织开展全会风险点摸底排查，形成自查报告，报送中央有关部门。参与涉侨单位会商研判会机制，组织会内和地方侨联围绕防范化解侨务工作风险等5个重点选题，开展专题调研，相关成果报送中央有关部门。健全保密制度，开展保密检查，召开保密委员会会议，加强对机关干部日常保密提醒，组织保密教育轮训。针对密码电报管理薄弱环节，制定印发相关使用和管理要求。

【突出主题教育和党建引领，提升部门战斗力】办公厅扎实开展“不忘初心、牢记使命”主题教育，坚持以政治建设为统领，抓好抓实各项工作，充分发挥办公厅党支部战斗堡垒作用。一是坚决做到“两个维护”。牢固树立政治机关意识，严明政治纪律和政治规矩，教育引导办公厅党员干部坚决做到“两个维护”，做好“三个表率”，将党的政治要求贯穿于办公厅各项工作之中。贯彻全会党风廉政建设会议、警示教育大会精神，加强党规党纪国法教育，深化廉政风险防控管理，营造风清气正的良好政治生态。二是强化干部理论武装。持续推动党员干部深入学习贯彻习近平新时代中国特色社会主义思想特别是习近平总书记关于侨务工作的重要论述，将学习宣传贯彻党的十九届四中全会精神作为当前和今后的一项重大政治任务。发挥党支部领学作用、党小组促学作用，强化个人自学，坚持读原文悟原理，突出重点学、及时跟进学、联系实际学。组织干部参加全会党课、辅导讲座、座谈会、实地参观等学习活动。三是完成“不忘初心、牢记使命”主题教育。围绕主题教育总目标，贯彻总要求，落实方法步骤，研究制定办公厅主题教育安排，坚决执行规定动作，结合实际创新工作。抓理论学习，以持续集中学习带动个人自学；积极开展革命传统教育、先进典型教育，组织学习张富清、黄文秀同志先进事迹，“七一”前夕组织厅全体党员干部赴天津周恩来邓颖超纪念馆开展主题党日活动，组织党员参观“金色道钉——美国铁路华工展”。抓调查研究，支部书记带队赴侨乡地区、基层一线调研，征求意见，了解情况，结合学习调研成果为全体党员干部讲党课。抓检视问题，通过谈心谈话、印发表格广泛征求意见；弘扬自我革命精神，深刻检视剖析问题，认真开好专题组织生活会。抓整改落实，强化责任担当，紧盯办公厅牵头负责的专项整治4方面9项措施和7项整改措施，抓早抓细，真改实改，开展主题教育回头看，巩固整改落实成果。四是推进支部党建工作。贯彻落实直属机关党委要求，持续推动支部党建工作质量提升。认真组织学习《中国共产党支部工作条例（试行）》，推进支部党务公开；完善支部组织建设，筹备完成支部换届工作，调整党小组设置，统筹群建工作；强化“一岗双责”，层层压实责任；规范执行“三会一课”制度，用好《党支部工作手册》《党小组会议记录本》，支部、党小组共组织集中学习 18 次、党日活动 3 次，支委会研讨 8 次；严格党员日常管理和培养工作，培养 1 名入党积极分子成为预备党员。五是加强干部队伍建设。落实会党组“作风建设年”要求，注重在举办大型活动和重要会议、草拟重要文稿过程中锻炼干部，提升干部能力素质；树立调查研究、开拓创新、求真务实、狠抓落实的作风导向，力戒形式主义，教育引导党员干部切实转方式转作风，勇担新使命，展现新作为。

【召开中国侨联十届二次全委会】1 月 16 日—17 日，中国侨联十届二次全委会议在北京召开。会议以习近平新时代中国特色社会主义思想为指导，深入学习贯彻习近平总书记关于侨务工作的重要论述，贯彻中央书记处重要指示要求，总结十代会以来的工作，分析侨联当前面临的形势和任务，研究部署 2019 年侨联工作，推动十代会精神落实。会上，中国侨联党组书记、主席万立骏传达中央书记处重要指示精神，并作工作报告。中国侨联副主席李卓彬作会议总结，中国侨联党组成员、副主席隋军、李波分别主持第一次、第二次全体会议，中国侨联副主席齐全胜通报全国侨联信息工作先进单位名单。会议审议了万立骏同志所作的工作报告，通过了《关于中国侨联十届二次全委会议工作报告的决议》。中国侨联副主席黄志贤、邵旭军、吴晶、余国春、卢文端、刘艺良、朱奕龙、刘以勤、包东、陈式海、周琪、周建农、李兴钰、黎静，中国侨联秘书长陈迈，中国侨联十届委员、中国侨联会内顾问出席会议。不是中国侨联委员的省级侨联驻会党组书记、主席，中国侨联机关各部门、单位主要负责人和中央有关部门的同志列席会议。

【陈迈秘书长出席港澳侨界慈善人士新春恳谈会】1 月 18 日，中国侨联在广东省中山市举办港澳侨界慈善人士新春恳谈会，共话侨联工作，共商侨联公益慈善事业发展，共迎新春佳节。中国侨联秘书长陈迈出席会议并做主旨发言，陈迈代表中国侨联和万立骏主席向港澳侨界人士长期以来对中国侨联和侨联公益慈善事业的支持表示衷心感谢，并向大家致以亲切的问候和新春的祝福。他表示，侨在中国公益慈善事业中的贡献极为特殊，侨联在中国公益慈善事业组织动员格局和渠道中的作用极为特殊，港澳侨界在

1 月 16 日—17 日，中国侨联十届二次全委会议在北京召开

1月18日，陈迈秘书长出席港澳侨界慈善人士新春恳谈会并做主旨发言

中国公益慈善事业创新发展中的引领作用极为特殊，希望与港澳侨界人士紧密合作，做强做大侨联公益事业，为开创中国慈善事业新局面做出独特贡献，展现新时代侨界新作为。中山市委常委、统战部部长梁丽娴到会致词，中国华侨公益基金会秘书长、中国侨联公益事业管理服务中心主任何继宁，中国侨联基层建设部部长张毅、广东省侨联副主席李丰及来自港澳地区的侨界慈善人士代表30多人参加恳谈活动。

【万立骏主席参加全国政协侨联界委员讨论会】3月6日，中国侨联党组书记、主席万立骏参加全国政协十三届二次会议侨联界委员讨论会，通报中国侨联工作，并听取委员对侨联改革发展的意见建议。万立骏指出，去年3月4日下午，习近平总书记看望参加全国政协十三届一次会议的民盟、致公党、无党派人士、侨联界委员并发表重要讲话，对发挥侨界作用、做好侨联工作提出明确要求，大家都记忆犹新。今年的政府工作报告中专列一段，从政策、维权、服务、发挥作用四个方面，对侨务工作作出部署，充分体现了以习近平同志为核心的党中央对侨界的重视、肯定和厚望。中国侨联是全国政协的组成单位，侨联是侨胞的大家庭，政协侨联界委员是侨界参政议政的代表，要认真学习贯彻习近平新时代中国特色社会主义思想，珍惜荣誉，履职尽责，做社情民意的反映者、改革开放的推动者、中国故事的宣讲者、侨联事业的建设者。会上，庄绍绥、洪明基、林定强、严彬、沈敏、刘以勤、丁时勇、王济光、和向红、陈式海等10位委员作了发言。会议由十三届全国政协常委、中国侨联副主席李卓彬主持，中国侨联党组成员、副主席隋军，中国侨联副主席齐全胜，全国政协港澳台侨委员会副主任、中国侨联顾问康晓萍，全国政协委员、中国侨联副主席朱奕龙、刘以勤、陈式海、邵旭军出席。

3月6日，万立骏主席参加全国政协侨联界委员讨论会

3 月 15 日，中国侨联召开机关大会传达“两会”精神

【召开中国侨联机关大会传达“两会”精神】3 月 15 日，中国侨联召开全体干部大会，传达学习全国“两会”精神，安排部署侨联系统学习贯彻工作。中国侨联党组书记、主席万立骏主持会议并讲话。全国人大常委会委员、全国人大华侨委副主任委员、中国侨联顾问董中原传达十三届全国人大二次会议精神，全国政协常委会委员、中国侨联副主席李卓彬传达全国政协十三届二次会议精神。中国侨联党组成员、副主席隋军、李波，副主席齐全胜等出席会议。万立骏指出，习近平总书记在“两会”期间六到团组，发表了一系列重要讲话，深刻阐述了事关新时代党和国家事业发展全局的一系列重大问题，对我们做好各项工作具有重要指导意义。广大侨联干部要认真学习领会，提高政治站位，主动对标对表，结合侨联实际，推动总书记重要指示要求在侨联落地生根。中国侨联顾问庄炎林、林兆枢、康晓萍、黄军军、李祖沛、王永乐、陈兰通、朱添华、郭麟恭、唐闻生、林淑娘、王宏和机关全体干部、事业单位处级以上干部、直属企业中层以上干部、离退休党支部委员等共 180 余人参加会议。

【陈迈秘书长分别出席欧洲文成华侨华人联合总会代表团和欧洲各国统促会联合访问团招待会】3 月 25 日、26 日，中国侨联先后在北京华侨大厦举行招待会，欢迎以蒋忠南为团长的欧洲文成华侨华人联合总会代表团和以徐松华为团长的欧洲各国统促会联合访问团。中国侨联秘书长陈迈出席招待会并致词。陈迈表示，党和国家重视侨、关心侨，并寄予厚望。侨胞是侨联事业的根基，侨联是侨胞之家。在新的时代，侨联对大家有新的期盼，希望侨胞壮大事业要有新天地，为华人社会获得更多尊重、更好环境；希望侨社凝聚侨界应有新风采，为海外华侨华人长期生存发展发声奔

3 月 25 日、26 日，陈迈秘书长分别出席欧洲文成华侨华人联合总会代表团和欧洲各国统促会联合访问团招待会

走、深耕厚植；希望大家回报桑梓要有新视野，在建设“一带一路”、增强中国文化软实力、促进中外友好、传播中国声音、营造良好外部环境上多作贡献、多交朋友。欧洲文成华侨华人联合总会代表团由23人组成，来自意大利、西班牙、荷兰、德国、法国等。欧洲各国统促会联合访问团由35人组成，来自欧洲26个国家。中国侨联联谊联络部副部长桑宝山主持招待会，信息传播部副部长郭启华等参加有关活动。

4月5日—9日，万立骏主席在河南调研

【陈迈秘书长会见西班牙华侨华人社团联谊总会访问团】3月27日，中国侨联秘书长陈迈在北京会见西班牙华侨华人社团联谊总会访问团。陈迈对访问团的到来表示欢迎，并介绍了中国侨联工作，他表示，侨社是团结凝聚华侨华人的重要平台，新时代要有新使命，要有新理念、新方式、新风采；要把侨社办出水平，维护中国形象，讲好中国故事，关心中国发展，引领侨界新风。西班牙华侨华人社团联谊总会成立于2004年，此次访问团一行12人，西班牙华侨华人社团联谊总会会长林传平担任团长。中国侨联联谊联络部副部长桑宝山、信息传播部副部长郭启华等一同参加会见。

3月27日，陈迈秘书长会见西班牙华侨华人社团联谊总会访问团

【万立骏主席赴河南调研侨联工作】4月5日—9日，中国侨联党组书记、主席万立骏赴河南洛阳、郑州、开封调研。万立骏率调研组先后来到侨资企业、洛阳市为侨服务产业园——炎黄科技园和中国侨联新侨创新创业基地——洛阳国家大学科技园，了解园区建设和运营管理、地方政府和园区提供的优惠政策和服务、企业创新成果，并考察洛阳战神传媒有限公司、洛阳华码科技有限公司、洛阳奥诺生物科技有限公司、科大讯飞洛阳语音云创新创业公共服务平台、深圳光启洛阳尖端技术研究院、视微影像（科技）科技有限公司等，了解新侨创新创业情况；到塔沟教育集团，听取学校承办侨联“亲情中华”夏令营活动情况；走进郑州西亚斯学院、河南大学，与教师代表、学校侨联负责同志座谈交流；召开专题座谈会，与河南省侨联班子、18个省辖市侨联主席、省侨商会负责人、省侨联青委会负责人等进行交流研讨；到兰考县学习焦裕禄精神。万立骏在调研时指出，要以习近平新时代中国特色社会主义思想为指导，深入贯彻习近平总书记关于侨务工作的重要论述，学习和发扬焦裕禄精神，做侨胞贴心人和侨务工作实干家，明确侨联的性质、地位、工作对象、职能、任务、工作方针、工作策略，抓学习明方向、抓调研明侨情，抓改革建组织，抓重点出效果，抓党建带侨建，推动新时代侨联工作创新发展。调研期间，万立骏同洛阳市委副书记、市长刘宛康，郑

州市委副书记焦豫汝，开封市委书记侯红，市委副书记、市长高建军等，就发挥侨界作用、推进侨联改革交换了意见。中国侨联信息传播部部长左志强、经济科技部副部长夏付东、信息传播部副部长郭启华，河南省侨联党组书记、主席董锦燕，党组成员、副主席王月等一同参加调研。

【隋军副主席在德国、西班牙看望侨胞并调研了解侨情】4月4日—11日，中国侨联党组成员、副主席隋军率代表团访问德国、西班牙。代表团一行分别在到访城市召开侨界代表座谈会，走访华侨华人企业商户，看望慰问华侨华人，倾听侨胞心声，深入了解华侨华人融入住在国社会、参与“一带一路”建设、传承中华文化等方面的情况，广泛宣讲习近平新时代中国特色社会主义思想和党的“十九大”、中国侨联“十代会”精神，认真解答广大华侨华人关心关注的问题。在德国期间，代表团一行考察了汉诺威工业博览会，走访《欧洲时报》德国分社，分别在法兰克福、汉诺威、柏林召开侨界代表座谈会，隋军高度赞扬旅德侨界所做的努力和工作，回应了侨胞们关注的涉侨机构改革情况，介绍了今年中国侨联工作重点，希望旅德侨胞能够继续发扬团结互助的优良传统、发挥独特的桥梁和纽带作用，积极融入和回馈当地社会，努力构建和谐侨社，在实现自身事业发展的同时，为促进中德友好、积极参与“一带一路”建设、助力中华民族伟大复兴做出更大贡献。在西班牙访问期间，隋军分别在马德里和巴塞罗那召开侨界代表座谈会，看望西班牙长青俱乐部老年华侨华人，在驻巴塞罗那总领馆为全体馆员及中资企业干部做了专题讲座，重点阐述了习近平总书记关于侨务工作重要论述的理论渊源和实践意义，介绍了当前侨联机构改革情况、中国侨联“十代会”工作部署及近期开展的主要工作。隋军十分关心关注华侨华人企业在当地的生存发展情况，代表团走访了在德累斯顿的德国科林工业技术有限公司，在柏林的东宣市场华侨华人商户，在马德里自治区富恩拉夫拉达市仓库区的华熊贸易公司、兰妮集团、Coconut Fashion 公司、中国商品批发市场、“巴黎箱包”、乐友贸易公司，在巴塞罗那的大自然百货、东方首饰、锦鹏服装，GOOMAX EUROPE 仓库、友谊通信、林毅官方翻译事务所、伊比利亚火腿红酒专卖店、大圆环房产投资移民有限公司等华侨华人企业，了解华商经营状况、运作模式、营商环境等情况，为侨商企业发展出谋献策、打气鼓劲。出访期间，隋军与我驻德国大使吴恳、驻法兰克福总领事孙从彬、驻汉堡副总领事王玮、驻西班牙大使吕凡，驻巴塞罗那总领事林楠进行了工作交流。中国侨联组织人事部林美龄等同志陪同访问。

【隋军副主席主持召开部分省区市侨联侨情专报工作推进会并在河北调研】4月24日—26日，中国侨联党组成员、副主席隋军在河北石家庄主持召开部分省区市侨联侨情专报工作推进会。隋军在讲话中指出，中国侨联侨情专报已经成为侨联组织围绕中心、服务大局的一项重要工

4月9日，隋军副主席在驻巴塞罗那总领馆为全体馆员及中资企业干部做专题讲座

4 月 24 日—26 日，隋军副主席主持召开部分省区市侨联侨情专报工作推进会并在河北调研

作。要重视做好侨情专报工作，不断拓宽专报信息来源渠道，提高专报的针对性和实效性，提升专报工作的质量和水平；要落实中国侨联《关于进一步加强侨情专报工作的意见》，为侨情专报工作提供强有力的保障支撑。会上，中国侨联办公厅通报了 2018 年和 2019 年第一季度侨情专报工作有关情况并作了范例指导。江苏、浙江侨联有关同志介绍了侨情专报工作的经验做法，11 个省区市侨联的负责同志介绍了各自侨情专报工作开展情况及下一步工作思路。在冀期间，隋军一行围绕学习贯彻习近平总书记关于侨务工作重要论述、中国侨联“十代会”精神贯彻落实、“党建带侨建”工作推进、侨联机构改革进展及侨联干部队伍建设等开展调研。调研组先后深入全国文明村正定县塔元庄村、河北正定国家乒乓球训练基地、河北省外国语学院“侨胞之家”调研，走访了河北常山生化药业股份有限公司、河北东旭集团、现代汽车沧州工厂和沧州冀春集团等侨资企业，赴河北三大侨乡之一的沧州市吴桥县，了解侨乡文化传承、侨界资源助力地方发展等情况，到河北省侨联机关，看望全体干部职工，开展座谈交流，听取各方面意见建议。河北省委副书记赵一德，石家庄市委常委、正定县委书记张业，市政府副市长、公安局长刘胜，沧州市委书记杨慧，沧州市委副书记、市长梅世彤，市委常委、统战部长王晓燕分别会见了隋军一行，并就侨联机构改革发展、基层侨联组织建设、充分发挥侨的作用、做好新时代侨联工作、助力地方经济社会高质量发展等工作交换了意见。中国侨联副主席、河北省侨联党组书记、主席包东，中国侨联组织人事部副部长赵珊珊，河北省侨联党组成员、副主席季加宇等参加调研。

【隋军副主席赴甘肃调研侨联工作】 5 月 8 日—12 日，中国侨联党组成员、副主席隋军赴甘肃兰州、张掖、酒泉、嘉峪关等地，就贯彻落实十代会精神，推进“党建带侨建”工作，侨联机构改革进展及基层组织建设等情况进行调研。隋军一行走访了兰州健顺生物科技有限公司、张掖电子智能终端产业园等侨资企业，考察了酒泉市肃州区戈壁循环经济产业园，听取了甘肃省侨联关于脱贫帮扶工作汇报，到山丹培黎学校、酒泉和嘉峪关市博物馆学习，到甘肃省侨联机关，看望全体干部，与甘肃省侨联和各地市侨联代表座谈交流，听取各方面工作意见和建议。隋军在调研时指出，党的十八大以来，以习近平同志为核心的党中央高度重视甘肃脱贫攻坚工作。甘肃各级侨联要按照当地党委、政府统一部署，发动

5 月 8 日—12 日，隋军副主席（左二）在甘肃调研

综合

侨界力量，开展招商引资，争取侨捐公益项目，将爱心扶贫与产业扶贫结合起来，变输血式扶贫为造血式扶贫，增强贫困地区可持续发展能力。甘肃省委常委、常务副省长宋亮，张掖市委副书记、代市长谢又生，酒泉市委书记吴仰东，嘉峪关市委书记李忠科等分别会见了隋军一行，就做好新时期侨联工作、推进侨联机构改革、发挥侨联优势助力地方经济社会发展等交换了意见。中国侨联基层建设部部长张毅，甘肃省侨联党组成员徐妍丽等参加调研。

【万立骏主席在美国看望侨胞并调研了解侨情】5 月 17 日—20 日，中国侨联党组书记、主席万立骏率团在美国纽约、芝加哥看望侨胞、走访侨社，传递乡情，了解侨情，倾听侨声。万立骏一行走访了纽约唐人街和法拉盛中国城，看望当地华侨华人，出席了美东华人社团联合总会举办的纪念“中美建交 40 周年图片展”开幕式，并与美东侨界、驻芝加哥领区侨领深入座谈，到中国驻纽约总领馆、驻芝加哥总领馆交流侨务工作，纽约、芝加哥两地 500 多名侨胞参加相关活动。万立骏说，广大旅美侨胞身处异国他乡，努力奋斗、事业有成，在实现人生梦想的同时，也为美国发展作出了贡献；在美侨社联系服务侨胞，传播中华文化，回馈当地社会，为增进中美两国人民的了解和友谊发挥了积极作用，我们向大家取得的成绩表示祝贺。万立骏表示，中国是最大的发展中国家，美国是最大的发达国家，中美关系是世界上最重要的双边关系之一。中美关系健康发展，对中国有利，对美国有利，对全世界有利。中美友好是两国人民的共同愿望。虽然当前中美之间出现一些分歧，但回顾中美关系 40 年的发展历程，我们可以清晰看到，合作共赢是大势所趋。国之交在于民相亲。中美友好与合作，离不开广大旅美侨胞的积极参与。大家熟悉中美两国语言、文化和国情，要把民间交流持续、深入做下去，向美国人民和美国政府介绍中华文化和中华民族特点、讲述中国故事和中国发展理念，加深两国人民友谊，促进中美交流合作。每名海外侨胞都是中华民族和中华文明一张移动的名片，要努力发展事业，传播中华文化，融入当地社会，加强民间交流，做中美友好使者，为中美关系健康发展贡献智慧和力量。万立骏还向大家介绍了中国侨联工作，他表示，侨联是群团组织，是侨胞之家，是联系广大归侨侨眷和海外侨胞的桥梁和纽带。中国侨联去年召开了“十代会”，国家涉侨机构改革对侨联组织提出了新要求，我们想尽量多走一走、看一看，实地了解海外侨胞的工作、生活和侨社的发展情况，以利工作落实、更好联系服务侨胞。中华人民共和国驻纽约总领事黄屏、副总领事邱舰，驻芝加哥总领事赵建、副总领事黄黎明，中国侨联副秘书长兼经济科技部部长赵红英、信息传播部副部长

5 月 17 日—20 日，万立骏主席在美国看望侨胞并调研了解侨情

郭启华、联谊联络部副部长朱柳参加有关活动。

【万立骏主席在韩国首尔看望侨胞并调研了解侨情】5月21日—22日，中国侨联党组书记、主席万立骏率团访问韩国首尔，看望侨胞、走访侨社、了解侨情。万立骏出席中国在韩侨民协会总会、韩华中国和平统一促进联合总会举行的欢迎会，走访韩国汉城华侨协会，召开座谈会，与16个在韩华侨华人社团代表深入交流。在座谈会上，大家围绕最关心最紧迫的华文教育、侨社活动及发展、国内相关侨务法规政策等问题发言，万立骏分别作了回应和解答，并表示，非常高兴来到韩国看望大家，了解大家的工作生活情况，分享大家的奋斗经历和成功经验，感受浓浓的乡情、亲情和友情。中国侨联是有着光荣历史的群团组织，是侨胞之家，是联系广大归侨侨眷和海外侨胞的桥梁和纽带。国家涉侨机构改革后，海外华人华侨社团联系等职责划归中国侨联行使。我们正以习近平新时代中国特色社会主义思想为指导，致力于服务大局、服务侨胞，深化“亲情中华”“创业中华”“侨爱心工程”等品牌活动，做好相关项目和工作划转，为侨胞追梦圆梦、人生出彩搭建平台，当好海外侨胞和归侨侨眷的贴心人，成为侨务工作的实干家，广泛凝聚侨心、侨力、侨智，为实现中华民族伟大复兴的中国梦、推动构建人类命运共同体贡献力量。在首尔期间，万立骏听取了中华人民共和国驻韩国大使邱国洪、总领事邓琼关于在韩华侨华人情况的介绍，并就涉侨改革、海外华文教育、侨社发展等进行了深入交流。中国侨联副秘书长兼经济科技部部长赵红英、联谊联络部副部长朱柳、信息传播部副部长郭启华等一同参加上述活动。

5月21日—22日，万立骏主席在韩国首尔看望侨胞并调研了解侨情

【万立骏主席在日本看望侨胞并调研了解侨情】5月23日—26日，中国侨联党组书记、主席万立骏率团访问日本，广泛接触侨界人士，分

5月23日—26日，万立骏主席在日本看望侨胞并调研了解侨情

5 月 23 日—26 日，万立骏主席在日本看望侨胞并调研了解侨情

别与全日本华侨华人联合会、东京华侨总会、日本中华总商会、神户华侨总会、大阪华侨总会侨领代表进行交流，走访华人设计公司，在东京、大阪召开侨界座谈会，并出席神户中华同文学校建校 120 周年纪念典礼。每到一地，中国侨联代表团都认真了解侨情，倾听侨声，回应侨胞关切，介绍中国发展和侨联工作情况，传递祖（籍）国的关心。万立骏表示，中日友好的历史源远流长，根基在民间。广大旅日侨胞要发展好自己的事业，建设好侨团侨社，当好民间使者，发扬友好传统，为推动中日关系健康发展发挥积极作用。中国发展进入了新时代，在实现高质量发展、打赢三大攻坚战、改革开放再出发、建设“一带一路”、推动构建人类命运共同体的进程中，旅日侨胞发挥作用、施展才华舞台广阔，希望大家能把个人的才能、专长与祖国发展的需要结合起来，把了解中国的国情和实现报效祖国的愿望结合起来，找准切入点，把事情做实，把个人梦汇入中国梦之中，彰显侨界的新贡献、新作为。访日期间，中国侨联代表团与中国驻日本大使馆公使郭燕、参赞兼总领事詹孔朝，中国驻大阪总领事馆侨务处主任李春等就国内涉侨改革、海外侨务工作、侨社建设、侨胞发展等作了交流。中国侨联副秘书长兼经济科技部部长赵红英、联谊联络部副部长朱柳、信息传播部副部长郭启华等一同参加上述活动。

【万立骏主席赴张家口开展冬奥调研】为动员侨界力量助力冬奥筹办工作，5 月 30 日，中国侨联党组书记、主席万立骏率团赴张家口开展冬奥调研和经贸考察活动。万立骏一行在崇礼区先后深入市民颁奖广场和冰雪博物馆建设场地、太子城冬奥规划馆、太子城冰雪小镇、太舞滑雪小镇调研，听取冬奥规划和筹备工作介绍，实地考察冬奥相关场地及工程进展，了解冰雪运动推广等情况，并召开侨界助力冬奥座谈会。万立骏在座谈会上讲话指出，中国侨联这次来到张家口、来到崇礼区，就是要认真学习贯彻习近平总书记关于冬奥工作的重要指示精神，发扬侨界优良传统，凝聚侨心侨力侨智，助力冬奥筹办工作。中国侨联将从支持建设冰雪博物馆、加强海内外宣传、支持张家口发展、开展志愿服务四个方面支持张家口市做好冬奥会工作。中国侨联党组成员、副主席李波，中国侨联顾问、中国华侨公益基金会理事长乔卫，中国侨联副主席、银帝集团董事局主席朱奕龙，中国侨联副主席、河北省侨联党组书记、主席包东，中国侨联秘书长陈迈，中国侨联副秘书长、经济科技部部长赵红英，中国侨联基层建设部部长张毅，中国侨联经济科技部巡视员、中国侨商联合会秘书长安晨，中国侨联公益事业管理服务中心主任何继宁，中国侨联信息传播部副部长郭启华参加有关活动。河北省政协副主席王宝山，张家口市委副书记、市政府市长武卫东，张家口市委常委、市委组织部部长、统战部部长李兵陪同考察。参加此次活动的侨界企业家和有关代表有：世茂集团董事局主席许荣茂，金辉集团有限公司董事长林定强，香港胜记仓集团董事局主席郭泰诚，鑫桥联合金融服务控股集团有限公司董事局主席李然，怡海集团董事局主席王琳达，佳信海坛控股集团有限公司董事长林正佳，山东德迈国际产业集团有限公司董事长施乾平，爱尔眼科医院集团股份有限公司董事长陈邦，华侨基金管理有限公司总裁杨宇潇，正大（中国）投资有限公司，正大集团农牧食品企业，金鹰企业管理

（中国）有限公司，波司登集团，中国动向（集团）有限公司，香格里拉（亚洲）有限公司，三林集团北京办事处，中央电视台中文国际频道，千方科技等。

6 月 15 日，2019 习近平总书记关于侨务工作重要论述研讨会在厦门大学召开

【召开 2019 习近平总书记关于侨务工作重要论述研讨会】 6 月 15 日，由中国侨联主办，中国华侨华人研究所与福建省侨联、厦门大学、五邑大学承办，厦门大学国际关系学院 / 南洋研究院、厦门市侨联协办的 2019 习近平总书记关于侨务工作重要论述研讨会在厦门大学召开。中国侨联党组书记、主席万立骏出席会议并讲话。福建省副省长郭宁宁，厦门大学党委书记张彦，中国侨联副主席、福建省侨联主席陈式海，浙江省侨联主席连小敏，中国华侨华人研究所所长张春旺，来自全国人大华侨委、全国政协港澳台侨委、致公党中央、中央党史和文献研究院的干部，中国华侨历史学会理事和专家学者，以及福建省涉侨部门和各级侨联干部出席会议。中国侨联党组成员、副主席隋军主持会议。万立骏在讲话中指出，中国侨联党组始终重视做好习近平新时代中国特色社会主义思想特别是习近平总书记关于侨务工作的重要论述的学习宣传贯彻工作；从抓根本、抓部署、抓学习、抓引领、抓研究五个方面推动习近平总书记关于侨务工作重要论述的贯彻、学习、研究、阐释和宣传；并强调要提高站位，把对习近平总书记关于侨务工作重要论述的认识理解引向深入；要多措并举，把对习近平总书记关于侨务工作的重要论述的学习宣传贯彻引向深入；要坚持改革创新，把对习近平总书记关于侨务工作的重要论述的研究阐释引向深入。张彦代表厦门大学热烈欢迎各位与会嘉宾，郭宁宁代表中共福建省委、省政府对研讨会的召开表示热烈祝贺，美东华人社团联合总会主席陈清泉和集美校友总会永远名誉会长任镜波分别回顾习近平总书记在福建侨乡的经历，中国华侨历史学会副会长、福建社会科学院副院长李鸿阶、中国华侨历史学会副会长、厦门大学特聘教授、华侨大学讲座教授庄国土先后作了主旨演讲。

【隋军副主席在福建泉州调研学习】 6 月 17 日—18 日，中国侨联党组成员、副主席隋军就侨联组织开展“不忘初心、牢记使命”主题教育赴福建泉州调研。调研组一行参观了位于南安市金淘镇的泉州华侨革命历史博物馆、华侨将军叶飞专题陈列馆，瞻仰叶飞同志故居，缅怀华侨革命先烈丰功伟绩，接受革命传统教育，并深入南安市罗东镇，参观昌财学村，详细了解南安市、罗东镇在为侨服务、侨情普查、基层组织建设等方面的工作成效。隋军表示，在当前开展的“不忘初心、牢记使命”主题教育中，各级侨联组织的党员干部要通过开展集中学习研讨、主题党日活动等，进一步继承革命传统、坚定理想信念；要结合时代精神深入挖掘侨界感人肺腑、激人奋进的典型事迹，把学习教育的成效体现在整改提高、推进工作上；要组织好海外侨胞回乡考察活动，通过了解华侨楷模事迹、感受家乡发展成

6 月 17 日—18 日，隋军副主席（左三）在福建泉州调研

就，激发大家弘扬侨界优良传统、同圆共享中国梦的使命感和责任感。中国侨联副主席、福建省侨联党组书记、主席陈式海，泉州市委书记康涛、市长王永礼，中国侨联副秘书长、经济科技部部长赵红英，文化交流部部长刘奇等参加相关活动。

6 月 29 日，陈迈同志为党员干部讲党课

【赴天津开展“不忘初心、牢记使命”主题教育党日活动】 为贯彻落实直属机关党委“不忘初心、牢记使命”主题教育统一部署，扎实推进支部主题教育工作，6 月 28 日—29 日，在建党 98 周年来临之际，中国侨联秘书长、办公厅主任、支部书记陈迈带领办公厅全体党员干部赴天津开展“不忘初心、牢记使命”主题教育党日活动。陈迈一行来到天津滨海新区，参观滨海新区规划展览馆和中关村协同中心，感受和了解京津冀一体化建设的具体举措和取得成效；走访天津国际生物医药联合研究院、丹娜（天津）生物科技有限公司、天津滨海国泰投资有限公司等侨资企业，听取企业发展情况；与天津市侨联党支部全体党员干部一同开展迎“七一”党日活动，在天津博物馆观看“近代百年看天津”展览，在周恩来邓颖超纪念馆重温入党誓词，参观纪念馆里珍贵的文物、照片资料，追忆周恩来、邓颖超同志为党和人民鞠躬尽瘁、无私奉献的一生，全体党员干部思想受到洗礼；召开座谈会，与天津市侨联机关干部以及部分区、高校、基层侨联干部进行交流，陈迈同志以“牢记初心使命、把握时代大势、切实担当作为”为主题为中国侨联办公厅和天津市侨联全体党员干部讲党课。党课以习近平新时代中国特色社会主义思想为指导，深入学习贯彻习近平总书记关于侨务工作的重要论述，贯彻十代会部署和会党组要求，从全局、从长远、从办公厅视角，谈认识、谈思路、谈措施、明任务、教方法、讲作风。天津市侨联党组副书记、常务副主席陈钟林，党组成员、专职副主席杨晖，中国侨联办公厅巡视员、机关服务中心主任李洋，办公厅副主任张凌，文化交流部副巡视员、《海内与海外》杂志社副社长杨秀波参加活动。

【隋军副主席赴江苏调研侨联工作】 7 月 9 日—11 日，中国侨联党组成员、副主席隋军结合“不忘初心、牢记使命”主题教育，就江苏侨联机构改革、侨联基层组织建设、新侨创新创业情况等工作进行调研，深入昆山市侨联、苏州工业园区侨联、虎丘街道观景社区红豆侨屋和吴中区木渎镇侨联，与各级侨联干部座谈交流，征求对中国侨联工作的意见和建议。隋军在调研中指出，侨联的初心使命就是坚定不移跟党走，凝聚侨心侨力侨智同圆共享中国梦。要结合主题教育，推动新时代侨联工作高质量发展，努力做到：高举党旗讲政治，坚决做到“两个维护”；服务大局出实

6 月 28 日—29 日，办公厅党支部赴天津开展“不忘初心、牢记使命”主题教育党日活动

效，聚焦地方所需，发挥侨界所长；锤炼队伍重担当，对标“贴心人”“实干家”标准；夯实基础增活力，创新工作形式，健全基层组织体系；讲好故事传播文化，发挥文化凝聚人心的作用。隋军一行还到昆山杜克大学和信达生物制药（苏州）有限公司、苏州能讯高能半导体有限公司进行实地考察，了解国际人才培养合作和侨资企业创新创业发展情况。中国华侨华人研究所所长张春旺，苏州市委常委、统战部长姚林荣等一同出席活动。

【万立骏主席到北京亦庄开展“不忘初心、牢记使命”主题教育专题调研】7月15日，中国侨联党组书记、主席万立骏率调研组就侨联组织开展“不忘初心、牢记使命”主题教育到北京亦庄（北京市经济技术开发区）进行专题调研。万立骏一行来到侨资企业北京神州细胞生物技术集团股份公司调研，与企业负责人深入交流，仔细了解企业开展单克隆抗体、重组蛋白、疫苗和细胞治疗等生物药产品研发、产业化和企业发展情况；在侨资企业新博医疗技术有限公司调研时，走进企业产品展示区和生产车间，听取企业负责人关于企业推出的基于磁共振和CT等影像技术及光学和电磁跟踪技术的微创导航精准诊疗平台、超声光子漫散射早期乳腺癌监测系统等高新技术产品情况介绍并不时交流；听取意见建议是这次专题调研的重点，在开发区管委会召开的调研座谈会上，管委会负责人、侨界代表、基层侨联主席等介绍有关情况，反映存在的问题，给中国侨联提建议。万立骏在调研时表示，要认真贯彻习近平总书记和党中央关于“不忘初心、牢记使命”主题教育的重要要求，把学习教育、调查研究、检视问题、整改落实贯彻始终，在学习教育的基础上，深入开展调查研究，了解归侨和海外留学归国人员所思所想、所需所求、所期所盼，了解基层侨联组织建设和工作情况，发现和梳理问题，帮助和推动解决，把侨联围绕中心、服务大局、服务侨胞的工作做细、做深、做实，确保主题教育取得实效，推动侨联工作取得新进步。北京市侨联党组书记赵宏生，主席荣洋，副主席苏泳，党组成员、秘书长李登新，北京市经济开发区工委副书记、管委会主任梁胜，工委委员、管委会副主任陈小男，北京市大兴区侨联主席许小杰，中国侨联副秘书长、经济科技部部长赵红英，信息传播部副部长郭启华等参加调研。

【万立骏主席到江西上饶调研中国侨联定点扶贫工作并围绕“不忘初心、牢记使命”主题教育参观学习】7月17日—19日，中国侨联党组书记、主席万立骏到江西省上饶市调研中国侨联定点帮扶上饶县工作。万立骏率调研组实地考察了清水乡双溪村蓝灵蓝莓种植基地、枫岭头镇泉塘村恩泉油茶基地、恩泉油茶有关公司、皂头镇周石村云田农业种植基地，认真听取蓝莓、油茶、金线莲种植、生产、加工技术和过程介绍，仔细询问基地规模、土地流转、土地租金、农民分红、产品价格、销售收入、用工等情况，深入了解产业扶贫的做法和成效；看望了机关扶贫干部，并专门到驻村担任第一书记的机关干部所在的尊桥乡上乐村调研。万立骏在调研时指出，要深入学习贯彻习近平总书记关于扶贫工作的重要论述，坚持精准脱贫、精准扶贫，发挥侨联特点和优势，发扬多年来侨联开展定点扶贫的好经验好传统，围绕教育、医疗卫生、基础设施建设、产业发展等领域，把帮扶项目做实，把帮扶资金用好，坚持不

7月15日，万立骏主席（左二）在北京亦庄开展“不忘初心、牢记使命”主题教育专题调研

7 月 17 日—19 日，万立骏主席（右三）在江西上饶调研中国侨联定点扶贫工作并围绕“不忘初心、牢记使命”主题教育参观学习

懈把帮扶工作做下去，争取新的更大成绩，在全国如期全面打赢脱贫攻坚战的进程中，充分展现侨联组织围绕中心、服务大局的责任担当。调研组还结合中国侨联正在开展的“不忘初心、牢记使命”主题教育到上饶集中营革命烈士纪念馆和茅家岭监狱旧址、方志敏纪念馆参观学习。调研期间，万立骏与上饶市市委书记马承祖，市委副书记、市长谢来发，市人大常委会主任汪东进，市委副书记杨文英，副市长俞健，上饶县县委书记熊孙魁等就上饶市经济社会发展情况、定点帮扶上饶县工作、充分发挥侨界作用等进行了深入交流。中国侨联组织人事部部长姚林楠、权益保障部部长张岩、信息传播部副部长郭启华，江西省侨联党组书记、主席张知明、副巡视员许晓燕等一同参加调研和有关活动。

【召开中国侨联十届三次常委会】7 月 31 日，中国侨联十届三次常委会议在北京召开，中国侨联党组书记、主席万立骏出席并讲话。他强调，要以习近平新时代中国特色社会主义思想为指导，深入学习贯彻习近平总书记关于侨务工作的重要论述，紧密结合“不忘初心、牢记使命”主题教育，全面落实十代会工作部署，在上半年工作的基础上，加大力度，务求实效，确保各项工作落实，以优异成绩迎接中华人民共和国成立 70 周年。中国侨联副主席李卓彬主持第一次全体会议并作会议总结，中国侨联党组成员、副主席隋军主持第二次全体会议。中国侨联副主席齐全胜、邵旭军、吴晶、余国春、卢文端、刘艺良、朱奕龙、刘以勤、包东、周琪、周建农、李兴钰、黎静，中国侨联秘书长陈迈，中国侨联常委出席会议。不是中国侨联常委的省级侨联驻会党组书记、主席，中国侨联机关各部门、直属企事业单位负责人和中央有关部门的同志列席会议。会上，根据“不忘初心、牢记使命”主题教育的要求，在分组讨论中，与会常委对中国侨联工作提出了一些意见和建议。7 月 30 日，在中

7 月 31 日，中国侨联十届三次常委会议在北京召开

国侨联十届三次主席会议上，审议通过了《关于充分发挥兼职副主席作用规范和加强履职工作的暂行规定》。

【隋军副主席赴黑龙江调研侨联工作】8 月 1 日—3 日，中国侨联党组成员、副主席隋军结合“不忘初心、牢记使命”主题教育赴黑龙江就新侨创新创业和侨联基层组织建设等工作开展调研。隋军一行与黑龙江省侨联、哈尔滨市侨联的同志们召开座谈会，传达中国侨联十届三次常委会会议精神，征求对中国侨联工作的意见建议，并就如何开展好新时期侨联工作进行了深入交流；来到黑龙江省工业技术研究院、哈尔滨九洲电气股份有限公司、大庆创新创业基地进行考察调研，听取、了解企业运营、配套服务、技术进步、成果转化以及产业研发和市场应用等最新进展；到黑龙江外国语学院国际教育交流中心、大庆市国际文化交流基地、侨胞之家和大庆艺林花儿艺术培训学校实地了解侨联基层组织建设和文化交流活动开展情况。隋军在调研时指出，要把主题教育作为侨联改革创新发展的宝贵机遇，牢牢把握初心和使命，认真对标对表找差距，聚焦侨联事业面临的新形势新挑战，从实际出发，加强调研、摸清情况、突出重点、精准施策，努力为党的事业凝聚侨心、侨力和侨智，展现侨联工作新作为。调研组还专程赴大庆铁人王进喜纪念馆参观学习。中国侨联组织人事部副部长赵珊珊，黑龙江省侨联党组书记、主席郭占力，哈尔滨市委常委、统战部长梁野等参加上述活动。

【隋军副主席在埃塞俄比亚、塞内加尔和阿联酋看望侨胞并调研了解侨情】8 月 5 日—14 日，中国侨联党组成员、副主席隋军率团访问埃塞俄比亚、塞内加尔和阿联酋。访问团一行深入当地侨界，结合“不忘初心、牢记使命”主题教育，举行座谈、走访侨团侨企、了解侨情、倾听侨声，广泛宣讲第十次全国归侨侨眷代表大会精神和国家侨务工作机构改革情况，代表中国侨联和万立骏主席向当地广大侨胞致以诚挚问候和良好祝愿。隋军表示，“一带一路”建设为当地和广大侨胞提供了难得的机遇，希望大家把握机遇、发挥优势、拓展事业、回馈当地；主动融入当地社会，做民心相通的使者；牢固树立和谐侨社理念，发扬侨界优良传统，引导广大侨胞同呼吸、共命运。访问期间，隋军分别与我驻埃塞俄比亚大使谈践、驻塞内加尔大使张旭、驻阿联酋大使倪坚、驻迪拜总领事李旭航就国内涉侨改革、海外侨务工作、和谐侨社建设、侨胞生存发展等方面工作进行了深入交流。中国侨联组织人事部副部长赵珊珊一同参加有关活动。

8 月 5 日—14 日，隋军副主席在埃塞俄比亚、塞内加尔和阿联酋看望侨胞并调研了解侨情

【万立骏主席在俄罗斯看望侨胞并调研了解侨情】8 月 20 日—24 日，中国侨联党组书记、主席万立骏率团访问俄罗斯，在莫斯科、圣彼得堡走访侨团侨社，与学生会、妇女会、商会、研究会、同乡会、文化交流中心、华文媒体等不同方面的侨胞代表座谈交流，与我驻外使领馆就侨务工作交换意见，结合“不忘初心、牢记使命”主题教育开展调研，并出席庆祝中俄建交 70 周年暨欧洲华侨华人促进中国和平统一（莫斯科）大会。万立骏指出，今年是中俄建交 70 周年，中俄关系处于历史最好时期。广大旅俄侨胞要发挥自身优势，在增进两国民心相通、推动经济文化等各领域交流合作中展现作为，做促进中俄友好的民间大使和传承中华优秀文化的移动名片，处理好发展与互助的关系、发展与融入的关系，为开创新时代中俄全面战略协作伙伴关系的美好

8 月 20 日—24 日，万立骏主席在俄罗斯看望侨胞并调研了解侨情

未来贡献力量。在俄期间，中国驻俄罗斯大使张汉晖、驻圣彼得堡代总领事张卫会见万立骏一行，介绍侨情最新发展变化，并就进一步加强海外侨务工作深入交换了意见。中国侨联信息传播部部长左志强，联谊联络部副部长桑宝山等参加上述活动。

【万立骏主席在哈萨克斯坦看望侨胞并调研了解侨情】8 月 24 人—26 日，中国侨联党组书记、主席万立骏率团访问哈萨克斯坦。在阿拉木图市，万立骏一行走访侨团、侨校、侨报，广泛接触各族侨胞，召开不同方面的座谈会，结合“不忘初心、牢记使命”主题教育听取意见、开展调研。万立骏指出，中哈是好朋友、好邻居、好伙伴，两国发展合作空间大、互补性强，广大旅哈侨胞要发挥熟悉两国语言和风俗的优势，努力增进两国人民的相互理解和友谊，推动经济、文化、教育等各领域交流合作，为共建“一带一路”、促进中哈友谊、推动构建人类命运共同体作出积极贡献。在哈期间，中国驻阿拉木图副总领事缪宏波陪同出席有关活动，介绍当地侨情，并就进一步做好海外侨务工作与代表团一行交换了意见。中国侨联信息传播部部长左志强，联谊联络部副部长桑宝山等参加上述活动。

【隋军副主席赴香港出席活动并调研】8 月 31 日—9 月 2 日，中国侨联党组成员、副主席隋军赴香港出席活动并调研。在港期间，隋军先后走访香港福建社团联会、香港侨界社团联会，看望在港的中国侨联副主席卢文端、余国春及林广兆、吴良好、吴换炎、陈聪聪、王钦贤、沈家燊、黄楚基等部分港区侨联顾问、常委和委员，开展座谈交流，了解侨界心声，并结合“不忘初心、牢记使命”主题教育，征求对中国侨联工作的意见和建议。在座谈中，卢文端、余国春、吴换炎、陈聪聪等重点介绍了面对近期香港激进示威者的暴力行为，香港侨界人士挺身而出、集体发声，坚决向暴力说“不”，坚定捍卫“一国两制”的情况。隋军表示，在当前严峻的局面下，香港侨界弘扬爱国爱港优良传统，团结一致、无畏无惧、敢

8 月 24 日—26 日，万立骏主席（右二）在哈萨克斯坦看望侨胞并调研了解侨情

8 月 31 日—9 月 2 日，隋军副主席在香港调研

于担当、勇于自卫，是维护法治、反对暴力、恢复社会稳定的中坚力量，要为大家点赞！隋军还就深入贯彻落实“十代会”精神，按照“两个并重”“两个拓展”“两个建设”的工作方针，加强侨团建设、做好青年一代工作等议题深入交流。中央驻香港联络办公室副主任陈东、谭铁牛分别会见了隋军一行，双方就香港侨界工作交换了意见。中国侨联联谊联络部副部长桑宝山、办公厅副主任张凌参加上述活动。

【召开中央第七巡视组巡视中华全国归国华侨联合会党组工作动员会】根据中央关于巡视工作的统一部署，中央第七巡视组巡视中华全国归国华侨联合会党组工作动员会召开。会前，中央第七巡视组组长郭旭明主持召开与中国侨联党组书记、主席万立骏的见面沟通会，传达了习近平总书记关于巡视工作的重要指示精神，通报了有关工作安排。会上，郭旭明作了动员讲话，对做好巡视工作提出要求。万立骏主持会议并讲话。中央第七巡视组副组长及有关同志，中央巡视办有关同志，中央纪委国家监委驻中央统战部纪检监察组有关负责同志，中国侨联领导班子成员出席会议，党的十八大以来退出中国侨联领导岗位的部级同志，中国侨联机关副处级以上干部，直属企事业单位领导班子成员等列席会议。

【万立骏主席调研在京侨资企业】9 月 19 日，中国侨联党组书记、主席万立骏到侨资企业北京金恒丰科技有限公司调研。北京金恒丰科技有限公司是专业从事数码喷印设备研发、制造的侨资企业。万立骏一行走进企业生产车间，察看生产流水线和各型号产品，详细了解研发、技术、制造和产品、销售等情况；召开座谈会，与企业负责人、经营管理人员交流。万立骏强调，广大侨资企业要学习贯彻习近平总书记在河南考察时的重要讲话精神，发扬侨界传统，像改革开放初期

9 月 19 日，万立骏主席调研在京侨资企业

综合

那样，发挥带头作用，为我国突破关键核心技术、发展制造业和实体经济、推动产业转型升级，实现“两个一百年”奋斗目标作出更大贡献。中国侨联经济科技部巡视员、中国侨商联合会会秘书长安晨，中国侨联信息传播部副部长郭启华，北京市侨联党组书记赵宏生，党组成员、副主席苏泳等一同参加调研。

10 月 14 日—15 日，万立骏主席（右二）在甘肃调研

【隋军副主席赴上海调研侨联工作】 9 月 21 日—23 日，中国侨联党组成员、副主席隋军在沪调研。隋军一行走访了长宁区虹桥街道古北市民中心和新华街道“上生·新所”新侨驿站，就基层侨联组织建设、服务新侨创新创业等工作进行调研，了解“侨之家”“生活服务站”“文化展厅”“议事厅”“新侨驿站”等为侨服务功能、管理运行机制和创新活动举措，围绕基层侨联组织创新发展、发挥志愿者作用、团结服务新侨与侨联领导干部、社区工作者进行交流。隋军在调研时指出，基层侨联干部既要把握政策，又要入情入理开展群众工作，解决服务群众的“最后一公里”问题，这“最后一公里”工作正是做好人心工作的“最先一公里”。中国侨联联谊联络部副部长桑宝山参加上述活动。

【万立骏主席赴甘肃调研侨联工作】 为深入了解侨情和侨联工作开展情况，听取各方面意见和建议，推动侨联事业创新发展，10 月 14 日—15 日，中国侨联党组书记、主席万立骏赴甘肃调研，深入兰州市侨联、市侨联侨胞之家、兰州大学，与省、市侨联专兼职干部，大学侨联、侨商会、侨青委负责人等座谈交流，访侨情、听侨声，谈问题、讲对策，话改革、谋发展，共同研讨如何做好新时代的侨联工作。万立骏在调研时指出，甘肃各级侨联要以习近平新时代中国特色社会主义思想为指导，认真贯彻习近平总书记关于侨务工作的重要论述和视察甘肃时的重要指示精神，抓学习、抓契机、抓重点、抓“两个建设”、抓干部队伍，围绕中心、服务大局、服务侨胞，搭建平台、打造品牌、形成特色，提高侨联组织的凝聚力影响力，为开创富民兴陇新局面发挥积极作用。调研期间，甘肃省委书记、省人大常委会主任林铎，省委常委、统战部部长马廷礼会见了万立骏一行，双方围绕加强侨联建设、发挥侨界作用、助力甘肃发展交换了意见。在兰州，万立骏还与兰州市委副书记、市长张伟文，市委常委、统战部部长咸大明，市委常委、秘书

9 月 21 日—23 日，隋军副主席（左三）在上海调研

长王方太，就吸引侨界人才和侨商侨企到兰州创新创业等作了交流。中国侨联基层建设部部长张毅、信息传播部副部长郭启华，甘肃省侨联党组成员徐妍丽等一同参加调研活动。

【隋军副主席赴澳门出席活动并调研】10月14日—16日，中国侨联党组成员、副主席隋军赴澳门出席活动并调研。访澳期间，隋军走访了澳门归侨总会，看望了中国侨联在澳的顾问、常委和委员，出席座谈交流会，与大家共同回顾中华人民共和国成立70年来伟大成就和国庆70周年大阅兵盛况，听取工作意见建议，并提出四点希望：一是不忘初心，高高举起爱国爱澳旗帜；二是聚焦发展，主动参与粤港澳大湾区建设；三是以侨为桥，大力传承弘扬中华优秀文化；四是团结协作，加强和谐侨社建设。要发挥顾问常委委员的带头作用和澳门归侨总会等龙头侨团的示范作用，不断凝心聚力，推动和谐侨社理念在澳门侨界薪火相传，为维护澳门繁荣稳定发展接续奋斗、再立新功。中国侨联兼职副主席、澳门归侨总会会长刘艺良表示，澳门归侨总会将继续团结带领澳门侨界，发扬爱国爱澳传统，为助力国家深化改革开放进程、助力澳门参与“一带一路”和粤港澳大湾区建设贡献绵薄之力。中央驻澳门联络办公室副主任张荣顺会见了隋军一行，双方就做好澳门侨界工作交换了意见。中国侨联副秘书长、联谊联络部部长陈权参加上述活动。

10月14日—16日，隋军副主席在澳门调研

【万立骏主席赴香港出席活动并调研】10月21日—23日，中国侨联党组书记、主席万立骏率团赴香港出席活动，并看望香港侨胞，与香港侨界青年代表座谈，了解大家的所思所想，对他们在传承侨界优良传统、加强与内地各领域交流合作等方面所做的工作给予肯定。万立骏表示，希望香港侨界青年发扬爱国爱港爱侨的传统，拥护“一国两制”方针和基本法，支持特区政府和行政长官依法施政，支持香港警队止暴制乱，共同努力，让香港早日恢复社会安定；多学习，学习历史、中华文明史，学习各方面知识，了解内地政策环境，加强彼此交流，分享成功经验，不断增强侨界社团的吸引力和凝聚力；从自己和家庭做起，注重家庭家教家风，传承侨界优良传统，爱国爱港，反对暴力，同时影响身边更多的香港同胞，团结更多侨青和香港年轻人；加强与内地的互动，推动各界青年之间的交流，相互学习、相互借鉴、相互促进、共同提高，积极参与粤港澳大湾区建设和“一带一路”建设，为实现中华民族伟大复兴贡献侨界青年力量。在港期间，万立骏与香港中联办主任王志民、副主任谭铁牛进行工作交流。万立骏感谢香港中联办一直以来对中国侨联在香港工作的关心和支持，并表示中国侨联将继续贯彻习近平总书记关于侨务工作重要论述精神，履行好党中央赋予侨联的职能，作好思想引领工作，画好侨界最大同心圆，团结香港侨界人士，为捍卫“一国两制”和基本法，保持香港长期繁荣稳定发挥作用。王志民希望中国侨联继续给予支持，做好香港侨界人士的团结引导工作，鼓励他们坚定信心，反对暴力，守护法治，全力支持行政长官和特区政府依法有效施政，全力支持香港警队依法止暴制乱、恢复秩序，为维护香港社会的繁荣稳定作出积极贡献。中国侨联联谊联络部副部长桑宝山等参加上述活动。

【举行国营官厅华侨农场整建制移交签约仪式】10月25日，国营官厅华侨农场整建制移交签约仪式在京举行。中国侨联党组书记、主席万立骏出席并见证签约仪式。党组成员、副主席隋军，河北省委常委、常务副省长袁桐利在仪式上致辞并签署了《中华全国归国华侨联合会　河北省人民政府关于国营官厅华侨农场整建制移交工作框架协议》。张家口市委副书记、市长武卫东，国营官厅华侨农场党委委员、场长傅正中分别表态发言。中国侨联机关服务中心和张家口市人民政府签署了《关于国营官厅华侨农场整建制移交工作

10 月 25 日，国营官厅华侨农场整建制移交签约仪式在北京举行

协议》。中国侨联秘书长兼办公厅主任陈迈主持签约仪式。中国侨联、河北省、张家口市、国营官厅华侨农场等有关同志参加了上述活动。

【万立骏主席在重庆调研】11 月 8 日—10 日，中国侨联党组书记、主席万立骏在重庆出席会议并调研。万立骏一行走访了两江新区礼嘉智慧公园，礼嘉智慧公园是依托人工智能、大数据、物联网等信息技术建设的未来智能生活体验区。在了解园区开发建设情况，体验智能机器人和 5G 技术在教育、旅游、远程驾驶等方面的应用后，万立骏表示，当前，智能产业快速发展，对经济发展、社会进步、全球治理等方面产生重要影响，园区在增强青少年和市民科技意识、创新意识等方面发挥了积极作用。中国侨联副秘书长、经济科技部部长赵红英，经济科技部副部长夏付东，联谊联络部副部长朱柳，信息传播部副部长郭启华，重庆市侨联党组书记史全波，党组成员、专职副主席陈瑛等参加上述有关活动。

11 月 10 日—12 日，万立骏主席（左三）在福建调研

【万立骏主席在福建调研】11 月 10 日—12 日，中国侨联党组书记、主席万立骏在福建出席会议并调研。万立骏一行参观了福建华侨主题馆；看望了福建省侨商联合会新一届理事、监事代表；走访了中国科学院福建物质结构所，看望了中科院院士、结构化学家、“中国侨界杰出人物”获得者吴新涛；考察了侨资企业永荣控股集团，深入了解企业发展情况。万立骏指出，福建是我国大侨乡，是陈嘉庚先生的家乡，侨联工作基础好、有传统、影响大。在新征程上，福建各级侨联组织要认真学习贯彻党的十九届四中全会精神，牢记嘱托，发扬传统，传承嘉庚精神，奋发务实进取，团结动员福建广大归侨侨眷和海外侨胞书写爱国爱乡、爱拼会赢的新篇章，为全国侨联工作创新发展带好头、发挥表率作用。在闽期间，福建省委书记、省人大常委会主任于伟国，省委常委、秘书长郑新聪会见了万立骏一行，双方就发挥华侨华人作用、加强侨联建设等深入交换了意见。中国侨联联谊联络部副部长桑宝山、信息传播部副部长郭启华等一同参加上述活动。

【召开中国侨联全体干部大会传达贯彻党的十九届四中全会精神】11 月 14 日上午，中国侨联召开全体干部大会传达学习党的十九届四中全会精神。中国侨联党组书记、主席万立骏主持会议，传达了党的十九届四中全会盛况和《中共中央关于坚持和完善中国特色社会主义制度　推进国家治理体系和治理能力现代化若干重大问题的决定》精神。中国侨联党组成员、副主席隋军传

11 月 14 日，召开全体干部大会传达贯彻党的十九届四中全会精神

达学习《关于〈中共中央关于坚持和完善中国特色社会主义制度　推进国家治理体系和治理能力现代化若干重大问题的决定〉的说明》，副主席李卓彬、齐全胜出席会议。万立骏在讲话中指出，党的十九届四中全会是在新中国成立 70 周年之际、在奋力实现“两个一百年”奋斗目标进而实现中华民族伟大复兴中国梦新征程上召开的一次具有开创性、里程碑意义的会议。全会的主题十分重大，时机十分关键，部署十分重要。党的十九届四中全会提出坚持和完善中国特色社会主义制度、推进国家治理体系和治理能力现代化的总体目标，是一个与国家现代化总体进程相协调的总体目标，旨在构建系统完备、科学规范、运行有效的制度体系，把我国制度优势更好转化为国家治理效能，实现党、国家、社会各项事务治理制度化、规范化、程序化，必将持续推动拥有近 14 亿人口大国进步和发展，确保实现中华民族伟大复兴。中国侨联要毫不动摇坚持中国特色社会主义制度，坚持党的领导制度，发挥好团结凝聚广大归侨侨眷和海外侨胞的桥梁和纽带作用，在学习贯彻四中全会精神上先学一步、学深一点，进而广泛宣传、坚决贯彻，以带动广大归侨侨眷和海外侨胞的思想和行动凝聚到四中全会精神上来。中国侨联顾问林兆枢、林军、黄军军、李祖沛、陈兰通、朱添华、唐闻生、林淑娘、乔卫，机关全体干部、事业单位处级以上干部，直属企业、社团中层以上干部，离退休党支部委员等近 150 人参加会议。

【隋军副主席在浙江调研】 11 月 14 日—16 日，中国侨联党组成员、副主席隋军在浙江出席会议并调研。隋军一行走进世界温州人家园，走访港澳台海外联络服务中心、温州市侨团汇，考察温州龙湾区状元街道“侨胞之家”、海外传播官之家；深入青田县鹤城街道侨联涉侨纠纷多元化解中心、青田农商行侨联侨胞之家、浙江（青田）项目投资交易中心，青田县公安局，就党建带侨建、侨联基层组织建设、新侨创新创业和侨务文化交流等进行调研。隋军在调研时指出，各级侨联组织要认真学习贯彻党的十九届四中全会精神，认识重要意义、把握丰富内涵、领会精神实质，提振干事创业精气神，做优做强高品质、有温度的侨联活动，推动侨联工作与政务服务深度融合，当好中国好声音的“传播官”，讲好中国故事，讲好中国制度的故事，让基层侨联组织更有力量、更加活跃。中国侨联信息传播部部长左志强，中国华侨历史学会秘书长、中国华侨华人研究所副所长张秀明参加了上述活动。

11 月 14 日—16 日，隋军副主席在浙江调研

【万立骏主席在希腊看望侨胞并调研了解侨情】 当地时间 11 月 27 日—28 日，中国侨联党

11 月 27 日—28 日，万立骏主席在希腊看望侨胞并调研了解侨情

组书记、主席万立骏率代表团访问希腊，进侨区，入侨社，访侨媒，与旅希侨团、侨社、侨胞代表座谈交流，调研了解侨情。万立骏表示，习近平主席不久前访问希腊，开启了中希关系的新篇章，对侨胞在希腊发展是一个有力促进。希望旅希侨胞抓住机遇，发展好事业，融入和回馈当地，展示中华儿女的良好形象，同时，心系中国发展，讲好中国故事，讲好中国制度故事，积极参与“一带一路”建设，推动中希各方面交流，建设和谐、合作的侨社，为中希关系长期稳定发展作出新的更大贡献。在座谈会上，万立骏向大家宣讲党的十九届四中全会精神，介绍侨联工作情况，他说，不久前召开的中国共产党十九届四中全会是一次十分重要的会议。当前，国内上下正在深入学习贯彻全会精神，也有一些团组到海外宣讲全会精神。这次全会，是在新中国成立 70 周年、实现“两个一百年”奋斗目标交汇点的重要背景下召开的，作出了一个重要《决定》，海内外十分关注。全会《决定》从政治上、全局上、战略上对中国特色社会主义制度作了一个全面概括，从十三个方面总结了中国特色社会主义制度的显著优势，系统阐述了中国特色社会主义根本制度、基本制度、重要制度，明确提出了坚持和完善中国特色社会主义、推进国家治理体系和治理能力现代化的总体目标、总体要求和主要任务，科学回答了坚持和巩固什么、完善和发展什么的重大课题。特别是，《决定》提出了加强基层社会治理、健全群团工作体系、促进侨胞关系和谐等重要要求，为做好新时代侨联工作指明了方向。侨联是党和政府联系广大归侨侨眷和海外侨胞的桥梁纽带。进入新时代，侨联将坚持围绕中心、服务大局、服务侨胞，做侨胞的贴心人和侨务工作的实干家。这次中国侨联代表团来希腊，就是沿着习近平主席走过的足迹，来希腊看望侨胞，面对面了解大家的所思所想、所期所盼，为侨联工作改革创新提供有效支撑。在希腊期间，万立骏同中国驻希腊大使章启月就加强前后方合作、共同做好海外侨务工作深入交换了意见。中国侨联组织人事部部长姚林楠、联谊联络部副部长桑宝山、信息传播部副部长郭启华等一同参加上述活动。

【万立骏主席在匈牙利看望侨胞并调研了解侨情】当地时间 11 月 29 日—30 日，中国侨联党

11 月 29 日—30 日，万立骏主席在匈牙利看望侨胞并调研了解侨情

组书记、主席万立骏率团访问匈牙利，走访侨社、看望侨胞，并与旅匈侨界代表座谈，倾听侨声，介绍国内情况，传播乡讯，传递亲情，交流探讨如何做好新时代为侨服务工作、促进中匈两国友好与交流合作。在匈牙利首都布达佩斯，万立骏深入华商聚集的两个市场，走访华侨华人商户、询问经营和发展状况，走进侨社侨团，了解内部建设和联系服务侨胞工作，送去了祖（籍）国的深深惦念和家乡亲人的亲切问候。在中国驻匈牙利大使馆与旅匈侨界代表进行座谈时，万立骏指出，当前，全国上下正在认真学习贯彻党的十九届四中全会精神，随着全会精神的贯彻落实，广大华侨华人参与中国改革开放和现代化建设的政策会更好，条件会更优。中国和匈牙利建交70年来，两国关系始终健康发展。在加强“一带一路”倡议同匈牙利“向东开放”战略深度对接，扩大中匈两国各领域合作，推动两国关系不断发展的进程中，广大旅匈侨胞发展事业的机遇更多，舞台更大，同时，肩负的使命也更大，应当主动参与，充分发挥作用。希望旅匈侨胞，不忘初心、发扬优良传统，开拓事业发展的新天地；讲好中国故事、讲好中国制度故事，做中匈友谊的民间使者；关心祖（籍）国发展，在维护民族大义中发挥独特作用；积极参与“一带一路”建设，助力中国“走出去”；建设和谐侨社，引领和服务侨胞更好发展。万立骏对大家的发言作了回应，表示中国侨联将一如既往坚持为侨服务的宗旨，关注侨胞的所思所想、所期所盼，积极搭建平台、开展活动、打造品牌，不断提高服务侨胞的能力和水平。在匈期间，万立骏同中国驻匈牙利大使段洁龙就涉侨机构改革、和谐侨社建设、更好服务侨胞等深入交换了意见。中国侨联组织人事部部长姚林楠、联谊联络部副部长桑宝山、信息传播部副部长郭启华等参加上述活动。

【万立骏主席在意大利看望侨胞并调研了解侨情】当地时间12月1日—5日，中国侨联党组书记、主席万立骏率代表团访问意大利，出席中国侨联欧洲地区海外委员座谈会，深入米兰、佛罗伦萨、普拉托、罗马，走访侨社、看望侨胞、了解侨情。代表团每到一地，万立骏都仔细了解侨胞生存发展情况，宣讲党的十九届四中全会精神，介绍国内经济社会发展成绩，通报涉侨机构改革和侨联工作进展，听取旅欧侨胞有关工作意见和建议，更好地聚侨心、集侨智、汇侨力。万立骏表示，党的十八大以来，习近平主席致力于深化中欧关系。习近平主席今年首次出访选择了欧洲，充分体现了对中欧关系的重视，向世界发出了中欧加强互信、深化合作的鲜明信号。广大旅欧侨胞要始终心系祖（籍）国，勇担历史使命，发扬侨界传统，发挥自身优势，做爱祖（籍）国、爱社会主义的先行者，中华文明的传承传播者，实现中华民族伟大复兴、构建人类命运共同体的推动者，中欧友谊的民间使者，坚持“一国两制”、推进祖（籍）国统一的奋斗者，不断学习、不断创新、团结向上的实践者。万立骏向大家宣讲党的十九届四中全会精神，他说，当前，全国上下正在深入学习贯彻中国共产党十九届四中全会精神。这次全会，主题重要、时机重要、部署重要，具有特殊意义。学习贯彻全会《决定》，既是一个政治问题、理论问题，也是一个实践问题，与每个中国人的工作和生活息息相关，也与广

12月1日—5日，万立骏主席在意大利看望侨胞并调研了解侨情

大海外侨胞的生存和发展紧密相联。希望大家认真学习《决定》，领会全会精神，搞清楚什么是根本制度、基本制度、重要制度，搞清楚中国特色社会主义特在哪里，搞清楚中国特色社会主义制度有什么显著优势、包括哪些内容、有哪些具体要求，深化思想认识，增强制度自信，同时，讲好中国制度故事，宣传“中国之治”，为我国改革发展创造良好外部环境。在意期间，万立骏分别同中国驻意大利大使李军华、中国驻意大利米兰总领事馆总领事宋雪峰、中国驻意大利佛罗伦萨总领事馆副总领事崔音围绕当地侨情、涉侨机构改革、前后方密切配合、团结服务侨胞等作了深入交流。中国侨联组织人事部部长姚林楠、联谊联络部副部长桑宝山、信息传播部副部长郭启华等参加上述活动。

【隋军副主席在缅甸、柬埔寨看望侨胞并调研了解侨情】12 月 6 日—13 日，中国侨联党组成员、副主席隋军率团访问缅甸和柬埔寨。代表团先后访问仰光、曼德勒和金边，走访侨团侨校，慰问华侨华人，倾听侨胞心声，广泛宣讲党的十九届四中全会精神，介绍中国经济社会发展和侨联工作情况。隋军向缅甸、柬埔寨两国侨胞宣传介绍了党的十九届四中全会盛况，从如何理解全会的重要意义、如何解读《决定》的主要内容以及侨界如何学习贯彻全会重要精神这三个方面，与侨胞们分享认识和体会。隋军表示，希望广大在缅、在柬侨胞继续发挥好桥梁纽带作用，树立良好形象、讲好中国故事；传承弘扬中华优秀文化，促进文化交流、民心相通；把握事业发展契机，主动参与“一带一路”建设；建设和谐侨社，培养侨社接班人；积极回馈当地社会，为当地社会和民众多做好事、善事；坚守民族大义，坚决反对各种分裂

12 月 6 日—13 日，隋军副主席在缅甸、柬埔寨看望侨胞并调研了解侨情

势力，担当中国统一大业的坚定维护者。访问期间，隋军分别与我驻缅甸大使馆于边疆参赞，驻曼德勒总领事王宗颖、副总领事李立蓓，驻柬埔寨大使馆王文天大使、李杰参赞等就推动侨团侨社学习宣传贯彻党的十九届四中全会精神、参与“一带一路”建设、做好海外侨务工作、加强和谐侨社建设、致力侨界青年工作等议题进行了深入交流。在走访侨社、慰问侨胞时，大力宣传北京冬奥、介绍北京冬奥，鼓励侨胞们积极为办好北京冬奥会多做贡献。两国侨胞热烈响应、积极募捐、主动参与，展示了心系（祖）籍国，支持北京冬奥的良好形象。中国华侨华人研究所所长张春旺、中国侨联办公厅副主任张凌等一同参加上述活动。

12 月 23 日—25 日，隋军副主席（右三）在西藏慰问并调研

【隋军副主席在西藏慰问并调研】12 月 23 日—25 日，中国侨联党组成员、副主席隋军在西藏拉萨出席会议并慰问调研。在西藏期间，西藏自治区党委常务副书记、政协党组书记丁业现、自治区政府副主席孟晓林会见隋军一行，就做好侨联工作交换了意见。隋军在孟晓林陪同下，深入回国定居藏胞家走访慰问，转达中国侨联和万立骏主席的关怀问候，希望他们以亲身经历和体验，向境外藏胞及其亲属朋友讲述西藏翻天覆地的变化，讲述西藏人民美好幸福的生活，讲述他们感党恩、爱祖国、爱西藏的真实感受，讲述真实的西藏，发挥积极影响。隋军就如何做好侨务工作、侨联工作和境外藏胞工作，与自治区党委统战部、编办，拉萨市、城关区统战、侨办等部门负责同志以及回国定居藏胞代表进行座谈，指出西藏侨联要把握好侨联工作的政治性、先进性、群众性，结合西藏实际，发挥灵活性、创新性，推动为侨服务工作落地落实。自治区党委统战部常务副部长、宗教局党组书记、新当选的侨联主席俞允贵，自治区党委统战部副部长、侨办主任甘世光，中国侨联组织人事部副部长李燨恒等一同参加有关活动。

信息传播部

【领导成员名单】

部　长：左志强

副部长：郭启华

【综述】2019 年，在万立骏同志和会党组的重视、关怀下，在齐全胜同志的直接领导下，信息传播部以习近平新时代中国特色社会主义思想为指导，深入学习贯彻习近平总书记关于侨务工作的重要论述，坚决贯彻落实会党组决策部署，以推动中国侨联信息化建设和宣传工作为主线，认真开展“不忘初心、牢记使命”主题教育，构建信息网络，强化队伍建设，以实施“追梦中华”主题宣传活动为重点，抓住庆祝新中国成立 70 周年关键点，立足实际选好切入点，真抓实干，开拓创新，带动全国侨联系统开展宣传思想工作，不断提升信息传播工作科学化水平，工作取得新成效。

【开展“不忘初心、牢记使命”主题教育】信息传播部认真部署落实主题教育，拟定实施方案，认真开展调查研究，做到学习全员覆盖，支部开展每季度讲党课，以主题党日活动的方式赴周恩来邓颖超纪念馆、南开大学、字节跳动公司、北京展览馆、中国华侨历史博物馆、北大红楼、毛主席纪念堂等，其中 4 次与北京冬奥组委新闻宣传部、海淀区侨联、天津市侨联和基层建设部党支部联合开展活动，并进行座谈交流。开好专题组织生活会，巩固主题教育成果。大力推进标准化规范化试点支部建设，严格落实“三会一课”制度，2019 年共召开 12 次支委会和党小组会、10 次全体党员大会，开展了 9 次主题党日活动。

2 月 28 日—3 月 1 日，齐全胜副主席（左一）率调研组赴宁夏，在宁夏侨联机关与侨联干部、侨资企业代表、归侨侨眷代表座谈

12 月 18 日，信息传播部党支部组织党员赴毛主席纪念堂开展主题党日活动

【齐全胜副主席赴宁夏调研侨促西部开发开放宣传工作】2 月 28 日—3 月 1 日，中国侨联副主席齐全胜率调研组赴宁夏回族自治区，在银川市考察宁夏侨界参与西部大开发和“一带一路”建设的实践和成果，并在宁夏侨联机关与侨联干部、侨资企业代表、归侨侨眷代表座谈。考察中，齐全胜对宁夏侨界人士爱国家爱西部、坚韧执着奋斗的精神给予高度赞扬，他表示，习近平总书记在宁夏考察时强调“社会主义是干出来的”，推进新时代中国特色社

会主义和侨联事业发展，需要侨界响应总书记的号召，坚持发扬艰苦奋斗精神，勇做追梦人。西部地区开发开放在国家现代化建设全局中占有重要地位，对扎根西部创业奋斗的侨界人士，要着力宣传业绩和事迹，以激励更多侨界人士关注和投身西部开发建设，促进社会各方更好关心支持侨界人士在西部的创新创业，并推动东中西部侨联加强合作、实现资源优势叠加。

【齐全胜副主席一行走访央视中文国际频道】 4 月 24 日下午，中国侨联副主席齐全胜等一行走访央视中文国际频道（CCTV-4），参观频道的编导室、录播室，与频道总监李欣雁、总监助理张恒、《华人世界》栏目组副制片人马威进行座谈，商洽加强和深化合作事项。中国侨联信息传播部部长左志强、文化交流部副部长邢砚庄等参加走访座谈。齐全胜指出，央视中文国际频道定位独特、特色鲜明，栏目丰富、品牌突出，队伍精良、人才汇集，覆盖广泛、影响显著，在讲好中国故事、弘扬中华文化、服务海外观众和华人社会等方面发挥着不可替代的作用。中国侨联作为党和政府联系广大归侨侨眷和海外侨胞的桥梁纽带，要切实履行好海外华人华侨社团联谊等职责，提升侨联工作的覆盖面和影响力，就要进一步依托、服务、联手央视中文国际频道等主流媒体。通过走访交流感到，中国侨联与央视特别是中文国际频道合作空间很大。中国侨联信息传播部和文化交流部要密切与频道各栏目的对接，全力协同做好面向华人华侨的信息传播、文化交流工作。希望在实践基础上，推动建立中国侨联与央视的全面战略协作。

【举办“追梦中华·2019 海外华文媒体大运河沿线城市采风行动”】 5 月 3 日—8 日，由中国侨联指导，江苏省侨联主办，南京、苏州、扬州三市侨联共同承办的“追梦中华·2019 海外华文媒体大运河沿线城市采风行动”在江苏举行。中国侨联副主席、江苏省侨联主席周建农，中国侨联信息传播部副部长郭启华、江苏省侨联副主席宫琳等出席活动。“追梦中华”是中国侨联信息传播部庆祝新中国成立 70 周年主题活动的一个重点，旨在贯彻习近平总书记关于宣传思想工作的重要思想，推动习近平新时代中国特色社会主义思想在侨界深入人心；发挥海外侨胞的独特作用，讲好中国故事，传播好中国声音，引导国际社会客观认识真实、立体、全面的中国。在 6 天时间里，采风团共赴扬州、苏州、南京 3 个城市的近 20 个地点进行了采访考察。每到一地，

5 月 3 日—8 日，“追梦中华·2019 海外华文媒体大运河沿线城市采风行动”在江苏举行，江苏省侨联主席周建农（左五）、中国侨联信息传播部副部长郭启华（右四）等出席活动

4 月 24 日，齐全胜副主席（左三）等一行走访央视中文国际频道，商洽加强和深化合作事项

综合

采风团都受到当地领导的亲切会见。他们认真聆听当地推介会，然后通过所在媒体，将当地特色传递给海外受众。活动期间，主办方精心策划，海外华媒朋友用心感知、记录，亮点频现。华文媒体人见证江苏省侨联发出倡议，认真学习大运河沿线城市改革开放成果及经验，号召全球侨胞助力大运河文化带建设。

【左志强部长会见海外华文传媒协会访问团】 5月15日下午，中国侨联信息传播部部长左志强在中国侨联机关会见了以项翔为团长的海外华文传媒协会访问团一行。左志强对访问团一行表示欢迎，就中国侨联机构改革后编制增加、职能强化等情况进行了介绍。他表示希望与海外华文媒体加强联系，密切合作。左志强说，习近平主席在亚洲文明对话大会开幕式发表主旨演讲时指出，文明因多样而交流，因交流而互鉴，因互鉴而发展。我们要加强世界上不同国家、不同民族、不同文化的交流互鉴。习主席的重要讲话为广大海外华文媒体发挥优势、做好工作、创新发展指明了前进的方向。左志强对海外华文媒体提出五点建议：一是坚定正确的政治方向。要学习习近平新时代中国特色社会主义思想，学好习近平主席关于侨务工作的重要论述，立足当地，发挥融通中外的优势，保持高站位、高层次。二是提高综合业务能力。要顺应科技发展的潮流，善于运用新媒体手段，创新华文媒体传播方式和表达方式，以专业化的水准、国际化的视野、分众化的理念，把媒体办出特色、办出水平。三是明确服务国家、服务侨胞的定位。海外华文媒体是向世界展示中华文明、传播中华文化的重要桥梁，是中外文明交流互鉴的重要纽带，要发挥优势，讲好中国故事，宣传中国发展成果，传播好中国声音，为广大海外侨胞融入住在国助力。四是规范协会的章程和活动。发挥好协会组织优势，更加科学、有计划地开展华文媒体活动。五是推进各方面合作，实现融合发展。加强会员之间、会员单位之间、会员单位与中国侨联之间的联系与合作，坚持守正创新，报道真实、全面、立体的中国。

5月22日—31日，信息传播部部长左志强（右）率团访问南太三国期间，实地了解海外华文媒体发展状况

5月15日下午，信息传播部部长左志强（右）在中国侨联机关会见海外华文传媒协会访问团一行

【左志强部长率团访问南太三国】 5月22日—31日，中国侨联信息传播部部长左志强率代表团访问澳大利亚、斐济和新西兰，走访侨团，慰问侨胞，与华文媒体、华文学校深入交流，举行侨界座谈会，倾听侨胞心声，回应侨胞关切问题，介绍侨联工作。访问务实高效，取得良好效果。访问期间，左志强代表中国侨联和万立骏主席向海外侨胞致以诚挚问候，宣讲新中国成立70年

5 月 22 日—31 日，信息传播部部长左志强率团访问南太三国

信息传播部部长左志强（左）率团访问南太三国期间，与驻珀斯总领事董志华（右）进行深入交流

来取得的伟大成就、中国侨联“十代会”精神，实地了解海外华文媒体发展状况和海外侨胞传承中华文化等方面的情况。此访给海外侨胞送去了祖籍国问候，向海外宣传了侨联工作和服务内容，有力推进了“两个拓展”，是把海外工作做宽做广的有益探索，展示了新时代中国侨联形象。访问期间，驻斐济大使钱波，驻珀斯总领事董志华、驻阿德莱德总领事何岚菁、驻奥克兰副总领事肖业文与代表团一行进行了深入工作交流。

【举办“追梦中华·北京情思”2019 海外华文媒体北京行活动】7 月 1 日—4 日，由中国侨联作为指导单位，北京市侨联和中国人民大学联合主办的“追梦中华·北京情思”2019 海外华文媒体北京行活动在北京举行。海外华文媒体北京行

7 月 1 日，齐全胜副主席（第一排左五）出席“追梦中华·北京情思”2019 海外华文媒体北京行活动启动仪式

“追梦中华·北京情思”海外华文媒体北京采风团参观北京坊

活动于2018年创办，2019年纳入中国侨联“追梦中华”主题宣传活动。来自海外23家知名华文媒体的资深媒体人参加此次活动。在京期间，海外华文媒体采风团听取有关专题报告并在京参观和采访，走进中国外文局参观并座谈交流。座谈会围绕“发挥融媒体优势讲好中国故事”的主题，分享各自在融媒体建设、讲好中国故事、传播好中国声音过程中的经验和感悟。主办方精心谋划，海外华文媒体更加深入了解首都北京近年经济社会各方面的发展情况和国家重大项目进展情况，促进海外华文媒体更加了解北京故事、了解北京文化，对讲好中国故事北京篇具有积极作用。此次采风活动外媒发布和刊稿的数量为96篇，从网媒点击率和纸媒发行量初步估算，影响受众30余万人次。

【齐全胜副主席出席海外华文新媒体论坛并在丽江调研】7月8日—10日，中国侨联副主席齐全胜等一行赴云南丽江，出席第四届海外华文新媒体高峰论坛，并调研丽江市侨联工作，与“中国寻根之旅”夏令营丽江营营员座谈。齐全胜在论坛开幕式致辞中说，海外华媒因华侨华人事业发展需求和精神需求而产生，保留和呈现着中华文化的显著特征，发挥着联系华人社会、住在国社会和祖籍国的桥梁作用。伴随新媒体发展的大潮，海外华媒促进中外友好合作、弘扬中华文化的能力更强，阵容更大，声音更加响亮。中国侨联需要更加积极主动加强与海外华媒的联系，鼓励和支持华媒更好服务华人社会、传承中华文化、讲好祖（籍）国故事。今年以来，中国侨联启动开展了“追梦中华”主题宣传活动，要坚持和完善与海外华媒的联手合作机制，持续推动发挥海外华媒的优势和作用，更好地为侨服务、为大局服务。中国侨联愿进一步依托人民日报海外版各媒体做好宣传工作，特别是近期要会同海外网共同办好“侨这70年”网络系列主题活动，营造海内外侨胞同迎共庆新中国70华诞的浓厚氛围。会上，由中国侨联主办，中国侨联信息传播部、人民日报海外网承办的“追梦中华·侨这七十年”网络主题活动正式启动，中国侨联信息传播部副部长郭启华与合作方代表共同按下启动键。

【举办“追梦中华·生态优先”2019海外华文媒体鄂尔多斯采风活动】7月19日，“追梦中华·生态优先”2019海外华文媒体鄂尔多斯采风团在鄂尔多斯市康巴什区参访考察，至此，为期4天的采风活动圆满结束。活动期间，华文媒体人参观了鄂尔多斯博物馆、采访鄂尔多斯蒙医医院蒙医传统理疗法、参观康镇及康巴什区城市建设等，整整一天的“人文之旅”让大家对这座全国首家“环境艺术示范城市”有了深入的了

7月9日，齐全胜副主席在第四届海外华文新媒体高峰论坛致辞

7月19日，信息传播部部长左志强（第二排左九）与“追梦中华·生态优先”海外华文媒体鄂尔多斯采风团一行走进蒙医医院

解。谈及采风感受，海外华媒人纷纷点赞内蒙古绿色发展，更对习近平总书记“绿水青山就是金山银山”这句话有了更直观体验。据不完全统计，海外华文媒体发稿393篇、4个专访，全方位反映了内蒙古特别是鄂尔多斯市贯彻习近平总书记生态文明思想的具体举措，讲述中国故事内蒙古篇章。

【举办“追梦中华·海外华文媒体高级研修班”厦门班】7月30日—8月3日，由中国侨联主办，中国侨联信息传播部、厦门大学承办，福建省侨联、厦门市侨联和厦大海外教育学院协办的“追梦中华·海外华文媒体高级研修班”在厦门大学举行。来自全球23个国家和地区的40余位华文媒体从业人员参加此次研修班。8月3日下午举行了结业仪式，中国侨联副主席齐全胜，信息传播部副部长郭启华，福建省侨联党组成员、秘书长吴武煌，厦门市侨联党组书记、主席潘少銮，厦门大学党委常委、副校长邱伟杰等出席结业仪式并为学员颁发证书。齐全胜在讲话中对学员们圆满完成研修任务表示祝贺。他指出，举办海外华文媒体高级研修班以及“追梦中华”其他相关系列活动，是中国侨联联系和团结海外华媒人士，支持海外华媒发挥积极作用和更好发展的重要工作方式。在海外侨胞同圆共享中国梦以及推动构建人类命运共同体进程中，海外华媒大有可为。希望海外华媒发挥特色优势，致力促进中外友好合作，致力讲好中国故事，致力弘扬中华优秀文化，致力维护民族大义，致力增强传播能力，不断采写好报道、作出新贡献。结业仪式前，齐全胜结合“不忘初心、牢记使命”主题教育，以“同圆共享中国梦进程中海外华文媒体的使命、机遇与作为”为题，与学员们进行了座谈交流，听取大家的参班感受、进一步办好华媒的打算，以及对做好新时代侨联信息传播工作的意见建议。开班期间，信息传播

8月3日下午，中国侨联“追梦中华·海外华文媒体高级研修班”在厦门大学举行结业仪式，齐全胜副主席（第一排左六）出席结业仪式

8 月 3 日下午，中国侨联“追梦中华·海外华文媒体高级研修班”在厦门大学举行结业仪式，齐全胜副主席出席结业仪式并为学员颁发证书

7 月 29 日—8 月 4 日，中国侨联“追梦中华·海外华文媒体高级研修班”在厦门大学举办，图为学员们赴厦门卫视进行考察采风

部部长左志强作了《新时代侨联信息传播工作》专题讲座，希望海外华媒从业者顺应科技发展潮流，善用新媒体手段，创新华文媒体传播方式和表达方式，坚守初心和情怀，做侨社团结的促进者、中华文化的传承者、中外友好的推动者、中国故事的讲述者。研修期间，学员们围绕国际视野下新媒体发展和媒体融合、“一带一路”精神与海外华媒的中国叙事、讲好中国故事重构世界图景等主题进行了集中学习研讨。学员们还赴厦门卫视、跨境电商产业园、陈嘉庚纪念馆等进行了考察采风。8 月 3 日上午，齐全胜还看望了厦门大学侨联班子成员，了解调研工作情况，征求对中国侨联工作的意见。中国侨联信息传播部副部长郭启华等随同，厦门市侨联党组书记、主席潘少銮，厦门大学统战部副部长龙坚毅，厦门大学侨联主席程璇等陪同调研。

【举办“追梦中华·聚焦大湾区”海外华文媒体广东采风活动】 9 月 9 日—11 日，“追梦中华·聚焦大湾区”海外华文媒体广东采风团来到粤港澳大湾区核心城市之一广州市参访考察。2018 年 10 月 24 日，习近平主席视察暨南大学时，专门到校史馆参观，并对办好暨南大学，擦亮“暨南”金字招牌，把优秀的中华传统文化传播到海外五湖四海作出重要指示。海外华文媒体一行循着习主席走过的步伐，跟随讲解员，仔细听取讲解员介绍暨南大学的历史、发展现状和最新科研成果，感受暨南大学努力传承中华文化，促进海内外侨胞交流，为振兴中华而奋斗的暨南精神。暨南大学新闻与传播学院吴非教授为采风团做了题为《中美俄印在地缘政治博弈中的传媒角色及粤港澳大湾区的发展趋势报告》的专题讲座，引起了在座海外华媒的共鸣。讲座结束后，采风团一行意犹未尽，纷纷就自己在海外从事媒体报道工作中存在的热点问题和大湾区建设中海外华媒应发挥的作用与吴非教授进行探讨，现场气氛热烈。通过此次采风活动，海外华文媒体对粤港澳大湾区建设规划有了深入的了解，特别是侨联组织在大湾区建设中的作用有了更加清晰的认识，纷纷表示要写好稿件、大力

9 月 11 日，“追梦中华·聚焦大湾区”海外华文媒体广东采风团在广州市参访考察

"追梦中华·聚焦大湾区"海外华文媒体广东采风团在暨南大学参加专题讲座

社社长刘继明认为，国外关于中国乡村振兴，老百姓脱贫致富的报道太少了，作为海外华文媒体人我们有责任有义务帮助更多华侨华人以及海外读者更深入了解四川、了解中国乡村发生的巨大变化。据不完全统计，此次采风行活动，各媒体发稿量超过 500 篇。

宣传，把大湾区建设故事讲述给广大海外侨胞。据不完全统计，此次活动海外华文媒体发稿 200 余篇，对在粤创业的港澳青年企业家和大学生进行 5 人次专访，多角度报道了粤港澳大湾区的建设实践。

"追梦中华·乡村振兴"海外华文媒体四川采风团在邓小平故里与现场群众共唱《我和我的祖国》

【举办"追梦中华"海外华文媒体四川采风行活动】 由中国侨联指导、四川省侨联主办的"追梦中华·乡村振兴"2019 海外华文媒体四川采风行于 9 月 23 日收官，来自 13 个国家和地区的 19 位海外华文媒体代表、3 位中央媒体记者跋涉巴蜀的 20 余处山水城乡，记录乡村振兴和脱贫攻坚取得的巨大成绩。采风团一行走进遂宁、广安、达州等地，走在乡间的路上，海外华文媒体代表看到了四川农村的变化——道路宽了，楼房多了，农业已向现代化、产业化迈进，农民的笑脸幸福而温暖。亚太通讯

11 月 2 日，中国侨联"追梦中华·海外华文媒体高级研修班"在北京举行开班仪式

【举办"追梦中华·海外华文媒体高级研修班"北京班】 11 月 2 日，由中国侨联和中华文化学院共同主办的"追梦中华·海外华文媒体高级研修班"在北京举行开班仪式。此次研修班共有来自五大洲 34 个国家和地区的 67 家海外华文媒体负责人、骨干编辑、记者参加，中国侨联信息传播部部长左志强、中华文

"追梦中华·乡村振兴"海外华文媒体四川采风团走进北川中学

综合

10 月 31 日—11 月 7 日，中国侨联“追梦中华 · 海外华文媒体高级研修班”在北京举办，图为学员在课堂积极发言，气氛活跃

化学院教务部主任王志功等出席了开班仪式。在开班仪式上，左志强部长表示，分布在世界各地的华文媒体，植根侨社，服务侨胞，在传承和弘扬中华优秀文化，反映侨界声音，促进华社团结，维护侨胞福祉，推动侨胞融入主流社会，增进所在国家对中国的了解和中外友好往来等方面做出了重要贡献。开班期间，左志强部长作了《新时代侨联信息传播工作》专题讲座，希望各位海外华媒从业者能加深对中华文化以及人类命运共同体的认识，继续发挥融通中外的优势，传播好中国声音，讲好中国故事，成为中外文明互鉴的桥梁纽带。为期一周的研修班针对学员特点，精心安排了以媒体融合发展、中华文化以及中西文明交融等为主题的相关课程，授课老师均为各领域知名专家学者。同时，还组织大家出席“中华文明与中国道路”学术论坛，参观新中国成立 70 周年成就展，赴新华社媒体工厂和多媒体中心考察，体验百度无人驾驶等。

【举办“追梦中华 · 侨这 70 年”网络主题活动成果展】 12 月 17 日上午，“追梦中华 · 侨这 70 年”网络主题活动成果展开幕式在中国华侨历史博物馆举行。中国侨联党组书记、主席万立骏，人民日报社编委、人民日报海外版总编辑王慧敏出席开幕式并致辞。万立骏在致辞中表示，2019 年是新中国成立 70 周年，长期以来，一代又一代海外侨胞和归侨侨眷，秉承中华民族优秀传统，不忘祖（籍）国，不忘家乡，不忘身上流淌的中华民族血液，为中国革命、建设、改革事业作出了巨大而独特贡献。今天展示的侨界人物、历史照片、网络征文以及侨胞与五星红旗的合影，大多来自于网络征集。通过网络互动，实实在在地展现了广大侨胞与祖（籍）国同呼吸、共命运的奋斗故事，真真切切地抒发了千千万万海外中华儿女对祖（籍）国难以割

11 月 1 日，组织“追梦中华 · 海外华文媒体高级研修班”学员出席“中华文明与中国道路”学术论坛

12 月 17 日，中国侨联党组书记、主席万立骏（左二），人民日报社编委、人民日报海外版总编辑王慧敏（左三）参观展览

舍的深厚感情。希望中国侨联与人民日报海外版以举办此次活动为契机，进一步优势互补、深化交流、创新合作，不断推进国际传播能力建设，讲好中国故事、讲好中国制度的故事、讲好侨的故事，凝聚侨心侨力同圆共享中国梦。王慧敏表示，侨务工作和外宣事业具有高度的契合性和互补性。人民日报海外版自 1985 年创刊以来，始终以服务海外华侨华人为己任，为全球 6000 万华侨华人、600 万中国留学生和 7000 万学习汉语的外籍人士提供“精致、定制、雅致”的信息服务，被海外侨胞亲切地称为来自祖（籍）国的“家书”。人民日报海外版愿与中国侨联携手，共同服务好海外侨胞和归侨侨眷，把海外侨胞和归侨侨眷中蕴藏的巨大能量凝聚起来、发挥出来，为实现中华民族伟大复兴的中国梦不断作出新的更大贡献。“追梦中华·侨这 70 年”网络主题活动由中国侨联、人民日报海外版主办，旨在凝侨心，聚侨力，共同献礼新中国华诞，让中国之音唱响全球。活动共收到侨界人物风采、历史照片、家国征文等用户原创内容 1764 篇，全网点击量超 1199 万人次，覆盖美国、澳大利亚、法国、尼日利亚、柬埔寨等全球五大洲的近 40 个国家和地区。成果展分为“我与五星红旗合个影”“寻找侨界老照片”“侨与新中国”“七十年来家国”网络征文活动和网络参与动态展示五个部分，运用历史图片、文字视频、互动体验等多种手段和元素，全方位记录全球华侨华人共庆祖（籍）国 70 华诞的点滴瞬间，成果展持续到 12 月 22 日。开幕式前，万立骏会见了王慧敏一行，双方就如何做好新形势下侨联外宣工作交换了意见。开幕式由中国侨联信息传播部部长左志强主持，中国侨联、人民日报海外版有关单位和部门负责同志以及中央媒体记者、海外华文媒体代表共 100 余人参加了开幕式并参观展览。

【开展信息化重点项目试点工作】信息传播部牵头成立中国侨联信息化建设试点工作领导小组，协调保障领导小组会议，同时每月向发改委、中办报送进度信息，按照进度安排和要求，进行招投标、设备采购、施工建设、数据迁移、网络部署、试运行、工程竣工验收等相关工作。

【推进网上侨联建设】一是及时进行网站改版升级。完成中国侨联官网网页改版、域名信息备案变更等相关工作，组织开发中国侨联电子杂

改版升级后的中国侨联官网

志和中国侨联微信矩阵。优化网站设置，丰富网站专题内容，进一步推进微信公众平台建设。截至 2019 年 12 月 29 日，中国侨联网站的页面浏览量达到 99.3 万次，访问人数 39.8 万人。微信公众号总阅读次数达到 1154143 次，阅读人数达到 825657 人。二是完成等级保护测评，确保网络信息安全。委托国家计算机网络与信息安全管理中心对全会的邮件系统、门户网站进行了等保定级和等保测评工作，根据等保测评公司出具的差距报告，要求相关厂商进行整改，制定了一系列网络安全管理制度。2019 年 3 月 8 日中国侨联通过了邮件系统等保二级、门户网站等保三级的备案，4 月 30 日通过了等保测评。组织人员进行

中国侨联电子杂志

软件正版化检查和保密检查，完善信息安全工作台账，对机房进行环境维护并安装消防设施，完成办公电脑、打印机、网络等故障维修调试工作，对侨联邮件系统进行日常维护。三是抓好网络安全。建立全会网络安全检查对象库及检查人员库，制订 2019 年网络安全检查工作计划，并按时向中央网信办报送相关资料，注册网络安全应急协调平台 APP。组织人员修复全会办公电脑高危漏洞，有效防止网络安全事件的发生。制定《中华全国归国华侨联合会党组网络安全工作责任制度》，进一步明确全会网络安全的责任主体及职责。

联谊联络部

【领导成员名单】

部　长：陈　权

副部长：桑宝山　朱　柳

【综述】2019 年，联谊联络部认真学习贯彻党的十九大、十九届四中全会精神和习近平总书记系列重要讲话精神，按照万立骏主席在“十代会”报告中提出的“推动侨联工作紧跟新时代、展现新作为”要求，主动适应新形势、新任务，坚持以人为本、为侨服务宗旨，坚持为大局服务和为侨服务统一，各项工作有序推进。一是扎实开展“不忘初心　牢记使命”主题教育，进一步激发干事创业良好氛围。积极动员部署，扎实开展学习，以每周集中学习和要求党员自学相结合，通过观看专题视频，组织专题党课，开展主题党日活动，激励党员先进性，深入开展调研。以党的政治建设为统领，切实加强支部班子建设，全面落实“两个责任”和“一岗双责”，推动党风廉政建设再上新台阶，为业务工作提供思想引领和政治保障。以“作风建设年”为抓手，贯彻“强三性”“去四化”的要求。二是积极认真接受会内巡视，以巡视整改为契机打造团结向上战斗堡垒。中国侨联党组第一轮巡视对联谊联络部支部进行了常规巡视，指出了支部存在的问题，支部高度重视巡视，对照巡视反馈意见，认真制定整改方案，立行立改抓落实，整改工作取得了一定成效。三是主动围绕两个大局，全面做好新时期侨联联谊联络工作。明确“一带一路”和周边国家为侨联联谊联络工作重点，圆满完成重点国家出访和公费邀请团组的接待工作。积极巩固和拓展“朋友圈”，加强海外顾问、海外委员和海外青年委员队伍建设，密切与海外不同阶层、领域侨胞的联系。加强外事统筹，建立中国侨联海外工作联席会议机制。组织海外侨胞在涉及中国重大问题上以适当方式支持中国政府立场和观点。积极参与中央有关平台机制建设。创新品牌，办好“侨连五洲·七彩云南”系列活动。围绕服务“一带一路”建设拓展工作，举办 2019 年海外侨领‘一带一路’高峰论坛等活动。召开全国侨联联络工作会议，明确工作着力点和工作任务，加强系统上下联动。加强中国侨联青委会建设，团结凝聚侨界青年，筹备召开中国侨联青年委员会第四次委员大会，以“WTO 改革：中国方案与国际共识”为主题，共举办 13 期“侨青圆桌”，注重侨联系统青委会建设，支持港澳侨界青委会活动。努力做好港澳地区侨务工作，加强港澳顾问、委员队伍建设，积极搭建港澳侨界与台湾侨界交流平台，支持香港华侨华人总会组织“千人老归侨访京团”活动。发挥侨联优势，深入做好侨务对台工作。推进少数民族地区侨务工作。严格制定 2019 年度因公临时出国计划，加强因公出国（境）管理工作，认真执行全年出访任务。

【朱柳副部长会见沙特华商联合会代表团】2 月 25 日，朱柳副部长在中国侨联机关会见了以林大旺为团长的沙特华商联合会代表团一行。

【万立骏主席会见列席全国政协十三届二次会议的海外侨胞】3 月 7 日，万立骏主席在北京会见应邀列席全国政协十三届二次会议的 40 位

3 月 7 日，万立骏主席在北京会见应邀列席全国政协十三届二次会议的 40 位海外侨胞并讲话

海外侨胞。会见活动由中国侨联副主席李卓彬主持，中国侨联副主席隋军、齐全胜，中国侨联秘书长陈迈、副秘书长兼经济科技部部长赵红英、信息传播部部长左志强、文化交流部部长刘奇、基层建设部部长张毅、组织人事部部长姚林楠、公益事业管理服务中心主任何继宁、联谊联络部副部长桑宝山、朱柳等参加会见。

【朱柳副部长会见澳洲中华经贸文化交流促进会代表团】3 月 19 日，朱柳副部长在中国侨联机关会见了澳洲中华经贸文化交流促进会执行主席陈星惠和秘书长林我宏。

【召开 2019 年全国侨联联谊联络工作会议】3 月 21 日，2019 年全国侨联联谊联络工作会议在北京召开。会议以习近平新时代中国特色社会主义思想为指导，深入学习贯彻习近平总书记关于侨务工作的重要论述，总结 2018 年以来的工作，分析当前侨联联谊联络工作面临的形势和任务，研究部署 2019 年侨联联谊联络工作，为新时代党和国家事业发展凝聚侨心、侨力、侨智。中国侨联主席万立骏作了重要讲话，中国侨联副主席李波作了工作报告和会议总结，中国侨联副主席李卓彬、隋军，秘书长陈迈等出席会议。会议期间，北京、吉林、江苏、浙江、福建、陕西 6 个省市侨联负责同志作了交流发言，分享联谊联络工作经验。外交部常务副部长乐玉成还为参会代表作了《当前国际形势和中国外交》的专题报告。中国侨联机关各部门负责人，各省区市、新疆生产建设兵团、中央和国家机关侨联相关负责同志，以及中联部、外交部等有关部门领导共计一百余人参加会议。

【朱柳副部长率团出访荷兰、比利时、波兰】3 月 24 日—4 月 2 日，朱柳副部长率代表团访问荷兰、比利时和波兰，走访侨团，慰问侨胞，考察侨企，出席欧洲侨爱基金会成立 10 周年庆典，拜访荷中友好协会，欧洲议会欧中

3 月 24 日—4 月 2 日，朱柳副部长（左二）率团出访荷兰、比利时、波兰

3 月 21 日，2019 年全国侨联联谊联络工作会议在北京召开

友好小组，并分别在三国侨界就“华侨华人与国家形象”“华侨华人与文化传播”“华侨华人与一带一路”进行主题宣讲。访问获得良好成效。中国驻荷兰大使馆领事部主任蒋华、领事部秘书袁春华，中国驻比利时使馆参赞孙伟、领事部主任邹瑜，中国驻波兰大使馆领事部主任郑钧，以及主要侨团侨领、华裔新生代、华文学校、华人艺术团、华商专业人士、中餐中药行业协会负责人、部分藏胞等各界代表出席了相关主题宣讲活动。

【齐全胜副主席率团访问菲律宾、斯里兰卡】3月20日—27日，中国侨联副主席齐全胜率团访问菲律宾、斯里兰卡。其间，访问团出席活动20余场，在走访侨团、座谈交流、实地考察过程中，向侨胞宣介“一带一路”倡议和全国两会精神，调研海外华文教育和文化交流，了解华侨华人工作、生活、学习情况和需求，访问取得积极成效，达到了预期目的。访问团还先后拜会了中国驻菲律宾大使馆、驻达沃总领事馆、驻宿务总领事馆、驻斯里兰卡大使馆，相继与檀勍生临时代办、黎林总领事、贾力总领事和程学源大使就海外侨务工作等交换了意见。

【陈迈秘书长分别会见欧洲文成华侨华人联合总会代表团和欧洲各国统促会联合访问团】3月25日、26日，中国侨联先后在北京华侨大厦举行招待会，欢迎以蒋忠南为团长的欧洲文成华侨华人联合总会代表团和以徐松华为团长的欧洲各国统促会联合访问团。中国侨联秘书长陈迈出席招待会并致词。中国侨联联谊联络部副部长桑宝山主持招待会，信息传播部副部长郭启华等参加有关活动。

3月25日、26日，陈迈秘书长分别出席欧洲文成华侨华人联合总会代表团和欧洲各国统促会联合访问团招待会并致词

【陈迈秘书长会见西班牙华侨华人社团联谊总会访问团】3月27日，中国侨联秘书长陈迈在北京会见西班牙华侨华人社团联谊总会访问团，中国侨联联谊联络部副部长桑宝山、信息传播部副部长郭启华等一同参加会见。

【隋军副主席率团访问德国、西班牙】4月4日—11日，中国侨联副主席隋军率代表团访问德国、西班牙。代表团一行分别在到访城市召开侨界代表座谈会，走访华侨华人企业商户，看望慰问华侨华人，倾听侨胞心声，深入了解华侨华人融入住在国社会、参与“一带一路”建设、传承中华文化等方面的情况，广泛宣讲习近平新时代中国特色社会主义思想和党的十九大、中国侨联“十代会”精神，认真解答广大华侨华人关心关注的问题。此次访问，增进了与侨胞的亲情友情，推动了侨社的和谐建设，为侨商发展鼓舞了干劲。出访期间，隋军与我驻德国大使吴恳、驻法兰克福总领事孙从彬、驻汉堡副总领事王玮、驻西班牙大使吕凡、驻巴塞罗那总领事林楠进行了工作交流。

【朱柳副部长会见巴西中西部地区中国和平统一促进会代表团】4月10日，朱柳副部长会见了巴西中西部地区中国和平统一促进会会长宋南屏等一行。

【朱柳副部长会见意大利威尼托华人工商联合会访问团】4月10日，朱柳副部长在中国侨联机关会见了意大利威尼托华人工商联合会访问团。

【联谊联络部党支部接受中国侨联党组第一轮巡视】4月17日—5月24日，中国侨联党组第一轮巡视对联谊联络部党支部进行了常规巡视。4月17日上午，巡视动员部署会在机关召开，中国侨联党组成员、副主席、党组巡视工作领导小组组长隋军出席会议并讲话，就做好巡视工作提出要求。组织人事部部长、机关党委副书记、巡视组组长姚林楠就即将开展的巡视工作作了部署。联谊联络部党支部书记、部长陈权作表态发言。7月30日，第一轮巡视组对联谊联络部党支部进行了反馈，指出了存在的问题。联谊联络部党支部高度重视巡视，对照巡视反馈意见，认

综合

真制定整改方案，立行立改抓落实，经过共同努力，整改工作取得了一定成效。

【朱柳副部长会见西班牙瓦伦西亚华侨华人商贸总会访问团】 4 月 19 日上午，中国侨联联谊联络部副部长朱柳会见了西班牙瓦伦西亚华侨华人商贸总会访问团一行。

【朱柳副部长会见中国驻佛罗伦萨总领事王文刚】 4 月 20 日下午，朱柳副部长会见了新任佛罗伦萨总领事王文刚。

【万立骏主席会见第二期泰中新时代领导精英研习班访华团】 4 月 23 日，万立骏主席在北京会见了由泰国前副总理辑差·旺纳撒缇率领的第二期泰中新时代领导精英研习班学员一行，李波副主席主持会见。中国侨联信息传播部部长左志强，权益保障部部长张岩，基层建设部部长张毅，组织人事部部长姚林楠，经济科技部巡视员、中国侨商联合会副会长兼秘书长安晨，联谊联络部副部长桑宝山、朱柳，中国华侨历史博物馆副馆长祁德贵等参加会见。

【李卓彬副主席赴澳门出席第十届世界缅华同侨联谊大会等活动】 4 月 26 日—28 日，中国侨联副主席李卓彬率团访问澳门，作为主礼嘉宾出席第十届世界缅华同侨联谊大会开幕典礼，并在大会的“一带一路”及粤港澳大湾区发展机遇论坛上发表演讲。澳门中联办副主任张荣顺，外交部驻澳门特派员公署副特派员王冬，中央统战部局长王萍，澳门特区政府社会文化司司长谭俊荣，中国侨联副主席、澳门归侨总会会长刘艺良，缅甸驻港澳总领事杜妙都萨丹，部分省市侨联代表以及 600 余名缅华社团代表出席活动。26 日下午，澳门中联办副主任张荣顺会见李卓彬一行，并就相关工作交换意见。在澳门期间，

4 月 26 日—28 日，李卓彬副主席赴澳门出席第十届世界缅华同侨联谊大会等活动

李卓彬同澳门归侨总会、中华（澳门）发展与合作促进会的部分侨界代表深入沟通与交流，听取意见和建议。此外，代表团还出席了第二十四届澳门缅华泼水节系列活动。

【李波副主席赴香港出席“侨青圆桌”活动】 4 月 27 日，由中国侨联青年委员会、香港海外学人联合会、香港侨界社团联会青年委员会联合主办的“侨青圆桌——粤港澳大湾区协同发展的机遇与挑战”在香港举行。中国侨联党组成员、副主席李波出席活动并致辞。本次“侨青圆桌”以“粤港澳大湾区协同发展的机遇与挑战”为主题，着眼于科技创新和金融支持两大核心领域，探讨香港在粤港澳大湾区战略中的优势作用，15 位粤港澳知名科技、金融、教育界人士作主题发言，140 余名粤港澳侨界青年及各界团体代表参加活动。在港期间，李波副主席出席了由中国侨联主办的 2019“侨爱心·慈善之夜”活动，与中央驻香港联络办公室副主任谭铁牛就香港侨界工作交换了意见，看望了港区侨联顾问、常委、委员，并与香港新侨社团、侨界代表人士座谈交流。中国侨联兼职副主席余国春、卢文端，

4 月 23 日，万立骏主席（前排中）会见第二期泰中新时代领导精英研习班访华团

4 月 27 日，李波副主席（后排左四）赴香港出席“侨青圆桌”等活动

中国华侨公益基金会副理事长兼秘书长何继宁、香港中联办协调部副部长张强、中国侨联联谊联络部副部长桑宝山等参加有关活动。

【朱柳副部长会见中国驻哥德堡总领事顾晖】 4 月 29 日，朱柳副部长在中国侨联机关会见了中国驻哥德堡总领事顾晖。

【万立骏主席会见印尼华裔总会访问团】 5 月 8 日，中国侨联党组书记、主席万立骏，党组成员、副主席李波在北京会见了以黄德新为团长、黄印华为副团长的印尼华裔总会一行。中国侨联联谊联络部副部长桑宝山等参加会见。

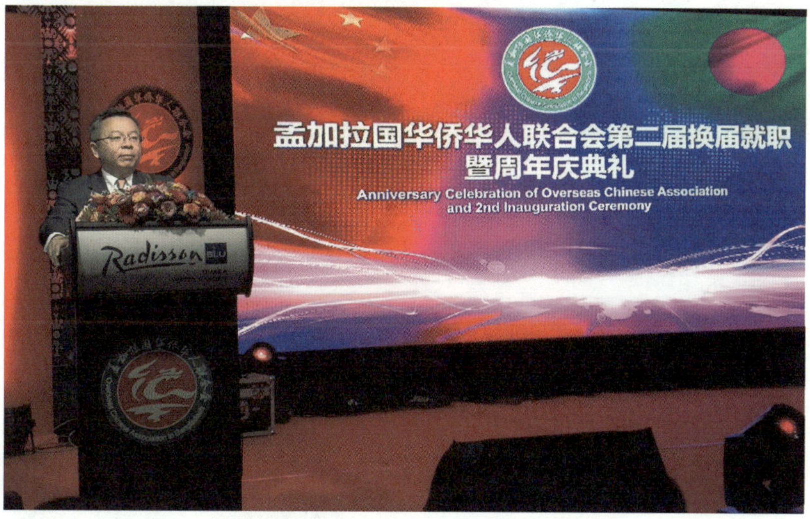

5 月 9 日—18 日，李波副主席率团访问孟加拉国、老挝和尼泊尔

【举办第十四期“侨青圆桌”活动】 5 月 8 日，中国侨联青年委员会在北京举办第十四期“侨青圆桌”，第十二届全国政协副主席、中国金融学会会长周小川，清华大学国家金融研究院院长、国际货币基金组织前副总裁朱民，商务部世贸司司长洪晓东等专家学者，以及美国彼得森国际经济研究所（PIIE）高级研究员代表团一行共 50 余人出席活动。

【李波副主席率团访问孟加拉国、老挝和尼泊尔】 5 月 9 日—18 日，中国侨联副主席李波率团访问孟加拉国、老挝和尼泊尔。访问期间，李波副主席出席了孟加拉国华侨华人联合会成立两周年活动，代表中国侨联及万立骏主席向海外侨胞致以问候和祝愿；走访侨团、侨企和华文学校，深入了解海外侨胞在住在国的发展状况和响应“一带一路”倡议具体实践；与中国侨联海外委员、顾问及当地主要侨领座谈交流，积极联络海外新侨和华裔新生代。李波副主席还与“孟中商业工业协会”“尼中文教协会”“尼泊尔阿尼哥协会”等当地机构和对华友好人士座谈交流，宣介中国侨联，探讨如何更好发挥侨的优势，推动与所访各国的友好交往。出访期间，李波与我驻孟加拉国大使张佐、驻老挝大使姜再冬、驻尼泊尔大使侯艳琪就做好新时代海外涉侨工作，更好发挥海外侨胞在“一带一路”建设中的独特优势和作用进行了深入交流。中国侨联联谊联络部副部长桑宝山陪同访问。

【万立骏主席率团出访美国、韩国、日本】 5 月 17 日—26 日，中国侨联主席万立骏率团出访美国、韩国、日本，看望侨胞、走访侨社，传递乡情，了解侨情，倾听侨声。在美期间，万立骏一行走访了纽约唐人街和法拉盛中国城，看望当地华侨华人，出席了美东华人社团联合总会举办的纪念“中美建交 40 周年图片展”开幕式，并与美东侨界、驻芝加哥领区侨领深入座谈，到中国驻纽约总领馆、驻芝加哥总领馆交流侨务工作，纽约、芝加哥两地 500 多名侨胞参加相关活动。中华人民共和国驻纽约总领事黄屏、副总领事邱舰，驻芝加哥总领事赵建、副总领事黄黎

5月17日—26日，万立骏主席（右八）率团出访美国、韩国、日本

明参加有关活动。在韩国首尔期间，出席“亲情中华·魅力江苏”慰侨演出活动，听取了中华人民共和国驻韩国大使邱国洪、总领事邓琼关于在韩华侨华人情况的介绍，并就涉侨改革、海外华文教育、侨社发展等进行了深入交流。在日本出席神户中华同文学校建校120周年纪念典礼，分别与全日本华侨华人联合会、东京华侨总会、日本中华总商会、神户华侨总会、大阪华侨总会侨领代表进行交流，走访华人设计公司，并在东京、大阪召开侨界座谈会，与中国驻日本大使馆公使郭燕、参赞兼总领事詹孔朝，中国驻大阪总领事馆侨务处主任李春等就国内涉侨改革、海外侨务工作、侨社建设、侨胞发展等作了交流。中国侨联副秘书长兼经济科技部部长赵红英、联谊联络部副部长朱柳、信息传播部副部长郭启华陪同访问。

5月21日，举办香港“千人老归侨访京团”招待会

【举办香港“千人老归侨访京团”招待会】 5月21日，中国侨联在北京人民大会堂举办“中国侨联庆祝新中国成立70周年系列活动——香港‘千人老归侨访京团’招待会”，欢迎来自香港的千余名老归侨代表。中国侨联副主席李卓彬、隋军、李波、齐全胜等出席。招待会由中国侨联副主席李波主持，中国侨联机关各部门、各直属企事业单位负责人，北京市侨联主要负责人，香港“千人老归侨访京团”全体成员近1200人参加了招待会。香港“千人老归侨访京团”活动由香港华侨华人总会主办，由香港老归侨代表组成。该团于5月19至23日访问北京，旨在庆祝中华人民共和国成立70周年，感受新中国建设成就，表达香港侨界同胞对祖国的热爱。该团在京期间，集体登上长城并合唱《歌唱祖国》，参观人民大会堂、国家大剧院等反映新中国建设成就的代表性建筑和北海公园等文化景点。

【举办“侨连五洲·七彩云南”第17届东盟华商会暨第1届“一带一路”侨社论坛】 6

月 11 日，由中国侨联、国家开发银行、云南省政府联合主办，以华侨华人与“一带一路”为主题的“侨连五洲·七彩云南”第 17 届东盟华商会暨第 1 届“一带一路”侨社论坛在昆明开幕。中国侨联主席万立骏，云南省委副书记王予波，国家开发银行副行长刘金，中国侨联副主席李卓彬、李波，云南省委常委、省政府常务副省长宗国英，中国侨联法顾委主任张耕，外交部领事司司长崔爱民，以及来自 53 个国家和地区的 600 余名侨领和华商代表齐聚云南，发挥侨界优势，共商“一带一路”建设，共谋开放发展。中国侨联主席万立骏、云南省委副书记王予波在开幕式上致辞。会前，中国侨联主席万立骏，云南省委书记陈豪，国家开发银行副行长刘金，中国侨联副主席李卓彬、李波，云南省委常委、常务副省长宗国英，云南省委常委、秘书长刘慧晏，云南省政府副省长张国华，外交部领事司司长崔爱民等会见了参加活动的嘉宾代表。中国侨联副秘书长、经济科技部部长赵红英，文化交流部部长刘奇，权益保障部部长张岩，基层建设部部长张毅，公益事业管理服务中心主任何继宁，经济科技部巡视员、中国侨商联合会副会长兼秘书长安晨，信息传播部副部长郭启华，联谊联络部副部长桑宝山、朱柳等出席有关活动。6 月 12 日下午，举行侨连五洲·第 1 届“一带一路”侨社论坛。活动由李波副主席主持，中国侨联法顾委主任张耕，中国侨联副主席、福建省侨联主席陈式海，中国侨联副主席、广东省侨联主席黎静出席，特别邀请外交部领事司司长崔爱民、国家开发银行国际合作局亚太部主任刘浩等 12 位嘉宾出席并作专题演讲，300 余名海外侨领、侨界青年和专家学者参加。论坛下设“侨青圆桌”“和谐侨社论坛”两场活动。论坛举办期间，中国侨联基层建设部部长张毅介绍了中国侨联联系组织海外侨团、涉侨基金会开展对口帮扶、助力云南脱贫攻坚的有关情况，并举行了签约仪式。中国侨联权益保障部部长张岩，云南省侨联党组书记和向红，中国侨联联谊联络部副部长桑宝山、朱柳，云南省侨联副主席徐盛兴，外交部领事司参赞江雷等出席有关活动。

6 月 12 日，李波副主席（中）出席“侨连五洲·七彩云南”第 17 届东盟华商会暨第 1 届“一带一路”侨社论坛

【举办第十一届海峡论坛 2019 两岸侨联和平发展论坛·海峡两岸暨港澳侨界圆桌峰会】 6 月 15 日，第十一届海峡论坛·2019 两岸侨联和平发展论坛·海峡两岸暨港澳侨界圆桌峰会在厦门举办，来自海内外及港澳台地区的 150 余名侨界代表围绕“推动两岸和平发展，致力民族伟大复兴”的主题展开深入交流。中国侨联党组书记、主席万立骏，福建省委常委、统战部部长邢善萍出席并致辞，中国侨联党组成员、副主席李波主持会议。国务院台办港澳涉台事务局副局长朱凤莲、福建省侨联主席陈式海、中华侨联总会理事

6 月 12 日，举办“侨连五洲·七彩云南”第 17 届东盟华商会暨第 1 届“一带一路”侨社论坛

6 月 15 日，举办第十一届海峡论坛 2019 两岸侨联和平发展论坛·海峡两岸暨港澳侨界圆桌峰会

长郑致毅、华侨协会总会理事长黄海龙、香港侨界社团联会会长余国春、中国和平统一促进会香港总会会长姚志胜、香港华侨华人总会监事长梁淦基、香港侨友社会长黄英来、澳门归侨总会副监事长尤肖吾等参加会议并发言。本次圆桌峰会作为第十一届海峡论坛分论坛，由中国侨联、中华侨联总会、华侨协会总会、福建省侨联主办，厦门市侨联承办，合作单位是香港侨界社团联会、澳门归侨总会、香港华侨华人总会、香港侨友社。

【桑宝山副部长赴菲律宾出席全球华侨华人促进中国和平统一大会】6 月 22 日上午，桑宝山副部长代表中国侨联出席由菲律宾中国和平统一促进会主办、以“推进中国和平统一，实现民族伟大复兴”为主题的全球华侨华人促进中国和平统一大会（2019·马尼拉）。

【李卓彬副主席访问泰国、马来西亚】6 月 24 日—7 月 1 日，中国侨联副主席李卓彬率团访问泰国、马来西亚。其间，李卓彬副主席一行走访多家侨社侨团侨企，深入调查研究侨情，看望慰问当地侨胞，向他们积极宣介中国改革发展成就和“一带一路”建设丰硕成果，通报党和国家机构改革和侨联改革有关情况，同侨胞充分交流互动、畅叙亲情友情、听取意见建议，访问取得圆满成功。访问期间，李卓彬副主席同中国驻泰国大使吕健、参赞张东浩，中国驻马来西亚大使白天、参赞刘东源，中国驻哥打基纳巴卢总领事梁才德、副总领事吴晓晴等就加强海外侨务工作、构建和谐侨社、国内涉侨改革情况等内容进行了深入交流。

【举办第一期海外侨领研修班】7 月 6 日—12 日，中国侨联第一期海外侨领研修班在南京大学举行，此次活动由中国侨联主办，江苏省侨联和南京大学共同承办。中国侨联副主席李波出席结业仪式，为学员颁发证书并讲话。江苏省侨联主席周建农，南京大学副校长、教授王志林，中国侨联联谊联络部副部长朱柳，南京大学统战部常务副部长王洪涛，南京大学继续教育学院院长赵清等出席。来自英国、法国、意大利、肯尼亚等 28 个国家的 60 余名海外侨领全程参加研修班学习及考察。

【李波副主席率团访问智利、巴拿马和美国】7 月 28 日—8 月 6 日，中国侨联副主席李波率团访问智利、巴拿马和美国。在智利圣地亚哥，巴拿马巴拿马城、科隆及美国旧金山访问期间，李波副主席代表中国侨联及万立骏主席向海外侨胞致以问候和祝愿；与外交部领事司、国家移民局联合调研组走访侨团侨社、侨资企业，深入了解海外侨胞在住在国的生存发展状况和对侨务工作的意见建议；与中国侨联海外委员、顾问、青年委员及当地主要侨领座谈交流，积极联络海外新侨和华裔新生代。在加州圣何塞中关村硅谷创新中心，李波主持召开了以“新时代的中美关系：华侨华人的历史使命”为主题的侨青圆桌会议，与湾区华裔

7 月 28 日—8 月 6 日，李波副主席（主席台左四）率团访问智利、巴拿马和美国

新生代、新侨专业人士及留学生代表等座谈交流，宣介中国侨联，探讨如何更好发挥广大华侨华人的优势作用，推动中美友好交往。出访期间，李波与我驻智利大使徐步、驻巴拿马大使魏强、驻旧金山总领事王东华就做好新时代海外涉侨工作，更好发挥海外侨胞在弘扬中华文化、促进经贸往来、推动民间交往等方面的独特优势和作用进行了深入交流，并应邀在斯坦福大学全球发展中心作了关于 WTO 改革的学术报告。中国侨联联谊联络部副部长朱柳陪同访问。

【齐全胜副主席率团访问波兰、奥地利】8月9日—16日，由齐全胜副主席率领的中国侨联代表团一行 4 人访问波兰、奥地利，走访侨团，与中国侨联海外委员、文促会委员、青委会委员等华侨华人广泛交流，带来祖（籍）国和中国侨联的问候，介绍新中国成立 70 年来取得的辉煌成就，征求侨胞对侨联工作的意见建议。访问期间，代表团分别拜会了中国驻波兰、奥地利大使馆，与刘光源大使、李晓驷大使进行了深入工作交流。

【隋军副主席率团访问埃塞俄比亚、塞内加尔和阿联酋】8月5日—14日，中国侨联副主席隋军率团访问埃塞俄比亚、塞内加尔和阿联酋。访问团一行深入当地侨界，结合“不忘初心、牢记使命”主题教育，举行座谈、走访侨企、了解侨情、倾听侨声，广泛宣讲第十次全国归侨侨眷代表大会精神和国家侨务工作机构改革情况，代表中国侨联和万立骏主席向当地广大侨胞致以诚挚问候和良好祝愿。访问期间，隋军分别与我驻埃塞俄比亚大使谈践、驻塞内加尔大使张旭、驻阿联酋大使倪坚、驻迪拜总领事李旭航就国内涉侨改革、海外侨务工作、和谐侨社建设、侨胞生存发展等方面工作进行了深入交流。

8 月 9 日—16 日，齐全胜副主席（左）率团访问波兰、奥地利

【万立骏主席会见日本中华总商会访问团】8月14日，中国侨联党组书记、主席万立骏，党组成员、副主席李波在北京会见了以严浩为团长的日本中华总商会访问团一行。中国侨联联谊联络部副部长桑宝山等参加会见。

【台湾华侨协会总会应中国侨联邀请赴吉林省参访】8月16日—21日，台湾华侨协会总会应中国侨联邀请赴吉林省长春市、吉林市、延边市和长白山参访。参访活动旨在深化两岸侨界友好，推动两岸侨界共同为两岸关系和平发展贡献力量，吉林省政协副主席曹宇光会见台湾华侨协会参访团一行。

8 月 5 日—14 日，隋军副主席（前排左三）率团访问埃塞俄比亚、塞内加尔和阿联酋

【万立骏主席访问俄罗斯、哈萨克斯坦】8月20日—26日，中国侨联党组书记、主席万立骏率团访问俄罗斯、哈萨克斯

坦。访问团出席庆祝中俄建交 70 周年暨欧洲华侨华人促进中国和平统一（莫斯科）大会，在莫斯科、圣彼得堡走访侨团侨社，广泛接触侨胞，与我驻外使领馆就侨务工作交换意见，结合“不忘初心、牢记使命”主题教育开展调研。与中国驻俄罗斯大使张汉晖、驻圣彼得堡代总领事张卫、中国驻阿拉木图副总领事缪宏波就进一步加强海外侨务工作深入交换了意见。中国侨联信息传播部部长左志强，联谊联络部副部长桑宝山等陪同访问。

【举办第三期海外联谊研修班】9 月 3 日—9 日，由中国侨联主办、吉林省侨联和吉林大学承办的第三期中国侨联海外联谊研修班——侨领班在吉林长春举行，来自加拿大、美国、巴西、阿根廷、澳大利亚、新西兰、新加坡、韩国、日本等 19 个国家和地区的近 80 余位侨领参加此次研修班。9 月 4 日上午，研修班在吉林大学开班，中国侨联联谊联络部副部长朱柳，吉林大学党委副书记蔡莉，吉林省侨联副主席兼秘书长关波出席开班式并致辞。吉林省侨联副主席李静主持开班仪式。研修班邀请了外交部领事司、中国侨联联谊联络部和吉林大学有关领导、知名教授授课，课程涵盖包括新时代中国特色社会主义思想解读、华侨华人与中华文化传播、新时代中国外交与领事保护、“一带一路”与全球化、管理思维与创新等课程。结业典礼后，研修班全体学员还在长春及长白山开展了为期两天的现场教学活动。

9 月 6 日，举办第三期海外联谊研修班

【台湾中华侨联总会应中国侨联邀请赴甘肃省参访】9 月 3 日—8 日，中国侨联邀请台湾中华侨联总会赴甘肃省参访。甘肃省及酒泉市、嘉峪关市、敦煌市等地相关领导接待会见参访团。此次参访将学习习近平总书记关于弘扬传统文化、增强民族自信，树立正确的历史观、国家观、民族观、文化观，巩固对伟大祖国、对中华民族认同等重要要求贯穿全程，从黄河之滨到河西走廊，增进了两岸同胞文化认同、深化了两岸侨界友好，推动两岸侨界共同为两岸关系和平发展贡献力量。

【举办第四期海外联谊研修班】9 月 16 日—21 日，由中国侨联主办、四川省侨联和四川大学承办的中国侨联第四期海外联谊研修班（侨领班）在四川举行，来自阿联酋、柬埔寨等 12 个国家和地区的 70 位侨领参加此次研修班。中国侨联顾问、中国华侨公益基金会理事长乔卫，中国侨联兼职副主席、四川省侨联主席刘以勤，四川大学校党委副书记曹萍，中国侨联联谊联络部副部长桑宝山，四川大学公共管理学院党委书记姜晓萍等出席有关活动。研修班开设了新时代中国共产党治国理政理念思想、新时代中国外交与领事保护、中国经济发展形势、“一带一路”倡议深度解读、开发性金融支持“一带一路”、决胜全面小康社会、创新思维与创新管理、海外侨胞要做中国梦连接世界梦的桥梁和使者等专题，邀请中联部党群外事协调局副局长史国辉，外交部领事司参赞于晓明，国家开发银行国际金融事业部国际合作二局局长刘浩和四川大学公共管理学院党委书记、教授姜晓萍，经济学院院长、教授蒋永穆，经济学院、国际关系学院教授戴永红，商学院副教授郝勇等知名专家学者授课。涵盖中国政治、外交、侨务、经济、文化等方面。研修期间组织学员前往成都规划馆、天府新区公园城市规划厅进行现场教学，参观了四川侨之家，出席了 2019 中阿经贸文化交流峰会开幕式。成都的研修结束后，研修班学员在四川

举办第四期海外联谊研修班

省遂宁市开展了为期两天的现场教学活动，并与当地举行座谈。

【朱柳副部长会见北美洲台湾乡亲联谊会参访团】9 月 11 日，中国侨联联谊联络部副部长朱柳会见了以梁义大为团长的北美洲台湾乡亲联谊会参访团一行。

【李卓彬副主席率团访问斐济、新西兰】9 月 17 日—24 日，中国侨联副主席李卓彬率团访问斐济和新西兰，走访侨团，慰问侨胞，考察侨情，出席第二十届国际潮团联谊年会及新西兰“中国民族文化日”活动，并与我驻斐济、新西兰相关使领馆就侨务工作交流意见。访问取得圆满成功，受到当地侨界及我使领馆的热烈欢迎和积极评价，加深了斐济、新西兰侨胞对祖（籍）国经济社会发展成就的了解，增进和鼓舞了他们的爱国热情，激励了两国侨胞传承中华优秀文化、讲好中国故事、推进和谐侨社建设，参与同圆共享中国梦和构建人类命运共同体的使命与担当。中国侨联权益保障部部长张岩、经济科技部副部长夏付东、联谊联络部副部长朱柳陪同访问。

【万立骏主席会见欧洲福建侨团联合总会访问团】10 月 12 日，中国侨联主席万立骏、副主席隋军在北京会见欧洲福建侨团联合总会访问团，欧洲福建侨团联合总会访问团 17 人来自意大利、英国、西班牙、捷克等 13 个国家。隋军副主席主持会见，联谊联络部副部长朱柳参加会见。

【李卓彬、齐全胜副主席会见香港侨界社团联会访问团】10 月 15 日上午，中国侨联副主席李卓彬、齐全胜会见了香港侨界社团联会访问团一行，中国侨联联谊联络部副部长桑宝山参加会见。

【隋军副主席赴澳门出席澳门福建同乡总会成立 30 周年庆典等活动并调研】10 月 15 日，由澳门福建同乡总会主办的“庆祝中华人民共和国成立七十周年、澳门回归祖国二十周年、澳门福建同乡总会成立三十周年”庆祝酒会在澳门旅游塔隆重举行，澳门特区行政长官崔世安、全国政协副主席何厚铧、中央驻澳门联络办副主任张荣顺、福建省政协主席崔玉英、中国侨联副主席隋军等共同主礼，与海内外闽籍乡亲约 500 人共襄盛举。10 月 15 日晚，隋军出席澳门福建同乡总会成立 30 周年暨第十一届理监事就职典礼。访澳期间，隋军一行走访澳门归侨总会，看望中国侨联在澳的顾问、常委和委员，出席座谈交流会。10 月 15 日上午，中央驻澳门联络办公室副主任张荣顺会见了隋军一行，双方就做好澳门侨界工作交换了意见。中国侨联副秘书长、联谊联络部部长陈权参加了上述活动。

9 月 17 日—24 日，李卓彬副主席率团访问斐济、新西兰

10 月 15 日，隋军副主席赴澳门出席澳门福建同乡总会成立 30 周年庆典等活动并调研

【李卓彬副主席会见世界知名台商大陆参访团】10 月 15 日，中国侨联副主席李卓彬会见张志康团长带领的世界知名台商大陆参访团。中国侨联联谊联络部副部长桑宝山、经济科技部副部长夏付东、全国台联联络部副部长林毅等陪同出席活动。

【万立骏主席出席香港侨界社团联会第七届会董就职典礼等活动】10 月 21 日—23 日，中国侨联党组书记、主席万立骏率团赴香港出席香港侨界社团联会第七届会董就职典礼、“重走嘉庚路·致敬新时代”主题系列活动之“‘华侨旗帜，民族光辉’——传承嘉庚精神及华侨华人参与祖国建设成果展”等活动，看望香港侨胞，与香港侨界青年代表座谈，并与香港中联办进行工作交流。中国侨联联谊联络部副部长桑宝山等参加上述活动。

【隋军副主席会见孟加拉国华侨华人联合会访问团一行】10 月 28 日，中国侨联党组成员、副主席隋军在京会见了以庄立峰为团长、颜宝铃为名誉团长的孟加拉国华侨华人联合会访问团一行，中国侨联联谊联络部副部长桑宝山等参加会见。

【朱柳副部长会见旧金山湾区中国统一促进会中青年访问团】10 月 30 日，中国侨联联谊联络部副部长朱柳在中国侨联机关会见了以陈兆进为团长的旧金山湾区中国统一促进会中青年组访问团一行。

【万立骏主席会见全日本华侨华人联合会访问团】11 月 1 日，中国侨联党组书记、主席万立骏，党组成员、副主席隋军在北京会见了以贺乃和会长为团长的全日本华侨华人联合会访问团一行。中国侨联联谊联络部副部长桑宝山等参加会见。

【召开中国侨联青年委员会第四次委员大会】11 月 7 日—9 日，中国侨联青年委员会第四次委员大会在北京召开，来自 93 个国家和地区的近 500 名青年委员出席大会。8 日，中共中央书记处书记、中央统战部部长尤权会见中国侨联青年委员会第四次委员大会代表并讲话。全国人大常委会副委员长白玛赤林、全国政协副主席郑建邦以及有关部门负责同志参加会见。开幕会上，中国侨联党组书记、主席万立骏发表了题为《建功新时代　勇做追梦人》的讲话，中国侨联青年委员会第三届会长乔卫在开幕会上作第三届青委会工作报告，9 日上午的闭幕会上，中国侨联党组成员、副主席，中国侨联青委会第四届会长隋军作题为《立足新起点　开创新局面》的讲话。中央统战部、中联部、全国人大华侨委、外交部、全国政协港澳台侨委、致公党中央、全国总工会、共青团中央、全国妇联、中国科协等有关单位领导及中国侨联各部门单位负责人出席开幕会。会议期间，全体青年委员到北京展览馆参观了新中国成立 70 周年成就展，听取了外交部领事司司长崔爱民作的专题报告。闭幕会后，海外及港澳青年委员分三条线路分别赴北京、天津，重庆、四川，江苏、上海等地参观考察。

中国侨联青年委员会第四次委员大会在北京召开

综合

11 月 27 日—12 月 5 日，万立骏主席（主席台左四）率代表团访问希腊、匈牙利、意大利

【万立骏主席率团访问希腊、匈牙利、意大利】 11 月 27 日—12 月 5 日，中国侨联主席万立骏率代表团访问希腊、匈牙利、意大利，走访侨社、看望侨胞，宣讲党的十九届四中全会精神，介绍国内经济社会发展和侨联工作情况，听取旅欧侨胞有关工作意见和建议。在希腊期间，万立骏同中国驻希腊大使章启月进行会谈。在匈牙利与旅匈侨界代表进行座谈，中国驻匈牙利大使段洁龙和匈牙利华侨华人社团、企业、华文媒体、双语学校等代表 50 余人出席了座谈会。12 月 4 日下午，中国侨联在意大利罗马召开欧洲地区海外委员座谈会，通报情况、交流研讨。万立骏出席会议并讲话。在意期间，万立骏分别同中国驻意大利大使李军华、中国驻意大利米兰总领事馆总领事宋雪峰、中国驻意大利佛罗伦萨总领事馆副总领事崔音作了深入交流。中国侨联组织人事部部长姚林楠、联谊联络部副部长桑宝山、信息传播部副部长郭启华等一同参加上述活动。

【隋军副主席率团访问缅甸和柬埔寨】 12 月 6 日—13 日，中国侨联副主席隋军率团访问缅甸和柬埔寨。代表团先后访问仰光、曼德勒、金边 3 个城市，走访侨团侨校，慰问华侨华人，倾听侨胞心声，广泛宣讲党的十九届四中全会精神，介绍中国经济社会发展和侨联工作情况。访问期间，隋军分别与我驻缅甸大使馆于边疆参赞，驻曼德勒总领事王宗颖、副总领事李立蓓，驻柬埔寨大使馆王文天大使、李杰参赞等就推动侨团侨社学习宣传贯彻党的十九届四中全会精神、参与“一带一路”建设、做好海外侨务工作、加强和谐侨社建设、致力侨界青年工作等议题进行了深入交流。访问反响良好、成果丰硕，取得圆满成功。此访期间，隋军一行在走访侨社、慰问侨胞时，大力宣传北京冬奥、介绍北京冬奥，鼓励侨胞们积极为办好北京冬奥会多做贡献。两国侨胞热烈响应、积极募捐、主动参与，展示了心系（祖）籍国，支持北京冬奥的良好形象。中国华侨华人研究所所长张春旺、中国侨联办公厅副主任张凌等一同参加上述活动。

【举办中国侨联第四期归国藏胞代表人士参访团活动】 12 月 11 日—18 日，由中国侨联联谊联络部副部长朱柳担任领队，由全国政协委员、中国侨联海外委员、西藏侨联副主席谢文·根多活佛担任团长的“归国藏胞祖国行”——中国侨联第四期归国藏胞代表人士参访团一行 40 余人赴湖南、福建、四川三省参观访问。中国侨联顾问、中国华侨公益基金会理事

举办“归国藏胞祖国行”——中国侨联第四期归国藏胞代表人士参访团活动

长乔卫，中国侨联副主席、四川省侨联主席刘以勤，湖南省侨联党组书记黄芳，福建省侨联副主席张瑶，四川省委统战部藏胞办主任马元，长沙市委常委、统战部部长谭小平，市委统战部副部长、市侨联党组书记王国平，市侨联主席陈慧，厦门市副市长韩景义，市侨联主席潘少銮，泉州市委常委、统战部部长林万明，市侨联主席陈晓玉和晋江市副市长王文晖等领导会见参访团一行。

举办 2019 华侨华人聚濠江联谊大会暨海外侨青高峰论坛

【举办 2019 华侨华人聚濠江联谊大会暨海外侨青高峰论坛】12 月 14 日，由中国侨联支持、澳门归侨总会主办的“2019 华侨华人聚濠江联谊大会暨海外侨青高峰论坛”在澳门圆满落幕。全国政协副主席何厚铧，澳门特区行政长官崔世安，中央政府驻澳门联络办公室主任傅自应，外交公署特派员沈蓓莉，澳门立法会主席高开贤，澳门特区政府社会文化司司长谭俊荣，全国政协常委、中国侨联副主席余国春，全国人大代表、中国侨联副主席、澳门归侨总会会长刘艺良，中国侨联副主席、广东省侨联主席黎静等共同主礼。海外侨青高峰论坛由中国侨联、澳门归侨总会主办，中国侨联青年委员会、澳门侨界青年协会承办，以“新时代的志愿者”为主题，聚焦志愿者和公益事务，邀请中国侨联青年委员、热心社会公益事业的侨界优秀青年以及业内专家广泛参与。中国侨联副主席余国春、刘艺良等嘉宾出席活动，中国侨联联谊联络部副部长、中国侨联青年委员会副秘书长桑宝山出席并致辞。

【举办第六期海外联谊研修班】12 月 18 日—24 日，由中国侨联和福建省侨联联合主办，厦门大学、厦门大学海外教育学院承办，厦门市侨联协办的中国侨联第六期海外联谊研修班（嘉庚班）在厦门举行。来自全世界 36 个国家和地区的 60 余名侨社骨干参加此次研修班。中国侨联顾问、中国华侨公益基金会理事长乔卫，中国侨联副主席、福建省侨联主席陈式海，中国侨联联谊联络部副部长桑宝山，福建省侨联副主席张瑶，厦门大学党委常委、组织部部长、统战部部长孙理，厦门市侨联副主席邓飚等出席相关活动。研修班邀请乔卫顾问、陈式海副主席，外交部领事司参赞张正希，厦门大学原校长朱崇实教授等知名专家学者授课，涵盖中国政治、外交、侨务、经济、文化、中华礼仪等方面。厦门大学集中授课结束后，研修班赴上海进行现场教学，上海市侨联副主席陶勇等参加有关活动。

举办中国侨联第六期海外联谊研修班

经济科技部

【领导成员名单】

部　　长：赵红英（女）

一级巡视员：安　晨

副 部 长：夏付东

【综述】2019 年，经济科技部在会党组和李卓彬副主席的领导下，深入学习党的十九大和十九届二中、三中、四中全会精神，认真贯彻习近平总书记系列重要讲话精神，按照中国侨联“十代会”部署，解放思想，开拓创新，在侨联系统深入打造“创业中华”品牌，努力服务国家和地方发展大局，在服务侨胞事业发展等方面做了不少工作，取得一定实效。

【开设“特聘专家讲堂”】该项活动已纳入中国侨联机关党组中心组理论学习一项内容。3 月 15 日，中国侨联特聘专家讲堂开讲，万立骏主席以特聘专家身份为全体干部做题为《能源的开发利用和典型电池研究》的首场科普讲座。5 月、9 月、12 月，分别邀请中国科学院院士、中国疾病预防控制中心主任高福，中科院院士、中国侨联副主席、中科院动物研究所所长周琪，中国科学院高能物理研究所粒子天体物理中心和粒子天体物理重点实验室主任张双南作科普讲座，受到干部职工欢迎。

【建立中国侨联推进“一带一路”建设联席会议制度】经十届八次主席办公会议审议通过，建立中国侨联推进“一带一路”建设联席会议制度，明确了联席会议机构设置、职责任务、会议制度、成员单位等工作机制。2019 年由李卓彬副主席主持召开了两次联席会议，各成员单位就参与推进“一带一路”建设工作情况进行交流。

【举办“创业中华 · 出彩中原”活动】4 月 7 日，经济科技部与河南省人民政府联合主办“创业中华 · 出彩中原”——2019 海外华侨华人高端人才助力创新发展峰会，万立骏主席出席活动并致辞。中国侨商联合会、中国侨联特聘专家委员会组织侨商侨领和侨界高端人才出席活动。中国侨商投资企业协会科技创新委员会副主席贡毅，中国侨联特聘专家李然、张建伟等作了主旨演讲。中国侨商会、河南省侨联、郑州市人民政府签订战略合作框架协议。

4 月 7 日，万立骏主席出席“创业中华 · 出彩中原”活动见证签约

3 月 15 日，中国侨联特聘专家讲堂开讲，万立骏主席以特聘专家身份作首场科普讲座

【支持举办“创业中华 · 晋桥金桥——2019 山西侨界在行动”主题活动】4 月 13 日—14 日，“创业中华 · 晋桥金桥——

2019 山西侨界在行动”主题活动在晋中市举行，中国侨联副秘书长赵红英出席活动，来自全国海归组织负责人、山西省侨联所属社团组织负责人、山西地市海归协会负责人、海外侨商及海归青年等 300 多人参与。活动期间还举办了营商环境推荐、项目投资考察、专家主旨演讲等多场活动，并向山西全省海归青年发出倡议书。这是中国侨联“创业中华”品牌与山西省“改革创新、奋发有为”大讨论相结合的一次有益探索。

【支持主办 2019“一带一路”华商峰会】4 月 16 日，由四川省人民政府、中国侨商联合会主办的 2019“一带一路”华商峰会在四川成都举行，中国侨联副主席李卓彬、四川省委副书记邓小刚等出席峰会并致辞。来自“一带一路”沿线 46 个国家和地区的 300 余名侨商、海外华文媒体、在川企业代表等参加活动。会上成功签约一批项目，中国侨联特聘专家吴德胜等部分嘉宾发表主旨演讲。会后，部分侨商代表分赴内江、巴中等地考察项目。

【参与主办 2019 中国·天津投资贸易洽谈会暨 PECC 博览会】4 月 18 日上午，以“全方位开放、多领域合作、高质量发展”为主题的 2019 中国·天津投资贸易洽谈会暨 PECC 博览会开幕，吸引 36 个国家和地区、26 个省区市的 80 多个团组参展参会，中国侨联副主席李卓彬出席开幕式。当天下午，李卓彬副主席出席宝坻津侨国际小镇项目启动仪式暨侨商投资项目签约仪式并致辞。天津市委常委、统战部部长冀国强等有关领导一同出席签约仪式。宝坻津侨国际小镇是在 2018 年津洽会上签约的重点侨资项目，由宝坻区政府、雅居乐集团和华燊发展集团共同合作开发，总投资近 300 亿元。

【中国侨联与重庆市人民政府签署战略合作协议】4 月 19 日，万立骏主席、唐良智市长分别代表中国侨联、重庆市人民政府签订了《共同推进重庆建设内陆开放高地合作协议》。5 月 16 日—18 日，中国侨联参与主办的第二届中国西部国际投资贸易洽谈会在重庆举行，中国侨联副主席李卓彬、中国侨商联合会秘书长安晨出席有关活动。其间，由中国侨联、重庆市政府共同举办，重庆市侨联等承办的“一带一路”侨商组织年会成功举办，来自美国等 30 个国家和地区近 200 名侨商嘉宾和代表出席年会。

【开展“特聘专家走基层”活动】4 月 15 日、8 月 27 日，分别在山西运城市、陕西渭南市富平县和华州区开展“中国侨联特聘专家走基层·肿瘤筛查义诊活动”，为当地归侨侨眷和群众进行免费筛查，约 3000 多名当地群众受益。12 月 13 日，在江西上饶举办中国侨联科技扶贫暨跨境电商培训班，邀请专家为基层干部、产业园跨境电商商家授课，收到成效。

【举办中国侨联经济科技工作暨新侨创新创业联盟理事交流活动】4 月 22 日—24 日，举办中国侨联经济科技工作暨新侨创新创业联盟理事交流活动。中国侨联副主席李卓彬，各省级、部分副省级城市侨联同志，中国侨联新侨创新创业联盟理事、海外委员，山东省侨联新侨创新创业联盟成员共 200 多人参加活动。侨创联盟执行理事长毛大庆代表联盟作工作报告。为新增补的侨创联盟副理事长、理事颁发证书。副理事长、理事、海外委员代表施乾平、李然、丁瑜、黄其旺、邓澍宏等先后分享体会。北京、辽宁、江苏、浙江、安徽、福建、山东、广东、四川、陕西、杭州等 11 个省市侨联代表作了发言交流。其间，组织参会嘉宾参加“创业中华·兴业齐鲁——新侨创新创业筑梦泉城行动”和“创业中华·兴业齐鲁——侨界创新创业人才走进郓城”活动。

4 月 22 日—24 日，中国侨联经济科技工作暨新侨创新创业联盟理事交流活动在山东举办

【参与主办第四届丝绸之路国际博览会】5月11日上午，中国侨联参与主办的第四届丝绸之路国际博览会暨中国东西部合作与投资贸易洽谈会在西安开幕，共吸引来自国内23个省、区、市的2000余家企业及韩国、美国、德国等30多个国家和地区的200余家企业参会。李卓彬副主席出席开幕式，并在“贸易畅通·合作共赢”华商论坛上致辞。5月9日—10日，作为丝博会重要组成部分的“海内外侨商投资县（区）行”活动在陕西韩城举办，赵红英副秘书长、中国侨商联合会副会长王瀚生、陕西省侨联副主席高俊峰及来自22个国家和地区的海内外侨商200余人出席活动。

6月17日，2019年中国侨联新侨双创研修班学员结业

【举办“经略海洋　双招双引”活动】5月16日，由中国侨联特聘专家委员会、中国侨联新侨创新创业联盟主办，青岛市侨联承办的“经略海洋　双招双引—侨界高层论坛暨项目推介活动”在山东青岛举行。中国侨联副主席、山东省侨联主席李兴钰，中国侨联经济科技部副部长夏付东等出席活动并致辞。20余位特聘专家、联盟理事和青岛各界人士共170余人出席活动。李乃胜、易显河等特聘专家在活动中做主旨发言。

【做好中国侨商投资企业协会转隶工作】5月29日，中国侨商投资企业协会转隶工作会议在北京召开。中国侨联党组书记、主席万立骏出席会议并讲话。中国侨联副主席李卓彬、中国侨商投资企业协会会长谢国民、中国侨商联合会会长许荣茂出席会议。赵红英副秘书长主持会议。中国侨商投资企业协会常务理事会和监事会成员及代表共120余人出席。

【举办中国侨联新侨双创研修班】6月11日—17日，中国侨联主办，北京大学、中国侨联经济科技部、中国侨商联合会、中国侨联干部培训中心联合承办的2019年中国侨联新侨双创研修班在北京大学举办，李卓彬副主席出席开班式并致辞，陈迈秘书长出席结业式。赵红英副秘书长为学员详细介绍了中国侨联的历史沿革、职能定位、部门设置及经济科技部工作重点，施乾平、李然、张鹏分享创业体会。中国侨联双创联盟理事、海外重点华侨华人工商社团负责人等共计45人参与培训。

【参与“侨连五洲·七彩云南”活动】6月11日，“侨连五洲·七彩云南”第17届东盟华商会暨首届“一带一路”侨社论坛活动在昆明开幕。开幕式后，举行了“一带一路”与云南发展论坛，郭华东、谭蔚泓院士，谢国民、许荣茂先生应邀发表主旨演讲。特聘专家马骏、李然等分别在金融支持“一带一路”论坛上、“侨青圆桌”论坛上发表演讲。在丽江，特聘专家万颖与农业农村局签订了《丽江国际高原特色农业产业园项目投资战略合作框架协议》。此外，还邀请了多名特聘专家参加活动。

【举办“创业中华·牵手京津冀”活动】6月13日—18日，由中国侨联和京津冀三省市侨联共同主办的“创业中华·牵手京津冀——第

6月14日，李卓彬副主席出席“创业中华·牵手京津冀”活动启动仪式

十九届海外侨界高层次人才为国服务活动”在京津两地举行，李卓彬副主席和天津市委常委、统战部部长冀国强出席活动启动仪式并致辞。来自美国、芬兰、加拿大等十多个国家和地区的74位海外侨界高层次人才共携带71个经济科技项目参加。12月30日召开总结会，总结第十九届活动，谋划第二十届“创业中华·牵手京津冀”活动。

【举办“创业中华·侨智八闽行”活动】6月19日，由中国侨联指导，中国侨联特聘专家委员会、福建省侨联主办的“创业中华·侨智助力八闽”项目对接会在福州举行，中国侨联副秘书长赵红英出席活动，150余位侨商和企业家代表参会。13位侨界专家携近20个拥有自主知识产权成果项目参与对接，7位侨界专家代表进行了项目路演，5个新兴产业项目现场签约，总额2.25亿元人民币。

【参与主办第二十届中国·青海绿色发展投资贸易洽谈会】6月20日，由中国侨联参与主办的第二十届中国·青海绿色发展投资贸易洽谈会在西宁市开幕，中国侨联党组成员、副主席隋军出席开幕式。当天下午，中国侨联、全国台联、青海省委统战部共同主办了“2019知名侨商台商走进青海高峰论坛”，来自19个国家和地区的120余名侨商、台商参加，隋军副主席出席论坛并致辞。参会侨商现场签约3个项目，共计5.65亿元人民币。

【参与主办第二十五届中国兰州贸易投资洽谈会】7月4日上午，由甘肃省人民政府和中国侨联等部委共同主办的第二十五届中国兰州投资贸易洽谈会开幕。当天下午，由中国侨联、甘肃省人民政府主办，中国侨商联合会和甘肃省侨联承办的“侨说丝路经济研讨会”成功举办。来自多个国家和地区的100余名侨领侨商出席活动。中国侨联顾问乔卫、甘肃省政协副主席郭天康出席活动并致辞，经济科技部巡视员、中国侨商联合会副会长兼秘书长安晨陪同出席有关活动。

【协办第六期“风向标——中国创新创业先锋论坛”】7月5日，在第20届中国海外学子创业周上，由中国科协主办、中国侨联新侨创新创业联盟协办的第六期“风向标——中国创新创业先锋论坛”在辽宁大连举办。中国侨联新侨创新创业联盟执行理事长毛大庆主持论坛并作主旨发言。中国侨联经济科技部副部长夏付东出席活动。

【支持举办“2019巢湖侨创峰会”】7月11日，安徽省侨联、合肥市政府共同主办，以“‘创业中华、创新安徽’助力长三角区域更高质量一体化发展”为主题的“2019巢湖侨创峰会”在合肥市开幕。李卓彬副主席，安徽省委常委、合肥市委书记宋国权，中国科大党委副书记、纪委书记毕金初等出席活动，220多名海内外侨胞和高科技人才及京津冀、长三角、大湾区等省市侨联负责人参会。峰会上，有关专家学者、侨界人才围绕“发挥侨力、助力长三角更高质量一体化发展”展开深入对话；上海、江苏、浙江和安徽等省（市）侨联还共同发表《助力长三角更高质量一体化发展巢湖行动宣言》。

7月11日，召开“2019巢湖侨创峰会”

【举办中国侨联海外华侨华人专业社团联谊活动】7月30日，由中国侨联主办的首届海外华侨华人专业社团联谊活动在北京举行。万立骏主席出席并讲话，李卓彬副主席主持活动。来自20个国家和地区的近百名海外华侨华人专业社团负责人应邀出席活动。中国科学院国际合作局局长李寅作了“科技创新中的全球化与全球化下的科技创新”专题讲座，中国人事科学研究院副院长柳学智介绍了海外高层次人才来华创新创

7 月 30 日，首届海外华侨华人专业社团联谊活动在北京举行

7 月 30 日，海外华侨华人专业社团联谊活动在北京举行

部分专业人士赴辽宁考察

业政策环境情况。姚力军、孙峻岭等特聘专家分享自己的创业历程和经验，部分专业人士还参加了在辽宁、湖南举办的相关活动。海外华侨华人专业社团联谊活动是中国侨联贯彻落实党中央将海外华人华侨社团联谊等职责划归中国侨联行使的工作要求、推进“两个拓展”的务实举措。此次活动的举办，为与会嘉宾搭建了对话、合作、交流的平台，也为中国与国际科技交流互鉴提供了舞台，取得一定的成效。

【支持举办 2019 世界制造业大会】 9 月 20 日—23 日，中国侨联作为支持单位的 2019 世界制造业大会在安徽合肥举行。在大会系列活动之一的“百家侨企”对接活动中，来自美国、德国、澳大利亚等 20 多个国家以及长三角、京津冀、粤港澳大湾区的侨商侨领、高科技人才，安徽省相关园区代表等参加对接活动。齐全胜副主席和安徽省委常委、组织部部长丁向群出席相关活动。会上，生物医药、通用航空、集成电路等领域 39 个项目进行了集中签约，协议总投资 120 亿元，其中战略新兴产业项目有 34 个。

【支持举办“创业中华·第八届甬港澳台暨海外青年英才创业创新合作论坛”】 9 月 23 日上午，由中国侨联指导，宁波市委、市政府主办，宁波市侨联承办的“创业中华·第八届甬港澳台暨海外青年英才创业创新合作论坛”在浙江宁波开幕。中国侨联副秘书长赵红英出席并致辞，来自甬港澳台四地及海

9 月 23 日，赵红英副秘书长出席“创业中华 · 第八届甬港澳台暨海外青年英才创业创新合作论坛”

外的 300 余位侨界青年英才代表与会。

【出席第十一届 FCPAE 欧洲论坛】10 月 17 日—19 日，李卓彬副主席应邀赴爱尔兰都柏林出席由全欧华人专业协会联合会主办的第十一届“FCPAE 欧洲论坛”有关活动并在论坛开幕式上发表致辞。近 300 名来自欧洲各地的华人专业人士、中爱各界人士出席活动，赵红英副秘书长陪同出席论坛。

【出席第十五届世界华商大会】10 月 21 日—23 日，第十五届世界华商大会在英国伦敦举行，来自近 60 个国家和地区的 2500 多名华商领袖和代表，500 余名英国企业家以及来自 20 多个英联邦国家和地区的政商人士围绕“世界新格局，华商新机遇”主题，展开深入交流探讨，积极对接合作项目，共寻发展新机遇。李卓彬副主席代表中国侨联率团出席相关活动并致辞。

【举办“创业中华 · 2019 侨界精英创新创业峰会暨国际创新药物会议”】10 月 31 日，“创业中华 · 2019 侨界精英创新创业峰会暨国际创新药物会议”在杭州开幕，李卓彬副主席出席开幕式并致辞。经济科技部联合浙江大学、国家纳米科学中心、西湖大学等机构，邀请到 13 位国内外院士、生物医药和纳米技术顶尖专家学者及海外高层次人才、行业内优秀创新企业代表等近 400 人共同参会。开幕式上，李卓彬将杭州生物医药港——“中国侨联新侨创新创业基地”牌匾授予相关单位负

10 月 31 日，李卓彬副主席（左）出席“创业中华 · 2019 侨界精英创新创业峰会”开幕式，为杭州生物医药港授予“中国侨联新侨创新创业基地”牌匾

责人，并现场见证部分生物医药产业及高层次人才项目签约。

【举办“创业中华 · 开放河北”活动】11 月 4 日—6 日，“创业中华 · 开放河北”——第七届海外侨商沧州行活动在沧州市举办，来自 37 个国家和地区近 200 名侨商齐聚沧州，共话合作、共谋发展。在“一带一路”河北优势产能国际合作高峰论坛上，中国侨联副秘书长赵红英出席活动并致辞。夏付东副部长，中国侨联新侨创新创业联盟副理事长李然、朱远源等作主旨演讲，并同与会企业家进行现场互动。

10 月 31 日，“创业中华 · 2019 侨界精英创新创业峰会”生物医药产业及高层次人才项目签约

【组织专家出席重庆英才大会】11 月 9 日，万立骏主席，

李卓彬、周琪副主席出席重庆市委市政府举办的重庆英才大会开幕式，30 多位特聘专家参加开幕式，新侨创新创业联盟执行理事长毛大庆在开幕式上做主旨演讲，吴德胜、谭蔚泓、朱俊强、张建伟等专家在英才大会分论坛上作主旨演讲。

【召开中国侨联 2019 年度特聘专家委员会年会】 11 月 10 日，中国侨联 2019 年度特聘专家委员会年会在重庆举行，中国侨联党组书记、主席万立骏，重庆市政协党组书记、主席王炯出席会议并讲话。中国侨联副主席李卓彬，中国侨联兼职副主席、中国侨联特聘专家委员会主任周琪，重庆市委常委、统战部部长李静，市政府党组成员、副市长李波，市政协副主席、侨联主席张玲以及百余名中国特聘专家委会委员出席会议。年会听取了特聘专家委员会 2019 年工作报告，并就加强委员会建设、推动相关领域发展等议题进行了交流研讨。会议新增补了 23 位委员；颁发了建言献策奖，35 名委员分获特等奖和一、二等奖。

【指导召开中国侨商联合会第五次会员代表大会】 11 月 17 日—18 日，中国侨商联合会召开第五次会员代表大会，中共中央政治局常委、中央书记处书记王沪宁会见全体代表，中共中央书记处书记、中央统战部部长尤权，全国人大常委会副委员长白玛赤林，全国政协副主席万钢参加会见并出席大会。大会由万立骏主席主持，选举谢国民、许荣茂为第五届会长。11 月 17 日下午中国侨联经济科技部承办了第十届中国侨商论坛，论坛以“中国发展侨商机遇”为主题，邀请了国家发展改革委宏观经济研究院副院长、研究员吴晓华，中国社科院学部委员、中国人民大学财政金融学院一级教授王国刚，中国侨商联合会会长、泰国正大集团资深董事长谢国民分别作主旨演讲，中国侨联副秘书长赵红英主持论坛。

【举办“创业中华·智汇江苏”活动】 11 月 29 日，由中国侨联指导，无锡市侨联、江南大学侨联联合主办的“创业中华·智汇江苏”——新侨菁英创享无锡活动举行。李卓彬副主席出席活动并致辞，并为江苏省侨联新侨创新创业联盟授牌。侨创联盟执行理事长林东、特聘专家贡毅发表主旨演讲。现

11 月 10 日，颁发中国侨联建言献策奖

11 月 10 日，中国侨联 2019 年度特聘专家委员会年会在重庆举行

11 月 29 日，“创业中华·智汇江苏”活动在无锡举办，与会中国侨联新侨创新创业联盟理事合影

场还举行了多场签约仪式。活动期间，举行了“创投无锡”太湖人才科技金融路演第四十一期暨江苏人才创新创业路演第五十期侨联专场活动，部分嘉宾赴无锡蠡园经济开发区进行考察。

【加强侨创基地建设】经济科技部组织开展“中国侨联新侨创新创业基地发展情况”的调研，并启动基地命名工作。2018 年以来，有 23 家单位提出基地申报申请。经认真研究并报主席办公会审议通过，确定江苏苏州纳米城、常州留创园、青岛高新区、杭州医药港小镇、宁波新材料科技城、重庆国际科技企业孵化园等 6 家为中国侨联新侨创新创业基地。2019 年结合在各地举办的活动，组织部分专家、联盟理事、各省市侨联干部赴中国侨联创新创业基地参观考察，服务侨创基地发展。

【组织开展“‘侨’说·我的创业故事”活动】为庆祝新中国成立 70 周年，经济科技部组织开展了“‘侨’说·我的创业故事”活动，面向中国侨联特聘专家、新侨创新创业联盟理事、海外委员，收集侨资企业家、新侨人才在创新创业、投身祖国经济社会发展方面的真实案例和感人故事。

【开展建言献策】开展“壮丽 70 年　建言新时代”主题建言献策活动，经济科技部组织特聘专家、新侨创新创业联盟理事等为国家发展献计出力，共收集 87 余篇建言献策文章，选录编印了《中国侨联特聘专家建言献策集（第十二辑）》。为全国“两会”提供多篇提议案素材，2019 年共有 28 篇建言被侨情专报采纳，并获评 2019 年度全国侨联系统信息工作一等奖。

【出访“一带一路”共建国家】4 月 26 日—5 月 5 日，中国侨联经济科技部副部长夏付东率团访问菲律宾、马来西亚、柬埔寨三国，共参加活动 2 场，拜会社团 11 个，参观考察 3 个工业园区，组织座谈会 2 次。访问团专门就“一带一

12 月 8 日，赵红英副秘书长出访南非，中国侨联代表团与中国驻开普敦总领馆共同召开侨界座谈会

4 月 27 日，夏付东副部长赴菲律宾出访，与菲律宾华商经贸联合会交换礼物

路”倡议及如何更好发挥广大华侨华人在“一带一路”特别是在“一路”中的作用，与侨胞进行深入广泛的交流。12 月 3 日—10 日，赵红英部长率团出访博茨瓦纳、南非，宣介“一带一路”，拓展海外工作。

【支持地方侨联开展新侨创新创业工作】经济科技部支持浙江、江苏、山东、四川、吉林、北京、深圳、福建晋江等省市侨联开展了“创业中华·智造台州”——2019 高校海归人才科技成果交流会、“创业中华·江海筑梦”首届长三角华商大会、“聚焦新动能·中国侨商山东行”“2019 侨智精英科博行”“2019 国内知名侨商长春行”“第四届归国留学人员创新论坛”“第八届深圳海归创业大会”“侨与晋江经验”调研成果交流座谈会等活动。支持举办 2019 上海市新侨创新创业高级研修班，夏付东副部长以“侨联系统为新侨创新创业保驾护航”为题为学员授课。经济科技部两度召开新侨创新创业联盟理事长会议，研究联盟工作，支持江苏、山东、湖北等省侨联、青岛市侨联成立新侨创新创业联盟，形成侨联系统整体合力。

【开展经济科技领域调查研究】通过深入调研，2019 年经济科技部撰写并提交了《发挥华侨华人作用助推海上丝绸之路建设思考》《中国侨联新侨创新创业基地发展情况的调研》《如何做大做强“创业中华”品牌的思考》《检视工作 强化品牌 推动经科工作再上新台阶——新形势如何开创侨联经科工作新局面》等 4 篇课题调研报告，并在 2019 年度调研课题成果评审中取得了一等奖 1 篇、二等奖 1 篇、三等奖 2 篇的优异成绩。

【总结留学回国服务工作】中国侨联是国家留学回国服务工作联席会议的列席单位。经济科技部负责提交了中国侨联 2018 年度开展留学人员工作的情况报告和今后的打算，并根据会领导关于人社部《关于印发 2019 年留学人员回国服务工作部际联席会议工作要点的通知》批示意见，逐步落实相关工作。

【办理人大代表、政协委员提案、建议答复】根据要求，经济科技部完成对人大代表、政协委员提交的《关于规划“闽粤沿海经济带”，连接粤港澳大湾区，并助力“一带一路”的建议》《关于对侨资企业发展情况开展调研的建议》《关于激发侨力资源优势，促进侨资企业创新发展的建议》《关于“一带一路”倡议下加强以侨引资引智工作的建议》《关于高效助推留学归国人才创业创新的提案》《关于便侨利侨 以侨为桥 携手推进粤港澳大湾区建设的提案》《关于发挥新侨在长三角一体化进程中应有作用的提案》《关于在华侨华人中选拔培养“一带一路”专业人才的提案》的答复工作。

【推荐侨界人才】经济科技部推荐郭孔丰先生和冯大淦先生申报“中国政府友谊奖”。根据外国专家局《关于授予 100 名外国专家 2019 年度中国政府友谊奖的决定》显示，中国侨联特聘专家委员会委员、日本德岛大学教授、日本工程院院士、欧盟科学院院士任福继和新加坡丰益国际有限公司董事局主席、首席执行官郭孔丰两人获此殊荣；推荐袁玉宇、蔺博两位特聘专家申报参评第十六届中国青年科技奖候选人；配合北京市第十五次归侨侨眷代表大会筹备，向北京市侨联推荐 10 名海外委员、顾问人选。

【组织慰问侨界专家】2020 年 1 月 8 日，借中国侨联特聘专家、联盟理事建言献策座谈会之际，李卓彬副主席代表中国侨联和万立骏主席集体慰问了 10 余名在京特聘专家和新侨创新创业联盟副理事长，向他们致以新春祝福。

【加强自身建设】2019 年，经济科技部深入学习习近平新时代中国特色社会主义思想，扎实开展“不忘初心、牢记使命”主题教育，以开展“作风建设年”为契机，着力加强支部建设，努力提升理论水平和业务能力。制定办文、办会、请销假、印章管理等部门工作制度并严格执行，绘制相关工作流程图，进一步规范部门管理，努力打造真抓实干、求真务实、担当作为的工作作风。

文化交流部

【领导成员名单】

部　　长：刘　奇

副 部 长：邢砚庄（女）

副巡视员：杨秀波（2019 年 5 月任职）

【综述】2019 年，侨联文化交流工作坚持“两个并重”“两个拓展”、积极推进“两个建设”，以习近平新时代中国特色社会主义思想为指导，贯彻习近平总书记关于侨务工作的重要论述，增强“四个意识”，坚定“四个自信”，做到“两个维护”，积极承接机构改革赋予的新任务，更加注重意识形态的引领，努力构建大文化工作格局，突出主题、整体推进、统筹兼顾、守正创新，大幅提升“亲情中华”主题活动的影响力，积极推动“寻根之旅”夏令营和“四海同春”海外巡演的开展，大力支持地方侨联“走出去”，各项工作取得较好成绩，呈现出上下联动、稳中求进、不断提升的良好态势。

【组派“亲情中华”艺术团开展海外巡演】2019 年，中国侨联共组派 3 个“亲情中华”艺术团，赴匈牙利、斯洛文尼亚、奥地利、塔吉克斯坦、意大利、英国、葡萄牙、西班牙、美国等 9 个国家 16 个城市演出 16 场。组派 1 个“亲情中华”艺术团赴台湾省开展巡演活动，演出 4 场；同时与北京、江苏、安徽、四川、广州等地方侨联联合组派 5 个艺术团，赴挪威、瑞典、韩国、俄罗斯、荷兰、英国、德国、希腊、英国、阿联酋、塞浦路斯等 11 个国家 14 个城市演出 18 场。

7 月 3 日，“亲情中华”艺术团在斯洛文尼亚卢布尔雅那演出

9 月 11 日，“亲情中华”艺术团在英国贝尔法斯特演出

9 月 8 日，“亲情中华”艺术团在意大利佛罗伦萨演出

6月28日—7月12日，应匈牙利华人妇女联合总会、斯洛文尼亚中国商会、奥地利中国和平统一促进会、塔吉克斯坦华人华侨联合会的邀请，刘奇部长率“亲情中华”艺术团一行29人赴匈牙利布达佩斯、斯洛文尼亚卢布尔雅那、奥地利维也纳、塔吉克斯坦杜尚别举行4场正式演出和文化交流活动。

11月6日，“亲情中华”艺术团在台湾高雄演出

7月5日，“亲情中华”艺术团在奥地利维也纳演出

9月2日—21日，应意大利艾米利亚华人企业协会、意大利北部青田同乡会、意大利雷焦艾米利亚华侨华人联谊会、旅意中区华侨华人联谊会、佛罗伦萨华人华侨商贸联谊会、中国驻贝尔法斯特总领馆、葡萄牙中国侨商会和中西贸易促进会的邀请，邢砚庄副部长率“亲情中华”艺术团一行25人赴意大利雷焦艾米利亚、博洛尼亚、佛罗伦萨，英国贝尔法斯特，葡萄牙里斯本和西班牙巴塞罗那举行6场正式演出和文化交流活动。

10月3日—20日，应休斯敦华夏学人协会、美国华人专业团体联合会、纽约中国和平统一促进会、明尼苏达州华侨华人社团联合会、美国南加州华人联合总会、美国孔子文化交流中心的邀请，刘奇部长率“亲情中华”艺术团一行32人赴美国休斯敦、华盛顿、纽约、明尼阿波利斯、洛杉矶、旧金山举办6场正式演出和文化交流活动。

11月4日—13日，应台湾中国青年大陆研究文教基金会、台湾中华侨联总会的邀请，邢砚庄副部长率“亲情中华”艺术团一行39人赴台湾地区高雄、南投埔里、苗栗、新竹举行4场正式演出和文化交流活动。

1月25日—2月4日，中国侨联和北京市侨联联合组派“亲情中华·北京情思”艺术团赴挪威、瑞典慰问演出。艺术团一行18人在北京市侨联党组成员、秘书长李登新率领下，赴挪威卑尔根、奥斯陆和瑞典斯德哥尔摩举办3场正式演出和多场联谊活动。

5月22日—26日，中国侨联和江苏省侨联联合组派“亲情中华·魅力江苏”艺术团赴韩国慰问演出。艺术团由江苏省侨联副主席张霓带队，一行38人，演员主要来自南京艺术学院。中国侨联主席万立骏、中国驻韩国大使馆公使衔参赞金燕光出席5月22日的演出，700多名华侨华人及韩国有关代表共同观看演出。5月25日，艺术团还参加了中国在韩侨民协会总会

9月18日，“亲情中华”艺术团在西班牙巴塞罗那演出

10 月 13 日，“亲情中华”艺术团在美国明尼阿波利斯演出

等在韩侨社团组织的世界华人祭典并开展文艺演出活动。

7 月 31 日—8 月 9 日，中国侨联和安徽省侨联联合组派“亲情中华·美好安徽”艺术团一行 16 人赴俄罗斯莫斯科、圣彼得堡，荷兰海牙和英国伦敦，共举办 4 场慰问演出。安徽省侨联党组成员、副主席兼秘书长杨冰担任团长，近 4000 名当地华侨华人和国际友人观看了演出。

8 月 30 日—9 月 10 日，中国侨联和四川省侨联共同组派“亲情中华·美丽四川”艺术团赴德国法兰克福、希腊雅典和英国剑桥、伦敦举办 5 场正式演出。中国侨联副主席、四川省侨联党组书记、主席刘以勤担任团长，一行 36 人，演出剧目为弘扬中国诗酒文化的诗乐舞《大国芬芳》，展示了博大精深的中华文化和独具特色的巴蜀文化，近两万名海外侨胞和国际友人观看了演出。

9 月 23 日—30 日，中国侨联和广州市侨联联合组派“亲情中华”艺术团赴阿联酋、塞浦路斯举办 4 场演出和文化交流活动。艺术团由广州市侨联副主席卢启明担任团长，一行 16 人，海外侨胞和国际友人逾 5000 人次观看了演出。

【开展“亲情中华·走进侨乡”活动】2019 年，中国侨联组派“亲情中华·走进侨乡”艺术团赴中国航天科技集团、重庆渝北、长寿，四川达州、巴中，广东东莞、江门，海南琼海、万宁，广西防城港，云南昆明，共 7 个省（区市）的 11 个市区县演出 11 场，现场观众累计达 1 万人，通过网络平台收看的观众达 40 余万人。

1 月 19 日晚，中国侨联、中国航天科技集团有限公司共同主办的“亲情中华·走进航天”慰问演出在北京航天一院礼堂举行。中国侨联党组书记、主席万立骏，航天科技集团党组书记、董事长吴燕生，中国侨联副主席李卓彬、齐全胜，航天科技集团党组副书记方向明与航天科技集团京区各研究院、专业公司、直属单位归侨侨眷代表，一线干部员工和离退休干部员工代表等 1000 余人共同观看了演出。演出前，万立骏等中国侨联领导来到航天博物馆，看望慰问了航天战线归侨侨眷代表，与他们亲切交流，表示诚挚问候，并参观了航天科技成就展览。

1 月 26 日，由中国侨联、重庆市侨联、中共渝北区委和渝北区人民政府共同主办的“亲情中华·欢聚渝北”新春慰问演出在重庆渝北精彩

1 月 19 日，“亲情中华”艺术团走进中国航天科技集团

上演。中国侨联文化交流部副部长邢砚庄，重庆市侨联党组成员、副主席陈瑛，渝北区区委常委、宣传部部长罗勇等渝北区党政领导等出席并与各界群众一起观看演出。

1月27日，由中国侨联、重庆市侨联、中共长寿区委和长寿区人民政府共同主办的“亲情中华·欢聚长寿”新春慰问演出在重庆长寿区科技文化中心精彩上演。中国侨联文化交流部副部长邢砚庄，重庆市侨联党组成员、副主席陈瑛，长寿区委常委、宣传部部长师明萌等长寿区党政领导和长寿区归侨侨眷、留学归国人员、留学生家长、长寿区各街镇、部门主要负责人及侨联工作者、社会各界人士等近千名观众共同观看了演出。

1月29日，由中国侨联、四川省侨联、中共达州市委、达州市人民政府共同主办的“亲情中华·欢聚达州”新春慰问演出在四川达州精彩上演。中国侨联副主席、四川省侨联党组书记、主席刘以勤，中国侨联文化交流部副部长邢砚庄，中共达州市委常委胡杰，四川省侨联党组成员、二级巡视员邱广华及达州市党政领导等出席并和来自达州市区和乡镇的近千名侨界群众和市直机关各部门的干部职工欢聚一堂，观看演出，共度佳节。

1月30日，由中国侨联、四川省侨联、中共巴中市委、巴中市人民政府共同主办的“亲情中华·欢聚巴中”新春慰问演出在四川省巴中市精彩上演。中国侨联副主席、四川省侨联党组书记、主席刘以勤，巴中市委书记罗增斌，中国侨联文化交流部副部长邢砚庄，巴中市委常委、统战部部长袁闻聪，四川省侨联党组成员、二级巡视员邱广华及巴中市党政领导和巴中市区和乡镇的近千名侨界群众以及市直机关各部门的干部职工观看了演出。

2月19日，正值元宵佳节，“亲情中华·欢聚东莞”文艺演出亮相东莞市玉兰大剧院，带来新春的问候。中国侨联副主席、广东省侨联党组书记、主席黎静，中国侨联文化交流部部长刘奇，东莞市政协原主席、东莞市公共外交协会会长李小梅，东莞市委常委、统战部部长陈志伟，东莞市政协副主席邓流文、梁佳沂以及各涉侨和文化部门负责人同莞籍海外侨胞和归侨侨眷等千余名观众现场观看了演出。还有12.8万余观众通过南方报业传媒集团官方新闻客户端，在线欣赏了网络直播。

2月21日，“亲情中华”艺术团赴广东省江门市，在江门演艺中心侨都大剧院为当地侨界群众献上一场精彩纷呈的文艺表演。中国侨联文化交流部部长刘奇，广东省侨联党组成员、副主席戴文威，江门市人大常委会党组书记、副主任、市委统战部部长易中强，市委常委、市委组织部部长张元醒，市人大常委会副主任郭建红，副市长梁许赞，市政协副主席胡念芳等与1000名观众一起观看了演出。与此同时，通过网上直播，全球不同国家地区超过28.7万人同步收看了晚会盛况。

2月23日，中国侨联“亲情中华·欢聚琼海”文艺演出在琼海市青少年活动中心举办，为当地侨界群众送来温暖与欢笑。中国侨联文化交流部部长刘奇，中共琼海市委常委、常务副市长梁誉腾分别致辞，海南省侨联党组书记、主席黎才旺主持开幕式。

2月24日，中国侨联、海南省侨联、中共万宁市委、万宁市人民政府共同主办的“亲情中华·欢聚万宁”慰问演出在万宁市多功能活动中心举办。中国侨联文化交流部部长刘奇，万宁市委书记张美文，市人大常委会主任吴明阳，市政协主席卓林梅等出席了活动，与万宁市近千名侨界群众共享文化盛宴。万宁市委副书记、市长周高明，中国侨联文化交流部部长刘奇分别致辞。海南省侨联党组书记、主席黎才旺主持开幕式。

4月3日，“亲情中华”艺术团来到边境侨乡——广西防城港市，在东兴人民会堂为前来参加“五洲筑梦——海外华侨华人防城港（东兴）联谊大会”的30多个国家及地区的华侨代表和侨界群众献上了一场精彩纷呈的文艺演出。中国侨联副主席齐全胜，文化交流部副部长邢砚庄，广西侨联副主席潘伟红，广西侨联海外联谊部部长曹红，防城港市侨联主席林威爵，东兴市委书记周世军，东兴市政协主席吴文，东兴市委常委、统战部部长王雪群等与500多名观众一起观看了演出。

6月11日，由中国侨联主办，云南省侨联、昆明市侨联承办的“亲情中华·七彩云南”文艺演出在昆明世纪金源大饭店精彩上演。来自国家级院团和云南当地的艺术家们联袂为参加“侨连五洲·七彩云南——第17届东盟华商会暨第1届‘一带一路’侨社论坛”的海内外嘉宾送上了一台高雅的艺术视觉盛宴。中国侨联副主席李波、中共云南省委副书记王予波、中国侨联法顾委主任张耕以及来自世界53个国家和地区的600余名海内外嘉宾观看了演出。

【组派“亲情中华”中医团赴海外开展慰侨义诊】2019年，中国侨联联合江苏省侨联、重庆市侨联、陕西省侨联、福建省侨联组派了4个“亲情中华”中医团，赴俄罗斯、波兰、法国、西班牙、保加利亚、罗马尼亚、塞尔维亚、泰国、柬埔寨开展慰侨义诊活动，9个国家的华侨华人及当地民众共约1600人获得义诊服务。

7月3日—10日，中国侨联和江苏省侨联联合组派“亲情中华·魅力江苏”中医团赴俄罗斯、波兰开展慰侨义诊活动。应俄罗斯华侨华人联合总会、波兰中波经济文化协会邀请，以江苏省侨联副主席宫琳为团长、由南京中医药大学、省中医院知名中医专家组成的省侨联“亲情中华·魅力江苏”中医专家慰问团一行6人，赴俄罗斯莫斯科、圣彼得堡，波兰华沙为海外侨胞、当地民众和驻外使领馆工作人员及家属举办中医讲座、咨询义诊活动和学术交流5场次，咨询义诊人数达200多人。

9月1日—8日，中国侨联和重庆市侨联联合组派“亲情中华”中医团赴法国、西班牙开展慰侨义诊活动。应法国华侨华人会、法国南方华人总商会、西班牙侨商会、西班牙华侨华人协会的邀请，由重庆市侨联党组书记、市委统战部副部长史全波担任团长，重庆市知名中医组成的中医专家团一行6人赴法国巴黎、马赛和西班牙马德里、巴塞罗那举办了5场中医咨询义诊活动，为侨胞提供义诊达到400余人次。

9月17日—26日，中国侨联和陕西省侨联联合组派“亲情中华”中医团赴保加利亚、罗马尼亚、塞尔维亚开展慰侨义诊活动。应保加利亚中国商会、罗马尼亚华商联合总会和塞尔维亚中国和平统一促进会邀请，中国侨联、陕西省侨联联合组派以陕西省侨联副主席尚小红为团长的“亲情中华”中医团一行6人赴保加利亚索菲亚、罗马尼亚布加勒斯特、塞尔维亚贝尔格莱德，为300余名当地华侨华人提供了中医保健咨询。

10月14日—21日，应泰国福建会馆、柬埔寨福建总商会邀请，中国侨联、福建省侨联联合组派“亲情中华”中医团赴泰国曼谷、柬埔寨金边举办4场中医咨询义诊活动。中医团由福建省侨联副主席张瑶担任领队，由福建省著名中医专家组成的一行7人，共为当地侨胞提供660人次的中医咨询义诊服务。

【举办“亲情中华·一起读中国”朗诵音乐会】4月21日晚，为喜迎新中国成立70周年，通过诵读经典弘扬民族精神和时代精神，增强广大归侨侨眷和海外侨胞的凝聚力，由中国侨联主办，澳华交流中心特别支持，中国侨联文化交流部、北京陈铎艺术创作室、华视嘉德国际文化传媒（北京）有限公司、朗诵会互联网艺术平台、北京市侨联共同承办的“亲情中华·一起读中国”朗诵音乐会在北京人民大会堂万人大礼堂举行。中国侨联主席万立骏，副

4月21日，举办“亲情中华·一起读中国”朗诵音乐会

7 月 27 日，举办第二十一届世界华人学生作文大赛颁奖典礼

主席李卓彬、隋军、李波、齐全胜，北京市委常委、统战部部长齐静，全国政协港澳台侨委副主任康晓萍，澳华交流中心主席林晋文等出席朗诵音乐会。此次演出的嘉宾涵盖中国朗诵界老中青三代翘楚及众多演艺界知名人士，包括田华、殷之光、陈铎、瞿弦和、张筠英、虹云、刘纪宏、王小丫、宋春丽、斯琴高娃、温玉娟、张凯丽、任志宏、张秋歌、阿紫、张也、季小军等。晚会由张泽群、周宇主持。

【举办 2019“文化中国 · 全球华人音乐会”】 9 月 27 日晚，为庆祝中华人民共和国成立 70 周年，由国务院侨办、中国侨联共同主办的 2019“文化中国 · 全球华人音乐会”在北京国家大剧院举行，千余名参加庆祝新中国成立 70 周年活动的海外侨胞代表到现场观演。此次音乐会以交响乐演奏中外名曲为主要形式，由意大利华人、国家大剧院艺术总监兼首席指挥吕嘉担任指挥，配合声乐、独奏，由全球华人乐团担纲演出，演出阵容逾百人。演出彩排期间，中国侨联党组书记、主席万立骏及中国侨联副主席李卓彬、齐全胜会见了主要演职人员。

9 月 27 日，举办“2019 文化中国全球华人音乐会”

【举办第二十届世界华人学生作文大赛颁奖典礼】 7 月 27 日上午，由中国侨联、全国台联、人民日报海外版、《快乐作文》杂志联合主办的第二十届世界华人学生作文大赛颁奖典礼在北京举行，中国侨联副主席齐全胜出席仪式并讲话。此次大赛以“中国变化”“家乡味道”为主题，旨在反映新中国成立 70 年间，中国大地发生的日新月异的变化，表达海外华裔青少年对中华文化的热爱，抒发全体中华儿女对实现中华民族伟大复兴的热切期待。海内外参赛学生以新中国成立 70 周年为契机，从不同视角讲述中国故事，向世界展示了一个真实、立体、丰富的中国。大赛共吸引来自 34 个国家和地区的近 300 万名学生参加，经过大赛专业评审团队的评定，最终评出特等奖佳作 20 篇，一、二、三等奖佳作共 14000 篇。

【召开 2019 年中国侨联“寻根之旅”夏令营工作会议】 5 月 14 日—15 日，2019 年中国侨联“寻根之旅”夏令营工作会议在北京召开，各省（区、市）、新疆生产建设兵团侨联负

5 月 14 日，举办 2019 全国侨联夏令营工作会议

7 月 9 日，"寻根之旅" 夏令营营员参观展览馆

7 月 10 日，"寻根之旅" 夏令营为营员过生日

责人和具体负责夏令营工作同志共 80 余人参加会议。中国侨联副主席齐全胜出席会议并讲话。会议传达、学习了有关精神和要求。中央统战部十局副局长邱立国应邀到会介绍了原国侨办历年来"寻根之旅"夏令营办营的做法和经验。中国侨联文化交流部部长刘奇通报了"寻根之旅"夏令营工作进展情况，对办营工作作了具体部署。暨南大学网络中心软件部部长陈少涌介绍了"寻根之旅"夏令营网上交流平台使用办法。福建省侨联文化交流部部长齐志分享了多年办营心得体会。与会人员就做好办营工作进行了充分的交流讨论。中国侨联文化交流部副部长邢砚庄主持会议。

【举办"寻根之旅"夏冬令营】 2019 年中国侨联正式承接主办"寻根之旅"夏令营工作。自 4 月 30 日正式启动以来，全国 28 个省级侨联和广东暨南大学、北京华文学院等单位共举办夏令营 401 个，参加组团的海外单位 865 家，全年报名人数 24205 人，实际参营人数 22848 人，营员来自 74 个国家和地区。

7 月 5 日—8 月 26 日，北京市侨联联合有关单位和院校举办了北京朝阳营、北京海淀营、北京华文学院营、首经贸华侨学院营、国际汉语学院营等 14 个营，来自美国、澳大利亚、俄罗斯、意大利、巴西、印尼等 18 个国家的 601 名营员参加了夏令营活动，45 个海外团组单位参与组团。

7 月 15 日—12 月 27 日，天津市侨联联合有关单位和院校举办了天津大学营、天津国际汉语学院营、天津科协营共计六个营，来自波兰、西班牙、爱尔兰、泰国和法国、德国、越南、马来西亚、新西兰等 9 个国家的 264 名海外华裔青少年及领队老师参加了此次夏令营。10 个海外团组单位参与组团。

7 月 15 日—2020 年 1 月 2 日，河北省侨联联合有关单位和院校举办了河北石家庄营、河北保定营、河北沧州营、河北邯郸营等 4 个营，来自加拿大、澳大利亚、立陶宛、意大利、缅甸、泰国等 6 个国家的 136 名营员参加了夏令营活动，8 个海外团组单位参与组团。

7 月 6 日—8 月 15 日，山西省侨联联合本省市、县侨联和有关单位、院校举办了山西大同营、山西太原营、山西运城营、山西沁水营、山西代县营、山西介休营等13个夏令营，来自加拿大、德国、俄罗斯、美国、澳大利亚、捷克、西班牙、蒙古、意大利等9个国家的457名营员参加了夏令营活动；10月14日至23日，山西省侨联联合市、县侨联和有关院校举办了山西介休营等2个秋令营，来自泰国的63名营员参加了秋令营活动。全年有30个海外组团单位参与组团。

6月26日—12月26日，内蒙古自治区侨联联合有关单位和院校举办了内蒙古呼伦贝尔营、内蒙古赤峰营、内蒙古鄂尔多斯营、内蒙古通辽营、内蒙古乌兰察布集宁营等24个营，来自美国、德国、英国、加拿大、奥地利、荷兰、俄罗斯、缅甸、蒙古国、新加坡、澳大利亚、新西兰、西班牙、加纳、印尼、博茨瓦纳等16个国家的931名营员参加了夏令营活动，14个海外组团单位参与组团。

7月17日—12月29日，辽宁省侨联联合有关单位和院校举办了辽宁省侨联辽宁大学营、辽宁省侨联沈阳师范大学营、辽宁省侨联东北财经大学营等16个营，来自美国、澳大利亚、德国、英国、巴西、西班牙等13个国家的1050名营员参加了夏令营活动，21个海外组团单位参与组团。

7月9日—12月29日，吉林省侨联联合基层侨联、院校举办了吉林省夏令营第一期、吉林省夏令营第二期、延边夏令营、公主岭夏令营、吉林省冬令营、吉林市冬令营共6个营，来自美国、英国、比利时、爱尔兰、马来西亚、巴西、菲律宾、朝鲜等8个国家的184名华裔学生参加了夏（冬）令营活动，10个海外组团单位参与组团。

7月3日—12月30日，黑龙江侨联联合有关单位和院校举办了黑龙江哈尔滨营、黑龙江黑河营、黑龙江大庆营、黑龙江伊春营、黑龙江外国语学院营5个营，来自美国、澳大利亚、新加坡、法国、德国、加拿大、英国、马来西亚、南非、印尼等17个国家的592名营员参加了夏（冬）令营活动，26个海外组团单位参与组团。

7月4日—24日，上海市侨联联合各区县举办了上海徐汇营，上海青浦营，上海松江营，上海金山营，上海华师大一附中营，上海金苹果营，上海莘庄中学营，上海市海洋大学营8个营。来自美国、德国、法国、文莱等9个国家的230名华裔青少年参加了夏令营活动，12个海外组团单位参与组团。

7月10日，“寻根之旅”夏令营营员练习书法

7月11日，“寻根之旅”夏令营营员雨后参观风景名胜

6月23日—12月31日，江苏省侨联联合有关单位和院校举办了南京营（夏、冬）、苏州营（夏、冬）、无锡营（夏）、镇江营（冬）、扬州营（夏）、南通营（夏、冬）、淮安营（夏）、连云港营（夏）等14个营，来自美国、加拿大、英国、法国、瑞士、德国、西班牙、意大利、奥地利、比利时、爱尔兰、澳大利亚、肯尼亚、阿联酋、科威特、蒙古国、韩国、柬埔寨、印尼、马来西亚、泰国等21个国家的989名营员参加了夏令营活动，52个海外组团单位参与组团。

7月2日—8月15日，浙江省侨联联合有关单位和院校在杭州、宁波、温州、台州、丽水、衢州、绍兴、金华、嘉兴等9个地市举办了浙江传媒学院营、哈兔中文网络学院营、宁波营、温州鹿城营、温州瓯海营、瑞安营、文成营、永嘉营、泰顺营、温州大学营、温州市华侨职业中专营、温州肯恩大学营、嘉兴营、绍兴文理学院营、浙江师范大学营、江山营、台州营、丽水营、青田营等19个营，共举办了23期。营员来自意大利、西班牙、法国、德国、美国、葡萄牙、荷兰、加拿大、奥地利、澳大利亚、比利时等48个国家和中国港、澳、台3个地区，共2079名营员参加了夏令营活动，38个海外组团单位参与组团。

5月26日—10月20日，安徽省侨联联合有关单位和学校举办了马鞍山营、黄山歙县营、合肥巢湖营、池州青阳营、芜湖无为营、六安金寨营等6个营，来自马来西亚、芬兰、意大利、奥地利、美国、刚果、爱尔兰、阿联酋、日本、越南、加拿大、泰国等12个国家的249名营员参加了夏令营活动，9个海外组团单位参与组团。

5月29日—12月31日，福建省侨联联合有关单位和院校举办了福建泉州营、福建福州营、福建三明营、福建平潭营、福建厦门同安营、福建龙岩新罗营、福建屏南营、福建武夷山营、华侨大学营、福建师范大学营、闽南师范大学营、福建武夷学院营等44个营，来自菲律宾、印尼、马来西亚、美国、西班牙、加拿大、法国、意大利、英国、泰国、日本、爱尔兰、荷兰、德国、阿根廷、澳大利亚、南非、巴拿马、新加坡、中国香港、中国澳门、中国台湾等22个国家和地区的2117名营员参加了夏（冬）令营活动，65个海外组团单位参与组团。

7月12日—12月31日，江西省侨联联合有关单位和院校举办了江西景德镇营、江西宜春营、江西吉安营、江西九江营等6个营，来自法国、芬兰、韩国、加拿大等18个国家的499名营员参加了夏令营活动，18个海外组团单位参与组团。

7月6日—8月10日，山东省侨联联合有关市侨联举办了山东济南营、山东烟台营、山东枣庄营、山东济宁营、山东东营营、山东威海营、山东临沂营、山东菏泽营、山东德州营等12个营，来自美国、俄罗斯、加拿大、西班牙、葡萄牙、德国、比利时、日本、韩国、柬埔寨、阿联酋等11个国家的431名华裔青少年营员参加了夏令营活动，16个海外组团单位参与组团。10月12日—21日，山东省侨联联合菏泽市侨联、宋江武校举办了山东水浒少年秋令营2个营，来自泰国82名华裔青少年营员参加了秋令营活动，2个海外组团单位参与组团。12月6日—15日，山东省侨联联合菏泽市侨联、宋江武校举办了山东水浒少年冬令营3个营，来自马来西亚的116名华裔青少年营员参加了冬令营活动，4个海外组团单位参与组团。

7月4日—12月27日，河南省侨联联合全省8家单位举办了郑州营、洛阳营、漯河营、济源营、河南文化营、武术营、禅武寻根河南营等16个营，共邀请来自美国、英国、澳大利亚、马来西亚、泰国、日本、加拿大等17个国家的934位海外华裔青少年参加了夏（秋、冬）令营活动，有38个海外组团单位参与组团。

6月24日—12月31日，湖北省侨联联合有关单位和院校举办了湖北武汉营（2个）、湖北襄阳营、湖北荆门营、湖北十堰营（2个）、湖北宜昌营、湖北三峡大学营、湖北黄冈营、湖北荆州营一共10个营，分别来自美国、德国、法国、意大利、荷兰、西班牙、印尼、澳大利亚、马来西亚和中国香港特别行政区等10多个国家和地区的497名营员参加了夏令营和冬令营活动，22个海外组团单位参与组团。

7月10日—9月27日，湖南省侨联联合有关单位和院校举办了湖南营、湖南湘潭营、湖南郴州营、湖南益阳营、湖南张家界营、湖南大学营、中南林科大学营7个营，来自美国、加拿大、德国、西班牙、泰国、缅甸、刚果等33个国家的591名营员参加了夏令营活动，37个海外组团单位参与组团。

6月17日—12月25日，广东省侨联联合有关单位和院校举办了广东营、广东汕头营、广东潮州营、广东清远营、广东江门营、广东梅州营等35个营，来自美国、澳大利亚、加拿大、法国、巴拿马、印尼、马来西亚、荷兰、瑞典、泰国、新西兰等16个国家的1415名营员参加了夏（秋、冬）令营活动，42个海外组团单位参与组团。

6月1日—12月30日，广西侨联联合有关单位和院校举办了广西桂林营、广西玉林营、广西华侨学校营、广西贺州营、广西钦州营等15个营，来自澳大利亚、新西兰、越南、老挝、美国、加拿大、柬埔寨、马来西亚、德国、泰国、印尼等11个国家的华裔青少年和中国香港、中国澳门的青少年合计816名营员参加了夏（冬）令营活动，20个海外组团单位参与组团。

7月22日—2020年1月2日，海南省侨联联合有关单位和院校举办了海南海口营、海南三亚营、海南琼海营、海南万宁营等5个营，来自美国、柬埔寨、泰国、马来西亚、新西兰等5个国家的225名营员参加了夏令营活动，6个海外组团单位参与组团。

12月10日—12月19日，重庆市侨联联合重庆市侨办、重庆师范大学举办了1个重庆营，来自缅甸的25名营员参加了活动，1家海外组团单位参与组团。

8月1日—10日，四川省侨联联合9个市（县区）侨联和成都理工大学、成都中医药大学、绵阳师范学院3所高校举办了成都锦江营、成都理工大学营、成都中医药大学营、南充营、遂宁营、巴中营、乐山营、泸州营、绵阳师范学院营、四川北川中学营、绵竹营、什邡营、广元营共13个营，来自美国、加拿大、瑞典、德国、意大利、西班牙、荷兰、英国、比利时、新西兰10个国家的884名营员参加了夏令营活动，23个海外组团单位参与组团。中国侨联副主席齐全胜和中共四川省委副书记邓小刚出席千人开营仪式并向营员颁授营旗。

7月10日—24日，贵州省侨联联合贵州师范学院、贵州省实验中学举办了贵州师范学院营、贵州省实验中学营2个营，来自美国、法国、匈牙利等3个国家的75名营员参加了夏令营活动，3个海外组团单位参与组团。

6月3日—12月31日，云南省举办41个“寻根之旅”夏（秋、冬）令营，来自美国、加拿大、澳大利亚、德国、西班牙、奥地利、比利时、马来西亚、新加坡、菲律宾、缅甸、泰国、老挝、越南14个国家的1645名海外华裔青少年及领队老师前来参营。全省16个州市中有14个州市及所属县区侨联承办了活动。

6月26日—8月21日，陕西省侨联联合有关单位和院校举办了陕西西安外事学院营、陕西职业技术学院营、渭南师范学院营等11个营，来自美国、英国、德国、爱尔兰、韩国、日本、加拿大等21个国家的1961名营员参加了夏令营活动，52个海外组团单位参与组团。11月20日至12月31日，陕西省侨联联合有关单位和院校举办了陕西西安外事学院营、陕西西安西北大学营，来自德国、澳大利亚、新西兰、法国、智利、柬埔寨等7个国家的386名营员参加了冬令营活动，11个海外组团单位参与组团。

6月29日—12月24日，甘肃省侨联联合有关单位举办了甘肃省丝绸古道营、七彩丹霞营、大漠雄关营等4个营，来自美国、西班牙、比利时、泰国、马来西亚等5个国家的137名营员参加了夏令营活动，9个海外组团单位参与组团。

7月10日—7月18日，青海省侨联联合互助土族自治县技术学院举办了1个“寻根之旅”夏令营，来自加拿大、新西兰2个国家的42名营员参加了夏令营活动，2个海外组团单位参与组团。

7月22日—10月23日，宁夏侨联联合有关单位和院校举办了4个“寻根之旅”夏（冬）令营，共有来自美国、德国、奥地利、马来西亚等9个国家109名营员参加了夏令营活动，9个海外组团单位参与组团。

6月30日—12月25日，北京华文学院在中国侨联指导下，发挥传统侨校优势，共承办了12个夏（秋、冬）令营，来自西班牙、美国、法国、英国、荷兰、缅甸、日本、德国、阿联酋、泰国、菲律宾、马来西亚、南非、巴西、新西兰、印尼、澳大利亚等17个国家的730位营员参加了活动，29个组团单位参与组团。

7月5日—8月28日，暨南大学在中国侨联的关心和指导下，举办了4期“寻根之旅”夏令营，来自俄罗斯、塞尔维亚、意大利、美国、西班牙、德国、马耳他、英国、加拿大、泰国、日本、老挝、马来西亚、印度尼西亚等14个国家的512名营员参加了夏令营活动，32个海外组团单位参与组团。10月2日—20日，暨南大学举办2期“寻根之旅”秋令营，来自泰国的180名营员参加了秋令营活动，4个海外组团单位参与组团。12月1日—2020年1月6日，暨南大学举办了4期“寻根之旅”冬令营，来自澳大利亚、新西兰、马来西亚、印度尼西亚、秘鲁、阿根廷等6个国家的614名营员参加了冬令营活动，10个海外组团单位参与组团。

【确认第七批“中国华侨国际文化交流基地”】12月9日，根据《中国华侨国际文化交流基地管理办法》，并经中国侨联十届二十一次主席办公会议审定，确认65家机构为第七批“中国华侨国际文化交流基地”，具体如下：重庆忠县白公祠、重庆沙坪坝区磁器口古镇、重庆万州三峡移民纪念馆、河北承德兴隆县安子岭乡上庄村—“诗上庄”、河北唐山启新水泥工业博物馆、河北唐山开滦国家矿山公园、河北邯郸市博物馆、山西太原市山西博物院、山西沁水县沁河流域古堡群、山西太原市中华傅山园、辽宁沈阳老字号博物馆、辽宁葫芦岛市九门口长城、黑龙江哈尔滨市黑龙江外国语学院、江苏南京市牛首山遗址公园、江苏扬州国医书院、江苏淮安市张纯如纪念馆、江苏苏州木渎古镇、江苏无锡市惠山古镇、江苏苏州吴江静思园、江苏扬州八怪纪念馆、浙江宁波市庆安会馆（浙东海事民俗博物馆）、浙江温州鹿城中加友谊馆（含让·平祖居）、浙江台州椒江大陈岛、浙江杭州浙江商业职业技术学院、安徽凤阳县小岗村、安徽合肥市安徽名人馆、安徽宣城市敬亭山、福建泉州华侨革命历史博物馆、福建厦门老院子、福建晋江五店市传统街区、江西抚州汤显祖纪念馆、江西景德镇皇窑陶艺研学基地、江西九江市庐山白鹿洞书院、江西瑞金中央革命根据地纪念馆、江西吉安市博物馆、江西上饶市鹅湖书院、山东德州董子文化街、山东荣成市郭永怀事迹陈列馆、山东临沂市王羲之故居、山东日照市亚太森博（山东）浆纸生产基地、山东德州梁子黑陶博物馆、湖北黄冈市李时珍纪念馆、湖北宜昌市昭君村、湖南韶山毛泽东纪念园、湖南怀化市中国人民抗日战争胜利受降纪念馆、湖南岳阳县张谷英村古建筑群、湖南岳阳市岳阳楼、广东广州市花山小镇、广东深圳市大鹏所城、广东深圳市锦绣中华·民俗文化村、广东恩平市冯如故里牛江镇、广东南雄珠玑古巷、广东东莞市逸颐艺舍博物馆、海南文昌市宋氏祖居、四川巴中市晏阳初博物馆、四川绵阳市华夏母亲嫘祖国家纪念公园、贵州安顺市黄齐生故居、贵州毕节市迎丰村、贵州贵阳市中国阳明文化园、云南昆明市云南陆军讲武堂历史博物馆、陕西西安市诗经里小镇、陕西宝鸡周原博物院、广西南宁市广西华侨学校、广西东兴市华侨学校、广西贺州黄姚古镇。

【举办第四届世界华侨华人摄影展】9月4日，由中国侨联主办，中国华侨摄影学会、中国侨商联合会、中国华侨历史博物馆、中国华侨国际文化交流促进会承办的第四届世界华侨华人摄影展在中国华侨历史博物馆开幕。此次展览共收到来自30个国家、地区2100多名作者的23000余幅/组作品。本届影展较前三届来稿国家、地区和作品数量又有新的增加。最终评选出金奖3幅/组（自然类金奖空缺），银奖8幅，铜奖12幅/组，佳作奖234幅/组。获奖作者来自18个国家和地区。中国侨联党组书记、主席万立骏出席开幕式并致辞，中国侨联副主席李卓彬、中国侨联党组成员、副主席李波出席，中国侨联副主席齐全胜主持开幕式。侨界、摄影界海内外嘉宾共150余人参加开幕式。获奖者代表在开幕式上获颁获奖证书。摄影展展出时间为9月4日至11日。

【举办世界华侨华人摄影作品展安徽巡展】10月26日，由中国侨联主办，中国华侨摄影学会、中国侨商联合会、中国华侨国际文化交流促进会、安徽省侨联、蚌埠市侨联、蚌埠古名居博览园承办，华人摄影网协办的世界华侨华人摄影作品展安徽巡展在蚌埠古名居博览园开幕。此次巡展将历时一个月，参展的105幅华侨华人摄影作品精选自历届世界华侨华人摄影展获奖作品，受到海内外摄影爱好者和广大归侨侨眷的关注。中国侨联顾问、中国华侨摄影学会会长王宏，安徽省侨联党组成员、副主席兼秘书长杨冰，蚌埠市侨联副主席杨耀光等出席世界华侨华人摄影作品展安徽巡展活动。蚌埠市委常委、宣传部长谢兵会见王宏、杨冰一行。

【举办“亲情中华·瑞福新章”青田石篆刻作品展】9月7日，由中国侨联指导，浙江省侨联、西泠印社、杭州市侨联、青田县人民政府共同主办的“亲情中华·瑞福新章”——庆祝新中国成立七十周年浙江青田石篆刻作品展首展在北京中国华侨历史博物馆开幕。中国侨联副主席齐全胜，中国文联副主席、中国书协副主席、西泠印社副社长兼秘书长陈振濂，浙江省侨联党组书记、主席连小敏等出席并致辞。中国侨联秘书长、办公厅主任陈迈，中国侨联文化交流部部长刘奇，《人民日报》海外版副总编辑龚雯，中国华侨历史博物馆副馆长祁德贵，杭州市侨联党组书记、副主席裘建平，青田县委副书记、县长周和平，青田石捐赠者安特集团董事长、倪东方艺术博物馆馆长刘建武，中国国家画院美术馆名誉馆长、中国国家画院研究员陈风新等100多人出席开幕式。展览作品将陆续在葡萄牙、智利、斯里兰卡等“一带一路”沿线国家巡展，相关国家驻华大使、参赞也应邀出席了开幕式。

权益保障部

【领导成员名单】

部　长：张　岩（女）

【综述】2019 年，权益保障部在中国侨联党组的领导下，以习近平新时代中国特色社会主义思想为指导，深刻领会习近平总书记关于侨务工作的重要论述，全面贯彻落实党的十九大和十九届二中、三中、四中全会精神，及中国侨联“十代会”精神，依法维护侨益，开展法治宣传，积极参政议政，深入调查研究，做好定点扶贫，加强支部建设，创新工作机制，不断推进侨联事业创新发展，团结动员广大归侨侨眷和海外侨胞为全面建成小康社会、实现第一个百年奋斗目标、实现中华民族伟大复兴中国梦作出了应有贡献。

【开展侨界法治学习活动】2019 年，权益保障部以“增强侨界法治观念　推进全面依法治国”为主题，分别在辽宁、青海、河北等地相继举办了三场“法治中国　你我同行”侨界法治学习活动。该活动是党的十八届四中全会后，为贯彻落实中央“七五”普法规划，由中国侨联和各级侨联共同打造的侨界法治建设重要品牌。中国侨联副主席李卓彬出席了河北场活动并讲话；中国侨联副主席邵旭军，中国侨联法顾委主任、最高人民检察院原常务副检察长张耕出席了青海场活动并讲话。李卓彬在参加河北场活动时提出了三点希望，一是不忘初心、牢记使命，继续助力法治中国建设；二是胸怀大局、脚踏实地，深入开展法治学习活动；三是创新方式、加强宣传，扎实推进新时期维护权益工作，团结凝聚更多的侨界力量参与全面依法治国和法治中国建设，扎实做好侨联各项工作，以优异成绩向祖国七十周年献礼。活动还邀请了中国侨联法顾委委员、全国人大华侨委法案室原主任毛起雄，全国人大华侨委副巡视员徐利，全国人大法工委经济法室副处长刘泽巍，全国人大常委会法工委经济法室副处长陈扬跃，北京海关大兴国际机场海关旅检处置科科长陈旭东，副科长张博、刘棒棒等

6 月 25 日—28 日，由中国侨联和中国侨联法顾委主办，辽宁省侨联、辽宁省侨联法顾委承办，沈阳市侨联协办的“法治中国　你我同行”——2019 年侨界法治学习活动第一场在沈阳市举行

7 月 9 日—12 日，由中国侨联和中国侨联法顾委主办，青海省侨联、青海省侨联法顾委承办，西宁市侨联协办的“法治中国　你我同行”——2019 年侨界法治学习活动第二场在西宁市举行

10 月 9 日—11 日，由中国侨联、中国侨联法顾委主办，河北省侨联、河北省侨联法顾委承办，石家庄市侨联协办的“法治中国　你我同行”2019 年侨界法治学习活动第三场在石家庄市举行

专家学者，向基层侨胞和侨联干部代表宣传《宪法》《归侨侨眷权益保护法》《外商投资法》《进出境旅客行李物品海关监管规定》等法律法规，并以《侨务法治建设的基本情况和思考》为内容对学员进行了授课。

【举办法治宣传边关行活动】2019 年 9 月—12 月，在“法治中国　你我同行”活动的基础上，权益保障部在内蒙古、云南先后举办了三期“法治宣传边关行”，中国侨联法顾委副主任姜凤岩出席活动并致辞。该活动是中国侨联贯彻落实“七五”普法规划和司法部、国家民委、全国普法办“中国宪法边疆行”活动的具体举措。姜凤岩副主任作了题为《履行好侨联维护侨益职能，做好侨胞可信赖之家》的专题讲座，全方位介绍了维护侨益工作的重要意义、主要内容及存在问题，并对侨联干部维权工作能力提出要求，希望通过这个平台加强经验交流，创新工作思路，为下一步各地开展丰富多样的法治宣传教育实践活动积累宝贵经验，推动法治工作迈向新台阶。针对边境一线基层司法、行政、侨联干部，侨商，侨界群众及边民等相关人员，宣传《中华人民共和国宪法》《中华人民共和国出境入境管理法》《涉外婚姻法》等相关法律法规，活动还举办了一系列侨务相关法律法规、禁毒防艾、反恐、边境安全、环保等内容的专题宣讲，让边境各族群众、外籍入关人员、边境华人华侨和侨界群众了解熟悉我国宪法、侨务、海关、防恐、环保等有关法律法规，讲好宪法故事，扩大了宪法宣传覆盖面，坚定了边疆民族地区广大干部群众的宪法自信，增强侨界群众的知法、懂法、守法和用法意识，为构建法治中国、建设和谐边疆做出贡献。

9 月 10 日—12 日，由中国侨联、内蒙古自治区普法办和自治区侨联联合主办的“法治中国　你我同行”法治宣传边关行——额济纳行在内蒙古阿拉善盟举行

9 月 10 日—12 日，在“法治中国　你我同行”法治宣传边关行——西双版纳勐腊行中，政法干警向参加活动的学生代表宣传涉侨法律法规

11 月 12 日—14 日，在“中国宪法边疆行暨云南省法治宣传边关行——临沧·耿马（孟定）行”活动中，侨联干部向参加活动的侨界群众发放宣传手册

11 月 7 日—16 日，由中国侨联权益保障部、最高人民法院司改办联合组成的考察调研团出访西班牙、法国、意大利

【加强中外法治交流】为拓展“一带一路”地区法律服务力量，函商 19 个使领馆推荐海外华侨华人律师人选。9 月，以“共享时代荣光、建言法治中国”为主题组织法顾委海外律师团回国访问，与司法部就加强中外律师交流合作交换意见，与中国法学会联合举办“知侨法　护侨益　凝侨心”高端法律论坛，邀请商务部专家作“一带一路”经贸合作讲座，举办侨情专报专题讲座，并组织访问团赴陕西座谈交流，考察中国侨联前身——延安侨联旧址，并为当地企业开展“一带一路”专题授课。首次与最高人民法院司改办联合组团赴西班牙、法国、意大利访问，调研海外侨胞权益保障的新期待新诉求，探讨在海外引入涉侨纠纷多元化解机制的有效路径，并与有关国家司法部门、律师公会、法律服务组织就欧盟 ADR 机制有关法规和运行情况、侨民纠纷解决方式、律师参与调解机制等开展座谈研讨，加强中欧法治建设交流互鉴。访问取得圆满成功，获得丰硕成果，西班牙联合时报、旅法华人战报、意大利新华联合时报等当地主流华人媒体对访问进行了宣传报道。

【推进法治机关建设】权益保障部拟定了中国侨联法律顾问管理办法，协助选聘 3 名中国侨联法顾委委员作为机关法律顾问，做好机关法律文件的审核工作。组织机关公职律师培训，代理机关法律事务。强化法律服务制度建设，制订了《中国侨联法顾委专业委员会活动规则》。在全国第二个“宪法宣传周”，邀请全国“七五”普法讲师团讲师、中国侨联法顾委委员、中央党校（国家行政学院）法理教研室主任李勇作了题为《学习贯彻宪法　推进国家治理体系和治理能力现代化》的讲座，中国侨联党组成员、副主席隋军主持讲座。讲座结合深入学习贯彻党的十九届四中全会精神，从宪法的本质、宪法的演进、治理体系和治理能力现代化等三个方面生动鲜活、深入浅出地作了介绍，特别是从我国宪法的发展沿革阐述了推进国家治理体系和治理能力现代化的重要意义，进一步弘扬了宪法精神，增强干部群众的宪法观念。

12 月 4 日，全国第二个“宪法宣传周”，中国侨联举办党组理论学习中心组（扩大）学习会暨国家宪法日普法讲座

【形成维权工作合力】权益保障部与北京泽文律师事务所联合组建律师志愿者队伍，第一时间现场接待上访侨界群众，参与涉诉纠纷案件。2019 年，15 名律师志愿者共参与涉诉接访 45 件次，力争涉诉信访人“最后跑一次”。建立信访维权工作横向交流，相继赴全国妇联、全国台联、阳光绿盟等部门和单位并邀请全国总工会法律工作部到中国侨联机关，就加强维权工作交流学习。邀请中央政法系统和中央涉侨部门定期共商维护侨益工作。组织召开中国侨联新时期维护侨益座谈会，中央政法系统和中央涉侨部门首次悉数出席会议并发言。

【推进涉侨纠纷多元化解】权益保障部应邀参加“第五届全国司法学论坛”和最高法司改办主办的“新时代纠纷解决机制创新交流会”，介绍中国侨联开展涉侨纠纷多元化解工作的情况及经验。汇总整理典型材料，向最高法提交试点地区侨联开展涉侨纠纷调解典型事迹材料 14 篇，涉侨纠纷化解实践案例 11 个。12 月 9 日—10 日，联合最高法司改办召开试点地区工作经验交流会，就 11 省（区）法院及侨联试点一年来的工作情况，开展工作交流，会议总结了自涉侨纠纷多元化解试点开展工作以来该机制的落实情况，交流了试点地区侨联、法院系统在拓展完善制度机制、推动司法为侨服务方面的创新经验，分析了当前存在的困难和问题，并围绕学习贯彻党的十九届四中全会精神，更好推动涉侨纠纷多元化解机制完善落实，提出了下一步思路方法和工作重点，积极促进涉侨纠纷多元化解机制在全国范围内推广。来自吉林、上海、江苏、浙江、安徽、福建、湖南、广东、广西、海南、云南等 11 个省（自治区、直辖市）侨联、法院系统的涉侨纠纷多元化解工作负责同志出席会议。

【加强业务培训和经验交流】12 月 11 日—12 日，由中国侨联权益保障部主办的侨联系统维权干部、涉侨纠纷调解员维护侨益工作学习活动在北京举办。活动邀请了最高人民法院司改办四级调研员马骁、广东东莞二院立案庭庭长江和平、福建厦门中院研究室副主任黄鸣鹤，为大家介绍新时代纠纷解决机制的创新情况及调解工作实务，讲解基层相关工作经验，开展维护侨益工作交流，提高侨联系统维护侨益工作水平。此次学习活动开拓了大家的思路、明确了工作任务、掌握了工作方法，对更好地贯彻落实党的十九届四中全会部署，更好地维护侨胞合法权益，推动侨联组织履行参与社会建设职能、在国家治理体系中发挥积极作用具有重要意义。来自全国各省（自治区、直辖市）的 80 余名侨联维权工作者、涉侨纠纷调解员参与了学习活动。

12 月 11 日—12 日，由中国侨联权益保障部主办的侨联系统维权干部、涉侨纠纷调解员维护侨益工作学习活动在北京举办

12 月 9 日—10 日，由中国侨联权益保障部和最高人民法院司改办联合举办的涉侨纠纷多元化解试点地区工作经验交流会在北京召开

【研究新时期维护侨益诉求】在中国侨联副主席李卓彬的指导下，权益保障部承接了

中国侨联重点课题“新时期归侨侨眷和华侨权益问题的研究”，并成立课题组。课题组以习近平新时代中国特色社会主义思想和习近平总书记关于侨务工作的重要论述为指导，结合“不忘初心、牢记使命”主题教育，自觉把此次调研作为摸清侨情、查找问题的重要抓手，作为补足差距、推动工作的重要契机，认真抓好抓实。调研中，课题组坚决贯彻落实“守初心、担使命、找差距、抓落实”的总要求，按照中国侨联主题教育整体安排，通过查阅资料、现场考察、召开座谈会、专题讨论会等形式，认真查找分析维权工作存在的困难和问题，总结提炼维权工作经验，准确把握归侨侨眷和华侨权益的新内容、新诉求、新趋势，深入研究新时期维护侨益工作的新特点、新思路，并提出对策建议，形成了高质量的课题报告。

【关注海外侨胞权益保护】针对“孟晚舟事件”“香港暴力事件”等热点问题，主动引导法顾委委员发声，维护法治精神；组织海外委员与最高法司改办领导分别在“和谐侨社”论坛作大会发言，向海外宣介涉侨纠纷多元化解机制；应全国律协邀请，组织6名海外委员参加世界律师大会，宣传法顾委独特作用。编撰《中国公民海外平安旅游》知识手册，为保障中国公民海外正当权益提供指引。在《中国侨商》杂志上组织法顾委专家学者进行法律解读，为侨商企业发展护航。

【做好参政议政工作】权益保障部对参政议政工作高度重视，2019年全国“两会”召开前夕，组织机关各部门、侨研所提交提议案素材共38篇，涉及经济建设、科教文卫体、政治法律、社会保障等各方面内容，为充分发挥全国政协侨联界委员建言献策作用，提高提议案质量做好了充分的前期准备工作。3月，组织召开全国政协侨联界委员座谈会，传达全国政协第七次提案工作会议精神和万立骏主席对做好侨联参政议政工作的批示精神，为开展好新时期提案工作统一了思想。4月，召开中国侨联建议提案交办会议，提出工作要求，严格责任落实。11月底，召开中国侨联建议、议案、提案办理工作领导小组会议，通报2019年全国人大代表建议和全国政协提案办理工作情况，研究规划明年工作。2019年，全会共承办人大建议和政协提案28件，其中人大建议12件，全部为协办；政协提案16件，主办1件，会办15件，所有建议提案均于要求时限内办结。

【组织政协侨联界委员考察】5月5日—10日，为贯彻落实党的十九大精神，更好地为统筹推进“五位一体”总体布局、协调推进“四个全面”战略布局、决胜打赢脱贫攻坚战贡献侨界力量，以全国政协常委、中国侨联副主席李卓彬为团长，全国政协委员、全国政协港澳台侨委员会副主任康晓萍和全国政协委员、中国侨联副主席邵旭军为副团长的全国政协侨联界委员考察团一行24人，赴江西就脱贫攻坚工作开展考察。在赣期间，考察团先后在南昌、景德镇、上饶三地召开三场座谈会，认真听取江西省及景德镇市、上饶市脱贫攻坚工作汇报，详细了解江西省及景德镇、上饶市在经济发展、人口农业、扶贫开发、侨务助农等方面的工作情况和困难问题，并就如何巩固扶贫成效、实现产业扶贫可持续发展等问题与当地发改委、扶贫办、农村农业局、侨联等相关部门负责同志进行了深入交流和探讨，提出对策建议并形成调研报告报送全国政协。

5月5日—10日，李卓彬副主席带领政协侨联界委员考察团在江西就脱贫攻坚工作开展考察

【参与修改规范性文件】2019 年，在中国侨联法顾委的协助下，权益保障部对全国人大征求意见的永久居留管理规定、外商投资法、疫苗法、密码法、民法典各编、药品管理法、外商投资法、出口管制法等 129 部规范性文件草案提出了修改意见和建议。派员参加了全国政协征求对建言资政质量评价相关文件意见座谈会，“一带一路”投资保护、国籍法等相关座谈会。

【服务国家战略大局】2 月 12 日，权益保障部参与司法部召开的“中国—上海合作组织法律服务委员会”成立大会暨第一次部际联席会议并发言。9 月，应司法部邀请，张岩部长代表中国侨联参加上海合作组织国家法律服务国际论坛。此次论坛主题为“法律服务与区域经贸合作”，旨在继续加强上海合作组织成员国、观察员国、对话伙伴国在法律服务领域的交流合作，进一步丰富成员国司法部长会议机制的内容与成果。

【做好来信来访和案件纠纷处理】2019 年，权益保障部共受理群众来信 308 封（其中网上信访 170 封）；接待群众来访 100 批次，154 人，其中向地方侨联交办信访事项 47 件，通过加强督查督办工作，已收到信访回复函 23 件；办理涉侨涉诉案件（书面、上访、电话等）80 件次。召开 10 场案例分析会，为侨商和中国侨联机关所属单位涉法涉诉案件提供法律意见，并对金光集团信访事项组织专题研讨。协助基层建设部推进为印尼华侨提供紧急救助，推动日本华侨赵某替他人携带象牙入境纠纷、山东华侨林某投资纠纷、江西华侨段某拍卖纠纷等案例妥善解决，赢得侨胞的信赖和称赞。一年来，通过加强制度建设、组织法顾委专家研讨疑难案例、加强与最高法沟通以及与地方侨联上下联动等做法，积极处理信访难题、化解矛盾，实现了信访秩序平稳可控。积极发挥信访“晴雨表”功能，撰写了《关于加快推进我国法域外适用的法律体系建设的提案》《关于完善多元化纠纷解决机制立法的提案》等“两会”提议案素材，反映侨界社情民意。对已沿用了 10 余年的《中国侨联贯彻〈信访条例〉实施办法》进行了修改完善，经主席办公会讨论通过后，以中国侨联文件形式下发基层侨联，为新时期侨联系统信访工作提供了更好的指导和规范。

【完成定点扶贫各项工作】2019 年，万立骏主席和各位副主席、秘书长分别率队到定点扶贫县江西省上饶市广信区（上饶县）考察调研，了解脱贫攻坚情况，现场解决脱贫难题，并为上饶县送去医疗设备、救灾款、爱心图书等。李卓彬副主席两次主持召开中国侨联扶贫工作领导小组会议，并结合当地实际需求，制定中国侨联定点扶贫责任书和项目分解表。组织港商、侨商、江西省中草药专家等赴上饶考察调研，推动中国侨商联合会、中国企业经营咨询公司、中国侨联公益事业管理服务中心等在上饶开展修路、建设传统文化中心、改善三所小学办学条件、增设“树人班”等多项公益活动。推动机关各部门、直属企事业单位参与定点扶贫工作，购买上饶特色农产品，组织动员全体干部职工为上饶县部分乡村小学捐赠 900 余册图书。全年圆满完成责任书的各承诺事项，部分项目超额完成。其中，投入资金 130.12 万元，超额 62.7%；引入帮扶资金 244 万元，超额 103.3%。培训技术人员、购买定点扶贫县产品、帮助销售定点扶贫县农产品等任务也均超额完成。

中国侨联党组书记、主席万立骏到广信区（上饶县）调研考察扶贫工作

【参与定点扶贫成果展】8 月 16 日，由中央和国家机关工委主办的“不忘初心、牢记使

8 月 16 日，李卓彬副主席出席中央和国家机关定点扶贫工作成果展

命——中央和国家机关定点扶贫工作成果展”在北京全国农业展览馆开幕，中国侨联副主席李卓彬出席展览开幕式并观展。中国侨联 100 余名党员、干部参观展览。此次展览正值中央和国家机关深入开展“不忘初心、牢记使命”主题教育之际，是中央和国家机关定点扶贫工作成果的一次集中展示，既是各部门创建“让党中央放心、让人民群众满意”的模范机关的生动展现，又是开展“不忘初心、牢记使命”主题教育的鲜活教材。展览现场中国侨联的主题展板吸引了不少群众驻足观看。自 2002 年定点帮扶江西省上饶县以来，中国侨联历届党组均高度重视，充分发挥侨联组织人才荟萃、智力密集、联系广泛的优势，协助地方党委政府开展精准扶贫、精准脱贫工作，先后选派 10 名干部到上饶县挂职，多次组织海外侨商、国内侨资企业代表、侨界科技专家和慈善人士到上饶县开展产业投资、项目对接、市场推介、公益福利设施建设、送医送药送健康、捐资助学等活动。在各方努力下，上饶县于 2018 年正式脱贫摘帽。

【加强支部建设】2019 年，权益保障部党支部共集中学习 29 次，上报简报 9 期，研究制定《2019 年度学习教育计划》及《“不忘初心、牢记使命”主题教育学习计划》，通过支部学习、小组学习和个人自学相结合，集中学习讨论与专

6 月 20 日，权益保障部党支部与北京市泽文律所党支部赴河北省平山县西柏坡，联合开展“不忘初心、牢记使命”主题党日活动

8 月 8 日，中国侨联权益保障部党支部、基层建设部党支部与北京市侨联社会工作部党支部、北京市华侨服务中心和华侨事业基金会联合党支部共同举办纪念新中国成立 70 周年联合党日活动

题辅导相结合方式，认真贯彻落实“不忘初心、牢记使命”主题教育。坚持每周四下午学习制度，把政治学习和业务学习相结合，把学习成效体现到增强党性、提高能力、改进作风、推动工作上来。按照《中国侨联党组开展“不忘初心、牢记使命”主题教育实施方案》要求，先后与北京市侨联、东卫律师事务所、泽文律师事务所开展支部共建和主题党日活动，在学习教育中悟初心、守初心。为纪念新中国成立 70 周年，联合基层建设部、北京市侨联、北京市华侨服务中心和华侨事业基金会共同举办党日活动，邀请叶之枫女士讲述其父亲、著名归侨叶飞将军革命故事，学习老一辈侨界革命家的光辉事迹。两节期间赴广东湛江慰问湛江奋勇农场第三支部，并就农场和支部生产生活等进行座谈。按照《中国侨联“作风建设年”活动重点任务分解》要求，撰写提交了《权益保障部党支部建设情况自查报告》《权益保障部党支部自查情况及报告》，加强干部作风建设；邀请中国政法大学教授王顺安讲解扫黑除恶及中国刑事政策变化，通过典型事例、案例分析，增强学习的针对性、实效性和感染力。

基层建设部

【领导成员名单】

部　长：张　毅

副部长：黄　晖（2 月 25 日退休）

　　　　刘景春（5 月 29 日任职）

【综述】 2019 年，在会党组的坚强领导下，基层建设部以习近平新时代中国特色社会主义思想为指导，全面贯彻党的十九大和十九届二中、三中、四中全会精神，深入学习贯彻习近平总书记系列重要讲话精神，深入学习贯彻中国侨联“十代会”精神，坚持“两个并重”，深化“两个拓展”，服务大局、认真履责，扎实工作、开拓创新，在大学习、大调研、大讨论、大贡献的基础上，认真梳理当前侨联基层建设面临的新情况、新问题及存在的短板和不足，着力推进基层侨联建设。

【举办基层侨联建设指导意见说明会】 3 月 20 日，2019 年全国侨联联谊联络工作会议在京召开之际，基层部召开基层侨联建设指导意见说明会。张毅部长向参加全国侨联联谊联络工作会的各省级侨联相关负责同志介绍了《关于新时代加强基层侨联建设的指导意见》文件出台背景、起草过程，主要内容及相关考虑。帮助各省级侨联更好理解文件的重要意义和丰富内涵。张毅部长还对基层建设部 2019 年准备开展的主要工作进行了通报和部署。

【开展大调研工作】 基层建设部深入开展大学习、大调研、大讨论、大贡献，问计于基层，问计于侨，一是陪同会领导开展大调研工作，进一步了解基层组织建设。二是在部领导的部署下，利用参加地方侨联相关工作培训、会议等机会，分赴多地开展基层组织建设调研，听取地方及基层侨联工作者对《关于新时代加强基层侨联建设的指导意见》的意见和建议，实地查看“侨胞之家”创建情况，对基层建设工作中存在的突出问题和面临的主要挑战进行摸底，并组织中国侨联关于“侨胞之家”建设重点课题组成员进行专题研讨。三是为做好华侨事务专项经费的管理和使用，专程赴广东、福建等地调研。

11 月 12 日，中国侨联党组书记、主席万立骏在浙江省侨联调研

5 月 10 日，甘肃省山丹县副县长陆思东为隋军副主席（左三）讲解培黎学校新校区规划

7 月 12 日，李波副主席在河南紫光社区服务中心调研

【抓好支部党建工作】一是深入学习贯彻习近平新时代中国特色社会主义思想和党的十九大精神，强化政治理论武装。3 月 28 日，基层建设部党支部召开全体党员大会。此次会议一方面为了迎接上挂的基层侨联同志，另一方面是正式启动党员讲党课活动。会上，支部书记张毅通报了支委会近期工作，支部开展了政治理论学习，马鑫同志以《新时代需要大力弘扬担当精神》为题，为全体党员讲党课。4 月 16 日，基层建设部党支部召开党小组联组理论学习会。二是高度重视，精心组织开展“不忘初心、牢记使命”主题教育。根据中国侨联机关党委统一部署，8 月 28 日，基层建设部党支部召开专题组织生活会，集中学习了习近平总书记在中央“不忘初心、牢记使命”主题教育工作会议上的重要讲话，研究制定支部主题教育方案。10 月 25 日，基层建

8 月 8 日下午，中国侨联基层建设部党支部与北京市朝阳区侨联党支部联合开展主题党日活动

设部党支部召开专题组织生活会，结合中国侨联警示教育大会精神，从精神纯洁、队伍纯洁、作风纯洁和清正廉洁等方面进行专题讨论和交流交心，支部全体党员参加。12月3日，基层建设部党支部召开全体党员会，选举刘景春为基层部党支部副书记。三是积极开展丰富多彩的主题党日活动。7月10日下午，中国侨联党组成员、副主席李波以普通党员身份参加基层建设部党支部开展的“重温焦裕禄感人事迹、领悟焦裕禄精神”主题党日活动。8月8日下午，基层建设部党支部与权益保障部党支部、北京市侨联社会工作部党支部在北京市侨联侨之家联合开展主题党日活动。8月26日下午，中国侨联基层建设部党支部与北京市朝阳区侨联党支部联合开展以“忆初心、明职责、当先锋”为主题的党日活动。9月29日下午，在庆祝中华人民共和国成立70周年之际，基层建设部党支部赴北京展览馆参观“伟大历程 辉煌成就”展览。

【会同地方侨联开展项目化专项工作】为加强“两个建设”，推动《指导意见》的贯彻落实，进一步激发基层侨联组织的活力，基层建设部以《中国侨联国内侨务工作经费使用管理办法（试行）》为依据，按项目化的方式，根据各省级侨联的申报，联合地方侨联共同开展四个专项工作。总计投入资金近1500万元。一是开展基层侨联干部培训，提高基层侨联干部队伍组织战斗力。2019年共下达经费400多万元，联合27个省（区、市）侨联举办培训班，全年培训基层侨联干部3000余人。培训对象主要为基层侨联专兼职干部、涉侨社团组织骨干、“侨胞之家”负责人等基层侨联工作者。基层部统筹安排，派员赴各地为培训班解读《指导意见》、指导项目实施并介绍基层部的主要工作情况，深入一线实地进行调研，指导地方加强基层侨联建设，营造重视基层、支持基层、共抓基层的浓厚氛围。二是推动“侨胞之家”建设，提高组织凝聚力。为了增强“侨胞之家”功能，提升“侨胞之家”活力，基层部积极推动“侨胞之家”建设工作，今年共下达经费约460万元，支持30个省级侨联开展“侨胞之家”建设项目300个。在“侨胞之家”建设中，鼓励基层创新，支持吉林、上海、浙江、福建、湖北、山西等省侨联先行先试，对“侨胞之家”进行评级示范创建。为支持中央和国家机关侨联所属的各部委机关侨联开展活动，基层部主动登门拜访、介绍情况，在办公厅的支持下设定专门的财务规则，首次为其提供30万经费支持，使得15个部委机关侨联都挂牌成立“侨胞之家”，围绕建国70周年开展了一系列主题活动。三是组织“侨爱心—归侨侨眷技能培训”，提高组织号召力。引导支持地方侨联借助社会力量，开展困难归侨侨眷就业创业培训，是为侨服务、为大局服务的具体体现之一。根据20个省级侨联的申报，共安排300万元经费开展“侨爱心—归侨侨眷技能培训”项目。安排专项资金140万元，对海南、福建、云南、江西、广西的华侨农场归侨侨眷进行技能培训。与此同时，根据甘肃省侨联的申报，安排30万资金在临夏州、平凉市开展困难归侨侨眷技能培训，用实际行动助力国家“三区三州”深度贫困地区脱贫攻坚。通过培训活动，提升了困难归侨侨眷的自身素质，为实现就业和再就业打下良好基础，切实提高他们的幸福感、获得感。四是开展“侨爱心—送温暖医疗队”活动，提高组织影响力。安排专项资金248万元，联合28个省级侨联组织46支侨界医疗队，在本省区的贫困地区、归侨侨眷比较集中的基层及华侨农场等地区，为当地侨胞、归侨侨眷和人民群众开展义诊医疗、送医送药、侨法宣传等活动，赴边疆地区、少数民族地区贫困地方宣讲“十代会”精神，进一步扩大和增强侨联组织的影响力、凝聚力。

【完善基层侨联组织制度建设】为贯彻落实“十代会”提出的“两个建设”，着重解决基层侨联建设与发展中存在的一些普遍性问题，基层部通过调研，梳理基层侨联建设的工作脉络，在会领导的指导下，积极协调沟通有关部门，在各省级侨联的大力支持配合下，一是出台了中国侨联《关于新时代加强基层侨联建设的指导意见》（中侨发〔2019〕4号），由于《指导意见》紧贴基层实际，得到了地方党委政府高度重视，广东、福建等8个省的省委分管领导对《指导意见》作出重要批示，江西、上海、浙江等省级侨联结合各地实际制定出台了实施办法。该文件出台时机与这次党和国家机关机构改革进程相契合，为地方和基层侨联机构改革提供了一定的文件支持，推动各地侨联开启了基层侨联组织建设的新热潮；二是出台《中国侨联国内侨务工作经费使用管理办法（试行）》，对项目申报流程、时间、支付、监管、验收等环节做出具体规定，确保项目顺利按期实施；三是印发《中国侨联办公厅关于开展基层侨联组织统一社会信用代码赋码工作的通知》，对基层侨联组织统一社会信用代码的赋码权、赋码对象、工作原则和程序进行了具体规范；四是出台《中国侨联关于华侨事务预算专项经费使用管理的指导意见》，对此次机构改革后转由侨联系统执行的 8600 万元中央转移支付（华侨事务预算专项经费）的使用管理进行规范，为各地的执行提供政策依据，并根据侨联的性质和特点，扩大了资金的使用领域；五是出台《中国侨联关于非公募涉侨基金会管理办法》，对中国侨联作为主管单位的非公募涉侨基金会（代表处），履行管理职责提供依据。

【开展地方侨联基层组织建设经验交流培训活动】为加强基层侨联组织建设，基层部坚持问题导向，注重因地制宜，分类指导，2019 年按照非传统侨乡地区和大中城市两个类型举办了两场经验交流培训活动。一是 7 月 9 日至 12 日，在河南郑州举办中西部省市区侨联基层建设培训交流活动，来自全国中西部和东北地区非传统侨乡的 22 个省区市侨联 140 多人参加活动。通过解读《指导意见》和现场观摩教学、座谈研讨相结合的方式，研讨内陆地区侨联扩大基层组织覆盖面，增强基层活力的新思路、新举措，进一步提高基层侨联干部的政治理论素养、政策业务水平、强化对《指导意见》理解和落实。二是 11 月 12 日至 16 日，在浙江杭州举办全国主要大中城市基层侨联建设经验交流暨业务培训活动，李卓彬副主席主持，万立骏主席出席并作重要讲话，来自全国各省侨联、副省级、省会城市和部分侨乡地区地市侨联负责人约 260 人参加活动。此次活动既安排浙江、北京、上海等 11 个地方侨联作大会交流发言，又有分组交流和杭州基层侨联现场观摩考察；既颁

7 月 9 日—12 日，中国侨联 2019 年度部分省区市基层侨联建设交流培训

11 月 12 日—16 日，在浙江杭州举办全国主要大中城市基层侨联建设经验交流暨业务培训活动，万立骏主席出席并作重要讲话

11 月 12 日—16 日，在浙江杭州举办全国主要大中城市基层侨联建设经验交流暨业务培训活动

11 月 13 日，中国侨联正式启动全国基层侨联组织统一社会信用代码赋码工作并颁发首批组织机构代码证书

发了全国基层侨联首批统一社会信用代码证、正式启动赋码工作，又对基层侨联社会信用代码的具体赋码工作人员进行培训、就《华侨事务预算专项经费使用管理的指导意见》进行解读；万立骏主席的重要讲话受到与会代表的高度重视，产生了热烈反响。整个活动内容丰富、紧贴实际，得到了参会人员的一致认可。

【编印《基层侨联建设》简讯】为落实会领导指示精神，进一步推进全国侨联系统的基层组织建设，总结交流好的经验和做法，经会领导同意，基层建设部自 2018 年 12 月 25 日起，不定期编印《基层侨联建设》简讯并通过微信工作群向地方侨联推送，纸质版同步报送中国侨联会领导和机关各部门。截至年底，《基层侨联建设》简讯已编印 28 期，分别印发各地侨联积极开展基层建设工作的经验做法，反响良好。

【基层建设部侨务服务交流团赴欧洲访问】根据工作计划并经会领导批准，9 月 1 日—10 日，由基层建设部部长张毅任团长，中国侨联公益事业管理服务中心主任何继宁、基层建设部 2 名干部为团员的出访团一行 4 人赴丹麦、马耳他、法国访问。代表团拜访我驻当地使领馆，深入交流侨务工作；走访侨团、慰问侨胞，向海外华侨华人宣传新中国成立 70 年的伟大成就和中国侨联“十代会”精神，表达中国侨联的问候和关心。访问期间，代表团一行参加活动 11 场，召开了 6 场座谈会，倾听侨声、了解侨情，听取意见和建议。访问活动增进了友情，涵养了侨务资源，密切了中国侨联与我驻外使领馆以及欧洲重点慈善人士与社团的联系。

【向旅朝华侨退休教师及老侨干发放生活困难补助事项】根据调查了解相关情况，报会领导批准后，基层建设部为相关人员提高了补助标准，由原来每人每月 600 元增加到每人每月 1500 元（其中中国侨联本级财政补助 1300 元，地方财政补贴 200 元），2019 年度共计发放旅朝华侨退休教师及老侨干生活困难补助费 51.48 万元。

【走访慰问健在南侨机工】目前，全国尚健在南侨机工只有 3 人。按规定，尚健在的南侨机工生活补助费为每人每年 2.4 万元，3 人共计 7.2 万元，每年年初发放。春节前夕，基层部受会领

1 月 19 日，李卓彬副主席（右四）看望南侨机工张修隆老人

导委托，结合赴地方慰问机会，专程慰问了其中的2位（云南的罗开瑚、海南的张修隆），给他们带去了2019年度生活补助费和新春祝福。并委托重庆市侨联对生活在重庆的蒋印生进行慰问和补助费发放。

【开展定点扶贫工作】以《维护归侨侨眷权益专项经费管理使用实施细则》为依据，基层部根据地方申请，结合具体情况，2019年先后向吉林、重庆、海南等省区及新疆生产建设兵团发放困难归侨侨眷慰问款和定点扶贫专项金75万元，助力地方侨联开展精准扶贫工作，为侨联系统脱贫攻坚贡献力量。

【开展“送温暖、献爱心”活动】为进一步贯彻落实中央要求和中国侨联“十代会”精神，确保困难归侨侨眷度过一个温馨祥和的节日，基层建设部按照会领导的指示，认真拟定工作计划并组织实施元旦、春节“送温暖、献爱心”活动，全力做好会领导集中走访慰问困难归侨侨眷及侨界知名人士工作，切实把党和政府的温暖送到归侨侨眷心中。2019年12月底至2020年春节前夕，在短短一个月的时间里，在中国侨联党组书记、主席万立骏带领下，会领导班子成员先后率队赴吉林、河北、云南、广西、江苏、安徽、江西、湖南、广东、福建等10省（区）开展慰问活动。通过入户和集中慰问，共走访了200多户困难归侨侨眷，安排发放慰问金52万多元。会领导每到一处都深入到困难归侨侨眷家中，详细了解困难归侨侨眷的生产生活情况，鼓励他们战胜困难，乐观生活，并送上中国侨联的新春问候和祝福。

12月25日，齐全胜副主席（右三）在湖南慰问老归侨

【支持地方开展走访慰问活动】为将党和政府的温暖、侨联组织的关怀送到更多困难归侨侨眷心坎上，根据地方侨联申请，基层部专门召开部务会研究并报会领导批准，共安排28万元经费分别支持陕西、甘肃、青海、四川、内蒙古、江西上饶、安徽马鞍山等地侨联开展2019年春节走访慰问困难归侨侨眷活动。2019年底，经主席办公会议研究同意，安排217.4万元经费，支持边疆少数民族地区、经济欠发达的中西部和东北地区省级侨联开展散居困难归侨侨眷的帮扶慰问。

【开展联合走访慰问活动】两节期间，基层部继续会同全国总工会中国农林水利气象工会，联合走访慰问了广西、广东、云南、福建、海南、江西等六省（区）华侨农场。中国侨联给上述各省（区）安排慰问金各5万元（共计30万元），配套全国总工会慰问金30万元，合计60万元。与此同时，还安排5万元慰问金，作为权益保障部与广东湛江奋勇华侨农场的共建党支部经费，用于走访慰问该农场的困难归侨侨眷职工。

【顺利完成8家涉侨基金会（代表处）的转隶工作】根据中编办的有关文件，基层部认真履行工作职责，积极与统战部、民政部、公安部境外非政府组织管理办公室和涉侨基金会（代表处）沟通协调。相继指导和配合黄奕聪慈善基金会、思利及人公益慈善基金会、金龙鱼慈善公益基金会3家涉侨基金会，香港应善良福利、美国唐仲英、美国欣欣教育、美国角声、香港华恩等5家境外涉侨基金会境内代表处顺利完成了业务主管单位变更手续。为切实履行好业务主管单位法定职责，基层部起草出台了《中国侨联关于非公募涉侨基金会管理办法》，以便更好地引导和管理这些非公募涉侨基金会（代表处）依法开展活动，发挥积极作用。

【召开中国侨联侨界基金会（代表处）工作会议】12 月 9 日—11 日，中国侨联 2019 年度侨界基金会（代表处）工作会议在北京召开，中国侨联副主席李卓彬出席会议并讲话。中国侨联主管的侨界基金会（代表处）以及与侨联长期保持密切联系的侨界公益慈善组织代表参加了会议。李卓彬副主席向与会代表介绍了中国侨联发展历史和基本情况。他表示，这次会议是中国侨联按照党和国家机构改革要求，在有关转隶程序顺利完成后，首次作为侨界基金会（代表处）业务主管单位召开的年度工作会议，标志着中国侨联参与公益事业、服务社会建设增添了新的重要力量。各侨界基金会（代表处）代表在会上分别作交流发言，表示将围绕新时期经济、社会的发展重点，不断创新工作模式、拓展工作思路、提升工作效果，进一步加强与各级侨联组织的联系及合作，为国内公益慈善事业的发展多做贡献。

12 月 9 日，李卓彬副主席在 2019 年度侨界基金会（代表处）工作会议上讲话

【中国侨联主管涉侨基金会公益慈善及其他考察活动】一是适时走访涉侨基金会，了解其在相关领域所做的工作。二是积极参与云南深度贫

12 月 9 日—11 日，中国侨联 2019 年度侨界基金会（代表处）工作会议在北京召开

8 月 17 日，基层部张毅部长在新疆参加石河子市开展的“侨爱心—送温暖医疗队”义诊志愿服务部分活动

10 月 19 日，基层建设部副部长刘景春（中）一行与陕西省侨联和咸阳市侨联有关同志一起参观考察“咸阳市角声儿童之家”

困地区困难家庭特别是困难归侨侨眷的脱贫帮扶工作，根据中国侨联领导的指示，基层建设部在“和谐侨社论坛”活动期间，组织 7 家境外侨团（基金会）与云南华商公益基金会、5 个深度贫困地区市（县）侨联签署了“一对一”结对帮扶的签约仪式。三是通过鼓励引导基金会（代表处）以及与我联系密切的侨界爱心人士关注公益慈善。2019 年，多个基金会（代表处）参与了对云南怒江州深度贫困县“一对一”帮扶计划，思利及人公益慈善基金会对新疆的中小学生提供了价值 1400 万元的物资捐赠，天行健慈善基金会坚持连续多年为西藏林芝等地区的中小学生免费筛查视力并配送眼镜，协调侨界爱心人士为中国侨联定点扶贫的上饶市广信区农村捐赠 20 万元，建设农村太阳能照明项目。中国华侨公益基金会和无限极（中国）有限公司共同发起“侨爱心·无限极‘晚安宝贝’关爱儿童健康成长计划”捐赠。四是为逐步建立侨联系统涉侨捐赠的统计管理规则，基层部会同办公厅对全国侨联系统 2018 年度华侨捐赠情况进行统计。据不完全统计，全国侨联系统（除西藏、新疆生产建设兵团）2018 年度接收或协助受理华侨华人、港澳同胞捐赠款物合计 31.94 亿元。五是为进一步组织动员广大侨界群众为冬奥会建设贡献力量，中国侨联决定在全国侨联系统广泛开展“感知冬奥　助力冬奥　共建华侨冰雪博物馆”活动。

组织人事部（机关党委）

【领导成员名单】

党组成员、副主席、直属机关党委书记：

隋　军（女）

部长、直属机关党委常务副书记：姚林楠

副 部 长：赵珊珊（女）

直属机关党委副书记、纪委书记：林美龄（女）

副 部 长：李爔恒（2019 年 10 月任职）

副巡视员：崔续更

综合

【综述】2019 年，在中国侨联党组和主要领导、分管领导的领导下，组织人事部（机关党委）坚持以党的政治建设为统领，围绕中心、服务大局，全力以赴做好"不忘初心、牢记使命"主题教育和中央第七巡视组对中国侨联党组进行政治巡视相关工作，以"作风建设年"为抓手，扎实开展"让党中央放心、让人民群众满意的模范机关"创建工作，着力深化干部人事制度改革，建设高素质专业化干部队伍，为推进新时代侨联事业创新发展提供坚强组织保证。

【学习贯彻习近平新时代中国特色社会主义思想】充分发挥党组理论学习中心组领学促学作用。2019 年开展理论学习中心组（扩大）集体学习 37 次，深入学习领会习近平新时代中国特色社会主义思想特别是关于侨务工作的重要论述，深入学习贯彻习近平总书记最新重要讲话和指示批示精神，系统学习党的十九大和十九届二中、三中、四中全会精神及党中央一系列会议、文件精神，做到先学一步、学深悟透。万立骏同志在《机关党建研究》（2019 年第 2 期）上刊发《坚定不移跟党走、为党和国家事业发展凝聚侨心侨力侨智》文章，以中国侨联党组名义在《旗帜》（2019 年第 8 期）上刊发《新时代侨联工作创新发展的根本遵循》文章。隋军同志在《旗帜》（2019 年第 6 期）上刊登《以党的建设高质量引领侨联工作高水平》文章。

【学习贯彻党的十九届四中全会精神】中国侨联党组高度重视学习贯彻十九届四中全会精神，全会闭幕后，万立骏同志作出明确指示要求把学习贯彻十九届四中全会精神作为当前和今后一个时期的重要政治任务，迅速组织多种形式的学习宣传，把四中全会精神传达到每位党员干部。机关党委及时召开党委委员、纪委委员学习会议，印发《关于深入学习宣传贯彻党的十九届四中全会精神的通知》，要求各部门各单位认真做好全会精神的学习宣传贯彻工作。11 月 1 日上午，中国侨联党组召开理论学习中心组（扩大）会议，传达学习十九届四中全会精神。11 月 14 日，召开全体干部大会传达学习党的十九届四中全会精神，万立骏同志在讲话中强调，要深刻认识党的十九届四中全会的重大意义，坚定中国特色社会主义制度自信，切实增强学习宣传和贯彻落实党的十九届四中全会精神的政治自觉和思想自觉。12 月 16 日—20 日，举办学习贯

11 月 14 日，中国侨联传达贯彻党的十九届四中全会精神大会

彻党的十九届四中全会精神培训班（党务干部和第八期青年干部培训班）。

【开展“不忘初心、牢记使命”主题教育】 6月6日，中国侨联召开“不忘初心、牢记使命”主题教育动员大会，对主题教育进行动员部署。机关党委按照会党组的指示认真落实“不忘初心、牢记使命”主题教育各项要求，以处以上党员干部为重点，覆盖全体党员干部，把学习教育、调查研究、检视问题和整改落实贯穿始终。学习教育方面，党组理论学习中心组（扩大）共开展13次集中学习研讨，交流研讨100余人次。15个直属机关党支部（党委）按照主题教育部署，共组织集中学习190余次。领导干部讲党课27人次。6月27日，万立骏同志在“七一”表彰大会上以《贯彻新思想、把握新情况、开创新局面》为题讲“不忘初心、牢记使命”主题教育党课。7月15日，隋军同志以“从习近平总书记在宁德工作期间的实践和探索中汲取新时代砥砺前行的伟大力量”为题讲“不忘初心、牢记使命”主题教育党课。李卓彬、齐全胜同志也分别为分管部门同志专门讲了党课。调查研究方面，领导班子成员形成6篇调研报告，涉及学习贯彻习近平总书记关于侨务工作的重要论述、党的建设、侨联机构改革、权益保护、侨胞之家建设、华文媒体现状等方面，召开2次重点课题交流研讨会，充分运用调研成果，解决侨联工作的实际问题。检视问题方面，通过召开13场座谈会，设立主题教育征求意见箱，发放征求意见表，广泛收集党员干部群众意见建议；结合中国侨联十届三次常委会以及调研、出差、出访，听取地方侨联和侨界群众、海外侨团和华侨华人对中国侨联的意见建议，最终形成6个方面28个问题清单。按照中央关于专项整治工作的要求，成立专项整治工作小组，制定专项整治工作方案。整改落实方面，针对问题清单制定34项整改措施，对5个方面的专项整治任务提出19条整治措施，明确牵头领导、责任部门和整改时限，取得阶段性整改整治成效，并于11月开展“回头看”工作。9月6日，召开“不忘初心、牢记使命”主题教育总结大会。万立骏同志对主题教育进行总结，中央第13指导组组长王万宾出席会议并对中国侨联主题教育工

6月6日，中国侨联召开“不忘初心、牢记使命”主题教育动员大会

6月27日，万立骏同志讲主题教育党课

7月15日，隋军同志讲主题教育党课

9 月 6 日，中国侨联召开"不忘初心、牢记使命"主题教育总结大会

作进行了点评，对所取得的成效给予了充分肯定。

【开展多种形式的党员学习教育工作】 12 月 16 日—20 日，在全国组工干部学院举办党务干部培训班，共 50 余名党务干部、入党积极分子参加集中学习。2019 年共选派 5 位司局级干部参加中央和国家机关党支部书记示范培训班，选派 2 位处级干部参加中央和国家机关党小组长示范培训班，选派 2 位干部参加中央和国家机关党校的脱产学习。3 月 15 日召开全体干部大会，传达学习全国"两会"精神，安排部署侨联系统学习贯彻工作。组织了 4 场党组理论学习中心组（扩大）专题辅导讲座。1 月 11 日，邀请中国改革报副社长杨禹作题为《坚持不变　积极求变——全面深化改革背景下的中国经济形势剖析》专题报告；2 月 28 日，邀请全国人大常委会法制工作委员会法规备案审查室主任梁鹰作题为《坚持以习近平新时代中国特色社会主义思想为指导，完善以宪法为核心的中国特色社会主义法律体系》专题讲座；5 月 15 日，邀请原故宫博物院院长单霁翔作题为《坚持文化自信，做中华文化的忠实守望者》的辅导报告；12 月 4 日，举办国家宪法日普法讲座，邀请中国侨联法顾委委员、中央党校（国家行政学院）法理教研室主任李勇作题为《学习贯彻宪法　推进国家治理体系和治理能力现代化》专题讲座。举办了 4 场中国侨联特聘专家讲堂，先后邀请中科院院士万立骏、高福、

邀请杨禹、单霁翔、李勇、梁鹰等专家作专题辅导报告

3 月 15 日，中国侨联召开传达贯彻全国"两会"精神大会

周琪及张双南教授等作专题辅导讲座，万立骏同志以中国侨联特聘专家身份作“能源的开发利用和典型电池研究”首场科普讲座。重视青年干部理论武装工作，指导青年读书小组举办研讨会、读书会、座谈会及演讲比赛等，有针对性地提高青年干部的理论功底和素质能力。

2020 年 1 月 7 日，召开中国共产党中国侨联直属机关第七次代表大会

【召开中共中国侨联第七次党员代表大会】在中央和国家机关工委指导下，直属机关党委有序推进中共中国侨联第七次党员代表大会各项筹备工作。2019 年 8 月 5 日印发《关于中国共产党中国侨联直属机关第七次代表大会代表选举工作的通知》，按照规定程序开展党代表选举工作，经过代表资格审查选出代表103 名。2020 年 1 月 7 日召开中国共产党中国侨联直属机关第七次代表大会，中国侨联党组书记、主席万立骏出席会议并讲话，中央和国家机关工委委员、基层组织建设指导部部长周维现到会指导并讲话。中国侨联党组成员、副主席、第六届直属机关党委书记隋军向大会作工作报告。中央纪委国家监委驻中央统战部纪检监察组派员指导。大会审议通过了《中共中国侨联直属机关第六届委员会工作报告》《中共中国侨联直属机关第六届纪律检查委员会工作报告》《中共中国侨联直属机关第六届委员会关于党费收缴、使用和管理情况的报告》，选举产生第七届委员会委员 11 人，纪律检查委员会委员 7 人。

2020 年 1 月 7 日，隋军同志向大会作工作报告

2020 年 1 月 7 日，万立骏同志出席中共中国侨联直属机关第七次代表大会

【开展“七一”表彰活动和主题党日工作】6 月 27 日，召开中国侨联“七一”表彰大会暨“不

6 月 27 日，中国侨联召开“七一”表彰大会暨“不忘初心、牢记使命”主题教育专题党课

7 月 16 日，万立骏同志率侨联领导班子成员和各单位各部门主要负责同志前往北大红楼开展主题党日活动

忘初心、牢记使命”主题教育专题党课，评选表彰组织人事部（机关党委）党支部、经济科技部党支部、离退休干部党支部和华侨历史博物馆党支部 4 个“先进基层党组织”，以及 24 名“优秀共产党员”、17 名“优秀党务工作者”。结合主题教育要求印发《关于开展“讲侨史、凝侨心，守初心、担使命”主题党日活动的通知》，要求各基层党组织结合实际开展丰富多样的党日活动。7 月 16 日，万立骏同志率侨联领导班子成员和各单位各部门主要负责同志前往北大红楼开展主题党日活动，面向党旗重温入党誓词。各基层党组织结合主题教育的要求开展主题党日活动，赴河北西柏坡纪念馆、北京焦庄户、天津周恩来邓颖超纪念馆、河南焦裕禄纪念馆等地开展活动，重温奋斗历史，跟随领袖足迹，感受党的光辉。

【夯实基层党建推动党支部标准化规范化建设】压实基层党组织党建工作责任。2 月 22 日，召开 2018 年度中国侨联直属机关基层党组织书记党建述职大会。中国侨联党组成员、副主席、直属机关党委书记隋军主持并讲话；办公厅党支部、组织人事部（机关党委）党支部、离退休干部党支部、中国华侨华人研究所党支部及华侨出版社党支部等 5 位基层党支部书记进行现场述职，其余 10 家基层党组织进行书面述职；与会代表对 15 个基层党组织进行了现场测评打分。推进党支部标准化规范化建设。按照《中央和国家机关党支部标准化规范化建设试点工作方案》要求，制定《中国侨联党支部标准化规范化建设试点工作方案》，确定在信息传播部党支部、组织人事部（机关党委）党支部、中国华侨华人研究所党支部开展试点探索工作，并鼓励各基层党组织结合实际自主开展实践和探索。根据实际情况和工作需要，指导侨商会成立中国侨商联合会秘书处党支部，并选举产生新一届的支委会。指导办公厅党支部、组织人事部（机关党委）党支部、离退休干部党支部、经济科技部党支部完成换届选举工作。对侨联作为业务主管部门的 10 个社会组织进行逐一排查摸底，落实“两个全覆盖”要求。加强党员队伍建设，2019 年共发展 5 位党员。对离退休干部党支部有关人员工作补贴进行调整。发放生活困难党员补助 36800 元，慰问困难党员 42 人。开展党支部建设状况调研。根据中央和国家机关工委部署，直属机关党委以建设“政治功能强、支部班子强、党员队伍强、作用发挥强”党支部为目标开展党支部建设情况调研。通过访谈、座谈、测试、问卷调查和

“解剖麻雀”等形式深入调研，对各支部进行综合分析和评价，形成《中国侨联机关党建工作调研报告》，提出了加强和改进基层党支部建设的措施和意见。制定完善党建制度。结合主题教育安排，直属机关党委制定印发《中国侨联直属机关党委“谈心日”制度》，修订完善《中国侨联思想政治工作分析报告制度》《中国侨联党组理论学习中心组学习规则》《中国侨联党费收缴、使用和管理办法》《中国侨联关于加强和规范基层党组织生活的若干规定》《关于进一步加强中国侨联直属机关基层党组织建设的意见》《中国侨联党员干部直接联系群众制度》等六项制度和规定，为更好地发挥党组织和党员的先锋模范作用提供了制度保障。做好国庆70周年系列活动保障工作。按照中央和国家机关工委的要求，认真做好参加国庆70周年系列活动的人员筛选政审和信息报送工作，组织人员参加70周年国庆活动、文艺晚会、招待会等系列活动，做好参加活动人员的保障工作和安全保密教育。组织理论学习中心组（扩大）成员和各基层党组织集中参观“伟大历程、辉煌成就”庆祝中华人民共和国成立70周年大型成就展。

2月26日，召开“作风建设年”动员大会

【持续正风肃纪推动党风廉政建设向纵深发展】严格党的纪律，严肃监督执纪。召开2019年党的工作暨党风廉政建设工作会议、2019年警示教育大会。用好监督执纪“四种形态”，依规依纪处理来信来访，严肃处理邓世英案。落实会党组决定，对联谊联络部和《海内与海外》杂志社开展内部巡视。加强日常监督，开展集体廉政谈话，建立党员干部廉政档案。开展“作风建设年”活动。不断强化作风建设，把2019年定为“作风建设年”，印发《中国侨联“作风建设年”活动实施意见》并成立督查组，着力推进22项重点任务，教育引导干部讲政治、知大局、懂政策、转理念、转方式、转作风。2月26日召开“作风建设年”动员大会，党组书记、主席万立骏出席会议对活动进行动员部署。活动结合主题教育和模范机关创建活动，开展大调研、大讨论，将加强思想教育和提高能力素质贯穿始终，从改进学风、文风、会风入手，持之以恒纠“四风”，改作风，树新风，着力提振干部职工干事创业精气神，营造务实担当、创新高效的良好氛围。积极配合做好巡视工作。2019年9月，中央第七巡视组对中国侨联党组开展政治巡视。直属机关党委按照会党组的指示要求，以严肃认真的态度和从严从实的要求对待巡视工作，积极支持、主动配合巡视工作。按照中央巡视组的要求，认真梳理党的十八大以来党建工作有关情况，按时如实报送有关材料，协调各基层党组织有关人员参加巡视组谈话。下一步将根据中央巡视组反馈意见，根据任务分工做好巡视整改工作。

【召开中国侨联2019年党的工作暨党风廉政建设工作会议】2月22日，中国侨联2019年党的工作暨党风廉政建设工作会议召开。中

2月22日，万立骏同志出席中国侨联2019年党的工作暨党风廉政建设工作会议并讲话

央纪委国家监委驻中央统战部纪检监察组副组长陈东出席会议并讲话。中国侨联党组书记、主席万立骏出席会议并讲话。中国侨联党组成员、副主席、直属机关党委书记隋军主持会议。万立骏同志从五个方面对全会 2018 年党的工作和党风廉政建设情况作了简要总结：一是深入学习领会习近平新时代中国特色社会主义思想和党的十九大精神及十九届中央纪委二次全会精神，严守政治纪律、政治规矩，确保正确政治方向；二是突出政治建设，深化全面从严治党；三是持之以恒落实中央八项规定精神，在关键节点和重大工作中狠抓作风建设；四是持续推进中央巡视整改任务的落实，积极筹备开展内部巡视；五是切实加强对机关党委、纪委的领导，支持依规依纪开展工作。同时也指出了当前工作中还存在着的一些问题和不足，要求全会高度重视、认真解决。万立骏同志强调，2019 年是中华人民共和国成立 70 周年，是全面建成小康社会、实现第一个百年奋斗目标的关键之年。我们要以习近平新时代中国特色社会主义思想为指导，深入学习贯彻党的十九大和十九届二中、三中全会精神，全面贯彻新时代党的建设总要求和新时代党的组织路线，增强“四个意识”、坚定“四个自信”、做到“两个维护”，坚持稳中求进工作总基调，以党的政治建设为统领，认真开展“不忘初心、牢记使命”主题教育，切实推动中国侨联党的各项建设高质量发展。一要增强“四个意识”，扎实推进党的政治建设；二要推动学习贯彻习近平新时代中国特色社会主义思想往深里走、往实里走、往心里走；三要坚持强基固本，推动形成抓机关党建的强大合力；四要加大正风肃纪力度，推动党风廉政建设向纵深发展；五要高标准、严要求，加强党务干部队伍建设。中央纪委国家监委驻中央统战部纪检监察组副组长陈东出席会议，传达十九届中央纪委三次全会精神，肯定了全会 2018 年的党风廉政建设工作，指出了存在的不足，并对 2019 年中国侨联机关党风廉政建设工作提出了七个方面的要求：一要认真贯彻落实十九届中央纪委三次全会精神，做到知行合一；二要以习近平新时代中国特色社会主义思想为指导，坚决做到“两个维护”；三要更严格执行新形势下党内政治生活的若干准则，坚持以上率下；四要持之以恒贯彻落实中央八项规定精神，坚决破除官僚主义、形式主义；五要坚持把监督放在更加突出的位置，做实做细监督；六要严肃惩治违纪违法行为，巩固反腐败斗争压倒性胜利；七要坚持提升纪检监察工作的规范化水平。

【召开中国侨联 2019 年警示教育大会】 11 月 20 日下午，中国侨联召开 2019 年警示教育大会，传达贯彻中央和国家机关所属企事业单位警示教育大会精神，通报有关案件情况，部署侨联机关和直属企事业单位警示教育活动。中国侨联党组书记、主席万立骏出席大会并讲话，党组成员、副主席、直属机关党委书记隋军主持会议。隋军同志传达了孟祥锋同志在中央和国家机关所属企事业单位警示教育大会上的讲话精神，通报了党的十八大以来中央和国家机关所属企事业单位党员领导干部部分违纪违法典型案例，中国侨联所属中国华兴（集团）公司原党委书记、总经理、法定代表人邓世英严重违纪违法案件，近年来对全会领导干部个人事项查核发现的问题和处理情况，以及第一轮内部巡视发现的有关问题等。万立骏同志结合学习贯彻党的十九届四中全会精神，传达落实中央和国家机关所属企事业单位警示教育大会精神，进一步加强中国侨联党风廉政建设作讲话。万立骏指出，党的十九届四中全会强调，坚持党要管党、全面从严治党，增

11 月 20 日，中国侨联召开 2019 年警示教育大会

11 月 20 日，万立骏同志出席中国侨联 2019 年警示教育大会并讲话

强忧患意识，不断推进党的自我革命，永葆党的先进性和纯洁性。通报的这些违纪违法问题，触目惊心、发人深省，正是影响党的先进性、弱化党的纯洁性的典型事例。个人事项填报是对党是否忠诚老实的试金石，查核发现的问题，为我们敲响了警钟，大家一定要深刻警醒，引以为戒。会议通报了第一轮内部巡视发现的有关问题，有些问题具有一定的普遍性，希望各部门、各单位对照要求，认真开展自查自纠，以弥补漏洞、改进工作。万立骏强调，侨联全体党员干部，特别是党员领导干部：一要正视问题、反省自身，深刻汲取教训，做到以案为鉴、警钟长鸣；二要查找漏洞、完善制度，严格执行制度，做到以案促改、防患未然；三是严字当头、担当作为，认真落实“两个责任”，做到以案明责、深化全面从严治党。

【开展第一轮内部巡视】中国侨联党组认真落实中央关于巡视全覆盖的要求，在 2018 年积极筹备内部巡视、建章立制的基础上，2019 年先后 4 次召开党组会研究内部巡视工作，成立党组巡视工作领导小组和办事机构、审定巡视工作方案等。党组于 4 月 17 日—5 月 24 日成立一个巡视组，对联谊联络部党支部、《海内与海外》杂志社 2 家单位开展了第一轮内部巡视。巡视发现并指出了 2 家单位存在的问题，党组认真听取第一轮巡视情况汇报，对第一轮巡视工作给予充分肯定，对做好巡视整改工作、所发现问题线索的处理及开展下一轮巡视等提出明确要求。

【做好中国侨联十届三次全委会议人事安排和选举有关工作】2020 年 1 月 12 日，中国侨联十届三次全委会议在北京召开。与会代表认真学习中央书记处重要指示精神，审议了万立骏同志所作的工作报告，通过了《中国侨联十届三次全委会议关于中国侨联工作报告的决议》。会议选举程学源为中国侨联委员、常委、副主席，增补 9 名常务委员，21 名委员，卸免 1 名副主席、7 名常务委员、18 名委员。

2020 年 1 月 12 日，中国侨联十届三次全委会议在北京召开

中国侨联十届三次全委会议选举现场

【中国侨联推行参公人员职务与职级并行工作】根据《公务员法》《公务员职务与职级并行规定》等规定，结合中国侨联干部管理实际，研究起草了《中国侨联参照公务员法管理人员职务与职级并行制度实施方案》，经会党组审议通过，并报中组部公务员一局备案同意，2019 年 8 月完成了机关 57 名原任非领导职务干部的职级套转工作，11 月完成了机关 52 名干部的职级晋升工作。

【完成中国侨联2019年度工作人员招录招聘和军转干部接收工作】根据中组部和国家公务员局有关要求和中国侨联2019年度招录计划，2019年度共招录机关工作人员3名；根据中组部有关事业单位公开招聘工作要求，结合全会工作需要，2019年度共为2家事业单位公开招聘工作人员4名；根据中组部和退役军人事务部工作要求，完成了1名师职转业干部和3名营以下及专业技术军转干部的接收工作。

【举办中国侨联学习贯彻党的十九届四中全会精神培训班（党务干部和第八期青年干部培训班）】12月16日—20日，中国侨联学习贯彻党的十九届四中全会精神培训班（党务干部和第八期青年干部培训班）在中组部全国组织干部学院举办。此次培训班共有来自全国28个省区市侨联、中央和国家机关侨联的青年干部学员和中国侨联机关局处级干部、党务干部学员125名。12月16日，中国侨联党组书记、主席万立骏出席开班式并作动员讲话。他强调，广大侨联党员干部要认真学习贯彻习近平总书记重要讲话和党的十九届四中全会精神，发挥示范带头作用，带动中国侨联机关学习，带动全国侨联系统学习，掀起学习贯彻党的十九届四中全会精神热潮，进一步凝聚侨心侨力侨智，增强广大归侨侨眷和海外侨胞对中国特色社会主义制度的理解和认同。培训期间，中组部、中纪委、全国组织干部学院的专家学者为学员作了专题讲座。培训班还组织学员参观了庆祝中华人民共和国成立70周年大型成就展、中组部部史部风展、中国华侨历史博物馆。12月20日，中国侨联党组成员、副主席、直属机关党委书记隋军出席结业式，作总结讲话并为学员颁发结业证书。

【举办中国侨联第二十四期干部培训班】10月23日—29日，中国侨联第二十四期干部培训班在中央社会主义学院举办。此次培训班共有来自全国28个省区市侨联、中央企业侨联和中国侨联机关的学员63名。10月25日上午，中国侨联党组书记、主席万立骏赴中央社会主义学院，看望培训班学员，并为全体学员和侨联机关、直属企事业单位部分党员干部代表作报告。他强调，侨联干部要深入学习贯彻习近平新时代中国特色社会主义思想，贯彻落实党中央关于侨联工作的决策部署，把握根本，深化认识，改革创新，开创新时代侨联工作新局面。10月27日上午，中国侨联党组成员、副主席、直属机关党委书记隋军为全体学员专题授课。

【举办全国侨联系统组织人事干部培训班】7月22日—26日，2019全国侨联系统组织人事干部培训班在中央社会主义学院举办。共有来自全国30个省区市侨联、中央国家机关、中央企业侨联、中国侨联机关及事业单位的80多名学员参加培训班。7月22日，中国侨联党组成员、副主席、直属机关党委书记隋军出席开班仪式并为学员作专题讲座。培训期间，中央社会主义学院、中组部的专家学者和中国侨联相关业务部门同志分别为学员授课。培训班还组织学员前往中国华侨历史博物馆等地进行现场教学。

【举办中国侨联第七期青年干部培训班】9月23日—27日，中国侨联第七期青年干部培训班在浙江省嘉兴市红船干部学院举办。共有来自全国侨联系统的70余名青年干部参加培训班。

9月23日—27日，中国侨联第七期青年干部培训班在浙江嘉兴红船干部学院举办

中国侨联副主席齐全胜出席开班式并为全体学员作报告。培训期间，嘉兴市中共党史学会、嘉兴学院红船精神研究中心、浙江红船干部学院的专家学者和中国侨联相关业务部门负责同志分别为学员们授课。为了让学员接受红色革命传统洗礼，更好地追寻党的根脉，培训班专门安排参观中共一大会址、嘉兴南湖纪念馆、淞沪抗战纪念馆旧址——四行仓库、秦山核电科技馆并进行现场授课。

【做好中国侨联 2019 年度干部挂职工作】认真落实中央群团改革精神，进一步提升干部能力素质。2019 年中国侨联机关选派 4 名干部到地方挂职，安排 22 名地方干部到机关挂职，先后 3 次召开座谈会，听取意见，加油鼓劲，从严从实从细做好挂职工作。根据中央扶贫工作需要，选派 1 名处级干部到江西扶贫挂职。

3 月 8 日，万立骏同志出席挂职干部座谈会并讲话

【中国侨联所属企业实行工资制度改革】认真做好所属企业工资总额决定机制改革相关工作，根据中央有关国有企业工资决定机制改革精神，起草《中国侨联所属企业工资总额管理及考核评价办法》；认真做好直属企业负责人薪酬制度改革实施办法的修订工作，结合当前全会企业改革发展需要，研究起草了《中国侨联关于深化直属企业负责人薪酬制度改革实施方案》。

【做好省级侨联领导班子人选调整工作】协助省级侨联做好人事安排和换届调整工作，及时向党组提供新领导班子候选人有关情况，并做好领导班子成员归侨侨眷身份审核、复函和备案工作。2019 年共完成北京、河北等 10 个省级侨联换届，完成湖南、海南等 5 个省级侨联领导班子人选调整有关工作。

【坚持抓好离退休干部的政治思想建设】1 月 4 日，召开离退休干部座谈会，中国侨联党组成员、副主席、直属机关党委书记隋军与离退休老干部代表举行座谈。隋军同志对老干部关心关注的热点问题及时予以解答，对大家提出的宝贵意见和建议表示感谢。7 月 2 日，召开离退休干部“不忘初心、牢记使命”主题教育座谈会，深入学习领会习近平总书记重要讲话精神，并就开展主题教育和做好侨联工作提出了意见建议。中国侨联党组成员、副主席、机关党委书记隋军出席并讲话，中央第 13 指导组王海潮、中国侨联顾问李祖

3 月 8 日，召开中国侨联挂职干部座谈会

沛、陈兰通参加了会议，离退休干部党支部书记苏渊海主持会议。5月15日—17日、10月15日—18日，中国侨联离退休党员干部春季、秋季学习班分别在北京举办。中国侨联党组成员、副主席、直属机关党委书记隋军出席春季学习班开班仪式并讲话。秋季学习班举办期间，离退休干部党支部召开了党员大会，进行支部换届选举，苏渊海同志代表上届离退休干部党支部委员会做工作报告，会议选举姜凤岩同志为支部书记，范磊、薄春喜同志为副书记。8月6日，离退休干部党支部开展“不忘初心、牢记使命”主题党日活动，介绍中国侨联主题教育开展情况，听取大家对开展主题教育的意见建议。11月6日，中国侨联在京部级顾问参加十九届四中全会学习座谈会。中国侨联党组成员、副主席、直属机关党委书记隋军向中国侨联在京部级顾问传达学习十九届四中全会精神，中国侨联顾问黄军军、李祖沛、陈兰通、朱添华、唐闻生、林淑娘、乔卫出席座谈会。

【开展送温暖和走访慰问老干部活动】中国侨联领导在新中国成立70周年前夕看望慰问老归侨和侨联老同志。9月26日，在新中国70华诞即将到来之际，中国侨联党组书记、主席万立骏在国家体育总局党组成员、副局长杨宁，中国侨联兼职副主席、中央和国家机关侨联主席邵旭军等陪同下登门慰问“人民楷模”国家荣誉称号获得者、印尼归侨王文教，万立骏祝贺王老获得国家荣誉称号，赞扬他是共和国的功臣，是人民的楷模，是侨界的骄傲。万立骏还看望了中国侨联顾问庄炎林、林兆枢、林军，向他们致以诚挚问候和感谢。受党组委托，中国侨联副主席齐全胜看望慰问了中国侨联顾问郭麟恭、朱添华等老同志，送去节日的问候和祝福。围绕主题教育开展走访慰问。为进一步贯彻落实习近平总书记关于老干部工作的重要论述，扎实开展主题教育，8月走访慰问七位重病、家庭困难的老党员、老归侨侨眷，送上慰问品，送去习近平关于“不忘初心、牢记使命”重要论述

7月2日，中国侨联召开离退休干部座谈会

10月15日—18日，中国侨联举办离退休党员干部秋季学习班

9 月 26 日，万立骏同志在新中国成立 70 周年前夕看望慰问老归侨和侨联老同志

选编、习近平论侨务等书籍。开展中秋国庆重阳节慰问活动。为贯彻落实中组部《关于在中华人民共和国成立 70 周年之际开展走访慰问老干部、老党员的通知》精神，在庆祝新中国成立 70 周年之际，持续抓好落实主题教育成果，按照会领导要求，落实好老干部的生活待遇和政治待遇，老干办和离退休党支部对离退休老同志开展走访慰问活动，向离退休老同志送去组织的慰问和关怀，把中央颁发的“庆祝中华人民共和国成立 70 周年纪念章”送到离休老同志手中，感谢他们为祖国建设和侨联事业发展做出的贡献。

【坚持开展正能量文体活动】举办书画培训班。4 月 16 日，中国侨联与中国红十字会共同举办“离退休干部书画培训班”正式开班。中国侨联和中国红十字会的 60 余名离退休干部参加了开班式。中国侨联党组、会领导一直以来都非常关心离退休同志，大力支持老干部工作，多年来连续举办书画培训班，为大家提供了很好的交流学习平台。举办趣味运动会。11 月 26 日，中国侨联离退休老同志趣味运动会在中国华侨历史博物馆举行。中国侨联顾问黄军军、李祖沛、林淑娘出席了运动会。在寒冷的冬季，趣味运动会为久未谋面的老朋友老同事沟通交流提供了机会，活跃了气氛，增进了感情，达到了健身的目的。

【坚持党建带群建做好群团工作】支持直属机关工会、团委、妇委会、侨联按照各自章程开展活动，有效整合力量、发挥合力，着力为侨联事业发展凝聚人心、汇聚力量。直属机关工会组织开展“送温暖、献爱心”慰问活动，为罹患疾病的干部及家属申请救助金；参加东城区第五届“外联杯”乒乓球邀请赛暨东城区第十三届“和谐杯”乒乓球比赛活动，获优秀奖；组织机关干部职工集中赴官厅华侨农场开展义务植树活动；积极参与“健身你我他　奋进新时代”中央和国家机关职工运动会，参加田径、篮球、足球、羽毛球、乒乓球等项目，其中篮球、足球取得历史最好成绩，田径勇夺两项第一，羽毛球代表队闯入丙组 16 强；举办红十字应急救护知识讲座和救护员培训，普及应急救护知识，关爱职工生命健康和安全。直属机关团委成立青年读书小组，举办青年学习研讨会，围绕“学习习近平总书记关于侨务工作的重要论述”主题开展研讨交流；组织青年团员参加“亚洲文化嘉年华”活动；“五四”前夕开展

举办中国侨联离退休干部书画培训班、趣味运动会

中国侨联代表队参加中央和国家机关职工运动会

了“侨青心向党·建功新时代”——中国侨联青年干部演讲比赛暨“五四”表彰大会，12 名参赛选手围绕“庆祝中华人民共和国成立 70 周年、纪念五四运动 100 周年”的主题，结合工作实际分享了自己的想法和思考，展现了侨联青年干部青春风采。会上表彰了 13 名机关优秀团员青年和 2 名优秀团干部；组织青年干部赴焦庄户开展“主题团日”活动；组织黄文秀同志先进事迹报告会，引导青年干部学习黄文秀同志的优良作风，学习时代楷模精神，弘扬共产党人品质。直属机关妇委会组织机关女同志参加工委主办的“巾帼绽放　逐梦前行”——中央和国家机关女干部职工风采展示活动，推荐的中国华侨华人研究所信息综合研究部荣获全国巾帼文明岗，副研究员密素敏作为获奖代表参加活动；邀请心理学专家周莉博士为全体干部职工进行以“积极阳光心态，享受幸福生活”为主题的心理健康讲座。直属机关侨联举行“我和我的祖国”归侨侨眷座谈会，万立骏主席为庄炎林、陈怡祥、李银玉、梁永享 4 位离休老同志颁发“庆祝中华人民共和国成立 70 周年纪念章”；推荐相关同志担任北京市侨联委员等。

10 月 24 日，中国侨联举办黄文秀同志先进事迹报告会，会领导与报告团成员合影

【抓好组织人事部（机关党委）自身建设】 一是注重理论学习，坚定理想信念。党支部始终把思想教育作为第一任务，强化理论武装，严格落实学习制度，严格党内组织生活。主题教育期间，党支部共开展12次集体学习，召开10次支委会，支部书记、副书记分别为支部党员讲授主题党课3次。支部先后集体赴西柏坡和庆祝中华人民共和国成立70周年大型成就展开展主题党日活动。各党小组开展集中学习20次。二是加强调研。积极落实会党组“大学习、大调研、大讨论，做出大贡献”的部署，组织撰写了《关于本次机构改革中地方侨联机构改革有关情况的调研报告》《建设高素质专业化干部队伍研究》等调研课题，其中《建设高素质专业化干部队伍研究》获得中国侨联2019年度调研课题一等奖。三是扎实推动组织人事工作制度化、专业化、程序化、规范化建设。根据中央新出台《公务员法》《党政领导干部选拔任用条例》等有关政策，及时修订了中国侨联相应人事制度。各党小组在组织好政策理论学习的同时，扎实抓好业务政策学习，让每位同志力争成为本职岗位的专家能手。严格办文办会办事程序，注重部门规范化建设。四是抓基层、打基础，进一步推动党支部标准化规范化建设。2019年中国侨联“七一”表彰大会上，组织人事部（机关党委）党支部被评为“先进基层党组织”，5位党员被评为“优秀共产党员”或“优秀党务工作者”。在中国侨联党支部标准化规范化建设试点工作中，党支部被确定为试点党支部。8月6日，支部按时召开换届大会，选举出新一届支委会。

中国侨联年鉴

中国侨联直属企事业及社会团体工作

中国侨联

年鉴

2020 中国侨联年鉴

中国华侨华人研究所

【领导成员名单】

所　　长：张春旺

副 所 长：张秀明（女）

【综述】2019年，中国华侨华人研究所（简称侨研所）在会党组领导下，以习近平新时代中国特色社会主义思想为指导，围绕党和国家中心任务，服务侨务工作、侨联工作大局，认真贯彻落实“十代会”精神，扎实开展“不忘初心、牢记使命”主题教育，深入开展习近平总书记关于侨务工作重要论述学习研究，深化侨史侨情调研，打造中国侨联课题品牌，广泛开展学术交流与合作，不断强化自身建设。全所同志坚持“干成事业、干好事业”的理念，充分发扬“一正四多”精神和耐烦、耐繁、耐凡的工作态度，不忘初心，砥砺前行，各项工作取得一定成绩。

【开展“不忘初心、牢记使命”主题教育】根据中央决策部署和中国侨联开展“不忘初心、牢记使命”主题教育学习要求，侨研所多次开展学习研讨，并赴焦庄户地道战遗址纪念馆开展主题教育党日活动，引领党员干部深入学习领会习近平总书记关于侨务工作的重要论述，把“初心”和“使命”融入到为侨服务工作的全过程。同时，对所联系的华侨华人研究领域的专家学者，采取无记名方式进行问卷调查，征求对侨研所干部在工作作风、担当作为、落实全面从严治党责任等方面的意见建议。调查结果显示，96%的专家学者对学会和学会秘书处（侨研所）的工作非常满意或满意。此外，召开“不忘初心、牢记使命”主题教育专题组织生活会，按照“守初心、担使命、找差距、抓落实”的要求，检视工作中存在的问题并提出了今后的整改措施。

【举办2019习近平总书记关于侨务工作重要论述研讨会】6月15日，由中国侨联主办，中国华侨华人研究所与福建省侨联、厦门大学、五邑大学承办的2019习近平总书记关于侨务工作重要论述研讨会在厦门大学召开。中国侨联党组书记、主席万立骏出席会议并讲话。福建省副省长郭宁宁，厦门大学党委书记张彦，中国侨联副主席、福建省侨联主席陈式海，浙江省侨联主席连小敏，侨研所所长张春旺，全国人大华侨委、全国政协港澳台侨委、致公党中央、中央党史和文献研究院的干部，中国华侨历史学会理事和专家学者，以及福建省涉侨部门和各级侨联干部出席会议。中国侨联党组成员、副主席隋军主持会议。美东华人社团联合总会主席陈清泉和集美校友总会永远名誉会长任镜波分别回顾了习近平总书记与侨交往的经历。中国华侨历史学会副会长、福建社会科学院副院长李鸿阶作了题为“构建人类命运共同体与海外华侨华人作用初探”的

6月15日，由中国侨联主办，中国华侨华人研究所与福建省侨联、厦门大学、五邑大学承办的2019习近平总书记关于侨务工作重要论述研讨会在厦门大学召开

主旨演讲。中国华侨历史学会副会长、厦门大学特聘教授、华侨大学讲座教授庄国土作了题为“论习总书记侨务理念形成脉络”的主旨演讲。此次会议无论是参加人员的规模、参与人员的范围，还是活动的影响力和权威性，都达到了新水平。该活动已成为华侨华人研究学界和侨联系统学习研究习近平总书记关于侨务工作重要论述的重要平台和品牌。

【举办《“一带一路”沿线华侨华人史话丛书》首发式暨学术研讨会】1月8日，侨研所与清华大学华商研究中心联合主办《“一带一路”沿线华侨华人史话丛书》首发式暨学术研讨会。中国侨联党组成员、副主席隋军出席开幕式并致辞。隋军指出，“一带一路”是共商共建共享之路，华侨华人是“一带一路”的建设者、贡献者、见证者和受益者，是中国与“一带一路”沿线国家和地区民心相通的天然纽带和重要桥梁。华侨华人移民“一带一路”沿线国家的壮阔历程是一部可歌可泣、百折不挠的华侨华人奋斗史。历史是最好的教科书。本套丛书将成为我们了解“一带一路”沿线华侨华人历史的“金钥匙”和“解码器”，在弘扬丝路精神、传播中华好声音、讲好华侨华人故事、推动中外文化交流等方面发挥更加积极的作用。侨研所所长张春旺主持开幕式，副所长张秀明作题为《华侨华人与“一带一路”：以吉尔吉斯斯坦为例的思考》的主题演讲。

【召开“华侨华人与国家形象”学术研讨会】1月14日，侨研所组织召开“华侨华人与国家形象”学术研讨会。暨南大学国际关系学院副院长陈奕平教授认为，华侨华人参与中国形象建构有三大机遇和四大挑战，对此，提出八个方面的对策建议。中国侨联联谊联络部副部长朱柳认为，侨民形象与国家形象息息相关，他们在塑造国家形象方面具有重要作用。环球广域传媒集团／非洲华文传媒集团董事长、博茨瓦纳中国和平统一促进会会长

1月8日，与清华大学华商研究中心联合主办《“一带一路”沿线华侨华人史话丛书》首发式暨学术研讨会

《“一带一路”沿线华侨华人史话丛书》首发式暨学术研讨会合影

南庚戌认为，“一带一路”倡议进一步拉近了中非之间的距离，除了政府层面的友好交流以外，更需要民间自下而上地努力，实现中非民众之间的增信释疑。中国社会科学院民族学与人类学研究所研究员曾少聪认为，华侨华人除了自身展现的形象之外，还可以从政治、经济、社会和文化等方面有意识地、主动地塑造和传播中国形象。北京理工大学法学院刘国福教授认为，尽管重要侨领和重点侨团是侨务工作的主要对象之一，但从法律角度看，应重视占据大多数的普通侨胞，他们的负面形象更容易引起外媒和外国民众的关注，应注重发挥华侨华人的积极作用。中央民族大学世界民族学人类学研究中心龚浩群副教授认为，新华人商会的发展路径是以地域认同为基础，以企业家实力为依托，以自愿互利为原则，以搭建平台为要务，以及有实体化趋向。同时，新华人商会面临尚未深入融入当地社会、商会的规范和信誉问题等挑战。韩山师范学院历史文化学院研究员兼华侨华人研究所所长黄晓坚教授认为，中国形象在海外受到关注受以下几个因素的影响：一是中国经济的快速崛起，中国人在世界上的影响力快速增长；二是意识形态和宗教信仰等的差异；三是中国综合国力的上升与公民素质的提升不成正比；四是老侨和新侨之间的差异。国务院侨办侨务干部学校副校长赵健认为，要充分发挥华侨华人的优势，塑造中国的美好形象，需要从多方面努力：应制定中外文化交流战略发展规划，加强指导海外华侨华人开展文化活动；应加强对海外侨团的引导和培育；重视海外华文媒体存在的困难，加大对海外华文媒体的扶持等。清华大学“一带一路”战略研究院王祎从时代性、地域性、层次性三个方面阐述了华侨华人与国家形象建构之间的关系。侨研所所长张春旺在总结时指出，如何在全面走向世界的进程中更好地展示国家形象，是一项长期性的工作，要考虑和注重这项工作的延续性，要与海外华侨华人进一步加强交流，使他们充分了解和理解我国侨务政策的变与不变。要讲究侨务工作的方式方法，既要正视存在的问题和消极的影响，也应站在华侨华人的角度，有利于他们融入住在国主流社会。

1 月 14 日，组织召开“华侨华人与国家形象”研讨会

【编印《习近平论侨务》(2019 年版)】根据中国侨联学习贯彻习近平总书记关于侨务工作重要论述的要求和侨研所 2019 年度工作安排，在《习近平论侨务》(2018 年版) 的基础上，对截至 2019 年 10 月习近平总书记重要讲话中有关涉侨工作的论述、指示等，进行了摘编和补充，形成了《习近平论侨务》(2019 年版)。《习近平论侨务》(2019 年版) 对每篇论述都标注了出处和来源，同时调整了书籍开本尺寸，内容依然分为“重要论述编”“学习参考编”“附录”三个部分。

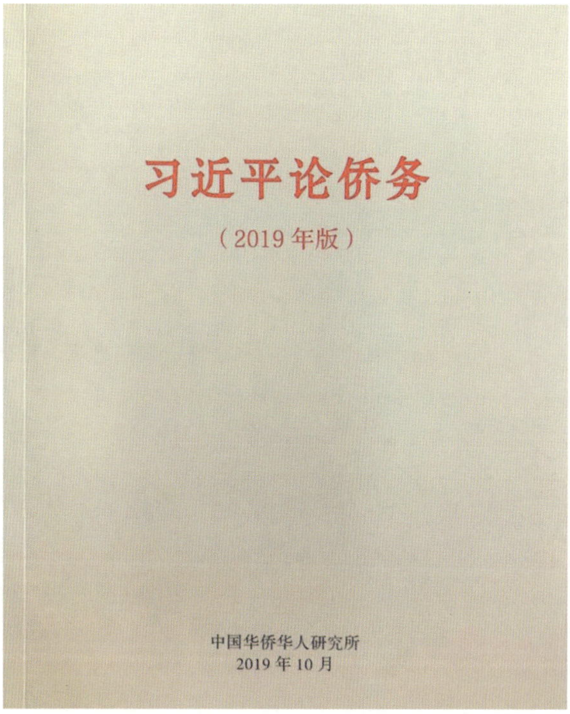

《习近平论侨务》(2019 年版) 封面

【发布 2019—2021 年度中国侨联课题】根据党和国家侨务工作和侨联工作需要，按照基础研究与应用研究并重、侨史研究与现实侨情研究并重的原则，制定了《2019—2021 年度中国侨联课题指南》，启动了课题申报、评审、立项等相关工作。据统计，在课题申报期限内，共收到全国及海（境）外 178 家单位的 591 份课题申报书。从申报情况看，有以下几个特点：一是以华侨华人研究实力较强的高校为重要申报单位，华侨大学、暨南大学、厦门大学、中山大学等申报数量较以往有大幅提高；二是以往申报数量较少的高校和科研院所此次均有所突破，如北京大学、清华大学、复旦大学、浙江大学等；三是青年学者申报数量保持较高比率，此次申报中，青年课题申请书约占申报总数的 22%；四是积极推动高校、科研院所与侨务部门开展合作研究，使课题研究更有针对性和时效性等。经组织专家匿名评审，2019—2021 年度中国侨联课题共立项 103 项。

【举办纪念南侨机工回国服务 80 周年系列活动】4 月 11 日，由中国侨联指导，云南省侨联、侨研所、德宏州人民政府、中国华侨公益基金会陈嘉庚教育基金共同主办的纪念南洋华侨机工回国抗战 80 周年活动在云南德宏举行。参加第十届世界云南同乡联谊大会的 33 个国家和地区的 400 余名云南同乡代表和特邀嘉宾，与德宏各界民众一同缅怀先烈，铭记历史。中国侨联顾问、中国华侨公益基金会理事长乔卫表示，南侨机工精神是中华民族热爱和平、捍卫正义、勇于奉献、不怕牺牲高尚品德的精彩展现，南侨机工精神是海内外中华儿女应当永远继承和发扬的民族精神。

【举办纪念华工参与建成美国横贯大陆铁路 150 周年学术研讨会】6 月 6 日，侨研所与五邑大学、《广东华侨史》编修工作领导小组办公室和美国斯坦福大学北美铁路华工项目组联合主办的纪念华工参与建成美国横贯大陆铁路 150 周年“北美铁路华工的跨国生活”国际研讨会在广东江门市五邑大学举行。来自中美两国的专家学者、铁路华工后裔、侨史爱好者共 50 余人出席研讨会。铁路华工的历史，是中美两国人民都珍视的共同历史记忆，是促进中美民间友好往来的宝贵历史资源。此次会议经过两年的筹备，其主旨在于落实习近平总书记关于铁路华工历史的重要讲话精神，通过扎实的学术研究和国际交流合作，落实落细习近平总书记“国家关系归根结底是人民之间的关系。中美两国虽然相距遥远，但两国人民友好交往源远流长”这一重要论述。

6 月 6 日，侨研所与五邑大学、《广东华侨史》编修工作领导小组办公室和美国斯坦福大学北美铁路华工项目组联合主办纪念华工参与建成美国横贯大陆铁路 150 周年“北美铁路华工的跨国生活”国际研讨会

【联合举办第十届“国际华商·清华论坛”】 7 月 10 日，由清华大学华商研究中心、侨研所主办，昆山市侨办、江苏省侨商总会等承办的第十届“国际华商·清华论坛”——庆祝新中国七十年华诞暨企业发展史研讨会在江苏昆山市举行。来自中国侨联、江苏省侨联、苏州市侨联、昆山市委领导，海内外专家、学者，优秀华商代表，江苏省、上海市、浙江省、安徽省、苏州市侨商会、上海市欧美同学会及海内外高层次人才等共计 350 余位嘉宾出席会议。中国侨联党组成员、副主席隋军，中国侨联副主席、江苏省侨联主席周建农，昆山市委常委、常务副市长金健宏先后在开幕式上致辞。隋军表示，中国侨联高度重视华侨华人研究工作，并对推进论坛和侨联的合作发展寄予厚望：一是期望强化智库作用，为党和政府决策凝聚侨界智慧、提供侨界方案，为国家发展提供智力支持。二是期望建立交流机制，推动专家学者、华商企业家与侨联组织形成良性互动，畅通信息渠道，探讨合作方式，推动事业发展。三是期望论坛坚持高质量标准、高水平组织，打造汇聚海内外侨智侨力，在国内外有一定影响力的大舞台、新名片，为地方经济社会发展贡献力量。清华大学华商研究中心主任龙登高教授，加拿大纽芬兰纪念大学方涛教授，华为集团原融资部部长、华为大学高级管理顾问王太文，津通集团董事长、科技部特聘专家贡毅分别就新中国成立 70 年以来企业发展的研究成果和亲身经历作了主旨演讲。侨研所所长张春旺向参会人员介绍了最新出版的研究成果，主持了《“一带一路”沿线华侨华人史话丛书》新书发布会，并进行了《世界华商发展报告》2019 版新书预告。

7 月 10 日，由清华大学华商研究中心、侨研所联合主办的第十届“国际华商·清华论坛”在苏州昆山拉开帷幕，隋军副主席出席开幕式并致辞

第十届“国际华商·清华论坛”会场

【联合举办“世界海外华人研究学会第十届国际会议”】 11 月 9 日—10 日，侨研所与暨南大学、世界海外华人研究学会（ISSCO）联合主办“2019 年世界海外华人研究学会第十届国际会议”，来自 30 个国家和地区的近 270 名学者与会。此次会议是近年来规模较大、参加人数较多的一次卓有成效的国际学术研讨会。侨研所所长张春旺在致辞中表示，近代以来，华侨华人无论是在文化传承、认同与情感归属，还是政治选择、经济投资及公益行为等方面，无不与中国、中华民族、中华文化有着千丝万缕的联系，成为中国与住在国交流交往的重要桥梁。新中国成立以来特别是改革开放以来，中国的综合国力、国际地位与影响空前提高，推动构建人类命运共同体及“一带一路”倡议在世界范围产生广泛影响，国际格局发生重大变化；同时，经济全球化的迅猛发展，交通的便利性、快捷性以及互联网、新媒体等通讯方式的变化，使地理空间的限制降低，可谓是天涯变咫尺。这些无不对海外华侨华人的生存及生活方式与形态、事业发展与投资的选择、文化与民族的认同等产生重要影响。与会专家学者分 7 个专题论坛共 56 个中英文小组展开交流和讨论，分享了有关海外华人研究方面的最新成果，共同探索该领域未来发展的机遇、挑战与前

11 月 10 日，“世界海外华人研究学会第十届国际会议”在广州暨南大学开幕，图为侨研所所长张春旺（左）、暨南大学党委书记林如鹏（右）致辞

11 月 9 日—10 日，侨研所与暨南大学、世界海外华人研究学会（ISSCO）联合主办“2019 年世界海外华人研究学会第十届国际会议”

景。会上，中国华侨历史学会副会长、暨南大学特聘教授李明欢当选为世界海外华人研究学会新一任主席。这是自该会 1992 年成立以来首次由中国学者担任主席，对于推动华侨华人研究、增强中国学者的国际话语权具有重要意义。

【联合主办第四届“海外华人与中国侨乡文化”学术研讨会】 10 月 11 日—14 日，侨研所与广西壮族自治区侨务办公室、广西民族大学、桂林旅游学院共同在桂林主办第四届“海外华人与中国侨乡文化”学术研讨会。来自国内外 50 多名专家学者齐聚一堂，共同研讨海外华人与侨乡文化。侨研所副所长张秀明在致辞中表示，近年来，中国华侨华人研究所特别重视支持侨乡研究，先后在云南、福建、海南、黑龙江、浙江等地推动成立了侨乡文化研究中心。加上先期成立的广东侨乡文化研究中心和广西侨乡文化研究中心，侨乡研究的平台已经搭起，为进一步研究打下了基础。各地侨乡的发展及华侨华人与侨乡联系的路径不完全相同，侨乡研究应该整合地方资源，形成地方特色。要加强侨务部门与学术机构的优势互补，从而使侨乡研究与整个学术研究取得更多更具价值的研究成果。会议以“加强学术交流，弘扬侨乡文化，推动侨务工作，促进中国改革开放深入发展”为宗旨，邀请七位专家作主旨发言。在分组讨论环节，与会专家学者就“海外华侨华人与中国改革开放”“华侨华人社会”“华侨华人与‘一带一路’”“侨乡与归侨”“国际移民”“文化传播”等议题展开专题研讨，共同探讨华侨华人在中国改革开放中的角色和作用。

【首次出版世界侨情蓝皮书之《世界侨情报告（2019）》】 近年来，侨研所每年都对上一年度世界各地侨情发展概况进行梳理、总结和分析。经过几年的积累与研究，2019 年，经与社会科学文献出版社沟通协商，侨研所首次公开出版《世界侨情报告》，并列入蓝皮书系列，于每年年底出版。《世界侨情报告（2019）》是侨研所编写的首部海外侨情年度报告，按照总报告、亚洲、欧洲、非洲、大洋洲、美洲等五大洲和主要国家的地理空间分布，集中梳理了2018年海外侨情，对华侨华人在拓展、融入、生活及政策等方面的大事要事进行综合分析，力求客观展现一年来侨情的发展概况、热点问题、机遇挑战等。《报告》坚持用数据说话，辅以分析；以大国为主体，兼顾区域；重点关注华侨华人的生存和发展。世界侨情蓝皮书《世界侨情报告（2019）》出版之后，受到会领导、涉侨机构及专家学者的一致好评。随后，侨研所和社会科学文献出版社于2020年1月10日在北京召开了新书发布会，进一步扩大了影响。

【凝聚专家智慧服务侨联工作大局】一是协助办公厅编辑《中国侨联侨情专报》并提供多篇素材。侨研所在人员少、任务重的情况下，坚持派驻一名工作人员在办公厅，协助编印侨情专报，并积极提供素材。据统计，2019年学会专家报送的中国侨联侨情专报素材中，共有20篇被采用，其中有9篇被评为侨情专报2019年度优秀建议，侨研所因此荣获全国侨联系统信息工作一等奖。二是编发《中国华侨华人智库专报》。依托智库平台建设，整合研究资源，及时将专家学者的研究成果摘编汇总，2019年共编发《中国华侨华人智库专报》20期，为相关政策的制定提供研究报告和可行性建议等，其中多篇被侨情专报采用。

【继续做好涉侨期刊编辑出版工作】一是办好学术期刊《华侨华人历史研究》。编辑部着眼提高办刊质量，坚持学术本位，紧跟学术热点，组织策划“华侨华人与新中国成立70年”专栏，在促进学术成果转化、搭建学术交流平台方面发挥越来越重要的作用。二是完成《中国侨联工作》的编辑出版工作。2019年，《中国侨联工作》紧紧围绕侨联工作大局，先后策划“不忘初心·牢记使命”主题教育、侨与新中国70年等专题，及时将中央及中国侨联领导有关指示精神及工作部署传达至各级侨联，为各地侨联交流经验、分享成果提供平台。三是完成2018年度《中国侨联年鉴》的编辑出版工作。《2018中国侨联年鉴》收集了来自62家单位和团体的素材，共110余万字，记载了2018年各级侨联工作取得的成就、经验和发展的新趋势、新动向。

【制定《中国华侨华人研究所五年工作规划（2019—2023）》】为认真贯彻落实“十代会”精神，更好服务侨务工作和侨联工作大局，繁荣发展华侨华人研究事业，按照会党组要求，结合工作实际，侨研所制定了《中国华侨华人研究所五年工作规划（2019—2023）》。该《工作规划》以习近平总书记关于侨务工作重要论述研究为重点，以侨务工作和侨联工作根本性、战略性、现实性问题为导向，坚持全国性华侨华人专业研究机构的定位，坚持侨史研究与侨情研究并重、基础研究与对策研究并重，在全国华侨华人研究领域发挥组织、协调、引导、服务作用，为侨务工作、侨联工作提供前瞻性理论政策研究成果。

2020年1月10日，在北京召开《世界侨情报告（2019）》新书发布会

新书发布会部分与会人员合影

中国华侨出版社

【领导成员名单】

执行董事、总编辑：刘凤珍（女，2019年6月担任执行董事，2019年8月不再担任总编辑）

【综述】中国华侨出版社成立于1989年1月。其宗旨是通过向世人介绍侨胞造福桑梓及在居住地的成就与贡献，褒扬中华民族的光荣传统和勤劳刻苦、坚毅善良的优秀品质，以图书为媒介，进一步沟通与海外同胞的联系，加强文化、学术交流，并为之服务。经过近30年的发展，中国华侨出版社已经形成了一定的经营规模，年出版图书700多种。在历史文化、文学艺术、家庭教育、生活实用、成功励志等领域形成了自己的优质品牌，既服务国内读者，又不断扩大自身影响力，坚持国家文化走出去战略，2013年连续7年获得"中国图书世界影响力出版100强"称号。近年来，出版社加重了侨类书籍的出版，获得业界和侨界好评。为共同推动华侨华人研究的繁荣与发展，在涉侨图书的开发与出版方面，显示出良好品牌形象和品牌价值。2019年，中国华侨出版社当选中国图书评论学会理事单位，出版发行的《人一生要去的106个地方》《老北京趣闻与传说：纯美典藏版》在首届海南岛国际图书（旅游）博览会上入选"最美旅游图书"。

【隋军、齐全胜副主席赴中国华侨出版社调研】7月5日，中国侨联党组成员、副主席隋军，副主席齐全胜等赴中国华侨出版社召开座谈会，宣布任命刘凤珍为中国华侨出版社有限公司执行董事兼经理，该任命自6月25日起执行。会上，隋军副主席提出几点要求：一要坚定党的领导，深入学习贯彻习近平新时代中国特色社会主义思想特别是习近平总书记关于侨务工作的重要论述，做好新时代侨联工作的宣传者。二要积极和新媒体接轨。近年来，传统图书市场不断受到电子图书的冲击，图书市场越发艰难，在稳定好现有图书市场的基础上，出版社要积极进行线上线下相结合，努力开拓进取。三要做好侨类品牌。作为党中央关于侨务工作的宣传窗口，出版社要广泛深入的调研，争取多出一些侨类精品书籍。四要加强干部队伍建设。出版社工作人员在不断提高自身业务水平的同时，要积极学习、领悟党中央关于侨务工作的指导精神，以便更好地做好出版工作。

7月5日，隋军、齐全胜副主席赴中国华侨出版社调研并宣布出版社主要领导任命决定

【齐全胜副主席率团访问菲律宾并为中国华侨出版社海外首个"侨心书苑"揭牌】3月24日，中国侨联菲律宾访问团前往菲律宾宿务菲华联谊会参观考察，宣布中国华侨出版社在菲设立海外首家"侨心书苑"，并举行授匾和千种人文社科类图书赠书仪式。访问团团长、中国侨联副主席齐全胜指出，设立海外"侨心书苑"，是中国侨联和中国华侨出版社弘扬中华文化、深化为侨服务的新举措，也是中国华侨出版社打造文化品牌、推动出版产品走出去的新举措。希望中国华侨出版社在设立海外首家"侨心书苑"基础上，继续依托侨社，以多种方式逐步设立更多"侨心书苑"，从而让更多海外华侨华人受益。访问团成员、中国华侨出版社副总编辑郭岭松介绍，海外"侨心书苑"由中国华侨出版社联手海外侨社设立，旨

3 月 24 日，齐全胜副主席率团访问菲律宾并为中国华侨出版社海外首个“侨心书苑”揭牌

在向广大华侨华人提供优秀中文读物，解决侨二代侨三代阅读难的痛点，弘扬中华文化，打造海外华侨华人精神家园和文化驿站。宿务菲华联谊会会长何安顿等侨领接受了中国华侨出版社赠书和“侨心书苑”牌匾，感谢中国侨联、中国华侨出版社为菲律宾华侨华人送来精神食粮。

【齐全胜副主席赴江西考察并为上饶县上乐村捐赠“侨心书架”】 4 月 29 日，中国侨联副主席齐全胜等一行赴江西省考察调研侨界助力脱贫攻坚相关宣传工作，在江西省侨联出席“汇聚侨心侨力、助力脱贫攻坚”事迹交流会，并考察了对创新创业、脱贫攻坚有积极成效和贡献的侨资企业；还到中国侨联定点扶贫县上饶县，考察了挂点扶贫村上饶县尊桥乡上乐村产业帮扶、公共服务等工作，走访看望基层干部和贫困户，并在上乐村举行了“侨心书架”捐赠活动。齐全胜在讲话中对江西省侨联及各级侨联在党委领导下，团结引导广大侨界人士，多年来以各种方式参与脱贫攻坚、开展精准扶贫并取得突出成绩，齐全胜在讲话中对此给予充分肯定。他认为大家的付出、讲述的故事和感受令人感动，相关经验和事迹应当得到大力宣传，从而激励更多的侨界人士投身脱贫攻坚事业，为决胜全面建成小康社会做出新贡献。副总编辑郭岭松随行参加了捐赠活动，此次捐赠图书涉及 100 多个种类，共 300 余本，价值万余元。

【邵旭军副主席为南通“侨心书苑”揭牌】 5 月 21 日，南通“侨心书苑”成立仪式在江苏省南通市举行，全国政协委员、中国侨联副主席邵旭军出席成立仪式并致辞。江苏省侨联副主席兼秘书长陈锋、南通市副市长潘建华、中国华侨出版社副总编辑郭岭松等出席活动并为“侨心书苑”揭牌。“侨心书苑”是经中国侨联批准，中国华侨出版社打造的一个全新品牌，旨在向海内外华侨华人提供优秀的中文读物，弘扬中华文化，讲好中国故事。南通“侨心书苑”是中国华侨出版社在国内成立的第二家“侨心书苑”。成立仪式上，邵旭军代表中国侨联和万立骏主席对南通市“侨心书苑”的成立表示热烈祝贺。她提出，希望各级侨联一是要组织动员和引导广大侨胞做中外文明交流互鉴的宣介者，为构建人类命运共同体贡献力量。二是要组织动员和引导广大侨胞做中外文明交流互鉴的参与者，促进“一带一路”沿线民心相通。三是要组织动员和引导广大侨胞做中外文明交流互鉴的传承者，大力推动中华优秀文化薪火相传。南通市副市长潘建华代表南通市政府向出席仪式的领导和嘉宾表示欢迎，对成立仪式的举办表示祝贺并致辞。中国华侨出版社副总编辑郭岭松代表中国华侨出版社和刘凤珍总编辑对南通市“侨心书苑”的成立表示祝贺并对支持相关工作的同志表示感谢。江苏省南通市侨联主席吴亚军主持成立仪式。

4 月 29 日，齐全胜副主席赴江西考察并为上饶县上乐村捐赠“侨心书架”

5 月 21 日，邵旭军副主席（右二）为南通“侨心书苑”揭牌

参观了位于大庄科乡霹破石村的昌延联合县政府办公遗址，认真聆听讲解员讲述革命先烈的抗战事迹、仔细阅读观看了历史图片展板。活动中，大家实地感受领略到革命时期的艰辛和不易，纷纷表示要发扬红色传统，传承红色精神，扎实做好本职工作，以实际行动缅怀革命前辈的丰功伟绩，进一步坚定理想信念、铭记历史、不忘初心、砥砺前进！

【举办梅国云长篇小说《拐卖》研讨会】5 月 25 日下午，梅国云长篇小说《拐卖》研讨会在中国作家协会举行。此次研讨会由中国作家协会小说委员会、中国华侨出版社主办。中国作协党组成员、书记处书记吴义勤，中国作协书记处书记鲁敏参加了研讨会并发表讲话，中国华侨出版社总编辑刘凤珍致辞。会议由中国作协小说委员会副主任胡平主持。与会的十余位专家就《拐卖》的创作艺术性及社会意义进

【开展红色教育主题党日活动】5 月 24 日，中国华侨出版社党支部与工会以“不忘初心、砥砺前进”为主题开展红色教育党日活动，中国华侨出版社总编辑、党支部书记刘凤珍带领全体干部职工走进延庆大庄科乡沙塘沟村，参观昌延联合县政府遗址、追寻“平北红色第一村”的历史痕迹，缅怀先烈，铭记历史。活动中，大家

5 月 25 日，《拐卖》研讨会在北京举行

5 月 24 日，中国华侨出版社开展红色教育主题党日活动

《拐卖》封面

行了讨论，表示这是一部难得的优秀原创作品，具有社会警醒作用。中国华侨出版社总编辑刘凤珍对《拐卖》一书的文学价值和社会意义给予了高度评价，表示未来中国华侨出版社将不断推出更多更好的作品，为广大读者服务。中国作协、中国华侨出版社有关同志也参加了此次会议。

【开展“不忘初心、牢记使命”主题教育】 8 月 12 日下午，中国华侨出版社党支部委员会进行了“不忘初心、牢记使命”主题教育学习。会上，刘凤珍同志领学了《关于新形势下党内政治生活的若干准则》，并结合学习内容进行了个人的思考分享。其他支部委员也分别领学了《加强纪律建设，把守纪律讲规矩摆在更加重要的位置》《加强党的政治建设》和《中国共产党廉洁自律准则》。各委员分别结合各自的工作分享了学习感悟，表示会进一步将主题教育的精神应用到工作中，更好地开展出版工作。8 月 16 日下午，中国华侨出版社党支部组织观看《集结号》主题教育影片。观影结束后，大家一起分享观后感，谈到激动处还展开了热烈讨论。大家一致认同，红色电影弘扬爱国主义和革命英雄主义精神，是激励人们奋发前进的宝贵精神财富。

《超新星纪元》封面

【13 种优秀图书入选教育部推荐书目】 根据教育部基础教育课程教材发展中心网站发布公告显示，2019 年全国中小学图书馆（室）拟推荐书目共 6890 种，其中，中国华侨出版社 13 种优秀图书光荣入选，包括《汉字王国》《有趣的哲学故事》及《中侨彩图馆》系列图书等。多种图书入选充分证明了华侨出版社一直以来坚持把社会效益放在首位，关注中小学生身心健康；充分

8 月 12 日，中国华侨出版社开展“不忘初心、牢记使命”主题教育学习

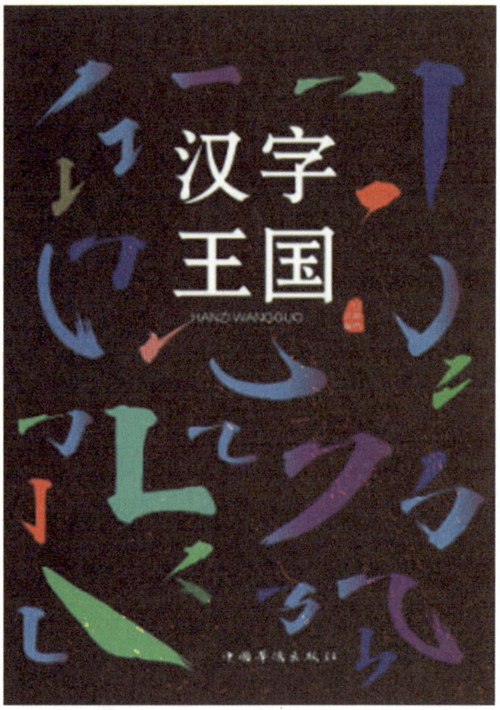

《汉字王国》封面

《中侨彩图馆：300 种美术彩图馆》封面

《你有蔓草，我有桃花:〈诗经〉：越古老，越美好》封面

肯定了图书的出版质量，符合《出版管理条例》《图书质量管理规定》等要求；再次证明了图书选题策划的多面发展，是对华侨出版社出版工作的一次肯定。

【入选 2019 中国图书海外馆藏影响力出版 100 强】 2019 年，中国华侨出版社入选“2019 中国图书海外馆藏影响力出版 100 强”。近年来，中文传媒深耕本土资源，立足国际视野，大力开展国际文化合作与交流，积极响应国家“一带一路”倡议，讲好中国故事、传播好中国声音。作为中国侨联文化宣传的窗口单位，也是全国唯一一家“侨”字头的出版机构，中国华侨出版社一直以来致力于以图书为载体，传播中华文化。为更好地满足广大海内外侨胞对文化产品的需求，华侨出版社还在各地开设了“侨心书苑”，如国内已在海南、南通开设两处“侨心书苑”，海外已在菲律宾宿务设立首个海外“侨心书苑”。

【“侨心书苑”落户京阅江门平台】 10 月 12 日，“华侨与新中国”主题论坛及“京阅江门”平台建设研讨会在北京召开。中国侨联原副主席唐闻生、工业和信息化部工业文化发展中心主任罗民、中国华侨华人研究所所长张春旺、中国华侨出版社总编辑郭岭松、工业和信息化部工业文化发展中心新媒体中心主任林卓等出席论坛。与会专家从不同的侧面讲述了华侨在新中国成立、建设及改革开放中的作用及贡献。此外，与会领导还为京阅江门宣传服务平台举行了揭幕仪式，中国华侨出版社总编辑郭岭松为京

10 月 12 日，中国华侨出版社总编辑郭岭松为京阅江门平台授牌——“侨心书苑”

阅江门平台授牌——“侨心书苑”，宣布“侨心书苑”正式落户京阅江门，并捐赠了数百册类别丰富的图书。郭岭松表示，未来可以在这里以茶会友、以书会友。

《海内与海外》杂志社

【领导成员名单】

法定代表人、社长：刘　奇（兼）

副　　社　　长：杨秀波（2019 年 5 月任职）

【综述】 2019 年，《海内与海外》杂志社在中国侨联党组的领导和关怀下，认真贯彻落实党的十九大精神，立足侨界，坚持正确的舆论导向，为增强中国软实力，努力弘扬中华优秀传统文化，认真组织优秀图文稿件，精心编排，精心印制，强化精品意识。中国侨联巡视组于 2019 年对《海内与海外》杂志社进行了巡视，杂志社认真学习、领会、贯彻中央精神，严格遵照整改要求，详细建立整改台账，建立党建联系人制度，进一步完善编审流程、岗位责任制等各项制度。为推动杂志社良性发展，经会党组会审议通过，筹备成立杂志社理事会。2019 年，本刊继续积极配合中国侨联的中心工作，头条刊登有关侨联会议、活动等中心工作的重点文章。如《万立骏出席 2019 年世界桂商暨商会经贸文化交流合作大会》《中国侨联主席万立骏向全球华侨华人拜年：勇做追梦人，奋进新时代》《中国侨联致敬问天追梦人“亲情中华”新年首演走进航天》等。为配合中国侨联庆祝新中国成立 70 周年的宣传，本刊从第三期起特别开设了重点专栏“壮丽七十年”。本刊除编辑部人员积极撰写稿件外，还约请了国内著名作家、学者为本栏目提供重磅稿件。已出版的 8 期 24 篇精彩文章涵盖了多个方面。在内容上，既有怀念革命先烈的《长征情思》，也有抵御外强入侵的《人间正道是沧桑——“紫石英”号事件始末》；有与开国大典有关的《开国大典阅兵式背后的故事》《向开国大典献礼：保密局北平站起义》《封松筠：亲历开国大典》，也有吹响改革号角的《邓小平在黄山：照片背后的故事》；更多的是歌颂改革开放 40 年来祖国伟大成就的文章，如《小渔村有大梦想》《长城脚下“聚”与“落”》等。在体裁上，除了特写、散文、专访外，还有诗歌《光辉的历程》《盛开的紫荆花》，也有摄影组照《北京新貌》等。这些文章在读者中引起了很大反响，取得了较好的效果。2019 年，本刊继续凸显侨

2019 年第 8 期（封面）

2019 年第 9 期（封面）

联特色、加强对侨乡的宣传力度。在“侨乡揽胜”专栏，约请名家撰稿《乡村的魅力》等。这些文章从不同侧面反映了侨乡改革开放 40 年来的变化与发展，也从中折射出伟大祖国改革开放以来所取得的伟大成就离不开侨乡人民的辛勤努力与付出。

【2019 年 1 月号】本期头条刊发了《万立骏出席 2019 年世界桂商暨商会经贸文化交流合作大会》，万主席希望广大侨资企业家为推动广西高质量发展、融入“一带一路”倡议、加强对外经贸交流合作多做贡献；陈喜儒的《追忆陈舜臣》介绍了享誉日本文坛、也是日本艺术院中唯一的华裔、被誉为“能够让日本人真正了解中国历史”的已故著名学者型作家陈舜臣，作者亲历的细节描写真实感人；万伯翱、万仲翔的《佳酿壮哉万里行》以饱蘸深情的笔触，回忆了父亲万里在革命战争和社会主义建设中与酒结缘的往事，展现了这位世纪老人的传奇人生和不凡业绩；《壮士横刀看草檄》《曾经沧海难为水》《清流其人，翠云其魂》三篇文化名人故居的游记文章，既有现场感，亦有史料性。

【2019 年 2 月号】本期头条刊发了《中国侨联主席万立骏向全球华侨华人拜年：勇做追梦人，奋进新时代》。万主席呼吁广大侨胞们要“更加紧密地团结在以习近平同志为核心的党中央周围，踏着春天的脚步，勇做追梦人，奋进新时代，以优异成绩庆祝新中国 70 华诞！”。《南北遗韵荟侨博　灵指相承展绝艺　齐全胜出席展览开幕式》展示了北京与侨乡泉州两地非遗技艺的精彩成果和中华传统文化的魅力；著名作家毕淑敏、邓刚、彭俐的《过年要有仪式感》《大年初一“捡小鞭”》《北京，孩子们的春节》三篇文章，配合时令以不同的角度追忆中国的传统节日——春节，唤起人们美好的童年记忆；《红墙百花　绿水青山——2019 世园会北京展区》突出时效性，介绍了将于 4 月举行的中国北京世界园艺博览会北京展区的布展情况。

【2019 年 3 月号】本期头条刊发了《万立骏会见列席全国政协十三届二次会议的海外侨胞》，万主席对海外侨胞在推动中外友好交往等方面做出的积极贡献给予了充分肯定。从本期起，新设“壮丽七十年”专栏，以赵守华的《光辉的历程》、胡玉枝的《盛开的紫荆花》两首诗作为开篇，庆祝新中国 70 华诞；李祥的《贺雪峰：理论看村二十年》讲述了武汉大学社会学系系主任贺雪峰坚持 20 多年的田野调查，原汁原味地记录了中国农村在世纪之交的转型与蜕变；著名作家徐刚的《森林之门》关注生态环境，文笔洗练、优美，令人震撼，引人深思；陈喜儒的《王蒙的幽默》、徐可的《启功先生的文化品格》、曾彩美的《刘绍棠与〈元曲偷艺〉》，描述了几位文化大家生活中不为人知的故事，充分展示了他们的人格魅力。

【2019 年 4 月号】本期头条刊发了《万立骏在陕西出席己亥清明公祭轩辕黄帝典礼并调研侨联工作》。万主席表示，中华文化是海内外中华儿女共有的精神家园，实现中华民族伟大复兴的中国梦需要侨界发挥独特作用。“壮丽七十年”专栏继续刊发三篇文章，王燕婷的《小渔村有大梦想》通过小渔村在战争的废墟上建立新的家园、张逸良的《长城脚下“聚”与“落”》通过村落文化根脉的存与续、包旭东等的摄影《北京新貌》通过北京地标建筑的新旧对比，展示了伟大祖国日新月异的变化；曹松先的《藤原长作与方正大米》记述了日本已故水稻专家藤原长作为日本的侵华罪行赎罪，感恩、报恩，生前将自己研发成功的水稻种植技术无偿奉献给中国黑龙江方正县，使方正县成为了名副其实的“水稻寒地旱育稀植高产栽培技术”发源地；从本期起，连载陈喜儒的《怀念冰心》，将老作家冰心为中外文化交流所做的努力和贡献娓娓道来。

【2019 年 5 月号】本期头条刊发了《万立骏出席“侨青心向党·建功新时代”中国侨联青年干部演讲比赛暨五四表彰大会并讲话》。万主席指出，侨联青年干部要把发扬“五四”精神和新时代坚定理想信念统一起来，做胸怀大志者。“壮丽七十年”专栏继续推出三篇稿件，其中张俊杰的《邓小平在黄山：照片背后的故事》回忆了 40 年前的 1979 年，邓小平登上黄山，发出了“把黄山的牌子打出去”的开山令，开启了黄山旅游和中国旅游的大幕；同时，记述了邓小平在黄山与复旦大学学生交谈、合影等珍贵细节。著名作家李国文的《大师的风范》表达了对中国古代先贤的创作实力和人格魅力充满敬仰，而对时下那

些逐利于文坛，令人作呕，且自封大师的无耻文人，予以无情的讽刺，鞭挞入理，令人称快！

【2019 年 6 月号】本期刊发了《2019 习近平总书记关于侨务工作重要论述研讨会在厦门召开　万立骏出席并讲话》。万主席强调，要多措并举，把对习近平总书记关于侨务工作的重要论述的学习宣传贯彻引向深入。“壮丽七十年”专栏继续刊发四篇文章，以散文、诗歌、摄影等不同体裁，盛赞伟大祖国 70 年来所取得的辉煌成就。李祥的《陈磊：漫画中国史》中，陈磊把历史中的重要节点提炼出来，从不同于教科书、史料书的视角，用漫画的形式进行幽默风趣又简单的解读，让阅读、获取知识成为一件简单有趣的事；李金河的《老北京会馆的兴盛与衰落》回顾了老北京会馆的历史与现状，使读者能够真切地感受到历史的厚重与文化的赓续。

【2019 年 7 月号】本期头条刊发了《万立骏到上饶调研中国侨联定点扶贫工作并围绕“不忘初心、牢记使命”主题教育参观学习》。万主席表示，在全国如期全面打赢脱贫攻坚战的进程中，要充分展现侨联组织围绕中心、服务大局的责任担当。“壮丽七十年”专栏继续刊发四篇文章，其中，丁晓平《开国大典阅兵式背后的故事》定格在开国大典当天的盛况，让人铭记这激动人心的历史瞬间；杨春生的《朝花夕拾香依旧》描写了一生从事侨务工作的卢振琪老人，20 世纪 50 年代受国家委派，赶赴朝鲜组建清津中国人中学的艰辛过程，令人动容；刘晓峰的《毕克官的艺术人生—访王德娟》详细介绍了已故著名漫画家毕克官的从艺之路，以及前辈大家对他的教诲与提携。

【2019 年 8 月号】本期刊发了《中国侨联党组理论学习中心组（扩大）以“党的政治建设”和“廉洁自律”为专题开展学习研讨》。万主席强调，要把学习成效体现到增强党性、提高能力、改进作风、推动工作上来。“壮丽七十年”专栏继续刊发两篇文章，王存华的《苹果之城艳阳下》描写了具有 80 多年苹果种植历史的云南昭通百姓，守着“摇钱树”过着穷日子，贫困人口位居全国地级市之首，随着国家扶贫攻艰政策的实施，特别是现代农业科技的广泛应用，昭通人终于将“摇钱树”唤醒了，苹果已成为当地人的希望果、幸福果；侯军的《瞿秋白 120 周年祭》以全新的视角解读了具有文人特质的瞿秋白，在复杂多变的政治斗争中的苦闷与煎熬，还原了一个真实的、有血有肉的政治人物，令人耳目一新。

2019 年第 10 期（封面）

【2019 年 9 月号】本期头条刊发了《中国侨联召开“不忘初心、牢记使命”主题教育总结大会》。万主席强调，要把开展主题教育与推动侨联工作结合起来，取得实实在在的成效。《2019“寻根之旅”夏令营圆满收官》一文显示，2019 年是中国侨联承接主办“寻根之旅”夏令营的第一年，全国各地侨联积极响应，充分发挥各自优势，成功举办了各具特色的“寻根之旅”夏令营活动，取得丰硕成果；“壮丽七十年”专栏继续刊发四篇文章，分别是丁晓平的《人间正道是沧桑——“紫石英”号事件始末》、朱小平的《向开国大典献礼：保密局北平站起义》、李金河的《封松筠：亲历开国大典》和吴世民的《歌唱祖国（词）》；纪清远的《纪晓岚故居保护始末》则介绍了市政府有关部门保护纪晓岚故居的举措和历史上真实的纪晓岚。

【2019 年 10 月号】本期头条刊发了《万立

骏在京调研时强调侨资企业要学习贯彻习近平总书记在河南考察时的重要讲话精神　为我国突破关键核心技术，发展制造业和实体经济作出更大贡献》。万主席表示，现在，中国进入了新时代，侨界要有更大的贡献。《2019 全球华人音乐会奏响国家大剧院　献礼新中国 70 周年华诞》一文显示，今年的“文化中国·全球华人音乐会”首次由中国侨联具体承办，汇聚了来自世界各地的几十位华人音乐家；“壮丽七十年”专栏最后一期推出四篇纪念文章，杨思思的《还原于是之》介绍了已故著名话剧表演艺术家于是之的夫人、94 岁高龄的李曼宜女士所著的《我和于是之这一生》一书，书中一幅幅真实而琐碎的生活图景，描摹着他们乃至一代人的心灵轨迹，一部私家回忆，也是这个国家的成长记忆。

2019 年第 11 期（封面）

【2019 年 11 月号】本期为世界华侨华人摄影展专刊。头条刊发了《世界华侨华人摄影展呈现大美中国赤子情怀　万立骏出席并致辞》。万主席在致辞中指出，我们即将迎来中华人民共和国成立 70 周年华诞，中国侨联通过举办世界华侨华人摄影展的方式，表达广大归侨侨眷和海外侨胞对伟大祖国的深情厚意和美好祝福。希望全体海外华侨华人摄影家、艺术家立足住在国，坚持传承和弘扬中华优秀文化，为推动文明交流互鉴、增进民心相通、共建人类命运共同体作出积极贡献；杜海东的《中国华侨摄影学会成立缘起》和翁乃强、方学辉的《中国华侨摄影学会诞生记》均具有史料价值。

【2019 年 12 月号】本期“特别报道”专栏刊发了四篇文章，分别是《王沪宁会见中国侨商联合会第五次会员代表大会代表》《中国侨商联合会第五次会员代表大会开幕万立骏出席会议并讲话》《中国侨商联合会第五次会员代表大会在京闭幕》《中国侨联青年委员会第四次委员大会在京召开》。林少川的《海外赤子传青史——纪念南侨机工回国参战 80 周年》回顾了南洋华侨抗日爱国的历史和南侨机工回国抗日的壮举，具有深远的历史意义和现实意义。丁晓平的《1949：南京往事》记述了抗战胜利以后，在国共两党的纷争中，声望很高的原燕京大学校长司徒雷登出任美国驻华大使，这里成为他在中国的最后驿站，充当了中美关系的一个悲剧角色。著名作家杜卫东的长篇连载《颐和园那些事》开篇，“几处楼台亭阁，上演过显赫王朝由盛而衰的历史；一湖盈盈碧水，倒映出苦难国度任人宰割的往昔。”

2019 年第 12 期（封面）

中国华侨历史博物馆

【领导成员名单】

副馆长：祁德贵（法定代表人，主持工作）

【综述】2019年，在中国侨联党组的坚强领导下，中国华侨历史博物馆（简称侨博）以习近平新时代中国特色社会主义思想为指导，深入学习贯彻习近平总书记关于侨务工作的重要论述，认真开展“不忘初心、牢记使命”主题教育，坚持围绕中心、服务大局、服务侨胞，持续推进各项工作任务。

【开展“不忘初心、牢记使命”主题教育】一是重部署，抓学习。按照中国侨联主题教育方案要求，侨博第一时间召开主题教育动员会，结合实际情况，制定主题教育时间表，进行任务的细化分解、时间分解和职责分解，及时做好文件传达，加强宣传。严格落实学习时间和内容要求，通过支委会、党员大会、党小组会集中学习座谈的方式，原原本本学习《习近平关于“不忘初心、牢记使命”重要论述选编》《习近平新时代中国特色社会主义思想学习纲要》《习近平论侨务》等相关篇目，根据实际工作需要增加习近平关于文博方面重要论述内容，结合工作展开深入学习与研讨。以主题党日活动的方式组织全馆人员赴中央党史和文献研究院参观学习马克思主义在中国的百年传播历史，接受思想洗礼，坚定理想信念，汲取前进动力。二是讲党课，深调研。齐全胜副主席以“奋斗追梦：新时代的中国故事”为主题给侨博全馆人员上党课，强调要以中国梦明晰全民族团结奋斗的共同愿景、以新发展理念引领推动高质量发展、以全面深化改革激发全社会创造活力、以信念信心凝聚奋斗追梦最广泛力量，鼓励侨博要充分凸显自己的优势，展览设计要着眼于凝聚民族精神、弘扬中华文化、增强民族自豪感，带动侨胞共同促进中国和世界的友好合作。按照主题教育的安排部署，侨博党支部经过充分研讨和精心准备，组织了三次集体调查研究。第一次是馆内调研，召开专题党员大会，征集党员和入党积极分子就党支部工作和侨博发展方面的意见和建议。第二次是物业调研，以座谈会的形式，围绕侨博管理、保障、运营方面存在的问题与首华物业管理公司华侨博物馆项目部开展调研。第三次是外地调研，祁德贵副书记带队前往中国侨联定点扶贫的江西上饶县看望侨博驻村第一书记，考察上饶县侨联扶贫成果展厅的设计制作工作，并结合主题教育到上饶集中营革命烈士纪念馆和茅家岭监狱旧址参观学习，缅怀革命先烈，感悟共产党人的初心和使命。三是查问题，抓整改。馆领导带头对照习近平新时代中国特色社会主义思想和党中央决策部署，对照党章党规，对照人民群众新期待，对照先进典型、身边榜样，查摆自身不足，查找工作短板，深刻检视剖析。结合学习调研情况，汇总梳理问题清单9项，逐条推进整改落实。比如，通过月检、消防培训演习、安全警示片、安全知识问答等方式加强安全意识教育；编制印刷规章制度汇编和内部控制手册，增强制度执行意识和风险防控意识；摸索制定系统化的培训计划，充分运用馆内馆外两种培训资源，全面提升各项业务能力；细化财务管理制度，严肃财经纪律，加强财务报销事前事后的审核；进一步规范内部管理，强化绩效考核，积极营造创先争优、干事创业的良好氛围；充分发挥爱国主义教育示范基地和侨史展示宣传平台的作用，接待20多个单位组织到本馆学习参观和开展党日活动，助力主题教育的开展等。为做好主题教育的总结，及时组织召开专题组织生活会，按照主题教育“守初心、担使命，找差距、抓落实”的总要求，盘点收获、检视问题、深刻剖析，充分开展批评与自我批评。总结运用主题教育期间的学习教育、调查研究、检视问题、整改落实成果，进一步巩固深化，坚持抓好问题整改，并逐步形成长效机制，推动党建带动侨博各项业务的不断发展。

【全面加强党建工作】侨博党支部把学习习近平新时代中国特色社会主义思想特别是习近平总书记关于侨务工作的重要论述作为首要政治任务，认真学习习近平总书记在中央和国家机关党的建设工作会议上的重要讲话精神，教育引导支部党员提高政治站位，进一步增强“四个意识”，坚定“四个自信”，做到“两个维护”，自觉在思想上政治上行动上同以习近平同志为核心的党中央保持高度一致。结合中国侨联“作风建设年”活动，按照年初制定的学习计划与进度表，充分发挥党小组的作用，通过集中学习、专题研讨、主题发言及观看专题片等方式，组织全体党员认真学习，坚持不懈强化理论武装，增强政治执行力，坚持把政治标准和政治要求贯穿到侨博各项事业之中。侨博党支部认真贯彻落实《关于新形势下党内政治生活的若干准则》和《中国共产党支部工作条例（试行）》等有关党内法规，严格党的组织生活制度，如“三会一课”、民主生活会和组织生活会、谈心谈话、民主评议、主题党日等，不断提高党的组织生活质量。2019年共召开党员大会8次，支委会27次，党小组会19次，党课2次。党支部重视对年轻人的培养和教育，有3位同志确定为党员发展对象。

【合作举办《行远同梦——华侨华人与新中国特展》】 10月30日，《行远同梦——华侨华人与新中国特展》在国家博物馆开幕。中国侨联党组成员、副主席隋军出席开幕式，并受万立骏主席委托致辞。国家博物馆馆长王春法在开幕式上致辞，并宣布展览开幕。此次展览由中国侨联和国家博物馆共同主办，中国华侨历史博物馆承办，中国华侨公益基金会协办。展览包含家国情怀、心系中华、赤子丹心、共创辉煌、砥砺同行五个单元共270余件/套珍贵展品，集中展现了华侨华人在不同历史阶段与祖（籍）国同呼吸、共命运的奋斗业绩。开幕式由国家博物馆副馆长刘万鸣主持。“人民楷模”国家荣誉称号获得者王文教，中国侨联副主席齐全胜，中国侨联顾问黄军军、李祖沛、陈兰通、朱添华、唐闻生、林淑娘、李君如，中央和国家机关侨联副主席兼秘书长孙柏瑜，北京市侨联副主席苏泳，中国侨联机关各部门和直属单位负责人及侨界群众代表等出席了开幕式。展览于10月30日—11月29日在国家博物馆南1展厅展出。11月21日下午，中国侨联党组书记、主席万立骏一行赴国家博物

11月21日，中国侨联党组书记、主席万立骏参观《行远同梦——华侨华人与新中国特展》

10月30日，中国侨联党组成员、副主席隋军（右八），“人民楷模”国家荣誉称号获得者王文教（右七），中国侨联副主席齐全胜（右二）等领导出席《行远同梦——华侨华人与新中国特展》开幕式

11 月 21 日，万立骏主席参观《行远同梦——华侨华人与新中国特展》

馆，参观了正在举办的《行远同梦——华侨华人与新中国特展》。展览自开幕式后有 50 余家海内外媒体进行了追踪报道，在海内外侨界群众中取得了良好反响。

【入选“全国爱国主义教育示范基地”】在新中国成立 70 周年之际，中宣部新命名 39 个全国爱国主义教育示范基地，侨博名列其中。入选全国爱国主义教育示范基地，是对侨博工作的认可，不仅是一份荣誉，更是一个良好的发展机遇。侨博将以此为契机，充分挖掘华侨文化和红色资源，发挥特色优势，创新爱国主义教育工作形式，持续发挥弘扬华侨精神、联系海内外中华儿女、促进中外文化交流的积极作用，更好地为侨服务、为社会服务、为国家服务。

【举办《南北遗韵　灵指相承》】1 月 16 日，《南北遗韵　灵指相承》开幕。展览融汇皇城北京与侨乡泉州非遗技艺的精彩成果，展示两地独特的文化遗产，以及中华传统文化的魅力。非物质文化遗产强调以人为核心的技艺、经验和精神，是人类历史与文明的菁华所在。展览还体现了非物质文化遗产进

5 月 18 日，中国侨联副主席齐全胜（左五）出席《根脉何处——中华姓氏现代雕塑展》开幕式

1 月 16 日，中国侨联副主席齐全胜（左七）出席《南北遗韵　灵指相承》展览开幕式

校园的教学成果，向观众展示非物质文化遗产的传承现状与新的探索发展。除此之外，为提升观众的观展感受，加入体验与互动环节，设置了皮影项目体验区、视频观赏区以及观展答题集印章、制作折纸玩具等活动，使观众在立体的、动静结合可参与的沉浸式展览空间中品读非物质文化遗产传承的历史脉络，品味非物质文化遗产作品的璀璨匠心。

【举办《根脉何处——中华姓氏现代雕塑展》】5 月 18 日,《根脉何处——中华姓氏现代雕塑展》开幕。本次展览共展出由雕塑家李廷贵创作的 101 件底蕴深厚、独具创意的中华姓氏现代青铜雕塑作品，同时展示了侨乡泉州的宗祠文化。中华民族有五千多年的文化积淀，以尊祖敬宗、敦亲睦族为核心的宗祠、姓氏文化反映了中华民族血脉相承的传统和信念。雕塑家李廷贵多年来致力于中华姓氏文化雕塑创作，以史前文字为雏形，以创新的现代青铜雕塑艺术形式呈现姓氏文化。

【举办《纯白之心——馆藏玩具展》】5 月 31 日,《纯白之心——馆藏玩具展》开幕。这是中国华侨历史博物馆首次向公众展示馆藏海内外玩具，让尘封在博物馆仓库的小玩具焕发新光彩。玩具是人类文化与社会的缩影，与人类生活息息相关。展览发起了“我与玩具的故事”主题征集活动，得到了社会各界的大力支持与积极的参与，热心的老侨为展览提供了许多珍藏多年的玩具藏品和老照片、回忆童年往事的珍贵视频；来自马来西亚的留学生们亲身示范本民族的特色棋类游戏——马来播棋的玩法；展览的支持单位——东城区东交民巷小学以及马坊分校为本次展览征集了百余件儿童绘画作品与文字故事；更有很多热心市民，积极

5 月 31 日，中国侨联顾问李祖沛（左四）出席《纯白之心——馆藏玩具展》开幕式

7 月 30 日，中国侨联副主席齐全胜（前排左五）、中国侨联顾问乔卫（左四）出席《世纪峥嵘　凛然长歌——纪念马来西亚华教领袖沈慕羽逝世十周年书法展》开幕式

提供玩具展品，推荐身边亲友的玩具故事等。这是人们追求“纯白之心”，呵护童年美好回忆的体现。

【举办《世纪峥嵘　凛然长歌——纪念马来西亚华教领袖沈慕羽逝世十周年书法展》】7月30日，《世纪峥嵘　凛然长歌——纪念马来西亚华教领袖沈慕羽逝世十周年书法展》开幕。此次展览从“为人师表　奋战不辍”“华教斗士　教总先锋”“文化传承　不遗余力”“明心见性　望重南邦”四个部分讲述沈慕羽先生的不懈奋斗和杰出贡献，并展示50余幅沈慕羽卓越的书法作品。举办此次展览将使沈慕羽的感人事迹广为传播，也将推动中马间的文化交流、文明互鉴，在促进“一带一路”民心相通上发挥积极作用。

【举办《金色道钉——美国铁路华工展》】8月6日，《金色道钉——美国铁路华工展》开幕。此次展览分为“潮流涌动”“工程缘起”“开路先锋”“余绪遗泽”“褒扬纪念”五部分，讲述了铁路华工赴美建设铁路的历史背景、奋斗过程和后续发展，展示了社会各界对华工的评价及世人对铁路华工的纪念与追思。展览旨在记录铁路华工的伟大贡献，弘扬他们坚韧卓绝的奋斗精神，进一步凝聚海内外中华儿女，为实现中华民族伟大复兴的中国梦、推动构建人类命运共同体贡献智慧和力量。

8月6日，中国侨联副主席齐全胜（左）出席《金色道钉——美国铁路华工展》开幕式

10月29日，中国侨联副主席齐全胜（左四）出席《祖国在召唤——纪念南侨机工回国服务80周年专题展》开幕式

【举办《祖国在召唤——纪念南侨机工回国服务80周年专题展》】10月29日，《祖国在召唤——纪念南侨机工回国服务80周年专题展》开幕。此次展览运用100余件/套珍贵的历史资料、照片、实物等藏品，以“响应召唤　共赴国难”“赤子丹心　热血滇缅”“赤子功勋　民族光辉”三个部分，展示了南侨机工回国参加抗战的壮举，呈现了近百年华侨史上一次影响深远的爱国行动。展览旨在铭记南侨机工们所经历的光荣与磨难，铭记他们在祖国最危难的时刻，不惜抛家舍业、远渡重洋，用青春热血铸就的历史丰碑，激励人们在南侨机工的精神感召下，广泛凝聚侨心，为实现中华民族伟大复兴的中国梦而努力奋斗。

【持续提升观众接待水平】2019年，侨博共接待社会各界观众30495人次（普通观众21815人次，团队参观156批次、8680人次），比上年同期增长35.3%。2019年接待了中央统战部研究室、中国社科院拉美研究所、北京大学国际合

12 月 10 日，中国侨联副主席齐全胜（右三）、中国侨联顾问李祖沛（右二）、中国侨联顾问唐闻生（左二）出席全国爱国主义教育示范基地揭牌仪式

作部、印尼华文学校教师、澳华历史博物馆、秘鲁大使馆、华裔青少年寻根之旅、北京史家小学等团体来馆参观学习。自开展“不忘初心、牢记使命”主题教育活动以来，涉侨与非涉侨单位各党支部组织党日活动到本馆参观交流达 20 余批次。侨博不断开拓宣传途径，与媒体合作撰写展品相关稿件，利用 VR 技术拍摄重点临时展览，及时推送展览相关信息，加大宣传力度。结合国际博物馆日“作为文化中枢的博物馆：传统的未来”主题，举办专题展览，主动融入经济社会发展大局，充分发挥华侨博物馆在文化传承中的“中枢”作用，努力推动中华优秀传统文化创造性转化、创新性发展。

【深化社教服务工作】侨博每月定期举办公益文化讲座，内容主要涉及传统文化、海外博物馆巡礼和名画赏析等，受到公众的广泛关注，目前已开通微信报名方式，品牌效应不断增强。作为青少年素质教育的第二课堂，侨博不断尝试策划形式多样的社教活动，寒暑假期间结合临时展览举办了吉祥剪纸、中国智力玩具、姓氏文化寻根和昴格隆乐器教学表演等活动，受到参与学生和家长们的一致好评与认可。2019 年 11 月 13 日，荣获“2019 年北京市民终身学习示范基地”称号。

【拓宽征集渠道完善藏品管理】2019 年侨博新增藏品 2725 件/套。其中，主要包括定向征集购买广东省文物总店、广州市文物总店的涉侨类文物和中国书店文物 2167 件/套，以及赴陕西、广东、江西、云南、福建等地征集与接收藏品 558 件/套。为抢救侨史、发掘侨史及发扬老归侨爱国爱乡的光荣传统，先后在北京、陕西、云南、江西等地开展口述采访工作。采访共计 18 人次，采录共计 48 个小时影像，同时获得部分藏品和征集线索，完成部分口述历史音频及视频资料分类整理工作。按照国家文物局《文物藏品档案规范（WW/T0020—2008）》要求，逐步建立重点文物的藏品档案，全年完成 23 件（套）重点文物藏品档案的建立工作。为更好地开展本馆珍贵文物的定级工作，甄选出拟定级的珍贵文物 19 件/套，填写了文物档案，确定六名定级委员会的专家，持续推进相关工作。

【强化专业研究能力】为落实开展“大学习、大调研、大讨论，作出大贡献”的工作部署，侨博统筹规划，调配力量，围绕具体工作，以“如何扩大华侨博物馆的社会影响力——中国华侨历史博物馆业务工作的总结与思考”为课题内容进行广泛调研，注重理论支持、数据支撑以及案例实证，荣获中国侨联 2019 年度调研课题二等奖。筹备并完成中国博物馆协会华侨博物馆专业委员会 2019 年年会、“涉侨展览的策划与筹办”培训、“第三届华侨文化”青年论坛三合一活动，在全国博物馆事业蓬勃发展的大背景下，充分利用侨博专委会这一平台，实现借力互补、资源共享，壮大涉侨文博声势，合力打造涉侨博物馆品牌项目。

【推动轮岗交流工作】干部轮岗交流是优化干部结构、激发队伍活力、提高工作效率、转变工作作风、促进勤政廉政建设的重要举措，也是提升干部能力与执行力的客观需要。侨博实行干部轮岗交流，有利于培养干部成为“多面手”“万事通”等复合型人才，激发干部干事创业的积极性，对建设一支高素质专业化干部队伍，具有重要的现实意义和战略意义。2019 年上半年，侨博大力推动干部轮岗交流，既考虑到侨博工作现状的变化需求和未来发展布局，也注重个人意愿和专业能力的培养，得到了包括轮岗干部在内的侨博全体人员的肯定和拥护。

【加强制度建设规范管理】内部控制是保障组织权力规范有序、科学高效运行的有效手段，也是组织目标实现的长效保障机制。侨博坚持按国家相关文件要求，将单位内部控制建设纳入制度化、规范化轨道。近年来，结合本馆长期发展规划，全面梳理了馆内主要经济活动和业务流程，通过制定制度、实施措施和执行程序，对经济活动和业务开展的风险进行有效防范和管控。在此基础上,《中国华侨历史博物馆内部控制手册（2019 年）》于 2019 年 8 月编制成册并印发全馆人员学习使用，随后组织了相关讲座培训。手册共含 20 个风险内部控制办法，从经济活动领域延伸到了侨博全部业务活动，为馆内各项工作运行的制度化和标准化打下基础。《中国华侨历史博物馆规章制度汇编（2019 年）》也在同期编制成册，共收录侨博近年来制定通过的 36 项制度，是侨博制度建设的成果体现。

【增强安全意识做好维护保障】博物馆作为高级风险单位，安全保卫工作是重要的基础工作，贯穿于博物馆开放管理和经营工作的全过程，需要长期防范与规范管理。侨博严格执行安全值班制度，定期进行安全检查，组织全体人员前往北京消防教育训练中心开展消防安全培训和逃生演练，开展安全、消防知识答卷活动，举行馆内消防实战演习等，多措并举，确保侨博全年特别是建国 70 周年国庆期间的馆舍安全、藏品安全、观众安全。侨博重视设备维护与安全工作，落实设备维保制度，落实日常巡视制度和维护测试制度。重大活动、节假日和定期进行设备专项安全检查，排除设备安全隐患。配合侨联机关完成安可工程前期的台账清查、办公 OA 的需求调研、相关实施计划的制定及经费预算工作。在网站前端部署了云盾防护系统，以确保本馆信息系统及网站的安全。

【成立中国华侨历史博物馆工会委员会】根据《中华人民共和国工会法》和《中国工会章程》之规定，经中国侨联直属机关工会批准，于 2019 年 3 月 12 日召开第一次中国华侨历史博物馆工会会员大会，选举产生第一届工会委员会。2019 年 5 月 13 日，侨博工会取得工会法人资格证书。

侨博全体人员赴北京消防教育训练中心开展消防安全培训和逃生演练

中国侨联公益事业管理服务中心

【领导成员名单】

主　　任：何继宁

【综述】2019 年，中国侨联公益事业管理服务中心（简称公益中心）在中国侨联党组的领导下，在国家有关部门的指导下，以习近平新时代中国特色社会主义思想和侨务工作重要论述为根本遵循，按照中国侨联“十代会”工作部署，围绕新时代侨联公益工作根本任务，发挥侨联公益组织在中国侨联系统整体工作中的独特优势，服务侨联组织履行六大职能，整合资源、筹集资金、搭建平台、构建队伍，努力服务侨胞福祉、服务侨联工作、服务民间外交、服务社会建设，不断开创侨联公益工作新局面。

【统筹协调推进侨联公益事业发展】公益中心发挥侨联公益组织统筹规划、指导培训、监督服务职能。整合资源，加强与省区市侨联协作、沟通机制，对部分省区公益项目进行募款能力指导和资助，推动帮助海内外侨商华商开展合作、发展业务；资助支持侨联品牌项目、侨联基层组织建设和侨界社会组织开展活动，服务侨联事业创新发展。积极开展惠侨助侨行动，探索建立全国侨联系统分工协作的公益资源整合平台和公益项目培育实施体系，更好凝聚和服务侨界群众。倡导全国侨联系统开展送温暖活动，以助困、助学、助业、助医、助乐、志愿服务等为内容，为特困归侨侨眷排忧解难，关心帮助侨界留守儿童、空巢老人。积极支持和资助全国各级各地侨联在春节期间开展“送温暖”活动，集中组织看望慰问困难归侨侨眷、侨界有影响的人物、南侨机工或遗孀、侨联离退休老干部、老党员，发放慰问金和慰问品，表达党和政府对侨界群众的关心关爱。

【“侨爱心工程”实施情况】公益中心着力引导侨界公益慈善力量参与脱贫攻坚、乡村振

万立骏主席（后排左七）、李波副主席（前排左一）、乔卫顾问（后排左六）出席中国侨联与张家口市政府签订捐建冬奥会场馆备忘录仪式

兴、“一带一路”建设等党和国家中心工作和发展战略，坚持侨联公益服务于侨、受益于侨，更多地关心关注侨界困难群体、弱势群体的生存、就业、教育、医疗、保障等社会问题，努力做社会公益事业的开拓者、贡献者。深化“侨爱心工程”，以医疗助困、教育、健康为着力点，做强做大“光明行、健康行”“树人班”“图书室”“医疗设备捐赠”等重点项目，着力参与社会建设，侨联公益扶贫帮困取得扎实成效。2019年“树人班”项目新增3所合作学校，新增7个班级，共资助学生350人，拨付资助款204.5万元；“树人班”已在全国19省30所重点高中里，设立67个班级，累计资助人数3321人。持续推进“侨爱心·光明行”项目实施，为贫困白内障患者免费实施复明手术，帮助更多贫困白内障患者重见光明。5月31日，侨界助力脱贫攻坚光明行活动在张家口市举行，乔卫顾问亲自为第10万名接受复明手术者揭纱，“精准脱贫光明行”的实施达到了一个新的里程碑。2019年，指导支持各级侨联组织在辽宁、湖南、黑龙江、福建、山西、重庆、湖北、河南、广西、广东、吉林、河北、青海、海南等省区市共计实施复明手术22812例。“光明行、健康行”项目已在27个省（直辖市、自治区）122个地区开展，实实在在帮助10万名困难群众复明，取得良好的社会效应。联系爱心企业捐赠价值40万元人民币的图书，用于资助山西、广西、广东、云南、湖北等省区11所学校及社区筹建的“侨爱心·图书室”。做好“医疗设备捐赠”项目，联系侨资企业为经济欠发达地区、“三区三州”深度贫困地区基层医院捐赠50台SM10C等离子双极电切电凝系统，价值人民币5100万元。目前，全国已有176家医院签订了捐赠协议，144家医院已经拿到了设备，并开展手术，造福患者。联系爱心企业向西藏、陕西、甘肃、湖北、四川、山西、重庆等地少年儿童免费发放书包3250个，价值832000元。为江西省上饶县中国侨联扶贫点资助修建基础设施、医疗设备、扶贫助学项目资助款402.26万元。为福建省侨联、陕西省侨联扶贫点、黑龙江省侨联提供脱贫攻坚、文化教育、乡村振兴项目资助款319.23万元。联动宣传平台和互联网筹款平台，扩大公益影响力。2019年腾讯公益“99公益日”期间，在腾讯公益平台自主发起5个项目，获得12127位爱心用户支持，共募集610225.73元善款，腾讯配捐及非限定配捐115829.43元。在轻松公益平台共发起“爱满之屋”等11个公益项目，共募集善款近120万元。通过“慈善中国”备案7个募捐活动、15个公开募捐项目，完成了341个项目的信息公开。香港金轮集团王钦贤先生向侨基会捐赠1000万元，用于华侨大学基础建设项目。“姚志胜爱心基金”资助福建省泉州市泉州东海湾实验学校学生公寓楼建设，共计1485万元。

8月28日，“侨爱心·光明行”揭纱仪式在青海省果洛州人民医院举行

【开展惠侨助侨行动】公益中心不断拓展侨爱心项目的领域和范围，将医疗助困作为“侨爱心工程”的重要内容。通过专项基金开展的和睦家爱心医疗、金辉爱心基金、小水滴孤残儿童关爱公益行动、崇世助学、蓝丝带国际助残行动、“帮你筹”公益项目、轻松筹原基金医疗助困合作项目、钢丝善行团救助行动等公益项目，为5266名贫困心血管病患者、孤残患儿、孤儿、困难老人、特需家庭、贫困学生提供医疗救助、专业护理、术后寄养、临终关怀、救济帮扶等全面帮助，资助金额871.5万元。

【万立骏主席会见香港金轮集团董事长王钦贤一行】5月16日，中国侨联党组书记、主席万

5 月 16 日，万立骏主席（左四）会见香港金轮集团董事长王钦贤一行

立骏在中国侨联机关会见中国侨联顾问、香港金轮集团董事长王钦贤一行。万立骏代表中国侨联对王钦贤一行表示欢迎，对香港侨界、香港金轮集团在参与推动中国经济建设，坚定拥护“一国两制”方针，维护香港繁荣稳定发展，发扬爱国爱乡传统，支持祖国教育事业、公益事业等方面作出的贡献给予充分肯定。王钦贤对中国侨联热情接待表示感谢，他介绍了香港侨界社团联会、香港金轮集团近年来事业发展情况，他说，祖国始终是广大华侨华人的坚强后盾。香港有几十万华侨华人，他们不仅是促进香港稳定和发展的一支重要力量，也是推动祖国建设不可缺少的一个组成部分。作为一名香港同胞，印度尼西亚归侨，又是侨社负责人，我有义务凝聚侨心侨力，为祖国发展添砖加瓦。

【万立骏主席在张家口开展冬奥调研】为动员侨界力量助力冬奥筹办工作，研究侨界参与支持冬奥会捐助方案，5 月 30 日，中国侨联党组书记、主席万立骏率团赴张家口开展冬奥调研和经贸考察活动，听取冬奥规划和筹备工作介绍，实地考察冬奥相关场地及工程进展，了解冰雪运动推广等情况，并召开侨界助力冬奥座谈会，会上中国侨联与张家口市政府签订了捐建冬奥会场馆备忘录。万立骏表示，2022 年北京冬奥会是习近平总书记亲自谋划、亲自部署、亲自推动的国家大事，是我国重要历史节点的重大标志性活动，是向世界展示中国形象和国际地位的一个重要窗口。习近平总书记对冬奥筹办作出一系列重要指示，还分别于 2017 年 1 月和 2019 年 2 月，到张家口、北京市视察冬奥会筹办工作。中国侨联这次来到张家口、来到崇礼区，就是要认真学习贯彻习近平总书记关于冬奥工作的重要指示精神，发扬侨界优良传统，凝聚侨心侨力侨智，助力冬奥筹办工作。万立骏强调，百年奥运，中华梦圆，在中国举办一场全球瞩目的冬奥盛会，必将极大振奋民族精神，有利于凝聚海内外中华儿女为实现中华民族伟大复兴而奋斗，也有利于向世界展示我国改革开放成就、和平发展主张。在以习近平同志为核心的党中央坚强领导下，在北京和河北的共同努力下，在全球华侨华人的关注和参与下，一定可以举办一届精彩、非凡、卓越的冬奥盛会。

5 月 30 日，万立骏主席率团赴张家口开展冬奥调研和经贸考察活动，听取冬奥规划和筹备工作介绍

【召开中国侨联“精准脱贫光明行”推进交流会】7 月 12 日—13 日，“精准脱贫光明行”推进交流会在银川召开。本次会议由中国侨联指导，中国华侨公益基金会和湖南爱眼公益基金会主办。会议提出，全社会联合起来、行动起来，在 2020 年底前，再为 10 万名建档立卡贫困白内障等眼病患者提供免费优质手术，使他们重见光明。“精准脱贫光明行”是中国侨联、中国华侨公益基金会、爱尔眼科医院集团于 2017 年

7月12日，乔卫顾问（中）出席在银川召开的中国侨联“精准脱贫光明行”推进交流会

8月发起的大型公益项目，倡导全社会积极行动起来，通过社会公益救助的方式，为建档立卡贫困户中约50万名白内障、眼胬肉、糖尿病视网膜病、角膜病变等眼病患者提供免费、精准、适宜、优质的眼科医疗服务，使他们通过治疗减轻减缓病症甚至重见光明。“精准脱贫光明行”的倡议得到了海内外侨界和社会各界的积极响应，各级侨联组织与当地爱尔眼科医院密切协作，红十字基金会、残疾人福利基金会、慈善总会等公益慈善机构鼎力支持。项目开展两年来，已在27个省（直辖市、自治区）122个地区、实实在在帮助10万名困难群众复明，其中很大一部分是建档立卡贫困户，取得良好的社会效应。推进交流会上，彭志坤理事长代表湖南爱眼公益基金会向中国华侨公益基金会捐赠人民币2000万元，用于“精准脱贫光明行”项目的实施。乔卫顾问与中国侨联副主席、中国华侨公益基金会副会长朱奕龙接受捐赠，并颁发了捐赠证书。

【举行中国侨联“树人班”暑期交流活动】8月5日，由中国侨联主办的“树人班”暑期交流活动在北京举行。中国侨联顾问、中国华侨公益基金会理事长乔卫出席活动并讲课，中国侨联公益事业管理服务中心主任、中国华侨公益基金会副理事长兼秘书长何继宁出席并主持活动。来自全国12省、14所学校的近70名老师参加了交流活动。活动上，乔卫理事长依托“侨”与“华侨慈善”重点介绍了中国侨联、中国华侨公益基金会在开展公益慈善事业方面的成绩，特别肯定了“树人班”项目自创办以来取得的显著成效，并指出新时代侨联公益工作的核心任务及发展方向。乔卫要求基金会要充分发挥“树人班”项目的平台作用，总结项目实施以来的有益经验，立足项目品牌优势，深入分析、查找差距、科学谋划，积极探讨新时期学校建设与人才发展的新路径。乔卫希望老师们要深入把握

8月5日，由中国侨联主办的“树人班”暑期交流活动在北京举行，乔卫理事长（二排左八）出席活动

“树人班”的内涵，充分体会项目初衷，坚持以习近平新时代中国特色社会主义思想为指导，全面贯彻党的教育方针，落实立德树人根本任务，遵循教育规律，强化教师队伍基础作用，围绕凝聚人心、完善人格、开发人力、培育人才、造福人民的目标，发展素质教育，培养德智体美劳全面发展的社会主义建设者和接班人。本次活动，中国华侨公益基金会首次评选出两所“优秀合作学校”、两位“优秀项目负责人”、三位“优秀班主任”，基金会理事长乔卫为获奖学校及老师颁发纪念证书。“树人班”九年在全国 19 个省 30 所合作学校共有 67 个班级，资助人数达 3321 人。“珍珠班”自发起至今在全国 25 个省区 194 所学校资助 61000 多人。何继宁秘书长最后向与会老师提出四点希望：一是高考成绩要做好，二是立德树人作表率，三是为孩子们提供社会化平台，四是为孩子们拓展国际化视野。

【举办华侨旗帜民族光辉传承嘉庚精神及华侨华人参加祖国建设成果展】10 月 22 日，由中国侨联和香港侨界社团联会主办、集友银行承办、陈嘉庚纪念馆协办的“重走嘉庚路，致敬新时代”主题系列活动香港站之“华侨旗帜·民族光辉——传承嘉庚精神及华侨华人参加祖国建设成果展”在香港举行开幕仪式。此次展览活动旨在呈现一代侨领陈嘉庚先生爱国爱乡、实业报国、投身教育的生平事迹，展现广大华侨华人秉承“嘉庚精神”，在改革开放及新时代发展中所做出的重要贡献，歌颂广大华侨华人敢为人先的拼搏精神、与祖国荣辱相随的家国情怀。万立骏主席，香港中联办副主任谭铁牛，中国外交部驻港特派员公署副特派员赵建凯，中央统战部三局巡视员许光任，全国政协常委、中国侨联副主席、香港侨界社团联会首席主席余国春，香港特别行政区政府民政事务局常任秘书长谢凌洁贞，深圳市委常委兼统战部部长林洁，厦门市委常委、常务副市长黄强，香港福建社团联会荣誉主席吴良好，世界一带一路商贸总会创会会长、印尼印中商务理事会总主席林文光，厦门国际银行总裁章德春以及集友银行行政总裁郑威等领导和嘉宾参加展览开幕仪式。展览吸引了众多香港市民前来参观，现场气氛热烈。开幕仪式上，陈嘉庚基金联谊会向中国华侨公益基金会下设的陈嘉庚教育公益基金捐赠 500 万元港币，旨在为更广泛地号召各方力量积极融入、支援和服务国家经济社会建设，推动公益事业发展。

【中国侨联发起捐建“华侨冬奥冰雪博物馆”倡议】11 月中旬，中国侨联发起捐建“华侨冬奥冰雪博物馆”倡议。11 月 5 日，隋军同志主持召开中国侨联捐建“华侨冬奥冰雪博物馆”工作协调会，传达了中国侨联十届十六次主席办公会议关于冬奥冰雪博物馆议题的精神，强调捐建工作是中国侨联广泛动员海内外侨界爱国力量，举全国侨联系统之力支持冬奥的重要举措，是侨联围绕中心、服务大局的实际行动。各部门要统

10 月 22 日，万立骏主席（前排左五）出席在香港举办的“华侨旗帜·民族光辉——传承嘉庚精神及华侨华人参加祖国建设成果展”

一思想、提高认识，根据会党组要求，把捐赠工作摆上重要位置，落实责任、抓紧启动、加大力度、统筹推进，提高捐建工作的精准度和实效性，确保如期完成任务。与会同志围绕募捐工作方案进行了讨论，会议明确了部门职责分工，力争到 2020 年 2 月底，完成不少于 1 亿元人民币的筹款目标。7 月—11 月初，准备冬奥冰雪博物馆筹款工作，起草修改完善项目募捐方案，筹备组多次前往张家口沟通对接博物馆建设方案，印发“华侨冬奥冰雪博物馆”倡议书。

【召开中国侨联公益年会暨“一带一路”公益研讨会】12 月 19 日，由中国侨联主办、中国侨联公益事业管理服务中心承办的中国侨联公益年会在北京召开，中国侨联党组成员、副主席隋军，中国侨联兼职副主席、宁夏区侨联主席朱奕龙，中国侨联顾问、中国华侨公益基金会理事长乔卫出席会议并讲话，共同为 17 位获评 2019“侨爱心之星”的中国华侨公益基金会捐赠机构及个人颁发纪念证牌。会议由中国侨联公益事业管理服务中心主任、中国华侨公益基金会秘书长何继宁主持。隋军副主席首先代表中国侨联和万立骏主席，向支持参与侨联公益事业的爱心企业、爱心人士表示衷心感谢！她充分肯定了过去一年，中国华侨公益基金会在精准扶贫、医疗救助、兴学助教、推动“一带一路”海外公益慈善等工作中取得的积极成绩；各级侨联组织面向基层、搭建平台，积极调动侨界资源和力量，服务民生、回馈社会，抒写了凝聚侨界大爱、展现侨界温暖的公益新篇。隋军对侨联公益事业工作者和志愿者提出希望，一是要提高政治站位，把握新时期侨联公益慈善事业的正确方向。二是要服务中心大局，为助力全面建成小康社会添砖加瓦。三是要以侨为桥、融通民心，为“一带一路”建设、构建人类命运共同体注入动能。四是要加强自身建设，在守正创新中不断提升工作能力和水平。中国侨联兼职副主席、宁夏区侨联主席朱奕龙作为“侨爱心慈善之星”捐赠代表发表感言。研讨会上，中国慈善联合会副秘书长刘佑平作了《一带一路公益思考》的演讲；“一带一路”国际科学组织联盟执行秘书长曹京华作了《ANSO：建设“一带一路”科技命运共同体》的演讲；中国华侨华人研究所副所长张秀明作了《改革开放以来海外侨胞对中国公益事业的贡献》的演讲；清华大学华商研究中心主任龙登高作了《一带一路（BRI）与华侨华人：营利性与非营利性主体》的演讲。乔卫理事长在会上作了题为《开展一带一路公益活动是侨联组织的职责、优势和工作抓手》的会议总结和主旨发言。

【做好调研制定侨联公益未来发展规划】公益中心围绕新时代侨联公益工作，开展大调研、大讨论，明确新时代侨联公益工作的核心任务是服务侨联组织履行六大职能，努力探索“四化”发展方向，推动“两个建设”构建“两项机制”，召开务虚工作会议，通过实地考察、调研访谈、

12 月 19 日，隋军副主席（前排左六）、朱奕龙副主席（前排左五）、乔卫理事长（前排右三）出席在北京举办的中国侨联公益年会暨“一带一路”公益研讨会

学习交流等方式，重点就侨联公益工作如何为大局服务、为侨服务、为侨联事业服务，如何创新侨联公益工作的体制机制，如何突出侨联公益工作的社会影响力，如何打造侨联公益工作的品牌项目等开展讨论调研。组织中国侨联调研课题报告《推动新时代侨联公益工作创新发展，探索建立与社会化专业化现代化国际化要求相适应的华侨公益基金会体制机制研究》的课题研究和报告的撰写工作。

【发挥平台作用推动侨联公益创新发展】公益中心积极整合社会资源，开展多种形式的侨界公益慈善活动。做好筹办华侨华人春晚、捐建“华侨冬奥冰雪博物馆”“行远同梦——华侨华人与新中国特展”等公益活动，增强品牌意识，提升重点活动的品牌效应，进一步增强侨联公益组织在行业的影响力和凝聚力。整合社会和侨界资源，探索公益筹款新方式，培育新的品牌项目，扩大侨联公益工作影响力和美誉度。举办以“精准扶贫”为主题的“侨爱心·慈善晚宴”和香港“侨爱心·慈善之夜”活动。两次筹款活动邀请以侨界为代表的社会各界企业家、艺术家、爱心人士，部分省区市侨联负责人和中国侨联在港顾问、常委、委员、青年委员，香港有关方面贤达领导，大湾区金融界、慈善界知名人士等出席。慈善晚宴、慈善之夜通过现场拍卖和承诺认捐，为公益项目筹得善款人民币 3907.088 万元，港币 1011.6 万元，将用于“一带一路·侨爱心光明行”和“一带一路·侨爱心图书馆”等公益项目。资助拍摄由中国侨联指导，中国侨联信息传播部、中国华侨公益基金会统筹，中央电视台播出的“华侨华人与新中国成立 70 周年”献礼纪录片《为了新中国的召唤》。加强与中国侨联各部门、各单位的战略合作，积极为中国侨联品牌项目、重点工作、重大活动整合社会资源。做好部门协同和层级联动，用社会公益的办法，助力侨联基层组织建设、新侨创新创业和维护侨益等工作。探讨与基层建设部合作，设立专项基金，支持侨联组织基层建设，资助基层侨联和社会组织开展活动，对困难侨界群众进行帮扶。探讨与联谊联络部合作，设立专项基金，支持侨联青年委员会开展活动，培育凝聚侨界新生力量。加强与中国侨联法律顾问委员会的合作，做好做实法律服务专项基金，切实为海内外侨胞提供法律服务、法律咨询、法律援助、法律交流。

4 月 27 日，举办“侨爱心慈善之夜”为公益项目募集社会捐赠提供平台服务

中国华侨历史学会

【领导成员名单】

会　　长：隋　军（女，2019年6月当选）

副 会 长：（以姓氏笔画排序）

龙登高　庄国土

李一平（2019年6月当选）

李安山　李明欢（女）

李鸿阶　吴小安　张应龙

张国雄　张春旺　张禹东

张振江　林宏宇（2019年6月当选）

赵红英（女）　谢小建

秘 书 长：张秀明（女）

【综述】2019年，中国华侨历史学会紧紧围绕党和国家工作大局、侨务工作全局、侨联工作大局，深入学习贯彻习近平新时代中国特色社会主义思想，不断创新习近平总书记关于侨务工作重要论述研究；围绕国家重大庆祝活动及侨界相关纪念活动，广泛开展多形式、多渠道的学术合作与交流；发挥学会智库平台作用，凝聚专家学者智慧，为侨联工作、侨务工作建言献策；打造精品书籍，大力支持地方侨史学会换届，学会领导班子进一步得到加强，学会工作开启新篇章。

【召开中国华侨历史学会七届四次理事会】6月14日，中国华侨历史学会七届四次理事会议在福建省厦门市举行。中国侨联党组书记、主席万立骏，中国侨联党组成员、副主席隋军，中国华侨历史学会理事，来自全国高等院校和科研机构的专家学者，各地侨联分管负责人及相关部门同志100余人参加了会议。中国华侨历史学会副会长、厦门大学特聘教授、华侨大学讲座教授庄国土主持会议。会议审议并通过了由学会秘书处——中国华侨华人研究所提交的学会工作报告，总结了学会一年来的工作，并提出了今后的工作计划。鉴于工作关系或年龄等因素，会议卸免林军等7人理事、常务理事、副会长及会长等职务。会议选举隋军为学会会长，增选李一平、林宏宇为学会副会长，增选5人为学会常务理事，11人为学会理事。万立骏在讲话中指出，中国华侨历史学会对推动国内华侨华人研究事业发展作出了很大贡献，要以习近平新时代中国特色社会主义思想为指导，在研究中始终坚持正确的政治方向和政治立场，自觉将习近平新时代中国特色社会主义思想贯穿研究、教学全过程，转化为清醒的理论自觉、坚定的政治信念、科学的思维方法；保持政治定力，通过研究回答侨界群众关心的重大理论与现实问题，切实增强“四个自信”，为中国特色哲学社会科学事业发展贡献自己的力量；保持清醒头脑，在国际学术界、国际社会传播、扩展来自中国华侨华人研究学界的声音。隋军表示，中国华侨历史学会成立于1981年，至今已走过38年不平凡的光辉历程。多年来，在历届中国侨联领导、侨界老前辈的关心指导下，在历届会长、理事、专家学者和广大会员的共同努力下，学会工作取得了丰硕成果，确立了在华侨华人研究领域的学术地位和影响。她对如何做好学会工作提出三点意见：一是要不负时代，深入学习贯彻习近平总书记关于侨务工作的重要论述，将学会办成服务新时代、贯彻新思想、实现新作为的侨务研究前沿阵地。二是要

6月14日，中国华侨历史学会七届四次理事会议在福建省厦门市举行

6 月 14 日，中国华侨历史学会七届四次理事会会场

不忘初心，大力弘扬老一辈专家学者优良传统，不断拓宽研究领域，推出创新成果，推动华侨华人研究事业迈上更高水平。三是要不辱使命，共同推进学会事业不断发展，继续在中国侨联党组和万主席的领导下，进一步加强学会自身建设，提高研究工作水平，在侨务事业大局中展现更大作为。

【开展“不忘初心、牢记使命”主题教育征求意见建议活动】根据中央和直属机关党委要求，以及“不忘初心、牢记使命”主题教育相关安排，2019 年 7 月中旬，中国华侨华人研究所（侨研所）作为中国华侨历史学会秘书处，对所联系的华侨华人研究领域的专家学者，采取无记名方式展开了问卷调查，重点征求学会副会长、部分理事对学会领导班子和秘书处（侨研所）干部在工作作风、担当作为、落实全面从严治党责任等方面的意见和建议。此次调查借助网络平台等形式，共发出征求意见表 26 份，收回 26 份。按照此次主题教育“守初心、担使命、找差距、抓落实”的总要求，侨研所党支部精心设计调查问卷，以解决问题为核心，以群众满意度为标准，重点了解对学会领导班子及秘书处干部在对学会工作的总体评价、对学会秘书处（侨研所）工作的总体评价、学会的作用、学会领导班子是否存在“学习习近平新时代中国特色社会主义思想不够，‘四个意识’不强”的问题、学会领导班子是否存在“对学会发展谋划不够，思路不清”的问题、学会领导班子是否存在“对专家学者的服务、联系、沟通不够”的问题六个方面的意见。总体来看，此次参与调查的专家学者对学会工作是肯定的，对中国侨联和学会给予华侨华人研究事业的支持表示认可，但同时学会工作也忽略了一些个性化需求，存在自满情绪。对此，侨研所和学会提出了继续发挥学会联络协调作用、加强顶层设计、持续推动学会建设、加强侨研所自身建设等整改措施。

【召开中国华侨历史学会会长（扩大）会议】11 月 15 日，2019 中国华侨历史学会会长（扩大）会议在温州举行。中国侨联党组成员、副主席，中国华侨历史学会会长隋军出席会议并讲话。隋军指出，我们以新时代侨务工作为主题召开会长会，主要目的是深入学习贯彻党的十九届四中全会精神，学习贯彻习近平总书记关于坚持和完善中国特色社会主义制度、推进国家治理体系和治理能力现代化的重要讲话精神，以习近平总书记关于侨务工作的重要论述为指导，汇聚侨智、开拓创新，努力推动学会工作高质量发展。隋军强调，在新的历史起点上，中国华侨历史学会要谋发展、有作为，应注意处理好发扬传统和改革创新的关系，处理好服务大局与学科建设的关系，处理好侨史研究与侨情研究的关系，处理好智库打造与课题建设的关系，处理好基础研究与对策研究的关系。一要坚定政治方向。把讲政治转化为学会推进华侨华人研究的优势，在此基础上按科研规律办事，做到百花齐放、百家争鸣，实现意识形态属性和学术属性的科学统一。二要加强学会自身建设。明年要组织开好七届五次理事会，筹备好第八次会员代表大会，发挥好学界领军人物作用，重视培养青年研究队伍，加强对地方侨史学会的指导支持，夯实基础、谋划长远，在推动学会创新发展上迈出新步伐。三要汇聚各方资源力量。将学会会员作为学会发展的源头活水，重视涵养、活跃会务、搭建平台、创造机会，广泛激发各方面支持和参与学会工作的热忱动能，努力建立沟通顺畅、优势互补的合作交流机制和枢纽型、开放式的国家级学术交流平台。四要不断提升学会影响力。以服务党和政府决策为宗旨，以研究咨询侨史侨情和侨务政策等为主攻方向，以改革创新为动力，破解涉侨重点难点问题，全方位提升学会综合研究能力，深化华侨华人研究领域的国际合作交流，努力建设更高水平的侨界智库。隋军表示，要认真学习贯彻党的十九届四中全会精神，切实增强学习贯彻的政治自觉、思想自觉和行动自觉，进一步加强中国华侨历史学会建设，牢记使命嘱托、把准研究方向、提升研究水平、扩大合作交流，以学会为桥梁纽带，将国家所需、侨胞所盼、侨联所能、学者所长精准契合、有效对接起来，深入研究涉侨重大课题，推动华侨华人研究事业再上新台阶。会上，各位专家学者围绕深化习近平总书记关于侨务工作重要论述研究，新时代侨联工作创新发展，华侨华人助力“一带一路”建设和中外人文交流，侨乡文化发展和地方侨史学会建设，防范化解重大涉侨风险等议题展开热烈研讨、积极建言献策。中国华侨历史学会副会长李明欢、谢小建、张应龙、林宏宇及学会常务理事陈奕平等专家学者，浙江省侨联及温州市侨联干部等共50余人参加了会议。浙江省侨联党组书记、主席连小敏，浙江省侨联副主席、温州大学党委书记谢树华，温州市委常委、统战部部长施艾珠出席并致辞。中国华侨历史学会副会长、中国华侨华人研究所所长张春旺，中国华侨历史学会副会长、福建省社科院副院长李鸿阶分别主持会议。

11月15日，2019中国华侨历史学会会长（扩大）会议在温州举行，隋军会长出席并讲话

11月15日，2019中国华侨历史学会会长（扩大）会议在温州举行，图为与会人员合影

【继续推进我国沿边地区侨情调研】3月19日—20日，由中国华侨华人研究所（学会秘书处）、暨南大学国际关系学院/华侨华人研究院主办，保山市、腾冲市侨联承办的我国沿边地区侨情研讨会在腾冲市召开。此次会议由“‘一带一路’战略视野下我国沿边地区侨情调研”课题组组织召开。2018年，课题组先后赴云南、青海、四川、甘肃、新疆、吉林、黑龙江等沿边及相关省份开展实地走访调研，取得了阶段性调研成果。为进一步深化研究相关问题、增强课题开展针对性、深层次研讨前期调研成果，课题组邀请了来自新疆维吾尔自治区侨联、青海省侨联、哈尔滨市侨联、昆明市侨联、保山市侨联、腾冲市侨联的干部与课题组成员共约20人召开了会议。与会者就沿边地区华文教育工作面临的问题和挑战、沿边地区宗教传播问题、外国公民非法入境务工现状及如何有效管理、跨国婚姻现状及问题、加强出入境管理工作、周边国家民间及社会组织交往现状等议题进行了广泛深入的研讨交流。此后，在各地侨联和统战部门的支持下，课题组先后赴广西、内蒙古、西藏等沿边省份开展实地走访调研，撰写的多篇调研报告被采用。

3月20日，在云南腾冲召开我国沿边地区侨情研讨会

7月4日，调研组在广西龙州走访中越跨国婚姻家庭

8月12日，调研组在内蒙古恩和县调研并慰问俄罗斯归侨

9月20日，调研组在西藏日喀则市调研并与市委统战部座谈

【共同举办“华侨与新中国”论坛】为了铭记历史，彰显华侨华人“民族兴旺，国家强大”的爱国情怀，团结更多的爱国人士支持新时代中国特色社会主义建设，10月12日，由中国华侨华人研究所、五邑

大学广东侨乡文化研究中心主办的“华侨与新中国”主题论坛在北京召开。中国侨联顾问唐闻生、工业和信息化部工业文化发展中心主任罗民、中国华侨华人研究所所长张春旺、中国华侨博物馆原馆长黄纪凯等专家学者出席论坛并发言。与会专家从不同侧面讲述了华侨华人在新中国成立、建设及改革开放中的作用及贡献，回顾过去，展望未来，世界各地的华侨华人在促进文化的传播与交流，让世界了解中国、让中国走向世界中发挥了不可替代的作用。爱国侨领司徒美堂孙女司徒月桂、梁思礼院士女儿梁红、著名雕塑家司徒杰之女司徒蒙等也参加了此次论坛，他们用鲜活生动的语言讲述了家人的爱国故事。活动期间，既有专家的精辟论述，又有侨胞家人的故事分享，从不同侧面反映了华侨华人取得的伟大成就及对新中国建设作出的突出贡献，同时讴歌和弘扬了进取、勤劳、开放、包容、奉献的华侨精神。

【支持厦门华侨历史学会换届工作】9 月 4 日，厦门市华侨历史学会召开第五次会员大会。厦门市侨史专家学者、侨史学会全体会员和全市侨联系统侨务工作者 70 余人参加了大会。中国华侨历史学会秘书长、中国华侨华人研究所副所长张秀明出席大会并致辞。会议选举产生了厦门市华侨历史学会第五届理事会，厦门大学国际关系学院南洋研究所教授聂德宁当选新一届理事会会长。福建华侨历史学会会长谢小建在致辞中指出，厦门市侨史学会在厦门市侨联的领导下，结合高校和众多研究机构的雄厚力量，在侨史研究方面做了大量研究工作，并取得了丰硕的成果。希望侨史学会在新一届理事会领导下，能够广纳贤才，坚持政治引领，潜心研究，在侨史研究方面取得更大成绩。厦门市华侨历史学会自 1993 年成立以来，致力于文化传承，在华侨历史研究方面做了大量的地方侨史挖掘整理、学术研究、科普公益及合作交流等工作，为推动厦门华侨历史研究和侨乡文化建设做出了积极贡献。

【学会与地方政府、高校开展合作】2019 年，学会与五邑大学、江门市政府共同起草制定华侨华人文化交流合作重要平台建设方案，提出从国家战略的高度、“固根、筑魂、圆梦”的高度，突出中国、中华文化和华侨华人之间的联系，为粤港澳大湾区文化交流合作建言献策；在浙江师范大学建立“中国华侨华人（浙师大）研究中心”，支持地方高校依托自身优势开展华侨华人研究。

【推进学会文库及其他涉侨书籍出版工作】在专家学者的大力支持和参与下，2019 年，出版学会文库之三十八《缅甸华侨华人文集》《侨史百问》《美国华侨华人寻梦今昔概说（1840—2015）》等书籍。根据侨情变化，组织力量及时、快速搜集整理最新侨情信息，共编发《侨情快讯》24 期，为做好侨联工作、开展相关研究提供信息服务。

9 月 29 日，西北工业大学外国语学院院长尹晓煌教授来所里交流

【拓展学会交流与合作】2019 年，学会秘书处共接待来自国内外各高校、科研机构的专家学者，以及各级侨联工作者来访近 20 次；同时，积极走出去开展学术交流。据不完全统计，学会秘书处工作人员赴各地调研、参加学术会议 30 余次，进一步扩大了学术视野和学会的影响力。

中国华侨公益基金会

【领导成员名单】

理 事 长：乔　卫

副理事长：何继宁　　林正佳

张晓梅（女）　李　然（女）

秘 书 长：何继宁（兼，经 2019 年 12 月 10 日第六届六次理事会通过）

【综述】2019 年，中国华侨公益基金会（简称侨基会）以习近平新时代中国特色社会主义思想为指导，按照“十代会”和中国侨联党组的统一部署及民政部的有关要求，以社会化、专业化、现代化、国际化为发展方向，围绕机构未来发展战略的核心问题，制定目标、规划项目、整合资源、筹集资金、搭建平台、构建队伍，进一步加强机构顶层设计、创新、建设、管理，努力提高侨胞福祉、服务侨联工作、服务民间外交、服务社会建设，不断开创侨联公益工作新局面。全年接受社会捐赠收入 1.6 亿元，公益支出 1.2 亿元。

【“树人班”项目】2019 年“树人班”项目新增 3 所合作学校，新增 7 个班级，共资助学生 350 人。6 月有 13 个毕业班 650 名学生高中毕业，走进大学校门，本项目累计毕业 46 个班，累计毕业人数 2302 人，目前在校“树人班”21 个，在校学生 1019 人。“树人班”项目已完成 16 个在校“树人班”2019—2020 年度的学生资助款拨付，共计 204.5 万元。“树人班”项目于 2011 年创立，目前已在全国 19 个省 30 所重点高中设立 67 个班级，每班由 50 名成绩优秀、家庭特困的学生组成，累计资助人数 3321 人。6 月 2 日，乔卫理事长陪同捐赠人林正佳先生一同赴河南省安阳市实验中学走访慰问。7 月，河南省安阳市实验中学“正佳侨心班”的部分学生赴上海参加由上海侨爱基金资助的研学活动。11 月 13 日，慈善家林东先生一行赴中国侨联扶贫点江西省上饶市广信中学，看望 2019 级高一“林东树人班”

11 月 13 日，慈善家林东先生一行赴中国侨联扶贫点江西省上饶市广信中学，看望 2019 级高一“林东树人班”学生，并对部分学生家庭进行了走访

李波副主席（右八）、乔卫理事长（右十）接受社会各界慈善家、艺术家、爱心人士共同为“侨爱心·光明行”“侨爱心·树人班”“侨爱心·图书馆”项目募集的善款

学生，并对部分学生家庭进行了走访。

【“光明行”项目】2019年，侨基会指导支持各级侨联组织在辽宁、湖南、黑龙江、福建、山西、重庆、湖北、河南、广西、广东、吉林、河北、青海、海南等省区市共计实施复明手术22812例。目前，已在27个省（区）市122个地区开展，帮助10万名困难群众复明，取得良好的社会效果。湖南爱眼公益基金会通过侨基会捐赠人民币2000万元，用于21个省（区）市贫困眼病患者的复明治疗，项目由各地方侨联及爱尔眼科医院共同执行。5月31日，侨界助力脱贫攻坚光明行活动在张家口市举行，乔卫理事长亲自为第10万名建档立卡户白内障复明术后患者揭纱，此举意味着“精准脱贫光明行”的实施达到了一个新的里程碑。7月12日，由中国侨联指导，中国华侨公益基金会和湖南爱眼公益基金会主办的“精准脱贫光明行”推进交流会在银川召开。会议提出，全社会联合起来、行动起来，在2020年底前，再为10万名建档立卡贫困白内障等眼病患者提供免费优质手术，使他们重见光明。

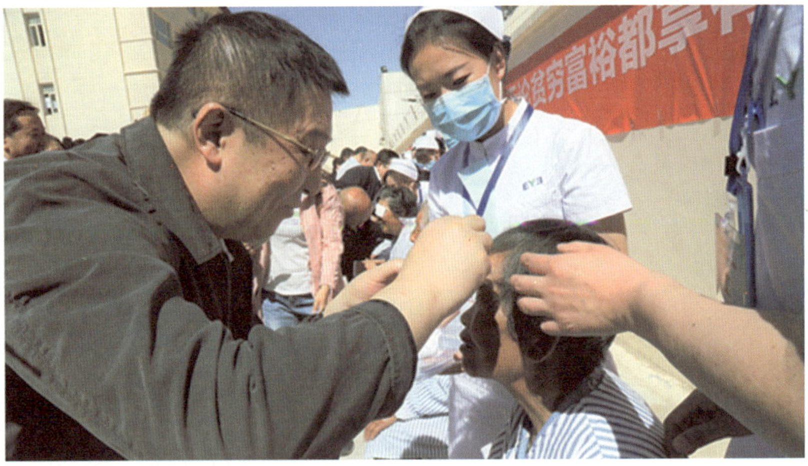

5月31日，侨界助力脱贫攻坚光明行活动在张家口市举行，乔卫理事长亲自为第10万名建档立卡户白内障复明术后患者揭纱

9月20日，受到资助的孩子们正在认真阅览图书

2019年，爱心书包捐赠在西藏、陕西、甘肃、湖北、四川、山西、重庆等地举行

【资助“图书室”项目】由中国侨联发起，为贫困地区小学、中学等配备由教育部教育装备研究与发展中心审定书目的“侨爱心·图书室”公益项目，帮助解决欠发达地区图书匮乏、无钱购书的困境，让贫困地区的孩子和城市里的孩子们一样能够有书读、有好书读，为农村精神文明建设和新农村文化建设贡献力量。2019年，侨基会捐赠价值40万元人民币的图书，用于资助山西、广西、广东、云南、湖北等省区11所学校及社区筹建“侨爱心·图书室”。

【爱心书包捐赠项目】少年儿童是祖国的未来，为积极响应号召，侨基会联系爱心企业浙江省平湖聚能箱包有限公司，向欠发达地区及革命老区的少年儿童捐赠优质书包3250个，价值 83.2 万元，免费发放给西藏、陕西、甘肃、湖北、四川、山西、重庆等地少年儿童，受到当地学校及学生的热烈欢迎。

【举办侨爱心慈善晚宴、慈善之夜活动】1 月 28 日，侨基会在北京举办以“精准扶贫”为主题的“侨爱心·慈善晚宴”，中国侨联副主席李波，中国侨联顾问、中国华侨公益基金会理事长乔卫，以侨界为代表的社会各界企业家、艺术家、爱心人士，部分省区市侨联负责人，共计 500 余人莅临现场。4 月 27 日，在香港举办“侨爱心·慈善之夜”活动，邀请以侨界为代表的社会各界企业家、艺术家、爱心人士，部分省区市侨联负责人和中国侨联在港顾问、常委、委员、青年委员，香港有关方面贤达领导，大湾区金融界、慈善界知名人士等 120 余人出席。京港慈善晚宴、慈善之夜通过现场拍卖和承诺认捐为公益项目分别筹得善款人民币 3907.088 万元，港币 1011.6 万元，将用于“一带一路·侨爱心光明行”和“一带一路·侨爱心图书馆”等公益项目。

1 月 28 日晚，中国华侨公益基金会以“精准扶贫”为主题举行 2019“侨爱心·慈善晚宴”，李波副主席致辞

【录制播出“走在春风里——2019 华侨华人春节大联欢”大型公益晚会】1 月 29 日，中国侨联与凤凰卫视合作，以“侨与改革开放”为主题，举办“走在春风里——2019 华侨华人春节大联欢”大型公益晚会在北京凤凰卫视国际传媒中心录制。中国侨联党组书记、主席万立骏出席并致辞，中国侨联副主席李卓彬、隋军、李波、齐全胜，全国政协常委、凤凰卫视董事局主席刘长乐，与来自全球 120 多个国家和地区的海外侨胞及在京归侨侨眷代表等 300 多人出席晚会。

1 月 29 日，万立骏主席（左三）、李卓彬副主席（左二）、隋军副主席（右三）、李波副主席（左一）、齐全胜副主席（右二）出席在北京举办的“走在春风里——2019 华侨华人春节大联欢”大型公益晚会

【金辉爱心基金】1 月，基金资助了“云南省困难归侨侨眷春节送祝福”项目，受益归侨侨眷 150 户。5 月，基金资助 107 万元，用于福建省福清市海口镇石溪村影剧院修缮费用。9 月，基金资助 142.4 万元，用于云南省各州市“侨胞之家”项目改造及“侨乡旅游文化建设”研讨活动经费。

【轻松筹原基金】2019 年开展了“童行动，同行动”“爱满之屋”“索驼村惠民工程”“爱心病房图书馆”等 6 个项目，募集善款近 118 万元。1 月，在全国多家医院开展“童行动嘉年华”活动，为 5000 名患儿转送各类爱心礼品 1 万件。4 月 28 日，基金第一个“爱满之屋”在湖南省湘雅医院周边落地揭牌，为患者和患者家属提供自助服务。6月1日，“爱心病房图书馆”项目在轻松公益平台上线，并于7月3日在航空总医院综合楼门诊大厅举行“爱心病房图书馆”捐赠仪式。7月，基金资助12万元用于“帮你筹”项目4名先心病患儿手术费用。11月11日，资助“筹材树人班”项目落户山东省枣庄市十八中学。

【陈嘉庚教育公益基金】2019年3月，资助人民币15万元，用于开展“南洋华侨机工回国抗战80周年课题研究”。5月，资助“首届东盟华文学校校长领导力提升研习班暨第2期马来西亚华文独中校长领导力提升研习班”，37名华校校长在华东师范大学进行为期8天的研讨交流及培训。6月，资助32万元人民币用于“华教新路向之‘嘉庚教育大讲堂’”“教师课堂教学中高阶思维培养提升班”公益活动。10月，接受陈嘉庚基金联谊会捐赠500万元港币，旨在新时代传承和弘扬“嘉庚精神”，更广泛地号召各方力量积极融入、支援和服务国家经济社会建设，推动公益事业发展。

2019年5月，陈嘉庚教育公益基金资助“首届东盟华文学校校长领导力提升研习班”

【崇世爱心基金】3月16日，基金“爱心妈妈慈善会”项目举办2019年爱心助学慈善晚宴，现场筹集善款60余万元。6月9日—12日，崇世爱心基金—天星调良马术志愿者团队赴湖北武汉商学院马术专业贫困学生家中对受助的13名贫困大学生进行了实地调研和家访工作。7月，崇世爱心基金志愿者分别赴甘肃省和青海省开展了2019年崇世励学白银支教活动、纸路益行支教活动及彩虹行动青海三川支教活动，受益学生达571人。9月，崇世爱心基金发起人黄崇美女士携捐赠人和志愿者相继前往青海和甘肃，对崇世“小珍珠”们进行一对一面谈及家访。截至2019年，青海互助县民族中学的“珍珠班”已持续开设6年，甘肃省靖远县第一中学的“珍珠班”已持续开设5年，累计有1063位学生受益。

【正佳爱心基金】基金设立以来，致力于奖教助学、扶贫帮困和文化传播。4月，基金向四川省华侨公益基金会资助100个“2019侨爱暖心包”，共计5万元。5月—6月，分别在河南省安阳市实验中学和宁夏育才中学新资助2个“正佳侨心班”。9月—10月，基金资助福建省侨联在福建华侨主题馆安装一幅“侨”字主厅漆画背板，让更多海内外同胞了解福建华侨文化、华侨历史；资助中国·意境当代艺术展前往意大利参加第58届威尼斯艺术双年展活动，让更多中国艺术家站上世界艺术舞台传递中国美学，展示中华文化的深厚底蕴。

【开展“医疗设备捐赠”项目】4月15日，侨基会启动妇科医疗设备捐赠项目，面向全国欠发达地区医疗机构捐赠50台SM10C等离子双极电切电凝系统（妇科），价值人民币5100万元，先期已有54家基层医疗机构提交申请，50家医院的申请经批准通过，与42家医院完成捐赠协议的签署，27家医院已经拿到了设备，并开展手术。接受捐赠的医院包括：福建省华侨医院是福建省服务华侨的公益性综合性医院，华池县人民医院、陇南市第一人民医院是革命老区和“5·12”地震灾区基层医院，云南省怒江傈僳族自治州中医医院、怒江州妇幼保健计划生育服务中心，宁夏临夏县人民医院及四川省凉山州金阳县人民医院为“三区三州”深度贫困地区基层医院。目前，全国各欠发达地区已有208家医院的申请经过侨基会批准，与176家医院签订了捐赠协议，144家医院已经拿到了设备，并开展

乔卫理事长（前排左四）出席司迈医疗设备捐赠手术应用培训班

手术，造福患者。

【拓展医疗助困】2019 年，通过专项基金开展的和睦家爱心医疗、金辉爱心基金、小水滴孤残儿童关爱公益行动、崇世助学、蓝丝带国际助残行动、“帮你筹”公益项目、轻松筹原基金医疗助困合作项目、钢丝善行团救助行动等公益项目，为 5266 名贫困心血管病患者、孤残患儿、孤儿、困难老人、特需家庭、贫困学生提供医疗救助、专业护理、术后寄养、临终关怀、救济帮扶等全面帮助，资助金额 871.5 万元。

【资助中国侨联扶贫点江西省上饶项目】资助尊桥乡上乐村修建道路 70 万元；资助中华传统文化教育基地 50 万元；资助上饶县三所学校修缮工程 56.76 万元；资助上饶县中学二个树人班项目 27.5 万元。为江西省上饶县中医医院捐赠 SM10C 等离子双极电切电凝系统（妇科）设备一套，价值人民币 102 万元；为江西省上饶县人民医院捐赠 SM10C 等离子双极电切电凝系统（泌尿外科）设备一套，价值人民币 96 万元。

【资助有关省侨联扶贫点项目】资助福建华侨主题馆新馆建设 79.7 万元；资助“贴心人与实干家”微视频拍摄 17.5 万元；资助“华侨华人与新中国特展”活动 50 万元；资助福建茶青茶叶交易中心项目款 30 万元。资助大力滩村整体脱贫，购置化肥、捐赠钢琴、村股份合作社共计 52 万元；资助大力滩村建设标准化村级卫生室 15 万元；资助大力滩村开展扶贫搬迁项目 32 万元。为汝州市小屯镇周庄小学改善教学条件，缓解学校图书匮乏困境，促进学生素质的提高，资助 43.03 万元图书款。

【助力新疆“三区三州”青少年健康成长】2019 年，侨基会携手无限极，发起“晚安宝贝”关爱儿童健康成长计划，为南疆四地州贫困小学生捐赠 3 万盒享优乐牌成长枕，总价值 1404 万元，活动直接受益学生 3 万名。

【乔卫理事长出席第二届丝绸之路沿线民间组织合作网络论坛】4 月 27 日，乔卫理事长应邀出席第二届丝绸之路沿线民间组织合作网络论坛及成果展示会并在会上讲话。他指出，为响应习近平总书记提出的“一带一路”倡议，发挥海外侨胞熟悉住在国情况的优势和做好“民心相通”的桥梁与使者的便利，侨基会自 2014 年开始，便开始探索在周边国家和“一带一路”沿线国家开展公益活动。捐建了首个中国侨商在“一

4 月 27 日，乔卫理事长应邀出席第二届丝绸之路沿线民间组织合作网络论坛及成果展

带一路”上的幼儿园，在周边国家开展捐赠图书、学生赴华留学、澜湄合作——五官科国际交流与培训等项目。持续联合中国爱尔眼科医院集团派出国际援助医疗队在缅甸、柬埔寨等国开展“一带一路侨爱心光明行”活动。

【何继宁秘书长出席2019年度中国慈善榜发布会】4月28日，第十六届（2019）中国慈善榜在京发布。何继宁秘书长应邀出席。为旗帜鲜明地扬善，在榜单发布的基础上，主办方还对年度慈善家、慈善企业、基金会、慈善项目、慈善明星、慈善榜样等进行了表彰。作为大额捐赠的主要接收方和慈善项目的专业执行方，基金会的发展水平在一定程度上决定了中国公益慈善事业的未来。基金会合作伙伴轻松筹被授予年度慈善企业称号，湖南爱眼公益基金会——你是我的眼角膜盲症救助计划荣获年度慈善项目称号。现场向中国红十字基金会、中国扶贫基金会、中国华侨公益基金会、腾讯公益慈善基金会等15家榜样基金会进行了致敬。中国慈善榜由《公益时报》社自2004年开始每年编制发布。榜单以寻找榜样的力量、弘扬现代公益精神为宗旨，以年度实际捐赠100万元以上的企业或个人为数据采集样本，被誉为中国财富人士的爱心清单。数据主要来源于六个方面：民政系统接受捐赠数据、捐赠者提供的数据、公益机构接受捐赠数据、上市公司年报公布数据、媒体公开报道的捐赠数据及《公益时报》的公益档案数据。通过不同渠道的数据对比，以及专业调查核实，最终形成榜单。

【乔卫理事长出席“南通赤子情华侨图书馆”开馆活动】4月29日，全国首座以华侨为主题的公共图书馆——“南通赤子情华侨图书馆”在江苏南通开馆。中国侨联顾问、中国华侨公益基金会理事长乔卫，中国侨联副主席、江苏省侨联主席兼党组书记周建农，省华侨公益基金会理事长郁美兰，海外侨团代表，爱心人士近300人出席开幕式。图书馆现有阅览坐席80个，计划藏书10万册，目前征集图书3万多册，其中涉

4月29日，乔卫理事长（右）出席“南通赤子情华侨图书馆”开馆活动

4月28日，何继宁秘书长出席第十六届（2019）中国慈善榜发布会

侨图书近 1 万册。公共阅览室将免费向市民开放，成为当地群众的阅读和休闲空间。华侨图书馆将收集、整理、收藏、研究涉侨知识信息，成为研究华侨历史、现状及侨务理论的基地。图书馆还将为各级侨联组织开展活动提供平台，成为广大海内外侨胞的精神家园。华侨图书馆所有开办资金、图书、设备，全部由海内外侨胞以及普通市民捐赠，完全由志愿者管理、服务。有 40 多个国家和地区的侨胞，以及数千位归侨侨眷、各界人士参与其中。

【推动规范管理专项基金】2019 年，新增 5 支专项基金，分别为朱家莹青少年摄影公益基金、姚志胜爱心基金、谈淑兰助学爱心基金、星炜爱心基金和河北省侨联公益基金。目前侨基会管理的专项基金已达 77 支，各支专项基金形成了独具特色的运作方式和管理办法，按各自宗旨和自身特点，积极开展资助和公益活动。一是侨

中国华侨公益基金会专项基金资助的“树人班”学生在课堂上

联系统专项基金开展的公益项目和活动。如朝阳区侨联公益基金、文化交流公益基金、上海侨爱基金、陕西侨联公益事业发展基金、福建华侨公益基金等基金资助开展的弘扬中华文化、扶危济困、敬老爱老、慈善拍卖等公益活动。二是企业和个人设立专项基金开展公益项目和活动。如千方公益基金、青羚公益基金、华人当代艺术发展基金、百乘公益基金、蓝丝带助残基金、中兴守护宝专项基金、华侨足球公益基金、艳泓公益基金、东南亚公益发展专项基金等，这些基金资助开展的奖教助学、扶贫帮困、文化传播、惠侨利民、文化交流、海外公益、“侨胞之家”建设、医疗救助、送温暖公益行动等活动都取得了良好效果和广泛影响。三是与兄弟基金会合作的项目和活动。如侨基会与鲁迅文化基金会共同发起文化公益项目“灯火计划”募款，善款用于文艺志愿者到湖南、贵州、云南等多省的偏远贫困地区的学校和社区开展“点灯”活动的费用。

【德达心康公益基金】截至 2019 年 11 月上旬，基金通过侨基会申请拨付救助金 6 次，资金累计达 14905744.5 元人民币。其中，14774315.9 元用于救助 84 名贫困患者进行心血管医疗救治及术后治疗，余下金额全部用于慈善患者检查及举办“第五届全国马凡综合征病友关爱公益活动”。

【还笑童颜血管瘤胎记基金】2019 年，基金在安徽省滁州市、凤阳县、涡阳县，江西省婺源县等多地开展了 13 场儿童血管瘤义诊与科普讲座活动，为 670 余名基层医生公益培训血管瘤脉管畸形诊疗技术，560 余名患儿家长进行了健康宣教和给予专业治疗方案建议，并全额资助江西省、安徽省及河北省共 25 名患儿的治疗费用，资助金额达 481728.88 元。

还笑童颜血管瘤胎记基金开展儿童血管瘤义诊与科普讲座活动

5月20日，善行团公益基金举行"一带一路"善行团世界公益行发车仪式

【善行团公益基金】 5月20日，善行团公益基金举行"一带一路"善行团世界公益行发车仪式暨全民慈善：善行团卓越成就奖表彰大会。截至9月底，该基金团队一行5辆车20多名志愿者，行驶2万多公里，完成为期四个月的首期公益行活动。途经老挝、越南、柬埔寨、泰国、缅甸、斯里兰卡、孟加拉国七个国家，沿途经停35个主要城市，走访了310多个当地具有代表性的公益志愿者组织、NGO，进行互动交流及举行会谈。此行不仅增进了中国公益组织与"一带一路"沿线国家公益组织的相互了解，还充分展示了中国民间公益慈善组织的良好形象，分享善行团的全民慈善理念，并在七个国家成功举办七次所在国公益慈善论坛，在"一带一路"沿线各国影响深远。截至11月，善行团公益基金共资助61个"壹起捐"项目，资助金额共计125万元，受益人数85人。

【吕嘉全球华人艺术发展基金】 6月，资助人民币39.09万元用于"青年歌剧人才培养计划"2019瑞士Lugano音乐节Silvio Varviso歌剧大师班培训项目。9月27日，在国家大剧院举办2019文化中国全球华人音乐会。11月6日，举办青年艺术家培养计划系列演出之《唐帕斯夸勒》选粹及中外经典作品音乐会。11月14日，基金联合意大利文化部门及当地的音乐家们，在历史最优久的罗马圣塞西莉亚音乐学院古老的音乐厅，联合举办"大地之歌交响乐与中国古诗"音乐会及中文诗颂唱活动，音乐活动探索中国文化传播的新途径，探讨中西文化的交流和融合的新模式。

9月27日，在国家大剧院举办2019文化中国全球华人音乐会

6 月 20 日—21 日，侨基会党支部赴河北省平山县西柏坡革命圣地开展“不忘初心、牢记使命”理想信念教育主题党日活动

【赴西柏坡开展主题党日活动】6 月 20 日—21 日，侨基会党支部赴河北省平山县西柏坡革命圣地开展“不忘初心、牢记使命”理想信念教育主题党日活动。其间，侨基会全体干部员工参观了西柏坡陈列展览馆、中共中央旧址、七届二中全会旧址和中央统战部旧址，大家围绕党员活动日主题进行了讨论交流。乔卫理事长以华侨基金会党支部一名党员身份参加活动。通过参观学习，侨基会全体同志一致表示，历史在前行，时代在召唤，人民在期待。做好新时代的答卷人，就要旗帜鲜明讲政治，以“咬定青山不放松”的坚定态度，拿出“乱云飞渡仍从容”的战略定力，增强“四个意识”，坚定“四个自信”，做到“两个维护”，用敢于斗争、敢于胜利、彻底革命的西柏坡精神去拼搏，去奋斗，以优异的成绩迎接建国 70 周年。

【朱奕龙爱心基金】7 月 6 日，基金资助的“侨爱扶贫”项目，在新疆阿克苏地区乌什县亚科瑞克乡皮羌村举行启动仪式。中国侨联副主席、中国华侨公益基金会副会长朱奕龙，浙江省援疆指挥部党委书记、指挥长、阿克苏地委副书记王通林出席仪式。该项目由“朱奕龙爱心基金”出资 200 万元，分别在乌什县亚科瑞克乡皮羌村资助“侨爱微型创业园”项目，在阿克苏市阿依库勒镇兰干村资助“侨爱文化活动中心”建设工程以及阿克苏市、库车县、温宿县、乌什县四个“侨胞之家”的改造工程，由阿克苏地区侨联、外事办负责组织实施。

【侨心教育慈善基金】2019 年继续在甘肃省景泰县第一中学和湖北省沙市中学各新资助一个“怡海树人班”。8 月在广西开展“广西统一战线同心水柜”项目，资助 500 万元为广西田林县榔坪镇 12 个贫困村建设 250 座“同心水柜”，以解决当地深度贫困家庭的用水需求，目前已竣工 202 座水柜。

【举行司迈医疗设备捐赠仪式】7 月 25 日，中国华侨公益基金会司迈医疗设备捐赠仪式在韶

7 月 25 日，中国华侨公益基金会司迈医疗设备捐赠仪式在韶山市人民医院举行，乔卫（左五）理事长出席

山市人民医院举行，中国侨联顾问、中国华侨公益基金会理事长乔卫，湖南省侨联党组成员、副主席孙民生，湘潭市侨联主席刘慧，珠海市司迈科技有限公司董事长林敏，韶山市人民医院院长王长青等出席了捐赠仪式。乔卫理事长在致辞中提到，中国华侨公益基金会司迈医疗设备捐赠项目开展以来，受到广大欠发达地区基层医院的欢迎，目前已完成149家市、县医院的捐赠，帮助提高了基层医疗水平，推动了医疗卫生资源下沉，让乡、镇、县人民享有更高水平的医疗卫生服务。基金会将不断提高政治站位，强化政治担当，依托各界力量，通过凝聚海内外侨界爱心力量和智慧，努力为湖南医疗优质均衡发展作出更大贡献。

【乔卫理事长出席互联网公益助力国民眼健康事业战略合作启动仪式】9月6日，由中国华侨公益基金会和湖南爱眼公益基金会主办，支付宝公益支持、爱尔眼科医院集团执行的“健康中国光明行动——互联网公益助力国民眼健康事业战略合作启动仪式”在苏州举行。此次发起的“健康中国光明行互联网公益平台”，旨在通过建立全国规模最大的眼科专科互联网公益平台，为弱势群体提供全眼科眼病救助，为基层眼科医生进行公益培训，提供眼科科研资助等。中国华侨公益基金会理事长乔卫出席启动仪式并讲话。

9月6日，乔卫理事长出席互联网公益助力国民眼健康事业战略合作启动仪式并致辞

【举行“澜湄合作—五官科国际交流与培训”项目开班仪式】9月15日，20名柬埔寨五官科青年医生抵华前往中国人民解放军总医院开展为期30天的系统性学习培训。乔卫理事长出席培训班开班式。“澜湄合作—五官科国际交流与培训”项目由中国侨联主办，中国华侨公益基金会、爱康联合（北京）科技有限公司承办，中国人民解放军总医院支持，旨在加强中国与柬埔寨两国医院间的交流，特别是五官科医务人员的交流合作，探索中柬两国相关医院建立长期合作的医疗帮扶机制，传承中柬两国友谊、加深中柬两国理解，沟通两国人民友好和民心相通。

9月15日，乔卫理事长（前排左十）出席在解放军总医院举行的“澜湄合作－五官科国际交流与培训”项目开班仪式

【举行谈淑兰助学爱心基金捐赠仪式】9月20日，中国华侨公益基金会“谈淑兰助学爱心基金”捐赠仪式在湖北省潜江市举行。中国华侨公益基金会副理事长兼秘书长何继宁，湖北省侨联副主席刘文华，潜江市委书记吴祖云，市委副书记、市长龚定荣，市委副书记舒敏，金澳集团董事局主席舒心、执行总裁吴金鸿及金澳科技的干部职工近200人出席仪式，基金发起人谈淑兰女士作为特邀嘉宾出席。何继宁秘书长在致辞中说，华侨基金会与谈奶奶一家，早就因公益慈善而结缘。2013年，舒心先生和陈笑玮女士在华侨基金会发起设立了救助贫困血管瘤胎记患儿的专项基金，6年来，这支基金持续做了大量卓有成效的工作。2017年，舒心夫妇再次发起设立了“笑玮爱心基金”，致力于开展救灾救难、文化交流及教育等领域的公益慈善项目和活动。此次设立“谈淑兰助学爱心基金”，不仅表达了谈淑兰奶奶热心公益、重视教育的崇高情怀，也展示了谈奶奶全家对华侨公益事业的支持与信任，展现了谈奶奶全家福泽绵长、事业兴旺的蓬勃气象。基金成立后，我们将严格要求、细化标准、科学管理、优化服务，保证“谈淑兰助学爱心基金”的善款实打实地用在助学、用在教育、用在需要帮助的孩子身上。

9月20日，中国华侨公益基金会“谈淑兰助学爱心基金”捐赠仪式在湖北省潜江市举行

【隋军副主席出席澜湄合作项目结业仪式】10月10日，“澜湄合作—五官科国际交流与培训”项目结业仪式在中国人民解放军总医院举行。中国侨联党组成员、副主席隋军，中国人民解放军总医院院长任国荃，柬埔寨内阁办公厅国务秘书、柬埔寨民间社会组织联盟论坛常务副主席董文宝，中国人民解放军总医院卫勤部部长张思兵，第一医学中心主任于启林，耳鼻咽喉头颈外科主任杨仕明，安东医院院长卢里汀，耳鼻咽喉科主任洪马内等嘉宾出席了此

10月10日，隋军副主席（后排左五）代表中国侨联出席“澜湄合作－五官科国际交流与培训”项目结业仪式

次活动。结业仪式由中国华侨公益基金会副理事长兼秘书长何继宁、中国人民解放军总医院耳鼻咽喉头颈外科副主任赵辉教授共同主持。隋军副主席强调，自 2019 年 7 月项目启动以来，中柬双方密切协作，培训师生教学相长，项目扎实推进，取得了积极进展。该项目深化了两国相关医院及医务人员之间的交流互动，为进一步开展医疗合作奠定了坚实基础，这是造福两国民生、融通中柬友谊、助力“一带一路”建设的好事、实事。仪式现场，嘉宾为 20 名学员颁发结业证书，为优秀学员赠送医用头灯作为纪念，会后嘉宾与学员合影留念。

【召开中国华侨公益基金会六届六次理事会】 12 月 10 日，中国华侨公益基金会六届六次理事会在北京召开。中国侨联顾问、中国华侨公益基金会理事长乔卫，六届理事会理事、监事出席会议。中国华侨公益基金会副理事长兼秘书长何继宁主持会议，并向与会理事、监事汇报侨基会 2019 年工作情况和 2020 工作计划、2019 年财务报告。会议审议并通过了《中国华侨公益基金会 2019 年工作报告和 2020 年工作计划报告》《中国华侨公益基金会 2019 年财务报告》。会议对侨基会一年来在发挥中国侨联公益组织龙头作用，积极为各级侨联搭建筹资服务平台提供指导支持；广泛凝聚侨界爱心力量，推动华侨公益事业发展；年度捐赠收入、公信力、社会影响力、品牌传播、机构建设等方面所取得的成绩予以肯定。会议认为，2020 年的工作计划，立足于制度建设、项目创新、资源整合、强化管理，体现了侨基会的宗旨，符合侨基会工作的实际，具有可操作性。乔卫理事长以“要捍卫和光大华侨基金会荣誉”为题发表了讲话。会议审议并通过了关于设立五支专项基金和撤并十支专项基金的报告。会议根据《基金会管理条例》《中国华侨公益基金会章程》的有关规定，以无记名投票方式，通过增补李然为中国华侨公益基金会第六届理事会副理事长的决定；增补吕涛、李建华为中国华侨公益基金会第六届理事会理事的决定；聘请杨贤彪、陈乃科、夏曙东为中国华侨公益基金会副会长的决定，免去杨贤彪、陈乃科理事职务的决定。通过了修订有关制度的决定；通过了中国华侨公益基金会保值增值与服务性收入议题的决定和中国华侨公益基金会投资管理暂行办法（草案）的决定。

【拓展海外公益项目服务“一带一路”发展】 侨基会联合国内相关组织，通过民间方式和渠道，积极拓展“一带一路光明行”等海外公益项目；申请政府亚洲区域合作专项资金、南南基金支持，联动国内公益组织走出去，引导和支持广大侨胞更好回馈当地社会，服务中外友好和民心相通。2019 年，申请 2020 年澜湄合作基金的 3 个项目，预计申请资金 2407.71 万元；申请亚洲区域合作专项资金的 2 个项目，预计申请资金 279.93 万元。与“一带一路国际科学组织联盟”（ANSO）秘书处签订战略合作意向书，着眼联合国 2030 年可持续发展议程涉及的 17 个目标中的重点，发起设立 ANSO 科学奖，并通过设立专项基金的方式，推动 ANSO 框架下的科技成果转化。资助 5 名医务工作者组成的医疗团队前往乌兹别克斯坦，对 128 名患者进行筛查，为 75 名乌兹别克斯坦贫困女性白内障患者免费实施复明手术，同时为当地老百姓开展免费眼病检查和眼健康知识普及。根据西班牙非营利华侨华人社团长青俱乐部向中国侨联递交的申请，由金辉爱心基金向长青俱乐部捐赠乐器、衣物、运动器材等物资，价值人民币 147671 元。

【联动宣传平台和互联网平台募集善款】 侨基会联动宣传平台和互联网筹款平台，扩大公益影响力。与今日头条和抖音短视频开展“声量计划”战略合作，注册抖音账号，进行公益传播。截至 11 月底共发布 12 条抖音短视频，微信公众号发布 36 条新闻动态，阅读量上万次。2019 年腾讯公益“99 公益日”期间，在腾讯公益平台自主发起“爱满之屋”“童行动，同行动”“山路上的崇世励学梦”“关爱贫困血管瘤儿童”及“天星调良公益项目”5 个项目，获得 12127 位爱心用户支持，共募集 610225.73 元善款，腾讯配捐及非限定配捐 115829.43 元。在轻松公益平台共发起“爱满之屋”等 11 个公益项目，共募集善款近 120 万元。通过易宝公益平台发起“小水滴新生基金”“崇世爱心基金”“德达心康公益专项基金”及“和睦家爱心基金”4 个项目，募集善款总额达近 81.7 万元。截至 11 月，通过“慈善中国”备案 7 个募捐活动 15 个公开募捐项目，完成了 341 个项目的信息公开。

【强化制度建设提升基金会管理水平和服务能力】按照公开、透明、规范的要求，结合巡视整改和审计整改，侨基会加强各专项基金、公益项目的管理，每年接受审计，同时抽取公益项目进行内部检查与内部审计，加强内控管理。8 月、10 月，项目管理人员、审计人员赴上海、安徽专项审计，通过现场查阅资料、审查会计资料、检查项目运作情况等程序，提出有待改进的意见建议，出具专项审计报告。加强基础建设，做好调研规划。组织中国侨联调研课题报告《推动新时代侨联公益工作创新发展，探索建立与社会化专业化现代化国际化要求相适应的华侨公益基金会体制机制研究》的课题研究和报告的撰写工作。着力加强和完善制度建设，补充修订相关制度，积极探索依制度管人、按制度办事、靠制度用权。坚持德才兼备、以德为先的原则，充实调整干部队伍，努力构建一支政治好、视野宽、业务精、纪律严、作风正、能力强的工作者队伍。建立以项目管理、目标管理、绩效考核为主要内容的管理制度，进一步明晰流程，强化管理，强化社会监督，努力把侨基会建设成为让捐赠者放心、受助人热爱、全社会信任、海内外知名的公益组织。

中国侨联法律顾问委员会

【领导成员名单】

荣誉主任：邹　瑜
主　　任：张　耕
常务副主任：林淑娘（女）　张鸣起
王秀红（女）　王培生
副 主 任：王振川　高卢麟　方忠炳
储亚平　胡毅峰　姜凤岩
叶　青　马怀德
秘书长：张　岩（女）

【综述】2019 年，在中国侨联党组的领导下，中国侨联法律顾问委员会深入学习贯彻习近平新时代中国特色社会主义思想，牢固树立以人民为中心的发展理念，坚持科学主动依法全面合力维护侨益，不断增进侨胞法治获得感；深入调查研究，积极建言献策，充分发挥侨联组织“智囊团”“思想库”作用；创新维权实践，加快推进涉侨纠纷多元化解机制试点工作，推动构筑维护权益工作体系，拓展海外维权工作，强化基层服务功能，促进维护侨益工作治理效能有力提升。

【举办海外律师团回国访问活动】围绕中国侨联庆祝新中国成立 70 周年主题活动，举办以“共享时代荣光　建言法治中国”为主旨的海外律师团回国访问活动，中国侨联党组书记、主席万立骏，副主席李卓彬，中国侨联法顾委主任张耕，常务副主任林淑娘、张鸣起、王秀红，副主任高卢麟、方忠炳、姜凤岩，秘书长张岩等出席活动，来自世界各地的 26 名海外律师委员参加活动。万立骏主席在接见中充分肯定海外律师团工作取得的成绩，对海外委员提出殷切希望。一是继续加强学习。不断提升自己，不仅要了解住在国法律与文化，也要熟悉包括中国在内各个国家法律情况，提升专业素养，做到学贯中西。二是讲好中国故事。充分利用好回国参访机会，深入了解中国新时代变化，积极向住在国人民宣传一个真实、全面、客观、立体的中国。三是积极履职尽责。发挥自身优势，运用法律手段，维护好中国公民、中资机构的合法权益。四是树立良好形象。多为住在国发展作贡献，展示友爱、友谊、友善优良品德，做中外民间友好使者，成为一张传承中华文明的流动名片。中国侨联李卓彬副主席带队拜访司法部，就中外律师行业交流合作交换意见。访问团与中国法学会联合举办“知侨法　护侨益　凝侨心”高端法律论坛，探讨在国际舞台传播中国法治文明；邀请商务部专家作题为《坚持共商共建共享，积极促进“一带一路”国际合作》的讲座。访问团还赴陕西，与陕西省侨联、省司法厅、省律协、省法学会围绕如何助力“一带一路”建设进行座谈；在延安为当

9 月 2 日，中国侨联、中国侨联法顾委领导接见法顾委海外委员全体成员，万立骏主席发表重要讲话

9 月 3 日，海外律师团与中国法学会联合举办“知侨法　护侨益　凝侨心”高端法律论坛

9 月 4 日，海外律师团与陕西省侨联、省司法厅、省律协、省法学会围绕助力“一带一路”建设进行座谈

地企业分别作对美投资风险、“一带一路”国际合作法律问题讲座，并在侨联发源地——延安华侨救国联合会旧址等红色教育基地开展参访学习。访问活动增进了海外委员宣传法治中国形象、参与“一带一路”建设、尽职尽责为侨服务的思想共识。

【赴山西调研】 4 月 24 日—27 日，中国侨联法顾委主任张耕率调研组赴山西省调研。调研组出席山西省侨联法顾委换届大会，并围绕民营企业法律需求及涉侨纠纷多元化解课题，组织召开推动涉侨纠纷多元化解试点工作情况召开座谈会，广泛听取侨联干部、归侨侨眷代表，海归代表、侨界企业家以及省侨联法顾委委员、调委会调解员的意见建议，深入朔州市侨资企业实地调研，了解当地的营商环境、侨资企业在发展中遇到的困难和问题，听取对法顾委工作的意见建议。张耕在调研中强调，要深入学习贯彻习近平新时代中国特色社会主义思想，坚持法顾委工作的正确政治方向；要切实践行习近平总书记关于侨务工作的重要论述，彰显法顾委工作新作为，为广大归侨侨眷和海外侨胞

4 月 24 日—27 日，中国侨联法顾委主任张耕率调研组在山西省调研

提供针对性更强、精准度更高的法律服务；要紧密结合侨联深化改革的新使命新任务，创新合力维权的新模式、新机制，不断扩大工作覆盖面、壮大服务侨界群众的基层法律队伍，加强与当地公检法司等部门的沟通合作网络。

【赴辽宁调研】6 月 3 日—6 日，中国侨联法顾委副主任储亚平率调研组在辽宁省调研。调研期间，调研组在辽宁省高级人民法院召开工作现场会，实地考察诉讼服务大厅为侨司法服务情况，听取省高院、省侨联涉侨纠纷诉调对接工作汇报；在沈阳市皇姑区人民法院召开座谈会，听取省侨联、省政法委，沈阳市侨联、沈阳市法院维护侨益情况汇报，了解侨界人大代表、政协委员、侨商和律师代表对营商法治环境的评价和建议。储亚平在座谈中强调，要提高政治站位，以习近平新时代中国特色社会主义思想凝心聚力，多做解侨忧、暖侨心、聚侨力、连侨情的工作，最大限度将侨心侨智侨力凝聚在党的周围；要把握发展方向，学深悟透习近平总书记关于侨务工作重要论述，增强全局意识，强化使命担当，提供精准法律服务，建言侨务法治建设，当好侨联组织的“智囊团”“思想库”；要找准定位，以理念创新、机制创新、基层工作创新为动力，奋力参与侨联“两个建设”、织好“两张网”，共同画好侨胞团结同心圆。调研组还深入丹东、大连侨界企业走访，现场解决制约企业发展的法律难题，共商优化法律服务的思路举措。

6 月 3 日—6 日，中国侨联法顾委副主任储亚平率调研组在辽宁省调研，实地考察辽宁省法院诉讼服务大厅为侨司法服务情况

【赴江苏调研】7 月 22 日—25 日，中国侨联法顾委常务副主任、上海市侨联法顾委主任、上海市人大常委会原副主任王培生带队赴江苏调研，实地了解侨界民营企业法律需求和涉侨案件纠纷多元化解工作。调研期间，通过实地考察、现场观摩、听取汇报、座谈分析、问卷调查等形式，了解江苏无锡、连云港市侨联依法维护侨益情况和特色工作，问需问计于侨。在无锡，调研组走访了江苏崇宁律师事务所、无锡明慈心血管病医院、京师（无锡）律师事务所、展鹏科技股份有限公司，与侨界法律服务机构、侨界企业家共同探讨新时代侨胞权益的新特点新需求；在连云港，调研组出席连云港市侨联“连心桥”涉侨纠纷调解中心揭牌仪式；实地了解连云港市非诉讼服务中心为侨服务情况，现场观摩连云区法院“云侨”涉侨纠纷在线调解和东海县“晶侨”涉侨纠纷快速调处工作，高度评价连云港市侨联以“连心桥”为品牌，整合社会力量和地方资源，构筑特色鲜明的侨胞权益综合保障体系。调研中，调研组还在两地分别召开座谈会，听取当地侨联、政法委、法院、司法局及侨资企业、侨界群众的意见建议，共同研商优化侨界企业法律服务、加快推进涉侨案件纠纷多元化解机制试点工作的思路举措。王培生在座谈中高度评价江苏省各级侨联依法维护侨益工作，充分肯定侨

7 月 22 日—25 日，中国侨联法顾委常务副主任王培生率调研组在江苏调研，为连云港市非诉讼服务中心分中心揭牌并看望市侨联工作人员

界民营企业为地方经济社会发展作出的贡献，一一回应大家反映的知识产权保护、融资难、外汇结算瓶颈等实际问题，鼓励基层首创精神，织密为侨服务网络，树立“互联网”思维，促进权益保障工作提质增效。

10 月 14 日—17 日，中国侨联法顾委常务副主任王秀红率调研组在海南省调研，与文昌市法院开展座谈

【赴海南调研】10 月 14 日—17 日，中国侨联法顾委常务副主任王秀红率调研组在海南省调研。调研期间，调研组一行深入海南省一中院、文昌市法院、侨资企业、律所，与省、市侨联干部，司法系统干部，省、市法顾委委员、侨商等开展座谈交流，访侨情、听侨声，谈问题、讲对策，共同研讨如何做好新时代维护侨益的工作。在文昌，调研组走访了文昌海南聚龙投资控股有限公司、海南维嘉房地产开发有限公司，了解侨资企业发展情况，听取对侨联工作的意见建议，引导和动员侨界力量，为海南省自贸区发展发挥作用；在文昌法院进行座谈交流，了解海南省及文昌市开展涉侨纠纷多元化解试点机制建立和运行情况、分析存在的主要问题、探讨改进设想与举措。在海口，实地走访省一中院第一涉外民商事法庭，现场观摩海口市 12345 接警平台工作，参观海南法立信律师事务所，了解海口市侨联依法维护侨益情况和特色工作。调研组还在两地分别召开座谈会，听取当地侨联、法顾委、法院、司法局及侨资企业的意见建议。王秀红在座谈中希望海南省各级侨联及法顾委结合“不忘初心、牢记使命”主题教育，继续进一步加深对习近平总书记关于侨务工作重要论述的理解，落实党中央全面依法治国的总要求，充分发挥法顾委的优势及作用，服务国家“一带一路”建设及侨联“两个拓展”要求，不断提升涉侨纠纷多元化解工作能力，努力延伸侨联维权工作手臂，有力维护侨胞合法权益。

【赴广西调研】11 月 25 日—29 日，中国侨联法顾委主任张耕率调研组在广西调研，了解涉侨案件纠纷多元化解试点工作，听取侨界民营企业法律服务需求。调研组一行前往玉林市容县现场参观容县侨联调解法庭、容县法院涉侨纠纷调解工作站，深入容县大坡村、六王村察看村级涉侨调解工作站开展情况，广泛听取容县侨联、法院、司法系统干部和镇村干部对维护侨益、为侨服务方面的意见建议；出席广西侨联法顾委换届大会并与当地侨商开展座谈交流，了解民营侨商企业权益保障情况及其法律需求，推动法顾委为侨商、侨商企业提供更为精准和高效的法律服务。张耕指出，在国家经济不断发展的新形势下，侨胞具有了新需求，侨联和法顾委要不断增

11 月 25 日—29 日，中国侨联法顾委主任张耕（左三）率调研组在广西基层考察涉侨纠纷多元化解工作

强政治理论学习，发挥好自身独特优势，结合广西的具体情况，打造出维护侨益、推动法制建设的好品牌；法顾委要加强自身建设，不断提升工作能力和专业化水平，推进工作的规范化、实效化，加强主动服务，为促进区域经济社会发展，维护侨界和谐稳定做出新的贡献。

【参加第 17 届东盟华商会暨第 1 届“一带一路”侨社论坛】6 月 12 日，法顾委主任张耕一行应邀出席在云南昆明举行的“侨连五洲·七彩云南”第 17 届东盟华商会暨第 1 届“一带一路”侨社论坛。会上，最高人民法院司改办付育处长和法顾委海外委员罗章武律师分别作了题为《凝聚改革共识　汇聚解纷合力　努力推动涉侨纠纷多元化解全面发展》《对“一带一路”时代　中国公民和企业海外权益保护的思考—以马来西亚为例》的发言，向海外宣传涉侨纠纷多元化解机制，畅谈“一带一路”地区侨胞权益保护的策略与思考。他们的发言在海外侨领中引起了热烈反响。

【组团参加世界律师大会】应全国律协邀请，12 月 9 日—10 日，组织法顾委海外委员代表出席在广州召开的世界律师大会，围绕“科技进步与法律服务”主题，与世界各国的近 600 名律师探讨交流，打造更加完善的全球法律伙伴关系网络，共同推进世界法治文明建设。

【参与侨界法治宣传活动】组织法顾委委员为《中国侨商》杂志撰写专栏文章，剖析侨商企业发展面临的法律问题，提高企业法律风险防控意识。配合中国侨联在辽宁、青海、河北举办“法治中国　你我同行”侨界法治学习活动，组织法顾委委员为来自全国各地的 1000 余名基层侨联工作者、侨商代表和侨界群众讲授涉侨法律并接受法律咨询。围绕司法部“中国宪法边疆行”活动，协助中国侨联在内蒙古、云南先后举办三期“法治宣传边关行”活动，宣传以宪法为核心的中国特色社会主义法律体系，宣讲侨务法律法规，为构建法治中国、和谐边疆作出贡献。

【加强自身建设】2019 年，制定《中国侨联法顾委专业委员会活动规则》，促进法顾委专业委员会规范化建设。结合机构改革部署，吸纳原国侨办法律服务团的 7 名律师委员加入法顾委，并积极壮大“一带一路”沿线国家法律服务力量。2019 年累计增聘国内委员 11 人，解聘国内委员 5 人、海外委员 1 人。加强委员培训交流，邀请专家学者作习近平总书记关于侨务工作重要论述、侨务法治建设、侨史侨情和侨务工作专题宣讲，增强法顾委委员履职意识和能力。

【召开法顾委主任会议】4 月 22 日、11 月 21 日，分别召开中国侨联法顾委上半年、下半年主任会议，研究部署法顾委工作。上半年主任会议上，中国侨联党组成员、副主席隋军出席会

4 月 22 日，中国侨联法顾委上半年主任会议在中国侨联机关召开，中国侨联党组成员、副主席隋军与法顾委领导亲切交流

11 月 21 日，中国侨联法顾委下半年主任会议在中国侨联机关召开，会前，中国侨联党组书记、主席万立骏看望了与会法顾委领导

议并讲话；下半年主任会议上，中国侨联党组书记、主席万立骏看望了与会法顾委领导，副主席李卓彬在会上发表了讲话，对做好法顾委工作提出要求。中国侨联法顾委主任张耕主持会议并讲话，法顾委常务副主任、副主任和秘书长参加会议。两次会议传达了党的十九届四中全会精神、中央书记处对侨联工作重要指示，研究了法顾委重点工作和下阶段工作思路，审议了法顾委部分规章制度、活动方案和委员聘任事宜。会议强调要认真贯彻落实习近平总书记重要讲话精神和中央对侨联工作的总体要求，加快法顾委工作体系建设，加大维护侨益工作理论研究，夯实法顾委基础力度，不断提升法顾委工作科学化、规范化水平。

12 月 11 日，中国侨联法顾委 2019 年年会在北京召开

【召开法顾委 2019 年年会】12 月 11 日，中国侨联法顾委 2019 年年会在北京召开。李卓彬副主席出席会议并讲话，法顾委主任张耕作工作报告，法顾委常务副主任张鸣起作会议总结讲话。法顾委常务副主任林淑娘、王秀红、王培生，副主任高卢麟、方忠炳、储亚平、姜凤岩，法顾委秘书长、权益保障部部长张岩出席会议。中国侨联法顾委国内委员、部分省（区、市）侨联权益保障部负责同志等近百人参加了会议。李卓彬在讲话中高度评价法顾委一年工作取得的成绩，深刻分析法顾委工作面临的新形势新任务，要求法顾委广大委员增强政治责任，认真学习贯彻党的十九届四中全会精神，自觉在思想政治行动上与以习近平同志为核心的党中央保持高度一致；坚定不移走中国特色社会主义法治道路，深入践行“以人为本、为侨服务”宗旨，创新法治宣传教育机制，完善为侨法律服务体系，推进涉侨纠纷多元化解机制，不断增进侨胞法治获得感；主动融入共建共享共治的社会治理体系，构筑各司其职、相互协作的维护侨益工作新格局；切实加强自身建设，完善制度体系，发挥专业委员会作用，夯实基层基础工作，为法顾委工作创新发展提供有力支撑。张耕在工作报告中总结了法顾委 2019 年工作，明确了 2020 年工作思路。会议还宣讲了党的十九届四中全会精神，举办了侨史侨务工作专题培训，举行了法顾委新聘国内委员聘任仪式。

中国侨商联合会

【领导成员名单】

永远荣誉会长：陈有庆

荣 誉 会 长：李文正　陈永栽　张晓卿　庄启程　陈丽华　施恭旗　马介璋　彭云鹏　黄志源　曹德旺　陈经纬　郭孔丰　陈江和　林文光　周泽荣　严　彬　郭孔丞　张　茵　林建岳

会　　　长：谢国民　许荣茂

常务副会长：于学文　王学利　王钦贤　王琳达　古润金　叶惊涛　付　波　冯　燕　朱　华　朱奕龙　刘志强　刘爱丽　刘雅煌　孙启烈　李　棕　李　然　李卓彬　李德志　杨长林　杨宝庆　杨莉珊　杨新能　吴立春　何　旗　佘伦凯　余竹云　沈家燊　陈　军　陈　丽　陈　斌　陈水波　陈亨达　陈坤校　陈卓林　陈建升　陈智深　陈锦艳　武志永　林龙安　林克旭　林宏修　林枝春　林定强　林树哲　易如波　周子涛　周世友　郑兆国　赵　勇　赵　涛　柳文超　钟保家　施学理　洪明基　姚　征　姚志胜　郭孔华　郭泽伟　郭俊琴　郭泰诚　黄　涛　黄向墨　黄焕明　康维海　屠海鸣　董配永　韩国龙　喻　鹏　曾焕沙　谢　炳　谢吉人　雷　宁　蔡国伟　廖春荣　颜　芝　薛水和　穆彦魁

【综述】中国侨商联合会是经国务院批准、民政部注册、中国侨联主管，由在中国境内投资创业的归侨侨眷、华侨华人、港澳台人士、留学归国人员及企事业单位、侨商社会组织自愿结成的全国性、联合性、非营利性社会组织。中国侨商联合会成立于2003年，2008年12月31日正式注册。2019年11月18日，经中央批准，中国侨商投资企业协会整合融入到中国侨商联合会，实现了国家级侨商组织的大联合。侨商会的宗旨是服务会员、奉献社会。主要职能有：为会员提供政策咨询、信息交流、调研培训等多种形式的服务，开展经贸、科技等领域的交流与合作；发挥桥梁纽带作用，推动会员与海内外经济科技界人士的交流与合作；了解、反映侨商和侨资企业的意见和诉求，支持会员积极参与社会管理和参政议政，依法维护他们的合法权益；支持社会公益和侨联事业。中国侨商联合会现有会员811名，来自63个国家和地区。其中180家团体会员（各级侨商组织）遍布全国30个省区市，联系着在中国大陆投资成功的数万家侨资企业。2019年，中国侨商联合会在党中央的亲切关怀下，在中国侨联的正确领导下，在经济科技部的指导下，在各级侨联、侨商会的大力支持下，在谢国民会长、许荣茂会长和全体理事、监事、会员的共同努力下，深入学习贯彻党的十九大和十九届二中、三中、四中全会精神和习近平总书记系列重要讲话精神，积极开展“不忘初心、牢记使命”主题教育；进一步强化“四个意识”，增强侨商组织的政治性、先进性、群众性，不断提高为侨服务的工作水平；积极稳妥推进并顺利实现中国侨商投资企业协会整合融入中国侨商联合会，圆满完成中国侨商联合会换届工作；紧密围绕党和国家发展大局，充分发挥侨商会独特优势，在服务国家战略、推动高质量发展，促进“一带一路”建设、助推“走出去”发展，积极参与社会管理、维护会员合法权益，助力公益慈善事业、践行奉献社会宗旨，加强党的领导、推进组织建设，强化内部治理、创新服务方式等方面做了大量工作，圆满完成了2019年工作任务。

【召开转隶工作会议】5月29日，中国侨联在北京召开中国侨商投资企业协会转隶工作会议。中国侨联党组书记、主席万立骏，中国侨

5 月 29 日，中国侨商投资企业协会转隶工作会议在北京召开

联副主席李卓彬，中国侨商投资企业协会会长、泰国正大集团资深董事长谢国民，中国侨商联合会会长、香港世茂集团董事局主席许荣茂出席会议并讲话，中国侨联副秘书长、经济科技部部长赵红英主持会议。中国侨商投资企业协会常务理事会和监事会成员及代表共 120 余人出席会议。

【召开中国侨商联合会第五次会员代表大会】 11 月 16 日—18 日，依次举行了中国侨商投资企业协会会员大会、中国侨商联合会第五次会员代表大会预备会议、第五次会员代表大会开幕会、五届一次理事会议、一届一次监事会议、侨商论坛、欢迎晚宴等 9 场次重要活动。中共中央政治局常委、中央书记处书记王沪宁，中共中央书记处书记、中央统战部部长尤权，全国人大常委会副委员长白玛赤林，全国政协副主席万钢等党和国家领导人出席活动；中国侨联主席万立骏，中国侨

11 月 18 日，中共中央政治局常委、中央书记处书记王沪宁，中央书记处书记、中央统战部部长尤权，全国人大常委会副委员长白玛赤林，全国政协副主席万钢等党和国家领导人会见出席侨商会第五次会员代表大会的代表

11 月 17 日，中国侨商联合会第五次会员代表大会在北京开幕

中国侨商联合会召开一届一次监事会

举办中国侨商论坛

联副主席李卓彬、隋军、齐全胜、邵旭军、朱奕龙、刘以勤、陈式海、李兴钰出席会议；中国侨商投资企业协会会长、泰国正大集团资深董事长谢国民，中国侨商联合会会长、香港世茂集团董事局主席许荣茂以及来自60多个国家和地区的800余位侨商代表出席会议。

【支持举办首届“一带一路”大湾区华商论坛】2019年，侨商会共组织1200余位侨商参与全国有关省区市举办的大型经贸活动14项，为促进中国经济的高质量发展做出了贡献，也为广大侨胞来华创业提供了事业发展的新机遇。1月11日，由广东国际华商会和香港“一带一路”发展联会联合主办的粤港澳大湾区“一带一路”合作促进论坛在广州举行。论坛以“新时代　新使命　新担当——汇聚一带一路华商力量，聚焦粤港澳大湾区发展新机遇”为主题。香港特区政府驻粤办、埃塞俄比亚驻广州领事馆、广东省工商联、省社科院、全国各省市侨联、侨商会等有关部门负责人，来自海内外知名华商、华商组织代表以及华商会会员代表、香港一带一路发展联会理事会成员等400余人参加了会议。

【组团出席“创业中华·出彩中原”—2019海外华侨华人高端人才助力创新发展峰会、己亥年黄帝故里拜祖大典、第十三届中国（河南）国际投资贸易洽谈会】4月6日—8日，中国侨商联合会代表团赴河南，先后出席“创业中华·出彩中原”—2019海外华侨华人高端

1月11日，由广东国际华商会和香港“一带一路”发展联会联合主办的粤港澳大湾区“一带一路”合作促进论坛在广州举行

4月7日下午，“创业中华·出彩中原”——2019海外华侨华人高端人才助力创新发展峰会在河南省郑州市举行

人才助力创新发展峰会、己亥年黄帝故里拜祖大典、第十三届中国（河南）国际投资贸易洽谈会等活动，礼拜始祖，交流对接，洽谈合作。中国侨联党组书记、主席万立骏，河南省委副书记、政法委书记喻红秋出席活动并致辞。据不完全统计，大会达成合同、协议和意向成交总额共计 63.13 亿元。

【联合举办 2019 中外知名企业四川行活动】 4 月 16 日，由四川省人民政府、中国侨商联合会主办的 2019“一带一路”华商峰会在四川成都举行。中国侨联副主席李卓彬、四川省委副书记邓小刚等出席峰会并致辞。来自“一带一路”沿线 46 个国家和地区的 300 余名侨商、海外华文媒体、在川企业代表等参加活动。

4 月 16 日，由四川省人民政府、中国侨商联合会主办的 2019“一带一路”华商峰会在四川成都举行

【组团出席 2019 中国天津投资贸易洽谈会】 4 月 18 日上午，侨商会组团出席 2019 中国天津投资贸易洽谈会暨 PECC 博览会。中共中央政治局委员、天津市委书记李鸿忠，市委副书记、市长张国清，中国商业联合会会长姜明，中国侨联副主席李卓彬出席开幕式并共同启幕。开幕式后，李鸿忠、张国清、姜明、李卓彬与参会嘉宾共同参观展馆，与嘉宾和各参展方深入交流，希望充分发挥会展平台优势，推动扶贫协作和对口合作，促进产业帮扶、商贸交流，带动受援地经济发展、群众增收。

4 月 18 日上午，侨商会组团出席 2019 中国天津投资贸易洽谈会暨 PECC 国际贸易投资博览会

【组团出席第四届丝绸之路国际博览会系列活动】 5 月 11 日上午，中国侨联参与主办的第四届丝绸之路国际博览会暨中国东西部合作与投资贸易洽谈会日在陕西西安开幕，中国侨联副主席李卓彬应邀出席开幕式。本届丝博会以“新时代新格局新发展”为主题，围绕落实第二届“一带一路”国际合作高峰论坛成果，举办主题论坛、重要会议、投资贸易促进活动、主宾国活动等六大板块共 30 多场活动及相关展览展示，共吸引来自国内 23 个省、区、市的 2000 余家企业，10 余家央企及韩国、美国、德国等 25 个国家的近 200 余家企业参会。

5 月 11 日上午，中国侨联参与主办的第四届丝绸之路国际博览会暨中国东西部合作与投资贸易洽谈会日在陕西西安开幕，李卓彬副主席应邀出席开幕式并致辞

5 月 16 日，中国侨联首次参与主办第二届中国西部国际投资贸易洽谈会

【组团出席第二届中国西部国际投资贸易洽谈会】2019 年，中国侨联首次参与主办第二届中国西部国际投资贸易洽谈会，共吸引来自 95 个国家和地区的 4000 余家企业、7 万名境内外嘉宾参加，举办 53 场内容丰富、形式多样的投资贸易和文化交流活动。开幕式上，共有 132 个重大项目签约，总额达 3375.3 亿元。5 月 16 日下午，作为第二届中国西部国际投资贸易洽谈会六大主题活动之一的“一带一路”侨商组织年会成功举办，中国侨联李卓彬副主席出席活动并致辞。“一带一路”侨商组织年会是中国侨联与重庆市签署的《关于共同推进重庆建设内陆开放高地合作协议》中的重要落地项目，由中国侨联、重庆市政府主办，中国侨商联合会、清华大学一带一路研究院协办，重庆市侨联等单位承办。重庆市委常委、统战部部长李静等领导出席活动，来自美国等 30 个国家和地区近 200 名侨商嘉宾和代表出席活动。

6 月 3 日上午，由河南省发改委、河南省体育局、河南省文化和旅游厅、河南省侨联等联合主办，安阳市人民政府承办，中国侨商联合会等共同支持的第十一届安阳航空运动文化旅游节在安阳航空运动学校机场开幕

【协办第十一届安阳航空运动文化旅游节】6 月 3 日，由侨商会协办的第十一届安阳航空运动文化旅游节在河南省安阳市开幕，河南省人大常委会副主任徐济超、中国侨联顾问乔卫、河南省侨联主席董锦燕及来自海内外的 1000 余名侨商、嘉宾和特技飞行员出席。活动期间，安阳市正式签约 21 个大项目，投资总额达 262.1 亿元。

【组团出席第 17 届东盟华商会暨第 1 届“一带一路”侨社论坛】6 月 11 日，“侨连五洲 · 七彩云南”第 17 届东盟华商会暨第 1 届“一带一路”侨社论坛在昆明开幕，中国侨联主席万立骏，云南省委副书记王予波，国家开发银行副行长刘金，中国侨联副主席李卓彬、李波，云南省委常委、常务副省长宗国英，中国侨联法顾委

6 月 11 日，由中国侨联、国家开发银行、云南省政府联合主办，以华侨华人与“一带一路”为主题的侨连五洲 · 七彩云南：第 17 届东盟华商会暨第 1 届“一带一路”侨社论坛在昆明开幕

主任张耕，外交部领事司司长崔爱民，以及来自53个国家和地区的600余名侨领和华商代表齐聚云南，发挥侨界优势，共商“一带一路”建设，共谋开放发展。此次活动由中国侨联、国家开发银行、云南省政府联合主办，以华侨华人与“一带一路”为主题。举办了“一带一路”侨社论坛、金融支持“一带一路”论坛、和谐侨社论坛、侨青圆桌和招商推介会等活动。开幕式后，还举行了华商签约仪式，共签订60亿元人民币的项目合作协议，推动“华商走进云南，云南走向世界”。

【联合主办2019海外华商龙江行活动】6月22日，由中国侨联、黑龙江省委统战部支持，中国侨商联合会、黑龙江省侨联共同主办，哈尔滨、黑河、齐齐哈尔、大庆、双鸭山等市侨联协办的2019海内外华商龙江行活动在哈尔滨开幕，黑龙江省新侨创新项目、招商项目推介会同期举行。来自美国、英国、俄罗斯、新加坡、乌克兰、白俄罗斯、南非及中国香港等24个国家和地区的100余位华商侨领、侨资企业负责人出席会议，并于23日至25日赴黑河出席第十届中俄文化大集和海外侨领侨商产业项目招商对接会。

【协办第20届中国·青海绿色发展投资贸易洽谈会】6月20日上午，由中国侨联参与主办、中国侨商联合会参与协办的第二十届中国·青海绿色发展投资贸易洽谈会在西宁市开幕。中国侨联党组成员、副主席隋军出席开幕式及相关活动。19个国家和地区的120余名侨商、台商参加。20日下午，侨商会代表团出席由中国侨联、全国台联、青海省委统战部主办的“2019知名侨商台商走进青海高峰论坛”。参会侨商现场签约3个项目，共计5.65亿元人民币。在青海期间，侨商代表团还到西宁市南川工业园区及海南州贵德县进行实地考察。

【组团出席2019巢湖侨创峰会】7月11日上午，由中国侨联、中国科技大学指导，安徽省

6月20日上午，由中国侨联参与主办、中国侨商联合会参与协办的第二十届中国·青海绿色发展投资贸易洽谈会在西宁市开幕

6月22日，举办2019海内外华商龙江行活动

7 月 11 日上午，由中国侨联、中国科技大学指导，安徽省侨联、合肥市政府共同主办的“2019 巢湖侨创峰会”在合肥召开，李卓彬副主席出席峰会开幕式并致辞

侨联、合肥市政府共同主办的“2019 巢湖侨创峰会”在合肥召开，中国侨联副主席李卓彬出席峰会开幕式并致辞。安徽省委常委、合肥市委书记宋国权，中国科大党委副书记、纪委书记毕金初等有关领导，京津冀、长三角、大湾区等省市侨联负责人以及 220 多名海内外高科技人才和嘉宾出席活动。

【组团出席首届“一带一路”侨商侨领交流合作大会】9 月 16 日，以“弘扬丝路精神　共同合作发展”为主题的首届“一带一路”侨商侨领交流合作大会在广西南宁开幕，全国政协委员、中国侨联兼职副主席朱奕龙出席开幕式并致辞。大会由广西壮族自治区人民政府、致公党中央、中国侨联共同主办，来自全球 66 个国家和地区的近千名侨商侨领齐聚南宁，共襄“一带一路”盛事。全国政协常委、中国侨联顾问、中国侨商联合会会长、世茂集团董事局主席许荣茂作为嘉宾代表以“助力广西更好对接‘一带一路’”为主题作了发言。在当天举行的项目签约仪式上，共签订 23 个投资合作项目，涵盖大健康、大数据、大物流、新制造、新能源等产业，投资金额达 242.37 亿元。此次会议对于大力推动广西全面对接粤港澳大湾区、北部湾经济区建设提质增速，对于稳步推进西部陆海新通道、中国（广西）自由贸易试验区、面向东盟金融开放门户等具有重要意义。中国侨商会组织 80 位侨商侨领参加此次会议并赴玉林考察。

【组织出席换届大会侨商代表参加江苏、四川、山东经贸考察活动】11 月 18 日—22 日，侨商会组织出席中国侨商联合会第五次会员代表大会的 400 余名代表，分赴江苏、山东、四川、安徽、浙江、上海等地进行经贸考察活动，这是两会正式合并后举办的首场大型活动，得到了有关省区市党委政府的高度重视，充分展现了新时期侨商的良好形象。

“创业中华·筑梦长三角”华商大会在南京召开，李卓彬副主席出席会议并致辞

9 月 16 日，以“弘扬丝路精神　共同合作发展”为主题的首届“一带一路”侨商侨领交流合作大会在广西南宁开幕，全国政协委员、中国侨联兼职副主席朱奕龙出席开幕式并致辞

四川会场活动照片

山东会场活动照片

【组团出访白俄罗斯、波兰、捷克】2019年，侨商会共组织300余位侨商组团和参与出访8个国家，接待来自10多个国家和地区的侨商组织和外国工商社团组织来访。经中国侨联批准，5月2日—11日，中国侨商联合会会长许荣茂率侨商代表团出访“一带一路”沿线白俄罗斯、波兰、捷克三国，举办多场投资交流活动，拜访有关政府机构和我驻外使领馆、主要侨团，对投资项目、工业园区等进行了实地考察，向当地侨胞宣传了习近平新时代中国特色社会主义思想和中国侨联“十代会”精神，增进了海外侨胞的理解和认同，同时密切了与我驻外使馆联系，加强了与海外华商组织的交流与合作，扩宽了全球华商网络。出访期间，白俄罗斯共和国院议长米哈伊尔·米亚斯尼科维奇、我驻波兰大使刘光源、我驻捷克大使张建敏先后会见侨商会代表团。白俄罗斯工商会、经济部、投资与私有化署等外国机构高官和三国几十家华商社团负责人与代表团交流对接。

5月3日，由中国侨商联合会和白俄罗斯投资与私有化署、陕西中桥丝路科技发展有限公司、白俄罗斯布列米诺集团有限公司共同举办的2019白俄罗斯－中国企业“一带一路”投资交流会在白俄罗斯首都明斯克举行

5月9日，中国驻捷克大使张建敏（右）会见中国侨商联合会代表团王钦贤常务副会长（左）一行

【接待菲律宾菲华工商总会代表团】4月30日，以黄拔来理事长为团长的菲华工商总会代表团拜访中国侨商联合会。中国侨商联合会常务副会长王琳达、郭泰诚，副会长郭俊琴和秘书长安晨，中国侨商投资企业协会副会长李学海与菲代表团就会务交流、投资合作等议题进行了友好交流和项目对接。

4 月 30 日上午，以黄拔来理事长为团长的菲华工商总会代表团拜访中国侨商联合会，双方就会务交流、投资合作等议题进行了友好交流和项目对接

【组团出访泰国、马来西亚】6 月 24 日—7 月 1 日，中国侨商联合会秘书长安晨随同以李卓彬副主席为团长的中国侨联代表团访问泰国、马来西亚。在泰国期间，代表团走访了泰国中华总商会、泰华各姓宗亲总会联合会、泰华进出口商会、泰国潮州会馆、泰国中国和平统一促进会、泰国工商总会、泰国华人青年商会等侨界社团，了解社团会务，开展座谈交流。代表团还考察调研了泰国正大集团、盘古银行、经纬集团等知名侨

【组团出席中国—白俄罗斯投资交流会】6 月 21 日，由中国侨商联合会副会长单位、陕西中侨丝路科技发展有限公司主办的“一带一路”中国—白俄罗斯投资交流会在上海开幕。全国政协委员、中国侨联副主席、中国侨商联合会常务副会长朱奕龙，白俄罗斯驻上海总领事瓦列里·马采利，上海市侨联副主席徐大振，白俄罗斯布列米诺集团总经理瓦西里·杰缅捷伊，白俄罗斯工商会主席乌拉霍维奇代表索波列夫出席会议并致辞。中国侨商联合会组织侨商代表参会对接。

6 月 24 日—7 月 1 日，中国侨商联合会秘书长安晨随同由中国侨联副主席李卓彬为团长的中国侨联代表团访问泰国、马来西亚

6 月 21 日，由中国侨商联合会副会长单位陕西中侨丝路科技发展有限公司主办的“一带一路”中国—白俄罗斯投资交流会在上海开幕

资企业，会见正大集团资深董事长谢国民、盘古银行总裁陈智深、经纬集团副主席陈亨达等侨资企业家，并就侨企参与“一带一路”建设进行了专题座谈。在泰期间，代表团还出席了中国侨商联合会副会长单位、亚太国际集团收购泰国智慧航空公司签约仪式。

10 月 14 日，李卓彬副主席在北京会见了由泰国华裔联合会主席蚁凡率领的泰中新时代领导精英研修班青年班访华团一行

【接待泰中新时代领导精英研修班青年班访华团】 10 月 14 日，李卓彬副主席在北京会见了由泰国华裔联合会主席蚁凡率领的泰中新时代领导精英研修班青年班访华团一行。李卓彬希望访华团通过此次访问，深入了解中国的经济发展与社会建设情况，切身感受中国和平发展与扩大开放的诚意；期待访华团成员回国后将中国之行的印象与收获介绍给泰国社会各界朋友，让泰国人民加深对中国的了解，增进双方传统友谊。同时，也希望访华团成员能够抓住新时代带来的宝贵机遇，积极参与共建“一带一路”，为两国深化合作贡献更多力量。蚁凡代表泰中新时代领导精英研修班青年班访华团致辞。在双方交流环节，中国侨联副秘书长、经济科技部部长赵红英，泰国访华团青年班班长萨绲德·泰乐瓦伦、泰方代表团纳勒春·谭隆碧雅务，北京华商会会长郭俊琴、中国侨联创新创业联盟副理事长施乾平等分别就泰国华侨华人历史研究、工商界合作、中泰友好等主题作了发言。中国侨商联合会常务副会长郭泰诚、薛水和、易如波，副会长谢湘蓉，中国侨联新侨创新创业联盟副理事长李然和来自北京、四川、广东、山东、河北等省市侨商组织代表、侨资企业家 130 余人出席交流活动。

【组团出访赴芬兰、爱沙尼亚、英国】 10 月 15 日—24 日，由经济科技部一级巡视员、中国侨商联合会秘书长安晨率领的中国侨联经济科技代表团与许荣茂会长率领的中国侨商联合会代表团同期赴芬兰、爱沙尼亚、英国三国访问。访问期间，代表团受到驻芬兰大使陈立、驻爱沙尼亚大使李超、驻英国大使刘晓明接见，先后参加第三届芬中经贸峰会、爱沙尼亚—中国投资贸易交流会和第十五届世界华商大会。出访期间还拜会了芬兰华商总会、芬兰阿尔托大学、爱沙尼亚企业联合会、英国中华总商会等邀请单位，对当地投资项目等进行实地考察。代表团向当地侨胞宣传习近平新时代中国特色社会主义思想、“一带

10 月 22 日—23 日，第十五届世界华商大会在伦敦召开，中国侨商联合会 230 多位侨商企业家组成的代表团出席大会

10 月 15 日—24 日，由经济科技部一级巡视员、中国侨商联合会秘书长安晨率领的中国侨联经济科技代表团与许荣茂会长率领的中国侨商联合会代表团同期赴芬兰、爱沙尼亚、英国三国访问

一路”倡议、中国侨联“十代会”精神及侨务工作改革情况，通过访问，扩大了侨联、侨商会在海外的影响，密切了与我驻外使馆联系，加强了与海外华商组织的交流，拓宽了全球华商网络联系渠道。

【积极稳妥推动全国各级侨商组织整合融入工作】从 2018 年 9 月以来，侨商会秘书处在认真做好中国侨商投资企业协会整合融入中国侨商联合会和换届筹备工作的同时，积极推动全国各级侨商组织的整合融入工作。6 月 20 日，中国侨商联合会在上海召开全国部分侨商组织座谈会，来自北京、上海、辽宁、江苏、浙江、陕西、安徽、江西、广东、四川等 10 个省区市侨商组织的秘书长和部分侨商代表出席座谈会。会议学习了万立骏主席和李卓彬副主席在中国侨商投资企业协会转隶工作会议上的重要讲话精神，听取了有关省区市侨商组织、侨商代表关于《中国侨商联合会章程（修正案）》（草案）修改及换届工作的意见建议。8 月 12 日—27 日，中国侨商联合会秘书处、中国侨商投资企业协会秘书处在安晨秘书长的带领下，先后在哈尔滨、福州、深圳、南京、成都、济南召开 6 场全国各地侨商联合会、侨商投资企业协会换届工作调研座谈会，来自 30 个省区市侨联、侨商联合会、侨商投资企业协会、侨资企业的 300 余名代表出席会议。座谈会就《中国侨商联合会章程》修改、人选推荐、地方侨商组织整合融入工作等广泛听取基层侨联、

6 月 20 日，中国侨商联合会在上海召开全国部分侨商组织座谈会

8 月 12 日—27 日，中国侨商联合会秘书处、中国侨商投资企业协会秘书处在安晨秘书长的带领下，先后在哈尔滨、福州、深圳、南京、成都、济南召开 6 场全国各地侨商联合会、侨商投资企业协会换届工作调研座谈会，图为深圳会场

成都座谈会会场

侨商组织、侨资企业代表等各方面的意见建议，并深入侨资企业实地调研。

【加强侨商会党建工作】侨商会在中国侨联直属机关党委和经济科技部党支部的关心指导下，党建工作稳步推进。一是加强侨商会秘书处政治学习，用十九大和十九届二中、三中、四中全会精神武装头脑、指导工作。二是积极参加中国侨联机关党委和经科部支部组织的“不忘初心、牢记使命”主题教育等党组织活动，强化侨商会政治属性。三是加强对入党积极分子的培养工作，引导鼓励培养更多的青年人积极靠拢党组织，为党的事业贡献力量。四是经直属机关党委批准，中共中国侨商联合会党支部于11月4日成立。

【开展“降低实体经济企业成本”政策落实情况调研】2019年，国家发展改革委、工信部、财政部和人民银行出台一系列降低全社会各类营商成本，有效减轻企业负担的政策。为确保各项政策措施落实到位，5月17日，国家发展改革委、工业和信息化部、财政部、人民银行联合印发了《关于做好2019年降成本重点工作的通知》，推进降低实体经济企业成本各项工作的落实。为深入了解国家“降低实体经济企业成本”各项政策的具体落实情况，了解侨资企业在生产经营中在经济结构调整中所遇到的实际困难和需求，中国侨商联合会、中国侨商投资企业协会于6月开始在侨资企业中开展国家“降低实体经济企业成本”政策落实情况的调查，并撰写了调研报告《2019关于降低实体经济企业成本政策落实情况》，该报告通过各种形式提供给中央有关部门，为中央制定决策提供依据。

【参与社会管理维护侨商权益】侨商会引导和鼓励会员参政议政，不仅畅通了侨商会员与政府之间的沟通渠道，也充分体现了侨商组织在参与社会管理方面所发挥的重要作用。目前，侨商联合会会员中有全国人大代表、全国政协委员15位，其中荣誉会长林建岳、会长许荣茂、常务副会长李卓彬为全国政协常委；常务副会长朱奕龙担任中国侨联副主席。同时，从180家团体会员情况看，会员总数约2.5万人，各级人大代表和政协委员达2343人。还有大批会员担任中国侨联常委、委员、青年委员、海外委员，各省区市侨联的兼职主席或副主席，或作为全球海外侨胞代表列席了全国及地方政协会议。这些高层次、有影响、有实力的侨商和侨资企业负责人担任侨商会负责人，保证了侨商会理事会、监事会的领导力、凝聚力和社会影响力，为整合融入后的中国侨商联合会在中国侨联的领导下，更好服务经济建设和“一带一路”建设、维护侨商合法权益奠定了良好的组织基础。为更好地为广大会员参政议政提供便利，侨商联合会广泛听取全国30个省区市侨联、180多个侨商组织、2万多名侨商会员意见和心声，通过采取问卷调研、召开座谈会等形式开展“两会”提案议案素材征集活动，内容包括侨商在国内投资创业过程中遇到的共性问题，对国家经济、政治、金融、科技、环境、交通等领域发展的建设性意见。这些提议案素材经归纳整理，通过侨界的人大代表和政协委员提交给全国及地方“两会”。同时，侨商联合会会同中国侨联法律顾问委员会、侨商联合会常年法律顾问和有关省区市侨联，为依法维护会员合法权益提供了有效帮助，受理和解决了一批疑难经济案件。特别是侨商联合会与中国侨联法律顾问委员会正式签订战略合作协议，使维护侨商合法权益工作更加规范化、制度化。

【开展社会公益事业】2022年北京冬奥会是我国重要历史节点的重大标志性活动，是展现国家形象、促进国家发展、振奋民族精神的重要契机。中国侨商联合会积极响应中国侨联发出的捐建“华侨冬奥冰雪博物馆”的倡议，组织动员广大会员感知冬奥、宣传冬奥、助力冬奥，共建华侨冰雪博物馆这一标志性建筑。会长谢国民、许荣茂带头捐赠，荣誉会长陈江和、黄志源、张茵、严彬积极响应，广大会员踊跃参与，据不完全统计，截至2019年年底，中国侨商联合会会员累计捐款已超过1.2亿元人民币。

中国侨联特聘专家委员会

【领导成员名单】

主 任 委 员：周　琪

副主任委员：王执礼　王辉耀　邓秀新

江　雷　麦康森　李乃胜

李稻葵　李曙光　张　涛

赵红英（女）　钟南山

贺　林　顾行发　徐德龙

高益槐　高　福　黄　维

黄路生　董志勇　樊　纲

秘　书　长：李曙光（兼）

副 秘 书 长：于　今　马　骏　闫长明

汤立群　李　莹（女）

李筱荣　杨宝庆　荆　涛（女）

【综述】 2019 年是中华人民共和国成立 70 周年，是全面建成小康社会、实现第一个百年奋斗目标的关键之年。中国侨联特聘专家委员会在中国侨联的领导下，以习近平新时代中国特色社会主义思想为指导，深入学习贯彻习近平总书记关于侨务工作重要论述，坚持正确政治方向，不忘初心、牢记使命，结合自身特点，突出专业优势，加强制度建设，创新方式方法，加强互动合作，在强化自身建设、参政议政、服务经济发展等方面取得了突出成绩。

【修订章程规范专委会运行】 中国侨联特聘专家委员会成立于 2010 年 1 月 20 日。2014 年制定工作规程，2016 年修订。2019 年，为进一步加强专委会建设，建章立制，更加适应新时代的要求，根据侨联工作实际，并向专委会领导报告协商，对工作规程作出修订。修订的内容主要包括：一是名称由《工作规程》改为《章程》，增强组织严谨性；二是进一步明确专委会的侨界智库性质；三是细化工作任务，强化了专委会对外拓展联谊、讲好中国故事，对内建言献策、发挥智库作用的职能；四是明确委员选任条件、权利义务及入会程序等；五是完善组织制度，确定委员大会制度和主任会议制度；六是增设青年委员会，发挥侨界青年人才智力优势。《章程》提交年会，经委员讨论，并经中国侨联主席办公会议审定通过，自 2020 年 1 月 1 日起施行。

【增补委员扩大专家队伍】 为更广泛地团结凝聚海内外侨界专家，专委会 2019 年增补了 23 位委员。其中，中国科学院院士 1 人、中国科学院外籍院士 3 人、中国工程院外籍院士 2 人等一批优秀专家。他们都是海内外知名专家学者，既有前沿科技领域领军人，重点科研项目负责人、带头人，也有凭借自身技术创业成功的代表人士，还有经济、金融、管理等领域的理论家和实干家。增补后，委员会共有委员 337 人，其中两院院士及海外院士 63 人，国家“千人计划”“万人计划”，中科院“百人计划”和教育部“长江

2019 年专委会新增聘 23 位专家，图为年会期间为新聘专家颁发聘书

学者奖励计划”等国家级人才引进计划入选者近百人。

【推荐专家参评奖项和荣职】2019 年以来，专委会的工作受到相关部委重视。年中，中国侨联推举两位专家申报本年度“中国政府友谊奖”，其中郭孔丰成功获奖，新增聘的专家任福继委员也获此殊荣。年底，中国侨联又推举了袁玉宇、蔺博两位青年专家委员参评“第十六届中国青年科技奖”。这从一个侧面说明了中国侨联特聘专家委员会的影响力进一步凸显，工作渠道进一步拓宽。应北京市侨联邀请，从专委会中推荐了 10 名专家作为新一届北京侨联的海外委员。

【关注社会热点积极建言献策】2019 年，委员们立足自身专业优势，聚焦热点问题，积极建言献策，共有 40 名专家提交了 93 篇建议书，其中有 28 篇被侨情专报采纳，为中央相关部门提供决策参考。经济科技部遴选出部分篇目编辑印制了《中国侨联特聘专家建言集（第十二辑）》。经综合评定提交建议书的数量、质量等要素，经报主席办公会批准，会领导在 2019 年特聘专家年会活动中，为获奖者颁发证书。李曙光、马骏、丁列明、吴德胜等 4 位专家获建言献策特等奖，于今等 15 位专家获建言献策一等奖，郭生祥等 16 位专家获建言献策二等奖。海洋专委会出版《经略海洋 2019》论文集，围绕海洋生态修复、海水养殖、海洋生态农业等领域提出真知灼见和发展建议。金融委员会马骏等围绕中美贸易战、华侨华人与数字货币及电子支付等热点问题召开小型座谈会。李曙光秘书长围绕“北京市‘劣势’国有企业处置法律保障研究”的重点课题进行调研。金融委员会李波副主任在年初举办“中国经济 50 人论坛 2019 年年会”中以“构建有活力的资本市场”为题发表演讲。

11 月 10 日，多名特聘专家获评“建言献策奖”，万立骏主席（中）为获得一等奖的四位专家颁奖

【举办中国侨联“特聘专家讲堂”】为发挥中国侨联特聘专家委员会的智力资源优势，助力中国侨联学习型机关建设，中国侨联举办“特聘专家讲堂”，邀请特聘专家为侨联机关干部开展科普知识讲座，每季度举办一次。3 月 15 日，万立骏主席以特聘专家身份做首场科普讲座，以“能源的开发利用和典型电池研究”为主题，从能源的分类和利用、能源的类型、新能源的载体及新型能源的发展趋势四方面做了报告。5 月 31 日，高福院士作了题为《健康中国·科技强国》的报告，重点介绍了《“健康中国 2030”规划纲要》主要内容和国家自然科学基金委员会改革的基本任务。9 月 3 日，周琪院士作了题为《弘扬爱国奉献传统，投身创新型国家建设》的科普讲座，

3 月 15 日，万立骏主席以特聘专家身份做首场科普讲座

5 月 31 日，特聘专家高福院士作了题为《健康中国 · 科技强国》的报告

9 月 3 日，中国侨联特聘专家委员会主任周琪院士为侨联干部作科普讲座

12 月 13 日，特聘专家张双南教授来到侨联作科普讲座

讲座展望了科技发展特别是生命科学发展的光明前景，加深了对创新型国家建设的理解认识。12 月 13 日，张双南教授作了题为《从星际穿越到量子纠缠—一时空的本质是什么》的科普讲座，阐释了人类为什么对黑洞充满好奇，为什么要探究黑洞、引力波、虫洞等的奥秘，进而梳理了从亚利士多德到爱因斯坦 2000 多年来人类科学主要是物理学的起源、建立和发展过程。“特聘专家讲堂”作为品牌活动受到机关干部欢迎。

【开展系列主题活动庆祝新中国成立 70 周年】 2019 年，专委会开展“壮丽 70 年 · 建言新时代”主题活动，收到建言 87 篇，收录其中 40 余篇编印成册，内容涉及“一带一路”建设、经济与产业、科技与人才、生态文明建设、社会保障与公共服务、教育与培训、国际关系与外交国防、侨务工作等八个方面。同时，还有姚力军、俞德超等 10 位委员分享了自己回国创业的故事。贺林、张晓春等多位委员参观了“伟大历程　辉煌成就——庆祝中华人民共和国成立 70 周年大型成就展”。李曙光、吴德胜、魏宇杰等多位委员出席了国庆观礼等庆祝新中国成立 70 周年系列活动。

【参与侨联活动助力创新发展】 2019 年，中国侨联联合地方政府，在多个省区市开展了“创业中华”品牌活动和其他经贸类活动，不少委员参与其中，发挥作用。4 月 7 日，中国侨联与郑州市人民政府联合举办“创业中华 · 出彩中原”——2019 海外华侨华人高端人才助力创新发展峰会，万立骏主席出席活动并致辞。中国侨联特聘专家委员会组织侨界高端人才出席活动。特聘专家李然、张建伟、贡毅等委员作了主旨演讲，高益槐、孙河川、王志功等 10 多位委员出席活动。5 月 16 日，“经略海洋　双招双引——侨界青岛论坛暨项目推介活动”在青岛举行。中国侨联副主席、山东省侨联主席李兴钰，中国侨联经济科技部副部长夏付东等出席活动并致辞。活动

4 月 7 日，万立骏主席出席“创业中华 · 出彩河南”活动并致辞

多位特聘专家在“经略海洋　双招双引”活动中作报告

由中国侨联特聘专家委员会、中国侨联新侨创新创业联盟联合主办，20余位特聘专家、联盟理事和青岛各界人士共170余人出席活动。中国侨联特聘专家李乃胜、易显河、萧小月、梁刚、江鹰、方彤等在活动中结合自身专业领域，围绕青岛发展建设作主旨发言。5月19日，特聘专家委员会召开课题交流研讨活动，由金融委员会副主任兼秘书长马骏牵头完成一项关于国际关系的课题研究。同时，多位委员就热点问题进行调研，征求专家意见，形成侨情专报素材。6月11日上午，“侨联五洲·七彩云南”第17届东盟华商会暨首届“一带一路”侨社论坛活动在昆明开幕。开幕式后举行了“一带一路”与云南发展论坛，中国科学院院士、遥感与数字地球研究所学术委员会主任郭华东，中国科学院院士、湖南大学副校长、中国侨联特聘专家谭蔚泓应邀发表主旨演讲。在金融支持“一带一路”论坛上，特聘专家马骏就“推进绿色金融建设，助力云南发展”作了发言；在“侨青圆桌”论坛上，特聘专家李然围绕《凝聚侨心侨智贡献“一带一路”——金融创新助力城市基础设施建设高质量发展》进行演讲。在丽江，特聘专家万颖与云南省农业农村局签订了《丽江国际高原特色农业产业园项目投资战略合作框架协议》。特聘专家李乃胜、汤立群、蒋中一、刘越泽、王革、王可等参加相关活动。7月30日，由中国侨联主办的海外华侨华人专业社团联谊活动在北京举行。中国侨联党组书记、主席万立骏出席并讲话，副主席李卓彬主持活动。来自20个国家和地区的近百名海外华侨华人专业社团负责人应邀出席活动。特聘专家委员会副主任顾行发应邀出席活动并介绍相关领域研究情况。特聘专家、新侨创新创业联盟副理事长、宁波江丰电子材料股份有限公司董事长姚力军，特聘专家、新侨创新创业联盟理事、瀚阳国际董事长孙峻岭分享了自己的创业历程和经验，并与参加活动的海外专业社团负责人进行了深入广泛的交流，加强了专委会与其他专业组织、科技社团的联系与交往，促进了与海外专家的互动。9月4日，第七届中国（绵阳）科技城国际科技博览会专项活动——“2019侨智精英科博行”活动在四川绵阳举行。此次活动由四川省侨联、绵阳市人民政府主办，中国侨联特聘专家委员会、四川省侨联特聘专家委员

5月19日，多位专家委员围绕国际热点问题进行研讨

7 月 30 日，由中国侨联主办的海外华侨华人专业社团联谊活动在北京举行

7 月 30 日，中国侨联党组书记、主席万立骏出席海外华侨华人专业社团联谊活动并讲话

会等单位承办。中国侨联特聘专家、四川省侨联特聘专家、园区及企业代表等 100 余人参加会议。特聘专家方彤、王跃驹、林国海、万颖等多位委员出席，并进行了演讲或项目路演。10 月 31 日上午，由中国侨联、浙江省侨联、杭州市人民政府、浙江大学共同主办，杭州市侨联承办的“创业中华·2019 侨界精英创新创业峰会暨国际创新药物会议”在杭州开幕，中国侨联副主席李卓彬出席开幕式并致辞。峰会以“侨聚科技创新英才，助力生物经济发展”为主题，开展主题报告、专题学术论坛、项目对接洽谈等系列活动，助推杭州生物医药产业国际化发展，打造国际一流、全国引领的生物医药产业的高地。峰会期间，中国侨联特聘专家、中科院院士谭蔚泓、赵宇亮出席活动。11 月 5 日，由中国侨商联合会、河北省侨联、沧州市委市政府联合主办，以“创新驱动、合作共赢”为主题的“创业中华·开放河北”第七届海外侨商沧州行开幕式在沧州国际会展中心举行，特聘专家李然等出席活动并作主旨演讲。11 月 9 日，特聘专家委员会年会期间，组织专家出席由中共重庆市委、重庆市人民政府主办的 2019 重庆英才大会开幕式。2019 重庆英才大会是重庆市高规格、国际性的招才引智盛会，通过搭建智慧碰撞、项目对接、人才交流的平台，让海内外人才在交流中求共识、谋合作、创共赢。中共中央政治局委员、重庆市委书记陈敏尔，全国人大常委会副委员长、民盟中央主席、中国科学院副院长丁仲礼，中国工程院党组书记、院长李晓红，中国科协党组书记、常务副主席、书记处第一书记怀进鹏，重庆市委副书记、市长唐良智，重庆市

10 月 31 日，李卓彬副主席出席“创业中华·2019 侨界精英创业创新峰会”并致辞

人大常委会党组书记、主任张轩，重庆市政协党组书记、主席王炯等领导和6000余名海内外嘉宾出席大会开幕式。此次大会以“聚集海内外英才·聚力高质量发展”为主题，共举办36场活动。赵进东、吴德胜、张建伟等多位专家出席活动并担任演讲嘉宾。

【热心社会公益服务基层群众】2019年，专委会先后在山西运城和陕西渭南市富平县、华州区举行“特聘专家走基层·肿瘤筛查义诊活动”，这是发挥和利用侨的优势，服务健康中国战略的一项举措，也是面向基层，为人民群众提供健康服务、预防控制重大疾病的义举。活动采用特聘专家邹检平研究、开发的“人血管内皮生长因子试剂盒”。活动期间，特聘专家邹检平、刘越泽还分别为当地群众作了防癌症科普讲座和树立健康生活方式的科普讲座。两次活动惠及群众3000余人，受到当地政府和人民群众的广泛好评。

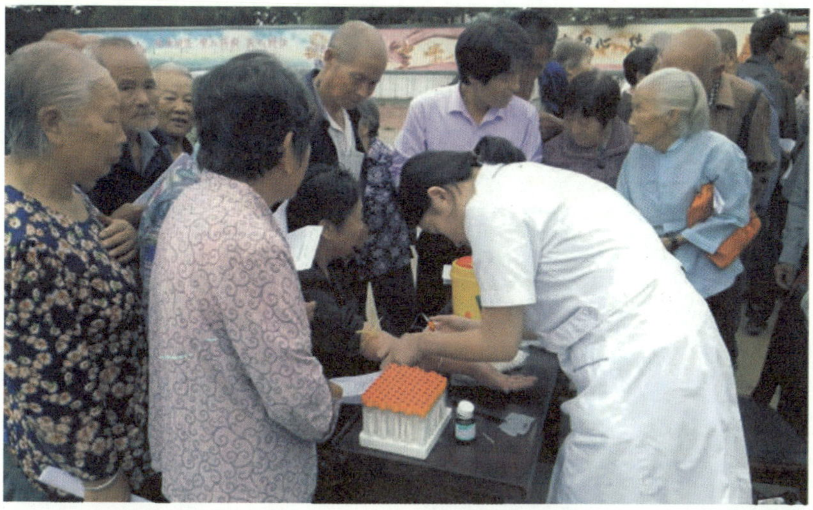

8月7日，“特聘专家走基层·肿瘤筛查义诊活动”在陕西渭南市富平县举行

【召开2019年中国侨联特聘专家年会】11月10日，2019中国侨联特聘专家委员会年会在渝召开。中国侨联党组书记、主席万立骏出席并讲话，重庆市政协主席王炯致辞。重庆市委常委、统战部部长李静，副市长李波，市政协副主席、致公党市委会主委、市侨联主席张玲出席。中国侨联兼职副主席、中国侨联特聘专家委员会主任周琪出席会议并作工作报告，150余名特聘专家委员参加会议。会议由中国侨联副主席李卓彬主持。万立骏在讲话中对中国侨联特聘专家委员会2019年工作取得的成绩给予肯定，对做好今后工作提出了要求。一是认真学习贯彻党的十九届四中全会精神，深刻领会坚持和完善中国特色社会主义制度、推进国家治理体系和治理能力现代化十三个方面的任务和举措，深刻领会坚持和完善党的领导体系、健全群团工作体系、完善科技创新体制机制、讲好中国制度故事等要求，把思想和行动统一到以习近平同志为核心的党中央各项决策部署上来。二是深入把握国内外发展大势，保持定力、坚定信心，自觉肩负起服务国家、服务人民的历史重任。三是聚焦党和国家中心任务，发挥优势、展现作为，围绕解决发展不平衡不充分问题、满足人民群众对美好生活的向往、把握全球形势的发展变化、建设创新型国家等建真言、献良策，努力把特聘专家委员会打造成侨界高端智库。四是强化政治引领、完善体制机制，牢记初心使命，精心设计载体，创新服务手段，着力拓展发挥作用的方式，形成特色、扩大影响，为委员锻炼成长、履职尽责创造良好条件。年会听取了周琪主任所作的中国侨联特聘专家委员会2019年

11月10日，2019中国侨联特聘专家委员会年会在重庆召开

特聘专家赴重庆召开年会期间，赴重庆市经开区考察调研

工作报告，从七个方面总结了2019年工作，对2020年专委会工作提出五点要求：一是突出政治属性，发挥侨界特色，不断健全组织构架；二是不断彰显专家委员会作用；三是依据自身学科特点，积极开展学术交流；四是加强战略布局，发挥团队优势，做好两个服务；五是积极参与“一带一路”建设，推动构建人类命运共同体，做到一个面向。年会期间，与会专家进行了分组讨论，研究提出新一年工作计划，并就加强委员会建设、推动相关领域发展等议题进行了交流研讨；会上为新增补的23位新委员颁发了聘书；编发了《中国侨联特聘专家建言献策集（第十二辑）》；颁发了建言献策奖，35名委员分获特等奖和一、二等奖。活动期间，组织专家赴重庆新侨企业和创业园区进行参观考察。

【召开2020特聘专家委员会工作研讨会】 2020年1月8日上午，2020年中国侨联特聘专家、侨创联盟理事建言献策座谈会在北京大学经济学院召开，中国侨联副主席李卓彬出席并主持会议。中国侨联特聘专家副主任兼秘书长李曙光，副主任董志勇，以及马骏、闫长明、汤立群、王文生、王遥、刘浩、关鸿亮、吴德胜、何如意、段文卫、郭雳、易显河、李然等在京专家和中国侨联新侨创新创业联盟副理事长赵新良参加会议。会上，专家们围绕加强专委会和侨创联盟建设、助力经济高质量发展、服务创新驱动发展等内容分别作了发言，积极建言献策。李卓彬副主席代表中国侨联向与会专家致以新春慰问，感谢专家对专委会工作的支持。

2020年1月8日，2020年中国侨联特聘专家、侨创联盟理事建言献策座谈会在北京召开，李卓彬副主席出席并讲话

中国侨联年鉴

省级侨联工作

中国侨联
年鉴

2020 中国侨联年鉴

北京市归国华侨联合会

【领导成员名单】

党组书记：赵宏生

主　　席：荣　洋

专职副主席：李冬娟（女）　苏　泳　李登新

兼职副主席：李曙光　高　杰　陶庆华

石　岳（女）　邢新会　魏英杰

吴　晨　解江冰　刘昊扬

李　然（女）　刘雅煌

秘 书 长：李登新（兼）

【综述】 2019年，北京市侨联坚持以党的政治建设为统领、以庆祝新中国成立70周年为主线、以开展“不忘初心、牢记使命”主题教育为抓手、以召开北京市第十五次侨代会为重点、以履行侨联职能为牵引，突出政治建设、服务首都发展、拓展海外联谊、积极为侨服务，理论武装得到新加强，管党治党取得新成效，领导班子和干部队伍建设有了新提升，侨联工作呈现新面貌。在市委的领导下，在中国侨联的指导下，胜利召开第十五次归侨侨眷代表大会，圆满完成了换届任务。

【召开北京市第十五次归侨侨眷代表大会】 11月26日上午，北京市第十五次归侨侨眷代表大会开幕，中共中央政治局委员北京市委书记蔡奇，中国侨联党组书记、主席万立骏讲话，北京市委副书记、市长陈吉宁，市政协主席吉林出席。蔡奇指出，海外侨胞和归侨侨眷是中国联系世界的纽带，是促进国家发展的重要依靠力量。他希望广大归侨侨眷和海外侨胞用亲身的感受、丰富的事例、生动的语言，讲好中国故事、首都故事，向世界展示全面真实立体的中国、展现社会主义大国首都风采。万立骏指出，以习近平同志为核心的党中央高度重视发挥归侨侨眷和海外

11月26日，中国侨联党组书记、主席万立骏出席北京市第十五次归侨侨眷代表大会开幕式

11月26日上午，北京市第十五次归侨侨眷代表大会开幕

11 月 26 日，北京市委书记蔡奇出席北京市第十五次归侨侨眷代表大会开幕式

侨胞的作用，高度重视做好归侨侨眷和海外侨胞的工作。他希望北京市各级侨联组织加强政治引领、凝聚思想共识，夯实归侨侨眷和海外侨胞团结奋斗的共同思想基础。11 月 27 日下午，北京市委统战部部长齐静出席闭幕式并讲话。她代表北京市委对大会的成功召开和新当选的北京市侨联新一届领导班子和领导集体表示祝贺。她指出，侨联组织作为党和政府联系归侨侨眷和海外侨胞的重要桥梁纽带，要秉持“以人为本、为侨服务”的宗旨，切实履行好职责使命，团结凝聚广大归侨侨眷和海外侨胞，积极主动投身国家和首都建设发展的伟大实践。大会审议通过了北京市侨联第十四届委员会工作报告，选举产生了北京市侨联第十五届委员会领导班子、常委、委员，聘请了北京市侨联第十五届委员会顾问、港澳和海外委员，表彰了侨联系统先进集体和先进个人。市领导崔述强、刘伟，市政府秘书长靳伟等出席相关会议。

【万立骏主席在京慰问并调研】2019 年 1 月，中国侨联党组书记、主席万立骏看望美国归侨、著名物理化学家、国家最高科学技术奖获得者、中国科学院院士张存浩，走访北京停简单信息技术有限公司等侨资企业，看望中国侨商联合会副会长郭俊琴，向他们致以诚挚问候，向广大归侨侨眷致以新春祝福。万立骏表示，习近平总书记在民营企业座谈会上的重要讲话，给广大侨资企业在内的民营企业家发展吃了定心丸，送来了及时雨。侨资企业家要响应总书记号召，集中精力把自己的企业办好，为经济高质量发展加油助力。广大侨资企业特别是科技创新型企业，要把握数字化、网络化、智慧化、自动化融合发展的契机，培育新动能，打造新技术、新产业、新业态、新模式。侨联要紧紧围绕国家发展需要，把科技和人才工作进一步抓好。北京市侨联党组书记赵宏生，中国侨联联谊联络部副部长朱柳，北京市侨联副主席苏泳，北京市侨联副主席、海淀区侨联主席石岳等参加相关活动。

1 月 15 日，万立骏主席（右一）在北京慰问张存浩院士

【万立骏主席在京调研侨资企业】9 月 19 日，中国侨联党组书记、主席万立骏到侨资企业北京金恒丰科技有限公司调研。他强调，侨资企业要学习贯彻习近平总书记在河南考察时的重要讲话精神，为我国突破关键核心技术、发展制造业和实体经济、推动产业转型升级，实现“两个一百年”奋斗目标作出更大贡献。

【李卓彬副主席出席“侨之家·怡海社区”命名仪式】10月12日，“侨之家·怡海社区”命名仪式暨“大爱行天下”环保公益嘉年华举行，这是北京市侨联命名的首个“侨之家”社区。中国侨联副主席李卓彬，北京市委常委、统战部部长齐静出席活动，并为“侨之家·怡海社区”揭牌。中国侨联、北京市等有关部门领导，北京市侨联和丰台区有关领导，怡海花园社区归侨侨眷、归国留学人员、怡海八中学生等1000余人参加活动。

4月23日，中国侨联副主席李波（右二）在北京调研基层侨联组织建设工作

10月12日，中国侨联副主席李卓彬（左五），北京市委常委、统战部部长齐静（左四）出席“侨之家·怡海社区”命名仪式

【李波副主席在京调研】4月23日，中国侨联副主席李波率中国侨联基层建设部部长张毅等一行，深入北京市中关村留创园侨联、朝阳区京师律师事务所侨联，就侨联基层组织建设工作进行考察调研。

【齐全胜副主席在京考察调研】3月12日，中国侨联副主席齐全胜赴北京市延庆区2019世界园艺博览会园区考察调研，他强调，2019世界园艺博览会的举办意义重大，体现了中国与国际社会共同建设美丽世界的意志。要引导海外华侨华人和归侨侨眷踊跃参与2019世园会，向世界生动讲述中国绿色发展的故事。12月4日，齐全胜副主席实地调研了丰台区“侨之家·怡海社区”，观看创建纪实专题片，听取了有关情况汇报，进行了座谈交流。

3月12日，中国侨联副主席齐全胜（左二）在北京考察调研

【吉林主席接见京津冀新侨人才研修班学员】4月25日，北京市政协主席吉林亲切接见了研修班学员，以交流座谈的形式进行了授课。他希望市侨联进一步发挥连接华侨华人与市委、市政府的桥梁纽带作用，使侨界人士更好地在中华民族伟大复兴事业中

4 月 25 日，北京市政协主席吉林（中）接见京津冀新侨人才研修班学员

贡献智慧力量。

【齐静会见第十九届“为国服务活动”嘉宾】6 月 17 日，北京市委常委、统战部部长齐静会见了“创业中华 · 牵手京津冀——第十九届海外侨界高层次人才为国服务活动”嘉宾并交流座谈。她对为侨服务工作提出了要求，希望海外侨界朋友多提宝贵意见建议，完善为侨服务机制，使“为国服务活动”更有生命力。

1 月 7 日，北京市侨联领导班子赴北京冬奥组委调研

6 月 17 日，北京市委常委、统战部部长齐静（左二）会见第十九届“为国服务活动”嘉宾

【赴北京冬奥组委调研】1 月 7 日上午，北京市侨联党组书记赵宏生带领领导班子成员、各部门和北京市华侨服务中心负责人，赴北京冬奥组委进行调研，对接侨联组织宣传冬奥、助力冬奥、服务冬奥相关工作。

【召开侨界人大代表政协委员座谈会】1 月 9 日，北京市侨联组织召开了侨界人大代表、政协委员座谈会，进一步统一思想、提高认识、凝心聚力，鼓舞侨界人大代表、政协委员以良好精神面貌参加北京市“两会”。与会市人大代表、市政协委员围绕各自一年来的履职情况和本次两会上的提案议案准备情况进行了交流座谈。市侨联党组书记赵宏生出席会议并讲话。

【召开第一次创新创业联盟理事长会议】1月11日，北京市侨联创新创业联盟第一次理事长会议在京召开。北京市侨联副主席苏泳、北京市侨联双创联盟秘书长曹江河及双创联盟理事长单位代表24人出席了会议。会议介绍了北京市侨联2019年主要工作思路，明确要将企业自身的发展与联盟的发展结合起来，实现优势互补，合作共赢，做到积极服务国家战略、北京建设和侨联事业发展，坚持资源共享、服务为本和开放合作。

【出访联谊】1月25日—2月4日，北京市侨联副主席、秘书长李登新率艺术团赴挪威、瑞典两国进行以“亲情中华·北京情思”为主题的慰问演出和文化交流活动。4月26日—30日，北京市侨联代表团赴澳门、香港拜访侨团侨领。5月30日—6月5日，北京市侨联海外联谊部副部长张琪跟随市台办团组出访台湾地区，开展调研交流活动。5月27日—6月3日，北京市侨联副巡视员刘峰率团赴菲律宾和马来西亚，开展访问交流活动。10月18日—25日，北京市侨联党组书记赵宏生率团赴爱尔兰和英国，开展访问交流活动。

【召开北京市侨联十四届七次全委（扩大）会】2月27日—28日，北京市侨联召开第十四届七次全委（扩大）会议，传达学习了中国侨联十届二次全委会议精神和北京市委对侨联工作的指示要求，审议了荣洋所作的工作报告，通过了《北京市侨联十四届七次全委会（扩大）会议关于常委会工作报告的决议》，市侨联党组书记赵宏生出席会议并讲话。北京市侨联顾问、北京市侨联常委和侨联委员、市区侨联专职干部、高等院校侨联主席、企事业单位侨联主席、侨界社

2月27日—28日，北京市侨联召开十四届七次全委（扩大）会议

1月15日—2月4日，北京市侨联组团赴挪威、瑞典开展慰问演出和文化交流

团负责人、街道侨联主席代表、先进单位和先进个人代表 200 余人参加了会议。

【全面从严治党】1 月 9 日，北京市侨联机关召开第五次党员大会，听取了市侨联机关党总支部第四届委员会工作报告和党费收缴及支出情况报告，选举产生了中共北京市侨联机关总支部第五届委员会委员。3 月 22 日，北京市侨联召开 2019 年全面从严治党工作动员部署会，会议通报了市侨联领导班子 2018 年度民主生活会情况，对 2019 年全面从严治党工作进行了部署安排，党组书记与班子成员、主管领导与分管部门负责人分别签订了全面从严治党责任书，全体党员干部签订了党风廉政建设承诺书。会议由市侨联党组副书记、副主席李冬娟主持，党组书记赵宏生作动员讲话。6 月 10 日，

6 月 10 日，北京市侨联召开“不忘初心、牢记使命”主题教育动员部署会

北京市侨联召开“不忘初心、牢记使命”主题教育动员部署会。市委第五巡回指导组组长雷显武出席并讲话。市侨联党组书记赵宏生主持会议并进行动员部署。

【召开 2019 年北京市侨联法顾委年会】3 月 22 日，北京市侨联法顾委召开 2019 年年会，市侨联党组书记赵宏生出席会议并讲话。会议传达学习了市侨联十四届七次全委（扩大）会议精神，李曙光主任代表法顾委作工作报告，全面总结 2018 年法顾委工作，部署了 2019 年的主要工作任务。

【召开 2019 年度社团工作会议】4 月 2 日—3 日，北京市侨联召开 2019 年度社团工作会议。来自 23 个社团的会长、秘书长、党建小组负责人共 60 余人参会。市侨联副主席李冬娟出席会议并讲话。会议总结了 2018 年度社团工作，部署了 2019 年度主要任务，对 2018 年取得优异成绩的社团进行了表彰。各社团介绍了 2019 年重点工作，相互交流了经验。市侨联海外联谊部、社会工作部、党建工作部、文化交流部分别在会议上介绍了主要工作，党建工作部特别针对社团党建工作如何开展进行了培训。

【举办第九届首都新侨乡文化节】4 月—7 月，“亲情中华 · 侨韵北京”第九届首都新侨乡文化节成功举办，共 11 个项目，吸引了上万侨界群众和各界人士参与，在围绕中心、服务大局、服务群众文化需求、构建侨界和谐等方面做出了积极贡献，以优异成绩献礼新中国成立 70 周年。4 月 4 日组织对第七届“亲情中华 · 金水桥之恋”华裔青少年书画大赛作品进行了评审。此次书画大赛自 2018 年 9 月启动，共收到来自马来西亚、英国、美国、中国香港等 29 个国家和地区 76 所海外华文学校、教育机构及华侨华人社团报送的华裔青少年书画作品共计 1940 幅。

2019 年 4 月—7 月，北京市侨联举办第九届首都新侨乡文化节

【举办“2019 年京津冀新侨人才研修班”】4 月 22 日—26 日，北京市侨联举办了“京津冀新侨人才研修班”，来自京津冀三地的新侨重点人士、有影响力的侨界企业家、高校新侨骨干等

55 人参加了研修。

【召开联谊联络、经济科技和文化宣传工作会议】4 月 26 日，北京市侨联召开联谊联络、经济科技和文化宣传工作会议，副主席苏泳、石岳、魏英杰出席会议。市侨联机关、服务中心负责人和各区、高等院校侨联负责人参加会议。会议介绍了中国侨联 2019 年联谊联络和经济科技工作会议的情况，传达了万立骏主席，李卓彬、李波副主席的讲话精神，并对市侨联 2019 年海外联谊、经济科技、文化宣传等工作要点进行了部署。

【完成 2019 年扶贫工作任务】5 月 8 日—9 日，北京市侨联副主席苏泳带队赴河北省张家口市调研扶贫攻坚工作。年底前，完成了“京侨帮扶・双百行动”“京侨帮扶・京蒙合作”“京侨帮扶・美丽乡村”“京侨帮扶・捐资助学”4 个项目的年度任务。

【举办海外杰青故乡行等活动】5 月 5 日，北京市侨联青委会召开以“凝聚侨界青年力量为民族复兴不懈奋斗”为主题的纪念五四运动 100 周年座谈会。北京市侨联副主席、青委会会长苏泳，青委会秘书长曹江河出席座谈会。6 月 21 日—25 日，北京市侨联举办了“2019 年海外杰青故乡行——走进北京”活动，来自 23 个国家和地区的 38 名市侨联青委会委员和海外侨界青年代表参加了活动。此次活动是北京市侨联青年委员会成立以来组织的第一次故乡行活动，也是市侨联庆祝新中国成立 70 周年的系列活动之一。市侨联党组书记赵宏生参加欢送会并致辞。8 月 2 日，北京市侨联副主席苏泳接待了由中国人民解放军驻澳门部队及澳门特区政府教育暨青年局合办的“国旗下说话系列活动 2019——学界升旗队”外访交流团一行。此次接待活动是北京市侨联首次接待澳门青年学生团组，有利于联系团结澳门青年，为引导他们发挥爱澳、爱国的热情起到积极作用。

【举办 2019 年“新侨汇”系列活动】6 月 25 日—28 日，北京市华侨服务中心举办了“京津冀协同发展”新侨培训和新侨企业产品推介活动。来自 12 家天津侨资企业、27 家北京侨资企业的 50 余名新侨企业人士参加了活动。北京市侨联副主席李冬娟出席活动并致辞。“京津冀协同发展”新侨培训共邀请三位讲师，进行了企业发展相关内容的培训。

【举办“中国寻根之旅”北京夏令营】7 月 5 日—8 月 26 日，北京市侨联圆满完成 2019 年度“中国寻根之旅”北京夏令营各项工作任务，其间共举办了北京朝阳营、北京海淀营、北京华文学院营、首经贸华侨学院营、国际汉语学院营等 14 个营，来自美国、澳大利亚、俄罗斯、意大利、巴西、印尼等 18 个国家和地区的 601 名营员参加了活动。

【开展义诊志愿服务活动】7 月 18 日—21 日、8 月 15 日—18 日，北京市侨联副主席李冬娟率“侨爱心——送温暖医疗队”分别前往内蒙古兴安盟科尔沁右翼前旗、新疆石河子大学医学院第一附属医院开展学术交流和义诊志愿服务活动，先后有解放军总医院、北京大学人民医院、首都医科大学附属北京儿童医院等 12 家医院的 22 名专家教授参与了活动，为当地 500 余名患者提供了寻诊问药和健康咨询等服务，会诊疑难病例 40 余例，其间还举办了讲座、培训、论坛、捐赠紧缺药品等活动。

【举办基层组织工作会暨基层侨联干部培训班】7 月 29 日—31 日，北京市侨联举办了 2019 年基层组织工作会暨基层侨联干部培训班，全市高等院校、局（总公司）、街道（乡镇）、社区、“两新组织”侨联和侨联社团负责人、部分区委统战部干部共 180 余人参加了培训，中国侨联基层建设部部长张毅出席开班式，北京市侨联副主席李冬娟作开班动员。

【成立京侨老年大学】9 月 24 日上午，北京市侨联京侨老年大学正式成立。市侨联党组书记赵宏生担任校长，聘请中国侨联原副主席、北京市人大常委会原副主任、北京市侨联原主席李昭玲为名誉校长。京侨老年大学的成立，旨在坚持“两个并重”、深化“两个拓展”，为老有所学、老有所为、老有所乐打造一个集教学与活动相结合的综合性老侨服务平台，延伸服务首都老侨工作手臂。

【举办首都侨界“庆祝新中国成立 70 周年”系列活动】7 月 26 日，首都侨界喜迎国庆 70 周年——《归国华侨史料丛书》北京篇第三、四卷首发式在京举行。中国侨联原主席林兆枢，中国

9 月 28 日，北京市侨联举办“首都侨界庆祝新中国成立 70 周年快闪活动”

侨联原副主席唐闻生，中国侨联原副主席、北京市侨联原主席李昭玲，中国侨联基层建设部部长张毅，中央统战部侨务综合局巡视员董传杰，北京市侨联党组书记赵宏生等领导及各侨界代表300 人出席活动。9 月 27 日，北京市侨联联合五邑侨乡海外联谊会共同举办“庆祝新中国成立70 周年五邑之夜”活动。北京市侨联党组书记赵宏生，广东省江门市政协副主席、致公党江门市委主委胡念芳等领导出席活动，来自 23 个国家和地区的 66 名海外侨胞一起联谊联欢庆祝新中国 70 华诞。9 月 28 日，由北京市侨联主办，朝阳区侨联、海淀区侨联、北京华商会联合承办的“首都侨界庆祝新中国成立 70 周年快闪活动”，在奥林匹克公园奥林匹克塔举行，北京市侨联党组书记赵宏生、主席荣洋、副主席苏泳出席活动，来自朝阳区侨联、海淀区侨联的新侨代表和海外华侨华人代表、北京华商会会员代表、北京新侨创新创业联盟单位代表共 100 人参加活动。9 月 29 日，北京市侨联召开“辉煌七十年　奋进新时代”新中国成立 70 周年港澳及海外侨胞座谈会，来自 27 个国家和地区的 36 名参加国庆活动的侨胞代表进行了座谈，市侨联党组书记赵宏生出席座谈会并讲话，市侨联主席荣洋，副主席李冬娟、苏泳，秘书长李登新参加座谈。

【举办志愿服务周暨侨法宣传月启动仪式】 10 月 10 日，2019 年北京市侨联志愿服务周暨侨法宣传月在京启动。中国侨联基层建设部部长张毅出席仪式并宣布活动启动，北京市侨联党组

10 月 10 日，北京市侨联举办志愿服务周暨侨法宣传月启动仪式

书记赵宏生主持仪式，北京市侨联主席荣洋讲话，东城区政协副主席李铁生致辞。中国侨联有关部门、市侨联、各区侨联领导出席活动，部分街道、高校、局、总公司侨联和侨联社团代表及侨界志愿者共 260 余人参加活动。

【召开北京市侨联十四届八次全委会】11 月 17 日，北京市侨联召开了第十四届委员会第八次全委会议，市侨联党组书记赵宏生出席会议并讲话，市侨联主席荣洋主持会议。会议对第十五次归侨侨眷代表大会的有关文件进行宣读和说明，审议通过了大会文件。

【举办“新侨汇”迎冬奥冰雪趣味运动会】12 月 6 日，北京市侨联在顺义区乔波滑雪馆举办了“新侨汇”迎冬奥冰雪趣味运动会。市侨联党组书记赵宏生，主席荣洋，党组副书记、副主席李冬娟等出席开幕式。来自各区侨联组织、侨界社团和侨资企业的八支队伍、72 名参赛选手和 50 余名啦啦队员参加了活动。此次活动进一步在首都侨界群众中为 2022 北京冬奥营造了良好的社会氛围。

【举办港澳和海外侨领国情研修班】11 月 28 日—12 月 3 日，北京市侨联举办了“2019 港澳和海外侨领国情研修班”，来自五大洲、25 个国家和地区的 58 位侨领参加了为期一周的研修班。其中 49 位是北京市侨联新一届委员会聘任的港澳和海外顾问、委员，还有的是列席全国两会的海外侨界代表。

【举办北京市新一届委员培训班】12 月 18 日—19 日，北京市侨联组织了新一届委员培训班，市侨联主席荣洋作开班动员，市委统战部副部长、侨办主任刘春锋和市委党校原副校长、市委讲师团兼职教授周春明进行授课，市侨联党组书记赵宏生作总结讲话。

【召开侨界人大代表、政协委员座谈会】12 月 30 日上午，北京市侨联召开了侨界人大代表、政协委员座谈会，市侨联党组书记赵宏生主持会议并讲话，14 位侨界人大代表、政协委员出席会议。会上，通报了市侨联 2019 年度参政议政工作情况，并就市侨联界别团体提案以及议案提案素材准备情况进行了说明。侨界市人大代表、市政协委员围绕各自一年来的履职情况、市“两会”上议案提案准备情况、市侨联界别团体提案情况以及履行参政议政职能情况进行了座谈交流。

【东城区侨联】2019 年，东城区侨联围绕中心、服务大局、履行职能、发挥优势，在服务区域社会发展、开展群众工作、主动参政议政、拓展海外联谊、依法维护侨益、加强自身建设等方面取得明显成效。在 11 月 25 日市第十五次归侨侨眷代表大会上，区侨联、东花市街道侨联、龙潭街道侨联、卫健委系统侨联荣获市侨联工作先进集体称号；11 人荣获市侨联工作先进个人称号；12 人荣获北京市归侨侨眷先进个人称号；谭菲等 11 人荣获从事侨联工作 10 年、20 年以上专兼职干部荣誉证书。3 月 20 日召开东城区二届四次全委（扩大）会，总结区侨联 2018 年工作，部署 2019 年工作，区侨联委员和全区 19 个基层侨联组织的负责人参加。8 月 16 日召开二届五次全委会，选举产生参加北京市第十五次归侨侨眷代表大会 29 名代表。12 月 19 日召开二届六次全委（扩大）会，传达市第十五次侨代会精神，为获得 2014—2018 年度北京市侨联工作先进集体、先进个人和归侨侨眷先进个人荣誉称号的获奖者颁发了奖牌和证书，获得先进集体称号的基层侨联组织做了交流发言。5 月 28 日在国家体育总局训练局北京体育馆承办“亲情中华　侨韵北京——第九届首都新侨乡文化节乒乓球邀请赛”，13 支代表队、70 多名运动员参加了比赛。6 月 22 日—23 日，与北京市和平里医院和医杏林志愿服务队开展了为期两天的首都医疗专家志愿者赴内蒙古巴彦淖尔乌拉特前蒙中医医院送医送健康活动，举办了东城区侨联捐赠的远程医疗系统捐赠仪式。4 月 12 日，携手龙潭街道侨联举行“东城区侨联关爱老侨进社区志愿服务项目”启动仪式。5 月 16 日，携手朝阳门街道侨联、北京茶语艺琳文化发展有限公司，举行了“关爱老侨进社区”活动。6 月 6 日，联合东城区体育馆路街道侨联、北京茶语艺琳文化发展有限公司、北京慈爱嘉养老服务有限公司，举行了端午节敬老“关爱老侨进社区”活动。11 月 8 日举办侨界代表性人士培训班，来自全区 19 个基层侨联的委员和区侨联委员 90 余人参加了培训。6 月 18 日在中国华侨历史博物馆举行“认根、铸魂、追梦——同心同行 70 年，坚定不移跟党走”庆祝新中国成立70周年主题教育活动。7月9日，组织侨界群众开展爱国主义教育。9月19日，与区人大法制委员会、区侨办、区政协港澳台侨委员会、致公党东城区委联合举办“寄语新中国，我对祖国有话说”座谈会。

【西城区侨联】2019年，西城区侨联坚持党的领导，围绕西城中心工作、服务首都发展大局，充分发挥侨联独特作用，团结联系广大归侨侨眷和海外侨胞，在服务经济发展、依法维护侨益、积极参政议政、传播中华文化、拓展海外联谊、参与社会建设等方面，均做出了积极贡献。在市第十五次归侨侨眷代表大会上，西城区侨联、广内街道侨联、新街口街道侨联荣获“北京市侨联工作先进集体”称号，20名归侨侨眷受到表彰。3月25日，召开2019年北京西城留联会工作会议，总结部署留联会工作。3月25日，召开西城区侨联第二届委员会第四次全委（扩大）会议，传达全国“两会”和中国侨联、北京市侨联的会议精神，听取2018年工作报告，部署2019年任务，增补11名青年委员，增聘13名海外顾问、委员，表彰参与扶贫协作的侨资企业代表。5月25日，举办“亲情中华·侨韵北京·探寻西城”第九届首都新侨乡文化节西城专场活动。举办侨联维权工作研讨会，举办15场“侨法知识进街道”培训活动。坚持开展集体慰问祝寿、节日送温暖等活动，为20户侨界困难家庭困难人员发放困难补助金16800元。制定“加强西城区归国留学人员统战工作实施方案”，建立留联会联席会制度，成立了首批西城园、金融集、西长安街街道3家“西城区留学人员之家”。7月18日，与河北省唐山市侨联共同主办“北京市西城区侨界高层次人才服务团开平行”活动，签署专家对接协议和友好侨联合作协议。持续推进侨资企业与内蒙古鄂伦春自治旗宜里镇小库莫村结对帮扶项目，投入资金5万元，用于补贴公益岗位。组织侨界人大代表、政协委员开展专项调研，完成3项调研课题。在市、区“两会”上，提交议案、提案16份，其中《关于西城区服务国家金融管理中心建设的建议》获评西城区2019年度优秀党派团体提案。7月30日—31日，举办西城区基层侨联工作培训班。9月27日，举办“共庆十一祖国华诞·见证70周年变迁——海外侨领西城行”活动，邀请65名海外侨领走进西城，为海外顾问和委员颁发聘书。全年接待“中国寻根之旅”海外华裔青少年夏令营北京营、“海外华文媒体北京行”等多个交流团组访问西城。开展“侨那一刻·礼赞70年——西城侨界群众眼中的国家大事”采访活动，拍摄记录20位归侨侨眷故事，制作宣传片，召开主题座谈会，印发西城侨讯专刊，组织侨界代表参加国庆七十周年群众游行。指导16个基层侨联组织完成换届，加强基层侨联信息员队伍建设，制作《西城区基层侨联工作手册》，加强“侨之家”建设培育。10月29日，召开基层侨联组织建设暨侨之家建设工作会议。

【朝阳区侨联】2019，朝阳区侨联紧扣新中国成立70周年庆祝活动这一工作总纲，按照“强基保障年”要求，以“不忘初心、牢记使命”主题教育为契机，不断加强基层侨联组织建设。1月23日上午，区侨联、区政协港澳台侨委员会、区华商会共同举办“朝阳春早　情暖侨心——2019侨界社团公益慈善迎新会”，400余名侨界人士参加活动。3月19日，区侨联与区发改委、CBD管委会、文创实验区管委会、CBD工商所等相关部门到侨企佳信海坛控股集团有限公司提供一对一服务，面对面为企业提供政策咨询，解决实际困难。3月25日下午，区侨联到北京海峡两岸社区发展研究中心调研，就侨海研究院建设和侨联工作方面与研究中心加强合作展开座谈交流。3月27日上午，召开2019年朝阳区基层侨联工作会，就2019年区侨联系统重点工作进行部署。4月11日—14日，区侨联、区华商会应菏泽市侨联、枣庄市侨联的邀请，率部分侨界专家、企业家代表赴两地考察交流。5月1日，区侨联、区华商会组织部分在京企业家代表，出席“美丽北京　绽放世园”—2019年中国北京世界园艺博览会“北京日”活动。5月16日上午，在市侨联、区侨联的指导帮助下，由劲松街道党工委及山水文园集团党支部牵头，正式成立山水文园集团侨界联合会。6月17日—27日，区侨联、区委组织部、区委统战部主办的2019年朝阳区党政干部侨情侨史研修班开班，全区各涉侨部门、功能区、街乡的侨务主管领导、干部近50名学员参加。7

月6日—15日、8月17日—26日，举办两期2019年“中国寻根之旅”海外华裔青少年夏令营北京朝阳营。来自美国、俄罗斯、法国等国家的194名海外华裔青少年和领队老师参加。8月15日上午，区侨联七届六次全委（扩大）会议召开，总结上半年工作、部署下半年工作，研究讨论朝阳区关于参加北京市第十五次归侨侨眷代表大会的代表、表彰人选、北京市侨联委员提名等推荐工作。9月9日下午，区侨联和朝阳规划艺术馆联合举办《侨说70年　我们的国歌》公益讲座。9月11日—2020年1月，区侨联开展“不忘初心、牢记使命”主题教育。10月26日，区侨联、京师律所侨联在奥林匹克森林公园举办“侨海朝阳　情暖侨心——2019公益长跑活动”。12月3日上午，区侨联七届七次全委（扩大）会议暨2019年基层工作会召开，深入学习贯彻落实党的十九届四中全会并传达市第十五次侨代会精神，表彰先进，总结工作。12月23日，区侨联、区委农工委联合下发《关于新时代加强我区农村地区基层侨联建设实施方案》，明确农村地区基层侨联组织建设三年行动计划。

【海淀区侨联】2019年，海淀区侨联围绕区委、区政府中心工作，积极发挥桥梁纽带作用，整合区域资源，不断拓展海外和新侨工作，努力做到服务大局和为侨服务相统一。在2019年11月26日召开的北京市第十五次归侨侨眷代表大会上，荣获“北京市侨联工作先进集体”荣誉称号。发挥优势服务核心区建设。继续开展“创业中关村·侨海企业创业行”活动，组织50余名海归创业者赴天津、河北、山东、江苏等地开展项目考察对接交流活动，协助15名海归创业者进驻海淀创业园创业，组织100余名海归创业者赴利亚德、字节跳动科技公司、海淀创业园、中关村集成电路产业园、小米科技园等企业和园区考察参观。积极拓展海外新侨工作。全年接待来自10余个国家和地区的海外侨领、高端人士和港澳青年学生400余人次，邀请美国国家小企业协会主席、美国密歇根州首府兰辛市市长访问海淀，拜会曾劲代区长，举办2019变局下中美中小企业跨界交流合作论坛，接待英国谢菲尔德大学副校长戴夫·佩特利教授考察团，承办“亲情中华”北京情思夏令营海淀营，继续开展“海归驿站”品牌活动，与相关单位联合举办“创业中关村·助创政策宣讲解读会”5期、海归创业者分享交流会4场，吸引了线上线下1600余名新侨海归参加。先后走访60余家留创园、高科技海归企业，了解企业诉求，提供精准服务。组织“书香侨海·一起悦读”线上线下读书分享互动会8场，1000余名侨界人士参加。搭建平台团结凝聚侨界群众。与涉侨部门及相关单位共同举办海淀区第八届“新侨乡文化节”，组织健步走、侨界家庭亲子营等活动20场，吸引了3000名侨界群众积极参与。举办海淀侨界庆祝新中国成立70周年活动，组织新侨海归和海外侨胞参与北京电视台在天安门广场录制升旗仪式，组织10余位海外侨胞参加国庆70周年群众游行活动。参政议政服务民主政治建设，为侨界政协委员和侨联委员履职搭建活动平台，提交团体提案2份，界别提案1份，个人提案5份。联合区政协港澳台侨委员会共同开展《提升中关村科技创新能力思考》课题调研。依法护侨提升为侨服务水平。对辖区困侨、重点人士信息进行摸排更新，走访慰问109户，发放慰问金、慰问品7.91万元。走访街道社区侨之家8个，了解基层侨联活动开展情况。举办法律宣传、医疗讲座等活动6场。做好信访工作，共接待处理8件次来人来信来电。扎实开展“不忘初心、牢记使命”主题教育，开展各类学习活动20余次、调研活动15次，检视问题14个，制定专项整治措施28项。加大对外宣传力度，全年共发布、转载各类信息资讯480次；完善侨联微信服务号建设，共推送资讯、活动、原创文章42次共计190篇。

天津市归国华侨联合会

【领导成员名单】

党组书记、主席：胡胜才（1月15日卸免）
党组副书记、常务副主席：陈钟林（女，1月15日主持工作）
专职副主席：杨　晖
兼职副主席：黄骁卓　余弘力
秘书长：杨　晖（兼）

【综述】2019年，天津市侨联在中共天津市委的坚强领导和中国侨联的正确指导下，以习近平新时代中国特色社会主义思想为引领，增强“四个意识”、坚定“四个自信”、做到“两个维护”，全面贯彻党的十九大和十九届二中、三中、四中全会精神，认真学习贯彻习近平总书记关于侨务工作的重要论述，扎实开展“不忘初心、牢记使命”主题教育，积极推动侨联改革方案的落实，围绕推动“两个建设”，用好“两项机制”加大基层组织建设、阵地建设力度；坚持拓展海外、拓展新侨，夯实对外联谊联络工作基础；以庆祝新中国成立70周年为契机，加强对海内外侨界的思想引领。聚焦主责主业、认真履行侨联各项职责，团结带领侨界群众听党话、跟党走，认真贯彻落实习近平总书记对天津工作的重要指示，为实现高质量发展，加快建设“五个现代化”天津贡献了侨界力量。

【开展“不忘初心，牢记使命”主题教育】天津市侨联认真学习贯彻习近平总书记在主题教育工作会议上的重要讲话精神，按照党中央和市委的统一工作部署，聚焦根本任务、把

9月11日，天津市侨联召开“不忘初心、牢记使命”主题教育总结会

6月20日，天津市侨联与中国侨联信息传播部共同开展主题教育活动

12 月 2 日，天津市侨联系统传达学习贯彻党的十九届四中全会精神

握“十二字”总要求，紧扣具体目标，精心组织、严密部署、狠抓落实。发挥理论中心组学习示范作用，带动机关全体党员干部读原文、悟原理，学习交流、参观观影，接受精神洗礼和党性教育。结合侨联工作实际，认真开展工作调研并形成 3 篇报告。突出检视问题和专项整治，坚持开展“主题党日”、认真开展“三看三重温”活动，广泛听取意见，修订完善了 40 项制度措施并狠抓整改落实。坚持问题导向，在整改问题的同时，转变工作作风。天津电视台新闻报道和《天津日报》头版，先后报道了市侨联帮助群众解决实际问题的具体做法《以担当作为促整改落实》。指导组对市侨联主题教育开展情况给予充分肯定。12 月 2 日，天津市侨联召开市侨联系统传达学习贯彻党的十九届四中全会精神宣讲会。市侨联党组副书记、常务副主席陈钟林传达了全会精神，对全市侨联系统的学习贯彻工作做了动员部署。宣讲会由市侨联党组成员、专职副主席杨晖主持。各区、高校侨联、侨海联谊组，所属单位，校友会、联谊会、侨菁会、市侨联机关全体干部出席，邀请了各区、高校统战部侨务干部列席会议。

【加强思想政治引领凝聚侨界共识】天津市侨联建好用好宣传平台，举办了“天津市侨联 2019 年信息宣传培训班”，提高宣传工作者队伍水平。利用侨联网站、微信公众号、云上侨联等网络平台和微信群，加强对党的路线方针政策的宣传解读，及时发布海内外侨界动态，凝聚侨界共识。发挥“中国侨联文化交流基地”“新侨创新创业基地”、海河改造工程等的作用，利用“津洽会”“华博会”“海外高层次人才为国服务团”“世界杰青天津行”等活动，介绍天津发展变化，宣传改革开放成果、传播发展理念，凝聚侨界信心和力量。编辑出版《海河畔的新侨故事》，对我市 40 位优秀归侨侨眷和留学归国人员的奋斗故事进行网络新媒体的宣传报道，弘扬爱国奉献精神和侨界正能量。

3 月 11 日，天津市侨联组织侨联委员、机关干部和基层侨联干部走进荣程集团参观“时代记忆”展览

6 月 14 日，由天津市侨联承办的“创业中华·牵手京津冀”第十九届海外侨界高层次人才为国服务活动启动仪式在天津梅江会展中心举行，中国侨联副主席李卓彬（右三）为“京津冀新侨创新创业基地”授牌

【汇聚侨智服务经济大局】天津市侨联参与主办“津洽会”、协办“华博会”，先后邀请美国、中国香港、意大利等国家和地区共 150 余名侨商来津，助力雅居乐集团、华燊发展集团与宝坻区政府“津侨国际小镇”项目引进签约，建设国际化产城融合特色小镇。举办“第十九届海外高层次人才为国服务活动”，组织来自 12 个国家和地区的 74 位高科技人才来津考察交流洽谈，与市科技局共同主办科技创新项目对接会，现场签约 1 亿元人民币科技项目。推动南开大学—沧州渤海新区绿色化工联合研究院落地发展。举办了 7 期“华博圆桌会 2.0”活动，全市 400 多家企业踊跃参与。

【深化联络联谊涵养侨务资源】天津市侨联将推进“两项机制”落实纳入年度重点工作。利用南开大学全球校友会会长论坛和百年校庆，邀请海内外校友会负责人就社团建设、联谊联络、文化交流等进行交流；依托海外校友会开展引智引技、文化交流、城市推介等活动拓展侨联对外联络；深化“两个拓展”，利用“华博会”“津洽会”“侨界杰青走进天津”等重点活动，加强与海外侨“社”团的联谊，不断扩大朋友圈。组织了“第二十届世界华人学生作文大赛”，天津赛区共有 84 名参赛学生分别获得一、二、三等奖，29 名教师获优秀教师指导奖；首次承办了 2019 年“中国寻根之旅”夏令营 6 个营组；持续推进了《全球华人旗袍映像长卷》“海外行”和“画中人”朗诵艺术大赛等活动，弘扬中华文化、扩大对外宣传，树立城市形象。建立各区、高校侨联与海外侨团侨社联络资源的对接、共享机制，实现工作信息及时发布、交流信息时时分享，“网上侨联”作用日益凸显，联谊联络和服务力度得到加强。调研报告《延展侨联组织手臂，凝聚海外留学归国人员，为“五个现代化天津”建设贡献智慧力量》获得天津市统战理

8 月 8 日，由天津市侨联主办，天津国际汉语学院承办的 2019 年海外华裔青少年“中国寻根之旅”夏令营举行闭营仪式，来自德国和越南的 40 名营员结束了难忘的 10 天中国文化之旅

论政策研究创新成果特别奖。

【开展庆祝新中国成立70周年系列活动】2019年，天津市侨联通过网上网下结合、国内海外互动、市区与基层联合等多种形式，开展了丰富多彩的庆祝活动。春节与“津云”合作，组织海外10余个侨团同唱《我和我的祖国》，制作的视频在主流媒体和公共平台播放获得广泛关注；举办了“祖国颂·故乡情——天津侨界王冠峰陈幼白卢东升书画展”“丹青雅颂　盛世欢颜”庆祝新中国成立70周年书画展，用笔墨抒发爱国爱党情怀；市侨联与和平区侨联共同举办了“老侨新侨话今昔、凝心聚力谱新篇”专题座谈会，新老归侨分享人生、畅谈感受，促进华侨爱国奉献精神的传承和弘扬；组织国庆回国观礼的海外华侨华人进行座谈和采访报道；与侨商会联合举办庆祝新中国成立70年首届天津市侨界趣味运动会，用活力和热情凝聚侨界群众和企业，助力天津发展；基层侨联分别以座谈、参观、观影、演出等活动，歌颂伟大祖国70年的奋斗历程和辉煌成就，凝聚归侨侨眷海外侨胞同心携手向未来的正能量。

6月2日，由天津市侨联、市残疾人福利基金会、市光彩事业促进会、天建联股份公司联合主办的天津市第五届“小拍品·大爱心”公益拍卖活动在天津婚博园举办

9月22日，由天津市侨联主办、和平区侨联承办的“老侨新侨话今昔、凝心聚力谱新篇”主题座谈会在天津五大道历史博物馆举行

【开展侨界维权和公益献爱心活动】天津市侨联出台了《天津市侨联落实〈信访条例〉的实施细则》，确保了维权工作有规可依，维权机制逐步完善。联合市侨办、市高院举办了“弘扬宪法精神　依法维护侨益”侨法宣传日活动暨涉侨纠纷多元化解协调机制签约仪式，为侨界群众进行了涉侨政策及法律法规知识讲座；举办了天津市第五届“小拍品·大爱心”慈善拍卖公益活动；举行“关爱侨胞·送医到身边”侨爱心送温暖义诊志愿服务启动仪式，为25个志愿服务队进行授旗，为百余名侨界群众开展公益讲座和义务咨询。积极动员天津侨界力量，助力扶贫攻坚，发起“侨心大爱”公益捐款活动，侨界群众及爱心企业累计捐款为837156元。由天津市侨联顾问沈家燊、李然发起成立“津侨慈善基金”，将连续六年以每年捐赠50万人民币共计300万人民币，首笔善款50万元中30万作为天津市侨联对口扶贫捐款，用于支援甘肃和承德贫困地区群众脱贫项目。

【加强基层侨联组织建设】天津市侨联认真落实中国侨联《关于新时代加强基层侨联建设的指导意见》，基层组织建设纳入年度重点工作。完成了市侨联机构改革，增设了社会工作联络部，在基层侨联换届、客家联谊会、三胞中青年联谊会换届中进一步强化党对侨联工作的领导。加大市侨联对基层侨联工作指导的力度，开展了基层组织建设工作摸底调研，摸清了基层侨联建设发展中的“难点”“痛点”。通过召开基层主席联席会、赴厦门举办侨联系统专兼职干部培训班、联合举办大型活动、帮助指导基层换届等积极构建“大侨务”工作格局。和平区、医科大学和师范大学先后完成侨联换届；津南、武清、北辰区相继成立了侨海联谊活动组，实现全市 16 个区侨海组织全覆盖；三级侨联组织体系不断完善，滨海新区泰达街、高新区侨联成立。积极推进“侨胞之家”建设规范化，出台《天津市侨联“侨胞之家”建设实施方案（试行）》，申请中国侨联专项资金 15 万，挂牌建立了 24 个“侨胞之家”，成为服务侨胞、凝聚侨力的重要载体。

3 月 1 日，中国侨联主席万立骏（左二）会见宝坻“津侨国际小镇”项目合作方负责人一行，市侨联常务副主席陈钟林（右二）陪同会见

9 月 23 日，滨海新区高新区侨联成立并举行“侨胞之家”揭牌仪式，市侨联党组副书记、常务副主席陈钟林（右二），滨海新区区委常委、统战部部长费巍（左二）为“侨胞之家”揭牌

【万立骏主席会见宝坻“津侨国际小镇”项目合作方负责人一行】3 月 1 日，天津市侨联常务副主席陈钟林，宝坻区区长毛劲松，中国侨联常委、天津市侨联顾问、华燊发展集团有限公司主席沈家燊等一行，赴中国侨联汇报宝坻“津侨国际小镇”项目进展情况，中国侨联主席万立骏亲切会见了项目合作方负责人一行，对宝坻“津侨国际小镇”筹备进展工作给予充分肯定，表示将全力支持小镇建设，希望宝坻“津侨国际小镇”做好“侨”的文章，强化开放意识，同时要用好高校人才和智力资源，加强与高校沟通合作，真正打造一座具有“侨”的品牌和特色的国际小镇。

【隋军副主席赴天津调研】3 月 5 日，中国侨联党组成员、副主席隋军赴天津，来到梁启超纪念馆、和平区侨联就党建带侨建和基层侨联组织建设开展专题调研。隋军一行来到天津市和平区侨联，看望侨联干

3 月 5 日，中国侨联党组成员、副主席隋军到天津进行基层侨联组织建设专题调研，图为隋军副主席在和平区“侨胞之家”与参加活动的老归侨亲切交谈

部、了解工作情况，并与正在参加活动的老归侨们亲切交流；召开天津市各级侨联座谈会，了解侨务资源分布、推进“党建带侨建”、基层组织设置、侨联活动开展等方面情况。隋军在调研时指出，要把牢政治方向，更加注重思想政治引领；聚焦中心工作，更加注重服务地方经济社会发展；做实为侨服务品牌，更加注重提升工作实效；以党建带侨建，更加注重“两个建设”。在津期间，天津市人大常委会副主任、市委统战部常务副部长李虹会见了隋军一行，双方就充分发挥侨的作用、做好新时代侨联工作、助力天津经济社会高质量发展等工作交换了意见。中国侨联机关党委副书记、纪委书记林美龄，天津市侨联副主席陈钟林、杨晖，和平区委常委、统战部部长韩昱等陪同参加了有关调研活动。

【召开天津市侨联九届三次全委会】4 月 22 日，天津市侨联召开九届三次全委会，传达全国“两会”和中国侨联有关会议精神，总结 2018 年工作并部署 2019 年计划。天津市委统战部副部长唐瑞生到会并讲话，市政协常委、市政协港澳台侨委员会副主任、市侨联八届、九届主席胡胜才出席会议。市侨联党组副书记、常务副主席陈钟林主持会议并代表市侨联九届常委会作工作报告。市侨联党组成员、专职副主席兼秘书长杨晖，兼职副主席黄骁卓出席，党组成员、二级巡视员李华生列席会议。在津的市侨联委员出席会议，部分区、高校统战部长，市侨联机关和各区、高校侨联专职干部、市侨联所属涉侨社团负责人列席会议。会议审议通过接受胡胜才辞去市侨联主席职务的决议、《关于天津市侨联九届三次全委会〈工作报告〉的决议》、《天津市“侨胞之家”建设实施方案（试行）》、《市侨联委员工作制度（试行）》。

【李卓彬副主席出席津洽会及“天津宝坻津侨国际小镇”项目仪式启动】4 月 18 日，2019 中国天津投资贸易洽谈会暨 PECC 国际贸易投资博览会在天津梅江会展中心开幕。天津市委书记李鸿忠，市委副书记、市长张国清，中国商业联合会会长姜明，中国侨联副主席李卓彬出席并共同启幕。以中国侨商会常务副会长刘志强为团长的中国侨商联合会代表团出席开幕式。18 日，宝坻津侨国际小镇项目启动仪式暨侨商投资项目签约仪式在宝坻区举行。中国侨联副主席李卓彬，天津市委常委、统战部部长冀国强，中国侨联常委、中国侨商联合会常务副会长、香江集团董事局主席刘志强，中国侨联常委、华燊发展有限公司董事会主席沈家燊，雅居乐地产集团总裁王海洋等出席启动仪式。霍 e 农—华燊智慧农业研究中心项目、中餐繁荣项目分别与津侨国际小镇签约。市侨联常务副主席陈钟林等陪同出席相关活动。

4 月 18 日，举行宝坻津侨国际小镇项目启动仪式暨侨商投资项目签约仪式

4 月 22 日，天津市侨联召开九届三次全会会

6 月 13 日，天津市委常委、统战部部长冀国强会见“第十九届海外侨界高层次人才为国服务活动”全体代表

【冀国强会见“第十九届海外侨界高层次人才为国服务活动”全体代表】 6 月 13 日，市委常委、市委统战部部长冀国强会见了来津参加第十九届海外侨界高层次人才为国服务活动的全体代表。会见由市侨联常务副主席陈钟林主持。冀国强指出，海外侨界高层次人才为国服务活动至今已是第十九届，今年是中华人民共和国成立 70 周年，相信海外侨胞对祖国 70 周年来的发展变化有着深刻的体会。希望大家以侨引侨、以外引外、以朋友引朋友，更多地关注天津、宣传天津、支持天津、创业天津。

10 月 13 日，天津市侨联、市体育局和市体育总会共同主办“庆祝新中国成立 70 周年全民健身活动・天津市侨界首届趣味运动会”

【举办天津市首届侨界趣味运动会】 10 月 13 日，天津市侨联、市体育局和市体育总会共同主办“庆祝新中国成立 70 周年全民健身活动・天津市侨界首届趣味运动会”在市人民体育馆举行。此次运动会旨在汇聚侨界健康向上正能量，倡导侨界文明和谐新风尚。全市各区、高校侨联、侨商会和市侨联机关及所属单位 220 名运动员参加了 10 个项目的比赛。市侨联常务副主席陈钟林、市体育局副局长李桂峰出席并分别致辞。

【举办“侨爱心送温暖”义诊活动】 11 月 4 日，天津市侨联举行了“关爱侨胞・送医到身边”侨爱心送温暖义诊志愿服务启动仪式。市侨

11 月 4 日，天津市侨联举办“关爱侨胞・送医到身边”侨爱心送温暖义诊暨志愿服务启动仪式

联党组副书记、常务副主席陈钟林，党组成员、二级巡视员李华生出席活动并为志愿服务队授旗。市一中心医院副院长王春革、市中心妇产医院副院长张云山等专家举行专题讲座、开展现场医疗咨询活动。市侨联机关干部、各区各高校侨联、侨海联谊活动小组相关负责人，全市部分归侨侨眷代表共百余人参加活动。

12 月 4 日，天津市侨办、市高院、市侨联共同开展“弘扬宪法精神、依法维护侨益”侨法宣传日活动暨涉侨纠纷多元化解协作机制签约仪式

【中国侨联青年委员会部分委员来津参访】 11 月 9 日—12 日，中国侨联青年委员会部分委员来津开展“侨界杰青走进天津”活动。访津团由来自美洲、大洋洲等 14 个国家和地区的 50 余位华侨华人青年代表人士组成。在津期间，市委常委、统战部部长冀国强会见了访津团成员。杰青们先后参观了天津市规划展览馆、天津博物馆、梁启超故居、曹禺故居、滨海—中关村科技园、天津海鸥表业集团有限公司、杨柳青年画博物馆、中华武林园，观看了《武传奇之霍元甲》大型人文主题实景舞台剧，参观了海河综合改造工程，进一步深化了对天津的了解。

【举办侨法宣传日活动暨涉侨纠纷多元化解协作机制签约仪式】 天津市侨办、市高院、市侨联于 12 月 4 日国家宪法日当天，共同开展了“弘扬宪法精神　依法维护侨益”侨法宣传日活动暨涉侨纠纷多元化解协作机制签约仪式。市委统战部副部长、市侨办主任唐瑞生，市高院副院长钱海玲出席活动并讲话，活动由市侨联党组副书记、常务副主席陈钟林主持。天津市各区、高校侨务干部、侨界政协委员、天津市侨联法顾委委员及侨界群众代表共 100 余人参加了活动。

2019 年 11 月，中国侨联青年委员会访津团考察滨海新区后合影

河北省归国华侨联合会

【领导成员名单】

党组书记、主席：包　东

专职副主席：季加宇　封燕燕（女）

兼职副主席：付辉东　屈　恩（女）
余良淇　张海林
胡　翎（女）　杨宏伟
巨永健

秘书长：封燕燕（女，兼）

2019 年 6 月 23 日，河北省第十次归侨侨眷代表大会选举产生新一届领导班子

党组书记、主席：包　东

专职副主席：孙晋康　任卓平（女）

挂职副主席：周晓辉（女）

兼职副主席：付辉东　屈　恩（女）
余良淇　王　强　元　革
李　青（女）　武志永

秘书长：任卓平（女，兼）

【综述】2019 年，河北省侨联以习近平新时代中国特色社会主义思想为统领，深入学习党的十九大和十九届二中、三中、四中全会精神，贯彻落实习近平总书记对河北工作的重要指示批示和关于侨务工作的重要论述，不断增强“四个意识”，坚定“四个自信”，做到“两个维护”，坚持“两个并重”“两个拓展”，推动“两个建设”，开展“不忘初心、牢记使命”主题教育，召开河北省第十次归侨侨眷代表大会，推动侨联改革，打造“十项侨联品牌工作”，抓好“十大聚侨汇侨平台”，各项工作取得了新进展新成效。

【确保党对侨联工作的全面领导】河北省侨联坚持党组带头学习，制定《河北省侨联党组理论学习中心组学习制度》，组织党组理论学习中心组学习 8 次，深入学习习近平总书记在庆祝新中国成立 70 周年庆祝大会上的重要讲话，学习宣讲党的十九届四中全会精神，学习贯彻中国侨联十届三次全委会议精神，深入宣讲省十次侨代会精神，始终聚焦中央、省委决策部署，推动侨联工作落实。强化侨界思想政治引领，通过侨联系统官网、公众号、微信群等新媒体，生动、全面、立体地宣传习近平新时代中国特色社会主义思想，组成宣讲团赴各地市宣讲党的十九届四中全会精神。开展“委员主题活动日”活动，引领各级侨联组织及广大归侨侨眷学习习近平总书记在新中国成立 70 周年庆祝大会上的重要讲话，团结侨界群众听党话跟党走。11 月 22 日，省侨联党组书记包东在石家庄宣讲党的十九届四中全会精神。省侨联驻石委员，侨联青委会、法顾委、华商会、专家委员会代表，省侨联、石家庄市侨联机关全体人员共计 80 余人参加。

【开展“不忘初心、牢记使命”主题教育】按照中央、河北省委“不忘初心、牢记使命”主题教育部署要求，河北省侨联党组按照四个“贯彻始终”要求，坚持党组带头学，深入学习党章党史、党规党纪，组织党组理论学习中心组带机关全体集中学习研讨，党组成员、厅级领导干部带头进行重点发言，机关干部结合工作普遍发言；坚持深入基层调研，深入 13 个地市（含定州、辛集）及华北油田，领导班子成员讲授专题党课，召开座谈会 40 场，实地走访侨胞之家、基层侨联、侨企等 43 家单位，梳理归纳 18 个问题，形成调研报告 5 份、侨情专报 1 份；坚持对标对表检视问题，通过调研、征求意见、召开座谈会、谈心谈话、召开专题民主生活会等方式，梳理 5 方面 15 个问题；坚持真抓真改，对检视存在的问题，深入剖析存在原因，制定《省侨联主题教育检视问题整改措施》，专题召开主题教育总结通报大会，上下联动狠抓问题整改落实。

【召开河北省第十次归侨侨眷代表大会】6 月 22 日—23 日，河北省第十次归侨侨眷代表大会在石家庄召开，河北省委书记、省人大常委会主任王东峰，中国侨联党组书记、主席万立骏出席开幕式并讲话。河北省委副书记、省长许勤，省委副书记赵一德，省委常委、组织部部长梁田庚，省委常委、统战部部长冉万祥，省委常委、宣传部部长焦彦龙，省委常委、政法委书记董仚生，省委常委、石家庄市委书记邢国辉，省委常委、秘书长高志立，省委常委、纪委书记、监委主任刘爽，省人大常委会党组书记、常务副主任范照兵，省人大常委会副主任王会勇，省政府副

6 月 22 日，河北省委书记、省人大常委会主任王东峰（右）在河北太行国宾馆会见中国侨联党组书记、主席万立骏（左）

省长夏延军，省政协副主席曹素华，中国侨联秘书长、办公厅主任陈迈，中国侨联组织人事部部长姚林楠到会祝贺。省妇联主席贾玉英代表省各人民团体向大会致贺词，会上宣读了人力资源和社会保障厅、省侨联、省侨办关于表扬表彰的决定。省侨联党组书记、主席包东代表省侨联第九届委员会向大会作了题为《贯彻新思想　勇担新使命　为新时代全面建设经济强省美丽河北作出新贡献》的工作报告。来自省内各界和港澳归侨侨眷代表、海外嘉宾，省直有关单位和人民团体负责同志，部分市县和高校分管负责同志，省侨界老同志代表和来自县（市、区）的部分基层侨联组织负责同志近 600 余人参加会议。大会通过了《关于省侨联第九届委员会工作报告的决议》，选举产生了新一届省侨联委员会。包东当选主席，孙晋康、任卓平、周晓辉、王强、元革、付辉东、李青、余良拱、武志永、屈恩为副主席，任卓平为秘书长，封燕燕等 5 人被聘为顾问，王立良等 190 人被聘为海外委员，大会为省侨联十届委员会顾问和海外委员颁发了聘书。6 月 22 日上午，河北省委书记、省人大常委会主任王东峰会见中国侨联党组书记、主席万立骏，双方围绕发挥海内外侨胞优势作用，推动地方经济社会发展，深化侨联改革交换意见。会见结束后，王东峰、万立骏等领导会见参加河北省第十次归侨侨眷代表大会的海外委员，并合影留念。

【万立骏主席赴张家口调研】 5 月 30 日—31 日，中国侨联党组书记、主席万立骏带队，中国侨联党组成员、副主席李波，中国侨联顾问、中国华侨公益基金会理事长乔卫，中国侨联有关领导，以及中国侨商联合会会长、世茂集团董事局主席许荣茂等 26 名重要侨商、跨国公司负责人共 50 余人赴张家口，围绕“助力冬奥、精准扶

6 月 22 日—23 日，河北省第十次归侨侨眷代表大会在石家庄召开

5 月 30 日，中国侨联党组书记、主席万立骏（左四）赴张家口调研全球华人华侨支持 2022 冬奥建设

贫、冰雪产业洽谈、侨联基层组织建设”4 个方面进行了调研，先后考察崇礼庆典广场、张家口赛区冬奥规划临时展厅、太子城冰雪小镇暨颁奖广场、太舞滑雪小镇，召开“全球华侨华人支持冬奥事业、捐建冬奥场馆座谈会”“华商和侨资企业助力冰雪产业经贸洽谈会”“张家口地区基层组织建设座谈会”，组织了侨界助力“脱贫攻坚光明行”活动。其间，中国侨联和张家口市政府就组织动员全球华侨华人积极支持冬奥事业，捐建冬奥场馆相关项目达成一致意见，中国侨联将通过募集善款方式，捐赠 1.6 亿元人民币，支持张家口（冬奥）冰雪博物馆的建设工作，并就有关捐助和建设事项达成了共识，签订了《关于动员海内外侨胞助力冬奥合作备忘录》。

【召开河北省侨联九届七次全委会】1 月 12 日，河北省侨联九届七次全委会议在石家庄召开。省侨联党组书记、主席包东，副主席季加宇、封燕燕、付辉东、余良撰、屈恩、巨永建出席会议，封燕燕主持会议。九届委员会常委、委员、部分市侨联负责人、省侨联机关干部共 100 余人参加了会议。包东代表九届常委会作了《贯彻落实第十次全国侨代会精神　不断推进全省侨联改革创新发展》的工作报告，会议发出《关于凝聚侨界力量　发挥独特作用迎接新中国成立 70 周年的倡议》。

【召开河北省侨联九届十二次常委会】3 月 15 日，河北省侨联九届十二次常委会议在石家庄召开。省侨联党组书记、主席包东，副主席季加宇、封燕燕、付辉东、巨永建出席会议，包东主持会议并讲话。九届委员会常委、部分市侨联负责人、省侨联机关干部共 60 余人参加了会议。会议审议通过了《关于召开河北省第十次归侨侨眷代表大会的决议》和《河北省第十次归侨侨眷代表大会组织方案的决议》，对省第十次归侨侨眷代表大会《工作报告》起草和换届宣传工作作出了安排部署。

【隋军副主席来冀调研】4 月 24 日—26 日，中国侨联党组成员、副主席隋军来冀出席 13 省市侨联侨情专报工作推进会，并赴石家庄、沧州两地调研。其间，在石家庄召开了 13 省市侨联侨情专报工作推进会，先后走访正定塔元庄村、正定古城、河北省外国语学院“侨胞之家”、河北常山生化药业股份有限公司、河北东旭集团、现代汽车沧州工厂和沧州冀春集团等侨资企业。河北省侨联党组书记、主席包东，中国侨联组织人事部副部长赵珊珊，河北省侨联党组成员、副主席季加宇等陪同参加了调研活动。

4 月 24 日，中国侨联党组成员、副主席隋军（前排左二）在正定调研

8 月 2 日，“创业中华 聚焦衡水——2019 世界侨商衡水行”在衡水举办

【举办“创业中华·创新河北”系列活动】 2019 年 5 月—11 月，河北省侨联联合秦皇岛、衡水、枣强、青龙、沧州等 9 个市县政府成功举办“创业中华”活动 9 场，邀请 40 多个国家 500 多名海外侨商参加了活动，近百个项目达成合作意向，签约项目 47 个，金额 22.3 亿元。

【召开 2019 河北省侨联海外委员联谊大会】 6 月 24 日，“侨连五洲·聚力河北”——2019 河北省侨联海外委员联谊大会在石家庄召开。省侨联党组书记、主席包东出席大会并讲话，省侨联副主席任卓平、周晓辉、王强、元革、李青、武志永，巡视员季加宇，顾问封燕燕出席。省人大常委会民侨外工委主任王振平、省外办副主任叶长青、省政协港澳台侨和外事委员会巡视员肖丽萍、省科技厅外专处调研员刘红伟到会祝贺，来自 54 个国家近百名省侨联十届委员会海外委员出席大会。会上，来自澳大利亚、英国、尼泊尔、乌干达的四位海外委员，分别围绕企业海外发展的机遇与挑战、对外民间交流和友好往来、海外企业发展态势与人文挑战以及海外侨团作用发挥等课题，进行了交流发言。与会嘉宾表示，联谊大会既是大家分享经验、相互借鉴的舞台，又是结识朋友、拓展友谊的平台。大家将以此次联谊大会为契机，把握河北机遇、融入河北建设，发挥优势作用、架起沟通桥梁，讲好河北故事、弘扬中华美德，为新时代河北建设发展贡献侨界力量。

【邵旭军副主席在承德调研】 7 月 26 日—27 日，中国侨联副主席、中央国家机关工委原副书记邵旭军赴承德市调研考察，河北省侨联党组书记、主席包东陪同。在承德调研期间，邵旭军听取了省侨联和承德市侨联的工作汇报，并对省侨联开展“不忘初心、牢记使命”主题教育给予指导，现场考察了承德市德运供应链管理有限责任公司。

【举办 2019 年“中国寻根之旅”夏令营】 2019 年 7 月—12 月，先后举办 4 期“寻根之旅”河北夏（秋、冬）令营活动。7 月 16 日，由中国侨联主办，河北省侨联、河北医科大学国际教育学院、石家庄市侨联承办的 2019“中国寻根之旅”夏令营（石家庄营）在河北医科大学开营。7 月 22 日，由中国侨联主办，河北省侨联、河北大学承办的 2019 年“中国寻根之旅”夏令营保定营开营。10 月 15 日，由中国侨联主办，河北省侨联、沧州市侨联、吴桥杂技艺术学校承办的 2019“中国寻根之旅”秋令营（沧州

7 月 16 日，2019 年海外华裔青少年“中国寻根之旅”夏令营石家庄营开营

营）开营。12 月 25 日下午，由中国侨联主办，河北省侨联、邯郸市侨联、邯郸学院共同承办的 2019 中国侨联“寻根之旅”冬令营在邯郸学院开营。先后有来自澳大利亚、泰国等 8 个国家的 138 名海外华裔青少年，参加了上述 4 期“寻根之旅”夏（秋、冬）令营。

【召开河北省侨联十届二次常委会】 9 月 23 日，河北省侨联十届二次常委会议在石家庄召开，省侨联党组书记、主席包东出席并讲话。会议强调，深化侨联改革，推动侨联建设发展，必须深入学习贯彻习近平新时代中国特色社会主义思想，坚持以习近平总书记关于侨务工作的重要论述为指导，紧密结合“不忘初心、牢记使命”主题教育，增强“四个意识”、坚定“四个自信”、做到“两个维护”，贯彻中国侨联“十代会”、省十次侨代会部署，确保各项工作落实，以优异成绩迎接新中国成立 70 周年。

【河北省侨联和省社院举行机关党的建设共促共建活动】 9 月 25 日，河北省侨联和省社会主义学院举行机关党的建设共促共建交流活动，并签订机关党的建设共促共建协议书。省侨联党组书记、主席包东和省社会主义学院党组书记李文杰出席签约仪式。

【开展庆祝新中国成立 70 周年系列活动】 9 月中旬，为庆祝新中国成立 70 周年，河北省侨联将庆祝活动与“委员活动日”结合起来，组织侨联委员拍摄《我和我的祖国》MV，河北归侨侨眷和海外侨胞用自己的方式表达了对伟大祖国的无限忠诚和热爱，抒发了海内外中华儿女殷殷赤子情怀和血浓于水的深厚情感，把最真挚的祝福献给伟大的祖国。9 月 24 日，省侨联召开庆祝新中国成立 70 周年侨界座谈会，省侨联党组书记、主席包东出席并讲话。老归侨代表、省侨联原副主席林友贤等 6 名同志畅谈 70 年来对祖国各项事业所取得的巨大成就，抒发了对祖国的热爱之情。党组成员、副主席孙晋康主持会议，党组成员、副主席任卓平，副主席周晓辉，顾问封燕燕，兼职副主席余良
琪、王强、元革出席了会议，省侨联十届二次委员会常委、省侨联法顾委、青委会、专家委员会、华商会及侨界群众代表、省侨联机关干部共 60 余人参加了会议。9 月 24 日，省侨联庆祝中华人民共和国成立 70 周年“侨与新中国”图片巡回展开幕式在石家庄举办，省侨联主席包东出席并致辞，省政协港澳台侨和外事委员会主任韩咏梅、巡视员肖丽萍、副主任王裔睿，省人大常委会民侨外工委副巡视员张华应邀出席活动，省侨联副主席孙晋康主持开幕式。省侨联党组成员、副主席任卓平，巡视员季加宇，副主席周晓辉，顾问封燕燕，兼职副主席余良琪、王强、元革、武志永出席了开幕式。

9 月 11 日，河北省侨联开展委员主题活动日，拍摄“侨联委员唱响‘我和我的祖国’”MV

9 月 24 日，河北省侨联庆祝新中国成立 70 周年“侨与新中国”图片巡回展在石家庄举办

【举办“海外侨胞故乡行——聚焦高质量发展走进邯郸”活动】 9月24日—26日，“海外侨胞故乡行——聚焦高质量发展走进邯郸”系列活动在古城邯郸举行，河北省侨联主席包东出席相关活动。其间，在邯郸市、涉县举办对接会两场，省侨联党组成员、副主席孙晋康、邯郸市委副书记薛永纯出席并讲话，副市长张学军主持会议，先后深入邯郸冀南新区、经济技术开发区、邯郸市规划馆等进行实地考察，来自五大洲20多个国家的50余位海外侨胞参加了活动。

10月14日，2019年河北省侨联干部专题研修暨基层侨联干部培训班在河北工业大学举办

【承办2019年侨界法治学习活动】 10月8日—10日，由中国侨联主办、河北省侨联承办的“法治中国　你我同行”——2019年侨界法治学习活动在河北省石家庄市举办。中国侨联副主席李卓彬出席活动并讲话，河北省侨联党组书记、主席包东致欢迎辞。中国侨联法顾委委员、全国人大华侨委法案室原主任毛起雄，河北省侨联巡视员季加宇等参加活动。来自河北、内蒙古、吉林、上海、浙江、湖北、湖南、广东、四川、宁夏、新疆、青海等12个省（自治区、直辖市）的200余位侨联工作者参加学习活动。活动期间，李卓彬还考察了省侨联设在国浩律师（石家庄）事务所的“侨法宣传角”。并组织赴中国华侨国际文化交流基地——西柏坡纪念馆和李家庄（中央统战部旧址）进行现场教学。

10月9日，中国侨联副主席李卓彬（左二）在国浩律师（石家庄）事务所调研

【组织2019年河北省侨联干部专题研修暨基层侨联干部培训】 10月14日—18日，2019年河北省侨联干部专题研修暨基层侨联干部培训班在河北工业大学举办。省侨联党组成员、副主席孙晋康，河北工业大学党委常委、副校长赵斌出席开班仪式并讲话。其间，培训班共安排10个专题的学习，邀请南开大学、河北工业大学教授进行辅导授课，组织赴周恩来邓颖超纪念馆、天津市侨联“侨胞之家”、社区侨联开展现地教学。省侨联、部分高校、市县区侨联干部以及有关“侨胞之家”负责人共60人参加培训。

【召开2019河北省侨联青委会座谈会】 11月28日，省侨联青年委员会在河北科技大学举办座谈会。省侨联副主席孙晋康、挂职副主席周晓辉，青委会省内副秘书长以上和部分青委代表20余人参加。会上宣读了《关于增聘河北省侨联第三届青年委员会委员的决定》，为与会新聘青年委员发放了聘书。座谈会后，与会人员参观了河北科技大学3D实验室、飞翔创客空间。

【拓展海外联谊】 11月20日—29日，应老挝中华总商会、泰国河北总商会、尼泊尔——中国凯拉斯文化促进会邀请，河北省侨联副主席兼秘书长任卓平率团访问老挝、泰国、尼泊尔。12月13日—23日，应巴西冀鲁同乡总会、巴

2019 年 12 月，河北省侨联主席包东率团出访巴拿马

2019 年 12 月，河北省侨联副主席孙晋康率团出访印度尼西亚

西中国浙江商会、智利华商联合总会和巴拿马华侨华人中国和平统一促进会的邀请，河北省侨联党组书记、主席包东率团访问巴西、智利、巴拿马。应印尼——中国经社文合作协会、菲律宾中华和平发展促进会、柬埔寨河北总商会的邀请，河北省侨联党组成员、副主席孙晋康率团出访印尼、菲律宾、柬埔寨。代表团拜访当地侨团和侨企，签订了友好社团合作协议，代表团还拜访了部分中国驻外使领馆，并与当地政要进行交流，增进了解，建立友谊。

【召开石家庄市桥西区第一次归侨侨眷代表大会】3 月 2 日，河北省石家庄市桥西区第一次归侨侨眷代表大会暨区侨联成立大会在河北外国语学院召开，河北省侨联党组书记、主席包东出席并讲话，包东代表省侨联向大会的召开表示祝贺。石家庄市七区一县统战部以及桥西区总工会、团区委、妇联、科协等有关团体到会祝贺。来自各条战线的 52 名归侨侨眷代表及留学生代表共 200 余人参加了大会。大会选举产生了区侨联第一届委员会，杜娟当选第一届桥西区侨联主席。

【召开秦皇岛市第七次归侨侨眷代表大会】3 月 23 日，秦皇岛市召开第七次归侨侨眷代表大会，河北省侨联党组书记、主席包东出席大会并致词，秦皇岛市委常委、组织部部长、统战部部长刘文萍在大会上讲话，市人大、市政府、市政协和各县（区）委统战部有关负责同志到会祝贺。会议通过了《关于秦皇岛市侨联第六届委员

2019 年 11 月，河北省侨联副主席任卓平率团出访泰国

11 月 21 日，定州市归国华侨联合会成立

会工作报告的决议》，选举产生了新一届侨联领导机构。

【召开张家口市第八次归侨侨眷代表大会】 6月 19 日，张家口市召开第八次归侨侨眷代表大会。市委常委、组织部部长、统战部部长李兵到会祝贺并讲话，副市长李宏、市政协副主席何兰及市直有关部门领导同志出席。受包东主席委托，省侨联副主席封燕燕出席开幕式并致辞，代表省侨联向大会的召开表示祝贺。

【召开定州市归国华侨联合会成立大会】 11月 21 日，定州市归国华侨联合会成立大会在定州市举行，河北省侨联党组书记、主席包东出席并讲话。包东代表省侨联向大会的召开表示祝贺，定州市委副书记赵建斌出席并讲话，省侨联和定州市人大、市政府、市政协有关负责同志，部分群团组织代表，侨界群众共 60 余人参加大会。

【召开廊坊市第五次归侨侨眷代表大会】 12月 6 日，廊坊市第五次归侨侨眷代表大会开幕，市委书记冯韶慧出席开幕式并讲话，河北省侨联党组书记、主席包东致祝词。市委副书记李龙主持会议。市总工会负责同志致贺词，代表人民团体祝贺大会成功召开。大会选举新一届侨联领导班子，王华任主席，杜文，张克峰，吴丽娟，王德红任副主席，赵兴任秘书长。市委，市人大，市政府，市政协主管领导出席，市归侨侨眷代表 180 余人到会。

3 月 23 日，秦皇岛市第七次归侨侨眷代表大会召开

山西省归国华侨联合会

【领导成员名单】

党组书记、主席：王维卿（女）

党组成员：李德增　张志龙　陈斯平

专职副主席：范安龙

挂职副主席：李德增

兼职副主席：方敬爱（女）　马金标　宋迎东
　　常新乐　谭　慷　王迪录
　　武　强

秘 书 长：陈　蕾（女）

【综述】2019年是山西省在“两转”基础上拓展新局面的攻坚之年。一年来，在省委的坚强领导和中国侨联的精心指导下，全省各级侨联坚持以习近平新时代中国特色社会主义思想为指导，全面贯彻党的十九大和十九届二中、三中、四中全会精神，认真学习贯彻习近平总书记侨务工作重要论述和“三篇光辉文献”精神，扎实开展“不忘初心、牢记使命”主题教育，围绕全省中心工作，认真履行职能，持续开展“五大工程”，全省侨联工作再创佳绩。

【开展“不忘初心、牢记使命”主题教育】按照中央部署和省委具体安排，山西省各级侨联认真贯彻习近平总书记关于主题教育重要讲话和“四个到位”“四个注重”等重要指示精神，深入学习践行习近平新时代中国特色社会主义思想，创新理论武装取得新成效，思想政治受到深刻洗礼锤炼，“两个维护”更加自觉坚定，干部能力素质提升明显，干事创业氛围日益浓厚，解决了一批侨界群众最急最忧最盼的问题，展现出侨联组织为侨服务新气象。在主题教育中，全省侨联组织驰而不息抓正风肃纪，不断增强自我净化、自我完善、自我提高的能力，工作作风转变明显，展现出风清气正的良好风貌。

【举办庆祝新中国成立70周年系列活动】山西省侨联采取各种形式面向侨界群众深入宣传党和国家事业取得的辉煌成就和山西经济社会建设的新成果。4月10日，举办纪念《黄河大合唱》诞生八十周年永和乾坤湾音乐会暨庆祝新中国成立70周年活动，近200名海外侨胞在当年创作采风地探访寻根。9月19日，举办山西省侨界

4月10日，纪念《黄河大合唱》诞生八十周年音乐会在临汾市永和县乾坤湾举行

9 月 10 日，山西省侨联举办庆祝新中国成立 70 周年慰侨演出

庆祝新中国成立 70 周年慰侨专场演出，省城归侨侨眷 300 余人欢聚一堂，共同庆祝新中国成立 70 周年。开展“根”“魂”“梦”——我的祖（籍）国主题征文活动，组织参加第四届世界华侨华人摄影展和第二十届世界华人中学生作文大赛等。这些活动增进了广大侨胞对新中国成立 70 年伟大征程的了解，增强了侨界群众对党、对祖国、对民族、对中国特色社会主义制度的认同感和归属感。

【基层组织建设有突破】认真贯彻落实中国侨联《关于新时代加强基层侨联建设的指导意见》，山西省侨联积极争取地方党委政府对侨联工作的重视和支持。稷山县、临猗县、大同市新荣区成立县级侨联，全省县级侨联达 63 个。11 月 14 日，召开省属高校侨联组织建设推进会，推行“地方侨联＋大学侨联＋校友会”工作机制，推动大同大学、山西工程技术学院成立侨联。新建各种形式“侨胞之家”百余个，全省“侨胞之家”总数达到 307 个，申请中国侨联项目经费，对 23 个“侨胞之家”提质升级和开展活动给予支持。

【召开山西省侨联十届五次全委会】2 月 28 日，山西省侨联十届五次全委会议在太原召开。会议主要任务是传达学习中央书记处办公会议精神和中国侨联十届二次全委会议精神，听取并审议省侨联常委会工作报告，全面回顾 2018 年工作，安排部署 2019 年工作。会议传达学习了省委常委、统战部部长徐广国对侨联工作的批示，审议通过了王维卿主席代表省侨联常委会所作的工作报告。

2 月 28 日，山西省侨联十届五次全委会议在太原召开

11 月 14 日，山西省侨联组织召开省属高校侨联组织建设推进会

2019 年省侨联工作的总体要求是：坚持以习近平新时代中国特色社会主义思想为指导，全面贯彻党的十九大和十九届二中、三中全会精神，深入贯彻习近平总书记关于侨务工作的重要论述及视察山西重要讲话精神，落实第十次全国侨代会和省委十一届五次、六次、七次全会部署，坚持稳中求进工作总基调，聚焦保持和增强政治性、先进性、群众性，扎实

推进改革，打好“新侨牌”、唱响“凤还巢”，持续深化“五大工程”，广泛团结联系海外侨胞和归侨侨眷，为决胜全面建成小康社会和助力我省建设“示范区”“排头兵”“新高地”贡献力量，以优异成绩迎接新中国成立70周年。

4月25日，中国侨联法顾委主任张耕（左四）、山西省侨联党组书记、主席王维卿（左三）为山西省涉侨纠纷人民调解委员会挂牌

【举办山西侨界青年在行动主题活动】 4月13日—14日，由中国侨联指导，山西省侨联、晋中市政府共同主办的“改革创新、奋发有为”山西侨界青年在行动主题活动在晋中市灵石县举行，中国侨联顾问、中国侨联青年委员会会长乔卫出席活动并讲话，中国侨联副秘书长、经济科技部部长赵红英等领导与来自全省各市海归协会、省侨联新侨创新创业联盟成员单位及全国部分海归组织的300余名侨界企业家和青年海归代表，围绕“改革创新、奋发有为”这一主题，共商侨界青年助力山西改革开放大计。其间，晋中市、灵石县分别进行了投资环境以及相关园区、重点产业项目招商引资推介，组织参观考察了省级重点工程东方希望铝系综合循环经济园区项目，参观了中国华侨国际文化交流基地、山西天星集团爱国主义和艰苦奋斗展览以及主要产业产品展示，举办了“讴歌新时代·改革再出发”山西侨界青年文艺晚会。

4月13日，中国侨联顾问、中国侨联青年委员会会长乔卫出席“改革创新·奋发有为”侨界青年在行动主题活动并讲话

【召开山西省侨联法律顾问委员会工作会暨山西省涉侨人民调解委员会成立大会】 4月25日，山西省侨联法律顾问委员会工作会暨山西省涉侨人民调解委员会成立大会在太原召开。中国侨联法顾委主任、最高人民检察院原常务副检察长张耕，中国侨联权益保障部部长、中国侨联法顾委秘书长张岩等出席大会，112名侨界专家成为省侨联特聘专家委员会第二届委员，凝聚了一批国家“千人计划”、省“百人计划”专家和国家杰出青年基金获得者，为山西转型综改提供了人才储备和技术支撑，是继11个试点省份后率先成立的省级涉侨涉外纠纷人民调解委员会，调委会被省司法厅推荐为省高院特约调解组织。

【承办山西（晋城）经贸文化交流合作恳谈会】 5月12日，由山西省政府主办、省侨联等联合承办的“新时代海外侨胞　台湾同胞山西（晋城）经贸文化交流合作恳谈会”在晋城举办。副省长王成出席并致辞，中国侨联副主席齐全胜、广东省侨联主席黎静等领导与来自26个国家和地区的近百名侨领侨商，及台商、经贸界人士等600余人共商山西发展大计。活动中，省直有关部门和晋城市分别开展推介活动，参会侨胞侨商就感兴趣的项目与有关部门进行交流对接。30个项目现场签约，涉及产业园、机器人、新能源等类别，取得丰硕成果。

5 月 15 日，山西省侨联主席王维卿（左四）出访美国在旧金山拜会海外华人高新技术协会

【组团出访美国、加拿大】5 月 15 日—22 日，王维卿主席一行出访美国、加拿大，拜会海外华人高新技术协会、中美企业峰会、美国华人总商会、美中文化交流协会、美国加州山西商会、加拿大华人社团联席会、加拿大山西华人联合总会和加拿大温哥华山西同乡会，签订省侨联海外联系点友好合作协议 8 份，并与加拿大列治文市政府就建立友好城市进行深入交流。

【举办 2019“海外侨胞故乡行——寻根三晋”活动】5 月 31 日—6 月 2 日，由中国侨联支持举办、山西省侨联主办的 2019“海外侨胞故乡行——寻根三晋”活动在临汾举行，中国侨联顾问唐闻生、十二届全国政协副主席刘晓峰、台湾新党主席郁慕明、省委副书记林武、省人大常委会副主任岳普煜、副省长张复明、省政协副主席李武章等领导与来自 28 个国家和地区的 100 余名海外侨胞参加活动。其间，侨胞们参加了 2019 第二届尧都民间祭拜尧帝大典、2019 山西·临汾（尧都）招商引资推介会等活动，在尧都区、侯马市、曲沃县参加项目推介和实地考察活动，共签约项目 15 个。

6 月 22 日—23 日，第三届香港关公节在香港元朗举办，山西省有关部门、香港山西商会等在港华人社团及香港各界群众 5000 余人次参加活动

6 月 2 日，“携手共赢·圆梦尧都”2019 山西·临汾（尧都）招商引资推介会在临汾举办

【举办第三届香港关公节】6 月 22 日—23 日，山西省侨联在香港主办第三届香港关公节，王维卿主席出席活动并讲话，省投资促进局、省海外联谊会、省工商联、省文旅厅、香港山西商会等在港华人社团及香港各界群众 5000 余人次参加活动。近年来，省侨联深入挖掘关公文化的积极元素，充分整合全省各级侨联组织的资源优

势，积极实施走出去战略，将关公文化融入“一带一路”建设，不断拓展与“一带一路”沿线国家开展友好交流，推动关公文化走向世界。

【举办“不忘初心·侨情侨史”专题培训班】 6月17日—26日，省侨联在陕西举办山西省侨联系统“不忘初心·侨情侨史”专题培训班，来自全省各市、县（市、区），省直、高校和省侨联机关的55名专兼职侨联干部参加了培训。此次培训由中国侨联干部培训中心承办，山西、吉林、海南、北京朝阳区和江苏苏州市五地侨联共同举办。培训课程安排合理，师资力量丰厚，教学形式多样，课程新、内容实、针对性强，既有陕西省侨联、延安市侨联领导的传经送宝、工作分享，也有专家学者的精彩授课，还有五地侨联的工作经验交流，共同学习探究侨务工作理论，广泛交流侨联工作方法和经验，进一步提升了侨联干部的能力素质。

【承办“2019中国寻根之旅”夏（冬）令营】 7月—10月，山西省侨联承办了15期“2019中国寻根之旅”夏（冬）令营，来自美国、捷克、蒙古国、泰国等10余个国家520名海外华裔青少年亲身感受中华文化魅力，增强了其对中华民族、中华文化的认同感和自豪感，参营人数、办营质量在全国位居前列，受到中国侨联的充分肯定和海外侨胞的广泛赞誉。

【举办2019年山西省基层侨联干部培训班】 7月22日—26日，山西省侨联在太行干部学院主办“2019全省基层侨联干部能力培训班”。王维卿书记为参训学员讲授“不忘初心、牢记使命”主题党课，全省基层侨联干部、涉侨组织和“侨胞之家”负责人共80人参加。培训内容涉及外商投资法与政府投资条例的解读、侨联基层组织建设指导意见的解读、初心与使命、大力弘扬太行精神等，实地参观了八路军太行纪念馆、百团大战总指挥部、八路军总部王家峪旧址，参训学员理论水平进一步提高。

6月17日，山西省侨联系统“不忘初心·侨情侨史”专题培训班在西北大学开班，来自全省各市、县（市、区），省直、高校和省侨联机关的55名专兼职侨联干部参加培训

7月22日—26日，“2019全省基层侨联干部能力培训班”在太行干部学院举办

【举办中阳县招商引资及特色产品推介会】9 月 4 日—5 日，山西省侨联新侨创新创业联盟第三届理事大会暨中阳县招商引资及特色产品推介会在吕梁市中阳县举办，300 余名海归双创人才、各界代表参加活动。王维卿主席出席会议并讲话，中阳县有关领导对中阳县重点项目及特色农产品进行了推介。山西省华侨公益基金会、山西省侨联新侨创新创业联盟等领导分别与中阳县有关部门签订 11 项合作协议和捐赠协议，用实际行动助力全省脱贫攻坚。

9 月 9 日，山西省侨联在厦门主办“海内外侨领侨商座谈交流会”

9 月 4 日—5 日，山西省侨联新侨创新创业联盟第三届理事大会暨中阳县招商引资及特色产品推介会在吕梁市中阳县举办

【举办“海内外侨领侨商座谈交流会”】9 月 9 日，山西省侨联在厦门主办“海内外侨领侨商座谈交流会”，来自美国中华总商会、加拿大福建工商联会总会、澳大利亚澳中文化促进会、厦门福清商会、北京福州商会等海内外侨团、商会的 30 余位侨领侨商参加，王维卿主席主持会议，省商务厅、省投促局、省长三角招商局有关领导就侨领侨商关注的问题做了解答，对山西的营商环境和重点产业项目进行了推介。9 月 10 日，王维卿主席在厦门出席 2019 中美企业峰会投资合作与影视文化高峰论坛并作主题推介，与参会的 500 名中美两国企业家广泛互动交流。

【举办山西省侨联特聘专家委员会第二届委员大会暨促进山西创新发展交流会】11 月 14 日，山西省侨联特聘专家委员会第二届委员大

11 月 14 日，山西省侨联特聘专家委员会第二届委员大会暨促进山西创新发展交流会在太原召开

会暨促进山西创新发展交流会在太原召开，聘请海内外侨界 112 名专家为省侨联特聘专家委员会第二届委员。省委常委、统战部部长徐广国对开好此次会议专门作出批示，省政协副主席李思进、中国侨联经济科技部副部长夏付东出席会议并讲话。新一届主任委员谭慷、顾问代表闫长明、海外委员代表陈歌等纷纷表示，将充分发挥专业和智力优势，认真履职尽责，积极建言献策，为山西省转型发展引进更多海外高层次人才，把专委会建成侨界专家温暖的家。

【召开山西省侨商联合会成立大会】 11 月 30 日，山西省侨商联合会成立大会在太原召开，吸引 300 余名积极投身山西建设、热情支持山西发展的侨商成为初始会员，为山西转型综改积累了侨界能量。省人大常委会副主任卫小春、中国侨联秘书长陈迈出席会议并讲话，中国侨商联合会副会长兼秘书长安晨到会祝贺。陈迈秘书长指出，山西省侨联成立侨商会，是新时代山西经济社会发展需要的大事，是更好发挥侨联组织作用、更广泛团结联系和服务侨商、侨企需要的好事，并对省侨商会、省侨联和侨资企业家提出具体要求。

【组团出访东南亚三国】 12 月 6 日—15 日，王维卿主席一行出访菲律宾、印尼、马来西亚，出席菲律宾山西海外联谊会成立大会、马来西亚王氏宗亲总会成立 25 周年纪念晚会，拜会菲华商联总会、菲律宾中国商会、菲律宾太原王氏宗亲总会、菲律宾中国洪门联合总会、菲律宾近南学校、印度尼西亚中华总商会、马来西亚中华大会堂总会、马来西亚关公文化推广中心、马来西亚晋商商会及当地侨资企业，就弘扬中华文化、促进山西与三国经贸合作等内容进行广泛交流。其间，共签订省侨联海外联系点友好合作协议 9 份，并与马来西亚雪兰莪州、森美兰州有关领导就建立国际友好城市交换意见。

【太原市侨联】 太原市侨联积极服务新侨创业创新，组织太原市新侨及海归青年代表参加“2019 重庆人才大会”、山西优秀青年一代民营企业企业家培训、“创业中华 · 海归蓉漂”青年组织会长大会。与马来西亚晋商商会、西班牙马德里乌塞拉华人华侨联合会、土耳其华商会、匈牙利山西商会、美国加州山西商会建立海外友好联络站。成功申报山西省博物院、傅山文化园为中国华侨国际文化交流基地。举办 2 期 2019“中国寻根之旅”夏令营山西太原营，吸引 240 名华裔青少年参加，参访路线涵盖太原、晋中、临汾、运城 4 个地市。在中国华侨基金会支持下，组织开展捐赠活动，向阳曲县医疗集团和清徐县人民医院捐赠价值 200 余万元的司迈等离子双极电切电凝系统。太原海归协会在高考期间开展“爱心助考”行动，为高考学子提供紧急车辆、消暑饮品、药品等服务。

【晋中市侨联】 2019 年，晋中市侨联收到海外爱心捐赠款 290.15 万元，服务全市贫困地区教育、医疗、扶贫事业。邀请香港华革狮子山下艺术团到晋中市开展文化交流活动。承办 2 期“中国寻根之旅”夏令营，来自美国、泰国的 92 名华裔青少年参营。5 月，拜访香港华革会，就 2019 年爱心工程项目进行了洽谈和对接，并签订了“2019 年香港华革会吴祺光夫妇资助晋中贫困学生”捐赠协议。联合山西华澳商贸职业技术学院专家团队，完成

12 月 7 日，山西省侨联主席王维卿在菲律宾首都马尼拉出席菲律宾山西海外联谊会成立大会

题为《发挥三晋文化优势，增强港澳台青年文化认同、民族认同、国家认同的路径和方式研究》课题。

【临汾市侨联】首次将中国侨联品牌活动“海外侨胞故乡行”引进临汾，吸引28个国家百余位侨胞来临汾参加第二届尧都文化旅游节系列活动和祭尧大典等活动，取得了显著成果，“所有旅行都是出发，到了临汾就是回家”成为侨胞们的深刻体验。促成了澳大利亚华侨、山西省“百人计划”专家、山西省“互联网+与旅游产业升级”协同创新中心首席专家吴明瑄博士所在的山西师范大学与北京慧睿国际技术发展有限公司2019年教育部产学合作协同育人项目签约，促成“互联网+与旅游产业升级”协同创新中心学术委员会在临汾成立。促成临汾经济开发区与世雨（北京）投资基金管理有限公司签署临汾经济开发区基础设施建设投资基金战略合作框架协议，投资总金额逾100亿元。推动“中澳联通”项目实施，为打造临汾市对外开放的平台和窗口贡献侨联智慧和力量。11月15日，召开临汾市侨联法律顾问委员会成立大会，为12位法律专家颁发了聘书，并为临汾金贝律师事务所授牌“法律服务工作站”。

【晋城市侨联】晋城市侨联开展“2019新时代海外侨胞山西（晋城）经贸文化交流活动”，组织26个国家的近百名海外侨领侨商参加了活动，组织筹备“传承文化血脉，弘扬民族精神”座谈会，促进海外侨胞了解神农炎帝文化，认识晋城、了解晋城，受到海外侨胞和有关部门一致好评。组织了来自德国、俄罗斯、加拿大等国家的45名华裔青少年参加2019“中国寻根之旅”夏令营山西沁水营暨“中国沁水·欧洲之谊”夏令营活动，加深了海外华裔青少年对中华文化和中华民族的了解和认知。

内蒙古自治区归国华侨联合会

【领导成员名单】

主　　席：史　晴
专职副主席：暂时空缺
兼职副主席：白晓飞　卢世翔（蒙古族）
　　田来怀　宝日胡日嘎（蒙古族）
　　李喜和　丁文祥
　　王佳音（女，蒙古族）
　　许文曲
秘 书 长：孙忠华

【综述】2019年，在自治区党委的正确领导和中国侨联的精心指导下，内蒙古侨联坚持以习近平新时代中国特色社会主义思想为指引，深入贯彻落实党的十九大、十九届二中、三中、四中全会精神，深入学习贯彻习近平总书记考察内蒙古重要讲话精神，自觉增强“四个意识”、坚定“四个自信”、做到“两个维护”，严格落实中国侨联和自治区党委部署要求，聚焦保持和增强政治性、先进性、群众性，围绕一个中心，深化两个拓展，加强两个建设，着力推动各项工作取得了新成就、实现了新发展。

【开展“送温暖”活动】2019年，内蒙古侨联持续深化走基层、送温暖活动，先后到9个盟市开展了以“祖国不会忘记”为主题的慰问活动，走访各地侨界代表和归侨侨眷300多户，倾听侨界人士心声，了解侨界人士生产生活状况，看望困难归侨侨眷，向他们送去了党和政府的关怀。充分发挥教育扶贫在脱贫攻坚中的积极作用，继续做好已连续开展十三年的“珍珠班”项目，2019年助力111名贫困地区学生圆了上学梦，“珍珠班”项目的受益群体进一步扩大。

【内蒙古首个“涉侨法律服务工作站”揭牌】3月22日，内蒙古侨联首个“涉侨法律服务工作站”在鄂尔多斯市内蒙古蒙南律师事务所举行授牌仪式。内蒙古侨联主席史晴到会祝贺并致辞，内蒙古侨联副主席、鄂尔多斯市侨联主席宝日胡日嘎，内蒙古自治区党委政法委维稳办信息综合处处长、内蒙古侨联法律顾问委员会秘书长玉梅出席授牌仪式。内蒙古侨联首个“涉侨法律服务工作站”在内蒙古蒙南律师事务所的正式启动，是全面推进法治建设和深化为侨服务工作的重要举措，标志着自治区、鄂尔多斯市两级侨联组织在维护侨益工作方面迈上了新的台阶。

3月22日，自治区侨联主席史晴（前排右一）出席全区首个“涉侨法律服务工作站”授牌仪式

12月6日，自治区侨联主席史晴（左一）赴鄂尔多斯市看望慰问归侨侨眷

【召开内蒙古侨联七届二次全委会】5月16日，内蒙古侨联七届二次全委会议在呼和浩特市召开，内蒙古自治区党委统战部常务副部长金满仓出席

会议，内蒙古自治区党委统战部副部长、台办主任赵宏出席会议并讲话，内蒙古侨联第七届委员会委员及有关盟市分管侨联工作的统战部副部长参加会议。内蒙古侨联主席史晴代表内蒙古侨联七届常委会和主席会向全委会议报告工作。会议全面总结了七代会以来的工作，研究部署了2019年工作，增选谷素芬等8名同志为内蒙古侨联第七届委员会委员。

【举办内蒙古侨联系统干部培训班】6月11日—15日，内蒙古侨联在巴彦淖尔市五原县举办了为期5天的内蒙古侨联系统干部培训班。培训班邀请到了侨务工作领域方面的专家学者，围绕如何做好基层侨联工作等内容进行了专题授课，有效开阔了各级侨联干部的工作思路。来自各盟市侨联，有关高校、科研院所侨联，部分旗县区侨联专兼职干部，内蒙古侨商会会员和侨联法顾委委员代表，五原县侨眷代表等近80名学员参加培训。

【组团出访蒙古国、俄罗斯】6月19日—26日，以自治区党委统战部常务副部长金满仓为团长的内蒙古侨务代表团出访蒙古国、俄罗斯，拜会我国驻蒙俄两国使领馆、重点侨社团，慰问侨胞代表、走访侨资企业，参加当地侨社团举办的庆祝中蒙、中俄建交70周年活动并开展侨情调研。在蒙古国期间，开展了“亲情中华·亮丽内蒙古”慰问侨胞中蒙医健康咨询服务活动，为近300位在蒙侨胞和当地居民提供免费健康咨询服务，还向旅蒙华侨蒙中友谊学校捐赠了价值2万元的图书。

【中国侨联权益保障部在内蒙古调研】7月2日—5日，中国侨联权益保障部部长张岩一行5人，在内蒙古开展以“新时期归侨侨眷权益保障情况”为主题的调研活动。调研组先后在呼和浩特市、包头市和鄂尔多斯市开展工作，通过召开座谈会、实地察看等方式深入了解侨资企业、侨商代表、留学人员及归侨侨眷对维护和保障归侨侨眷合法权益等方面的意见和建议。内蒙古侨联主席史晴陪同调研。

7月2日，中国侨联权益保障部部长张岩（左二）一行在内蒙古调研

6月19日，自治区党委统战部常务副部长金满仓率团出访蒙古国、俄罗斯

内蒙古侨联精心组织 2019“寻根之旅”夏令营活动

【举办 2019“寻根之旅”内蒙古夏（冬）令营】7 月 16 日，由中国侨联主办、内蒙古侨联承办的 2019 年“寻根之旅”夏令营——内蒙古呼伦贝尔营在呼伦贝尔职业技术学院正式开营，中国侨联文化交流部副部长邢砚庄宣布开营并授旗，来自蒙古国的 40 位华裔青少年将通过为期 12 天的文化之旅，探寻蒙古族文化的精华和根源所在，领略三少民族的传统文化，感受呼伦贝尔大草原的辽阔与壮美。2019 年，内蒙古各级侨联组织共举办“寻根之旅”海外华裔青少年夏（冬）令营 12 期，先后有来自蒙古国、俄罗斯、美国、德国等 12 个国家的 931 位海外华裔青少年来我区参观学习，深入了解内蒙古的历史文化、经济发展、民族特色以及风土人情，进一步增进对祖（籍）国的认识，增进对中华文化的理解和认同。

【承办 2019 海外华文媒体采风行活动】7 月 16 日，由中国侨联主办，内蒙古侨联、鄂尔多斯市侨联承办的“追梦中华—生态优先——2019 海外华文媒体鄂尔多斯采风行活动”在鄂尔多斯市开启参访行程。中国侨联信息传播部部长左志强带队，来自澳大利亚、加拿大、马来西亚等 19 个国家和地区的 21 位海外华文媒体高层，以及人民日报海外版、中国新闻社、中国国际广播电台 3 位国内中央媒体记者参加了此次采风行活动。为期 6 天的采风行活动先后参观采访中国国家能源集团鄂尔多斯煤制油分公司、鄂尔多斯草原、库布齐沙漠亿利生态示范区、达拉特光伏发电应用领跑基地、康巴什区成吉思汗广场等地，让各位海外华文媒体记者近距离感受鄂尔多斯“绿色发展”之路，为他们讲好中国故事提供了重要素材。10 月 12 日—15 日，由内蒙古侨联和国际华文媒体联盟牵头，组织 6 个国家和地区的 9 位海外华文媒体记者走进蒙元文化发祥地——内蒙古锡林郭勒盟正蓝旗，观摩了“2019 元上都贵由赤国际长跑赛”，参访了世界遗产元上都遗址博物馆，察看了浑善达克沙地治理和草原生态修复治理区，采编的多条新闻在美国、加拿大、英国以及港澳等地区的华文媒体上播发。12 月 21 日，来自 9 个国家和地区

7 月 16 日，2019 海外华文媒体走进内蒙古，中国侨联信息传播部部长左志强到鄂尔多斯指导采风行活动

的 11 家海外华文媒体派出记者参访报道了正蓝旗第十七届“浑善达克”冬季那达慕大会。

【内蒙古首批“中国华侨国际文化交流基地”申报成功】7 月 16 日，“中国华侨国际文化交流基地”揭牌仪式在鄂温克博物馆举行，中国侨联文化交流部副部长邢砚庄出席揭幕仪式，内蒙古侨联副主席李喜和宣读中国侨联授予鄂温克博物馆“中国华侨国际文化交流基地”的决定。呼伦贝尔市鄂温克博物馆是全国唯一一个全面展示鄂温克民族政治、经济、文化发展历史的博物馆，是内蒙古首批“中国华侨国际文化交流基地”单位，是鄂温克旗深化国际文化交流、讲好鄂温克故事、树立鄂温克形象的重要窗口。同时被中国侨联命名为“中国华侨国际文化交流基地”的还有鄂尔多斯市伊金霍洛旗郡王府博物馆，该馆是内蒙古自治区西部地区保存最完整的清代蒙古王府，在传承鄂尔多斯优秀精神品质、推进爱国主义教育中发挥了重要作用，近年来吸引了众多港澳台同胞、海外侨胞和归侨侨眷前来参观。

7 月 16 日，内蒙古首批“中国华侨国际文化交流基地”挂牌

【召开“不忘初心　牢记使命”主题教育征求意见座谈会】8 月 9 日，为深入开展“不忘初心　牢记使命”主题教育活动，内蒙古侨联组织驻呼侨界代表人士召开座谈会，围绕内蒙古侨联在工作中存在的问题、机关干部的服务意识、服务能力等方面内容发表意见，并就下一步如何加强侨联组织建设、提高为侨服务水平进行了交流。还协助侨界收藏家赵春晖先生举办了“党的光辉照北疆——内蒙古老宣传画老照片展”，该展被纳入内蒙古自治区“不忘初心、牢记使命”主题教育系列展览。

【侨研所在内蒙古调研】8 月 4 日—10 日，中国华侨华人研究所所长张春旺一行，先后到呼伦贝尔市、满洲里市就边境侨情进行深入调研。调研组通过召开座谈会、实地察看、走访慰问等形式开展工作，充分了解内蒙古边境人口跨境流动现状及边贸基本情况。

【启动 2019 海外博士包头行】8 月 31 日，由包头市委组织部、统战部，市科技局、工信局、人社局、侨联和稀土高新区党工委、管委会共同主办的第七届内蒙古“草原英才”高层次人才合作交流会暨呼包鄂人才创新创业周包头主会场“2019 海外博士包头创业行”活动在高新区正式启动。此次活动以“智创鹿城·聚力共赢”为主题，以“汇聚高端人才、促进创新合作、关注共同发展”为宗旨。在启动仪式上，包头稀土高新区海外引才工作（北美）联络站、中国区域（包头）产业创新助推计划产业创新联合孵化平台、中国留学人员创业园区孵化基地三个“机构”揭牌。内蒙古侨联主席史晴出席启动仪式并为中国留学人员创业园区孵化基地揭牌。

8 月 31 日，自治区侨联主席史晴（右）出席 2019 海外博士包头行启动仪式

9 月 10 日，法治宣传边关行活动启动仪式在阿拉善盟额济纳旗举行

【法治宣传边关行活动走进内蒙古】 9 月 10 日，由中国侨联、自治区普法工作组专项办公室和内蒙古侨联联合主办的“法治中国 · 你我同行”——法治宣传边关行活动在内蒙古自治区阿拉善盟额济纳旗启动。法治宣传边关行活动旨在向侨界群众讲中国法治故事、传播中国法治声音，为全面推进依法治区，加快建设法治内蒙古，促进边疆地区和谐稳定，为庆祝新中国成立 70 周年营造良好的法治环境。中国侨联法律顾问委员会副主任姜凤岩，内蒙古侨联主席史晴出席活动并致辞。10 月 9 日—11 日，内蒙古侨联组织法顾委、侨商会以及有关盟市侨联负责权益保障工作的同志 10 人，赴河北省石家庄市参加由中国侨联主办，中国侨联法顾委、河北省侨联承办，石家庄市侨联协办的“法治中国 你我同行”2019 年侨界法治学习活动。

【“侨爱心——送温暖医疗队”赴赤峰市送医送药】 9 月 24 日—26 日，由中国侨联主办，内蒙古侨联承办，赤峰市侨联和林西县委统战部协办的“侨爱心—送温暖医疗队”送医送药义诊活动在赤峰市林西县开展。此次活动有来自内蒙古医科大学附属医院、附属蒙中医院的蒙医科、神经内科、心血管科等科室的 8 位专家教授参加，活动期间为林西县的医务人员开展了两场医学知

9 月 24 日，侨爱心——送温暖医疗队赴赤峰市送医送药

识讲座，并深入到3个乡镇的5个村和1个侨资企业开展了义诊，累计诊疗患者479人，发放免费药品价值近5万元。

【召开内蒙古侨商联合会二届三次会议】 12月9日，内蒙古侨商联合会二届三次会员大会在呼和浩特市召开。内蒙古侨商联合会会长白晓飞、执行会长靳前峰及来自海内外的部分副会长、在呼会员参加大会。自治区侨联主席史晴出席会议并讲话。会议审议通过了二届三次会员大会工作报告、侨商会2019年财务收支情况报告、新入会人员名单和2019年侨商会优秀侨企、优秀副会长、优秀会员名单。会议传达了中国侨商联合会第五次会员代表大会精神。

【印发《关于加强基层侨联建设的实施方案》】 根据中国侨联《关于新时代加强基层侨联建设的指导意见》精神，12月18日，印发了《内蒙古侨联印发〈关于加强基层侨联建设的实施方案〉的通知》，确定了今后五年的工作目标，提出了落实目标的具体措施，明确了开展工作的服务内容，制定了具体的激励措施。同时，继续推进“侨胞之家”建设，2019年向中国侨联申报的8个“侨胞之家”均已建成并投入使用。

【召开鄂尔多斯市第四次归侨侨眷代表大会】 12月5日，鄂尔多斯市第四次归侨侨眷代表大会在伊金霍洛旗召开。自治区侨联主席史晴到会指导并致辞，鄂尔多斯市委常委、统战部部长高占胜出席会议并讲话，鄂尔多斯市人大常委会副主任贺晋，鄂尔多斯市政府副市长李文忠，鄂尔多斯市政协副主席孙树华出席会议。鄂尔多斯市委组织部、统战部、各民主党派、群团组织等相关单位领导及115名侨眷代表参加会议。会议审议通过了鄂尔多斯市侨联第三届委员会工作报告，按照《中国侨联章程》选举产生了鄂尔多斯市侨联第四届委员会，研究安排了今后五年的总体工作。

【赤峰市和通辽市侨联举办缔结“友好侨联”签约仪式】 11月1日，赤峰、通辽两市侨联在赤峰市松山区玉龙街道友谊社区共同举办缔结友好侨联合作签约仪式。赤峰市侨联主席陈虎男、副主席陈黎明、通辽市侨联主席乌兰哈达、副主席闫文清、松山区委常委、统战部部长冯玉国及两市侨联系统干部30余人参加签约仪式。两市缔结“友好侨联”，目的是深化双方在经济、文化、科技等领域的交流合作，共同推进两地侨联事业的发展，增进两地侨界人士的情谊，促进两地的经济繁荣和社会进步。

【赤峰市成立海外人才工作站】 11月27日，赤峰市海外人才工作站成立仪式举行。赤峰市委常委、统战部部长苏雅勒其其格，自治区侨联副主席李喜和、文化经济联络部部长孙忠华出席仪式，赤峰市政府副市长生效友主持仪式。赤峰市人才工作领导小组成员单位负责同志，市统战系统相关人员，赤峰市归国留学人员代表和海外华侨代表100余人参加活动。第一批赤峰市海外人才工作站包括中国赤峰日本人才工作站、中国赤峰丹麦人才工作站、中国赤峰俄罗斯圣彼得堡人才工作站，同时成立海外人才引进服务站，包括赤峰市他山石智库海外人才引进服务站（北京）、赤峰市星纳文化海外人才引进服务站（北京、澳大利亚）。

辽宁省归国华侨联合会

【领导成员名单】

党组书记、主席：王朝霞（女）
专职副主席：胡　平（女）
兼职副主席（以姓氏笔画排序）：
王文良　王大鸣（女）
王庆伟　白　玮
吕安民　张　伟
杨　凯　林枝春
荣伟东　赵继红（女）
柴学伟　黄庆祝
景　平　董喜刚
黄晓冬（女）
副巡视员：刘卫东
秘书长：杨　帆

【综述】辽宁省有海内、海外华人华侨和归侨侨眷共计300万人，主要分布在日、韩、欧美等80多个国家和地区。2019年，全省有侨资企业2万多家，侨商投资占全省引进外资的70%以上，侨商投资企业占外商在辽投资企业的80%。全省共有14个市级、108个县区级和机关、院校、企业、街道、社区等侨联组织366个，以“侨胞之家”冠名的侨胞活动场所共有100家。2019年，辽宁省各级侨联组织在省委的正确领导下，在中国侨联的指导支持下，紧紧围绕党政中心工作，发挥侨界优势，继续深化改革，全面履行职能，团结引领广大归侨侨眷和海外侨胞贯彻新思想、建功新时代、汇聚新动能，积极投身辽宁经济社会建设主战场，各项工作取得显著成效，得到海内外侨胞、中国侨联、省委省政府充分肯定。2019年，辽宁省侨联深入跟进侨胞辽宁行系列招商活动签约项目，已落地项目6个，金额139亿元人民币。紧抓“一带一路”建设机遇，组织侨企在英国、意大利、日本举办推介会6场，全年共接待海外华侨华人团组100多个、近2000人。与100个国家和地区的300余家著名侨团成为友好侨团，形成了以侨为桥、内外联动的生动局面。为辽宁扎实推进振兴发展、决胜全面建成小康社会发挥了独特作用。

【开展“不忘初心、牢记使命”主题教育】辽宁省侨联精心组织开展“不忘初心、牢记使命”主题教育，着力推进“两学一做”学习教育常态化制度化，扎实开展巡视整改常态化落实工作。深入开展调查研究，形成调研报告2篇，帮助群众解决困难和问题7件，受到侨界群众的称赞和侨资企业的欢迎。坚持边学边改，学习工作“两不误两促进”，主题教育期间，接待海外华人华侨团组、回访团组近200人，其中，安排省领导会见团组1个共30人，召开海外侨商项目对接会5次，把学习成果落实到服务侨胞、服务全省经济发展、干事创业上来，为全省侨联系统树标杆、作表率。共计深入35家侨资企业、4家维权基地、4家省市区级法院、15个新侨组织、创新创业联盟单位做好调研宣传解读工作，结合实际学深学透、融会贯通。成立机关党委、纪委、工会，部署和引导机关全体党员把学习习近平新时代中国特色社会主义思想和党的十九大精神摆在重要位置，牢固树立“四个意识”，坚定“四个自信”，在坚决落实“两个维护”中发挥中坚骨干作用。

6月18日，辽宁省侨联机关开展主题教育，参观满洲省委旧址

【隋军副主席赴辽宁调研侨联工作】3月18日—20日，中国侨联党组成员、副主席隋军赴辽宁沈阳、丹东，就侨联机构改革、基层组织建设等工作开展调研。隋军一行来到沈阳市大东区侨联，走访尚品社区侨联“侨胞之家”，了解工作情况；考察沈阳格微软件有限责任公司、阳天江老龙口酿造有限公司、丹东市北林经贸有限公司和华天新美地等侨资企业；走访省侨联机关，召开座谈会，与省、市、区侨联负责人，侨商会、科研院所、高校和企业侨联代表进行交流。隋军在调研时指出，要强化政治引领，把牢侨联发展的政治方向；要服务发展大局，助力东北全面振兴；要坚持为侨服务，切实维护侨胞权益；要围绕“两个并重”“两个拓展”，推进“两个建设”。在辽期间，辽宁省委副书记周波、丹东市委书记葛海鹰分别会见隋军一行，双方就侨联机构改革、发挥侨联优势助力地方经济建设、加强新时代侨联工作等深入交换意见。中国侨联经济科技部副部长夏付东，辽宁省侨联党组书记、主席王朝霞等参加调研。

3月11日，辽宁省侨联九届五次全委（扩大）会议在沈阳召开，省委副书记周波（前排右二）会见侨商代表

3月18日—20日，隋军副主席（右五）在辽宁调研

【召开辽宁省侨联九届五次全委会】3月11日，辽宁省侨联召开九届五次全委会，省委副书记周波出席会议，并在讲话中充分肯定了省侨联的工作成绩。周波提出三个没想到：第一个没想到，辽宁是侨务大省，现有海外华人华侨和归侨侨眷300万人。第二个没想到，侨联工作做得有声有色，有创造性。辽宁有侨资企业2万多家，侨商投资占全省引进外资的70%，侨商投资企业占在辽外资企业的80%，广大侨商在促进辽宁经济社会发展中发挥着至关重要的作用。第三个没想到，省侨商会有吸引力、战斗力，吸引了一批像张茵一样的世界知名侨商投入到侨商会中。周波在会前会见了中国侨商会名誉会长、省侨商会会长、玖龙纸业（控股）有限公司董事长张茵等部分侨商代表。2019年，省委副书记周波4次听取侨联有关工作汇报，2次会见侨商代表团。

【跟进侨胞辽宁行活动签约项目】按照唐一军省长在省委经济工作会议上提出的要求，辽宁省侨联深入跟进侨胞辽宁行系列招商活动签约项目。省侨联充分发挥海外资源优势，开展辽宁行活动3次，项目推介会5次，邀请来自15个国家和地区的74名侨商侨领来辽考察。省委书记陈求发、副书记周波分别在《关于海外高端人才辽宁行活动情况的报告》上签批。2019年，已落地项目6个，金额139亿元人民币。省侨商会会长企业为省侨联研发的侨商通大数据平台，在全国侨联系统投入使用。引进中国侨商投资企业协会委员、武汉市国扬科技集团有限公司董事局主席彭斌在沈抚新区投资30亿建“侨乡云谷特色小镇”项目，对接氢能与燃料电池产业示范项目等 5 个项目。

【拓展联谊联络】10 月 21 日—30 日，辽宁省侨联组织省内企业“走出去”，参加在英国举行的第十五届世界华商大会，在英国、意大利、日本举办推介会 6 场，60 余个侨团 400 余人参加活动。大力传播辽宁好声音，讲好辽宁故事，签订友好合作协议 13 份，建立海外“侨胞之家”1 家，聘请海外顾问 7 位、海外委员 6 位。就进出口贸易、联合办校、房屋开发、文化传媒等方面达成多个合作意向。积极推动 2020 年在米兰成立“米兰辽宁商会”，整合在日分散的辽宁商会协会成立辽宁总商会，增强海外辽宁人的凝聚力，精心涵养侨务资源，做构建和谐侨社的领路人。2019 年共接待海外华侨华人团组 100 多个近 2000 人。目前，省侨联的海外友好侨团已覆盖

4 月 24 日，辽宁省侨联党组书记、主席王朝霞在 2019 年中国侨联经济科技工作大会作题为“大力实施侨资侨智牵动战略 助力辽宁全面振兴、全方位振兴”典型交流发言

6 月 22 日，辽宁省侨联在沈阳组织召开辽宁与意大利侨商经贸项目对接会

10 月 21 日—30 日，辽宁省侨联主席王朝霞率辽宁侨联友好经贸代表团一行 9 人出访英国、意大利、日本，并随中国侨联及中国侨商会团组一同参加在英国举行的“第十五届世界华商大会”，图为辽宁省侨联代表团与中意“一带一路”交流促进会座谈交流

全世界，与100个国家和地区的300余家著名侨团成为友好侨团，聘请海外顾问、海外委员300名，不断推动扩大国际朋友圈，形成了以侨为桥、内外联动的生动局面。

【服务经济发展】6月14日，辽宁省侨联与中科院沈阳分院签署战略合作协议，是全国首家与科研院所建立合作的省级侨联组织，推动该院2个项目在沈抚新区落地。开办“创业中华·侨智精英讲坛”2次，开展特聘专家走基层3次，请省委组织部、省科技厅等相关省直部门开展政策解读，省侨联特聘专家分享科技创新成果，推动产学研有效融合。“创业中华·侨智精英讲坛”现场围绕“侨智辽宁　创新创业”主题，邀请中科院沈阳分院的省侨联10位特聘专家介绍多光谱激光进展、土壤污染环境的生态修复技术与展望、从生命系统—机电系统融合到类生命机器人、服务机器人技术及应用、航空发动机高温材料制备、腐蚀仿真模拟与安全评价、纳米碳基材料应用等项目情况，分享他们创新创业的成果、故事，与会领导、侨商代表座谈交流加快成果转化、助推辽宁振兴发展。协调中科院大连化物所研发人员帮助丹东侨企实现科研成果转化，并寻找2家香港投资公司帮助该企业融资。召开《侨情专报》工作推进会，制定下发《实施意见》，上报信息3件，辽宁省王振宁、刘开周、李国辉三名专家学者被聘为中国侨联特聘专家，孙河川荣获中国侨联特聘专家建言献策一等奖。另外还举办侨青会委员大会，就众筹、人才培养、互联网等领域分享创业经验，5家侨青企业被授予“新侨创新创业基地”。

【维护侨益】辽宁省侨联积极争取中国侨联扶贫、技术培训等各项资金达420万元。将旅朝华侨退休教师及老侨干生活困难补助由终生每人每月650元提高到1500元，特送来印有“旅朝教师　叶落归根　感谢祖国　晚年安康”的锦旗。为丹东177位80岁以上老归侨送去慰问金10万元，丹东市侨联朝鲜归侨侨眷工作委员会送来印有“吾省侨联守初心　海外归侨齐感恩”的锦旗。6月3日—6日，中国侨联法顾委副主任储亚平，中国侨联权益保障部部长、法顾委秘书长张岩等一行6人就涉侨纠纷多元化解机制到辽宁省开展调研工作。中国侨联法顾委调研组先后到辽宁省高级人民法院、沈阳市皇姑区人民法院，走访大连市、丹东市涉侨企业调研。中国侨联权益保护部部长张岩表示：“支持辽宁开展涉侨纠纷多元化解试点，并在全国推广辽宁维权工作和涉侨纠纷多元化解工作的相关经验和措施。”5月14日，辽宁省高法、省侨联为更好地处理各类涉侨企业权益民商事案件，还召开辽宁涉侨纠纷诉调

5月14日，辽宁省高法、省侨联召开辽宁涉侨纠纷诉调对接工作联席会

6月14日，辽宁省侨联与中国科学院沈阳分院签署战略合作协议，沈阳分院党组副书记、纪检组组长郭秀银，省侨联党组书记、主席王朝霞出席签约仪式并发表讲话

对接工作联席会。6月25日，承办中国侨联“法治中国　你我同行”2019年侨界法治学习活动，营造良好涉侨营商环境。5月27日，辽宁省侨联、省侨联法律顾问委员会在侨企辽宁华恩律师事务所举行省侨联维权基地揭牌仪式，并就涉侨纠纷诉调工作进行座谈。挂牌省侨联维权基地后，将充分发挥法律资源优势，设置涉侨纠纷诉调工作室，安排专职涉侨服务律师，24小时为归侨侨眷和海外侨胞开展诉前调解、咨询、信访、维权等法律服务。这是继沈阳皇姑区法院、抚顺、朝阳市建立3家省侨联维权基地后的第4家维权基地机构。2019年，省侨联受理信访案件94件，所反映的问题90%得到及时解决，推动历时5年尚未审结的侨商维权大案完成庭审；“新官理旧账”，协调省委组织部、统战部、信访局、编办等9个部门处理17年前历史遗留的高野信访案件问题。

6月25日—28日，中国侨联“法治中国　你我同行”——2019年侨界法治学习活动在辽宁省沈阳市举办

5月27日，辽宁省侨联、省侨联法律顾问委员会在侨企辽宁华恩律师事务所举行省侨联维权基地揭牌仪式，并就涉侨纠纷诉调工作进行座谈

2月1日，辽宁省侨联党组书记、主席王朝霞赴大连走访探望侨界群众，为他们送去关怀和温暖

【开展扶贫济困活动】辽宁省侨联先后建立“省侨联侨爱心精准扶贫基地”4个，创建“侨联＋企业＋农户”三方合作的精准扶贫示范项目26个。精心选派2位干部到铁岭县李千户镇柴家堡子村任第一书记、锦州市黑山县大兴乡任第一副书记。赞助物资金额55万元，新修道路、建立图书角、翻建村委会等，村容村貌焕然一新，村民致富奔小康的积极性得到进一步提升。被铁岭市选树典型，评价为投入资金最多、效果最好的扶贫村。

【承办第四届世界华侨华人摄影展辽宁巡展】11月15日，辽宁省侨联与省文化演艺集团共同承办第四届世界华侨华人摄影展辽宁巡展和辽宁省侨界

11 月 15 日，第四届世界华侨华人摄影展辽宁巡展在辽宁美术馆开幕

9 月 26 日，在辽宁省侨联的协调组织下，营口市侨联举办“不忘初心、牢记使命”庆祝新中国成立 70 周年“侨之心　营口之秋”第二届舞蹈艺术节

书画作品展，来自 18 个国家和地区的 260 幅展现大美中国和多彩世界的获奖摄影作品、150 幅侨界书画作品带来了一场高水准的“侨”味艺术盛宴。中国侨联副主席齐全胜出席开幕式，对省侨联多年来积极承办中国侨联“亲情中华”“寻根之旅”等品牌文化活动，在弘扬中华文化、推动中外合作交流、提升辽宁在海内外的影响力等方面做出的卓有成效的工作给予充分肯定，学习强国 APP 对活动进行了宣传报道。此外，省侨联还组织开展“侨之心　营口之秋”第二届舞蹈艺术节、首届“侨联杯”网球赛等新中国成立 70 周年庆祝活动，举办 2019 年辽宁侨界新春联谊会等活动，丰富了侨界文化生活。

【举办 2019“中国寻根之旅”夏令营辽宁营活动】辽宁省侨联在中国侨联统一安排和指导下，成功举办了 2016 年、2017、2018、2019 年四届“亲情中华”夏令营（辽宁营）活动。2019“中国寻根之旅”夏令营辽宁营开办 24 个班次，共招收来自 15 个国家的 1000 名华裔青少年，人数创历史之最。活动安排了汉语听说强化课程、书法讲座、茶艺讲座、中国武术等中国文化体验课程，以及企业参观、城市游览、中国家庭访问、中外学生交流等活动，帮助营员提高汉语水平，更让他们感受到了中国传统文化的无穷魅力，加深了海外华裔青少年对辽宁的了解，增进了乡情。几年来，夏令营活动赢得了广大海外华裔青少年的广泛关注和积极参与，增进了中华情愫和桑梓情怀。继续办好中国侨联品牌活动，续大连“神秘东方公园”、抚顺新宾永陵赫图阿拉城、沈阳故宫、葫芦岛兴城古城之后，2019 年，葫芦岛市九龙口长城、沈阳市老字号博物馆被评为“中国华侨国际文化交流基地”。

7 月 16 日，2019 年“中国寻根之旅”夏令营辽宁营在辽宁省文化遗产保护中心举办开营仪式暨迎新——欢送晚会，来自澳大利亚、阿联酋、西班牙等国家的 80 余名海外华裔青少年在辽宁开启 10 天的夏令营寻根之旅

【沈阳市侨联】2019年，沈阳市侨联深入4所高校侨联、8家侨商企业，召开4个片区30家基层侨联交流座谈会，广泛征求侨商企业发展、基层侨联组织建设、新侨人才工作的意见建议119条，研究提出对策措施10项，召开调研成果交流会，推动调研成果转化。组织市侨青会委员参加沈阳欧美同学会在北京清华大学举办“沈阳市留学人员青年骨干培训班”，组织市侨青会开展“纪念五四运动100周年——铭记抗联精神”参观东北抗联史实陈列馆的主题活动，传承红色基因，加强价值观引领。深入推进沈阳市“万人进万企”主题活动的参与对接，抓好政策引导、典型引路、服务引领，凝聚侨智侨力共促发展。先后走访调研20余家侨商企业，深入了解企业发展情况，及时反馈企业的诉求，协调有关部门解决企业融资难、招聘难和产品推介难等问题。发挥侨商会的服务作用，市侨商会与沈阳大学侨联共同举办沈阳大学2019届毕业生春季招聘会暨第四届侨商企业校园行活动，组织52家侨商企业提供招聘岗位，达成就业意向268人，为高校毕业生就业和侨商企业招聘人才提供支持。开展基层侨联主题活动，围绕“深化侨联改革、推动组织建设”主题，组织召开东西南北4个片区30个基层侨联工作座谈会，参观高校国家工程中心和创新创业基地，深入交流，集思广益，谋划和推进侨联改革创新。推动基层侨联换届工作，深入6个区县、5所高校侨联开展调研，指导侨情调查和组织建设，完成和平区、于洪区、浑南区侨联换届工作，成立于洪区侨商会。推动“侨胞之家”建设。推荐大东尚品、和平丰泽、沈河凯旋3个社区侨联申报中国侨联“侨胞之家”建设项目成功落地。推动基层侨联交流合作，浑南区侨联与贵港市侨联、大东区侨联与黑河市侨联缔结友好侨联关系，加强信息互动、资源整合、优势互补等对口联系和交流合作。深入推进海外联络联谊工作的宣传推介，组织来自10多个国家、30余个专家社团的侨领40余人走进沈阳高新技术开发区，开展经贸交流和项目对接活动，考察东软健康医疗国际产业园，举办沈阳高新技术开发区项目推介会，对沈阳进一步扩大对外开放、吸引海外高端人才来沈投资兴业、促进区域经济快速发展起到积极的推动作用。持续开展侨界“送温暖献爱心”活动。市侨联走访慰问困难归侨侨眷15人，与市侨办共同走访慰问老归侨、沈阳籍海外侨领代表和侨界知识分子、企业家代表45人，发放慰问金6万元，充分体现党的关怀和组织的温暖。

【大连市侨联】2019年，大连市侨联在辽宁省侨联的关心指导下，在市委市政府正确领导下，成立大连市侨联党组，建立并完善党组各项工作机制，规范强化侨联机关党的建设。先后组织10余次集中学习研讨，完成调研12次，实地走访基层侨联、侨资企业30多家，发放调查问卷10余份，收集和查摆各类问题20个，完成调研报告5篇，完成各类整改整治措施30余个，形成制度性成果11个。积极开展庆祝新中国成立70周年系列活动，以“中国梦·侨界情”为载体，历时40余天，在甘井子、沙河口区、西岗区开展“大连侨界庆祝新中国成立七十周年书画摄影展”，展出作品120余幅，吸引5000余人参观，获得多方好评。举办了“第二届旅居日本华人乒乓球友好邀请赛”，30位日本选手参加比赛，增进了中日民间

12月19日，由沈阳市侨联主办，辽宁歌舞团（辽宁民族乐团）、沈阳市华侨文学艺术家联合会、沈阳市侨商联合会、沈阳市侨联青年委员会承办的亲情中华“一带一路·华侨之声”沈阳市侨界音乐会在盛京大剧院精彩呈现

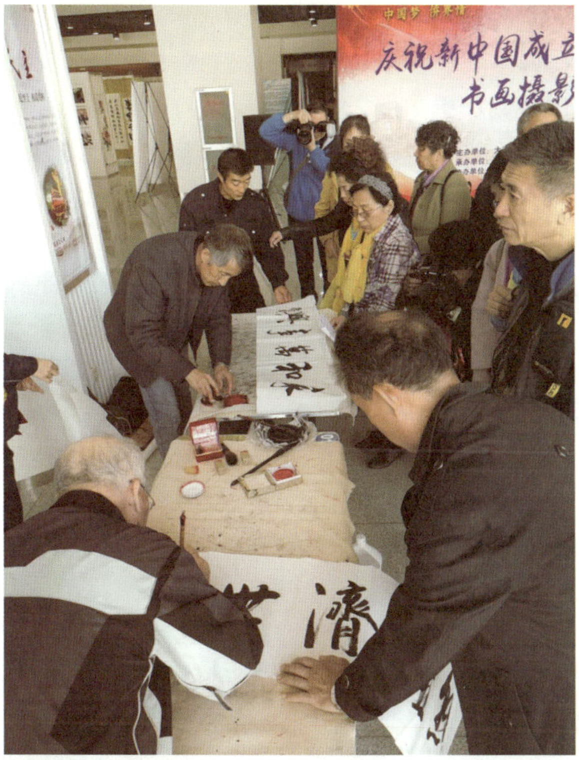

4月4日，大连市侨联与甘井区委统战部联合主办的“中国梦·侨界情——大连侨界庆祝新中国成立七十周年书画摄影展”在甘井子区图书馆举行

友谊。8月初，积极争取中国侨联和省侨联支持，高标准承办“创业中华　振兴辽宁”海外华侨华人专业社团高端人才大连行活动，组织10多个国家和地区的30多名海外高端人才走进大连。2019年，开展了“侨企大调研”活动，以“走侨企、问需求、解难题、助力大连高质量发展”主题，分头走进28家侨企，进行实地调研，全面了解侨界企业情况，全心征求意见建议，全力解决困难问题，提升侨界企业发展活力。主动反映侨声、维护侨益，努力提高为侨服务质量。积极建言献策。畅通侨界群众反映诉求渠道，多方收集侨胞意见建议，深入开展问题调研。在政协十三届二次会议上提交团体提案3份，侨界政协委员个人提案20余份。

【抚顺市侨联】抚顺市侨联发挥侨力，经过长达三个月的筹划部署，举行庆祝新中国成立70周年暨抚顺市侨商会成立8周年“爱的回航”文艺汇演，抚顺市侨界群众欢聚一堂，为庆祝中华人民共和国成立70周年献上一场形式多样、内容丰富的精彩文艺演出。助力帮扶困难侨眷，全面履行侨联职能，侨联、侨商会系统上下团结一心，伸出援手，纷纷慷慨解囊。抚顺市侨联举办“不忘初心、牢记使命”主题教育之“庆七一”党建知识问答。通过富有知识性、趣味性的知识问答活动，增强了抚顺市侨联系统党员干部的凝聚力，进一步提高了党员干部参与“学习强国”的积极性。通过政协委员视察、调查研究、撰写建议等渠道，在抚顺市政协十三届二次会议上，侨界政协委员紧紧围绕市委和市政府中心工作和侨界普遍关心的问题，先后提出提案10余件，为促进市经济和社会发展发挥了积极作用。市侨联现有市侨商会、市侨青会、顺城区侨商分会、阿联酋侨商分会、新抚区侨商分会等社团组织，各社团组织在参加市侨联组织活动的同时，积极自转，活动形式多种多样，社团组织的凝聚力和号召力与日俱增，社团工作欣欣向荣。继续加强与沈阳市大东区侨联、侨商会的联系，携手举办“峥嵘岁月·逐梦前行”庆祝建国70周年书画联谊活动。阿联酋辽宁商会抚顺分会开展“凝聚会心、聚集会力”小青岛登山健康行活动；携手百年人寿抚顺分公司举办“汇聚英才　助力强企”促进抚顺经济高质量发展研讨会；抚顺市侨青会积极响应“大众创业、万众创新”号召，全市首家新侨创业基地揭牌成立；“五四”青年节来临之际，召开纪念五四运动100周年座谈会。

2019年7月，抚顺市侨联主席康洁带领市侨商会代表到城东学校调研有关增加办学机构相关情况

【丹东市侨联】2019年，丹东市侨联精心组织开展“不忘初心、牢记使命”主题教育，聚焦主业、勇于担当、积极作为，确保用整改的实际成效推动侨联工作再上新台阶。积极开展招商引资工作，通过广泛联系，多方努力，侨资企业滕艺阁翡翠珠宝店落户丹东。举办了俄罗斯辽宁华人华侨联合会走进丹东主题活动，建立友好社团和友好商会搭建合作平台，筹划共同举办俄罗斯商品展销会和丹东地工产品展销会，为丹东全面振兴和全方位振兴贡献力量。在宗裕城海创空间举办第二期海创大讲堂，中科院管理咨询专家蔺雷博士同与会同志分享了创业经验。与市中级人民法院联合出台《关于开展涉侨纠纷诉调对接工作的意见》，建立涉侨诉调对接工作机制，开辟涉侨纠纷化解绿色通道。深入全市三县三区与基层侨联干部走访慰问了丹东市80岁以上老归侨92人、贫困归侨侨眷子女学生24人、因病致贫归侨侨眷24户，积极向中国侨联、省侨联反映归国定居的朝鲜中国人学校退休老师和侨干定额困难补助金过低问题，得到了国家、省侨联的资金支持，为16位老教师和老侨干发放了生活补助金28.8万元；利用省侨联扶贫专项资金进行危房改造1户，取得较好的社会影响。成立了丹东市侨联朝鲜归侨侨眷工作委员会，得到两任分管市领导的大力支持和认可。举办“追梦中华·侨与祖国70周年”文艺演出，700余名朝鲜归侨侨眷和海外侨胞观看了演出。2019年共接待海内外交流合作团组3个共100余人，分别与香港侨友社、日本大连商会签订友好侨团协议，为双方进一步在经贸、文化、科技等领域交流打下坚实的基础。

4月23日，丹东市侨联与市科技局在宗裕城大礼堂举办第二期海创大讲堂

吉林省归国华侨联合会

【领导成员名单】

党组书记、主席：陈香林（女，2019年12月卸任）

党组书记：徐崇恩（2019年12月任职，兼）

主要负责人：丁兆丽（2019年12月提名主席候选人）

专职副主席：关　波（满族）

挂职副主席：李　静（女）

兼职副主席：孔　维　牛　利　张越杰　董江宏

秘　书　长：关　波（满族，兼）

【综述】2019年，吉林省侨联全面贯彻党的十九大和十九届二中、三中、四中全会精神，以习近平新时代中国特色社会主义思想为指导，以习近平总书记关于侨务工作的重要论述为根本遵循，以扎实开展“不忘初心、牢记使命”主题教育为引领，深入贯彻落实中国侨联“十代会”部署和省委十一届五次、六次全会决议，增强“四个意识”、坚定“四个自信”、做到“两个维护”，紧紧围绕吉林全面振兴、全方位振兴的大局，坚持“两个并重”“两个拓展”，推进“两个建设”，聚焦保持和增强政治性、先进性、群众性，发挥侨联优势作用，团结引领全省广大归侨侨眷和海外侨胞进一步凝聚起贯彻新思想、建功新时代、同圆中国梦的坚定共识，着力在拓展海外联谊联络、扩大文化交流宣传、服务基层侨界群众等各项工作上开创侨联工作新局面，以优异成绩为新中国70华诞献礼，为吉林振兴发展、全面建成小康社会贡献力量。

【加强政治建设】吉林省各级侨联组织进一步提高政治站位，把学习宣传贯彻习近平新时代中国特色社会主义思想作为首要政治任务，聚焦“不忘初心、牢记使命”这一主题，认真扎实开展“不忘初心、牢记使命”主题教育。省侨联领导班子梳理归纳“侨联基层组织严重不足”等9个问题，有针对性提出10项解决办法，形成3份调研报告，开展7次主题党日活动。全省各级侨联组织工作热情高涨，党员干部政治素养、理论水平和干事创业的本领得到有效提升，工作作风发生很大转变。

【抓党建促脱贫攻坚】吉林省侨联举办“城乡支部手牵手”活动，邀请扶贫包保村“两委”班子成员，到省城长春参观改革开放40年取得的成就，与省侨联机关党员座谈，研究探讨适合老局所村的脱贫攻坚道路。省侨联全体机关干部走进包保村，与村“两委”成员、贫困户代表、村民代表开展座谈，探讨交流脱贫长效机制，沟通了解亟需解决的问题和困难，为包保村巩固脱贫攻坚成果，实现致富奔小康长远目标建言献策。协调中国侨联投入帮扶资金20万元，为扶贫包保单位老局所村引进“红松嫁接”项目，嫁接近250亩12000余株红松果树，努力提升包保村造血功能。

【拓展联谊选树优秀人才】2019年，吉林省侨联组织5个团组出访德国、法国、英国等10余个国家，拜会40多个海外侨团、商会和相关企业协会、华教机构，参加20场座谈交流活动，增强了与省侨联海外顾问、委员的沟通与联系。邀请接待50个国家和地区的68个海外华侨华人团组，共计607人次。注重侨界优秀人才的培养，做好海外优秀人才储备工作。一是增聘省侨联海外（港澳）顾问、委员51名，青委会委员54名。二是完善海外侨界代表人士资源库，目前共收录900位侨领和知名人士资料。三是完善省侨联海归协会组织架构，目前已累计吸纳青年海归人员700余人，分别按国别、行业等划分，设置不同分会。四是向中国侨联青年委员会第四届委员会推荐5名委员人选，3人受聘为中国侨联青年委员会第四届委员。向中国侨商会推荐11名代表，吉林省侨商会会长高炜当选中国侨商联合会第五届副会长，10人当选理事。

【加强思想政治引领】吉林省侨联以“党有号召、侨有行动”为目标，加强政治引领。一是举办《学习贯彻习近平侨务工作重要论述》专题报告会，增强侨界群众深入学习贯彻习近平新时代中国特色社会主义思想的自觉性，引导广大侨界群众听党话跟党走。二是在纪念五四运动100周年之际，举办“我和我的祖国·祖国美、家乡美”网上摄影展活动。三是开展“我和我的祖国——喜迎国庆70周年”主题寄语活动，征集近百名侨界政协委员、海外华侨华人、归侨侨眷及侨联工作者的心声感言，在官方网站和微信平台连续刊发9期，点击率近万次。省侨联通过官方网站、微信公众号等平台发布工作动态信息280余条，《凤凰新闻》《吉林日报》《澎湃新闻》《华人头条》《海内与海外》等主流媒体和中国侨联网站刊登发布省侨联新闻动态30余次，印发《吉林侨联》内刊万余册。

1月7日，省侨联主席陈香林（右三）看望慰问延边州贫困归侨侨眷

【推进基层组织建设】吉林省侨联突出“党建带侨建，侨建服务党建”双向服务平台，大力推动“侨胞之家”建设，形成省、市、县（区）侨联组织三级联动机制，推进基层侨联组织工作有序开展。2019年全省新成立“侨胞之家”50余个，全省侨联系统累计建成各级“侨胞之家”236个，实现9个市州2个扩权强县市全覆盖，其中省级“侨胞之家”188家，“侨胞之家”红旗单位35家，标兵单位3家。基层侨联组织活力得到显著提高，直接联系服务群众能力明显增强。组织省政协侨联界别委员围绕“地方侨联+大学侨联+校友会”+“侨胞之家”工作机制赴长春市部分高校进行调研。委员们分别围绕贯彻《关于新时代加强基层侨联建设的指导意见》精神，搭建地方侨联与高校侨联之间、校企之间活动交流平台，扩大与海内外新侨人才的互动交流等方面提出切实可行的意见建议。在中国侨联举办的“2019年度部分省区市基层侨联建设交流培训”期间，吉林省“侨胞之家”创建经验作大会交流。

【为侨服务维护侨益】一是扎实开展“送温暖·献爱心”活动。2019年累计发放侨界大病补助、春耕补助等慰问金及救助款19.2万元，惠及贫困归侨侨眷近400人。二是承接贫困归侨侨眷中央财政支持项目经费136万元，协调省财政拟于年底前下拨归侨生活困难补助资金80万元。三是积极推动“侨爱心·光明行”公益救助活动开展，全年完成1000例侨界困难群众康复手术。四是扎实开展“黄土计划”，全年有50名困难学子喜获助学金，顺利走入大学校门。五是资助贫困“三侨”考生圆入学梦，全年资助困难归侨、归侨子女5人，发放助学补助金12000元。

【召开吉林省侨联六届六次全委会暨青委会二届三次全委会】2月14日，吉林省侨联六届六次全委会议暨青委会二届三次全委会议在长春召开。会议总结省侨联2018年工作，研究部署2019年重点任务。会议期间，传达中国侨联十届二次全委会议精神，举办学习贯彻习近平侨务

2月14日，吉林省侨联全委会召开期间，为《朝鲜归来——朝鲜归侨口述史料》口述者代表赠书

工作重要论述报告会，增聘28位海外顾问、委员和15位省侨联青委会海外委员、33位省内委员，为《朝鲜归来——朝鲜归侨口述史料》口述者代表赠书。省侨联六届委员会委员，各市州、县市区侨联负责同志，66位省侨联海外（港澳）顾问、委员、嘉宾，省侨联所属社团副秘书长以上人员共300余人参加会议。会前召开了省侨联六届十次主席会、六届十次常委会。

【举办“省侨联海外（港澳）顾问、委员走进市州”活动】2月15日，吉林省侨联六届六次全委会议暨省侨联青委会二届三次全委会议结束后，来自泰国中国和平统一促进会总会会长王志民等66位省侨联海外（港澳）顾问、委员、省侨联青委会委员及海外嘉宾积极参加“省侨联海外（港澳）顾问、委员走进市州”活动，走进长白山、延边朝鲜族自治州开展经贸、旅游考察活动。在敦化，考察敦化市吉林敖东药业集团股份有限公司；在长白山，出席“吉林省侨联海外（港澳）顾问、委员走进长白山”推介会，考察长白山冰雪旅游项目；在延边州，出席“吉林省侨联海外（港澳）顾问、委员走进延边”推介会，参观位于图们市的中国朝鲜族非物质文化遗产展览馆。通过为期三天的走进市州活动，海外嘉宾进一步了解了吉林省的自然资源、生态旅游、特色民族文化和企业发展情况，增强了他们来吉林考察投资的兴趣和信心。

【举办“亲情中华·锦绣吉林”图片展】5月22日—25日，吉林省侨联与韩华中国和平统一促进联合总会、中国在韩侨民协会总会在韩国共同举办“亲情中华·锦绣吉林”图片展。此次图片展是“新中国成立70周年庆典暨中韩经济文化友好交流年系列活动”的一部分，全方位展现新中国成立70年来特别是改革开放40年来，吉林省在中国共产党领导下，各条战线建设取得的辉煌成就，凝聚鼓舞广大海外华侨华人在实现中华民族伟大复兴的征程中贡献更多力量。图片展首场展出在首尔冠岳文化馆举行，中国侨联主席万立骏参观图片展，中国驻韩国大使馆公使衔参赞金燕光、中国驻韩国大使馆领事参赞邓琼陪同参观。图片展在韩国仁川华侨学校集中展出一个月。

5月22日，万立骏主席（右一）参观“亲情中华·锦绣吉林”图片展

2月15日，吉林省侨联海外（港澳）顾问、委员在敦化市考察

【组团出访巴西、秘鲁和韩国】5月9日—18日，吉林省政协秘书长肖模文、省侨联副主席兼秘书长关波率吉林省政协、吉林省侨联代表团一行，赴巴西、秘鲁和韩国进行友好访问。在巴西，代表团拜访10余个重要海外侨团侨社，实地考察华商企业，参加海外侨胞座谈会，会见省政协海外列席人士和省侨联海外委员，出席巴西东北同乡总会成立18周年庆典暨欢迎交流会，希望旅巴侨胞加强团结，促进和谐侨社建设，积极参与吉林振兴发展和“一带一

5 月 14 日，省侨联主席陈香林（左七）参加省海外联谊会代表团访问泰国期间拜访泰国中华总商会

路”建设，并邀请与会侨领、侨胞参加第十二届“中国—东北亚博览会”。在秘鲁，代表团拜访秘鲁中华通惠总局，希望通惠总局充分发挥在侨胞中的引领作用，增进侨社团结，在推动吉林与秘鲁各领域交流合作中发挥更大作用。代表团还重点拜会秘鲁中资企业协会并出席座谈会。在韩国，代表团拜访韩华中国和平统一促进联合总会等多个侨团侨社，分别在首尔和济州出席在韩侨胞座谈会，会见省政协海外列席人士和省侨联海外委员，就在韩华侨华人工作生活情况、吉林省和韩国的交流合作情况、侨联品牌活动“亲情中华·走进韩国”相关事宜进行广泛深入的探讨。拜访部分旅居韩国多年的老侨。

5 月 10 日，省侨联副主席关波（左二）在出访期间向巴西东北同乡总会赠送书法作品

【举办 2019 全省基层侨联干部培训班和 2019 吉林省侨联系统“不忘初心·侨情侨史”专题培训班】6 月 10 日—13 日，吉林省侨联在吉林大学培训学院举办“2019 全省侨联基层干部培训班”。来自全省各地侨联干部、“侨胞之家”负责人和省侨联全体同志共 111 人参加培训。培训内容包括理论讲解、经验介绍、讨论交流、观摩学习等。通过学习，提升了侨联干部、“侨胞之家”负责人在新形势下做好侨联工作的能力和水平。6 月 17 日—26 日，由中国侨联干部培训中心和吉林省侨联联合举办的 2019 年吉林省侨联系统“不忘初心·侨情侨史”专题培训班在陕西西北大学继续教育学院、延安干部培训学院枣园分院举办，来自全省各级侨联的 31 名专职干部参加培训。23 日—25 日，学员们还赴延安进行为期三天的现场教学活动，瞻仰革命圣地，重温延安精神，接受了一次深刻的精神洗礼。

【举办“侨心永向党·奋进新时代”系列活动】为庆祝新中国成立 70 周年，举办全省侨联“侨心永向党·奋进新时代”系列活动。全省 236 个“侨胞之家”参加活动，共组织排练文艺汇演节目 300 余个，利用微信、网站、刊物宣传“侨胞之家”活动 1000 余条，归侨侨眷参与人数近万人。8 月 8 日，由中国侨联、吉林省侨联主办的全省“侨胞之家”庆祝新中国成立 70 周年书画摄影作品首展和全省“侨胞之家”文艺汇演在吉林市举行。省委常委、统战部部长李景浩，中国侨联基层建设部部长张毅出席活动。省侨联常委，各市州侨联、扩权强县市侨联及县市区侨联负责同志，省侨联“侨胞之家”负责人等近 400 人来到现场参加活动。上午，全体与会人员在吉林市侨联艺委会

6 月 12 日，吉林省侨联培训班学员们在长春市绿园区银融社区“侨胞之家”观摩学习

8 月 8 日，吉林省委常委、统战部部长李景浩（右一），中国侨联基层建设部部长张毅（中）出席全省“侨胞之家”庆祝新中国成立 70 周年书画摄影作品首展，并为吉林市侨联艺委会活动基地揭牌

活动基地——吉林市群众艺术馆参观全省“侨胞之家”庆祝新中国成立 70 周年书画摄影作品首展。之后，主要作品在全省各地“侨胞之家”巡回展出。出席活动的领导为吉林市侨联艺委会活动基地揭牌。当晚，“侨心永向党·奋进新时代”——吉林省侨胞之家文艺汇演在吉林市龙潭区“侨胞之家”举行。参加文艺汇演的节目全部由归侨侨眷自编、自导、自演，表演形式多样，内容精彩纷呈。活动期间，省委常委、统战部部长李景浩，中国侨联基层建设部部长张毅还就侨联基层组织建设特别是“侨胞之家”创建工作进行调研，并为省侨联“侨胞之家”红旗单位——吉林市圣赢碳纤维“侨胞之家”揭牌。

8 月 8 日，吉林省侨胞之家文艺汇演在吉林市举行

【组团出访英国、波兰和匈牙利】吉林省海外联谊会常务副会长徐崇恩率吉林省海外联谊会代表团于 10 月 20 日—29 日赴英国、波兰和匈牙利进行友好访问，省侨联主席陈香林随团出访。在英国期间，代表团出席第十五届世界华商大会，积极开展各种交流研讨活动，向与会华商宣传推介吉林资源禀赋和产业发展优势，拓宽吉林省对外交往渠道，扩大吉林在海外的知名度。拜访英国东北同乡会等 10 余个侨团侨社，出席“锦绣河山——庆祝中华人民共和国成立 70 周年邓予立巡回摄影展”，会见省海外联谊会理事、省侨联海外委员和省侨联海归协会会员，并进行座谈交流。在波兰，代表团实地走访省海外联谊会波兰理事企业，拜访波兰中国北方商会等侨团侨社，进行座谈交流，涵养侨务资源，拓展联络联谊渠道。在匈牙利，代表团出席匈牙利侨界与吉林省海外联谊会代表团联谊交流会，匈牙利中华商会等 10 余个侨团侨

10 月 27 日，省侨联主席陈香林（左五）与匈牙利青田同乡会等侨团侨领合影

社 20 余名侨领出席活动，进行广泛深入的交流。此次出访进一步加深了三国海外侨胞对祖（籍）国、对吉林省的了解，密切了三国侨团与吉林省海外联谊会、吉林省侨联的联系。

10 月 16 日，吉林省侨联中医出访团一行与德国华人华侨联合会主席李阿平及参加义诊活动的德国法兰克福侨胞合影

【“亲情中华”中医团赴德国、法国、意大利进行慰侨义诊】 10 月 23 日—31 日，由省侨联副主席李静率领的吉林省侨联“亲情中华”中医代表团到德国、法国、意大利开展慰侨义诊活动。在德国法兰克福法兰莱美大区义诊和讲座现场，当地华侨华人排队请专家把脉问诊，进行现场针灸治疗。代表团还与当地医疗界人士进行深入交流，参访当地药店，拜访知名人士。在法国巴黎，代表团举办两场大型义诊活动和讲座。一些法国友人也慕名来现场体验中医诊疗。代表团还与法国侨商界人士进行座谈，拜访知名人士。在意大利，代表团先后在米兰、帕多瓦、维罗纳等地连续举办三场讲座和义诊活动，吸引 200 余名侨胞从各地赶来问诊。代表团还拜访意大利中华医药学会，与意大利维罗纳医疗中心相关人士进行座谈。出访期间，代表团积极宣传推介吉林，并与各国侨团侨社就“亲情中华”品牌活动、海外华裔青少年“寻根之旅”夏（冬）令营等事宜进行商谈。

10 月 17 日，吉林省侨联中医出访团专家为当地侨胞义诊

【组织省侨联特聘专家组赴通化助力当地企业加快发展】 11 月 28 日—29 日，吉林省侨联和通化市侨联联合组织省侨联特聘专家组深入

11 月 28 日，吉林省侨联特聘专家组在通化市二道江区企业开展实地考察和技术指导

通化市二道江区企业开展实地考察和技术指导，为通化二道江区经济发展建言指导，把脉支着。专家们分别来自比利时金海农业集团、东北师范大学和一汽技术中心，涵盖农业、化学、生物化学与分子生物学和汽车研发等领域。他们分别深入通化二道江区涉及农业、医药、汽车、化工等领域的 9 户企业，参观企业研发基地和实验室，与企业负责人和技术负责人就产业发展、规划建设、生产技术、人才需求等方面进行深入对接和交流，为企业进行技术指导、问题诊断和项目对接，提出很多前瞻性的工作思路和建议，切实帮助企业提供资源，搭建平台，解决问题。特聘专家组成员还现场与二道江区 4 户民营企业签署战略合作协议，省侨联特聘专家委员会也与通化市二道江区政府签署战略合作协议，助力二道江区绿色转型和民营企业加快发展。

【协办《大道同行——从“五一口号”到协商建国重要史事回顾展》及市州考察活动】 9 月 19 日—26 日，为庆祝中华人民共和国成立 70 周年和中国人民政治协商会议成立 70 周年，由吉林省侨联协办的《大道同行—从“五一口号”到协商建国重要史事回顾展》吉林省巡展活动在吉林省博物馆举办。展览通过近 500 幅图片、70 余件实物，全面回顾了中共中央发布“五一口号”后，民主人士、各界代表人物包括世界各地侨团在内积极响应，共商新政协、共建新中国的恢宏历史过程。省侨联机关全体工作人员参加启动仪式并参观展览。随后，展览在辽源市、吉林市同时展出。省侨联与省委宣传部共同组织出席活动的海外嘉宾分别参加两市的巡展活动，并在两市及延边州进行参观考察。

【承办中国侨联第三期海外联谊研修班（侨领班）】 9 月 3 日—9 日，由中国侨联主办、吉林省侨联和吉林大学承办的第三期中国侨联海外联谊研修班（侨领班）在长春举办，来自加拿大、美国、巴西等 19 个国家和地区的近 80 余位侨领参加研修。此次研修班课程涵盖中国政治、外交、侨务、经济、文化等内容。9 月 6 日上午，举办以“新时代华裔青年的使命与担当”为主题的“华裔杰青论坛”，围绕和谐侨社建设、传承弘扬中华文化、华裔青年在沟通中国与世界中肩负的责任与使命等方面发表观点，展开交流，引发学员们的强烈共鸣，大大激发了他们引领构建海外和谐侨社、传播中华文化、讲好中国故事、沟通中国与世界的强烈使命感和责任感。研修结束后，学员们参加了在长春、通化等地开展的为期 2 天的现场教学活动。

9 月 6 日，吉林省侨联承办的第三期中国侨联海外联谊研修班（侨领班）举办“华裔杰青论坛”

12 月 25 日，2019“中国寻根之旅”冬令营—吉林省营营员在吉林市活动期间合影

9 月 4 日，新加坡中华总商会代表团考察吉林农业大学科技创新成果

【承办 2019“中国寻根之旅”吉林夏（冬）令营】吉林省侨联与吉林市侨联、延边州侨联、公主岭市侨联联合承办 2019“中国寻根之旅”吉林夏（冬）令营，全年 6 期共邀请约 200 名来自美国、英国、朝鲜、马来西亚等国的海外华裔青少年和领队老师来到吉林，看吉林美景、品吉林美食、听吉林故事、交吉林朋友，充分感受中华文化魅力和祖（籍）国日新月异的发展。每期夏（冬）令营都设计了内容丰富、形式多样的特色活动，包括参观吉林秀美风光、博物馆、长光卫星产业园区、长客高铁列车生产基地，学习书画、茶艺、剪纸、草编、朝鲜族歌舞，体验活字印刷等内容，极大激发了他们对祖（籍）国和中华传统文化的热爱之情。

【承办新加坡中华总商会相关活动】9 月 1 日—6 日，吉林省侨联与吉林农业大学联合承办新加坡中华总商会在吉林省举办的“海外市场工作坊—中国农业领域的颠覆创新带来全新的商机”活动。参加活动的有 13 家企业的 18 位企业负责人和新加坡中华总商会、新加坡企业发展局的相关负责人。这些企业的经营范围涵盖了进出口、电器及机械、食品包装等 11 个门类。他们在 6 天时间里，听取专题讲授和交流，参观中新（吉林）食品区，实地考察吉林农业大学科技创新最新成果和相关单位。全体成员还与省侨商联合会进行座谈，并签署战略合作协议。

【长春市侨联拓展海外联谊联络工作】一是努力拓展海外联谊联络工作渠道。广泛联络海外侨团和 15 个副省级城市侨联及长春市归侨侨眷，涵养和壮大海外资源，充分利用各种活动载体，引导全市各级侨联组织通过参与活动邀请、接待和推介项目等方式与海内外侨团建立广泛联系，推动全市各级侨联尽快适应新的工作职能。2019 年全市各级侨联组织共邀请、接待 6 个海内外侨社侨团，共计 80 人次。举办“海归公开课”走进高校、“留学人员联谊沙龙”以及海外知名学者进院校、社区开展科普交流等活动 10

余次。二是举办“迎新春、话团圆”春节联谊联络系列活动。通过基层侨联组织征集海外侨团给家乡父老拜年视频，向海外长春人社团发送新春贺函等活动推动开展海外联谊工作。征集4个海外侨团的拜年视频，向海外发送新春贺函150多份。三是举办“国内知名侨商长春新区行活动”，邀请海内外40余位知名侨商来长春新区、长春经开、净月高新区洽谈对接，推动双方在高端制造业、新能源汽车开发等领域进行合作。同时组织县区侨联参与邀请、接待，推动双方建立联系，拓展基层侨联对外联谊联络工作面。四是组织侨务工作团组出访西班牙、希腊、土耳其等南欧国家，通过发布引智项目，组织侨界民营企业家与海外侨团洽谈合作项目等方式加强对外联谊工作，分别与3个国家的6个海外侨团建立联系，并与3个重要侨团建立友好合作关系。

【吉林市侨联夯实县区侨联组织建设】一是积极贯彻落实中国侨联《关于推进新时代基层侨联组织建设的指导意见》，于5月下旬至6月上旬，由吉林市侨联机关相关负责人带队，对9个县市区基层侨联开展下基层、大走访、大调研活动。通过走访调研，了解基层侨联工作状况和存在的问题，密切市侨联和基层侨联的关系。二是持续加大基层“侨胞之家”创建力度，突出“侨胞之家”组织起来、活跃起来、行动起来的引领作用，创新共建共享共用的工作方式，加强“党建带侨建”，加强基层兼职侨联干部工作力度，打造联系更广泛、服务更便捷的基层侨界群众之家。磐石市侨联在有代表性的地域和行业建成4个“侨胞之家”，丰满区建成1个“侨胞之家”，其余各县市区至少有1个“侨胞之家”在建。2019年，吉林市有两个“侨胞之家”通过考核，晋升为省级“侨胞之家”红旗单位。三是组织两批8人次参加省侨联专兼职干部及“侨胞之家”负责人培训班和中国侨联专职干部培训班，提高为侨服务的工作能力和业务水平。四是吉林市城西侨联于6月6日正式成立，这是市侨联贯彻落实“三个最大限度”具体要求的重要举措，也是市侨联加强基层侨联组织建设的又一具体成果。

【延边州侨联多措并举推动工作发展】一是推进“侨胞之家”规范化建设迈上新台阶。州侨联提出把2019年定为“侨胞之家”规范化建设年，要求每个“侨胞之家”做到“三个至少”（即至少组织4次只为侨界群众开展的专项活动，至少有4篇侨界群众活动在主流媒体上发表的报道，至少有1次开展对“侨”的动态调查）。通过开展“三个至少”活动，全州各级“侨胞之家”规范化建设有了显著提升。纷纷组织辖区侨界群众传达学习中国侨联《关于新时代加强基层侨联建设的指导意见》和《基层侨联组织工作条例（试行）》文件精神，并开展专题研究，抓好贯彻落实。《延边州侨联围绕十六字要求夯实基层组织建设》一文在中国侨联基层侨联建设期刊第23期上发表。二是开创海外联络工作新局面。2019年共接待200余位海外侨胞来延边参观考察。有效完成吉林省侨联海外（港澳）顾问委员延边行活动，“华侨协会总会吉林参访团走进延边”、参加《大道同行—从“五一口号”到协商建国重要史事回顾展》吉林省巡展的海外嘉宾赴延边考察等大型活动的接待工作。承办“寻根之旅”夏令营延边营并接待2期“寻根之旅”夏令营吉林省营和1期公主岭营在延边开展部分活动。三是积极开展帮扶助困工作。协调“黄土计划办”为30名家庭贫困大学新生资助助学金24万元，协调宁波侨商会为汪清县天桥岭小学捐赠助学金10万元。

【通化市侨联聚力中心工作】一是新聘请9位市侨联海外顾问、委员，加大海外联谊力度。并组织俄罗斯、阿联酋、芬兰等国家海外顾问、委员先后赴通化县人参交易市场、通天酒业集团、集安博物馆、集安口岸、世界文化遗产高句丽遗迹、金厂康养谷等地开展故乡行活动。二是邀请省侨联特聘专家助力通化经济发展。邀请省侨联汽车及现代装备制造业、医药健康产业、现代农业等方面特聘专家到通化市二道江区实地指导并建立长期合作关系，积极推动二道江区产业转型升级、经济社会全面发展。三是牵线搭桥，以发展促共赢。推荐美中高科技医疗商会会长赵青参加中国通化·长白山国际医药健康产业发展论坛，以活动促认知，以认知促发展，为海外侨胞了解通化、走进通化搭建平台。四是开展“亲情中华”系列活动。在“亲情中华·心系助学”活动中，市侨联与工行通化分行在累计为侨心统一学校捐赠5万余元的基础上，再次捐款1

万余元；在“亲情中华·扶贫帮困”活动中，全市各级侨联共走访慰问285户（次），送款物折合人民币约12.81万元。五是开展庆祝新中国成立70周年系列活动。全市各级基层侨联组织以“爱国·同心·筑梦”为主题，以一场快闪、一次教育、一份表白、一场作品展、一次服务社会活动、一堂公益讲座、一次主题征文活动为载体，陆续开展形式多样的系列活动，为祖国母亲70华诞献礼。

【辽源市侨联引资引智服务经济社会发展】 一是邀请比利时金海农业集团总裁、省侨联特聘专家高继明先生和比利时土地局原局长、ROLAND VC公司总经理罗兰·万考文伯格先生来辽源开展学术交流和现代农业技术指导。高继明先生为辽源市、县、乡、村级领导干部举办《乡村振兴战略的探索与实践》专题讲座，考察中德生态农业园万亩水田建设、有机农业发展和水源地保护等项目，从生态与产业、引种环保作物、生物防治、测土配方施肥等方面进行具体指导。到侨资企业辽源市澳龙生态农业科技有限公司参观指导，对企业发展方向、科学种植等方面提出意见建议，使企业在技术升级、管理模式转换、经营理念转变上得到有效提升。二是助推侨资企业高质量发展。市侨联联合全市各涉侨部门开展对侨资企业的走访调研活动，了解侨资企业的生产经营情况、遇到的困难问题及对辽源经济发展的意见建议，协助侨资企业加大对公司产品销售的宣传力度，解决实际困难和问题。三是积极搭建“一带一路”合作平台。市侨联充分发挥桥梁纽带作用，邀请“柬埔寨吉林总商会”会长潘茂林一行海外侨商到辽源市梅香曲酒业参观洽谈，邀请美国中美合作发展基金会总裁王耀辉先生来辽源和袜业园区负责人交流洽谈，宣传推介辽源产品，促进企业间的交流。

黑龙江省归国华侨联合会

【领导成员名单】

党组书记、主席：郭占力

专 职 副 主 席：（空）

兼 职 副 主 席：冯　燕（女）　蒋贤云　杨世民　孙柏涛　刘　英（女）　陈佐东　孟宪奎　尚　宇

【综述】2019年，黑龙江省侨联在省委、省政府的正确领导下，在中国侨联的关心指导下，以习近平新时代中国特色社会主义思想为指导，紧紧围绕党和国家发展大局，继续发挥侨联独特优势，以“创业中华”为品牌服务经济有新作为，以“亲情中华”为品牌联系侨界群众有新拓展，以“法治中国　你我同行”为品牌参与社会建设有新成效，以“党建带侨建”推动组织和队伍建设有新业绩。

【开展“不忘初心、牢记使命”主题教育】黑龙江省侨联将主题教育工作与实际工作紧密结合，把深入学习贯彻习近平新时代中国特色社会主义思想作为主线，学习习近平总书记在“不忘初心、牢记使命”主题教育工作会议上的重要讲话和十九届中央政治局第十五次集体学习时发表的重要讲话，通读《习近平关于“不忘初心、牢记使命”重要论述选编》、党章、《习近平新时代中国特色社会主义思想学习纲要》等重要文献。组织党员观看专题片《楷模》《丰碑》等专题片，参观北大荒博物馆及省廉政教育基地，学习王进喜、马永顺、刘永坦及中国一重集团有限公司等身边榜样、模范事迹。以“解放思想推动高质量发展和优化营商环境”为主题，先后对全省10家有代表性的侨资企业进行调研，召开企业代表人士座谈会，了解侨资侨属企业现状，找准企业发展中工作存在的突出问题。通过官方网站、微信公众号、微信群等网络新媒体，扩大主题教育覆盖面，提升影响力。

【开展庆祝新中国成立70周年系列活动】黑龙江省侨联通过开展华侨华人主题网络活动、专题宣传报道、主题展览等，表达侨界群众庆祝新中国成立70周年的爱国情。省侨联与网易新闻共同主办以“凝神聚力・爱我龙江”为主题的龙江侨界代表人士线上庆祝活动，讲述了侨界奋斗者的逐梦故事。省侨联组织省侨青会委员举办庆祝建国70周年故事分享会暨《我和我的祖国》首映观影式。哈尔滨市侨联举办了“侨心筑梦中华情”庆祝新中国成立70周年主题活动，并于10月1日在哈尔滨电视台进行了转播，网上关注浏览超过53万人次。齐齐哈尔市侨联开展了“侨心向党　同圆共筑中国梦”庆祝新中国成立70周年图片展活动，参观人数逾千人。黑河市侨联举办了庆祝中华人民共和国成立70周年暨中俄建交70周年集邮展览，展示了中俄友好关系取得的累累硕果。大庆市侨联、七台河市侨联等市地侨联也都举办了国庆新侨球赛、百人合唱颂祖国等多种文体活动。

8月5日，黑龙江省侨联召开主题教育对照党章党规找差距专题会议

【隋军副主席赴黑龙江调研】8月1日—3日，中国侨联党组成员、副主席隋军一行赴黑龙江省出席2019海外侨领中国国情研修班现场教学活动并结合“不忘初心、牢记使命”主题教育在哈尔滨、大庆等地就新侨创新创业和侨联基层组织建设等工作开展调研。8月1日下午，隋军出席2019海外侨领中国国情研修班现场教学活动暨黑龙江省情推介会。8月

2日，结合“不忘初心、牢记使命”主题教育，隋军副主席一行与黑龙江省侨联、哈尔滨市侨联的同志召开座谈会，传达中国侨联十届三次常委会会议精神，征求对中国侨联工作的意见建议，并就如何开展好新时期侨联工作进行了深入交流。隋军副主席一行先后到黑龙江省工业技术研究院、哈尔滨九洲电气股份有限公司、大庆创新创业基地进行考察调研。每到一处，隋军对企业的发展都很关心，在实地参观中边走边问，认真听取、询问了解企业运营、配套服务、技术进步、成果转化以及产业研发和市场应用等最新进展。她说，侨商侨企要坚持发展实体经济，坚守主业、做大做强，注重科技创新、推动产业升级，更广泛地团结凝聚广大海归人才，打造掌握先进技术、适应未来发展的领军型侨资企业，为黑龙江省实现高质量发展贡献侨界智慧力量。在黑期间，隋军副主席一行专程赴大庆铁人王进喜纪念馆参观学习，传承弘扬“爱国、创业、求实、奉献”的大庆精神、铁人精神，从老一辈先进党员楷模身上汲取不忘初心、牢记使命的不竭动力。调研组还赴黑龙江外国语学院国际教育交流中心、大庆市国际文化交流基地、侨胞之家和大庆艺林花儿艺术培训学校实地了解侨联基层组织建设和文化交流活动开展情况。中国侨联组织人事部副部长赵珊珊，黑龙江省侨联党组书记、主席郭占力，哈尔滨市委常委、统战部部长梁野等陪同参加活动。

11月17日，黑龙江省侨商参加中国侨商会换届大会

【服务地方经济发展】黑龙江省侨联贯彻落实“两个拓展”工作要求，密切黑龙江与世界的联系，促进省内企业与全球华商交流合作，组织黑龙江省侨资企业参加了第十五届世界华商大会。省侨联为响应“大众创业　万众创新”号召，成立了黑龙江省新侨创新创业联盟，首批20家新侨企业成为联盟成员。创新创业联盟整合了侨界创新创业力量的优质资源，是一个聚集众创空间、创投基金等各领域侨界力量的非营利性联盟组织。哈尔滨侨联组织侨商企业家、文化工作者与南部非洲中国企业家协会举行了项目对接交流会，围绕经济文化交流合作进行深入探讨；哈尔滨市侨商会组织10多家侨商企业参加了“2019中国品牌日·中国品牌全国推介周暨第三届黑龙江品牌（文化）节”，充分展示了哈尔滨市侨商企业的良好面貌和强大实力。齐齐哈尔市成立侨商会，与广州开展对口合作，并协助本地企业通过国际电商平台，打开西欧销售市场，实现市场转型。齐齐哈尔市侨联成立了由31个侨企组成的齐齐哈尔市侨商联合会，帮助侨资企业开拓国际市场，积极引进国内外先进技术、设备和管理经验，引荐新西兰归侨王凤桐回到家乡创办丰裕农业科技有限公司，该公司2019年实现线上销售达2000余万元，带动了就业，促进了当地农产品及工业的发展。鹤岗市侨联加强与上海、汕头、盐城等市地侨资企业的联系，服务地方经济社会发展，促成迦泰丰粮食食品有限公司与上海一家人食

8月1日—3日，副主席隋军（左三）在黑龙江调研

品有限公司等多家公司达成合作，年销售各类大米1000多吨。牡丹江、七台河、黑河等地的侨企也积极助力县域经济发展，与各级政府签订了多个合作协议。

6月24日，参加2019海外华商龙江行活动的嘉宾参观中俄大桥建设项目

【夯实侨联组织基础】黑龙江省侨联进一步落实中央和省委关于群团改革、侨联改革的决策部署，贯彻党政机构改革方案，坚持问题导向，不断夯实侨联组织基础。省侨联机关增设联谊联络部，增加编制3个，增加正处级职数1个。哈尔滨、齐齐哈尔、佳木斯、大庆、双鸭山、鹤岗、黑河7个市增设职能、增加编制，所属部分县区相应增加了编制和人员；伊春、七台河、绥化3个市的部分县区增加编制，落实专人负责侨联工作；牡丹江、鸡西、大兴安岭3个地市《侨联改革方案》经市委深化改革领导小组会议审议通过。省侨联向中国侨联申请基层组织专项经费45万元，支持哈尔滨、齐齐哈尔、大庆、绥化、七台河等市地“侨胞之家”建设。齐齐哈尔市侨联开设首个归侨侨眷服务窗口——铁锋区政务中心侨联窗口，成立了全省首家留学生亲属联谊会——齐齐哈尔留学生亲属联谊会，成立了首家乡镇级侨联——富路镇侨联，基层侨联组织涵盖市、县、镇、村、社区、大学、国有大企业。

【举办2019海外华商龙江行活动】黑龙江省侨联以“一带一路”建设为重心，打造“创业中华”品牌，围绕创新驱动龙江发展，鼓励和支持新侨创新创业，与中国侨商联合会共同主办了“2019海外华商龙江行活动”，来自美国、英国、俄罗斯、加拿大、新加坡、乌克兰、白俄罗斯、南非等24个国家和地区的150余位海内外华商侨领、侨资企业负责人参加。活动期间，海外侨领侨商参加了黑河市产业项目招商对接会，参观考察了刚刚合拢的中俄首个跨境大桥及侨资企业。

【承办2019海外侨领中国国情研修班黑龙江现场教学活动】8月1日，由中国侨联主办、黑龙江省侨联承办的2019海外侨领中国国情研修班现场教学黑龙江省情推介会在哈尔滨举行，中国侨联副主席隋军出席会议并讲话，黑龙江副省长程志明作省情推介，来自23个国家70名侨领参加。隋军代表中国侨联和万立骏主席对黑龙江省委、省政府对本期研修班的高度重视和精心安排表示衷心感谢，诚挚欢迎侨胞朋友们牢牢把握龙江振兴的新机遇，献计龙江、投资龙江，为东北振兴贡献力量。隋军简要介绍了“十代会”以来中国侨联的主要工作情况，并对学员们寄予殷切希望，号召大家努力做到：一是积极助力祖（籍）国发展，在改革开放的浪潮中，勇立潮头、奋斗拼搏，在实现事业发展、人生精彩的同时，做民族复兴的贡献者；二是大力构建和谐侨社，秉承中华民族传统美德，增强社会责任感，当自律自强、服务侨社、团结侨胞的表率，做中国形象的塑造者；三是始终胸怀民族大义，清醒把握历史趋势、发展大势，以陈嘉庚先生等侨界楷模为榜样，坚定支持中国和平发展与统一大业，做祖（籍）国和平

6月25日，参加2019海外华商龙江行活动的嘉宾出席“第十届中俄文化大集海外侨领侨商黑河市产业项目招商推进会”

2019 海外侨领中国国情研修班黑龙江现场教学活动

2019 海外侨领中国国情研修班黑龙江现场教学活动

发展的促进者；四是发挥桥梁纽带作用，以促进国家间共识为出发点，以住在国民众喜闻乐见的方式，广泛开展文化交流活动，促进中外民心相通，做中外友好的促进者。活动期间，侨领们分别到哈尔滨、大庆、牡丹江等地实地参观学习，并参加“相聚龙江·汇聚力量”黑龙江省情推介会。据悉，改革开放 40 多年来，广大归侨侨眷、海外侨胞和港澳同胞纷纷在龙江投资兴业，其投资总额占全省外资总额的比重也越来越大，侨商企业已经成为加快龙江经济发展的亮点。

【弘扬黑土冰雪文化】 黑龙江省侨联立足弘扬黑土冰雪文化，传播中国声音，讲好中国故事、龙江故事，通过丰富多彩的特色活动，凝聚侨界群众共识，拓展联谊联络载体。省侨联与中国侨联共同主办“亲情中华——台湾青少年哈尔滨冬令营”和“亲情中华——海外青少年黑龙江夏令营”等联谊活动。2019 年共举办六期夏令营（冬令营），近 700 名来自中国台湾及世界多个地区和国家的华裔青少年来到哈尔滨、大庆、黑河、伊春等地进行交流活动，使他们全方位、多角度地了解蓬勃发展中的黑龙江，激发了他们对祖国的认同感。参加第十九届世界华人学生作文大赛。全省侨联系统向大赛组委会上报征文 3452 篇，684 篇作品分

12 月 22 日，省侨联主席郭占力（中）出席 2019 海外华裔青少年“中国寻根之旅”冬令营——黑龙江外国语学院营开营仪式

获特等、一、二、三等奖。省侨联获得组织奖。确认黑龙江外国语学院等10家单位为黑龙江省首批省华侨文化交流基地。组织省华侨国际文化交流促进会理事参加省委统战部与省社院联合主办的“庆祝建国70周年书画长卷”活动；组织哈尔滨市小雪花合唱团参加“第十届世界和平合唱节”，让中国少年的声音唱响维也纳金色大厅；召开“香聚龙江·畅谈发展　港龙会侨青会企业家交流座谈会”；开展了多场国际教育论坛。齐齐哈尔市侨联举办了“鹤羽花毽”传统体育项目走进日本、加拿大等国家成果展，将鹤羽花毽制作工艺和竞技项目引入法国巴黎，并带动当地中国留学生学习制作手艺和竞技传承。发挥文化交流促进会作用弘扬龙江的黑土文化，向世界阐释中华优秀传统文化，仅大庆市文促会全年就开展各类特色活动8次，公益进校园活动2次，接待国家、省、市领导调研视察4次，与国外社团开展文化交流2次。

省侨联主席郭占力（左七）会见海外华商

【拓展海外联谊】黑龙江省侨联以黑土冰雪文化为纽带，拓展海外联谊联络，2019年共接待美国、加拿大、葡萄牙、俄罗斯等十余批海外侨商或侨领代表团，向海外侨商侨领宣传龙江发展，宣讲龙江故事，不断扩大龙江的海外朋友圈。省侨联加强与华裔新生代、新华侨华人和海外社团中的新生力量的联系，通过齐齐哈尔留学生亲属联谊会为20余名齐齐哈尔籍海外留学生开展了海外生活咨询、海外就业指导等服务。省侨联充分利用国际文化交流基地拓展海外联谊，先后接待了联合国世界旅游组织黑龙江全省全域旅游和冰雪旅游规划专家团、日本栃木县中日友协访问团、美国纽卡斯尔市市长托马斯一行考察团等国内外侨团、兄弟侨联20余次。省华侨国际文化交流基地还通过赴俄罗斯开展游学对接、参加中俄中小企业实业论坛等活动，努力打造中俄蒙文化旅游商贸中心，全方位、多角度、深层次地弘扬黑土文化、传播中华文化。

【助力脱贫攻坚】黑龙江省侨联积极实施惠侨助侨行动，开展产业帮扶、民生帮扶、医疗帮扶、就业帮扶，有效提高了困难归侨侨眷的生活质量。全年全省侨联系统共走访慰问125户贫困家庭，为贫困户发放米面油、棉衣等慰问品和生活物资；在全省多地开展义诊和医疗知识普及、教育扶贫、养老院慰问等活动20余次。大庆市侨企青青草原农场发挥新侨创新创业基地优势，与大学联合，培养了百名驯马师，向全国各地驯马场输送；打造特色农业品牌，以“公司+农户”开发模式，打造婆婆丁村、蘑菇村、黄花菜村等具有旅游特色农家乐，依托绿色农产品和乡村特色带动旅游业发展，已带动万名农民致富。双鸭山市侨联将全部贫困归侨侨眷纳入低保范围内，以保证最基本的生活来源。

省侨联主席郭占力（左七）会见海外侨胞

【开展调研参政议政】黑龙江省归侨人大代表和侨联界政协委员聚焦发展、民生等问题向省“两会”提交建议、提案20余篇。冯子忠、徐月珍、孙

7 月 25 日，黑龙江省侨联召开全省侨情专报工作推进会，省侨联主席郭占力（前排左五）出席会议

飞等侨联界政协委员的提案获得优秀提案。省侨联召开侨情专报工作暨政协侨联界、九三学社界参政议政工作座谈会探索参政议政工作创新发展模式，增加单位间、界别间交流，推动解放思想大讨论实现高质量发展。省侨联加强侨情专报工作，拓展侨情专报覆盖面，组织海外华侨华人、侨界专家学者围绕国计民生撰写专报，全年共向中国侨联提交 30 余篇，刊发 8 篇。省侨联获得全国侨联系统信息工作三等奖。全省侨联系统利用网站和微信群宣传相关政策法规，围绕省委省政府“打造一个窗口　建设四个区”发展定位，开展法律进侨企、为民企助力调研活动，了解企业发展情况及遇到的问题，宣传法律知识，以案说法，助力民营经济发展。

【开展侨界公益活动】黑龙江省侨联响应中国侨联号召，向全省侨界群众发出倡议，动员侨界群众参与“海内外侨胞助力冬奥”活动，援建“华侨冬奥冰雪博物馆”。截至 2019 年 12 月 31 日，收到侨胞捐款近 16 万元。省侨联与黑龙江焦视眼科医院共同开展“侨心送光明”免费白内障手术活动。5 个义诊小组在哈尔滨市各区、县（市）举办了 9 场眼病筛查，参与人数超过千人，对符合条件的 105 名贫困白内障患者进行了免费复明手术。绥芬河市侨联组织企业家开展“爱心助学　圆贫困学子读书梦”爱心捐助活动。侨资企业黑龙江中北建设有限公司在提供大量物资帮助的同时，坚持每年为 11 名儿童福利院的孩子发放助学资金 11000 元，已累计捐赠 77000 元；为东北农业大学每年提供“中北公益助学双创资金”20 万元，已累计提供百余万元资金。

【哈尔滨市侨联打造“亲情中华·魅力冰城”文化品牌】哈尔滨市侨联通过“亲情中华·魅力冰城”工作品牌建设，突出冰雪与侨界特色。哈尔滨市侨联赴哈萨克斯坦、俄罗斯进行访问，拜会哈萨克斯坦哈中经济友好协会、克拉斯诺达尔市政府，与当地华人华侨、社团组织进行深入交流，进一步开辟海外联谊渠道，密切了与海外华人华侨的关系。参加了在腾冲市召开的“我国沿边地区侨情研讨会”，围绕“一带一路建设视野下我国沿边侨情调研”的主题，进行了深入研讨交流。与腾冲市侨联交流了工作经验，双方达成了建立友好侨联的合作意向。组织侨商企业家赴重庆参加“世界侨商重庆行”活动，与来自 30 多个国家、地区的 500 余位侨商齐聚重庆。香坊区、道外区侨联开展了庆祝新中国成立 70 周年文艺活动，哈尔滨市侨联摄影协会举办了采风活动和网络摄影巡展，营造了侨界浓厚的庆祝氛围。主办了“哈侨联 2019 留学生智造潜能训练营”，来自美国、加拿大、英国、俄罗斯、澳大利亚、新加

11 月 27 日，中国侨联“精准扶贫光明行”黑龙江省启动仪式在哈尔滨举行，省侨联主席郭占力（左）出席仪式

坡、韩国等13个国家的50位留学生报名参加了训练营。主办了“侨心筑梦中华情”海内外侨商龙江行冰城之夜联谊晚会，10多个精心编排的外国经典曲目和民族节目，充分体现了哈尔滨作为音乐之城的多元文化魅力。举办了“庆祝新中国成立70周年侨界羽毛球邀请赛”，近80位运动员参加了比赛，同时成立了“哈尔滨市侨友健康俱乐部”，全市侨界群众用精彩的演出和激情的比赛为庆祝新中国成立70周年献礼。哈尔滨市侨联还举办了第21届“冰雪情”书画展、迎新年中外青年跨文化交际主题联谊会、第二届黑龙江大学国际文化节暨2019中俄青年交流季等多个独具侨界特色、彰显侨界风采的主题活动。哈尔滨市侨联大讲堂举办了“海归传奇高群耀与他的‘创变’人生”讲座。哈尔滨市侨青会举办了纪念五四运动100周年学习哈工大“八百壮士”精神宣讲会、女侨胞联谊会合唱团参加了“巾帼心向党、礼赞新中国”启动仪式等活动。

【大庆市侨联助力地方转型发展】大庆市侨联以品牌活动、涉侨组织为平台，提升服务经济发展能力。一是搭建新侨服务平台。发挥侨青会、留学生创新创业服务中心优势，为侨界青年创新创业提供帮助。截至2019年12月31日，侨青会已入库项目50余项，与澳大利亚、加拿大等多家企业签订了战略合作协议，与大庆市松基三井酿酒有限公司签订了海外推广协议，已为31名留学人员和应届毕业生创业提供服务。二是搭建合作共赢平台。以“海外华商龙江行”等品牌活动为契机，加强本地资源宣传推介，促进交流合作。在2019年海外华商龙江行活动中，与黑河市侨联缔结了友好侨联，并推荐侨企参加项目推介，大庆市侨青会入驻企业开呗（上海）网络科技有限公司黑龙江分公司在活动中进行了项目推介，与黑河市华富集团签订了合作协议。侨企大庆老街基农副产品有限公司与肇州县政府在全省统一战线促进县域经济高质量发展签约会上签订了合作协议。三是搭建文化传播平台。由大庆市侨联大力支持，归侨马岱山担任导演的电影《铁人王进喜》荣获第六届美国旧金山国际新概念电影节四项大奖，让铁人精神“走出去”，推动中华优秀传统文化“走出去”。借助海外侨领、商会组织来大庆参访、交流等契机，组织海外侨胞参观铁人纪念馆，观看《铁人王进喜》电影，弘扬铁人精神。

【七台河市侨联推进组织建设】七台河市侨联认真贯彻落实中国侨联《基层侨联组织工作条例（试行）》和《关于新时代加强基层侨联建设的指导意见》，推进侨联改革方案的贯彻落实。一是在地方党政机构改革中，推动将“联系海外华人华侨社团联谊等职责”划归到市侨联。市辖区县明确侨联工作由党委统战部负责，确定了兼职工作人员，同时在没有侨联组织的县区，该职责划归到总工会负责。二是加强基层“侨胞之家”的创建工作，创建了新兴区、兴秀社区“侨胞之家”，完善开发区、福泽社区“侨胞之家”，使全市基层“侨胞之家”总数达到7个，丰富了为侨服务载体，打造成了有组织、有队伍、有经费、有场所、有活动内容的为侨服务阵地。三是以党建带侨建，在“侨胞之家”成立侨联小组，由热爱侨联事业、热心为侨服务的归侨侨眷担任侨联小组成员，在社区（村）党组织支持下开展相关工作，使侨联基层组织建设扎根入土。四是丰富活动内容，激发基层活力。归侨侨眷在“侨胞之家”及侨联小组的组织下，踊跃参加各项活动。兴城社区“侨胞之家”组织归侨侨眷栽种云杉树，起名“侨情树”，进一步增进了社区“侨胞之家”与侨界群众之间的情谊。东正社区“侨胞之家”开展“畅想新时代，聚力新征程”为主题的美术手工作品展，让更多侨界群众了解侨界文化事业发展，近距离感受中华优秀传统文化的独特魅力。兴秀社区“侨胞之家”组织归侨侨眷积极参与社区京剧团、书画活动室、老年舞蹈队等各种文体娱乐项目，打造侨界群众交流娱乐的温馨家园。

上海市归国华侨联合会

【领导成员名单】

党 组 书 记：王　珏（女）
主　　　席：齐全胜
专职副主席：徐大振　陶　勇
兼职副主席：陈　刚　屠　杰　顾佳丹
　　　　　　屠海鸣　程　东　徐学敏（女）
　　　　　　张国蕊（女）　左建平　王　勇
秘　书　长：陶　勇（兼）

【综述】2019年，在中共上海市委、市委统战部的领导下，在中国侨联的指导下，全市各级侨联组织自觉以习近平新时代中国特色社会主义思想为指导，深入学习贯彻党的十九大和十九届二中、三中、四中全会精神，习近平总书记关于统一战线的重要思想、关于侨务工作的重要论述和在上海考察期间重要讲话精神，认真落实中国侨联“十代会”和市委十一届历次全会精神，全面推进改革，积极履行职能，切实加强党的建设，牢固树立“大统战、大侨务”工作理念，各项工作在巩固中深化、在开拓中前进，实现了新发展。

【开展“不忘初心、牢记使命”主题教育】上海市侨联以党的政治建设为统领，持续抓好习近平新时代中国特色社会主义思想和党的十九大精神，特别是习近平总书记在上海重要讲话精神的学习贯彻，牢固树立“四个意识”，坚定“四个自信”，坚决做到“两个维护”。扎实开展“不忘初心、牢记使命”主题教育，通过学习教育、调查研究、检视问题、整改落实，进一步激发了干部“守初心、担使命”干事创业的精气神。开展了“新一轮机构改革后区侨联组织建设情况”等主题教育调研课题，由市委统战部副部长、市侨联党组书记、市政府侨办主任王珏担任课题组组长，通过与区侨联组织负责同志座谈、走访基层侨联组织等形式深入开展调研，列出问题清单和措施清单，不断细化整改方案，制定整改措施，明确责任分工，推进问题解决。

【开展庆祝新中国成立70周年系列活动】上海市侨联聚焦庆祝新中国成立70周年，用心、用情做好宣传教育工作，组织侨界归侨侨眷及海外侨胞代表，部分区、高校侨联负责同志，基层侨联代表及侨界社团代表参加新中国成立70周年座谈会。围绕“我和我的祖国”主题，开展“侨之夜”文艺晚会、“侨与中国梦”诵读大赛、“赤子情、报国志”科学与艺术主题音乐会、“赞歌新中国、咏唱新时代”专场音乐会、“70年70个瞬间”上海庆祝新中国成立70周年图片展等形式多样的系列活动，营造浓厚氛围。在市侨联官方网站和微信公众

6月11日，举办“侨与中国梦——我和我的祖国”诵读大赛决赛

7月4日，市委统战部副部长、市侨联党组书记、市政府侨办主任王珏赴静安中华大厦开展主题教育调研

号开设“壮丽70年，奋斗新时代”专栏，动员海内外华侨华人以文字、图片、微视频等方式，全方位展现新时代中国建设发展取得的辉煌成就。

12月27日—29日，万立骏主席在上海调研

【万立骏主席赴上海调研】 12月27日—29日，中国侨联党组书记、主席万立骏赴上海调研侨联工作。万立骏率中国侨联调研组围绕侨联组织学习贯彻党的十九届四中全会精神、在推进国家治理体系和治理能力现代化中如何更好发挥作用，深入松江区、上海交通大学调研，与地方领导、侨联干部和侨界代表座谈交流，听取意见建议。在与区、街道领导和侨联干部交流时，万立骏说，党的十九届四中全会对发挥群团组织作用、创新基层社会治理提出明确要求；侨联要建好、用好新侨驿站、侨之家等阵地和平台，发现人才、发挥人才作用，在党委政府领导和支持下，把社区内聚集的归侨侨眷和海外留学归国人员组织起来、活跃起来、行动起来、贡献起来，在构建共建共治共享社会治理新格局中发挥独特作用。在座谈会上，万立骏强调要深入学习贯彻党的十九届四中全会精神，以习近平新时代中国特色社会主义思想为指导，深化侨联改革，提高自身治理能力，加强基层组织建设，促进新侨创新创业，构建“两项机制”，更好地凝聚侨心侨力侨智，为实现高质量发展，促进长三角一体化发展，推进国家治理体系和治理能力现代化作贡献。调研期间，中共中央政治局委员、上海市委书记李强会见了万立骏一行，就推进涉侨机构改革、凝聚侨界人才、发挥侨界作用等作了交流。上海市委常委、统战部部长郑钢淼，市委常委、秘书长诸葛宇杰陪同会见。中国侨联副秘书长、经济科技部部长赵红英，信息传播部副部长郭启华，上海市委统战部副部长、市侨联党组书记、市侨办主任王珏，市侨联副主席徐大振、陶勇等参加有关活动。

【完成机构改革工作】 根据《上海市机构改革方案》，结合市侨联干部队伍建设整体布局和

12月27日—29日，万立骏主席在上海调研

3 月 6 日，上海市侨联举行机构改革暨干部集体谈话会

发展规划，完成机构改革干部转隶、商调和交流等人事工作。在本轮改革中，干部轮岗 12 人，从原市侨办国外处整建制转入 5 人，从市委统战部和基层商调 2 人，干部岗位交流人数达到 55%。严把“小三定”，确保工作有序衔接，形成《上海市侨联机关部室主要职责和工作人员岗位职责》，理顺各部室编制、岗位、职能。对原 20 项制度进行修订，新增了 10 项制度，同时基本完成市侨联内控制度建设。经过这一轮改革，各部室调优配强了工作力量，机关干部持续保持了奋发有为的精神状态和整体合力，改革取得较好成效。

【服务“一带一路”建设打造侨联特色品牌】举办 2019“一带一路”华侨华人与中国市场高峰论坛，邀请 36 个“一带一路”沿线国家在内的 72 个国家和地区的海外华侨华人与国内企业家共 300 多人参加，促成众多项目意向的达成，中国侨联党组成员、副主席隋军，上海市副市长陈群，致公党中央副主席、上海市主委张恩迪，致公党中央常委、四川省人民政府副省长、致公党四川省委主委杨兴平，海南省政协副主席、致公党海南省委主委侯茂丰，上海市委统战部副部长、市侨联党组书记、市政府侨办主任王珏等出席会议。与市华商会等一起，共同举办“雄才大略、商聚浦江”第二届华商论坛，邀请著名学者金灿荣、何伟文作主旨演讲。协助举办“中国—白俄罗斯”投资交流会，为长三角地区的侨资企业与白俄罗斯工商界开展合作牵桥搭线。

11 月 8 日，市委统战部副部长、市侨联党组书记、市政府侨办主任王珏带领工作组赴进博会看望侨资企业展商

9 月 22 日，上海市副市长陈群在 2019“一带一路”华侨华人与中国市场高峰论坛上致辞

【对接国家战略助力长三角高质量发展】上海市侨联全程服务第二届中国国际进口博览会，召开市侨界第二届进博会工作动员会，联系 20 家海外侨社和商会积极组织 160 多家当地优秀企业来沪参展，展期中市侨联领导积极走访，出席马来西亚中华总商会进博会“中总馆”开馆仪式，促成斯洛伐克残疾人体育协会、斯洛伐克残奥会与上海红双喜股份有限公司签署合作协议，为促进中外贸易发挥了桥梁纽带作用。在推进长三角一体化建设中积极发挥侨智优势，

在江苏张家港主办2019年“侨智论坛”暨侨智走进长三角活动，研究解决产学研一体化过程中的实际问题。与江苏、浙江、安徽等省市侨联联动开展多项活动，围绕助力长三角更高质量一体化发展等议题进行交流。

12月13日，上海市侨联与马来西亚中华大会堂总会签署《友好社团协议》

【搭建平台助力新侨创新创业】举办“创青春”上海市新侨青年创业分享季活动，新侨人士、青年创业协会代表、企业家代表等近300人参会。主办首届“新侨企业家双创研修班”，邀请中国侨联相关部门领导授课，近40人参训。与市人才服务中心共同主办第14期“上海市新经济组织企业高管研修班”，53人参训。联合上海侨界金融投资沙龙举办“5G时代·万物互联”的主题沙龙活动，30多位侨界企业家围绕热点问题进行研讨。主办“留·在上海”HR精英与海外人才专场交流会，提供岗位1600多个，吸引了2100余名海外人才从世界各地赶来应聘，其中硕士及以上学位占90%，当天共收到简历3177份，初步达成意向632人。

12月6日，举办“留·在上海”2019海外人才招聘双选会

【拓展联谊联络工作】2019年，上海市侨联共接待海外侨胞72批次，涉及84个国家和地区，共1263人次；年内组团出访5批次，共29人次；参团出访6批次，共6人次。在海外工作中结合新形势、新要求，加强侨情分析，制定海外侨情调研阶段任务表，召开5次侨情分析会，全面梳理“一带一路”沿线国家的侨情和海外上海籍社团的资源，深化侨团联谊职能，创建友好社团联系机制，与马来西亚中华大会堂总会签署《友好社团协议》，在助力“一带一路”建设、促进友好往来与经贸合作、共同关注华裔新生代成长等领域探索合作路径。

【深化联情联谊品牌活动】按照“市区联动、深度融合”的工作理念，上海市侨联通过社会化运作模式，举办“寻根中国”“亲情中华”等品牌夏令营活动，营员们学中文、听国学、参观红色景点，深刻感受到上海的发展与中华文化的魅力。举办第21届沪台港澳四地青少年“经典润人生，书香伴成长”主题普通话朗诵比赛，来自沪台港澳的40名余名参赛中小学生通过“以小手拉大手”，讲好中国故事、上海故事。举办2019年“亲情中华·相约上海”台湾青年学生（上海）夏令营，70余名来自台湾的高中学生参加了活动。承办中国侨联“侨连五洲·阅读上海”文化沙龙，引导海外青年从文化艺术的角度阅读上海，感受上海日新月异的变化。举办第五届中国（上海）国际青少年足球邀请赛，中国、秘鲁、法国、喀麦隆、比利时、澳大利亚、

7 月 16 日，举行“寻根之旅”海外华裔青少年夏令营开营仪式

西班牙 7 个国家的 16 支 U17 男子青少年校园足球队以球会友，以球连侨。

10 月 24 日，上海侨联系统落实“七五”普法、依法维护侨益研讨交流会

【夯实“两个建设”强化基层工作】根据中国侨联 4 号文件精神，制定《上海市侨联关于贯彻“新时代加强基层侨联建设”的指导意见》。4 月 4 日，中国侨联党组成员、副主席李波来沪调研基层建设工作时指出，要注意及时总结提炼在基层建设方面好的做法和典型经验，努力多出样板精品。2019 年，华东政法大学侨联成立，全市成立侨联组织的高校、院所达到 22 家。园区、社区、新阶层人士为主的基层侨联组织发展迅速，“侨之家”建设覆盖面进一步扩大，已超过千家。围绕“特色新侨驿站”，加大建设力度，年内对 22 家新侨驿站进行建设指导，首次对全市 18 家单位授予“特色新侨驿站”荣誉，4 家单位授予“特色新侨驿站”（提名）荣誉。举办 2019 年基层侨联干部培训班，270 余人参加。召开 2019 年上海侨联基层建设工作会议，学习传达万立骏主席在全国主要大中城市基层侨联建设交流会上的重要讲话，总结交流基层建设经验，进一步夯实侨联组织基础。

4 月 4 日，中国侨联党组成员、副主席李波来沪调研基层工作

【依法维权实施“侨爱心”工程】上海市侨联整合涉侨单位资源开展“侨法宣传月”活动，

举行政策咨询、讲座、报告会、侨法知识竞赛600多场，发放宣传资料12万份，组织侨界志愿者活动1200多次，受众达60余万人次。在华东政法大学召开落实“七五”普法、依法维护侨益研讨交流会。坚持做好日常信访工作和每月一次的法顾委律师接待工作。实施“侨爱心”工程。在困难帮扶工作中，充分发挥华侨基金会等的作用，以专项基金和慈善项目为载体，利用线上线下募资渠道，落实早期归侨大病重病医疗补助，“三节”送温暖，健康保障等多项实事项目，针对全市早期归侨中特别困难者进行重点帮扶，并对早期归侨给予一定的生活补贴，在精准扶贫项目如对“三区三州”对口支援中发挥积极作用，使侨联成为政府、侨界群众和公众之间的黏合剂。

12月28日，中国侨联党组书记、主席万立骏（右四）来沪调研工作时走访“新侨驿站”

【推进“地方侨联＋高校侨联＋校友会”工作机制建设】上海市各级侨联在工作中形成了三种主要模式。一是“区校联盟”模式。松江区侨联组建“松江区＋大学城”新侨联盟，制定有效的合作联盟机制，整合资源优势，实现强强联合，畅通松江区与大学城各高校人才的对接联动。二是“高校枢纽”模式。上海交通大学以自身为枢纽，发挥徐汇、闵行、黄浦、长宁等校区资源的辐射效益，实现资源互通互联。三是“融动模式”，杨浦区侨联在传统区校联动模式的基础上，与各高校融合发展，相互合作已经深入到了最基层的“三区（园区、社区、校区）联动、三城（学城、产城、创城）融合”。通过这三种模式，侨联组织、涉侨团体密切了联系，加强了联动，形成群团工作“大合唱”的良好格局。12月27日—29日，中国侨联党组书记、主席万立骏来沪调研侨联工作，在松江区长三角G60科创走廊调研时表示，侨的群体融通中外、联系广泛、资源集聚，在推进科创走廊建设、产业园区发展中，要充分发挥侨的作用、海外留学生的作用，并对市侨联协同松江区推进“地方侨联＋高校侨联＋校友会”工作机制的做法给予了肯定。

【开展群众性文化宣传活动】上海市侨联举办“侨之春”市侨联迎春联欢会，为近千位全市早期归侨和基层侨联志愿者送上新春慰问。与上海大学侨联、上海大学音乐学院共同举办“与笛共舞——陈琦玲长笛室内乐音乐会”，全市200余位侨界人士参加。积极响应上海市对垃圾分类

1月15日，举行“侨之春”上海市侨联迎春联欢会

工作的号召，向全市侨界发出垃圾分类《倡议书》，拍摄《一分钟，get 垃圾分类新技能》公益微宣传片，举办“我倡议、我行动，践行垃圾分类新时尚”主题公益宣传活动。加大对基层先进典型和工作做法的宣传力度，联合《解放日报》《联合时报》等媒体，大力宣传 90 岁老归侨陈理骅交 10 万元特殊党费等事迹，传递侨界群众爱国爱乡的家国情怀，表达了听党话、跟党走的决心。

【参政议政参与社会治理】上海市侨联围绕国家战略和上海的“三项新的重大任务”积极建言献策，组织侨界政协委员开展赴临港自贸区新片区学习考察等界别活动；在政协的会议、媒体上积极建言，《关于长三角一体化进程中建立健康风险防控创新体系的建议》获市政协优秀提案奖。积极推动侨情专报工作，全年向中国侨联、市政协、市委统战部报送 52 篇专报素材，其中《关于繁荣夜上海，活力之都如何打造的建议》获李强书记批示。编发《上海市侨联机构改革任务顺利完成》等 18 期简报。在参与社会建设方面，市侨联依托“新侨驿站”“侨之家”等载体，组织动员侨界群众积极关心和参与社区重大会议、重要活动，切实保障侨界群众对社区建设、社会治理的知情权、参与权、表达权、监督权。在社会治理中充分发挥侨界作用。9 月 22 日，中国侨联党组成员、副主席隋军来沪调研古北市民中心“侨之家”时，对侨界参与社会治理的做法给予了肯定。

【推动党建工作向纵深发展】按照推进全面从严治党“四责协同”机制的要求，上海市侨联认真梳理制订履行全面从严治党的问题清单、项目清单和责任清单。党政领导班子每人签订了《领导干部履行全面从严治党主体责任责任书》，列出项目清单和措施清单，并明确项目、责任落实的相关部门、责任人及时间节点，建立高效管用的责任体系。坚持民主集中制原则，召开党组民主生活会，严格落实党员领导干部参加双重组织生活制度，引导党员干部严守政治规矩和政治纪律，强化党员干部的政治责任和政治能力，锻造一支充满激情、富于创造、敢于担当的侨联党员干部队伍。

3 月 13 日，上海市侨联机关党委“加强党建聚合力 锤炼党性增动力”主题党日活动

9 月 22 日，中国侨联党组成员、副主席隋军在长宁区虹桥街道古北市民中心“侨之家”调研

【召开上海市侨联十一届六次全委会】3 月 28 日，上海市侨联十一届六次全委会议召开，会议传达了中国侨联十届二次全委会议、全市统战部长会议精神。市委常委、统战部部长郑钢淼出席会议并指出：一年来，市侨联紧紧围绕市委中心工作，做出积极贡献，具体体现在党的集中统一领导进一步加强；服务大局上发挥积极作用；适应形势任务变化，创新

3月28日，上海市委常委、统战部部长郑钢淼出席市侨联十一届六次全委会议并讲话

方式方法；基层组织进一步夯实。市委统战部副部长、市侨联党组书记、市政府侨办主任王珏作了工作报告。2018年，上海市侨联在落实“两个并重”“两个拓展”，推动“两个建设”中，把中央和市委的要求转化为推动侨联各项工作的动力，团结凝聚广大归侨侨眷和海外侨胞，打开了侨联工作新局面。全委会前，市侨联了召开了十一届五次常委会议，审议并通过了有关决议和草案。

【杨浦区侨联多措并举开展“侨与中国梦”主题宣传活动】 2019年，杨浦区侨联积极推进“百名早期归侨访谈”活动，在“杨浦侨声”选载发布74篇早期归侨访谈录，在中国侨联、人民日报海外版共同举办的“七十年来家园”征文页面24篇选登征文中，被录用6篇访谈录，整理出版《赤子侨心——早期归侨回忆录》，以此作为新中国成立70周年的献礼。5月，牵头区域高校侨联等前往嘉兴参观南湖革命纪念馆，开展革命传统教育活动。6月，举行“侨心向祖国·奋进新时代”主题党日活动，聆听老归侨代表、老侨联工作者代表的事迹报告。9月，与致公党杨浦区委等联合举办“侨海报国情 赤诚谱华章”庆祝中华人民共和国成立70周年侨界联欢会活动。

【松江区侨联创新工作联动机制促发展】 在上海市侨联指导下，松江区侨联向东华大学、上海工程技术大学、华东政法大学侨联发起“地方侨联+高校侨联”工作合作的倡议书，并挂牌成立“松江区·大学城新侨联盟”，通过建立联席会议机制、日常联系机制、成员新增机制，共谱地校合作新篇章。依托新机制，松江区侨联与东华大学统战部共同举办东华大学归国留学青年骨干培训班走进松江主题活动，解读人才政策、普及松江历史、介绍G60科创走廊发展历程，鼓励海归青年教师人才参与G60科创走廊建设，助力松江经济社会发展。

6月14日，松江区侨联与东华大学统战部共同举办“东华大学归国留学青年骨干培训班走进松江”主题活动

5月20日，杨浦区侨联牵头组织区域高校、街道侨联赴嘉兴市侨联学习考察

江苏省归国华侨联合会

【领导成员名单】

党组书记、主席：周建农（女）
专职副主席：宫　琳（女）
　　　　　　陈　锋
挂职副主席：张　霓（女）
兼职副主席：曾焕沙　仲　盛
秘书长：陈　锋（兼）
副巡视员、二级巡视员：卢胜平（2019年8月套转为二级巡视员，2019年12月退休）
副巡视员、二级巡视员，办公室（组织人事部）主任（部长）：李发勇（2019年5月任副巡视员，2019年8月套转为二级巡视员）

12月6日，江苏省侨联召开全省侨联系统学习贯彻党的十九届四中全会精神电视电话会议

【综述】 2019年，江苏省各级侨联深入学习贯彻习近平新时代中国特色社会主义思想特别是习近平总书记关于侨务工作的重要论述，贯彻落实中央、省委关于侨联工作的指示要求和中国侨联“十代会”精神，面对职能任务拓展的新形势，开拓进取，改革创新，扎实工作，各项工作取得了显著成效。

【开展“不忘初心、牢记使命”主题教育】 按照“守初心、担使命，找差距、抓落实”的总要求，江苏各级侨联组织认真抓好“规定动作”，精心安排“自选动作”，确保主题教育取得实效。江苏省侨联突出学原文、读原著，分10个专题学好指定书目，跟进学习习近平总书记最新重要指示；坚持领导带头，班子成员带头领学、带头交流发言、带头上党课；坚持问题导向，全面梳理近年来各项教育活动的整改情况，以多种形式广泛征求意见建议，组织11个调研组赴市（县）侨联、高校、企业、科研院所等深入调研；丰富教育形式，认真开展学先进典型、“初心是什么、使命是什么、奋斗比什么”大讨论、“四重四亮”、现场教学等活动；注重即知即改，针对侨联改革、基层组织建设、联系服务侨界群众等问题，及时整改、建章立制，并按要求做好专项整治和召开专题民主生活会、整改落实情况“回头看”等工作。江苏省侨联主题教育开展情况得到省委指导组的充分肯定，被评为第一等次“好”。

7月5日，江苏省侨联组织党员干部赴江苏省委党校党性教育主题教室开展专题学习教育

【加强理论武装和意识形态工作】 江苏省侨联突出抓好理论学习中心组学习，安排好领导领学、重点发言和体会交流等，确保理论学习不走过场。把学习宣传贯彻党的十九届四中全会精神作为重大政治任务，及时组织学习，掀起学习热潮，把江苏各级侨联干部和广大侨界群众的思想行动统一到全会精神上来。组织召开江苏省侨联系统电视电话会议，邀请江苏省委宣讲团成员、省委党校

常务副校长桑学成作宣讲报告；借助各类宣传平台和举办活动、联谊联络、出访等时机，以适当形式将全会精神向侨界宣传。抓好江苏省委十三届五次、六次全会精神的学习贯彻，增强围绕中心、服务大局的意识。落实江苏省侨联党组《关于贯彻落实意识形态工作责任制的若干规定》，把握意识形态工作主动权，定期研究分析意识形态工作形势，排除意识形态领域风险点，坚决反对和抵制各种错误思潮和负面言论。

【举办庆祝新中国成立70周年系列活动】 江苏省侨联围绕庆祝新中国成立70周年和省侨联成立40周年，广泛开展“我和我的祖国”主题宣传教育活动、“追梦中华·侨这七十年”网络主题活动等，以侨的视角讴歌党、讴歌祖国、讴歌人民。江苏省侨联举办“一路同行·侨耀江苏”盛典，以时间为轴、以艺术为媒，生动再现了广大侨胞情系桑梓的赤子情怀；通过表扬“江苏侨界最美贡献者”和从事侨联工作20年以上工作者，凝聚起学习榜样、对标先进的精神力量。举办“时代新人说·侨与共和国”主题演讲比赛，弘扬主旋律、壮大正能量。江苏省侨联与南京、南通、扬州、徐州市侨联等联合举办“翰墨颂盛世·丹青绘新篇”江苏省侨界庆祝新中国成立70周年主题书画展，抒发侨界爱国情怀。

【隋军副主席赴江苏调研侨联工作】 7月9日—11日，中国侨联党组成员、副主席隋军结合“不忘初心、牢记使命”主题教育，就江苏侨联机构改革、侨联基层组织建设、新侨创新创业情况等工作进行调研，深入昆山市侨联、

7月9日—11日，隋军副主席在江苏调研

10月13日，江苏省侨联在南京举办“一路同行·侨耀江苏”——庆祝中华人民共和国成立70周年暨江苏省侨联成立40周年盛典

11 月 19 日，“创业中华·江海筑梦”首届长三角华商大会在南京开幕

苏州工业园区侨联、虎丘街道观景社区红豆侨屋和吴中区木渎镇侨联，与各级侨联干部座谈交流，征求对中国侨联工作的意见和建议。隋军在调研中指出，侨联的初心使命就是坚定不移跟党走，凝聚侨心侨力侨智同圆共享中国梦。要结合主题教育，推动新时代侨联工作高质量发展，努力做到：高举党旗讲政治，坚决做到“两个维护”；服务大局出实效，聚焦地方所需，发挥侨界所长；锤炼队伍重担当，对标“贴心人”“实干家”标准；夯实基础增活力，创新工作形式，健全基层组织体系；讲好故事传播文化，发挥文化凝聚人心的作用。隋军一行还到昆山杜克大学和信达生物制药（苏州）有限公司、苏州能讯高能半导体有限公司进行实地考察，了解国际人才培养合作和侨资企业创新创业发展情况。中国华侨华人研究所所长张春旺，苏州市委常委、统战部部长姚林荣等一同出席活动。

【举办首届长三角华商大会】为贯彻落实习近平总书记关于长三角区域一体化发展的重要指示，11 月 19 日，江苏省侨联联合中国侨商联合会、中国侨联新侨创新创业联盟以及上海、浙江、安徽侨联共同主办“创业中华·江海筑梦”首届长三角华商大会，引导服务全球华商深入了解长三角、兴业长三角。江苏省委副书记、省长吴政隆会见了中国侨联副主席李卓彬、中国侨商联合会会长许荣茂等出席大会的部分嘉宾，李卓彬和江苏省委常委、统战部部长杨岳在开幕式上讲话，江苏省人大常委会副主任刘捍东，江苏省副省长陈星莺，江苏省政协副主席麻建国等出席有关活动。其间，南京市侨联承办了“创业中华·侨聚南京”——首届侨商经贸合作暨创新名城宣介大会。大会期间签约金额超过 150 亿元，签约额再创新高；一批科技含量高、市场前景好的路演项目达成有关合作意向。首届长三角华商大会取得圆满成功，向海内外华商全面深入推介了长三角地区发展环境，探索了侨联组织服务高质量发展的有效路径。围绕“一带一路”建设，江苏省侨联组织开展中国侨联重点课题调研并获评一等奖，联合连云港市侨联举办海内外侨商走进“一带一路”交汇点活动，与江苏省政协港澳台侨（外事）委员会联合开展省政协侨联界委员活动；组织部分侨商参加第 15 届世界华商大会、第 17 届东盟华商会、白俄罗斯投资会等活动，为江苏侨商在沿线国家发展寻找机遇。

【动员侨资侨智参与江苏经济社会发展】江苏省侨联成立新侨创新创业联盟，专注为新侨科技型企业和留学归国人员创业提供指导交流平台；联合美中创新创业联盟，分别在南京、苏州等地举办多场“创业中华·建设江苏”——2019 侨资侨智对接交流活动，意向投资额超过 2 亿元；指导举办“创业中华·智汇江苏”——新侨菁英创享无锡活动，深化产学研合作和招才引智工作；指导举办南京海外校友创新服务中心 2019 人工智能与大健康创投峰会，携手高校海外校友共建“强富美高”新江苏。江苏

11 月 29 日，江苏省侨联新侨创新创业联盟在无锡成立并与无锡市侨联签署战略合作协议

省侨联发挥侨界智力密集的优势，组织新能源、生物工程、中医学、社会学等领域的专家赴南京、无锡、镇江等地举办“侨界专家讲堂”；组织召开全省侨联参政议政和侨情专报工作会议，开展专题培训，进一步提升为高质量发展议政建言的能力，江苏侨情信息工作连续8年获得全国侨联系统特等奖。2019年，江苏各级侨联共协助引进经济、科技等项目200多个，协议利用外资40多亿美元；协助推荐引进海外高层次人才300多人；向各级“两会”提交提案议案600多件、社情民意500多条、调研报告及大会发言100多篇。

【主动服务大运河文化带建设】江苏省侨联围绕大运河文化带建设，在扬州市侨联主动承接和大力支持下，开展“六个一”系列活动（一次全省侨联系统总动员、向全球华侨华人发布一份倡议、邀请一批全球运河城市机构企业和国际友人参展、一次海外媒体江苏大运河采访活动、一次海外杰青走大运活动、一次海外知名侨领大运参访活动）。江苏省侨联参与江苏首届大运河文化旅游博览会的筹备和举办工作，共邀请89家海外侨社团、67家海外文化旅游机构参加“国际运河城市文化旅游精品展”，组织21家海外华文媒体参加“追梦中华·2019海外华文媒体大运河沿线城市采风行动”，获得主办单位“特别贡献奖”。

【深化联谊联络】2019年，江苏省侨联组织代表团先后赴美国、日本、韩国、菲律宾、越南、泰国等国访问，开展“亲情中华”文艺演出等活动，与当地侨社团、华校、侨胞深入交流，宣介江苏发展环境，畅谈交流合作事宜。组团赴香港、澳门访问，与当地侨社团共同发出坚决维护“一国两制”的有力声音；举办第5期“心手相连·青春有约——寻根之旅”苏港澳三地青少年交流活动，引导港澳青少年感悟伟大祖国和美好江苏的历史文化、发展成就，共同坚守爱国爱港爱澳的价值理念。2019年，江苏省侨联以“一带一路”沿线国家为重点，与亚洲、欧洲30多个联络“空白”和薄弱国家的侨胞建立联系，新拓展联系海外侨团100多个、重要侨领300余人；江苏各级侨联共接待海外侨胞7600多人次，组团或参团出访300多人次。

【拓展为侨服务】江苏省侨联针对老归侨尤其是空巢老归侨的照护关爱需求，组织大学生志愿者对空巢老侨进行结对帮扶，南京师范大学雷锋侨爱心团队被授予“郭明义学雷锋爱心团队”。继续开展为老归侨集体祝寿活动，组织召开国庆电影招待会、新春报告会，看望慰问重病老侨和去世老侨的家属，坚持不忘老侨、服务老侨、关心老侨。坚持依法维护侨益，江苏省侨联建立完善了主席接待日、信访登记通报和重点涉侨案件督办制度，班子成员赴有关

5月3日，江苏省侨联在扬州举办“2019海外华文媒体大运河沿线城市采风行动”

市、县党委政府，会商协调涉侨纠纷，维护侨胞合法权益；召开全省侨联维护侨益工作会议，总结交流经验，推进涉侨纠纷多元化解试点工作，搭建涉侨纠纷非诉讼调解平台。江苏侨联系统连续第二年开展“法律宣传月”活动，大力营造依法维护侨益的社会氛围。2019年，江苏各级侨联共走访慰问困难归侨侨眷6300多人次，发放慰问金400多万元；处理来信200多件，接待来访900多人次，协助解决涉侨纠纷和案件100起，挽回经济损失约2亿元。

【首次参与江苏发展大会等省级重要活动】江苏省侨联根据江苏省委省政府的统一部署，积极参与第二届江苏发展大会暨首届全球苏商大会相关工作，推荐邀请了近100名海内外侨商侨领尤其是部分“重量级”嘉宾参会，并与江苏有关部门共同举办了三春晖“我苏”讲坛。江苏省侨联还与省侨办共同主办了首届海外江苏社团联谊大会；协助推荐了20余名海外侨界嘉宾出席江苏省委省政府国庆招待会。在这些会议和活动期间，江苏省侨联主动热情、优质细致的服务广受好评。

9月19日，江苏省侨联指导成立的南京师范大学雷锋侨爱心团队被授予“郭明义学雷锋爱心团队”

【首次承办中国侨联海外华裔青少年“中国寻根之旅”夏（冬）令营】6月—12月，江苏省侨联承办了中国侨联海外华裔青少年“中国寻根之旅”夏（冬）令营。面对承接规模大、首次办营缺乏经验的困难挑战，江苏省侨联联合南京、苏州、无锡、南通、连云港、淮安、扬州、镇江8个设区市侨联，突出“一营一主题”的特色，成功举办14个夏（冬）令营，办营规模超过1000人，充分展现了吴风汉韵、水韵江苏的独特魅力，让来自世界各地的海外华裔青少年产生乡情共鸣。江苏省侨联的办营工作成效明显，在主题策划、宣传报道、特色资源调动等方面得

12月24日，第5期“心手相连·青春有约——寻根之旅”苏港澳三地青少年交流活动启动仪式在江苏省前黄高级中学举行

11月18日，首届海外江苏社团联谊大会在南京召开

6 月 26 日，2019“中国寻根之旅”夏令营江苏营在南京金陵小学举行集体开营仪式

到了中国侨联的充分肯定。

【首次承办中国侨联海外侨领研修班】江苏省侨联联合南京大学共同承办了中国侨联 2019 年第一期海外侨领研修班，来自英国、法国、意大利等 28 个国家的 60 名海外侨领参加研修。研修班课程设置科学，教学内容丰富，办班效果明显，有效拓展了江苏省侨联海外资源，提升了海外侨领对祖（籍）国国情的认知和自身综合素质。研修期间，江苏省侨联的精心服务以及由南京、扬州等地侨联安排的特色参访活动，给海外侨领留下了深刻印象。

7 月 10 日，中国侨联 2019 年第一期海外侨领研修班在扬州开展现场教学活动

【推进中餐和中医文化海外传播】江苏省侨联发挥江苏淮扬菜发源地的优势，举办了首届经典淮扬菜海外推广研习班、中餐文化海外推广计划发布会、第四届全球中餐业领袖峰会，已首批建立 2 个海外推广基地、20 个推广中心，聘请了 20 位推广使者，拓展了中餐文化海外传播的新机制、新渠道；组织中餐厨艺团赴肯尼亚等国举办淮扬菜美食展示活动和厨艺培训。在中国侨联支持和江苏省侨联推动下，淮安市创作的宣传片《献给世界的礼物——淮扬美食》荣获 2019 迈阿密——美洲 · 中国电视艺术周“金珍珠奖”短视频金奖。深入开展中医惠侨活动，江苏省侨联组织“亲情中华 · 魅力江苏”中医药慰问团赴俄罗斯、

9 月 16 日，“亲情中华 · 魅力江苏”2019 经典淮扬菜海外推广研习班在南京举行开班仪式

波兰访问，既送去了侨联组织的关爱，也展示了中医文化的悠久历史和独特魅力；联合省中医院，与泰国华侨中医院开通泰国中医互联网医院，为海外侨胞提供云诊室服务，办理中医惠侨联名卡。

11 月 19 日，江苏省侨商总会第四次会员代表大会在南京召开

【推进侨联机构改革】江苏省侨联加强与机构编制、财政等部门沟通协调，争取关心支持。6 月，江苏省侨联机关“三定”方案印发实施，机关工作职能、内设机构、人员编制得到加强，经费预算也明显增长。江苏各设区市侨联机构改革已基本完成，承接了原侨办海外华侨华人社团联谊等职责，多数侨联增加了人员、编制和经费。无锡、苏州、盐城、泰州市侨联新成立了独立党组，江苏 13 个设区市侨联中已有 10 个成立了党组。

【加强基层和基础建设】江苏省侨联指导省农业科学院等单位成立侨联组织，指导部分设区市侨联、省级机关侨联、有关高校侨联顺利换届，重点支持部分“侨胞之家”升级改造。举办了第一期全省基层侨联干部培训班，培训对象首次向乡镇（街道）、社区、园区侨联工作者拓展。江苏省侨联侨情数据库建设顺利推进，进入测试完善阶段，为实现全省侨情信息共享奠定基础。

12 月 2 日—6 日，江苏省第一期基层侨联干部培训班在南通举行

【指导省级侨界社会组织集中换届】江苏省侨联组织召开省侨商总会第四次会员代表大会，在全国率先实现省级侨商组织融合，起到示范带动作用。江苏省华侨公益基金会顺利换届并发出公益捐赠倡议，现场接受捐赠 1200 万元，展现侨界大爱。组建新的江苏省侨界法律顾问委员会，整合充实工作力量，全面提升依法维护侨益的综合能力。新一届江苏省侨联青年委员会覆盖面更广、结构更优化。江苏省侨联华侨书画院新一届理事会专业化水平更高、代表性更广。

【加强党建提升自身建设水平】江苏省侨联制定了党建工作三级责任清单，规范党内组织生活，严格落实“三会一课”、民主评议党员、谈心谈话、支部书记述职述廉等制度；运用信息手段加强对党建工作的检查，依托 G12 党建共建联盟开展党性教育，新建“党员之家”，落实在职党员进社区开展志愿服务等要求。扎实开展形式主义、官僚主义集中整治工作，细化实施方案，聚焦问题改进作风、树好形象。针对岗位特点设置个性化要求，签订党风廉政建设责任状，开展新一轮廉政风险排查，得到上级纪检监察组的肯定。印发《江苏省侨联贯彻落实省委“三项机制”实施办法》，激励干部担当作为。举办江苏省侨联第十期干部培训班，开设“机关大讲堂”，促进干部能力培养的系统化、专业化。

【召开江苏省侨联七届五次全委会】2020 年 1 月 20 日，江苏省侨联七届五次全委会议在南京召开。会议总结 2019 年全省侨联工作，研究部署 2020 年主要任务，审议有关事项。江苏省委常委、统战部部长杨岳出席会议并讲话。江苏省侨联主席、党组书记周建农在会上作了

2020 年 1 月 20 日，江苏省侨联七届五次全委会议在南京召开

10 月 15 日，江苏省侨联机关党委与南京市鼓楼区宁海路街道仙霞路社区党委签订结对共建协议

《凝聚侨心侨力，深化侨联改革，为奋力谱写“强富美高”新江苏建设新篇章作出更大贡献》的工作报告。江苏省侨联副主席宫琳、陈锋、仲盛、张霓，省侨联委员，设区市和县（市、区）侨联负责人等近 200 人出席会议。会议增补了部分江苏省侨联委员、常委，增聘了一批江苏省侨联海外顾问、海外委员。南京、无锡、南通、连云港、泰州市侨联作了大会交流发言。

【南京市侨联主动服务经济发展】南京市侨联作为市委市政府重点招商部门，主动作为，努力在服务经济发展上求突破。一是在服务经济发展的定位上更精准。市侨联紧盯南京主导产业，结合党委政府招商引资的要求、侨企发展壮大的诉求和园区引资的需求，做好招商政策宣传、营商环境推介、侨界招商信息对接等工作，努力在服务侨商和服务经济中取得双赢，进一步提高服务经济的精准度和有效性。二是在服务经济发展的措施上更务实。市侨联先后聘请了 18 位海外招商大使，与海外 10 个知名侨团签订战略合作协议，与 30 个海外侨团建立友好关系，推动“侨之云”APP 上线，把服务经济发展的网络延伸到海外；整合招商载体，建立与园区、开发区的深度合作关系，实现优势互补、资源共享。三是在服务经济发展的成效上更显著。市侨联促成南京市政府与诺奖联盟签署合作协议，首次组织欧非海外侨领及欧美的海外华文媒体到南京参访。2019 年，市侨联共引荐海外投资项目 109 个，引进投资总额 153 亿元，超额完成南京市委下达的招商任务。

【无锡市侨联扶助新侨创新创业】无锡市侨联以凝聚新侨菁英助力高质量发展为目标，整合自身资源、嫁接上级资源、叠加多方优势、形成倍增效益，积极探索新侨工作新模式，打造形成了“创业中华·智汇无锡”工作品牌。一是建好平台基础，吸引新侨人才。市侨联通过建设“一个基地”（无锡市侨联新侨菁英创业孵化基地）、“两个联盟”（侨创基地联盟、高校侨联联盟）、“三个平台”（海外引智联络平台、政治成长平台、侨界青年交流互动平台），努力为侨界青年成就事业、实现价值搭建舞台。二是开展特色活动，凝聚新侨力量。市侨联通过主办新侨菁英创享无锡活动，打造侨界富有活力的创新创业平台；多次举办“海外留学人员座谈会”“海外人才项目咨询洽谈会”等活动；每季度举办一次“创业中华·服务新侨面对面”活动；结合庆祝新中国成立70周年暨无锡市侨联成立40周年活动，推选宣传了10位“海归创新创业之星”和10位“新侨企业之星”。三是延展工作手臂，深化为侨服务。成立侨商经济发展服务机构，为新侨企业“走出去”做好牵线搭桥、宣传推介等工作。以侨青会为主体，建立网络组织平台，通过线上、线下两种形式开展适合侨界青年特点的系列活动，真正实现活动起来、活跃起来，让侨青会成为侨界青年之家。

【南通市侨联探索联谊联络工作新路径】南通市侨联充分发挥侨联组织的涉外性优势，主动履行海外社团联谊等职能，通过一系列务实创新的举措，增强联谊联络工作的实效性。一是举办海外侨团峰会，让联谊联络更加紧密。市侨联举办了“2019海外侨团南通峰会”，邀请来自全球70多个国家的100多名海外侨团侨领、侨商相聚南通，并签订“汇集侨资侨智、共建新侨之乡”合作倡议书；其间举办“海外知名侨领侨商南通行”活动，促成多个项目落地，投资额超过5亿元。二是开发海外侨情数据库，让联谊联络更加便捷。市侨联运用互联网思维，打造南通“侨联E家”品牌，开展线上线下互动。针对南通新侨多的特点，对海外侨情信息资源进行采集整合，建立了较为完善的南通海外侨情数据库，实现了侨情信息管理的科学化、现代化、数据化。三是形成警侨联动机制，让联谊联络更加畅通。市侨联联合市公安局等部门印发《南通市海内外警侨联动服务中心工作规范》，做优服务工作，及时有效处置和应对境外突发案（事）件。建立日常联络机制，定期走访重点侨资企业、海外联络驿站站长等，依法协调处理各类矛盾纠纷，主动维护海内外侨胞合法权益。

【泰州市侨联推进侨联组织规范化建设】2019年，泰州市侨联提出了“求发展、谋长远、抓根本、打基础、务时需、讲实效”的工作思路，科学制定了五年工作规划和侨联改革方案，侨联组织规范化建设取得明显成效。一方面，加强泰州市本级侨联组织规范化建设。市侨联抢抓机构改革机遇，主动与市编办等部门沟通协商，争取最大支持。机构改革后，泰州市侨联内设机构数由2个增加到3个，另外增加挂牌处室2个；核定行政编制数由4个增加到6个，领导职数（含处级和科级）由4个增加到6个，工作人员由6名增加到9名。另一方面，努力推进县（市、区）侨联组织规范化建设。依据《中国侨联章程》相关规定，市侨联制定了相关实施细则，适度放宽县（市、区）侨联主席、副主席、秘书长等候选人范围，同时强调候选人的身份要求；向各县（市、区）委组织部和编办发送了《关于商请支持市（区）侨联组织规范化建设及有关事项的函》，并加强与泰州市委组织部、各县（市、区）委的联系协调，得到了大力支持。至2019年年底，泰州各县（市、区）侨联主席全部配备到位，大多数县（市、区）侨联是一级独立机构、行政编制，扭转了县（市、区）侨联组织缺失和弱化的趋势。

浙江省归国华侨联合会

【领导成员名单】

党组书记、主席：连小敏

驻会副主席：张维仁

兼职副主席：王立华（女） 李承戍 谢树华（女） 项芳云（女） 郑 耀 林 东 汤春甫 陈乃科 冯定献 卓旭光 沈 浩 丁列明 杨宝庆 吴超英（女） 詹洪良 尹霄敏 刘光华 季志海 虞安林

秘书长：周松一

【综述】2019年是新中国成立70周年，浙江省侨联与全省各级侨联组织一道，全面贯彻党的十九大和十九届四中全会精神，坚持以习近平新时代中国特色社会主义思想为指导，以习近平总书记关于侨务工作重要论述为遵循，增强“四个意识”，坚定“四个自信”，践行“两个维护”，在省委、省政府的坚强领导下，在中国侨联和省委统战部的精心指导下，团结引领广大归侨侨眷和海外侨胞，守初心、担使命，各项工作稳中有进、成效明显，形成了稳扎稳打的工作态势，营造了好戏连台的活动声势，拉开了内外联动的作战气势，为助推“两个高水平”建设，奋力谱写“两个一百年”奋斗目标的浙江篇章贡献侨界智慧和力量。2019年1月浙江省“两会”期间，省侨联党组书记、主席连小敏，省侨联兼职副主席林东、陈乃科、冯定献、卓旭光、沈浩、丁列明、杨宝庆、吴超英、詹洪良、尹霄敏、刘光华、虞安林，省侨联党组成员、秘书长周松一等分别作为省人大代表、省政协委员出席了省“两会”，50多名海外华侨华人应邀列席会议献计献策。

【响应“三服务”号召开展大调研】为贯彻落实省委省政府“服务企业、服务基层、服务群众”号召，1月3日—14日，浙江省侨联领导班子多次走访调研侨企、基层。1月3日，省侨联党组书记、主席连小敏等一行前往杭州乐富·海邦园参观调研，深入了解园区企业经营状况，询问企业发展碰到的困难和问题；1月4日，连小敏、周松一一行赴杭州市萧山区侨企哈兔中文网络学院、浙江华瑞集团有限公司进行调研慰问。在哈兔中文网络学院，连小敏与学院创始人朱敏院长做了交流，希望哈兔中文网络学院能够发挥自身人才和技术优势，整合侨界优秀资源，融入“一带一路”大局，在海外华文教育、传播中华文化上发挥积极作用。在浙江华瑞集团有限公司，连小敏希望华瑞集团能继续发挥好引领行业的作用。1月8日—9日，连小敏一行赴衢州调研侨联工作，走访侨资企业，慰问侨界群众。1月14日，省侨联党组成员、副主席张维仁赴温州开展“三服务”，拜访了旅港温商翁银巧、胡玲玲夫妇，温州市华商协会共同会长黄伟立；走访了侨资学校—温州道尔顿小学；考察了龙湾区状元街道“华侨之家”。

【召开浙江省侨联九届八次全委会】1月21日，浙江省侨联九届八次全委会在杭州召开，中国侨联副主席、省政协副主席吴晶，省委常委、统战部部长熊建平对全委会议的召开表示祝贺。省侨联党组书记、主席连小敏代表省侨联作工作报告。认真总结了2018年侨联工作取得的成效，并对下一步侨联工作提出了“坚定信念、深化服务、联络联谊、凝侨聚侨、服务发展、抓好换届”六个方面的工作部署。会议期间，还卸免增补了部分省侨联委员、常委，进行了2018年

1月21日，浙江省侨联九届八次全委会在杭州召开

度全省侨联系统“最具影响力工作”、2018年度全省基层侨联先进个人、先进组织等的表彰和颁奖。举行了北京再佳学科技有限公司的捐赠仪式。省侨联还与省农行、省建行、中国海洋战略论坛一带一路投资基金会、桐乡市政府签订了战略合作协议。

【举办首届“侨界精英强国论坛”】 3月29日，浙江省侨资企业与西湖大学项目对接洽谈会暨首届“侨界精英强国论坛”在杭州举行。此次活动由浙江省侨联主办，浙江省侨商会承办，杭州市侨联和中国农业银行浙江省分行协办。中国侨联秘书长、办公厅主任陈迈受邀出席会议并致辞，会议邀请中国科学院院士、西湖大学校长施一公作题为《结构之美》的主旨演讲。省侨联党组书记、主席连小敏主持会议并讲话。连小敏就发挥侨商企业和侨界海归人才作用，助力高质量发展提出三点意见，一要坚持知行合一，以赤诚爱国之情书写“心中大我”；二要致力携手共进，以实业报国之行诠释“我将无我”；三要强化使命担当，以富民强国之梦汇聚“万千之我”。

【陈迈秘书长赴浙调研涉侨纠纷多元化解工作】 4月1日—3日，中国侨联秘书长、办公厅主任陈迈，浙江省侨联党组成员、秘书长周松一一行到衢州江山等地调研涉侨多元纠纷化解工作，衢州市侨联党组书记、主席姚利华，副主席徐旭华全程陪同调研。4日下午，调研组赴浙江青田，就涉侨纠纷多元化解工作开展调研。调研组听取了青田侨务工作和青田法院涉侨审判等方面工作的汇报。会议还进行了海外联络员聘任仪式，为来自西班牙、意大利、法国等10多个国家的19位商会侨领颁发了聘任证书。就下一步工作，浙江省侨联党组书记、主席连小敏引用“人间正道是沧桑，而今迈步从头越，直挂云帆济沧海”三句话，指出要进一步完善涉侨纠纷多元化解机制，有效解决海外侨胞合理合法的诉求。陈迈指出，全省各级要提高站位，推动完善侨务工作；要充满情怀，做到“爱侨、护侨”；要探索推广，在创新的路上，维护公平正义的前提下，依法治国的旗帜下，共同推进社会和谐、文明发展。

【召开民族村振兴暨“百个侨团扶百村”现场会】 4月4日，浙江省侨联民族村振兴暨“百个侨团扶百村”现场会在省侨联扶贫结对帮扶村——丽水青田县章村乡黄山头畲族村顺利召开。中国侨联秘书长、办公厅主任陈迈应邀到会祝贺并宣布活动启动。省侨联党组书记、主席连小敏，丽水市委常委、统战部部长王小荣，以及省政协常委、省慈善总会副会长郭胜华，全国人大代表、省侨联副主席陈乃科，省侨联党组成员、秘书长周松一，丽水市侨联、青田县政府和相关部门领导及数十个海外侨团负责人出席活动。针对结对帮扶和乡村振兴工作，连小敏在致辞中对章村乡党委政府和黄山头村提出具体要求和希望。在活动现场，还举行了黄山头畲族村乡村振兴基金捐赠仪式和《浙江省侨联乡村振兴战略联系点》揭牌仪式。省侨青联常务副会长、柬埔寨浙江总商会会长施永平代表商会捐款20万元用于支持章村乡和黄山头村乡村振兴。

4月4日，中国侨联秘书长、办公厅主任陈迈（前排右三），浙江省侨联主席连小敏（前排左一）一行到衢州、青田等地调研涉侨多元纠纷化解工作

【浙籍侨界企业家走进嘉善、上海证券交易所】 为积极响应省委统战部关于助力嘉善县域科学发展示范点建设的有力倡导，切实推动省委关于推进企业上市和并购重组的“凤凰行动”在侨界落到实处，4月28日—29日，省侨联党组书记、主席连小敏在省侨联副主席、党组成员张维仁的陪同下，率来自9个国家和地区的30余名浙籍侨界企业家走进嘉善与上海证券交易所，助推科学示

4 月 28 日，省侨联党组书记、主席连小敏率 30 余名浙籍侨界企业家走进上海证券交易所

范，添力“凤凰行动”。连小敏充分肯定了嘉善县近年来发挥区位优势，形成了以开放型经济为特色，内外资经济融合的发展模式。他希望各级侨联组织当好为侨服务的金牌“店小二”，积极发挥桥梁和纽带作用。广大侨商企业争当转型升级的“领头羊”，认真制定发展战略。当地党委、政府和相关部门研究好扶侨助侨的“大礼包”，搭建侨企上市信息共享、资源共享平台。其间，考察团一行参观了嘉善县规划馆、歌斐颂巧克力项目及上海证券交易所。

【举办《我爱你，中国》“快闪”活动】为共同讴歌祖国 70 周年取得的伟大成就，表达侨界对祖国母亲的深情热爱，弘扬侨界女性内外兼修、情系桑梓的卓然风采，5 月 9 日，省侨联联合浙江广播电视集团在浙江安吉组织了一场别开生面的“快闪”—唱响《我爱你，中国》活动，来自全球 25 个国家的 70 名浙籍女侨胞参加。省侨联党组书记、主席连小敏出席活动。《我爱你，中国》在浙江卫视中国蓝新闻首发的基础上，中新网、新浪、网易新闻客户端、澎湃新闻客户端、中国蓝国际客户端、学习强国等媒体平台发布，百万人次关注浙江，点赞侨界，全球浙籍华侨华人的凝聚力和向心力进一步提升。

【举办“亲情中华·瑞福新章”浙江青田石篆刻作品展】5 月 14 日，由中国侨联指导，浙江省侨联、西泠印社、杭州市侨联、中共青田县委员会及青田县人民政府主办的“亲情中华·瑞福新章”——侨界庆祝新中国成立 70 周年系列活动暨青田石捐赠仪式在西泠印社美术馆举行，中国文联副主席、中国书协副主席、西泠印社副社长兼秘书长陈振濂出席，省侨联党组书记、主席连小敏代表省侨联致辞，提出要更加注重侨胞与雅社之间的完美牵手，注重金石与篆刻之间的“古风之约”，注重浙江与世界之间的文明互鉴，注重

5 月 9 日，浙江省侨联组织了“快闪”—唱响《我爱你，中国》活动

海内与海外之间的力量汇聚。9月7日，在中国华侨历史博物馆举行“亲情中华·瑞福新章”——庆祝新中国成立70周年浙江青田石篆刻作品展首展开幕式。中国侨联副主席齐全胜，中国文联副主席、中国书协副主席陈振濂，浙江省侨联党组书记、主席连小敏以及青田县委副书记、县长周和平出席活动并致辞。中国侨联秘书长、办公厅主任陈迈，中国侨联文化交流部部长刘奇，《人民日报》海外版副总编辑龚雯，中国华侨历史博物馆副馆长祁德贵，青田县相关领导，西泠印社相关领导与专家以及智利、葡萄牙、斯里兰卡等国驻华大使、参赞参加活动，后期作品先后在杭州和葡萄牙、日本等国巡回展出。

9月7日，中国侨联副主席齐全胜出席浙江青田石篆刻作品展开幕式并致辞

【召开助推长三角一体化座谈会】为认真贯彻落实习近平总书记关于推动长三角更高质量一体化发展的重要讲话精神，围绕省委、省政府提出的“全省域全方位推进长三角高质量一体化发展”的重大决策部署，5月13日，由浙江省侨联牵头召集沪苏浙皖“三省一市”侨联共同召开助推长三角一体化座谈会，发出《侨联助力长三角更高质量一体化发展——乌镇倡议》，达成“四种机制、五类合作、六条倡议”的“乌镇共识”。

【“亲情中华”艺术团走进意大利】为进一步拓展海外联谊工作，助力“一带一路”建设，推进中华优秀文化“走出去”，5月20日—30日，应意大利维罗纳华侨华人总商会邀请，省侨联党组成员、秘书长周松一率省侨联“亲情中华·走进意大利”艺术团一行赴意大利米兰、维罗纳等城市开展慰侨演出，受到当地华人社团、华侨华人的热烈欢迎。周松一代表省侨联提出三点希望，希望华人社团不断加强组织建设，不忘组建侨团初心，用好《浙江省华侨权益保护条例》红利，为会员服务，为侨界发声；希望当地华人社团当好文化的“传播官”，传递好中国声音；希望大家要做友好的“大使者”，积极助力公共外交。

【“亲情中华”厨艺团走进荷兰、意大利】5月17日—24日，应荷兰中饮公会、意大利北部华侨华人餐饮业协会等邀请，浙江省侨联组织“亲情中华”厨艺团赴荷兰、意大利开展“亲情中华·味道浙江”系列交流活动，推介浙菜，弘扬中华美食文化。出访期间，厨艺团在荷兰阿姆斯特丹、鹿特丹和意大利米兰、佛罗伦萨、罗马等城市开展了多场烹饪表演、厨艺培训和美食品鉴等活动；并走访了荷兰中饮公会、荷兰中厨协会、意大利罗马华人华侨联合总会等侨界社团；进一步了解海外侨胞从事中餐业的现状，听取海外侨胞对弘扬中华美食文化的意见和建议。

5月13日，沪苏浙皖“三省一市”侨联共同召开助推长三角一体化座谈会

【浙江侨界名媛开展“相约春天·和谐家国”活动】5月8日上午，来自全球25个国家80余名浙江侨界名媛相聚杭州，参加以“相约春天·和谐家国”为主题的2019侨界名媛浙江活动。中国侨联副主席、省政协副主席吴晶受邀出席启动仪式并作讲话，省侨联党组书记、主席连小敏，党组成员、副主

席张维仁，省侨联兼职副主席、杭州市政协副主席、市侨联主席王立华，党组成员、秘书长周松一参加活动。吴晶对活动的成功举办表示祝贺，并为侨界名媛们“美人之美、美美与共”的情操点赞。

【举办浙江省第10、11期基层干部培训班】 5月21日—24日，浙江省侨联在浙江红船干部学院举办第10、11期基层干部培训班。中国侨联基层建设部部长张毅出席开班仪式并作《侨联基层组织建设》专题辅导报告，浙江省侨联党组书记、主席连小敏在会上代表省侨联作开班动员讲话，希望大家要强化学习，锤炼政治坚定力；要紧紧围绕中心，锤炼创新服务力；要攻坚克难，锤炼坚韧意志力；要坚持廉洁自律，锤炼清正自觉力；要虚怀若谷，锤炼互助共赢力。其间，浙江省侨联第10、11期基层干部培训班近200人在嘉兴开展了“不忘初心·重走‘一大’路”的体验式党性教育活动。活动围绕六个“一”展开，“听一次党课，瞻仰一次红船，参观一次展览，学习一次党章，观看一次影片，重温一次入党誓词”，回顾了党波澜壮阔的奋斗历史。

【举办首届“一带一路”华侨华人与华文教育研讨会】 6月1日下午，首届“一带一路”华侨华人与华文教育研讨会在浙江师范大学举行。十二届全国政协副秘书长、教科文卫体委员会副主任张秋俭，中国侨联秘书长、办公厅主任陈迈，省侨联党组书记、主席连小敏，省社科联巡视员邵清，中国华侨华人研究所所长、中国华侨历史学会副会长张春旺，浙江师范大学校长郑孟状出席开幕式并致辞。张秋俭指出，当前华侨华人研究急需智库献言献策，当下的华侨华人研究应发挥侨胞侨眷紧密团结的积极作用。陈迈强调，要突出理论引领，找准研究方向，打造研究队伍，完善研究方法。连小敏代表省侨联讲话，提出要不忘本来，齐力筑梦育侨心；面向未来，创新服务引侨智；吸收外来，兼收并蓄聚侨力。会上，陈迈、郑孟状为中国华侨华人（浙师大）研究中心揭牌。

【举办侨界青年跨境电商培训班】 为进一步凝聚侨心侨力，助力侨界青年创业创新，提升他们从事跨境电商业务能力，6月24日—28日，浙江省侨界青年跨境电商培训班在杭州举办。培训班由浙江省侨联联合浙江商业职业技术学院、中国（杭州）跨境电子商务综试区领导小组办公室共同主办。来自30多个国家和地区的80余名侨界青年参加培训。培训期间，培训班邀请了杭州市电子商务综合实验区、杭州海关、淘宝、天猫、网易和亚马逊的老师，为学员们讲授了杭州跨境电商新举措、阿里系跨境电商的现状、跨境电商与网易考拉和亚马逊全球等电商平台之间的关系、天猫国际跨境电商平台情况、设计思维下的商业模式创新、跨境电商新政等课程。

【举办2019“中国寻根之旅”夏令营】 7月3日上午，2019“中国寻根之旅”夏令营浙江营在台州学院开营。以“共寻‘根、魂、梦’，共筑家国情”为活动主题，分4个篇章开展台州市区之旅、临海古城文化之旅、天台山文化之旅、国学之旅。下午，温州营开营，省侨联党组书记、主席连小敏出席仪式并发表讲话，欢迎营员们回到可爱的祖国和家乡，希望营员们能成为可亲的朋友，祝愿营员们在浙江期间留下可贵的情谊。温州市委常委、统战部部长施艾珠宣布开营并向营员代表颁授营旗。7月4日下午，“中国寻根之旅”夏令营浙江传媒学院营开营前，省侨联党组成员、副主席张维仁赴浙江传媒学院指导开营前的各项筹备工作并进行座谈。7月25日上午，“中国寻根之旅”夏令营温州肯恩大学营开营仪式在温州肯恩大学教学楼举行。省侨联党组成员、秘

7月3日，2019“中国寻根之旅”夏令营浙江营开营

书长周松一，温州肯恩大学党委书记、理事长王北铰，温州市侨联副主席翁蔡恩出席开营仪式，其间，浙江省委书记车俊与正在参加 2019 年“中国寻根之旅”华裔青少年夏令营温州肯恩大学瓯越文化营的小营员们进行了互动。车俊书记勉励小营员们能在夏令营期间和更多的华裔少年成为好朋友。他表示，温州肯恩大学作为一所中美合作的国际化大学，更应该利用国际化、多元性的平台，多举办这样的活动，向华裔学生们传递中国传统文化。

【打造“最多跑一次”海外涉侨服务样板】7 月 20 日，浙江省侨联党组书记、主席连小敏，秘书长周松一赴青田县开展“三服务”，走基层、听汇报、推改革、支新招。在听取青田公安局警侨驿站建设以及相关工作汇报时，连小敏就落实“最多跑一次”改革部署要求要当好涉侨改革“急先锋”，打造涉侨服务“最多跑一次”海外升级版；当好侨务工作示范县创建“排头兵”，助力侨流真正转化为项目流、资金流、人才流和技术流；当好为侨服务的“先行者”，积极做好海外涉侨维稳等工作。活动当日，连小敏应邀出席了三溪口街道乡贤联谊会、归国华侨联合会成立大会，为三溪口街道“华侨之家”授牌，周松一为新当选人员颁发聘书。

【举办第五期“海燕集结行动计划”】7 月 22 日上午，浙江省侨联第五期“海燕集结行动计划”开营仪式在浙大紫金港校区举行。省侨联党组书记、主席连小敏向营员们简要介绍了浙江省优越的人才政策和浓厚的众创氛围，并对贯彻中国侨联有关活动部署提出要求，会上，浙江大学公共管理学院党委副书记、杭州创业发展促进会会长、求是强鹰俱乐部创始人阮俊华介绍了浙江大学求是创新的校风校训和强鹰计划的精神内涵；强鹰导师、高博咨询董事长李慧，第二届学员代表章冰洁分别与“海燕”们作了创业历程和参营体会的经验分享。

【举办首届“一带一路”侨商论剑暨浙江侨界青年海外合作论坛】7 月 26 日，在浙江省侨

7 月 26 日，首届“一带一路”侨商论剑暨浙江侨界青年海外合作论坛在柬埔寨首都金边举行

联指导下，由浙江省侨界青年联合会、柬埔寨浙江总商会联合主办的首届“一带一路”侨商论剑暨浙江侨界青年海外合作论坛，在柬埔寨首都金边举行。此次论坛以“汇聚海外浙商力量，助推一带一路发展”为主题，邀请了来自浙江省侨联、柬埔寨投资发展理事会、柬埔寨旅游部、东盟十国浙籍商会等相关领导，来自全球 28 个国家和地区的近 200 名浙江侨界青年代表参加。会上，柬埔寨浙江国际经济特区有限公司、杭州郝姆斯食品有限公司（百草味）、省侨青联、蒙古国中信建设集团等浙江侨企（侨团）与在柬企业（社团）签订了 4 个项目的合作协议，实际投资达 4.6 亿元人民币。会上还为浙江泰普森（柬埔寨）休闲用品有限公司新厂的落成举行了揭牌仪式。

【发动侨界参与台风“利奇马”抢险救灾工作】8 月 10 日凌晨，2019 年第 9 号超强台风“利奇马”在浙江省台州温岭沿海登陆。8 月 11 日，浙江省侨联发布倡议书，号召广大归侨侨眷、海外侨胞和灾区人民心连心。8 月 13 日下午，荷兰瑞安教育基金会会长林德芳等侨领为此次“利奇马”受灾群众捐赠爱心款 18 万元。24 日，沙特华商联合会、米兰浙江华人华侨联合会、佛罗伦萨华侨华人商贸联谊会及意大利米兰代表团、意大利中部文成同乡会等先后到访省侨联，向灾区捐赠人民币 102 万元，沙特华商联合会、米兰浙江华人华侨联合会、佛罗伦萨华侨华人商贸联谊会及意大利中部文成同乡会分别捐赠人民币 10.58 万元、1.35 万欧元、1.8 万欧元、人民币 22.22 万元。截至 23 日下午 17 时，全省

侨界组织已收到爱心捐款 3560 多万元。8 月 22 日，省委常委、统战部部长熊建平在《省侨联“利奇马”台风抢险救灾情况报告》批示：全省侨联系统在抗击“利奇马”台风中发挥自身优势，主动参与抗台救灾和灾后重建工作，体现了“一方有难、侨界全力支援”，谱写了侨界的新篇章、树立了新形象。

9 月 23 日，中国侨联第七期青年干部培训班在浙江省嘉兴市红船干部学院开班

【召开习近平总书记关于侨务工作重要论述研讨会暨全省侨联主席读书会】8 月 14 日—15 日，浙江省侨联在杭州新侨饭店召开习近平总书记关于侨务工作重要论述研讨会暨全省侨联主席读书会。省侨联党组书记、主席连小敏作开班动员，全省各级侨联组织要认真贯彻中央、省委省政府和中国侨联有关会议精神，始终高举习近平新时代中国特色社会主义思想伟大旗帜，认真学习好、宣传好、贯彻好习近平总书记关于侨务工作重要论述，充分发挥侨联组织独特优势，最大限度凝聚同圆共享中华民族伟大复兴的磅礴伟力。

中国华侨华人研究所所长张春旺在习近平总书记关于侨务工作重要论述研讨会暨全省侨联主席读书会上作主题报告

【中国侨联第七期青年干部培训班走进嘉兴南湖】9 月 23 日，中国侨联第七期青年干部培训班在浙江省嘉兴市红船干部学院开班。中国侨联副主席齐全胜出席开班式，并作题为《做有信念有担当有作为的侨联干部》的报告。省侨联党组书记、主席连小敏出席开班仪式，来自全国侨联系统的 70 余名青年干部参加了为期一周的培训。其间，连小敏还与大家一起参观了浙江清华长三角研究院法治与社会治理研究中心、嘉兴南湖革命纪念馆，瞻仰了南湖红船，考察了嘉兴科技城智立方科技展览馆和红船服务总联盟。

【召开浙江省侨联第一党支部、第二党支部成立大会】10 月 12 日，浙江省侨联召开机关第一党支部、第二党支部成立大会。省侨联离退休老党员及机关全体党员参加会议。会上，传达学习了习近平总书记在中央和国家机关党的建设工作会议上的重要讲话精神，宣读了省侨联机关党委下属党支部的批复。省侨联办公室（组织人事部）主任（部长）朱小敏、经济科技部部长章红波两位同志分别当选第一党支部和第二党支部的书记。

【万立骏主席调研浙江省侨联机关】11 月 12 日，中国侨联党组书记、主席万立骏来浙江省侨联机关调研，听取省侨联相关工作汇报。中国侨联副主席李卓彬，中国侨联副主席、省政协副主席吴晶，中国侨联基层建设部部长张毅，中国侨联信息传播部副部长郭启华等陪同。省侨联党组书记、主席连小敏介绍了浙江侨情、侨联机构设置等概况，汇报了“四个着力、两项机制、五大品牌”等近年重点工作开展情况及今后五年工作计划。万立骏主席对省侨联近年来开展的工作给予充分肯定。他说，每次来浙江都有新收获、新

11 月 12 日，中国侨联党组书记、主席万立骏调研浙江省侨联机关

启发，省侨联各项工作让人耳目一新，有成效、有创新、有亮点，在全国侨联系统也很有影响力。他希望，省侨联作为群团组织，要提高站位，真抓实干，改革创新。在助力新侨创新创业、加强海外联谊、维护侨胞权益等工作开展上，要有更新举措、更大力度，更好围绕中心服务大局，让侨界群众有更大获得感和归属感。

【隋军副主席来浙调研】 11 月 14 日—16 日，中国侨联党组成员、副主席隋军一行在中国侨联副主席、省政协副主席吴晶，省侨联党组书记、主席连小敏陪同下，赴温州、青田等地调研基层侨联工作。隋军一行参观了温州龙湾区状元“侨胞之家”、鹿城区海外传播官之家、世界温州人家园、港澳台海外联络服务中心、温州市侨团汇、世界温州人会客厅、青田县人民法院、青田县农商银行侨联“侨胞之家”、青田县公安局等地，对温州、青田两地的基层侨联工作予以了充分肯定。同时，隋军一行还实地考察了青田侨乡投资项目交易中心，就集聚更多优质项目推动侨商回家、侨资回归、侨智回流，更有效助力地方高质量发展方面提出具体指导意见。11 月 15 日，

11 月 15 日，中国华侨历史学会会长（扩大）会议在温州市世界温州人家园召开

中国华侨历史学会会长（扩大）会议在温州市世界温州人家园召开。中国华侨历史学会理事及来自全国各高校和科研机构的专家学者等50余人参加会议。隋军副主席向与会者介绍了新时代中国侨联的主要职能和工作情况，并要求中国华侨历史学会在新的历史起点上，要谋发展、有作为。浙江省侨联将继续积极探索，不断强化理论研究和实践探索的协同与创新，切实推动习近平关于侨务工作

11 月 14 日，中国侨联党组成员、副主席隋军赴温州调研

重要论述在浙江落地见效。会议期间，专家学者一行还到瑞安华侨历史博物馆和世界温州人家园开展调研指导。

【齐全胜副主席调研台州侨联工作】11 月 26 日，中国侨联副主席齐全胜在省侨联党组书记、主席连小敏陪同下，赴台州调研走访基层侨联组织并召开座谈会，台州市委常委、统战部长单坚主持座谈会。齐全胜副主席要求，要始终把政治引领融入到为大局服务、为侨服务中，进一步夯实侨界同圆共享中国梦的思想基础；要坚持巩固好实践证明有效的做法和经验，进一步加强侨联基层组织建设，努力做到机制化、制度化、长效化；要把弘扬优秀传统文化作为重要职责，挖掘

11 月 26 日，中国侨联副主席齐全胜考察台州市黄岩区“同心之家”

侨界好故事，传播中国好声音。其间，齐全胜一行走访考察了黄岩区“同心之家”、乡贤馆以及“侨家小院”，了解基层侨联组织建设情况。

【举办第二届华侨进口商品博览会暨青田进口葡萄酒交易会】11 月 16 日，第二届华侨进口商品博览会暨青田进口葡萄酒交易会在侨乡进口商品城开幕，来自 50 多个国家的 1100 多名参展商和 3000 多名全国各地的专业采购商参加开幕式。中国侨联副主席隋军到会祝贺，斯洛伐克大使杜尚·贝拉，中国侨联副主席、省政协副主席吴晶，省商务厅党组书记、厅长盛秋平，省侨联党组书记、主席连小敏分别致辞，中国侨联副主席、宁夏侨联主席朱奕龙，省财政厅厅长徐宇宁等出席开幕式。开幕式上，与会领导共同宣布第二届侨博会正式启动，举行青田“世界超市”揭牌仪式、青田侨乡进口商品城“走出去”战略合作协议文本互换仪式、全球葡萄酒大赛百款发布、青田侨乡进口商品城十佳“百城名店”授牌仪式以及“青田洋货”防伪标识发布等活动。

【开展“侨爱心光明行”项目】11 月 10 日，“侨爱心光明行”慈善活动在丽水市青田县人民医院举行，7 名来自章村乡的老年人白内障患者接受免费的手术治疗。省侨联党组成员、副主席张维仁，秘书长周松一一行人前往医院看望患者。此次“侨爱心光明行”公益项目走进青田，由省侨联、爱眼公益基金会联合开展，在青田县人民医院的大力支持下，由爱尔眼科医院具体实施。通过公益项目的帮助，把贫困眼病患者从失明的边缘拯救回来，不仅让他们保住视力、重见光明，提高视觉质量和生活能力，更让他们感受到了社会的关爱，为脱贫致富、奔向未来带来信心和力量。

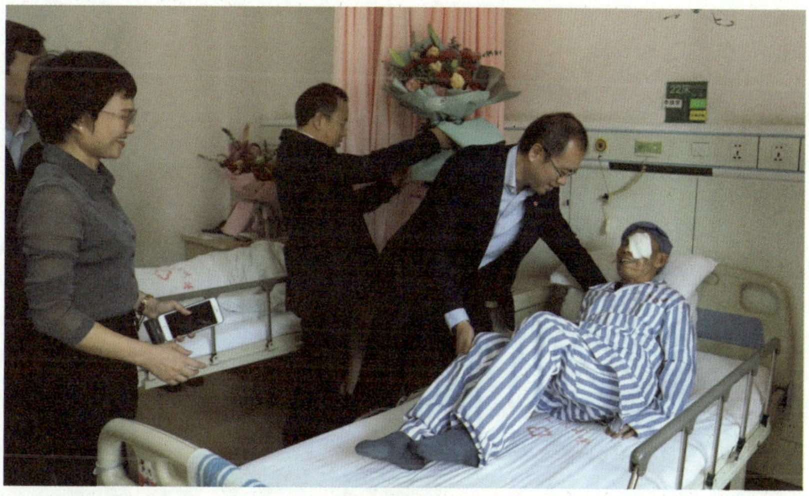

省侨联党组成员、副主席张维仁前往医院看望患者

【举办全国主要大中城市基层侨联建设经验交流暨业务培训活动】11 月 13 日，中国侨联

11 月 13 日，中国侨联在浙江省杭州市举办 2019 年全国主要大中城市基层侨联建设经验交流暨业务培训活动

2019 年全国主要大中城市基层侨联建设经验交流暨业务培训在杭州举行。浙江省侨联党组书记、主席连小敏代表省侨联作典型发言，提出省侨联将以习近平新时代中国特色社会主义思想为指导，以习近平关于侨务工作重要论述为遵循，以本次交流会为契机，全面贯彻落实中国侨联和省委有关决策部署，努力把侨联组织建设成为广大侨胞可信赖的“团结之家、奋斗之家、温暖之家”，为实现人民对美好生活的向往、同圆共享中国梦作出侨界新的更大贡献。会上，全国组织统一社会信用代码数据服务中心主任宿忠民围绕基层侨联组织统一社会信用代码制度的建立情况作了介绍，还为部分基层侨联组织颁发了第一批统一社会信用代码证书。

【举办浙江省侨联干部和归侨侨眷技能培训班】 12 月 11 日—15 日，全省侨联干部和归侨侨眷技能培训班开班仪式在杭州举行。省侨联党组成员、副主席张维仁参加开班仪式并讲话。省侨联党组成员、秘书长周松一主持开班仪式。本次培训班为期四天，邀请有关专家教授通过课堂讲授与研讨相结合的方式，对学员进行党的路线方针政策和国学、摄影、养生等方面的培训。全省各级侨联干部、各侨联所属社团负责人和社团专干人员、全省国际文化交流基地负责人、各地“侨胞之家”负责人以及热心于侨联事业的归侨侨眷 130 余人参加此次培训。

【举办浙籍华侨华人“一带一路”欧洲（葡萄牙）合作论坛】 12 月 11 日，由浙江省侨联主办，省侨商会、省侨界青年联合会、葡萄牙中华总商会、葡萄牙中国侨商会、环球伊比利亚传媒联合承办的“侨连欧洲 · 侨商论剑”——浙籍华

12 月 11 日，浙籍华侨华人“一带一路”欧洲（葡萄牙）合作论坛在葡萄牙首都里斯本举行

侨华人“一带一路”欧洲（葡萄牙）合作论坛在葡萄牙首都里斯本举行。此次论坛以“汇聚海外浙商力量，助推‘一带一路’发展”为主题，邀请了来自中国驻葡使馆、葡萄牙对外投资贸易局、美国商务部、浙江省委党校等相关官员和专家学者，以及来自欧洲 21 个国家和地区的近 180 名浙籍侨界代表参加。省侨联党组书记、主席连小敏代表主办方致辞。世界浙商总会等发来贺电。美国商务部前部长助理黄建南，省委党校工商管理教研部副主任陈愉瑜两位嘉宾先后作主旨演讲。葡萄牙对外投资贸易局原主席佩德罗・赖斯，新加坡浙商总会会长李国生，中欧班列（义乌—马德里）运营方义乌市天盟实业投资有限公司董事长冯旭斌，葡萄牙华人联合会执行主席、平湖国际进口商品城董事长陈坚，欧洲宁波总商会会长、美麟控股集团有限公司董事长李永平等嘉宾，围绕“五通”共同探讨了欧洲沿线国家融入“一带一路”倡议的发展前景；分享了浙商在参与“一带一路”发展过程中的实践和感悟；交流了侨界参与“一带一路”发展的使命与担当，并就侨界如何成为助推“一带一路”发展的探路者和模范生提出建议。

【召开“和合・未来”座谈会】12 月 11 日，以“建设和谐侨团　共创美好侨社”为主题的浙江省侨联部分欧洲海外委员（顾问）和侨团负责人“和合・未来”座谈会在里斯本举行，座谈会由浙江省侨联主办，旅欧各浙籍侨团承办。省侨联党组书记、主席连小敏，中国驻葡萄牙大使馆参赞许志达，欧洲地区海外委员、顾问及各国各地侨团 100 余位代表出席座谈会。省侨联副主席、省侨商会常务副会长陈乃科主持会议。座谈会上，连小敏向海外委员们传达了党的十九届四中全会的精神，他表示，“和而不同”是中华传统和合文化的重要理念。要做大做强做优侨团，具体要做好组织、资源、活动、阵地融合融通等“四篇文章”。省侨联将按照习近平总书记和党中央要求，坚持“两个并重”“两个拓展”，以内联外、内外联动，做侨胞贴心人和侨务工作实干家，为新时代党和国家事业发展作出更大的贡献。座谈会上，来自法国、匈牙利、德国、意大利、荷兰、挪威、比利时、葡萄牙等各国的十位海外委员（顾问）及侨团负责人，就各国的侨情、侨社等情况做了介绍，并结合会前下发的《“和合”联络站（联络点）实施方案（征求意见稿）》以及各国各地的实际情况建言献策。

安徽省归国华侨联合会

【领导成员名单】

党组书记：李世蕴（2019年12月任职）
党组书记、主席：吴向明（满族，2019年12月卸任）
专职副主席兼秘书长：杨冰
兼职副主席：吴晓勤 叶向东 沙奇志 夏萍（女） 方玲（女）
办公室主任：毕清

【综述】2019年，安徽省侨联以习近平新时代中国特色社会主义思想为指导，紧紧围绕全省工作大局，精心组织开展“不忘初心、牢记使命”主题教育，聚焦主业、勇于担当、积极作为，各项工作取得明显成效。在引资引智方面，积极参与2019世界制造业大会，牵头举办“百家侨企”高新技术项目签约仪式暨推介会，主办2019“巢湖侨创峰会”，促成39个高新技术项目集中签约，总投资达120.8亿元。在深化联谊方面，组团出访俄罗斯、荷兰、英国等国家，邀请柬埔寨青年友好代表团、缅甸大学校长代表团等访问安徽，积极涵养侨务资源。在参与社会建设方面，广泛汇集侨界爱心力量，动员侨界捐赠款物合计207万元，参与打好脱贫攻坚战，配合地方政府扎实做好对口帮扶工作。在文化宣传方面，组织“亲情中华·美好安徽”艺术团赴海外访问演出，举办6期“寻根之旅”夏令营活动，成功申报3家“中国华侨国际文化交流基地”。在参政议政方面，邀请23位海外侨胞列席省“两会”，汇集侨界智慧提交了一批高质量提案，其中《打造环巢湖人文走廊，让人文与科技同辉》在2019年省政协会议上作发言，获得省委常委、宣传部部长虞爱华批示肯定。在加强自身建设方面，扎实推进侨联机构改革，积极承接职责划转，省侨联新增1个内设机构和2名行政编制。指导安徽农业大学、皖西学院、巢湖学院、蚌埠医学院、皖南医学院、蚌埠科技学院、安徽工程大学等高校成立侨联并召开第一次归侨侨眷代表大会，命名20个全省侨胞之家。

【召开安徽省侨联六届八次全委（扩大）会】1月25日，安徽省侨联六届八次全委（扩大）会议在合肥召开。省侨联党组书记、主席吴向明作工作报告，省侨联党组成员、副主席兼秘书长杨冰主持会议，省侨联副主席、合肥市侨联主席方玲及省侨联委员参加会议，省侨联所属社团、全省县（市）区侨联和高校侨联、开发园区侨联负责同志列席会议。会议传达学习了中央书记处办公会议重要指示、中国侨联十届二次全委会议精神和省委常委、统战部部长刘莉批示精神，全面回顾了2018年全省侨联工作，安排部署2019年重点工作，通报表扬了2018年全省侨联系统工作创新先进单位和2018年度“百家侨企”项目引进工作先进单位，增补了省侨联六届委员会委员。

1月25日，安徽省侨联六届八次全委（扩大）会议在合肥召开

【隋军副主席来皖看望慰问困难归侨侨眷】1月21日—22日，中国侨联党组成员、副主席隋军一行来安徽省马鞍山市慰问侨界群众、调研经济社会发展、看望侨联干部。中国侨联办公厅巡视员兼机关服务中心主任李洋、中国侨联公益基金会主任何继宁、中国侨联组织人事部副部长赵珊珊参加。安徽省侨联党组书记、主席吴向明，

省级侨联工作

1 月 21 日—22 日，中国侨联党组成员、副主席隋军（中）一行来安徽看望慰问归侨侨眷

马鞍山市委常委、副市长李舰舶等陪同。隋军先后来到柬埔寨归侨邓伟光、菲律宾归侨遗孀胡定英、法国侨眷陈健军、美国侨眷曹桂芳的家中，亲切与侨界群众交谈，关切询问他们的生活和健康情况，仔细了解海内外亲属工作、生活、学习情况以及当前存在的困难和问题等，并送上了慰问品和慰问金，感谢他们为祖国繁荣发展作出的贡献，同时也请转达向海外亲人的问候。

【召开党风廉政建设和反腐败工作会议暨党支部书记述职会议】5 月 23 日，安徽省侨联召开 2019 年党风廉政建设和反腐败工作会议暨党支部书记述职会议，省侨联党组书记、主席吴向明出席会议并讲话。会议由省侨联党组成员、副主席兼秘书长杨冰主持，省侨联党组成员、办公室主任毕清及机关党员干部参加。会议传达了省委常委、统战部部长刘莉在省统一战线各单位 2019 年党风廉政建设和反腐败工作会议上的重要讲话，机关各支部书记进行党风廉政建设工作述职，机关全体党员干部对各支部书记进行了民主评议。

【召开全省高校侨联组织建设推进会暨安徽农业大学第一次归侨侨眷代表大会】5 月 24 日，全省高校侨联组织建设推进会暨安徽农业大学第一次归侨侨眷代表大会在安徽农业大学召开。省侨联党组书记、主席吴向明出席并讲话。省委教育工委委员、省教育厅副厅长储常连，安徽农业大学党委书记江春出席并分别讲话。省侨联党组成员、副主席兼秘书长杨冰出席会议。安徽农业大学党委常委、常务副校长蒋家平主持会议。吴向明与江春共同为安徽农业大学侨联揭牌，中国科大侨联主席汪箭代表高校侨联致辞，省属高校统战部门负责人、各市侨联负责人等列席会议。会议选举产生了安徽农业大学第一届侨联领导班子，并对全省高校侨联组织建设工作进行了动员部署。

5 月 24 日，全省高校侨联组织建设推进会暨安徽农业大学第一次归侨侨眷代表大会在安徽农业大学召开

5 月 23 日，安徽省侨联召开 2019 年党风廉政建设和反腐败工作会议暨党支部书记述职会议

省级侨联工作

5 月 26 日上午，2019 年“中国寻根之旅”夏令营安徽马鞍山营开营仪式在马鞍山市二中举行

5 月 28 日上午，安徽省基层侨联干部培训班在马鞍山市当涂县举行开班式

【举行“寻根之旅”夏令营安徽马鞍山营开营仪式】5 月 26 日上午，由中国侨联主办，安徽省侨联、马鞍山市侨联、马鞍山市第二中学承办的 2019 年“中国寻根之旅”夏令营安徽马鞍山营开营仪式在马鞍山市第二中学举行，来自马来西亚的 45 名华裔青少年参加为期 10 天的夏令营活动。中国侨联文化交流部副部长邢砚庄讲话并为营地授旗，安徽省侨联党组成员、副主席兼秘书长杨冰，马鞍山市委常委、副市长李舰舶分别代表省侨联和马鞍山市讲话，马来西亚驻上海领事馆旅游副领事阿斯路，沙巴马中联谊协会会长胡逸山及沙巴亚庇建国中学校董代表等出席开营仪式，马鞍山市侨联党组书记、主席白文化主持开营仪式。马鞍山市政府办、市侨联、市第二中学等有关部门负责同志出席会议。马来西亚亚庇建国中学校长邬恒亮、马鞍山市第二中学校长郭惠宇和营员代表分别作了发言，开营前马鞍山市第二中学还安排了欢迎演出。

【举办 2019 年安徽省基层侨联干部培训班】5 月 28 日上午，安徽省基层侨联干部培训班在马鞍山市当涂县举行开班式。省侨联党组成员、副主席兼秘书长杨冰主持并作开班动员，中国侨联基层建设部联络处处长张凌出席，当涂县委书记谢红心致欢迎词。马鞍山市侨联主席白文化，当涂县委统战部、省侨联社会工作部负责人，以及来自全省各市、县（区）、乡镇街道社区、高校侨联等 100 余名学员参加。

【举办 2019“巢湖侨创峰会”】7 月 10 日—13 日，以“创业中华·创新安徽”助力长三

7 月 10 日—13 日，以“创业中华·创新安徽”助力长三角更高质量一体化发展为主题的 2019“巢湖侨创峰会”在安徽举行

角更高质量一体化发展为主题的2019“巢湖侨创峰会”在安徽举行。全国政协常委、中国侨联副主席李卓彬，安徽省委常委、合肥市委书记宋国权出席峰会开幕会并致辞，省侨联党组书记、主席吴向明主持开幕式和发布会，省经济和信息化厅厅长牛弩韬，浙江清华长三角研究院院长王涛，中国侨联经济科技部副部长夏付东，省委统战部副部长王琦，中国科大党委副书记、纪委书记毕金初，省侨联副主席兼秘书长杨冰，京津冀、长三角、大湾区各地侨联、高校侨联负责同志，以及海内外侨界和港澳地区高科技人才、知名侨商、华文媒体等，在皖侨商、留学生代表及合肥、宿州、六安、黄山等市县区商务、招商、科技等相关部门负责同志，共计350余人出席峰会。峰会期间，举行了安徽侨界创新创业成果、合肥综合性国家中心建设情况发布和侨创对话，上海、江苏、浙江、安徽一市三省侨联共同签署了《助力长三角更高质量一体化发展行动宣言》。

【组织“侨爱心送温暖医疗队”开展义诊活动】7月19日，由中国侨联主办，安徽省侨联、安徽医科大学承办的“侨爱心送温暖医疗队”义诊活动启动仪式，在六安市霍邱县第一人民医院举行。省侨联党组书记、主席吴向明，安医大党委常委、统战部部长顾秀平，六安市委统战部副部长葛惠平，霍邱县委副书记、县长段贤柱及霍邱县医疗工作者等300余人出席启动仪式。启动仪式后，医疗队就群众关心的心脏、高血压、脑康复、风湿、感染、口腔、五官等病症，与到诊的归侨侨眷和群众进行交流问诊。义诊现场，医疗队还为群众赠送血压计、体温表和防暑降温药品，向参加活动的各界群众发放健康科普手册共计200册（份）。义诊期间，医疗队还深入归侨侨眷和困难群众家中上门就诊。

【举办“亲情中华·美好安徽”欢聚俄罗斯慰问演出】为庆祝新中国成立70周年和中俄建交70周年，俄罗斯当地时间2019年8月1日晚，由中国侨联、安徽省侨联共同主办，俄罗斯中华文化促进会、俄罗斯安徽华人华侨联合会、莫斯科华人妇女联合会俄罗斯华星艺术团、俄罗斯辽宁华人华侨联合会等参与协办的“亲情中华·美好安徽”欢聚俄罗斯慰问演出举行，为在俄罗斯的华人华侨、留学生和国际友人送去欢乐和祝福，受到热烈欢迎，近千名观众现场观看。艺术团团长、安徽省侨联副主席兼秘书长杨冰，中国驻俄罗斯大使馆领事部参赞刘明彻，俄罗斯中国总商会副会长徐金利，俄罗斯中华文化促进会主席张舜分别致辞。

8月1日晚，“亲情中华·美好安徽”欢聚俄罗斯慰问演出开演

7月19日，“侨爱心送温暖医疗队”义诊活动启动仪式在六安市霍邱县第一人民医院举行

【召开“地方侨联＋大学侨联＋校友会”工作座谈会】9月10日，安徽省“地方侨联＋大学侨联＋校友会”工作座谈会在合肥市召开。安徽省侨联

9 月 10 日，安徽省“地方侨联 + 大学侨联 + 校友会”工作座谈会在合肥市庐阳区召开

党组书记、主席吴向明出席座谈会并作总结讲话。全省各市侨联、高校侨联负责人、全省“侨胞之家”负责人等出席座谈会。与会人员围绕“地方侨联 + 大学侨联 + 校友会”工作机制和工作模式的重要意义、取得的成果和下一步工作计划等进行了座谈交流，提出了很好的意见建议。

【举办“百家侨企”高新技术项目签约仪式暨推介会】 9 月 20 日，以“聚焦先进制造业，助力发展高质量”为主题，由工业和信息化部、商务部、科技部、国务院国资委、中国工程院、全国工商联、全国对外友协、中国中小企业协会、联合国工业发展组织、全球中小企业联盟、安徽省人民政府主办，中国侨联支持，安徽省侨联承办，各省辖市侨联协办的 2019 世界制造业大会“百家侨企”对接活动在合肥举办。安徽省委常委、组织部部长丁向群，中国侨联副主席齐全胜出席会议并讲话，省侨联党组书记、主席吴向明和省侨联党组成员、副主席兼秘书长杨冰分别主持会议。省直有关部门负责人、部分省辖市领导及招商、商务、科技、侨联、开发园区等相关单位负责同志出席活动。来自美国、德国、澳大利亚、肯尼亚、日本等五大洲 20 多个国家和地区以及长三角、京津冀、大湾区的侨商侨领和高科技人才等近 350 人参加活动。会上，总投资 120.8 亿元的 39 个项目进行了集中签约，主要集中在集成电路、节能环保、生物医药、通用航空、新能源、新材料、新型显示、智能终端等领域，其中战略性新兴产业 34 个，占项目总数的 87.2%。

9 月 20 日，2019 世界制造业大会“百家侨企”对接活动在合肥举办

【组织侨界集体观看影片《我和我的祖国》】 9 月 30 日上午，为庆祝新中国成立 70 周年，安徽省侨联组织侨界集体观看影片《我和我的祖国》。省侨联常委、委员，在肥归侨侨眷、侨商代表等参加活动。观看影片之后，大家纷纷表

9 月 30 日上午，为庆祝新中国成立 70 周年，安徽省侨联组织侨界集体观看影片《我和我的祖国》

示，为祖国的繁荣发展、日益强大感到无比自豪，一定要撸起袖子加油干，努力展现新作为、建功新时代。

【举办党的十九届四中全会精神宣讲报告会】12月12日下午，“党的十九届四中全会精神进机关”宣讲报告会在省侨联举行。省直机关宣讲团成员、省高院机关党委专职副书记高锐做宣讲报告。省侨联党组书记、主席吴向明主持报告会并讲话。省侨联党组成员、专职副主席杨冰，省侨联党组成员、办公室主任毕清，机关全体干部及部分退休干部参加会议。报告会上，高锐对党的十九届四中全会精神进行了系统阐述和深入解读，对全会提出的一系列新思想新论断、新部署新要求作了深入浅出地辅导。

3月25日—30日，缅甸大学代表团一行拜会省教育厅并与省属部分高校进行座谈

12月12日下午，“党的十九届四中全会精神进机关”宣讲报告会在安徽省侨联举行

【拓展海外工作】2019年，安徽省侨联先后出访俄罗斯、荷兰、英国，拜访俄罗斯中华文化促进会、全荷华人社团联合会、英国安徽商会等20余个侨团商会，与10余个侨团侨社签订了友好合作协议，并与驻外使领馆、中资机构就开展经贸洽谈、文化交流等达成合作意向。邀请柬埔寨青年友好代表团、缅甸境内24所大学校长代表团、海外华媒参访团以及新西兰中国和平统一促进总会会长朱玺、马里华侨华人联合会会长朱艺等一批海外侨胞访问安徽，进一步深化了联络联谊、涵养了侨务资源。加强对海外皖籍侨领侨胞的联络和引导，推动成立爱尔兰安徽同乡暨商务总会、芬兰安徽商会、澳大利亚亳州商会、尼日利亚安徽商会。

【开展“不忘初心、牢记使命”主题教育】2019年，安徽省侨联扎实开展“不忘初心、牢记使命”主题教育活动，通过实地走访、个别访谈、召开座谈会等方式，广泛听取党员

6月12日下午，安徽省侨联召开“不忘初心、牢记使命”主题教育工作会议，对开展主题教育进行动员部署

干部和侨界群众意见，认真学习研讨和检视反思，召开“对照党章党规找差距”专题会议和专题民主生活会。其中，召开会党组理论学习中心组学习会8次，开展集中研讨3次，开展“四个教育”12次，领导班子成员讲党课4次，分别赴合肥、铜陵、芜湖、宿州、六安、蚌埠、滁州等地开展走访调研12次，收集梳理意见建议14条，形成调研报告3份。同时，邀请省委党校教授郝敬胜、甘守义分别为机关党员干部作专题辅导报告；组织全体机关干部职工观看《黑金危机》《永远在路上》《增强忧患意识，防范风险挑战》等专题教育片；赴肥东县茶壶山革命烈士陵园、省博物院、省档案馆开展革命传统教育；组织参加省委先进典型事迹报告会、参观安徽好人馆，使干部职工更直观更具体地接受辅导和教育。

【六安市侨联扎实做好侨界文化交流活动】 2019年，六安市侨联多层次、多途径开展文化交流，促进中外人文交流和文明互鉴。一是承办2019年“中国寻根之旅”安徽金寨营活动。70名泰国华裔青少年走进金寨县，在10天时间里深入感受到了中华文化的博大精深、六安文化的独特魅力和中国巨大的发展变化，完成了一次难忘的寻根之旅、文化之旅、亲情之旅。六安已连续三年承办“亲情中华”品牌类活动，通过这一中外文化交流的特色平台，先后有9名泰国领队教师、130名泰国华裔青少年走进六安，寻到了根的“记忆”和家的“乡愁”，增进了他们对祖（籍）国的认同感。二是积极发挥“中国华侨文化交流基地”作用。2019年1月23日“中国华侨文化交流基地”在金寨县革命博物馆揭牌以来，该馆以“弘扬红色文化、传承红色基因”为己任，配合30多家国家和省、市、县级媒体开展资料征集和拍摄工作，“洪学智将军的抗美援朝勋章”讲解视频在中央网信办、国家档案局、共青团中央、中青网、北京卫视联合举办的“新中国70年、镇馆之宝70件”文物和档案故事网上征集活动中，荣获“最震撼网民的70件镇馆之宝”；接待美国、马来西亚等国的华人华侨3批16人次，归侨侨眷和海外归国留学人员500多人次，传播了红色经典文化，扩大了六安在海内外的知名度。三是组织参加第二十届世界华人学生（高中生）作文大赛。其中，霍邱县有40名同学获奖，获奖数量居全省县区第二，其中第一名7人，为全省县区第一。向海外选派两名华文教师，助力中华文化走出去并开展海外华文教育。四是开展“归侨侨眷看六安”活动，帮助侨界群众了解六安经济社会发展的新进展和新成就，促进他们之间的沟通交流，在归侨侨眷海外亲属和海外留学生中产生了积极反响。

【马鞍山市侨联多措并举激发基层侨联活力】 2019年，马鞍山市侨联把加强和改进基层侨联建设当作一项重要的政治任务来抓，努力探索新思路和新方法，健全组织体系，扩大基层组织覆盖面。一是深化侨联改革，夯实基层侨联组织基础。主动约见部分县区主要领导和分管领导，争取在基层侨联机构、经费、办公场所、挂牌、人员等“五有”基础性问题上给予支持和倾斜，县区侨联均已配置独立办公场所及较为充足的工作经费，当涂县侨联增加1个行政编制。指导马鞍山技师学院、马鞍山师专成立侨联组织，实现地方高校侨联全覆盖。成立翠湖社区侨联组织，完成市侨界青年委员会换届选举工作，实现民政部门注册登记，进一步提高管理水平、规范管理制度；当涂县侨联实现县域各乡镇侨联联络员全覆盖，组织手臂不断向基层延伸。二是铸造活动品牌，激发基层侨联组织活力。指导基层侨联组织找准定位和切入点，进一步发挥当地党政助手作用，主动参与地方经济社会发展，创建特色品牌，服务侨界群众。举办“创业中华　江海筑梦　侨聚马鞍山”对接交流活动，赴阿根廷、智利等国开展友好访问，邀请17名国家特聘专家来马为企业答疑解惑，承办中国侨联“寻根之旅”夏令营，侨联工作水平不断提升，马鞍山海外影响不断扩大。含山县、和县侨联建立县域侨企数据库，充分利用网络通信，实现服务侨企全天候。花山区侨联结合实际，推动60岁以上归侨侨眷家庭医生全覆盖，受到了侨界群众的普遍欢迎。雨山区侨联组织侨界群众开展“侨心向党心，庆祝新中国成立70周年”主题邮展，在全市巡展多场，参观人数达2000余人。博望区侨联充分发挥委员作用，组织侨界专业人士就区域一体化发展、农村道路建设等课题进行调研，形成侨情专报上报中国侨联。三是加强基础工作，打造基层侨联“侨胞之家”。启动全市侨情数据线上采集工作，在全市范围内开展侨情摸排，充分发挥基层组织力量和社区网格作用，主动衔接相关部门，力求摸排的数据质量高、不遗漏，截至 2019 年底，新增涉侨人员 2000 余户，新增涉侨“四有人士”90 余人，有效充实了马鞍山侨界人才资源库。继续加强基层侨联干部队伍建设，举办全市侨联系统干部培训班，选派 3 名基层侨联干部参加中国侨联青年干部培训班。鼓励侨界群众集中的社区创建“侨胞之家”，就社区“侨胞之家”制度、场地和活动进行指导和支持，佳山社区和半山花园社区成为首批省侨联挂牌的“侨胞之家”。进一步加强“网上侨联”建设，不断提高市侨联网站和微信公众号质量水平，坚持《情系江东》侨刊每月编发，对各类侨联微信群进行分类包干管理，打造马鞍山线上“侨胞之家”。

【芜湖市侨联深入推进侨联改革】2019 年，芜湖市侨联紧密结合芜湖实际，以“强三性、去四化”为核心，以“强基层、带队伍”为抓手，以承接机构改革职能划转为契机，以推进“地方侨联 + 高校侨联 + 校友会”和“基层侨联（涉侨社团组织）+ 海外华侨华人社团”工作模式为切入点，以推动“两个建设”、织好“两张网”为目标，深入推进侨联改革工作。一是深入贯彻落实中央、省、市、县（区）侨联改革方案，推进基层侨联改革。无为县侨联出台《基层侨联工作考核细则》，镜湖区在张家山社区成立社区侨联组织，安徽师范大学侨联、张家山社区侨联设立“侨胞之家”并获省侨联验收通过。二是协调推进高校侨联成立和换届工作。根据省委教育工委、省侨联党组《关于加强新时代全省高校侨联工作的意见》精神，市侨联主动对接驻芜高校，指导协调高校成立侨联和换届工作。5 月 8 日，安徽师范大学第二次归侨侨眷代表大会召开，顺利完成换届工作，5 月 17 日，安徽工程大学召开第一次归侨侨眷代表大会，安徽工程大学侨联挂牌成立，6 月 6 日，皖南医学院召开第一次归侨侨眷代表大会，皖南医学院侨联挂牌成立，在推进高校侨联组织建设工作走在全省前列。三是顺利完成市侨联换届工作。12 月 19 日—20 日，芜湖市第七次归侨侨眷代表大会在芜湖铁山宾馆召开，全市产生正式代表 195 名，正式出席 187 人，大会审议通过了市侨联第六届委员会的《贯彻新思想　建功新时代　团结凝聚全市归侨侨眷和海外侨胞为实现中华民族伟大复兴的中国梦而奋斗》工作报告，选举产生了市侨联第七届委员会、常委会和主席、副主席、秘书长。按照换届工作《组织方案》优化了委员、常委年龄、学历结构，扩大了基层代表比例，增加了两名高校侨联主席为市侨联兼职副主席，为推进“地方侨联 + 高校侨联 + 校友会”工作模式，促进地方侨联与高校侨联密切协作积累经验。四是指导市留联会、市老侨联谊会、市侨联青年委员会根据特点开展形式多样的联谊联络活动。指导市侨联青年委员会完成换届选举工作，选举产生出新一届市侨联青年委员会班子，提升了市侨联青年委员会的吸引力和凝聚力。五是承接市侨办原海外华人华侨社团联谊、企业退休归侨补贴发放和困难归侨侨眷补助及培训等职能划转，为侨服务职能进一步增强。

福建省归国华侨联合会

【领导成员名单】

党组书记、主席：陈式海

专 职 副 主 席：翁小杰　林俊德

张　瑶（女）

兼 职 副 主 席（按姓氏笔画为序）：

许健康　吴华新　吴换炎

佘德聪　余贵州　陈玉树

陈吉龙　陈明金　陈秋途

陈晓玉（女）　陈家泉

林正佳　林雄申　卓新荣

周永伟　郭加迪

涂雅雅（女）　黄绳跃

曾志龙　蓝桂兰（女）

潘少銮（女）

秘　　书　　长：吴武煌

【综述】2019年，福建省侨联深入学习贯彻习近平新时代中国特色社会主义思想和习近平总书记关于侨务工作重要论述，认真开展“不忘初心、牢记使命”主题教育，统一思想、凝聚共识，振奋精神、开拓创新，各项工作都取得新进展。

【召开福建省侨联十届三次全委会】2月27日，福建省侨联在福州召开十届三次全委会。省委常委、统战部部长邢善萍出席会议并讲话，副省长郭宁宁莅临指导。省委统战部常务副部长臧杰斌，省政府副秘书长詹志洁，省工信厅副厅长郭学军等出席。省侨联主席陈式海，专职、兼职、挂职副主席，秘书长、委员及部分海外委员等参加。会议传达贯彻了中央书记处的重要指示和中国侨联十届二次全委会议精神；审议通过《福建省侨联十届三次全委会议工作报告》；增补王汉钦等11人为省侨联委员，吴文侯、董立新为常务委员，兰孝程等4人为海外顾问，王全春等19人为海外委员。会上，福建省侨商会与省中小企业服务中心签订建立侨企产融合作对接服务平台协议（银侨通）。陈式海代表省侨联常委会作工作报告。作为创新全委会议的一项内容，兼职副主席、永荣控股集团董事长吴华新，兼职副主席、海丝云创创始人、厦门大学国家科技园总经理曾志龙，挂职副主席、厦门大学材料学院教授程璇等在会上作了交流发言。大会还对兼职副主席、四君子古典家具（集团）有限公司董事长陈玉树和省中小企业服务中心主任黄承源进行采访。福建省侨联十届一次常委会议于2月26日下午召开。

【召开福建省侨联十届二次常委会议暨成立60周年座谈会】11月12日，福建省侨联十届二次常委会议暨成立60周年座谈会在福州召开。中国侨联党组书记、主席万立骏，福建省委常委、统战部部长邢善萍莅临指导并致辞；省人大常委会原副主任方忠炳出席；省侨联名誉主席、主席、副主席、秘书长、常委和各市（县、区）侨联主席、海外侨领代表、港澳同胞代表、基层归侨侨眷代表等参加。省侨联主席陈式海在讲话中表示，全省各级侨联组织将深入贯彻落实习近平新时代中国特色社会主义思想，进一步把侨界群众组织起来、活跃起来、行动起来、贡献

11月12日，福建省侨联十届二次常委会议暨成立60周年座谈会在福州召开

11 月 12 日，54 家福建省级“侨胞之家”授牌

起来，开创新局面，建功新时代，共圆中国梦。省侨联原主席庄南芳、名誉主席王亚君、菲律宾宋庆龄基金会创会会长陈祖昌、澳门福建同乡总会会长许健康、福建海外杰出女性联谊会会长李然、厦门市思明区鼓浪屿侨联主席许一心先后在会上发言。大会为验收通过的 54 家省级“侨胞之家”授牌。在随后召开的省侨联十届二次常委会议上，受省侨联主席陈式海委托，副主席翁小杰作《工作报告》，副主席张瑶传达党的十九届四中全会、中国侨联十届三次常委会议精神。省侨联常委、市（县、区）侨联主席等参加。会议通报了全省侨联 2019 年的工作成绩并部署了 2020 年的主要工作任务。

【开展“不忘初心、牢记使命”主题教育】 一是全面部署，精心组织。根据中央统一部署和省委要求，福建省侨联于 6 月—8 月认真开展“不忘初心、牢记使命”主题教育。成立了以党组书记为组长的主题教育领导小组，下设办公室，抽调专门力量，强化组织领导；精心制定主题教育《实施方案》，传达学习中央和省委会议精神，召开全体党员大会进行全面动员部署。二是坚持个人自学和集中学习相结合。党组召开中心组学习 17 场次，进行专题研讨 9 场次；机关集中学习 21 场次，各支部集中学习 100 多场次。同时开展“践行初心使命”“主动担当作为”“牢记为民宗旨”“加强政治建设”“坚定理想信念”“严明纪律规矩”等六个专题研讨，谈体会、找差距、查问题、挖根源、明方向。三是坚持把学习研讨同解决实际问题相结合。明确了 8 个重点问题、7 个方面难题积案整治等调研任务，又结合侨联工作实际，组织开展了 5 个专题调研。同时，召开班子成员调研成果交流会，结合分管领域，为机关党员干部上专题党课。四是查摆问题，抓整改落实。通过召开座谈会、设置意见箱、开设新媒体留言箱、发放征求意见表、赴基层调研交流、个别谈心谈话等形式，广泛听取意见建议。特别是在福州市古槐镇邀请市县乡基层

6 月 26 日，省侨联组织党员干部职工在福州市三坊七巷历史人物勤廉馆和林则徐纪念馆开展勤政廉政警示教育活动

7月16日，福建省侨联在福州市长乐区古槐镇召开“不忘初心、牢记使命”主题教育座谈会

侨联干部、闽籍海外侨领等30人进行座谈，直接听取侨界群众呼声。省委第七巡回指导组两次到场指导。对照党章党规和初心使命，认真查摆自身不足，归纳出各类问题、意见和建议62条，提出175条整改措施。同时，坚持以上率下、立行立改，采取“领导包案制”，建立工作台账，明确时限要求，实行销号管理，确保整治工作一项一项抓到位、一件一件落实到底，年底前已全部整治到位，取得良好成效。

【加强侨界思想武装】一是强化对意识形态工作领导。坚持党组带头、党委监督、支部落实，认真组织学习习近平新时代中国特色社会主义思想、党的十九大和十九届二中、三中、四中全会精神，贯彻好中央和省委的各项重大决策部署。在福建华侨主题馆开展专题宣讲活动，组织省侨联常委、省市县三级侨联主席、海外侨胞和归侨侨眷代表等，积极宣介全会精神；举办为期四天的学习党的十九届四中全会精神培训班，强化机关干部的带头表率作用；结合举办第一期嘉庚班、“一带一路”与海外华人发展研修班、省地方侨史研究座谈会，掀起学习贯彻全会精神的热潮。二是强化从严治党主体责任落实。根据省委《关于把党的政治建设摆在首位落实全面从严治党主体责任的意见》，结合工作实际提出贯彻实施意见，进一步落深、落细、落实管党治党政治责任。认真贯彻《关于新形势下党内政治生活的若干准则》，规范党内政治生活，组织开展义诊、大宣讲、扶贫、法制宣传等特色鲜明的主题党日活动20多场次。坚持把省委“五抓五看”和“八个坚定不移”要求贯穿工作全过程，开展2018年主体责任检查“回头看”，抓好整改落实。三是强化侨务工作理论研究。把学习贯彻习近平新时代中国特色社会主义思想、习近平总书记关于侨务工作重要论述作为重要政治任务，6月会同中国华侨华人研究所、厦门大学等，举办习近平总书记关于侨务工作重要论述研讨会，召开中国华侨历史学会七届四次理事会议。中国侨联主席万立骏、副主席隋军、副省长郭宁宁等出席并讲话，各涉侨单位的领导和干部、全国相关专家学者等参加，无论是人员的规模和范围，还是活动的影响力和权威性，都达到一个新水平。与会学者交流总结了习近平同志在福建期间的侨务理论与实践，进一步学习领会了十八大以来关于侨务工作重要论述和部署，推动了新思想在侨界的落地生根。四是强化侨界群众思想引领。结合新中国成立70周年、省侨联成立60周年，开展“侨心向祖国”专题活动，播出“贴心人与实干家”微视频（16人），编辑了《共和国归侨（福建篇）》书籍，制作《侨这一甲子》画册，出版《八闽侨声》杂志“邮票上的华侨华人”专刊。通过宣讲团、报告会、座谈会、文艺演出等形式，宣讲习近平新时代中国特色社会主义思想。省、福州市、连江

6月15日，习近平总书记关于侨务工作重要论述研讨会在厦门大学召开

12 月 19 日，中国侨联第六期海外联谊研修班暨福建侨联第一期嘉庚班在厦门大学开班

县侨联开展共植“侨心林”三级联创活动。省网信办、省侨联、东南网首次制作“镜头里的中国故事——海外侨胞和港澳同胞自拍展”，获选第四届全国“五个一百”网络正能量精品。福州市侨联联合涉侨部门开展“我和我的祖国同唱一首歌”快闪活动；厦门市侨联举办“侨心向党”弘扬嘉庚精神专场音乐会；莆田市侨联主办“莆田蝶变·侨这70年”侨界座谈会；龙岩市侨联举办“壮丽七十年·侨心向祖国”文艺汇演活动。五是强化全媒体融合发展。立足一体化设计、系统化建设和政治性、共享性、公益性、安全性，由省发改委立项、省侨联建设的“福侨世界总网”项目通过验收，率先在全国侨联系统建成包括网站群、微信矩阵、数据库、综合管理系统等平台，创建项目中心 10 多个，入驻各类合作伙伴达 56 家，开设宁德、泉州、南平 3 个设区市侨联站点，构建了横向到海外侨团、纵向到村级侨联的信息化平台。同时，整合“闽侨智库”、《八闽侨声》杂志、《侨联简报》《侨情专报》等信息宣传载体，率先推进侨联系统全媒体的融合发展。泉州市侨联筹建寻根平台展示体验馆。

【服务社会经济建设】一是开展以侨促贸活动。完成福建省侨商会换届工作。依托侨商会、新侨人才会、侨青会等机构和“侨智沙龙”“闽侨智库”等平台，积极参与重大经贸活动，推动侨资侨智对接。通过设立“5·18”日本馆、“6·18”期间举办“创业中华·侨智助力八闽”项目对接会，促成了侨界签约项目 2.25 亿元。协办 2019 中加双边经贸发展论坛，组织 20 余家侨资企业代表参加，达成初步合作意向。与省工信厅中小企业服务中心签署《侨企产融合作对接服务战略协议书》，举办四场“侨智沙龙”活动，实现与福企网、政企直通车、福建省产融云平台的互联互通。福州市县两级侨联联合引进项目 5 个、注册资金 27 亿多元。二是

6 月 19 日，福建省侨联与中国侨联特聘专家委员会在福州共同主办“创业中华·侨智助力八闽”项目对接会

7 月 2 日，省侨联主席陈式海出席东盟银联体 2019 年度高官会，与国开行领导洽谈中国侨联和福建省侨联与国家开发银行共建支持华商发展合作机制

省级侨联工作

9月8日，福建省侨联参与主办首届“一带一路”农交会，图为省侨联主席陈式海（左三）出席首届“一带一路”农产品农资（电商）交易会开馆仪式

帮扶1200多户、各类资金440多万元。加大对对口县松溪县的帮扶力度，筹措资金280多万元，组织一系列经济社会项目。厦门市侨联连续9年开展“侨青侨商助学”活动；泉州市侨联筹资113万元精准帮扶“同心安居工程”；龙岩市侨联举办归侨侨眷灵芝、金线莲种植技能培训班。二是推进专项救助。引导世界福州十邑同乡总会、德国华侨华人妇女联合会、福建海外杰出女性联谊会、仁善扶贫基金会、东南科技产业

加强侨联人才工作。参与海外高端人才项目资本对接；组织日本华人教授会访问团来闽考察对接，探讨与福建建立常态化合作关系；推动“地方侨联+大学侨联+校友会”机制，赴高校开展专题调研、交流座谈、沟通联系；协助中国侨联，动员社会力量捐赠1000万元，支持华侨大学建设。漳州市侨联与闽南师范大学侨联签署校地侨联合作协议。三是注重参与“一带一路”建设。与省农业农村厅共同举办2019厦门国际投资贸易洽谈会暨丝路投资大会现代农业（食用菌）项目投资对接洽谈活动；与中国供销集团、省供销社等共同主办首届“一带一路”农产品农资（电商）交易会，15个团组120多名海外侨商代表积极参加，多个项目签约。

【致力侨界民生工程】一是大力实施扶贫攻坚。开展“百侨帮百村——联村助户”精准帮扶活动，成立精准扶贫基金，设立侨智工作站，省侨联精准

3月9日，省侨联带领侨界医疗团队，到莆田市仙游县游洋镇开展侨界专家走基层“健康三宝”精准扶贫医疗义诊活动

9月5日，福建省侨联会同香港仁善扶贫基金会开展产业扶贫项目考察调研，赴政和天富盈合作社石蛙天然养殖基地了解情况

10 月 26 日，福建省“侨爱心·光明行”公益项目启动，省侨联主席陈式海（右）为“一带一路·侨爱心光明行”对外医疗援助指定医院授牌

道。南平市侨联积极投入抗灾救灾。

【加强维权护侨工作】 一是推进涉侨纠纷多元化解机制。落实省高院、省侨联出台的《全面深化涉侨纠纷多元化解工作的实施意见》，依托法顾委召开案件咨询会，通过“一带一路”法律服务团、法律服务点、留守家庭服务站、侨胞驿站、共建侨乡失依儿童档案等，积极为侨服务。2019 年全省侨联接访侨界群众 1100 多人次，受理涉侨纠纷案件 500 多件。福州市侨联成立海外法律服务团；莆田市侨联设立一批海外涉侨服务联系点；宁德市侨联与司法局成立涉侨纠纷调解委员会；三明市中院在明溪县和沙溪乡设立“数字法庭”“涉侨在线法官工作室”“涉侨互联网法庭”。二是支持侨界

研究院等，开展助学、济困、“侨爱心”光明行等活动，获得中国侨联高度肯定。三是引导侨界助力家乡抗灾救灾。积极争取中国侨联补助资金，助力遭遇洪灾的闽北地区救灾。发出《关于闽北赈灾的倡议书》，发动港澳委员、海外社团、团体会员和侨界热心人士向灾区献爱心，鑫桥联合租赁公司、哥伦比亚福建总商会、美国闽商联合会、肯尼亚福建商会暨同乡会、加拿大福建总商会、阿联酋福建总商会等海外社团，以及来自 27 个国家和地区的 200 多名海外侨胞及归侨侨眷，伸出援助之手、募款救灾。《福建日报》、中国侨联网等媒体对此进行报

2 月 22 日，福建省侨联法顾委年度工作会议在福州召开

5 月 25 日，福建省首家律师事务所侨联——福建建达律师事务所侨联在福州成立

省级侨联工作

踊跃建言。专题向国家有关调研组建言华侨权益保护、侨企经营状况等，并通过侨界人大建议、政协提案、侨情专报等渠道，反映呼声、建言献策。

【拓展联络联谊工作】一是实施“走出去”与“请进来”。配合省领导和省直有关单位开展外事出访活动，福建省侨联一年来组团 15 批次 25 人次，出访 16 个国家和地区，进一步加强与海外华侨华人及其社团的联系，扩大了朋友圈。积极邀请海外侨胞回祖（籍）国参加各类活动，接待来自 60 多个国家或地区的海外团组 130 多批次、1000 多人次。在厦门举办中国侨联第六期海外联谊研修班暨福建侨联第一期嘉庚班；配合中国侨联组织海外归国藏胞代表人士赴厦门、泉州开展国情教育；与闽江师范高等专科学校联合举办海上丝绸之路华文教育师资研修班，来自海丝沿线 5 个国家的 30 名华文教师参加学习；支持香港妇女协会在港举办“41 位华侨小英雄”座谈会；组织录制“侨青祝福祖国”微视频献礼祖国 70 周年华诞，充分展现侨青风采；组织女杰会会员参加在新加坡举办的第九届翰墨传情“企业家高峰论坛”暨“总统挑战慈善”；“闽侨智库”与华侨大学国际关系学院联合举办第二期“一带一路”与海外华人发展研修班。厦门市侨联召开东南亚各国在厦华裔留学生座谈会；漳州市侨联协助漳浦县承办“亲情中华”林全国少年足球邀请赛；龙岩市侨联推荐的加拿大华裔少女李子君的征文获第 20 届世界华人学生作文大赛特等奖；三明市侨联协助旅居香港的“41 位华侨小英雄”回乡恳亲联谊；福州市鼓楼区侨联成立“留学人员和家属联谊会”；福州市马尾区侨联协助举办香港马尾社团骨干国情研修班；泉州市侨界青年联合会开展评选“泉州侨界十大杰出青年”活动。二是继续开展侨务对台特色活动。协助中国侨联主办 2019 两岸侨联和平发展论坛暨海峡两岸港澳侨界圆桌峰会，中国侨联主席万立骏

6 月 15 日，2019 两岸侨联和平发展论坛暨海峡两岸与港澳侨界圆桌峰会在厦门举行

6 月 17 日，由中国侨联主办，福建省侨联、泉州市侨联等承办的 2019 年“寻根之旅”夏令营——印尼华裔青少年福建南安营开营

11 月 27 日，省侨联参与承办的“寻根之旅”冬令营——马来西亚华裔青少年福建安溪营在安溪慈山举行开营仪式，图为福建省侨联主席陈式海授冬令营营旗

省级侨联工作

和省委常委、统战部部长邢善萍等出席并讲话，台港澳侨青年才俊、英国台湾商会、英国福建社团联合总会等参加，成为一大亮点，进一步扩大了两岸民间交流的深度和广度。举办“诗词连两岸·丹青描乡愁”两岸乡愁笔会，展出100幅书画作品，对深化两岸文化交流、促进两岸融合发展发挥积极作用。三是引导侨界旗帜鲜明支持“一国两制”和特区政府依法施政。针对香港激进暴力事件，于8月1日在香港举办省侨联及团体会员在港委员座谈会，引导省侨联香港委员、省侨商会香港理事、省侨青会香港委员、女杰会香港理事以及香港福建侨民会，发表联合声明，共同声讨激进分子，支持特区政府依法施政，维护香港的繁荣稳定。随后，越南、加纳、阿联酋、孟加拉国、菲律宾、美国、加拿大等国家的侨团和海外华文媒体纷纷发表声明，谴责香港激进暴力行径。

10月14日—21日，省侨联“亲情中华”中医义诊暨福建侨联“健康三宝”走进泰国、柬埔寨

【打响侨乡文化品牌】一是承接大规模“寻根之旅”夏（冬）令营。紧扣“汉语、文化、寻根”主题，传承中华优秀文化、厚植涵养侨源，全省上下联动，内外结合，多措并举，扎实推进海外华裔新生代工作顺利开展。2019年办营45期，接待海外营员2164人，共有来自美国、加拿大、菲律宾等22个国家和地区的营员参营，位居全国前列。经过量身打造、精心组织，活动足迹遍布八闽大地，让海外华裔青少年实地感受中华文化、福建民俗风情，不断加深对中华文化的认识和认同。二是推动中餐文化走出去。协助省直有关部门，积极开展海外餐饮业调研，形成福建中餐文化海外推广计划；与欧洲福建侨团联合总会、尼日利亚福建同乡总会、泰国泉州晋江联合总会、塞浦路斯中国国际投资者协会等海外社团签署《福建海外中餐发展联盟合作协议》，携手提升中餐馆建设水平，弘扬福建菜文化，传播“清新福建”好声音。三明市侨联协助开展沙县小吃制作和联办连锁小吃店培训。三是福建华侨主题馆顺利开馆。原福建华侨文化展示中心搬迁至福州三坊七巷宫巷11号刘冠雄故居，并更名为福建华侨主题馆，于11月11日正式开馆。四是做好中国华侨国际文化交流基地的申报和管理工作。对省档案馆、华侨博物馆、泉州华侨历史博物馆等开展调研，推荐厦门老院子、泉州华侨历史博物馆、沙县小吃培训中心、晋江五店市等4个场馆作为评选对象，3个被中国侨联确立为文化交流基地。闽清县侨联开展纪念黄乃裳诞辰170周年活动；泉州华侨历史博物馆举办“国际博物馆日”系列活动。五是继续组织“健康三宝”活动。支持福建华侨医院建设，组织医科大学等专家赴仙游、闽清等基层开展义诊，组织中医专家赴泰国、柬埔寨等国家开展“亲情中华”海外中医义诊，增进侨胞对中医中药和中华文化的认识和感情。

【夯实基层基础建设】一是推进福建省侨联机构改革。根据省级机构改革方案，重新核定省侨联机关行政编制，接收原省侨办转隶人员13名，增加2个内设机构；合理调整内设机构职能和所属事业单位设置，重新明确工作安排；协调职责划转的相关安排，有序推进各项业务工作。依据新颁布的《党政领导干部选拔任用工作条例》《公务员职务与职级并行规定》，做好机关干部提拔晋升相关工作。市县两级侨联机构改革基本完成，福州、厦门、漳州、龙岩、三明、南平等设区市侨联和芗城、华安、明溪、泰宁、光泽、政和等县（市、区）侨联增设内设科室或增加人员编制。二是扎实推进基层组织建设。率先下发《中国侨联关于新时代加强基层侨联建设的指导意见》的实施意见，开展“基层组织建设落实年”活动，新命名省级“侨胞之家”54个，示范点22个，目前有省级“侨胞之家”340个，其中示范点76个。进一步扩大基层组织覆盖面，新增侨联组织57个，在多个行业系统或异地成立全省首家基层侨联组织，如福建建达律师事务所侨联、武夷山市新阶层人士侨联、南平市建阳区温商侨界联合会、浦城县多个乡镇联合侨联、永春县柬埔寨华侨联谊会等，这些创新举措得到中国侨联充分肯定。福州市侨联开展“服务基层年”活动；龙岩市、宁德市侨联完成换届；仓山区侨联精心打造义序片区侨企侨联；新罗区侨联召开成立70周年纪念大会。三是着力提升干部队伍素质。按照“贴心人”“实干家”的要求，加强各级侨联干部队伍建设。协助中国侨联举办七地侨联系统干部培训班暨福建省侨联第十五期干部培训班，中国侨联第7期、第8期青年干部培训班、第24期侨联干部培训等5个班。省侨联全年举办2期基层侨联干部专项培训、1期信息宣传工作培训班、3期“侨爱心——归侨侨眷技能培训”、2期“侨爱心——送温暖医疗队”培训、1期华侨农场干部职工专项培训。选派干部到中国侨联、县村及港澳地区等挂职，安排干部到中国侨联、省委党校等培训，提升能力水平。泉州市侨联举办首期乡镇驻会干部培训班；南平、龙岩等市侨联承办基层干部培训班。四是抓好党风廉政建设。坚决全面贯彻从严治党方针，专题召开年度党建、廉政工作会议和半年形势分析会，组织签订廉政责任书和党员廉政承诺书，严格落实各级主体责任。推进廉政教育全覆盖，开展警示教育“大家谈”活动，举办党风廉政典型案例警示教育讲座；研究出台《省侨联重大事项请示报告清单》，落实《廉政谈心谈话提醒制度》，强化对机关重点工作和敏感事项的廉政监督提醒；从严落实“中央八项规定”和省委“八个坚定不移”要求，开展综合整治和自查自纠，杜绝形式主义、官僚主义。加强机关党委纪委工作力量，举办“省侨联机关党务暨纪检干部培训班”，督促强化侨联干部纪律观念和廉洁从政自觉性，强化侨联机关党风廉政建设。

【隋军副主席来闽慰问】 2月2日，中国侨联党组成员、副主席隋军来闽慰问，走访看望新侨人才、侨界高级知识分子、著名医学专家、侨资企业、贫困归侨等。在中科院福建物构所，隋军代表中科院院士、中国侨联主席万立骏，看望中科院院士、第九届中国侨界杰出人物、结构化学家吴新涛。在福建医科大学附属第一医院，隋军看望了侨界高科技人才、著名医学专家等并座谈。参加座谈会的有全国侨界十杰、光学专家赖爱光，福建医科大学附属第一医院心血管内科主任医师吴可贵，附一医院教授、省新侨联谊会会长徐国兴，附一医院教授、省华侨医院名誉院长李笃妙，福建医科大学侨联主席杨俐丽，元泰茶业有限公司董事长魏文生，省东南科技产业开发研究院常务副院长周荣贵。在福清市，隋军一行走访了侨资企业福建南少林药业有限公司，参观了正在建设中的林绍良企业三林集团捐建的华侨公园，慰问了部分贫困归侨。福建省侨联党组书记、主席陈式海，福州市委相关领导、福州市侨联主席蓝桂兰等参与或陪同慰问。

2月2日，隋军副主席来闽慰问侨界高科技人才、著名医学专家

【万立骏主席在福建宁德调研学习】 6月13日—14日，中国侨联党组书记、主席万立骏就侨联组织开展“不忘初心、牢记使命”主题教育到福建宁德调研学习。中国侨联党组成员、副主席隋军一同参加调研。调研期间，万立骏一行实地察看宁德军民融合展示馆、上汽宁德基地、宁德时代新能源科技有限公司、中铝东南铜业有限

省级侨联工作

6 月 13 日，万立骏主席一行来闽调研参观中铝宁德铜冶炼基地

6 月 13 日—14 日，万立骏主席在福建宁德调研学习

新貌、谈脱贫，详细了解宁德军民融合、大项目大企业引进和培育、精准扶贫、城乡建设等经济社会发展情况。万立骏在调研时表示，福建是习近平新时代中国特色社会主义思想的重要萌发地，也是习近平总书记关于侨务工作的重要论述的重要萌发地。我们要从习近平总书记在福建的工作实践中感悟理论渊源、汲取精神力量、获得工作教益，扎实开展“不忘初心、牢记使命”主题教育，结合侨联实际，深入学习习近平新时代中国特色社会主义思想，学习习近平总书记关于侨务工作的重要论述，努力开创侨联事业发展新局面，切实担当起为党凝聚侨心侨力侨智的职责使命。福建省人大常委会党组副书记、副主任雷春美，福建省侨联党组书记、主席陈式海，宁德市委书记郭锡文，市委副书记、市长梁伟新，市人大常

公司、青拓集团、福鼎市磻溪镇赤溪村，并与宁德市、县党政领导深入交流，听介绍、看项目、话发展，进企业、看生产、问研发，进乡村、看

委会主任金敏，市委副书记林文芳，市委常委、统战部部长林鸿，中国侨联信息传播部副部长郭启华等参加有关调研活动。

6 月 13—14 日，万立骏主席在福建宁德调研学习

7 月 31 日，福建省副省长郭宁宁到省侨联调研，并与机关干部职工座谈

【福建省副省长郭宁宁赴省侨联调研】7 月 31 日，福建省副省长郭宁宁到省侨联调研，并看望慰问干部职工。在听取了福建省侨联主席陈式海关于侨联工作情况汇报后，郭宁宁肯定了省侨联在开展主题教育、服务经济建设、助力脱贫攻坚、拓展海外联谊、打响侨乡文化品牌、切实维护侨益、推动媒体融合发展、推进基层组织建设等方面取得的成绩。2019 年是福建省侨联成立 60 周年，郭宁宁对侨联工作提出 4 点要求：一是党建引领，全面加强侨联建设。二是汇聚侨力，共筑中国梦。三是用心用情，建好“侨之家”。四是协同联动，打造福建侨联品牌。福建省政府副秘书长詹志洁，福建省侨联领导、机关各部室负责人等参加座谈。

【福建省委常委、统战部部长邢善萍赴省侨联调研】8 月 8 日，福建省委常委、统战部部长邢善萍赴省侨联看望慰问干部职工并召开座谈会，听取省侨联“不忘初心、牢记使命”主题教育开展和近年来主要工作情况汇报。邢善萍充分肯定了省侨联近年来各项工作取得的成效，要求牢固树立“大侨务”观念，更好地发挥侨力、汇聚侨智、凝聚侨心。邢善萍强调，一要加强思想政治引领，二要厚植侨联工作的基层基础，三要主动服务大局、服务侨胞，四要立足重点侨乡优势和特点，五要扎实开展“不忘初心、牢记使命”主题教育。省侨联党组书记、主席陈式海，省侨联党组成员、副主席翁小杰、林俊德、张瑶，省侨联党组成员、秘书长吴武煌，二级巡视员林建华和各部室负责人参加座谈。

【举办两岸乡愁笔会暨书画作品展】7 月 22 日，福建省侨联在永春北溪文苑举办“诗词连两岸·丹青描乡愁”两岸乡愁笔会暨书画作品展，旨在缅怀余光中先生的乡愁主题文学作品及其家国情怀，传承中华文化，加强海峡两岸书画交流。该展由永春县侨联、北溪文苑承办，台湾专案管理学会、两岸和平发展联合总会、永春县余光中文学馆协办。此次书画展以“诗词连两岸·丹青描乡愁”为主题面向全球华人征稿，共收到来稿近 280 幅，其中台湾同胞投稿 80 件，展览从来稿中选取具有代表性的 100 幅作品进行展出。来自省直、地市相关单位领导，还有台湾专案管理学会、两岸和平发展联合总会、香港永春同乡会、马达加斯加华商总会、美国福建同

8 月 8 日，福建省委常委、统战部部长邢善萍（左九）在省侨联调研，并与大家合影留念

7 月 22 日，两岸乡愁笔会暨书画作品展在永春举行，图为“亲情中华”主题国画长卷

乡联合会的主要负责人及美国、德国、阿根廷、马来西亚等国家和港澳台地区的书画家等 150 多人参加了活动。省侨联副主席张瑶在开展仪式上讲话。书画笔会上，艺术家们围绕“两岸乡愁”主题进行创作，两岸书画家还共同合作创作了“亲情中华”主题国画长卷和“书画同源，闽台同根”书法长卷。活动期间，与会人员参观了余光中文学馆、永春县非遗文化传承中心以及全省侨乡文化名镇永春岵山镇，实地感受余光中笔下的“乡愁应似桃溪水，长怀来处是永春”。

【赴尼日利亚访问并举行“一带一路”推介座谈会】 9 月 16 日—19 日，福建省侨联主席陈式海率团访问尼日利亚拉各斯，了解乡亲权益保障需求，加强与新侨联络联谊，推介“一带一路”倡议及福建投资发展环境。18 日下午，访问团与尼日利亚侨界举行“一带一路”推介座谈会。中国驻拉各斯总领馆副总领事管仲奇，尼日利亚埃多州州长古德温·奥巴赛基及在尼华人华侨代表共 60 余人与会。尼日利亚福建同乡总会会长郑旭升致欢迎辞，陈式海向在尼侨胞问候并鼓励闽籍侨团积极发展会务，敦睦联谊，建设和谐侨社，为推进“一带一路”建设和新时代中华民族伟大复兴作出积极贡献。座谈会由中国商贸协会会长暨华星艺术团团长倪孟晓主持，拉各斯华助中心主任孙国平，尼日利亚福建同乡总会常务副会长暨华助基金会主席陈光，拉各斯大学孔子学院中方院长王永静，尼日利亚华侨华人妇女联合总会会长周君，西非暨尼日利亚华侨华人联合总会秘书长薛晓明，尼日利亚福建同乡总会执行会长陈步天及中国发制品协会、星中源集团、永星钢铁、时代陶瓷、荣盛玻璃、荣泰铝业等代表先后发言，就助力“一带一路”建设、深化中尼合作进行深入讨论。当天，陈式海主席一行在尼日利亚重要城市拉格斯调研中餐推广情况，并赴尼日利亚莱基自贸区调研考察。当晚举办了庆祝中华人民共和国成立 70 周年暨福建侨联访问团欢迎晚宴，并举行《福建海外中餐联盟合作备忘录》签约仪式及华助基金会签约仪式。19 日，访问团一行到访中国商城，在孙国平主任、陈光主席及郑旭升会长的陪同下实地考察拉各斯华助中心、拉各斯华助基金会、尼日利亚福建同乡总会，详细了解在尼侨胞生产生活情况，并深入听取侨胞的意见和建议。

9 月 18 日，福建省侨联访问团与尼日利亚侨界举行“一带一路”推介座谈会

【福建华侨主题馆正式开馆】 11 月 11 日上午，福建华侨主题馆在福州举行揭牌仪式。中国侨联主席万立骏，福建省委常委、统战部部长邢善萍出席。福建省侨联主席陈式海主持揭牌仪式。主题馆设有《领袖与侨展示厅》《海丝今

11 月 11 日上午，福建华侨主题馆在福州正式揭牌开馆，省侨联主席陈式海（右一）陪同中国侨联主席万立骏（左一）、福建省委常委、统战部部长邢善萍（左二）参观展览

古·砥砺前行》《华侨历史·波澜壮阔》长廊、《华侨精神展示厅》《百国百侨风物展》等 5 个固定展览；2 个流动展厅定期举办各类涉侨主题的展览，首展为“初心与使命——福建省侨联成立 60 年”图片展；并设置海外社团联谊墙、华文课堂、侨心书屋、海外中餐文化展示厅等。陈式海表示，福建华侨主题馆的展览空间较以往有所增加，旨在更好地弘扬华侨文化、华侨精神，围绕“福侨文化工程”的品牌建设，拓展福建华侨历史、人文、教育内涵，努力打造成为华侨爱国主义教育基地和福建海外侨胞的精神家园。参加揭牌仪式的还有福建省委统战部常务副部长臧杰斌，省人大常委会侨（台）工委主任陈雄，省政协港澳台侨和外事委员会副主任卢德昌，省侨联副主席张瑶，民国海军总长刘冠雄家族后裔代表刘友墀先生、刘景耀先生，来自美国、马来西亚、印尼、菲律宾、丹麦、加纳、斐济、泰国等 20 个国家和地区的侨领，以及省侨联团体会员、在榕归侨侨眷代表等共 150 余人。

【举办七省市侨联干部培训班暨福建省侨联第十五期干部培训班】 10 月 18 日，由中国侨联干部培训中心牵头，七省、市侨联共同举办的 2019 年七地侨联系统干部培训班（福建省侨联第十五期干部培训班）在华侨大学厦门校区举行开班式。中国侨联党组成员、副主席隋军，中国侨联兼职副主席、四川省侨联党组书记、主席刘以勤，中国侨联兼职副主席、福建省侨联党组书记、主席陈式海，中国侨联组织人事部部长姚林楠等领导和学员共 300 多人参加。开班仪式由姚林楠主持，隋军副主席、华侨大学刘塨副校长致辞。仪式后，隋军以《深入学习贯彻习近平总书记侨务工作重要论述努力建设高素质专业化侨联干部队伍》为题作专题授课，陈式海以《福建侨情和实务工作》为题，介绍了福建省侨情、侨联概况，并向全体参训学员分享了开展侨务工作的感悟和经验。

【召开福建省侨商会换届大会】 11 月 11 日，福建省侨商联合会换届大会在福州举行。会议选举产生福建省侨商联合会第二届理事会领导班子，邱伟铭当选会长，何优仙当选执行会长，施锦珊当选监事长，丁水波等 56 人当选常务副会长，丁宗寅等 47 人当选副会长，邱水生当选秘

11 月 11 日下午，福建省侨商联合会换届大会在福州举行

书长。福建省侨商联合会成立于 2012 年，现有会员 452 名。12 日上午，在省侨联十届二次常委会议暨成立 60 周年座谈会上，中国侨联党组书记、主席万立骏为新一届理事会颁发牌匾；福建省委常委、统战部部长邢善萍为新当选的会长、监事长颁发证书。11 日晚，在换届典礼上，副省长郭宁宁出席并致辞。省侨联副主席翁小杰受委托在换届大会上作工作报告。中国侨商联合会常务副会长、中国和平统一促进会香港总会会长姚志胜，省侨商联合会第一届会长、宝龙集团董事局主席许健康分别在会上致辞。新当选会长邱伟铭作就职讲话。

【举办“5·18 国际博物馆日”系列活动】 5 月 18 日，泉州华侨历史博物馆举行纪念“5·18 国际博物馆日”系列活动暨“永远的丰碑——纪念南侨机工回国抗战 80 周年图片展”开幕式。2019 年“国际博物馆日”的主题是“作为文化中枢的博物馆：传统的未来”。泉州华侨历史博物馆作为宣传华侨文化的中枢，围绕这一主题，结合自身特色，举办一系列丰富多彩展示华侨文化历史的活动。此次展览近百幅珍贵的历史图片，展示了 3200 多名南侨机工修建滇缅公路、运输抗战物资、抢修运输车辆的艰辛历程及感人事迹。开幕式上，福建省侨联副主席张瑶为泉州华侨历史博物馆授牌，该馆先前已被中国侨联确定为“中国华侨国际文化交流基地”。活动期间举办了“回国参战，功昭日月——纪念南侨机工回国抗战 80 周年”专题讲座，还举行了新加坡泉籍侨胞王汉章先生捐助的《泉州人在南洋》图录赠书仪式。

江西省归国华侨联合会

【领导成员名单】

党组书记、主席：张知明（女）

专职副主席：王　强　罗丽都（女）

二级巡视员：许晓燕（女，2019 年 5 月任职）

兼职副主席：郑兆国　辛洪波　于集华　李江山　梁安琪（女）　万志新　徐余波　吴世伟　周　亮　胡军华　陈桂辉

秘书长：蔡　峻

【综述】2019 年，在中国侨联精心指导和中共江西省委坚强领导下，江西省侨联深入学习贯彻习近平新时代中国特色社会主义思想，围绕中心，服务大局，以侨为本、为侨服务，扎实推进中国侨联“十代会”部署的各项任务落实。深入开展“不忘初心、牢记使命”主题教育，先后组织集中学习 20 次，班子成员讲党课 4 次；开展专题调研，形成“以党建带侨建”和“加强基层侨联建设”等 2 个课题成果；查摆检视问题 165 条，梳理汇总成 4 个方面 15 项问题，上下联动整改到位问题 15 项。充分发挥侨联独特的外联优势，抓住第十一届中国中部投资贸易博览会、第二届世界赣商大会、2019 年赣深经贸交流暨江西省对接粤港澳大湾区投资合作推介会、重点投资客商座谈会等重大活动节点，牵线搭桥引进生命医药科学、资源与信息等领域高端人才 8 人，促成伟涵集团（香港）有限公司单笔投资 10 亿元人民币在抚州建设仙盖山·康养项目，促成香港江西社团（联谊）总会荣誉会长李江山、涂雅雅夫妇投资 4 亿美元在南昌小蓝经济技术开发区建设润永通夜港城等项目。深入侨企了解掌握企业发展痛点难点问题，先后举办 5 场支持侨企创新创业座谈会，帮助 80 余家侨企解决困难 190 余件。坚持“请进来”和“走出去”，承办了“牵手江西·同心筑梦”第四届赣港澳台青少年交流活动之澳门科技大学江西行及 2019“海外侨胞故乡行——走进江西”等活动，扩大了联谊交流，提升了侨联影响。积极参政议政，传递社情民意，协调组织侨联界别人大代表、政协委员深入侨社区、侨企开展“与人大代表、政协委员面对面”活动，及时反映侨胞、侨企呼声，向江西省“两会”提交 28 件提案和建议。引领广大侨胞和侨社团参与公益、弘扬侨爱，打造了以助学、助医、扶贫助困为主要内容的“侨联四海·情满赣鄱”公益活动品牌。组织来自美国、加拿大、英国、日本、匈牙利、阿根廷等 10 多个国家和地区的 30 余位侨爱心人士，先后 4 次在豫章师范学院启动爱心助学活动，连续三年捐助约 726 人次共计 218 万元善款；在九江市同文中学、吉安市白鹭洲中学、赣州中学设立“珍珠班”，给予 200 余名成绩优秀的贫困学生每年 2500 元资助；组织动员侨界爱心人士和省侨联特聘专家组成“侨爱心送温暖医疗队”，分赴上饶、赣州等地贫困县开展医疗义诊活动。结合本省侨情，落实群团改革要求，按照“五有”目标，制定下发《江西省侨联关于新时代加强基层侨联建设的实施方案》，全面推动市县两级侨联组织建设。

【组团出访印度尼西亚、泰国、日本】2018 年 12 月 30 日至 2019 年 1 月 8 日，省侨联党组书记、主席张知明率团赴印尼、泰国和日本进行了友好访问。在印尼首都雅加达，访问团先后拜访了印尼中华总商会、印尼江西总商会和印尼安徽商会，并考察了赣商企业箭牌家居（印尼）有限

1 月 3 日，省侨联党组书记、主席张知明（左五）访问泰中友好基金会

1 月 2 日，省侨联党组书记、主席张知明（中左）拜访泰国华人青年商会

公司，与江西总商会理事长朱南兵、秘书长刘立新以及谢建华、陶家林、龚先贵等乡亲和安徽商会会长何涛以及袁玲、王明华、陈朝虹等海外徽商进行了联谊交流。会见了金銮国际集团董事局主席程长仁，就加强商会合作等进行了座谈交流。在泰国曼谷，张知明出席了泰国华人青年商会会长李桂雄主持的座谈会，与该会常务副会长邝锦荣、副会长黄志乾等就巩固传统侨谊、推动江西与在泰侨商侨企在经济、文化、旅游、教育等全面合作进行了深入交流。会见了泰中友好基金会主席林嘉南，就发挥侨爱精神，助推公益事业发展进行了座谈交流。出席了泰中侨商联合会会长邝锦荣主持的座谈会，与该会副会长祁晓云、林茂强、史大佗、刘远江等就在医药、商贸、科技、“亲情中华”项目上开展合作进行了推介对接。在日本大阪，张知明会见了大阪浙江商会成员、日本今晚国际旅行株式会社社长徐一心，加深了对浙商在日本创业发展情况的了解。还拜访了中国留日同学总会关西分会，与该会秘书长杨阳、关西中华总商会副会长何玲青、日中友好人士坂和章平律师以及大阪大学部分江西籍留学生进行了深入的交谈。在日本东京，张知明分别与日本江西经济文化促进会会长贺生根、执行会长吴凯利、副会长夏淑辉和日本江西总商会会长王丰明、常务副会长岸川亚红、副会长冯梅等赣商座谈交流，拜访了日本江西联谊会会长熊峰、副会长曹燕华等，并考察赣商企业曹曹商事株式会社。此次访问加深了对东南亚侨情新变化的认识，同时也提升了江西的知名度和影响力，使得海外侨胞、国际友人更全面地了解、认识江西，增强了广大侨商投资江西、合作江西的信心。

【举行“侨联四海　情满赣鄱”2019 新春联谊会】 1 月 23 日，由江西省政协港澳台侨和外事委员会、江西省侨联、江西广播电视台共同主办的“侨联四海　情满赣鄱”2019 新春联谊会在南昌举行。晚会前，江西省政府副省长吴忠琼亲切会见中国侨联副主席隋军，就进一步团结凝聚侨胞力量助推江西扩大开放进行座谈。中国侨联组织人事部副部长赵珊珊，省政协港澳台侨和外事委员会主任辜清，省侨联党组书记、主席张知明，江西广播电台副台长刘建芳，省侨联副主席王强、罗丽都、辛洪波、徐余波、周亮、胡军华、陈桂辉，以及来自省侨联法顾委、青委会、侨商会、特专委、文协会、海创会等六个平台的嘉宾代表出席联谊会。隋军、吴忠琼分别在联谊会上致辞。来自美国、英国等 20 多个国家和地区的侨胞及侨团代表，向祖国和家乡送上新春的祝福，表达了广大侨胞对祖国和家乡的深情厚谊。

1 月 23 日，省侨联党组书记、主席张知明（右四）率省侨联领导班子给全省归侨侨眷拜年

【隋军副主席来赣走访慰问】1 月 22 日—23 日，中国侨联党组成员、副主席隋军来到江西省上饶市走访慰问困难归侨侨眷。在困难归侨倪木和、夏彩英家，隋军与他们亲切交谈，仔细询问日常工作生活情况、身体状况和实际困难，了解所急所需所盼，鼓励他们用乐观积极的生活态度勇敢面对和克服生活中的困难。隋军还出席了上饶县人民医院中国华侨基金会司迈等离子双极电切电漩系统捐赠仪式。随后，隋军深入中国侨联挂点帮扶贫困村尊桥乡上乐村，走实地、看资料、问实情，询产业、问成效、谋发展，详细了解脱贫攻坚巩固提升相关情况，并来到贫困户家中，为他们送上中国侨联的关心和祝福。在上饶期间，上饶市委书记马承祖会见了隋军一行，并就发挥侨力助力上饶发展进行了交流。中国侨联巡视员兼机关服务中心主任李洋、组织人事部副部长赵珊珊、基层建设部处长张凌，江西省侨联副主席罗丽都，上饶市人大常委会副主任祝美清、副市长俞健、市委秘书长杨建林，市侨联主席刘晓红等参加了活动。

【开展走访慰问活动】1 月 8 日，江西省侨联副主席王强、罗丽都率省侨联机关结对帮扶干部一行，来到余干县洪家嘴乡双港村开展走访慰问活动，为定点帮扶的贫困户送去新年祝福。王强、罗丽都等与驻村扶贫队及村干部开展了座谈。座谈会后，省侨联结对帮扶工作组一行走村入户，给贫困户送去了衣柜、米、油、新年红包等慰问品。省侨联党组成员许晓燕、秘书长蔡峻，洪家嘴乡党委副书记王鹏等参加活动。1 月 31 日，省侨联举办“侨联四海·情满赣鄱”归侨侨眷慰问金发放暨公益金捐赠活动，江西省政府副省长吴忠琼、江西省政府副秘书长刘晓艺出席捐赠仪式，江西省侨联党组书记、

1 月 21 日—24 日，隋军副主席（右五）在江西走访慰问并调研

1 月 22 日，隋军副主席（中）在江西上饶走访慰问困难归侨侨眷

1 月 8 日，省侨联副主席王强（右二）、罗丽都（右一）在余干县洪家嘴乡双港村慰问贫困户

主席张知明、副主席王强、罗丽都、胡军华，南昌市侨联主席刘小坚及南昌市 50 多名归侨侨眷代表参加。活动中，省市侨联和爱心侨商共发放了价值 12 万元的慰问金和慰问品。此外，省侨联副主席、江西省美高实业有限公司董事长胡军华还向南昌县塘南镇渡口村捐赠公益金 60 万元，将用于渡口村道路等村庄基础设施建设和乡村公共事业。

【召开江西省侨联八届二次全委会】 2 月 28 日，江西省侨联八届二次全委会议在南昌召开。省侨联党组书记、主席张知明作 2018 年工作报告并部署安排 2019 年工作，副主席王强传达中国侨联十届二次全委会议精神，副主席罗丽都主持会议。副主席郑兆国、辛洪波、李江山、吴世伟、周亮、胡军华、陈桂辉，党组成员许晓燕以及省侨联委员 80 余人出席会议。会议审议了张知明主席作的题为《凝聚侨界团结奋进合力开创新时代侨联工作新局面》的工作报告。张知明还对 2019 年省侨联工作进行了部署。

【召开 2019 年全面从严治党工作会】 2 月 22 日上午，江西省侨联召开全面从严治党工作会，学习传达十九届中央纪委第三次全会、省纪委十四届四次全会精神，回顾 2018 年省侨联全面从严治党工作，部署 2019 年的任务。省纪委省监委执纪监督四室袁洁同志，省纪委省监委派驻省委统战部纪检监察组组长廖元柱、副组长熊康莅会指导。会议由省侨联党组书记、主席张知明主持。省侨联党组成员王强、罗丽都、许晓燕出席会议。

【开展“巾帼心向党·奋进新时代”学雷锋志愿服务活动】 3 月 8 日，第 109 个“三八”国际妇女节之际，省侨联组织妇女干部职工赴侨资企业——江西省润邦农业开发集团有限公司开展“巾帼心向党·奋进新时代”送法律进侨企学雷锋志愿服务活动。省侨联党组书记、主席张知明，副主席罗丽都，党组成员许晓燕带领侨联机关女干部走出机关，走进田间地头，走进牛舍马圈，实地考察生态循环农业发展模式，近距离聆听女企业家的心声与期盼。张知明详细听取企业在发展、经营中碰到的问题，并介绍了省侨联深入贯彻落实习近平总书记以及中共江西省委书记刘奇在民营企业座谈会上的重要讲话精神，与公检法等厅局合作联动，建立相关沟通交流机制，维护侨胞合法权益所做的努力，以及省侨联依托法顾委平台，深入侨企开展调研沟通，提供法律咨询服务，帮助侨企防范控制法律风险，依法化解纠纷等相关工作。

3 月 8 日，省侨联党组书记、主席张知明率机关女干部职工赴侨资企业开展学雷锋志愿服务活动

【举办侨界专家建言献策座谈会】4 月 17 日，江西省侨联侨情专报工作暨侨界专家建言献策座谈会在南昌大学召开。省侨联副主席、南昌大学副校长辛洪波出席并讲话，省侨联副主席罗丽都主持会议并就侨情专报工作做了介绍。南昌大学侨联主席洪一江、南昌大学党委统战部副部长彭家璇，以及侨界专家赵汉民、郭子红、彭晓洁、雷雪玲、张旭、周文广、闵卫东、祝荫、郭菁等出席座谈会，就发挥智库作用、推动社会发展建言献策。与会专家话发展、献良策，结合各自领域的实际问题，就进一步凝聚发挥侨界智库力量，推动经济社会更好更快发展互动交流。

【开展“迎五四展青春风采·献爱心聚侨创力量”系列活动】4 月 30 日，江西省侨联组织侨界爱心人士赴扶贫点余干县洪家嘴乡双港村，举办“迎五四展青春风采·献爱心聚侨创力量”系列活动，为村民送科技、送环保、送温暖。省侨联党组书记、主席张知明，副主席罗丽都、吴世伟、周亮、胡军华、陈桂辉，秘书长蔡峻，余干县县长黄胜福等出席活动。省侨联青委会会长周世鹏，省侨商会常务副会长章青邦、夏小凯，省侨联海创会常务副会长徐雷、樊保明，省侨联特聘专家刘苑秋、涂淑萍、周庆红教授等侨界青年进村户、下地头，助力精准扶贫、彰显青春风采。胡军华向扶贫点捐资 3 万元、200 余件环卫设施以及指导生产养殖方面的科技类书籍。刘苑秋、涂淑萍、周庆红深入扶贫项目——余干辣椒种植基地调研，向村民进行种植技术指导。张知明带队赴洪家嘴乡金滩涂家（秀美乡村建设示范点）考察，为进一步打造秀美双港取经，为洪家嘴乡金滩村日后更好的发展提出了许多意见。活动中，省侨联号召侨界青年们要大力弘扬侨爱，延续侨爱，积极投身新时代中国特色社会主义的生动实践中。

【齐全胜副主席来赣调研】4 月 28 日，中国侨联副主席齐全胜莅临江西省侨联视察指导工作，出席“汇聚侨心侨力、助力脱贫攻坚”事迹

4 月 28 日，齐全胜副主席（前排中）来赣考察

4 月 30 日，省侨联党组书记、主席张知明（右）在余干县洪家嘴乡双港村出席“迎五四展青春风采·献爱心聚侨创力量”系列活动

交流会。省侨联党组书记、主席张知明汇报了省侨联开展扶贫及社会公益工作情况。省侨联副主席周亮、党组成员许晓燕，南昌市侨联副主席陈铭、南昌市侨联老年归侨侨眷联谊会会长曹先德，以及助力扶贫的优秀侨商代表夏小凯、樊保明、罗美华等参加会议。齐全胜对江西省侨联多年来团结引导广大侨界人士，以各种方式参与脱贫攻坚、开展精准扶贫并取得突出成绩给予充分肯定。

4 月 29 日，齐全胜赴上饶县考察，出席了尊桥乡上乐村“侨心书架”捐赠仪式，走访贫困群众，考察江西捷众制药有限公司、江西汉氏联合干细胞科技有限公司和江西欧美意鞋业有限公司等侨资企业。省侨联副主席罗丽都陪同看望考察，中共上饶市委书记马承祖、副书记杨文英、市政协副主席黄统征、市侨联主席刘晓红、上饶县委书记熊孙魁等参加活动。

【开展“牵手江西·同心筑梦”澳门学生江西行】4 月 16 日—21 日，澳门科技大学青年学生代表团来赣开展“牵手江西·同心筑梦”江西行活动。省侨联党组书记、主席张知明会见并宴请澳门科技大学青年学生。活动期间，澳门科技大学青年学生代表团在南昌先后参观了江南名楼滕王阁、八一起义纪念馆和八大山人纪念馆，既领略到“落霞与孤鹜齐飞，秋水共长天一色”的美景，又回顾了革命先辈们的不朽事迹，进一步增进了他们对中国传统文化的了解。学生代表团还来到井冈山革命传统教育基地，参观了井冈山博物馆、茨坪毛泽东同志旧居，进行了三湾改编情景教学，在烈士陵园举行了革命英烈祭奠仪式，参加了黄洋界现场教学，激发了他们发奋图强、爱国爱澳的强烈共鸣。

【协办第十一届中部博览会暨第二届世界赣商大会】5 月 17 日—20 日，第十一届中部博览会暨第二届世界赣商大会在南昌举办，来自全球 50 多个国家和地区的 6000 多名政商学各界人士参会。此次大会由中共中央政治局委员、国务院副总理胡春华作主旨演讲，商务部副部长兼国际贸易谈判副代表王受文主持开幕式，中共江西省委书记、江西省人大常委会主任刘奇，商务部部长钟山分别致欢迎辞，江西省人民政府省长易炼红发表演讲。江西省侨联党组书记、主席张知明参加了开幕式。作为本次中博会和赣商会的协办单位之一，江西省侨联邀请了 40 余位侨领侨商出席会议。会后，张知明宴请了来参加中博会的美国、英国、加拿大、澳大利亚、阿根廷、日

5 月 17 日—20 日，省侨联党组书记、主席张知明（前排左六）出席第十一届中国中部投资贸易博览会暨第二届世界赣商大会

4 月 16 日—21 日，澳门科技大学青年学生代表团来赣开展“牵手江西·同心筑梦”江西行活动

本、泰国、秘鲁、瑞士、巴西、柬埔寨等国家的海外侨领。省侨联副主席王强、罗丽都、万志新、吴世伟、胡军华等参加了活动。

【开展“送侨法进社区”法律知识讲座活动】6月5日，江西省侨联在南昌市西湖区南浦街道里洲社区开展了“送侨法进社区”主题活动。向社区居民赠送《中华人民共和国宪法》《中华人民共和国归侨侨眷权益保护法》等法律内容知识读本，江西省侨联法顾委委员、南昌为民律师事务所万里涛律师面向社区群众做法律知识讲座，并对群众咨询的法律问题进行了现场解答。江西省侨联党组成员、副主席罗丽都出席活动。

7月4日，省侨联党组成员、副主席王强（前排中）在余干县洪家嘴乡双港村开展志愿服务活动

7月2日，省侨联党组书记、主席张知明在余干县双港村走访贫困户

【开展“不忘初心、牢记使命”主题教育调研】7月2日，省侨联党组书记、主席张知明带领省侨联第一党支部赴扶贫点——余干县双港村开展“精准扶贫进乡村”主题党日活动，与村贫困户就感党恩、听党话、跟党走开展交流座谈，走访帮扶的贫困户，了解他们近期生产和生活的情况，并赠送了大米和食用油，征求了他们对省侨联开展“不忘初心、牢记使命”主题教育活动的意见。7月4日，江西省侨联党组成员、副主席王强带领第二党支部赴扶贫点余干县双港村开展志愿服务活动，走访帮扶贫困户，了解他们近期生产生活情况，向贫困户赠送了大米和食用油。并与村干部就省侨联扶贫攻坚工作开展座谈交流，征求了他们对省侨联开展“不忘初心、牢记使命”主题教育活动的意见，向村两委干部赠送宪法、侨法知识读本并宣讲垃圾分类知识。7月4日—5日，江西省侨联党组书记、主席张知明先后赴南昌市赴湾里区江西夏氏春秋环境投资有限公司，樟树市江西远大保险设备实业集团有限公司、江西宏达保安器材有限公司，开展以党建带侨建“不忘初心、牢记使命”主题教育调研。张知明与中共樟树市委副书记、市长董晓明就开展调研进行了交流。张知明听取了宜春市侨联，樟树市侨联，侨资企业党支部书记开展党建带侨建“不忘初心、牢记使命”主题教育情况汇报并举行了座谈。

【开展2019年“寻根之旅”夏令营系列活动】7月13日，来自芬兰、美国、加拿大的60余名华裔青少年齐聚景德镇，2019年“寻根之旅”夏令营江西景德镇营正式开启。江西省侨联党组书记、主席张知明，中共景德镇市委副书记王前虎，省侨联副主席陈桂辉，景德镇市侨联党组书记郑铁，景德镇市侨联主席周景俭等出席开营仪式。夏令营为华裔青少年提供了最好的寻根机会，让他们更好地了解景德镇的人文底蕴，了解大美江西的青山绿水，深刻认识到身为中华儿女的骄傲和自豪，为促进中外文化交流互鉴搭建起友谊的桥梁。7 月 17 日，2019 年“寻根之旅”夏令营江西宜春营开启。省侨联党组书记、主席张知明，中共宜春市委常委、统战部部长钱薇，省侨联副主席陈桂辉，宜春市侨联党组书记吴艳红等出席开营仪式。来自法国、缅甸、比利时的 36 名华裔青少年开启了为期 10 天的“寻根之旅”，他们在宜春、樟树、铜鼓等地，通过实地参观、观看表演、座谈交流等形式，了解祖籍国的人文历史，感受怡人的自然风光。7 月 30 日，2019 年“寻根之旅”夏令营江西吉安营开启。中共吉安市委常委、统战部部长肖玉兰，省侨联副主席罗丽都，吉安市侨联主席胡红英等出席开营仪式。来自韩国、瑞士、德国的 30 名华裔青少年齐聚吉安，在为期 10 天的夏令营活动中，他们走进井冈山、三湾乡等革命老区了解红色历史，体验独具特色的庐陵文化。

8 月 21 日，省侨联党组书记、主席张知明（左二）深入赣州市侨资企业调研

7 月 17 日，省侨联党组书记、主席张知明（二排左七）出席 2019 年“寻根之旅”夏令营江西宜春营启动仪式

【张知明主席赴赣州、吉安调研】 8 月 20 日—22 日，省侨联党组书记、主席张知明率部分机关干部赴赣州、吉安调研。20 日下午，张知明看望赣州市侨联机关全体干部职工，并听取市侨联工作汇报。21 日上午，张知明深入赣州市南康区部分侨资企业调研，深入了解中美贸易摩擦对侨资企业的影响，详细询问各县区侨胞侨属联谊会成立情况、新时期归侨侨眷权益保障工作情况以及侨资企业在生产中的困难，对存在的问题进行现场办公，提出解决办法。22 日上午，张知明在中共吉安市委常委、统战部部长肖玉兰陪同下，考察了江西九福源环境科技有限公司、江西仁达文化集团——庐陵人文谷文化交流基地。

【举办“侨联四海·情满赣鄱”庆祝新中国成立 70 周年暨弘扬侨爱艺术展】 9 月 26 日，由江西省侨联、江西省政协港澳台侨和外事委、江西省红十字会共同主办的“侨联四海·情满赣鄱”庆祝新中国成立 70 周年暨弘扬侨爱艺术展在南昌开幕，江西省政协副主席谢茹，江西省侨联党组书记、主席张知明，省政协港澳台侨和外事委主任辜清，省红十字会副会长戴莹，江西省侨联副主席王强、李江山，以及侨企代表和侨界艺术家 100 余人出席开幕式。艺术展上展出了 70 位侨界艺术家的优秀作品，作品通过义卖方式向中国侨联、省侨联在省内的挂点扶贫村捐赠图书，

9月26日，江西省政协副主席谢茹（右一），江西省侨联党组书记、主席张知明（左二）出席“侨联四海·情满赣鄱”庆祝新中国成立70周年暨弘扬侨爱艺术展

以此支持教育事业和公益事业发展，助力精准脱贫攻坚战。

【举办2019“海外侨胞故乡行——走进江西”活动】9月25日，江西省侨联、江西省政协港澳台侨和外事委员会共同主办的2019“海外侨胞故乡行——走进江西”活动启动仪式在南昌举行，来自美国、加拿大、阿根廷、英国、德国等16国家和地区的38位侨商侨领参加活动。江西省政协副主席谢茹，江西省侨联党组书记、主席张知明，江西省政协港澳台侨和外事委员会主任辜清，省侨联副主席王强、吴世伟、胡军华，省商务厅副巡视员喻洪等出席启动仪式。张知明在启动仪式上致欢迎词。活动中大家深情同唱《我和我的祖国》，用歌声共祝中华人民共和国成立70周年。

【举办“侨联四海·情满赣鄱”爱心助学发放仪式】11月8日，由江西省政协港澳台侨和外事委员会、江西省侨联、豫章师范学院联合举办的2019年度“侨联四海·情满赣鄱”爱心助学发放仪式隆重举行。省政协副主席谢茹，省侨联党组书记、主席张知明，省侨联副主席王强、罗丽都等出席活动。省侨联副主席、江西陆祥堂健康产业有限公司总经理陈桂辉作为捐赠侨商代表发言。胡军华、张辉、张国林、李同新、杨威、罗贤宾、吴威等爱心侨商代表为234名贫困学生发放助学金。近年来，省侨联主动发挥“侨”的优势、“联”的力量，走出一条“侨联推动、侨界献力、侨胞参与”的慈善公益事业新模式，打造了以助学、助医、扶贫助困为主要内容的“侨联四海·情满赣鄱”公益品牌。目前，“侨联四海·情满赣鄱”活动开展已经第二年，组织了来自美国、加拿大、英国、日本、匈牙利、阿根廷等10多个国家和地区的30余位侨界爱心人士，先后4次在豫章师范学院举行爱心捐助活动，倾情帮助贫困学子顺利完成学业。

【召开支持侨界人才创新创业发展座谈会】11月21日，江西省侨联与江西省科技厅联合召开支持侨界人才创新创业发展座谈会。省侨联党组书记、主席张知明，省科技厅党组副书记、副厅长谢金水，省侨联副主席辛洪波、吴世伟、周亮以及省科技厅相关处室负责人，省侨联特聘专家、侨资企业代表60余人出席会议。座谈会上，张知明介绍了省侨联“服务侨企侨胞创新创业”的各项举措，并就贯彻新发展理念、服务海归人才创新创业提出新的看法和意见。省科技厅引智与人才处、计划处、高新处、合作处等部门负责同志解读支持侨界人才创新创业相关政策，向与会侨界代表解答创新创业方面遇到的困难和问题。与会人员围绕科技经费项目管理、重点科研和应用基础研究项目安排、民办高校科技项目支持、科技成果转化、加强科技项目国际交流合作等话题，进行研讨和交流。

【举办2020年江西海内外侨胞迎新年大联欢晚会】12月29日，由江西省侨联、江西广播电视台共同主办的“壮丽七十年·侨联四海亲”2020年江西海内外侨胞迎新年大联欢晚会在南昌举行。中共江西省委副书记李炳军，中国侨联副主席隋军，江西省人大常委会副主任朱虹，江西省副省长吴忠琼，江西省政协副主席谢茹，江西省高级人民法院院长葛晓燕，江西省检察院检察长田云鹏，中共江西省委办公厅督查专

12 月 29 日，“壮丽七十年 · 侨联四海亲” 2020 年江西海内外侨胞迎新年大联欢晚会现场

员李绪先，江西省侨联党组书记、主席张知明，江西广播电视台台长曾光辉等有关单位领导与 200 余名侨胞共话发展、喜迎新年。香港江西社团（联谊）总会、美国南加州江西同乡会、阿联酋江西商会、澳门江西同乡会、赞比亚中华江西同乡会、博茨瓦纳江西同乡会、捷克江西同乡会、日本江西总商会、加拿大江西同乡会、阿根廷江西同乡会、欧洲赣商联合会、欧洲江西同乡会、美国江西联合总会、日本江西经济文化促进会、加拿大赣商联合会、温哥华江西同乡会以及秘鲁、澳大利亚的侨胞，通过视频连线，纷纷发来对祖国和家乡的越洋祝福。

12 月 29 日，中共江西省委副书记李炳军（右十四）、中国侨联副主席隋军（右九）等领导出席“壮丽七十年 · 侨联四海亲” 2020 年江西海内外侨胞迎新年大联欢晚会

【南昌市侨联】6 月 22 日，南昌市侨界庆祝中华人民共和国成立七十周年文艺汇演在南昌举行。全市 200 多名归侨侨眷欢聚一堂，畅叙乡情。江西省侨联党组书记、主席张知明，中共南昌市委常委、统战部长乐文红，南昌市侨联党组书记、主席刘小坚致辞。文艺汇演在舞蹈《心声》中拉开序幕，近百名演职人员围绕“颂歌献给党，侨心向祖国”的主题，载歌载舞，庆祝新中国 70 华诞。歌曲《芦花》《阳光路上》《中国军魂》《我爱你，中国》饱含深情地倾诉了各界群众对党和祖国的无限热爱，舞蹈《蜻蜓》《寂静的草原》展现了中华优秀传统文化独具的魅力与涵养，交响乐《红旗颂》《冰山上的来客》《光荣的凯旋》《北京喜讯》等表达了侨界群众对实现中华民族伟大复兴“中国梦”的坚定决心和信心，演出在合唱《我和我的祖国》中落下帷幕，表达了侨界群众祝福祖国繁荣昌盛、祝愿家乡幸福美好的真情实感。

【新余市侨联】9 月 8 日，新余市侨联在仙来湖社区“侨胞之家”组织开展了庆祝中华人民共和国成立 70 周年活动，活动以歌颂祖国为主线，以文艺演出和座谈交流等形式开展。文艺演出在歌舞《不忘初心》中拉开序幕，随后节目有中华国粹京剧演唱、韵味十足的红色秧歌、喜闻乐见的小品演绎以及侨界群众表达心声的歌曲独唱，演出在全体侨界群众合唱《我和我的祖国》的歌声中结束。演出结束后，邀请了部分侨界群众代表上台发表了自己对于中华人民共和国成立70周年的感想，交流了各自的体会。通过此次活动，进一步凝聚了侨心侨力，弘扬了中华优秀文化，增进了与归侨侨眷和海外侨胞的感情，激发了全体侨界群众的爱国热情。

【赣州市侨联】 9月11日，赣州市侨联召开“侨界一家亲·共圆中国梦”2019年赣州市侨界代表迎中秋庆祝新中国成立70周年座谈会。全市归侨侨眷、侨资侨属企业、基层侨联工作者代表约80人参加座谈。赣州市政协副主席姚勇、赣州市委副秘书长陈国庆出席会议。赣州市侨联党组书记、主席池峰龙主持座谈。姚勇代表中共赣州市委、市政府向全市广大归侨侨眷、海外华侨华人、侨资侨属企业家和各级侨联工作者致以节日祝福。赣州市侨联党组成员、副主席陈健鸣传达习近平总书记视察江西重要讲话精神。座谈期间，与会代表围绕华侨华人住在国地位提升、赣州日新月异的发展变化、侨资侨属企业参与赣州市“两城两谷两带”战略布局、赣州特色客家文化融入全球客属和客家文化、广泛开展侨团联络联谊等进行充分讨论和深入交流。

【萍乡市侨联】 9月—12月，萍乡市侨联举行了“玉湖侨胞之家”系列活动，引领广大侨界群众学习贯彻习近平新时代中国特色社会主义思想和党的十九届四中全会精神以及习近平总书记视察江西重要讲话精神。9月27日，召开迎国庆侨界座谈会，来自美国、英国等地的海外华侨、侨眷侨属、留学生等50余名侨界代表齐聚“玉湖侨胞之家”，畅谈心声、礼赞祖国，共贺新中国70华诞。10月18日，举行侨胞侨眷观摩活动，组织70余名侨胞侨眷实地参观侨资企业和海绵城市建设项目，亲身感受家乡近年来取得的巨大发展成就，进一步激发侨界群众爱国爱乡热情。11月22日，召开侨界代表学习座谈会，传达学习党的十九届四中全会精神，引导归侨侨眷和海外侨胞充分认识中国特色社会主义制度的本质特征和优越性。12月6日，萍乡市侨联主席郭子新走进经开区上湾社区，向社区侨界群众宣讲党的十九届四中全会精神，让党的创新理论“飞入寻常百姓家”。

山东省归国华侨联合会

【领导成员名单】

主　　　席：李兴钰

专职副主席：卢文朋

兼职副主席：姜　明（女）　明子春

挂职副主席：米文芃（女，回族）

二级巡视员：李运才

秘　书　长：鲁亚真（女）

【综述】2019 年，在山东省委坚强领导下，山东省各级侨联组织以习近平新时代中国特色社会主义思想为指导，全面贯彻党的十九大和十九届二中、三中、四中全会精神，深入学习贯彻习近平总书记关于群团工作和侨务工作的重要论述，增强“四个意识”、坚定“四个自信”、做到“两个维护”，聚焦为大局服务、为侨服务工作主线，坚持“两个并重”“两个拓展”，推动“两个建设”，团结动员广大归侨侨眷和海外侨胞为新时代现代化强省建设作贡献，各项工作取得显著成效。山东省侨联机关被授予“2019 年度山东省省级文明单位”称号。

【强化政治引领】一是开展“不忘初心、牢记使命”主题教育。山东省委召开“不忘初心、牢记使命”主题教育工作会议后，山东省侨联党组迅速部署，制定方案，召开动员大会，经过三个月的主题教育，山东省侨联党员干部特别是领导干部推动工作上有了新的提升、政治品格方面有了新的提升、解决突出问题上有了新的进展，主题教育开展情况多次得到山东省委第七巡回指导组的肯定。二是持续推进习近平新时代中国特色社会主义思想深入侨心、落地生根。围绕庆祝新中国成立 70 周年，山东省侨联举办了“侨心向祖国 山东省暨济南市侨界女性庆祝‘三八妇女节’唱响《我和我的祖国》”快闪活动，“侨风鲁韵 共谱韶华”庆祝新中国成立 70 周年民族音乐会，著名海洋生物学家、山东省侨联原主席曾呈奎院士诞辰 110 周年纪念活动，“两弹一星功勋奖章”科学家郭永怀烈士事迹报告会。日照市侨联联合市广播电视台拍摄制作专题片《凝侨聚力 实干担当——日照市侨联创新发展巡礼》，与江苏射阳侨联共同举办“我和我的祖国”书画交流笔会，同枣庄市侨联一起参加庆祝新中国成立 70 周年江苏侨界书画精品展暨苏鲁六地市侨界书画联展，淄博市侨联举办“庆祝建国 70 周年、智慧父母公益讲座”，弘扬爱国主义精神，增强侨界

3 月 3 日，山东省侨联举办“侨心向祖国 山东省暨济南市侨界女性庆祝‘三八妇女节’唱响《我和我的祖国》”活动

7 月 9 日，山东省侨联举行郭永怀事迹报告会

凝聚力和向心力，不断夯实党的侨界群众基础。三是从严落实管党治党责任。2019 年山东省侨联党组理论学习中心组集中学习研讨 14 次，班子成员讲专题党课 5 次。注重加强廉政教育，组织机关党员干部观看《刚愎自用的代价》《“圈”之祸》等警示片，赴山东廉政教育馆、泰安监狱接受反腐教育，用反面典型敲响机关党员干部不触红线、不越底线的警钟，自觉筑牢拒腐防变的思想道德防线。

【服务经济社会发展】2019 年，山东省侨联系统充分发挥海外联系广泛的独特优势，着力加强与广大归侨侨眷和海外侨胞的联系沟通，为山东高质量发展贡献侨界力量。在中国侨联支持下，邀请参加中国侨商联合会第五次会员代表大会的 130 多名侨商到山东参观考察、洽谈合作，在济南、青岛、济宁举办了“聚焦新动能 · 2019 中国侨商山东行”“侨汇济南　筑梦泉城”“青岛西海岸洽谈推介”“济宁市新旧动能转换重点项目推介会”等活动，推动达成合作意向 16 个，3 个项目确定落户，总投资 6.5 亿元。在济南、枣庄、济宁举行了 2019 海外侨领研修班暨海外侨胞故乡行活动，举办了“走进钢城”推介活动、“枣庄市情推介会”、“兖州招商项目推介会”，推动蒙古国中华总商会农牧业分会与美莱集团签订价值 1 亿元的蒙古鱼制品进出口合作协议、与益海嘉里（兖州）粮油工业有限公司达成粮油合作意向，肯尼亚山东商会帮助山东莺歌食品有限公司拓展非洲市场，博茨瓦纳山东商会与泗水县开展幼儿教育合作办学等。枣庄市侨联引荐浙江台州七娃食品有限公司落地峄城区，投资 2 亿元。威海市侨联推动泰国格乐大学与威海职业学院建设“威海职业学院教师境外培训中心”“中泰国际文旅学院”。菏泽市侨联举办“侨星耀菏泽”系列活动，引进年产 1000 吨、总投资 10 亿元的碳纤维加工项目。

【拓展海外联络联谊】2019 年，山东省侨联重点做好“挖”“联”“导”三篇文章，做好海外引才工作。做好“挖”的文章，加强侨情调研。与山东省教育厅联合下发《关于开展鲁籍海外人才调查工作的通知》，进一步充实海外人才数据库，与山东大学合作撰写了 3 万字的《山东省海外人才：现状、问题与对策研究报告》，对山东省海外人才的现状、存在的问题进行了全面深入分析，提出了科学的解决对策和工作建议，得到山东省委的高度重视。省市侨联联动，引进美国东北州立大学终身教授王跃驹带领世界顶尖的植物瞬时表达技术在枣庄建设植物源用蛋白生产基地，产生巨大的经济和社会效益。山东省侨联在俄罗斯山东同乡会设立海外人才工作站。临沂市侨联与海纳电子、IFC 积极合作，引进创新团队 3 个。烟台市侨联推动烟台大学宋建成等教授与 30 多家企业对接科研成果转化，获批教育服务新旧动能转换专业对接产业项目中的高端装备、现代海洋、医养健康等项目。各级侨联接待了来自 50 多个国家和地区的 300 多个侨社团近 2000 人次的来访。山东省侨联组团赴俄罗斯、英国，拜会侨社团、召开座谈会，积极宣传推介山东，与俄罗斯科学院远东研究所和俄中友好协会签署了《合作备忘录》，指导成立俄罗斯侨星志愿者服务团，参加第十五届世界华商大会，与海内外侨商和工商界建立合作交流机制。山东省侨联组织 30 余位海外顾问、海外委员到济南市新旧动能转换先行区参观考察，菲律宾中华和平发展促进会创会会长王永义等菲律宾侨商考察轮胎产业。烟台市、东营市侨联在海外侨社团分别设立 15 个和 5 个工作站。威海市侨联组织回乡过年的海外侨领代表开展“回家过年　共谋发展”主题座谈活动。淄博市侨联推动成立市留学生家属联谊会。

10 月 18 日—25 日，山东省侨联主席李兴钰（右三）带队出访俄罗斯

【弘扬齐鲁文化】2019年，山东各级侨联依托地方文化资源优势，积极开展形式多样的文化宣传和交流活动，拉近了海内外侨界之间的亲情、乡情和友情。印发《推进侨星志愿服务的意见》，举办全省新时代文明实践侨星志愿服务现场培训会，将授课、经验交流、现场观摩有机结合，推动在全省建立侨星志愿服务队伍近100家，山东省侨联及济南、烟台、东营、临沂、日照等市侨联建立了8家侨星志愿服务基地和侨星驿站，以新侨和留学生为主体开展了“新旧动能转换侨界在行动”、“关爱困境儿童”夏令营、“阳光四点伴”进社区、为黄河口马拉松比赛提供外语服务等一批侨界特色突出、示范效应明显的专业化志愿服务项目，在日照市试点成立了新时代文明实践侨星志愿服务组织，在沂蒙山区开设了“新农村尚德公益讲堂”，把更多侨界群众和侨界社团组织团结凝聚在党的周围。在埃及、肯尼亚、尼日利亚、坦桑尼亚、美国、加拿大、圭亚那、俄罗斯等国依托山东同乡组织建立了9家海外侨星服务组织，开展了“国际免费午餐”“贫民窟达人秀”“免费开斋饭”“儿童义诊”等公益慈善活动，积极讲好“中国故事”“山东故事”，推动了中外文明交流互鉴。积极宣传齐鲁文化。在济南、烟台、枣庄、济宁、东营、威海、临沂、菏泽、德州等9市举办了17期2019年海外华裔青少年“中国寻根之旅”夏（秋、冬）令营山东营，来自10多个国家的近千名华裔青少年参加，以“根、魂、梦”为主题，组织开展了“游先圣故里 品儒家文化”“追梦武魂，齐鲁寻根”“寻根书圣故里 最美蒙山沂水”“寻根母亲河 同唱一首歌”等极具齐鲁文化特色的活动，让海外华裔青少年零距离感悟和体验传统文化、民俗风情，加深了他们对祖（籍）国、对山东的了解与认知，拉近了感情距离。与济南市侨联共同主办“书香侨爱伴成长”活动，捐赠了10万册电子图书、3万集有声图书和近千册纸质书籍。积极组织山东省在校高中生参加由中国侨联等单位共同举办的第二十届“世界华人学生作文大赛”活动，山东获奖作文总数位列全国第一，省侨联和16市侨联获得优秀组织奖。

3月26日下午，山东省侨联向首批海外侨星志愿者服务团集中授旗仪式在济南举行，中国侨联党组成员、副主席隋军（左六）出席活动，中国侨联副主席、山东省侨联主席李兴钰向服务团授旗

【开展为侨服务活动】扎实做好元旦春节期间“送温暖、献爱心”活动，走访慰问贫困归侨

10月13日，为期10天的2019年“寻根之旅”山东水浒少年冬令营正式开营

侨眷近千户，发放慰问金200多万元。山东省侨联联合山东省总工会在16市开展专项走访慰问活动，为城镇生活困难的归侨侨眷职工发放慰问金30万元。在济宁、临沂等地开展了澳大利亚魏基成慈善列车冬衣捐赠活动。在中国侨联支持下，在济南市4个社区、企业举办了“侨爱天使送健康”侨爱心送医疗活动，在聊城市东昌府区侯营镇、闫寺街道和阳谷县大布乡举办“侨爱心、送温暖”义诊活动；在日照市技师学院举办了面向困难归侨侨眷的电气焊技能培训班，加大对归侨侨眷的帮扶力度，提高他们的再就业能力。烟台市侨联接受海外捐赠教育事业发展资金46.5万元。泰安市侨联与泰安爱尔眼科医院合作开展“侨爱心光明行”贫困眼疾患者公益救助活动。日照市侨联关爱侨界空巢老人“一二三四五”行动入围全市创新种子项目大赛。

【开展“侨界建言献策”主题活动】围绕山东新旧动能转换重大工程等八大发展战略，在2019年山东省政协会议上，侨界山东省政协委员提交的“关于完善促进山东民营经济发展的建议”“关于加强用药管理的建议”“关于推进山东省海洋牧场高质量发展的建议”“关于促进社区内不同阶层相互帮扶的建议”等提案，引起有关部门重视。烟台市侨界代表委员提交议案、提案和意见建议50余件，其中山东省人代会上提交8件。泰安各级侨界人大代表、政协委员提交提议案及意见建议30余份，其中2篇获优秀提案，2篇列为重点提案并落实，3篇在大会发言。东营市侨联撰写的《创造优良政策环境支持留学人员创新创业》提案，在市政协常委会议上发言。

【加强侨联组织建设】2019年，山东省侨联创新工作理念，形成全省侨联组织资源共享新机制，提出全省侨联资源共享、优势互补、共同发展的工作理念。加强与地方党委、政府的沟通联系，呼吁并解决了许多长期想解决而没有解决的难题。省、市政府侨务办公室的海外华人华侨社团联谊等职责多划归侨联行使，山东省委编办为山东省侨联机关增加编制4个，山东省侨商会和部分市侨商会变更侨联作为业务主管单位。淄博、威海市侨联由合署办公改为独立设置，编制分别为11个和8个，济南市侨联增加了内设机构和中层干部职数，济宁市侨联、青岛市侨联增加编制4个和3个，聊城市侨联增加编制2个、科级领导职数1名。枣庄市侨联与市编办协调联动，于“不忘初心、牢记使命”主题教育期间发文督导侨

2月19日，山东省侨联举办“学党建知识、猜元宵灯谜”活动

1月27日，山东省侨联主席李兴钰（左三）赴聊城走访慰问归侨侨眷

联建设，所属6区（市）侨联机构实现了“五有”目标。济宁市侨联推动所辖3个县、区侨联独立设置。职能划入统战部的县（市、区）明确了侨联工作专职负责人和专兼职工作人员，初步解决了工作“有人管”“有人做”的问题。日照市侨联推动市委转发市委组织部、市委宣传部、市委统战部、市侨联联合起草的《关于组织开展“党建带侨建、侨建促发展”工作的意见》，明确乡镇街道一名党委负责同志分管侨联工作，党群工作办公室具体承担侨联工作职能，配备专兼职工作人员，实现了乡镇一级有机构办事、有人管事，重点村居、社区建立了侨联工作组。利用中国侨联项目资金，支持全省建设8个设施完善的“侨胞之家”，在济南市华黎花园社区建设首个省级“侨胞之家”。日照市侨联在乡镇街道、村居社区和部分所属侨社团建成规范化“侨胞之家”7处，济南市侨联建立社区、企业、行业等侨驿站18家。以提升干部素质能力为目的，在机关组织开展“大竞赛、大比武”活动，通过“七比七赛”提升能力、提振精神，立足岗位、建功立业。

【召开山东省第九次归侨侨眷代表大会】3月25日—27日，山东省第九次归侨侨眷代表大会在济南开幕。山东省委书记、省人大常委会主任刘家义，中国侨联党组成员、副主席隋军出席开幕会并讲话，山东省委副书记杨东奇出席闭幕会并讲话，山东省有关领导同志及省直有关部门、各人民团体负责同志，山东省第九次侨代会代表、特邀代表、海外委员、顾问、特邀嘉宾等400余人出席会议。大会全面总结了省第八次侨代会以来的工作，明确了今后五年山东侨联事业发展的奋斗目标和主要任务，聘请了91位省侨联港澳顾问、海外顾问和海外委员，选举产生了省侨联新一届委员会。大会严格落实侨联改革要求，大幅提高了来自基层一线的代表、委员、常委比例。联合山东省人力资源社会保障厅表彰全省侨联系统先进集体30个、先进个人48名。

【承办2019年中国侨联经济科技工作暨新侨创新创业联盟理事交流活动】4月23日—24日，“2019年中国侨联经济科技工作暨新侨创新创业联盟理事交流活动”在山东济南举行，中国侨联副主席李卓彬出席活动并讲话，山东省副省长任爱荣在活动中致辞，山东省侨联主席李兴钰出席活动。浙江、江苏、安徽、北京、福建、广东、杭州、辽宁、四川、陕西、山东11个省市侨联的同志作了发言交流，分享了经验和做法，展现了地方侨联在凝聚侨心侨力、服务国家重大战略、开展“创业中华”品牌活动、服务侨胞创新创业等方面的积极探索。活动期间，召开了侨创联盟理事长会议，审议通过了联盟新增补副理事

4月23日—24日，“2019年中国侨联经济科技工作暨新侨创新创业联盟理事交流活动”在山东济南举行

3月25日—27日，山东省第九次归侨侨眷代表大会在济南召开

长、理事名单、联盟组织架构方案、联盟 2018 年工作报告，研究了联盟发展方向和 2019 年工作。4 月 24 日，“创业中华 · 兴业齐鲁——新侨创新创业筑梦泉城行动”在山东德迈国际信息产业园举行。李卓彬、李兴钰和济南市委有关领导出席活动。

8 月 21 日，山东省委副书记杨东奇（右二）到山东省侨联看望慰问干部职工并召开座谈会

【隋军副主席赴山东调研侨联工作】3 月 25 日—27 日，中国侨联党组成员、副主席隋军赴山东调研，与山东省各地市侨联负责同志座谈交流，了解侨联改革工作落实情况；走访济南市中区舜耕街道办事处舜华社区“侨驿站”，调研基层侨联组织工作开展情况；赴济南德迈信息产业园、同程尚品文化传媒公司，济宁市益海嘉里（兖州）粮油工业有限公司、太阳纸业股份有限公司等侨资企业，实地调研新侨创新创业和侨资企业发展状况；赴济宁干部政德教育基地参观学习，就弘扬传统文化、汲取为政之德，加强侨联干部作风建设培训工作开展调研。在鲁期间，山东省委副书记杨东奇及济宁市委书记、市人大常委会主任傅明先分别会见隋军一行，双方就深化侨联机构改革、助力地方经济社会发展进行了深入交流。中国侨联基层建设部部长张毅，山东省侨联党组成员、副主席米文芃，济南市委常委、统战部长王拥华，济宁市委常委、统战部长白山等参加上述活动。

【山东省委副书记杨东奇到省侨联调研】8 月 21 日上午，山东省委副书记杨东奇到山东省侨联看望慰问干部职工并召开座谈会，征求山东省侨联党组对山东省委常委会“不忘初心、牢记使命”专题民主生活会的意见建议，听取山东省侨联开展“不忘初心、牢记使命”主题教育和 2019 年以来主要工作情况的汇报。山东省委副秘书长赵晓晖、山东省委政研室副主任明子春，山东省侨联党组书记、主席李兴钰，山东省侨联党组成员、副主席卢文朋、米文芃，山东省侨联党组成员、秘书长鲁亚真参加座谈。杨东奇充分肯定了山东省侨联今年以来各项工作取得的成效，要求充分发挥侨界人才荟萃、智力密集、联系广泛的独特优势，凝聚侨心侨力侨智，在服务新时代现代化强省建设中展现担当作为。

3 月 25 日—27 日，隋军副主席在山东调研

【举办 2019 海外侨领研修班暨海外侨胞故乡行活动】9 月 17 日，山东省侨联 2019 海外侨领研修班暨海外侨胞故乡行活动在济南开班。山东省侨联主席李兴钰出席开班仪式并讲话，来自 32 个国家和地区的近 50 名侨社团负责人参加。研修班邀请山东省发改委副主任关兆泉和山东省商务厅开发区处处长蔡玉祥，分别介绍山东新旧动能转换和八大发展战略情况、中国（山东）自由贸易试验区规划建设情况。参会侨领还到济南、枣庄、济

9 月 17 日，山东省侨联 2019 海外侨领研修班暨海外侨胞故乡行活动在济南开班

宁等地围绕“双招双引”工作进行实地参观考察、体验传统文化。

【举办中国侨商会换届工作中部地区专题调研座谈会】8 月 27 日，中国侨商会换届工作中部地区专题调研座谈会在济南召开，来自北京、天津、河北、山西、山东、河南、湖北等七省市的侨联、侨商联合会、侨商投资企业协会负责人、侨资企业家代表和特邀嘉宾共 50 余人参加了会议。山东省侨联党组书记、主席李兴钰出席会议并致辞。中国侨联经济科技部巡视员、中国侨商联合会秘书长、中国侨商投资企业协会秘书处负责人安晨主持会议并作总结讲话。

8 月 27 日，中国侨商会换届工作中部地区专题调研座谈会在济南召开

【举办山东省基层侨联干部培训班】11 月 4 日—8 日，山东省基层侨联干部培训班开班式在山东大学举行。山东省侨联主席李兴钰，山东大学继续教育学院院长、中华美德学院执行院长靳光华出席开班仪式并作开班动员。来自全省 16 市的 46 名基层侨联干部参加培训。培训期间，济南大学、山东大学、山东师范大学的专家、学者和省委宣传部的领导分别围绕习近平新时代中国特色社会主义思想、“一带一路”带来的机遇挑战与应对策略、公文写作、涉外礼仪、意识形态等做了精彩授课。培训班还组织学员前往齐河党员教育体验基地现场教学。

11 月 5 日，山东省基层侨联干部培训班开班式在山东大学举行

【举办“聚焦新动能·2019 中国侨商山东行—侨汇济南筑梦泉城”活动】11 月 19 日，“聚焦新动能·2019 中国侨商山东行——侨汇济南　筑梦泉城”活动在济南举行。山东省副省长孙继业出席活动并致辞。山东省侨联主席李兴钰主持活动，中国侨联副秘书长、

11 月 19 日，“聚焦新动能 · 2019 中国侨商山东行——侨汇济南 筑梦泉城”活动在济南举行

经济科技部部长赵红英出席活动。出席中国侨商联合会第五次会员代表大会的部分代表，省、市、区相关部门负责人参加了活动。

【济南市侨联】2019 年，济南市侨联以习近平新时代中国特色社会主义思想为指导，深入学习习近平总书记关于侨务工作的重要论述，坚持围绕中心、服务大局，扎实推进“1+3”系列工作，把庆祝新中国成立 70 周年激发出来的爱国热情和民族自豪感，转化为引领侨界团结进步贡献发展的向心力和凝聚力，各项工作取得了新的进展和成效，为建设“大强美富通”的现代化国际大都市做出积极贡献。一是助力济南高质量发展。围绕落实“1+474”体系，聚焦“侨梦苑”、先行区、自贸试验区济南片区建设等重点工作开展各项活动，彰显了侨界特色和担当作为。随团出访英国、爱尔兰等国，开展经贸文化交流，与当地侨团建立了合作关系。“侨汇泉城”人才资源库已覆盖 90 个国家和地区，在为济南市“双招双引”和拓展对外交流合作渠道中初显作用。深化参政议政工作。撰写的《打造一流“侨梦苑”助推省会高质量发展》《大力引进海外人才，夯实国际大都市建设基础》等提案在政协大会上发言。积极发挥侨联特聘专家委员会作用，为侨情专报提供素材来源，共向中国侨联呈报侨情专报 4 篇。深入侨界资源聚集的园区、高校、企业走访调研，先后走访调研高校、园区和企业 30 余家。二是倾力建设“侨胞之家”。开展了“侨心向祖国”系列活动，其中“侨界唱响我和我的祖国快闪活动”“亲情中华 · 品读济南”等活动得到中国侨联领导和市委领导同志的肯定。组织“祖国不会忘记”“侨风鲁韵 · 同谱韶华”大型慰侨演出，济南电视台报道了相关活动。持续开展送温暖、走访慰问活动，依托“侨爱心 365 基金”，慰问全市困难归侨侨眷 120 余户，送去慰问金（品）7 万余元。积极建设“侨爱”品牌，开设“侨爱大课堂”，针对老侨需求举办了学手机、学英语、学健康等科普讲座，举办多次“侨爱天使送健康”“侨爱法援助企业、进社区”活动，组织侨界爱心专家组成“侨星”医疗服务队和法律服务队，提供义诊和法律咨询服务。组织两期“寻根之旅”夏令营，接待来自北美的 80 余名华裔青少年让他们感受儒家文化和泉水文化，扩大了济南知名度，提高了海外华裔青少年的根魂意识。三是加强侨联自身建设。扎实开展“不忘初心、牢记使命”主题教育，设立“好学 · 上进”侨联讲堂，坚持

6 月 1 日，济南市首家行业侨驿站——济南百花洲侨驿站在百花洲传统工艺工作站成立

“班子成员讲党课制度”，党组书记及班子成员在侨联机关宣讲，到基层、侨企宣讲，多次召开会议专题研究部署党建工作，组织党员干部到莱芜战役纪念馆开展现地教学，参加郭永怀事迹报告会。根据侨情实际设立侨联或侨驿站，济南市共有基层侨联 16 家，“侨驿站”18 家，“侨胞之家”5 个，“海外侨驿站” 23 家。2019 年，济南市侨联荣获省级文明单位称号。济南市侨联办公室被省人社厅、省侨联表彰为省侨联系统先进集体。

【青岛市侨联】2019 年，青岛市侨联深入学习贯彻习近平总书记关于侨务工作的重要论述，对标先进争创一流，在服务改革发展大局中实现了新突破，多项工作走在全省乃至全国侨联系统前列。一是成立“新侨创新创业青岛联盟”，首批 124 名理事成员来自全国各地及海外多个国家，邀请多位专家院士担任联盟顾问。二是策划组织“经略海洋　双招双引——侨界青岛论坛暨项目推介活动”，促成 19 个项目与有关区（市）单位深入洽谈、6 个项目达成合作意向。全年征集报送海洋领域《侨情专报》23 篇。以“促进人海和谐、建设美丽海洋”为主题，在侨界涉海专家中征文并出版发行《经略海洋（2019）—美丽海洋专辑》。三是全年共拜访、接待客商 100 余批次，洽谈项目 30 余次，18 个项目达成合作意向，其中 4 个项目完成注册，注册总投资 1 亿元以上的项目 3 个，总投资近 7 亿元，招引项目数量和金额均实现了历史性突破。创新举办海内外侨商青岛西海岸洽谈推介活动，达成初步合作意向 16 个，涉及国际贸易、医疗器械等产业，3 个项目确定落户，总投资 6.5 亿元。召开青岛侨界“双招双引”推进会，组织侨商侨企代表参加“2019 青岛 · 中国财富论坛”“2019 新动能 · 青岛展览洽谈会”等，帮助侨商侨企宣传推介、合作发展牵线搭桥。四是充分运用好《侨情专报》载体，全年共向中国侨联报送 53 篇侨情专报，其中 28 篇被采用，荣获全国侨联系统信息工作一等奖。创办《侨情专报》青岛编辑部，首批聘请 80 名侨情特邀研究员。五是以庆祝新中国成立 70 周年为契机，举办“我和我的祖国”——全市侨界庆祝新中国成立 70 周年系列活动。策划举办庆祝新中国成立 70 周年大型文艺晚会、侨界庆祝新中国成立 70 周年书画笔会，召开侨界庆祝新中国成立 70 周年座谈会。六是全年邀请美、加、澳、日、韩、俄等 19 个国家和地区的 28 批次海外客人来青考察洽谈。新增联系 12 个海外侨社团。组团出访日本，与日本山东总商会、日本青岛总商会签署友好合作协议。七是认真学习贯彻中国侨联《关于新时代加强基层侨联建设的指导意见》，加强与基层侨联的纵向联动。精心建设“侨胞之家”实体化服务阵地，开辟基层侨联组织建设新渠道。以改革精神推动机关流程再造，探索建立平台化机制、市场化机制、扁平化机制等 6 项工作机制，充分释放侨联工作优势和潜力。

5 月 16 日，青岛市侨联举办“经略海洋 双招双引——侨界青岛论坛暨项目推介活动”

河南省归国华侨联合会

【领导成员名单】

党组书记、主席：董锦燕（女）

专 职 副 主 席：王鹏杰　王　月（女）

兼 职 副 主 席：陈锦艳　陈长宝　刘东晓

沈钊昌　邢玉华

吕　剑（女）　王为工

郑鹏远　李香枝（女）

张晓盈　陈向辉

副　巡　视　员：刘合生

秘　　书　　长：陈琪瑛（女）

【综述】2019 年，在河南省委、省政府的正确领导下，在中国侨联的指导支持下，全省各级侨联组织坚持以习近平新时代中国特色社会主义思想为指导，认真贯彻落实中央和省委决策部署，全面贯彻落实中国侨联“十代会”工作要求，扎实开展“不忘初心、牢记使命”主题教育，坚持新发展理念，在加强理论武装、深化侨联改革、服务经济发展、依法维护侨益、积极参政议政、拓展海外联谊、弘扬中华文化、加强党的建设等方面持续用力，侨联事业发展取得新突破，助力中原更加出彩展现新作为。

6 月 14 日，河南省侨联召开“不忘初心、牢记使命”主题教育工作会议

【开展“不忘初心、牢记使命”主题教育】河南省侨联严格落实中央和省委要求，坚持“四个贯穿始终”，倡树“五种学习方式”，坚持读原著学原文悟原理，推动学习贯彻习近平新时代中国特色社会主义思想走深走心走实，做到学思用贯通、知信行合一。第一时间召开党组会议学习，传达中央、省委有关会议精神，研究制定工作方案，召开动员大会，审定每周工作计划；党组中心组开展集中学习研讨 8 场共 90 人次；组织开展理论知识测试、主题演讲比赛、讲党课、“以案促改”、学习培训、邀请中国侨联领导作辅导报告等专项活动，深化学习效果；领导班子拟定调研课题，带头做到“四到四访”，撰写 5 篇调研报告，推动课题调研和研讨交流，解决一批影响制约侨联工作高质量发展的突出问题；围绕“五查五找五看”，按照兰考标准开好民主生活会和组织生活会，建立问题整改台账 28 项，逐项抓好整改落实；组织召开省侨联十届五次常委会，督促指导全省侨联系统认真开展主题教育；开设主题宣传专栏，推送主题教育宣传报道 68 篇次。通过主题教育，有力提振了机关干部担当使命的自觉性和干事创业的精气神。

【万立骏主席来豫出席己亥年黄帝故里拜祖大典并调研】4 月 5 日—9 日，中国侨联党组书记、主席万立骏来豫出席己亥年黄帝故里拜祖大

4 月 7 日，中国侨联党组书记、主席万立骏（右四）出席己亥年黄帝故里拜祖大典

己亥年黄帝故里拜祖大典现场图

4 月 7 日，中国侨联党组书记、主席万立骏（右三）在郑州调研，出席郑州西亚斯学院侨联揭牌仪式

典和第十三届中国（河南）国际投资贸易洽谈会等活动。中国侨联作为己亥年黄帝故里拜祖大典主办单位，省侨联作为己亥年黄帝故里拜祖大典组委会成员单位，共邀请来自美国、加拿大、英国、西班牙、瑞典、澳大利亚、新西兰等 19 个国家和地区的 230 余位海内外院士专家、高端人才、知名侨领侨商来豫寻根谒祖，感受河南发展新貌，领略河南历史积淀，参加系列经贸文化活动。中国侨联党组书记、主席万立骏作为主办单位领导出席大典，并敬献花篮。在豫期间，万立骏与省委、省政府主要领导会见，就推动侨联改革深入交换意见。万立骏一行到河南郑州、开封、洛阳调研，走访园区、企业、学校，与归侨侨眷、留学归国人员和侨联干部交流、座谈，并到兰考县学习焦裕禄精神。他强调，要以习近平新时代中国特色社会主义思想为指导，深入贯彻习近平总书记关于侨务工作的重要论述，学习和发扬焦裕禄精神，做侨胞贴心人和侨务工作实干家，做到“四个明确”，抓好五项工作，推动新时代侨联工作创新发展。中国侨联信息传播部部长左志强，中国侨联经济科技部副部长夏付东，中国侨联信息传播部副部长郭启华，省侨联党组书记、主席董锦燕，党组成员、副主席王月等一同参加调研。

【举办“创业中华·出彩中原”海外华侨华人高端人才助力创新发展峰会】 4 月 7 日，由中国侨联、河南省人民政府主办，中国侨联特聘专家委员会、中国侨商联合会、中国留学人才发展基金会、省人才工作领导小组办公室、省科技厅、省商务厅、省侨联、郑

4 月 7 日，中国侨联党组书记、主席万立骏在 2019“创业中华·出彩中原”海外华侨华人高端人才助力创新发展峰会上致词

4 月 7 日，中国侨联党组书记、主席万立骏，河南省委副书记、政法委书记喻红秋与出席“创业中华·出彩中原”海外华侨华人高端人才代表合影

州市人民政府联合承办的 2019“创业中华·出彩中原”海外华侨华人高端人才助力创新发展峰会在郑州举办。中国侨联党组书记、主席万立骏，省委副书记、政法委书记喻红秋出席峰会并致辞。来自美国、英国、德国、瑞典、日本、阿联酋、澳大利亚、新西兰、南非等国家的院士、知名专家学者、杰出侨领侨商等 300 余人参加峰会。峰会上，中国侨商联合会、河南省侨联、郑州市人民政府签订战略合作框架协议，中国留学人才发展基金会分别与郑州市人民政府、郑州大学签订战略合作框架协议，共同致力于搭建海内外高端人才发展平台，助推河南创新发展。7 日，中国留学人才发展基金会理事长曹卫洲出席峰会并发表主旨演讲。在豫期间，省委常委、组织部长孔昌生会见曹卫洲一行，就吸引海外高端人才，开展交流合作，助推河南高质量发展达成共识。省政协副主席谢玉安参加会见。曹卫洲一行还先后深入高校、创业园区、开发区考察调研。省侨联副巡视员刘合生，郑州市副市长史占勇，省侨联兼职副主席、郑州市侨联主席吕剑陪同调研。

【河南省基层侨联改革取得新突破】 2019 年，在河南省委领导的大力支持下，省侨联联合省委深改办，对全省市县两级侨联改革工作进行专项督导，通过改革推进情况旬报告制度，采取排名通报、红青黑榜、省委约谈等措施，推动工作落实。洛阳市侨联、漯河市侨联以“不忘初心、牢记使命”主题教育为契机，积极作为，开拓进取，全力推动县级侨联机构改革，大力加强基层侨联组织建设，洛阳市 15 个县（区），漯河市 5 个县（区）、两个高校和开发区实现侨联组织全覆盖。截至 2019 年底，全省 157 个县（市、区）侨联已实现工作全覆盖。中国侨联党组书记、主席万立骏在河南省侨联报送的《创新“三个注重”推动基层侨联建设不断深化》上做出重要批示，肯定河南省基层侨联改革工作。

【隋军副主席出席河南省侨联系统第七期干部培训班开班式】 10 月 17 日—24 日，河南省侨联系统第七期干部培训班在福建省华侨大学厦门

10 月 18 日，中国侨联党组成员、副主席隋军（前排左六）与河南省侨联第七期干部培训班学员合影

校区举办，中国侨联党组成员、副主席隋军，中国侨联兼职副主席刘以勤、陈式海，河南省侨联党组成员、副主席王月等出席开班式。各省辖市侨联、县（市）区侨联、高校侨联、省侨联机关共45人参加培训。

10月26日，齐全胜副主席出席第九届中原（固始）根亲文化节开幕式

【李波副主席来豫调研】7月9日—11日，中国侨联党组成员、副主席李波一行来豫调研。在豫期间，李波分别与省委副书记、政法委书记喻红秋，开封市委副书记、统战部部长秦保强，郑州市委常委、统战部部长杨福平就深化侨联改革、加强基层侨联组织建设等工作深入交换意见。10日，李波一行带领参加交流培训活动的全体人员专程赴兰考焦裕禄纪念馆学习焦裕禄精神，开展“不忘初心、牢记使命”主题教育学习活动。11日，李波一行先后赴河南师范大学新联学院、中美国际（郑州）创业港和郑州市管城区紫光社区调研基层侨联组织建设和“侨胞之家”工作。中国侨联基层建设部部长张毅、副部长刘景春参加调研。省侨联党组书记、主席董锦燕，副主席王鹏杰、王月、吕剑、李香枝，副巡视员刘合生分别陪同调研。

7月11日，李波副主席（右二）在河南师范大学新联学院调研“侨胞之家”建设

【齐全胜副主席出席第九届中原（固始）根亲文化节】10月26日，由中国侨联指导，河南省侨联支持，信阳市侨联和固始县人民政府主办的第九届中原（固始）根亲文化节开幕式成功举办。中国侨联副主席齐全胜出席开幕式，省政协副主席张亚忠，省侨联副巡视员刘合生，信阳市委常委、宣传部部长曹新博等领导同志与来自福建、香港、台湾等地区的政商代表及海内外姓氏宗亲代表共计2500余人参加开幕式。

【乔卫理事长出席第十一届安阳航空运动文化旅游节开幕式并在豫调研】6月3日，由河南省发改委、省体育局、省文化和旅游厅、省侨联联合主办，

6月2日，乔卫理事长深入受捐学生家中就公益基金捐赠助学情况进行调研

安阳市人民政府承办的第十一届安阳航空运动文化旅游节开幕。中国侨联顾问、中国华侨公益基金会理事长乔卫出席开幕式。在豫期间，乔卫一行参加“正佳侨心班”主题班会并深入受捐学生家中就华侨公益基金捐赠助学情况进行调研。省侨联党组书记、主席董锦燕，中国华侨公益基金会副理事长、正佳侨心班捐赠人林正佳等陪同调研。

【举办铜驼杯客家舞龙舞狮国际邀请赛】9月20日，由河南省侨联、河南省体育局指导，河南省客家联合会、巩义市人民政府主办，郑州市教体局、郑州市侨联等单位承办的2019中国·巩义铜驼杯客家舞龙舞狮国际邀请赛在巩义康百万庄园开赛。省政协副主席周春艳，省侨联党组书记、主席董锦燕，省体育局巡视员彭亚方，省侨联兼职副主席、郑州市侨联主席吕剑，省客家联合会会长赖谦进及海内外客属侨领等出席开幕式。来自中国、马来西亚、印度尼西亚、墨西哥等国的多支海内外队伍同场竞技，共同参与此项群众性体育赛事。

9月20日，2019中国·巩义铜驼杯客家舞龙舞狮国际邀请赛开幕

【开展“送温暖、献爱心”春节慰问活动】2019年双节期间，河南省侨联系统深入开展“送温暖、献爱心”活动，各级侨联主要领导带队走访慰问，坚持面向基层、面向群众，增强侨界群众的幸福感和获得感。省侨联机关走访慰问老归侨和困难归侨侨眷70户，发放慰问金和慰问品共计5万余元；全省侨联系统共慰问归侨侨眷1628户，发放慰问金及慰问品共计106万元。

【举办河南省侨商联合会第二次会员代表大会】1月23日，河南省侨商联合会第二次会员代表大会在郑州召开。省侨联党组书记、主席董锦燕出席大会并讲话，副主席王鹏杰、王月、陈锦艳、沈钊昌、邢玉华、吕剑、李香枝、陈向辉和副巡视员刘合生出席会议，中国侨商联合会、省直有关单位以及河南省各省辖市、省直管县（市）侨联负责人参加会议。省侨联兼职副主席、香港锦艺集团董事局主席陈锦艳当选河南省侨商联合会会长。

2月28日，河南省侨联十届四次全委（扩大）会议在郑州召开

【召开河南省侨联十届四次全委（扩大）会】2月28日，河南省侨联十届四次全委（扩大）会议在郑州召开，总结回顾2018年全省侨联工作，分析侨联工作面临的形势和任务，对2019年工作进行安排部署，表彰2018年度全省侨联系统先进单位，命名一批省级“侨胞之家”，审议通过有关事项。省侨联十届委员会全体委员出席会议，全省侨联系统县（区）侨联负责同志列席会议，省纪委监委派驻省委统战部纪检监察组领导列席会议。

【召开2019年度党风廉政建设工作会议】3月26日，河南省侨联召开2019年度党风廉政建设工作会议。省侨联党组书记、主席董锦燕出席会议并作党风廉政建设工作报告，省侨联副主席王鹏杰、副巡视员刘合生出席会议，会议由省侨联党组成员、副主席王月主持，省侨联机关全体工作人员参加会议。省纪委监委派驻省委统战部纪检组副组长梁光峰出席会议并讲话。

【举办基层侨联干部能力素质培训班】6月17日—21日，河南省侨联在河南大学举办基层侨联干部能力素质培训班，县（市）区侨联、高校侨联、基层“侨胞之家”负责人等共80人参加培训。省侨联党组书记、主席董锦燕专程前往培训班看望参训学员，与大家一起听课，省侨联党组成员、副主席王月出席开班典礼并作动员讲话，省侨联副巡视员刘合生参加有关培训活动。培训期间，特别邀请中国侨联联谊联络部副部长朱柳、基层建设部领导分别就相关业务工作进行专题授课。

【召开侨情专报工作推进会】6月28日，河南省侨联侨情专报工作推进会在郑州召开。省侨联党组书记、主席董锦燕出席会议并讲话，省侨联党组成员、副主席王月主持会议。省侨联领导班子成员，侨情咨询特聘专家，侨情信息直报点负责同志，各省辖市侨联负责人，省侨联各专委会、所属社团负责人，省侨联机关处以上干部参加会议。

【召开河南省侨联十届五次常委（扩大）会】6月28日—29日，河南省侨联召开十届五次常委（扩大）会议。会议牢牢把握“不忘初心、牢记使命”主题教育总要求，全面总结上半年工作，安排部署下半年任务。省侨联党组书记、主席董锦燕，副主席王鹏杰、王月、邢玉华、刘东晓、沈钊昌、吕剑、陈向辉、张晓盈，副巡视员刘合生、秘书长陈琪瑛及全体常委出席会议。其间，邀请中国华侨华人研究所所长张春旺来豫以《新时代侨联工作改革创新的根本遵循——深入学习贯彻习近平总书记关于侨务工作的重要论述》为题作主题报告会。

【召开河南省基层侨联建设工作会议】6月29日，河南省侨联召开全省基层侨联建设工作会议。省侨联党组书记、主席董锦燕出席会议并讲话，省侨联党组成员、副主席王月主持会议，省侨联领导班子成员、各省辖市侨联负责人、省侨联机关处以上干部参加会议。省侨联组织人事部就《河南省侨联关于贯彻落实“新时代加强基层侨联建设”的指导意见（征求意见稿）》进行说明，并对“侨胞之家”建设工作进行安排部署。

7月1日，河南省侨联第一党支部与漯河市临颍县石桥乡桥南村党支部共同重温入党誓词

【开展七一“手拉手”结对共建活动】7月1日，河南省侨联第一党支部与漯河市临颍县石桥乡桥南村党支部开展“手拉手”结对共建活动。省侨联党组书记、主席董锦燕，副巡视员刘合生以普通党员身份参加活动。在村委会议室，两个支部的全体党员共同重温入党誓词，围绕巩固深化脱贫攻坚成果、强化党支部战斗堡垒作用、开展美丽乡村建设等话题共商共议，共谋发展。

【组团出访坦桑尼亚、肯尼亚、南非】8月7日—17日，应坦桑尼亚中华总商会、东部非洲中国总商会暨统促会、南非中原华商会等社团

8月6日—11日，河南省侨联代表团访问坦桑尼亚、肯尼亚、南非

的邀请，河南省侨联副主席王月率团访问坦桑尼亚、肯尼亚、南非，看望侨胞、走访侨社，了解侨情、倾听侨声，与当地侨界人士座谈，鼓励旅非侨胞要发展好自己的事业，建设好侨团侨社，做中国梦连接世界梦的桥梁和使者，为推动中非关系健康发展贡献自己的力量。

8 月 28 日—9 月 4 日，“亲情中华 · 老家河南——中国文字丝路行”汉字文化海外巡展在法国和匈牙利举办，图为匈牙利布达佩斯开幕式现场

【共同承办第十四届豫商大会开幕式】8 月 28 日，由河南省政协主办，省商务厅、省工商联、省侨联、省豫商联合会和鹤壁市人民政府、鹤壁市政协共同承办的第十四届豫商大会在鹤壁市开幕。省侨联党组书记、主席董锦燕率团出席活动。海内外豫商近 1300 人出席盛会。

【“亲情中华 · 老家河南——中国文字丝路行”赴海外巡展】8 月 28 日—9 月 4 日，中宣部中华文化走出去重点项目任务——“亲情中华 · 老家河南—中国文字丝路行”汉字文化海外巡展系列活动在法国和匈牙利举办。该活动旨在践行共建“一带一路”倡议，增进沿线国家人文交流，讲好中国故事、河南故事，传播好中国声音、河南声音，为构建人类命运共同体积极贡献力量。此次巡展由中国侨联主办，省政府新闻办公室、省侨联、安阳市人民政府、中国文字博物馆共同承办，活动得到经济日报社的大力支持。省侨联副巡视员刘合生、安阳市副市长李长治率团出席活动。

【举办第二届根在河洛客家文化论坛】9 月 16 日—18 日，由省侨联、洛阳市人民政府主办，省客家联合会、洛阳市侨联承办，中华社会文化发展基金会支持的第二届根在河洛客家文化论坛系列活动在洛阳市举办。省委常委、洛阳市委书记李亚会见参会嘉宾，省侨联党组书记、主席董锦燕出席相关活动。来自德国、西班牙、新西兰、印尼等 33 个国家和地区的 100 余名海内外客家文化专家学者、客属侨领、客属企业家、客家新生代代表应邀来豫活动。

【举办“寻根之旅”夏（秋）令营系列活动】2019 年，河南省侨联联合省文化和旅游厅、郑

10 月 10 日，2019 年海外华裔青少年“寻根之旅”秋令营河南文化营活动现场

州大学、河南中医药大学等单位，与郑州市、洛阳市、漯河市、济源市侨联及河南省华侨国际文化艺术交流协会等共同举办海外华裔青少年“寻根之旅”夏（秋）令营活动16期，邀请1200余位海外华裔青少年来豫学习中华优秀传统文化，增进华裔新生代的民族认同和情感认同，受到海外侨胞的热烈欢迎，得到社会各界的充分肯定。

10月21日—31日，河南省侨联代表团访问巴西侨团

【召开世界叶氏恳亲大会】 10月25日—27日，由河南省侨联、平顶山市政协主办，平顶山市侨联、叶县政协承办的庆祝中华人民共和国成立70周年世界叶氏恳亲大会在平顶山叶县召开。省侨联党组成员、副主席王月出席大会并致辞，400多名海内外叶公后裔欢聚叶县，叙亲情谋发展。

【组团出访英国、巴西、阿根廷】 10月21日—31日，河南省侨联党组书记、主席董锦燕率团访问英国、巴西和阿根廷，参加第十五届世界华商大会，走访侨团，慰问侨胞，考察侨情，举行座谈，介绍新中国成立70年来取得的辉煌成就，积极推介宣传河南经济社会发展成果，推动成立豫籍海外侨社，并结合“不忘初心、牢记使命”主题教育，征求海外侨胞对河南省侨联工作的意见建议。

【召开参政议政工作会议】 12月5日，河南省侨联参政议政工作会议在郑州召开。省侨联副主席、参政议政委员会主任王鹏杰出席会议并讲话，总结部署参政议政工作。省侨联参政议政委

10月21日，河南省侨联代表团在英国参加第十五届世界华商大会

12 月 5 日，河南省侨联参政议政工作会议现场

联主要负责人，各级侨联组织驻村第一书记代表，机关各部门负责同志以及省侨联所属社团代表参加会议，省侨联党组成员、副主席王月主持会议。会议通过总结成绩、交流经验，分析问题、明确方向，推动全省侨联系统脱贫攻坚工作再上新台阶。

【召开河南省侨联机关工会第二次会员大会】 12 月 31 日，河南省侨联机关工会第二次会员大会召开。省侨联党组书记、主席董锦燕，副巡视员刘合生出席会议，党组成员、副主席、员会委员、省侨联机关部室负责人近 30 人参加会议。

【召开河南省侨联系统助力脱贫攻坚工作座谈会】 12 月 20 日，召开河南省侨联系统助力脱贫攻坚工作座谈会。省侨联党组书记、主席董锦燕出席会议并讲话，省侨联副主席王鹏杰、陈长宝、邢玉华、沈钊昌、李香枝、张晓盈，各省辖市和部分高校侨

3 月 8 日，“诵七十载华章 扬五千年传承——我和我的祖国”主题诗歌朗诵现场

12 月 20 日，河南省侨联召开全省侨联系统助力脱贫攻坚工作座谈会

3 月 8 日，郑州市侨界庆祝新中国成立 70 周年——“我和我的祖国”快闪活动现场

机关党委书记王月出席会议并讲话，会议由省侨联秘书长、机关党委专职副书记陈琪瑛主持，机关工会全体会员参加会议。2019 年，在全省侨界广泛开展“我和我的祖国”主题宣传教育活动。组织“礼赞 70 年侨与祖国共奋进（征文）”和“河南侨联 · 华侨华人祝福祖国”专题网络宣传，近百个海外侨社团纷纷参与互动。举办“诵七十载华章　扬五千年传承——我和我的祖国”主题诗歌朗诵和快闪活动，各界代表和侨界群众近千人参加。依托网络平台开展舆论引导、互动交流，不断扩大宣传覆盖面，筑牢侨界群众团结奋斗的共同思想基础。

【开展以案促改警示教育活动】2019 年，通过举办河南省侨联系统高质量推进以案促改工作会议，开展“以案促改专题月”活动，召开“以案促改”专题民主生活会和组织生活会，建立《省侨联岗位责任及廉政风险清单》，明确岗位廉政风险点 48 项并制定防控措施，多层次开展以案促改专项工作，推动以案促改向基层延伸，形成横到边、纵到底的工作格局。

【做好脱贫攻坚定点帮扶工作】河南省侨联全力抓好定点帮扶漯河市临颍县桥南村工作，动员引导侨界力量积极投身脱贫攻坚和美丽乡村建设，引进侨资企业投资 2 亿元实施纺织产业扶贫，结对帮扶开展教育扶贫，成立侨裕合作社推动特色农产品出口欧洲，援建基础设施 6 个。目前桥南村已实现脱贫摘帽。

【开展“侨爱心——送温暖”活动】2019 年，河南省侨联联合郑州大学第五附属医院组建医疗队先后赴信阳市新县、新乡市原阳县、焦作市温县，为当地侨界群众提供医疗义诊，累计进行医疗服务 1500 余人次，发放医疗宣传手册 900 余份，培训当地基层卫生院医生和村医 400 多人，受到当地群众一致好评。

湖北省归国华侨联合会

【领导成员名单】

党组书记、主席：谭作刚

专职副主席：刘文华（女）　舒正荣

兼职副主席：梁亮胜　刘雅煌　余鹏春　陈义红　舒　心　谢俊明　谢思训　闫大鹏　代　飚

副巡视员：韩蓉晖

秘书长：舒正荣（兼）

【综述】2019年，湖北省各级侨联以习近平新时代中国特色社会主义思想为指导，深入学习贯彻习近平总书记视察湖北重要讲话精神，深入开展“不忘初心、牢记使命”主题教育，着力加强思想政治引领，着力加强海外联谊，着力服务大局、服务侨胞，着力加强队伍建设，为湖北高质量发展作出了积极贡献。全年投入引进40余万元，支持对口扶贫村基础建设，扶助当地困难群众；划拨慰问资金35万元，支持市州侨联慰问各地困难归侨侨眷1000余人；拿出专项资金20万元，看望慰问了困难归侨侨眷200人；利用省侨联扶贫帮困基金帮扶困难归侨侨眷18人。争取各类捐资捐物1500余万元服务民生领域，其中“侨（爱）心工程”接受捐款350余万元，争取“珍珠班”“树人班”“杉树班”助学资金320万元，落实侨爱心学校3所，侨心卫生室6所；“健康光明行”活动完成了1000例白内障免费复明手术，为困难群众免除手术费用400余万元。先后组织了2个出访团，出访了6个国家，进一步拓展了侨务资源，增强了与海外华侨华人及社团组织的联系和友谊。

【召开湖北省侨联十届五次全委会】6月19日，湖北省侨联十届五次全委会议在武汉举行，省侨联十届委员会委员，全省各市州、直管市、神农架林区侨联负责人，部分高校统战部、侨联负责人共100余人参加会议。会议传达学习了中国侨联十届二次全委会议和省委十一届五次全会精神，讨论并通过了省侨联2018年工作报告和省第十一次侨代会组织方案。

【开展“侨之家”建设调研活动】3月6日—7日，湖北省侨联副主席舒正荣带领鄂东南片区（鄂州、黄冈、咸宁）侨联赴黄石考察调研“侨之家”建设情况，探讨交流“侨之家”建设长效机制。3月19日—20日，舒正荣带领武汉、荆门、孝感、天门、潜江、仙桃侨联干部赴荆州调研“侨之家”建设，探索星级“侨之家”评选工作机制。

【召开湖北省侨联“侨之家”评选工作动员会】4月3日，湖北省侨联星级“侨之家”评选工作动员会在宜昌召开。湖北省侨联副主席舒正荣出席会议，各市州、直辖市、神农架林区、高校、科研院所、大型企业侨联分管负责人及宜昌市各县、市、区侨联主席等60余人参加了会议。舒正荣强调，此次会议的召开旨在进一步深化侨联改革，加强侨联基础建设。他指出，“侨之家”是为侨服务最直接的有形阵地，将满足广大归侨侨眷和海外侨胞及留学生人员的现实需要，是各级侨联开展政治引领、凝聚侨心的重要工作阵地。各级侨联应根据实际情况，按照阵地共建、资源共享、人才共用、经费共筹的原则，开展星级“侨之家”考核评选工作。

【“侨之家”考核验收及评定工作】7月4日，湖北省侨联副主席舒正荣带领考评组赴襄阳检查考评“四星级侨之家”创建工作，7月8日—10日，省侨联考评组一行7人先后对天门市横林

10月18日，举行湖北侨联系统“星级侨之家”授牌颁奖仪式

省级侨联工作

镇侨联、马湾镇马湾社区侨联、汉川市仙女山街道办事处仙人位社区“侨之家”建设情况进行考核。7月22日—24日，舒正荣带领考评组先后对宜昌西陵区锦绣社区“侨之家”和馨岛国际酒店“侨之家”、夷陵区侨之家、荆州沙市区崇文街道滨湖社区四星级“侨之家”提档升级情况进行考核评定。8月12日—14日，考核组对黄冈市、黄石市、鄂州市“侨之家”建设情况进行考核。8月22日，考核组一行8人，对武汉市“侨之家”建设情况进行考核。10月16日，在全省侨联系统第十二期干部培训班开班式上，评定了5个示范“侨之家”、10个四星“侨之家”和2个温馨“侨之家”，下发了授予决定并举行全省“星级侨之家”授牌颁奖仪式，同时发放补助资金48万元。

10月16日，湖北侨联系统第十二期干部培训班开班，省侨联主席谭作刚（右三）出席并讲话

【召开湖北侨联系统侨情专报工作推进会】 4月4日，湖北省侨联系统2019侨情专报工作推进会在宜昌召开。湖北省侨联副主席舒正荣、宜昌市委常委王均成出席大会，中国侨联办公厅综合处处长宁一授课，各市州、直辖市、神农架林区、高校、科研院所、大型企业侨联分管负责人及宜昌市各县、市、区侨联主席、侨联工作者等90余人参加了会议。会议总结表彰了湖北侨联系统2019年侨情专报及新闻信息报送情况，下达了2019年全年工作任务，进一步推动了该项工作。

4月4日，湖北侨联系统侨情专报工作推进会在宜昌召开

【举办湖北侨联系统第十二期干部培训班】 10月15日—18日，湖北省侨联系统第十二期干部培训班在鄂州市委党校举行，来自全省侨联系统的130余名侨联干部参加培训。省侨联党组书记、主席谭作刚出席了开班式并讲话。此次培训，省侨联专门邀请了中国侨联基层建设部组织处处长何长松、浙江省侨联办公室主任朱小敏、鄂州市委党校常务副校长饶维桥为培训班授课。课程充分考虑侨联工作实际和学员需求，既有理论专题，又有现场教学，还有经验介绍，特别是现场教学，参观考察了城乡融合发展一体化基地和江城社区“侨之家”，突出实践性，提升体验感，使学员们在政治理论水平和实际工作能力方面得到提升，为做好新时代侨联工作“充好电”“补好钙”。

【开展“不忘初心、牢记使命”主题教育】 6月14日，湖北省侨联召开“不忘初心、牢记使命”主题教育动员部署会。省委第九巡回指导组组长卢焱群等成员及机关全体党员干部参会。副主席刘文华主持会议，党组成员、副主席舒正荣就省侨联开展“不忘初心、牢记使命”主题教育方案进行说明，省侨联主席谭作刚作动员讲话。7月2日—10日，省侨联领导班子成员先后赴新侨专业人士联谊会、侨资侨属企业、省侨界文化交流促进会、省侨联青年委员会开展“不忘初心、牢记使命”主题教育活动调研，征求意见建议。7月11日，省侨联组织机关党员干部、入党积极分子赴中共纪律建设历史陈列馆、“五大”会址纪念馆和武昌农民运动讲习所等处开展革命传统教育。

荆州市组织侨界青年学习党的十九届四中全会精神

按照主题教育“守初心、但使命、找差距、抓落实”的总要求，查找问题，列出17项专项治理问题清单，拿出整改措施，期限，责任到人，抓出了成效。12月9日，在省侨联机关五楼会议室，省委宣讲团成员、省委统战部副部长、省工商联党组书记王兆民，受省委宣讲团的委托，来到省侨联向机关干部、所属侨团的负责人和侨界群众宣讲党的十九届四中全会精神。省侨联党组书记、主席谭作刚主持报告会。省侨联党组成员、副主席刘文华、舒正荣出席。省侨联机关干部、所属侨团负责人和侨界群众50余人聆听了报告。湖北各级侨联组织开展了相关学习宣讲活动。

【召开高校、科研院所、大型企业侨联联席会议】5月23日，湖北省第十五次高校、科研院所、大型企业侨联联席会议在中国地质大学（武汉）秭归产学研基地召开。省侨联副主席舒正荣，中国地质大学（武汉）党委统战部部长唐勤等70余人出席会议。全体与会人员认真学习了中国侨联《关于新时代加强基层侨联建设的指导意见》和中共湖北省委办公厅《关于加强和改进全省基层党建带群建工作的意见》两个文件精神。大家在讨论发言中就各自侨联贯彻落实这两个《意见》和中国侨联“十代会”精神，积极推进基层组织建设工作进行了交流和探讨。

【举办湖北侨界迎春座谈会】1月10日晚，由湖北省侨联主办的侨界迎春座谈会在武昌举行。来自美国、日本、德国、英国、法国等13个国家和中国香港的侨资企业家、海外侨社负责人以及省侨联侨商会、新侨会、文促会、青委会、法顾委的侨界代表共40多人参加了座谈会。省侨联副主席刘文华主持，省侨联主席谭作刚、省政协港澳台侨和外事委员会主任郭志高先后致辞，武汉市侨联主席代飚参加座谈。谢俊明、喻鹏、闫大鹏、陈义红、邝远平、夏先重、谭月、陈少荣、孙小蓉等知名侨界人士及部分海外侨社负责人出席了座谈会。

【举办湖北省暨武汉市侨界迎新春联欢晚会】12月28日晚，新年前夕，由湖北省侨联、武汉市侨联共同主办的“亲情中华”——湖北省暨武汉市侨界迎新春联欢晚会在武汉琴台音乐厅开幕。1000多名全省归侨侨眷和在汉华侨华人欢聚一堂，现场观看演出，共同度过了一个欢乐祥和的夜晚。省委常委、统战部部长尔肯江·吐拉洪，武汉市委副书记、组织部部长胡立山、中国侨联经济科技部副部长夏付东等领导应邀出席。晚会的主题是凝心聚力谋发展、欢歌笑语迎新春。晚会编导组突出“传递正能量”“体现湖北味”“凸显侨元素”，积极融入现代流行元素，通过群众喜闻乐见的表演形式展现侨情、侨味、侨韵，表达千万侨胞对祖国对家乡的美好祝愿与挂念。

【举办“海外侨胞故乡行——走进湖北”活动】5月29日—6月3日，湖北省侨联组织来自21个国家的68名知名侨领、侨商和部分海外华文传媒负责人，开展“2019海外侨胞故乡行——走进湖北”活动，先后走进随州、红安、罗田、黄冈、武汉等地，成功完成“寻根之旅”“红色之旅”“助推经济发展之旅”。此次故乡行活动，让广大侨胞看到了祖国和家乡的快速发展和巨大成就，使侨联进一步密切了与海外侨胞的联系，加深了侨胞对故乡的深厚感情。

【组团出访南非、博茨瓦纳、科特迪瓦】9月11日—20日，湖北省侨联副主席舒正荣率团出访南非、博茨瓦纳和科特迪瓦。代表团先后访问了全非洲中国和平统一促进会、南部非洲中国企业家协会、博茨瓦纳中国和平统一促进会、博茨瓦纳中国友好协会、科特迪瓦华人联合总会等华人华侨社团，与南非、博茨瓦纳、科特迪瓦20余家商会团体和30余名侨界代表进行了座谈交流，参观了唐人街、东方城、警民中心、孔子学院等华人华侨工作生活的场所，了解了南非、博茨瓦纳、科特迪瓦三国的侨情特点，受到当地侨界的热烈欢迎，也增加了对方对我省的了解。

【组团出访俄罗斯、捷克、匈牙利】9月22日—30日，湖北省侨联副主席刘文华率出访团一行5人走访了“一带一路”沿线国家俄罗斯、捷克、匈牙利，拜访了当地湖北商会，与驻外使馆、侨团、中资机构代表举行了座谈交流。通过拓展海外联谊，扩大了朋友圈，加强了与海外高层次人才的广泛联系，涵养了侨务资源。

【举办世界华人炎帝故里寻根节】5月30日上午，己亥年世界华人炎帝故里寻根节开幕式暨拜谒炎帝神农大典在随州市举行。应中国侨联和湖北省侨联邀请，来自美国、加拿大、意大利等30多个国家和地区的华人华侨代表百余人与社会各界人士齐聚烈山、同拜始祖，追寻根脉、祈福中华。中国侨联副主席齐全胜代表中国侨联向神农炎帝敬献花篮。

【举办2019海外湖北侨领第二届峰会】5月30日，“2019海外湖北侨领第二届峰会”在湖北随州召开。中国侨联副主席齐全胜、随州市政协副主席刘玲等出席峰会，湖北省侨联副主席刘文华主持大会。湖北省侨联正式纳入海外湖北社团合作联盟（简称侨领联盟）为团体会员，齐全胜、刘文华、刘玲与中国侨联委员、澳大利亚湖北联谊会会长、侨领联盟执行主席兼秘书长邝远平共同为侨领联盟省侨联团体会员揭牌。来自美国、日本、德国、英国、法国、加拿大等20个国家的68位知名侨领及联盟成员代表、海外侨胞和商（协）会会长及部分海外华文传媒负责人近200人出席峰会。

【举办“中国寻根之旅”夏令营活动】6月25日，来自美国加利福尼亚州的43名华裔青少年齐聚中国最美大学——武汉大学万林博物馆门前，参加2019年“中国寻根之旅”湖北武汉夏令营开营仪式，标志着2019年海外华裔青少年“中国寻根之旅”湖北武汉夏令营开营正式拉开序幕。按照中国侨联的部署，省侨联组织和参与了2019海外华裔青少年“中国寻根之旅”夏令营、冬令营系列活动，在武汉、宜昌、襄阳、十堰、荆门、黄冈、荆州、三峡大学等地组织开展夏（冬）令营10期，先后有来自海外10多个国家的600余名华裔青少年参加了活动。

7月5日，海外华裔青少年“中国寻根之旅”夏令营营员在武当山练习太极拳

【举办中国侨联国际文化交流基地授牌暨《华侨与辛亥首义历史珍藏图典》首发仪式】5月29日，由武汉市侨联主办的中国侨联国际文化交流基地授牌暨《华侨与辛亥首义历史珍藏图

5月29日，中国侨联副主席齐全胜（中）在武汉辛亥革命博物馆分别为两个基地授予中国侨联国际文化交流基地牌匾

典》首发仪式在辛亥革命博物馆举行。中国侨联副主席齐全胜、湖北省侨联主席谭作刚、副主席刘文华等出席仪式，武汉市侨联主席代飚主持仪式，50 多名辛亥革命参加者的后裔代表及武昌区相关部门领导、侨界人士、媒体界人士参加了仪式。其间，齐全胜为辛亥革命博物馆和昙华林授予中国侨联国际文化交流基地牌匾。

【召开湖北省新侨创新创业联盟成立大会】12 月 28 日，湖北省新侨创新创业联盟在武汉召开成立大会。中国侨联经济科技部副部长、中国侨联新侨创新创业联盟副理事长兼秘书长夏付东，省侨联党组书记、主席谭作刚，党组成员、副主席刘文华，党组成员、副主席舒正荣，省侨联副主席、武汉市侨联党组书记、主席代飚、机关各部室、各市州侨联负责同志以及省侨联新侨“创新创业联盟”理事会成员等嘉宾，共 150 余人出席大会。刘文华主持大会。大会推选中国侨联委员、中国侨商联合会副会长、华人集团董事局主席邝远平出任双创联盟首届理事长，严晓华任秘书长，陈汝晴、程书林、柳荣波任副秘书长。

【开展精准扶贫工作】2019 年，省侨联党组书记、主席谭作刚先后 6 次带领省侨联机关党员深入精准扶贫村，走访结对帮扶贫困户，为全村贫困户送去生活用品，并召开村“两委”成员座谈会，与村干部一道共商扶贫振兴之计。组织省侨联青委会开展精准扶贫接力活动，动员海外侨胞开展捐建“侨・爱心书屋”活动，关爱留守儿童。除拨付资金 14.5 万元用于扶贫村发展以休闲旅游业为主的花卉苗木经济和庭院经济外，又动员侨界爱心人士向村里捐赠蔬菜大棚建设资金 20 万元。

【开展各类经贸文化交流活动】湖北省侨联邀请海外侨胞参与华创会；助力甘肃省侨联举办“兰洽会”在鄂项目推介会，组织湖北省部分海外侨商，赴甘肃天水参加了 2019 伏羲大典活动，弘扬中华传统文化，增进海内外交流；举办“汇聚侨力・才聚宜都”双招双引座谈会；开展“中国华侨国际文化交流基地”申报工作，宜昌“昭君故里”和黄冈“李时珍纪念馆”获得“中国华侨国际文化交流基地”称号，宜昌屈原祠、武汉昙华林街区、辛亥革命博物馆正式挂牌；围绕建国 70 周年、迎接第七届世界军人运动会，开展了“迎军运，庆五一”文艺活动。

11 月 21 日，华创会大健康助推乡村振兴专场在东湖国际会议中心举行

4 月 12 日，湖北省侨联青年委员会赴英山县开展精准扶贫接力行动

【武汉市侨联凝聚侨力助力经济发展】一是凝心聚力，增强侨界联谊。6 月 19 日，武汉市侨联携手市侨文会，在武汉工程设计学院广场，以“觅四海知音、迎八方来客”为主题，以文艺快闪的形式举行了“我的中国心”——武汉市侨界四海

6 月 19 日，“我的中国心”公益快闪活动在武汉设计工程学院举行

同心迎军运公益快闪活动，受到了与会人员和学校师生的高度评价。9 月 20 日，由武汉市侨联与武汉电视台联合拍摄的 40 集系列专题片《侨英荟》开始在武汉电视台第 4 频道，以每周一集的频率滚动播出，专题片通过老侨情怀、新侨先锋、侨界新秀、侨商巨献、侨通四海、凝心助侨等 6 个系列讲述了新中国成立以来武汉侨界发生的感人事迹，彰显了武汉侨界群众的爱国爱市情怀。《侨英荟》被《学习强国》收录，并受到省委宣传部表彰。二是同心协力，拓展海外联络。6 月下旬至 7 月中旬，先后承办 2 期海外华裔青少年“中国寻根之旅”湖北武汉夏令营，83 名华裔青少年相聚湖北，接受了中国传统文化熏陶。9 月 14 日，第二届硅谷摄影师用镜头讲述“美国人眼中的武汉故事”摄影展，在汉阳造文化创意产业园汉艺空间开展。百余幅照片涵盖了武汉的特色建筑、文化景观、民俗风尚及市民日常生活等方方面面，展现了武汉的蝶变发展和武汉人的快意生活，绘声绘色地讲述着外国人眼中的武汉故事。照片随后在旧金山继续展出，让大洋彼岸的友人远眺长江浩瀚、近读汉水灵秀，品味知音魅力。三是凝聚侨商，服务经济发展。11 月 20 日—22 日，广泛邀请海外华侨华人来汉参加华创会，与江夏区政府共同主办“大健康产业助推乡村振兴论坛”，协助经开区举办“下一代汽车与信息技术专场”，积极支持海外侨团承办德国专场和加拿大专场。与《长江日报》联合推出了侨界科技成果展——《侨梁》，并以八连版特刊的方式在第十九届华创会开幕当天刊出，受到与会领导和嘉宾的普遍点赞。

【襄阳市侨联抓好基层组织建设】 2019 年，襄阳市侨联举办侨界庆祝新中国成立 70 周年“天涯共此时　共圆中国梦”中秋联谊会、侨界“侨商杯”乒乓球、羽毛球友好邀请赛、组织侨青会参观考察侨资企业，举办襄阳市新侨青年人才创新创业大讲堂等系列活动，丰富侨界群众生活。接待 120 余名共三批次海外华裔青少年来襄参加 2019 年海外华裔青少年“中国寻根之旅”夏令营并在市规划展览馆建立襄阳市“华人华侨文化交流基地”。开展“侨爱心 · 光明行”公益活动，为全市符合条件的贫困白内障患者进行免费的医疗手术救助。在“不忘初心、牢记使命”主题教育期间，对 9 个县（市）区的组织建设、阵地建设情况和联系服务侨界群众方面进行了实地调研，印发了《襄阳市侨联联系基层服务群众工作制度》《襄阳市侨联星级侨之家考核评定工作管理办法（暂行）》，协调统战部共同印发了《关于建立侨务工作联席会议制度的通知》，协调市委组织部出台“党建带群建”中带侨建工作清单，常态化工作机制基本建立健全，深入推进了党建带侨建，侨联工作社会化不断加强。研究制定《襄阳市侨联星级侨之家考核评定工作管理办法（暂行）》，在全市启动“三星级侨之家”创建工作，全市新增“侨之家”6 家，其中宜城市和市侨商联合会“侨之家”分别获省“四星级侨之家”“温馨侨之家”称号。襄阳侨联基层组织建设的做法得到中国侨联的肯定，分别以《以改革促发展，襄阳市侨联积极推进基层侨联组织建设》《湖北省襄阳市侨联着力“四点”，积极推进基层侨联组织建设》刊文向全国推广。

【宜昌市侨联为西藏同胞送光明】 7 月 27 日—8 月 3 日，宜昌市侨联党组书记、主席陈红率“侨爱心　光明行——走进西藏”眼科专家医疗团队，赴西藏加查县为各族同胞开展眼科疾病筛查和白内障复明手术。启动仪式上，湖北省侨联党组成员、副主席刘文华向宜昌华厦眼科医院院长霍鸣授旗。7月28日—8月1日，宜昌市眼科专家医疗团队成员克服高原缺氧给身体带来的不适，在5天时间里连续工作，对加查县7个乡镇的居民及部分企业职工近千人进行眼科疾病筛查。为了让所有手术对象都能得到及时治疗，专家医疗团队在后两天的手术治疗中，展开了“马拉松”式的工作，每天工作时间长达12小时以上。护士张晓霞因为长时间在缺氧环境下高强度工作，一度昏倒在手术台前，但为了按期完成手术任务，吸氧后调整好状态，继续投入到紧张的工作中，直到晚上10时，所有手术都结束后才吃上晚餐。最终在专家团队的连续奋战之下，加查县的37名居民重新看到了久违的光明。此次援藏义诊活动是宜昌市侨联和宜昌华厦眼科医院联合承办的中国侨联“侨爱心光明行”项目，活动的顺利开展，不仅在各族群众间结成了互敬互爱的情感纽带，也赢得了所有患者及家属的赞誉和感动。

【荆州市侨联】2019年，荆州市侨联扎实开展“不忘初心、牢记使命”主题教育，做实“两个服务”、深化“两个拓展”，织好“两张网”，为新中国七十周年华诞贡献侨界担当。一是做好招商引资工作，上报航空座椅型材生产线和医药综合体项目信息2条。二是服务“三大攻坚战”，驻点村已整村脱贫出列，实现贫困村摘帽；59户204名贫困户人口，已脱贫52户196人。三是开展扶贫帮困活动，为公安、松滋两所小学争取薄改资金100万元，为荆州200名贫困白内障患者实施免费手术，为全市归侨侨眷免费体检500人次，走访慰问困难侨界群众110多人次。四是组织全市100名侨界群众观看电影《我和我的祖国》，唤起民族意识，增强民族自豪感。五是扎实开展巡查整改工作，整改问题14个，整改率100%。六是开展党员志愿者活动，提供义诊、法律咨询和心理健康咨询服务230人次，发放慰问资金1万元。七是做好侨法宣传，发放侨法资料600份，受理法律咨询12起，妥善处理侨界群众来信来访和各类纠纷33起，维护好侨界和谐。八是承办2019海外华裔青少年“中国寻根之旅”荆州冬令营活动，协助荆州党委政府出访推介3批次，接待海外华侨华人15批次90多人次，拓展海外联谊，弘扬中华文化，讲好荆州故事。九是成立荆州市侨界青年联合会。

11月27日，荆州市侨界青年联合会成立合影

湖南省归国华侨联合会

【领导成员名单】

党组书记：黄　芳（女，2019年6月任职）
朱建山（2019年6月不再担任）
主　　席：朱道弘（兼）
专职副主席：黄　芳（女，2019年10月当选）
朱建山（2019年10月不再担任）
孙民生
李祖元（2019年10月当选）
副巡视员：郭剑虹
兼职副主席：吴金水　唐亚武　张　欣
翁少兰（女，2019年11月不再担任）　庄启宁
刘　慧（女，2019年11月当选）
毛冰花（女，2019年11月当选）
叶惊涛（2019年11月当选）
张季宝（2019年11月不再担任）
胡野碧（2019年11月不再担任）
秘书长：孙民生（兼，2019年11月当选）
向国蓉（女，2019年11月不再担任）

省委副书记、省长许达哲出席湖南省第八次归侨侨眷代表大会

【综述】2019年，在湖南省委的正确领导和中国侨联的关心指导下，省侨联以习近平新时代中国特色社会主义思想为指导，加强党的建设，聚焦侨联改革，履行侨联职能，发挥独特作用，在围绕中心、服务大局中实现新发展。

11月28日，湖南省委书记、省人大常委会主任杜家毫出席湖南省第八次归侨侨眷代表大会

【突出政治引领画好侨界同心圆】一是认真学习贯彻习近平新时代中国特色社会主义思想。认真贯彻习近平总书记关于群团工作和侨务工作的重要论述，坚决贯彻落实党中央、省委省政府决策部署。2019年，湖南省侨联党组理论中心组集中学习12次，特别是7月新任党组书记黄芳到任后，对中心组学习进行规范，学习内容增加，学习效果提升。二是认真开展主题教育。通过3次集中学习、研讨，讲党课，个人自学，全体党员干部理论测试等方式推进，深入高校、侨企专题调研，开展党组书记讲党课、赴桂东沙田第一军规广场现场教学、赴扶贫村帮扶等活动，主题教育效果显著，得到省委第十二巡回指导组和干部群众一致好评。三是牢固夯实思想基础。党组会议多次研究意识形态工作，制定了意识形态责任制系列制度。与红网合作，对官网和“湘侨频道”改版升级。全年在省级以上媒体报道近2000条，省侨联

省侨联机关党员干部赴桂东县沙田镇第一军规广场开展“不忘初心、牢记使命”主题教育现场教学活动

微信公众号上传信息近400条，在《湖南日报》、红网等主流媒体集中宣传推介了省侨界10名先进人物。四是扎实开展巡视整改。6月20日—7月20日，省委第八巡视组对省侨联进行巡视。省侨联多次召开会议对巡视整改工作进行研究和调度。目前，巡视整改除长期整改项目和拟2020年完成的高校侨联组织建设、华商杂志社相关问题外，其他已按要求完成。

12月31日，举行湖南省侨联机关工会第三届运动会

【坚持改革创新形成工作新合力】一是侨联改革有新进展。积极向省委分管领导汇报，争取有关职能部门的支持，湖南省侨联机构改革全面推进。省编办已下文，承接原省侨办的海外华人华侨社团联谊职能，将会机关党委列为正式处室，增加3个全额财政拨款事业编制，2个副处级领导职数。按照钱随事走的原则，加强与省侨办的沟通、协调，完成省侨办50万经费的划转使用。与省高教工委联合下发了《关于加强和改进新时代我省高校侨联工作的实施意见》，争取两年内符合条件的省管本科、高职专科院校侨联组织实现全覆盖。在7月中旬中国侨联召开的2019年部分省区市基层侨联建设交流会议上，湖南省侨联就基层侨联组织建设作了交流发言。二是队伍建设有新提升。省委6月任命了一名基层工作经验丰富、年富力强的高学历领导为省侨联党组书记。8月又任命了一名党组成员，配齐了党组。严格按照《党政领导干部选拔任用工作条例》，从基层选调处级干部1名，新提拔正处级干部、科级干部各1名，完成16人的职务职级套改，分两次完成18人次的职级晋升。完成机关干部双向选择，大部分干部进行了轮岗。成立了省侨联青年委员会，省侨商会进行了换届，一大批优秀侨界青年进入领导层和中层，壮大了侨界新生力量。举办了全省基层侨联干部培训班和全省侨联系统宣传信息公文写作综合培训班。发挥机关工会作用，结合重大节日，先后开展了“三八妇女节”女干部外出学习，妇委会主任、女工主任专项提升培训，义务植树，第三届机关干部健身长跑，第三届机关工会运动会等活动，营造了团结向上的工作氛围。三是阵地建设有新成效。开通了“湖南侨联”微信公众号，丰富“互联网＋侨联”工作模式。加强“侨胞之家”建设，向中国侨联推荐上报了11家“侨胞之家”建设示范点。争取中国侨联支持110万元经费，全部用于县市区“侨胞之家”建设。市州、县市区侨联在“五有”方面有新的发展，“侨胞之家”的作用更加彰显。

【服务发展聚力建功新湖南】一是圆满完成第一届中非经贸博览会对口接待工作。6月24日—29日，第一届中非经贸博览会在长沙举办。湖南省侨联作为吉布提共和国代表团对口接待单位之一，服务优质高效，两名同志得到省人社厅和组委会表彰表扬。二是成功举办“创业中华·兴业湖南”第五届侨商侨智聚三湘活动。8月2日—6日，来自英国、德国等10多个国家和地区的140余名

9月11日，湖南省侨联青年委员会成立大会在长沙召开

省级侨联工作

海外博士及侨领侨商到长沙参加活动，12 名海外博士及高层次人才与园区、高校、企业现场签约。三是举办了“美丽中华 · 绿色湖南”品牌活动。与永州市政府联合举办了“美丽中华 · 绿色湖南 · 生态永州”永州第五届“鱼人节”暨“绿色永州 · 保护母亲河”禁渔期活动，2000 余人参加，放养鱼苗 60 万尾。四是积极为引进项目牵线搭桥。做好世界五百强企业日本永旺集团和非洲里程集团来湘投资考察的服务；接待甘肃省侨联侨商代表访问团，增进湘陇两地交流；推荐海外高层次人才、优秀侨商参加第六届海归论坛、2019（全球）湘商大会、2019 中国国际轨道交通装备制造产业博览会。株洲市侨联“2019 年海内外侨商株洲行”活动，现场签约项目 65 亿元；娄底市侨联引进了投资 5 亿元的涟源城市综合体，张家界侨联促成了张家界“天空之眼”地标建筑项目成功落地，湘西州侨联促成了酒鬼酒公司参加在俄罗斯圣彼得堡主办的“湘菜出湘”活动。五是服务新侨创新创业。召开了省侨联特聘专家座谈会议，深入侨企和创新创业园区调研，倾听侨商呼声，协调解决侨商诉求。长沙市侨联召开了“项目引领、科技创新，打造优质营商环境”政策解读会，湘潭市侨联开展了湘潭市留学归国人员创新创业大赛，衡阳市侨联开展了“创业中华 · 兴业衡阳”系列活动，郴州市侨联召开全市民宿项目推介暨侨商联谊座谈会。全省侨联组织围绕中心服务大局，为湖南省发展汇聚侨界力量。六是积极参政议政。召开了省侨联参政议政委员会 2019 年年会，完善了《参政议政委员会工作规则》。组织侨界省人大代表、政协委员赴岳阳市开展洞庭湖治理调研并召开座谈会，为落实习总书记视察洞庭湖时讲话精神献计献策。全年编辑《侨情专报》49 期，其中 23 期被中国侨联采用。七是依法维护侨益。组织开展传统节日侨界群众慰问走访及新中国成立 70 周年走访活动，全年分批次走访慰问 80 余户贫困归侨侨眷家庭。关爱老归侨，召开省直老归侨新春座谈会。组织南华大

8 月 2 日，第五届侨商侨智聚三湘（长沙）活动开幕式现场

12 月 9 日，湘潭市海外高层次人才联谊会 2019 年年会暨侨界英才会现场

湖南省侨联开展“侨爱心”送医疗送文化送温暖湘西行

中国侨联副主席齐全胜一行来湘开展“送温暖、献爱心”活动

学及其附属医院医疗专家开展“侨爱工程——送温暖医疗队”赴贫困地区开展义诊活动，联合湘雅医院赴新疆吐鲁番开展送医送药活动。健全会领导接待群众来访日制度，畅通信访诉求渠道，为侨界群众解决实际问题。2019 年共接到群众来信来访 45 宗，均得到妥善处理，来访群众对处理结果满意率达 100%。在隆回县召开了涉侨案件协调会，到基层一线维护侨益。八是参与扶贫助困，继续做好驻村帮扶工作。扎实推进“千侨帮千户”工程，广泛联系海外基金会、侨界爱心企业、爱心人士，2019 年全省各级侨联组织接收各类捐赠 6400 余万元。三诺生物传感股份有限公司捐赠 600 余万元给三诺糖尿病公益基金会和中南三诺留学基金，开展助医助学。爱尔眼科捐赠 100 万元，用于“侨爱心・光明行”行动。黄彰任奖学助学基金捐赠 80 余万元，用于资助中学生赴美留学和教师赴美培训。涟源君天发展有限公司捐赠 80 余万元，用于涟源市乡村建设。美国仁德慈善基金会捐赠 78 万余元，用于文昌阁小学建设。香港吴星可慈善基金会捐资捐物 60 余万元。中国华侨公益基金会携手司迈医疗系统捐赠一批等离子双极电切电凝微创医疗设备。

【以侨架桥不断扩大朋友圈】 一是举办系列活动，讲好湖南故事。承接原侨办举办的“中国寻根之旅”夏令营工作，与中国侨联原举办的“亲情中华”海外青少年夏令营一起合并举办。2019“寻根之旅”夏令营共组织举办了湖南营、张家界营、益阳营、湘潭营、湖南大学营、中南林业科技大学营、郴州临武营等 7 个营，先后接待了来自美国、加拿大等 33 个国家和地区的海外华裔青少年 600 余名。通过开展课堂教学、观摩游览、交流访问等活动，让参营学生感受了当地民俗文化，增强了对湖南的认识和情感。联合省演艺集团、常德市湘楚歌舞剧院等省市文艺单位，组织湖南省侨心艺术团于 12 月 6 日—15 日赴博茨瓦纳、赞比亚、肯尼亚举行“纯粹中国・魅力湖南”文化交流慰问演出，传播湖湘文化。联合湖南师范大学举办了泰国“苏湾吉利中文活动中心”支教活动，有针对性地培养高素质的汉语人才，推动海外华文教育发展，进一步促进中泰在文化、经济领域的交流。联合湖南公共频道策划制作了纪录片《我的中国心》，重点宣传了泰国、英国、荷兰、澳大利亚等国家湘籍侨领，向新中国成立 70 周年献礼。召开新中国成立 70 周年特聘专家座谈会暨征文活动，组织侨界人士共同座谈，庆祝新中国 70 周年华诞。二是加强联络联谊，传播湖南声音。11 月 26 日，召开省侨联海外侨社团联谊总会暨海外侨胞故乡行活动。举办了 2019 年海外侨胞迎新春联谊座谈会，回湘省亲的海外嘉宾欢聚一堂，共迎新春，共谋发展；接待了北德侨界访湘团、老挝湖南商会等数十个代表团和 300 多名侨领等。12 月 13 日—23 日赴柬埔寨、印尼、菲律宾等国开展侨情调研。长沙

湖南省侨联党组书记黄芳出席夏令营并授旗

10 月 13 日，省侨联党组书记黄芳会见泰国清迈府旅游促进会名誉主席坤恰鸢一行

市侨联主办了“《芒果朗读者》走进澳洲”系列活动，株洲市侨联举办了“谭云山精神”国际学术研讨会，永州市侨联促成了澳门展现真我协会与永州星旺儿童康复中心签订合作协议，湘西州侨联帮助非物质文化遗产踏虎凿花的两位民间艺人获评美国奥斯汀市荣誉市民，华侨大学湖南校友会援助泰国开展华文教育活动，衡阳师范学院侨联、湖南理工学院侨联承办了“援萨摩亚 2019 年太平洋运动会体育技术援助项目”篮球培训，湖南大学侨联、湖南师范大学侨联、中南大学侨联、南华大学侨联、衡阳师范学院侨联等，主动走出去对接海外高校，商讨交流合作事宜。

【加强自身建设】一是成功召开湖南省第八次归侨侨眷代表大会。大会于 2019 年 11 月 27 日—29 日在长沙召开。聘请了一批侨商侨领为港澳顾问、海外顾问、海外委员，表彰了 80 名全省归侨侨眷先进个人，所有委员、常委、主席、副主席、秘书长全部满票当选。大会组织有序，纪律严明，圆满成功。二是推进党建带侨建。省侨联召开了 2019 年党建工作暨党风廉政建设与反腐败工作会议。认真落实“三会一课”等党内政治生活制度，党组成员和各党支部书记带头讲党课，按规定召开了巡视整改专题民主生活会、主题教育民主生活会和支部组织生活会，开展了民主评议党员活动。省侨联机关党委、机关纪委进行了换届。分两批组织在职党员、退休党员及入党积极分子赴河北西柏坡红色教育基地开展党性教育。机关党委开展党员上微党课、机关干部讲解业务知识活动，从思想上、业务上双提高。三是全面加强制度建设。结合省委巡视整改和侨联改革，对省侨联所有制度进行梳理、完善，所有干部职工参与修改，形成制度汇编，由机关纪委负责监督制度执行情况。突出夯实基层基础，加强制度落实，鼓励和支持基层创新。建立对基层侨胞之家支持制度，将 110 万元华侨事业费用全部用于基层侨联建设。四是切实抓好作风建设。严格落实中央八项规定精神和实施细则，锲而不舍地反对“四风”。定期进行机关思想情况分析及情况通报，持续巩固作风建设成效，机关精气神得到提振，干部职工加班加点、斗志昂扬，机关面貌焕然一新。坚持群众路线，多次召开座谈会，主动听取基层群众的意见。会领导带头深入基层进村入户、开展调研，组织省政协侨联界别和致公党界别委员深入郴州市、株洲市开展“三进三助”聚力行动。省侨联

湖南省侨联赴河北西柏坡红色教育基地开展“不忘初心、砥砺前行”主题教育实践活动

机关发挥示范作用，带动全省侨联系统转变作风，奋发有为，引领、发动全省广大侨界群众为湖南省发展贡献独特力量。省侨联联系的安仁县赤滩村驻村帮扶工作被评为优秀。

【召开湖南省第八次归侨侨眷代表大会】 11月28日上午，湖南省第八次归侨侨眷代表大会在长沙开幕。省委书记、省人大常委会主任杜家毫，省委副书记、省长许达哲，省政协主席李微微出席开幕式。中国侨联党组成员、副主席隋军，省委副书记乌兰讲话。省侨联党组书记黄芳主持大会。共有484名代表、145名海外特邀嘉宾参会。受万立骏主席委托，隋军代表中国侨联向大会的召开表示热烈祝贺。她表示，湖南省委、省政府高度重视侨联工作，始终关心和支持侨联发展。湖南省侨联"七代会"以来，各级侨联围绕中心、认真履职、心系侨胞、倾力服务，赢得了社会各界的广泛赞誉。隋军对做好新时代湖南省侨联工作提出四点意见：一要提高政治站位，坚持以习近平新时代中国特色社会主义思想统领侨联工作；二要融入发展大局，为建设富饶美丽幸福新湖南凝聚侨界智慧和力量；三要牢记初心使命，不断提升广大侨界群众的获得感幸福感认同感；四要深化改革创新，提高做好新时代侨联工作的能力和水平。乌兰对过去五年广大归侨侨眷、海外侨胞为家乡作出的贡献及全省侨联组织的工作给予肯定。希望全省广大归侨侨眷和海外侨胞积极响应党的号召，把爱国爱乡之情，报国报乡之志融入新时代湖南改革发展的宏伟实践中。省侨联主席朱道弘作工作报告。省总工会党组书记、副主席徐文龙代表人民团体致贺词。大会还表彰了全省归侨侨眷先进个人。省委常委黄兰香、王少峰、谢建辉、张剑飞、张宏森、李殿勋、姚来英，省人大杨维刚、省政协胡旭晟，老同志刘晓等省领导出席。省直有关部门、各人民团体负责人和大会代表、海外特邀嘉宾共700余人参加大会。闭幕式上，省委常委、省委统战部部长黄兰香讲话。会议选举产生省侨联新一届领导班子。朱道弘当选省侨联第八届委员会主席，黄芳、孙民生、李祖元、吴金水、唐亚武、张欣、庄启宁、刘慧、毛冰花、叶惊涛当选副主席。

11月28日，中国侨联党组成员、副主席隋军出席湖南省第八次归侨侨眷代表大会并讲话

【召开湖南省侨联七届六次全委会】 2月18日，湖南省侨联七届六次全委会议在长沙召开。会议传达了中央书记处关于群团工作的指示和中国侨联十届二次全委会议精神，对湖南省侨联系统2018年工作情况进行总结，对2019年主要工作做了规划安排。党组书记朱建山出席并讲话，省侨联主席朱道弘作工作报告。会议进行了人事卸免，通报了全省侨联信息工作先进集体。省侨联委员，在长沙侨联顾问及部分海外委员，省侨联处室负责人，省侨联工作平台负责人等参加会议。

11月28日上午，湖南省第八次归侨侨眷代表大会在长沙开幕

【召开湖南省侨联七届七次全委会】 10月12日，湖南省侨联七届七次全委会议在长沙召开。省侨联党组书记黄芳出席并讲话。省侨联党组成员、副主席孙民生主持会议。会议增补黄芳同志和省侨联党组成

10 月 12 日，湖南省侨联七届七次全委会议在长沙召开

员李祖元同志为省侨联七届委员、常委、副主席，卸免朱建山同志省侨联副主席职务，并书面征求湖南省第八次归侨侨眷代表大会《工作报告》意见。会前，省侨联先后召开了七届十五次主席暨党组成员联席会议和七届十二次常委会议。会议审议了有关人事事项，通过了七届七次全委会议议程，并通报了省委巡视省侨联及市州、高校侨联的有关情况。

10 月 12 日，湖南省侨商联合会第三次会员代表大会在长沙召开

【召开湖南省侨联青年委员会成立大会】 9 月 12 日，湖南省侨联青年委员会成立大会在长沙召开。会议审议通过了《湖南省侨联青年委员会章程》（审议稿），通报了湖南省侨联青年委员第一届委员会当选的会领导及聘请的荣誉会长、副秘书长名单，并颁发湖南省侨联青年委员会第一届委员会会长、执行会长、常务副会长及荣誉会长聘书。湖南省侨联青年委员会共有委员 349 名，其中海外委员 128 名，省内委员 221 名。会议通过现场选举的方式同意毛冰花为省侨联青年委员会第一届委员会会长，陈森林为执行会长。湖南省政协副主席、致公党中央常委、致公党湖南省委主委胡旭晟，省侨联党组书记黄芳出席。湖南省政协港澳台侨和外事委员会副主任李国雄，共青团省委副书记梁威，省侨联党组成员、副主席孙民生，致公党省委副主委刘丹军，省侨联副主席庄启宁、省侨联副巡视员郭剑虹及省侨联青年委员会委员约 300 人参加会议。

【召开湖南省侨商联合会第三次会员代表大会】 10 月 12 日，湖南省侨商联合会第三次会员代表大会在长沙召开。大会审议通过了《湖南省侨商联合会第二届理事会工作报告》《湖南省侨商联合会章程（修正案）》《湖南省侨商联合会第二届财务报告》等。会议选举庄启宁为湖南省侨商联合会第三届理事会会长，毛冰花为执行会长。湖南省政协副主席、致公党湖南省委主委胡旭晟，省侨联党组书记黄芳出席。省直单位相关负责人，省侨商会全体理事，省、市侨联及会员代表等 240 余人参加会议。

【举办侨聚三湘共谋发展座谈会】 1 月 18 日，侨聚三湘共谋发展座谈会在长沙召开。与会嘉宾聚集一堂，共商大计，共谋发展。湖南省副省长何报翔出席会议并讲话，他希望海外侨胞们积极助力湖南在高起点上实现经济健康可持续发展、湖南实施长江经济带发展战略、湖南加快改革开放步伐、湖南军民融合深度发展，深化“一带一路”国际产能合作，在一批优势企业主动“走出去”的同时，也要积极“引进来”，促进了一大批重大合作项目落地实施，推动湖南经济社会可持续发展。

【举办海外侨胞迎新春联谊座谈会】 1 月 31 日，2019 年海外侨胞迎新春联谊座谈会在长沙举行。来自美国、英国、日本等 23 个国家和地区的 90 余名回湘省亲的海外嘉宾欢聚一堂，共迎新春，共谋发展。座谈会上，省侨联相关负责人通报侨联工作情况。与会海外嘉宾围绕如何凝心聚力加强侨团建设，助推湖南发展，促进湖南“创新引领开放崛起”战略实施等主题，进行发言交流。省委常委、省委统战部部长黄兰香出席座谈会并讲话，她希望广大海外侨胞紧跟时代步伐，支持理解参与新时代改革开放；凝聚侨界共识，找出最大公约数，画出最大同心圆；主动融入大局，为中国和湖南发展贡献更多的力量。

【召开湖南省侨联海外侨社团联谊总会2019年年会】 11月26日，湖南省侨联海外侨社团联谊总会2019年年会在长沙召开。省委外办副主任叶劲松，省侨联党组书记、副主席黄芳，省侨联主席朱道弘，省侨联党组成员、副主席孙民生、李祖元等出席。省委统战部、省侨联相关处室负责人及来自美国、英国、日本、澳大利亚、新西兰、坦桑尼亚等45个国家和地区的145名嘉宾参加会议。李祖元主持会议并作为新当选会长代表第三届理事会作了表态发言。

11月26日，湖南省侨联海外侨社团联谊总会2019年年会在长沙召开

【召开湖南省侨联2020年工作务虚会】 12月30日，湖南省侨联2020年工作务虚会在长沙召开，会议就2020年全省侨联系统主要工作设想进行了讨论交流。省侨联党组书记黄芳，省侨联党组成员、副主席孙民生、李祖元出席会议。会上，与会人员围绕学习贯彻习近平总书记关于侨务工作重要论述和党的十九届四中全会精神，紧扣中央、省委对侨联工作的新要求和省第八次“侨代会”部署，立足各级侨联实际，突出问题导向，就侨联机构改革、品牌建设、基层建设、省市侨联的工作联动等方面进行沟通交流，提出意见建议。

12月30日，湖南省侨联2020年工作务虚会在长沙召开

【开展“不忘初心、牢记使命”主题教育】 6月13日，湖南省侨联召开了“不忘初心、牢记使命”主题教育动员部署会议。6月26日、7月17日—19日、8月7日—9日，省侨联开展了三次集中学习。8月21日召开党组主题教育专题民主生活会。9月17日，召开主题教育总结会议，会党组书记黄芳作总结讲话，并通报了党组专题民主生活会情况。湖南省侨联机关党委在5月8日至17日分两批组织在职党员、退休党员及入党积极分子赴河北西柏坡红色教育基地开展“不忘初心、砥砺前行”主题教育实践活动。全体学员接受革命传统教育，进一步加强党史和党性教育，充分了解战争年代革命前辈在西柏坡创下的丰功伟绩。省侨联党组成员、副主席、机关党委书记孙民生，副巡视员郭剑虹等40余名党员干部参加活动。

【湖南省委第八巡视组对省侨联党组开展巡视工作】 6月20日—7月20日，省委第八巡视组对省侨联党组开展了常规巡视。巡视组坚持以习近平新时代中国特色社会主义思想为指导，聚焦中央、省委重大决策部署，紧盯群众切身利益问题，通过开展个别谈话，受理群众来信来访，调阅有关文件资料，深入了解情况，顺利完成了巡视任务。12月3日，省侨联党组召开巡视整改专题民主生活会，省侨联党组书记黄芳主持会议。

【举办2019年“寻根之旅”夏令营湖南系列活动】 7月9日—8月23日，2019“寻根之旅”夏令营湖南侨联系统共

2019 年“寻根之旅”湖南夏令营全体营员合影

组织举办了湖南营、张家界营、益阳营、湘潭营、湖南大学营、中南林业科技大学营、郴州临武营等 7 个营，共接待了来自美国、加拿大等 33 个国家和地区的海外华裔青少年 600 余名。通过开展课堂教学、观摩游览、交流访问等活动内容，让参营学生感受了当地民俗文化，增强了对湖南的认识和情感。

【举办第五届“侨商侨智聚三湘”活动】8 月 2 日—3 日，由省侨联和长沙市人民政府主办的第五届“侨商侨智聚三湘”活动在湖南长沙举行。活动吸引了来自英国、德国、美国、日本、加拿大等 10 个国家和地区的 140 余名海外博士及侨领侨商参加，30 多位长沙市侨商会企业代表、43 家长沙市相关企业出席。全国政协常委、中国侨联副主席李卓彬，湖南省政协副主席、省工商联主席张健，长沙市委副书记、市长、湖南湘江新区党工委书记胡忠雄及省侨联党组书记黄芳等出席活动开幕式。

【举办第六届海归论坛】9 月 8 日，以“海聚湘江 · 智赢未来”为主题的第六届海归论坛在长沙开幕。此次论坛为期三天，由致公党中央留学人员委员会、致公党湖南省委、湖南省人民政府侨务办公室、湖南省侨联主办。省侨联党组书记黄芳主持开幕式。

【举办湖南省侨联海外侨社团联谊总会暨“2019 海外侨胞故乡行”活动】11 月 26 日，湖南省海外侨社团联谊总会年会在长沙召开。11 月 28 日，“2019 海外侨胞故乡行”走进宁乡市，来自美国、英国、日本、澳大利亚等 45 个国家和地区的百余名海外嘉宾先后考察了格力电器、加加食品、楚天科技等企业，并参观了宁乡市民之家、市民馆及美丽乡村关山，全方位感受县市区发展成就和民生实事工程建设。

“2019 海外侨胞故乡行”海外嘉宾参观宁乡市民之家

【举办 2019 年“纯粹中国 · 魅力湖南”慰问演出】12 月 6 日—15 日，湖南省侨联组织艺术团赴博茨瓦纳、赞比亚、肯尼亚开展“纯粹中国 · 魅力湖南”慰问演出。艺术团在哈博罗内、卢萨卡、内罗毕为当地华侨华人和国际友人献上了三场精彩演出。在非期间，省侨联副主席、文化交流团团长孙民生等先后拜访了我驻博茨瓦纳、赞比亚大使馆，与三国侨团进行了充分交流，并在博茨瓦纳华人慈善关爱中心（CCCC）开展公益活动。

12 月 7 日，“纯粹中国 · 魅力湖南”慰问演出在哈博罗内国防剧院上演

【组团出访柬埔寨、印尼和菲律宾】12月13日—23日，湖南省侨联经济科技处处长向国蓉率团访问柬埔寨、印尼、菲律宾，走访当地侨团侨校，慰问华侨华人，倾听侨胞心声，介绍中国、湖南经济社会发展和湖南侨联工作情况。

2019年湖南省基层侨联干部培训班开班仪式在湖南大学举行

【举办2019年湖南省基层侨联干部培训班】12月10日，2019年湖南省基层侨联干部培训班开班仪式在湖南大学举行。来自全省各市州、县市区侨联及高校侨联、直属团体侨联干部近120人参加。省侨联党组书记黄芳出席讲话并授课。

【举办湖南省侨联系统宣传信息公文写作综合培训班】4月10日，湖南省侨联系统宣传信息公文写作综合培训班开班仪式在长沙举行，各市州侨联，部分县区、高校侨联及省侨联全体工作人员参加培训。此次培训周期为3天，通过学习新闻通讯稿写作、新媒体平台运营、信息写作、网络舆情应对、《侨情专报》写作等课程进一步提升各级侨联办公室文秘工作水平，推动落实“网上侨联”建设，提高全省侨联宣传信息工作，同时也为扎实做好湖南侨联“八代会”换届工作打下基础。

【举办湖南省侨联第三届健身长跑活动】4月26日，湖南省侨联机关工会开展春游暨第三届健康长跑活动。此次春游通过长跑的方式树立了健康生活、快乐工作的理念，让全体机关干部职工以健康的体魄、充沛的精力积极投入到工作之中，做到工作和身体健康两不误。

【举办“海内外侨商投资考察株洲行”】9月27日，2019年“海内外侨商投资考察株洲行”活动举行，来自美国、加拿大、西班牙和国内的120多位海内外知名侨商走进株洲。株洲市委书记、市人大常委会主任毛腾飞，省侨联党组书记黄芳出席重点招商项目推介会并致辞。会上，部分侨资企业与株洲市有关部门、企业签署了华新（株洲）新材料科技园等4个项目合作协议，投资总额约65亿元。

【湘潭市侨联开展“侨这70年”系列活动】为庆祝新中国成立70周年，湘潭市侨联在全市侨联系统启动了“侨这70年”系列活动。通过读书分享、典型巡展、诵读演讲、专题讲座等系列活动，将侨界群众组织起来、动员起来，回顾70年来侨与祖国、家乡建设发展的动人场景，更好地激发侨界群众爱国爱乡、投身发展的热情。

湘潭市侨联“侨这70年”——带着国旗看祖国活动

【衡阳市举办首届海归论坛】9月6日，衡阳市首届海归论坛开幕。省政协副主席、致公党湖南省委主委胡旭晟出席，衡阳市委书记、市人大常委会主任郑建新宣布开幕，省侨联党组书记黄芳出席并讲话。论坛上，4名优秀青年海归分享经验及经历，为衡阳人才引进、创新创业等工作建言献策；27名博士带来了27个科研成果项目路演；特变电工、南华大学等17家企业和3所驻衡高校与海归博士现场洽谈，经洽谈对接，13名博士签订正式引进合同，23名博士签订引进意向协议书。

广东省归国华侨联合会

【领导成员名单】

党组书记、主席：黎　静（女）

专职副主席：戴文威

谢惠蓉（女，2019年11月任党组成员，12月当选）

李　丰（2019年11月免党组成员，12月不再担任）

挂职副主席：邵　瑾（女，2019年11月任党组成员，12月当选）

兼职副主席：罗掌权　郭泽伟　庄创业　曾智明

陈越华（2019年12月当选）

林永新（2019年12月当选）

林春晖（女，2019年12月当选）

钟仰进（2019年12月当选）

梁瑞冰（女，2019年12月当选）

廖志仁（2019年12月当选）

颜　军（2019年12月当选）

李　瑜（2019年12月不再担任）

马勇智（2019年12月不再担任）

麦庆泉（2019年12月不再担任）

纪少雄（2019年12月不再担任）

黄少良（2019年12月不再担任）

余志勇（2019年12月不再担任）

谢惠蓉（女，2019年12月不再担任）

秘书长：曹堪宏

【综述】2019年，在广东省委的坚强领导和中国侨联的有力指导下，广东省侨联党组坚持以习近平新时代中国特色社会主义思想为指导，全面贯彻党的十九大和十九届二中、三中、四中全会精神，深入学习贯彻习近平总书记对广东重要讲话、重要指示批示精神和总书记关于侨务工作的重要论述，围绕加快推进粤港澳大湾区建设、支持深圳建设中国特色社会主义先行示范区等重大国家战略和省委省政府“1+1+9”工作部署，结合开展“不忘初心、牢记使命”主题教育和召开省第十一次侨代会，团结凝聚广大归侨侨眷和海外侨胞为广东实现“四个走在全国前列”、当好“两个重要窗口”发挥侨界应有的作用。

【学习贯彻习近平新时代中国特色社会主义思想】2019年，广东省各级侨联深入学习贯彻习近平新时代中国特色社会主义思想和党的十九大精神，扎实开展“不忘初心、牢记使命”主题教育，自觉担负起重大政治任务，通过召开省第十一次侨代会、省侨联十届五次全委会议和举办侨界系列活动，对学习贯彻习近平总书记对广东重要讲话、重要指示批示精神和总书记关于侨务工作的重要论述，落实党的十九届四中全会及省委十二届六次、七次、八次全会精神，推进粤港澳大湾区建设，支持深圳建设先行示范区、广州实现老城市新活力和“四个出新出彩”等进行部署，推动省委省政府“1+1+9”工作部署在我省侨界落到实处。精心谋划并打造了全省侨联系统“情系南粤”“侨创南粤”“风韵南粤”“侨爱南粤”系列联谊、经科、文化、维权等活动品牌，形成推动新时代广东侨联工作创新发展的思路举措，奋力推动习近平新时代中国特色社会主义思想在全省侨界落地生根、结出丰硕成果。

【召开广东省第十一次归侨侨眷代表大会】12月29日—31日，广东省第十一次归侨侨眷代表大会在广州召开，来自全省各行各业的700多名归侨侨眷代表和来自80个国家的200多位海外嘉宾参加了大会。中共中央政治局委员、省委书记李希等省“四套”班子领导及中国侨联党组书记、主席万立骏出席开幕会并在会前与全体与会人员合影，李希书记和万立骏主席分别在开幕会上作讲话，省委常委、统战部部长黄宁生主持开幕会并出席海外及港澳嘉宾招待晚宴和闭幕

12 月 29 日—31 日，广东省第十一次归侨侨眷代表大会在广州召开

会。大会全面总结过去 5 年全省侨联工作，明确今后 5 年的目标任务；选举产生省侨联第十一届委员会委员 379 名、常委 147 名及新一届领导班子，聘请荣誉主席 16 名、海外委员 398 名、顾问 134 名；表彰侨界贡献奖 40 个、归侨侨眷先进个人 79 名。

【承办 2019 年“中国寻根之旅”夏（秋、冬）令营】7 月 17 日—12 月 25 日，由中国侨联主办，广东省各级侨联承办的 2019 年“中国寻根之旅 · 风韵南粤”夏（秋、冬）令营在全省各地举行，全省 11 个地市侨联参与办营，全年办营 22 期，共 36 个营，来自美国、澳大利亚、荷兰和阿联酋等 16 个国家的 1475 名华裔青少年参加了活动。每期“中国寻根之旅 · 风韵南粤”夏（秋、冬）令营为期 10 天，以“汉语、寻根”为主题，各期营员按照汉语水平进行分班，并根据自己的兴趣爱好选课，在 10 天时间里营员们系统学习了趣味汉语、中国舞蹈、中国武术、中国书法、中国茶艺等中华传统文化的课程；探访了各类富有岭南侨乡特色的文化场所和科技场馆；参观了广东省内知名制造业和高科技企业；体会了中国古代四大发明，品尝了岭南美食。通过课堂学习和实地探访，海外华裔青少年感受到了中华文化和岭南文化的博大精深和无穷魅力，体会了家乡浓浓的情谊，加深了对祖籍国的认同和了解，提升了民族自豪感和自信心，促进了文化的交流传播，培养了中外民间交往的友好使者，是一次文化之旅、亲情之旅、友谊之旅、国情之旅。

8 月 10 日，广东省侨联党组书记、主席黎静出席“中国寻根之旅 · 风韵南粤”夏令营（广东营二期）开营仪式

【举办“亲情中华 · 风韵南粤”第八届（广州）华人文化艺术节】12 月 2 日—5 日，广东省侨联和广州市侨联在广州联合举办“亲情中华 · 风韵南粤”——第八届（广州）华人文化艺术节，中国侨联副主席李卓彬等领导及 30 多个国家和地区的海外侨胞、港澳台同胞，以及海内外文化艺术专业人士、侨界群众近 1000 人聚首羊城、齐襄盛会。此次华人文化艺术节内容丰富多彩，主要有广东地区戏曲音乐交流、海内外书画名家联谊笔会、海外人才回国创新创业成果对接交流会、舞

省级侨联工作

12月3日，中国侨联副主席李卓彬、广东省委统战部副部长郭汉毅，广东省侨联主席黎静出席广州（华人）文化艺术节开幕式

台剧《赤子丰碑》等。海内外书画名家联谊笔会邀请了来自世界各地60多位书画家齐聚羊城，挥毫泼墨。广东地区戏曲音乐交流活动吸引了来自英国、美国、新加坡、澳大利亚等16个国家和地区的15个粤剧艺术团体参与，广州粤剧院、佛山粤剧院的名角大师和海内外粤剧发烧友同台交流，同场竞技21个精彩节目。广东省南洋归侨联谊会创作的舞台剧《赤子丰碑》再现了抗战时期近3200名南洋华侨回国支援抗日战争，奋战在滇缅公路上的真实故事，展现了南洋机工为保家卫国而不畏牺牲的精神。

9月9日，广东省侨联主席黎静（前排中）会见采风团一行

【“追梦中华·聚焦大湾区”海外华文媒体走进广东采风】9月6日—11日，由中国侨联主办、广东省侨联承办的“追梦中华·聚焦大湾区”2019海外华文媒体采风行活动走进广东，中国侨联信息传播部部长左志强和来自马来西亚、英国、加拿大、澳大利亚等14个国家和地区的海外华文媒体代表和中新社、人民日报海外版记者参加采风活动。中国侨联副主席、广东省侨联主席黎静会见采风团一行，围绕主题重点介绍了广东省侨联助推粤港澳大湾区建设的行动计划。采风团走进广州、汕头和潮州，参观考察了暨南大学校史馆、广州地铁博物馆、汕头华侨经济文化合作试验区、樟林古港、侨批文物馆、岭南第一侨宅陈慈黉故居、龙湖古寨、牌坊街、潮绣馆等地，感受侨乡历史，探寻潮汕地区的历史发展脉络，了解粤港澳大湾区发展情况，用笔触和镜头反映侨乡发展新貌，为大湾区发展建设支着献策。海外华文媒体代表感到此行收获满满，表示今后将继续关注广东，关注粤港澳大湾区建设，向海外讲好中国故事、广东故事。

【举办广东省侨联港澳地区顾问和委员座谈会】为发挥广东省侨联港澳顾问和委员作用，助力粤港澳大湾区建设，保持港澳地区繁荣稳定，6月1日、7月25日分别在香港和澳门举办部分顾问委员座谈会，广东省侨联主席黎静等会领导与50多名港澳顾问和委员出席活动。与会港澳顾问和委员表示，将努力团结凝聚香港侨界力量，全力支持香港特区政府依法施政，全力做好青年工作，为维护香港长期繁荣稳定、促进民心相通和经济合作、参与推动粤港澳大湾区建设等

6月1日，广东省侨联主席黎静（前排中）与香港地区顾问委员座谈合影

发挥港澳地区顾问和委员应有的作用。

9月24日，“情系南粤·第十一期海外友好社团负责人研讨班”在阳江拓展期间，学员们自发造型庆祝国庆70周年

【举办“情系南粤·第十一期海外友好社团负责人研讨班”】 9月24日—29日，“情系南粤·第十一期海外友好社团负责人研讨班”在广州、阳江、湛江举行。来自马来西亚、泰国、德国、意大利、美国、加拿大、澳大利亚等21个国家和地区的45名友好社团负责人参加活动。

【苏里南·中国“血脉相连”寻根团访粤】 应广东省侨联邀请，12月3日—9日，苏里南·中国“血脉相连”寻根团一行16人在广东广州、东莞、深圳等地访问考察。该团由苏里南华侨华人社团联合总会会长暨中华会馆会长李学雄率领，团员包括苏里南前教育部长李火秀、前警察总局局长安东里奥·陈等华裔政要。在粤期间，广东省侨联主席黎静、副主席戴文威会见该团。

苏里南前警察总局局长安东里奥·陈在东莞寻根

【举行第十届世界广东同乡联谊大会第一次常务理事会】 10月25日，第十届世界广东同乡联谊大会暨第四届世界广东华人华侨青年大会第一次常务理事会议在伦敦举行。“世粤联会”常务理事单位负责人出席会议。会议审议并一致通过《世界广东同乡联谊大会简章修订案》。根据修订后的简章，“世粤联会”由广东省侨联推动主办，广东省侨联主席黎静担任“世粤联会”常务理事会主席，大会常设秘书处设在广东省侨联。

10月25日，第十届世粤联会第一次常务理事会会议代表合影

【开展海外侨情调研】 2019年，广东省侨联组织5个出访团组，分别前往日本、韩国、塞班、阿根廷、智利、英国、德国、冰岛、澳大利亚、新西兰、斐济、马来西亚、捷克、匈牙利等14个国家和地区开展侨情调研，拜访侨团侨胞，重点调研了新侨、华裔新生代、华人参政议政、侨团和谐建设等情况，并出席相关大型恳亲活动。其中，塞班、冰岛为广东省侨联首次组团出访地区，有效拓展了对外联络面。全年赴港澳共32批次，其中香港24批，澳门8批次，拜访港澳重点侨社团，看望港澳知名侨领，出席港澳侨界重大活动，广泛团结凝聚港澳侨界力量，为维护港澳地区长期繁荣稳定发挥了积极作用。

8 月 7 日，省侨联副主席戴文威（中）率团访问智利

【举办 2019（首期）海外青年华商研习活动】8 月 21 日，由广东省侨联主办、广东国际华商会协办的 2019（首期）海外青年华商研习活动在广州举行。省侨联党组书记、主席黎静出席开班仪式并作侨情报告，省侨联党组成员、副主席李丰主持开班仪式并作动员讲话，华南理工大学副校长朱敏在开班仪式上致辞。来自 25 个国家和地区的 45 位优秀青年华商齐聚华南理工大学，共同学习和交流。

9 月 8 日，省侨联主席黎静出席 2019 海外华商南粤行第二期活动

8 月 21 日，省侨联主席黎静出席 2019 海外青年华商研习活动开班仪式

【举办“海外华商南粤行”系列活动】5 月 29 日，马来西亚柔佛州与粤港澳地区（广州）经贸和投资推介会在广州举行，该活动是 2019 海外华商南粤行——“一带一路”经贸合作系列交流活动之一，海外华商南粤行马来西亚新山中华总商会考察团在粤港澳大湾区城市广州、深圳、佛山、惠州等地开展商务考察和合作洽谈。8 月 24 日—27 日，由广东省侨联主办、广东国际华商会协办的 2019“海外华商南粤行”（第二期）考察团赴汕尾、东莞、惠州开展经贸投资考察和交流。省侨联党组书记、主席黎静，省侨联党组成员、副主席李丰出席了活动。

【开展广东省基层侨联建设大调研】从 4 月起，广东省侨联主席黎静等先后前往全省 17 个地级市开展基层侨联建设调研。通过召开座谈会、现场调研、个别访问等方式，深入到街道、社区、乡村、社团、学校、企业等，实地了解基层侨联建设状况，撰写了《广东省基层侨联建设调研报告》，研究出台了《广东省侨联贯彻〈关于新时代加强基层侨联建设的指导意见〉实施办法》。深入推进侨联改革，全省基层侨联组织超过 8000 个，约占全国的 1/3，形成了省、市、县（市、区）、乡镇（街道）、村居（社区）、村小组六级侨联组织网络。深入推动“侨胞之家”建设，截至 2019 年 12 月底，全省共建成“侨胞之家”1678 个。继续推进侨联机构改革职能、经费划转有关工作，全省有 19 个地市侨联承接了市侨务局海外联谊职能并对内设机构作相应调整，12 个地市侨联增加了编制，8 个地市侨联增加了工作经费。

开展“侨爱心—送温暖医疗队”义诊活动

【举办首届“依法维侨·法治沙龙”活动】9 月 11 日，由广东省侨联法顾委主办、广州市南沙区侨联承办的首届“依法维侨·法治沙龙”活动在广州市南沙区香江国际科创中心举行。省侨联党组成员、副主席戴文威及来自省公安厅出入境管理局、省法学会、省普法办、省律师协会、省国际华商会、省侨界仁爱基金会、省客属海外联谊会、广州市侨联、南沙区工商联等单位负责人和侨资侨属企业代表共 60 余人参加活动。省律师协会房地产与建筑工程法律专业委员会委员朱永胜、傅显扬，省律师协会知识产权法律专业委员会秘书长吴让军，省公安厅出入境管理局主任袁卫等专家做主题演讲，并就近年企业商事案例进行点评分析。在交流环节上，侨资侨属企业家们围绕侨资企业遇到的征地、知识产权、商业合同等问题踊跃提问，向专家寻求解决思路。

9 月 12 日，省侨联副主席戴文威参加首届依法维侨·法治沙龙活动

【举办“侨爱心—送温暖医疗队”义诊活动】10 月 12 日—13 日，2019 年广东省侨联“侨爱心—送温暖医疗队”义诊活动在省侨联对口扶贫点——揭阳市惠来县山栗村举行，广东省侨联副主席戴文威参加了义诊活动。根据当地村民实际健康需求，由中山大学附属医院、广州中医药大学附属医院、广东省人民医院、德仁口腔、广州牛氏中医骨伤专科医院的教授专家组成义诊队伍，专业涵盖神经外科、外科、口腔科、全科、骨科以及中医针灸等。德仁口腔防治所派出省内第一台最大的流动牙防车，为山栗村小学生进行儿童六龄齿窝沟封闭及开展牙病防治健康讲座，并由爱心企业广东康绿宝科技有限公司向孩子们赠送了儿童专用牙膏牙刷。医疗队还向村民发放了健康科普宣传资料 8 种共计 1600 多份。

【举办广东省基层侨联干部培训班】10 月 22 日，2019 年广东省基层侨联干部培训班在暨南大学华文学院正式开班，来自全省县（区）以下基层侨联

10 月 22 日，广东省基层侨联干部培训班在暨南大学华文学院开班

干部、涉侨社团组织骨干、“侨胞之家”负责人近80人参加培训。重点学习习近平新时代中国特色社会主义思想，深化“不忘初心、牢记使命”主题教育，认真贯彻落实习近平总书记视察广东时的重要讲话精神和关于侨务工作的重要论述，贯彻落实中国侨联《关于新时代加强基层侨联建设的指导意见》。通过集中学习、现场教学和分组讨论、集中交流等方式，进一步提升各级侨联干部的政治理论素养、履职尽责能力、为侨服务水平，在更高层次上推动广东基层侨联建设高标准、高质量发展，更好地服务粤港澳大湾区建设。

【开展侨界公益慈善事业】2019年，广东省侨联以省侨界仁爱基金会为平台，共筹集418万元现金和价值64.8万元的御寒冬衣，用于开展扶贫济困、奖教奖学助学、慰问河源、梅州两地受水灾影响归侨侨眷、春节前全省开展“迎新春、送温暖”活动、开展魏基成慈善列车冬衣捐赠活动、助力华侨冰雪博物馆建设、开展华裔青少年夏令营等多个公益慈善项目。在省侨联指导下，基金会自2017年开展第一期筹款、历时3年建设的英德市英红镇博物馆及主题雕塑文化建设项目顺利竣工并正式对外开放，该馆集中反映了英红侨文化、茶文化、知青文化。

【举办第五届华人华侨产业交易会和首届粤港澳大湾区侨商论坛】8月13日—15日，由深圳市侨商智库研究院联合海内外200多家社团、商协会共同主办的第五届华人华侨产业交易会在深圳会展中心举行。据组委会统计，此次展会吸引了来自全球20个国家和地区的518家海内外展商参展，吸引了超5万人观展。中国侨联副主席李波出席开幕式，高度评价侨交会发挥广大侨胞作用，促进互联互通，引导广大华侨华人积极投身祖（籍）国改革开放和社会主义现代化建设，促进中国同世界各国的文化、经贸交流，在海内外侨界产生了良好影响。8月12日，展会开幕前一天，首届粤港澳大湾区侨商论坛在深圳会展中心举行。论坛以“深度合作　高质发展”为主题，邀请了中国经济体制改革研究会副会长樊纲、国家发改委原副秘书长范恒山、香港中华总商会会长蔡冠深等24位专家学者、知名企业家围绕“国家城市化发展战略与粤港澳大湾区建设”主题分别作高质量主旨演讲。同时，特别选取了“规划衔接、要素流动、营造优质生活圈”三个专题，分为三个平行论坛进行对话，旨在多层次、多维度解读《粤港澳大湾区发展规划纲要》，整合深港澳资源形成跨界共识，探索搭建政界、商界、学界、侨界沟通交流的互通平台。海内外67个城市的1500多名知名企业家、各界社会精英及粤港澳大湾区城市群侨联组织、涉侨社团代表参加论坛及有关活动，掀起了一场汇聚全球侨智侨力聚焦“一带一路”和粤港澳大湾区建设的头脑风暴。

【惠州市侨联承办第十届世界惠州（府署）同乡恳亲大会】11月28日—30日，第十届世界惠州（府署）同乡恳亲大会在惠州市举办。本届世惠会以“一带一路谋发展，四海一心惠州情”为主题，以“联络乡谊、洽谈经贸、促进发展、共创繁荣”为宗旨，以“留住惠属乡亲的心、留下惠州的美好记忆”为愿景。中国侨联副主席、广东省侨联主席黎静出席活动并在开幕式上致辞，深圳市、东莞市、汕尾市、河源市、新丰县有关负责同志和来自全球22个国家和地区的700多人（其中海外侨胞、港澳台同胞558

8月13日，深圳举办第五届华人华侨产业交易会，省侨联主席黎静（前排右三）出席开幕式

11 月 29 日，惠州举办第十届世惠会

名）出席大会开幕式。活动期间还举办了“岭东雄郡、千年惠州”图片展，展示惠州（府署）地区历史、华侨华人参与支持惠州建设情况；举办了富含各地人文特色的文艺文化交流演出；以“美丽惠州行”的方式组织与会海外嘉宾赴各县（区）实地参观；组织了“激发新动力·助力大湾区”青年创新创业交流会等活动。本届世惠会规格高、影响大、反响好，被誉为很具惠州特色、最有客家味道、非常感人至深的一届盛会。

【举办首届江门侨界运动会】 2019 年 11 月，江门市侨联主办、江门侨青会承办以“亲情中华 律动江门”为主题的“2019 首届江门侨界运动会”，来自美国、加拿大、委内瑞拉、智利、墨西哥、英国、法国、挪威、伯利兹、比利时、泰国、新加坡、日本、斐济、澳大利亚、新西兰等 30 多个国家的海外侨胞代表，以及粤港澳大湾区“9+2”城市侨青代表 500 多人参会，规格高，影响大，安全有序，欢乐祥和。通过侨界运动会，增强了交流合作，凝聚了侨界力量。

【举办“文化同根　中华同梦——2019 年华人华侨（中山）征文系列比赛”】 2019 年 7 月—9 月，广东省侨联、中山市侨联、中山市文联、中山日报报业集团、致公党中山市委员会、香港侨界社团联会、澳门归侨总会、大中华文化全球协会联合主办了“2019 年华人华侨（中山）征文系列比赛”，共同搭建海内外中华儿女的文化交流平台。该活动连续第六年举办，2019 年度以“文化同根，中华同梦”“立足大湾区，歌颂新时代、新中国”“庆祝澳门回归 20 周年”为主题，全国多个省市，澳大利亚、马来西亚、阿尔巴尼亚、中国香港、中国澳门等国家和地区的作者踊跃投稿，共收到 1060 篇参赛作品。颁奖典礼在“庆祝澳门回归 20 周年——华人华侨聚濠江”闭幕式上举办。组织中山、香港、澳门、马来西亚等获奖作者重走孙中山在澳门的足迹，促进多元文化交流，大力弘扬中华文化、孙中山文化，涵养新侨资源。

“文化同根 中华同梦——2019 年华人华侨（中山）征文系列比赛”颁奖典礼

2019 年 11 月，举办 2019 首届江门侨界运动会

广西壮族自治区归国华侨联合会

【领导成员名单】

党组书记、主席：谭　斌

专职副主席：廖志刚　林振龙

兼职副主席：陈洁英（女）　肖开宁　杨志光　赖郁尘　丘陆嵩（女）　李昌富　汤玉婵（女）

挂任副主席：潘伟红（女）

秘书长：李开伟

【综述】2019年，广西壮族自治区侨联在自治区党委坚强领导和中国侨联的大力支持下，坚持以习近平新时代中国特色社会主义思想为统领，全面贯彻党的十九大和十九届二中、三中、四中全会精神，深入学习贯彻习近平总书记关于群团工作和侨务工作的重要论述，增强“四个意识”、坚定“四个自信”、做到“两个维护”，坚持稳中求进，全面落实中国侨联“十代会”部署，突出“两个并重”“两个拓展”，推动“两个建设”，用好“两项机制”，围绕保持和增强政治性、先进性、群众性，全面履行职能，认真落实“不忘初心、牢记使命”主题教育和配合自治区党委巡视两项政治任务，持续解放思想、改革创新、扩大开放、担当实干，进一步凝侨心、聚侨力、汇侨智，政治站位有新提高，服务大局有新成效，提质增效有新突破，自身建设有新风貌，为建设壮美广西、共圆中华民族伟大复兴梦想作出新的贡献。

纪念南洋华侨机工回国抗战80周年系列活动南宁专场演出

【加强侨界群众思想政治引领】广西侨联挖掘信息传播的新形式、新做法，发挥融媒体优势讲好中国故事和广西故事，认真抓好宣传思想和意识形态工作，生动宣传侨界爱国报国先进典型，团结老侨，激励新侨，在聚侨心上下足功夫。借助公众号、微信群、官方网站、短视频平台，向广大海外侨胞和归侨侨眷积极宣传中央精神和大政方针，做好政治引领工作。深化中国梦宣传教育，引导海外桂籍侨社团制作大联唱《我和我的祖国》微视频，把《我和我的祖国》确定为华裔青少年“中国寻根之旅”夏（冬）令营必教必唱歌曲，起到很好的团结凝聚作用。借助红色资源打好侨牌，开展庆祝新中国成立70周年暨侨界青年爱国主义教育活动。会同南宁市侨联举办纪念南洋华侨机工回国抗战80周年系列活动，宣传南洋机工的爱国爱乡英勇事迹。

【开展“不忘初心、牢记使命”主题教育】广西壮族自治区侨联紧扣“十二字”总要求和“五句话”目标，一体推进四项重点措施，努力做到“四个到位”，实现了主题教育规定动作不走样，自选动作有特色和亮点。党组切实担起主体责任，发挥理论学习中心组和党支部组织生活

6月10日，“不忘初心、牢记使命”主题教育集中学习会现场

会示范作用，积极带头学，坚持读原著，学原文，勤思考，组织机关全体党员、处级以上干部开展了15次集中学习和5次专题研讨；深入到全区14个市的县级侨联组织及部分高校、农垦系统农场、林业系统林场开展调研，及时发现、解决问题，形成推动侨联事业高质量发展的措施。如解决了长期以来部分市（县、区）基层侨联组织有岗无人的情况；落实15个“中国寻根之旅”夏（冬）令营项目，来自11个国家和地区的814名海外华裔青少年到广西参加夏（冬）令营；免费为玉林市陆川县49名骨病患者现场筛查诊疗；破解历史遗留难题，主管的社团广西越柬老归侨联谊会、法律顾问委员会顺利完成换届；深入37个县（市、区）督促指导侨联组织换届工作。

1月6日—8日，万立骏主席（左一）在广西南宁慰问侨界群众并调研

【全面整改落实巡视反馈问题】 4月1日—7月31日，广西壮族自治区党委第二巡视组对广西侨联党组开展巡视，自治区侨联党组深入学习领会习近平总书记关于巡视工作的重要讲话和指示批示精神，对照党章党规党纪，对照党的路线方针政策和党中央重大决策部署，对照广西侨联职责使命，以高度的政治责任感、严肃的态度认真对待、积极配合巡视工作。以“巡视整改不到位，就是对党不忠诚、对人民不负责”的政治自觉，按照自治区党委巡视整改工作部署要求，深入查找政治偏差，检视和反思侨联落实从严治党战略部署，落实新时代党的组织路线，落实巡视、主题教育、上一轮巡视整改等方面存在的不足和问题，加强组织领导，深入剖析原因，提出改进思路，边巡边改、立行立改。9月初巡视组反馈了巡视情况，提出了整改意见建议。自治区侨联党组严肃对待、诚恳接受，提高政治站位，强化政治担当，认真对照反馈意见，研究制定整改方案，落实整改责任，加强督促检查，狠抓工作落实，巡视组反馈的5大类14个方面的问题已全部整改到位。

【万立骏主席赴广西南宁慰问侨界群众并调研】 1月6日—8日，中国侨联党组书记、主席万立骏赴广西南宁调研，走访正培侨胞之家、武鸣华侨农场，慰问侨界群众，给大家送上新年祝福，到省侨联看望机关干部，了解各部室工作情况，在广西—东盟经济技术开发区管理委员会（与武鸣华侨农场、南宁华侨投资区管委会“三块牌子一套人马”）召开自治区、南宁市、开发区侨联负责同志和侨眷代表座谈会，就如何发挥侨界作用、加强基层建设、深化侨联改革、服务侨界群众等进行调研。万立骏强调，要贯彻习近平总书记关于侨务工作的重要论述，落实“十代会”部署，聚侨心、引侨资、汇侨力、抓党建、强基层，增强政治性、先进性、群众性，团结动员广大归侨侨眷和海外侨胞，勇做追梦人，建功新时代，共圆中国梦。调研期间，万立骏与广西壮族自治区党委常委、南宁市委书记王小东，自治区党委常委、统战部部长徐绍川就发挥侨界作用、加强侨联工作进行了交流。中国侨联顾问、中国侨商联合会会长许荣茂，中国侨联基层建设部部长张毅，经济科技部巡视员、中国侨商联合会秘书长安晨，自治区侨联党组书记、主席谭斌等参加有关活动。

【倾力打造壮乡文化交流品牌】 广西侨联打造“广西三月三·乡音播全球”壮乡文化交流品牌，做好顶层设计和谋划，引导支持海外桂籍侨社团举办“广西三月三·乡音播全球”文化艺术交流系列活动，传播中华优秀文化和壮乡文化，展示广西各民族和睦相处、和谐发展美好局面，

4 月 15 日，在日本冲绳进行“广西三月三・乡音播全球”壮乡文化交流演出首演

向世界发出广西声音，讲好广西故事。引导海外桂籍侨社团先后在日本、英国、美国等 14 个国家和地区举办了 21 场“广西三月三・乡音播全球”活动，用文化交流活动形式诠释了广西“三月三”文化内涵。

【推动海内外文化交流互鉴】广西侨联承办了 15 期 2019 年“中国寻根之旅”夏（冬）令营活动，人数、次数分别比上一年度增加 7.5 和 10 倍，邀请共计 814 名海外华裔青少年回到广西交流学习，感受广西深厚的历史文化底蕴。通过参加系列活动，营员更加深入地了解中国，感悟中华优秀文化，增进对故乡故土的热爱和对中华民族的认同。广西华侨学校、东兴市华侨学校、贺州黄姚古镇被中国侨联确认为第 7 批“中国华侨国际文化交流基地”，为深入挖掘广西壮乡特色文化，宣传引导、推进华文教育等提供了平台和抓手，对全区传承和传播中华优秀文化起到积极的促进作用。联合中国侨联、防城港市委市政府在东兴市成功举办“亲情中华・欢聚防城港”文艺演出，给边境侨乡带来了精彩的文化盛宴，共同庆祝新中国 70 周年华诞。

12 月 20 日，2019 年青少年“寻根之旅”广西百色冬令营活动现场

【请进来重点办好主场活动】2019 年广西侨联共接待海外侨领、侨团、侨界知名人士访问团 29 批次 258 人，国内侨界访问团 3 批次 21 人。参加以“携手拥抱新时代・合力共圆中国梦”为主题的世界广西妇女联谊总会成立 10 周年系列庆祝活动，礼赞新中国成立 70 周年。顺利举办庆祝新中国成立 70 周年暨海外（港澳台）侨胞

4 月 3 日，在防城港东兴市举办“亲情中华・欢聚防城港”文艺演出现场

在珠海举办香港委员、顾问座谈会

故乡行、庆祝新中国成立70周年暨港澳委员顾问活动周活动，承办首届“一带一路”侨商侨领交流合作大会、“海外侨胞与‘一带一路’建设研讨会”，组织召开港澳委员、顾问座谈会等。通过突破地域空间的联谊方式，增进了解，加深情谊，广交新朋友、深交老朋友。

【走出去大力支持客场联谊】4月16日，广西侨联统筹指导的第19届世桂联大会在日本冲绳圆满召开，来自世界30多个国家和地区近400名桂籍社团侨领、乡亲代表欢聚一堂，凝心聚力促奋进。大会以“开放·合作·共赢”为主题，设置“商务论坛”“文化交流”等系列主题活动。广西壮族自治区政协主席蓝天立、各级侨联工作者应邀参加大会。大会气氛热烈，受到与会代表和嘉宾的高度赞扬。组团参加在英国举办的第十五届世界华商大会，开展侨情调研，加强与英国侨社团及各界人士接触、交流，增进感情；组团参加在美国洛杉矶举办的第六届世界钦廉灵防乡团恳亲大会，与来自世界各地的钦廉灵防乡亲开展联谊，共叙乡情友情，商谈合作。

【承办世界桂商暨商会经贸文化交流合作大会】1月6日—8日，由广西壮族自治区党委、政府主办，广西壮族自治区侨联等承办的2019年世界桂商暨商会经贸文化交流合作大会在南宁举行。自治区党委书记、自治区人大常委会主任鹿心社，中国侨联党组书记、主席万立骏，全国工商联副主席陈放致辞。万立骏代表中国侨联向大会的举行表示祝贺。中国侨联顾问、中国侨商联合会会长许荣茂，中国侨联基层建设部部长张毅，经济科技部巡视员、中国侨商联合会秘书长安晨，自治区侨联党组书记、主席谭斌

1月7日，中国侨联党组书记、主席万立骏在2019年世界桂商暨商会经贸文化交流合作大会上致辞

4月16日，自治区侨联主席谭斌带团赴日本出席第19届世桂联大会时合影

等参加有关活动。其间，万立骏主席走访自治区侨联机关，到正培侨胞之家、武鸣华侨农场慰问侨界群众，就如何发挥侨界作用、加强基层建设、深化侨联改革、服务侨界群众等进行调研。

【筹备好首届“一带一路”侨商侨领交流合作大会】9月16日—18日，由致公党中央、中国侨联、广西壮族自治区人

9 月 17 日，在南宁召开首届"'一带一路'侨商侨领交流合作大会"

民政府共同主办，自治区侨联等承办的首届"一带一路"侨商侨领交流合作大会在南宁举行，大会以"弘扬丝路精神　共同合作发展"为主题，来自全球 66 个国家和地区的近千名海内外侨商侨领参加大会。中国侨联副主席朱奕龙出席开幕式并致辞，广西壮族自治区党委常委、统战部部长徐绍川主持开幕式。大会开幕式举行了项目签约仪式，共签订 23 个投资合作项目，合同投资金额达 242.37 亿元。大会期间还举办共建共享西部陆海新通道凤凰卫视专题论坛、广西投资政策和营商环境专题会议、经贸文化交流合作项目洽谈会、"一带一路"侨界代表人士专题会议和项目考察等活动。

【举办"创业中华—华商八桂行　玉林新发展"活动】9 月 18 日—20 日，由中国侨商联合会、广西壮族自治区侨联和玉林市委市政府共同主办的"创业中华—华商八桂行　玉林新发展"活动在玉林举行。中国侨商联合会会长、世茂集团董事局主席许荣茂，自治区侨联主席谭斌，玉林市委书记、市人大常委会主任黄海昆出席活动。活动期间，投资 20 亿元的陆川县特色教育文化科技产业园建设项目、投资 3 亿元的美豹电动车项目、投资 1.2 亿元的广西容县贡果沙田柚深加工项目、投资 1.14 亿元的北流市桃花源家具有限公司生产线项目、投资 9000 万元的家具五金配件精密五金配件及家具生产项目、投资 3000 万元的螺蛳粉系列产品研发及生产项目在会上签约，这些签约项目分别由加拿大、澳大利亚、马来西亚等华商投资。

5 月 9 日，自治区侨联党组书记、主席谭斌一行走访华商企业贺州华润环经济 产业示范区

【服务华商有新亮点】2019 年，广西侨联开展服务华商企业年活动，先后走访 40 多家驻桂华商企业，了解经营状况，积极向有关单位、部门反映协助解决生产经营等难题。开展侨界专家服务基层活动，组织侨界专家与地方政府、华商企业对接，实现技术推广和成果转化。举办"桂企东盟行·柬埔寨商务与投资推介会""桂企东盟行·走进柬埔寨和老挝"活动，为海外华商来桂投资穿针引线，引荐美国侨商考察柳州汽车生产企业，洽

9 月 19 日，在玉林市举行"创业中华—华商八桂行 玉林新发展"投资推介会

“桂企东盟行·走进柬埔寨”活动期间出访团与柬埔寨广西商会等合影留念

谈汽车零部件出口业务，达成合作协议。为新西兰中国贸易促进会与广西贸易促进会签订合作协议做好服务。组织指导华商会举办系列服务华商企业活动，邀请国泰君安产业研究院院长、国泰君安金融学院副执行院长刘兵军举办《中国经济转型困境与企业发展新机遇》讲座，为华商企业投资发展提供参考。

【参政议政服务社会有新成果】2019 年，广西侨联发挥侨界人大代表、政协委员职能和作用，围绕侨界群众重点难点问题，积极参政议政，通过多种渠道服务社会发展，自治区级侨界人大代表和政协委员共提出涉侨建议 3 条；侨界全国人大代表提出解决华侨参保问题的建议得到国家人社部的高度重视，专程派人到广西座谈了解情况，研究办理意见。依法维护侨界群众合法权益，参与协调、化解涉侨纠纷，全年共办结涉侨信访件 13 件。开展好涉侨纠纷多元化解试点（容县、防城区），得到中国侨联法顾委的充分肯定。防城港市侨联《关于拆除广西东兴市北仑河沿岸国防隔离栏的建议》、崇左市侨联《关于广西龙州县中越边境贸易面临的 4 个问题》两条侨情信息被中国侨联采用，所反映问题引起上级重视。

【扶危济困助力脱贫有新作为】广西侨联组织侨联青委会会员 30 多人赴兴业县开展助力经济发展、扶贫助困活动，争取到浙江新华爱心教育基金会新实施教育扶贫公益项目“捡回珍珠计划”9 个班、金额 110 多万元。在广西贵港市平南县组织开展“广西三月三·乡音播全球”公益活动，达成多项合作项目，助力平南县提升现代医疗服务水平；用医疗机构公益基金对南宁市第一人民医院、广西国际壮医医院、自治区人民医院、来宾市人民医院等 7 家医院捐赠 170 万元善款，助力解决老百姓看病难问题；与广西南宁恩睿医疗咨询有限公司合作设立 100 万元“用心呵护生命·关注骨骼健康”专项扶贫基金，帮扶全区贫困骨病患者，减轻城乡贫困患者医疗负担。争取到中国侨联侨务资金 10 万元，为贫困患者开展骨病筛查、诊疗和资金帮扶公益活动。

组织广西侨界青年赴兴业县开展助力经济发展、扶贫助困活动时召开座谈会现场

在广西贵港市平南县组织开展“广西三月三·乡音播全球”公益晚会活动现场

到广西玉林、桂林、贺州等地贫困小学开展“冬季温暖包”迎新春送温暖公益活动；到玉林市陆川县马坡镇东西小学举办“新时代好少年”爱心捐书活动，捐赠图书、电脑及学习用品等物资；与河池市环江县政协、环江县教育局联合开展了“共筑梦想·爱在环江”教育圆梦计划，累计资助贫困学童441人，合计捐助人民币103.87万元。

在重点侨乡玉林市容县举办2019年全区基层侨联组织工作交流会现场

【侨胞之家建设有成效】 2019年，广西侨联投入侨务资金16万元用于推动“侨胞之家”建设工作深入开展，全区各级基层侨联组织已建成“侨胞之家”130多个，服务侨界群众的能力进一步加强。开展广西“网上侨胞之家”建设，为广大侨界群众获取信息和帮助提供便利。其中，玉林市积极推动“侨胞之家”建设，全市“侨胞之家”总数达32家，数量继续在全区处于领先，其中在松山镇寻阳土地股份专业合作社和陆川县珊罗镇商会成立的“侨胞之家”，为全区创新基层侨联组织建设作出有益探索。

8月26日，广西区侨联赴安徽与安徽省侨联召开工作交流座谈会

【着力提升侨联干部素质】 广西侨联争取到中国侨联侨务资金支持58.5万元，加强侨联干部思想政治和业务能力培训，提高培训质量。办好2019年全区基层侨联干部培训班、广西侨联常委和中国侨联（广西）委员党性教育专题培训班、5期“侨爱心—归侨眷技能培训班”、2期华侨农林场培训班，以及侨情专报信息培训班等，培养和提高侨联干部综合素质能力，为全区提升服务基层侨众能力提供保障。在重点侨乡玉林市容县举办2019年全区基层侨联组织工作交流会，组织各市侨联负责人赴安徽、江苏省开展联谊考察学习及交流活动。先后组织财务、后勤有关人员到相关兄弟单位学习业务经验，对标先进，改进工作。

党性教育培训班在陕西梁家河延安侨联成立旧址合影留念

【治理能力现代化有新举措】 2019年，广西侨联开展“解放思想、改革创新、扩大开放、担当实干”大讨论，查找能力不足等方面的问题，加强学习，补齐短板。结合“不忘初心 牢记使命”主题教育、华商企业服务年活动，下沉基层开展调研，帮助协调解决侨界困难

问题。开展岗位轮换，优化人事安排，将责任、职责、任务落实到个人，增强担当意识。有计划、有目的地在重大工作、重要事项中锤炼干部，加强侨联干部实践锻炼。修订完善涉及公文、财务、行政、外事、维权、人事、党建、廉政、社团等领域在内的制度规定超 90 项，提高制度执行力，强化督查问效。继续优化机关人员岗位和职责，转变机关作风，提高工作效率。进一步优化门户网站设置，实施网页改版升级，加强信息采集发布工作，丰富网站专题内容，推进侨联公众号、微信平台的建设和管控。加强网络安全和信息化工作建设，完善信息发布审核程序。

【防城港市侨联承办“五洲筑梦—2019 世界华侨防城港（东兴）联谊大会”】 4 月 3 日—4 日，由广西壮族自治区侨联、防城港市委市政府主办，防城港市侨联等单位承办的“五洲筑梦—海外华侨华人防城港（东兴）联谊大会”和“海外侨胞与‘一带一路’建设研讨会”在东兴举行，来自美国、新加坡、澳大利亚、泰国、马来西亚等 30 多个国家共 500 多位华侨华人齐聚一堂，共叙友谊，共谋合作。广西政协副主席、工商联主席磨长英，中国侨联副主席齐全胜，中国侨联文化交流部副部长邢砚庄，广西侨联党组书记、主席谭斌，以及防城港市、东兴市有关领导和侨胞代表出席大会。齐全胜对联谊大会的举办给予肯定，他指出，广大侨胞的事业与祖国、与广西、防城港的发展同频共振，要把握机遇发展自身事业，为国家、为广西和防城港的发展作出新贡献；广大海外侨胞要运用自身优势和条件，讲述好中国故事、传播好中国声音，牢记中华民族的共同心愿和使命，传承中国文化，为更加美好的中国、更加美好的华人社会和更加美好的世界携手奋斗。大会期间进行了“一带一路”西部陆海新通道商会战略合作框架协议、东兴华侨特色小镇项目的签约仪式。这两个协议的成功签订，为防城港、东兴与东盟国家搭建了西部陆海新通道建设的桥梁和纽带，拓宽了防城港和东兴实施对外开放、推动国际合作共赢的新途径，也是海外侨胞回报家乡的一次具体行动。

【广西华侨学校侨联用心用情开创侨联工作新局面】 广西华侨学校侨联投入近 30 万元建设广西华侨学校“侨胞之家”，目前项目已开工建设。被中国侨联确认为第 7 批“中国华侨国际文化交流基地”。承办 12 期 2019 海外华裔青少年“寻根之旅”夏（冬）令营。来自澳大利亚、新西兰、老挝、马来西亚、印尼、泰国、柬埔寨、德国等 8 个国家 713 名华裔青少年参加了活动，办营过程中不断学习引进非遗民族特色美食和表演壮乡特色文体节目，打造壮乡特色文化品牌（“壮美乡音”中外学生联谊活动），丰富办营的

“五洲筑梦—海外华侨华人防城港（东兴）联谊大会”现场

广西华侨学校举办归侨侨眷迎新联谊会现场

内容，深受营员的喜爱。通过举办归侨侨眷迎新联谊会、中国—东盟美食厨艺大赛、中医养生讲座、归侨侨眷民俗文化户外体验等活动，丰富归侨侨眷生活。共关爱慰问 16 位生病住院、困难归侨侨眷，送出慰问金 9600 元，把组织的温暖送到每一位困难归侨侨眷手中。积极参加各种联谊活动，组织归侨侨眷 10 多批次参加自治区侨联、高校侨联组织的各种联谊活动，接待海内外侨团 20 多批次，扩大朋友圈，增进与侨界的沟通和联系。

【玉林市侨联先行先试依法维护侨益有突破】 根据最高人民法院、中国侨联《关于在部分地区开展涉侨纠纷多元化解试点工作的意见》部署，玉林市侨联在重点侨乡容县先行开展涉侨纠纷多元化解试点工作。先后成立容县侨联涉侨纠纷人民调解委员会、容县人民法院涉侨巡回法庭及驻村工作站，探索完善具有地域性特色的涉侨纠纷多元化解机制，打造便民化、高效化、信息化、机动化、专属化特色调解服务。2019 年涉侨纠纷人民调解委员会、涉侨巡回法庭接受咨询 56 人次，受理涉侨案件 20 多起，诉前委派调解 6 起，委托调解 14 起，调解成功率 100%。深入侨资企业提供法律服务 10 多次。11 月 25 日—29 日，中国侨联法顾委主任、最高人民检察院原常务副检察长张耕一行到容县围绕“涉侨案件纠纷多元化解试点工作以及侨界民营企业法律服务需求”开展调研，张耕在座谈中高度评价容县涉侨纠纷多元化解工作，充分肯定“一庭一站”的经验做法，建议广西各级侨联要以党政所需、侨胞所盼为导向，在认真总结好前一阶段试点工作经验的基础上拓展创新，拓宽联动范围，进一步加强与公、检、法、司等部门联系，探索形成可供参考、可以推广的试点经验成果。

中国侨联法顾委主任张耕（左二）到玉林市容县开展涉侨案件纠纷多元化解试点工作调研

海南省归国华侨联合会

【领导成员名单】

党组书记、主席：黎才旺

专职副主席：王小玉（女，2019 年 8 月不再担任）

苏　燕（女，2019 年 8 月任党组成员，12 月当选）

兼职副主席：李桂英（女）　陈文培　陈达繁　林　旭　欧曼琛　韩　电

秘书长：潘建雄（2019 年 8 月不再担任）

党组成员：李　诚（2019 年 12 月任职）

【综述】2019 年，海南省各级侨联组织深入学习宣传贯彻习近平新时代中国特色社会主义思想和党的十九大精神，持续学习贯彻习近平总书记在庆祝海南建省办经济特区 30 周年大会上的重要讲话精神，认真贯彻落实全国第十次归侨侨眷代表大会和海南省第六次归侨侨眷代表大会精神，在全省侨联系统扎实开展“不忘初心、牢记使命”主题教育，勇于担当、主动作为，突出政治引领，全面推动习近平新时代中国特色社会主义思想在海南侨界落地生根；突出侨的独特优势，在服务海南新一轮改革开放和海南自由贸易区（港）建设中发挥积极作用；突出党建带侨建，不断加强自身建设，提高为侨服务能力，推动侨联工作向前发展。

【李波副主席来琼调研基层组织建设】4 月 1 日—3 日，中国侨联副主席李波率中国侨联调研组来海南，就贯彻落实《关于新时代加强基层侨联组织建设的指导意见》的情况、基层侨联组织建设情况等内容开展调研。4 月 2 日，调研组一行在三亚市出席海南省侨联基层组织建设座谈会。会上，海南省侨联主席黎才旺从海南省侨联基层组织建设基本情况、主要做法、存在问题、下一步工作思路等方面作了汇报。中国侨联基层建设部部长张毅对《关于新时代加强基层侨联组织建设的指导意见》进行了解读。李波对海南省侨联基层组织近年来的建设给予了充分肯定，并从做好规划、因地制宜等四个方面提出具体要求。调研期间，海南省委常委、三亚市委书记童道驰会见了李波一行，双方就 2019 年三亚华人华侨投资暨创新创业洽谈会、侨联基层组织建设相关事宜进行交流。调研组还深入三亚华侨学校、三亚南繁基地水稻国家公园、林达鸿港市场等地进行调研。

4 月 2 日，中国侨联副主席李波（右二）一行在三亚市林达鸿港市场调研

5 月 31 日，2019 三亚华人华侨投资暨创新创业洽谈会在三亚开幕

【邵旭军副主席出席 2019 三亚华人华侨投资暨创新创业洽谈会】5 月 31 日，2019 三亚华人华侨投资暨创新创业洽谈会在三亚开幕。大会以“聚集侨力、共享机遇，助推海南自由贸易区（港）建设”为主题。来自 30 多个国家和地区的近千名华人华侨，以及省内外嘉宾、企业代表参会，围绕海南重点产业、三亚城市新发展共话交流合作。中国侨联副主席、中央和国家机关侨联主席邵旭军出席开幕式并致辞，她希望侨胞把华洽会作为全面重新认识海南的一个窗口，找到海南发展与自身事业发展的契合点，参与海南自由贸易区（港）建设，在互惠合作中实现自身事业的更大发展；希望参会嘉宾广泛宣传华洽会，让更多华人华侨了解三亚、爱上三亚、投资三亚；希望海南各级政府关心、关注、重视华人华侨在海南的发展，为华人华侨参与海南建设创造良好环境、提供政策支持。其间，邵旭军一行调研考察了三亚华侨学校和三亚新鸿港国际商品交易中心。

【开展“不忘初心、牢记使命”主题教育】海南省侨联严格按照中央和省委“不忘初心、牢记使命”主题教育的决策部署，认真开展各项活动，积极落实上级各项指示精神。先后召开 8 次领导小组会议，对主题教育作具体部署，以深化理论学习为基础，以抓实调查研究为载体，以深入检视问题为契机，以狠抓整改落实为驱动，对标主题教育“守初心、担使命，找差距、抓落实”的总要求，做到规定动作不走样，自选动作有创新有成效。一是真抓实学。撰写学习研讨文章 17 篇，编印简报 21 期，在海南省侨联媒体平台推送学习文章 100 多篇；班子成员和支部书记上党课 4 次，13 名普通党员讲“微党课”；按照计划，组织了 24 期主题教育“一周一测”理论知识测试，营造浓厚的学习氛围，推动深入学、反复学，学深悟透。二是推动解决问题。深入开展蹲点调研和专题调研 8 次，形成调研报告 3 篇。根据调研，把准问题，力促解决问题，协调有关方面解决儋州市西联农场生活困难归侨的住房改造问题，有效化解了矛盾；帮助澄迈大丰农场侨队解决饮水难问题；推动屯昌县、陵水县成立侨联组织，解决历史遗留问题。三是认真整改。严格按照“四个对照”“四个找一找”要求，深入查摆班子问题并抓紧整改落实。认真组织召开专题教育民主生活会，真枪真刀开展批评和自我批评，取得良好成效。

6 月 19 日，海南省侨联全体党员前往定安县母瑞山革命根据地纪念园开展“不忘初心、牢记使命”主题教育现场体验活动

【召开海南省侨联六届二次全委会】3月12日，海南省侨联六届二次全委会议在海口市召开。海南省侨联主席黎才旺作工作报告，副主席王小玉、李桂英、陈文培、欧曼琛、韩电，秘书长潘建雄出席会议，海南省侨联委员、省侨联下属社团负责人等90多人参加、列席会议。会议传达学习了海南省六届人大二次会议、省政协七届二次会议和中国侨联十届二次全委会议精神；全面回顾2018年全省侨联工作，安排部署2019年重点工作；增补海南省侨联六届委员会委员、常委，增聘省侨联六届委员会海外委员；通报表扬2018年度全省侨联系统信息宣传工作先进集体和先进个人。会议强调，2019年全省各级侨联组织要着力加强思想政治引领，着力围绕中心服务大局，着力加强自身建设，着力加强党的建设，广泛团结凝聚广大归侨侨眷和海外侨胞为海南自由贸易区（港）建设贡献力量，以优异成绩向新中国成立70周年献礼。

3月12日，海南省侨联六届二次全委会议在海口市召开

【召开海南全省侨联主席会议】3月12日，海南省侨联在海口市召开全省侨联主席会议，专题研究2019年海南省侨联工作。海南省侨联主席黎才旺，副主席王小玉、李桂英、陈文培，秘书长潘建雄出席会议。各市县、有关院校、农垦侨联主席等30多人参加了会议。与会人员对照《海南省侨联2019年工作要点》，结合侨联工作实际进行讨论，并从组织建设、队伍建设、维护侨益和海外联谊等方面提出意见和建议。黎才旺表示，海南省侨联将对意见和建议进行梳理归纳，充实到2019年海南省侨联的工作要点中。黎才旺对做好2019年侨联工作提出要求：一是加强党的政治建设，强化思想政治引领。侨联是党领导下的政治组织，要认真履行政治职责，强化思想政治引领，把广大归侨侨眷和海外侨胞最紧密地团结在党的周围，画好侨界团结最大同心圆，为实现中华民族伟大复兴和美好新海南建设做出贡献；二是认真谋划，狠抓落实。围绕中心服务大局，对标海南自由贸易试验区和中国特色自由贸易港建设，认真谋划侨联工作，担当作为、狠抓落实。三是重视自身建设，增强本领能力。扎实推动侨联改革，强化侨联组织建设，努力打造“知侨、懂侨、爱侨、为侨”的侨联干部队伍，推动全省侨联事业更好发展，助力推进海南全面深化改革开放政策落实年工作。

【举办海南侨界庆祝新中国成立70周年联欢晚会等系列活动】9月29日，海南侨界庆祝新中国成立70周年联欢晚会在海口市举行。海南省委副书记李军、中国侨联顾问林明江等出席晚会，来自13个国家和地区的海外社团侨领、嘉宾，以及海南省委统战部等有关部门领导、侨界有关人士代表等400多人参加晚会。海南省侨联主席黎才旺在致辞中表示，新中国成立70年以

9月29日，海南侨界庆祝新中国成立70周年联欢晚会在海口举行

9 月 29 日，海南省委副书记李军（左四）出席海南侨界庆祝新中国成立 70 周年联欢晚会

来，海南广大归侨侨眷和海外侨胞心怀祖国、情系桑梓，发挥了不可或缺的独特作用，为国家和家乡建设作出了积极贡献。海南建设自由贸易区（港）为侨界展现更大作为提供了广阔的舞台和历史机遇。希望广大归侨侨眷和海外侨胞“做中华民族伟大复兴中国梦和美好新海南建设的拥护者践行者，做推动海南全面深化改革开放的参与者共享者，做中华文化走向世界的推动者传播者”，体现侨界共同担当。海南侨界庆祝新中国成立 70 周年系列活动还包括海南自由贸易区（港）专题讲座和《海南华侨》栏目开播 3 周年暨第二届研讨会。该系列活动由海南省侨联主办，海南省华商联谊会承办。

【共同主办第十六届世界海南乡团联谊大会】 11 月 28 日—30 日，以“乡音乡情·共享未来”为主题的第十六届世界海南乡团联谊大会在三亚召开，来自 28 个国家和地区的 3200 多名琼籍乡亲参会。海南省委副书记、省长沈晓明，海南省委常委、三亚市委书记童道驰，海南省委常委、统战部部长肖杰，海南省人大常委会党组副书记、副主任许俊，海南省政协党组副书记、副主席李国梁，中国侨联副主席齐全胜等出席开幕式。沈晓明致辞表示，海南是大家的桑梓之地，血脉之根，一个开放、繁荣、和谐、安宁的故乡是海外游子的坚强后盾；广大琼籍海外乡亲是海南连接世界的重要纽带，也是海南自由贸易港建设的重要力量。海南自由贸易港建设需要 930 万海南人民的参与，也需要 390 万琼籍海外乡亲的参与，做好 930 万和 390 万的加法是推动海南自由贸易港建设的关键之一。诚挚邀请广大琼籍海外乡亲回家乡投资兴业，共享自由贸易港发展的新机遇。中国侨联副主席齐全胜致辞表示，海外侨

11 月 28 日，中国侨联副主席齐全胜出席第 16 届世界海南乡团联谊大会并致辞

11 月 27 日，出席第 16 届世界海南乡团联谊大会的领导、嘉宾合影

省级侨联工作

11 月 27 日，海外琼籍乡亲观看海南自由贸易区（港）建设暨华侨文化图片展

胞是海南发展的重要资源，中国的壮大、家乡的发展也为海外乡亲带来了新荣耀和新机遇。大会议程包含欢迎晚会、开幕式、世界海南侨领圆桌会议、世界海南青年论坛、海南自由贸易区（港）推介活动、海上丝绸之路文化经济论坛、闭幕式和寻根之旅等 10 多个项目。海南省侨联负责制作“海南自由贸易区（港）建设暨华侨文化图片展”、大会宣传片《故乡，永在我心中》和编印大会特刊等。大会由海南海外联谊会、海南省侨联共同主办。

2 月 24 日，舞蹈节目《万泉河》在“亲情中华·欢聚万宁”文艺晚会上演出

【中国侨联“亲情中华·走进侨乡”艺术团来琼演出】 2 月 23 日—24 日，中国侨联“亲情中华·走进侨乡”艺术团首次走进海南，在琼海市、万宁市分别举办慰问演出，近 3000 名观众现场观看演出，还有更多群众通过新华社“现场云”在线欣赏演出直播。晚会节目紧扣主题，突出海南风情文化，既有《我爱你中国》《我的祖国》《绒花》《鸿雁》等弘扬主旋律的经典曲目，又有《我爱五指山，我爱万泉河》《久久不见久久见》以及《万泉河》《渔光途画》等具有浓郁海南文化特色的歌舞表演，获得观众高度赞赏。中国侨联文化交流部部长刘奇在致辞中表示，“亲情中华”第一次走进美丽的海南，与大家共享精彩纷呈的文化盛宴，共同汲取中华文化中的精神力量，助力海南展示中国风范、中国气派、中国形象。

【组织开展“中国寻根之旅”夏（秋、冬）令营活动】 7 月—12 月，海南省侨联首次承办“中国寻根之旅”夏（秋、冬）令营活动，来自美国、加拿大、柬埔寨、泰国、马来西亚、新西兰等 6 个国家的 225 名海外华裔青少年参加了活动。海南省侨联办营注重教学与活动相结合，突出中国传统文化和海南地域义化，重点介绍“一带一路”倡议、海上丝绸之路、人类命运共同体、中国改革开放 40 周年、海南自由贸易区（港）建设、中国及海南的建设发展等

2 月 23 日，“亲情中华·欢聚琼海”文艺晚会在琼海市举办

8 月 10 日，参加“中国寻根之旅”海南夏令营的柬埔寨华裔青少年参观文昌宋氏祖居并放飞和平鸽

12 月 31 日，参加“中国寻根之旅”海南冬令营的新西兰华裔青少年参观三亚小洞天

内容，唤起华裔青少年对中国及海南的热爱及民族自豪感；开设古诗词、书法、水墨画、太极扇、古筝、中国历史地理等文化课；组织参访槟榔谷黎苗族文化风情村、天涯海角景区、博鳌亚洲论坛会址、南海博物馆、文昌航天科普馆、宋氏祖居、海口骑楼老街等独具海南特色的场所，还安排了与当地学生的交流互动环节。半年内共开营 5 期，深受青少年营员们喜爱和欢迎。

【赴马来西亚、印尼开展“亲情中华”文化交流活动】 12 月 9 日—16 日，海南省侨联副主席苏燕率领由中医、书画家等 14 人组成的“亲情中华”文化交流访问团赴马来西亚、印度尼西亚开展文化交流访问活动。访问团分别拜会了马来西亚海南会馆联合会、森美兰州海南会馆、雪隆海南会馆和印尼海南总会、棉兰苏北海南会馆、雅加达海南联谊会等琼籍社团，举行文化交流座谈会，赠送出访特刊，推介海南自由贸易港的发展建设、政策优势等。苏燕诚挚邀请乡亲们回家乡观光考察，投资兴业，与家乡人民共享发展机遇，为建设“经济繁荣、社会文明、生态宜居、人民幸福”的美好新海南做出贡献。访问团以亲情为纽带，增进了与琼籍社团的友好交流；以中医义诊、书画交流活动为载体，弘扬传播了中华优秀文化。此次出访共诊治病人近 2000 人次，赠送书画作品百余幅，受到了当地乡亲们的欢迎与赞誉。

12 月 15 日，海南“亲情中华”文化交流访问团向印尼海南总会赠送书画作品

12 月 12 日，海南省侨联副主席苏燕向马来西亚海南会馆联合会总会长林秋雅赠送特刊

【协调新加坡义诊团来琼开展2019年“微笑工程”活动】海南省侨联协调新加坡海南会馆组织新加坡医疗专家、志愿者60多人分两批在澄迈县人民医院开展义诊活动，共完成看病问诊260多人次，唇腭裂手术49例、牙科手术35例、语音矫正治疗85例。11月12日，2019年新加坡海南会馆义诊活动新闻通气会在澄迈县召开。海南省侨联主席黎才旺在会上表示，海南省侨联将继续发挥侨联组织海外联谊优势，积极推进这项惠及民生的“微笑工程”，以造福更多患者。希望义诊团进一步发挥高端医疗优势，与海南医学界开展多方位、多领域的医术交流和医学技术合作，推动海南医疗事业的更大发展。11月13日，海南省侨联组织新加坡义诊团与海南医学院第二附属医院开展座谈交流，就医术交流、医疗人才培养等方面开展合作进行深入研讨。

4月1日，海南省侨联主席黎才旺出席第八届海南文昌南洋文化节并致辞

11月12日，海南省侨联主席黎才旺接受唇腭裂患者家属赠送的感谢锦旗

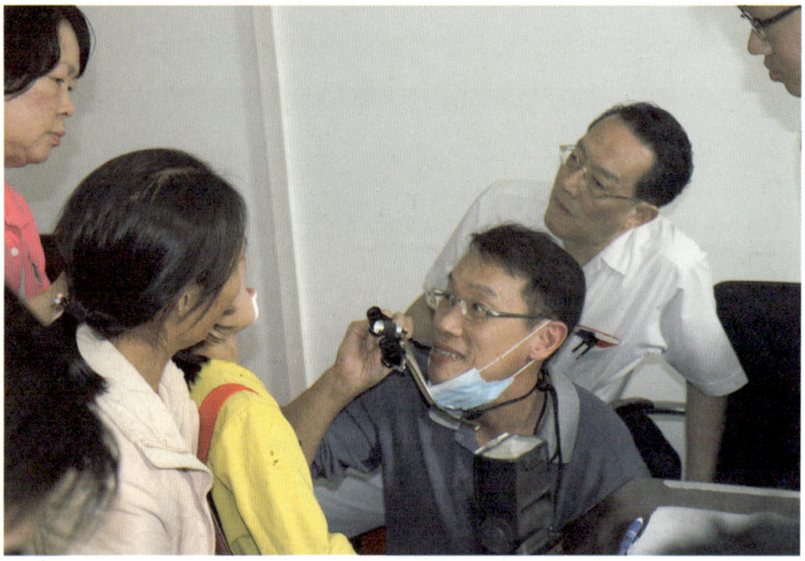
11月7日，新加坡海南会馆唇腭裂义诊团医生为患者看诊

【协办第八届海南文昌南洋文化节】4月1日，以“新机遇·新征程·新发展”为主题的第八届海南文昌南洋文化节在文昌市开幕，来自10多个国家和地区的文昌籍海外华侨华人、港澳台同胞、国内知名企业代表等300余人齐聚一堂，话桑梓、叙乡情、谋发展。海南省侨联主席黎才旺出席开幕式并致辞。黎才旺表示，今年是海南全面深化改革开放政策落实年。海南自由贸易（港）区的建设，为广大海外侨胞提供了正当其时、大有作为的新的重大历史机遇，希望广大海外侨胞抓住机遇，充分发挥融通中外的独特优势，以侨联侨、以侨引商、以侨引资，积极参与海南自由贸易区（港）建设，助力美好新海南发展。开幕式后，海南省侨联主席黎才旺、副主席王小玉参加了世界海南乡团联谊会理事会议。海南省侨联协办该届海南文昌南洋文化节。

【向海外侨胞宣讲党的十九届四中全会精神】12月7日，

12 月 7 日，海南省侨联举办学习宣传党的十九届四中全会及海南省委七届七次全会精神专题讲座

海南省侨联举办学习宣传党的十九届四中全会及海南省委七届七次全会精神专题讲座，来自美国、德国、丹麦、奥地利、加拿大、日本、新加坡等 9 个国家和地区的海外侨胞，以及海南省侨联委员等 90 多人参加讲座。讲座围绕党的十九届四中全会及海南省委七届七次全会精神，结合海南自由贸易区（港）建设，讲解了中国特色社会主义制度“十三个显著优势”“十三个坚持和完善”以及海南省委“十一个紧扣”的主要内容和重大意义。海南省侨联主席黎才旺表示，将通过多种方式继续向归侨侨眷和海外侨胞宣传党的十九届四中全会及海南省委七届七次全会精神，向归侨侨眷和海外侨胞宣传中国制度，讲好中国制度故事，扩大中国制度影响，增强归侨侨眷和海外侨胞对中国制度的政治认同、思想认同、情感认同，切实发挥好侨联组织在侨界的思想引领作用。

【召开侨界专家代表座谈会】6 月 21 日，海南省侨联召开侨界专家、代表座谈会，就如何加强和改进侨联工作广泛征求意见和建议。中国侨联委员、海南省侨界专家、人大代表、政协委员等 10 多人参会。与会人员结合自身工作实际，围绕如何加强信息稿件制度建设、加强侨界专家队伍建设、发挥侨界专家作用、发展新侨、拓展海外联谊、维护华侨权益、挖掘保护华侨文化等七个方面进行交流。会上共收集意见和建议 22 条。海南省侨联主席黎才旺表示，海南省侨联将进一步促进与侨界专家人才的互动交流，积极拓展与海内外的交流与合作，通过“以侨引才、以侨聚才”，为实施“百万人才进海南”，为建设海南自由贸易区（港）更好地发挥侨界作用。

【引进“一带一路·汉语 +”泰国高技能人才学历合作项目】10 月 25 日，海南省侨联党组成员苏燕，海南省侨联副主席、海口市侨联主席陈文培出席在海南省技师学院举行的“一带一路·汉语 +”泰国高技能人才学历生培养项目合作签约仪式。经海南省侨联、泰国南部华文民校联谊会、泰中教育交流中心牵线搭桥，海南省技师学院与海外华文教育示范学校进行合作，该项目首个班级中泰国际旅游班已启动，共有 34 名泰籍留学生。这是海南省职业院校首次实现整班制招收国际生，对推进“国际教育创新岛”建设，深化海南与东南亚国家在技工教育方面的深度合作具有意义。

【开展“金秋助学”活动】8 月 22 日，海南省侨联系统 2019 年“金秋助学”仪式在海口举行。海南省侨联及下属社团共筹集发放助学金 313.85 万元，资助贫困学子 1196 人。海南省侨联主席黎才旺、副主席王小玉、秘书长潘建雄，有关市、县侨联负责人，海南省侨联下属社团负责人，部分受助学生代表等 100 多人参加活动。黎才旺表示，“侨帮侨、侨助侨、侨爱侨”是侨界光荣传统，帮助侨界贫困学子圆梦，侨联组织

8 月 22 日，海南省侨联系统 2019 年“金秋助学”仪式在海口举行

义不容辞，责无旁贷。希望获得资助的学子把党和政府的深切关怀、侨界社团及爱心人士的真心关爱，化为奋进的动力，以自强不息的精神，奋发学习，将来为海南自由贸易区（港）建设贡献力量。同时希望侨界更多社团和爱心人士秉承善举，共同打造侨界“金秋助学”品牌，造福更多学子。此次助学活动得到了海南省符确历史文化研究会、海南省江夏文化源流研究会、海南省王居正研究会等 11 个海南省侨联下属社团的积极响应。

【助力脱贫攻坚、乡村振兴工作】海南省侨联将定点扶贫工作纳入重要议事日程，制定帮扶方案和“四看四比四提升”实施方案，先后召开 4 次会议研究部署，党组成员 8 次深入扶贫点调研督导，推动落实帮扶工作；调整预算资金 24.6 万元，争取中国侨联支持 20 万元，用于扶贫点安装太阳能路灯，环境卫生整治，改善人居环境；用于扶持扩大养羊、养蜂、养猪等产业和新增产业发展，进行厨卫、厕所的改造，改善文化设施，改善驻村干部生活工作条件，资助贫困户子女上学，慰问贫困户 126 户等。省侨联脱贫攻坚工作取得明显成绩，定点帮扶村贫困户全部脱贫出列，海南省扶贫办《扶贫工作信息》对海南省侨联扶贫工作做法进行了宣传推广。

【开展“送温暖、献爱心”春节慰问活动】1 月 24 日—25 日，中国侨联基层建设部副部长黄晖、基层建设部组织处处长何长松、中国农林水利气象工会农业工作部部长王秀生等一行 5 人到海南开展“送温暖、献爱心”春节慰问活动。慰问组看望了南侨机工张修隆老人、“全国侨界杰出人物”郑文泰先生，慰问了文昌华侨农场、万宁兴隆华侨农场部分困难归侨侨眷。慰问组深入困难归侨侨眷家中，与他们亲切交流，详细了解他们的生活、疾病治疗、医疗费报销等情况，并特别叮嘱当地侨联和相关部门多关心困难归侨侨眷。1 月 2 日—15 日，海南省侨联副主席王小玉、秘书长潘建雄分别率慰问组赴儋州市、东方市、昌江县和琼中县开展“送温暖、献爱心”春节慰问活动，慰问困难归侨侨眷和扶贫点贫困户，送上新春祝福和慰问金、慰问品。

【开展“四下乡”活动】11 月 18 日—22 日，海南省侨联联手澄迈、琼中、乐东、东方、儋州 5 个市县侨联，开展 2019 年“四下乡”活动，为侨界群众“送科技、送文化、送法律、送医药”。海南省侨联组织省干部疗养院医护人员和海南大学、海南热科院的专家学者等，为侨界群众提供医疗义诊服务，举办种养殖培训班，并赠送了一批文化、科技、法律等书籍。同时，为在侨界中掀起学习贯彻党的十九届四中全会精神热潮，海南省侨联党组成员苏燕为参加活动的侨界群众作题为《迈向“中国之治”新境界——学习贯彻党的十九届四中全会精神》的宣讲。此次活动分别在澄迈华侨农场、东方华侨农场、乐东抱伦农场、儋州春江农场等侨界群众较为集中的农场侨队开展，共惠及群众近 5000 人。

【中国侨联法顾委调研组来琼开展调研】10 月 14 日—17 日，由中国侨联法顾委常务副主任、最高人民法院咨询委员会副主任王秀红率队，中国侨联法顾委秘书长、权益保障部部长张岩等参加的调研组一行 6 人，赴海口市、文昌市对侨界民营企业权益保障情况及法律诉求和涉侨纠纷多元化解试点工作情况进行调研。调研组通过实地考察、听取汇报、座谈交流、问卷调查等形式，调研海南开展涉侨纠纷多元化解试点工作，依法维护侨益情况。王秀红对海南开展涉侨纠纷多元化解试点工作取得的成效给予充分肯定。她希望，海南省各级法院、侨联要进一步深化对做好涉侨工作重大意义的认识，推进涉侨纠纷多元化解工作纵深发展；要进一步谋划涉侨纠纷多元化解工作，对新形势、新问题、新情况要加强研究、积极交流，提前谋划，做好预案；要敢于探索、勇于创新，积极探讨、总结经验，打造出具有海南特色的涉侨纠纷多元化解工作机制。

【举办海南省侨联法顾委年会】12 月 30 日，海南省侨联法顾委 2019 年年会暨法律知识学习培训活动在海口举行。海南省侨联副主席苏燕，海南省侨联法顾委副主任、律师团副团长符琼芬，海南省侨联法顾委委员及律师团成员等约 40 人参加会议。会议听取了法顾委 2019 年工作报告和 2020 年工作部署。苏燕副主席提出四点意见：一要以习近平新时代中国特色社会主义思想为指导，认真学习贯彻党的十九届四中全会精神，坚持法顾委工作正确的政治方向；二要紧密结合海南自由贸易港建设发展的新要求，充分

12 月 30 日，海南省侨联法顾委 2019 年年会暨法律知识学习培训活动在海口举行

发挥法顾委律师团作为海南省侨联“智囊团”和“思想库”的作用，汇聚法顾委和律师团智慧和力量，在海南自由贸易港建设中彰显新作为；三要充分发挥法顾委和律师团在涉侨纠纷多元化解机制中的积极作用，推进涉侨纠纷多元化解试点工作，切实维护侨益凝聚侨心；四要主动为侨发声，积极反映侨界诉求，主动适应当前法治建设深入推进带来的侨界新诉求、新挑战，推进法顾委工作创新发展。会议还举办了《优化营商环境条例》专题讲座。

【组织参加世界华人学生作文大赛】海南省侨联积极发动各市县侨联、海外琼籍社团组织学生参加第二十届世界华人学生作文大赛，近万名学生投稿参赛，选送作文稿件近千篇。经大赛组委会评选，海南省侨联系统共有 118 名省内中学生和 4 名海外华人学生获奖，其中 1 名海外华人学生获特等奖，1 名海外华人学生获一等奖并入围特等奖提名，21 名省内中学生获一等奖；海南省侨联、海口市侨联、三亚市侨联、海南华侨中学、三亚华侨学校 5 家单位获评优秀组织单位。海南省侨联经与马来西亚海南会馆联合会沟通协调，专程邀请马来西亚两位获奖学生来海南参加“中国寻根之旅”冬令营海口营活动，并在冬令营开幕式上举行了颁奖仪式。

9 月 22 日，纪念南洋华侨机工回国抗战 80 周年图片雕塑展在海南省图书馆开展

12 月 14 日，海南省侨联副主席陈文培（右一）向获得华人学生作文大赛奖项的马来西亚学生颁奖

【海口市侨联举办南洋华侨机工图片雕塑展】海口市侨联在海南省侨联、海口市委统战部的指导下，从 9 月 22 日开始，分别在海南省图书馆、海口骑楼老街举办“庆祝中华人民共和国成立 70 周年暨纪念南洋华侨机工回国抗战 80 周年图片、雕塑展”。展览展出了南侨机工图片 300 多张，分为英雄墙、英雄事迹、祖国召唤、共赴国难、血铸丰碑、功返南洋、

光照千秋、重走滇缅路等多个板块；同时展出由海南省著名雕塑家陈学博创作的南侨机工双人胸像、南侨机工雕塑等雕像和相关历史雕塑图片等10多组。展览再现了1939年在南洋华侨领袖陈嘉庚先生的号召下，海外侨胞同仇敌忾，3200多名南洋华侨机工远涉重洋，回国投身到抢运军需辎重及兵员等抗日救国服务工作的历史。此次展览旨在缅怀英烈，弘扬和传承南洋华侨机工的爱国主义精神。

【三亚市侨联扎实开展“暖侨心”活动】三亚市侨联积极践行为侨服务宗旨，扎实开展各项“暖侨心”活动。8月，积极组织开展三亚市侨联“金秋助学”活动，认真核实受资助大学生的归侨侨眷身份，严格做好汇总、审核、公示等工作，共为22名准大学生发放助学金，同时加强此次助学活动的宣传，激励更多社会力量参与爱心助学，在全市侨界倡导“济困助学、感恩社会”的良好氛围。三亚市侨联在春节、端午节、建军节、中秋节、重阳节、国庆节等重大节日期间，派员登门看望慰问困难归侨侨眷、南洋华侨机工遗属和退休老干部、老党员等100多人次，发放慰问金、慰问品价值共计9万多元，让侨界群众切实感受到党和政府的关怀和温暖，进一步凝聚侨心侨力，助力海南自由贸易区（港）建设。

【万宁市侨联开展侨界先进事迹宣传活动】为宣传侨界先进事迹，树立典型、弘扬风范，经万宁市侨联的牵线搭桥,《人民日报》记者采访了印尼归侨郑文泰先生。3月29日《人民日报》（海外版）刊发了《印尼归侨郑文泰散尽千金编织“热带花园”梦》的报道，详细介绍了荣获全国侨界杰出人物、感动海南十大人物等荣誉称号的郑文泰先生情系绿色，建立兴隆热带花园，毕生致力于恢复和保护热带雨林的感人事迹。6月，在海南省委宣传部、海南省侨联、万宁市委市政府的指导下，万宁市侨联与中央电视台合作，成功拍摄人文纪录片《郑文泰的“绿色梦想”》，该片已于10月17日、18日黄金时段在CCTV老故事频道播出，得到社会各界积极反响。另外，邀约《南华时刊》杂志先后三次对郑文泰先生的先进事迹进行报道。通过系列报道和拍摄纪录片，弘扬华侨精神，传播侨界正能量，凝聚侨心侨力，助力海南自由贸易区（港）建设。

【儋州市侨联加强基层组织建设】儋州市侨联认真学习贯彻《基层侨联组织工作条例（试行）》、中国侨联《关于新时代加强基层侨联建设的指导意见》和海南省侨联六届二次全委会精神，对儋州市基层侨联组织建设开展深入调研，撰写《关于儋州市基层侨联组织建设的调研报告》，认真查找分析基层侨联组织存在的主要问题及产生原因，并对加强侨联基层组织建设提出意见和对策。儋州市侨联还争取财政部门支持，2019年两次提高基层侨联负责人工作补贴，由每人每月450元增加到800元，充分调动基层侨联负责人开展工作的主动性、积极性，为进一步开展侨联各项工作打好坚实基础。

重庆市归国华侨联合会

【领导成员名单】

主　　　　　　席：张　玲（女）
党　组　书　记：史全波
专职副主席兼秘书长：陈　瑛（女）
副　巡　视　员：王　巍
兼　职　副　主　席：代焕江（满族）
邓明鉴　李百战
鲁　进　董瑞葆
张自力　刘雅煌
李　昭　廖红海
汪瓦水　王光强

【综述】2019年，重庆市侨联在重庆市委的坚强领导和中国侨联悉心指导下，坚持以习近平新时代中国特色社会主义思想为指导，全面贯彻党的十九大和十九届二中、三中、四中全会精神，深入贯彻习近平总书记关于侨务工作的重要论述，增强“四个意识”、坚定“四个自信”、做到“两个维护”，紧紧围绕习近平总书记对重庆提出的“两点”定位、“两地”“两高”目标、发挥“三个作用”和营造良好政治生态的重要指示要求，认真开展“不忘初心、牢记使命”主题教育，团结动员归侨侨眷和海外侨胞为服务经济发展、拓展海外联谊、助力脱贫攻坚等献计献力，特别是在助力重庆全面融入“一带一路”加快内陆开放高地建设上谋实事、抓实干，为把习近平总书记殷殷嘱托全面落实在重庆大地上贡献侨界力量。

【抓实理论武装】重庆市侨联把学习习近平新时代中国特色社会主义思想，特别是习近平总书记关于侨务工作的重要论述作为重大政治任务，与深入学习贯彻习近平总书记视察重庆重要讲话精神紧密结合，以侨联干部为重点，持之以恒推进入脑入心。利用党组中心组理论学习、宣讲会、专题培训班、涉侨平台工作会等深入学习贯彻习近平总书记视察重庆重要讲话精神，切实把侨界思想认识行动统一到重要讲话精神上来，把总书记的关怀厚爱和殷殷嘱托传达到侨界群众中去，引导全市各级侨联组织、侨界群众侨心向党。

【开展“不忘初心、牢记使命”主题教育】重庆市侨联围绕学习贯彻习近平新时代中国特色社会主义思想主线，采取个人自学、集中辅导等形式，通读精读党章、《学习纲要》《重要论述》等规定篇目；党组班子成员带队赴彭水、忠县等地调研，检视出涵养侨务资源等7个方面存在的问题，形成专题调研报告3篇，并结合学习体会，分别讲授了专题党课；召开专题民主生活会、专题组织生活会；结合10项重点工作任务

2月15日，重庆市侨联召开四届四次全委会，传达学习习近平总书记关于侨务工作的重要论述、中央书记处对群团工作的重要指示精神等

6 月 6 日，重庆市侨联召开“不忘初心、牢记使命”主题教育动员部署会

和 8 个方面专项整治，形成 3 个问题整改清单，明确责任领导、牵头部室和整改时限，推动主题教育走深走实、取得实效。

【开展侨界庆祝新中国成立 70 周年系列活动】重庆市侨联联合渝中区侨联等单位，举办“渝侨共筑中国梦·重庆侨界庆祝中华人民共和国成立 70 周年文艺演出”活动，侨界群众用歌舞等艺术形式展现新中国成立以来所取得的伟大成就，表达对伟大祖国美好祝愿，得到归侨侨眷和海外侨胞强烈反响。全市各级侨联组织以座谈会、摄影、书画、“快闪”等形式积极营造庆祝新中国成立 70 周年浓厚氛围。涉侨平台组织侨界群众以唱响爱国歌曲、诗歌朗诵、原创书画等形式，讴歌新时代、唱响主旋律。

8 月 14 日，重庆市侨联举办“渝侨共筑中国梦·重庆侨界庆祝中华人民共和国成立 70 周年文艺演出”活动

【万立骏主席赴重庆调研侨联工作】4 月 17 日—19 日，中国侨联党组书记、主席万立骏赴重庆调研，来到渝北区双凤桥街道凤鸣路社区“侨胞之家”、中国科学院重庆绿色智能技术研究院、重庆文理新药创新团队、重庆大学绿色建筑与人居环境国家合作联合实验室调研，走访市侨联机关，了解基层侨联组织建设、新侨创新创业、侨联改革等情况，并与市侨联、市级有关部门负责人、涉侨平台代表和区县、高校、科研院所、企业侨联代表等座谈交流，听取各方面工作意见和建议。万立骏在调研时指出，这几天，正逢习近平总书记在重庆考察，借此难得的机会，同大家一起学习、一起领会、一起讨论，以实际行动把习近平总书记关于脱贫攻坚、关于重庆经济社会发展的重要指示精神贯彻落实到侨联工作当中，为重庆改革发展贡献侨界力量。万立骏表示，以习近平同志为核心的党中央对侨联工作高度重视，作出重要部署，提出明确要求。贯彻习近平总书记重要指示精神、做好侨联工作，要加深认识侨联组织的性质和地位，认识新时代侨联工作面临的形势和任务，认识本地经济社会发展的关键问题，讲政

4 月 17 日—19 日，万立骏主席在重庆调研

4 月 17 日—19 日，万立骏主席在重庆调研

治、明侨情、抓联谊、重基础，更好围绕中心、服务大局、服务侨胞，展现新时代的新作为。调研期间，万立骏分别同重庆市委副书记任学锋，市委常委、统战部部长李静就侨联工作交换了意见。重庆市政协副主席、市侨联主席张玲，市侨联党组书记、市委统战部副部长史全波，市侨联党组成员、副主席、秘书长陈瑛，中国侨联副秘书长、经济科技部部长赵红英，基层建设部部长张毅，信息传播部副部长郭启华等参加活动。

【承办“西洽会”暨“一带一路”侨商组织年会】争取中国侨联支持，牵头促成中国侨联与重庆市政府签署《关于共同推进重庆建设内陆开放高地合作协议》。市政府办公厅印发《推进重庆建设内陆开放高地合作协议任务分工的通知》，不断完善工作机制。促成中国侨联成为“西洽会”共同主办单位

4 月 19 日，中国侨联党组书记、主席万立骏（左）与重庆市委副书记、市长唐良智（右）签订部市合作协议

5 月 16 日，中国侨联副主席李卓彬（左四），重庆市委常委、统战部部长李静（右四）等嘉宾为“一带一路”侨商组织年会揭幕

之一，年会期间吸引涉及金融、科技、能源等领域的 30 多个国家和地区的 200 余名侨商来渝，为 22 个区县和单位设置展台，促成 10 个战略合作协议集中签约，为助力经济高质量发展引资引智。

齐全胜副主席来渝出席第八届文博会开幕式，11 个国家和国内的近 30 余家侨资企业在首次设立的“华侨文化展示区”设展

【承办 2019 中国侨联特聘专家委员会年会】将年会纳入 2019 重庆英才大会特色活动，重庆市侨联邀请来自 20 多个国家的 150 余名侨界院士、专家学者来渝，通过主旨演讲、学术报告会、项目路演等活动，为重庆经济社会高质量发展建铮言、献良策。

11 月 10 日，万立骏主席、李卓彬副主席等来渝出席中国侨联特聘专家年会

【组织侨商参与重大经贸活动】积极参与第八届重庆国际文化产业博览会（首次设立“华侨文化展示区”），重庆市侨联邀请来自 11 个国家和国内近 30 余家侨资企业参展；动员侨商侨领参加第二届国际火锅产业峰会；积极参与第 17 届东盟华商会、第一届“一带一路”侨社论坛等国际经贸交流活动，服务项目对接。

【承办“侨界杰青走进重庆”参访活动】重庆市侨联邀请来自 34 个国家和地区的 100 余名中国侨联青年委员来渝参访，向海外侨青展示了重庆全面贯彻落实习近平总书记对重庆提出的“两点”定位、“两地”“两高”目标、发挥“三个作用”

11 月 11 日，中国侨联特聘专家在中国智谷（重庆）科技展示馆参观考察

11 月 9 日，重庆市领导李静、沈金强、李波、张玲等会见“侨界杰青走进重庆”活动嘉宾代表

“侨界杰青走进重庆”活动嘉宾在市内参观考察

和营造良好政治生态的重要指示要求的新业绩新气象，拓展了海外侨界杰青了解重庆、投资兴业的渠道。

【召开重庆市侨联四届五次全委会】2020 年 1 月 16 日，重庆市侨联召开四届五次全委会议。中共重庆市委常委、统战部部长李静出席会议并讲话。市政协副主席、致公党重庆市委会主委，市侨联主席张玲代表市侨联四届常委会和主席会作工作报告。市侨联党组书记、市委统战部副部长史全波传达了党的十九届四中全会和中国侨联十届三次全委会精神。会议代中国侨联向获得中国侨联新侨创新创业基地、中国华侨国际文化交流基地的单位授牌，并颁发市侨联特聘专家、海外顾问、港澳顾问聘书，颁发侨界群众庆祝新中国成立 70 周年优秀摄影作品奖和组织奖荣誉证书，代发世界华人作文大赛组织奖。市侨联党组班子成员、不是市侨联委员的基层侨联负责人、市侨联

会议颁发“中国侨联新侨创新创业基地”“中国华侨国际文化交流基地”牌匾，市侨联特聘专家、海外顾问聘书，以及“渝侨共筑中国梦·随手拍作品”和第十九届世界华人作文大赛奖项

2020 年 1 月 16 日，重庆市侨联召开四届五次全委会议，市委常委、统战部部长李静出席会议并讲话

部分特聘专家委员、法顾委委员、海外顾问以及重庆华商会、市侨青会副会长列席会议。市侨联领导班子成员和各区县、高校、大中型企业侨联非侨联委员的负责人等 80 余人出席会议。

【大力涵养侨务资源】2019 年，重庆市侨联先后组团赴塔吉克斯坦、俄罗斯、越南、柬埔寨等 10 个国家开展联络联谊和招商引资；加强与“一带一路”沿线及周边国家侨团侨社的交流合作，拜访当地重要侨团侨社，增进与当地华侨华人的情谊；首次组织“亲情中华”中医团前往法国、西班牙开展慰侨义诊活动，受到当地华侨华人热烈欢迎和广泛好评。先后接待德国川渝商会、美国川渝同乡会等 30 余个涉侨组织来渝开展商务投资考察和联谊交流活动。拜访德国杜塞尔多夫孔子学院，授牌成立“重庆华商会海外联络处”，建立与当地侨团侨社长效联谊机制，引发《德国侨报》等当地侨媒持续关注，相关新闻报道点击量突破“20 万 +”。全年在塔吉克斯坦、俄罗斯、德国等国家新设“海外联络处”12 个，授牌成立的“海外联络处”增至 19 个。

12 月 11 日，重庆市侨联首次承办中国“寻根之旅”冬令营活动

2019 年 9 月，重庆市侨联访问团团长史全波为西班牙侨商会颁发“重庆华商会海外联络处”证书

【首次承办“寻根之旅”重庆冬令营活动】重庆市侨联邀请 25 名华裔青少年来渝了解传统文化，提升巴渝文化知名度影响力。来自缅甸的 20 多位华裔青少年学生学习了诗词、书法、水墨画、茶艺、版画、泥人等传统文化和技艺，学习体验綦江农民版画、荣昌陶艺等民间艺术，走进三峡博物馆、礼嘉智慧公园等地近距离了解重庆的历史与未来。

12 月 18 日，营员在闭营仪式上展示练习制作的綦江版画、荣昌折扇、剪纸、书法等作品

【持续助力脱贫攻坚】市侨联组织重庆华商会、重庆市侨青会相关人士开展“重庆侨商献爱心”活动，筹集专项资金开展“消费扶贫”；各级侨联组织通过开展宣传教育、爱心义诊、走访慰问、产业扶贫等措施扛起脱贫攻坚政治责任。石柱县侨联完善扶贫、再就业、扶持非公有制侨属企业“三位一体”的工作机制，持续激发脱贫攻坚内生动力。组织重医附二院专家，到奉节、彭水等地开展“侨爱心医

【推进文化交流】承办中国侨联“亲情中华·走进侨乡”活动，重庆市侨联举办了“亲情中华·欢聚渝北”“亲情中华·欢聚长寿”慰侨演出，4000 余名侨界群众欢聚一堂、共迎新春，共飨文化盛宴。围绕“中国变化”“家乡味道”，组织开展“第二十届世界华人学生作文大赛”征文活动，征集参赛作文 37927 篇，报送参赛作文 2408 篇，评出一、二、三等奖共 878 名。各级侨联利用春节、中秋等传统佳节开展文艺演出、文化讲座等侨界群众性文化活动。

重庆侨界助力奉节县平安乡长坪村脱贫攻坚

1 月 26 日，承办中国侨联“亲情中华·走进侨乡”活动，向渝北、长寿侨界群众送上新春祝福

疗队”送医活动，为500余名贫困群众免费义诊；开展“侨爱心·光明行”助力重庆脱贫攻坚活动，统筹各方资金440万元，将在两年内为全市贫困白内障患者免费实施复明手术2000例。

【贴心为侨服务】重庆市侨联实施“魏基成慈善列车”项目，争取澳大利亚魏基成慈善捐赠冬衣2500余件，为合川区等22个区县、部分养老院、重点困难归侨侨眷送去温暖。顺利承接南侨机工及遗孀、困难侨界群众生活补助发放工作。每月按时发放老归侨生活补助。开展“关爱百名老归侨”入户走访慰问活动，为全市百名老归侨送去党和政府的温暖关怀。

市政协副主席、市侨联主席张玲（右）走访慰问老归侨池文庆（左）

【参政议政】重庆市侨联围绕发展大局和民生实事，深入基层开展调研，撰写高质量的调研报告和社情民意，向中国侨联报送《侨情专报》素材69篇，被中国侨联采用20余篇，在全国省区市排名前五。组织侨界人大代表、政协委员开展调研，收集撰写报送提案素材20余份，提交集体提案5件，并全部立案。其中，《关于加大对大数据下公民个人信息保护的建议》被市政协评为优秀提案，《关于加快我市“医养结合”服务体系建设的建议》被确定为全市20件重点提案之一，《凝聚海外侨务资源，助力开放高地建设》被推选为市政协五届二次会议大会发言材料。

3月29日，重庆市首个科研机构侨联——中国科学院重庆绿色智能研究院侨联正式成立

【加强基层组织建设】重庆市侨联指导中国科学院重庆绿色智能技术研究院成立侨联组织，全市第一个科研机构侨联组织由此成立。沙坪坝区、南岸区率先在全市推进“地方侨联＋大学侨联＋校友会”联动机制，沙坪坝区侨联与重庆大学侨联、重庆大学校友总会签订了三方合作协议。重庆市侨联在渝中、彭水等地举办“侨爱心归侨侨眷技能培训”活动，为侨界群众送去技能培训。争取中国侨联工作经费，对照“五有”建设标准，遴选完善一批“侨胞之家”软硬件设施，提升侨联组织活跃度和影响力。

【依法维护侨益】重庆市侨联依托法顾委开展“服务基层维护侨益”主题活动，设立24小时律师热线咨询服务电话，畅通维权渠道；深入侨界群众和侨资企业开展调研，倾听侨界心声，收集意见建议，解决实际问题，帮助侨界群众协

重庆市侨联在忠县召开片区调研座谈会

调解决相关诉求，保障侨界群众合法权益。

【璧山区侨联统筹推进服务侨胞工作】一是凝聚侨心侨力。利用传统佳节开展多种形式慰问活动，中秋节举办了主题为“‘侨’这四十年”座谈会及“我和我的祖国”侨界中秋文艺茶话会，共计为归侨侨眷送去价值3.5万元的慰问品。二是真诚服务侨企。夏季开展侨企调研暨“酷暑送清凉活动”，走访调研全区重点侨资企业，了解企业的生产状况，鼓励企业安心安全生产，为企业送上防暑降温药品。三是努力建言资政。召开提案提质座谈会，培训提案撰写技巧，交流提案选题方法，帮助侨界政协委员提高政治站位，履行好参政议政职责。璧山区“两会”期间，侨联界别小组共提交集体提案和个人提案 14 件，围绕大健康产业、道路交通、市政管理、生态环保等方面，提出了具有较强针对性的意见建议。四是庆祝侨联 40 华诞，扩大侨联影响。举办“‘侨’这四十年”征文活动，经过评比，11 篇征文脱颖而出，区侨联陆续在微信公众号、《璧山侨讯》上推送刊出。

【开州区侨联发挥优势服务经济社会发展】一是强化思想引领。在侨界人士中开展“写一封信、打一个电话、联系一名华商”的“三个一”活动，引导在开侨眷和留学生家长在中秋期间与海外亲属联系，积极宣传党和国家的侨务政策以及开州的城市建设、人文资源、投资环境等情况，激发他们投资建设家乡的热情。二是服务经济发展。主动赴垫江县开展“侨胞之家”考察学习活动。学习其侨务工作先进经验，在维护侨益、加强联谊、为侨服务工作上不断创新思路，推动工作发展。组织侨界政协委员对岳溪等地开展“聚焦污水偷排直排乱排问题”实地调研，并开展监督性调研视察工作。三是办好民生实事。区侨界政协委员深入街道社区，走进界别群众，广泛收集社情民意，反映群众诉求。在乡村振兴、生态旅游、脱贫攻坚等方面开展监督视察 18 次，撰写调研报告、提案、建议 56 篇（件），为开州区委区政府科学决策、民主决策提供了参考和依据。聘请 2 名律师作为常年法律顾问，协调解决侨企用工人员养老保险待遇、房屋产权纠纷等问题 7 起。

【巴南区侨联提升参政议政能力水平】巴南区侨联完善侨界参政议政机制，出台《巴南区侨联界别政协委员参政议政考核办法》，制定侨界政协委员激励和退出机制；组织政协理论文章、提案撰写等专题学习会，提高侨界政协委员参政议政能力。围绕做大做优民宿产业，组织侨界政协委员深入调研，撰写了《做优民宿产业　助推乡村振兴》调研报告并在区政协会上发言；就全区民宿产业发展情况与相关单位开展界别协商，提出意见建议。组织侨界政协委员积极撰写提案、反映侨情民意，建言献策。2019 年，侨界政协委员共提交提案 8 件，其中《关于加强我区农文旅项目招商引资的建议》《关于巴南人才市场服务改善升级的建议》被确定为区政协重点提案；反映社情民意共 8 件，其中《关于加强重庆文创产业发展的建议》被市政协采用,《关于促进疫苗问题解决的建议》等 3 件被区政协采用。

【万州区侨联持续助力脱贫攻坚】一是在侨联机关人员严重不足的情况下，派出一名副职领导担任脱贫攻坚帮扶队员并确保驻村时间。在办公经费极端困难的情况下，挤出资金保证了脱贫攻坚工作经费的落实。二是 2019 年春节，组织侨界企业家对帮扶建卡贫困户进行了慰问走访。三是联合重庆市蓝天救援队党支部到黄柏乡沙田村开展了庆“七・一”脱贫攻坚走访慰问活动。四是带领万州侨商会对帮扶建卡贫困户和帮扶村进行了“中秋”慰问走访。五是结合主题教育，到建卡贫困户家中开展了“两个一”自愿服务。六是召开“侨爱心・光明行”助力脱贫攻坚推进会，全面布置脱贫帮扶对象黄柏乡和 6 个街道乡镇的白内障患者的筛查工作，目前筛查出白内障患者 200 余人，完成 60 例白内障手术。七是区侨联机关干部到帮扶贫困村实地走访、调研 6 次，到帮扶建卡贫困户家中开展走访、慰问、产业扶持、信息采集、消费扶贫等 9 次，帮助他们进一步厘清了发展思路，明确了脱贫方向，巩固了帮扶成果。

四川省归国华侨联合会

【领导成员名单】

党组书记、主席：刘以勤（女）

专职副主席：徐永明

兼职副主席：成甦　张家点　姚志胜　薛水和　黄焕明　蒋蓓（女）

秘书长：杨凡

3月26日—27日，四川省第八次归侨侨眷代表大会召开，选举产生新一届领导班子

党组书记、主席：刘以勤（女）

专职副主席：徐永明

二级巡视员：邱广华（女）　龙博

挂职副主席：田碧华（女）

兼职副主席：邓绍平　石敏　成甦　薛水和　姚志胜　黄焕明　蒋蓓（女）

秘书长：杨凡

【综述】2019年，四川省侨联以习近平新时代中国特色社会主义思想为指导，认真学习习近平总书记关于群团工作和侨务工作的重要论述，坚决贯彻党的十九大和十九届二中、三中、四中全会精神，全面落实省委十一届三次、四次、五次、六次全会要求，牢牢把握“凝聚侨心侨力同圆共享中国梦”主题，肩负党和政府联系广大海外侨胞和归侨侨眷的桥梁纽带使命，最大限度团结、引导、服务全省归侨侨眷和海外侨胞，推进联系广泛、服务群众的新时代侨联工作体系建设。

【举办“亲情中华　回家过年”四川侨界迎新联谊会】1月11日，由四川省侨联、省人大外侨委、省政协港澳台侨外事委、致公党四川省委、省海外联谊会等涉侨部门联合主办，四川省侨商联合会、侨联文化交流促进委员会、侨联青年委员会、华侨公益基金会、特聘专家委员会、法律顾问委员会、华侨华人学会等全省涉侨组织共同承办的“四川省侨界迎新联谊会”在蓉举行。中国侨联副主席、四川省侨联主席刘以勤代表涉侨部门向广大侨胞致新春贺词。来自侨界企业、科技、法律、文化、青年、高校等各方面的海外侨胞和归侨侨眷代表，省侨联部分委员、华侨大学四川校友会、海内外侨界商协会和成都市各区县侨联代表300人参加活动。活动为春节期间回家过年的侨胞送去了温暖和祝福，搭建了交流互通平台，进一步凝聚了侨心侨力侨智，提振了侨资企业发展信心。

1月11日，四川省侨界迎新联谊会在成都举行

【组织“亲情中华”艺术团赴达州、巴中慰问演出】1月29日—30日，由中国侨联、四川省侨联和达州、巴中市委市政府主办，达州市侨联、巴中市侨联承办的中国侨联“亲情中华”艺术团走侨乡系列活动走进达州、巴中。中国侨联副主席、四川省侨联主席刘以勤，中国侨联文化交流部副部长邢砚庄带队，为达州、巴中革命老区侨界群众带来党委政府的温暖和中国侨联的关爱。

【召开四川省第八次归侨侨眷代表大会】3月26日，四川省第八次归侨侨眷代表大会在成都开幕。四川省委书记、省人大常委会主任彭清华，中国侨联党组书记、主席万立骏出席开幕式并讲话。四川省委副书记邓小刚，省委常委、统战部部长田向利，省人大常委会副主任陈文华，副省长杨兴平、李云泽，省政协副主席陈放到会祝贺。会议由中国侨联副主席、四川省侨联党组书记、主席刘以勤主持，省总工会党组书记、副主席胥纯代表各人民团体致辞。来自全省各地州的380名归侨侨眷代表及海外嘉宾参加会议。3月27日，四川省第八次归侨侨眷代表大会在成都闭幕。省委副书记邓小刚出席闭幕会并讲话。省领导田向利、陈文华、陈放出席闭幕会。大会

3 月 26 日，四川省第八次归侨侨眷代表大会召开

审议通过了四川省侨联第七届委员会工作报告，选举刘以勤为新一届省侨联主席，徐永明、田碧华（女）、成甦、薛水和、姚志胜、黄焕明、邓绍平、石敏、蒋蓓（女）为副主席，杨凡为秘书长，向省侨联第八届委员会顾问和海外委员代表颁发聘书。在四川省第八次归侨侨眷代表大会闭幕会上，四川省第八次归侨侨眷代表大会全体代表向全省广大归侨侨眷和海外侨胞发出倡议：要做新时代的传播者，让世界了解四川；做新时代的奋进者，为四川发展助力；做新时代的民间使者，架起友谊之桥。

【举办 2019（己亥）年华夏母亲嫘祖故里祭祖大典】 4 月 4 日—5 日，“第四届海峡两岸嫘祖文化交流活动暨 2019（己亥）年华夏母亲嫘祖故里祭祖大典”在四川省绵阳市盐亭县举行。活动以“拜谒华夏之母，寻根丝绸之源”为主题。民革中央副主席李惠东，中国作家协会副主席白庚胜，中国文联副主席丹增，中国侨联副主席、四川省侨联主席刘以勤，四川省文联主席郑晓幸，四川省作协党组书记侯志明，绵阳市市长元方，台湾妇女联合会主任委员雷倩，台湾中华民族致公党主席陈柏光，台湾中国老兵统一党主席李俊清等嘉宾出席祭祖大典。四川省侨联组织来自 12 个国家和地区的 50 余位海外杰出女性代表和澳门侨界青年代表齐聚嫘祖故里，推动嫘祖文化传承与弘扬，助力构建海内外炎黄子孙同根同源的心灵家园。期间，侨界代表先后参访了北川县地震遗址、“5.12”汶川特大地震纪念馆。绵阳市市长元方会见了侨界代表一行。

4 月 4 日—5 日，2019（己亥）年华夏母亲嫘祖故里祭祖大典在四川举行，刘以勤等侨界代表出席

【举办 2019“一带一路”华商峰会】 4 月 15 日—17 日，“中外知名企业四川行”专项活动之一的“一带一路”华商峰会在蓉举办。此次峰会由四川省政府、中国侨商联合会主办，四川省侨联、四川省商务厅、四川省文旅厅、四川省经合局、四川省工商联、四川省贸促会联合承办，以“高质量共建‘一带一路’全方位发挥华商优势”为主题。中国侨联副主席李卓彬，四川省委副书记邓小刚出席活动并致辞。300 余名来自 46 个“一带一路”沿线国家和地区侨商代表、中国侨商联合会代表、海外华文媒体代表、在川企业代表等参加相关活动。

4 月 15 日—17 日，2019“一带一路”华商峰会在川举办

【召开四川省侨联机关党员大会选举产生机关党委、纪委】 5月14日，四川省侨联召开机关党员大会，成立中共四川省侨联机关委员会和机关纪律检查委员会。大会由省侨联党组成员、副主席徐永明主持，省直机关工委组织部副部长何伟到会指导，省侨联党组书记、主席刘以勤出席会议并讲话。选举产生了第一届机关党委和机关纪委。在随后召开的机关党委和机关纪委第一次会议上，邱广华当选为机关党委书记，余文彬当选为副书记。余文彬当选为机关纪委书记。

6月21日—26日，四川省侨联“亲情中华 美丽四川”艺术团在美国、墨西哥巡演

【召开“不忘初心、牢记使命”主题教育工作会议】 6月12日，四川省侨联召开“不忘初心、牢记使命”主题教育工作会议，对省侨联机关主题教育进行动员部署。四川省侨联主席刘以勤，省委第十巡回指导组马小彬组长、纪小玲副组长出席会议。会议由省侨联党组成员、机关党委书记、二级巡视员邱广华主持，省侨联党组成员、副主席徐永明，省侨联副主席田碧华、二级巡视员龙博、秘书长杨凡以及机关全体党员干部和省委第十巡回指导组全体成员参加。

【组织“亲情中华·美丽四川”艺术团赴美墨巡演】 6月21日—26日，四川省侨联“亲情中华·美丽四川”艺术团赴美国纽约法拉、墨西哥首都墨西哥城进行巡演。活动由中国侨联、四川省侨联主办，美国川渝同乡会总商会、墨西哥中华企业协会等承办。中国驻纽约总领事馆副总领事邱舰、驻墨西哥大使祝青桥等分别出席当地演出活动并致辞，表达了对新中国70华诞的美好祝愿和对四川省侨联“亲情中华·美丽四川”艺术团的热烈欢迎。美国国会议员孟昭文、办公室主任李熙庆向四川省侨联递交美国国会感谢信，肯定四川省侨联对文化艺术交流作出的贡献。上千名侨胞及当地民众观看演出。演出将传统与现代完美结合，内容丰富多彩，具有一流水准，充分展示了中国文化“软实力”和四川的无穷魅力，民族舞蹈、女声独唱、情景小品、功夫表演、川剧变脸等节目博得观众阵阵掌声。其间，四川省侨联还积极推动川菜“走出去”，深入餐饮领域的侨胞中开展调研，助推“万家中餐馆·同讲四川故事”项目落地。

【举行“不忘初心”主题诗歌朗诵会】 6月25日，由四川省侨联主办，成都阅读协会、省侨联文化交流促进委员会、省侨商联合会、省侨联青年委员会、省侨联特聘专家委员会、省侨联法律顾问委员会、华侨大学四川校友会、省华侨公益基金会、省华侨华人学会等联合承办的“梓桑环萦游子情　初心灼灼山河春”——“不忘初心”主题诗歌朗诵会在蓉举行。中国侨联副秘书长、经济科技部部长赵红英和来自25个国家和地区的侨商和侨界文化人士，以及部分在蓉读书爱好者和新闻媒体朋友，共计200余人参加了此次视听盛宴。

【召开“不忘初心、牢记使命”暨庆祝中国共产党成立98周年大会】 6月28日，四川省侨联“不忘初心、牢记使命”暨庆祝中国共产党成立98周年会议在四川侨之家举行，四川省侨联主席刘以勤出席会议并讲话。省主题教育第十巡回指导组王志平出席会议，省侨联机关党委书记邱广华主持会议。刘以勤同志作了题为《“不忘初心、牢记使命”中国共产党人党性锤炼的永恒主题》专题党课辅导。表彰了先进党支部、优秀党支部书记、优秀党务工作者、优秀共产党员，举行了新党员入党宣誓仪式，全体党员重温了入党誓词。四川省侨联领导班子成员，机关全体党员干部，离退休党支部和侨资企业党支部党员参加大会。

【举办基层侨联建设培训班】6月30日—7月4日，四川省侨联在成都举办基层侨联建设培训班，四川省侨联部分常委、委员，各市（州）、县（区）和高校侨联专兼职干部、涉侨社团组织骨干、侨界志愿者及省侨联领导和机关干部共110人参加培训。中国侨联基层建设部部长张毅、联谊联络部副部长朱柳出席开班式并作专题辅导。中国侨联华人华侨研究所副所长张秀明作了《习近平侨务思想与新时代开展侨务工作的思考》的授课。四川大学教授王晓路作了《中国传统文化融合与复兴》授课。培训班结合“不忘初心、牢记使命”主题教育，开展了主题党日活动。

【举行“不忘初心、牢记使命”主题党日活动】7月1日，四川省侨联“不忘初心、牢记使命”主题党日活动在侨之家举行。“蓉漂计划”专家、成都市有突出贡献优秀专家、“两新组织”党员代表、青年海归代表、四川省基层侨联系统培训班学员及四川省侨联全体机关党员参加活动。

【举办2019“中国寻根之旅”夏令营四川营活动】8月1日—10日，由中国侨联主办，四川省侨联及川内11个地市级侨联、3所高校联合承办的2019“中国寻根之旅”夏令营—四川营在成都开营。四川省委副书记邓小刚、中国侨联副主席齐全胜出席开营仪式并致辞，中国侨联副主席、四川省侨联主席刘以勤主持开营仪式。来自美国、加拿大、德国、荷兰、新西兰、西班牙、意大利、比利时、瑞典、英国的千名海外华裔青少年参营。邓小刚、齐全胜、刘以勤为夏令营开营仪式授旗，省侨联亲情中华艺术团为全体营员献上精彩演出，茶艺、变脸、南充大木偶等具有浓郁巴蜀特色的文艺节目让营员们充分感受了四川厚重的历史人文和四川人民的热情好客。营员们通过学习汉语、武术、茶艺、剪纸、中医等中华传统文化，实地参观青城山、都江堰等风景名胜，增进了对中国历史和巴蜀文化的了解，增强了对中华民族、中华文化的认同。

【组织“亲情中华·美丽四川”艺术团赴欧洲巡演】8月31日—9月8日，四川省侨联“亲

8月31日—9月8日，《大国芬芳》绽放欧洲三国——四川省侨联“亲情中华 美丽四川”艺术团走进德国、希腊、英国

8月1日—10日，2019“中国寻根之旅”夏令营——四川营成功举办

情中华·美丽四川”艺术团先后在德国法兰克福、希腊比雷埃夫斯、英国伦敦上演了大型诗乐舞《大国芳芳》。此次巡演由中国侨联、四川省侨联主办，德国华人华侨联合会、希腊华侨华人总商会、英国川商联合总会等承办。中国驻当地使馆代表，中国侨联副主席、四川省侨联主席刘以勤，四川省人大常委会秘书长焦伟侠出席演出活动。上万名海外侨胞和国际友人观看演出。巡演充分展示了中国文化博大精深和巴蜀文化的无穷魅力，让海外侨胞更加了解中国、了解四川，演出受到了当地侨胞和国际友人的热烈欢迎。在三国巡演期间，艺术团与当地侨团、华文学校开展文化交流，推介四川文化旅游和发展机遇，热情邀请他们来中国、到四川，考察投资、参观旅游。在英期间，焦伟侠、刘以勤应邀参加了第三届“一带一路”剑桥论坛并发表演讲。

【承办中国侨联第四期海外联谊研修班（侨领班）】 9月16日—21日，由中国侨联主办，四川省侨联和四川大学承办的第四期中国侨联海外联谊研修班（侨领班）在成都举行。来自阿联酋、阿曼、巴林、菲律宾、柬埔寨、老挝、尼泊尔、沙特、泰国、印度、马来西亚、孟加拉国等12个国家的70位侨领参加了研修班。中国侨联顾问、中国华侨公益基金会理事长乔卫，中国侨联副主席、四川省侨联主席刘以勤，四川大学党委副书记曹萍，中国侨联联谊联络部副部长桑宝山，四川大学公共管理学院党委书记姜晓萍等出席有关活动。研修班开设了新时代中国共产党治国理政理念思想、新时代中国外交与领事保护、中国经济发展形势、“一带一路”倡议深度解读、开发性金融支持“一带一路”、决胜全面小康社会、创新思维与创新管理、海外侨胞要做中国梦连接世界梦的桥梁和使者等专题课程。其间，组织学员前往成都规划馆、天府新区公园城市规划厅进行现场教学，参观了四川侨之家，出席了2019中阿经贸文化交流峰会开幕式，并前往四川省遂宁市开展了为期两天的现场教学活动。

【举办2019海外中餐业社团负责人研习班】 9月17日—23日，由中国华侨国际文化交流促进会指导，四川省委宣传部、省商务厅、省文化和旅游厅、省经济合作局支持，四川省侨联与世界中餐业联合会共同主办，资阳市侨联承办的“2019海外中餐业社团负责人研习班”在成都举办。来自美国、西班牙、意大利、法国、匈牙利、德国、瑞典、比利时等16个国家的60名重点海外中餐业社团、中餐企业负责人参加活动。中国侨联副主席、四川省侨联主席刘以勤，世界中餐业联合会监事会主席武力出席活动并讲话。此次研习班聚焦全球川菜发展视角和“川菜出川、出国、全球化”发展思路，围绕国际产业联动、产品升级、品牌战略、文化提升、川菜非遗、人才培养、技术交流及标准发布，着力夯实川菜产业发展基础，延伸川菜产业链条，加强川菜推广，实现川菜龙头企业、绿色产品、集群品牌、文化技艺和人才“走出去”。其间，学员赴郫县豆瓣所在地郫都区参观考察，并出席了2019中阿经贸文化交流峰会开幕式。

【举办2019中阿经贸文化交流峰会】 9月19日，由中国侨联、中国人民对外友协、四川省人民政府联合主办，国家开发银行支持，四川省侨联、四川省人民对外友协、成都市人民政府、四川省发展和改革委员会、四川省商务厅、四川省文化和旅游厅、四川省政府国有资产监督管理委员会等联合承办的“2019中阿经贸文化交流峰会”在成都开幕。四川省委副书记邓小刚、中国侨联顾问、中国华侨公益基金会理事长乔卫等出席，峰会由中国侨联副主席、四川省侨联主席刘以勤主持。本届峰会以“全域开放新机遇·中阿互鉴新局面”为主题，吸引来自阿联酋政商

9月16日—21日，第四期中国侨联海外联谊研修班（侨领班）在成都举行

省级侨联工作

9 月 19 日，2019 中阿经贸文化交流峰会在成都开幕

代表团、菲律宾政商代表团、欧华联会代表团、海外侨商代表团的 370 余位代表参会。峰会上，四川省委副书记邓小刚，中国侨联顾问、中国华侨公益基金会理事长乔卫分别致辞；阿联酋迪拜投发局投促司司长易卜拉欣阿赫利，国开行国际金融事业部国际合作二局局长刘浩，广厦国际工程建设有限公司董事长、阿联酋川渝商会暨同乡会会长余时立分别以《迪拜优势——全球投资者和企业家共塑未来》《国家开发银行对阿拉伯国家金融合作》《华商机遇与“一带一路”》为题发表了演讲。峰会期间，与会嘉宾分赴简阳、德阳、遂宁、广安、达州等地考察。

【举办四川省侨联系统干部培训班】10 月 14 日—20 日，四川省侨联系统干部培训班在厦门大学举办，培训了 60 余位来自基层的四川省侨联系统干部。培训班围绕新时代侨务工作、对外开放、“一带一路”等主题，邀请中国侨联副主席隋军、厦门大学国际关系学院的专家教授为学员授课。培训期间，学员们还参访了古田会议遗址、集美学村等。四川省侨联主席刘以勤、四川省人大外侨委副主任闫登成出席相关活动。

【赴泸州市古蔺县开展定点扶贫】10 月 23 日—24 日，中国侨联副主席、四川省侨联主席刘以勤带领机关部分同志前往泸州市古蔺县开展定点扶贫工作，四川省侨联副主席田碧华、泸州市委统战部、泸州市侨联和古蔺县相关领导陪同前往。一行人员实地察看了由全国政协委员林定强先生支持启动建设的西华村旅游扶贫示范村游客接待中心项目以及乡村道路建设、周转金使用、冷水鱼专业合作社产业发展等情况。其间，刘以勤等还结合赤水河流域的酒文化、红色文化和民族文化等资源整合问题展开调研。

【承办 2019“侨界杰青西南行”四川参访活动】11 月 11 日，四川省委副书记邓小刚，省委常委、统战部部长田向利会见了在京出席中国侨联青年委员会第四次委员大会后赴川参访的来自 32 个国家和地区的 82 名侨界杰出青年。12 日—13 日，参访团与四川省侨联侨青委开展了交流活动，参观了“四川省庆祝中华人民共和国成立 70 周年大型成就展”，出席了天府新区“一带一路”商会联盟大会暨首届兴隆湖国际论坛，进一步推动四川融入“一带一路”倡议和全球经济合作，共享和平发展机遇，共创繁荣美好未来。

【承办中国侨商联合会四川参访活动】11 月 19 日，四川省委副书记邓小刚在成都会见中国侨商联合会参访团。此次四川参访团成员是在北京出席中国侨商联合会第五次会员代表大会代表，由中国侨商联合会常务副会长薛水和等来自 20 个国家和地区的 40 多名侨商代表组成。在川期间，侨商代表前往成都、凉山、攀枝花进行参访和项目考察活动。四川省委副秘书长杨天宗及四川省侨联、四川省委外办、四川省经济合作局主要领导、四川省委统战部相关领导参加会见。

【出席美国百人会大中华年会暨英才学者奖颁奖典礼】12月7日—8日，2019美国百人会大中华年会暨英才学者奖颁奖典礼在上海举办，中国侨联副主席刘以勤、周建农率中国侨商联合会副会长宋汶栗、张钧等出席。此次年会以“美国与中国：理解变化中的经济联系”为主题，来自中美关系方面的领先专家，商界、政界、外交界、科技界、文艺界、学术界和传媒界等领域的精英和嘉宾500余人参加会议。会上，刘以勤与各界人士进行了友好交流，邀请百人会来川举办年会和英才学者奖等活动，为推动四川扩大对外开放、促进侨界友好交流和构建人类命运共同体贡献力量。

【巴中市侨联发挥优势助发展】2019年，巴中市侨联在市委坚强领导下，在中国侨联、省侨联关怀指导下，守初心，担使命，立足侨联工作，发挥优势促开放，创新作为助发展。一是争取到全国政协委员刘以勤、高晓笛等通过全国政协会议提案支持巴中发展，国家发改委、省人民政府从政策层面给予巴中大力支持。二是争取到中国侨联授予晏阳初博物馆为“中国华侨国际文化交流基地”，争取到中国侨联“亲情中华”艺术团来巴举办了新春慰问演出，促进了文化交流。三是参加了中国侨商会第五次会员代表大会、英国伦敦第十五届世界华商大会，助推巴中在重大涉侨活动上有声音、有影响。四是举办了“2019知名侨商巴中行”活动，现场签约项目2个，总投资3.5亿元。五是举办了2019年“中国寻根之旅”夏令营活动，助推山区学子了解世界，提升了巴中在美国的知名度。六是设立了马来西亚海外联络处，积极筹建澳大利亚、英国联络处，全面融入“一带一路”。七是实施“党建＋商会”，推动巴中市侨商会纳入中国侨商会会员系统，多名侨企负责人被表彰为全省、全市“优秀民营企业家”。巴中市侨联在促进开放、增强影响力的同时，还不忘凝侨心、护侨益。一是推动巴州区召开了第一次侨代会，平昌县侨联编制人数增加到6个，南江县侨联社区服务工作得到省侨联肯定。二是倾力服务香港明发集团投资超100亿元开发建设的恩阳黄石国际文旅城项目，助推老区振兴发展。三是组织全市港澳侨台界100余名代表举办了新中国成立70周年系列庆祝活动，同圆共享中国梦。四是组织全市侨界积极响应“海内外侨胞助力冬奥”倡议，捐款4万余元建设华侨冬奥冰雪博物馆。全市侨联5名干部被表彰为“全省侨联系统先进工作者”，南江县侨联被表彰为“全省侨联系统先进集体”。

【南充市侨联积极参与经济社会建设】2019年，南充市侨联围绕全市经济发展大局，切实发挥党和政府联系广大海外侨胞和归侨侨眷的桥梁纽带作用，为南充建设成渝第二城、争创全省经济副中心作出了积极贡献。一是思想引领聚侨心。认真学习党的十九大、十九届四中全会精神，深入贯彻习近平总书记关于侨务工作的重要论述。扎实开展“不忘初心、牢记使命”主题教育活动，认真完成讲党课、集中学习研讨等任务。及时提请南充市委常委会传达贯彻省第八次侨代会精神，并通过微信平台等多种方式广泛宣传。结合新中国成立70周年重要节点，在《南充日报》推出《助力大城崛起　贡献侨界力量——五湖四海南充人》系列报道，采访报道学术、文化、商业等领域侨界精英10余人次。二是紧盯发展凝侨力。积极配合2019“中外知名企业四川行”活动，助力南充“产业年、项目年、开放年”三大行动，围绕“5+5”现代产业集群和“5+100”重大工程项目，开展“知名华商南充行”活动，参加中阿经贸文化交流峰会、省侨商会年会等涉侨活动，推荐鹏润化工、天适樱花、红星美凯龙、零能昊玻璃、上海交大现代教育示范园等项目，成功申报爱心助学圆梦项目、侨爱心光明行等公益项目。三是广开渠道汇侨智。邀请德国等20多个国家和地区近百位侨界人士加入“南充侨家大院”微信群，与海外近20个社团保持沟通联系。会见香港中华教育文化交流基金会负责人，拜会英国福建工商联联合会会长等知名侨领，与福建泉州市侨联就缔结友好单位达成意向协议。号召南充籍海外侨商参与捐资助学、抗震救灾等公益事业，捐赠100顶帐篷于地震发生当晚送达宜宾珙县。四是积极宣传联侨情。积极争取由南充歌舞剧院承演“亲情中华·美丽四川”欧洲巡演，承办“中国寻根之旅”夏令营南充营活动。推荐阆中王皮影博物馆申报中国华侨国际文化交流基地，组织参加世界华人学生作文大赛、华侨华人摄影展征稿并斩获100余项奖项。将1000份南充项目投资指南放入四川“侨之家”，组织刊发涉侨新闻40余篇，推送南充对外开放信息百余次。五是用心服务护侨益。通过发放节庆电子贺卡等方式传递党和政府对侨界群众的关爱，在端午、中秋等节日走访慰问困难归侨侨眷数十人次。协调南充机场，为20余名侨领申报登记快速通道、休息室等优质服务，协助多家侨资企业申请法律援助、处理遗留问题。

【遂宁市侨联以活动为载体促进侨联工作再上台阶】 2019年，遂宁市侨联精心组织各类涉侨活动，服务民生，加强对外交流合作，为全面融入成渝地区双城经济圈建设、加快建设成渝发展主轴绿色经济强市、推动遂宁高质量发展作出了贡献。一是组织开展为侨服务活动。组织召开迎春联谊座谈会，侨联委员、归侨侨眷代表、致公党代表、侨资企业家代表等参加会议。春节期间，深入基层开展走访慰问活动，共慰问困难归侨侨眷30余户，发放慰问金17600元。跟踪服务四川绿鑫电源等在遂侨企，积极协调解决生产过程中遇到的困难和问题。组织射洪县人民医院专家开展了对困难归侨侨眷在内的贫困群众的义诊活动，共接待就诊咨询群众200余人次，发放宣传资料300余份。二是组织开展“侨胞之家”建设活动。与市委组织部联合下发《关于开展“党建带侨建、侨建促发展”工作的实施意见》，深入推进基层侨联组织“五有”建设，推动建立市级“侨胞之家”1个、县级“侨胞之家”2个，蓬溪县侨联新增1名行政编制。三是组织开展捐资助学活动。协调向荣基金会向大英县和射洪县部分中、小学校捐赠教育设施，价值10万余元。四是组织举办第二届“海归人才遂州行”活动。吸引50余名遂宁籍海外留学生、回乡创业的华人华侨参加，签订了《海外留学人才与市双创中心服务意向协议》《海外留学人才与天府股权服务意向协议》。五是承办2019“中国寻根之旅”夏令营四川遂宁营活动。108名来自荷兰的华裔青少年及领队在遂宁和成都进行了游览及教学体验。新华社客户端、荷兰《联合时报》、人民号、百家号、搜狐号、一点资讯等平台及媒体纷纷向海内外报道，转载活动情况，累计阅读量上百万。六是承办“追梦中华·海外华文媒体四川行”活动。由19家海外华文媒体和3家中央媒体组成的考察团莅遂考察了乡村振兴和生态文明建设工作。凤凰新闻、人民视频、央媒头条、亚太中文电视台等30余家媒体刊发了160余篇新闻报道。七是承办海外侨领赴遂考察活动。组织侨领考察了射洪县沱牌舍得酒业、遂宁经开区侨资企业喜之郎集团西部基地等企业，参观了广德寺、圣莲岛、湿地公园等，召开了座谈会，与相关单位、企业进行了交流。

贵州省归国华侨联合会

【领导成员名单】

主　　席：吕　虹（女）
专职副主席：陈新伦　李　立
兼职副主席：王保生　尹晓勤（女）
罗　兵　戴一红（女）
叶保立　罗　坤
程　燕（女，香港）
毕志健（澳门）
秘　书　长：李　立（兼）

【综述】2019年，贵州省侨联坚持以习近平新时代中国特色社会主义思想为指导，切实增强“四个意识”、坚定“四个自信”、做到“两个维护”，全面贯彻党的十九大和十九届二中、三中、四中全会精神，深入学习贯彻习近平总书记关于群团工作和侨务工作的重要论述、对贵州工作重要指示批示精神，省委十二届五次、六次全会精神，全面贯彻落实中国侨联十代会精神和省侨联八代会部署，坚持稳中求进，坚持“两个并重”“两个拓展”，推动“两个建设”，用好“两项机制”，围绕保持和增强政治性、先进性、群众性，全面履行六大职能，扎实开展“不忘初心、牢记使命”主题教育，推动各项工作取得新进展新成效。2019年，共有20多个公益项目持续捐助或落地贵州，引荐华侨社团、基金会和侨胞个人捐赠款物折合人民近1400万元，惠及全省2万多贫困人口；指导成立智利贵州商会，海外贵州商会已达30家，遍布五大洲26个国家；举办贵州侨界庆祝新中国成立70周年系列活动；分别与贵州师范学院和贵州省实验中学承办2019“中国寻根之旅”夏令营；全省获批3家“中国华侨国际文化交流基地”；顺利承接原贵州省侨办划转海外华人华侨社团联谊职能，侨联朋友圈不断扩大；完成贵州省侨联机关内设机构及其职责调整优化和会机关干部内部轮岗交流；制定印发《关于加强全省基层侨联组织建设的实施意见》，新建5个“侨胞之家”，全省累计建成14个“侨胞之家”，成立首家侨资企业侨联；基本完成全省9个市（州）侨联改革；向省政协建议邀请海外侨胞代表列席每年省政协全委会并得到采纳，定于2020年1月开始实施；成立省侨联专家咨询委员会，聘任33名专家学者为首批咨询委员会委员。

【开展“不忘初心、牢记使命”主题教育】6月至8月，贵州省侨联通过开展读书班、形势政策教育、革命传统教育、警示教育等，推动学习往深里走、往心里走、往实里走，做到学思用贯通、知信行合一。主题教育期间，开展28次集中学习和交流研讨。扎实开展脱贫攻坚、基层侨联组织建设和侨资企业发展的专题调研，深入基层调研20余次，开展2次调研交流研讨，形成3篇调研报告，解决5个实际问题。系统梳理班子存在问题26个，班子成员存在问题25个。对照问题清单，制定整改方案，细化措施、明确责任和整改时限，真刀真枪解决问题。通过深入开展主题教育，贵州省侨联机关党员领导干部守初心、担使命的自觉性主动性明显增强，领导班子创造力凝聚力战斗力明显提升。

【万立骏主席赴贵州调研】6月11日—12日，中国侨联党组书记、主席万立骏在贵州调研。万立骏率调研组来到贵州大学，深入重点实

4月11日—12日，万立骏主席（前排右三）到贵州调研，参观“中国天眼”

6 月 11—12 日，万立骏主席在贵州调研

验室，与实验室负责人、部分科研人员进行交流，了解实验室建设和科研情况；召开调研座谈会，与学校、学院领导、学校侨联负责人分别就贵州大学建设与发展、学校归侨和海外留学归国人员情况和侨联工作等进行交流。万立骏表示，希望贵州大学侨联主动作为，通过参与构建“地方侨联 + 大学侨联 + 校友会”的机制，为学校改革发展聚人才、汇资源，为归侨和留学归国人员发展搭平台、做服务，展现新形象新作为。调研组还来到黔南州平塘县克度镇，参观天文体验馆和“中国天眼”科普基地，学习侨界楷模南仁东事迹，与当地领导和侨联干部交流。调研期间，万立骏听取了省侨联工作情况汇报，强调贵州侨联组织要坚持为大局服务、为侨服务，深化自身改革，加强党的建设，充分发挥桥梁纽带作用，凝聚侨界人才、动员侨界力量，为贵州省脱贫攻坚和经济社会发展作出积极贡献。贵州省委书记、省人大常委会主任孙志刚，省委常委、秘书长刘捷，省委常委、统战部部长严朝君会见了万立骏一行，双方就发挥侨联作用、宣传贵州、促进贵州经济社会发展等深入交换了意见。贵州省侨联主席吕虹、副主席陈新伦、副主席兼秘书长李立，黔南州副州长黄进，中国侨联信息传播部副部长郭启华等一同参加有关调研活动。

【深化改革推动侨联“两个建设”】完成贵州省侨联机关机构改革相关工作。2 月，贵州省委编办印发《关于调整省侨联机关内设机构等事项的批复》，调整优化了省侨联机关内设机构及其职责，增加机关事业编制 3 个，处级领导职数 1 个；12 月，完成省侨联机关内部轮岗交流。全省 8 个市（州）侨联出台改革方案，基本完成改革任务，其中 2 个市（州）侨联增加了编制或内设机构。3 月 29 日，黔西南州侨联第七次归侨侨眷代表大会召开。5 月 14 日，毕节市第二次归侨侨眷代表大会召开。

5 月 14 日，毕节市第二次归侨侨眷代表大会召开

11 月 4 日，贵州省首家侨资企业侨联在安顺市黄果树贵州世团置业有限公司正式挂牌成立，省侨联主席吕虹（前排左四）出席揭牌仪式并讲话

6月10日—21日，贵州省侨联联合省社会主义学院举办第七期全省侨联基层干部培训班

出台《关于加强全省基层侨联组织建设的实施意见》，新建5个“侨胞之家”，目前，贵州省共有14个“侨胞之家”，成立贵州省首家侨资企业侨联“安顺市黄果树贵州世团置业有限公司侨联”。6月10日—21日，举办第七期全省侨联基层干部培训班，制定《省侨联机关联系服务侨界群众制度》《省侨联机关督察工作制度》等6项制度，整理汇编《贵州省侨联机关制度汇编（修订版）》，提高制度执行力。优化门户网站设置，完成页面改版升级，丰富网站专题内容。

【彰显侨界作为助力脱贫攻坚】贵州省侨联引导侨商积极参与省工商联组织实施的“千企帮千村”脱贫攻坚工作，组织侨商参加“侨商助力·走进余庆”招商旅游推介会等。通过各种渠道为省侨联扶贫点余庆县大乌江镇红渡村筹措项目资金和慰问款物折合人民币610余万元（包括协调省农业农村厅安排596.8万元的农村人居环境整治项目）；争取广东鹏祥扶困助学金资助大乌江镇12名贫困大学生共计4.8万元，美国福建联合总会驻闽办事处捐赠红渡村50户贫困户大米和食用油；贵州侨商会出资1.1万元为红渡村20户建档立卡贫困户购买家具用品，赤天化集团“送温暖、助春耕”捐赠化肥8吨，以及省侨联拿出2万余元开展走访慰问困难群众等。一系列的帮扶举措，精准帮扶了红渡村贫困群众。毕节市侨联动员社会力量参与精准扶贫，重点实施就业创业、学业资助、医疗救助、阳光护航、志智双扶和亮丽家园等六项行动，为驻村点赫章县结构乡和河镇乡脱贫攻坚做出积极贡献。遵义市侨联通过打造“同心·侨爱”圆梦助学品牌，协调各类爱心捐赠70多万元帮助贫困高中学生完成学业；发动侨资企业积极助力脱贫攻坚，15家侨（港澳台）资企业，捐赠帮扶资金900余万元，解决建档立卡贫困户就业405人，带动群众增收致富730人，4家在遵侨（港澳台）资企业荣获遵义市“千企帮千村”精准扶贫行动先进民营企业表彰。全省各级侨联组织积极动员侨界力量

5月9日，贵州省侨联、贵州侨商会组织侨界省政协委员和侨商企业家到对口扶贫点余庆县大乌江镇红渡村开展脱贫攻坚“送温暖、助春耕”送化肥活动

省级侨联工作

助力脱贫攻坚，取得显著成效。

【“侨爱心工程”助力精准扶贫】2019年，全省各级侨联共有20多个公益项目持续捐助或落地贵州，捐赠款物折合人民币近1400万元，惠及全省2万多贫困人口。如侨爱心助学项目，新西兰中华教育基金会资助贫困学生23.85万元、新西兰“金苹果奖学金”1万元；新增“珍珠班”6个，新增学生310人，受助金额270.5万元；广东鹏祥集团捐赠大乌江镇12名贫困大学生，受赠资金8.4万元；广州奥园慈善基金会、香港爱心同胞资助学生97人，受赠资金77.6万元；波兰青田同乡会一对一资助学生6名，受助金额4万元；遵义市侨联引荐贵州省欧美同学会、筑梦公益基金管委会联合开展“筑梦未来”精准帮扶助力教育信息化公益活动，对遵义市11个县（市）中小学发放捐赠价值440万元教学设备；以及安徽省江启戎教育基金会在贵州助学项目等。如侨爱心助困项目，爱心侨胞庄淑好先生对省侨联驻村点50户困难群众捐赠粮油及100个儿童书包，折合人民币2.5万元；澳大利亚魏基成“天籁列车”捐赠贫困户棉衣棉被项目等。如侨爱心助医项目，中华公益基金会“捐赠SM10C等离子双极电切电凝系统”项目（正在申请医院有3家，医疗设备折合人民币306万元）、中国华侨公益基金会资助“还笑童颜”儿童胎记血管瘤公益项目、铜仁市和黔西南州“侨爱心－送温暖医疗队”项目等。

12月30日，六盘水市侨联领导看望老归侨刘兰芳

【关怀帮扶侨界困难群体】持续做好节日期间“送温暖、献爱心”活动，注重对困难归侨侨眷的关心，春节、中秋、国庆期间深入开展走访慰问活动，贵州省各级侨联发放困难归侨生活补助金和困难归侨侨眷慰问款物折合人民币90余万元。其中发放困难归侨侨眷生活补助资金148人共29.6万元。黔东南州侨联建立侨界困难群众档案，全面掌握、及时研究解决归侨侨眷在生产生活、医疗住房等方面存在的困难；贵阳市侨联成立“侨胞之家——侨益桥工作室”，遵义、黔西南、铜仁市侨联加强侨胞之家建设，为困难归侨侨眷办好事、解难事；各市（州）、县（市、区）侨联常态化帮助贫困归侨侨眷解决生活中遇到的困难和问题。

12月21日，广东骏马纺织慈善基金会助学金发放仪式在黔东南州三穗县民族高级中学举行

【服务经济高质量发展】海外贵州商会助推贵州大数据产业发展，联合贵阳市侨联向海外侨团招展，组织美国、加拿大、英国、德国、匈牙利、斯洛伐克、荷兰、新西兰、澳大利亚、阿联酋等10多个国家和地区的48家企业参展贵阳“2019中国国际大数据产业博览会”，新西兰贵

5 月 26 日，贵州省政协主席刘晓凯（左五）在数博会巡展时，专程到海外贵州商会展位观展，省侨联主席吕虹（左三）陪同

州商会等在黔投资大数据产业有序推进。助推“黔货出海”，俄罗斯贵州商会积极推广黔茶，参与贵州省政府在莫斯科举办的“贵州省特色商品和文化旅游推介会”，并被授权成为贵州省商务厅驻俄罗斯商务代表处；阿联酋贵州商会推进大宗贵州果蔬销往阿联酋；北美贵州商会推进贵州精品水果销往加拿大。助推文化旅游宣传，法国贵州商会会员法国乐途旅行社组织专业旅行团赴贵州考察，拍摄宣传片，在法国有影响力的杂志《北方之声》等媒体上大篇幅报道贵州；南非、莫桑比克贵州商会参与 2019 年省文旅厅在非洲的演出团组接待；匈牙利贵州商会邀请匈牙利代表团参加 2019 国际山地旅游暨户外运动大会。强化人才支持，成立省侨联专家咨询委员会。促进新侨创新创业，组织海归青创会代表参加澳门归侨总会“千人计划”贵州考察团座谈交流；连续两年组织海归青创会代表赴澳门参加侨青高峰论坛。

11 月 14 日，贵州省侨联专家咨询委员会成立大会在贵阳举行，省侨联主席吕虹（前排左四）为受聘委员颁发聘书

【打造“侨商杯”体育赛事品牌】 7 月 21 日—26 日，贵州省侨联与贵州省体育局、黔南州人民政府联合主办 2019 贵州黔南“侨商杯”国际青少年足球邀请赛，法国、泰国、俄罗斯、新西兰、韩国 5 支海外球队和 7 支国内球队，共 300 余名运动员参赛，此次赛事是近年来贵州省内规模最大、水平最高、人数最多的青少年足球国际邀请赛。多彩贵州网、法国波尔多足球俱乐部和韩国首尔市水洞足球俱乐部官方网站对比赛作了专题报道，在广大海外贵州商会和省相关部门的支持下，“侨商杯”品牌得到初步确立，开拓了贵州体育对外交流的新途径，丰富了海外贵州侨团促进其住在国与贵州友好交流的渠道，有力推动了贵州海外资源拓展、引资引智引技和扩大对外开放。

【成立贵州省侨联专家咨询委员会】 为深入贯彻落实习近平总书记关于建设中国特色新型智库、建立健全决策咨询制度的重要论述和中央对侨联“两个拓展”的指示精神，提升侨联服务贵

7 月 21 日，由贵州省侨联与省体育局、黔南州人民政府联合主办的 2019 贵州黔南“侨商杯”国际青少年足球邀请赛启动仪式在黔南州都匀市举行

州省“大扶贫、大数据、大生态”三大战略行动、建设内陆开放型经济试验区、助力新一轮对外开放和服务侨界群众的能力，11 月 14 日，贵州省侨联专家咨询委员会成立大会在贵阳举行。聘任王礼全等 33 名贵州侨界高层次人才和热爱侨联事业的专家学者为首批咨询委员会委员。33 名委员来自海内外 26 家单位和部门，涉及金融、经济学、法学、哲学、语言学、化学、信息技术、生物科技、医疗卫生、文化旅游、财务管理、政策研究等 10 多个领域，留学及侨居国包括美国、日本、加拿大、法国、瑞典、荷兰、澳大利亚、新西兰、斯洛伐克等 10 多个国家，为省侨联专家咨询委员会注入了强大力量。省侨联主席吕虹为第一届贵州省侨联专家咨询委员会委员颁发聘书。

12 月 4 日，智利贵州商会在圣地亚哥举行成立庆典大会，贵州省政协副主席兼秘书长任湘生（左七）、贵州省侨联主席吕虹（左四）、中国驻智利大使馆领事王懿女士（左六）出席

【拓展海外华侨华人社团联谊】12 月 4 日，智利贵州商会在智利首都圣地亚哥举行成立庆典大会。贵州省政协副主席兼秘书长任湘生、贵州省侨联主席吕虹、中国驻智利大使馆领事王懿女士等出席。目前，海外贵州商会已达 30 家，遍布五大洲 26 个国家。广交新朋友，邀请和接待欧洲中华总商会、德国纽伦堡华商会、菲律宾华商会等 10 多个国家的海外侨团和侨商考察团到贵州开展经贸合作交流。参与接待第九届世界华侨华人社团联谊大会代表团来黔考察。10月21日—24日，组织开展“海外侨胞侨商海归代表赴黔南考察”活动，进一步增进了广大侨胞对贵州的了解。促进民间友好，莫桑比克贵州商会引荐茅台集团再次捐资 300 余万元用于莫桑比克卡滕贝小学基础设施建设；泰国贵州商会举办首届中泰国际青少年足球邀请赛，贵州青少年足球队受邀参加；法国贵州商会参与促成巴黎—贵阳直航等。

【举办 2019 年“寻根之旅”夏令营】7 月，由中国侨联主办，贵州省侨联、贵州师范学院、贵州省实验中学承办的 2019 年“寻根之旅”夏令营两个班分别在贵州省实验中学和贵州师范学院圆满举办。75 名来自美国、法国、匈牙利等

7 月 11 日，2019 年“寻根之旅”夏令营贵州师范学院营开营

7 月 16 日，2019 年“寻根之旅”夏令营贵州省实验中学营开营，营员们在学习书法

国的华裔青少年参与了基础汉语课、古诗鉴赏、象棋、武术、脸谱，民族服装体验、书法、传统美食、剪纸、官窑制作、蜡染等课程，参观体验了黄果树大瀑布、青岩古镇等黔中美景，游学了“中国天眼”、贵阳孔学堂、安顺天龙屯堡、关岭国家地质公园等独具特色的人文地理景观。通过10天时间对贵州神奇秀美的自然风光、悠久的历史文化遗产、多姿多彩的民族民间文化的学习体验，进一步增进了对贵州的了解和对祖（籍）国的热爱。

【申报“中国华侨国际文化交流基地”】2019年向中国侨联新申报了毕节市迎丰村等8家“中国华侨国际文化交流基地”，其中安顺市黄齐生故居、贵阳市中国阳明文化园、毕节市迎丰村3家获批。截至2019年全省共有8个市（州）建有11家中国华侨国际文化交流基地，进一步扩大了贵州对外文化交流宣传的覆盖面。

【举办纪念新中国成立70周年系列活动】举办贵州侨界庆祝新中国成立70周年征文活动，汇编了《我与新中国共同成长——贵州侨界庆祝新中国成立70周年文集》，宣传广大归侨侨眷、海外侨胞和留学归国人员在建功贵州经济社会发展和对外开放中的先进事迹。9月12日，举办贵州省老归侨庆祝新中国成立70周年座谈会，共有70余名老归侨和老侨务工作者出席；9月20日，举办贵州省新侨和留学归国人员庆祝新中国成立70周年座谈会，部分海外贵州侨团和商会代表、贵州海归青创会会员代表、贵阳市侨联海归人才联谊会会员代表共60余人出席。

【强化服务依法维护侨益】12月11日，贵州省侨联维护侨益调研活动暨省侨联法顾委2019年年会在黔南州举行，参会委员紧紧围绕维护侨益、参政议政、营商环境和法顾委2020年工作进行交流发言，并深入侨资企业调研。组织全省侨联系统10名干部参加中国侨联“法治中国·你我同行”2019年侨界法治学习活动。组织开展侨法宣传活动，向全省各级侨联发放维护侨益工作手册300余册，指导各市（州）侨联开展多种形式的法治宣传活动10余次。六盘水侨联通过“9·7”侨法宣传日、“12·4”法制宣传日开展侨法宣传，推动侨法深入人心；铜仁市侨联利用“侨胞之家”设置宣传角开展侨法宣传；贵阳市侨联持续推进“贵阳市侨界关爱行动”“创业中华·筑梦贵阳”等品牌活动，帮助侨界困难群众，营造良好爱侨护侨氛围。深入全省各市（州）20多家侨资企业调研，切实帮助侨资企业解决问题，为侨界群众提供

6月26日，铜仁市侨联、碧江区侨联深入环北街道梵净山社区开展“侨法宣传·侨法进社区”活动

9月20日，贵州省新侨和留学归国人员庆祝新中国成立70周年座谈会在贵阳举行，省侨联主席吕虹（前排左七）出席

法律和政策咨询 30 余次。做好信访工作，及时回应侨界群众利益关切，维护全省侨界和谐稳定。

【汇集侨智积极参政议政】2019 年，贵州省侨联认真做好提案议案工作，积极参政议政。在省政府副省长魏国楠与省政协委员对话活动中，省侨联提出的《关于贵州新生代农民工就业问题的建议》得到高度重视，被省政协提案委员会立案并由省人社厅等相关部门落实。推动法律法规制定，参与省人大《贵州省华侨权益保护条例》立法调研并提出修改意见和建议。向省政协建议邀请海外侨胞代表列席每年省政协全委会并得到采纳，定于 2020 年 1 月开始实施。强化侨情专报工作，3 月，制定印发了《省侨联关于进一步加强侨情专报工作的实施办法》，有 6 篇素材被采用，获中国侨联信息工作三等奖。强化侨务理论研究，侨情调研专项课题《贵州新侨资源开发利用对策研究》结题。深入开展调查研究，形成调研报告《贵州省基层侨联组织建设研究》《贵州省侨资企业发展情况调研》，分别获中国侨联 2019 年度调研课题成果三等奖和优秀奖。

【贵阳市侨联创新人才工作服务经济发展】2019 年，贵阳市侨联开展全市留学归国人才摸底调研工作，通过青委会换届将其吸纳进来，并组织开展爱国主义教育、慈善公益、文艺演出、非物质文化体验等活动，增强了组织活力。5 月 10 日，举办了“服务高水平对外开放—贵阳市海归人才创新创业大会”，100 多位海归青年参会，中国侨联创新创业联盟副会长孟庆毅、深圳市青创会副理事长杨鹏等到会并作了创业主旨演讲。5 月 28 日，组织青委会代表赴菲律宾出席菲律宾华商经贸联合会举办的首届“一带一路”华商经贸论坛及庆祝菲律宾华商经贸联合会成立五周年暨青委会成立大会，并与菲华各界进行了广泛深入的交流。11 月 9 日，主办第二次“高水平对外开放—贵阳市海归人才创新大会”。成立贵阳市侨联海归人才联谊会，贵阳市侨联海归人才创新创业服务中心同时挂牌，新侨工作走在全省侨联系统前列。

【遵义市侨联加强内引外联推动合作交流】2019 年，遵义市侨联坚持海纳百川、广交朋友、广开侨路，对外联谊联络精彩纷呈，合作交流成果丰硕。参团赴日本、俄罗斯举办 2019 年遵义市“探秘世界奇观　感知醉美遵义”文化旅游推介；深化文化合作交流，促成遵义航天高级中学与加拿大温哥华市博域中学签订了姊妹学校合作协议，组织 2 批学生到加拿大开展夏令营、冬令营活动；促成香港仁济医院靓伯纪念中学与仁怀市第九中学签约，缔结姊妹学校。接待了第九届世界华侨华人社团联谊大会代表团 77 名代表赴遵参访活动；接待了澳区省级政协委员联谊会赴遵考察团；

11 月 9 日下午，服务高水平对外开放——贵阳市侨联海归人才联谊会创新大会在贵阳举行

6 月 1 日，第九届世界华侨华人社团联谊大会代表团赴遵参访活动举行，来自世界各国的 77 位华侨华人社团负责人参加活动

接待了香港百仁基金会赴遵开展义工服务活动团；接待浙江省丽水籍重点海外侨商一行 13 人赴遵考察投资环境和投资项目；接待大连市侨联文化艺术委员会一行 6 人赴遵义进行中国华侨国际文化交流基地实地调研并召开座谈会等。

【黔西南州侨联助力脱贫攻坚成效显著】2019 年，黔西南州侨联多措并举助力脱贫攻坚。争取中国侨联“侨爱心—送温暖”医疗队项目积极开展活动，联合相关部门派出医师 74 人次，覆盖社区、学校 3600 余人次，发放宣传资料 5000 余份，现场问诊 2000 余人次。为贞丰县、望谟县贫困地区募集到发展百香果产业、乡镇中心幼儿园建设和社区图书室建设资金 120 余万元，为全州 30 名贫困大学生募集到 24 万元助学金。扎实做好州侨联扶贫点猪场坪镇田湾村脱贫攻坚工作，帮助扶贫点改善人居环境、发展产业，协调村级发展基金、魔芋种植、生猪养殖、新建科普场馆，为村小学捐赠电脑等各类帮扶资金 50 余万元，引荐宁波爱尔光明眼科医院为村小学近视学生捐赠眼镜 100 副并开展“侨爱心 · 光明行”义诊活动等，脱贫攻坚工作取得了明显成效。

12 月 25 日，上海心追企业发展有限公司捐赠 100 万元修建望谟县边饶镇第二幼儿园奠基仪式举行，黔西南州委常委、州委统战部部长罗春红，州政协副主席、望谟县委书记李建勋，州侨联主席杨黔生，公司首席执行官杨铭轩等出席活动

云南省归国华侨联合会

【领导成员名单】

党组书记：和向红（女，纳西族）
主　　席：李　嵘（2019年3月卸免）
专职副主席：高　峰
徐盛兴（2019年3月当选）
兼职副主席：伍达天　朱　燕（女）　何庆国
叶建州　江巴争追（藏族）
狄　文　石　云（女）　赵　先
巡　视　员：段　林（傣族）
秘　书　长：陈英姿（女）

【综述】2019年是中华人民共和国成立70周年，是云南省脱贫攻坚决战决胜关键之年。云南省侨联坚持以习近平新时代中国特色社会主义思想为指导，深入学习贯彻习近平总书记关于侨务工作的重要论述和对云南工作的重要指示精神，扎实开展“不忘初心、牢记使命”主题教育，认真落实“守初心、担使命、找差距、抓落实”的总要求，进一步坚定增强“四个意识”、坚定“四个自信”、做到“两个维护”。在履行服务经济发展、依法维护侨益、拓展海外联谊、积极参政议政、弘扬中华文化、参与社会建设职责中，坚持“两个并重”，加强“两个拓展”，织好“两张网”，推动“两项建设”。紧扣党委政府中心工作，坚持服务大局、坚持为侨服务、坚持守正创新、坚持务实担当，努力为云南高质量跨越式发展作出新贡献。

【开展“不忘初心、牢记使命”主题教育】云南省侨联党组按照省委部署要求，成立了主题教育领导小组，研究制定《云南省侨联关于开展“不忘初心、牢记使命”主题教育实施方案》，扎实开展“不忘初心、牢记使命”主题教育。把握好四个“贯穿始终”的要求，把握好规定动作，把握好时间节点，紧扣主题主线，聚焦根本任务。对各项工作统筹兼顾、科学安排、一体推进，真正把学和做结合起来、把查和改贯通起来。把主题教育成效体现到增强党性、提高能力、改进作风、推动工作上来。省侨联党组理论学习中心组在定期组织集中学习的基础上，抓好个人自学，强读强记，常学常新。对习近平总书记重要讲话和文章中的重要观点、习近平总书记对侨务工作的重要论述用心学习领会，牢记于脑、铭记于心。认认真真读原著、学原文、悟原理，在弄通上下更大功夫，不断提高运用党的创新理论指导实践、推动新时代云南侨联工作的能力。

6月12日，云南省侨联召开“不忘初心，牢记使命”主题教育动员部署会

【召开云南省侨联十届四次全委会】3月27日，云南省侨联十届四次全委会议在昆明举行，会议总结了2018年的主要工作，安排部署了

3月27日，云南省侨联召开十届四次全委会议

2019年的工作任务。会议选举罗云川等8位同志为云南省侨联第十届委员会委员，选举罗云川等3位同志为云南省侨联第十届委员会常务委员，选举徐盛兴同志为云南省侨联第十届委员副主席。会议卸免李嵘等5位同志云南省侨联第十届委员会委员，卸免李嵘等4位同志云南省侨联第十届委员会常务委员会委员。卸免李嵘同志省侨联主席职务。会议要求全省侨联要深入学习贯彻习近平总书记系列重要讲话和党的十九大精神，牢牢把握侨联工作正确方向；凝聚侨心、主动作为，团结引导广大侨胞为推进云南高质量跨越式发展多做贡献；进一步加强侨联思想政治建设，作风纪律建设，干部队伍建设，以担当尽责，争创一流精神状态，推进云南新时代侨联事业不断创新发展。

9月17日，云南省基层侨联建设工作会暨基层侨联干部培训班在省社会主义学院开班

【加强基层侨联建设】 2019年，云南省侨联以中国侨联《关于新时代加强基层侨联建设的指导意见》为抓手，坚持调查和研究并重，在组织建设上，实现侨联工作进乡村、进社区、进企业、进学校，通过强化“党建带侨建、侨建促党建”，借助已有的党建平台、活动场所，采用合建、共建的模式，加强侨联基层组织建设和“侨胞之家”的阵地建设，充分利用各种工作载体，打造网上平台建设，把侨联基层组织建设纳入党建工作格局。积极探索基层组织建设新的模式。同时，加大对基层干部培训力度，举办全省基层侨联干部培训班，组织100名全省基层侨联干部到省社会主义学院培训。以华侨农（林）场干部和华侨社区归侨侨眷为主，采取集中培训和分类培训相结合的方式进行培训，提升侨胞的职业技能和工作能力。

【承办第17届东盟华商会暨第1届“一带一路”侨社论坛】 6月10日—15日，由中国侨联、国家开发银行、云南省政府共同主办，云南省侨联、云南省发改委、云南省商务厅、云南省投资促进局承办的“侨连五洲·七彩云南”——第17届东盟华商会暨第1届“一带一路”侨社论坛

6月10日，云南省委书记陈豪会见前来出席“侨连五洲·七彩云南”论坛的中国侨联主席万立骏、中国侨商投资企业协会会长、泰国正大集团资深董事长谢国民，中国侨商联合会会长、世茂集团董事局主席许荣茂等海内外嘉宾

6月11日，万立骏主席在“侨连五洲·七彩云南”开幕式上致辞

在云南省昆明市、丽江市举办。“侨连五洲·七彩云南”是中国侨联“侨连五洲”品牌下的首场活动，举办地在云南，影响遍及世界，为推动中国同世界各国民心相通、增进民众感情，深化经贸文化交流合作、造福各国人民发挥了积极的作用，为推进“一带一路”建设发挥了重要作用。此次活动围绕“华侨华人与一带一路”主题，深入贯彻创新、协调、绿色、开放、共享发展理念，高举和平、发展、合作、共赢旗帜，主动融入和服务“一带一路”建设，服务面向南亚东南亚辐射中心建设，紧扣云南省“绿色能源”“绿色食品”“健康生活目的地”三张牌发展新目标，充分发挥中国侨联资源优势和侨连五洲·七彩云南品牌影响力，推动华商走进云南、云南走向世界。中国侨联主席万立骏、云南省委书记陈豪、国家开发银行副行长刘金，中国侨联副主席李卓彬、李波，云南省委副书记王予波，常务副省长宗国英，省委秘书长刘慧晏，副省长张国华，中科院院士郭华东、谭蔚泓等领导和专家学者出席活动。中国侨商投资企业协会会长、泰国正大集团资深董事长谢国民，中国侨商联合会会长、世茂集团董事局主席许荣茂，泰国潮州会馆主席黄迨光，亚洲地区中国和平统一促进会联合总会会长王志民，老挝中华总商会会长姚宾，缅甸仰光云南会馆会长张迎春，孟加拉华侨华人联合会会长庄立峰等重要侨领华商参加，侨领华商参会规模超过600人。活动期间，举办了招待会、开幕式、“一带一路”与云南发展论坛、云南省招商引资推介、金融支持“一带一路”论坛、“一带一路”侨社论坛、华侨华人青年与“一带一路”侨青圆桌、“亲情中华·七彩云南”文艺演出、云南英国校友会成立仪式暨青年多元化论坛、云南省侨联青委会2019年会等16项子活动，受到与会嘉宾的赞誉。

6月11日，金融支持“一带一路”论坛现场

6月12日，召开侨青圆桌会议

6月13日，丽江分会场开幕式

【扩大“互联网＋纸媒”宣传模式提升侨联组织影响力】2019年，云南省侨联聚焦海内外的政治、经济和社会热点，撰写、发布信息，共编写《侨情专报》19期，省领导批示4期5次，有效发挥了《侨情专报》信息直通车的作用。省侨联的微信平台共发布955条文章，内部刊物《云南侨联》共编辑出版4期。通过省侨联网站、“微信公众号”、《云南侨联》杂志，广泛向海外发布涉及云南省经济、社会、文化、旅游、法律及侨务等方面信息，宣传展示了云南形象。

【维护侨益和参政议政】2019年，云南省侨联共受理归侨侨眷和海外侨胞电话咨询30余次，来信来访案件16件，14件办结，2件仍在办理。信访主要涉及房产纠纷、人身侵权、法律援助等。随着普法工作的深入开展，广大归侨侨眷学会拿起法律的武器保护自己的权益，信访案件几年来呈现逐年下降趋势。2019年省侨联主动积极为侨界人大代表和政协委员参政议政提供服务，加强同侨界人大代表和政协委员的沟通联系，向省政协大会提交了《关于建立培育我省乡村振兴文化的建议》《关于进一步优化我省民营企业营商环境的建议》的提案，意见建议被有关部门吸收采纳。

【拓展联络联谊】2019年，云南省侨联共组团出访6次，分别访问了德国、荷兰、埃及、南非、缅甸、老挝共6个国家。拜访了德国华侨华人商贸总会、荷兰荷中商务文化教育促进会、埃及中国和平统一促进会等40多个侨（社）团。通过走出去，进一步了解掌握海外侨情，结识了一批有影响力的海外侨领，增进了与海外侨团侨社的友谊，增强海外侨胞对“一带一路”、云南自贸试验区和面向南亚东南亚辐射中心建设的了解。2019年共接待了法国温州商会、仰光云南会馆、澳门缅华工商促进会等30多个侨团，接待了马炳国、虞有海、胡振国等侨领和侨胞300多人次。

【承办“寻根之旅”夏令营活动】2019年是“寻根之旅”夏令营活动由中国侨联主办的第一年，“寻根之旅”夏令营活动深受海外华裔青少年喜爱，为广大海外华裔青少年提供了一个学习中华优秀文化、了解祖籍国改革开放所取得的举世瞩目伟大成就、体验亲情乡情、寻根溯源提供了良好的机会和平台。2019年“寻根之旅”夏令营活动规模大，持续时间长。全省有14个州市举办“寻根之旅”夏令营、秋令营、冬令营共41个营，分别有来自美国、加拿大、澳大利亚、德国、西班牙、荷兰、奥地利、比利时、新加坡、菲律宾、缅甸、泰国、老挝、越南14个国家共1645名海外华裔青少年参加活动。

7月11日，2019“寻根之旅”夏令营云南楚雄营在楚雄第一中学正式开营

8月17日，云南省侨联巡视员段林率团出访南非，在开普敦会见陈清会长

【推进“困难归侨侨眷关爱工程”】2019年，云南省侨联共筹集资金146.33万元，对全省16个州（市）侨联、高校侨联、企业侨联、直属团体近2000余户困难归侨侨眷进行慰问，基本实现了贫困归侨侨眷慰问全覆盖。全省的春节“送温暖”活动严格执行公开、公示制度，确保慰问活动在群众监督下阳光运行。中国侨联副主席李波一行赴腾冲走访慰问困难归侨侨眷，中

国农林水利气象工会副主席原成刚、中国侨联基层建设部副部长黄晖带领全国总工会、中国侨联联合慰问组到文山砚山的华侨农场开展慰问。

【开展扶贫攻坚工作】2019 年，云南省侨联围绕“两不愁、三保障”的总体目标，按照抓党建和扶贫“双推进”的工作要求，选派 1 名副处级干部担任鹤庆县委副书记、驻村扶贫工作队总队长，1 名科级干部在西邑镇奇峰村担任奇峰村第一书记、驻村扶贫工作队队员。依托实施扶贫项目的时机，精心组织，科学谋划，狠抓脱贫攻坚工作全面落实。2019 年直接投入扶贫资金 20.64 万元，其中项目专项资金 20 万元，为奇峰村绿色蔬菜冷库项目申请配套机械设备资金 20 万元，为 44 户挂钩户购买防止返贫致贫保险 4400 元（100 元 / 户 / 年），为下营村杨增祥户“送温暖”慰问金 2000 元。2019 年帮助引进各类扶贫项目、资金 55.9789 万元。截至年底，奇峰村建档立卡户已全部脱贫出列，贫困发生率为 0。2019 年 10 月，省侨联办公室被省扶贫开发工作领导小组表彰为“扶贫先进集体”、驻奇峰村第一书记林思凝同志荣获鹤庆县优秀驻村扶贫工作队员称号。

【组织参加世界云南同乡联谊大会相关活动】4 月 9 日—11 日，第十届世界云南同乡联谊大会举办期间，云南省侨联组织参会云南同乡参加大会相关活动。通过观看文艺节目，叙乡音、述乡情，体悟家乡浓浓的暖意。4 月 11 日，在瑞丽市组织参会的第十届世界云南同乡联谊大会领导、海外云南同乡、特邀海外嘉宾、南侨机工眷属代表约 500 人出席“纪念南侨机工回国抗战 80 周年纪念活动”。中国侨联顾问、中国华侨公益基金会理事长乔

4 月 9 日—11 日，第十届世界云南同乡联谊大会在云南德宏举行

4 月 11 日，纪念南洋华侨机工回国抗战 80 周年活动在德宏州举行

6 月 15 日，云南省侨联党组书记和向红、副主席徐盛兴、秘书长陈英姿到挂钩扶贫点大理州鹤庆县奇峰村下营杨晋伟家入户走访

卫等出席。

【大力弘扬“南侨机工”精神】2019 年，云南省侨联与云南省交通运输厅联合主办，云南省南侨机工暨眷属联谊会等单位承办了“纪念滇缅公路全线通车暨南侨机工回国支援抗战 80 周年图片展”活动，图片展在云南省博物馆、昆明市博物馆、云南民族大学、昆明理工大学、云南财经大学等单位举行，并应邀到保山、北京、海南和澳门等地巡展，在全国多地掀起“南侨机工”爱国热潮，反响强烈。10 月 29 日，图片展在中国华侨历史博物馆开展，中国侨联副主席齐全胜、省侨联副主席徐盛兴、中国华侨历史博物馆副馆长祁德贵、陈嘉庚纪念馆馆长陈呈、云南省档案局副局长段俐娟等参加开展仪式。

4 月 30 日，云南省侨联开展“中国梦·劳动美”学习习近平新时代中国特色社会主义思想诵读活动

10 月 29 日，“祖国在召唤：纪念滇缅公路全线通车暨南侨机工回国支援抗战 80 周年”图片展在华侨博物馆开展

【组织侨界群众活动增强侨联组织向心力】2019 年春节组织举办迎新春联谊会、“五一”节开展“中国梦·劳动美”、学习习近平新时代中国特色社会主义思想诵读活动、“七一”建党节组织举行“不忘初心、牢记使命——庆祝中国共产党成立 98 周年纪念活动”，国庆前后举行庆祝新中国 70 华诞活动。向广大侨界群众宣传十九届三中、四中全会精神，习近平新时代中国特色社会主义思想等。充分发挥侨联群众工作的职能，把广大归侨侨眷紧密地团结在党的周围，切实增强了侨联组织的凝聚力和向心力。

【举办“法治宣传边关行”系列活动】2019 年 10 月在西双版纳州勐腊县，11 月在临沧市耿马县举办了两期边关行活动。至此“法治宣传边关行”品牌活动已分别在瑞丽、江城、河口、腾冲、勐腊、耿马六个国家级口岸成功举办。活动累计培训了越南、缅甸、老挝沿边省的政府官员、华侨、华人、外籍务工人员、双方边民，基层司法干部、侨联干部、侨校师生等 1 千余人，活动共发放《宪法》手册 2 万余份、侨法等各类普法宣传资料 4 万余份，现场为 2000 余人提供了法律咨询，3 万余群众参加了普法宣传教育。就《宪法》《侨法》《国籍法》《捐赠法》《出境入境管理法》《涉外婚姻法》《治安管理法》等法律法规进行了宣传培训，为推进边疆地区普法、促进边疆地区稳定、保障边疆地区繁荣、维护边疆和谐作出了新贡献，活动得到中国侨联高度评价和肯定。作为云南省“七五”普法的知名品牌，活动的开展加强了侨联与公、检、法、司的联系，为云南省侨联做好涉侨多元化解工

10 月 22 日上午，云南省“法治宣传边关行—西双版纳 · 勐腊行”活动启动仪式在勐腊县举行

作提供了抓手。

【昆明市侨联推动“侨胞之家”建设从有形覆盖向有效覆盖转变】昆明市侨联坚持以“党建带侨建，侨建服务党建”的指导思想，以制度化、规范化助推“侨胞之家”建设并取得成效。一是新制定印发了《昆明市“侨胞之家”创建管理办法》，明确提出“侨胞之家”建设的指导思想、原则、根本宗旨、建设目标及功能定位。二是着重提升“侨胞之家”为侨服务的能力水平。积极支持归侨侨眷、海外侨胞、留学人员较集中的街道（办事处）、社区或企（事）业单位、新经济组织，依托社区党群服务中心和企（事）业单位、新经济组织，按照“八有”标准建设“侨胞之家”，为归侨侨眷、归国留学人员提供学习交流、合作互助的平台。三是“侨胞之家”建设取得显著成效。2019 年，昆明市侨联共投入资金 21.3 万元，先后在西山区、五华区、官渡区、安宁市、东川区、盘龙区等县（市）区及京师律师事务所建设 10 个“侨胞之家”。“侨胞之家”覆盖面的扩大，将为侨服务各项工作落细落实。2019 年“侨胞之家”开展活动 200 余次。

【曲靖市侨联着力提升侨联组织建设效能】曲靖市侨联正确把握为大局服务，把工作着力点放在不断提升为侨服务的能力和水平上，找准为侨服务和为大局服务的结合点、切入点，在履行侨联职能中展现新作为。一是在为侨服务中，2019 年春节前夕，共筹集 10.25 万元慰问了全市 61 名特困、高龄、生病、去世归侨侨眷及其家属；到陆良县芳华镇中心敬老院为 16 名孤寡老人进行眼科义诊，送去了价值 1000 元的常用药物；在陆良县华侨农场小学举办“交通安全进侨校，平安快乐迎六一”主题活动；为 1 名考取大学的贫困侨眷子女提供了 1000 元助学金；在陆良县开展了一期归侨侨眷技能培训班，对陆良县 100 余名归侨侨眷进行培训。二是维权工作中，处理涉侨信访件 1 个，积极协调经开区行政执法局，妥善解决南侨机工遗属黄坤的摊位摆放问题。12 月 4 日，与市委统战部联合在曲靖市南城门广场开展“宪法宣传日”专题活动，发放宣传资料 500 余份。12 月 10 日，与市委统战部联合在曲靖市谦泰律师事务所成立全市首家“为侨法律服务站”。三是在参政议政工作中，侨联界别组提交集体提案 2 件，个人提案 6 件，议政发言材料 3 件，市侨联界别组 1 件集体提案被市政协表彰为优秀提案。组织市政协第九界别组一行 22 人到陆良华侨农场考察调研，召开专题会议为华侨农场改革发展建言献策。四是海外联谊工作方面，接待法国华侨华人会、法国温州商会一行到陆良参观考察。接待加拿大云南总商会会长朱燕，就招商引资进行了深入交流。举办两期“寻根之旅”夏令营，邀请来自比利时、西班牙、法国等国家的 55 名海外华裔青少年开展中国传统文化交流学习。在会泽一中新增一个“珍珠班”，资助 50 名品学兼优的贫困高中生，共计

37.5 万元；争取到香港悉教社奖学金项目，在马龙月望小学设立专项奖学金 6000 元；帮助师宗县人民医院成功申报由中国华侨公益基金会提供的“司迈等离子双极电切电凝系统”妇科手术设备 1 台，价值 102 万元。五是脱贫攻坚工作中，选派一名优秀年轻干部到者米村担任第一书记，划拨 6 万元扶贫专项资金到挂包联系村。筹集资金 3 万元助力统一战线“同心工程”会泽行动。由市侨联、市委政研室、会泽县水务局沟通协调，上海市对口帮扶的 600 万元农田水利工程于 2019 年动工，第一批援助资金 100 万元已经到位。2019 年初，市侨联被曲靖市委、市政府通报表扬为“2018 年全市脱贫攻坚先进集体”。

【红河州侨联努力做到组织覆盖与工作覆盖双轮驱动】红河州侨联认真组织侨界学习贯彻第十次全国归侨侨眷代表大会精神，通过开展丰富多彩的具有“侨味”的活动与服务，真正体现“知侨、懂侨、爱侨”，把握侨联工作时代主题成效明显。一是助力扶贫攻坚。引进中国华侨基金会善行团、美国妈妈联谊会、香港悉教社基金会等海内外爱心慈善团体捐赠 17.6 万元，助力脱贫攻坚；与香港侨界社团联会签订“一对一”助力脱贫攻坚帮扶协议，连续 4 年每年以价值不少于 50 万元款物支持红河县精准扶贫；协调上海市长宁区侨联、长宁区华（侨）商为金平县老集寨中心小学捐赠价值 10 万元爱心物资；通过东盟华商会等平台宣传推介红河，吸引外商 5 批次到蒙自、个旧、红河等县市考察洽谈。挂包帮扶贫困户 141 户，支持扶贫经费 10 余万元，开展种养殖、家务等技能培训 2 次，协调贷款、水泥、厨具等物资近 4 万元；继续实施“视觉健康精准脱贫行动——助力脱贫攻坚战”活动，为全州建档立卡户、归侨侨眷免费实施白内障手术 122 例；开展“侨界社会服务边疆行”，为基层群众送医上门、送药上门，接受义诊和咨询的人数 200 余人次，发放价值 5000 元的药品和疾病预防、进城务工信息、惠农政策等宣传资料 1000 多份。二是依法维护侨益。春节慰问困难归侨侨眷 55 户发放 10.85 万元；看望侨界代表人士、对越自卫反击战的归侨侨眷退伍老兵、七十岁以上老归侨及生病住院、亲人离世的归侨侨眷近 300 户，发放 10 余万元慰问金；办理涉侨来信来访 37 件（次），办结率 100%。三是坚持“请进来、走出去”开展海外联谊。接待来自美国、英国、法国、加拿大、德国、丹麦、澳大利亚、越南、老挝等国家回乡探亲、访友的海外华人华侨近 200 人次；与越南老街、莱州等地开展民间文化交流 3 次。承办“寻根之旅”夏令营活动，组织承办河口、弥勒、建水、红河学院等 5 个营，生源分别来自加拿大、澳大利亚和越南等国家。

西藏自治区归国华侨联合会

【领导成员名单】

副主席兼秘书长（主持工作）：拉巴日达

副 秘 书 长：王春英（女）

12 月 25 日，召开了西藏自治区第二次归侨侨眷代表大会，会议选举产生了西藏侨联第二届委员会班子

主　　　　席：俞允贵（兼）

专 职 副 主 席：拉巴日达

兼 职 副 主 席：通　嘎　塔尔噶

谢文·根多

夏果·堪珠益西班登

扎西卓玛（女）

秘　书　长：拉巴日达（兼）

【召开西藏自治区第二次归侨侨眷代表大会】 12 月 23 日—25 日，西藏自治区第二次归侨侨眷代表大会在拉萨人民大会堂召开，区党委常务副书记、区政协党组书记丁业现，中国侨联党组成员、副主席隋军出席并讲话，自治区副主席孟晓林主持会议。会议应到代表 148 名，因病、因事请假 20 人，128 名代表参加了会议。受自治区党委和吴英杰书记委托，丁业现同志向大会召开表示祝贺，向参会代表和全区归侨侨眷、侨联工作人员致以诚挚的问候。丁业现同志在讲话中指出，长期以来，归侨侨眷铭记旧西藏的黑暗和苦难，感受新西藏的光明和幸福，感党恩、听党话、跟党走，坚决反对分裂，自觉与达赖集团划清界限，自觉在对外联络交往中坚持正确的政治立场，以实际行动维护祖国统一、民族团结，支持社会主义新西藏建设。全区各级侨联组织团结引领广大侨胞侨眷和海外侨胞心向祖国、情系家乡，架起党和政府联系广大归侨侨眷和海外侨胞的桥梁，落实中央和区党委的决策部署，推进侨联事业取得了显著成绩。丁业现同志在讲话中强调，全区归侨侨眷和海外侨胞要牢记党和人民的嘱托，发扬光荣的传统，携手同心同行，勇担新时代使命，在促进西藏与全国人民一道实现中华民族伟大复兴的中国梦、推动构建人类命运共同体的进程中发挥更大作用、展现新风采。一是要牢固树立国家意识，增进“五个认同”，凝聚共识、同心同行，共同维护中华民族的整体利益，共同促进中国特色社会主义伟大事业。二是要站稳政治立场，坚持反对分裂，巩固和发展海内外中华儿女大团结。三要弘扬核心价值观，坚定文化自信，为传播中华文化、宣传新西藏作出独特贡献。四是要围绕发展大局，汇聚侨智，发挥侨力，助力西藏建设，同圆伟大梦想。五是要讲好西藏故事，宣传好真实西藏，传递正能量。隋军同志在讲话中强调，自治区各级

12 月 23 日，西藏自治区党委常务副书记、区政协党组书记丁业现（中）出席西藏自治区第二次归侨侨眷代表大会并讲话

隋军副主席（中）出席西藏自治区第二次归侨侨眷代表大会并讲话

12 月 24 日，西藏自治区第二次归侨侨眷代表大会代表在投票

12 月 23 日，西藏自治区第二次归侨侨眷代表大会现场

侨联和广大侨联干部要以此次大会为契机，旗帜鲜明讲政治，推动学习宣传贯彻党的十九届四中全会精神落地见效；要治边稳藏反分裂，引导广大侨界群众树牢中华民族共同体意识；要汇聚侨力促发展，为建设美丽和谐幸福新西藏贡献力量；要加强自身建设，不断增强侨联组织的凝聚力和战斗力，开创西藏侨联工作新局面。大会期间，隋军副主席在自治区副主席孟晓林陪同下，看望慰问了拉萨市区困难归侨，并与拉萨市委统战部、城关区委统战部负责同志和归侨侨眷代表进行了交流座谈。大会选举产生了西藏侨联第二届委员会常务委员 27 名，主席 1 名，副主席 6 名，秘书长 1 名。

12 月 23 日，隋军副主席（左二）看望慰问拉萨市归国定居藏胞

【开展“归国藏胞祖国行”第四期国情教育活动】 12 月 11 日—18 日，西藏侨联组织来自日喀则、山南、林芝和那曲市归国定居藏胞代表一行 40 人，赴湖南、福建、四川三省五市开展参访活动，先后瞻仰毛泽东铜像广场、毛泽东故居、毛泽东纪念馆，参访岳麓书院、华侨博物院、林尔嘉先生故居、361° 集团、开元寺和闽台缘博物馆等地，并在毛泽东铜像广场敬献花篮，深深鞠躬，表达缅怀之情。活动得到了中国侨联的高度重视及大力支持，在湖南长沙参访时，中国侨联顾问、中国华侨公益基金会理事长乔卫出席了座谈会。其间，湖南、福建和四川省各级侨联主要负责人，长沙、厦门和泉州市委常委、统战部长和各级有关党政领导先后会见了参访团一行，并详细介绍了情况。通过组织归国定居藏胞代表人士赴内地参观考察，让他们真切感受到了改革开放 40 年以来，祖国取得的巨大成就，进一步强化了广大定居藏胞的“四个意识”，坚定了“四个自信”，做到“两个维护”，激励和鼓励他们更好地发挥自身作用，积极配合

家乡人民，讲好中国故事，展示好新西藏，并通过他们，教育和引导在海外的广大藏胞了解祖国、认识家乡、向往祖国，共同维护祖国统一、反对民族分裂。这次活动达到了预期的目的，取得了良好的成效。

【组织回国探访藏胞参观考察】7月15日—19日，西藏侨联组织瑞士、列支敦士登公国、澳大利亚、法国、比利时5个国家的17名回国探访藏胞代表，在拉萨、林芝市区实地参观考察和交流座谈，开展了为期5天的联谊联络活动。回国探访藏胞实地参访了林芝市重点景区建设、生态环境保护情况及鲁朗国际旅游小镇建设情况，观看了鲁朗旅游服务中心举办的“两路精神”图片展，深入巴宜区珠曲登村、巴吉村，走村入户详细了解农村文化旅游和特色产业发展状况、小康示范村建设情况。在拉萨期间，参观了西藏民主改革60周年展览馆、自然科技博物馆和拉萨规划建设展览馆等。通过这些活动让他们充分感受西藏民主改革60年以来，家乡的发展变化，增强他们对祖国、对社会主义制度的认同感，并以参观考察的机会拉近距离，物色培养有潜质的年轻一代藏胞代表，加大联络交友力度，达到了以思想引领增进共识，以实实在在的服务凝聚人心的工作目的。

【开展定居藏胞帮扶工作】2019年“三大节日”期间，西藏侨联召开了全区定居藏胞和境外藏胞境内亲属茶话会，并投入8万余元慰问了困难藏胞。2019年3月，在开展全区《境外藏胞回国审批管理办法》贯彻落实情况督导调研期间，西藏侨联在全区七市地开展了定居藏胞家访工作，通过走村入户，详细了解了定居藏胞的工作和生活情况，并对拉萨、阿里、昌都、林芝等市存在特殊困难的19户定居藏胞进行慰问帮扶；利用中国侨联扶贫解困资金，帮助解决了日喀则市白朗县特困定居藏胞次旦多吉5万元的修建住房资金。定居藏胞充分感受到党和政府的关心关怀。

1月27日，西藏自治区副主席孟晓林出席西藏自治区归国定居藏胞及境外藏胞区内亲属喜迎2019年春节暨藏历土猪新年茶话会

1月27日，西藏自治区归国定居藏胞及境外藏胞区内亲属喜迎2019年春节暨藏历土猪新年茶话会现场

1月27日，西藏自治区归国定居藏胞及境外藏胞区内亲属喜迎2019年春节暨藏历土猪新年茶话会现场

陕西省归国华侨联合会

【领导成员名单】

党 组 书 记：程勉贵

党 组 成 员：高俊峰　尚小红（女）　鲍　剑

专职副主席：高俊峰

兼职副主席：俞文彬　马忠科　徐鸣喆（女）
　　　　　　刘润生　姜　波　尚小红（女）

秘　书　长：尚小红（女，兼）

9月9日—11日，陕西省第八次归侨侨眷代表大会召开，选举产生新一届领导班子

党 组 书 记：程勉贵

党 组 成 员：尚小红（女）　鲍　剑

主　　　席：郝　跃

专职副主席：尚小红（女）　余　劲

兼职副主席：刘润生　马忠科　张卫红
　　　　　　于长清　王文斌

秘　书　长：尚小红（女，兼）

【综述】2019年，在中共陕西省委、省政府的坚强领导下，在中国侨联的悉心指导下，全省各级侨联组织以习近平新时代中国特色社会主义思想为指导，认真学习贯彻党的十九大和十九届三中、四中全会精神和习近平总书记关于侨务工作的重要论述，落实中央新时期对侨联工作的总要求，结合省侨联“八代会”的工作部署，团结全省广大归侨侨眷和海外侨胞，奋力参与全省“三个经济”建设和三大攻坚战，为地方建设贡献侨界力量。一是加强政治建设，深化思想引领。深入开展“不忘初心、牢记使命”主题教育，及时贯彻中央、省委决策部署，加强侨联政治理论武装，持续改进工作作风。二是积极助推发展，服务地方建设。打好侨牌，招才引智，聚焦前沿，贴近需求，整合资源，服务陕西“三个经济”建设。三是拓展海外联谊，延伸侨界脉络。积极开展海外慰侨活动，接待侨团侨领参访，组织侨胞建言献策，关心和扶持华侨华人在海外的生存和发展。四是弘扬中华文化，讲好陕西故事。举办海外华文媒体寻根祭祖陕西行活动，组织“寻根之旅·陕西夏（冬）令营”活动，加强“中国华侨国际文化交流基地”建设。五是汇聚各方资源，助力脱贫攻坚。2019年，省市侨联共帮扶贫困村8个，全省73名侨联干部结对帮扶贫困户140户。积极引导侨界关爱民生，全省各级侨联共筹集扶贫资金（含项目资金）、物资近2000万元，开展“侨爱心·光明行”公益救助活动。六是积极推进改革，夯实工作基础。9月，省侨联组织召开陕西省第八次归侨侨眷代表大会，选举产生了陕西省侨联第八届委员会，中国科学院院士郝跃当选主席。加强基层组织建设工作，拓展基层组织覆盖面，在宝鸡、延安、汉中、商洛四市建设6个“侨胞之家”，在京师（西安）律师事务所成立全省首家非公社会组织侨联。

【联合主办西安进口商品购物节】1月3日，由陕西省侨联、省总工会、省商务厅、丹尼尔集团联合主办的“2019西安进口商品购物节”在丹尼尔奥莱国际中厅启幕。此次购物节是省侨联积极响应国家“一带一路”倡议，打造“6+365”进博会功能辐射承接平台，承接和放大进博会的带动效应和溢出效应，联合丹尼尔集团、京际通全球购等多家专业国际贸易平台共同打造的国际合作新平台，推动境外商品进入西安市场，丰富西安消费供给，吸引境外消费回流，

1月3日，举办2019西安首届进口商品购物节

省级侨联工作

更多惠及百姓。同时，为西安创建国际消费中心城市，为各国名优品牌进入西安市场提供途径和窗口。

【动员侨界力量开展扶贫捐赠】1月7日下午，陕西省侨联携手新西兰陕西总商会、西安哈考特房地产经纪有限公司到紫阳县城关镇大力滩村开展扶贫慰问和捐赠活动，向大力滩村贫困群众送上新春祝福。哈考特房地产经纪有限公司中国公司向大力滩村捐赠了米、面、油等价值2万余元的生活必需品。省侨联党组成员、副主席尚小红代表省侨联向新西兰陕西总商会和西安哈考特房地产经纪有限公司支援大力滩村经济社会发展、关心支持贫困弱势群体，热情为大力滩村老百姓办实事、办好事的德善之行和大爱之举表示感谢。

【新西兰华侨文化代表团与陕西省侨联座谈交流】1月8日下午，以新西兰中国丝路文化经贸总会总会长于聚义为团长的新西兰华侨文化代表团一行拜访了省侨联领导，高俊峰副主席主持召开了座谈会。高俊峰向与会的嘉宾介绍了近年来陕西省侨联开展的主要工作，重点介绍了海外文化交流、引才引智、海外科技成果转化等方面所做的工作。于聚义会长介绍了此次访问团来访的目的和行程，回顾了近年来陕西省与新西兰交流情况，就2019年促进中新文化交流谈了自己的想法。新西兰中国书画院院长林金水先生交流了参观西安中国画院的感受，希望省侨联能够组织陕西省优秀的画作去新西兰交流。陕西省美协副主席石丹教授介绍了2月份即将赴新西兰进行作品展出及采风筹备情况。陕西省农民画协会主席雷新宏介绍了近年来陕西农民画发展和国际交流情况。

【召开台湾同胞、海外侨胞座谈会】为更好地发挥台湾同胞、海外侨胞参与陕西省经济社会建设的作用，服务陕西高质量发展，1月28日下午，陕西省侨联召开列席省政协十二届二次会议的台湾同胞、海外侨胞座谈会，聆听意见和建议。30余名台湾同胞和海外侨胞参加了座谈。省政协副主席祝列克出席座谈会。

【举办新春侨界联谊活动】1月31日，陕西省侨联在西安举行“陕西省侨界新春联谊会暨陕西省侨商会年会”，喜迎新春佳节，同贺祖国繁荣。省级相关涉侨部门的负责同志及来自22个国家的海外华侨华人、侨社团负责人，归侨侨眷代表，省侨商会全体理事、基层侨联工作者等230多人出席了联谊会。

【赴延安调研侨联工作】2月19日，省侨联党组书记程勉贵赴延安调研侨联工作，并为市侨联揭牌，延安市委常委、统战部部长李春鸽，省侨联副主席、市侨联主席刘润生、省侨联办公室副主任王天德陪同调研。程勉贵表示，延安是中国侨联的发祥地，延安时期华侨和侨联组织为中国革命作出了独特的贡献，同时也为我们留下珍贵的文物遗址和史料，延安要保护、挖掘、整合和利用好延安时期华侨史料和史迹，并起到资政育人、凝聚人心的作用。程勉贵强调，要大力涵养侨务资源，拓展对外交流的渠道，发挥好侨联朋友多、联系广、信息灵的独特优势和在招商引资、招贤引智、对外宣传等方面的重要作用，充分调动包括归侨侨眷和海外侨胞在内的社会各界人士的积极性、主动性和创造性，为服务延安市经济社会发展牵线搭桥、献计出力。李春鸽表示，在今后工作中，延安市侨联要紧紧围绕市委、市政府中心工作，进一步理清思路、找准工作的结合点和创新点，充分发挥凝聚侨心、汇集侨智、发挥侨力、维护侨胞权益的独特作用，在加强海外联谊上有新举措，在维护侨胞权益上有新作为，在加强自身建设上有新成效，形成共促发展的良好局面。

【组团出访东南亚三国】2月23日—3月4日，陕西省侨联党组书记程勉贵率团赴菲律宾、印度尼西亚、泰国开展慰侨联谊、留学合作和经贸洽谈工作。其间，访问团拜访了旅菲华侨工商联、印尼泛印银行、印尼总统大学、泰国陕西总会、泰国格乐大学、泰国深圳总商会等，拜会了印尼泛印集团董事长、印尼总统大学创办人李文光先生，泰王国大学事务部（教育部）前部长、现泰国格乐大学校长杨金泉博士，并与当地的华侨、华人及中国留学生进行了座谈。此次出访，陕西省侨联与当地华侨、华人、社团建立更加广泛的联系，很好地宣传了陕西的独特优势，介绍了陕西社会、文化、经济发展状况和招商引资政策，并邀请海外华人、华侨来陕参加“公祭黄帝”和“丝博会”活动；访问团了解了当地具有民族特

2月25日，陕西省侨联组团赴东南亚慰侨

色文化餐饮项目，邀请华侨社团共同参与“国际风情小镇”项目；帮助留学机构与两所大学建立联系，商谈留学合作等事宜。

【召开陕西省侨联七届七次全委会】 3月7日，陕西省侨联七届七次全委会议在西安召开，会议传达学习了中央书记处重要指示精神和中国侨联十届二次全委会精神，总结2018年工作，部署2019年任务。会议审议并通过了高俊峰副主席代表陕西省侨联第七届常委会所作的工作报告及决议，通过了关于2019年适时召开陕西省第八次归侨侨眷代表大会的决定。

【青海省侨联来陕调研】 3月13日—14日，青海省省委统战部部务委员高永英一行来陕考察调研“新侨创新创业”情况。高永英在陕期间，考察了中国侨联双创基地“西北工业大学中法并行工程联合实验室”、大程洪泰创新空间和陕西斯瑞材料股份有限公司，与陕西省侨联就如何发挥侨联职能、助力新侨创新创业同陕西省侨联进行了座谈。两省侨联相互介绍了各自新侨创新创业的基本情况。陕西省侨联介绍了近两年在人才引进、双创和科技成果转化中所做的工作，以及今后助力新侨创新创业工作的设想。

【举办海外华文媒体寻根祭祖陕西行活动】 4月3日，由陕西省委宣传部、省侨联主办，汉中市侨联、黄陵县委宣传部协办的海外华文媒体寻根祭祖陕西行活动启动。来自31个国家的35家海外华文媒体集聚陕西，进行了为期5天的集中采访活动，并参加己亥（2019）年清明公祭轩辕黄帝典礼。此次来陕参加寻根祭祖活动的华文媒体包括亚太通讯社、埃中新闻网、意大利侨网、美国《华人》杂志社和《欧洲侨报》《新西兰信报》等，在促进中国文化与当地文化和谐相融等方面发挥着积极作用，是中外政治、经济、文化交流的重要桥梁，更是民间交往的重要纽带。活动旨在发挥侨联组织的独特作用，借助海外华文媒体，用丰富的事例、独特的视角和生动的语言，让世界了解陕西，让陕西融入世界。在陕期间，海外华文媒体还走进汉中市城固县、南郑区、汉台区等地，实地了解、深入宣传汉中市近年来经济社会发展取得的成就。

【万立骏出席己亥年清明公祭轩辕黄帝典礼并在陕调研】 4月5日上午，由陕西省人民政府、国务院台湾事务办公室、国务院侨务办公室、中国侨联主办的己亥年清明公祭轩辕黄帝典礼在陕西省延安市黄陵县举行。万余名海内外中华儿女齐聚黄帝陵轩辕殿祭祀广场，祭拜人文始祖轩辕黄帝，表达炎黄子孙的深切追思。典礼上，全国人大常委会副委员长、民建中央主席郝明金，全国政协副主席、台盟中央主席苏辉，台湾中华文化永续发展基金会董事长刘兆玄，陕西省委书记、省人大常委会主任胡和平，全国人大常委、海峡两岸关系协会会长张志军，中央统战部副部

4月5日，举办2019清明公祭

4 月 4 日，万立骏主席（右四）在陕调研

长、国务院侨务办公室主任许又声，中国侨联党组书记、主席万立骏分别向轩辕黄帝陵敬献花篮。大典礼成后，万立骏同陕西省委副书记贺荣出席己亥年公祭轩辕黄帝“侨心林”纪念植树启动仪式，并与近百位侨胞代表一起挥锹、铲土、浇水，种下纪念树。他表示，中华文化是海内外中华儿女共有的精神家园，实现中华民族伟大复兴的中国梦需要侨界发挥独特作用，侨联要弘扬中华文化，讲好中国故事，激发爱国热情，凝聚侨心侨力同圆共享中国梦。在陕期间，胡和平、刘国中、贺荣等会见了万立骏一行，双方就推进陕西侨联改革、办好公祭活动、加强文化交流、推动陕西开放发展等深入交换了意见。在华商报社调研时，万立骏认为，报纸应该有“三个坚持”，坚持正确的政治方向，坚持正确的舆论导向，坚持新闻精神、新闻道德。希望《华商报》不仅讲好中国共产党治国理政的故事，中国人民奋斗圆梦的故事，中国坚持和平发展合作共赢的三个中国故事，还讲好不同时期新老归侨为祖国建设作出贡献的侨胞故事；希望《华商报》继续贴近民生、贴近生活，做一份有地方特色、关心老百姓冷暖、反映老百姓诉求并帮助老百姓解决生活难题的报纸。陕西省侨联党组书记程勉贵，中国侨联文化交流部部长刘奇、信息传播部副部长郭启华等一同参加活动和调研。

【会见法国阿拉伯世界博物馆代表团】4 月15 日下午，由法国阿拉伯世界博物馆高级顾问、总策展人 Claude Mollard 先生率领的代表团一行 5 人拜访了陕西省侨联。省侨联副主席、秘书长尚小红会见代表团一行并座谈交流，她对代表团一行来到陕西考察表示热烈欢迎。她说，我们侨联愿意发挥自身优势，积极牵线搭桥，联系有关侨社团和侨企参与“丝绸之路联合展览”及“丝绸之路经济文化合作论坛”。中法两国都有着深厚历史和文化底蕴，加强文化交流，意义重大而深远。

【日本华侨华人博士协会来陕参访】5 月 5 日，以葛宗涛会长为团长的日本华侨华人博士协会一行七人来陕参访。省侨联党组书记程勉贵、省侨联副主席姜波出席会见，双方就促进日陕之间开展科技经济文化交流进行商谈。在陕期间，日本华侨华人博士协会与西安培华学院举行战略合作签约仪式并成立了西安培华学院日本综合研究院，还为西安培华学院师生就美国式创新与日本式创新、人工智能与计算机视觉等课题做了专题演讲。

【承办“海内外侨商投资县区行”】5 月 9 日—10 日，由中国侨联和陕西省人民政府主办，陕西省侨联和韩城市人民政府承办的“海内外侨商县区行”活动在韩城举办。中国侨联副秘书长、经济科技部部长赵红英，中国侨商会副会长王瀚生，陕西省侨联副主席高俊峰，韩城市委书记褚锦锋、韩城市委副书记、市长杜鹏等市级领导以及来自22个国家和地区的海内外侨商200余人出席活动。副市长赵雅丽、孙长虹分别推介了市文化旅游发展及现代服务业、工业重点项目。市委常委、常务副市长张喜代表市政府同美国大西北总商会、刚果民主共和国中华总商会等签订了境外贸易项目合作协议。

8月27日，举办特聘专家走基层活动

【调研指导紫阳县大力滩村扶贫工作】在紫阳县全县脱贫攻坚"百日冲刺"期间，陕西省侨联党组书记程勉贵一行于7月23日再次来到省侨联包扶村城关镇大力滩村，实地调研指导脱贫工作，与村镇负责同志、扶贫办主任及茶农进行了深入交谈并听取脱贫巩固提升工作情况汇报，全面了解各项工作开展情况，并就建立茶叶种植专业合作社进行了深入细致的探索。程勉贵强调成立合作社要有发展的眼光，选好带头人，坚定信心决心，加快建设节奏，确保尽早投产达效；镇村要加强协作、通力配合，抓紧解决项目推进中所遇到的实际困难，通过培育企业带动村民经济持续发展；省侨联在解决流动资金、种植技术培训、产品销售等方面可给予帮助和支持。

【举办2019"亲情中华·陕西夏令营"】2019年8月，由中国侨联主办，陕西省侨联、陕西联侨教育发展集团承办，渭南师范学院、西安外事学院、陕西职业技术学院等陕西当地高校联合协办的2019年华裔青少年"中国寻根之旅"夏令营陕西营开营。此次夏令营共接纳来自美国、加拿大、西班牙、荷兰、意大利、韩国、缅甸等30多个国家的近2000名海外华裔青少年，活动共分六期。夏令营以汉语、文化、寻根为主题，大家通过学习汉语、国学，体验中国文化，切实感受祖（籍）国的发展，努力成为中华优秀文化的传承者与传播者。

【举办中国侨联特聘专家走基层·肿瘤筛查义诊活动】8月27日，由中国侨联、陕西省侨联主办，渭南市侨联承办，富平县委统战部、富平县医院协办的中国侨联特聘专家走基层——肿瘤筛查义诊活动启动仪式在富平县医院举行。此次义诊活动是贯彻健康中国战略，加强疾病预防、服务基层群众的具体举措。

【召开陕西省第八次归侨侨眷代表大会】9月9日—11日，陕西省第八次归侨侨眷代表大会于陕西宾馆大礼堂举行。出席大会开幕式的领导有陕西省委书记、省人大常委会主任胡和平，陕西省委副书记、省长刘国中，陕西省政协主席、党组书记韩勇，中国侨联党组成员、副主席隋军，陕西省委副书记贺荣，陕西省委常委、常务副省长梁桂，陕西省委常委、省纪委书记、省监委主任王兴宁，陕西省委常委、西安市委书记王浩，陕西省委常委、省委宣传部部长牛一兵，陕西省委常委、省军区司令员杨志斌，陕西省委常委、省委秘书长卢建军等。大会由陕西省侨联党组书记程勉贵主持。出席大会开幕式的还有省

9月10日，召开陕西省第八次归侨侨眷代表大会

委办公厅、省总工会、共青团省委、省妇联、省科协、省作协、省社科联、省贸促会、省残联等省级部门及人民团体的负责同志，以及省侨联历届老领导。大会共有500余人参加。中国侨联党组成员、副主席隋军代表中国侨联向大会的召开表示祝贺。她指出，陕西省委、省政府始终关心支持侨联发展，配强侨联力量，完善侨联工作体系，为做好陕西侨联工作创造了良好条件。陕西省委副书记贺荣对过去五年广大归侨侨眷、海外侨胞为家乡作出的贡献表示感谢，对全省侨联组织工作给予肯定。贺荣指出，当前陕西正在奋力谱写新时代追赶超越新篇章，希望广大归侨侨眷和海外侨胞围绕国家发展战略、陕西发展需要，各尽其能，各展所长。会议选举产生了陕西省侨联第八届委员会委员，通过了《工作报告》决议以及顾问、海外顾问、名誉主席和海外委员名单。会上，陕西省人力资源和社会保障厅副厅长井海滨宣读了《关于表彰陕西省归侨侨眷先进个人、侨联系统先进组织和先进个人的决定》，为先进组织和先进工作者代表颁奖。

【组团出访匈牙利、奥地利和白俄罗斯】2019年9月，陕西省侨联副主席高俊峰率团出访匈牙利、奥地利和白俄罗斯三国。出访期间，代表团利用座谈、走访、考察、欢迎宴会等多种场合，介绍陕西科技、教育、经济、文化、侨务等工作情况；引导侨胞侨团，参与“一带一路”建设，关注陕西经济科技社会发展，开展与陕西在经济、科技、文化、旅游等多方面的合作交流；支持祖国统一大业，参与祖国民族复兴大业。代表团在出访的十天中，接触重要社团数十个，拜会当地政府及相关部门5个，召开座谈会15次，在诸多领域达成了合作意向，农垦集团计划在白俄罗斯开展农业“走出去”项目建设方面达成了建设性合作意向。出访期间，代表团向华人华侨、留

8月30日，省侨联副主席高俊峰（中）率团出访匈牙利

9月2日，省侨联副主席高俊峰（前排左五）率团出访奥地利

9月4日，省侨联副主席高俊峰率团出访白俄罗斯

学生们通报了陕西经济社会发展情况，介绍了陕西的优势和投资环境，介绍了陕西省侨联近几年来在为侨服务方面所创建的各类平台，邀请他们出席、参加第五届“丝博会暨西洽会”和“公祭黄帝”活动，促进陕西与海外侨社、华人华侨的交流合作；同时，邀请侨二代、三代来陕西参加中国寻根之旅夏令营活动，携手传承中华文化精神。

12 月 27 日，中国华侨国际文化交流基地—诗经里小镇落成（右二为尚小红）

【参与主办第十二届全英学联高层次人才创新创业大赛】9 月 11 日下午，第十二届全英学联高层次人才创新创业大赛颁奖仪式在 2019 欧亚经济论坛闭幕式上举行。此次大赛由陕西省侨联和全英中国学生学者联谊会主办，参加大赛的 16 个创新创业项目来自英国剑桥大学、牛津大学、帝国理工大学、爱丁堡大学、格拉斯哥大学等知名大学的留学生及优秀海外科技人才团队，参赛项目涉及人工智能、新材料、新能源、3D 打印、信息技术、生物科技等多个领域。参赛项目由全英中国学生学者联谊会、英中人才与科技交流促进会自 6 月起组织评审，经过初评、复评、初赛，从征集的 200 多个在英中国留学生的创新创业项目中评选而出。

【举办“不忘初心　侨心向党”陕西省侨界书画展】9 月 29 日，由陕西省侨联主办，西安市侨联、宝鸡市侨联、渭南市侨联、汉中市侨联、商洛市侨联协办的庆祝中华人民共和国成立 70 周年“不忘初心　侨心向党”陕西省侨界书画展于西安蓝溪美术馆正式开幕。经过精心挑选，此次书画展共有 200 余幅佳作集中展出。这些作品主题鲜明、特色突出、层次较高，涵盖书法、国画、剪纸等多种形式。此次书画展展期为 16 天。

【举办文化交流基地工作研讨暨揭牌仪式】11 月 3 日—6 日，陕西省侨联“挂牌文化交流基地工作研讨暨揭牌仪式”活动在汉中举办。全省各级侨联组织、“中国华侨国际文化交流基地”和“陕西华侨文化交流基地”负责同志 50 余人参加活动。工作研讨会上，学习了新修订的《中国华侨国际文化交流基地管理办法》，并为“陕西华侨文化交流基地”西安市大唐西市、宝鸡凤县革命纪念馆、咸阳市汉阳陵博物馆、铜川市耀州窑博物馆等 11 处文化场所授牌。会后，与会代表赴张良庙博物馆参加了“中国华侨国际文化交流基地”揭牌仪式，在张骞纪念馆参加了“亲情中华·丝路文化”讲座，考察了“中国华侨文化交流基地”古汉台博物馆、汉文化博物馆等文化场所。12 月 27 日，“中国华侨国际文化交流基地”揭牌仪式在西安诗经里小镇举行。陕西省侨联副主席、秘书长尚小红，西安市侨联副主席、秘书长肖王民，沣东新城党委委员、管委会副主任马艳红，西安沣东发展集团有限公司党委副书记、总经理张涛参加揭牌仪式。揭牌仪式上，省侨联文化交流部一级调研员邓成平宣读了《中国侨联关于确认第七批‘中国华侨国际文化交流基地’的通知》。

【成立首家两新组织侨联】11 月 8 日，京师（西安）律师事务所归国华侨联合会正式揭牌。省侨联党组成员高俊峰、省侨联组织权益部部长薄广莉出席成立大会并为京师侨联揭牌。这次新成立的京师侨联是陕西省首家律所侨联，也是陕西省第一个行业性侨联组织，为在新侨集中的两新组织中探索建立侨联组织创造了生动的范本。京师侨联充分发挥律师事务所自身法律资源丰富的优势，配合各级侨联组织和侨联法顾委认真开展维护侨益工作，积极为我省侨界群众服务，同时探索建立“涉侨多元化纠纷解决机制”，真正

11 月 8 日，京师（西安）律师事务所侨联成立

把京师侨联建成全省各级侨联组织维护广大归侨侨眷合法权益的新渠道。

【举办“亲情中华”艺术团紫阳扶贫惠民文艺演出】11 月 11 日晚，由陕西省侨联、安康市侨联、中共紫阳县委宣传部、中共紫阳县委统战部联合主办，紫阳县文化和旅游广电局、陕西中侨丝路科技发展有限公司承办的“亲情中华·拥抱紫阳·寻味茶乡”文艺晚会在紫阳广场举办。省侨联党组书记程勉贵、副主席尚小红、于长清、名誉主席雷宁，安康市侨联党组书记杨柳，紫阳县委书记赵立根，县长陈莲等省市县领导和现场1000 余名群众共同观看了演出。省侨联对口帮扶该县城关镇大力滩村，在帮扶过程中，充分发挥与海外联系密切的优势，集中力量助力破解脱贫攻坚难题，不断助推紫阳县脱贫攻坚工作，先后安排 11 个帮扶项目共 200 余万元，组织众多海外华侨赴紫阳捐赠助学共计 100 余万元。

【开展“侨爱心·光明行”公益救助活动】11 月 27 日上午，为深入贯彻落实脱贫攻坚战略部署，响应中国侨联、中国华侨公益基金会“侨爱心·光明行”公益项目及爱心倡议，陕西省侨联、西安市侨联携手湖南爱眼公益基金会、爱尔眼科联合开展“侨爱心·光明行”公益救助活动启动仪式暨大型专家公益讲座活动。“侨爱心·光明行”活动的初衷是发扬侨胞热心公益事业的优良传统，坚持国内海外工作并重、凝聚侨心、汇集侨智、发挥侨力，助力慈善事业，积极参与本地公益活动。侨爱心陕西项目的启动，赋予了“精准脱贫”工作新的内容，帮助更多的老百姓告别眼疾，恢复光明，努力做到发现一例，救助一例，为陕西公益防盲复明事业贡献力量。启动仪式上，陕西省侨联携手爱尔眼科进行了陕西“侨爱心光明行”公益活动签约仪式，将实行对陕西省内 3000 名贫困白内障患者的手术救治。

11 月 27 日，举办陕西省“侨爱心·光明行”公益救助活动启动仪式

11 月 11 日，“亲情中华·拥抱紫阳·寻味茶乡”文艺晚会在紫阳广场举办

【举办“侨商安康行”】12 月 11 日，陕西省侨商联合会前往安康市旬阳县金寨镇开展“侨商安康行”考察活动并召开

相关座谈会。陕西省侨联副主席余动、经济科技部副部长张红星及省侨商会一行前往当地庙子垭村实地考察林下种植项目，了解中草药种植情况，并提出了可行性建议，旬阳县金寨镇党委书记任景海一同前往。12日上午，考察团来到汉滨区流水镇考察当地畜牧养殖业，与安康市侨商联合会副会长、副秘书长禹贵富进行了交流。下午，考察团赶赴紫阳县参观了半亩茶园茶叶种植基地，富硒茶陶博物馆。考察最后，考察团来到汉滨区牛蹄镇，感受富硒心腹地带的茶园品质。

【汉中市侨联举办2019年归侨侨眷职业技能培训班】 10月11日，由陕西省侨联主办，汉中市侨联承办的2019年归侨侨眷职业技能培训特种水产养殖技能培训班在汉中举办。市侨联干部，归侨侨眷、贫困户子女、侨商企业员工等30余人参加培训。此次活动目的在于充分发挥基层侨联桥梁纽带作用，真正把党和政府的温暖送到侨界群众中去，切实做好为侨服务工作，提高归侨侨眷、贫困户子女就业和自主创业能力，为侨商企业缓解用工荒，提升员工综合能力。2019年归侨侨眷职业技能培训将采取“综合课程课堂教学＋四项职业技能实操培训”方式进行，为期20天。

【宝鸡举办“侨爱心—送温暖医疗队”义诊活动】 10月15日，由中国侨联主办、陕西省侨联承办、宝鸡市侨联协办的“侨爱心—送温暖医疗队”走进宝鸡，先后在陈仓区坪头镇大坪村、陇县东南镇黄花峪村、渭滨区石鼓镇龙山河村开展义诊活动。此次活动，进一步凝侨心聚侨力，推动省市县（区）三级侨联组织协同联动，拓宽公益事业覆盖面，提升公益事业影响力，增强广大群众卫生保健意识。

11月10日，汉中市侨联举办归侨侨眷职业技能培训班

甘肃省归国华侨联合会

【领导成员名单】

党 组 书 记：万泽刚（2019 年 12 月任职）
主　　　席：闫鹏勋（2020 年 1 月当选）
专职副主席：芦小燕（女，满族，2019 年 2 月退休）
徐妍丽（女，2019 年 3 月任党组成员、副主席候选人，2020 年 1 月当选）
兼职副主席：闫鹏勋　马文丕（回族）
何元庆　陈立观
董化琪（女，回族，2020 年 1 月卸任）
宋政奎　张　红（女）张胜祥
逯　迈　黄　炜（女）郑兆国
潘加发（2020 年 1 月当选）
秘 书 长：李　韦（2020 年 1 月卸任）
安亚军（裕固族，2020 年 1 月当选）

【综述】 2019 年，甘肃省侨联坚持以习近平新时代中国特色社会主义思想为指导，深入学习贯彻习近平总书记视察甘肃重要讲话和指示精神以及党的十九大和十九届二中、三中、四中全会精神，在中国侨联的有力指导和甘肃省委、省政府的坚强领导下，坚持以侨为本、为侨服务，坚持围绕中心、服务大局，凝心聚力、改革创新，转变作风、提升素质，统筹推进全面从严治党、业务发展和党风廉政建设，扎实推动全省侨联各项工作取得新发展。

【召开甘肃省第七次归侨侨眷代表大会】 2020 年 1 月 7 日，甘肃省第七次归侨侨眷代表大会在兰州召开，全省各行各业、各条战线的归侨侨眷代表和海外特邀嘉宾及省级有关部门、各人民团体负责人等 240 余人参加大会。会前，省委书记林铎、省长唐仁健、中国侨联副主席邵旭军、省委统战部部长马廷礼接见会议代表并合影。邵旭军、马廷礼出席大会并讲话，省工商联副主席陈昊代表人民团体致贺词，闫鹏勋代表省侨联六届委员会作工作报告。大会选举产生了甘

2020 年 1 月 7 日，省侨联六届委员会副主席闫鹏勋在甘肃省第七次归侨侨眷代表大会上作工作报告

2020 年 1 月 7 日，甘肃省第七次归侨侨眷代表大会在兰州召开

2020 年 1 月 7 日，甘肃省第七次归侨侨眷代表大会合影

2020 年 1 月 7 日，甘肃省第七次归侨侨眷代表大会选举产生省侨联第七届委员会领导班子

肃省侨联第七届委员会主席、副主席、秘书长、常委、委员。闫鹏勋当选省侨联主席，徐妍丽、宋政奎、张红、张胜祥、逯迈、黄炜、郑兆国、潘加发当选省侨联副主席，安亚军当选省侨联秘书长。

【万立骏主席来甘调研】 10 月 14 日—15 日，中国侨联党组书记、主席万立骏一行赴兰州市，就深化侨联改革、基层侨联建设和新侨创新创业等工作进行调研。在兰州市侨联，万立骏考察了“侨胞之家”建设情况，详细了解兰州市归侨侨眷分布、生活和活动开展情况。15 日，万立骏在兰州大学调研侨联工作并召开座谈会，听取省侨联、兰州大学侨联工作汇报，与省侨联、省侨商会、省侨青委及兰州大学统战部、侨联相关负责人进行座谈，深入了解甘肃省侨联机构改革、基层组织建设、侨务资源及为侨服务工作开展等情况，并就推动甘肃侨联事业发展提出了工作要求。省委书记林铎，省委常委、统战部部长马廷礼，兰州市委副书记、市长张伟文等分别会见了万立骏一行。中国侨联基层建设部部长张毅、信息传播部副部长郭启华、省侨联党组成员徐妍丽等参加有关调研活动。

10 月 15 日，万立骏主席在兰州大学调研侨联工作并召开座谈会

【隋军副主席来甘调研】 5 月 8 日—12 日，中国侨联党组成员、副主席隋军赴甘肃兰州、张

10 月 15 日，万立骏主席在兰州大学调研侨联工作并召开座谈会

5 月 8 日，隋军副主席（右三）在兰州健顺生物科技有限公司调研

5 月 9 日，隋军副主席走访省侨联机关，看望机关干部并召开座谈会

掖、酒泉、嘉峪关等地，就贯彻落实中国侨联“十代会”精神，推进“党建带侨建”工作，侨联机构改革进展及基层组织建设等情况进行调研。隋军一行先后走访考察了兰州健顺生物科技有限公司、张掖电子智能终端产业园等侨资企业和酒泉市肃州区戈壁循环经济产业园。在省侨联机关，隋军看望了机关干部并召开座谈会，对甘肃侨联工作提出了希望和要求。在陇调研期间，调研组一行还参观了山丹培黎学校、酒泉和嘉峪关市博物馆，瞻仰了中国工农红军西路军纪念馆。省委常委、常务副省长宋亮，张掖市委副书记、代市长谢又生，酒泉市委书记吴仰东，嘉峪关市委书记李忠科等分别会见了隋军一行，就做好新时期侨联工作、推进侨联机构改革、发挥侨联优势助力地方经济社会发展等交换了意见。中国侨联基层建设部部长张毅、省侨联党组成员徐妍丽等陪同调研。

【省委常委马廷礼到甘肃省侨联调研】8 月 19 日，省委常委、统战部部长马廷礼一行到省侨联，就“不忘初心、牢记使命”主题教育开展情况进行调研督导。马廷礼强调，省侨联要按照主题教育要求，把“四个贯穿”始终抓牢，进一步加强理论武装，完善制度建设，增强服务意识，在整改上下功夫，总结好成果，巩固好质量，完成好主题教育“后半篇”的规定动作。希望随着主题教育的深入开展，省侨联各项工作有序推进，要靠实责任、抓好整改，确保主题教育取得实效，工作水平进一步提升。

8 月 19 日，省委常委、统战部部长马廷礼在省侨联督导主题教育开展情况

【举办“2019 年新春联谊茶话会”】 1 月 24 日下午，甘肃省侨联在机关举行“2019 新春联谊茶话会”，邀请部分在兰的省侨联退休领导、省侨联兼职副主席、常委、委员，以及各大专院校、科研院所的侨联负责人、侨资企业家、离退休归侨侨眷代表欢聚一堂，共迎新春。茶话会上，省侨联党组成员、副主席芦小燕向各位嘉宾致以新春的美好祝福和问候，并通过他们向全省广大归侨侨眷、海外侨胞和侨联工作者，向长期以来积极投身甘肃发展建设、关心支持全省侨联事业发展的侨界朋友们表示诚挚的敬意和衷心的感谢。与会嘉宾对省侨联一年来取得的工作成绩给予了充分肯定，并对省侨联今后的工作建言献策。大家纷纷表示，要充分发挥各自的优势、特点和实力，为甘肃经济社会发展和侨联事业做出应有贡献。茶话会由省侨联秘书长李韦主持。

1 月 24 日，甘肃省侨联举办“2019 新春联谊茶话会”

【组团赴湖南、湖北、河南省考察招商】 4 月 14 日—20 日，省侨联组织临夏、酒泉侨联负责人及张掖市甘州区相关机关人员和部分企业家组成考察招商小组，赴湖南、湖北、河南省开展考察招商活动。考察招商小组先后拜访了湖南省侨联、湖北省侨联和河南省侨联，通过实地考察、推介座谈等形式，听取并了解兄弟省市侨联在经济联络、海外联谊等方面的经验及先进理念；学习借鉴他们在以侨引资引智方面的主体思路、优秀做法。向各省侨联、侨商会递送节会邀请函、推介重点招商项目，诚挚邀请各地侨联、侨商会动员更多的、富有实力的侨资企业和侨商到甘肃考察参观、洽商项目。湖南省侨联党组成员、副主席孙民生，湖北省侨联党组成员、副主席刘文华，河南省侨联副巡视员刘合生等热情接待了考察招商小组一行。

【成立甘肃省侨联青年委员会】 6 月 15 日，甘肃省侨联青年委员会成立大会暨第一届委员大会在兰州举行。会议审议通过了《甘肃省侨联青年委员会章程（草案）》以及第一届委员及常委人员名单，选举产生了第一届委员会主席、副主席、秘书长，并聘任了荣誉顾问，发展委员 200 多人。11 月 9 日，省侨青委委员马鹤举当选中国侨联青年委员会第四届委员会委员。省侨青委的成立，为延

6 月 15 日，甘肃省侨联青年委员会成立大会暨第一届委员大会在兰州举行

伸侨联工作手臂，团结服务侨界青年提供了重要组织和工作平台。

【齐全胜副主席来甘调研】 6 月 20 日—22 日，中国侨联副主席齐全胜一行赴甘肃，在天水市出席 2019 公祭人文始祖伏羲大典和“侨说伏羲文化”研讨会，并结合“不忘初心、牢记使命”主题教育走访省侨联，调研“寻根之旅”夏令营承办工作，征求对侨联文化、宣传工作的意见建议。在听取了省侨联“寻根之旅”夏令营承办准备工作汇报后，齐全胜对办营方案给予肯定，强调省市侨联要对夏令营承办工作加强全程管理，对协作承办机构加强督促指导；要凸显寻根主题，精选地域历史文化资源，准确生动展现中华文化的根脉和精粹；要生动活泼传播办营宗旨和营员感受，展示地方厚重历史积淀和文明进步风貌；要根据季节等特点，严格做好安全保障工作。省侨联党组成员徐妍丽等陪同调研。

【组织华侨华人代表参加 2019（己亥）年公祭人文始祖伏羲大典】 6 月 22 日，由国务院港澳事务办公室、国务院台湾事务办公室、中华全国归国华侨联合会和甘肃省人民政府共同

6 月 22 日，2019（己亥）年公祭中华人文始祖伏羲大典在天水市伏羲广场举行

主办，天水市人民政府承办的 2019（己亥）年公祭中华人文始祖伏羲大典在天水市伏羲广场举行。台湾台北市同时举行公祭活动，海峡两岸携手共祭伏羲，虔诚祈福中华繁荣昌盛。全国政协副主席王正伟，中国国民党前副主席陈镇湘，省委书记、省人大常委会主任林铎，省委副书记、省长唐仁健，省政协主席欧阳坚、中国侨联副主席齐全胜等与海内外中华儿女、四海宾朋共同出席公祭大典。2019 年，省侨联共邀请到来自美国、加拿大、日本、澳大利亚、坦桑尼亚、塔吉克斯坦、意大利、泰国、马来西亚、巴基斯坦等国家和港澳地区的近 70 名华侨华人代表和嘉宾参加公祭伏羲大典。

齐全胜副主席在首届甘肃省侨联“侨说伏羲文化”研讨会上致辞

【举办第 25 届兰洽会“侨说丝路经济研讨会”】 7 月 4 日下午，由中国侨联、甘肃省人民政府主办，中国侨商会、甘肃省侨联承办的第 25 届“中国兰州投资贸易洽谈会”——“侨说丝路经济研讨会”在兰州举办。来自美国、英国、俄罗斯、巴基斯坦、吉尔吉斯斯坦等国

6 月 22 日，首届甘肃省侨联“侨说伏羲文化”研讨会在天水市召开

家和地区的海内外华侨华人、侨领侨商、专家学者，以及甘肃省侨商会、甘肃省侨青委代表共100余人相约“金城”，共话丝路经济。中国侨联顾问、中国华侨公益基金会理事长乔卫，省政协副主席郭天康出席并致辞。首届“侨说丝路经济研讨会”，秉承“开放、开发、合作、发展”的宗旨，以“深化经贸合作、共筑绿色丝路”为主题，深入探讨凝聚华侨华人共识，积极参与“一带一路”建设，共同助力甘肃经济发展、脱贫攻坚、开发开放。

7月4日，中国侨联顾问、中国华侨公益基金会理事长乔卫出席第25届“兰洽会”侨说丝路经济研讨会并致辞

【举办侨领侨商市州行——走进临夏、甘南】 7月5日—6日，由中国侨联、甘肃省人民政府、中国侨商会主办，甘肃省侨联、临夏州政府和甘南州政府承办的第25届“兰洽会”侨领侨商市州行——走进临夏、甘南活动分别在临夏州和甘南州举办。作为“兰洽会”的重要活动之一，此次侨领侨商市州行活动是甘肃省侨联贯彻落实党的十九大精神和习近平新时代中国特色社会主义思想，深化甘肃西部地区与“一带一路”沿线国家经贸合作和友好往来，更好融入和服务“一带一路”建设，促进地方经济发展的重要举措。来自美国、英国、加拿大、俄罗斯等国家和中国香港特区的50多名侨领侨商齐聚临夏、甘南，为推动甘肃省少数民族地区发展注入“侨”的力量。

【举办“中国寻根之旅”夏令营甘肃营活动】 7月16日，2019年“中国寻根之旅”夏令营甘肃七彩丹霞营开营仪式在西北民族大学举行，来自比利时和西班牙的36位华裔青少年和4位领队老师参加开营仪式。在10天的营期里，营员们遍访“金城”兰州和“甘州”张掖，刻葫芦、做剪纸、拉牛肉面，体验传统工艺；学汉语、颂古诗、习武艺，感悟中华文化；访省博、游丹霞、观草原，切身感受陇原厚重的历史文化积淀和日新月异的变化。2019年，省侨联先后承办了4期“中国寻根之旅”活动，来自美国、比利时、西班牙、泰国和马来西亚的142名华裔青少年通过学习中文、品读历史，感悟中华文明的源远流长，

6月29日，甘肃省侨联党组成员徐妍丽出席2019“中国寻根之旅”夏令营甘肃丝绸古道营开营仪式

6月29日，2019“中国寻根之旅”夏令营甘肃丝绸古道营在兰州开营

省级侨联工作

领略丝路文化的灿烂多姿。

【开展“不忘初心、牢记使命”主题教育】 按照中央和省委统一部署，甘肃省侨联党组及时召开动员部署会，研究制定实施方案，按照会党组理论中心组、党支部两个层面制定学习计划，将学习走深走实。召开理论中心组学习7次，传达学习习近平总书记重要讲话及中央和省委相关文件46份，研究贯彻落实意见8条，开展交流研讨12次。组织机关党支部集体学习29次，努力推动党内教育从关键少数向广大党员拓展。突出学习重点，通过集中学习、读书班、交流研讨等多种学习方式，开展了革命传统教育、形势政策教育、先进典型教育和警示教育，打好开展主题教育的思想基础。坚持问题导向，着眼解决侨联改革发展面临的实际问题，有针对性地开展调研走访，通过实地走访和座谈交流，形成了2篇调研报告，其中1篇被中国侨联评为优秀调研成果。8月29日，省侨联机关党支部召开“不忘初心、牢记使命”主题教育专题组织生活会。省侨联党组成员徐妍丽以普通党员身份参加组织生活会并带头开展自我检视剖析，全体党员逐一作个人检视剖析，严肃开展批评与自我批评。会前，全体党员干部面对党旗，重温了入党誓词。会上还对省侨联机关党支部开展“不忘初心、牢记使命”主题教育总体情况进行了测评。

7月16日，2019年“中国寻根之旅”夏令营甘肃七彩营在西北民族大学开营

【开展“侨爱心·送温暖”义诊活动】 8月14日—17日，甘肃省侨联联合兰州爱尔眼科医院、兰石医院组成医疗队，深入帮扶点陇南市武都区洛塘镇组织实施“侨爱心·送温暖”义诊活动。8名来自三甲医院心外科、神经内科、眼科、中医等科室的医疗专家为当地群众提供了免费诊疗和健康咨询，并为当地卫生院医务工作者进行了实践培训，传授诊疗经验。近800名群众接受了专家的诊疗，医疗队还免费发放了部分

8月15日，“侨爱心·送温暖”医疗队义诊活动现场，专家为陇南市武都区洛塘镇群众免费义诊

8月29日，甘肃省侨联机关党支部召开“不忘初心、牢记使命”主题教育专题组织生活会

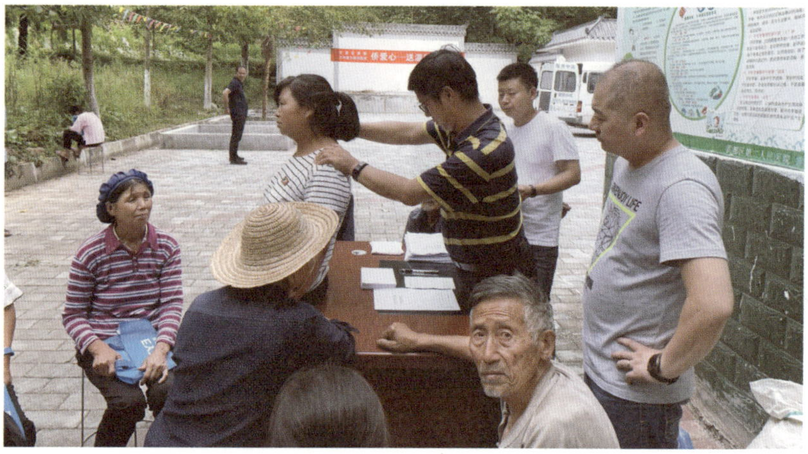

8 月 15 日，“侨爱心·送温暖”医疗队义诊活动现场，专家为陇南市武都区洛塘镇群众免费义诊

常用药品。

【举办临夏州“侨爱心·归侨侨眷技能培训班”】 8月30日—9月16日，临夏州“侨爱心·归侨侨眷技能培训班”在临夏县马集镇多木寺村和积石山县乩藏镇开班。来自临夏县马集镇和积石山县乩藏镇的40名侨眷分成两个班，共进行为期15天的技能培训，其中马集镇培训班委托临夏现代职业学院进行培训，乩藏镇培训班委托镇原县育民职业培训学校进行培训。学员们在15天的时间里，通过专家授课、学员互动、研讨交流、现场教学等形式，重点学习肉羊、肉牛、奶牛标准化养殖，玉米、马铃薯、蚕豆、中药材栽培，饲草加工及家畜疫病防治等实用技术。2019年，在中国侨联支持下，省侨联共筹措资金35万元，为平凉、临夏两地的70名困难归侨侨眷进行了农林果蔬种植技能培训。

【台湾中华侨联总会参访团来甘肃参观访问】 9月3日—8日，由台湾中华侨联总会理事长郑致毅率领的台湾参访团一行50人来甘肃参观访问。9月4日，省委统战部副部长万泽刚在兰州会见了郑致毅理事长一行，并代表省委常委、省委统战部长马廷礼对郑致毅理事长一行到甘肃参访表示热烈欢迎。万泽刚说，两岸同胞同根同源、同文同种，中华文化是两岸同胞心灵的根脉和归属，希望台湾中华侨联总会继续秉持“两岸一家亲”理念，为促进两岸和平稳定发展、推进祖国和平统一做出应有的贡献。参访团在甘期间，分别参观访问了嘉峪关关城、敦煌莫高窟、敦煌博物馆、鸣沙山月牙泉风景区、敦煌首航10M瓦熔盐塔式光热发电项目，观看了《丝路花雨》舞剧等，聆听了《灿烂的敦煌石窟艺术》文化讲座，对甘肃的历史文化、风土人情及发展建设成就进行

9 月 3 日—8 日，台湾中华侨联总会参访团一行 50 人来甘肃参观访问

9 月 6 日，临夏州“侨爱心·归侨侨眷技能培训班”在临夏县马集镇多木寺村和积石山县乩藏镇开班

9 月 4 日，省委统战部副部长万泽刚在兰州会见台湾中华侨联总会理事长郑致毅一行

新甘肃、不断开创富民兴陇新局面的时代篇章。

【举办 2019 年甘肃省侨联系统干部培训班】 10 月 17 日—26 日，来自全省各市州和大专院校侨联系统的 28 名干部在华侨大学厦门校区，参加了为期 10 天的“2019 年甘肃省侨联系统干部培训班”。此次培训班由中国侨联干部培训中心统一安排，来自辽宁省、福建省、河南省、陕西省、甘肃省、江苏省南京市以及浙江省台州市的侨联系统干部共同参加培训。中国侨联党组成员、副主席隋军出席开班式并为学员们讲授了开班第一课。培训通过采用理论专题教学、经验介绍与现场教学相结合的方式，不仅提升了学员们的政治理论水平和实际工作能力，也加深了他们对福建侨务资源和侨乡文化建设的认识。

10 月 17 日—26 日，“2019 年甘肃省侨联系统干部培训班”在福建华侨大学厦门校区举办

了深入全面的了解。

【举办“庆祝新中国成立 70 周年暨学习习近平总书记视察甘肃重要讲话精神”茶话会】 9 月 20 日，甘肃省侨联在兰州举办“庆祝新中国成立 70 周年暨学习习近平总书记视察甘肃重要讲话和指示精神”茶话会。省侨联老领导、六届省侨联委员会在兰常委、省离退休归侨侨眷联谊会老同志、省侨商会代表、省侨青委代表等 30 余人欢聚一堂，共庆佳节、共叙侨情、共谋发展。座谈会由省侨联秘书长李韦主持，省侨联党组成员徐妍丽通报了省侨联工作开展情况，与会代表踊跃发言，畅谈感想，离退休归侨侨眷老同志还进行了才艺展示。大家纷纷表示，要认真学习习近平总书记重要讲话精神，努力谱写加快建设幸福美好

【组团参加中国侨商联合会第五次会员代表大会】 11 月 16 日—18 日，中国侨商联合会第五次会员代表大会在北京召开，来自 63 个国家和地区的侨商代表及全国侨联、侨商组织代表 800 余人出席大会。省侨联党组成员徐妍丽率队，甘肃省共 9 名侨商代表参加大会。省侨商会会长颜芝当选中国侨商联合会第五届常务副会长；雷强、段建玲、肖春福、王振凯、陈少龙、谢榜辉、张荣、李美琪、颜卿当选为中国侨商会第五届理事。

9 月 20 日，省侨联举办“庆祝新中国 70 周年暨学习习近平总书记视察甘肃重要讲话精神”茶话会

省级侨联工作

11月17日，出席中国侨商联合会第五次会员代表大会的甘肃代表团成员合影

【省委办公厅印发《甘肃省归国华侨联合会职能配置、内设机构和人员编制规定》】在中国侨联和省委的高度重视和大力支持下，8月，省委办公厅印发了《甘肃省归国华侨联合会职能配置、内设机构和人员编制规定》，明确省侨联机关行政编制9名，事业编制9名。设党组书记、主席1名（正厅级）、专职副主席1名（副厅级），秘书长1名（正处级），处级领导职数5名。内设办公室、联谊联络处和宣传维权处等3个处室。至此，省侨联机构改革工作基本完成，侨联机关职能、机构和编制等得到极大优化和加强，为焕发侨联组织生机与活力，推动侨联事业创新发展创造了条件。

【助力打赢精准脱贫攻坚战】2019年，甘肃省侨联继续发挥自身职能优势，广泛动员联系侨界力量参与到脱贫攻坚行动中来。紧盯“两不愁三保障”和饮水安全方面存在的突出问题，筹集帮扶资金约15万元，用于帮助扶贫点陇南市武都区洛塘镇杨家庄村进行危旧房改造、发展金银花种植和安装太阳能路灯。协调香港黄土地基金对2018年以来考上大中专院校的7名贫困学生每人每年资助3000元助学金，帮助他们完成学业。全年共安排机关干部开展入村帮扶40余人次，组织开展入冬、春节2次慰问活动，为群众发放了棉衣和米面油等生活物资。在各方面的共同努力下，杨家庄村已于2019年底通过了省市区三级脱贫验收。

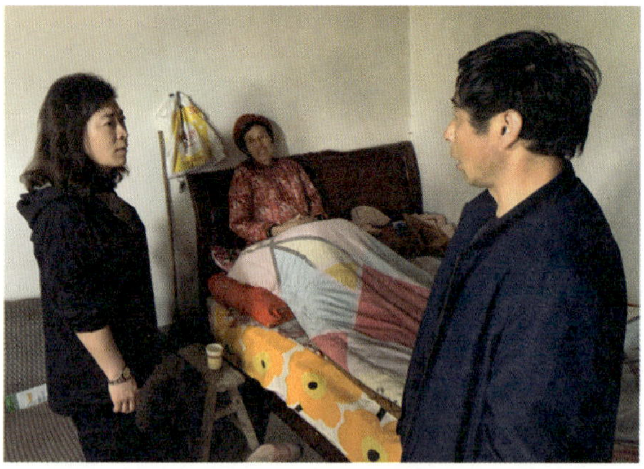

3月19日，省侨联党组成员徐妍丽在帮扶点陇南市武都区洛塘镇杨家庄村看望慰问困难群众

【做好公益事业】2019年，甘肃省侨联协调中国侨联、珠海市司迈科技有限公司向甘肃省11家医院捐赠了价值1100万元的司迈等离子双极电切电凝微创手术系统，并提供免费技能培训。浙江省新华爱心教育基金会在甘肃省新设立“珍珠班”1个，香港惩教社为甘肃省新援建学校2所。积极推动“侨爱心·光明行”走进甘肃公益项目实施，已完成复明手术2000余例。广泛开展“送温暖、献爱心”等活动，下拨华侨事务专项经费69万元，累计资助生活困难侨眷227人，把党和政府的温暖送到困难侨界群众手中。

【召开兰州市侨联十一届二次全委会】12月7日，兰州市侨联召开十一届二次全委（扩大）会议。省侨联党组成员徐妍丽出席会议并讲话。会议传达学习了中国共产党十九届四中全会精神、中国侨联“十代会”精神以及中国侨联十届二次全委会议精神，审议通过了市侨联党组书记、主席宋政奎作的工作报告。市侨联全体委员、市侨联法律顾问、基层侨联代表和市侨联机关干部共50多人参加会议。

【召开金昌市第六次归侨侨眷代表大会】8月23日，金昌市召开全市第六次归侨侨眷代表大会暨六届一次委员会。会议听取了《金昌市归国华侨联合会五届委员会工作报告》，审议了《选举办法（草案）》，选举产生了六届委员会。市委常委、组织部部长、统战部部长窦生铭参加会议并讲话，省侨联办公室主任肖礼祥到会祝贺。会议指出，近年来，全市侨联组织着力推进为侨服务、为地方经济社会发展服务，在依法维护归侨侨眷合法利益、着力引资引智等方面取得可喜成绩。今后的工作中，市侨联要着力强化政治引领，发挥自身优势，切实发挥侨在经济改革发展中的重要作用。

青海省归国华侨联合会

【领导成员名单】

侨联台联黄埔同学会党组书记：高永英（女）

副　　主　　席：曲　平　谈长燕　李大为　蒋孔夫

【综述】2019 年，青海省侨联在省委统战部的正确领导下，在中国侨联的精心指导下，坚持以习近平新时代中国特色社会主义思想为指导，深入学习贯彻习近平总书记关于侨务工作的重要论述，牢固树立“四个意识”、坚定“四个自信”、做到“两个维护”，全面贯彻中央和省委一系列重要会议精神和决策部署，广泛凝聚侨界力量，坚持“两个并重”，深化“两个拓展”，推动“两个建设”，进一步凝聚侨心侨力侨智，深入实施“五四战略”，奋力推进“一优两高”，以优异成绩向新中国成立 70 周年和青海解放 70 周年献礼，开创了各项工作新局面。

【加强思想政治建设】2019 年，青海省侨联坚持旗帜鲜明讲政治，在加强思想政治建设上下功夫。一是深入开展“不忘初心、牢记使命”主题教育，组织侨联干部深入学习领会习近平新时代中国特色社会主义思想，以党的创新理论强化思想武装，牢记初心使命，深刻把握新时代侨联工作的使命任务，把握“十二字”总要求，紧扣五项具体目标、坚持四个贯彻始终、力戒形式主义，增强工作责任感、使命感，形成学习心得体会、调研报告 15 篇。二是组织归侨侨眷、留学归国人员参观中华人民共和国成立 70 周年和青海解放 70 周年展览，目睹了青海各族人民在党的领导下取得的辉煌成就，进一步深化了对中国特色社会主义建设规律的认识，深化了对解放 70 年来青海省情的认识。三是组织归侨侨眷到青海省海北州原子城爱国主义基地参观学习，缅怀革命先烈，重温热爱祖国、无私奉献、自力更生、艰苦奋斗、大力协同、勇于登攀的“两弹一星”精神，进一步增强了民族自信心和自豪感。

【召开青海省侨联七届七次全委会】1 月 25 日，青海省侨联召开七届七次全委会议，传达学习中央书记处办公会议重要指示精神、中国侨联十届二次全委会议精神，通过了《2018 年省侨联工作报告》，安排部署了 2019 年重点工作：一是认真学习贯彻好“十代会”精神，通过多种方式，面向广大归侨侨眷和海外侨胞，认真组织传达学习、宣传宣讲和贯彻落实“十代会”精神，坚定“四个自信”，画好侨界团结最大同心圆，筑牢共圆中国梦的思想基础。二是推动“两个建设”。在坚持“两个并重”“两个拓展”的基础上推动“两个建设”，下大力气加强基层侨联组织建设，加强能力建设、制度建设、信息和数据建设等基础建设。三是做好侨胞慰问服务工作。按照中国侨联和省委统战部的有关要求，积极做好侨胞的慰问工作。发挥好侨联法顾委作用，做好涉侨涉诉协调处理工作，维护好侨胞的合法权益。四是积极服务地方经济社会发展。发挥侨联组织独特优势和作用，积极向外推介青海省的招商引资优惠政策和重点建设项目，为海外资金、项目和人才“引进来”铺路搭桥。五是开展公益活动。利用侨界力量，深化“侨爱心工程”，以健康、教育为着力

9 月 6 日，青海省侨联组织归侨侨眷、台胞和黄埔同学会亲属共同参观中华人民共和国成立 70 周年和青海解放 70 周年展览

8 月 16 日，青海省侨联七届八次全委会议在西宁召开，省委统战部部务委员、省侨联台联黄埔同学会党组书记高永英（右三）出席会议并做总结讲话

点，实施“光明行”、医疗设备捐赠、“珍珠班”、“树人班”等重点项目，提升公益活动质量和成效。六是创建侨联活动品牌。大力弘扬中华文化，重点在少数民族地区开展“亲情中华”系列活动，提高高原文化的传播力和影响力，讲好青海故事，为推进祖国统一、维护民族团结发挥积极作用。

【隋军副主席在青海慰问并调研】6 月 19 日—22 日，中国侨联党组成员、副主席隋军在青海黄南州同仁县慰问困难归侨，并就青海侨联机构改革、新侨创新创业情况开展调研。隋军一行围绕侨联机构改革，专门同青海省委组织部、统战部及省编办负责同志座谈交流；主持召开新侨人士座谈会，倾听新侨人士创新创业需求，解读侨联服务举措，协调解决有关问题。青海省委书记、省人大常委会主任王建军，省委常委、秘书长于丛乐，省人大常委会副主任吴海昆会见隋军一行，并就进一步做好侨联工作交换了意见。省委常委、统战部部长公保扎西，省委统战部侨联台联黄埔同学会党组书记高永英，黄南州委常委、统战部部长尕玛朋措，黄南州委常委、常务副州长杨志军，中国侨联经济科技部副部长夏付东、文化交流部副部长邢砚庄等一同参加有关活动。

6 月 20 日，由中国侨联、全国台联、青海省委统战部主办，中国侨商联合会协办，青海省侨联、青海省台联承办的“2019 知名侨商台商走进青海高峰论坛”在西宁举行，青海省委统战部常务副部长李国忠主持会议

6 月 19 日—22 日，隋军副主席（右一）在青海慰问并调研

【服务经济高质量发展】近年来，青海省侨联围绕青海发展战略，以经贸活动、项目对接、主题论坛等为抓手，服务经济发展。一是紧紧围绕第 20 届青洽会“开放合作绿色发展”主题，积极向外推介青海省的招商引资优惠政策和重点建设项目，为青海省企业和产品“走出去”提供信息服务，为海外资金、项目和人才“引进来”铺路搭桥。6 月 20 日，组织召开“知名侨商台商走进青海高

6 月 20 日，隋军副主席出席“2019 知名侨商台商走进青海高峰论坛”并致辞

6 月 20 日，青海省委常委、统战部部长公保扎西出席青洽会“2019 知名侨商台商走进青海高峰论坛”并致辞

峰论坛”，让一批爱国侨胞台商认识了解了新青海，中国侨联副主席隋军、全国台联主席黄志贤率领侨台商参加大会，接待来自 19 个国家和地区的 120 多名客商，完成 5.65 亿元签约任务，超额完成 3.65 亿元。二是积极开展“海外侨胞青海行”系列活动，2019 年组织召开涉外经济发展投资环境暨项目推介座谈会四场，与美国纽约华人侨团联合会代表团、澳门青年代表团、日本中国商会等代表团开展了投资环境、投资项目方面的沟通洽谈，介绍青海省的经济社会发展情况和重点投资项目，累计参加 500 多人。三是进一步加强青海省留学归国人员创新创业基地建设工作，组织有关人员赴陕西省侨联及西北工业大学中法并行工程联合实验室、斯瑞新材料股份有限公司、大程众创空间三个新侨创新创业基地进行考察学习。

【弘扬中华优秀文化】青海省侨联长期以来致力于以宣传推介民族文化为纽带，扩大青海省文化在海外华侨华人中的亲和力、影响力和感召力，吸引海外华侨华人心向青海、支持青海。一是 6 月 21 日，首家“中国华侨国际文化交流基地”在黄南州民族博物馆建立，搭建了热贡艺术在世界传播的重要平台，对扩大热贡艺术在海内外的影响力和知名度产生积极影响。二是 7 月 10 日—19 日，举办“中国寻根之旅”夏令营活动，来自加拿大、新西兰的 44 名海外华裔青少年及领队老师参加，这也是省侨联首次组织开展这样的活动。通过活动，提高了营员们对祖籍国和大美青海的了解和认同，尤其对高原多民族文

5 月 6 日，青海省侨联开展“海外侨胞青海行”活动

8 月 17 日，“美国纽约华人华侨联合会及乔氏企业家代表团投资青海交流会”在西宁召开

化的印象，通过他们及时向老师、同学和身边的人宣传青海、介绍青海，增强了文化认同。中国侨联副主席、中央和国家机关侨联主席邵旭军参加开营活动。

【开展培训学习加强能力建设】2019 年，青海省侨联多次组织委派侨联系统干部、归侨侨眷、侨商、侨联委员参加各类形式多样、内容丰富的培训学习活动，努力培养海外侨胞、归侨侨眷的贴心人和侨务工作的实干家。一是 7 月 9 日—12 日，承办“法治中国　你我同行”——2019 年侨界法治学习活动，来自中央国家机关、北京等 12 个省市区的 130 多名侨联干部和侨界群众参加了学习活动。中国侨联法顾委主任、最高人民检察院原常务副检察长张耕，中国侨联副主席、中央和国家机关侨联主席邵旭军，中国侨联权益保障部部长、中国侨联法顾委秘书长张岩，青海省侨联台联黄埔同学会党组书记高永英出席。活动丰富了大家的法学知识，具有很强的理论性和实践操作性，学习成效显著，充分调动了广大侨胞、侨联干部和侨联法顾委委员们尊法、学法、守法、用法的积极性，为发挥侨界优势、服务国家战略起到了积极的促进作用。青海省 28 名侨联干部、法顾委委员、侨商会成员、侨眷参加活动。二是 10 月 8 日—11 日组织 7 名侨联工作者参加“侨联系统维权干部、涉侨纠纷调解员维护侨益工作学习活动”，使大家开拓了思路、明确了任务、掌握了方法，对更好的贯彻落实党的十九届四中全会部署，更好地维护侨胞合法权益，推动侨联组织履行参与社会建设职能、在国家治理体系中发挥积极作用具有重要意义。三是 11 月 1 日—10 日，在厦门大学举办由 25 名侨联干部、侨联委员、侨商、归侨侨眷参加的侨联系统干部培训班。培训以课堂教学与现场教学、个人自学和讨论交流为主要内容，涉及内容范围广，具有很强的现实针对性和可借鉴性。利用学习机会，专门组织各侨联负责人参观学习了厦门市思明区梧村侨胞之家建设情况并进行了交流互动。四是组织侨联干部分别参加中国侨联青年干部培训班、全国侨联系统组织人事干部培训班、全国主要大中城市基层侨联建设业务培训活动，提高了侨联干部的政策水平和业务水平。

【开展公益精准扶贫】2019 年是全面建成小康社会的关键之年，也是青海省全面消除绝对贫困的攻坚“清零”之年。省侨联积极响应，扎实开展扶贫帮困活动，形成组织走访、帮扶贫困归侨侨眷工作机制。一是 1 月 3 日，在海东市互助县五十镇中心学校举行“冬日送暖”捐赠活动，为学校师生、困难群众送去电视机、收音机、过冬衣物和米面油等，走访慰问贫困家庭，省委常委、统战部部长公保扎西出席活动并讲话，700 多名群众参加活动。二是在新春佳节来临之际，深入开展“送温暖　献爱心”活动，帮助归侨侨眷解决实际困难和问题，让他们感受到党和政府以及侨联组织的关心和温暖。慰问侨胞 40 人，

7 月 10 日—19 日，青海省侨联举办海外华裔青少年“中华寻根之旅”夏令营活动

省级侨联工作

7 月 9 日，邵旭军副主席（右二）出席“法治中国 你我同行”——2019 年侨界法治学习（青海）活动

11 月 2 日—9 日，青海省侨联在厦门大学举办全省侨联系统干部培训班

1 月 3 日，青海省委常委、统战部部长，省政协党组副书记公保扎西赴互助县五十镇参加省侨联“冬日送暖”捐赠活动

发放慰问金 5.6 万元。三是 6 月 21 日，举行青海省侨联、黄南州委统战部精准扶贫捐赠活动，中国侨联党组成员、副主席隋军，经济科技部副部长夏付东，文化交流部副部长邢砚庄等深入同仁县困难藏胞归侨土旦才让、卡毛加、拉巴卓玛家中进行了走访慰问。四是 8 月 28 日，由中国华侨公益基金会、北京格桑公益基金会、省侨联、果洛州委统战部、州卫健委共同主办的“侨爱心·格桑光明行”白内障揭纱仪式在果洛州人民医院举行。相关单位负责人及 60 多名群众参加仪式。这次活动由北京格桑公益基金会捐赠 20 万元作为每名患者手术期间的经济救助和帮扶资金（每人 1000 元），西宁爱尔眼科医院捐赠价值 50 万元的手术耗材（晶体和手术刀片等），使牧区 220 名藏胞白内障患者重见光明。五是 11 月 18 日—25 日，开展“侨爱心送温暖专家医疗服务队”活动，选派青海大学医学院有留学经历的七名专家，深入果洛州为藏胞开展义诊活动，将精准扶贫措施落到实处。六是开展“侨爱心——归侨侨眷技能培训”，使困难归侨侨眷掌握脱贫技能，解决就业难问题，提高生产生活水平。七是加大教育精准扶贫力度，新办“珍珠班”6 个，新招收学生 270 名，争取资金 202.5 万元，有 270 个贫困家庭受益。

【拓展海外联谊活动】 青海省侨联发挥侨联民间性、涉外性的特点和优势，开展联谊交友活动，积聚对我友好力量。一是 10 月 21 日—23 日，组织侨商会五名代表参加在英国伦敦举行的第十五届世界华商大会。会议期间，代表团一行同英国中华总商会、英国陕西商会、英国华埠商会等进行了深入交流，并签订了《建立友好商会协议书》。二是 10 月 24 日—29 日，代表团一行出访比利时、德国，拜访了中国驻比利时大使馆、中国驻法兰克福领事馆，了解青海籍侨胞的学习工作情况及侨情，与比利时丝路商会、德国北京商会进行了交流座谈，并建立了友好商会关系。三是 11 月 17 日—18 日，组织部分侨商赴北京参加中国侨商联合会第五次会员代表大会。这次大会实现了中国侨商投资企业协会与中国侨商会的完全融合，标志着中国侨商会进入一个崭新的发展阶段，会议期间，青海省参会侨商与多国侨社（团）、侨领进行了交流互动。

11 月 18 日，省侨联“侨爱心送温暖专家医疗队”活动启动仪式在青海大学高原医学研究中心举行

【推进侨联基层组织建设】 按照《青海省侨联改革方案》的要求，省侨联努力加强基层组织建设。一是加强省侨联机关工作力量，增加了三名编制。二是除西宁市外，在海东市、海南藏族自治州、海北藏族自治州、海西蒙古族藏族自治州、黄南藏族自治州、果洛藏族自治州、玉树藏族自治州，侨联组织建设已在筹备当中，各地统战部门均已确定了侨联工作的负责人和联系人。三是积极探索基层侨联组织建设工作的新机制，陆续在西宁市、青海大学、师范大学、民族大学和民和县的五个侨联组织中建立了“侨胞之家”，为广大侨胞提供了活动场所，搭建联谊交友的平台，使基层侨联工作焕发出了新的生机和活力。

8 月 28 日，青海省果洛州举行“侨爱心·格桑光明行”白内障手术揭纱仪式

【西宁市侨联维护侨益助力精准扶贫】 西宁市侨联紧紧围绕市委中心工作，积极探索新时代侨联工作的新思路、新方法。组织侨务干部、侨界代表、侨资企业家分别参加中央统战部侨务干部培训班、中国侨联“法治中国　你我同行”——2019 年侨界法治学习西宁和河北活动、全国侨联基层组织建设会议。深入到城中区南关街孙桂英、城北区小桥大街王淑清、西钢刘淑清、湟中县群加乡完德、湟源县贺拉毛等 34 名困难归侨侨眷家中，

10 月 21 日—23 日，青海省委统战部部务委员、省侨联台联黄埔同学会党组书记高永英（左三）率侨商会代表赴英国伦敦参加第十五届世界华商大会

11 月 20 日，青海省侨联副主席蒋孔夫（第二排左四）出席青海民族大学“侨胞之家”挂牌仪式

开展走访慰问，详细了解侨胞生活状况，发放慰问金 3.5 万元。深入海晏路社区、青海中山印务有限公司、青海宏顺科技有限公司、格桑花生物科技有限公司等涉侨单位、企业进行实地调研，帮助协调解决实际困难。印制发放侨务政策宣传册 2100 册，接待侨眷反映房屋漏水问题 1 件。健全归国留学人员信息库，全市归国留学人员信息 108 名。争取中国移动香港有限公司人力资源部总经理张留成先生和香港爱心人士的支持，在湟中县第一中学开展“紫荆情花儿红”捐资助学活动，发放助学金 10.8 万元，资助品学兼优贫困学生 108 名。争取商汤集团香港公司总经理尚海龙先生的支持，开展资助贫困县高中生的活动，分别向湟源县、大通县 7 所中学 125 名品学兼优的贫困生捐赠助学金，每名贫困生 3000 元，共捐赠助学金 37.5 万元。

【民和县侨联发挥优势突出工作特色】民和县侨联紧紧围绕县委县政府工作大局，切实加强自身建设，努力开拓侨联工作新局面。两节期间，慰问老归侨、侨眷、留学返回人员 14 人，把党和侨联组织的关怀和温暖及时送到归侨侨眷手中。开展归侨侨眷基本情况和侨务扶贫扶持项目需求调研工作，建立归侨侨眷信息库。组织 3 名侨联干部，参加中国侨联在河南郑州、河北石家庄、福建厦门举办的培训班，拓宽了视野，提高了工作能力。动员侨资企业、归侨侨眷、留学归国人员积极参与精准扶贫工作。组织侨界群众参与春秋两季义务植树造林活动，守护绿水青山、拒绝破坏生态的绿化行动。召开归侨侨眷庆“七一”座谈会，部分老侨、新侨及侨眷代表等共计 30 余人参加。完成民和县“侨胞之家”建设和揭牌工作。省委统战部部务委员、省侨联台联黄埔同学会党组书记高永英，市委统战部分管领导，县委统战部、县侨联负责人出席揭牌仪式，县侨联委员、归侨侨眷代表 20 余人参加。

宁夏回族自治区归国华侨联合会

【领导成员名单】

主　　　席：朱奕龙

专职副主席：郑大鹏

兼职副主席：柯允君　郑俊武　田　桦（女）

　　　　　　藏志勇　黄瑞贵　于志毅

秘　书　长：郑大鹏（兼）

【综述】2019 年，在中国侨联的关心指导下，在宁夏回族自治区党委的坚强领导下，宁夏侨联团结带领全区各级侨联组织和广大归侨侨眷，增强“四个意识”，坚定“四个自信”，做到“两个维护”，全面贯彻党的十九大和十九届二中、三中、四中全会精神和自治区党委十二届八次、九次全会精神，以习近平新时代中国特色社会主义思想为指导，深入学习贯彻习近平总书记关于群团工作和侨务工作的重要论述，落实“十代会”部署，坚持“两个并重”“两个拓展”，推动“两个建设”，用好“两项机制”，坚持稳中求进工作总基调，不忘初心、牢记使命，围绕中心、服务大局，在改革创新、为侨服务、联谊联络、参政议政、组织建设等方面取得新突破、展现新作为。

【学习贯彻党的十九届四中全会精神】宁夏侨联领导全区侨联组织旗帜鲜明讲政治，增强“四个意识”，坚定“四个自信”，做到“两个维护”。深入侨资企业、侨胞之家和基层侨界群众，开展党的十九大精神宣讲。11 月 25 日，宁夏侨联组织召开“全区侨界党的十九届四中全会精神宣讲报告会”，邀请宁夏回族自治区宣讲团成员为全区侨联工作者和侨界群众作全会精神宣讲，中国特色社会主义制度、国家治理体系和治理能力的显著优势更加深入侨界人心。

【开展“不忘初心、牢记使命”主题教育】宁夏侨联牢牢把握主题教育总要求，落实党支部主体责任。采取多种方式，向上级主管部门、相关业务单位和广大侨界群众征求到对领导班子及班子成员的意见建议 38 条。围绕“五对照五检视”，深入开展主题教育问题检视，党支部检视出 9 个方面问题，党员干部检视问题 40 条，分类整合问题并制定 6 类 21 条整改措施。认真履行党支部主体责任，扎实有效推进星级党支部创建工作，党支部被评为 2019 年度区直统战系统先进党支部，评定为“三星级”党支部。认真落实“三会一课”等制度，组织集体学习 46 次，讲党课 4 次，组织党建知识应知应会测试 2 次。1 月 20 日，联合宁夏外事旅游汽车公司、银川市西夏区双拥办共同开展“爱心献功臣”主题党日活动，向工作在双拥战线上的工作者和广大优抚对象发放慰问金、捐赠御寒冬衣；7 月 1 日，在建党 98 周年之际，到银川市烈士陵园，重温抗战历史，开展“缅怀革命先烈、诵读红色经典”系列主题党日活动。走进侨资企业宁夏吴忠大有电气集团、宁夏儿童福利院，组织开展“不

1 月 20 日，宁夏侨联党支部开展“爱心献功臣”主题党日活动

11 月 25 日，宁夏侨联组织召开党的十九届四中全会精神宣讲报告会

忘初心、牢记使命”主题教育联合讲党课活动。通过形式多样、内容丰富、主题鲜明的活动，增强了支部的凝聚力和战斗力，坚定了党员的理想信念。

【开展庆祝新中国成立 70 周年系列活动】为庆祝中华人民共和国成立 70 周年，宁夏侨联广泛开展“我和我的祖国”群众性主题宣传教育活动，先后组织“侨心永向党——庆祝中华人民共和国成立 70 周年文艺汇演”“我和祖国共成长”诗歌朗诵会，依托“侨胞之家”举办“侨界群众邻居节”和读主题图书、观主题影视剧等活动。通过内容丰富、形式多样的群众活动，把广大侨胞更加紧密地团结在党的周围，凝聚起共圆伟大中国梦的侨界力量。

【齐全胜副主席来宁夏调研】2 月 28 日—3 月 1 日，中国侨联副主席齐全胜率调研组赴宁，

2 月 28 日，齐全胜副主席（中）在宁夏调研

在银川市考察宁夏侨界参与西部大开发和“一带一路”建设的实践和成果，并与侨联干部、侨资企业代表、归侨侨眷代表座谈。齐全胜对宁夏侨界人士爱国家爱西部、坚韧执着奋斗的精神给予高度赞扬，对宁夏侨联根据自身特点引侨聚侨、发挥侨作用的做法给予充分肯定。

9 月 19 日，邵旭军副主席（右）为吴忠市侨联成立揭牌

【邵旭军副主席来宁夏调研】9 月 18 日—20 日，中国侨联副主席邵旭军率中国侨联调研组一行，就中西部地区侨联基层组织建设情况来宁开展专题调研。调研组一行与基层侨联干部、统战系统侨务工作人员、归侨侨眷代表、新侨创新创业代表等进行座谈交流，就深化侨联改革和加强中西部地区侨联基层组织建设等内容进行了深入调研。其间，邵旭军副主席为宁夏吴忠市侨联成立进行了揭牌，并出席了吴忠市侨界庆祝中华人民共和国成立 70 周年文艺演出活动。

【召开宁夏侨联七届七次全委会】1 月 25 日，宁夏侨联召开七届七次全委会议，全国政协委员、中国侨联副主席、宁夏侨联主席朱奕龙，宁夏侨联副主席郑大鹏、郑俊武、田桦、藏志勇、于志毅和侨联委员共 50 余

1 月 25 日，宁夏侨联召开七届七次全委会议

省级侨联工作

人出席会议。会议传达学习中央书记处关于侨联工作的重要指示和中国侨联十届二次全委会议精神；朱奕龙代表宁夏侨联七届委员会作工作报告，全面回顾总结了 2018 年工作开展情况，部署了 2019 年工作。

【承办“2019 年海外华裔青少年‘寻根之旅’宁夏营”活动】7 月 22 日—31 日，由中国侨联主办、宁夏侨联承办的“2019 年海外华裔青少年‘寻根之旅’夏令营—宁夏营”在宁夏银川举行，共有来自美国、德国、奥地利、马来西亚等 8 个国家 86 名海外华裔青少年参加。10 月 14 日—23 日，“2019 年海外华裔青少年‘寻根之旅’秋令营—宁夏营”在宁夏银川市和中卫市举办，来自泰国的 23 名华裔青少年及领队参加。“寻根之旅”活动使广大海外华裔青少年真实感受中国改革发展成果，领略中华优秀文化，体验宁夏风土人情，强化血脉亲情，增进对祖（籍）国的认同感和亲近感。

7 月 22 日，宁夏侨联承办的“2019 年海外华裔青少年‘寻根之旅’夏令营—宁夏营”在银川市举行

【做好“第四届中阿博览会”接待工作】9 月 5 日—8 日，第四届中国—阿拉伯国家博览会在宁夏银川举办，宁夏侨联作为对口接待单位，承担接待阿联酋中国和平统一促进会代表团的工作任务。其间，宁夏侨联副主席郑大鹏与阿联酋中国和平统一促进会代表团就宁夏经贸和海外联络联谊等方面进行了深入交流，经协调联系，就宁夏蔬菜出口阿联酋达成了合作意向。

【举办“2019 年宁夏、青海基层侨联干部培训班”】由宁夏侨联和青海侨联共同主办、厦门大学承办、宁夏石嘴山市侨联协办的“2019 年宁夏、青海基层侨联干部培训班”于 11 月 2 日在厦门大学正式开班，来自宁夏和青海的基层侨务干部共 60 余人参加为期 10 天的培训。通过培训提升了侨务干部新形势下的工作能力和水平，增强了侨联基层组织整体能力。

11 月 2 日，宁夏侨联和青海侨联组织的基层侨联干部培训班在厦门大学开班

【组团出访赞比亚、南非】应赞比亚华侨华人总会、南非开普敦中国和平统一促进会邀请，12 月 3 日—11 日，中国侨联副主席、宁夏侨联主席朱奕龙率领宁夏侨联访问团赴赞比亚、南非

12 月 3 日—11 日，中国侨联副主席、宁夏侨联主席朱奕龙率领宁夏侨联访问团赴南非、赞比亚进行友好访问

进行友好访问。出访赞比亚期间，代表团拜会了中国驻赞比亚大使李杰，与赞比亚国民议会赞中友好小组进行会谈，调研了赞比亚—中国经济贸易合作卢萨卡园区，与赞比亚中文国际学校座谈交流，走访赞比亚华侨华人总会。出访南非期间，代表团拜会了中国驻约翰内斯堡和开普敦总领馆官员，考察了南非华人警民合作中心和开普敦中国和平统一促进会，走访慰问了南非开普敦中国城侨商，并与南非知名侨领开展座谈交流。此次出访利用座谈交流等时机，向当地华人华侨宣传了习近平新时代中国特色社会主义思想、构建人类命运共同体等重要讲话精神，特别是对党的十九届四中全会精神进行了广泛宣讲，有力推动经贸、文化、旅游等多领域的交流合作，进一步扩大了宁夏侨联侨界联系的覆盖面和影响力。

【持续加强组织建设】2019 年，宁夏侨联积极争取地方党委和政府支持，推动成立了吴忠市侨联。在全区新建 9 个“侨胞之家”，争取到中国侨联基层建设经费 45 万元，其中，开展基层侨联干部培训经费 15 万元；“侨胞之家”建设项目经费 10 万元；侨爱心—归侨侨眷技能培训经费 10 万元；侨爱心—送温暖医疗队经费 10 万元，用于加强基层侨联组织建设和开展专项活动。

【推进“大学习大调研”活动】宁夏侨联组织界别委员深入走访民族地区贫困村、建档立卡贫困户，形成了《关于促进贫困地区劳动力转移就业的调研报告》；先后走访调研全区 13 家侨资企业，撰写了《宁夏侨资企业发展状况调研报告》，被中国侨联评为“2019 年度优秀调研课题成果”。全年共向中国侨联和宁夏党委统战部报送信息 150 多篇，荣获中国侨联信息工作进步奖。

【汇集侨智参政议政】2019 年，宁夏侨联提交政协提案 10 份、社情民意 2 份，包括“提高老归侨生活补助费、困难归侨侨眷救助费标准的建议”“利用互联网模式加强未成年人保护的建议”等 7 份提案被宁夏回族自治区政协列入办理计划。深入开展专题调研，组织宁夏侨界政协委员围绕“未成年人保护和平安校园建设”开展界别活动，向中国侨联报送 3 篇信息均被采用。

【推动联谊互动】2019 年，宁夏侨联邀请来自美国、法国、意大利、阿联酋、韩国等 23 个国家的侨团商会和 30 余名海外侨胞来宁开展经贸文化交流，参加宁商大会、智慧城市峰会等活动。7 月 5 日—17 日，联合香港宁夏同乡会、宁港青年交流促进会、澳门中华青年展志协进会连续第 10 年举办“2019 年宁夏优秀学生赴港澳夏令营”活动。8 月 18 日—24 日，由香港宁港青年交流促进会组织的香港青联代表和大中学生“2019 绿色科技探索之旅”考察团一行 14 人在宁夏进行学习考察。9 月 1 日—2 日，菲律宾南安总会“一带一路”商务考察团一行 17 人在银川进行考察，宁夏侨联副主席郑大鹏、黄瑞贵会见考察团一行并举行座谈。

宁夏侨联副主席郑大鹏（左一）走访慰问侨胞

【开展爱侨惠侨活动】2019 年，宁夏侨联利用元旦、春节等传统节日走访慰问全区侨胞、海外侨胞家属及困难群众 800 余人。在新中国成立 70 周年之际，开展“祖国不会忘记”慰问老归侨活动，慰问全区老归侨 36 人。2 月 18 日，在银川举办“宁夏侨界 2019 年元宵节茶话会”，宁夏回族自治区党委、政府、政协有关部门领导，部分在银的宁夏回族自治区政协委员和侨联委员、归侨侨眷和侨资企业家代表、侨联法顾委委员、侨商联合会理事、基层侨联工作者 140 余

11 月 22 日，由中国华侨公益基金会资助的 2019 级“正佳侨心班”在宁夏育才中学开班

人欢聚一堂，共话侨界新愿景，共谋侨联新未来。

【助力脱贫攻坚工作】2019 年，宁夏侨联系统共争取到海内外侨界慈善捐款及爱心物资 1300 余万元，惠及困难群众近万人。中国侨联副主席、宁夏侨联主席朱奕龙捐赠 1000 多万元善款用于社会帮教、扶贫济困、捐资助学、新农村建设等；联系湖南爱眼公益基金会捐赠 200 万元，为宁夏回族自治区 1000 名贫困白内障患者免费进行复明手术；联系澳大利亚魏基成慈善机构捐赠价值 90 万元的御寒冬衣和听视力康复设备。组织指导银川市侨联、宁夏大学侨联，联合宁夏医科大学总医院、银川市中医院，深入到全区 10 个贫困村及社区开展“侨爱心—送温暖”义诊，服务困难群众 1200 多人次。大力实施“侨爱心工程”，积极争取中国华侨公益基金会支持，在宁夏育才中学新捐助“树人班—正佳侨心班”；主动加强与浙江新华爱心教育基金会合作，连续 12 年为宁夏育才中学、固原一中捐建“珍珠班”；联系意大利华人企业协会会长赵正勤先生，为同心县石狮镇满春小学捐赠 10 万元用于奖励该校优秀师生。全年累计投入爱心善款共计 300 多万元，全区 6 所中小学校 700 余名贫困学生受益。

8 月 18 日—24 日，香港青联代表和大中学生“2019 绿色科技探索之旅”在宁夏进行学习考察

9 月 2 日，宁夏石嘴山市侨联举办“侨爱心—归侨侨眷技能培训班”

【银川市侨联开展“侨爱心—送温暖”义诊活动】8 月 2 日，宁夏银川市侨联联合宁夏医科大学总医院统战部在银川市兴庆区通贵乡通南村共同开展“侨爱心—送温暖”义诊活动，共接诊、接受咨询百余人次，并赠送了价值近万元的相关药品、医疗器械，发放侨务政策法规宣传折页及宣传手提袋 500 份。

【石嘴山市侨联举办“侨爱心—归侨侨眷技能培训班”】9 月 2 日上午，宁夏石嘴山“侨爱心——归侨侨眷技能培训班”在西北机械技师学院正式开班。石嘴山市委统战部副部长曹学霖出席开班式并讲话。来自全市各县区的 30 名归侨侨眷参加为期 14 天的技能培训，重点学习中式烹饪、中式面点制作、计算机知识等实用技术，旨在从提高技能、增加收入、创新创业等方面增强为侨服务的针对性，加大对归侨侨眷的帮扶力度，真正把党和政府的温暖送到困难侨界群众中去。

【宁夏吴忠市召开第一次归侨侨眷代表大会暨吴忠市侨联成立大会】7 月 17 日，宁夏吴忠市召开第一次归侨侨眷代表大会暨市侨联成立大会。宁夏侨联副主席郑大鹏，吴忠市委常委、统战部部长兰德明出席会议并讲话。会议听取了吴忠市侨联第一届委员会筹备工作报告，选举产生了市侨联第一届委员会委员、常委及主席、副主席、秘书长。西班牙归侨、宁夏大有电气集团有限公司董事长何顺贵当选为吴忠市侨联第一届委员会主席。

7 月 17 日，宁夏吴忠市召开第一次归侨侨眷代表大会暨市侨联成立大会

新疆维吾尔自治区归国华侨联合会

【领导成员名单】

党组副书记、副主席：吴晓青（女）

副主席：赛克肉汗·曙亚（哈萨克族）
阿孜古丽·阿地力（女，维吾尔族，2019年2月任职）

巡视员：阿不都外力·马木提（维吾尔族，2019年1月免职）

副巡视员：韩博　杨军

兼职副主席：轩江波　吉祥　翁国亮　齐凤霞（女）　潘世烈

秘书长：韩博（兼）

【综述】2019年，新疆侨联在自治区党委、政府的坚强领导和中国侨联的指导关心下，深入学习贯彻习近平新时代中国特色社会主义思想和习近平总书记关于侨务工作的重要论述，全面贯彻落实新时代党的治疆方略，特别是社会稳定和长治久安总目标，牢固树立"四个意识"、坚定"四个自信"、坚决做到"两个维护"，坚决贯彻落实自治区党委工作部署，以政治建设为统领，全面加强机关党的建设，严守政治纪律和政治规矩，贯彻落实中国侨联"十代会"精神，锐意改革，开拓进取，履职尽责，团结带领广大归侨侨眷和海外侨胞聚焦总目标，承载新使命，展示新作为，圆满完成了各项工作任务。

【开展"不忘初心、牢记使命"主题教育】新疆侨联按照"守初心、担使命、找差距、抓落实"的总要求，把学习贯彻习近平新时代中国特色社会主义思想，学习贯彻新时代党的治疆方略，特别是社会稳定和长治久安总目标贯穿始终，把学习教育、调查研究、检视问题、整改落实贯穿全过程，以机关县处级以上领导干部为重点，开展学习讨论，交流心得体会。通过调研、座谈、走访群众，广泛征求各方面意见建议，班子成员认真撰写对照检查材料，召开民主生活会开展批评与自我批评，制定整改实施方案，指定专人负责落实整改，逐一销号，确保整改到位。通过深入开展"不忘初心、牢记使命"主题教育，侨联党员干部强化党性修养，坚定理想信念，在理论学习上取得了新收获，在思想政治上受到了洗礼，进一步增强了干事创业敢担当、为民服务解难题、清正廉洁作表率的自觉性，推动侨联班子干部作风转变，工作实现新突破。

6月6日，新疆侨联召开"不忘初心、牢记使命"主题教育动员会

2 月 15 日，新疆侨联以电视电话会议形式召开七届七次全委（扩大）会议

【开展“基层减负年”行动】新疆侨联认真贯彻落实中央和自治区为基层减负工作决策部署，组织开展作风建设专项整治行动，着力解决文山会海问题，2019 年制发文件和召开会议数量大幅减少。新疆侨联七届七次全委（扩大）会议以视频会议形式召开，会议开到地州市和县（市区）侨联，会上新疆侨联党组副书记、副主席吴晓青传达了中国侨联十届二次全委会议精神，向会议作了工作报告，新疆侨联党组成员、副主席赛克肉汗·曙亚主持会议。进一步加强和改进调查研究，党组主要负责同志按要求对“访惠聚”驻村工作和脱贫攻坚工作开展调研，形成调研报告，及时研究解决存在问题；分管领导对侨联基层组织建设、侨联改革、党建等情况开展专题调研，推动指导基层开展工作。

【开展“访民情、惠民生、聚民心”驻村和南疆学前双语教育支教工作】按照“队员当代表，单位作后盾、一把手负总责”的“访惠聚”驻村工作要求，新疆侨联党组研究安排 10 万元经费用于阿克苏地区温宿县佳木镇加依村驻村工作队工作经费补充，筹措 2 万多元经费用于驻村工作队车辆保养修理、报刊征订等工作，为驻村工作队解除后顾之忧。严格落实驻村干部休假、体检等政策，在重要节假日对“访惠聚”驻村工作队员及家属进行慰问，送去关心关爱。驻村工作队认真落实“1+2+5”工作任务，实现了加依村社会稳定、脱贫攻坚稳步推进、群众工作不断强化、基层组织逐步建强、惠民政策落地落实、致富门路有效拓宽、实事好事成果显著、党员队伍逐渐壮大的良好局面。积极参加南疆学前双语教育支教工作，在侨联机关人手少任务重的情况下，选派 2 名干部赴阿克苏地区温宿县佳木镇加依村幼儿园开展支教工作，全力落实对支教干部的关心关爱措施，帮助支教干部解决实际困难，确保了支教干部安心工作、愉快支教。

6 月 25 日，新疆侨联党组副书记、副主席吴晓青（左二）赴“访惠聚”驻村工作队调研并参加会议

9 月 12 日，新疆侨联党组成员、副主席阿孜古丽·阿地力代表侨联党组赴阿克苏地区看望慰问南疆双语支教干部

【开展“民族团结一家亲”和民族团结联谊活动】新疆侨联机关干部职工结对认亲达到全覆盖，按规定完成全年“民族团结一家亲”结亲周任务，在结亲过程中满腔热忱地开展“四同四送”，组织联谊活动，形成了干部走下去、群众走上来双向互动，各民族干部群众团结和谐的良好氛围。结亲周期间，干部职工主动询问并积极协调解决群众反映的诉求和意见，2019年累计捐赠现金3300元、捐物530件，协助转移就业16人，帮助解决生产发展难题22件，就医23次，做其他好事实事12件。组织开展民族团结联谊活动12次，参与活动干部群众6000余人次。组织机关干部和加依村在乌鲁木齐市就读的大学生开展“迎五一、五四，参观西路军办事处暨发声亮剑活动”。首次邀请加依村20名结亲户代表到乌鲁木齐市开展民族团结联谊活动，组织参观了爱国主义教育基地、举办联谊活动，参观农业、文化示范园、开展医疗义诊等，进一步加深了各民族干部群众之间的感情。

【开展庆祝新中国成立70周年系列活动】新疆侨联组织开展了“我和我的祖国”征文活动，组织机关退休老归侨侨眷参加自治区党委老干部局组织庆祝中华人民共和国成立70周年系列活动。组织粤新援疆纪念馆召开“壮丽七十年、奋斗新时代——粤新援疆纪念馆学习‘最美奋斗者’座谈会”，学习宣传、推荐评选出5名归侨侨眷“最美奋斗者”。组织参加第二十届世界华人学生作文大赛，各地州市侨联和开设“珍珠班”学校共征集征文4597篇，经过初选、复选，共评选出204篇优秀稿件报送大赛组委会，全区共53名学生获奖，其中，一等奖7人、二等奖13人、三等奖33人，获得优秀指导教师奖23人。组织参加第四届世界华人摄影展，新疆报送的2幅作品获得最佳摄影奖。

4月27日，新疆侨联干部职工与在乌鲁木齐市就读的加依村大学生开展民族团结联谊活动

8月26日，新疆侨联邀请加依村结亲户代表赴乌鲁木齐市开展民族团结一家亲活动

【深化侨联改革】新疆侨联认真贯彻落实党中央和自治区党委关于群团改革、侨联改革决策部署，围绕构建“大侨务”工作格局，与各涉侨部门加强联系，努力形成相互支持相互配合的工作机制。积极协调落实自治区外办（侨办）海外华侨华人社团联谊职能划转和2名干部转隶有关衔接工作。协调自治区党委统战部、财政厅同意自2020年起将自治区侨办华侨事务经费划入自治区侨联部门预算，为新时代侨联事业发展提供了有力保障。进一步调整优化侨联机关内设机构，向自治区党委编办申报《自治区侨联内设机构调整方案》，拟增设党建（组织人事）部，为加强侨联机关党的建设提供了组织保证。通过领导班子成员职责分工、职位设置、人员调整等，强化责任意识，进一步提高了侨联机关科学化、规范化管理水平。

【加强队伍建设】新疆侨联把政治建设摆在首位，主要

7 月 12 日，新疆侨联开展第二十一个党风廉政教育月学习教育

领导认真履行第一责任人职责，强化班子成员“一岗双责”意识，主动担当管党治党的政治责任，严明政治纪律和政治规矩，要求侨联党员干部讲政治、守规矩，在政治上、思想上和行动上始终同以习近平同志为核心的党中央保持高度一致，坚决做到“两个维护”，坚决贯彻落实自治区党委安排部署。从抓好班子建设、带好队伍、凝聚人心入手，建章立制、规范管理，教育引导侨联干部积极发挥党员干部模范带头作用，善谋善思、善作善成，主动担当作为。根据自治区党委组织部统一安排部署，开展 11 名公务员职务职级并行套转和职级晋升工作。通过机构改革转隶公务员 2 名，调入公务员 1 名，面向社会公开招聘公务员 1 名，面向社会公开招聘事业单位工作人员 3 名，接收转业士官 1 名，进一步加强和充实了侨联机关干部队伍。

6 月 27 日，新疆侨联与侨资企业联合开展“迎七一”民族团结联谊活动

【推进机关党支部建设】新疆侨联严格落实“三会一课”制度，党组主要负责同志向全体党员作了《强化政治担当　坚决把党的政治建设要求落到实处》专题党课，党组成员分别到分管部门讲党课。组织召开机关党支部组织生活会，开展党员民主评议，评选表彰 2 名优秀共产党员和 1 名优秀党务工作者。加强和规范党费收缴管理，进一步完善了党费收缴、使用、管理、收支公示、定期检查等制度。组织开展丰富多彩的党支部活动，全体党员收看纪念五四运动 100 周年大会实况、国庆阅兵式，观看《昆仑兄弟》《我和我的祖国》等影片，与侨资企业党支部联合举行“庆祝党的生日—盛开民族团结之花”联谊活动，参观红色教育基地、重温入党誓词、开展发声亮剑活动。“七一”“十一”期间慰问 13 名离退休老党员、2 名困难党员。与驻村联合党支部开展“一联双促”活动，全面落实维护稳定、群众工作、脱贫攻坚、加强基层组织建设 4 项任务。

【推动基层侨联组织建设】新疆侨联及时转

9 月 20 日，新疆侨联在自治区党校举办基层侨联干部培训班，主席台右二为新疆侨联党组副书记、副主席吴晓青

省级侨联工作

新疆侨联在新疆大学举办侨爱心——归侨侨眷技能培训班

发中国侨联《关于新时代加强基层侨联建设的指导意见》，开展基层侨联改革情况和队伍状况专题调研，积极协调上级部门高位推动基层侨联改革中突出问题的解决，目前全区地县两级侨联机构改革已完成。成功申报中国侨联基层组织建设项目立项，组织全疆14个地州市的40余名基层侨联干部参加自治区基层侨联干部培训班，组织全疆基层贫困归侨侨眷105人参加传统手工艺、农村电商、农村旅游3个“侨爱心—归侨侨眷技能培训班”，在全疆9个“侨胞之家”开展示范性项目建设，组织乌鲁木齐市爱尔阿迪娅眼科医院赴阿克苏、乌鲁木齐等地开展“侨爱心—送温暖医疗队”义诊咨询服务活动。

新疆侨联党组副书记、副主席吴晓青（第二排右七）参加乌鲁木齐市侨胞之家揭牌仪式

【助力脱贫攻坚】新疆侨联扎实推进“访惠聚”对口村的精准扶贫工作，定点对口帮扶的37户贫困户将全面实现脱贫。继续做好申请中国侨联20万元专项资金支持实施的“农机合作社+贫困户精准扶贫”项目后续工作，项目实施取得良好经济效益和社会效益，14户贫困户从2019年开始每年分红1000至2000元。争取中国侨联20万元扶贫资金，为对口村拟安装80盏太阳能路灯，解决村民摸黑出行困难的问题。争取中国侨联和侨界资金支持，赴对口村开展“侨爱心·光明行”义诊咨询服务，为贫困小学生捐赠物

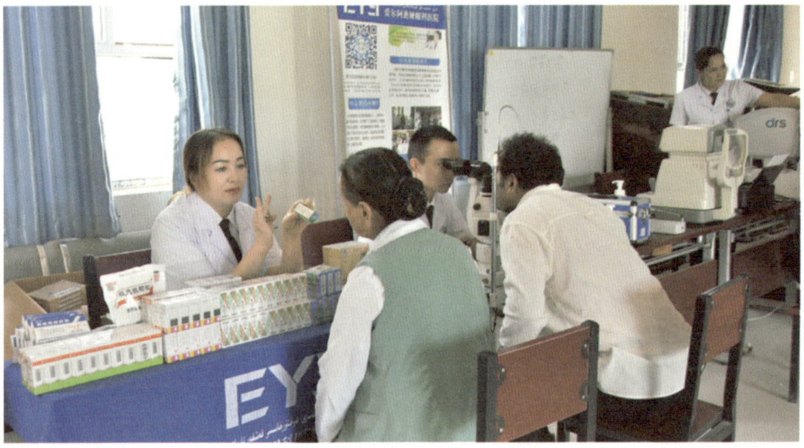

新疆侨联在阿克苏地区温宿县佳木镇加依村举办侨爱心——送温暖医疗队活动

省级侨联工作

品、食品。在中国侨联的大力支持下，引进侨商侨资，由无限极（中国）公司向南疆贫困小学生捐赠3万个享优乐牌成长枕和冻干食品，总价值1800余万元，助力南疆四地州少年儿童的健康成长。组织乌鲁木齐市23中学、101中学“珍珠班”有关负责人赴“珍珠之家”参访浙江新华爱心教育基金会，就进一步深化合作开展交流，并就基金会“捡回珍珠计划”在温宿县增设“珍珠班”事宜达成初步意向。几年来，该教育基金会已累计向新疆投入1939.5万元公益资金，在5所中学开办“珍珠班”，捐建了11所爱心小学和2个爱心图书室。

新疆侨联召开新侨和归国留学人员座谈会，左三为新疆侨联党组副书记、副主席吴晓青

【拓展新侨工作服务社会发展】结合“不忘初心、牢记使命”主题教育，在中科院新疆理化所举办新侨和归国留学人员代表座谈会，探讨加强新侨和留学归国人员工作的有效途径，找准着力点，找到新抓手，积极探索拓展新侨和留学归国人员工作。延伸侨联工作手臂，搭建侨商侨企自我管理、自我发展、交流合作、服务社会的平台，筹备召开了第二次新疆（国际）侨商联合会会员大会，选举产生新疆（国际）侨商会第二届理事会及其领导机构。组织有关人员赴上海、浙江侨联座谈交流考察，参加“2019浙江（侨商）—伦敦科技与创新合作交流会”招商推介会，学习取经。

【做好普法宣传和侨界信访工作】新疆侨联组织开展第十六个宪法法治宣传月活动，机关干部职工踊跃参加宪法、国家安全法、保密法等网络知识答题活动，参加2019年度公

10月16日，新疆侨联党组副书记、副主席吴晓青（右一）陪同中国侨联基层建设部副部长刘景春（右二）在加依村农机合作社调研

“侨爱心·无限极‘晚安宝贝’关爱儿童健康成长捐赠仪式”在阿克苏地区举行，右一为新疆侨联党组副书记、副主席吴晓青

职人员网络学法用法和无纸化考试。组织侨界干部群众参加中国侨联在河北石家庄举办的“法治中国·你我同行”——2019年侨界法治学习活动。组织机关全体干部认真学习贯彻《中国侨联贯彻〈信访条例〉实施办法》，指定专人负责侨界群众来信来访接待处理工作，耐心解答政策咨询，依法维护合法权益。

【开展联谊联络工作】新疆侨联认真贯彻中国侨联十届二次全委会议和全国侨联联络联谊工作会议精神，及时将会议精神呈报自治区党委，并迅速向全区各级侨联传达落实。通过内设机构调整和工作部署，加强海外华人华侨社团联谊工作，积极做好2020年“亲情中华”“中国寻根之旅”夏令营前期调研、对接、项目预算等工作。加强与新疆师范大学国际文化交流学院合作交流，与新疆籍华侨华人子女华文教育本科班学生进行座谈，参加他们的毕业典礼，组织他们前往新疆艺术剧院木卡姆艺术团剧场观看“音舞诗《阳光下的舞步》”主题文化惠民演出。与自治区文化馆联合举办“元宵节”侨界民族团结联谊活动，140余名侨界群众参加，传播中国声音，讲好中国故事，教育和引导侨界群众听党话、跟党走，画好侨界团结最大同心圆。

新疆侨联党组副书记、副主席吴晓青（主席台右三）参加新疆籍华侨华人子女中华语言文化本科班毕业典礼

2月18日，新疆侨联党组副书记、副主席吴晓青（左五）与归侨侨眷和海外侨胞代表在侨界民族团结联谊活动中合影留念

新疆生产建设兵团归国华侨联合会

【领导成员名单】

兵团党委统战部（民宗局、台办、侨办）

副部长：轩江波

9 月 11 日，兵团侨联举办 2019 兵团归侨侨眷“迎中秋、庆国庆”联谊会

9 月 11 日，兵团侨联举办兵团归侨侨眷“迎中秋·庆国庆”联谊会活动现场

【综述】 2019 年，兵团侨联工作在兵团党委的正确领导和中国侨联的大力支持下，以习近平新时代中国特色社会主义思想为指导，深入学习贯彻党的十九大及十九届二中、三中、四中全会精神，扎实开展“不忘初心、牢记使命”主题教育，认真落实中国侨联“十代会”工作部署，围绕新疆工作总目标，牢记兵团职责使命，面向基层，突出引领，扎实服务，凝心聚力，助力“一带一路”建设和兵团深化改革向南发展。

【突出政治引领画好团结同心圆】 2019 年，兵团侨联以开展庆祝新中国成立 70 周年系列活动为抓手，最大限度做好团结凝聚和争取人心工作。一是深刻理解核心要义，在广大干部和归侨侨眷中扎实开展“不忘初心、牢记使命”主题教育。通过大力开展学习、培训、研讨等活动，引导侨界群众读原著、学原文、悟原理，学懂、弄通、做实，增强“四个意识”，坚定“四个自信”，做到“两个维护”，听党话、跟党走。结合兵团侨情实际，深刻理解习近平总书记关于侨务工作的重要论述，贯彻到侨联工作的各个领域、各个环节、各个方面，成为理论基石和行动指南。二是夯实共同思想根基。围绕“根、魂、梦”，组织以“欢庆七十年、奋进新时代、共享中国梦”为主题的兵团归侨侨眷代表“迎中秋庆国庆”联谊会。与会代表畅谈新中国成立 70 周年、改革开放 40 周年党和国家取得的巨大成就以及兵团深化改革和向南发展带来的新局面，侨界群众抒发在兵团党委的关怀下生产生活发生的巨大变化，使习近平新时代中国特色社会主义思想和党的治疆方略深入侨界人心。三是组织开展“讲好兵团故事，展现侨界风采”征文活动。通过引导归侨侨眷展现爱国爱乡、投身边疆建设的感人事迹，增强侨界群众服务兵团深化改革和向南发展的凝聚力和向心力，激发广大归侨侨眷共担民族复兴历史责任，共享祖国富强伟大荣光，形成勠力同心的思想共识。四是注重课题调研。围绕助力实现中华民族复兴，落实中国侨联主席万立骏在全国侨联基层组织建设工作会议上的重要讲话精神，在兵团积极开展“侨胞之家”重点课题调研，摸清“侨胞之家”存在的困难和问题，为新时代“侨胞之家”建设高质量发展提供了兵团建议。

【开展扶弱济困和关爱活动】 兵团侨联认真落实“不忘初心、牢记使命”主题教育工作要求，切实为归侨侨眷办实事、做好事、解难事，进一步密切与归侨侨眷的联系。一是开展对归侨侨眷“关爱”活动。在元旦春节之际，侨联领导带队深入基层，慰问归侨侨眷和侨界代表人士，把党的温暖送到归侨侨眷家中。二是组织开展“侨爱心—送温暖医疗队”走进兵团活动。发挥侨务工作优势，通过中国侨联、北京市侨联在 8 月中旬组织北京安贞、解放军总医院、北京大学人民医院等10家北京医院的10名专家在第八师143团开展送医送药义诊活动，在石河子大学医学院第一附属医院开展传授医疗技术及学术交流活动，受到基层群众和医院的欢迎。三是心系重病归侨侨眷，实施救助工作。下拨专项资金5.6万元，对第四师肖芝玲、沙依沙木汗、道勒纳汗·阿布提哈力，八师王淑华，十师宋志伟以及十二师郭秀花等患有肝癌、肺癌、尿毒症等重大疾病5名归侨侨眷实施救助。缓解他们生活困难的问题。四是用好侨捐基金，助力贫困学生完成学业。通过积极与应善良福利基金会对接，向石河子大学捐助56万元，支持石河子大学2019级40名品学兼优的贫困本科生完成学业，增强侨界群众的获得感、幸福感。

【强化服务意识着力维护侨益】兵团侨联坚持以人为本、为侨服务的宗旨，认真学习贯彻涉侨法规和政策，强化服务，依法维护归侨侨眷合法权益。一是当好归侨侨眷的娘家人。在落实归侨侨眷优惠政策上，于6月2日与相关师市、自治区教育考试院一道，为第六师归侨子女吾木提·黑山等“三侨”考生办理了加分资格审查，使其享受了高考录取加分的优惠政策。二是重视侨界群众信访工作。按照习近平总书记“要坚持把信访工作作为了解民情、集中民智、维护民利、凝聚民心的一项重要工作，千方百计为群众排忧解难”的重要指示精神，坚持把侨界群众的利益放在第一位，受理电话咨询20余人次，及时为侨界群众耐心解惑答疑。根据咨询的内容，加强对基层侨联工作的政策指导。同时利用“中国侨联十代会兵团代表”微信群，听取吸纳侨界群众的声音，畅通诉求表达的渠道，依法依规维护侨界群众的合法权益。三是适应机构改革需要，积极参与兵团政务“阳光服务”建设，将“网上和实体”服务结合，做好“归侨侨眷身份”和“三侨”考生身份行政确认相关政策和网上预审程序的衔接工作，简化办事流程，为便利侨界群众办事奠定基础。

【开展精准扶贫活动】着眼兵团向南发展、乡村振兴和团场深化改革，兵团侨联将精准扶贫与为侨服务相结合，把党和政府的温暖精准落实到基层。一是实施精准扶持。向十四师皮山农场一连鑫昌农民专业合作社下拨50多万元，委托兵团党委统战部驻十四师皮山农场一连工作队，在新建小区购置4间门面房，承包给侨眷群众经营商超，带动连队其他群众参与经营，共同增收致富。二是实施特色种植扶贫。向第五师91团下拨10万元资金，扶持5户侨界群众参与团场脱贫成果巩固重点扶持项目，种植71亩榛子，三年挂果，按照目前年亩纯收益4000元计算，每户可增收5万多元。

兵团侨联支持十四师皮山农场归侨参加鑫昌农民专业合作社，脱贫致富

【引导侨商参与兵团深化改革和向南发展】落实兵团招商引资工作要求，兵团侨联围绕助力“一带一路”建设，把发挥侨商的独特作用作为侨联工作的切入点，发挥侨联四海的优势，以“侨”为桥，将第一、四、十二、十四师为重点，围绕农产品精深加工、食品加工开发开发等六大类，精选出167个招商项目，由兵团侨联副主席带队组成招商小组于6月24日—7月2日赴晋鲁粤开展推介考察工作。在兄弟省侨联的大力支持下，组织座谈推介会5场，与23家各行业龙头企业、侨商会会长单位进行座谈推介，与16家有意向来兵团投资兴业的企业签订了《兵团统战部招商引资小组招商引资意向协议书》，并深度考察广誉远制药厂、诚美集团、甄诺食农业科技有限公司等7家企业，进行了“一对一”精准推介。陪同重庆果泰百年农业科技发展有限公司考察第六师军户农场、芳草湖、新湖总场投资环境。签订招商引资意向协议书，达成在第三师图木舒克市工业园区、第六师军户农场投资建设20万吨含腐殖酸生物有机肥料项目，项目总投资6000万元，圆满完成了年度招商任务。

【建立涉侨网上行政确认事项】开展兵团电子政务服务事项标准化梳理工作，按照兵团电子政务工作要求，完成行政确认《事项梳理确认单》《归侨、侨眷身份认定办事指南》《归侨、华侨子女、归侨子女考生身份确认办事指南》，为网上确认相关事项提供相关资料。

中央和国家机关归国华侨联合会

【领导成员名单】

主　席：邵旭军（女）

副主席：孙柏瑜　许小峰　顾行发

谢东梅（女）　林　松　陈伟生

张　卫（女）　陈　新（女）

陈　洁（女）　林　琨

秘书长：孙柏瑜（兼）

【综述】2019年，中央和国家机关侨联坚持以习近平新时代中国特色社会主义思想为指南，深入学习贯彻习近平总书记关于群团工作和侨务工作的重要论述，在中央和国家机关工委的领导、中国侨联的指导下，全面落实中央和国家机关党的建设工作会议精神和中国侨联“十代会”精神，以“不忘初心、牢记使命”主题教育为契机，总结汲取原中央直属机关侨联、原中央国家机关侨联的好经验、好做法，继承发扬好传统、好作风，探索新时代下侨联工作的新规律、新方法，开创中央和国家机关侨联工作新气象、新局面，以优异成绩庆祝新中国成立70周年。

【召开中央和国家机关侨联一届二次主席会议】1月23日，召开中央和国家机关侨联一届二次主席会议，传达学习王沪宁同志在中央书记处的讲话精神和中国侨联十届二次全委会议精神，研究中央和国家机关侨联2019年工作。3月6日，向中央和国家机关各部门侨联组织印发《中央和国家机关侨联贯彻执行〈中华全国归国华侨联合会章程〉实施细则》，要求根据该细则制定各部门侨联组织相关工作制度，并抓好贯彻落实。

【召开中央和国家机关侨联委员会一届二次全会】3月19日，中央和国家机关侨联召开一

1月23日，中国侨联副主席、中央和国家机关侨联主席邵旭军（左三）等出席中央和国家机关侨联一届二次主席会议并讲话

1月23日，中央和国家机关侨联一届二次主席会议召开

届二次全会，传达学习全国政协十三届二次会议精神，讨论研究2019年工作。中国侨联副主席、中央和国家机关侨联主席邵旭军出席并讲话。国家自然科学基金委副主任、中国科学院院士高福等46名委员出席。

5月24日，举办中央和国家机关第一期新侨沙龙活动，中国侨联副主席、中央和国家机关侨联主席邵旭军等出席

【开展中国侨联青年委员会第四届委员候选人遴选推荐工作】 4月—7月，在中央和国家机关广泛开展中国侨联青年委员会第四届委员候选人遴选推荐工作，经中央和国家机关各部门侨联组织推荐，中央和国家机关侨联审核，中央和国家机关工委领导同意，分两批共推荐委员候选人28名。

【举办中央和国家机关第一期新侨沙龙活动】 5月24日，在中国交通通信信息中心举办中央和国家机关第一期新侨沙龙活动。活动以“凝侨心聚侨力 共建交通强国”为主题，由交通运输部直属机关侨联、原中国铁路总公司直属机关侨联承办。中国侨联副主席、中央和国家机关侨联主席邵旭军出席并讲话。来自中央和国家机关各部门的归侨侨眷及侨务工作者70余人参加。大家参观了海事卫星运控中心、地面站场区天线及北斗卫星展览室，传达学习了中央和国家机关侨联有关会议精神并交流了工作经验。

5月24日，举办中央和国家机关第一期新侨沙龙活动，参观海事卫星运控中心

【赴国家卫生健康委机关党委调研】 6月14日，中国侨联副主席、中央和国家机关侨联主席邵旭军带队，赴国家卫生健康委机关党委调研，与国家卫生健康委机关党委、中国医学科学院北京协和医学院有关负责同志座谈，就基层侨联组织建设以及开展医疗扶贫等工作进行了深入交流。

【组织参加第四届世界华侨华人摄影展】 6月—9月，组织中央和国家机关归侨侨眷积极参加中国侨联主办的第四届世界华侨华人摄影展。来自中央和国家机关6个部门的310多幅作品报名参展。

【开展“侨胞之家”项目建设】 7月—9月，组织中央和国家机关13个归侨侨眷较多、工

9月6日，中国侨联党组书记、主席万立骏（左二），中国侨联副主席、中央和国家机关侨联主席邵旭军（右一）向中国侨联机关侨联授予“侨胞之家”牌匾

9 月 25 日，中国侨联副主席、中央和国家机关侨联主席邵旭军（后排左四），中国出版集团党组成员、副总裁刘伯根（后排左三）向工业和信息化部等 12 个部门侨联组织集体“侨胞之家”牌匾

作基础较好的部门侨联申报中国侨联“侨胞之家”项目建设经费。中国侨联党组书记、主席万立骏，中国侨联副主席、中央和国家机关侨联主席邵旭军及中国出版集团副总裁刘伯根为这些部门单独或集体授予“侨胞之家”牌匾。

【召开中央和国家机关侨联一届一次常委会】8 月 20 日，中央和国家机关侨联召开一届一次常委会，传达学习中央和国家机关党的建设工作会议精神，传达学习牢记初心使命，推进自我革命——习近平总书记在中央政治局第十五次集体学习时的重要讲话精神以及中国侨联十届三次常委会议精神，总结中央和国家机关侨联 2019 年上半年工作，研究部署下半年工作。

9 月 25 日，中央和国家机关侨联举办第二期新侨沙龙活动

【举办中央和国家机关第二期新侨沙龙活动】9 月 25 日，在新华书店总店举办中央和国家机关第二期新侨沙龙活动。活动以“庆祝中华人民共和国成立 70 周年中央和国家机关侨联新侨沙龙之《国家相册——改革开放四十年的家国记忆》读书分享会”为主题，由中国出版集团侨联承办。中国侨联副主席、中央和国家机关侨联主席邵旭军，中国出版集团党组成员、副总裁刘伯根出席。来自中央和国家机关各部门的归侨侨眷代表 100 余人参加。《国家相册——改革开放四十年的家国记忆》执行主编陈小波讲述了图书背后的故事，并与大家进行了现场交流。

【开展中西部地区侨联组织建设情况调研】中国侨联副主席、中央和国家机关侨联主席邵旭军利用工作机会，先后调研了江西、山西、青海等地侨联组织建设情况。9 月 26 日—30 日，邵旭军主席又专程率队赴陕西、宁夏作了深入

9 月 6 日，中国侨联机关侨联举办庆祝新中国成立 70 周年座谈会，万立骏主席为 4 位老同志颁发“庆祝中华人民共和国成立 70 周年”纪念章

9 月 26 日，工业和信息化部、农业农村部、国务院国资委、中国气象局侨联联合举办“唱响祖国的颂歌——庆祝新中国成立 70 周年”文艺演出，现场观众齐唱《我和我的祖国》

调研，了解中西部地区侨联组织建设情况，推动中西部地区建立健全侨联组织，更好发挥作用。调研报告荣获中国侨联 2019 年度调研课题二等奖。

【开展庆祝新中国成立 70 周年系列活动】在中央和国家机关侨联统一部署下，中央和国家机关 19 个部门侨联组织单独或联合举办了文艺晚会、书画摄影展、主题座谈会等 20 余场活动，庆祝新中国成立 70 周年，进一步激发归侨侨眷的爱国报国热情。

【中央和国家机关第三期新侨沙龙活动】11 月 26 日，在机械工业信息研究院举办中央和国家机关第三期新侨沙龙活动。活动以“当前宏观经济形势解析”为主题，由国务院国资委侨联承办。中国侨联副主席、中央和国家机关侨联主席邵旭军出席活动。来自中央和国家机关各部门的归侨侨眷代表 100 余人参加。活动邀请中国政策科学研究会经济政策委员会副主任、中央电视台特约

9 月 6 日，中国侨联机关侨联举办“我和我的祖国”归侨侨眷座谈会，庆祝新中国成立 70 周年

9 月 26 日，中国侨联副主席、中央和国家机关侨联主席邵旭军等出席由工业和信息化部、农业农村部、国务院国资委、中国气象局侨联联合举办的“唱响祖国的颂歌——庆祝新中国成立 70 周年”文艺演出

11 月 26 日，中央和国家机关第三期新侨沙龙活动举行，专家解析当前宏观经济形势

财经评论员徐洪才为大家分析宏观经济形势并互动交流。

【组织参加北京市第十五次归侨侨眷代表大会】 11 月 26 日—27 日，中央和国家机关侨联组织 11 名代表参加北京市第十五次归侨侨眷代表大会。4 名同志在会上当选北京市侨联委员。

【召开中央和国家机关侨联一届三次主席会议】 11 月 28 日，召开中央和国家机关侨联一届三次主席会议，研究讨论中国侨联委员增补推荐人选，研究近期主要工作以及中央和国家机关侨联 2020 年工作要点。

【配合开展“不忘初心、牢记使命”主题教育】 中央和国家机关侨联向 90 余位侨联干部、归侨侨眷代表征求对中央和国家机关各级侨联工作的意见建议，共收到 13 个部门提出的意见建议 28 条，汇总报中央和国家机关工委机关主题教育领导小组办公室。在主题教育“回头看”期间，通过电话向中央统战部等 20 个部门机关党委做了访谈，了解党建带侨建工作开展情况，形成报告报中央和国家机关工委。

中央企业归国华侨联合会

【领导成员名单】

主　　　席：芮晓武
第一副主席：刘大山
副　主　席：单忠立　李　卫　赵奇胜
　　　　　　张振军　钟　雯（女）　黄春强
秘　书　长：单忠立（兼）

【综述】2019 年，中央企业侨联以习近平新时代中国特色社会主义思想为指导，深入学习领会习近平总书记关于侨务工作的重要论述，深入贯彻落实党的十九届四中全会精神及中国侨联“十代会”精神，认真贯彻国务院国资委党委和中国侨联的工作部署，以加强政治引领为主线，以发挥归侨侨眷作用为重点，动员引导中央企业广大侨界群众积极投身央企高质量发展和科技创新，不断提高中央企业侨联工作质量，有力彰显央企侨联在推动国有资本做强做优做大、培育具有全球竞争力的世界一流企业的重要作用。

11 月 30 日，中央企业侨联全体委员合影

【加强思想政治引领】中央企业侨联坚持把思想政治引领摆在首位，坚持以习近平新时代中国特色社会主义思想为指引，深入学习贯彻习近平总书记关于侨务工作的重要论述。一是创新学习内容，围绕习近平总书记关于创新发展的重要思想，紧扣中央企业高质量发展主题，增加区块链、大数据、现代数字城市建设等方面的学习内容。二是创新学习方式，通过开展学习交流、座谈研讨、专题授课等形式，把思想和行动统一到中央决策部署上来。十九届四中全会闭幕不久，中央企业侨联即召开全委会（扩大）会议，深入学习领会十九届四中全会精神。三是扩大学习覆盖，各央企侨联组织坚持以侨联队伍中的党员同志为重点，带动党外知识分子、民主党派、无党派人士和广大侨界群众学好党的理论，夯实思想根基，做到旗帜鲜明讲政治、坚定不移跟党走。

11 月 30 日，中央企业侨联深入学习领会党的十九届四中全会精神

【开展庆祝新中国成立 70 周年系列活动】中央企业侨联贯彻落实党中央和中国侨联关于开展“我和我的祖国”主题宣传教育活动的工作安排，开展了一系列庆祝新中国成立 70 周年活动，营造侨心向祖国、奋进新时代、共圆中国梦的浓厚氛围。一是与实际工作相结合，将央企侨联开展爱国主义教育与央企开展各项庆祝活动有机结合，做到既有侨联自身特色，又务实勤俭节约，在确保工作正常开展的基础上，不占用过多资源，不搞重复性活动。二是积极参加上级单位开展的丰富多彩的群众性文化活动。各央企侨联组织纷纷

9 月 23 日，中央企业开展升国旗唱国歌活动

响应号召，组织参观庆祝中华人民共和国成立七十周年大型成就展，配合本单位有关部门筹备节目参加中央企业经典爱国主义歌曲歌咏展演活动等。三是开展同升国旗、同唱国歌活动。各央企侨联组织积极贯彻落实中国侨联关于开展“我爱祖国、同唱国歌”活动的有关要求，通过升旗仪式、诗朗诵比赛、国旗下宣誓等多种形式，唱响爱党爱国爱社会主义的主旋律，激发央企广大群众的爱国主义情怀。

【召开中央企业侨联四届二次全委会（扩大）会】11 月 30 日—12 月 1 日，中央企业侨联在海南召开四届二次全委会（扩大）会议，会议深入学习贯彻党的十九届四中全会精神，研究部署中央企业侨联工作，为推动中央企业高质量发展汇聚侨心侨智。中央企业侨联主席，中国电子党组书记、董事长芮晓武主持会议，并就下一步侨联工作进行部署安排。国务院国资委党建局（党委组织部、党委统战部）副局长（副部长）徐宇栋出席会议并讲话。一是进一步统一思想认识，凝聚发展合力。二是进一步强化和争取上级单位的支持。三是进一步创新会议形式内容，强化横向协同交流。海南省侨联党组书记、主席黎才旺应邀出席会议，并以《利用侨资源、发挥侨优势，助力海南省自贸区自贸港建设》为题作专题交流。牛津（海南）区块链研究院董事、牛津大学计算机系博士后陈邦道以《加快推动区块链技术和产业创新发展》为题作了专题发言。会议组织参观了海南生态软件园综合展示体验中心、腾讯生态村、牛津（海南）区块链研究院、中电（海南）联合创新研究院等。中央企业侨联副主席单忠立、李卫、赵奇胜围绕学习十九届四中全会精神作专题交流发言，委员们聚焦中央企业主责主业，对深入贯彻落实十九届四中全会精神、做好今后一个时期央企侨联的工作进行充分研讨。会议审议通过了《中央企业侨联青年委员会换届工作方案》。

【多措并举促进侨联工作融入中心】一是服务中央企业“走出去”，着力深化海外联谊交流。中央企业侨联、留学人员联谊会加强与“一带一路”沿线国家侨团组织联系，广泛开展联谊交流活动，促进中央企业与海外各界的交流与合作。中交集团发挥本企业侨界人士和海外华侨华人优势，积极参与“连心桥”“致富路”“发展港”“幸福城”四大业务领域建设，为繁荣“一带一路”、加强沿线国家项目建设献计献策。中国铁建号召广大侨界人士积极参与中非建设项目，广泛联系非洲 46 个国家的侨团组织和华侨华人，积极为项目建设赢得支持，营造良好的政策和社会环境，累计建成铁路城轨 1 万多公里。二是坚持“引进来”，着力为中央企业招才引智牵线搭桥。坚持把服务中央企业改革发展作为中心任务，加强与涉侨部门和

11 月 30 日，中央企业侨联召开四届二次全委会

单位的联系，完善海外人才库，组织企业参加海外人才招聘活动。充分发挥侨界人士和归国留学人员熟悉国外情况、海外朋友众多、信息渠道广泛等优势，为中央企业引入高科技项目、吸引海外人才参与高新技术产业发展牵线搭桥。

中央企业侨联加强自身建设，积极参加中国侨联组织的培训

【加强侨联队伍建设】2019年中央企业侨联对标全面从严治党的高标准、严要求，狠抓侨联自身队伍建设，努力打造政治过硬、作风优良、专业扎实的侨联干部队伍。一是积极参加上级单位组织的培训，提升思想理论和业务水平。2019年，组织参加了中国侨联人事干部培训班、青年干部培训班、第二十四期领导干部培训班等理论学习班，通过加强政治教育，抓实理论武装，通过强化思想引领，抓实理论宣传，抓实侨联干部队伍建设。二是贯彻中央和中国侨联工作部署，开展"不忘初心、牢记使命"主题教育。各央企侨联组织，结合本单位实际，按照"守初心、担使命、找差距、抓落实"的总要求和"理论学习有收获、思想政治受洗礼、干事创业敢担当、为民服务解难题、清正廉洁作表率"的具体目标，将主题教育与侨联工作有机结合，对标对表，持续推动侨联理论武装工作往深里走、往心里走、往实里走。三是建立工作台账，统筹推进各项任务。由于人员变动、组织换届等原因，中央企业内部侨联组织情况、联系方式等都发生了很大变动。2019年6月，中央企业侨联秘书处为了加强各央企侨联组织联系，强化工作台账管理，同时也为了方便下一步工作的开展，以贯彻落实中国侨联《关于协助开展有关课题调研的通知》文件精神为契机，在中央企业系统开展了侨联情况调研工作，目前，工作台账已基本建立，侨联队伍新变化、侨联组织新情况已基本摸清。

11月30日，中央企业侨联委员考察海南生态软件园党建工作

【加强侨联工作纵向沟通横向交流】 一是积极参加中国侨联组织的各类会议，学习上级精神，加强工作交流。2019 年，中央企业侨联相继参加了中国侨联十届三次常委会、全国侨联联谊联络工作会议、2019 年经济科技工作暨新侨创新创业联盟理事交流活动、中国侨联青委会第四次委员大会等有关会议。会议期间，央企侨联参会代表认真学习领会中国侨联领导的讲话精神，研究思考侨联工作的前沿热点问题，与其他参会代表进行深入探讨交流。会后，及时通过不同方式向各央企侨联组织传达落实。二是认真落实中国侨联下发的文件精神。2019 年，中央企业侨联累计收到中国侨联工作文件 40 余份，每一份都能及时贯彻落实或回应，部分长期性工作也在有序推进中。三是互通有无，加强与地方侨联的横向交流。积极参与北京市归侨侨眷代表大会。2019 年 8 月，经与国资委党建局沟通，综合代表、委员的推荐资格、条件及构成要求，从中央企业侨联委员、代表及中央企业参加中国侨联“十代会”代表中优中选优，最后推荐王建、蔺博等 10 人作为委员和代表人选参加北京市第十五次归侨侨眷代表大会，为大会的胜利召开贡献中央企业力量。四是积极支持地方侨联归侨侨眷代表大会的筹备与召开。2019 年，不少省级侨联进行了换届和届中调整工作，中央企业侨联积极支持各地方侨联大会的筹备，相继向北京、湖南、宁夏、安徽等省侨联发送了贺信。在此期间，中央企业侨联与各省侨联进一步密切了工作联系，加强了横向交流，为下一步联谊联络工作开展打下坚实的基础。

11 月 27 日，中央企业侨联选派委员参加北京市第十五次侨代会

省级侨联工作

中国侨联年鉴

侨情概览

中国侨联年鉴

2020 中国侨联年鉴

东亚、西亚侨情

东亚侨情

第 13 届“名古屋中国春节祭”开幕

2019 年 1 月 12 日，第 13 届“名古屋中国春节祭”在日本爱知县名古屋市中区久屋大通公园开幕。中国驻名古屋总领事邓伟、爱知县知事大村秀章、名古屋副市长广泽一郎、日中友协理事长冈崎温等出席开幕式并剪彩。为期三天的“名古屋中国春节祭”是日本规模最大的华侨华人庆典活动。从 2007 年起，由日本中部地区的多个华侨华人团体和中国驻名古屋总领事馆共同打造的中国春节文化庆典品牌，同时也得到了中国国务院侨务办公室、外交部、驻日使馆和日本中部政界、财界、文化界等组织的大力支持。“春节祭”以开展传统春节庆典为核心，以弘扬中华文化为内容，以艺术表演、美食物产销售为形式，集演艺、文化、饮食于一体，是结合侨居地特点打造的民间文化交流舞台。迄今为止，“名古屋中国春节祭”已经走过 12 年的风雨历程。(《日本新华侨报》 2019-01-12）

赴日滑雪成中国游客的新活动

日本是亚洲最好的滑雪胜地之一，据不完全统计，滑雪场约有 573 个，如多雪地区的北海道有 127 个，长野县有 79 个，新潟县有 69 个。日本质优量多的滑雪场受到中国游客的青睐，滑雪逐渐成为中国游客赴日旅游的新活动。2019 年春节期间，赴日滑雪的中国游客人数暴增。为应对越来越多的中国游客，日本各地的滑雪场在集客方面投入了很大力量，纷纷引进中国的电子结算服务，并积极到中国参展宣传。预计在 2019 年 2 至 3 月访日的滑雪客人，同比或将增加五成。(《中文导报》 2019-02-26）

大阪华商欲建“中华街”，当地商户强烈反对

2019 年 2 月，由约 40 名中国商人组成的“大阪华商会”提出，设想将大阪市西成区的飞田本通商店街打造成“大阪中华街”。根据构想，在 2025 年之前，这条街将修建 4 座中式牌楼，引入包括中国各地风味餐厅等在内的 120 家店铺，旨在创造 224 亿日元的年销售额。然而，这一设想却遭到当地日本商户的强烈反对，“唐突”“难以实现”等批评声众多。大阪飞田本通商店街振兴工会理事长村井康夫认为，大阪华商此举缺乏地域意识，由于当地民众对中国商人的怨言由来已久，而且没能事先和当地商户进行有效沟通。另外，村井还认为，最近几年，日本出现了很多集购物、餐饮和娱乐休闲等设施于一体的大型购物中心，如永旺购物中心，几乎涵盖了商店街现有的店铺类型，这是导致商店街竞争力下降的直接原因。即使目前商店街经营环境严峻，他仍然认为打造“大阪中华街”也难以改变现状，并不能为这条商店街的经济发展注入活力。(《环球时报》 2019-02-16）

电商法规范代购行业，日本百货零售亦受影响

《中华人民共和国电子商务法》从 2019 年 1 月 1 日实施以来，对跨境电商、代购行业影响巨大，间接影响了日本百货和零售行业销售额。电商法规定，从事跨境电子商务的经营者，包括代购，必须持有中国国内的营业执照，并且需要依法纳税。受此影响，从事海外代购的企业或个人，今后只能选择停止代购业务或提高商品价格将税金和运营成本转嫁到消费者身上。近日，一项对在日华侨华人进行的调查显示，电商法实施以来，在日华侨华人代购总数减少了 70%。电商法对代购行业重新洗牌的同时，也对日本百货零售行业的销售额造成了一定冲击。日本各大百货店集团 2 月公布的零售业绩显示，受电商法影响，1 月日本所有百货公司全部减收。直到 2 月上旬受中国春节长假的影响，面向外国人观光客

的免税商品销售额大幅增加，才在一定程度上填补了因“电商法”而下滑的个人代购需求。这表明，随着以“代购”为目的的客人逐渐减少，中国经济发展前景和中国人观光客访日模式的变化，将左右访日游客消费的变化。（《日本新华侨报》 2019-03-14；《中文导报》 2019-03-07）

日本江苏总商会在东京成立

2月底，一般社团法人日本江苏总商会在东京成立。中国驻日本大使馆总领事詹孔朝、中国驻日本大使馆商务处参赞景春海、日本中华总商会会长严浩、全日本华人华侨联合会会长刘洪友、日本江苏总会会长李磊等到场祝贺。日本江苏总商会会长仇福庚表示，伴随着中国改革开放以来海外华侨华人社会的发展，日本侨界也在发生了积极变化。最初大家主要是组织汇聚乡情的同学会、同乡会等，现在大家相继组织凝聚侨力的商会等。希望日本江苏总商会加快发展步伐，在促进中日两国之间相互的招商引资、招商引智、招商引技、招商引人方面做出新的贡献。（《日本新华侨报》 2019-03-05）

日本施行新签证政策　放宽外籍劳动者赴日条件

为了缓解人口老化和出生率下降造成的劳动力短缺，日本国会于2018年12月修订《出入境管理及难民认定法》，制定了扩大接纳外国劳动者的政策，并于2019年4月1日施行。新修订的这部法律新增了两种签证——“特定技能1号”和“特定技能2号”。外籍劳动者如果具备特定的日语能力和职业技能，可向日本移民管理部门申请这两类签证。另外，为解决日本国内“人口向首都地区集中、地方人口不断流失”的难题，日本新签证制度也包含了多项相关规定，鼓励外籍劳动力分散到日本地方工作。2019年3月，日本政府面向企业发布了一系列在新签证制度下招募外籍劳工的条例，规定雇主必须向外籍雇员提供与日籍雇员同等或更高水平的薪酬，为避免重演以往同工不同酬的弊病。（新华网　2019-04-03）

日本着重解决外国人子女就学难题

在日本登记居住并处在义务教育年龄阶段的外国人子女中，约有20%、1.6万余人处于“就学不明”的状态。就此问题，日本文部科学省宣布，将在日本全国范围内，开展外国人子女入学状况普查，同时帮助适龄未就学外国人子女重回学校。据日本文部科学省2017年的调查显示，有40%的外国人子女由于语言问题被要求“留级”到低年级。此外，由于外国人子女的监护人并非日本国民，其子女经常被认为没有接受日本义务教育的资格，这也是导致外国人子女不上学的主要原因。促进外国人子女就学的措施写入了2019年4月1日开始实施的入管法修正案中。各地方教育委员会正在与新开设的地方入管局联合，预计从4月起，在日本全国范围普查外国人子女的实际就读状况。今后，随着外国人劳动力不断增加，外国人子女的就学和教育问题，是各地政府需要主动解决的重要课题。（《日本新华侨报》 2019-04-08）

日本山梨学院大学孔子学院成立

日本山梨学院大学孔子学院5月12日举行成立仪式，成为日本第15所孔子学院。山梨学院大学位于富士山下的山梨县甲府市，是日本一所知名私立大学。山梨学院大学孔子学院由该校和西安交通大学合作开办。2018年12月，山梨学院大学和西安交通大学正式签署合作开设孔子学院的协议。山梨学院大学校长古屋光司、西安交通大学副校长席光和中国驻日本大使馆教育处公使衔参赞胡志平出席孔子学院成立仪式并致辞。（新华社　2019-05-13）

东京福祉大学千名留学生下落不明被暂停接受留学生资格

3月起，东京福祉大学有大量留学生下落不明的情况被媒体曝光，随后日本相关部门展开了调查。6月11日，日本文部科学省等部门发布调查结果称，东京福祉大学近年来迅速扩大接纳留学生，2016—2018年度接纳了约1.2万名留学生，其中有1610名“学部研究生”（即本科预科生）下落不明，700人退学，178人被开除学籍。日本有关部门认为“该学校的责任重大”，并考虑减少和停发该大学的私立学校补助金。东京福祉大学被要求暂停接纳国际预科生。为防止同样问题再次发生，文部科学省宣布将制定新制度，各大学必须每月向文部科学省报告下落不明、退学和开除学籍的留学生人数。如果指导之后仍未改善，文部科学省将作为“学籍管理不当

大学”通报给法务省。法务省在大学做出改善之前，将停止向该校新入学学生给予留学在留资格。（环球网　2019-06-12）

全日本华侨华人联合会换届，贺乃和全票当选新一任会长

6 月 22 日下午，全日本华侨华人联合会第九届理事会第 6 次全体会议在东京举行。来自日本各地的全华联会员团体的理事到会，并对第十届理事会的推荐理事候选人按照全华联的章程进行了换届选举。全华联第九届理事会刘洪友会长卸任，新理事会成员一致推选会长竞选理事贺乃和为第十届全华联会长。2003 年 9 月全华联的前身日本新华侨华人会成立，至今全华联已走过了 16 年的发展壮大之路。目前全华联已有 62 个团体加盟，主要包括中国各地同乡会及商会、日本各地华侨华人联合会、律师协会等专业组织，以及多个艺术团体。（《中文导报》 2019-06-25）

日本高级外国人才中三分之二为中国人

7 月，日本总务省公布了关于现阶段高级外国人才的成果评价报告书。报告指出，截至 2018 年高级外国人才的认定人数达到 15386 人，其中三分之二为中国人。高级外国人才积分制从 2012 年 5 月 7 日起实施。一个外国人在日本工作和生活，普遍需要十年时间才能申请在日永久居住权，但是如果符合高级外国人才的资格，拿到日本绿卡的时间会大大缩短，最快时间为一年。为积极吸收外国人才，加速创新促进日本整体经济增长，日本政府预计将在 2022 年末批准 2 万名高级外国人才。（中国新闻网　2019-07-16）

微信支付助力日本“去现金化”，现实问题恐制约其发展

微信支付在 2019 微信公开课东京站上发布了其在日本市场的最新发展数据。数据显示，2019 年 6 月微信支付在日本交易笔数同比增长 108%，当月微信支付接入商户数同比增长 665%。目前微信支付进入日本主要是服务庞大的中国游客群体。日本“现金社会”的生活习惯，智能手机的普及率较低，民众对于新技术的接受速度较慢，对于个人隐私的极度保护和移动支付安全性的顾虑，以及人口老龄化导致的劳动力和创新性不足等现实原因制约着移动支付在日本主流社会的发展。（新华网　2019-07-22）

日本多地积极推广简单日语

为了让在日外国人更快地适应，日本社会开始了一场普及简单日语的风潮。日本静冈县滨松市的地区信息中心举办了一场讲座，介绍简单日语的使用方法，吸引了日语教育相关人士及公共设施窗口的工作人员等 40 余人。同时，日本的医疗机构也正在推行简单日语。兵库县加西市的外国人从 2017 年的 343 人迅速增长到如今的 1184 人。为了应对医疗一线情况的变化，该市的医疗机构不仅采用了人工智能自动翻译机器，还增设了多语言向导牌，医疗机构的医生、护士等也在学习用简单日语与外国患者对话，大大提升了沟通效率，方便了外国患者单独就医。（日本新华侨报网　2019-08-13）

在日华人筹办众多活动庆祝新中国成立 70 周年

2019 年是新中国成立 70 周年，在日华侨华人纷纷筹划、组织、举办大型庆祝活动。8 月 31 日，留日学人举办了庆祝新中国成立 70 周年座谈会，参会代表畅谈心声，表达了个人命运与祖国发展休戚相关的领悟和感想。9 月 10 日，日本华文教育协会举办“第二届东京教师节”活动，对在日华文教师们的贡献点赞喝彩。9 月 12 日，在日中国大学日本校友会中秋联谊会举行，40 余所大学日本校友会的会长和代表们汇聚一堂，共迎佳节。9 月 13 日，日本中华总商会的“中秋联欢会”在明治纪念馆如期举行。9 月 16 日，日本浙江侨团联合会、日本浙江总商会联合主办第七届“浙江之夜”中秋联欢会暨庆祝中华人民共和国成立 70 周年庆典，向长期关心和支持商会、侨团发展的各界朋友表达感谢和敬意，共同向新中国成立 70 周年表达祝贺。9 月 21 日—22 日，“2019 中国节”在东京代代木公园活动广场举行，吸引了 15 万中日各界观众入场。“2019 中国节”以新中国成立 70 周年为主题，通过大规模的文艺演出、文化展示、美食品尝、旅游推介等方式，让更多日本民众近距离了解中国、体验中国文化，为中日两国民众相互交流和增进理解搭建平台。9 月 22 日晚，在日华侨华人和在日中资企业举办了 70 周年庆典晚会《礼敬共和国》，此次晚会把演唱、舞蹈、舞台场面融合为一，体现出史诗性的时代主题、历史画面和艺术

风格。不仅有名家献礼、领唱，还有近200人的华人合唱团参与演出。9月29日—10月1日，横滨华侨总会主办庆祝新中国成立70周年大型纪念活动。（中国侨网　2019-09-03）

日本华人教授会议在东京举行研讨会

11月16日，日本华人教授会议在东京举行研讨会。与会各界人士围绕新时代下中日两国合作进行了深入讨论。此次研讨会的第一议题为“全球化新时代与技术革命”，第二议题为“全球化新时代与国际秩序”。参与研讨会的各日本高校教授从自己的研究领域出发，展开了专业而又热烈的讨论。在综合讨论部分，与会专家围绕各自专业及中日关系展开了广泛讨论，提出很多具有建设意义的思考。日本东洋学园大学教授朱建荣在总结中强调，全球化新时代下，中日两国需要重审新的国际秩序，构建新的合作框架，摸索新的合作机制。（人民网　2019-11-17）

日本“华文小姐和中华太太”决赛落幕

11月18日，“2019日本华文小姐&日本中华太太全国总决赛”在东京落幕。世界华文小姐&中华太太大赛是一项关爱已婚女性的社会公益活动，日本赛区以女性主题为切入点，开展中日女性生活、文化交流，为升华中日友好邦交提供新的契机。总决算分为两场，第一场是总决赛的比赛部分，第二场是颁奖典礼和旗袍时装秀。大赛评分范围包括仪表形象、人品、现场表现、个人才艺、口才等。中华太太总决赛审查内容包括旗袍展示、个人才艺、即兴演讲审查；国际华文小姐总决赛审查内容包括泳装展示、青春活力展现、演讲审查。（中国侨网　2019-11-20）

日本华文女作家协会在东京成立

12月8日，日本华文女作家协会在东京成立，旅日华文作家华纯任会长。华纯表示，用华文写作的旅日女作家们，组成了一个追求文学艺术最高境界的联谊团体。大家以文学为本位，除了提高文学写作的素养、技巧以及兴趣之外，还可以借助协会的平台展开多边交流，达到以文会友，以画会友，以旅游会友，以戏剧会友的目的，交换创作经验，互通文化艺术信息，提升文学的声势和影响力，弘扬中华文化。日本华文女作家协会是非营利、不带任何宗教色彩与政治倾向的海外民间性组织，在创会阶段已有会员22名，特邀顾问数名，其中不少会员是具有一定知名度的作家、诗人、文学评论家、文学翻译家和编辑。今后还将吸收新会员，并不定期举办文学研讨会和地域采风活动。目前，协会已在策划2020年新春女性文学学术研讨会。（《中文导报》2019-12-09）

日本华侨华人博士协会2019年学术年会在东京举行

日本华侨华人博士协会成立于1996年，是由在日华侨华人博士构成的科技团体，宗旨是“务实、架桥、创新、贡献”，是中日两国重视的在日学术团体之一。以“传承创新和发展”为主题的日本华侨华人博士协会2019年学术年会于12月15日在东京举行，150多位在日博士专家参加了会议。在2019年学术年会上，协会邀请到了东京工业大学名誉教授长田洋、博士协会名誉会长赵凤济博士、日本神奈川大学教授张善俊博士、区块链技术及智能合约专家李龙社长和在日中医教授马骥博士，他们分别对日本科技创新和技术经营管理、中日5G技术的发展现状及对比、计算机视觉研究、数字经济时代区块链技术和中医快速调理等内容做了专题报告。（中国经济网　2019-12-15）

前11月赴日游客中国大陆人数最多

12月，日本观光厅公布估算数据称，2019年11月访日外国游客为244.13万人次，较2018年同期减少0.4%，主要原因是韩国游客锐减65.1%至20.5万人。2019年1至11月访日游客合计为2935.57万人，中国大陆游客增加21.7%至75.09万人，人数居首位。2019年11月访问冲绳的游客数为79.92万人，创同比新高。通过水路乘游轮访问日本的中国游客较多，中国游轮旅行的需求显著增长。（中国侨网　2019-12-31）

韩国法务部实施非法滞留外国人主动离境制度

2018年10月韩国法务部发布通知，将携手警察厅、雇佣劳动部、国土交通部、海洋警察厅等多家机构开展联合调查，对建筑、娱乐、按摩等行业用人单位非法聘用外国人的行为加大打击和处罚力度，并于2018年10月1日至2019年3月31日实施非法滞留外国人主动离境制度。根据该制度，非法滞留者如在上述期限内主动离开韩国，无论其在韩非法滞留时间长短，今后再次入境韩国时将不受限制。如继续非法滞留，一经发现将被限制入境韩国，最长限制入境期限可达 10 年，并将对其雇主处以罚款或提起刑事诉讼。（中国新闻社　2018-11-09；中国侨网　2019-02-20）

韩国恐沦为中国“博士学历工厂”

根据韩国教育部 5 月 19 日的公布资料显示，2018 年来韩攻读博士学位的中国留学生共计 3636 人，相比 2013 年的 1906 人几乎翻了一倍，其中大多数是硕士文凭的中国大学教师。由于中国留学生在韩获取博士学位的需求日益增加，而韩国本地生源数量减少，地方大学的财政收入紧张。为了争夺生源，确保学校运营收入，很多韩国大学降低留学生的入学门槛，有的甚至允许以短期研修形式攻读博士课程，这将容易导致来韩攻读博士的生源质量和课程质量难以保证，同时盲目扩招留学生也会给韩国大学在国际上的公信力造成一定负面影响。若不解决韩国大学政策中的结构性问题，“韩国大学沦为中国博士学历工厂”的现象将进一步加剧。（《环球时报》　2019-05-21）

中国侨联主席万立骏赴韩访问：望侨胞树华侨华人新形象

2019 年 5 月，中国侨联主席万立骏率团到访韩国首尔，看望侨胞，走访侨社，并与当地侨界人士举行座谈会。万立骏表示，希望旅韩侨胞做“一带一路”建设的参与者和中韩友好的推动者，树立华侨华人新形象。访韩期间，万立骏走访了汉城华侨协会等，了解侨胞开展户籍登记、接受教育等情况。此外，万立骏还出席了中国在韩侨民协会总会、韩华中国和平统一促进联合总会举行的欢迎会，以及在首尔举行的“亲情中华·魅力江苏”慰侨演出等活动。（中新网　2019-05-24）

韩国人喜爱中国“麻辣”餐饮

根据韩国电商平台薇美铺的统计数据，中国麻辣粉调料和麻辣烫食材在 2019 年销售同比增加 96 倍以上，麻辣香锅制作材料的销售额也比去年增加 41 倍以上。由于很多韩国年轻人曾到中国旅游，对中餐的接受度高，加上高压的韩国职场人士认为麻辣食物有解压功能，所以越来越多韩国年轻人成为麻辣烫和麻辣香锅的爱好者。但中餐的发展很容易走入同质化、打价格战的恶性竞争局面。首尔地区某麻辣香锅店的负责人王福荣认为，麻辣香锅底料制作对食材、技艺有一定的标准和要求，但是一些店铺的盲目扩张会拉低行业整体的品质和竞争力，希望中餐从业者能差异化经营，不要扎堆发展。（中国新闻网　2019-06-27）

韩国消防厅制作中文等多国语言版 119 使用指南

韩国消防厅 7 月 23 日表示，随着使用外语拨打 119 报警的案件数大幅增加，韩国消防厅决定以旅韩外国人为对象制作外语版宣传资料和视频介绍 119 使用方法，并加大宣传力度。119 为韩国安全中心电话，主要负责对火灾、事故、灾难等救援及医疗急救等。为加强旅韩外国人对 119 报警电话的了解，韩国消防厅计划向首尔市旅游协会运营的 11 个旅游咨询处发放英语、汉语、日语、泰国语版本的 119 使用指南。今后语种还将逐渐扩大至蒙古语、越南语等，并通过社交媒体进行外语视频宣传。（中国侨网　2019-07-24）

中韩跨境电商高峰论坛在韩举行

中韩跨境电商高峰论坛暨第九届韩货选品节近日在韩国首尔举办，参会总人数逾万人。此次论坛围绕跨境电商、直播、私域流量等行业普遍关心的议题，众多与会专家畅所欲言，进行了深入分析和探讨，为探索中韩跨境电商发展的新模式提供了有益思考。论坛举办期间，第九届韩货选品节同时在韩国首尔 COEX 会议中心举办。（新华网　2019-08-17）

韩国兵源不足，探讨男性移民服兵役

11 月 6 日，在韩国副总理兼财长洪楠基主持的经济活力对策会议上，韩国跨部门人口政策工作组发布了有关缓解人口下降冲击的具体方案。其中包括韩国国防部提出的将入籍男性列入义务兵役对象，最快将在 2020 年立法。韩国兵务厅相关人士表示，此举旨在加强入籍者的权利和责任意识、消除新移民和原住民之间的不平等问题。国防部韩国国防研究院（KIDA）正在进行深入研究，探讨入籍者入伍的韩语水平等细化方案。（海外网　2019-11-16）

韩国修订道路法案，中国人赴韩驾考受阻

时间短、花费少、考试易通过是众多中国人赴韩考取驾照的主要原因。随着赴韩考取驾照的人数剧增，一些中国旅行社推出了“赴韩速成驾考5日游”以吸引很多中国驾考生。但是，这条“驾考捷径”即将被堵住。据韩联社12月8日的报道，韩国警察厅透露，旨在禁止持有短期签证游客在韩国考取驾照的“道路交通法修订案”已完成国会审议，目前只剩下审批环节，有望于近期内获得通过。按照新法，只有在韩国逗留90天以上、获得“外国人登记证”的外国人才有资格在韩国考取驾照。（《环球时报》 2019-12-10）

韩国外籍居民占比4%，已成多元文化社会

随着在韩长期居留的外国人和净移民人口的增加，韩国正在步入“多元文化社会”，外籍居民已成为带动韩国经济增长的主要力量之一。据韩国行政安全部援引统计厅的一份调查资料发布的《2018年地方行政单位外籍居民现状》，截至2018年11月，在韩长期居留外国人、入籍者、外籍居民子女共计205.4621万人，占总人口的4%，较2017年增加19.3537万人，增幅达10.4%。（人民网　2019-12-24）

西亚侨情

汉语助力沙特教育课程多元化

在王储穆罕默德·本·萨勒曼结束访华之际，2月23日沙特外交部在一份声明中说：为加强沙特王国同中国的友谊与合作、深化各个层面的战略伙伴关系，同意将中文纳入沙特各学校及大学教育各个阶段的相关课程。该协议是在王储访问中国期间达成，目的是“促进沙特王国的文化多样性，为不同教育阶段的学生开辟新的教育视野”。 沙特方面认为，“学习汉语将成为两国之间的桥梁，有助于增进两国人民之间的贸易和文化联系”，开设中文课还将有助于实现沙特“2030愿景”中有关教育领域的目标。（《环球时报》 2019-02-25）

伊斯坦布尔连发涉中国公民恶性案，使馆发布多条提醒

2019年12月，伊斯坦布尔领区发生数起伤害中国公民人身安全的恶性案件，中国驻土耳其大使馆网站、驻伊斯坦布尔总领馆相继发布消息，提醒中国公民提高警惕，注意人身财产安全，如遇突发事件，请第一时间报警并联系总领馆。同月，土耳其多地发生了针对中国的游行示威。中国驻土耳其使领馆发言人表示：“对此高度关切并感到担忧。”使馆已通过接受媒体采访、社交媒体等渠道，客观、详实地介绍了中国在新疆维吾尔自治区开展反恐和去极端化的举措。但是，在别有用心的势力煽动下，近期土耳其一些地方发生了针对中国的游行示威活动，多位华侨、留学生和中资企业业主向使领馆反映其正常工作生活受到干扰。发言人指出，驻土耳其使馆提醒在土耳其的中国公民以及有来土耳其旅行计划的中国公民，密切关注形势变化。（中国新闻网　2019-12-31）

新马泰菲文侨情

新加坡将陈嘉庚等人头像印上纪念钞

6月10日，为纪念新加坡开埠200周年，新加坡金融管理局首次推出20新元纪念钞，该纪念钞正面印有新加坡首任总统的肖像，背面则印有8位曾对新加坡社会做出卓越贡献的人物肖像。华侨领袖陈嘉庚的头像被印在这款纪念钞上，陈嘉庚一生热心公益，在东南亚和中国创建了多所学校，其中包括1919年创办的新加坡华侨中学。除陈嘉庚外，纪念钞上还有被誉为新加坡特蕾莎修女的许哲和女教育家王惠卿的头像。（《联合早报》 2019-06-11）

中国学生申请新加坡留学人数增7%

8月份，2019年录取offer已发放完毕。根据相关数据，2018年入学新加坡的中国学生较2017年上涨7%。新加坡公立授课型研究生一般为1年学制，院校知名度高，两所公立大学在2020年QS全球排名中并列11位，深受国内学子喜欢。根据2018年申请，2019年8月入学情况来看，新加坡三所公立大学授课型录取offer占比量如下：新加坡国立大学33%、新加坡南洋理工大学47%、新加坡管理大学20%。根据2018年留学新加坡预估数据，选择新加坡公立硕士求学热门专业主要集中于以下领域：商科、计算机、经济学、人文科等。对比2017年，申请计算机类专业的人数有所增加，人文科和教育方向略有下降。商科方向仍占据主要申请数量，其中金融、经济学、会计总体比例多达46%。（《广州日报》 2019-08-14）

海底捞创始人张勇成为新加坡新首富

8月29日，财经杂志《福布斯亚洲》发布了最新的新加坡50大富豪榜，如今已是新加坡公民的海底捞集团创始人张勇以138亿美元身家（净资产）登上榜首。过去10年，黄志祥和黄志达兄弟一直荣登首富之位，2019年则以121亿美元身家居第二。1994年，张勇在四川简阳成立了第一家海底捞。16年来，公司已在北京、上海、天津、西安、郑州、南京、沈阳等多个城市拥有近百家直营店，近年来开始走出国门，在海外设立分店。（《联合早报》 2019-08-29）

中国与新加坡签署船舶电子证书谅解备忘录

9月5日，中国与新加坡签署《中国与新加坡关于推广、接受和使用电子证书的谅解备忘录》，以促进两国登记船舶使用电子证书，加强双方在船舶电子证书领域合作。根据备忘录，中新两国海事部门同意在电子证书的签发、使用和接受方面进行合作，共同探讨如何实现通过两国“电子证书”数据交换，促进在船舶通关作业和港口国监督检查过程中应用电子证书。中新双方在船舶电子证书领域开展合作，是推进“21世纪海上丝绸之路”建设、落实中新战略性互联互通的示范项目，将协力打造更有实质性的双边海运经贸关系，共同引领和推进电子证书在全球航运业界的应用进程。（新华网 2019-09-05）

中国与新加坡自由贸易协定升级议定书生效

10月15日，中共中央政治局常委、国务院副总理韩正与新加坡副总理王瑞杰在中国—新加坡双边合作机制会议上共同宣布，《中华人民共和国政府与新加坡共和国政府关于升级〈自由贸易协定〉的议定书》将于2019年10月16日生效。该议定书对原中新自由贸易协定原产地规则、海关程序与贸易便利化、贸易救济、服务贸易、投资、经济合作等6个领域进行了升级，并新增了电子商务、竞争政策和环境等3个领域。双方商定，涉及的原产地规则调整将于2020年1月1日起实施。议定书生效后，有助于推动双边经贸关系取得更大发展。（商务部新闻办公室 2019-10-16）

新加坡庆祝“讲华语运动”40 周年　推出华语资料库

10 月 22 日，为庆祝“讲华语运动”40 周年，新加坡推广华语理事会在新加坡华族文化中心举行隆重庆典，新加坡总理李显龙出席庆典并致辞。新加坡政府一直强调，在过去的数十年，华语起到了团结新加坡华族社群的作用，并加深了人们对新加坡华族文化的了解。希望“讲华语运动”能加强新加坡人在不同语境中有效使用华文华语的能力和信心，继续提供有利于学习和使用华文华语的环境。在庆祝“讲华语运动”40 周年之际，推广华语理事会还宣布将推出新加坡华语资料库。新加坡民众可在这个资料库里搜索到新加坡人常用的、具有特色的词汇，这些词汇反映了新加坡多元种族和多元文化的特色以及新加坡华语丰富的生命力。（《联合早报》 2019-10-23）

年轻一代新加坡华人对华族文化感兴趣

为更好地吸引 18 岁至 35 岁的年轻人参加活动，华族文化中心对超过 800 名新加坡华人展开网络调查，了解他们喜欢通过什么活动认识自己的文化。调查显示，有 23% 的受访者接触华族文化的主要动机是“自然”，即认为自己是华人，所以喜欢庆祝中国节日，并且享受华人传统美食与料理。其他主要动机有：希望学好华语，与家中长辈更好地沟通（19%）；认识到中国的崛起，学好华语是未来通往成功的道路（19%）。相比之下，只有 8% 的受访者是受流行文化和艺术影响，少于 1% 的人对华族文化不感兴趣。所有人普遍都对更深入认识华族文化不排斥，甚至感到好奇。（《联合早报》 2019-11-28）

新加坡侨胞返乡慰问结对的 10 名贫困生

11 月 30 日，福建省莆田市仙游县瑞容爱心协会里热闹非凡，新加坡侨胞梁星吉在这里开展爱心助学活动，慰问结对的 10 名贫困生，助力教育脱贫攻坚。梁星吉 1949 年出生在新加坡，其父母祖籍分别为涵江和仙游。2017 年起，退休后在美国养老的他经仙游县委文明办牵线，联手瑞容爱心协会，结对资助仙游龙华、度尾、大济等镇 10 名品学兼优的寒门学子。此次，他利用回乡探亲和寻根问祖之际，再次来到仙游走访慰问受助贫困生，鼓励学子们奋发向上，努力克服困难，珍惜来之不易的学习机会，争做一个孝敬父母、尊敬老师、品学兼优、热爱社会的有用之材。（莆田网　2019-12-04）

马来西亚独中首获政府拨款

1 月 11 日，马来西亚财政部长林冠英移交 1200 万令吉华文独立中学（以下简称独中）拨款，给全马 62 所独中，平均每所获得 19 万令吉。目前马来西亚共有 60 所独中，但财政部此次拨款的对象也包括柔佛宽柔中学古来分校，以及独中地位备受质疑的彭亨州关丹中华中学，因此共有 62 所学校受惠。这是有史以来，马来西亚联邦政府首次在财政预算案中拨款给独中。尽管这笔拨款数目不大，但意义重大，因为这是马来西亚华文教育历史性的一刻。林冠英说：“钱虽然很重要，但眼前更重要的是肯定。中央政府对独中的肯定，61 年才做到。”（《联合早报》 2019-1-14）

马来西亚中总发布首份马华人家族企业调查报告

3 月 15 日，马来西亚中华总商会（中总）发布了首份马来西亚华人家族企业调查报告：《2018 中总家族企业调查报告》。报告于 2018 年 7 月到 11 月间进行调查，并由中总和普华永道联合制作。其中，约 15% 的受访企业年营业额超过 1 亿林吉特（1 林吉特约合 0.24 美元），约 70% 的企业年营业额低于 5000 万林吉特。报告认为，大多数家族企业颇具发展潜力。马华人家族企业以传承至第二代为主，约 65% 的企业传承至第二代，尚为第一代创业者主持的家族企业约占 20%，只有 13% 和 2% 的企业分别传承至第三代、第四代。对家族企业而言，接班人计划和创新是家族企业能否顺利传承的两大关键因素。（中国新闻网　2019-03-16）

马来西亚人口数约 3260 万　华裔比例减至 22.8%

根据马来西亚人口估计报告，2019 年马来西亚人口约为 3260 万人，比 2018 年增加 0.62%。其中，男性人口为 1680 万，女性人口为 1580 万，性别比为 107：100；2940 万人为马来西亚公民，320 万人为非公民。从人口年龄结构来看，马来西亚 0—14 岁人口比重由 2018 年的 23.8% 减少至 23.3%，而 65 岁及以上人口则从2018年的6.5%增至6.7%。根据马来西亚的乐龄人士（老年人士）政策，一旦60岁及以上人口比重达到15%，将进入人口老龄化，而2019年60岁及以上人口占10.3%，比2018年增加了0.3%。据估计，马来西亚将在2030年进入人口老龄化，届时60岁及以上人口将达到15.3%。从种族来看，马来族人口比例从2018年的69.1%增加至69.3%，华裔人口从23%减少至22.8%，印度裔及其他种族分别维持在6.9%及1%左右。(《诗华日报》 2019-07-18)

马来西亚全津贴华小首次获政府特别拨款

2019年马来西亚政府特别拨款，供教育部发放给全津贴华小，拨款申请在8月5日开放，多名全津贴华小校长完成了申请工作。一直以来，因为全津贴华小的开销由政府承担，因此马来西亚政府在财政预算案中，对华小拨款都是给予半津贴华小的。政府每年为半津贴华小提供5000万林吉特拨款，供半津贴华小的学校维修及发展特别款项。这是马来西亚政府史上第一次为全津贴华小提供特别拨款。虽然全津华小的开销100%由政府承担，但政府发放特别拨款，可让全津贴华小处理紧急事项以及短期内的大项开销。(《星洲日报》 2019-08-28)

马来西亚中华总商会获第16届世界华商大会主办权

10月23日，世界华商大会召集人组织代表在伦敦举行的第15届世界华商大会闭幕仪式上揭晓，马来西亚中华总商会（简称中总）获得第16届世界华商大会主办权，将于2021年在吉隆坡举行世界华商大会，2021年也是中总创会100周年。中总总会长戴良业在大会完成交旗仪式后致词时说，感谢世界华商大会对中总的信任及支持，也感激所有在申办过程中给予支持的机构及组织，中总将全力以赴，届时会带来一场不同凡响的世界华商大会。中总也以下届世界华商大会主办方的身份，在第15届世界华商大会闭幕仪式上呈现节目表演，包括播放马来西亚微电影。马来西亚首相马哈迪祝贺中总获得第16届世界华商大会主办权，同时期待各国商业翘楚届时前来马来西亚共聚。(《南洋商报》 2019-10-24)

马来西亚华小师资短缺　继续聘请临教

10月23日，马来西亚教育部副部长张念群提出，11月4日将有410名各科目新教师被分派到马来西亚各州的华小执教，但依然不足以应付师资短缺，因此教育部必须继续采用临教制度。在征聘临教方面，教育部开放的招聘名额将近1000位，而收到的申请超出原定名额，目前正在进行审核，申请者需通过教师资格测试和面试。教育部通过新配套改善临教的福利，包括提供产假、陪产假、无记录假期、房屋津贴等，而享有这些待遇的新一批临教，预计2020年2月开始分派到学校。(《星洲日报》 2019-10-25)

马来西亚一带一路委员会拜访云南省教育厅和商务厅

10月，马来西亚一带一路委员会代表团一行5人，在云南省驻马来西亚（吉隆坡）商务代表处林礼勇主任的陪同下，到云南省进行4天的访问。期间，代表团访问云南省教育厅和商务厅，探讨有关马来西亚与云南省之间在教育文化以及贸易往来等方面的潜在合作机会。马来西亚一带一路委员会与云南教育国际交流协会针对高等教育、职业教育和研学旅游进行洽谈，探讨双边合作的潜能与准备工作，双方也就一项5年的合作框架达成初步共识。委员会还受邀拜访云南省商务厅，商谈推进马来西亚和中国云南省的双向贸易投资合作，内容涵盖2020中国南亚博览会与绿色云南博览会、共同推广双边农产品的合作潜能，以及物流通关等课题。(中国侨网 2019-10-30)

抢救百年马华话剧史料　书写文化传承历史

一般将中国发生“五四运动”的1919年作为马华戏剧（话剧）萌芽之年，这意味着马华话剧到2019年整整走过一百年历史。2019年1月起，马来西亚心向太阳剧坊开展“抢救百年马华话剧史料运动”。经过努力，12月1日，剧坊主席沈国明和同仁们举行汇报会，展示他们通过拜访100余家单位、700余位相关人士“抢救”下来的史料。经过一年多的整理，他们收集到百余位相关人物口述历史、百余份当时剧社往来信函、200多本剧本、500余张演出剧照。这些剧本很多都是未曾公开出版的，剧照亦有不少二战前拍摄的珍贵照片。沈国明还计划利用所搜集的史料，编撰《马来西亚华文话剧历史丛书》、设

立马来西亚戏剧文化馆、举办全国巡演等。（中国新闻网　2019-12-02）

“骗”字当选 2019 马来西亚年度汉字

12 月 8 日，2019 马来西亚年度汉字评选活动成绩出炉，“骗”字一路遥遥领先，最终在十大候选汉字中脱颖而出，成为 2019 年度汉字。汉字工委会共收到 267 组汉字提议，最终，“骗”字获得了 6276 票支持，占总票数的 24.62%。在 2019 马来西亚年度汉字揭晓仪式上，马来西亚汉文化中心主席兼汉字工委会主席吴恒灿表示，2019 年度汉字是全体人民为国家把脉诊断后，所总结出来的病情，希望当政者必须了解民意民情，正视这个全民共识之字。（《星洲日报》　2019-12-12）

上海市侨联与马来西亚中华大会堂总会签署《友好侨社协议》

12 月 13 日，上海市委常委、上海海外联谊会会长郑钢淼在上海会见了以总会长吴添泉为团长的马来西亚中华大会堂总会访沪团一行，上海市侨联与马来西亚中华大会堂总会签署了《友好侨社协议》。郑钢淼希望马来西亚中华大会堂总会与上海市侨联以更广的渠道和更多的方式加强联系与沟通，全力实施好《友好侨社协议》，抓住双方所在国发展机遇，助力“一带一路”建设，共同为促进中国与马来西亚的友好往来及合作交流发挥作用。吴添泉总会长表示，此次访沪具有重要意义，与上海市侨联签署《友好侨社协议》，充分展示了马来西亚中华大会堂着力加强与上海的联系与交流的力度。（上海侨联　2019-12-14）

2019 年马来西亚政府共搬迁增建 17 所华小

从 2018 年开始，马来西亚财政部制度化为华小进行搬迁和增建，每年拨款 2000 万林吉特，2019 年总共有 17 所华小受惠，华小增建和搬迁问题逐步获得改善。在 2019 年，马来西亚教育部共新建了 3 所华小，搬迁 7 所华小，7 所华小获得设备增建。马来西亚教育部副部长张念群表示，政府是依据迫切性来决定拨款的优先顺序，还有一些需要华小但被忽略的地方，教育部也会优先解决。政府以制度化来解决华小增建和搬迁，华社将看到和过去不一样的正面改变。（《东方日报》　2019-12-23）

学习者数量逐年递增　汉语成为泰国最受欢迎外语之一

泰国汉语学习者的数量正在逐年递增，汉语已成为泰国最受欢迎的外语之一。2019 年，泰国有 134 所高等教育机构开设了中国语言文化专业课程，由母语为汉语的中国教师进行授课很有必要。自 2003 年汉办第一批汉语教师志愿者抵泰任教以来，汉教志愿者项目取得了丰硕成果，对泰国的汉语教学具有重要意义。17 年来，在中泰双方的努力下，汉语教师志愿者项目得到了稳健发展。截至 2019 年 3 月，中国向泰国派出的汉语教师志愿者人数累计达到 17169 人次，覆盖泰国 73 个府的 1000 多所大中小学院校。（人民网　2019-03-15）

泰国法政大学成立中国学习中心

5 月，泰国法政大学比里・帕侬荣国际学院举办了中国学习中心成立仪式，该中心将成为泰国高校中在中国研究方面资料最多、最全面的机构。中心的创建得到了中国驻泰国大使馆的大力支持和赞助，内设图书馆、会议室和学习室。图书馆内收藏了来自中国和世界各国关于中国研究的书籍和资料超过 2000 册，其中包括一部分珍贵古籍，除了文学、语言方面的书籍，还有哲学、法律、政治、军事、历史、地理、经济、科技、医学、艺术等方面的书籍，是中国图书类别最全面的泰国高校图书馆。（中央广电总台国际在线　2019-05-29）

泰国东方大学孔子学院举行揭牌十周年庆典

9 月 13 日，泰国东方大学孔子学院揭牌十周年庆典在东方大学人文学院礼堂举办。9 月 15 日，泰国公主玛哈扎克里・诗琳通为孔院揭牌。10 年来，孔院围绕汉语教学、中泰文化交流、特色发展、服务社区和加强区域协作五大主要板块，做了大量富有成效的工作。泰国东方大学校长瓦查琳・卡沙拉，中国驻泰大使馆教育组宋若云，温州医科大学程锦国分别在庆典上致辞，表达了对孔院 10 年来工作的肯定，并给予了美好的祝愿，希望孔院继续以语言教学和文化交流为纽带，助力“一带一路”倡议和东部经济走廊建设，做中泰两国增进友谊的桥梁、合作共赢的推进器，为推动世界文明互鉴智慧添砖加瓦。（泰国头条新闻　2019-09-17）

“华文教育名师巡讲”培训班走进泰国曼谷

10月15日—17日，由中华海外联谊会主办，广西海外联谊会、泰国华文教师公会承办的2019“华文教育名师巡讲”培训班在泰国曼谷举办，旨在提升泰国华文教师教学水平，推动中泰文化交流、促进华文教育工作健康发展。100多名华文教师参加学习培训，获益匪浅。活动承办方根据泰方华文教师的实际需求，设计了三个互为依托、相互促进的授课模块。广西大学国际学院副教授李丽虹讲授了《中国语言文化》课程，广西大学马克思主义学院心理与教育研究中心博士蒋钦讲授《教育心理学》课程，广西大学附属君武小学高级教师叶响东讲授了《小学语文教学》课程。他们采用直观、通俗易懂及图文并茂的教学方式，生动传授了华文教学技能，为参加培训的华文教师提供了丰富的教学理论支持和教学实践指导。（中国侨网　2019-10-23）

泰中艺术家联合会成立20周年庆祝会在泰国举办

10月26日，为进一步促进泰中两国文化交流与经贸合作，泰国中华总商会光华堂举办“庆祝泰中建交44周年暨泰中艺术家联合会、泰中经济贸易交流中心成立20周年”庆祝会。泰国文化部长伊缇蓬表示，泰中友谊源远流长，这不仅给两国带来了经济上的繁荣，还加强了泰中两国人民的友好关系。泰国有很多华侨华人，他们还保持着许多中国的优良传统，还促进了泰国的经济繁荣。中国文联荣誉委员冯骥才表示，中泰友好本身就是一件大事，泰中艺术家联合会是“一带一路”精神的践行者，这是丝路精神在民间的开花结果。（泰国头条新闻　2019-10-29）

湄洲妈祖抵达泰国展开巡安之旅

11月13日，福建湄洲岛妈祖起驾赴“佛教之国”泰国巡安，开启“妈祖下南洋·重走海丝路”暨中泰妈祖文化活动周序幕。妈祖被称为“海上保护女神”，2009年，妈祖信俗被列入联合国教科文组织非物质文化遗产名录。这次湄洲妈祖巡安泰国是继2017年湄洲妈祖巡安马来西亚、新加坡，2018年巡安菲律宾后的又一盛举，是弘扬妈祖“立德、行善、大爱”精神的一次重要文化交流活动，进一步推动了中泰两国民心相通、文化互鉴。（中国新闻网　2019-11-14）

泰国江西总会（总商会）合并挂牌大会在曼谷举办

12月15日，泰国江西总会（总商会）海外仓暨赣商品牌“一带一路”东盟行推介会、合并挂牌大会暨泰国（江西）海外仓揭牌仪式于泰国曼谷举行。原泰国江西总会和原泰国江西总商会于2019年3月9日正式合并为泰国江西总会（总商会）。此后将贯穿务实共赢原则，更好地推动中国“一带一路”建设和泰国EEC东部经济走廊建设，更好地宣传推荐江西，积极发挥桥梁和纽带作用，共同努力创造辉煌。（泰国头条新闻　2019-12-23）

菲律宾首富施至成去世

1月19日，菲律宾首富施至成（Henry Sy）去世，享年94岁。施至成祖籍福建晋江，是SM集团创办人。SM集团起源于1956年施至成创办的SHOEMART（又名鞋庄控股），目前是全球第三、亚洲最大的大型商场开发营运集团。根据《福布斯》杂志报告，2018年施至成以183亿美元身家，蝉联福布斯菲律宾富豪排行榜首位，连续11年蝉联菲律宾首富。施至成从一家卖鞋的小门店开始，将SM集团发展成全球最大的大型购物中心开发与运营企业之一，同时还涉足银行、房地产、制造业等多个领域。施至成捐资家乡火力发电、水力发电设备，建设水泥路、凉亭、钞溪大桥以及晋江机场。同时，他对家乡教育事业的发展也是倍加关注和支持。（美国侨报网　2019-01-21）

中国华侨出版社首个海外“侨心书苑”在菲律宾宿务设立

3月24日，中国侨联菲律宾访问团前往菲律宾宿务菲华联谊会参观考察，宣布设立海外首家“侨心书苑”，并举行授匾和千种人文社科类图书赠书仪式。访问团团长、中国侨联副主席齐全胜指出，设立海外“侨心书苑”，是中国侨联和中国华侨出版社弘扬中华文化、深化为侨服务的新举措，也是中国华侨出版社打造文化品牌、推动出版产品走出去的新举措。希望中国华侨出版社在设立海外首家“侨心书苑”基础上，继续依托侨社，以多种方式逐步设立更多“侨心书苑”，从而让更多海外华侨华人受益。（中国侨网　2019-03-25）

越来越多，薪酬也更好。（中国新闻网 2019-04-13）

菲律宾移民局：约 14.8 万外国人报到，中国人最多

根据菲律宾法律，已在移民局登记的外侨必须在每年的头 60 天内向移民局报到。移民局外侨登记部主任利卡斯发表声明，从 2019 年 1 月 1 日—3 月 2 日，一共约 14.8 万外籍人士到移民局登记报到。其中，约有 6.4 万名中国人、2.6 万名印度人、1.5 万名美国人及 0.8 万名韩国人，其余较多的是日本人、印度尼西亚人、英国人、越南人和德国人。统计显示，约 5.4 万人是工作签证持有者。另外，仍在海外的人可在回菲后的 30 天内常年报到，条件是他们持有有效的返菲证。(《菲律宾商报》 2019-03-26）

千余名菲律宾华裔青少年开启福建寻根之旅

4 月 1 日，菲律宾华裔学生学中文夏令营在华侨大学厦门校区开营，千余名菲律宾华裔青少年开启在福建近两个月的中文学习之旅、文化之旅。夏令营期间，营员们将走进华侨大学、集美大学、泉州师范学院和泉州南少林国际学校学习。华侨大学华文教育处老师介绍，在两个月的学习中，夏令营将为学生提供沉浸式汉语教学环境，还会开设武术、国画、书法等传统文化项目课程。此次夏令营活动由菲律宾航空公司、陈延奎基金会董事长陈永栽资助。陈永栽系菲律宾著名侨领、华人企业家，祖籍福建泉州晋江市。他积极呼吁振兴华文教育，身体力行支持“留根工程”，连续 19 年资助菲律宾华裔学生学中文夏令营活动。（中国新闻网 2019-04-01）

菲律宾大学孔子学院汉语班开进总统府新闻部

4 月 12 日，菲律宾大学孔子学院来自中国的汉语老师，在菲律宾总统府新闻部开班传授普通话。近 30 位学员将在 40 周 80 个课时的汉语学习过程中，掌握基础汉语，了解中国文化。菲律宾总统府新闻部负责官员介绍，2019 年是菲中媒体交流年，总统府新闻部邀请菲大孔院把汉语班开进总统府，是希望借此机会提升工作人员的工作技能，更好服务菲中两国媒体。菲大孔院菲方院长陈璐博士表示，随着菲中友好关系进一步提升，越来越多菲律宾人热衷学习汉语，一方面为了便于与中国人民沟通，更好了解当代中国，另一方面讲普通话在菲律宾已经是一种很有用的技能，因为使用汉语的工作机会

全球华侨华人促进中国和平统一大会在菲律宾召开

6 月 22 日，由菲律宾中国和平统一促进会主办，以“推进中国和平统一，实现民族伟大复兴”为主题的全球华侨华人促进中国和平统一大会在菲律宾召开，来自全球 40 多个国家和地区的 300 多个统促会参加盛会。与会代表围绕“全面推进反‘独’促统运动”“探索‘一国两制’台湾方案，推进和平统一进程”“‘一国两制’与民族复兴”“新时代中华青年之使命”等主题举办了四个分组论坛。经过深入研讨，与会代表共同发表了《全球华侨华人促进中国和平统一大会（2019·马尼拉）宣言》，表示海外华侨华人坚定支持中国政府采取一切必要措施打击“台独”，坚决反对外部势力干涉中国内政。（人民网 2019-06-23）

中菲未来五年将联合培养 300 名硕士本土汉语师资

12 月 3 日，菲律宾教育部与中国孔子学院总部在马尼拉签署《关于联合培养汉语师范教育硕士专业本土汉语师资协议》，双方将在未来五年联合为菲律宾教育部公立中学培养 300 名汉语师范教育硕士专业菲籍汉语师资。根据协议，由菲律宾教育部选送的公立中学在职汉语教师，将在中国孔子学院总部和菲律宾红溪礼示大学联合在菲设立的汉语师范教育硕士专业，进行为期两年的学习，课程重点为汉语能力、汉语教学及汉语课程评估。菲律宾红溪礼示大学和中国福建师范大学联合承担人才培养任务，菲律宾汉语教师将于学习期间赴中国福建师范大学进行为期半年的沉浸式学习，取得硕士学位后他们将返回原公立中学汉语教学岗位继续任教。（中国新闻网 2019-12-04）

文莱—中国首个海洋产业合作项目落地

4 月 25 日，文莱—中国海洋产业合作项目发布会暨文莱国家馆开馆仪式在北京举行。文莱政府和中国民营企业品珍国际控股有限公司共同发布了联合品牌“御鲜锋 &bruneihalalfoods”，该品牌作为文莱政府认证的官方品牌，携旗下首期近 20 款海产品正式在中国亮相，这是中文建

侨情概览

交以来首个以“海洋产业”为主题的产业合作项目。早在 2017 年 4 月，品珍控股已与文莱国家全资公司 ghanim international corporation 战略签约，建设连接中文产业园。品珍控股以文莱原产地产品孵化，打造文莱蓝虾等全球品牌，通过自身优势供应链运营，从文莱东南亚水产加工中心向中国市场输送原产地高品质食材。(《经济日报》 2019-05-05)

中国在文莱最大投资项目全面投产

11 月 3 日，中国在文莱最大投资项目恒逸石化大摩拉岛综合炼化项目实现工厂全流程打通和全面投产，顺利产出汽油、柴油、航空煤油、苯等产品，标志着该项目投料试车一次成功。恒逸实业(文莱)有限公司是中国浙江恒逸集团与文莱政府联合设立的合资企业。恒逸石化大摩拉岛综合炼化项目是中文两国旗舰合作项目之一，将助力文莱产业升级，减少该国对油气出口的依赖，进一步推动两国经贸合作。(新华网 2019-11-03)

中国与文莱将启动 2020 年旅游年

中国是文莱最大游客来源地之一。2018 年文莱接待中国游客 65563 人次，同比增幅达 21.1%。2019 年 1 月至 7 月，文莱接待中国游客 4.3 万人次，创同时期历史新高。12 月 31 日，文莱初级资源与旅游部发表声明说，文莱和中国将启动 2020 年“中国文莱旅游年”，以进一步推动两国旅游合作和人文交流。旅游年旨在为两国旅游合作和人文交流提供新平台，将为两国开拓旅游以外更广泛经贸合作提供机遇。中国驻文莱大使于红表示，中国与文莱是共建“一带一路”重要伙伴，中方支持文莱推进经济多元化战略。(新华网　2019-12-31)

越老柬缅印尼侨情

中国成为越南最大投资来源地

据越南统计总局公布的数据显示，共有65个国家和地区对越南进行投资。其中，中国投资额为17.8亿美元，占越南吸引外资总额的21.6%，成为最大投资来源地。韩国排名第二，投资额为14.7亿美元，占外资总额的17.8%；日本排名第三，投资额为11.2亿美元，占13.6%。其次为中国香港，投资额为9.91亿美元，占12%；新加坡投资额为9.42亿美元，占11.4%。（越通社　2019-07-29）

中国批准《中华人民共和国和越南社会主义共和国引渡条约》

十三届全国人大常委会第十二次会议2019年8月26日决定批准《中华人民共和国和越南社会主义共和国引渡条约》。中越引渡条约除序言和约尾外共22条，主要内容包括：引渡义务，可引渡的犯罪，应当拒绝引渡的理由，可以拒绝引渡的理由，在被请求国提起刑事诉讼的义务，联系途径，引渡请求及所需文件，补充材料，临时羁押，对引渡请求作出决定，移交被引渡人，重新引渡，暂缓引渡和临时引渡，数国提出的引渡请求，特定规则，移交财物，过境，通报结果，费用，与其他条约的关系，争议和解决，生效、修订和终止等。（越南中国商会　2019-08-27）

70%的中国香港企业拟在东盟开厂

自中美“贸易战”以来，越来越多港商有意在东盟地区开设厂房。香港生产力促进局调查显示，73%受访者打算增设新厂房，而最受欢迎的地区为越南，其次为柬埔寨、缅甸。至于选择生产线或厂房所在地的考虑因素，优先考虑政治稳定，其次为税务要求及优惠、营运成本开支。调查显示，有意在越南设厂的行业，最多的为电子产品，其次为纺织制衣、玩具；而有意在柬埔寨设厂的行业，最多的为纺织制衣、电子产品、汽车零部件。（越南中国商会　2019-11-07）

中国是越南蔬果最大出口市场

2019年前10月，中国是越南蔬果最大出口市场，市场占有率达66.8%，越南蔬果对中国出口额达20.8亿美元，同比下降13.7%。其次为美国，出口额达1.246亿美元，增长10.7%。泰国是越南最大蔬果进口市场，占近30%，但同比仍下降24.5%。其次为中国、美国和澳大利亚，分别增长10%、54%和4%。据越南农产品加工与市场开发局，尽管越南蔬果对美国、欧盟、日本、韩国和荷兰等市场的出口额猛增，但仍难以弥补中国市场的短缺。（越南中国商会　2019-12-17）

中国游客到老挝旅游人数显著增加

中老两国官方数据显示，近年来，中国游客到老挝旅游人数显著增加。在2012年，只有20万中国游客到老挝，2013年增加到24.5万人，2014年猛增到42.244万人，2015年增加511436人，2016年增加545493人，而2018年增加到639185人。截至目前，中国已成为老挝第三大入境旅游客源国。（老中总商会　2019-02-06）

老挝宁德商会成立　推动友好交往和经贸合作

老挝宁德商会2019年6月3日在老挝琅勃拉邦成立并举行庆典。近年来，随着“一带一路”倡议的推进，老挝已成为宁德籍华侨华人在东南亚人数较多的国家，在老挝宁德乡亲逾万人，从事行业包括香蕉种植、房地产开发、建筑、商场超市、酒店、餐饮等。据统计，在老挝宁德乡亲已种植香蕉基地30万亩左右，总投资额24亿元人民币。4月29日，老挝人民革命党中央总书记、国家主席本扬在出席第二届“一带一路”国际合作高峰论坛期间，专门到宁德市福

侨情概览

安下白石镇下岐村考察，并深情表示“老中是好邻居、好朋友、好同志、好伙伴”。（老挝要闻 2019-06-04）

湖南邵东县组团赴老挝万象开展文化经贸交流

应老挝万象市外事厅及相关部门邀请，2019年8月26日—30日，邵东县委常委、宣传部长刘永格率邵东文化经贸代表团对万象市进行了友好访问和交流。老挝工商贸易部副部长宋吉、万象市委副书记西昏、老挝新闻文化旅游部副部长温吞等分别接见代表团一行并进行会谈。134.5万邵东人中约有40万长期从事商贸活动，分布在东盟各国的就有10万之众，其中在老挝的经商人员达8万左右。（老中总商会 2019-09-04）

“一带一路”重点项目中老铁路即将铺轨

9月28日晚，随着隆隆滚动的港吊将钢轨托上“莲花松”号万吨海轮，由中国铁路物资集团供应的首批6000吨钢轨在辽宁营口港装船，计划于“十一”国庆节启航经泰国中转进入老挝铁路建设工地。这预示着“一带一路”重点项目中（国）老（挝）铁路即将开始铺轨。中（国）老（挝）铁路自边境口岸磨憨进入老挝境内，向南依次经过孟塞、琅勃拉邦、万荣等，至老挝首都万象，全长413.33公里，其中60%以上路段为桥梁和隧道，设计时速160公里。该工程2016年底开工，总工期计划5年。这条铁路是中老两国领导人高度关注的“一带一路”重点项目，是推进中国—东盟自由贸易区建设的重要基础设施，也是中国铁路“走出去”完全采用中国标准建设的第一条铁路，更是首条以中方为主投资建设、中老两国共同运营并与中国铁路网直接连通的国际铁路。全线建成后，中国昆明至老挝万象可实现夕发朝至。（《国际日报》 2019-09-30）

滇老全方位合作取得丰硕成果

2019年是中老两国建立全面战略合作伙伴关系10周年，也是中国云南—老挝北部合作工作组成立15周年。作为“一带一路”重大项目的中老铁路，北起中老边境口岸磨丁，南至老挝首都万象市，目前建设顺利推进，预计2021年底实现通车；万象—万荣高速公路进展顺利，有望于2020年底前建成；云南开通至老挝航线5条，开通万象、琅勃拉邦两个直航城市。2019年前9个月，滇老贸易总额达8.53亿美元，同比增长22.9%。其中，云南省出口2.94亿美元，同比增长66.3%；进口5.59亿美元，同比增长8%。截至8月，云南省在老挝投资设立了265家企业，累计实际投资31亿美元，占云南省总投资额的28.4%，老挝已成为云南设立对外投资企业数最多的国家。据云南省教育厅介绍，2019年，老挝留学生在云南省高校就读人数达5300多人，其中长期生3600多人，短期生1700多人。2019年度，云南省人民政府为390多名老挝学生提供奖学金，年度奖学金额达1400万元。（老挝要闻 2019-12-17）

中国房企积极投资柬埔寨

据柬埔寨国土规划和建设部的报告，2000年到2017年，柬埔寨由外资公司开发的房地产项目共有287个，总投资额42.97亿美元。其中，中资公司拥有110个项目，总投资额为16.56亿美元，占比均接近四成，中资也成为了柬埔寨房地产的最大投资方。（柬埔寨中国商会 2019-01-17）

洪森总理与柬埔寨华人华侨共享团结饭

洪森总理与柬埔寨华人华侨共享团结饭暨庆祝柬埔寨新年盛宴活动于4月9日举行。洪森总理以及多位副总理，中国驻柬埔寨大使王文天等出席活动。出席团结饭的华侨华人代表分别来自柬华理事总会、五大会馆、13个宗亲会、分布在全国25个省市的柬华理事会、全柬各地华校、中资企业、港澳台商会以及金边各主要市场市贩等。此次是柬华理事总会第三次举办团结饭活动，已成为柬埔寨华社最隆重的年度盛会，是柬埔寨王国政府领袖和柬埔寨华人华侨代表展开零距离交流的平台。（《柬华日报》 2019-04-10）

柬华理事总会与市场商户共进友谊饭

为增进柬华理事总会与金边市各个市场商户的密切联系与交流合作，柬华理事总会于6月28日举办“友谊饭”盛宴。柬埔寨国会议员兼柬华理事总会最高名誉顾问吴和顺（曾仕伦）阁下、柬华理事总会会长方侨生勋爵、柬华理事总会全体顾问、常务副会长、理事参加盛宴。这次是柬华理事总会第三次举办“友谊饭”活动，来自金边市10个市场的商户代表2500人参加。柬华理事总会希望通过这样的活动，促进华商同柬埔寨本地市场商户们的交流，增进友谊。柬华理事总会愿意为本地市场商户协调解决所碰到的问题，希望他们与华商在国内和国际的贸易、商业、企业、服务业等各领域加强合作。(《柬华日报》 2019-06-29)

中国－柬埔寨职业教育合作联盟成立

7月22日，中国－东盟职业教育国际论坛暨特色合作项目成果展在贵阳举行。论坛上，由温州职业技术学院、柬埔寨国家技术培训学院牵头发起成立的“中国－柬埔寨职业教育合作联盟”成为一大亮点，74家政府、院校、行业、企业单位正式结盟，共同推动中柬职业教育合作，为两国职业教育和人才培养点燃发展“新引擎”。作为发起单位——温州职业技术学院在2018年与柬埔寨国家技术培训学院、亚龙智能装备集团股份有限公司三方共建第一所海外分校——“柬埔寨温州职业技术学院亚龙丝路学院”，是中国第一所伴随中资企业“走出去”在柬埔寨建立的海外丝路学院，浙江省在柬埔寨建立的首个海外分校，现已招收80名电气自动化专业全日制专科学历学生，开创“海外＋本土”双校区、“外派主讲＋本土助教”双师资、“职业培训＋学历教育”双形式、“知识＋传承”双课程的培育模式。(《柬华日报》 2019-07-23)

中国在柬埔寨投资排名第一

柬埔寨发展理事会报告指出，近年来外企对柬埔寨的直接投资不断增加，而来自中国的投资要比其他国家多。从2016年至2019年8月，中国在柬埔寨投资累计79亿美元，占境外在柬总投资额的35%，排名第一。从投资分布上看，中国企业家比较看好沿海省份，如国公省、西哈努克省和贡不省等。从2016年到2019年8月，中国投资企业家在国公省、西哈努克省和贡不省等的投资总额为26亿美元，其中国公省获得约4.7亿美元，西哈努克省获得约20亿美元，贡不省获得约1亿美元。从2016年到2019年8月，柬埔寨发展理事会已经批准了831个投资项目，总价值超过225亿美元。此外，柬埔寨的国内投资总额约为100亿美元，占总投资的44.7%。(柬埔寨中国商会 2019-10-14)

2019年天下潮商经济年会暨柬埔寨投资峰会开幕

2019天下潮商经济年会暨柬埔寨投资峰会于11月29日在金边举行开幕式。柬埔寨副总理任财利、中国驻柬埔寨大使王文天、大会首席共同主席兼柬华理事总会会长方侨生勋爵、柬埔寨发展理事会秘书长宋金达、多位柬华理事总会常务副会长等出席。柬埔寨是海外潮汕人的主要聚居地之一，当地华侨华人为柬埔寨的经济发展作出了巨大贡献，受到柬埔寨政府的高度肯定。天下潮商经济年会自2011年正式启动以来，分别在北京和澳门成功举办了四届大会，作用和影响不断扩大，已经发展成为“全球潮商第一经济论坛”。在金边举行第五届天下潮商经济年会，是其创办8年来首次在其他国家举办，充分体现出年会及广大潮商对柬埔寨经济发展前景的积极期待和坚定信心。(《柬华日报》 2019-11-29)

中华海外联谊会副会长谭天星率团访问柬埔寨

12月3日—4日，中华海外联谊会副会长谭天星率代表团访问柬埔寨。访柬期间，谭天星一行在金边先后考察了“一带一路”中方援建国家体育场工程，拜会了柬华理事总会、柬埔寨港澳侨商总会、柬埔寨潮州会馆，看望了金边端华学校师生和暨南大学、华侨大学等校友会代表，与华校校长们进行专题交流，出席当地华社团体的座谈晚宴。谭天星表示，中柬友谊历久弥坚，希望在柬华侨华人团结奋进，回馈社会，为中柬友好和“一带一路”建设做出更大贡献。(《高棉日报》 2019-12-04)

中国侨联副主席隋军访问柬埔寨

12月11日，中国侨联副主席隋军在中国驻柬埔寨大使馆李杰参赞陪同下先后拜访柬华理事总会、柬埔寨中国港澳侨商总会，受到当地侨领的热情接待。隋军表示，此次访问主要是慰问侨胞，了解侨胞的生活情况，她指出，柬埔寨是“一带一路”重要支点国家，随着柬埔寨基础设施建设逐步完善，侨胞在柬埔寨的发展大有可为。当地侨领感谢中国侨联一直支持柬埔寨华社发展建设，相信隋军副主席的到访必将进一步深化彼此的交流合作，促进柬埔寨华社繁荣发展。隋军副主席还到访了中国驻柬埔寨大使馆、潮州会馆及金边端华学校、浙江总商会。(《柬华

日报》 2019-12-11，柬埔寨中国港澳侨商总会 2019-12-12）

缅甸江苏商会成立

2019年7月13日，缅甸江苏商会成立大会在仰光举行。商会会长惠源在成立大会上表示，缅甸江苏商会将以服务、协调、维权、桥梁、互助为办会宗旨，呼吁大家同舟共济、团结协作和共同发展来打造一个属于大家的新“家”。同时，希望缅华社会各界及兄弟商会更多地支持缅甸江苏商会的发展。随着中缅共建“一带一路”和中缅经济走廊建设的不断推进，越来越多的中国企业走出国门来到缅甸，江苏省在缅甸的企业和各行业的从业人员也占了很大比例，缅甸江苏商会的成立能进一步增进中缅友好关系及加强双方友好合作。(《缅甸金凤凰中文报》 2019-07-14）

中国游客赴缅热不断升温

自2018年10月1日起，缅甸对中日韩等亚洲国家与地区游客分别开放落地签、免签等利好政策，该制度的执行对缅甸的旅游市场起到较为明显的推动作用，这也是缅甸政府为促进旅游业发展而推出的一系列“向东看”积极政策的一部分。据缅甸酒店与旅游部消息，2019年前6个月，以护照签证通过航空、游轮及边境口岸赴缅的外国游客已近91万人次，比2018年同期增长近22.7万人次，同比增长33%。赴缅甸游览的游客中，中国游客的数量最多。根据出入境数据显示，2019年前6个月，共有320882名中国籍游客赴缅，而2018年同期赴缅的游客为133697人，中国赴缅游客同比增长140%。为了进一步提升旅游服务水平，缅甸酒店与旅游部成立“中国游客观察小组”，专门负责进行核定中国游客旅游规划路线、收集游客旅游喜好相关资料、审核游客消费量等工作。(中国政府网 2019-07-27）

中国—缅甸中医药中心在缅揭牌

中国—缅甸中医药中心8月27日在缅甸曼德勒揭牌成立，此举将有效推动中缅两国在传统医药领域共同发展。中国－缅甸中医药中心2018年批准建立，由中国云南中医药大学与缅甸传统医药司、缅甸传统医科大学共同筹建。中心成立后，将致力于推进中缅两国在传统医药领域互学互鉴，承担中医药专业技能培训、开展中医药国际医疗服务、中医药文化交流及中医药联合科研服务等项目。(胞波网 2019-08-28）

中缅跨境版“淘宝”让缅甸老百姓用上中国货

2016年，已经在中缅边境贸易领域打拼近20年的四川企业家王光复敏锐地察觉到缅甸移动互联网不断普及带来的商机，下决心将质量优良的“中国制造”直接匹配到缅甸零售商，打造一款中缅边境贸易领域的“淘宝”。2018年6月，其公司旗下的B2B电商平台上线，目前为缅甸国内包括仰光在内的12个城市，超过6千多家零售商持续供货，已是缅甸交易量最大的电商平台，也是缅甸唯一针对普通消费者提供在线移动支付结算的电商平台，截至2019年6月，在缅甸市场线上线下累计交易额已突破4.3亿元。这种良好的发展势头也为瑞丽其他企业带了一个好头。在瑞丽，最近几年，跨境电商、社交电商、缅甸代购、免税购物等新兴产业正在加速崛起，为了鼓励这股新势头，8月30日，中国（云南）自由贸易试验区德宏片区正式挂牌落地瑞丽，把跨境电商作为一个中缅经贸交流的主要产业进行打造。(胞波网 2019-09-12）

“海外成都”缅甸工作站正式授牌

10月22日，“海外成都”缅甸工作站签约授牌仪式在仰光举行，成都海外交流协会与缅甸川渝商会签署了共建“海外成都”缅甸工作站合作协议，成都海外交流协会副会长傅军向工作站授牌。至此，第25家“海外成都”工作站落户仰光。授牌仪式上，傅军表示，作为全球第25家“海外成都”工作站，希望共建双方以促进成都对外交流和海外华侨华人自身事业发展为宗旨，共同增进两地在经贸、文化、旅游、教育等领域的互利合作。据悉，“海外成都”工作站自2005年成立以来，吸引了不少国际友人、海外华侨华人关注成都及参与成都的经济社会建设，同时也帮助“走出去”的成都企业更快与海外融合，让世界各地的朋友了解成都的飞速发展。(中国侨网 2019-10-23）

在缅中国远征军遗骸长期安放设施工程正式启动

第二次世界大战期间，40万中国远征军将士远离国土来到缅甸，同世界反法西斯同盟并肩作战，20 多万远征军将士伤亡，无数的英烈在此长眠。他们牺牲、奉献，为中国抗战胜利和世界反法西斯战争胜利作出重要贡献。密支那中国远征军遗骸临时存放点位于克钦邦密支那市北边的华人墓园，里面安置着 300 多具中国远征军遗骸。11 月 21 日，中国驻缅甸大使陈海及使馆外交官、中国远征军后裔、中国国家电力投资集团、密支那云南同乡会等当地华社、中资企业代表一同出席了在此举行的遗骸祭奠仪式。在仪式上，陈海大使宣布，包括安放密支那远征军遗骸的地宫在内的纪念设施工程于当日正式启动，并计划在明年清明节前竣工。(《缅甸金凤凰中文报》 2019-11-21)

2019—2020 财年前两月中国香港对缅投资居首

据缅甸投资与公司管理局数据，2019—2020 财年前两月（2019 年 10 月至 11 月），中国香港在缅投资 3 个项目，投资额达 8.02 亿美元，在所有对缅投资的国家和地区中位居首位。新加坡以 1.42 亿美元的投资额紧随其后，本财年对缅投资的国家和地区还包括日本、泰国、印度、马来西亚、中国、英国等。报道称，近年来缅甸与中国香港经贸关系发展迅猛，自 1988 年缅甸开放外资以来，截至 2019 年 10 月共有 199 家香港企业入缅投资，累计投资额达 84.8 亿美元。中国香港已成为缅甸吸引外资第三大来源地，仅次于新加坡和中国。(《缅甸环球新光报》 2019-12-23)

缅甸振兴企业家协会 & 缅甸“一带一路”商会在仰光举行成立庆典

12 月 15 日，缅甸振兴企业家协会 & 缅甸一带一路商会在仰光举行成立大会庆典。缅甸振兴企业家协会 & 缅甸一带一路商会由 300 多家企业组成，涉及行业包括建筑、农业、畜牧、基础设施建设、纺织、教育、医疗、贸易和旅游等。商会会长郭兴禄表示，商会会员为 5 万多当地人实现了就业，并积极参与中国的一带一路经济建设。一带一路连接了东南亚和中国，沿线国家的贸易、旅游业、工业、金融等得到了很好的发展，商会将带领大家更好地参与到一带一路建设中，共同发展，合作共赢。(《缅甸金凤凰中文报》 2020-01-21)

印尼棉兰鹅城慈善基金会庆祝成立卅五周年

2019 年 2 月 10 日，棉兰惠州大家庭于鹅城慈善基金会新会所举行基金会成立卅五周年暨己亥年春节团拜宴会。1895 年，苏北棉兰惠州人创办棉兰惠州会馆，继而开办养中学校至今，已跨越了 121 年的时间。苏北省广东惠州十属同乡，从当年的华侨演变成为今天印尼公民，棉兰惠州人始终团结一致，继承先辈创立的基业，并使之发扬光大。(《国际日报》 2019-02-13)

印尼郑氏宗亲会正式成立

2019 年 2 月 12 日，印尼郑氏宗亲会正式成立，中央理事会设在雅加达，短期内将在省市县成立分会组织。郑氏宗亲会是非营利社会福利组织，不涉及政治活动，不与任何政党有关联。郑氏宗亲会团结会员，发挥会员的互助合作精神，为会员家庭、社会和国家谋福利。(《国际日报》 2019-02-19)

中国晋江市与印尼梭罗市签署建立友好城市意向书

3 月 19 日，中国晋江市与印尼梭罗市建立友好城市意向书签署仪式在梭罗市政府举行。率团来访的泉州市委常委、晋江市委书记刘文儒表示，当前，晋江正借“一带一路”东风，全面加强与“一带一路”沿线国家和地区的交流合作。晋江与梭罗有诸多相似之处，在经济、文化等领域有着广阔的合作。晋江是印尼福建籍华人华侨最主要祖籍之一。长期以来，印尼晋江籍华人华侨为印尼经济社会发展、为中印尼友好交流合作做出了很大贡献。(《国际日报》 2019-03-20)

印尼华裔总会举行成立 20 周年庆典

印尼华裔总会 4 月 10 日在雅加达举行成立 20 周年庆典，活动主题为“编织印尼的多样性”。庆典期间放映了印尼华裔总会进行社会公益活动的纪录片，随后唱印尼国歌和印尼华裔总会进行曲、跨宗教祈祷，印尼华裔总会总主席黄德新割切锥形黄饭。到场祝贺的人士有代表国民军司令的乔治少将、总统咨询委员会成员、中国大使馆代表、世界福清社团联谊会主席、印华百家姓协会主席、地方代表委员会成员、宪法法院前首席大法官等。自 1999 年 4 月 10 日成立以来，印尼华裔总会的立场与政党无

关，并且根据印尼华裔总会章程，通过编织多样性来加强统一的印尼共和国认同。(《国际日报》 2019-04-11)

印尼孔教最高理事会成立第 96 周年纪念会

1900 年 3 月 17 日成立的中华会馆是印尼孔教最高理事会的前身，它是为华侨子弟设立的教育机构。中华会馆后来的发展更倾向于处理普通的教育问题，因此，中华会馆的宗教部门设立宗教机构孔教会。1923 年孔教会在日惹举行了第一次大会，并成立了孔教总会。1967 年，决定取名为印尼孔教最高理事会。为庆祝印尼孔教最高理事会成立 96 周年纪念，2019 年 4 月 24 日在雅加达举行了题为“有过不愿悔改是真正的错误”纪念会，主题旨在提醒所有人，为了能更好地建设印尼，除了经常自我反省，对自己诚实，也要不断改过自己，不断变得更好。孔教最高理事会总主席和中央理事会总主席陈清明根据孔教教义，讨论了对民族和国家的认同和效劳。(《国际日报》 2019-04-30)

印尼工业部：中国投资在印尼 594 项工程总值 20 亿美元

中国在印尼的投资分布在全国各地，共有 594 项工程，价值 20 亿美元，比 2015 年提升了 839%，成为印尼三大投资来源之一。中国的投资工程，首先是雅加达 - 万隆高铁工程，合作数额达 47 亿美元。此外，中国在印尼比较突出的投资，还有在东南苏省摩罗哇利工业区，投资额为 16.3 亿美元。中国鼎新集团通过属下投资企业青山公司和德龙集团与印尼摩罗哇利工业区公司签署了有关建设碳钢工厂的意向书，产量每年 350 万吨，投资额为 9.8 亿美元。青山公司及八星集团公司与印尼摩罗哇利工业区公司合作兴建当地的发电站，电力 70 万千瓦，投资额为 6.5 亿美元。(《国际日报》 2019-05-11)

印尼雅万高铁贯通首条隧道

印尼雅万高铁瓦利尼隧道 5 月 14 日贯通，成为该线路首条贯通隧道，标志雅万高铁建设进入全面提速阶段。中国驻印尼大使肖千在隧道施工现场接受采访时说，雅万高铁是中国高铁第一次全系统、全要素、全生产链走出国门的“第一单”，是新时代中印尼发展战略对接和务实合作的旗舰项目，也是“一带一路”倡议标志性工程。由中印尼全面合作的印尼雅加达至万隆高铁全长 142 公里，最高设计时速 350 公里。建成后，两地车程将由现在的 3 个多小时缩短至 40 分钟。该项目是东南亚地区首条高铁，是中国高速铁路从技术标准、勘察设计、工程施工、装备制造、物资供应，到运营管理、人才培训、沿线综合开发等全方位整体走出国门的“第一单”。(《国际日报》 2019-05-15)

印尼梅州会馆联络中心将在梅州市成立

印尼梅州会馆联络中心将在中国广东省梅州市正式成立，为印尼和中国客家乡亲来往两地旅游、创业和求学等提供便利。该中心属于非营利的义务服务机构，除了承担接待旅游、经商和求学的人员外，该中心还有航班、高铁票务业务，为体弱年迈的老年人提供接送服务等。有“天下客都”之称的梅州，是著名侨乡，所辖五县、二区和一市。梅州客家人遍布世界各地，每年都有大批乡亲频繁交往，特别是距离较近的印尼等东南亚国家的梅州人与祖籍国故乡交往更加密切。因此，印尼梅州会馆的华社贤达决定在梅州成立联络中心，旨在促进梅州与海外乡亲热络交流，探亲访友和展开经贸合作等。(《国际日报》 2019-06-22)

首届“中国印尼文旅投资产业峰会”在巴厘岛举办

为响应中国、印尼“一带一路”双边合作的号召，在双方政府的大力支持下，6 月 28 日，首届“中国印尼文旅投资产业峰会”举办，此次峰会是文旅行业在巴厘岛举办的规模最大的国际活动之一，将助力中国文旅产业走向广阔的海外市场，极大推动巴厘岛甚至印尼文旅行业的发展。峰会分为四个不同主题的分论坛：“东南亚文旅产业发展的新机遇与新挑战”；“海外投资创业，能否复制中国的成功”；“跨行业如何导流变现，‘旅游 +’实现营销新模式”；“企业出海发展建设面临的机遇与挑战、问题与风险”，众多商业人士在分论坛上介绍企业出海的政策支持、注意事项、投资环境，分享企业成功出海的经验和故事。(《国际日报》 2019-07-01)

中国游客赴巴厘岛人数持续居首

据印尼国家统计局数据，2016 年从巴厘岛入境印尼的中国大陆游客为 98.7 万人次；2017

年猛增至135.5万人次，中国首度成为巴厘岛最大外国游客来源地；2018年为136.6万人次，继续保持最大外国游客来源国地位；中国游客在印尼的平均花费超过1000美元。2019年，中国游客数量仍居巴厘岛外国游客之首。在数量大幅增长的同时，中国游客的旅游习惯也发生了很大变化。中国游客越来越注重对“品质游”的追求，这也导致巴厘岛中文人才严重缺乏。当地正在筹办一家华文职业教育学校，专门培养中文旅游专业人才，以适应中国游客的需求。(《国际日报》 2019-09-21)

福建省商务厅驻印尼联络处成立

11月18日，中国福建省商务厅驻印尼联络处举行揭牌仪式。这是福建商务厅指定的唯一驻印尼官方联络处，也肩负着要帮助福建省企业走入印尼，引入印尼资源到福建省，做好组织资源、提供信息、协调对接，积极推动福建省商务厅招商引资的任务。据了解，目前福建省商务厅驻海外联络点共有40家，为福建省投资引商方面发挥了积极作用。福建商务厅近年来不断壮大驻境外商务代表处队伍，逐步形成覆盖全球的投资促进网络。(《国际日报》 2019-11-21)

中亚侨情

截至 2019 年 2 月 1 日在乌中企 1149 家

据乌兹别克斯坦国家统计委员会消息，截至 2019 年 2 月 1 日，乌外企总数 7810 家，同比增加 2202 家，增长 39.3%。其中，新增中国企业 33 家。截至 2019 年 1 月末，在乌俄企 1467 家，排名第一；中企 1149 家，排名第二。（吉尔吉斯斯坦丝路新观察　2019-02-20）

首家中国红圈律所落子中亚

日前，中伦律师事务所阿拉木图办公室开业仪式暨哈国投资经营合规法律论坛在阿拉木图洲际酒店举行。中伦律师事务所系中国首家落子中亚区域的中国红圈律所（红圈律所即指中国最顶级的律所）。中伦律师事务所阿拉木图办公室是中伦的第 18 家办公室，也是中伦布局"一带一路"俄语区域国家国际化法律服务的重要举措。中伦创始合伙人、管委会委员吴鹏、中国驻阿拉木图总领馆副总领事缪宏波、阿拉木图市律师协会副会长巴伊卡伊娜、阿拉木图市商业及投资协会主席比亚诺夫、中油国际中亚公司总法律顾问王登凯分别致辞。中伦律师事务所创立于 1993 年，目前在全球拥有 18 家办公室，2100 余名专业人员。中伦律师事务所是世界律师联盟（WLG）唯一的中国成员律所，与 100 多个国家或地区的 190 多个律师事务所建立了紧密合作。（吉尔吉斯斯坦丝路新观察　2019-12-30）

中国援吉灌溉项目保证 1 万多公顷农田用水

中国援吉灌溉系统改造项目是在"一带一路"框架下开展并实施的务实合作项目，也是中国政府在吉尔吉斯斯坦农业领域援建的第一个项目。该项目主要包括引水枢纽、干渠、农田灌溉网络和附属设施等新建、维修和改扩建工程。项目由中铁五局承建，于 2018 年 5 月 3 日正式开工，工期 36 个月。该项目共分 3 个灌区，总长度约 87 公里。项目建成后，可为吉尔吉斯斯坦增加灌溉面积 2310 公顷，提高 11100 公顷土地的供水保证率，将有效促进沿线种植业、畜牧业的发展，惠及 2 万余人。该项目施工期间为当地创造了约 500 个就业岗位。（中国日报网、新华网　2019-06-23）

中国客车出口中亚　解决数千人就业难题

吉尔吉斯斯坦没有地铁，出行全靠地面交通，因此，客车在公共交通领域的重要性不言而喻。宇通客车目前已向吉尔吉斯斯坦出口客车 100 辆，向哈萨克斯坦、土库曼斯坦、乌兹别克斯坦等中亚国家和地区累计出口 2500 余辆客车。宇通客车已成为深耕海外市场的中国制造名片，在哈萨克斯坦已建立了 8 家服务站，1 个配件库，目前已形成以该国最大城市阿拉木图为中心，产品覆盖主要城市的交通运输及服务、培训网络，每年为哈萨克斯坦 200 余万人提供交通便利，为 5000 余人提供就业岗位。（大河网　2019-06-18）

中企三大项目落户乌国纳曼干州

纳曼干州位于乌兹别克斯坦东部，轻工业是该州的主要产业。2019 年 9 月，中国福田卡车生产厂落户纳曼干州帕普市。合作方为乌国福田友谊服务公司（Foton Do'stlik Servis）和中国福田汽车有限公司（Foton Motor）。汽车厂 51% 的股份属于乌兹别克斯坦，中国占 49%。预计产能为每月 500~1000 辆。中国 Zhongye Wanda 公司将在纳曼干建立"Smart EcoCity"（智能生态城市）。生态城将包括酒店综合体、会议中心、购物娱乐综合体、办公楼和商务公寓。按照计划，投资方将在 3 年内投资 7000 万美元在 20 公顷的土地上建设"智能生态城市"，在生活各领域（供电、供热、供水和建筑）引入最新的信息和通信技术。其中，酒店综合体将包括 500 间四星级和五星级客房。20 层的豪华办公楼也将成为“Namangan City Centre”的名片。2月27日，乌兹别克斯坦汽车工业股份公司（Uzavtosanoat）旗下工厂开始在纳曼干州纳伦市生产自行车。初步计划年产量为15万辆。该项目已被列入“乌兹别克斯坦2019年投资计划”，计划引资20万美元。Norin Moto Bike工厂的生产设备今后还会生产摩托车、三轮车、三轮摩托车和电动自行车。工厂合办单位为中国力帆集团有限公司，投产前，Norin Moto Bike工厂员工曾赴中国实习。目前，新厂雇佣超过150名当地员工。未来计划增加就业人数至500人。（乌国“详实”新闻网　2019-03-01）

吉尔吉斯斯坦华商将义乌小商品批发城“搬”到吉国

在吉尔吉斯斯坦有一群来自义乌的商人，他们将义乌小商品批发城“搬”到吉国，真正实现了“互利共赢”。据了解，吉尔吉斯斯坦多尔多伊市场的义乌商人中大多已在吉国生活十多年，最早一批人已在吉国做了20多年的生意，多尔多伊市场是中国小商品集中地，从义乌运输到这里的商品大多经当地商人之手远销至俄罗斯和中亚各国。一些在华商店铺里打工的吉国人经过多年的发展，从华商企业里学习到了经验，拿到了进货或销售渠道，目前已经自己当上老板，还有一些学会中国技术后在本地开了服装厂。近年来，吉国营商环境趋于好转。5年前，市场里开起了第一家中餐快餐店，解决了华商们“早晨顾不上做饭，中午不知道吃什么”的困难。如今快餐店已发展到3~4家，不仅提供送餐业务，还可在线支付。在吉国的义乌商人中，“二代”义乌人正在悄然来到这里闯荡，与上一代义乌人不同的是，他们拥有创新思维，把更具现代化的销售理念带到吉国。（吉尔吉斯斯坦丝路新观察　2019-12-03）

吉国中商商会着力维护华商利益

在中国驻吉尔吉斯斯坦共和国大使馆的支持下，2013年吉尔吉斯斯坦中商商会正式在吉国注册成立。在吉中国商户多而杂，分布于比什凯克的各个市场，因此商会成立后制定了严格的规章制度。商会建立了一个微信会员群和5个部门，分别是市场管理部、市场外事部、应急部、文体部和慈善部。微信会员群中有8个小组，由中海市场的4个组和比什凯克其他市场的4个组构成。中海市场的商铺有4排，每一排为一个组，每组自行选出一名小组长，并担任商会的副会长。每组组员在群中的名称都包括小组编号、商户摊位号和姓名。会员一旦遇到困难，在群中一发消息，其他会员就能知道此商户位于哪个摊位，离他最近的会员或组长可以精准、快速赶到现场，共同帮助其解决困难。目前微信会员群中有300人左右。商户们积极参加慈善活动，一方面是希望吉普通民众感受到中国人民的善意，另一方面，商会成立给会员们带来了很多实实在在的好处，让身在海外的华商愿意同商会一起与吉国人民相互帮助。（吉尔吉斯斯坦丝路新观察　2019-11-14）

吉尔吉斯斯坦83岁华人会长思念祖国

吉尔吉斯斯坦83岁华人石作山在海外生活57年，一直心心念念中国，从未忘记祖国。1962年，石作山和家人作为苏裔人员，从乌鲁木齐出发到达苏联。在外57年，他从未忘记祖国的恩情，时刻通过新闻电视和网络信息关注中国的发展。他时常自豪地向吉国朋友们讲述中国的科技、航空、高铁和数字化发展，当中国需要帮助时，他也尽最大努力，伸出援助之手。石作山在吉国华侨华人群体中有很高的威望，曾被推选为吉尔吉斯华人协会会长，之后在合并后的吉尔吉斯斯坦华侨华人联合会担任过会长职务。任职期间，他与协会成员促成多家中国企业在吉国落地投产。同时，他们还热心帮助在吉国遇到困难的华侨华人，提高在吉华侨华人的凝聚力。（吉尔吉斯斯坦丝路新观察　2019-11-28）

阿拉木图中国文化中心弘扬中华文化

成立于1990年的阿拉木图中国文化中心不久前迎来了第四任会长——爱德华·张，一位在哈萨克斯坦出生长大的华人。由于思维方式已经完全融入当地，爱德华已经基本不会说汉语了。但爱德华认为，身为华人，还是应该做点发扬中华传统文化、促进两国文化交流的事情。2017年，阿拉木图中国文化中心换届，爱德华被选为会长。这一年，爱德华一直忙于阿拉木图中国文化中心的手续办理，直到2018年才正式接手。目前阿拉木图中国文化中心共登记有140人左右，除少数俄罗斯族和朝鲜族姑娘，剩下的均为华人，绝大多数都是在哈萨克斯坦出生长大的华裔。不久前，爱德华成功组织了2019年阿拉木图华人春节欢庆会，当地华人华侨聚集一堂，吃饺子、看舞狮，让大家感受中国节日传统习俗。爱德华表示，未来最大的希望就是在阿拉木图创建中国博物馆，开办中文语言班，武术、气功和舞蹈班。文化中心纯属公益性组织，目前完全不盈利。（今日丝路报中文版　2019-05-10）

救助吉国530多位患者　中国医生获吉国荣誉奖章

9月19日，吉尔吉斯斯坦迎来了国家最高荣誉颁奖典礼，160余名为吉国做出巨大贡献的获奖者们欢聚吉国总统官邸，接受吉国总统索隆拜·热恩别科夫的亲自颁奖。中国河北医科大学第一医院心内二科主任兼先心病诊疗中心副主任王震教授被授予国家最高荣誉奖章，以表彰他为吉国医疗卫生事业做出的巨大贡献。王震教授是中国唯一在这次表彰中获奖的医学专家。热恩别科夫总统于8月31日独立日前夕签署总统令，授予王震教授吉国最高荣誉奖章——吉国国家丹克奖章。河北医大一院与吉国心脏病治疗中心于2009年建立友好医院合作关系，持续为吉国先心病介入技术提供积极帮助和支持。10余年来，王震10余次赴吉国为该国先心病患者“补心”，至今已救治530余位患者。多年来，王震被当地百姓亲切地称为“儿童的救护神”、“一带一路”上的“白求恩”，并荣获吉尔吉斯斯坦国家心脏病医院名誉教授、国家心脏病协会“荣誉勋章”等荣誉称号。（吉尔吉斯斯坦丝路新观察　2019-09-20）

中国艺术家徐里荣获吉尔吉斯斯坦“杰出文化人物奖”奖章

12月25日上午，中国艺术家徐里荣获吉尔吉斯斯坦文化、旅游和信息部“杰出文化人物奖”奖章。吉尔吉斯斯坦文化、旅游和信息部副部长伊马纳利耶夫为徐里授奖并挂奖章，吉尔吉斯斯坦总统办公厅文化顾问苏丹·拉耶夫出席授奖仪式。徐里，1961年生，福建人。2007年入选中国油画50家，2011年入选“艺术之巅”——中国油画2010年度10大人物，2012年被授予乌克兰大使奖，2013年被美国国家艺术委员会授予“杰出艺术成就奖”，2015年被俄罗斯艺术科学院授予荣誉院士，2016年获俄罗斯美术家协会苏里科夫金质奖章，2017年被授予比利时东方文化骑士勋章，2017年意大利出版发行《徐里油画集》，2019年油画作品《对话》收藏并陈列于意大利达·芬奇博物馆。（吉尔吉斯斯坦丝路新观察　2019-12-25）

《丝路新观察》报获吉尔吉斯斯坦唯一“最佳媒体奖”

12月24日，吉尔吉斯斯坦三家国有纸质媒体之一——《自由之山》报在比什凯克市举行“吉尔吉斯斯坦2019年度优秀单位及人物”颁奖典礼，吉国国家议会、政府、企业家、社会名流和媒体等各界代表约300余人出席颁奖活动。吉国《丝路新观察》报受邀出席并获唯一“最佳媒体奖”。

《自由之山》报成立于1991年，除日常新闻报道外，主要为吉国国家议会提供新闻服务，该报举办的“年度优秀单位及人物”评选活动已连续举办五届，本年度有来自吉国各行业180多个单位和个人获奖，包括政府官员以及经济、文化、教育各行业的杰出代表。此次获奖单位还有中国黄金集团吉尔吉斯凯奇—恰拉特公司。（吉尔吉斯斯坦丝路新观察　2019-12-24）

塔吉克斯坦掀起“汉语热”

近年来，越来越多塔吉克斯坦人报名参加汉语水平考试。2019年上半年在塔吉克斯坦民族大学孔子学院考点参加汉语水平考试的考生人数就达1917人，创下新高。塔吉克斯坦民族大学孔子学院塔方院长法鲁赫认为，塔吉克斯坦“汉语热”得益于塔中两国关系的快速发展。当地人渴望了解中国，“掌握汉语能有更好的职业发展”日渐成为当地民众的共识。孔院累计举办各类教学、文化活动多达800多场。1997年，俄罗斯—塔吉克（斯拉夫）大学率先在东方语言系开设塔首个汉语专业。塔吉克斯坦民族大学孔子学院自2009年成立以来，中方先后派遣100多位教师，并提供大量汉语教学资源、赠送汉语图书、资助计算机语言教室等。（《人民日报》 2019-06-15）

西欧北欧中欧侨情

“一带一路”：欧洲国家开始顺势而为

2019 年，“一带一路”建设对于欧罗巴的磁吸效应在不断加强，一是加入“一带一路”朋友圈的欧洲伙伴在增多，二是早先冷眼旁观的国家态度也发生了变化。3 月，意大利与中国签署了关于共同推进“一带一路”建设的谅解备忘录，成为七国集团中首个签署这一合作文件的国家。瑞士联邦委员会主席于利・毛雷尔 4 月 22 日至 30 日访华期间，瑞士和中国在“一带一路”倡议框架内就第三方市场合作签署谅解备忘录。一个是 G7 成员国，一个是具有独特国际地位的中立国，意味着更多欧洲国家开始接纳参与“一带一路”建设。法国已与中国签署了第三方市场合作第三轮示范项目清单，启动第三方市场合作基金。欧盟委员会副主席马洛斯・塞夫科维奇称，欧盟愿意与中国的“一带一路”倡议形成有意义的协同效应，比如利用欧洲经验优化“一带一路”建设中的铁路走廊项目。这意味着欧盟已在如何参与共建“一带一路”上有了较为成熟具体的想法，释放了欧盟将在“一带一路”工笔画阶段“有所为”的积极信号。(《欧洲时报》2019-04-25)

欧洲华侨华人庆祝新中国 70 周年华诞

2019 年是新中国成立 70 周年，欧洲华侨华人采取多种方式举办活动，共襄盛举。9 月 19 日，旅法侨界在巴黎举行庆祝中华人民共和国成立 70 周年大会，刚刚履新的中国驻法大使卢沙野出席并发表讲话，来自旅法侨界的 600 多名侨胞代表参加。旅法侨界还多次举办座谈会、图片展、书画展等庆祝新中国 70 华诞。9 月 8 日晚，德国柏林华侨华人欢庆国庆 70 周年晚会在柏林举行，200 余名在德华侨华人欢聚一堂，用欢歌热舞为新中国庆生。9 月 21 日晚，由英国华侨华人团体主办的庆贺新中国成立 70 周年文艺晚会“最美的祝福”在伦敦举行。意大利华人社团联合用举办欧洲华人乒乓球邀请赛的形式庆祝中华人民共和国建国 70 周年，来自英国、法国、西班牙、奥地利、匈牙利等 7 个国家的华侨华人和意大利本国的乒乓球爱好者 19 支代表队、100 多名队员参赛。9 月 17 日，由奥地利多个侨社联合举办的“庆祝新中国成立 70 周年图片展”在奥地利联邦商会举行，吸引了当地政要参加。西班牙则通过中国电影展、“红歌”大赛等形式为新中国生日献上祝福。此外，荷兰、比利时、罗马尼亚、芬兰、挪威等欧洲国家也以文艺晚会、图片展等形式庆祝新中国成立 70 周年。(综合《欧洲时报》、国际在线等)

世界华商大会在英国伦敦举行

由英国中华总商会主办的世界华商大会首次落户欧洲，10 月 22 日至 23 日，以“世界新格局，华商新机遇”为主题的第十五届世界华商大会在伦敦举行。共有来自 51 个国家的 2500 名华商和专业人员及 700 名英国企业家参会，创历史国别数之最，前来参会的华商覆盖 100 多个行业，包括制造、商贸、餐饮、酒店、地产等传统华商优势产业，还有人工智能、互联网、高科技、环保、新农业、医疗等新兴产业，共同探索华商转型发展之路。2019 年，中美贸易摩擦带了经济不确定性和不稳定性，旅欧华商在挑战中寻找转型的机会。如年轻一代法国华商开始从进口业务向出口业务转型；在工业 4.0 时代加大在科技创新领域的探索；浙江籍华商参与“一带一路”工程建设；参与第二届进博会等。随着中国扩大进出口贸易、放宽市场准入、优化营商环境，欧洲华商也抓住机遇顺势发展，发挥自身优势沟通中欧。(综合新华网、国际在线等)

欧洲青年华人积极参政

近二三十年来，海外华人的参政意识逐渐

觉醒，一些活跃的华人，尤其是青年在不断提升华裔群体的参政意识与参政能力方面发挥了重要作用。英国于12月12日迎来大选，共有9位华裔候选人参选国会议员，其中保守党5名，工党1名，自由民主党，绿党和脱欧党各1名。9名候选人中，3名为女性。华二代 Alan Mak 以30051的票数为保守党赢得选举，投票率达53.9%，这是他自2015年来第三次成功连任国会议员。同时，工党候选人 Sarah Owen（陈美丽）以23496的票数成为英国议会历史上首位女性华裔议员。两名华裔入选国会议员，为华裔在英国参政又书写了新的篇章。在意大利普拉托第二轮选举中，意大利民主党两名华裔市议员候选人王小波（Marco Wong）和林诗璇（Teresa Lin，90后），分别以301和277票当选为普拉托市议会议员。据当地官方媒体称，这是意大利地方首次诞生华人议员，实现了新的历史突破。（综合《欧洲时报》等）

多位中国学者、华人学者当选“欧洲院士”

2019年，有6名中国学者入选欧洲科学院（Academia Europaea）外籍院士，3位华人学者入选欧洲科学院院士。欧洲科学院是欧盟的“国家科学院”和法定科学顾问，是国际上学术领域最广泛、学术地位最高、影响最大的科学组织之一。此外，中国建筑师董功当选法国建筑科学院外籍院士。在文体领域，中国作家莫言被牛津大学摄政公园学院授予荣誉院士称号；钢琴家郎朗成为首位获得法国胜利音乐大奖荣誉的中国人；奥地利华裔少年陈凛夺得U13欧洲青少年羽毛球大赛冠军；18岁的德国华裔小提琴手朱熙萌获得莫扎特国际青少年音乐周一等奖。（综合《欧洲时报》等）

欧洲华商理事会举办第五届年会

2019年5月30日，来自法国、英国、意大利、葡萄牙等欧洲各国的50名理事汇聚巴黎，就“欧洲华商何去何从？”主题，围绕欧洲的商业环境、华商的发展及转型、新兴商业模式、与中国企业的合作等话题进行深度的探讨。年会期间，欧洲的华商们在一起，就当前的中美、中欧形势进行了分析，尤其是互联网时代，传统行业如旅游、批发、餐饮等，如何和新媒体平台等结合起来，分享行业经验，携手共赢。当晚，理事会成员及家属及法国侨社、中资企业、使馆领导及法国嘉宾，近300人举办了第五届年会交流酒会及晚宴。欧洲华商理事会的108位成员分布在11个国家，很多从事于传统行业，也有的在新兴行业探索前行。理事会成立5年来，打破地域行业界限，搭建合作发展平台，分享创业成功经验，创新发展模式理念，为团结旅欧华商、建设和谐侨社、促进中国经贸关系做出了重要贡献。（华人头条微信号　2019-05-31）

中国首次从欧洲大规模押回电信网络诈骗犯罪嫌疑人

6月7日早7时许，随着一架中国民航包机降落在北京首都国际机场，94名冒充公检法机关工作人员实施电信网络诈骗的中国台湾籍犯罪嫌疑人被中国公安机关从西班牙押解回北京。这是中国首次从欧洲大规模押回电信网络诈骗犯罪嫌疑人。据悉，这次押解行动是历时近3年的中国、西班牙警方联合打击跨境电信网络诈骗犯罪“长城行动”取得的重大战果。截至目前，西班牙已分批向中国引渡225名犯罪嫌疑人，其中中国台湾籍犯罪嫌疑人218名。这是中国首次与欧洲国家联合开展打击电信网络诈骗违法犯罪警务执法合作行动，也是中国警方跨境打击电信网络诈骗违法犯罪联合行动中规模最大、战果最丰硕的一次。（《新京报》　2019-06-07）

特拉法加广场举办中国春节庆典

2019年是特拉法加广场春节庆典举办的第17个年头。每年以特拉法加广场春节庆典为“圆心”，春庆活动遍布英伦三岛，遍及爱丁堡、曼彻斯特、伯明翰、利物浦、布里斯托、朴次茅斯、布莱顿、纽卡斯尔等英国大城小镇。中国歌舞、武术、书画等传统中华文化节目，与西方歌剧、乐队等同台呈献，华侨华人与英国朋友共同舞龙舞狮，呈现出中西方艺术家联袂展演、中西方文明交流互鉴的生动场面。庆典规模不断扩大，观众不断增多，每年都吸引约70多万民众观看，已成为伦敦首屈一指的多元文化盛事，也是亚洲地区以外规模最大的春节庆典，充分彰显了伦敦的包容性和多样性。（央广网　2019-02-10）

2019年中国赴英留学生数量大增

据英国高等教育统计局（HESA）对2019

年英国高校学生的细目统计显示，来自中国的学生人数首次超过 12 万，占非欧盟学生总数的三分之一以上。2019 年英国高校新招中国学生的人数超过了来自其他国家的学生人数。尽管英国脱欧引发了政治混乱，但来自欧盟国家的新生人数仍增加了 2%，而欧盟以外的新生人数更是增加 10%，其中仅来自中国的学生人数就增加了 13%。这些数据凸显了英国高教行业对海外学生学费收入的依赖。英国招收的中国学生人数从 2014—2015 年的约 89500 人增至逾 120300 人。来自印度的留英学生同期从约 18300 人增至逾 26600 人。意大利、法国和德国在 2018—2019 年各有超过 1.3 万名学生前往英国留学。此外，对于英国一些最负盛名的学府来说，国际学生推动了它们的扩大。在目前伦敦政治经济学院的全日制本科生中，留学生人数已超过英国本国学生人数：英国学生为 2380 人，其中苏格兰只有 15 人，而来自国际和欧盟国家的学生人数为 2630 人。在伦敦大学学院和帝国理工学院，来自英国的本科生只占录取总数的一半多一点。据统计，2019 年在英国高校的 238 万名学生中，非英国学生超过 48.5 万人。（[英国]《卫报》 2020-01-16）

英国将恢复国际学生毕业工作签证，允许留英两年

2019 年 9 月 11 日英国政府宣布新的移民政策，将恢复已取消 7 年的国际学生毕业工作签证，允许高校留学生毕业后留英生活工作两年。新政策适用于明年开始在英国就读本科及以上课程的国际学生，且学生必须取得英国正规大学或高等教育机构的学位。这一新政策不对留学生人数、所学专业、工作种类设限。英国政府统计数据显示，英国高校科学、技术、工程和数学专业的研究生中，约半数是国际学生。英国是目前全球仅次于美国的留学目的地，2018 年有 45 万人赴英留学。英国政府计划在 2030 年前实现留学生人数增加 30%。2012 年，时任英国内政大臣特雷莎·梅收紧移民政策，取消英国曾实行多年的国际学生毕业工作签证，大幅压缩留学生毕业后留英期限。（英国内政部网站 2019-09-11）

2019 年英国地方选举，华人拒绝沉默

当地时间 5 月 2 日，英国迎来 2019 年地方选举，全英国有将近 300 个地方政府将进行换届选举。尽管英国的脱欧进程依旧阴云密布，候选人们的竞选活动仍然紧锣密鼓地进行着。这是英格兰四年选举周期中规模最大的一次地方选举，有超过 8400 个竞选席位。北爱尔兰地区有 462 个竞选席位。英国地方选举采用“简单多数票当选”制度（First Past the Post system），得票最多的候选人胜出。选举结果 5 月 3 日陆续开始宣布。北爱尔兰选区因为其投票系统更加复杂，所以选票统计将需要更长时间。由于 5 月 2 日举行的英国地方选举与英国华人的衣、食、住、行息息相关，英国华人参政计划创始人、主席李贞驹律师在多个侨领侨社群发出了投票和华人参政的呼吁，得到众多英国华人的响应。（《欧洲时报》综合报道 2019-05-04）

英国克罗伊登举办中国文化节

3 月 9 日晚，克罗伊登首届中国文化节在克罗伊登市长大厅举办。中驻英大使馆公参杨晓坤，克罗伊登市长 Cllr Bernadette Khan 等应邀出席活动并致辞。活动由克罗伊登市长提出，在当地华人企业 Unicorn Service 的赞助和配合下开展，此次活动旨在鼓励越来越多的华人融入当地社会及让当地民众对中国文化有更多的认识。近百名各界中英人士参加了文化节，现场展示了中国舞龙舞狮、民乐欣赏、书法、手工制作书签以及饺子、春卷等中国特色美食。春节庆典活动也在英国各地举行，从政府到议会，从政党到商界，从学校到社区，唐宁街十号也贴上了中文的对联装饰。目前，中文进入了不少英国中小学的课程体系，且英国有欧洲最多的孔子学院和孔子课堂，各类文化交流活动加强了中英之间的相互理解及友谊。（《欧洲时报》英国版 2019-03-15）

“留法勤工俭学百年丰碑”落成，法国各界纪念中国留法勤工俭学运动百年

5 月 4 日，“留法勤工俭学百年丰碑”落成典礼在法国中部城市蒙达尔纪举行。中国驻法大使翟隽、法国国民议会议员、法中友好小组主席陈文雄等 200 多名来自两国各界的友好人士共同见证了“百年丰碑”的落成。1919 年，89 名中国的年轻学子从上海登上赴法邮船，拉开了中国留法勤工俭学运动的序幕，并在此后的岁月深刻影响了中国的命运。自 1919 年开始，在之后的十

年间，4000多名中国有志青年漂洋过海来到法国，学习先进科学技术和思想，探寻民族救亡图存之路。一百年后的2019年5月4日，在当年中国勤工俭学留学生最集中的法国蒙达尔纪市，一座纪念这场运动的纪念碑安放在了火车站前的邓小平广场上。雕塑由中国著名雕塑家吴为山创作。在此期间，华侨华人通过图片展、追寻先辈足迹等多种形式，纪念留法勤工俭学百年。多家旅行社还设置"留法勤工俭学红色之旅"旅游线路，为大家讲述百年巨变。（国际在线　2019-05-05）

2019中国人获得法国签证最多，但同比减少1%

1月21日，法国内政部公布2019年有关移民的统计数字，中国人获得的签证最多。2019年法国总共签发3534996张签证（减少1%）。主要是申根区短期签证（3298750张），其中旅游签证2463065张（减少1%），学生和实习生签证增加9%。获得法国签证（所有的类别混合）最多的前五个国家的国民依次为中国、俄罗斯、摩洛哥、阿尔及利亚和印度。但2019年发给中国人的签证数目锐减将近12万，减到757500人，2018年则有876559人。此外，2019年总共有76710名外国人获得法国国籍（减少1.4%），其中25262人因与法国人结婚而获得（增加20.3%），49671人（减少11%）凭政府政令获得。（《欧洲时报》　2020-01-22）

第八届在法中国留学人员团体联席会举办，人文社科专业增加

11月30日至12月1日，第八届在法中国留学人员团体联席会议在法国亚眠举办，来自全法学者学生联合会、在法专业人士协会和中国高校法国校友会的50余名代表参加了会议。中国驻法国大使馆教育公参杨进出席会议并发表讲话。会议由本次联席会议主席、全法中国学者学生联合会主席丁剑主持。在法留学人员团体于2019年组织和参与了一系列形式多样的纪念和庆祝活动。截至2019年底，全法有4.75万名中国留学生，有50个学者学生联合会、12个专业协会、31个国内大学校友会。在法留学生勤奋上进，攻读人文社科专业的学生增加。每年一次的在法中国留学人员团体联席会议是留学团体沟通交流的好机会，会议成果丰硕。（法国留学服务网　2019-12-04）

法国外籍兵团退伍华人协会11人获外籍兵团总会颁荣誉勋章及荣誉证书

2019年12月16日，法国外籍兵团退伍华人协会11位老常委受到外籍兵团总会颁发的外籍兵团荣誉勋章及外籍兵团荣誉证书。由外籍兵团将军Général（2s）Michel Yakovleff特意安排在外籍兵团招兵站，位于94省的nogent sur Marne，给大家颁发荣誉勋章及证书。法国外籍兵团退伍华人协会20多位老常委，及3位老会长全部出席这次活动。经过23年的风风雨雨，协会积极融入法国社会、法国军界，参与法国华人各大活动，和祖国保持紧密联系，传播中国文化，说好中国故事，为中法友谊作出贡献。（华人头条微信号　2019-12-17）

法国辽宁协会成立大会暨首届会长团就职典礼

12月12日晚，法国辽宁协会成立大会暨首届会长团就职典礼在巴黎举行。中国驻法使馆领侨处参赞高萍、一等秘书李成元、法国中国工商会秘书长蔡国枫、中国驻巴黎旅游办事处主任沐昱玮、法国华侨华人会执行主席金麟泽、欧洲时报副总编辑刘建等嘉宾以及旅法侨学界、中资机构代表出席活动。嘉宾们向法国辽宁协会成立暨首届会长团就职表示祝贺。活动中特别播放了辽宁的宣传片，展现当地的历史文化，并对协会成员作了介绍。资深旅游专家周建防担任荣誉会长、经贸界新秀吴龙担任名誉会长。来自辽宁大连的金亮担任会长。（中国侨网　2019-12-16）

首位华人获"蒙马特共和国"协会"大使勋章"

2019年3月，国际狮子会法国分会副会长、华商郭义获得了法国知名慈善公益组织"蒙马特共和国"（R.D.M.）协会颁发的"大使勋章"，以鼓励他对慈善公益事业的贡献。据了解，郭义是该协会首个获得此荣誉的华人。"蒙马特共和国"是法国成立历史最久的慈善协会之一。于1920年由著名漫画家乔·布里奇（Joe Bridge）倡议成立。阿道夫·威利特、路易·莫兰、莫里斯·米利尔拉乌尔卡、朱尔斯·德帕基特等艺术家为初期主要成员。成立之初，是为了维护蒙马特艺术自由的精神，并让蒙马特的艺术家们结成联盟，协会还对这些艺术家提供帮助。协会为贫困儿童举办狂欢节起始于 1923 年，并成为传统。其他为贫困人群举办的慈善活动也从那时开始并延续至今。郭义所在的国际狮子会于 1917 年由琼斯（Melvin Jones）成立，是世界最大的服务组织。拥有 4.8 万个分会及 150 万个会员。会员分布于世界 209 个国家。总部设于美国。(《欧洲时报》 2019-03-22）

法国陕西联合会协办世界侨民大会

由“原大陆”协会（Pangée ONG）与巴黎 19 区政府主办，法国陕西联合会协办的世界侨民大会于 3 月 20 日至 22 日在巴黎召开，旨在促进不同国家和民族的在法侨民及世界各国人民之间的交流与对话。法国陕西联合会亮相此次世界侨民大会，举办了“法国中资企业职业发展论坛”“陕西与丝绸之路活动日”“陕西形象展”等活动，让世界听到陕西的声音。在开幕式上，法国陕西联合会的李洹会长做了主题演讲“发展是和平的载体”。法国中资企业职业发展论坛于 20 日晚召开，邀请企业家和专家为旅法华侨华人及留学生介绍相关企业的情况，其发展战略及人力资源政策，以及自身在中资企业发展的经历。陕西与丝绸之路活动日从 21 日下午 14 点开始一直持续到 22 点，由陕西特色电影放映、中医讲座、“一带一路”解读、陕西人文经济环境介绍、法国陕西联合会年会等几个部分组成。“陕西形象展”则展示了涵盖文化、经济、科技等领域的陕西图片，给观众最直观的陕西古老但充满活力的印象。法国陕西联合会于 2018 年 3 月成立，以陕西籍的新老留学生为主，旨在团结旅法乡亲宣传陕西，讲述中国故事，展现华人新风貌，为中法各领域交流与合作贡献力量。(《欧洲时报》 2019-03-27）

中国人成为巴黎最活跃的海外购房者

2019 年第一季度，中国人超越意大利人和美国人，成为巴黎最活跃的外国房地产买家。虽然仍是少数，但在巴黎和法兰西岛买房子的外国人已经越来越多。长期以来，意大利人一直是巴黎最活跃的外国房地产买家，直到 2018 年被美国人超越。然而在今年第一季度，中国买家却成为巴黎房市“黑马”。数据表明，2019 年前三个月，在外国买家（包括常住和非常住居民）购买的巴黎房产中，超过 14% 被中国人收入囊中。在华人聚集的在 13 区，中国人购买的房产占外国人整体购入房产的 10%，而在 3 区，这一比例甚至超过了 17%。中国人也是巴黎近郊三省（la petite couronne，包括上塞纳省、圣德尼省和马恩河谷省）前三位最活跃的外国买家之一。在该区域，17% 的房地产都被外国买家收入囊中。除了中国人，葡萄牙人和罗马尼亚人最为活跃。与法国多由企业购买的情况不同，中国人、葡萄牙人和罗马尼亚人都是个人买家。([法国]《费加罗报》 2019-05-28）

德国中国商会召开 2019 年度第二次理事会议

2019 年 7 月 9 日，德国中国商会 2019 年第二次理事会议在中国驻德使馆经济商务处召开。商会 19 家理事单位中的 14 家派代表出席了会议，驻德使馆经济商务处王卫东公参、徐新江一秘也参加了会议。德国中国商会是首个联邦层面代表在德中资企业的权威机构，为中国在欧洲建立的第一家海外商会，由在德运营的主要中资企业创立。德国中国商会以“服务会员、增进交流、合作共赢”为理念，旨在促进中德双方经贸交往，代表成员企业与德国政府部门、管理机构、经济组织以及媒体和公众展开交流，促进商会会员积极融入德国社会与文化生活，为中德两国战略伙伴关系的积极发展做出贡献。2013 年 5 月国务院总理李克强在访德期间正式宣布德国中国商会成立，理事会由 19 家理事单位组成，由会员大会选举产生，任期 5 年。理事会成员均为各在德中资企业负责人兼任，在中德事务中都具有非常丰富的经验。(德国中国商会　2019-07-09）

四分之一人口有移民背景，官方称德国已成移民国家

德国联邦政府 12 月 3 日公布的报告显示，该国每四人就有一个具有移民背景。德国联邦政府移民、难民和融入事务专员威德曼 - 毛茨表示，德国已是一个移民国家。当天公布的第 12 份德国联邦政府移民、难民和融入事务专员工作进展报告在研究 2016 年 8 月至 2019 年 4 月的情况后给出了上述结论。报告采用了德国联邦统计局对“移民背景”的定义，即德国人口中那些“本人或其父母中至少一方未在出生时取得德

国国籍者”。根据这一定义，德国共有 2080 万人口具有移民背景，占总人口的 25.5%。报告显示，德国移民增速在放缓。其中，2018 年新增 160 万移民，较 2016 年减少了 30 万人。在难民方面，申请避难人数显著下滑，从 2016 年全年的 74.5 万减少至 2019 年前十个月的 14.1 万。报告同时显示，德国西部各州移民背景人口占比显著高于东部。其中不来梅最高，为 35.1%。在黑森州、巴符州、汉堡、柏林和北威州等州亦高于 30%。而在除柏林外的东部各州，移民背景人口占比仅为 8%。但据联合国统计，德国 14.9% 的居民都是在国外出生，德国仍很难归入移民国家之列。（中国新闻网　2019-12-03）

德国法兰克福首届中国节开幕

当地时间 8 月 30 日下午，伴随着《我和我的祖国》的歌声和快闪演出以及德国友人精心排演的舞龙舞狮，首届德国法兰克福中国文化艺术节拉开帷幕。此次活动旨在推广中国文化，加深中德文化交流，向中华人民共和国成立 70 周年献礼。此次中国节在法兰克福商业中心采尔大街和卫戍大本营（Hauptwache）之间的广场搭建起主舞台和 30 多个展位，在 3 天的时间里，向法兰克福市民和游客展现中国文化的方方面面，包括民间工艺、美食、书画、茶艺、剪纸、武术、旗袍秀、民族歌舞等等。法兰克福中国文化艺术节整个节日期间预计将吸引近 10 万人的参访和体验。（《欧洲时报》德国版微信公众号　2019-09-13）

德国向高技术人才发放蓝卡数量创历史纪录，中国人占 1/4

德国近年来吸引了越来越多来自非欧盟地区的高尖端人才。根据德国联邦移民和难民事务局（BAMF）6 月 4 日公布的一份统计数据显示，为弥补德国巨大的高技术人才缺口，德国政府仅在 2018 年一年内就对外发放了 2.7 万份欧盟“蓝卡”，数量比前一年增加了 25.4%，创下历史最高纪录。在欧盟国家中，德国发放的欧盟“蓝卡”数量最多，占到欧盟国家“蓝卡”发放总量的 85%。自 2012 年 8 月以来，德国当局已向高级人才移民发放了近 104000 张“蓝卡”。数据显示，在德国获得欧盟“蓝卡”的高等专业人才移民中，印度人所占比例最高，占到总人数的三分之一。而中国是继印度之后第二大外籍人才来源国，中国移民人才占到总数的 25.9%。据统计，在过去 5 年中，共有 4790 名中国人获得了欧盟“蓝卡”签证。来自俄罗斯的人才移民数量居第三位，约占 8.5%。在德国多个联邦州中，巴登符腾堡州、柏林和北莱茵威斯特法伦州对外籍高等专业人才需求量最大。（《法汇报》　2019-0-06）

德国 5 月新规出炉，部分与华人生活相关

5 月 1 日起，德国一系列新规开始实施。其中，关于报税、工匠的最低薪资、新版欧元、兼职志愿服务等的新规，或与旅德华人的生活息息相关。一是报税。从 2019 年起，纳税人再也无需赶在 5 月 31 日之前提交税务报表，可以有更多的时间仔细研究税务申报款项，申报截止日期推迟至 7 月 31 日。二是关于工匠的最低薪资。从 5 月起，粉刷匠和漆匠的法定最低工资将上涨。按照新规，非技术类工人的最低时薪为 10.85 欧元。西德地区，技术工人时薪为 13.3 欧元，东德地区为 12.95 欧元。三是关于新版欧元。在发行流通新版 5 欧元、10 欧元、20 欧元和 50 欧元面额纸币之后，新版 100 欧元和 200 欧元面额的纸币，也将在 5 月 28 日开始流通。四是关于降低德国与欧盟其他国间通信费用。自 5 月 15 日起，德国与欧盟其他国家间的通信费用将变低，每分钟通话费最多只要 19 欧分，每条短信费用最高仅为 6 欧分。五是关于修改联邦污染控制法案。德国新版《联邦污染控制法案》从 5 月开始生效。按照新规，城市空气中一氧化氮含量略微超过临界值的城市并不属于污染超标城市，无需禁行柴油车。六是关于兼职志愿服务。从 5 月开始，任何年龄的志愿者，如果有身体健康问题或者需要照顾子女或亲属，可以选择兼职从事志愿服务。（《欧洲时报》德国版微信公众号　2019-05-06）

举办“金秋乌尔卡”嘉年华活动庆祝中波建交 70 周年

9 月 7 日，波兰中国商会、波兰瑞安同乡会、波兰华人妇女联合会、大梦想教育、波中友协、波亚公司、波兰华沙中国商城等旅波华人华侨社团联合举办“金秋乌尔卡”嘉年华活动。中国驻波兰大使刘光源及夫人彭玉英、波兰前副

总理别霍钦斯基、马佐夫舍省省长助理、中国商城所在乌尔卡乡乡长等应邀出席，共1000余名侨胞及中资企业代表参加。嘉年华演出活动奉上了一场精彩的中华文化视听盛宴，令在场观众深受感染，很多侨胞热泪盈眶。为弘扬中华传统文化，活动还专门设立中国书法、茶艺、绘画及美食展区。现场气氛热烈祥和，华人华侨为祖国发展成就倍感自豪，纷纷表示愿继续为祖国建设和中波友好贡献力量。（中国驻波兰大使馆 2019-09-09）

旅波华人看华为王伟晶事件四种舆论方向

2019年，波兰华为风波愈演愈烈，值得被大众关注的是被捕的两名人员均有政府工作背景。中国籍高管是华为在波兰分公司负责销售的管理人员（前中国驻波兰格但斯克领事馆的外交人员，已于2011年离职，离职前仅为“三等秘书”而非有的媒体报道为“参赞”），而被捕的波兰人 Piotr Durbajlo 现在是法国电信运营商 Orange 在波兰办事处的工作人员并且“在网络服务圈中颇有名气”。而他原来是波兰国家安全局信息部门的副主管，直到2011年。随后，中国国内各大媒体的报道以及波兰媒体和波兰民众的态度大概出现了四个舆论方向：阴谋论、事实论、笑话论、卸磨杀驴论。中国驻波兰使馆新闻发言人也就中国公民王某被波方拘留一事发表了声明，中方对一名中国公民被波方拘留高度关注。中国驻波使馆已第一时间约见波兰外交部，要求波方尽快向中方就事件情况进行领事通报，尽早安排领事探视，依法、公正、妥善处理此案，切实保障当事人合法权益、安全和人道主义待遇。(《欧洲侨报》 2019-12-25）

中国驻波兰大使出席中国总商会成立大会

波兰中国总商会成立大会3月14日在华沙举办，波兰政要、商协会组织和中波企业代表约200人出席了大会。中国驻波兰大使刘光源、波兰国家商会会长安杰伊·阿伦达尔斯基、马佐夫舍省代表等嘉宾出席并致辞。当天，在成立大会前还举行了波兰中国总商会第一次会员代表大会，选举产生了总商会董事会新任会长并增选副会长，同时，对2019年的工作内容和发展方向进行了讨论。会后董事会举行了与媒体见面会，会长刘红星向新闻媒体介绍了总商会的情况。波兰中国总商会是由在波中资企业发起的、在波兰法院注册成立的企业自治组织。波兰中国总商会代表中波企业利益，保护与支持在中国的波兰企业以及在波兰的中国企业的商业利益和业务开拓，促进波兰与中国经贸关系的健康发展。总商会现有中波会员企业40余家，涵盖了通信、金融、基建、医药、制造和食品等多个行业。（国际在线 2019-03-15）

波兰华人妇女联合会举办换届庆典活动

2019年3月10日，波兰华人妇女联合会第三届连任暨（三·八）庆典活动在华沙举行。中国驻波兰大使馆政务参赞姚东晔、办公室主任许萌萌、领事部主任郑钧以及波兰华人社团代表等出席。当地 Piaseczno 区政府、学校和区杂志社负责人也应邀参加了庆典活动。波兰华人妇女联合会成立于2012年3月8日。几年来，妇女联合会的队伍不断壮大。过去一年，波兰华人妇女联合会开展了丰富多彩的活动，积极发扬中华民族的传统美德，自尊自强，博爱奉献，努力发展自身事业，积极融入波兰社会，促进中波民间友好交流，展示了当代中华女性风采。(《欧洲时报》中东欧版 2019-03-12）

苏格兰华裔住房问题受关注

日前，苏格兰住房协会联盟（SFHA）首席执行官 Sally Thomas 表示，住房领域似乎有种族盲点，当地华裔也是受影响群体。苏格兰住房倡权机构 Trust 代表了2500间物业，为全苏格兰的印度、孟加拉国、巴基斯坦及华裔解决住房问题。Trust 首席执行官 Joshi 表示，少数族裔面对越来越多尖锐的租房问题。语言是一大障碍，尤其是与房东沟通时，亚裔总是处于较为劣势。根据苏格兰住房监管局提供的数字，2017年至2018年度，管理廉租房的部门只有1%是亚裔员工，非裔背景的雇员也只有1%，而他们的同事则是超过4/5（81%）的白人。NG Homes 管理6000所住房，其中4500所是经济住房，包括在格拉斯哥北部较贫穷地区的适用房等。NG Homes 表示，除了管理这些住房，机构从五年前起定期为少数族裔举办小区活动，注重少数族裔平权，如招募华裔实习生等。这样做是立竿见影的，在过去4年内，华裔家庭从54户增加至90户。（欧洲《星

岛日报》 2019-02-25）

中国留学生成为斯德哥尔摩高校中最大国际生群体

瑞典斯德哥尔摩学院论坛日前发布的一份报告显示，赴斯德哥尔摩的中国留学生数量近年来不断增加，并于2017—2018学年成为斯德哥尔摩高校中最大的国际留学生群体。斯德哥尔摩学院论坛是该市政府与18所高校组成的推广机构。这份报告显示，2017—2018学年，在斯德哥尔摩高校中就读的中国本科生、研究生以及交换生的总数已增至826名，同比增长了18%。这是个重大的趋势转变，在斯德哥尔摩的中国留学生数量已超过传统上数量最多的芬兰和德国留学生人数。据统计，斯德哥尔摩高等院校中，瑞典皇家理工学院的中国留学生人数最多，占当地中国留学生总人数的约60%。该校5个最受中国学生欢迎的硕士课程为：嵌入式系统、信息和网络工程、机器学习、通信系统、建筑。（新华网 2019-02-23）

比利时华侨华人纪念五四运动100周年

比利时华人青年联合会于5月2日举办座谈会暨图片展，纪念五四运动100周年。会议以“传承弘扬五四精神 新时代华侨华人青年肩负新使命”为主题，旅比各侨团代表应邀出席。比利时华人青年联合会会长朱旭林在发言中说，今年是五四运动100周年，也是新中国成立70周年。当代华侨华人青年在住在国接受教育，学习科技文化，遵守当地法律法规，同时身上也流淌着“中国血液”。为纪念五四运动100周年，法国、卢森堡、斯洛伐克等国的青年侨团已举办一系列活动；5月4日当天，分布在欧洲各地的青年侨团齐聚荷兰海牙，共同向华侨华人青年发出倡议。（中新网 2019-05-03）

比利时华商丝路商会成立

比利时华商丝路商会6月13日在比利时安特卫普市正式成立，吴晓旺荣任首届理事会会长。商会旨在为旅比华商积极参与“一带一路”建设搭建平台，推动中比两国交流与合作迈上新台阶。安特卫普市负责港口事务的副市长安尼克·里德到会祝贺，她表示，“一带一路”倡议为安特卫普港带来了新的商机，最近几年，安特卫普港来自中国的货运量猛增，2018年安特卫普港的转运总量创下了2.35亿吨的新纪录，这与中国的贡献密不可分。（新华丝路网 2019-06-14）

爱尔兰150万欧元奖学金只给中国学生

据爱尔兰教育推广处数据显示，2018年学习签证申请人数较2014年翻倍，爱尔兰留学正式迈进年增长率为两位数的快速车道。目前在爱尔兰的中国留学生人数达5726名，本科生人数为1/2，研究生人数为1/3，短期生、预科生则约占总人数的20%。两国之间已拥有3个合作办学机构以及69个合作办学项目，多数项目可为中国学生提供本科阶段“3+1”“2+2”的学习交流并获得学位的机会。都柏林大学与都柏林圣三一大学都较受中国留学生青睐。专业方面，爱尔兰的计算机与电子工程技术相关专业较为优质，其次是工商、金融等。为了缓解赴爱中国留学生的压力，爱尔兰政府推出系列专门针对中国留学生的奖学金政策。以“爱心奖学金”为例，这是一项由爱尔兰教育推广处发起并组织的国家级奖学金项目，于2015年9月正式启动。2018年吸引13所爱尔兰高校参与，提供奖学金总额超过150万欧元，涵盖100多个不同的专业领域，每年可资助超过250名学生赴爱深造。（《环球时报》 2019-05-27）

南欧东欧侨情

西班牙发布 2018 年人口登记数据　华人为第六大移民群体

西班牙国家统计局 6 月 25 日发布的全国人口登记数据显示，2018 年西班牙总人口约为 4690 万人，达到 2012 年以来最高水平，其中尤以移民数量增长为最。西班牙人口呈正增长态势：本国人减少，外来移民增多。华人在西班牙的总人口为 19 万，是该国第六大移民群体。近年来，多国移民大规模抵达西班牙，其中多数集中在马德里自治区，中国移民群体人数持续稳定增长，稳居 Usera 区外来移民人口的首位。然而，民意调查结果显示，大量欧洲民众认为，移民将成为未来欧盟面临的最大挑战。(中国侨网　2019-06-27)

欧洲经济和社会委员会（EESC）呼吁，欧盟应全面取消“黄金签证”

近年来，一些欧盟成员国建立了新的公民身份和居住制度（指黄金签证），用国籍来吸引投资。欧洲经济和社会委员会（EESC）呼吁，欧盟所有国家都应该取消“黄金签证”计划，因为它不透明、管理不善，已经成为犯罪分子和腐败分子洗钱和外逃的“保护伞”。此外，“黄金签证”带来的问题还包括此类投资的波动会给欧盟成员国的宏观经济埋下潜在风险，房产价格上涨会引起社会、经济、政治风险，会引发欧盟机构信任危机、欧盟公民声誉危机等，以后应逐步取消。西班牙是发出“黄金签证”最多的欧盟成员国，每年因此吸金 9.76 亿欧元。此次 EESC“吹风”可能预示着未来办理“黄金签证”越来越难。(《欧洲时报》西班牙版　2019-11-26)

意大利人视移民为“仇人”抱怨其抢走工作

近日，意大利社会经济研究机构 Censis 针对意大利的社会状况发布了一个报告，描述了意大利的“排外”现象：意大利人把外国人和不同的人视为敌人。该报告指出，63% 的意大利人对非欧盟国家的移民持负面印象，高于欧盟国家的平均水平，45% 的人对欧盟内其他国家的移民持负面印象。57% 的人认为，移民的到来抢走了意大利人的工作；63% 的人认为移民成为社会福利的负担，并且有 75% 的人认为移民增加了犯罪率；而只有 37% 的人认可移民所带来的经济影响力。关于对未来的展望，59.3% 的意大利人认为，在 10 年内不同民族及不同文化的融合度不会变好。报告认为，那些对安全的激进需求，威胁到了社会的开放性。(欧时大参　2018-12-12)

意大利 2018 移民境外汇款增幅 20%　华人汇款额骤降

日前，意大利莫雷萨（Leone　Moressa）基金会公布的一项调查数据显示，2018 年，意大利移民境外汇款总额约为 62 亿欧元，同比增幅达到了 20%。在移民汇款总数总体增加的同时，在意华人境外汇款额排名却出现了大幅度下降。根据较早前的统计资料显示，2012 年以前，在意华人境外汇款始终居于移民境外汇款的排名榜首。2011 和 2012 年，在意华人境外汇款总额分别为 27 亿欧元左右；2013 年，华人境外汇款总额首次出现下滑，近年来始终保持下降态势；2018 年，在意华人境外汇款总额仅为 2100 万欧元，排名降至第 38 位。(中国侨网　2019-04-16)

意副总理向“华人”宣战：将在全意发起商业和劳工领域大检查

意大利的非法移民数量大约有 50 万人。意大利副总理兼经济发展、劳动与社会政策部部长迪马约近日宣布，要加强对意大利国内商业活动的控制，将特别关注“华人和巴基斯坦人”的商店。迪马约称，非法移民问题已经触及到意大利的商业和劳工领域。“很多非法移民从事小型商业活动，这些行为不透明、偷漏税，还不开收据、售卖没有注册的违规商品，对意大利的企业造成不公平竞争，并对我们的经济造成破坏。”他表示，将在未来几天内发布具体指令，以加强对这些商店商业活动的控制，并希望议会加强遣返非法移民的力度。(《欧洲时报》意大利版微信公众号　2019-06-13)

2018年意大利移民总数超500万，华人30万排名第4

意大利国家统计局(Istat)近日公布的人口普查数据显示，2018年，意大利人口持续下降，移民占比上升，占到总人口的8.7%。意大利总人口减少的主要原因是意大利籍人口的减少：截至2018年12月31日，意大利籍人口降至5510.4万人，比2017年减少23.5万人(负增长0.4%)。截至2018年1月1日，获得意大利国籍的移民总数超过134万人，其中56.3%为女性。近10年来，意大利移民数量增长了4倍多，远高于欧盟其他国家。截止到2018年，意大利合法移民数量为525万人，与2017年相比增加了11.1万人，其中，360万人来自非欧盟国家。由于庞大的移民数量，意大利可谓是一个多民族国家，在意大利人数至少在1万人以上的外侨团体约有50个，这些人来自196个不同的国家。其中有30万为中国人，在移民数量中排名第4。(《欧洲时报》意大利版微信公众号　2019-07-07)

意大利移民：学生居留明显增多　中国学生占比大

意大利统计局ISTAT的最新数据显示，2018年意大利新发居留24.2万多张，2017年近26.3万张，一年内减少7.9%。调查强调：申请庇护居留的减少了41.9%，但工作居留增加了19.7%，家属居留也增加了8.2%；与此同时，学生居留明显增多且增幅较大(增加20%)，其中以中国留学生居多。从地区来看，新发居留主要集中在意大利北部地区(+56%)，而南部地区则较少(+23%)。从国别来看，阿尔巴尼亚人和摩洛哥人拿到的居留最多，发给印度人的居留也有所增加；尤其是阿尔巴尼亚和摩洛哥这两个国家的人，近年来大量移民意大利。另一方面，尼日利亚人申请居留的有所下降(-40%)，孟加拉人和巴基斯坦人的入境人数也有所减少。(《新欧洲侨报》　2019-10-23)

希腊正为中国投资加快实施“黄金签证”项目

根据希腊的“黄金签证”项目，作为对希腊房地产至少投资25万欧元的回报，非欧盟居民将在该国获得5年居留权。数据显示，自2013年启动该项目以来，希腊已发放约5300份此类许可证，其中中国“买家”超过3400份。2018年希腊(通过该项目)吸引中国资本4.69亿欧元，仅2019年上半年就达到4.43亿欧元，相比之下2017年仅为7700万欧元。经历多年衰退后，尽管近来希腊的房价开始上涨，但仍长期处于低价位，而上述签证项目正在刺激此前陷入萧条的住房市场。自推出上述项目以来，中国投资者总共已对希腊房地产投资超过10亿欧元。其实，自从发生导致希腊GDP丧失了约1/4的经济危机以来，房地产只是雅典和北京开展更密切合作的一方面。(法新社　2019-11-11)

外国人葡萄牙黄金居留卡大数据：中国投资者占主导地位

葡萄牙移民局的最新数据显示，2019年10月葡萄牙黄金居留政策吸引的投资为5990万欧元，同比下降19%。在实施该政策的7年后，共吸引投资近50亿欧元，其中房地产购买占90%。到2019年10月，葡萄牙移民局已累计发放7960份黄金居留签证，其中通过购买房地产获得居留的数量为7594份，资本转移的数量为450份，创造至少10个工作岗位的数量为17份。按照国籍划分，中国投资者(4424份)占主导地位，其次是巴西(844份)，土耳其(370份)，南非(318份)，俄罗斯(290份)。此外，移民局为家庭团聚成员签发了13756份居留许可，2019年已签发了1941份。(中国侨网　2019-11-14)

巴塞“唐人街”发展兴旺　西媒给侨胞记“头功”

近年来，华侨华人用自己的努力渐渐在西班牙社会站稳脚跟，巴塞罗那的“唐人街”不仅引起作家、记者的关注，侨胞还在推动社区和平发展。报道称，巴塞罗那Xeix项目是一项将中国人口融入社区联合生活的市政计划，从计划推行的第7年开始，中国居民成为了该社区和平发展的真正推动者。旅西侨胞积极融入社会，涉猎美发、酒吧、餐饮、教育、摄影等多个行业，同时，旅西侨胞也不忘让孩子学习中文和中华文化。除了普通话，中文学校还会展示加泰罗尼亚传统文化，如叠人塔和巨人队等当地特色活动和习俗。（欧洲时报微信公众号“西闻” 2019-4-25）

“庆祝新中国70华诞，强化旅西侨团建设”座谈会举行

9月13日，借中秋佳节之际，中国驻西大使吕凡先生、领事参赞朱健先生及西班牙侨界代表近百人齐聚马德里香格里拉酒店，召开“庆祝新中国成立七十周年——强化旅西侨团建设”座谈会，座谈会以“共贺新中国七十年华诞”为主题，就当前旅西侨团建设展开深入交流。会上，各侨团侨领纷纷发言，阐述自己对新时期侨社发展与建设的看法。最后，吕凡大使发表了主旨讲话，他肯定旅西侨团在侨界中起到的领航员作用，希望各侨团能够为建设和谐社会添砖加瓦。（法国欧洲时报网 2019-09-13）

天主教会米兰大主教重视华人群体

元月16日晚间，应米兰天主教大主教马里奥德尔皮尼的邀请，吴兴华（ANGELO OU）、黄国权、卢锡华、黄其顿、FRANCESCO WU等十多名华人代表出席大主教的晚宴。宴会在米兰市中心主教办公兼官邸的主教宫举行。参加宴会的华人代表来自各个领域，有企业家、会计律师等专业人士、学生等。在教会发言人的带领下，他们参观了所在宫殿的文物瑰宝和古典设施。在高规格丰盛的晚宴之后，马里奥德尔皮尼大主教向与会人士强调，“今天是一个新的开始”，毫无疑问，华人将越来越受到大主教的重视，他将在今后加强与华人群体之间的交流。（《新欧洲侨报》 2019-01-18）

意大利（中国）侨商会换届庆典在罗马举行

3月3日，意大利（中国）侨商会第三届换届庆典大会在罗马喜来登大酒店举行，胡爱芬当选新一任会长。中国驻意大利大使馆参赞吴冬梅、领事部主任张爱山携领事部各位领事、意大利各兄弟侨团侨领及代表、意大利政府议员Renata Polverini、意大利国家警察公共安全局长Armando Forgione、侨商会会长团及部分家属以及华文媒体代表等约500人应邀出席了活动。意大利（中国）侨商会第一任和第二任会长项进光首先发表讲话并对会务工作作总结。他表示，相信在胡爱芬的带领下，新一届会长团将继承和发扬优良传统，团结各兄弟侨团和广大侨胞，推动侨社和谐健康发展，促进侨胞更好地融入当地社会，努力为自身事业的发展和祖国建设做出更大的贡献。（法国欧洲时报意大利版 2019-03-08）

两华裔当选意大利普拉托市议员

意大利普拉托市议会选举近日举行，两名华裔Marco Wong和Teresa Lin成功当选议员，这是普拉托历史上第一次有两名华裔公民当选议会成员。除了两名华裔以外，出生在罗马尼亚的Claudiu Stanase成为此次议会竞选中联盟党（Lega）选举联盟票数最多的竞选人。令人意外的是，意大利力量党（Forza Italia）未在此次普拉托议会选举中获得席位。Marco Wong和Teresa Lin此次参加普拉托议会选举旨在让生活在普拉托的华人华侨能够在新一届政府中占有一席之地。两人表示，未来将积极捍卫华人华侨尊严，促进侨社融入主流社会，关心下一代的幸福与发展。（欧洲时报意大利版微信公众号 2019-06-11）

中国大使约见西班牙央行行长 关注旅西侨胞账户问题

近日，中国驻西班牙大使吕凡就旅西中国公民银行账户问题约见西班牙央行行长德克斯。使馆参赞朱健、领保人员、西班牙反洗钱委员会主任维嘉、央行办公室主任纳瓦雷特等参加会见。吕凡表示，从2018年初至今有大量旅西中国公民反映遭遇银行账户问题，很多旅西侨胞和留学生因账户被冻结等原因陷入生活困境。使馆希望央行对有关情况给予重视并与相关机构进行沟通协调。德克斯明确表示，西班牙政府及央行不存在针对某个国家或地区以及某个移民群体的歧视性政策。但执行金融监管政策中可能存在银行对政策理解不当、过度操作等问题。西央行愿意于近期与相关商业银行就此问题进行沟通并下达指示，避免执行过程中影响客户正当权益。（中国驻西班牙使馆微信公众号 2019-02-21）

越来越多大品牌看好“华人百元店”

据统计，西班牙目前有大约3万家商铺是由外来移民群体经营。尤其是华人百元店，在争议中不断发展。值得肯定的是，随着华人店的多元化发展以及其市场份额的不断增长，华人店的商业模式正在吸引大品牌，让他们在这场华人风中看到了商机。据悉，有些公司就已经开始在华人店投入一定的产品进行检测，通过可见、有战略的方式，吸引消费者购买这些产品，同时也在不断挖掘“华人”生意的潜力。据悉，在西班牙，3万家外来移民经营的店铺中超过一半为华人店，数量达1.8万家，又有1.2万家为巴基斯坦籍人经营。鉴于这些数据，有些商业外包公司利用这两大移民群体的商店，放入其旗下的产品和品牌，促进销售增长。（[西班牙]《欧华报》2019-11-04）

普拉托华人工厂渐成欧洲商人订货中心

佛罗伦萨的普拉托工业区占地150公顷，欧洲各地商人来到普拉托，从看样品、下订单，到开始生产，采购商一天即可搞定全部流程，缩短了整个行业的供应链。调查显示，2017年底，该地区华人企业共计5842家，占外国企业的三分之一。其中，华人企业在制造业中占比最高（超过50%），其次是贸易和餐饮业。华人企业正在涉及普拉托生产的方方面面，对当地的营商环境产生举足轻重的作用，甚至影响当地企业的发展和平衡。如今，除了纺织和服装产业，在普拉托的华人还开始经营婚庆相关产业，从婚纱礼服到庆典布置各项服务一应俱全，给当地的经济带来了新的活力。（《欧洲时报》意大利版微信公众　2019-06-12）

西班牙中餐厅引进机器人

目前，西班牙的中餐厅再次掀起一股机器人风潮。此前在马德里曾有一家中餐厅推出机器人服务，客人们在餐厅中可以看到机器人上菜。近日，在西班牙巴伦西亚又有一家中餐厅引进了机器人服务，激发起食客们浓厚的兴趣。机器人服务不仅仅让食客们感到新鲜，更让食客们的用餐过程变得趣味满满，不得不说，中餐厅这一次在服务上走到了餐饮业的前列。但是由于机器人的内部程序还不够成熟，因此，对于餐厅来说，机器人服务目前还只是人工服务的辅助，可以帮助服务员节省大量的时间和精力。目前来看，机器人暂时还无法直接取代人工服务，可能在未来数年之后，当机器人技术愈发成熟，能够为中餐厅减少更多的成本。（西班牙欧浪网　2019-09-04）

中国人在西“购房热”催生中文中介

随着中国国内房价的不断高涨和人民生活水平的提高，不少中国投资者将目光投向了海外房产投资。而近几年来，随着西班牙“黄金签证”（指非欧盟居民在西班牙境内投资50万欧元或以上的房产后，可获得西班牙居留许可）等开放投资移民政策的出台，这个物价偏低、环境舒适、福利制度完善的国家受到许多中国投资者的青睐。目前，中国人已经取代俄罗斯人，成为在西班牙购买房产最多的外国群体，并远远超过了英国人或委内瑞拉人的房产投资量。虽然居留许可并不等同于西班牙国籍，获得后需要每两年更新一次，但在西班牙，许多针对中国市场的房地产中介公司仍然应运而生，其网站通常提供中西双语服务，客户通常是生活在西班牙的中国中产阶级。（《欧洲时报》 2019-06-06）

2019年华人社交网络的新方向

字节跳动旗下短视频抖音火遍全球，迅速成为短视频领域的新王者；在国外，抖音海外版 Tik Tok 和 Musical.ly 全球覆盖超过150个国家和地区，成为全球增速最快的手机应用。在西班牙，Tik Tok 在8岁到16岁的青少年群体中非常流行。这款来自中国的社交短视频应用在西班牙拥有非常强大的生命力，西班牙逐渐兴起的妇女会、旗袍协会、各种舞蹈团、文艺团体，还是蛮适合使用抖音去网上火一把的。这样分享，比朋友圈和微信平台关起门来自己热闹，可以获得更多的认同和点赞。2019年，这款来自中国的社交网络应用在西班牙会更火，西班牙华人媒体和华商值得花点时间去研究这款已经在西班牙年轻人当中火起来的中国应用。（欧华网　2019-01-09）

西班牙华侨华人推进中西文化交流

随着中国新年的到来，中国与西班牙的跨文化交流活动频繁在西班牙多地举行，旅西华侨华人无疑在这些活动中扮演着主要角色。报道称，在过去约40年的时间中，西班牙的华人社区逐渐形成了规模。以马德里为例，在过去十年中，中国人的数量几乎增长了一倍。尽管语言障碍还在困扰年长的一代，但在年轻人中，无论是对于华二代还是留学生，语言问题已不是什么阻碍了。值得注意的是，华侨华人在融入西班牙当地社会的同时，仍牢记着乡音、保留着乡情。其实，融入住在国社会与保留中国传统文化并不矛盾，“东西兼容”正是华侨华人们身上带有的特殊属性。（欧洲时报微信公众号“西闻” 2019-02-13）

意大利华人舞龙舞狮闹新春 米兰市长来拜年

当地时间2月10日，意大利米兰华侨华人“舞龙舞狮”闹新春暨华侨华人春节彩妆舞龙舞狮大巡游活动在米兰葛兰西广场登场。超过10万当地民众、华侨华人簇拥着彩妆方队，龙狮起舞，尽情狂欢，共同庆祝中国新春佳节。米兰市市长朱塞佩·萨拉亲赴活动现场，向华埠和中国人民祝贺新春。中国驻米兰总领馆总领事宋雪峰、副总领事汪惠娟，意大利伦巴第大区政府秘书长艾伦·克里斯蒂安·列兹、米兰市市长朱塞佩·萨拉等当地政要、议会和社团代表，米兰华助中心主任李秀桐、米兰浙江华侨华人联谊会会长温阳东等侨团负责人、华侨华人、孔子学院、中资企业和留学生代表，共同出席了春节彩妆巡游启动仪式。宋雪峰总领事和米兰市市长萨拉为龙狮点睛。（欧联网 2019-02-11）

罗马迎新年活动轰动全城，当地华人书写新的历史

2019年2月10日，一群华人在罗马市中心著名的胜利广场（PIAZZA VITTORIO）举行了一场中国传统的迎新年大型活动，这场活动由罗马22家侨团联合主办，中国驻意大利大使李瑞宇和意大利政府官员到场致辞。意大利中国总商会会长陈正溪等侨领与罗马侨界一道参加了盛会。活动以中国传统庙会的形式展开，游行队伍抵达舞台后，当天的“庙会”主场正式开始。李瑞宇大使、意大利上海联谊总会曹传豪会长、意大利福建总商会吴建成会长共同醒狮，为龙狮点睛。意大利罗马华侨华人妇女联谊会秘书长陈小娥女士主持大会，意大利青田同乡总会徐小林会长代表侨界致辞、李瑞宇大使发表讲话，意大利政府官员应邀致辞。中国文化的强大魅力，让罗马留下了深深的印记。（《新欧洲侨报》 2019-02-11）

乌克兰哈尔科夫举办“中国文化日”活动

8月23日，乌克兰第二大城市哈尔科夫举办“中国文化日”活动。哈尔科夫市民在市中心的高尔基文化公园兴致勃勃地观看中国济南吕剧院带来的山东地方戏曲——吕剧表演。8月23日，恰逢哈尔科夫城市日，哈尔科夫市与济南市是友好城市。受济南市人民政府派遣，济南市吕剧院一行16人参加哈尔科夫市庆活动。活动内容丰富多样，极具济南传统民族文化特色，让乌克兰观众充分领略到鲁声泉韵的魅力。中国驻乌克兰使馆参赞丁建伟、哈尔科夫市第一副市长捷列霍夫共同出席“中国文化日”开幕式，并在高尔基公园共同种下庆祝“中国文化日”的树苗。（人民网 2019-08-25）

侨胞助推中医药“出海”迈出新步伐

随着改革开放，近年来匈牙利民众对中医药的认可和接受度越来越高。在1月举行的匈牙利“中国春”活动中，有超过5000名匈牙利民众前来义诊，当地人对中医药专家量身定制的健康生活方案更是赞不绝口。据了解，第16届世界中医药大会今年将在匈牙利首都布达佩斯举行，届时来自五大洲的38个国家和地区的近千名中医药代表将参与。此次大会将成为世界中医药发展历程上又一个里程碑。华侨华人长期生活在海外，能够为中医药文化在海外传播“铺路搭桥”。中医药在海外传播是一个循序渐进的过程，切忌急功近利。此前，中医药之所以能够在匈牙利正式立法，很大程度上得益于华侨华人长期以来对中医药文化的传播和对中医药形象的维护。（《人民日报》海外版 2019-04-01）

匈牙利侨社创办中德实验学校揭牌

当地时间6月24日，匈牙利侨社又一所主要面向华侨华人子女的学校——匈牙利中德实验学校在布达佩斯正式揭牌并开学授课。匈牙利中华文化传承基金会主席赖华女士介绍，根据华人学校的实际情况，中德实验学校在假期和周末上课，目前开课学前班，以及一至八年级课程，小学和初中教材选用人民教育出版社标准的语文和数学课本，聘请有教学资质的中国老师授课。学校的外语课为德语和英语，由外籍专业教师教学。中德实验学校的宗旨是“奠基多元文化、融入欧洲明天”，以发展、创新的理念来管理、教

学，尊重各民族的信仰和传统，传承中华民族自强不息的精神。除全日制的公办中匈双语学校外，匈牙利华侨华人创办的中文学校已有三家。（匈牙利欧洲华通社　2019-06-26）

黑中介跑路　西班牙或严查留学生“伪造文件”现象

近日，数十名旅西中国留学生因涉嫌“伪造文件罪”被警方调查询问，拘留被扣，等候庭审。据了解，相关学生医疗保险、住家证明、学习证明由某中介代为办理，存在造假嫌疑。此外，还有中介涉及伪造文件、提供假证明等业务，帮助知法犯法的中国留学生在西班牙非法滞留。非法中介为中国留学生伪造文件的现象愈发普遍，已经引起西班牙当局注意。西班牙或展开大规模排查活动，若涉案学生被判有罪，将面临 6 个月至 3 年监禁。中国驻西班牙大使馆领侨处和文化处教育组高度关注，已与当事人进行密切沟通了解情况，并指导其维护合法权益。使馆领保人员已与负责此案的警局联络表达关切，督促警方保护好当事人权益。(《欧洲时报》西班牙版　2019-06-08）

意大利中国留学生已超 1.3 万　山东赴意留学人数最多

意大利教育中心日前发布 2019 至 2020 学年马可波罗和图兰朵计划招生数据报告。该报告援引联合国 2018 年全球留学生统计分析数据显示，在中国学生出国留学目的国排行榜中，意大利为中国留学生第 9 大学习目的国。2018 年，在意大利的 9.2 万名外国留学生中，中国留学生已经达到 1.37 万人，占外国学生总数的 14.86%。在中国各省市赴意大利的留学生排名中，山东省是赴意留学生人数最多的省份，共有 303 人，其次是江苏省，有 187 人，排在第三位的是浙江省，有 185 人。在赴意大利留学的中国留学生中，综合性大学的本科预注册人数，几乎是研究生人数的一倍，但艺术类院校则基本持平。（中国侨网　2019-10-22）

匈牙利高校留学生人数稳步增长　中国学生多

匈牙利高等教育中具有外国公民身份的学生人数和比例正在稳步增长。目前有 3.3 万多名外国学生在匈牙利的高等教育机构学习，占全日制学生的 16.5%；而在 2015 年数量则为 2.3 万名，占比 12%。在匈牙利学习的外国学生中，约有三分之一的学生都选择在四所著名的匈牙利医科大学就读。据悉，大多数学生是从中国、美国和德国来的，另外还有一些学生来自法国、罗马尼亚、斯洛伐克、挪威、土耳其、越南、俄罗斯等。([匈牙利]《联合报》2019-10-17）

俄罗斯侨情

“阿里速卖通”售卖俄中小企业商品

6月24日，中国电商平台“阿里速卖通”正吸纳俄罗斯中小企业入驻，包括个体工商户。据悉，该平台对俄卖家的要求将降到最低，不受交易额、服务和配送的限制。目前，天猫商城在俄共有约10万种商品，品牌数超过500个，其中一半以上为俄罗斯品牌。此外，莫斯科出口中心帮助当地企业利用阿里巴巴提高了销售业绩。（《生意人报》 2020-07-04）

中资企业参与建设俄最大的太阳能发电站

7月2日，俄斯塔夫罗波尔边疆区能源、工业和通信部新闻局发布消息称，预计斯塔夫罗波尔边疆区的第一个太阳能发电站将在2020年达到全部设计产能——100兆瓦。届时，该电站将成为俄罗斯最大的太阳能发电站。发电站由中国黑龙江天狼星电站设备有限公司为开发俄的太阳能而创建。位于格拉乔夫卡区的该项目一期工程已于2019年6月投入运行，其设计功率为12.5兆瓦，场内设有4.37万个光伏模块，总投资超过15亿卢布。（俄罗斯塔斯社 2019-07-02）

2019年在俄中餐厅数量增长迅猛

调查显示，2018年10月到2019年11月，俄罗斯新增中餐厅数量达到630家，全俄中餐厅增至8200家，增幅达33%。据俄罗斯统计局数据，俄罗斯餐饮业营业额1月至9月增长4.7%，达1.9万亿卢布。（俄罗斯卫星新闻通讯社 2019-11-29）

中铁建在俄罗斯首都扩展地铁隧道挖掘和地产业务

中国铁道建筑总公司目前正参建莫斯科地铁大环线。中铁建负责大环线西南区段三个地铁站的建设任务：维尔纳茨基大街站、米丘林大街站和阿米尼耶夫斯基公路站。中铁建在1992年就已经进入俄罗斯。尤其是2016年，进入到莫斯科地铁项目。中标建设西南线后，公司自主研发了适应零下30摄氏度低温的盾构机，创下了俄罗斯国家的最快速度，12小时最高掘进21米，单日最高纪录35米。目前，莫斯科已经连续把西南线包括东段、西段、环线、西南线等四期基础项目全部交给中铁建来施工。中国铁建同莫斯科市政府达成了包括基础设施和一些商业产业园的一揽子投资计划，合作项目超过几十亿美元。（俄罗斯卫星通讯社 2019-12-18）

支付宝与俄罗斯伙伴合力打造“俄版”电子支付系统

支付宝与俄罗斯Mail.ru集团正在携手建立电子支付合资企业。Mail.ru集团将成为该企业最大股东，持股40%。在俄罗斯，很多大型购物场所都支持支付宝付款，主要服务赴俄旅游的中国游客。由于注册支付宝账户须绑定中国银行卡，绝大多数俄罗斯人享受不到中国支付系统带来的便利。现在，支付宝与Mail.ru集团建立合资企业将使俄罗斯人也能享受到中国移动支付的便利。为吸引零售商使用新系统，俄央行提供了一定的优惠。例如，零售商使用新系统的手续费仅为0.7%，大大低于使用银行卡交易所需缴纳1.5%至2%的手续费，而日用品、医疗服务和教育服务商家仅需支付0.4%的手续费。（俄罗斯卫星通讯社 2019-10-11）

华为准备在数字发展道路上支持俄罗斯

在“俄罗斯互联网周—RIW2019”会议期间，俄罗斯电信运营商MTS与中国华为公司用5G网络举行了俄罗斯首场全息会议。MTS公司贡献了移动网络，华为贡献了设备，全息会议期间数据传输速度达2GB/秒，全程无故障、无停滞，会议双方都能看到全息投影，现场感十足。早在今年6月，在两国领导人见证下，俄罗斯和中国两家大型公司就签署了2019年至2020年开发5G技术并在俄罗斯试点运行5G网络的协议。华为向俄罗斯MTS公司提供5G设备、基站和天线。位于喀琅施塔得和莫斯科全俄展览中心的两个测试区采用中国设备建设。华为的5G设备在外形尺寸、功耗和频谱效率方面处于市场领先地位。因此，5G技术在俄罗斯得到实际应用目前只能依靠华为设备。（俄罗斯卫星通讯社 2019-12-16）

克里米亚华人协会成立

3月18日，克里米亚回归五周年活动在俄罗斯驻华使馆举行。克里米亚华人协会也于当天正式成立。据葛志立会长介绍，协会成立的主要目的是促进华人与克里米亚各界的互动、交流与合作。克里米亚华人协会将设三个办公地点，克里米亚的亚尔塔、莫斯科和北京。（俄罗斯卫星通讯社 2019-03-19）

俄罗斯山东同乡会在莫斯科成立

5月28日，俄罗斯山东同乡会在莫斯科正式成立。山东省政协副主席韩金峰率领的山东省代表团以及中国驻俄使馆、中资机构、在俄侨社等机构和组织代表出席了成立仪式。俄罗斯山东同乡会首届会长为赵卫星。（中国新闻网 2019-05-29）

俄罗斯吉林省华侨华人联合会成立

9月23日，俄罗斯吉林省华侨华人联合会在莫斯科正式成立。中共吉林省委常委、宣传部长石玉刚率吉林省代表团以及中国驻俄使馆、中资单位、在俄侨社等机构代表出席了联合会的揭牌仪式。俄罗斯吉林省华侨华人联合会会长为周振远。（中国新闻网 2019-09-24）

俄罗斯侨星志愿者服务团在莫斯科成立

10月18日，俄罗斯侨星志愿者服务团在莫斯科成立。中国侨联副主席、山东省侨联主席李兴钰出席了成立大会，并向服务团授旗。该服务团是第9个在海外成立的侨星志愿者服务团。目前该团有成员100余人，涵盖了当地华侨华人、留学生和中资机构代表等。团长由王传宝担任。（中国新闻网 2019-10-19）

四川省工商会设立驻俄代表处

10月30日，四川省工商会设立驻俄代表处。中国国际贸易促进委员会四川省委员会副会长黄莉表示，驻俄代表处将成为连接四川与俄罗斯的纽带和桥梁，将有力促进双方在多方面开展合作。（俄新社 2019-10-30）

莫斯科华侨华人联合会庆祝建会25周年

12月21日，莫斯科华侨华人联合会在莫斯科庆祝建会25周年。中国驻俄使馆、俄罗斯二战胜利继承者国际联盟、俄罗斯亚洲工业企业家联合会、华侨华人社团、中资企业等机构和组织代表参加了庆祝活动。莫斯科华侨华人联合会会长李娜、中国驻俄使馆领事处领事李晓勇在活动中致辞。莫斯科华侨华人联合会成立于1994年，由留苏学生发起，是在莫斯科最早注册的华侨华人社团之一。成立以来该会组织了各类文体活动，带领各界华侨华人积极参加俄社会公益活动，帮助华侨华人融入当地主流社会，配合中俄建交70周年、新中国成立70周年等重大事件，在俄当地举行了多场庆祝活动。（中国新闻网 2019-12-22）

中俄社团组织关爱俄罗斯二战老兵活动

5月21日，一场名为“传承老兵精神、巩固中俄友谊”的关爱俄罗斯二战老兵活动在莫斯科举行。此次活动由莫斯科华侨华人联合会和俄罗斯胜利继承者国际联盟共同主办。活动以“继承光荣传统，珍爱世界和平”为主题，通过回顾历史，让更多人了解到中俄两国在世界反法西斯战争时期所做出的贡献。中国驻俄使馆领事部参赞刘明彻、莫斯科华侨华人联合会会长李娜、俄罗斯华侨华人联合总会秘书长吴昊、中资机构、留学生代表以及俄罗斯老战士委员会代表出席了当天活动。活动期间，俄罗斯胜利继承者国际联盟还向李娜等部分华侨华人颁发了证书，以表彰他们在保护俄社会文化传承等方面所做的贡献。（中国新闻网 2019-05-22）

莫斯科乐清商会筹款20余万元助家乡重建

8月10日，受台风“利奇马”影响，乐清市部分地区被洪水淹没，损失巨大。应乐清市侨联倡议，莫斯科乐清商会积极行动，常务副会长江维厅在率先捐出3万元人民币的同时，呼吁在莫同乡募捐筹款，为家乡重建做贡献。这一倡议不但得到了乐清籍商人的积极响应，还获得了在莫的福建、东北、湖北籍商人的支持和捐款。商会已于14日将筹得的208957元人民币善款汇给乐清市慈善总会侨商分会。（中国新闻

网　2019-08-16）

旅俄华侨获俄罗斯苏里科夫美院“荣誉教授”称号

12月24日，旅俄华侨孙锋被授予莫斯科国立苏里科夫美术学院“荣誉教授”证书。孙峰旅居俄罗斯20多年，一直从事中俄文化交流。（俄罗斯卫星通讯社　2019-12-25）

俄专家公布最受在俄中国留学生欢迎的专业

据俄罗斯科学高教部资料，目前在俄读书中国人数超过3万人，与三年前相比多出1.5倍，留学区域分布也扩大到85座城市。俄罗斯联邦国家科学机构“民意调查中心”与俄联邦科学与高等教育部国际合作司联合进行了一项研究，公布5组最受在俄中国留学生欢迎的专业。最受中国学生欢迎的是俄语专业，选择该专业的中国留学生占25~30%。排在第二位的是经济学、金融学和管理学。2017—2018学年，6500名中国学生选择就读该专业，占在俄中国留学生总数的22.2%。人文社会专业排名第三，其中包括语言学、文学、政治学和区域研究、图书馆学、新闻学等，有20%的中国学生选择这类专业。其后是工程技术专业，从2005—2006学年的7.5%增加到2017—2018学年的15%；其中最受欢迎的专业是土木工程和建筑学、机械制造、电力和热工学以及地面运输学。2017—2018学年，赴俄学习艺术文化专业的中国学生占7%，达到2000人左右，其中最受欢迎的是音乐和视觉艺术。该项研究涵盖2002—2003学年至今的入学情况。（俄罗斯卫星通讯社　2019-06-27）

中国留学生通过短视频比赛多角度展示莫斯科

近日，莫斯科市政府旅游委和一家教育咨询中心联合举办的“1分钟莫斯科”短视频大赛。大赛号召长期在莫斯科生活和学习的中国留学生，以独特的视角展示不一样的莫斯科，为未来的游客们提供一种新的可能性。一等奖获得者莫斯科国立师范大学聂峰娇选择了全俄展览中心、地铁站和一家位于红场的莫斯科国营百货商店三个地点进行拍摄。获得二等奖的莫斯科大学姜冠男带观众们玩转莫斯科地铁，欣赏奥布拉兹佐夫木偶剧院门前造型奇特的大钟，并用具有年代感的旗袍和貂皮大衣在“茶叶屋”带领人们穿越回民国时期。三等奖获得者莫斯科国立石油与天然气大学玛克亚的短视频拍摄了莫斯科8点钟的夏夜，记录了在公园散步、约会、锻炼的人们，玩旋转木马的小朋友，跳舞、玩滑板的年轻人。短视频大赛不仅给留学生带来了奖项，还给留学生提供了一次走出校园、融入当地生活的机会。（俄罗斯卫星通讯社　2019-12-25）

中国学生将赴俄罗斯雅库特学习“玛斯角力”

10月17日，据俄罗斯卫星通讯社报道，俄罗斯东北联邦大学新闻处发布消息称，7名中国学生抵达该校，准备进入该校体育学院的玛斯角力和民族体育项目教研组学习。这7名中国学生将按个人计划学习，学习结束后可获得本科学位。玛斯角力（又称“夺棍”）是被纳入俄罗斯全国体育项目名录的雅库特传统民族体育项目。俄罗斯每年还会举行玛斯角力的全国冠军赛和无争议冠军赛。（中国侨网　2019-10-17）

在俄中国留学生“快闪”为新中国“庆生”

10月1日，中华人民共和国迎来70华诞。当天在俄中国留学生用“快闪”活动为新中国庆祝这一重要生日。当天莫斯科飘着小雨，但莫斯科大学新闻系的20余名中国留学生在红场上的“快闪”并未受到影响。他们快速站好队形，将一面五星红旗围在中间，高声齐唱《我和我的祖国》《义勇军进行曲》等歌曲。嘹亮的歌声吸引了红场上游客的注意，还有人加入其中一起歌唱。据中国留俄学生总会消息，除了莫斯科外，伊尔库茨克、符拉迪沃斯托克、车里雅宾斯克、叶卡捷琳堡、下诺夫哥罗德、托木斯克、哈巴罗夫斯克等多个城市20余所俄高校的中国留学生均于1日进行了各种各样的“快闪”活动，以表达对新中国的祝福。（中国新闻网　2019-10-02）

“俄中友谊70周年”图片展在莫斯科开展

“今日俄罗斯”国际通讯社与人民网共同举办的俄中建交70周年图片展在莫斯科开展。中国驻俄罗斯大使张汉晖、“今日俄罗斯”国际通讯社第一副总编辑谢尔盖·科切特科夫参加了展览。此次展出的20幅照片反映了两国1949年建交至今关系发展的方方面面。此次展览的开展照片是两国代表在斯大林和毛泽东见证下签署条约的庄严时刻。此外，还有苏联部长会议主席阿列克谢·柯西金访华的照片，有中国杰出钢琴家刘诗昆在莫斯科参加首届柴可夫斯基国际钢琴比赛的珍贵画面等珍贵照片。（俄罗斯卫星通讯社　2019-09-25）

“乐动中俄”全媒体跨国创意活动：首日点阅量破亿

“乐动中俄”全媒体跨国创意活动于北京时间5月20日10时启动，截至21日10时，点阅互动量已经破亿。“乐动中俄”全媒体跨国创意活动由中央广播电视总台和今日俄罗斯国际通讯社共同策划实施，采用虚拟现实和人工智能等前沿技术手段，献礼中俄建交70周年。活动上线24小时已征集到图片、视频及各种形式的创意作品超过100万条。“乐动中俄”话题登上微博热搜，视频《为爱加油，为友谊点赞》在俄罗斯社交媒体平台VKontakte的点击量达到106万次，创造了中国媒体视频在VKontakte的点击量记录。（俄罗斯卫星通讯社　2019-05-23）

学好汉语等于有了“铁饭碗”

最近10年，学习汉语的俄罗斯人数量增长两倍。1997年学习汉语的俄罗斯人约为5000人，2007年人数为1.7万人，2017年学习汉语的人数已经达到5.6万人。按照统计数据，39%汉语学习者在大学学习，31%学生在中小学学习，25%的人在语言学习班学习，5%的人在中国孔子学院学习。对于俄罗斯“汉语热”的现象，中国人民大学－圣彼得堡国立大学俄罗斯研究中心主任关雪凌认为，随着“一带一路”倡议的推进，俄罗斯国内对汉语人才需求急剧增加，既有专业知识背景又懂汉语的学生在就业时有更强的竞争力。（《参考消息》　2019-05-03）

俄罗斯人热衷学中文

圣彼得堡的圣唐汉语学校是一所全方位的语言学校。学校虽然不大，但“麻雀虽小，五脏俱全”。学员里既有中国人也有俄罗斯人、既有上幼儿园的小朋友，也有即将升入大学的高中生和已经在高校读书的大学生。张硕颖校长介绍，校内开设了各种程度的汉语课和俄语课，如儿童汉语、中学汉语、高考汉语、专门针对商务人士的商务汉语。学校还为远程学员提供了线上教学。圣唐汉语学校每周日10点到12点还会向俄罗斯和中国学生免费开放一个“唐·汉语俱乐部”，介绍中俄生活和文化。位于莫斯科南部“察里津”区的第548中学副校长柳波夫·科纽申克介绍，“我们刚启动‘中文学校’项目时，仅凑齐了一个班。1年后已经有两个5年级班选择学中文了，这大约是15年前的事情。现在我们每年有三个班。”2019年汉语首次被列入俄罗斯国家统一考试科目，共有约400名学生报名参加汉语考试。莫斯科女孩阿纳斯塔西娅·安德柳宁成为唯一一位在俄罗斯高考中获得汉语满分的学生，莫斯科市长谢尔盖·索比亚宁在自己的推特上向这名优秀学生表示了祝贺。（俄罗斯卫星通讯社　2019-09-30）

突发和安全事件警醒华人重视

6月10日，在莫斯科“萨达沃”商城工作的一名中国商人携现金到银行存款时遭抢劫，损失了1.4亿卢布（约1512万元人民币）。俄罗斯联邦安全局工作人员被控抢劫。法院于7月4日下令羁押5名涉嫌持械抢劫的俄联邦安全局工作人员，还有两人被处以居家软禁。5月28日，俄罗斯内务部滨海边疆区总局新闻处向卫星通讯社透露，当地一辆载有中国游客的大巴发生侧翻事故，造成2人死亡，19人受伤。8月18日，一辆旅游大巴在莫斯科东部撞到路灯，据俄罗斯莫斯科紧急服务部门代表称，车上载有约32名中国公民。15人轻伤，11人受伤入院。10月6日，俄罗斯国家道路交通安全局萨哈（雅库特）共和国分局新闻处发布消息指出，一辆中巴在雅库特“勒拿河”公路翻车，事故造成6人受伤，其中3人是中国公民。（综合使领馆、网站信息）

非洲侨情

华为云推出“Go Africa”计划，助力中资企业在非拓展业务

2019年2月，华为云推出“Go Africa”计划，为在非和即将赴非的中资企业提供云服务。华为云是首个在非洲开通云服务的公有云厂家。本地数据中心将为客户提供更低的网络时延，支持海外终端用户就近高效访问企业应用前端，非常适合非洲特殊地缘应用。当前，华为云已服务在非中资企业超过100家。（《非洲时报》 2019-08-07）

“金也淘奖学金”在肯尼亚设立

4月初，肯中经贸协会（KCETA）宣布在肯尼亚设立金也淘奖学金，以促进肯尼亚职业技术培训的发展，并纪念前中航国际优秀员工金也淘。金也淘，出生于1986年5月，2011年自西北工业大学毕业后入职航空工业，一年后即承担“走出去”项目，前往南苏丹常驻。2017年以来，金也淘带领一支年轻的团队肩负起肯尼亚职教二期项目的执行工作，为肯尼亚全境134所院校提供十大类职业教育专业设备的课程体系设置、设备供货、培训及售后服务。金也淘所带领的团队曾获航空工业“青年文明号”，个人曾荣获中航国际十佳青年、优秀员工，在中航国际超过7万的员工中，只有24个人获此殊荣，金也淘用了4年时间证明了自己。3月10日，金也淘搭乘埃塞俄比亚客机前往肯尼亚开展职教项目的工作途中，因飞机发生坠机事故不幸罹难。（中国日报网 2019-04-26）

援赞医疗队获赞比亚卫生部授勋

4月24日，赞比亚卫生部向中国第20批援赞医疗队授勋仪式在卢萨卡市举行。赞比亚卫生部部长奇塔卢·奇卢菲亚、中国驻赞比亚大使李杰、洛阳市副市长贺敏、第20批援赞医疗队全体队员等百余人出席了仪式。（《非洲华侨周报》 2019-04-25）

中非商城假发城开业

6月10日，非洲最大假发城——中非商城假发城在南非约翰内斯堡开张。假发城占地面积超过1万平方米，涵盖近40家国内知名品牌商品，覆盖非洲市场上假发产品品牌的90%以上。由于采取厂家直销的方式，产品价格普遍低廉，受到非洲消费者的欢迎。假发城的开业必将成为南非乃至非洲最大的假发零售批发中心。假发在欧美市场成交额年增速约为50%，而非洲市场则保持着100%至300%的增速。非洲发制品消费经济的飞速发展，为中国发制品行业经营企业带来了机遇。（《非洲时报》 2019-06-11）

汉语教学将成为肯尼亚学校语言选修课程

2020年，肯尼亚将正式把汉语作为语言选修课程纳入该国学校教育体系。届时，会有更多的学生选择学习汉语。此前，南非、乌干达等国已将汉语教学纳入课程教育体系。法国和英国传统上利用法国文化中心、英国文化教育协会等在国外施展影响力。目前，就在非洲拥有文化中心的数量而言，中国仅次于法国排在第二。有关国家政府认为，学习包括汉语在内的外语，可便于年轻人了解外国，可为所在国年轻人就业、教育、经商提供机会。（美国有线电视新闻网 2019-06-11）

赞比亚“万村通”项目竣工

6月13日，由中国政府援助的赞比亚“万村通”项目竣工仪式在琼戈韦地区查因达小学举行。赞比亚是“万村通”首批30个落地国家之一，共有500个村庄被选中实施，惠及赞比亚全部10个省、1500个公共区域、1万户本地居民。项目实施单位四达时代集团仅用了110天就完成了所有工程，1月顺利通过中赞双方的联合验收。赞比亚成为“万村通”项目进展最顺利的国家之一。该项目还创造了众多就业机会，四达

时代培训1100名当地人为项目提供后续技术支持和服务，以确保项目的长期稳定运行。“万村通”项目的成功实施，为赞比亚众多农村家庭开启了从外界学习知识和获取信息的窗口，有力推动了赞比亚数字电视产业的发展，有助于缩小赞比亚与其他发达地区的信息鸿沟。（《非洲华侨周报》 2019-06-14）

中国杂交水稻将在安哥拉建立生产育种基地

6月28日，安哥拉幸运人集团与湖南袁氏种业正式签约，将共同在非洲安哥拉建立中国杂交水稻生产育种基地，以促进安哥拉当地粮食产业的发展，为当地国家实现粮食自给自足助力。（《非洲华侨周报》 2019-06-29）

中国电建与GE联合中标巴图卡水电站项目

6月，津巴布韦、赞比亚达成一致，同意将跨境水力发电站巴图卡（Batoka）交给美国通用电气公司（GE）和中国电力建设集团（Power China）组建的联营体承建。该项目已计划多年，预定总投资40亿美元，目标发电量为2400兆瓦。巴图卡大坝项目将采用“建设—运营—转交”（BOT）的融资模式，不会给两国政府带来任何财政压力。目前，津巴布韦和赞比亚两国均面临电力不足的困境，干旱导致水电产量下降，受天气影响，赞比西河2019年的水流量几乎减少至半个世纪以来的最低水平，甚至比2014—2015年遭遇严重干旱时的情况更为糟糕。巴图卡水电站建成后，将有效缓解津赞电力短缺现状。（《非洲华侨周报》 2019-06-27）

全非洲中国和平统一促进会举行第九届理监事就职典礼

7月31日，全非洲中国和平统一促进会第九届理监事就职典礼在南非约翰内斯堡黄金城举行。前任会长李新铸和新任会长徐长斌分别作工作报告和施政演说，并交接和统会印章。（《非洲时报》 2019-08-15）

首届非洲华侨华人民间外交论坛举办

8月5日，首届非洲华侨华人民间外交论坛在博茨瓦纳首都哈博罗内举行，来自非洲数十个国家的侨领和华侨华人齐聚一堂，就“华侨华人与国家形象”以及“如何更好地在非展开民间外交”进行积极讨论。主论坛期间，与会嘉宾共同探讨了非洲华侨华人普遍面临和关心的问题，就如何让华侨华人和中资企业在非洲更好地生存和发展、如何通过华侨华人和中资企业等民间力量做好公共外交等话题进行了深入交流和探讨。分论坛主题鲜明，与会嘉宾围绕“新时期中国和平统一”“文化艺术与传媒发展”“华人公益慈善与野生动植物保护”“‘一带一路’倡议与民间外交和中企发展”等进行了讨论，开展了富有建设性的对话。论坛还通过了《哈博罗内宣言》，与会嘉宾一致认为，要充分发挥非洲华侨华人在开展中非民间外交方面的天然资源优势、传播优势、融入优势，推动中非全面战略合作伙伴关系迈向新高度。（人民网 2019-08-15）

非洲华侨华人召开支持香港警察止暴制乱座谈会

8月13日，全非洲中国和平统一促进会组织召开“坚持一国两制，支持香港警察止暴制乱，维护香港法制”主题座谈会，南非华人社团代表、老华侨代表、台湾同胞、香港同胞等40余人出席参加。座谈会上，全非洲中国和平统一促进会暨非洲地区27个中国和平统一促进会还发表了“坚持一国两制，支持香港警察止暴制乱，维护香港法制”的五点声明。（《非洲时报》 2019-08-15）

中摩中医中心即将成立

摩洛哥与中国经商议，决定在卡萨布兰卡设立中摩中医中心。该中心将专门研究传统医学的三个方面，即治疗、培训和科学研究。摩方借此希望更大限度地挖掘出摩洛哥药用植物领域的潜力。（摩洛哥国家通讯社网 2019-08-19）

中南清洁能源联合研究中心成立

8月19日，南非金山大学、比陀大学、南非工业与科学研究理事会（CSIR）与北京化工大学、中国可再生能源学会、中国石油和化学工业联合会6家单位在约翰内斯堡宣布成立中南清洁能源联合研究中心。联合研究中心将促进中南科研机构在清洁能源、绿色环保技术等领域建立长期合作伙伴关系，打造产学研合作平台和联合创新平台，推动两国在清洁能源领域展开深度合作。（中国新闻网 2019-08-19）

南非PicknPay超市所有门店支持银联卡支付

8月22日，银联国际与南非PicknPay超市、Absa 银行（Absa Bank）达成合作协议，银联卡持卡人可在 Pick n Pay 超市 1800 家门店刷卡付款。自 2008 年在南非开展业务以来，银联卡在南非整体覆盖率已接近全覆盖。(《非洲时报》 2019-08-20）

南非发生骚乱，华商受波及

8 月底 9 月初，南非发生一场蔓延全国的骚乱，外国人商铺遭到打砸抢，部分地区暴民还持有枪支等攻击性武器跟警方对抗，一些华人商铺受到波及，个别华人店铺被一抢而空。8 月 27 日，比勒陀利亚的中巴司机与贩毒嫌疑人发生激烈冲突，一名中巴司机被枪杀。当天，比陀市发生暴力抗议事件，随后几天，骚乱逐渐蔓延至南非全国。此次骚乱主要发生在南非各大城市的贫民区，以尼日利亚、津巴布韦、赞比亚、马拉维等国新移民为主要攻击目标。(《环球时报》 2019-09-06；中国新闻网 2019-08-29）

中安关系学术研讨会在安哥拉举行

9 月，由中国驻安哥拉大使馆与安哥拉天主教大学联合主办的中安关系学术研讨会在安哥拉天主教大学举行，中国驻安哥拉大使龚韬，安哥拉外交部合作国务秘书洛佩斯，财政部财政和国库国务秘书德索萨，贸易部贸易国务秘书努内斯，安人运中央委员会外事局长洛佩斯，安天主教大学卡库希、中国社科院非洲研究室主任李智彪等约 200 人参加了会议。会上，安哥拉天主教大学科学调查研究中心发布了题为《中非合作八大行动对中安关系的意义》研究报告。报告指出：中安两国的合作，使得安哥拉获得财政资源进行国家基础设施建设，中国商人的生产性投资创造了大量就业机会。会议期间，主办方还举办了《中安合作成就》图片展。(《非洲华侨周报》 2019-09-03）

非洲首家中医孔子学院在南非开普敦揭牌

9 月 11 日，由中国孔子学院总部 / 国家汉办委托浙江师范大学和浙江中医药大学与南非西开普大学合作设立的西开普大学中医孔子学院举行成立仪式，这是非洲大陆首家中医孔子学院。西开普大学中医孔子学院的诞生，标志着南非孔子学院从语言教学等拓宽至更广阔领域，标志着中南人文交流和教育合作迈上新的台阶。(搜狐网 2019-09-12）

纳米比亚总统访问安哥拉中国城

9 月 18 日，纳米比亚共和国总统根哥布夫妇在当地官员和中国城董事长陪同下，参观了安哥拉最大的华人商贸中心——中国城（CIDADE DA CHINA）。根哥布总统和夫人先后参观了家具橱柜生产制造商 CECA、东亚国际产品展示厅和中国城商户住宅区和综合商务中心等区域。参观时，根哥布总统吩咐纳米比亚驻安大使近期组织纳米比亚国籍商人前来参观学习。(《非洲华侨周报》 2019-09-22）

中摩达成协议，在华推广摩洛哥旅游

9 月，中国和摩洛哥签署协议，决定在华推广摩洛哥旅游。旅游业是摩洛哥经济的重要组成部分。近年来尽管未开通直航，但到访摩洛哥的中国游客数量持续增长。2015 年访摩的中国游客为 1 万人次，到 2018 年猛升至 13.2 万人次，预计明年有望达到 50 万人次。中国游客在摩洛哥的消费平均每天约为 250 美元，比欧洲游客高出 25%。中摩达成协议后，有利于更多中国游客涌入摩洛哥，必将促进摩洛哥旅游业进一步发展。(阿拉伯周刊网 2019-09-22）

中国援建的博茨瓦纳卡尊古拉小学动工

10 月 15 日，该项目开工仪式在博茨瓦纳北部卡萨尼市市郊举行。这是中国政府在博茨瓦纳援建的第四所小学。这所小学建成后可容纳 560 名学生，将有效改善当地居民子女的受教育条件。中博双方在教育领域的合作由来已久，至 2019 年 9 月底，已有 1454 名博茨瓦纳人受益于中国政府奖学金等培训项目。(中国侨网 2019-10-16）

中国与毛里求斯签署自由贸易协定

10 月 17 日，中国商务部部长钟山与毛里求斯驻华大使李淼光分别代表两国政府在北京签署了《中华人民共和国政府和毛里求斯共和国政府自由贸易协定》。中毛协定是我国商签的第 17 个自贸协定，也是我国与非洲国家的第一个自贸协定。协定涵盖货物贸易、服务贸易、投资、经济合作等内容，实现了“全面、高水平和互惠”的谈判目标。在货物贸易领域，中方和毛里求斯最终实现零关税的产品税目比例分别达到 96.3% 和 94.2%。在服务贸易领域，双方承诺开放的分部门均超过 100 个。在投资领域，协定较 1996

年中国—毛里求斯双边投资保护协定在保护范围、保护水平、争端解决机制等方面有较大升级。双方还同意进一步深化两国在农业、金融、医疗、旅游等领域的经济技术合作。（中国证券网　2019-10-17）

中企承建奎托供水，助安哥拉民众解决吃水难

10月19日，安哥拉奎托（Kuito）供水项目通过验收并举行竣工典礼。奎托供水项目，由中国铁建二十局集团承建，是奎托城市供水加强工程，与正在运营的既有水厂并列布置，日处理能力是原有水厂的4倍，在提高原有水厂3万户居民供水能力同时，为奎托市南部4个区域、两个监狱提供生活用水，助16万安哥拉民众解决吃水难的问题。“中国品质”“中国速度”“中国标准”再一次受到安哥拉民众的肯定。在施工过程中，项目管理团队秉承“一带一路”共商、共建、共享原则，安置属地人口就业，帮助安政府解决民生困难。据统计，供水项目、奎托机场项目累计聘用属地劳务逾千人次，培养各类技术人才400余人，促进了当地就业。（《非洲华侨周报》　2019-10-20）

南非约堡唐人街树立中华牌楼

依据南非约翰内斯堡唐人街中华牌楼筹建委员会9月2日的公告，自2011年11月20日奠基，历经八年不懈努力，耸立在唐人街南北两头、富具中华传统文化象征意义的中华牌楼，即将竣工。（搜狐网　2019-09-02）

中国资本进军非洲金融科技领域

8月，三支中国基金向位于拉各斯的出行服务公司GONA投入一笔数目不详的资金。11月，尼日利亚金融科技公司Palm Pay在中国手机制造商传音牵头下筹资4000万美元，正式启动。按照计划，2020年Palm Pay支付应用软件将被预装到成千上万部传音手机之中。同月，专注于非洲市场的初创公司、移动支付服务商OPay筹集1.2亿美元，其中大部分来自中国投资者。（香港《南华早报》　2019-12-08）

多家单位联合参展非洲电视节

当地时间11月20日至22日，2019年非洲电视节DISCOP AFRICA在南非约翰内斯堡举行，9家中方参展单位组成的中国联合展台，带来涵盖电视剧、纪录片、动漫、综艺节目等百余部参展作品，成为电视节上的亮点。相较以前，2019年中国联合参展商更加多元。江苏省广播电视总台、央视动画有限公司、内蒙古广播电视台、南京广播电视台、四达时代等在中国联合展台设展，带来百余部优秀作品，包括电视剧《梦在海这边》《欢乐颂》，纪录片《非洲阿木的广州毕业典礼》《穿越坦桑尼亚》和动画片《天眼归来》《熊猫带你看世界，出发！》等。中国参展单位期待在非洲电视节搭建的这一平台上，能把更多的“中国故事”传播给世界，也把更多的“非洲故事”“世界故事”带回中国。始于2008年的非洲电视节是非洲地区最具影响力的电视商业展会，是非洲与世界其他地区传媒业沟通交流的重要窗口。（中国侨网　2019-12-02）

约堡辱华言论案开审，4名南非辱华网民提前认罪

3月25日，南非人权日之后的第一个周一，豪登省南部高等法院（平等法院）开庭审理南非网民辱华言论案。案件发生在2017年，南非杜省中华公会的社交媒体脸书遭到种族主义分子的恶毒留言攻击。杜省公会举办华人社团大会，一致同意报案维权。经审理，12名被告中的4人提前认罪，同意删除社交媒体上的辱华言论，并进行500小时的社区服务。12月7日，法院已要求提前认罪的4人向南非华人道歉。（《非洲时报》2019-03-28；香港《南华早报》　2019-12-09）

坦桑尼亚广东（粤港澳）同乡总会成立

12月15日，坦桑尼亚广东（粤港澳）同乡总会正式成立。坦桑尼亚政策投资部部长凯鲁基、中国驻坦桑尼亚大使馆公使徐晨等嘉宾出席成立揭牌仪式。（《非洲华侨周报》　2019-12-16）

首个中国—尼日利亚电影专项基金成立

12月，华桦文化宣布与尼日利亚最大院线和电影制作、发行公司Film One，及南非知名影视传媒集团Empire Entertainment签署首个中国与非洲国家之间的电影专项基金协议，创立西非影视投资基金。该基金将致力于投资西非电影创作，未来两年将重点投资10部西非电影。同时，中国与尼日利亚首部合拍片《30 days in China》也将在此合作框架下正式启动拍摄。近30年，尼日利亚电影工业飞速发展，投资规模与制作价值大幅上升。来自全世界的幕后玩家都

在关注着尼日利亚庞大的电影消费市场。年初法国 Canal Plus 收购了高产制片工作室 ROK，流媒体巨头 Netflix 每年从尼日利亚采购几十部影片。业内人士评价称，华桦文化此举既有效整合双方资源优势，为中非电影市场有机融合进行努力，也必将加速华桦文化国际化战略步伐。(《非洲华侨周报》 2019-12-28)

安哥拉川渝总商会成立

12 月 26 日，安哥拉川渝总商会在安哥拉成立，经过 230 多位川渝老乡的投票，海山集团董事长郑纲当选首任会长。川渝总商会旨在提供一个交流互助合作的平台，促进会员在安哥拉的经验交流；以会促商，为会员企业与安哥拉政府部门及工商业界的沟通提供平台；弘扬川渝企业合法经营、公平竞争和诚信至上的正面形象。(《非洲华侨周报》 2019-12-29)

赞比亚执法力量对外国移民展开大规模联合执法

12 月 27 日，赞比亚铜带省移民局和基特韦市移民局的有关官员，在赞比亚警察局的配合下，对基特韦的 5 家中资赌场（银河赌场、澳门赌场、卧龙赌场、金狮赌场、葡京赌场）和 2 家中资娱乐会所（月亮宫 KTV 会所、华庭国际娱乐会所）实施联合执法行动。在执法地点发现的所有外国人都要接受执法盘问和身份甄别。执法流程大致分为四步，即统一抓捕、集中扣押、甄别身份、移送羁押。此次执法行动共涉及 102 个左右外国人，包括中国人、印度人、南非人和柬埔寨人等。其中，绝大多数都是中国人，共有近百名中国同胞被押送到指定地点进行身份甄别，50 多本证件被扣押，5 名中国同胞被拘押于基特韦警察局看守所。(《非洲华侨周报》 2019-12-29)

在非华侨华人捐助受灾非洲灾民

3 月，莫桑比克华侨华人团体和多家中资企业，以各种形式积极为受强热带气旋“伊代”重创的莫中部地区捐款、捐物，支持莫政府的赈灾活动，帮助灾区重建。4 月 15 日，由南部非洲中国企业家协会组织向莫桑比克灾区捐赠价值约 50 万元人民币物资交接和启运仪式在约翰内斯堡举行。上半年，安哥拉南部库内内、威拉、纳米贝三省遭遇罕见旱灾，当地居民陷入缺粮断水的困境。得知情况后，安哥拉浙江总商会发动会员紧急募捐。5 月 24 日下午，安哥拉总统办公室负责社会事务秘书 Fátima Viegas 代表安政府，在浙江总商会接收了这批救灾物资。5 月 6 日，纳米比亚总统根哥布宣布全国进入干旱紧急状态。中国红十字会成为第一批响应者之一，向纳方捐赠了 15 万美元用于救灾。11 月 25 日，中国驻纳米比亚大使张益明向纳米比亚总理莎拉·库贡盖卢瓦－阿马蒂拉转交华侨华人募集的 200 万纳米比亚元（约合 13.5 万美元）救灾捐款，库贡盖卢瓦－阿马蒂拉对此表示感谢和赞赏。(新华网 2019-03-29；南非华人网 2019-04-17；《非洲华侨周报》 2019-05-25；新华社 2019-11-26)

第三届中非（赞比亚）农业合作发展论坛举办

7 月 31 日，由江苏大学、环球广域传媒集团、德元机械（赞比亚）设备有限公司共同主办的第三届中非（赞比亚）农业合作发展论坛在卢萨卡举行。论坛旨在与赞比亚和非洲各国分享中国农业发展的成功经验，探讨中非、中赞农业合作发展的方向和方式。论坛分设三个议题——“农业合作背景下的中非关系”“中赞农业发展道路的探索：经验与启发”“农业合作：发出更强音、发展更高效”。当地主流媒体《赞比亚时报》《每日邮报》《非洲华侨周报》、5FM 电台、Prime TV 等进行了现场报道。(《非洲华侨周报》 2019-08-01)

江苏大学与赞比亚大学签订 MOU

7 月 31 日，由中国江苏大学主办的第二届赞比亚农业机械化培训班在卢萨卡举办。在开幕式上，江苏大学与赞比亚大学签订 MOU（谅解备忘录），确定在联合培养和教师培训方面，以及医学、农业机械、材料工程等多领域进行合作。江苏大学是国内最早设立农机专业，最早系统开展农机教育，培养了我国第一批农机高等人才的高校。在中国高校当中，江苏大学农机专业领域处于领先地位。(《非洲华侨周报》 2019-08-02)

中安将共同打造农业技术示范基地

9 月 6 日，中国黑龙江农业科学院安哥拉农业技术示范基地在江洲农业万博农场营地揭牌。黑龙江农业科学院院长李文华表示，将通过基地平台的建设和示范、展示，帮助安哥拉培养更多农业技术人才，提升农业生产能力，进而促进安哥拉农业多元化发展，拓展中安两国农业合作新的领域。2018 年，江洲农业从黑龙江农科院引进的龙薯系列马铃薯种源试种成功，今年，将在农场高效经济作物种植区进行大面积种植。在中安合作转型升级的大背景下，包括安哥拉中国总商会会员企业在内的越来越多中资企业涉足安哥拉农业开发。中企的农业设备设施和技术规模在安哥拉很有优势。中方技术适应性强，对于促进安哥拉农业现代化有着重大意义，对于当地农业经济发展有着较强的带动效应，中安双方农业领域合作空间巨大。(《非洲华侨周报》 2019-09-09)

孔子学院（中心）“汉语 +”教育形式

8 月 20 日，南非西伊库莱尼职业技术大学——坎普顿公园校区近 200 名学生参加了由中国文化和国际教育交流中心孔子课堂带来的“汉语 + 职业技能教育”项目的开班仪式。“汉语 + 职业教育”开班开课受到了该校领导的高度重视，“汉语 +”课程进入该校的白天正式课程体系。据了解，在中国孔子学院总部的支持下，孔子学院将在七个职业技术大学开展“汉语 + 职业教育”教学工作，预计将有超过 2000 名南非职业大学学生受益。11 月 6 日，由达累斯萨拉姆大学孔子学院和中国援坦桑尼亚农业技术示范中心共同举办的 2019 坦桑尼亚农业技术培训班在莫罗戈罗省达卡瓦镇圆满结束。此次培训，中国专家们为学员们带来了“水稻育秧及移栽技术”“水稻管护与品种提纯技术”“玉米种植及管护技术”“果树修剪及管护技术”“蔬菜种植与管护技术”“小型农机技术”等讲座，学员们现场观摩了水稻田、芒果林、培育实验室等，亲身体验了多种小型农机。(《非洲华侨周报》 2019-08-25;《非洲华侨周报》 2019-11-06)

驻非中企为当地学生举办招聘会

4 月 8 日，由南非高等教育部、南非中国经贸协会以及中国文化和国际教育交流中心共同主办的中资企业招聘会在约翰内斯堡埃库尔胡莱尼西部学院博克斯堡校区举行。海信、中国联通、中国国航等约 40 家驻南非的中资公司参加招聘会并提供 200 多个就业岗位，赴华留学和培训归来的南非学子以及当地各大职业技术培训学院学生约 1000 人前往应聘。11 月 8 日，由博茨瓦纳大学孔子学院、中资企业协会、博茨瓦纳华侨华人总商会、博茨瓦纳大学学生就业中心共同筹办的“2019 中资企业校园招聘会”在博茨瓦纳大学学生活动中心成功举办中资企业招聘会。招聘会的举办，既为当地学生找到适合自己专业的工作提供便利，也有助企业融入当地市场。(新华社约翰内斯堡电 2019-04-08;《非洲华侨周报》 2019-11-11)

美国侨情

亚美联盟发布报告　纽约华裔人数近 74 万

2019 年 12 月 11 日上午，亚美联盟（Asian American Federation）发布对于纽约州亚裔人口增长的最新调查报告。此次亚美联盟共发布了两份报告，分别针对纽约州参议院与众议院各选区的亚裔人口情况。数据大多基于 2017 年美国人口普查局发布的美国社区调查 5 年数据。数据显示：在 2017 年，纽约州亚裔人口数量达到 188 万，占总人口的 10%，占总移民数量的 26%。其中，华裔居民是亚裔居民中最大的群体，在纽约州有近 73.9 万名华裔居民。根据 2015 年美国人口普查局发布的美国社区调查 5 年数据（American Community Survey 5-Year Data）显示：中文是纽约州使用最为广泛的亚洲语言。但由于其方言的多样性以及繁体字和简体字的使用，给接触并使用中文的民众带来了一定挑战。（美国中文网　2019-12-12）

纽约市移民办公室：中文成纽约第二大外语

据纽约市移民办公室 2019 年 3 月发布的第二份年度移民状况报告显示，在本市所有移民中，中国是第二大来源国，同时，中文已经成为纽约市第二大外语。纽约移民的前五大来源国依次是多米尼加、中国、牙买加、墨西哥和圭亚那，而使用人数最多的前五大外语分别是西班牙语、中文、俄语、孟加拉国语和韩语。（中国侨网　2019-03-21）

美国百万合法移民苦等绿卡　中国、印度移民情况最严重

在美国朝野聚焦南部边境非法移民危机和华盛顿无力彻底整顿移民法规体系之际，数以百万计的合法移民早已受困于职业移民申请程序，等待多年仍未取得绿卡，其中，又以中国和印度的移民情况最严重。据了解，申请绿卡最多的人分别来自中国、印度和菲律宾。职业移民绿卡是美国国务院针对各国发放的居留证，但每国限额 7%。根据美国公民及移民服务局（USCIS）数据显示，截至 2018 年 4 月，共有 306601 名印度人在等待绿卡，其中大多数为信息科技专业人士；印度在单一雇主担保的绿卡申请总人数 395025 人中，占 78%。另据 CRS 指出，印度人平均等待九年半才取得绿卡，而申请绿卡的中国人等得最久，约 67031 申请人，等待领卡时间至少十年。（《华尔街日报》　2019-09-10）

美国提案取消职业移民签证国别限额　华人反对

美国取消职业移民签证国别限额的 S.386 提案（Fairness for High Skilled Immigrants Act）在参议院投票表决几次受阻。2019 年 9 月 26 日原计划再次在参议院闯关，因伊利诺伊州参议员的反对而搁浅。不过 10 月 17 日 S.386 提案再次试图在参议院进行又一轮的投票表决闯关动议。据悉，最初当印度裔游说组织在与最大的反对者参议员格拉斯勒就该提案达成妥协后，又因为代表菲律宾裔护士利益的参议员鲍尔反对受阻。按照参议院规则，只要一人反对就无法进行投票。支持该提案的参议员麦克·李原本预期在 9 月 26 日的议程中推动通过 S.386 的议程表决，但遭到参议员德宾的反对，因此推迟该表决计划。同时，德宾也提出自己解决职业移民排期的提案，但遭封阻。印度裔游说组织“移民之声”积极号召其社区联络议员推动该提案，向反对的参议员德宾施压。但是华人社区 H1B 申请者及华人留学生群体坚决反对该提案。由华裔律师发起、众多华人留学生回应的反对 HR1044 / S.386 自发组织，也呼吁华人前往华府参议院声援德宾参议员，反对参议院通过 S.386 提案。反对者认为：S.386 提案仅取消国家限额，并不能解决整个移民体制的各种问题，无异于头痛医头，脚痛医脚

的片面法案。(《世界日报》 2019-10-18)

华人高学历与其进入美国的渠道相关

据美国移民政策研究中心的一篇报告显示，与美国国内的其他移民群体相比，中国移民的受教育程度要高得多，尤其是具有高等学位的人口比例远高于其他族裔。2018年，25岁及以上的中国人中约有一半至少拥有学士学位，这一比例远远高于整个移民群体和美国出生的成年人（分别为32%和33%）。值得注意的是，中国移民拥有研究生或专业学位的人数占比为29%，而美国整个移民群体的这一比例为14%，美国出生的人口这一比例为12%。报告称，华人的这种高学历与中国移民进入美国的具体渠道有关。近几十年来，许多中国移民要么是国际学院学生，要么是高技能H-1B临时工（通常需要大学学位）。（美国移民政策研究中心 2020-01-15）

美国有36.2万华人非法移民

根据美国移民政策研究所的报告显示，尽管在美国的大多数中国移民都是合法存在的，但2016年美国约有36.2万华人非法移民，占美国1130万非法移民的3%左右。美国的儿童抵美暂缓遣返计划（DACA）为那些在儿童时期就来到美国的合格非法移民提供暂时的暂缓遣返和工作授权。截至2019年4月30日，DACA的受助总人数约为66.9万，其中，有780人出生在中国。（美国移民政策研究中心 2020-01-15）

中国人申请美国投资移民热度减弱

数据显示，通过美国EB-5投资移民项目申请绿卡的中国投资者数量近两年来显著下降，而且新的投资移民申请者以印度人和越南人为主，这些新投资者对EB-5项目的要求回报率显著提高，让EB-5项目的融资成本增加。EB-5申请者需要在美国进行某项投资或高失业率的区域中心投入至少50万美元，才能获得绿卡。中国投资者往往不惜投资给回报率接近于零的项目，来通过EB-5项目获得一张绿卡；但随着中国投资移民近两年来的减少，更多印度人和越南人成为EB-5项目的新申请人，他们对投资移民项目的回报率远高于中国人。数据显示，以中国申请者为主体的EB-5项目中，申请者对该项目的平均要求回报率可低至0.25%；然而，以印度人和越南人为主体的投资项目中，投资者的要求回报率通常高达20%。虽然当前中国投资者仍然占投资移民项目总申请人数的30%，但随着大量EB-5移民申请案件的积压，以及移民局对中国投资者申请数量的限制，中国人对投资移民的热情大大减弱；目前看来，中国申请者从开始申请到最终拿到永久绿卡，需要等待超过16年；而且，最近几年出现了很多针对区域中心EB-5项目的诉讼，指控这些项目的开发商欺骗外国投资者，并要求扩大项目规模。(《世界日报》 2019-06-27)

2018—2019学年近37.7万名美国学生来自中国

根据美国国际教育协会（Institute of international education）的数据，在2018—2019学年，近37.7万名来自中国的学生被美国高等教育机构录取，占在美国留学的100万国际学生的三分之一。在中国学生在美国学习的课程中，商业和管理课程位居首位，紧随其后的是工程、数学和计算机科学课程。绝大多数中国学生是自费的，其余的学生则接受国家资助完成海外学业。他们的学费可能高达数万美元，因为外国学生通常要支付州外的学费。分析认为，尽管出国留学吸引了许多中国学生，但中国本身拥有世界上最大的公立教育体系。在过去十年里，随着国家高等教育体系的现代化成为中国政府的首要任务，中国地方大学的数量显著增加。2017年，这些高校的在校人数超过2700万，同年约有740万名学生毕业，创下历史新高，这表明中国没有放缓教育市场扩张的计划。（美国移民政策研究中心 2020-01-15）

美国侨界庆祝中华人民共和国成立70周年

新中国成立70周年国庆是海内外中华儿女共同的节日。身处海外，千千万万华侨华人身虽不至，心向往焉。他们举办了一系列庆祝活动，为节日增添喜庆的氛围，表达大家对伟大祖国的情感和对祖国华诞的祝愿。例如，美国加利福尼亚州南部的华侨华人在洛杉矶帕萨迪纳大剧院举办“中华情”文艺演出，约3000名中外观众观看了文艺演出；南加州百年历史传统侨社在洛杉矶中国城金龙酒家举行国庆晚宴；美国南加州逾千位华侨华人汇聚蒙特利公园市巴恩斯公园，歌唱《歌唱祖国》《我爱你中国》《我和我的祖国》，歌声嘹亮；加利福尼亚州华侨华人以及美国友人近300人齐聚硅谷，共祝中国繁荣富强，国泰民安……大家表示，实现中华民族伟大复兴是广大海外华侨华人的共同愿望，维护中美关系的良好发展也是广大在美华侨华人的共同企盼。（中国新闻网　2019-09-17；中国侨网　2019-09-03等）

美国华人社团谴责暴力冲击香港立法会行为

美国15个华侨华人社团当地时间2019年7月2日在洛杉矶举行座谈会，谴责近日发生在香港的暴力冲击立法会等行为，呼吁尽快恢复香港的稳定、繁荣与发展，维护国家主权和统一。此次座谈会由美国南加州华人“反独促统”论坛、美国华人华侨联谊会、世界越柬寮华人团体联合会等举办。各社团负责人纷纷发言，强烈谴责暴力违法行为，表示在美华侨华人反对乱局，反对暴力，支持“一国两制”，希望香港社会稳定、经济繁荣、民众安居乐业。呼吁香港民众保持理智，反对暴力，继续以“一国两制”原则维护和治理香港，迎接更美好的未来。（中国新闻网　2019-07-03）

美国华侨华人在加州集会谴责暴力乱港行径

8月25日，数百名华侨华人25日在美国加利福尼亚州南部城市蒙特雷帕克举行集会，反对近期香港发生的暴力活动，谴责乱港势力破坏“一国两制”和香港繁荣的险恶图谋。与会代表先后登台发言，强烈谴责香港一小撮暴徒袭击警察、打砸公共设施、抢劫无辜路人和骚扰外国游客的行为，指出这些行为早已突破合法表达意见的底线，对社会稳定造成严重破坏，必须立即制止。集会发起人之一、美国华人社团联合会荣誉主席鹿强说，不仅要立即制止香港发生的暴力活动，更要斩断暴力分子的幕后“黑手”。这些幕后势力煽动暴力分子，目的是破坏中国的发展。“香港的稳定繁荣牵挂着我们每一个海外华侨华人的心，我们坚决反对任何分裂势力搞乱香港的图谋。”美国南加州华人联合总会会长邵闻说，香港发生的暴力活动公然挑战“一国两制”原则底线。对此，海外爱国爱港人士坚决反对。香港的繁荣稳定来之不易，任何政治诉求都必须在法治框架内解决，诉诸暴力、用极端方式甚至恐怖主义行径妄图“绑架”香港，从而达到不可告人的政治目的，这样的图谋绝对不会得逞。（新华网　2019-08-26）

美国侨界强烈谴责美国出台涉港法案和涉疆法案

2019年11月，美国总统特朗普签署了所谓“香港人权与民主法案”，12月初，美国国会众议院又通过“2019年维吾尔人权政策法案”。对此，在美华侨华人提出严正抗议，纷纷指责美国政府歪曲事实并严重干涉中国内政。例如，美东侨界12月10日在纽约举行座谈会，谴责美国近期出台涉港和涉疆法案。来自美东地区200多个华侨华人社团的代表参加了座谈会。纽约中国和平统一促进会会长马粤说，涉港涉疆法案严重歪曲事实、颠倒黑白，既无事实根据，也无道德基础；法案严重干涉中国内政，超出美国法律的管辖范围，毫无道理；法案不利于香港和新疆的稳定，只能使恐怖和暴力更加猖獗；法案还会严重危害中美关系，给两国未来的合作带来消极影响。纽约中国和平统一促进会名誉会长、知名侨领花俊雄说，海外华侨华人坚决支持香港止暴制乱，支持新疆的去极端化措施，支持维护中国的主权和领土完整。（中国侨网　2019-12-05）

美国华侨华人社团坚决反对蔡英文“过境”美国

针对蔡英文7月“过境”美国，在美国的华侨华人社团表示，坚决反对美国和台湾之间的官方往来，指出台湾属于中国，台湾问题纯属中国内政，不容任何外来干涉。蔡英文“过境”美国、在纽约停留期间，在美国的华侨华人在其入住的酒店和参加活动的地点附近举行了数起大型抗议和示威活动，他们挥舞着五星红旗，高举“台独死路一条”等标语，显示了坚决反对“台独”和维护祖国统一的决心。7月12日，美东华人社团联合总会及下属侨团在美国《侨报》发表整版声明说，蔡英文在台湾搞“去中国化”，全球华夏儿女对此义愤填膺。声明说，世界上只有一个中国，台湾是中国不可分割的一部分，坚决反对任何企图在国际上制造“两个中国”“一中一台”和“台湾独立”的行径。全美华人协会会长、全美中国和平统一促进会联合会副秘书长乔凤祥说，台湾问题是中国的内政。我们呼吁美国政府恪守一个中国原则，尊重中国的核心利

益。各界侨胞将继续团结一致，共同反对各种形式的“台独”言行。（新华网　2019-07-18）

三大华裔科学家组织联合发声：“种族歧视害科研”

2019 年，不少华裔科学家因与中国科研机构的关系遭美大学解雇，一些经常赴美交流的中国学者莫名被取消 10 年签证……类似事情不断爆出，也在美国国内引起忧虑和不满。经过一段时间的努力，美国知名的三个华人科学家组织：美国华裔生物科学家协会（SCBA）、美国华裔血液和肿瘤专家网络（CAHON）以及华人生物学者教授学会（CBIS）联合在美国的权威杂志《科学》上发文表达了他们的担忧。近年来，不少美籍华裔科学家都被错误地指控成间谍。这些诉讼不仅对这些人的职业生涯造成了破坏性影响，对整个美国华人科学界产生了令人不寒而栗的负面影响。三大机构呼吁立即停止这种种族歧视行为，不要玷污守法的科学家，限制正常和富有成效的科学交流。（《侨报》　2019-03-26）

赵美心：贸易战损害美中外交关系

2019 年 9 月 16 日，美国南加州侨界庆祝中华人民共和国成立 70 周年晚宴在圣盖博希尔顿酒店举行。联邦众议员赵美心在晚宴上致词时表示，目前美中之间竞争大于合作，这有损双方的外交关系。她表示，要坚决抵制将华裔及中国学生视为间谍的思潮。在晚宴上致词时，赵美心说，以往 70 年来，不仅中国取得了很大发展，美中关系也是如此，美中关系应通过合作来构建，而非竞争。（侨报网　2019-09-16）

2020 美国总统大选：杨安泽支持者为其抱不平

民主党华裔总统参选人杨安泽参选美国总统，引发了华人群体及美国主流的社会热议。在华人群体中，杨安泽无疑成为一位现象级人物。当地时间 2019 年 11 月 20 日晚，美国民主党举行的第五场辩论会上，华裔总统竞选人杨安泽疑似被忽视，等待超 30 分钟才被问第一个问题。主持人给了其他三位竞选人——美国资深议员沃伦、印第安纳州南湾市长布塔朱吉和美国前副总统拜登超过 12 分 30 秒发言时间，却只给了杨安泽 6 分 53 秒的发言时间。这本身就很能说明问题，包括主持人在内的很多人并不看好杨安泽，都认为杨安泽走好这一步已经超额完成任务。对此，杨安泽的支持者纷纷为杨安泽抱不平。杨安泽的父母是来自中国台湾的移民。不过，此前杨也承认，他的亚洲人身份让他获胜的几率寥寥无几。（《世界日报》　2019-11-26）

美国新泽西华人 2019 参选总结研讨会：团结是关键

2019 年 12 月 3 日，美国新泽西华人联合总会举行华人选举总结研讨会，参与今年选举的华人及团队、小区成员出席，探讨和分享此次选举的经验。总会主席林洁辉指出，选举有成败，但参与、讨论政治总是华人社区最宝贵的经历。大家表示，回顾以往，可以总结的经验包括：注重解决居民的现实问题；在下一代内心埋下参政的种子；采取团队竞选策略，包括注重意见领袖、团结志愿者的力量；更多使用主流社交网站、加强网络宣传的重要性。还有人提出，华人社区应该统一发声，杜绝分裂现象；应该团结其他族裔，只有少数族裔联合起来才能获得成功。（新华网　2019-08-26）

纽约三区华社人士举行研讨会　呼吁华人积极参政

2019 年 8 月 25 日，来自纽约曼哈顿、皇后区、布鲁克林三区的数十位华人聚集在布鲁克林，举行华人参政《昨日、今日、明日》研讨会。大家畅所欲言，并呼吁推动更多年富力强的华裔年轻人积极参政。会议回顾了过去几年华人参政并积极维权的过程，从力挺华裔警官梁彼得运动到反对取消 SHSAT（特殊高中入学考试）的抗议集会和游行，以及反对在曼哈顿华埠扩建监狱等活动，呼吁社区坚持不懈推动华人参政议政。参会人员认为，以往经验表明，华人不仅要出来发声，更要推动和鼓励华人多出来竞选参政，不管代表哪个党派竞选，积累经验十分重要。有人提出华人参政的三个经验：一是要拓展政治参与感，二是树立“团结、参与、自救”的理念，三是扩展联谊，把社区的力量凝聚和发动起来。大家表示，现在是时候推动代表华人的力量出来参选，以作为华裔的代表；未来要推动和培养更多年青一代华人在议会争取更多权益。一直活跃于社区的陈键榕、李寿敏等人表示，将于 2020 年参选所在社区及地方的竞选。据主办机

构表示，推动华人参政的主题将一直推广下去。（《侨报》 2019-08-27）

华裔众议员孟昭文宣誓就职　开启第四任期

2019年1月3日，美国国会第六选区国会众议员孟昭文宣誓就职，这意味着她开始了自己在国会第六选区的第四个任期。孟昭文表示，将会继续为民发声，和同僚合作，尽快结束联邦政府关门。她表示，她怀着谦卑之心感谢选民的支持，并为可以继续服务社区、为民发声感到荣耀。她为上一任期内和同僚在服务皇后区居民和国家的工作上取得的成果表示祝贺，面对新任期，保护劳工权利、移民社区和少数族裔，以及让孩子远离有毒的化学产品和污染，是她和同事们将继续奋斗的目标。对于未来新计划，孟昭文说，她将提出维护劳工家庭利益、保护民众投票权、减少环境污染等法案。（《世界日报》 2019-01-07）

旧金山马氏兄弟参政　写下华人争权益佳话

2019年1月8日，新一届旧金山市议会宣誓就职，其中包括2018年11月选举中当选代表日落区的华裔市议员马兆明。他是2008至2016年在任的前旧金山华裔市议员马兆光的孪生弟弟。马氏兄弟先后当选旧金山市议员，写下旧金山华人参政历史的佳话。旧金山的西面地区，传统上被认为是居住密度小、屋主较多，注重家庭和社区品质，这些和东面的政治纷扰、移民社区多（华埠、西语裔聚居的米慎区、非裔聚居的湾景区均是在旧金山东面）、人口较为密集的情况截然相反。如今，旧金山的西区，均是由华人担任地区民选官员。从列治文区的马兆光到李丽嫦，日落区的汤凯蒂、马兆明，和第七区的余鼎昂，以及代表这一地区的加州众议会议员丁右立，全是华人脸孔，而且都是进步派的阵营代表。马兆光卸任之后，转任旧金山州立大学担任亚裔文化历史的教授，逐渐淡出政坛。马兆明在2019年1月8日宣誓就任，开始四年的议员任期，展开自己的议政生涯。（《世界日报》 2019-01-08）

美国总统候选人任命华裔为竞选经理

2019年2月13日，2020年美国总统候选人、马萨诸塞州参议员伊丽莎白·沃伦宣布，她的竞选经理一职将由其长期助手刘炜（Roger Lau）担任。此次任命，沃伦没有从外部选择战略家或曾经辅选过总统竞选工作的专家，而是将此重任交给两次助自己获选参议员的重要助手、41岁的刘炜。这项任命也创造了历史，刘炜成为首位美国主要总统候选人的亚裔竞选经理。刘炜是土生土长的纽约人，他的父母于20世纪70年代从中国移居来美，在纽约皇后区居住。刘炜在读高中时辍学，后以高中同等学力G.E.D进入马萨诸塞大学安姆斯特分校就读。1998年，他以大学实习生的身份加入时任参议员约翰·克里的团队，步入政坛，后来又正式成为克里2004年总统竞选团队的一员。（美国中文网　2019-02-14）

旧金山高院两最高法官均由华裔担任

2019年1月初，美国华裔法官黄宏威（Garrett Wong）及冯曙光（Samuel Feng）分别就任旧金山高等法院首席法官及助理首席法官，开创全美法院两最高法官席位均由华裔担任的先河。黄宏威表示，预计华裔法官将领导旧金山高等法院长达四年。2013年，李明美曾任首席法官，成为旧金山史上首位华裔首席法官，每名首席法官任期为两年。相隔六年，黄宏威获旧金山高等法院全体52名法官推选为首席法官，成为第二位领导旧金山法庭的华裔。祖籍广东台山县的黄宏威是金山出生长大的第四代华裔。在52名法官中，华裔法官共8人。（《世界日报》 2019-01-09）

太平洋铁路竣工150周年　美国举办纪念活动

2019年是横跨美国大陆的首条铁路——太平洋铁路竣工150周年。当地时间5月8日起，美国犹他州举办了为期三天的纪念活动，在这条铁路多年来的大型纪念活动中承认和感谢华人劳工的贡献。150年前，太平洋铁路竣工庆典上，连华人的身影都看不见。随后几年，华人却成为了《排华法案》的牺牲品。纪念活动在铁道线汇合处——犹他州首府盐湖城西北的普罗蒙特里举行，活动内容包括邀请华工后裔参加“接轨仪式重演”、重走华工修建铁路遗址、研讨会和音乐会等。参与活动的人们身穿当时的华工服，将铁路道钉重新钉入铁轨。犹他州长加里·赫伯特和美国交通部长赵小兰也参与了多个活动并发表演讲。组织者估计约2万人参加了活动。亚太裔文化月的机构主席郑可欣表示，50年前，在铁路竣工100周年的纪念仪式上，被邀请致辞的华人最终没有机会上台发言。她表示，这次活动标志着华工后裔获得了期待已久的合法承认。5月6日，芝加哥市市长伊曼纽尔宣布2019年5月10日为“芝加哥华裔横贯大陆铁路日”。旧金山市议会也已通过最新提案，将每年5月10日定为旧金山“铁路华工日”，纪念参与兴建铁路的华裔劳工移民先驱。(《环球时报》 2019-5-10)

美国旧金山湾区侨界庆祝加州首个“美国华裔日”

2019年10月22日，美国旧金山湾区侨界举办活动，庆祝加州首个“美国华裔日”的到来。加州美国华裔日(Chinese American Day)是为华裔美国人设立的节日，由加州华裔议员陈立德在加州议会提出，并于2019年8月22日正式通过，以强调华裔美国人对加利福尼亚州和美利坚合众国的重要历史贡献。加利福尼亚州这个当年第一个通过排华法案的州，成为了全美第一个拥有华裔自己节日的州。活动现场，主办方播放了华工修建太平洋铁路等历史事件以及关于赵小兰、林书豪等华裔故事的相关视频。美国大上海联盟会长据以中在致辞中说，不少在美华裔精英在多个领域取得出类拔萃的成就，为美国的发展做出了重大贡献。美国成为全球经济总量排名第一的国家，华裔功不可没。美国大上海联盟理事长章志尧表示，在庆祝“华裔美国人日”的同时，华裔美国人对处于低谷的两国关系感到忧虑。他说，坚信两国“和则两利，斗则俱伤”，华裔美国人将继续为促进中美友好尽一份力。(《侨报》 2019-09-02)

第四届海外炎黄子孙拜祖大典在美国旧金山举行

第四届海外炎黄子孙拜祖大典于当地时间2019年3月31日在美国旧金山市府广场前举行。拜祖仪式庄重，祭拜先祖，让华夏儿女传承黄帝精神，不忘中华之根，做好“龙的传人”。拜祖仪式和以往一致，包括敬献花圈，净手上香，行施拜礼，恭读拜文，高唱颂歌，乐舞敬拜，祈福中华，“龙的传人”表演56个民族大团结。加州众议员朱感生朗读祭文。多位华裔小区知名人士亦出席活动，包括李孟贤遗孀林进敏、中华总会馆总董方锡林、华商总会会长张福明。除了不少华裔小区领袖和民众参与之外，还有多位美国民选官员出席了活动。(《世界日报》 2019-04-02)

美国华人中文学校面临生源困境

据《华侨华人研究报告(2019)》蓝皮书指出，美国华侨华人办的中文学校学生人数下降，面临着生源困境。蓝皮书指出，美国的中文教育发展可以划分为四个阶段。1965年以前，在美华人开始创办汉语学堂；1965—1990年，在美华人创办的小型中文班纷纷发展成为中文学校；20世纪90年代，全美中文学校协会成立，中文学校进入蓬勃发展时期；2006年起美国主流学校的中文沉浸式教学课程发展起来，至2017年，全美已成立了近250所中文沉浸式学校，面对冲击，华侨华人办的中文学校生源流失很多。蓝皮书认为，美国主流学校的中文教学存在着一系列问题，首先是专业的汉语教师队伍的匮乏，教师数量与沉浸式中文教学项目的发展速度严重不匹配；其次是缺乏课程标准，影响教学质量的提高；另外，中华文化在主流学校的汉语教学过程中是缺失的。蓝皮书建议，想要摆脱生源困境，美国的中文学校可以尝试突出“语言+文化”的特色，开设太极、书法、中国画等中华文化课程；还可以将教学资源集中在低龄阶段，集中发展幼儿教育；另外，美国的华人中文学校应当建立连锁化经营模式，争取进入美国的主流教育体系。(中国新闻网 2019-12-20)

美国华人“老而不退”现象盛行

美国华人中“老而不休、老而不退”的现象非常普遍。目前，美国65岁以后还工作的银发族有近1000万人，占银发族总人口的五分之一。分析称，“老而不退”现象的盛行，既有经济衰退、人力市场转变等背景因素的影响，也是老年人发挥自我价值主动选择长留职场，或因养老金没存够、被动滞留职场的结果。美国“老而不退”的华人移民约分为两类，一类是英语能力不足，只能靠劳力赚钱的打工族；另一类则是学历高的白领。除了一部分人是主动打算长留职场，也有一大批是因养老金没存够，被动滞留职场。美国联邦劳工统计局2017年报告，年龄在65岁至69岁之间的年长者中，有32%在工作；70

岁至 74 岁的人中，有 19% 在就业；对 2024 年的预测是，65 岁到 69 岁的人中，有 36% 仍是劳动力，远超过 1994 年工作的 22%。布鲁金斯研究院经济研究学者伯特里斯（Gary Burtless）说，从 20 世纪 90 年代起，越来越多美国人延后从职场退休，这与社安金领取年龄的延后、和雇主取消或削减退休金福利有关，这群人不是不愿退休，而是无法退休。(《世界日报》 2019-02-21）

2019 年度“全美十大华人杰出青年”榜单公布

5 月 4 日，第十二届“全美华人十大杰出青年”评选结果榜单在洛杉矶公布。Nathan Chen（陈巍）、Lauren Yee（余秀菊）、孙浩、刘峰、桂家勋、刘家源、陈玺安、谢韵、邓杨、Shirley Chen（陈虹妤）十人获得殊荣。主办单位表示，2019 年是五四运动一百周年，华人青年和留学生在海外传承五四精神、延续创新、文化传统方面，是最具活力、影响力和使命感的群体。今年的评选活动主题是：“传承与创新”。评选出的十大杰出华人青年具有广泛的代表性。获奖者分别在体育、文化艺术、学术研究、创新创业、教育服务、电影、公益、在校学生等不同界别都有令人瞩目的优异表现。历时 12 年的“全美华人十大杰出青年”评选，已经成为每年五月美国亚太裔传统月期间，来自全美华人社区最令主流社会瞩目的一项评选活动，向美国社会展现了新一代华人的优秀风貌和崭新群体形象。(中国侨网 2019-05-05）

侨情概览

加拿大中美洲侨情

加拿大2019年中国移民数量为30260名

2019年，加拿大的移民数量创下新纪录，共有34.1万名新移民来到加拿大。这是加拿大历史上第五次在一年内接收了超过30万移民，其他几次分别是1911年、1912年、1913年、2018年。这一纪录也超过了加拿大2019—2021年的移民计划中设定的目标，比目标超出了1万名移民。加拿大新移民的前五个来源国是印度，中国，菲律宾，尼日利亚和美国。印度是2019年加拿大新移民的主要来源国。中国是第二大来源国，其次是菲律宾，尼日利亚，美国，巴基斯坦，叙利亚，厄立特里亚，韩国和伊朗。2019年共有30260名中国人成功移民加拿大，占新移民总数9%。但近年来，来自中国的新移民人数一直停滞不前，两个可能的原因是，一是中国生活水平的提高正在降低公民出国定居的兴趣，二是英语水平的限制。据估计，会讲英语的人不到中国人口的10%，而印度人口中则超过10%。（加拿大移民通讯　2020-02-10）

中国赴加拿大留学人数攀升　低龄留学占比接近30%

一直以来，加拿大都是中国学生选择的热门留学目的国之一。加拿大移民局数据显示，从2009年到2018年，在加拿大学习的中国学生人数不断攀升，从5万人增长至14.3万人，增长率高达184%。根据启德教育发布的《2019加拿大留学报告》显示，对于中国留学生来说，加拿大的高质量教育、灵活且丰富的留学选择、较低的学习及生活费用等都是其吸引留学生的优势。2018年通过启德申请加拿大留学的学生中，本科申请占比达41%，硕博申请占比达23%。低龄留学占比接近30%。根据启德留学客户服务数据显示，2018年通过启德申请加拿大留学的中国学生中，申请中学及以下占比接近30%。在区域选择上，安大略省仍为学生首要选择（74%），包括多伦多市、渥太华市与滑铁卢市；不列颠哥伦比亚省占比16%，包括温哥华市与维多利亚市。在申请年级方面，申请G10-G12（相当于国内高中）课程的学生占比达到81%，其中申请G11年级（相当于国内高二）的学生为主要群体。值得关注的是，2018年申请加拿大公立中学、国际中学、本地精英中学的中国学生占比分别为56%、36%与8%。作为加拿大的公立高等教育机构，加拿大学院主要向以就业为目的的学生提供职业技能导向型课程，受到越来越多中国学生的关注。加拿大学院可提供本科学士学位课程、文凭课程，研究生文凭课程，与大学合作的联合学士学位课程等。学院开设的文凭课程学习时长一般为2年至3年，研究生文凭课程一般为1年制或两年制。启德数据显示，与2017年相比，2018年通过启德申请加拿大学院学生的增长率较高，越来越多的本科生除了选择申请加拿大硕士课程，也选择了加拿大公立学院的研究生文凭课程，以快速获得加拿大毕业工签，方便就业和移民。（《人民日报》海外版　2019-07-30）

加拿大众多华人团体谴责暴力乱港行径　拥护“一国两制”

加拿大众多华侨华人团体近期陆续公开发表声明，谴责香港激进示威者实施的违法暴力活动以及冲击“一国两制”底线的行径，支持香港政府依法施政。来自温哥华、多伦多、渥太华、蒙特利尔、卡尔加里、埃德蒙顿、维多利亚等诸多城市，包括温哥华中华会馆、加拿大中国洪门民治党总支部、加国港人关注港情协会等在内的204个侨团机构日前发表联合声明，表示支持香港法治稳定，反对少数激进分子的暴力行径，反对任何“港独”及分裂势力破坏香港的社会稳定，支持香港政府依法施政。声明表示，香港事务是中国内政，反对任何外国势力干预。维持香港的和平、法治、稳定和繁荣发展是海内外华人的共同愿望。全加华人联会（安大略区）的声明表示，部分示威暴徒悍然冲击中央政府驻港机构，玷污国旗和国徽，公然挑战中央政府的权威，触及了“一国两制”的原则底线。全加华人联会（安大略区）对此恶劣行径表示极大愤慨和强烈谴责。这种行为破坏了香港的繁荣稳定，严重损坏了“一国两制”的基本原则与香港同胞的切身利益与长远福祉。加拿大华人同乡会联合总会发表题为《拥护“一国两制”，谴责暴力乱港》的声明指出，香港某些私欲至上的政客不惜勾结某些海外反华势力，诱导以年轻人为主的激进示威者为“炮灰”，不断破坏香港安宁，冲击香港法治。真心希望全香港市民看清激进示威者背后政客的庐山真面目，在大是大非面前做护港爱家的良心市民。声明说，坚信香港一定会挺过眼前的困难，坚信有“狮子山精神”的香港广大爱国爱港市民一定会胜利，更坚信香港特区政府和香港警队一定会维护香港的法治和安宁，保护市民安全和所有旅游者。全加华人促进中国统一委员会（大多伦多区）与加拿大多伦多华人团体联合总会亦发表声明，强烈谴责香港部分极端分子近期的一系列暴力乱港行径；支持香港特区政府依法严肃处理相关事件，采取一切必要措施恢复香港的法治和社会安宁。（中国新闻网　2019-08-06）

众多华人参选人投身 2019 加拿大联邦大选

2019 年 10 月 21 日为加拿大联邦大选投票日。有超过 30 名华人以不同党派或独立参选人身份投身 2019 加拿大联邦大选。加拿大联邦众议院共有 338 个席位。过去 4 年执政的联邦自由党此次在所有选区均派出参选人，其中至少 8 人为华人。作为大选主要对手的联邦保守党派出 337 名参选人，至少 12 人为华人；新民主党在全部 338 个选区布阵，至少 5 人为华人选将。共有 6 名华人原众议员谋求连任，包括自由党的陈圣源、叶嘉丽，特鲁多政府中唯一一位华人内阁成员、小型企业及出口促进部部长伍凤仪，保守党的黄陈小萍、有一半华人血统的庄文浩，以及新民主党的关慧贞。自由党这 3 位原众议员均来自大多伦多地区。作为加拿大国会中首位中国大陆第一代移民的自由党原众议员谭耕，已在 2019 年 6 月中旬宣布，考虑到家庭以及追求其他事业的发展，放弃在此次大选中角逐连任。原安大略省省议员董晗鹏代表自由党出战，力争守住原属谭耕的这一选区。各党各派的华人选将们大多布局于华人聚居区。譬如，在大温哥华地区的列治文中区，出现保守党黄陈小萍、自由党寇鸿久、人民党白巍和独立参选人张哲共 4 名华人参选人对峙的局面。多伦多的士嘉堡北区，则有自由党陈圣源、保守党江如天和新民主党陈艳对阵。伍凤仪、叶嘉丽则分别迎战保守党袁海耀、胡商。在大多伦多地区万锦於人村选区，也有自由党何胡景、绿党高境岚、人民党钟碧珍参与混战。在大温哥华的本拿比，梁汉华因昔日的失言被保守党除名，之后宣布独立参选。从地域上看，华人参选人大多集中于安大略省，约 20 人在此角逐。大温哥华地区次之。此外，在卡尔加里、埃德蒙顿、渥太华、滑铁卢、温莎等地区，也不乏华人参选人身影。总体而言，参选华人仍以中国香港移民及其后裔居多。中国大陆移民背景者相较以往有增加趋势，同时亦可见到中国台湾移民背景的参选人。诸多华人参选人及加拿大各地华文媒体近来频频发声，呼吁华人选民积极参与此次大选投票，以提高华人族群的社会能见度和政治话语权。加拿大华人参政的标志性起点是 1957 年，出生于维多利亚的郑天华通过选举，成功成为首位华人国会议员。1993 年，陈卓愉出任加拿大外交及国际贸易部亚太事务部部长，成为该国首位被委任成为内阁成员的华人。（中国新闻网　2019-10-20）

加拿大“大麻零食”合法化影响华侨华人

继加拿大大麻合法化一年后，2019 年，加拿大的大麻零食等大麻衍生物也都正式合法了。根据加拿大联邦法规，自 2019 年 10 月 17 日开始，大麻零食（cannabisedibles）、大麻提取物（cannabis extracts）和大麻外用品（cannabis topicals）的销售正式合法了。以上这三类大麻衍生物，包括饼干、糖果、饮料、软膏、精油和化妆品等。对此，中国驻卡尔加里总领馆发布提醒，呼吁赴加拿大中国公民充分认识大麻产品的危害性，注意识别产品包装上的提醒信息及是否标明四氢大麻酚（THC）和大麻二酚（CBD）含量等，避免在不知情的情况下购买、持有、食用或携带含有大麻成分产品入境回国，从而触犯中国有关法律法规。大麻零食的合法化让加拿大华人忧心忡忡。不只是在加拿大，近年来，面对多个国家娱乐用大麻合法化的大趋势，华人在大麻问题上，已经完全无法置身事外。海外一些国家大麻合法化议案正式生效以来，非法种植大麻、吸食大麻被拒入境、机场大麻走私案、“麻驾”等消息屡见报端。此外，由于大麻的种植方法比较简单，不少犯罪分子选择在家中种植，好好的房子变成“大麻屋”，这让华人房东们叫苦不迭。海外大麻合法化，华人应了解和遵守大麻相关法规，正确面对住在国的大麻合法化趋势，远离毒品危害。消遣用大麻虽在海外部分国家合法，但并不表明它是安全的。研究表明，大麻具有成瘾性，短期可影响思考判断能力、学习记忆能力、动作协调能力；长期可损害神经、心肺和大脑功能，导致呼吸系统、免疫系统问题等。大麻系中国海关禁止入境物品，中国《治安处罚法》规定，吸食大麻等毒品涉嫌违法，将被处罚或强制戒毒。中国《刑法》明确大麻为毒品，走私、贩卖、运输、制造属刑事犯罪，可被判处有期徒刑、无期徒刑或者死刑，并处没收财产。东方文化对毒品的严厉的立场，使得大部分华人强烈反对大麻合法化。华人需正确面对“大麻食品”合法化的新规，不过于害怕也不要掉以轻心。（中国侨网　2019-10-22）

加拿大华人冀安省涉南京大屠杀议案通过历史载入教科书

2019 年是南京大屠杀惨案发生 82 周年，为纪念死难者，加拿大多伦多史维会和安省省议员白必勤（Aris Babikian）当地时间 12 日联合在省议会大楼内举行纪念会。王裕佳和白必勤表示，希望安省 97 号议案 2020 年最终通过成为法律，使得包括南京大屠杀在内的各种人间灭绝惨剧，都将进入安省教科书中。2017 年，时任安省自由党省议员黄素梅，推动省议会通过一项动议，确定安省每年 12 月 13 日作为南京大屠杀纪念日。这是西方国家地方当局中迄今唯一确立的类似的纪念日。和黄素梅属于同一选区的现任进步保守党省议员白必勤提出的 97 号议案，是要求对世界上一批蒙受过大规模屠杀的地区，作为受到“种族灭绝”的情形来纪念。由于这个议案提及到多个引人注目的屠杀案，因此较为顺利地获得了议会的支持。目前已经通过 2 读。2020 年将进入 3 读。如果最终顺利成为立法，那将具有法律约束力，促使包括南京大屠杀在内的各种惨案进入安省教科书。（[加拿大]《明报》 2019-12-13）

加拿大温哥华获拨款 100 万加元　筹建华人博物馆

加拿大不列颠哥伦比亚省政府向温哥华市府拨款 100 万加元，支持兴建加拿大华人博物馆，并希望能在全省多个小区建造分馆。余宏荣是 1982 年入选温哥华市议会的首位加拿大华人，也是博物馆筹建团体的成员。据余宏荣介绍，这种被称为中枢和辐条的模式，是受到今年早间公众会议中的反馈所激发。如何建设地方分馆，将由参与小区自行决定。一旦完成，将聘用专业馆长。他希望这种做法能够让全省加拿大华人团结起来。博物馆将通过馆藏文物，故事，和教育资源，不仅探索过去，同时关注现在，并为加拿大华人展望未来。不列颠哥伦比亚省和温哥华市府正在努力推动温哥华唐人街成为联合国世界文化遗产。兴建博物馆也是这一行动的一部分。过去 14 年，各级政府曾多次就中国移民及后代所受种族歧视做出道歉。2018 年，市议会就加拿大华人小区所受历史歧视正式道歉，这些歧视包括被禁止投票，被禁止担任公务员，以及被限制经商等。此前三年，时任省长 Christy Clark 就前省府的逾百条种族歧视法规，代表卑诗省府向加拿大华人道歉。加拿大联邦政府于 2006 年就加拿大华人曾被征收的人头税做出道歉，并对曾被征收人头税者的后人或家庭赔偿 20000 加元。（[加拿大]《星岛日报》 2019-11-11）

加拿大 20 个住房负担严重选区　4 个位于华人聚居地区

2019年，加拿大可负担租赁住房索引（2019 Canada Rental Housing Index）发布，报告呼吁各大政党关注可负担住房问题，解决贫困及弱势人群面对的住房危机。这份由国家住房伙伴联盟（Coalition of National Housing Partners，简称 CNHP）发布的年度可负担住房研究报告，全面系统统计分析了全国 338 个联邦选区的可负担住房现状，重点关注多伦多、温哥华等大城市的住房紧张问题以及新移民、原住民、单亲家庭、贫困人口等社会弱势群体的住房危机。报告罗列了全国 20 个住房负担严重选区、即租房支出占家庭收入超过 50%，其中 11 个在安省，前 5 个选区中有 4 个位于华人聚居地区，依次为惠柳第（Willowdale）、康山（Thornhill）、烈治文山（Richmond Hill）和万锦－于人村（Markham-Unionville）。在全国住房最拥挤的 8 个选区中（即人均住房面积低于国家标准），多伦多占 4 个，分别是怡陶碧谷北区、汉伯河－黑溪选区、士嘉堡－Guildwood 区和士嘉堡中心选区。报告还统计，在多伦多地区，租客群体中 35% 为年龄在 30 岁以下的年轻租客，其每月支出的一半用于支付房租等住房开支。在每年涌入多伦多、温哥华等大城市的新移民中，66% 选择租房居住，其中超过三分一新移民家庭的住房支出占到其家庭收入的一半。（［加拿大］《明报》 2019-09-19）

蒙特利尔侨学界表彰“华裔之光”

当地时间 2019 年 9 月 15 日，加拿大蒙特利尔侨学界当晚举行庆祝中华人民共和国成立 70 周年文艺晚会暨华裔之光颁奖典礼，对在不同领域作出突出贡献的 28 位 70 岁以上华人前辈以及一支团队作出表彰。蒙城侨学界评选出四类奖项获奖者。获“中加友谊奖”的为王李芹美、叶黄智、曲永海、李光华、苏健示、张廷华、张芷美、姜斌、韩振虎 9 人；获“学术 / 艺术 / 商业成就奖”的为卢焕章、刘荣黔、刘聚富、孙靖夷、张明瑞、张颂南、庚笑洋、韩炳申 8 人；获“社区贡献奖”的为吕学清、吕焕泰、邵礼平、李鸿基、李植荣、陈启培、陈超万、陈喜澄、胡熊月儿、黄玉莲、谭兆钦 11 人。满地可（即蒙特利尔）中华医院管理、员工与义工团队获“特别奖”。获颁“华裔之光”奖项，不仅是个人的光荣，更是其所在社团和华人社区的荣耀。长久以来，海外华侨华人不仅为住在国发展作出诸多贡献，也把中国优良文化与传统习俗传播出去。华人社区加强培养华裔下一代学习中文和中华传统文化，多举办适合华人青少年参加的活动，鼓励他们多参与社团事务。为配合此次表彰活动，加拿大七天传媒将获奖者的故事结集成册，出版《鸢尾花下——奋斗在魁北克的华人》一书，并在颁奖典礼上首次与读者见面。七天传媒主席、出版人尹灵表示，希望他们的故事能启迪华社，激发华裔更强的自信、更多的努力、更大的成功。目前有逾 12 万名华侨华人在加拿大魁北克省工作和生活，3 万多名中国留学生在此求学。多位华人社区代表表示，日益强盛的祖（籍）国让海外华侨华人深感自豪和骄傲。（中国新闻网 2019-09-16）

六名优秀加拿大华人获颁“红枫传奇”人物奖

6 位对社会作出突出贡献的加拿大华人于当地时间 11 月 16 日晚在多伦多获颁“红枫传奇”人物奖。一年一度致力于表彰加国社会杰出华人的“红枫传奇”人物奖评选始于 2000 年，2019 年进入第 20 届。本届评选以“红枫精神永延续、跨越廿载缔传奇”为主题，获奖人包括：服务长者 25 年的慈善机构负责人关永添、自年少时便投身社区志愿服务和慈善工作的关志恒、以慷慨爱心坚持不懈回馈母校的慈善家和企业家李亮汉、服务不同族裔社群的牧师陈琛仪、被誉为“当代白求恩”的心脏外科医生岑颖干、多年坚持为社区做义工并参与扶助中国贫困地区孩子的武冰。“红枫传奇”人物奖评选活动宗旨是对加国华人的成就和贡献予以表彰，促进多元文化及社区之间的了解、尊重和共融。多年来“红枫传奇”的获奖者不单是华人社区的榜样，对主流社会同样产生了影响力。获奖者岑颖干表示，这一荣誉将激励自己及其团队继续尽最大努力让世界变得更美好。本届唯一一位中国大陆移民背景的获奖人武冰说，助人为乐是一直伴随自己的人生理念。“红枫传奇”人物评选活动在过去 19 年已经一共评出 118 位得奖者。（中国新闻网 2019-11-17）

加拿大魁北克 2019 年度优秀华商评选揭晓 7 项大奖

由加拿大华人企业家理事会（CCEC）主办的加拿大魁北克 2019 年度优秀华商颁奖晚会于当地时间 11 月 30 日在蒙特利尔举行。优秀新移民创业奖、优秀华裔青年创业奖等 7 项大奖揭晓。该项评选旨在宣传加拿大特别是魁北克华裔艰苦创业精神，凝聚华人力量，倡导社会责任感，凝聚华人社区工商界力量，提升华裔企业在主流社区的公众形象和品牌形象。各奖项共有70多名候选者（包括候选企业和个人）报名，初选后有21名侯选者入围，最后7项大奖揭晓：优秀新移民创业奖：尚旸；优秀华裔青年创业奖：王若宾；优秀魁北克出口企业奖：Orkan公司；优秀华裔社区贡献奖：李西西；优秀华裔女企业家奖：牟怡；优秀华裔企业影响力奖：Sinobec Group集团；杰出华裔企业家大奖：李国强。（中国新闻网　2019-12-02）

多伦多中式餐馆将结业　历史悠久1982年开业至今

位于加拿大多伦多东区唐人街，已有30多年历史的中式餐馆——珍珠阁海鲜酒家，于12月1日结业。珍珠阁是多伦多第2间最老历史的中式餐馆，自1982年开业至今，它在唐人街Broadview Ave与Gerrard St E交界，坐落于GerrardSt E第633号，由于物业已出售，故珍珠阁亦要关闭，12月1日最后一天营业后正式结业。不过，可能更多老华侨知道的是珍珠阁以前的名字“小杭公”，现时的珍珠阁仍采用旧式手推车销售点心，无论如何，它算是本地一家广东式“饮茶”的著名酒家，因此珍珠阁也常有外国人来光顾，一尝它的地道点心。珍珠阁是多伦多第2个最老历史的中式餐馆，而历史更悠久的，另一家应该数“香港园”（Hong Kong Gardens），它于1947年在怡陶碧谷开业至今。（[加拿大]《星岛日报》　2019-11-26）

2019《中国故事中国年》加拿大华人华侨春晚在列治文山市举办

当地时间2019年1月19日，由加拿大中文媒体记者协会和加拿大视传媒CCTVmedium联合主办的2019《中国故事中国年》加拿大华人华侨春晚在列治文山市剧场取得圆满成功。晚会以“讲好中国故事，传播好中国声音，记录好时代变迁”为宗旨，也是今年中国驻多伦多总领馆领区2019年“欢乐春节”系列活动之一，目的就是要充分发挥海外华文媒体的传播力量，通过多种形式来弘扬中华文化，更好地讲好中国故事，传播好中国声音，让世界了解中国，让中国走向世界。晚会内容精彩纷呈，高潮迭起，观众掌声呼声不断。共包含了歌舞、器乐、戏曲、相声、小品、武术等多种艺术形式共20余个各具特色的精彩节目，汇集了众多来自海内外的具有代表性的艺术家，为广大海外华人华侨和本地不同族裔奉献了一场精彩绝伦的视听盛宴。加拿大中文媒体记者协会（Canadian Association of Chinese Reporters，CACR）成立于2016年，是在加拿大联邦政府注册的非营利性组织，自成立以来，始终秉持初心，不断前进，旨在团结加拿大中文媒体工作者、维护中文媒体和中文记者的合法权益、推动中文媒体改进创新、开展同中国和国际间的新闻交流与合作、为繁荣和发展中文媒体事业而努力，做中国故事的生动讲述者、中华文化的热情传播者、中外交流的积极推动者。（《人民日报》海外版　2019-01-21）

加拿大永春同乡会成立文化社推广永春白鹤拳

当地时间2019年11月23日，加拿大永春同乡会在多伦多庆祝成立五周年之际，宣布成立加拿大永春白鹤文化社。加拿大永春同乡会表示，此举旨在传承中华传统文化，增进中加文化交流合作，为在北美宣传、交流、拓展永春白鹤拳文化搭建平台。同乡会将以此为契机，更好地凝聚旅居加拿大的福建永春乡亲，防身健体、寄托乡情，同时又联谊加拿大及北美各族裔武术爱好者。福建永春白鹤拳已历经300余年发展。2008年6月，永春白鹤拳被列为中国国家级非物质文化遗产名录，成为中华武术文化的一块瑰宝。（中国侨网　2019-11-25）

巴拿马华人工商总会获得“华社之光”荣誉

2019年5月29日，由国务院侨务办公室、中华全国归国华侨联合会联合主办的第九届世界华侨华人社团联谊大会在北京举行。十家被授予“华社之光”荣誉的侨团为：美东华人社团联合总会、圣保罗巴西华人协会、巴拿马华人工商总会、澳大利亚悉尼华星艺术团、马来西亚中华总商会、吉尔吉斯斯坦比什凯克华助中心、全日本华侨华人联合会、意大利中国总商会、葡萄牙中华总商会、南非开普敦华人警民合作中心。世界华侨华人社团联谊大会是全球华侨华人主要社团联谊交流的重要平台，自2001年以来，已连续举办九届。（中国新闻网　2019-05-29）

第七届世界江门青年大会将在巴拿马举行

第七届世界江门青年大会（以下简称“世青会”）将于2020年3月在巴拿马举行。巴拿马的地理位置得天独厚，巴拿马运河举世闻名，是一个以服务业为主的国家，船运、航运、银行等产业发达，农产品十分丰富，是一个非常漂亮的国家。巴拿马共和国有400余万人，其中有华裔24万人，五邑籍有7万多人，在巴拿马的侨胞一般从事超级商场、小工厂等行业。2017年，中华人民共和国与巴拿马共和国建交，巴拿马的五邑籍华侨华人在这当中起到了非常重要的作用。建交后，巴中两国的贸易额不断增长，目前已有40多家中资公司在巴拿马发展，两国的关系可以说是越处越好，合作的道路是越走越宽。第七届江门世界青年大会的最大亮点是将与巴拿马万国博览会很好地联合。巴拿马万国博览会在全世界都有较高知名度，其在中南美洲的地位就像是广交会在中国，是整个中南美洲辐射范围最广、名气最大的博览会，届时将会有很多企业和采购商来到巴拿马。与巴拿马万国博览会结合后，江门世界青年大会就成为了助力企业走出去的很好平台，可以让江门的‘制造’和‘智造’优势充分显现出来，让世界更多的人认识江门的产品。目前大会的筹备计划是拟邀请近30个国家的1000人参与，其中包含巴拿马本地五邑华侨社团代表等300人，以及除巴拿马以外的700名五邑青年朋友。(《江门日报》 2019-09-27）

巴拿马《南美侨报拉美侨声》纸媒如何在逆境中求生

巴拿马《南美侨报拉美侨声》，目前是巴拿马侥幸残存的一份每周6天有报送至订户的16大版的华文纸媒。社长周健在《生存中求发展 发展中求生存》一文中谈了该报求生存、图发展的体会和做法。一是近年来与中新社紧密合作，中新社用“借船过海”的合作方式，向本报传送每天（每周6天）7大版面的内容，高专业、高质量、高水平、高效率和高时效地传播中国各方面的政治、经济、军事、文化、保健、娱乐、旅游、法制等，讲好中国故事，推动“一带一路”建设。由于版面的精美活泼生动，逐步得到新老读者的认同和接受。二是与上海《新民晚报》合作，每周4个专版。效果与中新社有异曲同工之妙，更受北方侨胞的喜欢和好评。三是学小企鹅抱团抗寒流。与《南美侨报》抱团合作，联名为《南美侨报拉美侨声》。《南美侨报中美洲版》随同《拉美侨声》发行于巴拿马及邻国哥斯达黎加，并曾考虑发展成中南美洲加勒比海地区的媒体联盟。四是探讨与当地西文主流媒体和平民喜闻乐见媒体合作版面，让优秀的中华文化融入当地社会主流，促进两国文化交流，让当地老百姓认知如今的真实的中国。由此创办了中西双语的《拉美侨声双月刊》。五是由“无冕皇帝”变身为“小蜜蜂”。以往搬字过纸的时代已经一去不复返了，时下动辄都在说“原创”。勤走访、常写作做原创，已成传媒记者的日常便饭必备功课，百忙抽暇参加当地侨社活动拍照图片编写报道，争取当地社团的支持，让读者有对侨社的知情权。六是海外华文纸媒应有担当，要有引导华社正面发展的义务。(《第十届世界华文传媒论坛论文集》 2019-10-12）

华文教育名师巴拿马讲学　当地七所华校受益

2019年10月21日，由中国华文教育基金会主办、四川省侨务办公室承办、雅居乐集团资助的华文教育名师巡讲团来到了巴拿马，为海外华文教师传经送宝、解疑释惑。来自四川省乐山师范学院的高级教师张平、乐山第一中学的一级教师胡影在巴拿马仁爱书院分别就中华古诗词、低年龄段汉语教学和高年龄段汉语教学法进行专题讲解。巴拿马当地数十位从事华文教育的一线教师参加了当天的学习。华文教育是海外的“希望工程”“留根工程”和“民生工程”，懂得中文和中华文化的华二代们是海外华社的希望所在，华文教育在增强对祖（籍）国的认同，以及传播中华传统文化上发挥了重要作用。培训结束，巡讲团还专门调查了解了巴拿马华文教师参加中国华文教育基金会远程培训的情况。巴拿马仁爱书院等学校从2015年开始加入中国华文教育基金会远程培训，每年坚持组织华文教师学习20节以上的课程，较好促进了当地华文教师的教学水平。(中国华文教育基金会网站　2019-10-24）

“我们说汉语”在哥斯达黎加升温　覆盖7省10所中学

“我们说汉语”项目于2016年初启动，迄今已覆盖哥斯达黎加全部7个省的10所公立中学。项目实施 2 年来，哥共有 647 名学生获得汉语水平考试 1、2 级证书，61 人达到初级汉语优等水平。2019 年 3 月 12 日，驻哥斯达黎加大使汤恒出席哥公立中学汉语水平考试（YCT）证书颁发仪式。哥教育部长莫拉女士、中哥文教中心主席宋晓宁女士、旅哥侨团及十所开设汉语课程的公立中学师生代表共 300 余人出席活动。中哥 2007 年建交以来双边关系与各领域务实合作取得的丰硕成果，"我们说汉语"教学项目自启动以来，催生"汉语热""中国热"在哥持续升温，有力促进了两国人文交流与民心相通。项目启动两年来，各方众志成城，群策群力，推动项目落地生根，开花结果。哥教育部与驻哥使馆保持紧密协作，共同致力于推广汉语教学，增进本国学生对中国语言文化的了解与认知，不断促进哥中友好，丰富两国关系战略内涵。（中国侨网　2018-03-13）

墨西哥城孔子学院举办第十三届秋季中国文化节

2019 年 10 月 6 日，墨西哥城孔子学院第十三届秋季中国文化节暨孔子学院日在墨西哥城举办。恰逢新中国成立 70 周年，孔院师生以歌曲、舞蹈、武术表演、民族服装走秀等多种方式共同表达了对新中国华诞 70 周年的祝贺和对中国传统文化的热爱。在开幕式上，舞蹈《开门红》《雨巷》《青花瓷》等传统保留节目赢得阵阵掌声，一首《行走在，中国大地上》诗歌朗诵和一曲《我和我的祖国》的颂歌将现场氛围带入高潮，让在座的上百名墨西哥观众深切体会到中华民族的凝聚力和向心力。随后，此次活动还相继展开互动教学、手工艺制作以及传统美食等内容。孔院师生齐心协力经过半年多时间的排练和打磨为墨西哥观众呈现了一场深刻诠释中国深厚文化底蕴的精彩节目。一年一度的秋季中国文化节为推动中墨两国文化交流发挥着重要作用，不仅有助于推进当地汉语教学的发展，而且使得中国传统文化在当地民众中有效传播。2006 年 2 月，国家汉办与墨西哥华夏中国文化学院合作建设的墨西哥城孔子学院正式揭牌，成为墨西哥的第一家孔子学院，也是拉美第一家孔子学院。作为如今墨西哥五所孔子学院之一，墨西哥城孔子学院培养出了各个领域的汉语人才，已成为当地人学习汉语和了解中国文化的重要平台。（人民网　2019-10-08）

南美侨情

2019 年第二季度 749 名中国人获巴西工作许可

巴西司法和公共安全部公布的一项调查报告显示，2019 年第二季度政府向外籍人员发放的工作许可数量达到 7467 个，与去年同期（6865 个）相比增长了 36%。数据显示，里约热内卢州、圣保罗州和米纳斯吉拉斯州是外籍劳工最为集中的地区。尽管获得工作许可的外籍人员大多为男性，但女性的数量也有所增长。据统计，从 2018 年第二季度到 2019 年第二季度的一年中，女性外籍劳工所获许可数量由 526 个增至 716 个。调查还显示，大部分获准在巴西工作的外籍人员受教育水平较高，其中完成高等教育的占比最高。以国籍划分，2019 年第二季度巴西政府向美国人发放的工作许可数量最多，达到 899 个，其次是中国人（749 个）、菲律宾人（669 个）和印度人（549 个）。（南美侨报网　2019-10-22）

圣保罗市议会通过“中秋日”法案

经过中巴文化交流中心主席罗士豪的努力，庆祝中国传统佳节——中秋日这一提案于 10 月 14 日获得圣保罗市议会表决通过，并由市议长 EDUARDO TUMA 签署实施。这是继圣保罗市议会通过 8 月 15 日为中国移民日后，又一个华人在圣保罗市的重要节日。罗士豪说，圣保罗是华人主要居住地，有 26 万华人华侨在此生活与工作，在 200 多年的移民历史中，为繁荣圣保罗的商业和回馈当地社会做出了巨大贡献。圣保罗华人的奉献和地位也受到立法机构市议会的认同和重视，市议会表决通过了这一提案。该决议案的通过，进一步提升了华人华侨在圣保罗的社会地位和深远的影响力。因中国的中秋节是按中国农历来定日子，新法令规定每年的公历 9 月至 10 月的某一天，便是圣保罗的中秋日。在这一天，中国侨民可以举办各种庆祝活动，来展示中国的传统文化，并以各种联谊形式与圣保罗市民一起欢度中国的阖家团圆日。（南美侨报网　2019-12-06）

阿媒关注华人移民：落地生根，寻求更美好的未来

2019 年 2 月，阿根廷布省马德普拉塔市的媒体《El Marplatense》介绍了华人在当地生活、工作的情况，表达了华人移民落地生根、追求美好未来的愿望。马德普拉塔是位于布宜诺斯艾利斯省大西洋沿岸的一座港口城市，也是阿根廷人的度假胜地。文章称，该市的每个地区都有一家华人开的超市，也是市民日常购物的地方，不过他们对这批来自东方国家的移民似乎知之甚少。据了解，目前在该市的华人移民约有 1300 人。在经营超市的人中，90% 都来自福建地区，还有部分来自大连地区，一般从事渔业。华人对阿根廷和马德普拉塔非常满意，他们融入得很好，尽量与本地人交流。文章认为，华人的勤奋众所周知，他们绝大部分时间都投入到工作中，在空闲时也会和同胞在教堂会面，华人正考虑在该市成立一个文化机构，正如一个世纪前意大利和西班牙移民所做的一样，追求一个更加美好的未来。（中国侨网　2019-02-18）

阿根廷加强移民管控　外国移民须交 10 年无罪证明

3 月，阿根廷政府宣布，将要求所有欲在阿根廷居留的外国人，提交 10 年无犯罪证明。若外国移民无法提交上述证明，其移民手续将无法继续。数据显示，最近三年，阿根廷国家移民局已为 66 万外国人发放了居留证件，这一数字创下了纪录。其中，绝大部分移民是来自巴拉圭、玻利维亚及委内瑞拉的公民。从 3 月起，那些想申请永久居留权的外国移民，必须递交由当事

人在过去三年内“居住时间超过一年所在国当局颁发的”无判刑及刑事起诉记录的证明。阿根廷国家移民局长表示：“我们的目标是，让所有来阿根廷的人，都没有犯罪前科。”据悉，阿根廷政府在加强社会治安的同时，要求实施更为广泛的计划。其中包括，可能将1000名被控犯罪的外国人驱逐出境；此外，还准备筹建移民司法部门、任命专门的移民执法人员，以便加速驱逐手续和查找移民。同时，面对2019年的大选及经济萧条，阿根廷政府欲在其他领域，特别是在治安、打击毒品方面，展现出积极成果。（阿根廷华人网　2019-03-01）

两位华人荣获阿根廷“移民巾帼奖”

7月23日晚，阿根廷侨团联合会、阿根廷国家移民局和布宜诺斯艾利斯市议会向来自阿根廷、中国、意大利、海地、秘鲁等22个国家旅阿侨团的30位杰出女性，颁发了阿根廷“移民巾帼奖”，以表彰她们为促进阿根廷多元文化的繁荣所做出的杰出贡献。旅阿侨胞、阿根廷妇女儿童联合会会长陈静和阿中文化交流使者都晓琳获此殊荣。多年来，陈静坚持关注旅阿华人妇女儿童及其他国家移民团体的妇女儿童切身利益，定期组织开展贫困家庭扶贫慰问活动，关心青少年的身心健康，2016受聘于副总统Gabriela michetti任中国文化顾问，继续推进中阿两国文化友好合作，利用在阿根廷移民协会担任秘书长的工作条件，为20余名旅阿华人争取并办理了退休养老金。都晓琳多次参加阿中两国高层互访活动，并担任首席翻译工作，为促进阿中两国的友好交往做出了积极贡献。她还受聘于阿根廷外交部，阿根廷总统府等重要部门担任中西文翻译。2018年G20布宜诺斯艾利斯峰会及习主席对阿根廷国事访问中，都晓琳继续担任翻译工作。旅阿华人为居住国的繁荣发展做出了积极贡献，得到了阿根廷社会的认可和赞誉。广大旅阿妇女更是“巾帼不让须眉”，她们在各自的岗位做出了令人瞩目的成绩。（阿根廷华人网　2019-07-23）

三位华人荣获阿根廷国家移民局颁发“最佳移民奖”

当地时间10月23日，旅居阿根廷的三位华人荣获阿根廷国家移民局颁发的“最佳移民奖”。他们分别是阿根廷华文教育基金会会长刘芳勇、阿根廷华人进出口商会会长薛文强、阿根廷Misiones省华人商会会长林国新。刘芳勇积极与当地高校进行友好合作，促进中国文化在当地的传播。他们与布省LA COSTA市ATLANTIDA大学签署了合作协议，旨在使该校能够开展中文教育，使更多的阿根廷人有机会学习汉语，促进两国的多领域交流与合作。薛文强带领广大华商合法经营，为当地人提供就业岗位，为促进经济发展社会和谐做出了积极贡献。林国新是第一位在著名景区伊瓜苏从事酒店业的华人，林国新依靠良好的信誉赢得了市场，获得了各国游客的赞誉。他们用实际行动积极融入当地社会，树立了阿根廷华侨华人的良好形象。颁奖仪式前，袁建平议员代表布市议会，向阿根廷国家移民局授予“设立移民节日70年”荣誉牌匾。（中国侨网　2019-10-24）

秘鲁2019前5月接待国际游客逾182万　中国市场增长潜力大

秘鲁外贸和旅游部部长埃德加·巴斯克斯表示2019年1月至5月，秘鲁接待的国际游客数量超过182.35万人次，同比增长2.4%。前5个月秘鲁接待的国际游客中，来自智利的游客数量最多，同比增长了6.8%，其次是美国（+5.7%）、厄瓜多尔（+27.2%）、哥伦比亚（+5.4%）、玻利维亚（+24.4%）、墨西哥（+18.4%）、西班牙（+4.5%）、法国（+14.3%）及加拿大（+9.3%），这9个国家的游客占秘鲁国际游客接待总数的70%以上。巴斯克斯指出：“虽然今年前5个月到访秘鲁的中国游客人数仅有1.8万人，但我们认为中国是增长潜力最大的市场之一。”另一方面，今年前5个月，秘鲁豪尔赫查韦斯国际机场国际游客到达人数超过103.35万人次，同比增长6.1%。此外，通过塔克纳圣塔罗沙口岸入境秘鲁的外国游客超过43.41万人次，同比增长2.8%。（南美侨报网　2019-06-27）

秘鲁华裔奇特姓氏故事多，中国巨变让他们非常仰慕

2019年是华人移民秘鲁170周年，历史上华人来秘鲁大多是做劳工，早期华工没有什么文化，加上历史条件所限，导致在秘鲁出现一大批千奇百怪的中国姓。比如有的华裔姓“HOJA”，

西班牙语是“叶子”的意思。很可能是当时由于语言障碍，这个中国人拿着树叶告诉移民官这是他的姓。姓“叶”也就变成了姓“HOJA”。还有一名黑人妇女，她本姓李，祖辈到秘鲁时，在北部的农庄做工，被改成农场主的姓，导致她现在已经没有中国姓了。但她还是通过亲属和血缘关系，找回自己原来的姓，而且知道了自己的祖籍在中国广东。秘鲁现任副总统梅赛德斯·阿劳斯曾在一次新书推介活动上说，自己有中国血统，是她的祖辈母系传下来的。秘鲁政界名人、律师出身的前国会女议员玛尔塔·查维斯也说过自己有1/8的中国血统。还有很多有着类似情况的秘鲁华裔正在寻找他们的“根”。随着综合国力的提高，中国在国际上的地位越来越重要，许多秘鲁人现在都愿意向公众介绍自己体内流淌着中国人的血液，尽管通过他们的名字根本看不到任何与中国相关的信息。(《环球时报》 2019-08-05)

圣保罗侨胞举行大型晚会庆祝祖国七十华诞

9月8日晚，圣保罗华人华侨庆祝中华人民共和国70周年华诞大型文艺晚会在安年比大剧场举行，中国驻圣保罗总领事陈佩洁、巴西华人协会会长张伟、巴西国会议员皮那托以及各侨团侨领侨胞出席了晚会。张伟表示，改革开放40年来，圣保罗侨胞始终和祖国心连心，“与国同行”，同舟同济，见证了中国从一个贫穷落后的国家建设成为世界第二大经济体。陈佩洁指出，实现中华民族伟大复兴是海内外中华儿女的共同愿望，新中国70年发展的成就离不开广大海外华人华侨的巨大贡献。多年来，圣保罗华侨华人积极融入并回馈当地社会，为推动圣保罗经济社会发展，促进中巴友谊做出了积极贡献。来自上海的鼓舞队与华星、唐韵艺术团、妇女会表演队及各中文学校少年儿童，表演了一台精彩的鼓舞、歌舞、二重唱、独唱、京剧对唱、旗袍秀、葫芦丝以及太极拳、武术和舞狮等节目，博得了全场热烈的掌声。(南美侨报网 2019-09-09)

巴西华人社团庆祝中巴建交45周年暨中国移民节系列活动圆满落幕

8月18日，由巴西华人协会、圣保罗华助中心、圣保罗华星艺术团主办，联合圣保罗全侨共同庆祝中巴建交45周年暨中国移民日系列活动。中国驻圣保罗总领馆总领事陈佩洁、当地政要、40多个华人社团侨领、巴西慈善机构代表、中巴各界友好人士及华侨华人等近1000人出席庆祝活动，并吸引了近2000名中巴民众参与其中。皮纳托是设立“中国移民日”的提案者，他表示，华人已经成功融入巴西社会，成为巴西多民族移民文化的重要组成部分，他会以各种形式助推中巴友谊为方向继续工作。张伟表示，巴西和巴西人民用宽广的胸怀接纳和包容了在巴西生活居住的华人，今后华侨华人会继续爱心捐助，回馈巴西社会。庆祝活动中，既有喧闹的舞龙舞狮表演、绚烂的民族歌舞、激情四射的现代歌舞、精美的剪纸窗花、中国艺术国画书法、技艺超群的中医针灸，还有既活泼可爱又代表华人新生力量的各类精彩表演，丰富多彩，美不胜收。观看精彩表演的同时，还让现场观众通过品尝中华美食感受到了中华文化的魅力。(南美侨报网 2019-08-20)

华侨华人欢迎习近平主席抵达巴西

金砖国家领导人第十一次会晤于11月13日至14日在巴西首都巴西利亚举行。应巴西总统博索纳罗邀请，习近平主席出席会晤。“看着习近平主席的车队经过，很激动，很骄傲。”巴西华人文化交流协会主席程普参加欢迎仪式后，心情久久不能平复。“中国强大了，我们海外华侨华人也越来越有自信。”与他有着相似心情的还有500多名常年在巴西生活和工作的华侨华人，他们中的大多数都是专程从圣保罗和里约热内卢赶来。巴西青田慈善会会长吴玲军说，为了参与欢迎仪式，很多人放下了生意、关上了店门。“我们的一切都是祖(籍)国给的，能在异国土地上迎接习主席，是我们的光荣。”程普说。“中巴互补性很强。上个月底，博索纳罗总统首次访华。如今，习近平主席又来到巴西。相信通过这两次互动，中巴合作会得到进一步提升，同时会推动‘一带一路’在拉美地区的发展，当然，也会给我们华侨华人带来新的发展机遇。”王小军说。(《人民日报》海外版 2019-11-15)

阿根廷“2019华人爱心车队”开展山区贫困家庭送温暖活动

2019年7月13日，满载御寒物品、食品、药品、医疗器械、学习用品的阿根廷“2019

华人爱心车队”启程，前往阿根廷北部山区Tucuman、Salta、Jujuy等省份。经过两天崎岖山路艰难跋涉，跨越阿根廷北部海拔5050米最高山麓后，爱心车队分别抵达Salta省和Jujuy省，为山区居民送医送药、送温暖，为当地300多名村民医治了疾病。他们的爱心行为得到当地居民的欢迎和称赞。当地社区负责人表示，这是第一次有专业的医生来这里送医送药、送温暖，他们真心感谢生活在这里的华人。旅阿华人爱心车队所到之处，不仅为当地居民解除病痛，问寒问暖，更是与当地居民结下了深厚友情，使他们对生活在阿根廷的华侨华人有了更加美好的印象。此次北上慈善活动，行程近5000余公里，两次跨越海拔5050米的高峰，走进20余个偏远村庄，为近千人免费治疗疾病免费送药。经过七天昼夜兼程，华人爱心车队于7月20日晚会师于Salta省Salta市，圆满完成北部贫困山区送温暖送关怀活动。（阿根廷华人网　2019-07-13、18、19、20）

旅阿华人与当地警方密切合作确保一方平安

11月12日，阿根廷华助中心主任严祥兴、阿根廷华人进出口商会会长薛文强作为旅阿华人团体代表参加了布市第三警察局举办的“警察周”活动，获得第三警察局颁发的“协作贡献奖”，以表彰他们与当地警方密切合作，为促进华人社区平安所做出的努力。严祥兴和薛文强代表旅阿华人向第三警察局赠送纪念铭牌，感谢警方为确保旅阿华商在当地安居乐业所做出的大量工作。严祥兴表示，为广大华商提供安全的经商环境是华助中心和进出口商会义不容辞的责任，希望今后继续加强警民合作，强强联手严厉打击针对华商的犯罪行为，确保一方平安。（阿根廷华人网　2019-11-13）

秘鲁侨界热议习近平在《告台湾同胞书》发表40周年纪念会上重要讲话

1月18日，秘鲁《公言报》头版刊登了习近平总书记在《告台湾同胞书》发表40周年纪念会上的重要讲话后，在秘鲁侨界引起热议，华侨华人纷纷通过微信发给报社，表达他们对习近平总书记讲话的感受和领会。中华通惠总局名誉主席说，“邓小平同志提出的‘一国两制’方针是一个历史性的创造，它很好地解决了历史遗留问题。这一方针也完全适合解决台湾问题，希望海峡两岸尽快统一，实现中华民族的大团圆，香港和澳门先后回归祖国是‘一国两制’政策的成功实践。台湾是中国领土不可分割的一部分，国家统一是大势所趋。”秘鲁中国和平统一促进会常务副会长万志新表示，“祖国必须统一，也必然统一！台湾同胞的未来，只有与国家民族伟大复兴的大趋势融合在一起方能实现，没有任何一条其他的路可以走。”《公言报》总编孟可心说，《公言报》作为有108年历史的老侨报，更要为祖国统一大业发挥其特殊的作用。秘鲁导游庞金洪表示，作为出国已经20多年的海外华侨，亲身经历让他深刻感受到什么叫“祖国”。习近平总书记的《告台湾同胞书》是华人世界的共识，只有华侨华人团结一致才能成为一个坚强的整体，世界华人正处于团结一心开创伟大新时代的世纪机遇。（中国侨网　2019-01-19）

秘鲁侨界好戏连台　共庆新中国成立70周年

为庆祝中华人民共和国成立70周年，中国驻秘鲁大使馆、秘鲁中资企业、秘鲁侨界举办了一系列形式多种多样的庆祝活动，以抒发对祖（籍）国真诚、浓烈的爱国情怀。9月20日，中国驻秘鲁大使馆、秘鲁中资企业协会联合举办了庆祝中华人民共和国成立70周年歌咏比赛。来自中国驻秘鲁大使馆、首钢秘铁、中铝秘鲁、烟建集团、中国银行秘鲁、中石油秘鲁公司、中铁十局、工商银行秘鲁、中企协能矿分会领导、中铁和中交建的员工们，先后表演了大合唱、诗朗诵、独唱、男女声二重唱等精彩节目。演出在全场共同合唱“歌唱祖国”声中结束。三个小时的节目精彩纷呈，激情澎湃，引来现场观众阵阵热烈掌声喝彩。晚上，大使馆、MIRAFLORES市政、秘中文化中心联合在Miraflores区政府广场举办庆祝国庆系列活动之一的《美丽中国》图片展开幕仪式。（中国侨网　2019-09-23）

助力华文媒体　传递华人正能量

7月31日，中国驻阿使馆召开旅阿华文媒体座谈会，中国驻阿根廷大使邹肖力出席会议并发表讲话，阿根廷华人网等旅阿华文媒体代表参加座谈。邹肖力表示，旅阿华文媒体在传播华人正能量，改善中阿关系，促进中阿两国民间经贸往来中发挥了积极作用。希望旅阿华文媒体继续立足于侨界，立足于中阿双边合作，立足于祖籍国进行新闻报道和见证；继续服务好当地社会和祖籍国，成为促进相互了解和信任的窗口，搭建友谊合作的桥梁；积极拓宽合作渠道，推展合作方式，把华文媒体做大做强。华文媒体要做好创新工作，要与当地主流媒体以及家乡媒体进行有效联合，为广大华人提供有价值的新闻产品。积极传播中国好声音，传递华人正能量。旅阿华文媒体代表纷纷发言，对使馆各级领导给予华文媒体的关心和指导表示感谢！希望继续得到使馆领导的支持和帮助，做好本职工作传递好旅阿华人正能量。（阿根廷华人网　2019-7-31）

阿根廷华人超市开启手机支付时代

调查显示，在阿根廷布市地区，平均不到两个街区，就有一家华人开的超市。相对于大型连锁超市而言，在支持顾客的支付手段上，华人超市还主要依靠传统的现金交易。为此，阿根廷电子商务巨头“自由市场”（Mercado Libre）为华人超市开发了专门的支付系统。该公司推广支付市场（Mercado Pago）高级副总裁阿雷吉表示：“考虑到二维码支付在中国已非常普及，公司已向华人业主发送了安装包，其中包括含有两种语言的二维码收款方式说明。还可帮助其继续扩大业务的服务内容。”据悉，为了推广这项战略业务，该公司将采用一种奖励方案，那些将二维码打印出来、贴在收银台的店主，若将照片发送给该公司，账户中将会收到 100 比索的奖励。该公司还在微信中开通了公众号，里面有关于产品说明、促销、新闻动态的中文解释。通过二维码收款，除了具有零成本、实时的优点外，还会提高营业效率，避免找零和经常出现的排队现象，并可通过打折信息，吸引顾客到店内消费。此外，采用数字化支付手段，可降低被抢劫的风险，还可以通过账户向供货商付款。上述计划已取得了一定成功。截至 2 月，已获得 2500 家华人超市的支持。（中国侨网　2019-2-19）

阿根廷华人超市受经济危机影响严重

受阿根廷经济危机和消费萎靡的影响，各行各业的商家都遭受了不同程度的打击，销量显著下滑；不过感受最明显的当数华人超市和传统的社区小商店，因为在经济活动减少的大背景下，许多顾客会优先考虑到大型连锁超市购物。根据阿根廷咨询公司 Scanntech 的一项调查显示，9 月的基础商品（如食品、饮料、清洁和洗漱用品等）销量，小型自助超市同比下降了 15%，为 2019 年以来最大降幅。这与其他类型的超市形成了鲜明对比。调查数据显示，由于官方取消了 13 大类基础商品的增值税，9 月大型连锁超市的销量同比下降了 2.6%。尽管两者的销售数据都是下降的，但华人超市和大型连锁超市之间的跌幅却也相差巨大，这或可以解释为后者在某些食品类商品上较轻的税收压力。（中国侨网　2019-10-16）

阿根廷华人传统行业受冲击　华商改变经营策略谋发展

受世界经济增长乏力和阿根廷国内选举影响，2019 年阿根廷经济经历了剧烈动荡，出现了自 2002 年以来最严重的经济衰退，也直接影响到了旅阿华商的传统生计。2019 年华人超市平均日营业额比上一年减少了近五成。阿根廷华人超市工会常务副会长郑为辉说：“阿根廷货币贬值和通货膨胀严重，对我们华人传统行业冲击是非常大的。对于超市业，通货膨胀高企，物价就会上涨，民众购买能力就降低。同时，经营费用和成本也上涨，比如房租、水电费都高了。所以这对我们的华人传统行业都造成了压力。”为应对生存困境，在过去一年中，旅阿华商积极改变经营策略，推动多元化发展。许多华人超市业主开始改变经营策略，推行超市连锁经营，以降低进货和经营成本。同时也有一些人积极寻求多元化发展。阿根廷经济动荡同样也冲击着旅阿华人另一大传统行业——进出口贸易。由于近两年来阿根廷经济形势不佳，许多华商正在突破原有的三大传统行业，积极推进向多元化发展。越来越多的旅阿华人开始从事对华牛肉等农产品出口业，远洋海产品捕捞业和水产加工，建立了多家由华商投资的牛肉加工厂、种植中国水果蔬菜的农场、木器加工厂和造纸厂等。（国际在线　2019-12-16）

智利圣地亚哥发生暴力示威　40 余家华人商户遭冲击

10 月中旬以来，智利首都圣地亚哥公交系统票价上涨引发了一系列抗议活动。智利总统皮涅拉 19 日凌晨宣布圣地亚哥进入紧急状态，军方当天宣布在圣地亚哥实施宵禁。智利16个大区中的15个大区先后部分或全部进入紧急状态。面对困境，浙商守望相助，精诚团结，不仅成功保卫了当地最大的华人批发商仓库，更建立应急小组，共渡难关。据不完全统计，截至10月中旬，有40余家华人商户遭到冲击。智利最大的华人批发商之一亚洲贸易公司位于圣地亚哥市郊的仓库，面积2万多平方米，商品总价值在亿元以上。10月19日至20日，该仓库被当地暴力示威者多次武力攻击。在侨胞和当地保安的齐力保护下，暴力示威者最终都被击退。“智利华人中浙商占相对多数，而浙商在此次事件中非常团结。”智利中国温州商会会长林正钱说，这次混乱中，浙商不仅有人参与义务巡逻，还有人利用监控及时向大家汇报暴力示威者的位置，进行预警，并帮助遇险华商报警。（《钱江晚报》2019-11-01）

阿根廷丘布特省拟规定华人超市员工70%以上为本地人

华人超市在阿根廷丘布特省里瓦达维亚海军准将城（COMODORO RIVADAVIA）的数量不断增加，又不断有新的超市提交营业执照申请。在此情况下，当地监察部递交了一项旨在规范华人超市落户的议案。在所有的提议中，包括要求华人超市不得与住家相连，还要求雇佣的员工中有70%土生土长的当地人。此外，议案提到，“所有面积超过800平米的超市都应当开在工业区域”，当地监察部称，因为这影响到了周边已存在的小型商家。（阿根廷华人网　2019-11-03）

旅阿华人走上街头，呼吁同胞参政议政

阿根廷宪法规定，具有选举投票权的公民，包括具有居留权的外国人，都有义务参加选举投票，否则将会受到罚款或办理相关事宜的限制。10月19日，部分旅阿华人在袁建平议员带领下走上街头，宣传参政议政意义，呼吁旅阿同胞积极参政议政，行使手中的合法权益，为旅阿侨胞争取合法利益。据袁建平议员介绍，在上次的投票选举中，有投票选举权的华人只参加了20%，大多数人没有行使自己的投票权。他希望生活在阿根廷的华人积极参与到当地政治生活中，主动行使自己的选举权利，积极参加10月27日的选举活动。投票给能够为华人带来切身利益的候选人，无论选举谁，只要投出神圣的一票，就能够显示出华人的力量。（阿根廷华人网　2019-10-19）

阿根廷华人当选布市13区政府代表　冀为华社服务

在10月27日的选举中，布宜诺斯艾利斯市13区新一届区政府领导工作团队中出现了一位华人代表，他叫陈源志，他的成功参选再次创造了阿根廷华人参政的可喜成绩。1972年出生的陈源志，曾就读于布宜诺斯艾利斯大学法律系。在做进口中国商品生意的同时，积极为旅阿侨胞做实事，用自己学到的法律知识为侨胞解难题、争权益。在别人的鼓励下，陈源志于2019年6月份准备参选，决定加入新的13区区政府领导竞选团队。由于13区获得了高票支持率和布市市长拉雷塔的成功连任，新的13区区政府领导团队成功胜选，陈源志成为其中一员。陈源志表示，自己能够成为13区区政府领导团队中的一员，是得益于生活在阿根廷的华侨华人有力支持和帮助。作为华人的后代，为华人办实事、解难题是自己的信念。他表示，愿做13区华人利益的代言人，为广大侨胞提供服务，为创造华人良好的生活环境和经营空间而努力。（中国侨网　2019-10-30）

移民的庆典：中国侨团参加布市移民节

当地时间9月15日，由布市政府组织的2019年度阿根廷移民节在Mayo y Bolivar大街举行。阿根廷妇女儿童联合会代表旅阿华人群体参加了庆典活动。来自旅阿40个国家的移民团体将本民族的文化、美食、歌舞等向市民展示。阿根廷妇女儿童联合会会长陈静，高举中国国旗走在华人代表团最前面。中国的舞龙舞狮，中国汉服展示吸引了现场市民，他们纷纷拍照留下这美好瞬间。阿根廷是一个移民国家。每年的9月，国家或各地政府都会举办移民节，庆祝各国侨民从世界各地来到这里，将这里建成一个美丽的阿根廷。中国文化深深吸引着阿根廷人民。每年的春节庙会，移民庆典等活动都是展示中国文化的舞台。阿根廷妇女儿童联合会、阿根廷金凤凰国际文化传媒公司已多次组织中国移民团体举办春节庙会，和参加阿根廷移民节庆祝活动，使

中国文化在阿根廷得到了广泛传播和更好传承。（阿根廷华人网　2019-09-16）

秘鲁通惠总局重建六十周年　华侨华人缅怀先侨

2019 年是秘鲁中华通惠总局大楼重建六十周年，10 月 8 日，通惠总局邀请了为通惠总局大楼重建做出过突出贡献的先侨后代、秘鲁华人华侨代表进行座谈，以缅怀先侨为社团、为侨民服务和无私奉献的精神。座谈会上，中国大使馆赵蔚茗领事称，通惠总局自成立以来，就为中国的发展及中秘两国的交流，以及在秘侨民的工作生活作出了重要贡献，相信通惠总局理监事将会把先侨的遗志继续传承下去。华人代表何莲香表示，经过 70 年的努力，中国变得越来越强大，海外华人感到骄傲和自豪，不能忘记先侨为我们做出的贡献和努力。通惠总局主席戴汉基、陈金伦分别向刘金良、戴宗汉、戴贺廷、黄孟超等 44 名先侨后人颁发奖牌，以表彰他们先辈对通惠总局和侨社作出的突出贡献。（中国侨网　2019-10-10）

秘鲁文化部向秘华文化中心移交早期华人遗骨

在纪念华人抵秘 170 周年之际，秘鲁文化部 10 月 15 日在秘华文化中心所在地“土生村”，移交了 3 具早期华人遗骨，并按照当地天主教习俗进行了弥撒与下葬仪式。秘鲁文化部官员称，陆续在利马多地的古遗址中发现了早期华人移民的遗骨，此次移交的 3 具遗骨是秘鲁天然气公司在利马北部施工现场发现的，经过考古专家鉴定已有 120 年历史，同时还有陪葬品：烟枪、瓷碗、骨制牌九、衣物和西班牙文的身份证。秘华文化中心特别订制一块纪念牌，以纪念这一天的重要意义。牌上写着：“在这里，秘鲁的华人社团向 170 年前来到秘鲁的华人先辈们致敬，尽管他们从遥远的地方移民到这里，面临着许多困难，但他们用自己的辛勤劳动和智慧，成为秘鲁社会中一个强大的华人社会。”（中国侨网　2019-10-16）

大洋洲侨情

中国移民成为澳大利亚第二大移民群体

澳大利亚统计局发布报告显示，中国移民已经超越新西兰，成为澳大利亚仅次于英国的第二大移民群体。截至 2018 年 9 月 30 日，澳大利亚人口为 2510 万，同比增长 1.5%。净海外移民共计 240100 人，占总增长人口的 61%，低于前一年 259400 人的净海外移民数量。报告中中国出生的移民数量让人瞩目，在 2016 年还是人口数量排名第三的中国移民，已有 606450 人，超过新西兰，成为澳大利亚第二大移民群体，仅次于英国移民（997830 人）。大批中国移民的到来，大大促进了澳大利亚的多元文化。据澳媒 SBS 报道，普通话已经成为澳大利亚的第二大语言，仅次于英语。全澳有 2.5% 的人在家里用普通话交流。（中国侨网　2019-03-22）

调查显示仅 3 成澳人支持人口增长

澳大利亚国立大学的民意调查发现，由于担忧城市过度拥挤、房价超出普通民众的承受能力，澳人对人口增长的支持率正在大幅下滑，仅有三成澳人认为澳大利亚需要更多人口。而在 2010 的类似民调中，支持增加人口的澳人比例则有 45%。其中这 15% 的降幅，主要是因为男性选民对人口增长支持度的大幅下跌。2010 年时，绝大多数男性选民都支持打造“更大的澳大利亚”，而如今男性选民支持率已降至 38.4%。与此同时，支持人口增长的女性选民比例也从 2010 年的 38.5% 滑落至 28.2%。调查还发现，25—34 岁澳人对增加澳大利亚人口的支持率最高，达到 41%。而 45—54 岁年龄段人群的支持率最低，仅为 25%。另外，种族背景也影响了人们的选择。仅有四分之一在澳大利亚出生的人支持人口增长，比例几乎是生于非英语国家移民的一半。（中国侨网　2019-01-18）

澳首次进行中文大选辩论

4 月 14 日，澳大利亚史上首次以中文进行的联邦大选辩论举行，自由党和工党两名同样具有华裔背景的女候选人，为争夺墨尔本 Chisholm 选区的议席，以普通话针锋相对。中国香港出生的自由党候选人兼前言语病理学家廖婵娥（Gladys Liu），以及中国台湾出生的工党候选人兼前市长杨千慧（Jennifer Yang），正竞逐从自由党转任独立议员宾丝（Julia Banks）改到别区竞选后遗下的议席。杨千慧与廖婵娥之中任何一人胜出，都将是澳大利亚首个女性华裔众议员。这个话题引发两人在辩论中谈及“玻璃天花板”和“竹天花板”问题——两者意思分别是，女性和亚裔人士难以冲破固有文化，以担任企业或机构的高层管理人员。Chisholm 选区有 19.7% 的居民在中国出生，其中一半有澳大利亚国籍，拥有投票权。选区内包括华人聚居的 Chadstone 和有“小北京”之称的博士山（Box Hill）。Chisholm 华人众多，两党均预料，此次将会是一场硬仗。工党本身也已准备加强在微信上发动竞选运动。（中国侨网　2019-04-16）

澳媒称 241 名华人百年前曾参加一战澳新军团

《澳大利亚人报》网站发表题为《澳新军团中的华人：澳大利亚不为人知的遗憾》的文章，称在第一次世界大战结束一个多世纪后，241 名澳大利亚华人不为人知的事迹终于被揭开，他们曾经作为澳新军团的成员参加一战。澳大利亚著名战争史学家威尔·戴维斯发现一战中有华人的身影——2018 年他在墨尔本参观华人博物馆时偶然发现这一点。戴维斯表示：“25 年来，我一直在阅读和研究第一次世界大战，但我从未听说过他们。”报道称，大多数澳新军团中的华人是“淘金热”时期移民的后代，他们中的许多人都生活在社会边缘。戴维斯指出，当时官方禁止在澳大利亚出生的“本土”华人到前线服役，因为他们被认为体型矮小，不符合军队成员“基本上来自英国”的要求。但他们如此热诚地想从军参战，以至于许多像乔安娜·奥尔森的祖父西德尼·华·尚这样的人都拒绝接受这一禁令。文章称，共有 19 名华人因作战英勇受到奖励——包括来自昆士兰州、身高 1 米 58、非官方歼敌数量达到 300 人的神枪手比利·辛。（参考消息微信公众号　2019-04-30）

澳总理拜访悉尼唐人街，拉开华裔选民争夺战

澳大利亚联邦议会选举将于 5 月 18 日拉开帷幕，寻求华裔选民的支持已经成为每个政党的必修课。澳大利亚总理莫里森 15 日前往悉尼唐人街拜访，并对当地华裔表示他将“继续加强与中国的关系”。目前澳大利亚有 120 万华裔居民，华裔人群已占到澳大利亚总人口的 5%，几乎与意大利裔和希腊裔澳大利亚人的数量相当。在墨尔本郊区华人聚集的博士山，包括澳大利亚最大在野党工党的团队都曾专程拜访在当地居民活动中心打麻将的华裔老人，将后者视为拉拢的主要目标。在直接拉拢华裔选票的同时，执政党自由党与在野党工党还在部分选区培养华裔参选者。为拉拢华裔选民，澳大利亚的政党也会通过微信这样的平台来表达观点。工党与自由党此前分别开通微信官方公众号。工党领袖肖顿甚至还组建了一个 500 人的微信群进行直播问答。（《悉尼先驱晨报》 2019-05-17）

澳大利亚执政联盟党在大选中获胜，诞生首位华人众议员

5 月 18 日，在 2019 年澳大利亚联邦议会选举中，执政的联盟党以较大优势战胜反对党工党，总理莫里森获得连任机会。投票前在各种民意测验中被强烈看好的工党，选战当天遭遇意外挫折。从计票中途开始，由自由党和国家党组成的执政联盟，就开始领先对手。2018 年 8 月，自由党经历了内部权力斗争，时任总理特恩布尔被迫下课，自由党支持率也下滑至历史最低，但临危受命的莫里森，凭借大力发展经济和保障国民安全等政策，逐渐站稳脚跟。此次工党则经历了从大热门到出局，担任了两届领导人的肖顿承认败选并黯然辞职。分析人士认为，正如前总理霍华德所言，肖顿在接收难民和增加税收等方面采取了较为激进的政策，令中产阶级心有余悸。自由党对移民不友善，但它政策统一，对难民也比较严格；而工党就为了显示反对而接收难民，为了反对而跟自由党唱对台戏。此次大选，华人选票成了两党争夺的重点之一。华人选区还诞生了澳大利亚历史上首位华人众议员，廖婵娥以 1220 票领先工党候选人杨千慧（Jennifer Yang），廖婵娥成为澳大利亚联邦下议院首位华裔女议员，这也是华人参政议政迈出了可喜一步。（北京国际在线网　2019-05-20）

澳大利亚公布英女王寿辰授勋名单，13 名华人获勋

澳政府公布 2019 年英女王寿辰的授勋名单，1214 名澳大利亚人获颁勋章，表彰对国家或人类做出的卓越贡献。其中 13 名为华人，人数之多是近年之最。获颁勋章的人来自不同领域，包括艺术界、教育界、饮食界、科技界、医学界和小区服务界别。此外，获勋的女性比例达四成，也是史上最高。（中国新闻网　2019-06-10）

南半球首届妈祖巡安庆典在悉尼举行

南半球首届妈祖巡安活动 6 月 30 日在悉尼举行。上午 8 时 30 分，悉尼天后宫举行了起轿仪式，现场锣鼓喧天、鞭炮齐响、金狮起舞，妈祖神尊在护驾团和信众的陪同下浩浩荡荡启程，信众们夹道欢迎，争睹妈祖风采。当天参加活动的有澳大利亚、中国、日本、越南、马来西亚、印尼、瓦努阿图等国的信众及 30 家当地艺术家团队近千人，场面热烈。此次参加巡安的妈祖神尊是来自妈祖故里——福建莆田湄洲妈祖祖庙的妈祖分灵。妈祖被誉为“海上和平女神”，妈祖信仰已历经千年，入选联合国教科文组织“人类非物质文化遗产”名录，在海外有深厚的信众基础，近年在澳大利亚也得到较广泛传播，成为凝聚当地华侨华人的重要精神纽带之一。费菲市（Fairfield）市长、新州议员、澳大利亚联邦国会议员等分别致辞，表示活动反映了澳大利亚华裔的历史、宗教信仰和文化，体现了当地社区的和谐和多元文化。（中国新闻网　2019-07-01）

针对中国老人在墨尔本“乞讨”被捕，外交部发言人回应

7 月 5 日，澳大利亚警方拘捕多名来自中国的老年“职业乞讨者”，并怀疑乞讨者属有组织团体。墨尔本警方表示，被捕的嫌犯中有三名女性和两名男性，他们的年龄都在 65 岁以上，最年长者为 72 岁。这些中国公民涉嫌在当地乞讨。根据墨尔本所在的维多利亚州的法律，乞讨在当地是违法行为，可被判处一年监禁。中国外交部发言人耿爽 8 日在例行记者会上表示，澳大利亚警方尚未向中国驻墨尔本总领馆正式确认被捕者的中国公民身份，如所涉人员中确有中国公民，总领馆将要求澳警方依法公正处理。耿爽强调，中国政府一贯要求海外中国公民遵守当地法律法规，绝不袒护中国公民在海外的违法犯罪行为，支持当地司法机关依法处置。耿爽提醒广大同胞，在海外要遵守当地的法律法规、尊重当地的风俗习惯，注意个人言行，切勿从事与所持签证种类不符的活动，切勿从事不法行为，不要给自己制造不便，也不要给国家形象抹黑。（中国侨网　2019-07-06）

澳 300 余华人社团吁尽快恢复香港社会秩序

澳大利亚 300 多个华人社团 8 月 15 日发表联合声明，表示关注最近香港事态的演化，关心香港同胞的处境安全，关切香港未来的发展荣景，呼吁尽快恢复香港的社会秩序。声明反对任何以表达民主诉求为名，而实施逾越法律底线，损害他人利益的暴力违法行为。声明反对暴力袭警、堵塞道路、纵火滋乱、损毁公共设施、玷污国家尊严等破坏香港基本秩序和有损国家主权的违法和暴力行为。声明对香港社会良好的法治和社会秩序遭受蓄意破坏和践踏深表震惊，深感痛心。声明指出，香港是中国的一部分，香港事务是中国主权的内部事务。反对任何外国势力插手干涉香港事务，反对所有分裂中国的行径，并呼吁所有国家和人士尊重国际法和每个国家的主权及领土完整。声明呼吁全球华人不分国籍地域，不分男女老幼，共同发声支持香港特区政府、香港警察、香港民众维护社会安定团结的努力，声明呼吁全世界所有爱好和平、尊重社会公序和法治精神的国家及人民，支持一切维护香港法治与安全的努力。（中国新闻网　2019-08-15）

澳大利亚华人博物馆建立项目启动典礼举行

澳大利亚华人博物馆（MOCA）建立项目启动典礼，9 月 12 日晚在悉尼中国友谊花园举行。不断增长的华人已成为澳大利亚现代多元文化的重要组成部分。他们在澳大利亚的历史、移居和构成等方面都拥有着非凡的故事和卓越的贡献。为了弥补新南威尔士州对华人资料记载的空缺，澳大利亚华人博物馆委员会一直致力于推动悉尼唐人街博物馆的建设工作。澳大利亚华人博物馆委员会主席余森美在致辞时表示，博物馆将运用电子技术真实地还原过去来澳华人在悉尼唐人街乃至新南威尔士州的生活和变化，帮助人们更加深入和深刻了解华人群体，这些宝贵的经历和历史将成为最珍贵的遗产。博物馆将落户于毗邻唐人街的禧市（Haymarket）图书馆旧址，建成后，将具备收集、研究、考证、保存、展示和诠释华人在澳的历史、遗产和物质文明的功能，为公众提供咨询和访问服务。记录和保护与华人定居者有关的重要文化遗址、档案和物品等。提供基础教育课程、出版物、展览和活动等多种宣传形式，帮助观众了解澳大利亚华人历史文化。（中国新闻网　2019-09-12）

中国仍为澳洲国际学生最大来源国

澳大利亚联邦教育部 10 月 17 日公布的数据显示，2019 学年来澳学习、工作和生活的国际学生共计约 81.2 万人，比前一年（约 74.8 万人）增加了 9%。国际教育是澳洲第三大出口产业，上一年为澳洲经济注入资金 319 亿澳元。中国仍为澳洲国际学生最大来源国，2019 学年来澳中国学生人数为 22.9 万人。2013 年中国留澳学生人数为 85111 人，2018 年中国留澳学生人数达到 15 万人。2019 年来澳的其他国际学生人数依次是印度（12.2 万人）、尼泊尔（6 万人）、巴西（3.2 万人）和越南（2.8 万人）。数据显示，中国和印度占来澳国际学生人数的主导地位，超过了排在其后的 12 个国家的总和。数据还发现，不同国家的学生青睐不同的大学所在地。中国学生喜欢新州，印度人更喜欢维州，来自巴西的学生喜欢昆州，来自尼泊尔的学生更喜欢达尔文。国际学生分布最多的地区是悉尼 CBD，约 19.1 万人，紧随其后的是墨尔本 CBD（16.8 万人）布里斯班 CBD 为 4.7 万人，悉尼的东部郊区（新南威尔士大学所在地）和阿德莱德 CBD 为 2.9 万人，墨尔本卡尔顿地区为 2.6 万人，黄金海岸的格里菲斯大学为 2.4 万人。最受国际学生欢迎的研究领域为管理和商务（会计、金融、经济学）占总数的35%，紧随其后的是社会与文化（政治、全球化、性别研究）占22%。研究领域如教育和农业则不足3%。（中国侨网　2019-10-18）

澳大利亚华侨华人举行活动庆祝新中国成立70周年

由澳大利亚中华经贸文化交流促进会举办的庆祝中华人民共和国成立70周年暨澳中建交47周年庆典活动，9月8日在悉尼以“海陆空”并行方式进行。随着澳大利亚原住民的管乐器表演和中国传统古筝、琵琶民乐表演，活动拉开帷幕。演出以合唱、舞蹈和器乐等多种表演形式进行。澳大利亚中华经贸文化交流促进会主席王福官表示，70年来，中国发生了翻天覆地的变化，作为海外华侨华人，我们为中国的繁荣昌盛感到无比骄傲和自豪，促进澳中两国文化的不断深入发展也是我们义不容辞的责任和使命。（中国新闻社　2019-09-09）

澳大利亚71.5万移民找不到对口工作，中国移民受影响

据报道，找不到对口的工作，浪费了70多万来自非英语国家的合格移民的能力，澳大利亚经济每年因此损失多达60亿元，本地出生人口的薪资标准也可能因此受损。研究显示，在非英语背景的移民中，只有60%的人从事与其技能水平相匹配的工作，收入较低的移民有三分之一处在专业不对口的状态中。许多移民实际上在从事与他们的资格领域完全无关的工作。来自中国、日本和韩国的移民受影响最为严重。研究证实，移民比本地出生的澳人更有可能就业或求职。移民的就业参与率比在澳出生人口高出17%。移民的最大就业部门是医疗保健和老年护理，其次是专业领域、科学和技术服务行业。研究还发现，提高移民比例会推高本地出生员工的整体工资。移民员工所占份额每增加1%，便能促使本地出生员工的工资增加2.4%。（澳洲新闻网　2019-11-01）

澳大利亚启动全球人才独立计划，吸引高技能移民

澳大利亚联邦政府11月4日正式启动一项新的、专门针对高技能移民的“全球人才独立计划”（Global Talent Independent program），将为5000人提供每年快速获得澳大利亚永久居留权的机会。该项目旨在建立一个高技能移民团体，每年为5000名世界上最优秀和最聪明的人提供快速通道签证，目的是巩固澳大利亚的高科技产业。符合条件的专业领域包括农业技术、金融技术、医疗技术、网络安全、能源和采矿、空间、先进制造业及量子信息产业。为了吸引全球人才，联邦内政部已向上海、柏林、华盛顿特区、新加坡、圣地亚哥、迪拜和新德里派遣了招聘官员。申请人首先需要在符合联邦政府要求的专业领域工作，同时，申请人的收入需要达到14.9万元/年以上，以达到澳公平工作委员会定义高收入人群的标准，或进行评估证明如果他们来到澳大利亚，将获得相应的收入。在达到以上标准后，只要他们通过了正常的安全和诚信检查，他们就会得到内政部的特殊待遇，从而快速获得永久居留权。（中国侨网　2019-11-06）

华人赴澳大利亚养老成热潮

随着越来越多华人在澳定居，父母养老问题也成为其关心的重点。澳洲“得天独厚”的养老环境使得近60%以上的华人移民选择为父母办理赴澳签证。在澳洲，养老主要分为养老院（Residential Aged Care）、养老村（Retirement Village）和家庭照顾（Home Care）三种方式，同时澳洲政府在养老方面的大力补贴也让在澳、赴澳养老的人可以安享晚年生活。2016年人口普查结果显示，在澳洲65岁以上的人中，有约4.6万人在中国出生。与此同时，随着赴澳新华人移民的增多，帮父母办理签证赴澳养老成为近60%华人移民的选择。澳洲的气候环境更适合养老，2017年全球人口调查中，澳洲人均寿命为82岁，排名世界前十。此外，在澳养老可做到老有所养，老有所依。然而，对于想要将父母带到澳洲养老的赴澳华人来说，担保人需达到一定要求才可办理父母签证申请，包括：满足担保人与父母的关系要求，年满18岁；澳洲公民；无不良背景信息；未存在拖欠联邦或公共卫生债务；达到最低家庭收入门槛等。（澳洲网　2019-12-06）

新西兰移民局公布重要技能短缺清单

5月8日，新西兰移民局公布了2018/2019

年度重要技能短缺清单的年度审核结果。新的紧缺技能清单几个关键的变化点如下：“偏远地区紧缺技能清单（the Regional Skill Shortage List）”，取代了原来的“临时紧缺技能清单（Immediate Skill Shortage List）”，同时把偏远地区的数目，从6个增加到15个；早教、小学老师和中学老师，被加入到偏远地区紧缺技能清单，并且是全部地区都紧缺的；养老护士被加入长期紧缺技能清单；建筑助理被加入到建筑紧缺技能清单中；木工被保留在建筑和基础设施紧缺技能清单中，未能进入长期紧缺技能清单；咖啡馆经理、钳工、木具械工未能进入临时紧缺技能清单，即现在的偏远地区紧缺技能清单；石匠不再在克赖斯特彻奇的建筑紧缺技能清单中，但依然在奥克兰和北地的建筑紧缺技能清单中。还有三个职业的技能标准进行了一定修改，以更好地体现紧缺情况。此次紧缺技能清单从2018年开始审核，于2019年5月27日开始实施。（中国新闻网　2019-05-08）

新西兰海外买家禁令生效后，中国买家购房数量下降80%

新西兰统计局数据显示，政府的海外买家禁令生效后，海外买家在新西兰购买房屋的数量大幅下降。新西兰的海外买家禁令（海外投资法修正案，Overseas Investment Amendment Bill）于2018年10月22日生效，防止不打算在新西兰居住的外国人购买现有房屋。法律从2018年第四季度生效，最近几个月的下降更为明显。根据新西兰统计局的数据，2019年前三个月，海外买家一共购买了204套房屋，2018年同期，这一数字为1083套。针对中国买家的销售数量下降了80%。在新西兰学习、工作或试图取得居住权的中国买家，对新西兰房屋的需求尤为强劲。（中国侨网　2019-05-07）

《了解中国在新西兰投资》报告发布

8月15日，新西兰中国关系促进委员会正式发布了一份题为《了解中国在新西兰的投资》的投资报告，主要结论如下：中国（包括香港在内）是新西兰的第二大投资者，其2017年对新投资占新西兰海外直接投资的7.6%，但远远落后于澳大利亚占了55%以上的海外直接投资。中国的投资范围相当广泛，除农产品外还涉及基础设施、公用事业、商业建筑和酒店等其他领域。来自中国的投资，52%的投资集中在奥克兰/怀卡托。（中国侨网　2019-08-17）

新西兰学汉语学生人数增加

新西兰教育部的数据显示，2017年新西兰中小学学习汉语人数为64874人，较前一年的56000人有大幅增加。新西兰学生学习汉语不是为了“学术”，更多是兴趣。学习一门语言，相当于接触一种文化。新西兰中国委员会（New Zealand China Council）主席Don McKinnon爵士称，新西兰需要更多的外语人才，尤其与中国的贸易、投资、旅游、教育和移民领域的合作不断增强，“我们呼吁政府加快招募有资历的中文老师，让新西兰学生更好地了解中国并与之互动。”（新西兰天维网　2019-09-23）

新西兰举办中文周活动

新西兰中文周活动于9月23日至28日在新西兰多地举行。活动期间，青少年中文歌曲大赛、体验中国美食、学习中国功夫、中国书法工坊等多种丰富多彩的活动吸引众多当地民众参与。新西兰中文周2014年开始举行，是新西兰继毛利语言周、太平洋岛国语言周后举办的又一个语言周。中文周慈善信托基金主席科赫兰表示，今年的中文周是迄今为止规模最大的一次，活动超过200场。（新华网　2019-09-28）

被拒入境中国人增多，新西兰移民局吁警惕“黑中介”

2019年前9个月，新西兰移民局在奥克兰机场共拒绝了368名中国人入境，较往年有大幅增加。相比之下，2018和2017年分别有222名和55名中国人被禁止入境。其中不少旅客都是因为受到“黑中介”的误导或欺骗，签证申请存在问题，造成签证欺诈，被拒绝入境。为此，新西兰移民局提醒中国申请签证者不要通过非持牌中介代办签证。被拒绝入境的中国人数大幅增加的另一个原因是中国游客数量增加，相应的入境被拒人数也随之增加。2014年，大约有24.3万名持中国护照者来到新西兰，2018年这个数字增加到43万人。抵达人数增加，移民局的执法和合规工作也相应增加。（新西兰天维网　2019-09-23）

新西兰人口普查结果显示，中国移民明显增多

9月23日发布的2018年人口普查数据显示，新西兰人口总量达到470万人，较2013年的人口普查大幅增加，到2020年预计将达到500万。新西兰有三分之一的人口（超过150万）居住在奥克兰，奥克兰人口5年间增加了15.6万人。其中60.9%的增量是最靠北的四个地区贡献的。新西兰每五年进行一次人口普查。这一波人口增长有两个显著特征，一是移民增加，二是海外出生人口增长。数据显示，在新西兰出生的人口占比从2013年的74.8%下降到去年的72.6%。欧裔人口还在增加，但增速不及其他族裔，人口占比从2013年的74%下降到去年的70%。毛利人口占比从2013年的14.9%增长到16.5%。亚裔人口占比从2013年的11.8%增长到15.1%。太平洋岛裔从7.4%增长到8.1%。海外出生人口占比最高的是英格兰，但相比2013年有所下降，从5.4%下降到4.5%。出生在中国和印度的移民明显增加，占比分别达到2.9%和2.5%。换算下来，相当于分别增加了8.9万人和6.7万人（居民）。（新西兰天维网　2019-09-23）

178年来奥克兰历史上首位第一代华裔移民参选奥克兰市长

2019年9月，洪承琛宣布参选2019年奥克兰市长。这是178年以来，奥克兰历史上首个第一代华裔移民参选奥克兰市长。今年55岁的洪承琛来自中国福建，2003年移民至新西兰奥克兰。洪承琛1981年获得中国高考福清市英语第一名，1985年任教福建师大外语学院，1987年参加英语专业研究生入学考试夺得第一名。他先后在中国和新西兰求学，拿到了中国（英美文学）和新西兰（翻译研究）双研究生学历。他在奥克兰市政局有近十年的丰富经验和引以为豪的业绩，他最早提出海滨开发区的概念，这是新西兰第一个大面积开发区，奥克兰欣欣向荣的海滨开发区，是整个新西兰都引以自豪的楷模。洪承琛引进的奥克兰柏悦酒店是新西兰唯一的五星级酒店，是华人在新西兰公共基础设施方面投资最大的项目。洪承琛表示，应该把他30年国内外商界、学界跟政界的经验，充分发挥出来，为奥克兰人服务。他有足够的精力、体力和世界观，为奥克兰人民工作。（新西兰先驱报中文网　2019-09-25）

新西兰移民新政惹不满，众多抗议者走上奥克兰街头

10月12日上午，由新西兰移民工人协会发起的反对新团聚移民政策的抗议集会，在奥克兰市中心举行，有百余名示威者参与。活动现场，众多抗议者对这一移民新政表达不满。10月7日出台的新父母团聚移民政策规定，如果子女想要担保父母两人移居新西兰，其年收入需要达到15.9万纽币，这个数字远远超过新西兰的人均收入。因此，这一所谓的“亲富”移民政策遭到了现场来自不同国家移民的抗议。抗议活动现场还出现了不少中国人的身影。抗议者认为团聚移民政策就是为上流社会的人服务的，担保费过于离谱。（新西兰天维网　2019-10-12）

新西兰一年净移民数5.5万，中国移民1.5万人

新西兰统计局最新发布的数据显示，截至2019年3月底，一年来抵达新西兰的人次（包括旅客、短期务工等）增加了近15万人，但与此同时离开新西兰的人也在增加。据估算，新西兰一年来的净移民数量为55400（±900）人，相较前一年的50600人有小幅增加。其中回国的新西兰人有所减少，而外来移民数量还在增加。移民来源最多的三个国家是：澳大利亚（26300人，其中15800人为新西兰公民）；中国（15700人）；印度（11800人）。新西兰统计局按照居住时间定义本国公民是否算“移民”，如果离开新西兰后的16个月里有12个月居住在国外，就算作“移民离开”，如果返回新西兰的16个月内有12个月居住在这里，则算做“移民回归”。新西兰2016年移民高峰时净移民达到6.4万人。（中国侨网　2019-10-16）

新西兰福建商会换届，高炜任会长

11月，新西兰福建商会在奥克兰召开第五届会员大会，通过无记名现场投票方式选举产生第五届理事会，并推选高炜为新一届会长。新西兰福建商会于2002年在新西兰奥克兰成立，是搭建新西兰与祖籍地福建的经济、科技、商业贸易合作的桥梁。高炜在就职讲话中指出，目前定居新西兰的几万福建人已经成为华人移民中的最大族群，商会的许多会员已成为各行业的翘楚，

迫切期望构建一个彼此融合、资源共享的商务和发展平台。（中国侨网　2019-11-05）

新西兰举行中国元素武术锦标赛

11月9日，由新西兰国家武术协会和新西兰湖南总商会联合主办的“湘商杯”2019新西兰全国功夫武术锦标赛在奥克兰举行。来自新西兰全国各地16支代表队的260多位运动员参加了这个南太平洋岛国一年一度的武林盛会。比赛分为武术套路、武术太极和武术散打三大类别，参加各类比赛的264位选手先后登场，他们分别在数十个不同的比赛项目中激烈角逐，向全场观众展现力量与健美的视觉精彩。中华武术在新西兰有着较好的群众基础，目前新西兰各地有3.5万多名中华武术的爱好者和习练者，其中，新西兰本土不同族裔的人士占有越来越大的比例。近年来，中华武术渐渐成为新西兰青少年熟悉和喜爱的运动项目，中华武术在新西兰已经从休闲时的业余爱好逐渐发展成为竞技与文化一体的体育项目。（中国侨网　2019-11-12）

中国公民在南太平洋岛国萨摩亚遇袭1死3伤

中国驻萨摩亚大使馆10月14日在一份声明中说，由中国公民在萨摩亚经营的太平洋贸易工业公司仓库10月12日晚发生歹徒入室抢劫、暴力行凶事件，一名中国公民不幸身亡，另有3名中国公民不同程度受伤。大使馆已向萨方提出严正交涉，要求萨政府将犯罪分子绳之以法，并保护在萨中国公民的生命财产安全。这是今年以来在萨摩亚发生的第二起针对中国人的袭击和抢劫事件。今年2月，一对经营超市的中国夫妇遭袭击和抢劫，损失上万美元。萨摩亚国家元首对中国公民遇害表示哀悼。（新华网　2019-10-17）

《早期契约华工在萨摩亚史料图片展》在萨摩亚开幕

经过数月的酝酿和筹备，在中国大使馆的大力支持下，由萨摩亚华人历史研究学者、第三代华裔罗娜·李女士策展的《早期契约华工在萨摩亚史料图片展》于11月29日开幕。罗娜表示，华人一百多年前就来到萨摩亚，在此安家立业，繁衍生息，他们秉承中华民族勤劳勇敢的美德，在萨摩亚历史上创造了一个个成功的传奇。如今，这样的成功华人的故事在萨摩亚家喻户晓。华人在萨摩亚的历史是萨摩亚历史不可缺少的一部分。展出两周来，在萨摩亚引起了热烈的社会反响，萨摩亚主要媒体连续数日报道此次展览，许多萨摩亚民众也纷纷前往参观。（中国侨网　2018-12-13）

中国侨联年鉴

附　录

2020 中国侨联年鉴

中国侨联年鉴

各地侨联通讯录

北京市

单位名称	地　址	电话号码	传真号码	邮政编码
北京市侨联	北京市西城区后英房胡同 9 号	（010）82218225	（010）82218224	100035
东城区侨联	北京市东城区幸福大街 32 号	（010）64023999	（010）64023999	100061
西城区侨联	北京市西城区牛街 20 号 506 室	（010）83494732	（010）66515072	100053
朝阳区侨联	北京市团结湖北五条 8 号院	（010）65094371	（010）65094093	100026
海淀区侨联	海淀区四季青路 6 号招商大厦一楼	（010）88432371	（010）88437387	100095
丰台区侨联	丰台区北大街乙 14 号院 105 室	（010）83656758	（010）63812113	100071
石景山区侨联	石景山八角北路民主党派人民团体办公楼三层	（010）68878921	（010）68811454	100043
大兴区侨联	大兴区兴业大街 66 号政协活动中心 305 室	（010）60256802		102600
通州区侨联	通州区胡各庄 9 号院通州区委统战部转侨联	（010）56298750-803		101100
平谷区侨联	平谷区府前大街 9 号统战部	（010）65816999		101299

天津市

单位名称	地　址	电话号码	传真号码	邮政编码
天津市侨联	天津市和平区南京路 235 号河川大厦 A 座 13 层	（022）23311008	（022）27222315	300051
和平区侨联	天津市和平区陕西路 75 号 301 室	（022）27219379	（022）27219379	300020
河北区侨联	天津市河北区建国道 14 号	（022）84493006	（022）84493006	300010
河西区侨联	天津市河西区台北路 6 号 314 室	（022）23278217	（022）23276092	300202
河东区侨联	天津市河东区津塘路 40 号增 15 号	（022）24317320	（022）24317320	300170
南开区侨联	天津市南开区红旗南路 263 号 E 座 9 楼 918 室	（022）27586082	（022）27585969	300191
红桥区侨联	天津市红桥区区委八楼 821 室	（022）86516580	（022）86516580	300130
滨海新区侨联	天津市滨海新区大连东道 1060 号	（022）65309126	（022）65309126	300450
宝坻区侨联	天津市宝坻区南关大街 24 号	（022）29241725	（022）29241725	301899
南开大学侨联	天津市津南区海河教育园同砚路 38 号南开大学津南校区综合业务东楼 326	（022）23501319	（022）23501319	300350
天津大学侨联	天津市津南区海河教育园雅观路 135 号天津大学北洋园校区 1895 楼 B-304	（022）27404534	（022）27404534	300350
天津医科大学侨联	天津市和平区气象台路 22 号	（022）83336518	（022）83336518	300070
天津师范大学侨联	天津市西青区宾水西道 393 号天津师范大学统战部	（022）23766352	（022）23766353	300387
东丽区侨海联	天津市东丽区张贵庄街道跃进路 38 号	（022）24936758	（022）84375883	300300
西青区侨海联	天津市西青区精武镇学府商务大厦侨胞之家	（022）23844966	（022）27392927	300382
津南区侨海联	天津市津南区津港公路与天嘉湖大道交口津南区委院内	（022）28543825	（022）28390748	300350
北辰区侨海联	天津市北辰区北辰道 389 号北辰区政府	（022）86941692	（022）83608694	300400
宁河区侨海联	天津市宁河区芦台镇光明路 78 号宁河区委 703 号	（022）69591260	（022）69591260	301500
静海区侨海联	天津市静海区迎宾大道 99 号	（022）68612761	（022）68612763	301600
蓟州区侨海联	天津市蓟州区渔阳北路 1 号	（022）29132465	（022）29142395	301900
武清区侨海联	天津市武清区雍阳西道 118 行政中心 A 楼武清区委统战部	（022）82966681	（022）82138663	301700

河北省

单位名称	地　址	电话号码	传真号码	邮政编码
河北省侨联	河北石家庄市裕华西路 40 号燕山大酒店写字楼 25 层	（0311）87869681	（0311）87869681	050000
石家庄市侨联	河北省石家庄市兴凯路 219 号市政府西院	（0311）87827554	（0311）87056295	050055
承德市侨联	河北省承德市行政中心西楼 228	（0314）2023043	（0314）2023043	067000
张家口市侨联	河北省张家口市经开区长城西大街 10 号市府大楼北楼 348 室	（0313）2016562	（0313）2016562	075000
秦皇岛市侨联	河北省秦皇岛市翠岛大街 1 号市民中心 4518	（0335）3606545	（0335）3637340	066000
唐山市侨联	河北省唐山市路北区西山道 7 号	（0315）2801962	（0315）2801962	063006
廊坊市侨联	河北省廊坊市广阳道 300 号第一实验中学院内教学楼 A 座北侧三楼 315 室	（0316）2339398	（0316）2339380	065000
保定市侨联	河北省保定市东风西路 5 号	（0312）3089760	（0312）3089944	071051
沧州市侨联	河北省沧州市御河路 1 号	（0317）2160297	（0317）2160398	061000
衡水市侨联	河北省衡水市育才南大街 169 号广厦上城嘉利中心 8 楼	（0318）2695151	（0318）8888316	053000
邢台市侨联	河北省邢台市红星街 139 号	（0319）3288533	（0319）3288533	054000
邯郸市侨联	河北省邯郸市光明北大街 149 号	（0310）3113320	（0310）3113320	056012
定州市侨联	定州市中山路 1 号	13933221382		073000
辛集市侨联	辛集市市府街西段辛房大厦 105 房间	（0311）83389623		052360
华北油田侨联	河北省任丘市华北油田公司华佳服务处	（0317）2726368		062552

山西省

单位名称	地　址	电话号码	传真号码	邮政编码
山西省侨联	太原市迎泽大街 388 号山西国际大厦 10 层	（0351）6192907	（0351）6192970	030001
太原市侨联	太原市新建路 69 号		（0351）4220222	030082
太原市迎泽区侨联	太原市迎泽区云路街 15 号	（0351）4033640		030002
太原市尖草坪区侨联	太原市尖草坪区委区政府大院西二楼	（0351）5651806		030023
太原市万柏林区侨联	太原市西矿街 35 号	（0351）3248882		030024
太原市晋源区侨联	太原市晋源新城区委统战部 509 室	13643516026（李璟）		030052
太原市小店区侨联	太原市小店区昌盛西街 19 号区委统战部转	（0351）7176173		030032
太原市杏花岭区侨联	太原市杏花岭区委统战部	13513603359（杨建敏）		030003
古交市侨联	太原市古交市青年路 1 号市政府大院古交统战部转	13934201412（石磊）		030200
清徐县侨联	太原市清徐县政府大院清徐统战部转	（0351）5722615		030400
娄烦县侨联	太原市娄烦县城南大街政府大院 6 层统战部办公室转	（0351）5324547		030300
阳曲县侨联	太原市阳曲县新阳大街县委办转	13803431322（韩晋明）		030100
大同市侨联	大同市兴云街 2799 号文瀛湖办公楼	（0352）2082731		037000
天镇县侨联	大同市天镇县政府大楼 5 层	13834254984（张衡）		038200
阳高县侨联	大同市阳高县委大院统战部	15513795066（丁秀莲）		038100
云州区侨联	大同市云州区委西楼一楼	13934320251（常玉）		037300
左云县侨联	大同市左云县委大楼四层	15536210936（陈鹰）		037100
新荣区侨联	大同市新荣区委统战部	13363404201（冀庆）		037002
同煤集团侨联小组	大同市同煤集团办公大楼党委统战部 1613 房间	（0352）7868273		037003
云岗区侨联	大同市云岗区委统战部	13096685168（陈黎星）		037007
浑源县侨联	大同市浑源县委统战部	15935288999（梁宏广）		037400
广灵县侨联	大同市广灵县委统战部	（0352）8822573		037500

山西省

单位名称	地　址	电话号码	传真号码	邮政编码
大同市开发区侨联	大同市开发区湖滨大街 50 号	13934253170（李连）		037010
朔州市侨联	朔州市委统战部转		（0349）2163188	036001
忻州市侨联	忻州市长征中路 26 号市委北院北楼 411 室		（0350）3309105	034000
原平市侨联	原平市前进西街 835 号市委东楼 325 室	（0350）8223578		034100
定襄县侨联	定襄县县委大院四号楼一层西	（0350）6028473 13935026208（刘全华）		035400
代县侨联	代县政府西楼二楼北	（0350）5228234		034200
吕梁市侨联	吕梁市离石区永宁中路 9 号		（0358）8238064	033000
孝义市侨联	吕梁孝义市党政大楼 922 房间	（0358）7828033		032300
汾阳市侨联	汾阳市永和西街政府主楼 919 室	（0358）7331257		032200
晋中市侨联	晋中市榆次区安宁东街 100 号晋中市体育局 212 室	15535402452（庞晓玉）	（0354）3968536	
晋中市榆次区侨联	晋中市榆次区迎宾西路 133 号区政府 825 室	（0354）3368596		030600
太谷县侨联	晋中市太谷县箕城路 202 号政府大院 2 号楼 610 室	（0354）6223012		030800
祁县侨联	晋中市祁县东风路 101 号政府大院 3 号楼 214 室	（0354）5225180		030900
平遥县侨联	晋中市平遥县曙光路 13 号党政大楼 430 房间	（0354）5624173		031100
介休市侨联	晋中市介休市西大街 139 号介休市政府 307 室	（0354）7222439		032000
灵石县侨联	晋中市灵石县新建路政府办公大楼 419 室	（0354）7623563		031300
寿阳县侨联	晋中市寿阳县朝阳街行政大楼 812 室	（0354）4623838		045400
榆社县侨联	晋中市榆社县东大街 19 号县政府 2 号楼 420 室	（0354）6622377		031800
昔阳县侨联	昔阳县行政服务大楼 6 楼 601	（0354）4123562		045300
和顺县侨联	和顺县城新华街 3 号政府大楼 1039	（0354）8122484		032700
左权县侨联	晋中市左权县北大街 23 号政府后楼 502 室	（0354）8633367		032600
阳泉市侨联	阳泉市南大东街 534 号晋东大厦九层	（0353）2163918		045000
阳泉市城区侨联	阳泉市城区南大街 300 号	13643538989（王为华）		045000
阳泉市郊区侨联	阳泉市郊区区委统战部转	13903536193（段拥军） 15303436911（刘东升）		045000
阳泉市矿区侨联	阳泉市矿区区委统战部转	（0353）4043284（麻晋忠） （0353）4043161（王学经）		045000
平定县侨联	阳泉市平定县委统战部转	13096503307（贾光升） 13653533859（陶之义）		045200
盂县侨联	阳泉市盂县县委统战部转	（0353）8083329（李巧红） 13994489273（卢润桃）		045100
长治市侨联	长治市英雄中路 68 号政协楼一层	（0355）2049195		046000
长治市潞州区侨联	长治市太行东街 66 号	（0355）2239068		046000
长治市上党区侨联	长治市上党区委统战部转	（0355）8089368		047100
长治市屯留区侨联	长治市屯留区委麟绛东大街 51 号屯留区侨联	13233387999		046100
襄垣县侨联	长治市襄垣县府东街 1 号统战部转	（0355）7229273 13015363729		046200
长治医学院侨联小组	长治市解放东街 161 号，长治医学院党委统战部转	13903553747（王宇昌）		046000
潞矿集团侨联小组	山西襄垣县侯堡潞安矿业集团宣传部	（0355）5922314（张海涛）		046204
首钢（长钢）侨联小组	首钢长治钢铁有限公司党委宣传部潞州区故县东大街 9 号	（0355）5085248（王敏敏）		
长治市职业技术学院侨联小组	长治市职业技术学院统战部转	（0355）3589205		046000

附录

山西省

单位名称	地　址	电话号码	传真号码	邮政编码
长治市人民医院侨联小组	长治市长兴中路 502 号长治市人民医院门诊部	13620654888（金鑫）		046000
平顺县侨联	长治市平顺县委统战部转	15534569582		047400
壶关县侨联	长治市壶关县委统战部转	13096568815		047300
沁源县侨联	长治市沁源县委统战部转	（0355）7838737		046500
长子县侨联	长治市长子县委统战部转	（0355）8322324		046600
黎城县侨联	长治市黎城县委统战部转	（0355）6560998 13935596330		047600
沁县侨联	长治市沁县县委统战部转	（0355）7022560		046400
武乡县侨联	长治市武乡县委统战部转	（0355）6385319		046300
潞城区侨联	长治市潞城区委统战部转	（0355）6779037		047500
晋城市侨联	晋城市市委市政府 2 号楼 302 房间	（0356）2198798	（0356）2025757	048000
晋城市城区侨联	晋城市新市西街 75 号城区政府前楼 413 室	（0356）2039420		048000
泽州县侨联	晋城市泽州县金村镇府城街 001 号泽州县政府大院东楼 106 号	（0356）3033077		048000
阳城县侨联	晋城市阳城县人大办公楼 410 室	（0356）4229290		048100
高平市侨联	晋城市高平市长平西街 46 号政府楼 4 楼 411 室	（0356）5225601		048400
沁水县侨联	晋城市沁水县城西街 99 号县政府前楼 406 室	（0356）7023445		048200
陵川县侨联	晋城市陵川县梅园东街 1 号	（0356）3191216		048300
晋煤集团侨联	山西省晋城市城区北石店镇晋煤集团新闻中心四层	（0356）3664218		048006
临汾市侨联	临汾市尧都区财神楼中街 17 号统战大楼 1 层		（0357）3985856	041000
曲沃县侨联	临汾市曲沃县府东街县委大院中共曲沃统战部转	（0357）4522054		043400
临汾市尧都区侨联	尧都区华州路一号尧都区侨联	（0357）2228383		041000
洪洞县侨联	洪洞县委统战部 123 室	（0357）6223224		041600
侯马市侨联	侯马市市府路 18 号市委统战部	13546551230（王振林）		043099
运城市侨联	运城市盐湖区河东东街 268 号市气象局二楼		（0359）2022070	044000
运城市盐湖区侨联	运城市盐湖区解放北路 46 号中共盐湖区委大楼五楼	13327480288（范安师）		044000
永济市侨联	运城市永济市黄河中医院	15935995555（吴峰）		044502
闻喜县侨联	运城市闻喜县太风路领秀花苑东一排 3 号陈颖收	13935943013（陈颖）		043800
河津市侨联	运城市河津市新耿北大街 115 号河津市总工会史玉玲	13835887988（史玉玲）		043300
夏县侨联	运城市夏县东风西街 13 号夏县侨联	13097611273（闫国峰）		044400
稷山县侨联	运城市稷山县稷峰镇稷峰街 12 号稷山县委统战部	15110484258（宁秀林）		043299
临猗县侨联	运城市临猗县双塔北路 298 号临猗县政协	15303598689（李峰）		044199
山西农业大学侨留联	山西省太谷县山西农业大学统战部	（0354）6288216 15235488289（靳学军）		030801
山西医科大学侨留联	山西省晋中市榆次区新建北路 1258 号统战部转	13233696597（张迪）		
中北大学侨留联	山西省太原市尖草坪区学院路三号中北大学统战部	（0351）3925810 13934636015（朱向梅）		030051
山西大同大学侨留联	山西省大同市兴云街 405 号山西大同大学统战部	（0352）7665381 13994357981（孙宏吉）		037009
山西工程技术学院侨留联	山西省阳泉市开发区学院路 1 号山西工程技术学院党委统战部	13835388313（李秀杰）		045000
太原旅游职业学院侨联	山西省太原市经济区大昌南路 19 号太原旅游职业学院党建处	（0351）7693805 13834243762（王永平）		030032

内蒙古自治区

单位名称	地　址	电话号码	邮政编码
内蒙古自治区侨联	呼和浩特市敕勒川大街 1 号 718 室	（0471）4813674	010096
呼和浩特市侨联	呼和浩特市新华东街 1 号党政办公大楼 834B	（0471）4606209	010025
包头市侨联	包头市开元大街 1 号包头市委党政大楼 A0608 房间	（0472）5619438	014010
呼伦贝尔市侨联	呼伦贝尔市海拉尔新区行政中心 D 座 1234 室	（0470）8216590	021000
兴安盟侨联	乌兰浩特市兴安盟党政综合办公大楼 1428 室	（0482）8267428	137400
通辽市侨联	通辽市新城区行政中心大楼 0206 室	（0475）8836952	028000
赤峰市侨联	赤峰市新城区党政综合楼 A220 室	（0476）8822596	024000
锡林郭勒盟侨联	锡林浩特市经济技术开发区盟党政大楼 521 室	（0479）8110422	026000
乌兰察布市侨联	乌兰察布市集宁新区党政大楼 938 室	（0474）8810587	012000
鄂尔多斯市侨联	鄂尔多斯市康巴什新区党政大楼 C424 室	（0477）8589078	017010
巴彦淖尔市侨联	巴彦淖尔市临河区新华西街市党政办公大楼 7041 室	（0478）8655741	015000
乌海市侨联	乌海市海勃湾区市滨河行政中心 A 座 1336 室	（0473）3998852	016000
阿拉善盟侨联	阿拉善盟行政大楼一号楼 1008 室	（0483）8332081	750306
满洲里市侨联	满洲里市新区党政办公大楼 3101 室	（0470）6262159	021400
二连浩特市侨联	二连浩特市党政大楼一号楼 313 室	（0479）7525654	011100
内蒙古大学侨联	呼和浩特市大学西路 235 号	（0471）4992252	010021
内蒙古师范大学侨联	呼和浩特市昭乌达路 81 号	（0471）4392510	010022
内蒙古工业大学侨联	呼和浩特市爱民街 49 号	（0471）6575134	010051
内蒙古农业大学侨联	呼和浩特市昭乌达路 306 号	（0471）4309272	010018
内蒙古财经大学侨联	呼和浩特市回民区北二环路 185 号	（0471）3661120	010071
内蒙古医科大学侨联	呼和浩特市金山经济技术开发区	（0471）6653071 （0471）6653055	010059
内蒙古侨商会	呼和浩特市乌兰察布东街中星国际 8 楼	（0471）6356051	010020

辽宁省

单位名称	地　址	电话号码	传真号码	邮政编码
辽宁省侨联	沈阳市皇姑区崇山东路 37 号	（024）81069211	（024）24846711	110032
沈阳市侨联	沈阳市和平区总站路 115 号 A 1303	（024）22517732	（024）22517732	110002
大连市侨联	大连市中山区鲁迅路 278 号	（0411）82750062	（0411）82750062	116001
鞍山市侨联	鞍山市铁东区中华南路 240 甲 710 室	（0412）5539130	（0421）5539130	114002
抚顺市侨联	抚顺市顺城区滴翠路 11 号	（024）53885033	（024）57660062	113006
本溪市侨联	本溪市平山区人民路 31 号	（024）42822956	（024）42822956	117000
丹东市侨联	丹东市振兴区银河大街 100 号	（0415）2127161	（0415）2127161	118000
锦州市侨联	锦州市太和区市府路 68 号	（0416）3880666	（0416）3880666	121013
营口市侨联	营口市站前区金牛山大街东 10 号	（0417）2631814	（0417）2631814	115000
阜新市侨联	阜新市海州区爱国街 6 号	（0418）3319630	（0418）3319630	123099
辽阳市侨联	辽阳市文圣区河东路 9 号	（0419）2125085	（0419）2125085	111000
铁岭市侨联	铁岭市凡河新区金沙江路 28 号 铁岭市侨联	（024）74844818	（024）74844818	112608
朝阳市侨联	朝阳市双塔区凌凤街道新华路一段 90 号	（0421）2858020	（0421）2858020	122000
盘锦市侨联	盘锦市兴隆台区惠宾街 117 号	（0427）2824344	（0427）2824344	124010
葫芦岛市侨联	葫芦岛市龙港区龙湾大街 15 号	（0429）3114239	（0429）3114239	125001

吉林省

单位名称	地　址	电话号码	传真号码	邮政编码
吉林省侨联	吉林省长春市朝阳区工农大路 825 号	(0431) 85087566		130021
吉林省侨联特聘专家委员会	长春市工农大路 825 号团结大厦	(0431) 85087655	(0431) 85089191	130021
吉林省侨联法律顾问委员会	长春市工农大路 825 号团结大厦	(0431) 85953588	(0431) 85089191	130021
吉林省侨商联合会	长春市工农大路 825 号团结大厦	(0431) 85087622	(0431) 85089191	130021
吉林省侨联青年委员会	长春市工农大路 825 号团结大厦	(0431) 85087611	(0431) 85089191	130021
吉林省侨联海归协会	长春市工农大路 825 号团结大厦	(0431) 85087688	(0431) 85089191	130021
长春市侨联	吉林省长春市南关区自由大路 3708 号	(0431) 85286491		130022
长春市朝阳区侨联	长春市前进大街 1855 号朝阳区政府	(0431) 85109397		130012
长春市宽城区侨联	长春市北人民大街 3366 号	(0431) 89990420		130000
长春市南关区侨联	长春市前进大街 6888 号	(0431) 89995066		130000
长春市二道区侨联	长春市二道区自由大路 5379 号	(0431) 84642334		130000
长春市绿园区侨联	长春市绿园区和平大街 2288 号	(0431) 87605259		130000
长春市农安县侨联	长春市农安县农安镇兴华路 325 号农安县政府办公楼西楼 539 室	(0431) 83226464		130200
吉林市侨联	吉林市北京路 82 号	(0432) 62071195		132011
吉林市昌邑区侨联	吉林市昌邑区中兴街 105 号昌邑区委统战部	(0432) 62755075		132000
吉林市丰满区侨联	吉林市吉林大街 76 号丰满区政府 1 号楼丰满区委统战部	(0432) 64654293		132013
吉林市龙潭区侨联	吉林市龙潭区遵义东路 65 号龙潭区政府区委统战部	(0432) 63041854		132021
吉林市船营区侨联	吉林市船营区松江中路 87 号船营区委统战部	(0432) 64831060		132011
吉林市蛟河市侨联	蛟河市民主路 13-1 号	(0432) 67250879		132500
吉林市磐石市侨联	磐石市政府综合楼 0606 室	(0432) 65222622		132300
吉林市桦甸市侨联	桦甸市人民路 201 号桦甸市委统战部	(0432) 66222974		132400
吉林市永吉县侨联	永吉县口前镇滨北路 499 号永吉县委统战部	(0432) 64239122		132100
舒兰市侨联	舒兰市滨河大街 2006 号舒兰市委统战部	(0432) 68260127		123600
延边州侨联	延吉市公园路 2799 号州政务中心	(0433) 2514924		133002
延吉市侨联	延吉市河南街 759 号	(0433) 2515470		133000
敦化市侨联	敦化市新华路 1 号敦化市委	(0433) 6218166		133700
图们市侨联	图们市图们大路 398 号图们市委	(0433) 3661034		133100
龙井市侨联	龙井市六道河路 869-7 号龙井市委	(0433) 3252058		133400
和龙市侨联	和龙市文化街 22 号和龙市委	(0433) 4222500		133500
安图县侨联	安图县明月镇顺山北路 15-4 号安图县政协一楼	(0433) 5822543		133600
汪清县侨联	汪清县长荣街道江北街东 1219 号汪清县委	(0433) 8815718		133200
珲春市侨联	珲春市河南街道新安路 1991 号市委统战部	(0433) 7565533		133300
四平市侨联	四平市政新街 1 号市政府 4 楼	(0434) 3261129		136099
梨树县侨联	梨树县梨树镇向阳街 1 号统战部	(0434) 5224829		136500
通化市侨联	吉林省通化市东昌区秀泉路 702 号	(0435) 3214297		134001
集安市侨联	吉林省集安市鸭江路 3001 号	(0435) 6223304		134200
通化市辉南县侨联	吉林省辉南县朝阳镇兴工路 53 号县委楼一楼	(0435) 8264666		135100
通化市柳河县侨联	吉林省柳河县政府办公楼	(0435) 7670345		135300
通化市通化县侨联	吉林省通化县团结路 557 号县委统战部	(0435) 5220766		134100

吉林省

单位名称	地　址	电话号码	传真号码	邮政编码
通化市东昌区侨联	吉林省通化市东昌区江南新区江畅路 269 号东昌区政府侨联办公室	(0435) 6106127		134001
通化市二道江区侨联	吉林省通化市二道江区东通化大街 336 号	(0435) 3768610		134003
白城市侨联	白城市文化东路 1 号	(0436) 3237387		137000
通榆县侨联	通榆县繁荣大街 4112 号	13404441388		137200
白城市洮北区侨联	白城市洮北区洮安东路 67 号	(0436) 3246113		137000
洮南市侨联	洮南市老一中 2 号楼统战部	(0436) 6223153		137100
镇赉县侨联	吉林省镇赉县镇 赉镇凌云路 677 号	13843622734		137300
大安市侨联	大安市委统战部	15584855012		131300
辽源市侨联	辽源市辽河大路 4227 号市委院内	(0437) 3316635		136200
辽源市东丰县侨联	东丰县委院内东丰县委统战部	(0437) 6317080		136300
松原市侨联	松原市宁江区沿江东路 2555 号	(0438) 2130742		138000
前郭县侨联	松原市前郭县乌兰大街 899 号县委统战部	(0438) 2120553		131100
长岭县侨联	松原市长岭县政府综合楼统战部	(0438) 7230823		131500
扶余市侨联	松原市扶余市公安局新办公楼	(0438) 5870877		131200
乾安县侨联	松原市乾安县委统战部	(0438) 8252610		131400
松原市宁江区侨联	松原市长宁南街 658 号宁江区委统战部	(0438) 3122146		138000
华侨农场侨联	吉林石油集团有限责任公司农业开发公司	(0438) 6243999		138000
白山市侨联	白山市浑江区通江路 496 号	(0439) 3233009		134300
白山市长白县侨联	白山市长白县长白镇长白大街 52 号	(0439) 8232206		134400
公主岭市侨联	吉林省公主岭市西公主大街 2199 号	(0434) 6235083		136100
梅河口市侨联	吉林省梅河口市人民大街 2008 号	(0435) 4222865		135000

黑龙江省

单位名称	地　址	电话号码	邮政编码
黑龙江省侨联	哈尔滨市香坊区中山路 99 号	(0451) 82300868	150036
哈尔滨市侨联	哈尔滨市道里区兆麟街 125 号	(0451) 84619510	150010
齐齐哈尔市侨联	齐齐哈尔市建华区新明大街 27 号党政办公中心	(0452) 2791719	161006
牡丹江市侨联	牡丹江市江南党政中心三号楼 409	(0453) 6171089	157000
佳木斯市侨联	佳木斯市长安路 2666 号行政中心 1103 室	(0454) 8222224	154004
大庆市侨联	大庆市政府大楼 3219 室	(0459) 6363074	163311
双鸭山市侨联	双鸭山市市委楼	(0469) 4231260	155100
七台河市侨联	七台河市桃山区大同路 47 号市政府 1 号楼	(0464) 8261332	154600
伊春市侨联	伊春市河西新区市委楼 A 座 201	(0458) 3879768	153000
鸡西市侨联	鸡西市鸡冠区红旗路 18 号	(0467) 2355200	158100
鹤岗市侨联	鹤岗市委大楼侨联	(0468) 3350053	154101
黑河市侨联	黑河市通江路 1 号 市委市政府南楼	(0456) 8222713	164300
大兴安岭地区侨联	加格达奇大兴安岭地委办公楼	(0457) 2730303	165000
绥化市侨联	绥化市黄河北路党政办公中心	(0455) 8386390	152054
黑龙江省农场总局侨联	哈尔滨市香坊区红旗大街 175 号	(0451) 55198219	150036
黑龙江省森工总局侨联	哈尔滨市南岗区文昌街 66 号	(0451) 82627404	150008
哈尔滨铁路局侨联	哈市南岗区西大直街 51 号	(0451) 86423149	150006

上海市

单位名称	地　址	电话号码	邮政编码
上海市侨联	上海市延安西路 129 号 10、12 楼	（021）62497518	200040
浦东新区侨联	上海市民生路 1286 号 614 室（汇商大厦）	（021）68540016	200135
黄浦区侨联	上海市河南南路 288 号 13 楼 1315 室	（021）64728338	200010
静安区侨联	上海市康定路 950 弄 50 号 A401 室	（021）62188083	200042
徐汇区侨联	漕溪北路 336 号 3 号楼 16 楼 1616 室	（021）64453044	200030
长宁区侨联	上海市安西路 37 号 402 室	（021）62522757	200050
普陀区侨联	上海市大渡河路 1718 号阳光大厦 A519 室	（021）52564588 转 8525	200333
虹口区侨联	上海市唐山路 902 号 1 号楼 208	（021）65853995	200082
杨浦区侨联	上海市杨浦区控江路 1535 号 311 室	（021）65155251	200093
宝山区侨联	上海市宝山区密山路 5 号 A219	（021）56691373	201999
闵行区侨联	上海市莘建路 300 号	（021）34027018	201199
嘉定区侨联	上海市嘉定区博乐南路 111 号	（021）69989761	201899
金山区侨联	上海市卫零路 809 号	（021）57966119	200540
松江区侨联	上海市松江区谷阳北路 3 号	（021）57723031	201600
青浦区侨联	上海市青浦区公园路 100 号东裙楼 102 室	（021）59732890 转 19102	201700
奉贤区侨联	上海市奉贤区南奉公路 9503 号	（021）57187127	201499
崇明区侨联	上海市崇明区城内人民路 35 号 501 室	（021）59621826	202150

江苏省

单位名称	地　址	电话号码	传真号码	邮政编码
江苏省侨联	南京市北京西路 30 号同心大厦 6 楼	（025）83329483	（025）83425335	210024
江苏省侨商总会	南京市中山北路 313 号	（025）83580514	（025）83712979	210003
江苏省华侨公益基金会	南京市中山北路 313 号	（025）83718909	（025）83712979	210003
江苏省侨界专家联合会	南京市北京西路 30 号同心大厦 7 楼	（025）83580536	（025）83425335	210024
江苏省侨联法律顾问委员会	南京市北京西路 30 号同心大厦 7 楼	（025）83580531	（025）83425335	210024
江苏省侨联青年委员会	南京市北京西路 30 号同心大厦 7 楼	（025）83580515	（025）83706180	210024
江苏省侨联华侨书画院	南京市北京西路 30 号同心大厦 6 楼	（025）83580526	（025）83425335	210024
南京市侨联	南京市成贤街 43 号 3 号楼	（025）83192692	（025）83190462	210018
南京市建邺区侨联	南京市江东中路 269 号	（025）87778557	（025）87778987	210019
南京市秦淮区侨联	南京市太平南路 69 号	（025）84556480	（025）84556480	210002
南京市鼓楼区侨联	南京市山西路 124 号	（025）83230169	（025）83230140	210009
南京市浦口区侨联	南京市浦口区江浦街道文德路 18 号	（025）58280036	（025）58882101	211800
南京市雨花台区侨联	南京市雨花台区雨花南路 2 号南楼 225 室	（025）52873627	（025）52873681	210012
南京市栖霞区侨联	南京市尧化门街 189 号	（025）85579062	（025）85575665	210046
南京市玄武区侨联	南京市珠江路 455 号	（025）83677061	（025）83678267	210018
南京市六合区侨联	南京市六合区雄州街道雄州南路 268 号六合大厦 26 楼	（025）57121052	（025）57759550	211500
南京市江宁区侨联	南京市江宁区上元大街 369 号	（025）52285213	（025）52281054	211100
南京市高淳区侨联	南京市高淳区淳溪街道镇兴路 228 号	（025）57338393	（025）57338311	211300
南京市溧水区侨联	南京市溧水区永阳街道大东门街 68 号	（025）57428426	（025）57212823	211200
南京市江北新区侨联	南京市江北新区药谷大道 9 号	（025）88029353	（025）88029352	210032
无锡市侨联	无锡市新金匮路 1 号市民中心 7 号楼	（0510）81827210	（0510）81827223	214131
江阴市侨联	江阴市澄江中路 9 号	（0510）86860853	（0510）86860853	214431

江苏省

单位名称	地　址	电话号码	传真号码	邮政编码
宜兴市侨联	宜兴市陶都路 8 号	（0510）87986573	（0510）87986573	214206
无锡市梁溪区侨联	无锡市解放南路 688 号 10 号楼	（0510）83158922	（0510）83158922	214001
无锡市锡山区侨联	无锡市锡山区锡州中路 1 号	（0510）88209763	（0510）88201691	214101
无锡市惠山区侨联	无锡市惠山区文惠路 8 号	（0510）83588906	（0510）83590706	214000
无锡市滨湖区侨联	无锡市滨湖区金城西路 500 号	（0510）81178156	（0510）81178158	214100
无锡市新吴区侨联	无锡市新吴区和风路 28 号	（0510）81890505	（0510）81891620	214135
徐州市侨联	徐州市新城区元和路 1 号 B 区 316 室	（0516）83850220	（0516）83850220	221018
睢宁县侨联	睢宁县行政中心 8 楼 812 室	（0516）88387595	（0516）88387595	221200
丰县侨联	丰县人民东路 8 号	（0516）89210432	（0516）89210432	221700
沛县侨联	沛县新城区沛公路 2 号行政服务中心统战部	（0516）68868828	（0516）89887189	221600
徐州市铜山区侨联	铜山新区政协楼 1 楼区委统战部	（0516）83405152		221100
徐州市泉山区侨联	徐州市解放南路延长段 26 号泉山区政府 932 室	（0516）85936260		221006
徐州市鼓楼区侨联	徐州市中山北路 253 号	（0516）87636222	（0516）87636222	221005
新沂市侨联	新沂市市府路 37 号综合楼 5 楼市侨联	（0516）88920693		221400
徐州市云龙区侨联	云龙区和平大道 66 号侨联	（0516）80803259		221009
徐州市贾汪区侨联	贾汪区行政中心侨联	（0516）66889931		221011
邳州市侨联	邳州市委统战部转侨联	（0516）86299069		221300
常州市侨联	常州市龙城大道 1280 号行政中心 3 号楼 B 座 3 楼	（0519）85683830	（0519）85683830	213022
溧阳市侨联	溧阳市南环路 18 号	（0519）87269175	（0519）87269175	213300
常州市金坛区侨联	常州市金坛区清风路 1 号	（0519）82825502	（0519）82815550 （0519）82825502	213200
常州市武进区侨联	常州市武进区环府路 28 号 区行政中心 1 号楼 6 楼 632	（0519）86311698	（0519）86310875	213159
常州市新北区侨联	常州市新北区衡山路 8 号 2005 室	（0519）85127361	（0519）85115905	213022
常州市钟楼区侨联	常州市钟楼区星港大道 88 号钟楼区政府 646 办公室	（0519）88890627	（0519）88890648	213023
常州市天宁区侨联	常州市天宁区竹林北路 256 号科技促进中心 1721 办公室	（0519）69660358	（0519）69660357	213017
苏州市侨联	苏州市五卅路 148 号	（0512）65221000	（0512）65221000	215006
张家港市侨联	张家港市华昌路 3 号港城大厦 22 楼	（0512）58682926	（0512）58682926	215600
常熟市侨联	常熟市金沙江路 8 号政府内	（0512）52871305	（0512）52871305	215500
太仓市侨联	太仓市县府东街 99 号 2 号楼 3 楼 2316 室	（0512）53952256	（0512）53952256	215400
昆山市侨联	昆山市长江中路 400 号长江大厦 3 楼 302	（0512）57553540	（0512）55238651	215300
苏州市吴江区侨联	吴江区开平路 1000 号吴江大厦 B1503	（0512）63981589	（0512）63981580	215200
苏州市吴中区侨联	苏州吴中区太湖东路 288 号	（0512）65251767	（0512）65251767	215128
苏州市相城区侨联	苏州相城区阳澄湖东路 8 号相城区行政中心	（0512）85181610	（0512）85181601	215131
苏州市姑苏区侨联	苏州市平川路 510 号二号楼	（0512）68722219	（0512）68722219	215000
苏州市工业园区侨联	苏州工业园区现代大道 999 号现代大厦统战部（侨联）			215028
苏州市高新区侨联	苏州高新区科普路 58 号高新区统战部转侨联			215163
南通市侨联	南通市工农南路 88 号海联大厦 3 楼	（0513）51015782	（0513）51015783	226018
海安市侨联	海安市海安镇长江中路 106 号县政府大楼 1419	（0513）88852585	（0513）88852585	226600
如皋市侨联	如皋市解放路 199 号市行政中心中 B 楼 15 楼	（0513）87658825	（0513）87199881 （0513）87651589	226500
如东县侨联	如东县掘港镇富春江中路 1 号	（0513）84513050	（0513）81996108	226400
海门市侨联	海门市北京中路 600 号	（0513）81261693	（0513）82213925	226100

江苏省

单位名称	地　址	电话号码	传真号码	邮政编码
启东市侨联	启东市世纪大道 1288 号市政府大楼 1313 室	(0513)83310041	(0513)83310041	226200
南通市通州区侨联	通州区朝霞路 88 号	(0513)86513625	(0513)86028620	226300
南通市崇川区侨联	崇川区桃坞路 44 号	(0513)85062062	(0513)85062091	226000
南通市港闸区侨联	南通市城港路 58 号	(0513)85609665	(0513)85609657	226005
连云港市侨联	连云港市海州区苍梧路 36 号东盐河机关办公区 4 号楼 5 楼	(0518)85501782	(0518)85501782	222000
连云港市海州区侨联	连云港市海州区秦东门大街 28 号海州区政府 243 室	(0518)85456151	(0518)85456151	222000
连云港市赣榆区侨联	连云港市赣榆区行政中心 1413 室	(0518)86223194	(0518)86223194	222100
灌南县侨联	连云港市灌南县行政中心 828 室	(0518)83222563	(0518)83222094	223500
东海县侨联	连云港市东海县晶都大道 1 号行政中心 D 楼东海县委统战部 807	(0518)87792668		222300
连云港市连云区侨联	连云港市连云区西墅路 1 号连云区政府 B106 室	(0518)81888185		222000
灌云县侨联	连云港市灌云县幸福大道 1 号灌云县行政中心 407 室	(0518)88997288	(0518)88997233	222200
淮安市侨联	淮安市翔宇南道 1 号南楼 1216	(0517)83606212	(0517)83606212	223001
淮安市淮阴区侨联	淮安市淮阴区行政中心 428 室	(0517)84997649		223300
淮安市淮安区侨联	淮安市淮安区政府大院	(0517)85882223		223200
涟水县侨联	涟水县涟城镇红日大道 1 号县政府办公楼 632 室	(0517)82380871	(0517)82380871	223400
淮安市洪泽区侨联	洪泽区人民路 26 号区侨联	(0517)87230587	(0517)87230587	223100
盐城市侨联	盐城市世纪大道 21 号市行政中心	(0515)88192432	(0515)86662432	224005
东台市侨联	东台市北海中路 8 号市政府大楼	(0515)85213938	(0515)60600621	224200
盐城市大丰区侨联	丰华街道飞达东路 100 号	(0515)83818549	(0515)83818549	224100
射阳县侨联	射阳县政府大楼 1331 室	(0515)89291331	(0515)89291333	224300
盐城市盐都区侨联	盐城市盐都区行政中心 盐都区侨联	(0515)88116085	(0515)88426085	224005
扬州市侨联	扬州市汶河北路 29 号 4 楼	(0514)87341695	(0514)87312513	225002
高邮市侨联	高邮市海潮东路 28 号	(0514)85080190	(0514)84688213	225600
仪征市侨联	仪征市真州西路 1 号交通大厦六楼	(0514)83441118	(0514)83416982	211400
扬州市广陵区侨联	扬州市广陵区文昌中路 548 号广陵区政府大院内	(0514)87342215	(0514)87342215	225001
扬州市江都区侨联	扬州市江都区江淮路 388 号行政中心 15 楼	(0514)86299353	(0514)86299353	225200
扬州市邗江区侨联	扬州市邗江区邗江中路 338 号	(0514)87862114	(0514)87636136	225009
宝应县侨联	宝应县宝应大道 88 号行政中心	(0514)88282650	(0514)88290321	225800
镇江市侨联	镇江市南徐大道 68 号新行政中心 6 号楼	(0511)84420188	(0511)84420188	212004
丹阳市侨联	丹阳市开发区兰陵路 8 号市行政中心	(0511)86922123		212300
扬中市侨联	扬中市中电大道 8 号市行政中心 1 号楼	(0511)85126627		212200
句容市侨联	句容市人民路 70 号市政府大楼	(0511)87278018		212400
镇江市丹徒区侨联	镇江市丹徒区府前路 1 号	(0511)88977123		212028
镇江市京口区侨联	镇江市学府路 31 号(区政府大院内)	(0511)80290381		212002
镇江市润州区侨联	镇江市润州路 5 号(区政府大院内)			212005
泰州市侨联	泰州市凤凰东路 58 号政府大院 B 楼 217	(0523)86839430	(0523)86839430	225309
靖江市侨联	靖江市阳光大道 1 号靖江市政府主楼 1300 室	(0523)89181300	(0523)89181300	214500
泰兴市侨联	泰兴市国庆东路 118 号(泰兴市政府大院内)	(0523)87623070	(0523)87766030	225400
兴化市侨联	兴化市府前路 42 号市委统战部院内	(0523)83326678	(0523)83326678	225700
泰州市海陵区侨联	泰州市海陵区东进西路 109 号(单声珍藏文物馆内)	(0523)86235614	(0523)86235614	225300
泰州市高港区侨联	泰州市高港区港城路 21 号	(0523)86966100	(0523)86966037	225321

附录

江苏省

单位名称	地　址	电话号码	传真号码	邮政编码
泰州市姜堰区侨联	泰州市姜堰区上海路 1 号姜堰区行政大楼 704 室	（0523）88869665	（0523）88869665	225500
宿迁市侨联	宿迁市南湖路 1 号市党政大楼 812 室	（0527）84368580	（0527）84368532	223800

浙江省

单位名称	地　址	电话号码	邮政编码
浙江省侨联	杭州市文晖路 112 号	（0571）85119617 （0571）85119059	310007
杭州市侨联	杭州市延安路 484 号 3 号楼 6 楼	（0571）87214209	310006
杭州市上城区侨联	上城区惠民路 3 号	（0571）87823571	310002
杭州市下城区侨联	杭州市下城区文晖路 1 号 1315 室	（0571）28910819	310004
杭州市江干区侨联	庆春东路 1 号	（0571）86974741	310020
杭州市拱墅区侨联	台州路 1 号拱墅区侨联	（0571）88259627	310015
杭州市西湖区侨联	杭州市浙大路 1 号西湖区委统战部	（0571）87935022	310013
杭州市高新区（滨江）区侨联	滨江区江南大道 100 号	（0571）87702338	310052
杭州市萧山区侨联	萧山区行政中心 4 号楼 1 楼	（0571）82898355	311202
杭州市余杭区侨联	余杭区临平西大街 33 号	（0571）89162079	311100
建德市侨联	建德市新安江街道江滨路 58 号	（0571）58312529	311600
富阳区侨联	富阳区富春街道桂花路 25 号富阳市委统战部	（0571）63379282	311400
临安市侨联	临安市府大院 5 号楼 317	（0571）63722954	311300
桐庐县侨联	桐庐县迎春南路 298 号	（0571）58569361	311500
淳安县侨联	淳安县千岛湖新安北路 18 号	（0571）24818853	311700
宁波市侨联	宁波市和济街 95 号 18 楼	（0574）89184349	315042
宁波市海曙区侨联	宁波市海曙区县前街 61 号 1 号楼 8 楼	（0574）55889265	315010
宁波市江东区侨联	彩虹北路 58 号 4006 室	（0574）87339641	315040
宁波市北仑区侨联	北仑区新碶长江路 1166 号行政中心 A 座	（0574）86780425	315800
宁波市江北区侨联	江北区新马路 61 弄	（0574）87650791	315020
宁波市镇海区侨联	镇海大道中段 670 号商务大楼 A2–8 楼	（0574）86252416	315202
宁波市鄞州区侨联	鄞州区惠风东路 568 号	（0574）87523529	315192
余姚市侨联	余姚市北兰江路 1 号	（0574）62703276	315400
慈溪市侨联	慈溪市白沙路街道三北大街 655 号	（0574）63980522 （0574）63980521	315300
奉化市侨联	奉化市锦屏南路 1 号	（0574）88588831	315500
象山县侨联	象山丹城后堂街 21 号	（0574）65739908	315700
宁海县侨联	宁海县跃龙街道县前街 18 号	（0574）65562573	315600
东钱湖旅游度假区侨联	宁波茗湖山庄	（0574）88366303	315121
温州市侨联	温州市行政管理中心（市府路 500 号）主楼 12 楼	（0577）88968632	325000
温州市鹿城区侨联	广场路 188 号 11 号 202 室	（0577）88030632	325000
温州市龙湾区侨联	龙湾区行政管理中心大楼 1320 室	（0577）86966908	325058
温州市洞头区侨联	洞头区北岙街道县前路 12 号	（0577）63489487	325700
温州市瓯海区侨联	瓯海区娄桥街道云飞路（瓯海行政中心 5 号楼三楼）	（0577）88503035	325005
瑞安市侨联	瑞安市安阳街道安盛路 196 号侨联大厦三楼	（0577）65915163	325200
乐清市侨联	乐清市市府路 1 号 B603 室	（0577）61880669	325600

浙江省

单位名称	地　址	电话号码	邮政编码
永嘉县侨联	温州市永嘉县上塘县前路 94 号县行政中心 14 楼	（0577）67222089 （0577）57669010	325100
平阳县侨联	平阳县政府西坑大楼 137 室	（0577）58198230	325400
苍南侨联	苍南县行政中心 818 室	（0577）68881156	325800
文成县侨联	文成县大峃镇县前街 151 号县侨联大楼华侨之家	（0577）67834791	325300
泰顺县侨联	泰顺县罗阳镇东大街 6 号	（0577）67582745	325500
湖州市侨联	湖州市仁皇山新区行政中心 2 号楼	（0572）2398609	313000
湖州市吴兴区侨联	吴兴区吴兴大道 1 号吴兴行政中心 1 号楼 10928 室	（0572）2289195	313000
湖州市南浔区侨联	南浔区行政中心区侨办（南浔镇向阳路 601 号）	（0572）3069659	313009
德清县侨联	德清县武康镇千秋东街 1 号县行政中心 A 楼 10 楼	（0572）8289169	313200
长兴县侨联	长兴县龙山街道行政中心 B 幢 508 室	（0572）6256220	313100
安吉县侨联	安吉县行政大楼 822 号（安吉县委统战部）	（0572）5123882	313300
嘉兴市侨联	嘉兴市南湖区广场路 1 号行政中心五号楼	（0573）82521392	314050
嘉兴市南湖区侨联	嘉兴市凌公塘路 1260 号南湖区行政中心	（0573）82838024	314051
嘉兴市秀洲区侨联	嘉兴市洪兴路 1765 号秀洲区行政中心	（0573）82720249	314031
嘉善县侨联	嘉善县嘉善大道 126 号	（0573）84228051	314100
平湖市侨联	平湖市当湖街道胜利路 380 号（市政府 1 号楼 8 楼）	（0573）85060843	314200
海盐县侨联	海盐县武原街道枣园中路 118 号	（0573）86110228	314300
海宁市侨联	海宁市海洲西路 226 号市行政中心 1 号楼 10-819 室	（0573）87288232	314400
桐乡市侨联	桐乡市振兴东路行政中心市政府 520 室	（0573）89391290	314500
嘉兴港区侨联	嘉兴港区乍浦镇东方大道 1 号嘉兴港区管委会	（0573）85581723	314201
嘉兴科技城侨联	嘉兴市凌公塘路 3339 号 JRC-402	（0573）83915189	314022
绍兴市侨联	绍兴市府山西路 360 号	（0575）85172769	312000
绍兴市越城区侨联	绍兴市越城区延安路 18 号	（0575）88316952	312000
绍兴市柯桥区侨联	绍兴市柯桥区华齐路 1066 号 15 楼	（0575）84138861	312030
绍兴市上虞区侨联	绍兴上虞区市民大道 987 号	（0575）82213129	312300
诸暨市侨联	诸暨市浣纱支路 58 号临江大厦 3 楼	（0575）87011720	311800
嵊州市侨联	嵊州市领带园区五路 3 号	（0575）83032286	312400
新昌县侨联	新昌县人民中路 190 号 2 号楼	（0575）86026577	312500
金华市侨联	金华市双龙南街 811 号市工人大厦 12 楼	（0579）82436190	321017
金华市婺城区侨联	金华市宾虹西路 2666 号区行政中心南楼	（0579）82339182	321025
金华市金东区侨联	金华市金东区光南路 863 号（区委区政府内）	（0579）82176706	321015
兰溪市侨联	兰溪市府前路 81 号党政中心	（0579）88899638	321100
义乌市侨联	义乌市县前街 21 号（市委统战部 301 办公室）	（0579）85523559	322000
东阳市侨联	东阳市江北行政中心	（0579）86655556	322100
永康市侨联	永康市金城路 25 号（市委市府大院）	（0579）87101426	321300
武义县侨联	武阳东路 2 号明招大厦 6 楼	（0579）87663960	321200
浦江县侨联	浦江县人民东路 38 号（县委县府大院）	（0579）84111015	321200
磐安县侨联	磐安县龙山路 1 号（县委县府大院）	（0579）84666828	322300
衢州市侨联	衢州市白云中大道 37 号 11-12 楼	（0570）3080122	324003
衢州市衢江区侨联	衢州市衢江区行政大楼 0946 室	（0570）3838147	324022
江山市侨联	江山市中山路 118 号	（0570）4022836	324100

浙江省

单位名称	地　址	电话号码	邮政编码
常山县侨联	常山县天马街道人民路 3 号	（0570）5026819	324200
开化县侨联	开化县芹阳办事处解放街 54 号	（0570）6510398	324300
龙游县侨联	龙游县太平西路 28 号县府大院内	（0570）7022466	324400
衢州市柯城区侨联	衢州市柯城区双港路 416 号柯城环保局大楼二楼	（0570）3030278	324000
衢州学院“三胞”眷属联谊会	浙江省衢州市九华北大道 78 号	（0570）8026602	324000
舟山市侨联	舟山市新城海天大道 681 号东 1 号楼 10 楼	（0580）2280863	316021
舟山市定海区侨联	舟山市定海区昌国路 61 号	（0580）2022512	316000
舟山市普陀区侨联	舟山市普陀区东港昌正街 169 号东港商务中心	（0580）3010112	316100
岱山县侨联	岱山县高亭镇竹屿新区鱼山大道 681 号	（0580）4472934	316200
嵊泗县侨联	嵊泗县菜园镇县侨联	（0580）5580500	202450
台州市侨联	台州市行政大楼 6 楼	（0576）8851072	318000
台州市椒江区侨联	台州市椒江区建设路 16 号	（0576）88800022	318000
台州市黄岩区侨联	台州市黄岩区行政大楼 1204 室	（0576）84121668	318020
台州市路桥区侨联	台州市路桥区行政大楼	（0576）82449969	318050
温岭市侨联	温岭市人民东路 258 号市行政大楼 14 楼	（0576）86223098	317500
临海市侨联	临海市东方大道 99 号市府大院 2 楼	（0576）85226840	317000
玉环县侨联	玉环县政府大院	（0576）87278172	317600
三门县侨联	三门县行政中心 0929 室	（0576）83332295	317100
天台县侨联	天台县行政中心 15 楼 1509 室	（0576）83930272	317200
仙居县侨联	仙居县环城西路 50 号供电大楼 14 楼	（0576）87792908	317300
丽水市侨联	丽水市莲都区花园路 1 号	（0578）2091948	323000
丽水市莲都区侨联	丽水市解放街 51 号	（0578）2116172	323000
龙泉市侨联	龙泉市行政中心 10 楼 G13 室	（0578）7262901	323700
青田县侨联	青田县鹤城街道圣旨街 61 号三楼	（0578）6821419	323900
缙云县侨联	缙云县五云镇复兴街 154 号	（0578）3144185	321400
遂昌县侨联	遂昌县妙高镇前街 1 号	（0578）8123115	323300
松阳县侨联	松阳县府前街 1 号	（0578）8062561	323400
庆元县侨联	庆元县石龙街 32 号	（0578）6114248	323800
云和县侨联	云和县云和镇城北路 6 号	（0578）5122688	323600
景宁县侨联	景宁畲族自治县府前西路 19 号	（0578）5626897	323500

安徽省

单位名称	地　址	电话号码	传真号码	邮政编码
安徽省侨联	合肥市马鞍山路 509 号省政务服务中心 B 座 16 楼	（0551）62999181	（0551）62999182	230002
合肥市侨联	合肥市东流路 100 号政务中心一区 B 座 8 层	（0551）63538902	（0551）63538901	230071
淮北市侨联	淮北市古城路 58 号相王大厦西座 13 楼	（0561）3119263	（0561）3119263	235000
亳州市侨联	亳州市芍花路 588 号市行政中心 2081 室	（0558）5555869		236800
宿州市侨联	宿州市银河一路政务中心 B 座二楼 204 室	（0557）3038691	（0557）3038691	234000
蚌埠市侨联	蚌埠市东海大道行政办公中心	（0552）3119928	（0552）3122007	233000
阜阳市侨联	阜阳市 539 号市政府西办公楼二楼	（0558）2267552		236000
淮南市侨联	淮南市山南新区和凤大街 88 号 A 座 722 室	（0554）6678820	（0554）6678820	232001

安徽省

单位名称	地 址	电话号码	传真号码	邮政编码
滁州市侨联	滁州市龙蟠大道 99 号市政务中心北楼 436 室	（0550）3041886 （0550）3020300		239000
六安市侨联	六安市金安区望城岗街道市行政中心 3 号楼 236 室	（0564）3379951	（0564）3379951	237001
马鞍山市侨联	马鞍山市雨山区印山西路 299 号教育局大楼 12 层	（0555）2474491	（0555）2474491	243000
芜湖市侨联	芜湖市政务文化中心 B 区 117 室	（0553）3885752	（0553）3815780	241011
宣城市侨联	宣城市鳌峰中路 45 号	（0563）3021263	（0563）3022279	242000
铜陵市侨联	铜陵市湖东路 666 号市政府大楼北楼 608 室	（0562）5880800	（0562）5880800	2444000
池州市侨联	池州市翠柏路百翠综合楼三楼	（0566）2811419	（0566）2023429	247000
安庆市侨联	安庆市菱湖北路 30 号	（0556）5346557	（0556）5346557	246002
黄山市侨联	黄山市委市政府大楼	（0559）2355268	（0559）2355262	245000
中国科技大学侨联	合肥市中国科学技术大学（西区）火灾科学国家重点实验室新大楼 609 室	（0551）63606463 13605510983		
合肥工业大学侨联	合肥市屯溪路 193 号	（0551）62901041		230039
安徽大学侨联	合肥市蜀山区龙河路安徽大学历史系	（0551）65106117 13856048258		
安徽医科大学侨联	合肥市梅山路 81 号安徽医科大学第一附属医院统战部	（0551）62923506 （0551）62923530 13955189616		230022
安徽师范大学侨联	安徽省芜湖市弋江区安徽师范大学（花津校区）统战部	17730113869		
安徽农业大学侨联	合肥市长江西路 130 号 安徽农业大学生物科技楼 207 室	18856088327		
安徽工程大学侨联	芜湖市北京中路 安徽工程大学宣传部（统战部）	13955366393		
皖南医学院侨联	芜湖市高教园区文昌西路 22 号 皖南医学院宣传部	18705539297		
合肥学院侨联	合肥经开区锦绣大道 99 号 合肥学院院办秘书科	13505693631		
芜湖职业技术学院侨联	芜湖市弋江区文津西路党委宣传统战部	（0553）5775155 （0553）5777202		
皖江工学院侨联	马鞍山市霍里山大道 333 号皖江工学院行政楼	18655577977		
安徽警官职业学院侨联	合肥市蜀山区清溪路 78 号	13956010075		
马鞍山职业技术学院侨联	马鞍山市霍里山中路 328 号马鞍山职业技术学院英语系	15555553226		
亳州学院侨联	安徽省亳州市汤王大道 2266 号亳州学院外语系	18712220608		
马鞍山师范高专侨联	安徽省 马鞍山市 湖西中路 85 号 马鞍山师范高等专科学校	13305554741		
安徽科技学院侨联	安徽省蚌埠市黄山大道安徽科技学院化学与材料工程学院	13514997168		
滁州学院侨联	安徽省滁州市滁州学院会峰校区行政楼 429	13705500620		
蚌埠医学院侨联	蚌埠市东海大道 2600 号统战部	13500567825		
安徽工业大学侨联	安徽省马鞍山市湖东路 59 号安徽工业大学佳山校区行政主楼	18055511762		
巢湖学院侨联	安徽省巢湖市巢湖学院统战部	13956620577		
皖西学院侨联	安徽省六安市云露桥西皖西学院统战部	13966261936		
安徽理工大学侨联	安徽省淮南市 安徽理工大学 化工学院 南 408	18905543213		
宿州学院侨联	安徽省宿州学院继续教育学院汴河中路 71 号	13956838301		
池州学院侨联	安徽省池州市 牧之路 199 号 池州学院统战部	13856660726		

附录

福建省

单位名称	地　址	电话号码	传真号码	邮政编码
福建省侨联	福州市鼓屏路 192 号山海大厦南厅十楼	（0591）87804224	（0591）87818370	350001
福州市侨联	福州市五一北路 106 号新侨联广场 A 座 6 层	（0591）87537290	（0591）87514108	350001
福州市鼓楼区侨联	福州市鼓楼区津泰路 98 号档案综合楼 7 楼	（0591）87111510	（0591）87112151	350001
福州市台江区侨联	福州市台江区台江路 88 号安平大厦 1306	（0591）83272144	（0591）83272144	350009
福州市仓山区侨联	福州市仓山区对湖路 21 号	（0591）83478613	（0591）83478613	350007
福州市晋安区侨联	福州市晋安区福马路 241 号 4 层	（0591）83640974	（0591）83640974	350011
福州市马尾区侨联	福州市马尾区君竹路 30 号	（0591）83683557	（0591）83683557	350015
长乐区侨联	长乐区爱心路 232 号长乐华侨博物馆	（0591）28922307	（0591）28922307	350200
福清市侨联	福清市玉屏街道一拂路 30 号侨联大厦二楼	（0591）85222577	（0591）85222577	350300
平潭综合实验区侨联	平潭综合实验区金井湾商务运营中心 3 号楼 5 层	（0591）38716389	（0591）24325036	350400
连江县侨联	福州市连江县凤城镇丹凤路侨联大厦 2 层	（0591）26161026	（0591）26232348	350500
闽清县侨联	福州市闽清县梅城镇解放大街 55 号华侨大厦 3 层	（0591）22332197	（0591）22375030	350800
闽侯县侨联	闽侯县甘蔗镇 818 西路 136 号海联大厦三楼	（0591）22068268	（0591）22068268	350110
罗源县侨联	福州市罗源县凤山镇北大路 15 号	（0591）26831381	（0591）26831381	350600
永泰县侨联	福州市永泰县樟城镇较场路 3 号侨联大厦	（0591）24833068	（0591）24833068	350700
连江县长龙华侨农场	福州市连江县长龙镇华侨农场场部	（0591）26391197	（0591）26391149	350507
福清江镜华侨农场	福清市江镜镇江侨新村场部	（0591）85982650	（0591）85982650	350316
福清东阁华侨农场	福清东阁华侨农场	（0591）85511399	（0591）85511399	350316
厦门市侨联	厦门市思明区白鹭洲路 16 号团结大厦 8 楼	（0592）2856564	（0592）2856554	361004
厦门市思明区侨联	厦门市思明区禾祥东路 168 号	（0592）5818358	（0592）5880950	361004
厦门市湖里区侨联	厦门市湖里区枋湖南路 161 号 8 楼	（0592）5722317	（0592）5780990	361009
厦门市集美区侨联	厦门市集美区岑西路 29 号（集美侨联大厦）	（0592）6067114	（0592）6102079	361021
厦门市同安区侨联	厦门市同安区南门路号	（0592）7022730	（0592）7311831	361100
厦门市海沧区侨联	厦门市海沧区滨湖北路 15 号 2404	（0592）6589322	（0592）6588322	361026
宁德市侨联	宁德市东侨开发区福宁北路 6 号工会大厦二层 213 室	（0593）2869025	（0593）2869025	352100
宁德市蕉城区侨联	宁德市蕉城北路后洋中弄 8 号	（0593）2825575	（0593）2825575	352100
古田县侨联	宁德古田县解放路 192 号	（0593）3897205	（0593）3807028	352200
屏南县侨联	宁德屏南县古峰镇县府路 1 号县政府大院	（0593）3322096	（0593）3322096	352300
寿宁县侨联	宁德寿宁县鳌阳镇胜利街 128 号政府大院内	（0593）5522783	（0593）5522783	355500
周宁县侨联	宁德周宁县北门路 11 号县委综合楼 2 楼侨联	（0593）5635076	（0593）5635076	355400
福安市侨联	宁德福安市城北街道上杭路 22 号市委大楼一层	（0593）6382589	（0593）6382589	355000
柘荣县侨联	宁德柘荣县委 2 号楼 409	（0593）8352848	（0593）8352848	355300
福鼎市侨联	宁德福鼎市政府路 139 号市侨联	（0593）7810546	（0593）7810546	355200
霞浦县侨联	宁德霞浦县松城街道府前路 9 号	（0593）8893249	（0593）8893249	355100
宁德市东湖塘华侨农场侨联	宁德市东湖塘华侨农场	（0593）2318522	（0593）2318522	352100
莆田市侨联	莆田市荔城区城门街 551 号 3 号楼	（0594）2333766	（0594）2333766	351100
莆田市城厢区侨联	莆田市城厢区荔华东大道 269 号区政府办公大楼 329–330 室	（0594）2681872	（0594）2681872	351100
莆田市秀屿区侨联	莆田市秀屿区侨联大厦三楼	（0594）5871808	（0594）5898808	351146
莆田市荔城区侨联	莆田市东大路 155 号	（0594）2292665	（0594）2292412	351100
莆田市涵江区侨联	莆田市涵江区涵东街道华侨路 119 号侨联大厦	（0594）3597088	（0594）3597088	351111

福建省

单位名称	地　址	电话号码	传真号码	邮政编码
仙游县侨联	仙游县鲤城街道清源东路 1 号主楼六层	（0594）8292233	（0594）8599510	351200
泉州市侨联	泉州市东海新行政中心交通科研楼 A 幢 3 层	（0595）22282352	（0595）22190737	362000
泉州市鲤城区侨联	泉州市鲤城区海滨街道庄府巷鲤城区政府大院内 1-118	（0595）22184732	（0595）22178220	362000
泉州市丰泽区侨联	泉州市丰泽区迎津新村 8 幢 13 楼梯 2 楼	（0595）22508386	（0595）22567502	362000
泉州市洛江区侨联	泉州市洛江区万荣街 97 号洛江区人民政府办公楼前楼 515	（0595）22633866	（0595）22633966	362011
泉州市泉港区侨联	泉州市泉港区行政服务中心六楼	（0595）87971357	（0595）87971357	362801
泉州台商投资区投资促进局	泉州台商投资区行政办公大楼二楼	（0595）27559803	（0595）27399976	362122
晋江市侨联	晋江市青阳新华街 220 号侨联大厦三楼	（0595）85661318	（0595）85668158	362200
石狮市侨联	石狮市群英北路侨联大厦 7 楼	（0595）88781041	（0595）82229292	362700
南安市侨联	南安市溪美镇新华街 8 号侨联大厦	（0595）86382252	（0595）86372252	362300
惠安县侨联	惠安县螺城科山路 2 号	（0595）87382115	（0595）87393561	362100
安溪县侨联	安溪县凤城镇联谊街联谊大厦六楼	（0595）23232435	（0595）23281658	362400
永春县侨联	永春县桃城环城路 1-3 号	（0595）23882653	（0595）23875808	362600
德化县侨联	德化县龙津路北段 28 号	（0595）23522321	（0595）23522321	362500
漳州市侨联	漳州市芗城区南昌路小商品城 C 幢 305 室	（0596）2031137	（0596）2024960	363000
漳州市芗城区侨联	漳州市芗城区华侨新村 1 号	（0596）2033101	（0596）2033101	363000
漳州市龙文区侨联	漳州市龙文区景山机关大院 1 幢 904	（0596）2128787	（0596）2128787	363000
漳州市常山华侨经济开发区侨联	漳州常山华侨经济开发区	（0596）8626112	（0596）8628220	363300
诏安县侨联	诏安县南诏镇中心西路 487 号	（0596）3323889	（0596）3322323	363500
东山县侨联	东山县西埔镇白石街泽园路 10 号	（0596）5835485	（0596）5839767	363400
云霄县侨联	云霄县云陵镇云东路 84 号政协大楼	（0596）8533171	（0596）8530766	363300
龙海市侨联	龙海市石码镇公园路 13-15 号侨联商厦五楼	（0596）6522209	（0596）6562952	363100
漳浦县侨联	漳州市漳浦县绥安镇民主路联谊大厦三楼	（0595）3220930	（0595）3220930	363200
南靖县侨联	南靖县山城镇沿江路 16 号	（0596）7832467	（0596）7832467	363600
长泰县侨联	长泰县武安镇县委大院 B 幢二楼	（0596）8322321	（0596）6322500	363900
平和县侨联	平和县小溪镇东大路侨联酒店七楼	（0596）5232239	（0596）5232239	363700
漳州台商投资区角美镇侨联	漳州市台商投资区角美镇文圃大道 6-7 号	（0596）6788271	（0596）6788271	363107
华安县侨联	华安县华丰镇平湖路 12 号 2 幢 101 室	（0596）7362465	（0596）7362465	363800
龙岩市侨联	龙岩市龙岩大道 1 号行政办公中心东附楼北 420 室	（0597）3213322	（0597）2324871	364000
龙岩市新罗区侨联	龙岩市新罗区中城街道西官巷 14 号	（0597）2290922	（0597）2290922	364000
龙岩市永定区侨联	永定区凤城街道金凤路 49 号三楼	（0597）5832128	（0597）5938882	364100
上杭县侨联	上杭县北环路人民防空大楼二层	（0597）3843907	（0597）3843907	364200
武平县侨联	武平县行政服务中心七号楼二层	（0597）4836833	（0597）4836833	364300
漳平市侨联	漳平市桂北路行政服务中心四楼	（0597）7532375	（0597）7532375	364400
连城县侨联	连城县政府一楼	（0597）8922439	（0597）3320839	366200
长汀县侨联	长汀县汀州镇兆征路 19 号	（0597）3160190	（0597）3160190	366300
三明市侨联	三明市梅列区东新二路梅岭新村 34 幢工会大厦 9 楼	（0598）8296011	（0598）8296011	365000
三明市三元区侨联	三明市三元区崇宁路 10 号	（0598）8337483	（0598）8325850	365001

福建省

单位名称	地　址	电话号码	传真号码	邮政编码
三明市梅列区侨联	梅列区政府大院内	（0598）8246853	（0598）8246853	365000
明溪县侨联	明溪县雪峰镇民主路 9 号	（0598）2813663	（0598）2813663	365200
永安市侨联	永安市南山路 1 号市政府办公大楼	（0598）3833321	（0598）3833321	366000
大田县侨联	大田县均溪镇凤山西路 40 号	（0598）7222549	（0598）7222549	366001
沙县侨联	沙县金鼎城办公楼五楼	（0598）5826672	（0598）5826672	365500
宁化县侨联	宁化县城关中山路 1 号	（0598）6822586	（0598）6822586	365400
建宁县侨联	建宁县城关中山南路 21 号	（0598）3960049	（0598）3960049	354500
尤溪县侨联	尤溪县城关建设东街 66 号	（0598）6307956	（0598）6307953	365100
泰宁县侨联	泰宁县和平中街 25 号政务大楼北四楼	（0598）7833454	（0598）7833454	354400
清流县侨联	清流县龙城街 22 幢	（0598）5390399	（0598）5322212	365300
将乐县侨联	将乐县古镛镇建新路 11 号	（0598）2324226	（0598）2324226	353300
宁化泉上华侨农场	宁化泉上华侨农场	（0598）6761065	（0598）6761076	365402
南平市侨联	南平市建阳区广场东路 3 号写字楼 2302 室	（0599）8854856	（0599）8854856	354200
南平市延平区侨联	南平市人民路 93 号区政协大楼	（0599）8721368	（0599）8721368	353000
武夷山市侨联	武夷山市文公路 5 号度假区大楼 10 楼	（0599）5314630	（0599）5314630	354300
松溪县侨联	松溪县大街 80 号	（0599）2328637	（0599）2321093	353500
政和县侨联	政和县城关南门桥头原工商局 4 楼	（0599）3327298	（0599）3327298	353600
邵武市侨联	邵武市新建路 8 号	（0599）6322849	（0599）6322849	353400
建阳市侨联	建阳市潭城镇西桥北路 5 号市委大楼一楼	（0599）6153200	（0599）6153200	354200
光泽县侨联	光泽县文昌路 45 号 102 信箱	（0599）7923295	（0599）7923295	354100
顺昌县侨联	顺昌县城中路 50 号	（0599）7820880	（0599）7821326	353200
浦城县侨联	浦城县武夷山路县招待所 5 号楼	（0599）6175736	（0599）6175736	353400
建瓯市侨联	建瓯市政府行政中心八楼	（0599）3725089	（0599）3725089	353100
平潭综合实验区侨联	平潭综合实验区金井湾商务营运中心 7 号楼 12 层	（0599）23165636	（0599）23165636	350400

江西省

单位名称	地　址	电话号码	传真号码	邮政编码
江西省侨联	江西省南昌市卧龙路 999 号省行政中心	（0791）88918919	（0791）88918966	3300036
南昌市侨联	江西省南昌市红谷滩新区雄州路 169 号	（0791）83885545	（0791）83885545	330038
南昌市东湖区侨联	江西省南昌市东湖区三经路 699 号	（0791）86210568	（0791）87838527	330006
南昌市西湖区侨联	江西省南昌市抚生路 369 号 1 号楼 1 楼	（0791）86564632	（0791）86565235	330025
南昌市青云谱区侨联	江西省南昌市青云谱区广州路 268 号	（0791）88463110	88463110	330001
南昌市湾里区侨联	江西省南昌市湾里区岭秀湖路一号	（0791）83769220	83760989	330004
南昌市青山湖区侨联	江西省南昌市南京东路 1440 号青山湖区传媒大楼 6 楼东	（0791）88100993	（0791）88100993	330029
南昌市新建区侨联	江西省南昌市新建区长堎镇新建大道 239 号（区委六楼）	（0791）83702871	83702871	330111
南昌县侨联	江西省南昌市南昌县县委统战部	（0791）85712978	85712479	330200
进贤县侨联	江西省南昌市进贤县县委大楼 428 室	（0791）85622356		331700
安义县侨联	江西省南昌市安义县龙津镇文峰路 322 号（二楼）	（0791）83413469		330500
九江市侨联	江西省九江市湓浦路 14 号	（0792）8227479	（0792）8227479	332000
九江市浔阳区侨联	江西省九江市浔阳区庾亮北路 2 号	（0792）8217486	（0792）8217486	332000

江西省

单位名称	地　址	电话号码	传真号码	邮政编码
武宁县侨联	九江市武宁县市民服务中心南楼	（0792）2761384	（0792）2761550	332300
修水县侨联	江西省九江市修水县玉宁大道 199 号	（0792）7808757		332400
都昌县侨联	江西省九江市都昌县政府	（0792）5232983		332600
景德镇市侨联	江西省景德镇市莲花塘 8 号	（0798）8221875	（0798）8229293	333000
乐平市侨联	江西省景德镇市乐平市为民服务中心 7 楼	（0798）6568336		333300
萍乡市侨联	江西省萍乡市迎宾路 18 号政府院内	（0799）6821596	（0799）6821596	337000
萍乡市安源区侨联	江西省萍乡市安源区人民政府办公室	（0799）6661736		337000
萍乡市湘东区侨联	江西省萍乡市湘东区政府大院区委统战部	（0799）3375057		337016
上栗县侨联	江西省萍乡市上栗县公共政务局三楼县工商联	（0799）3662683		337009
芦溪县侨联	江西省萍乡市芦溪县政府大院县委统战部	（0799）7551120		337200
莲花县侨联	江西省萍乡市莲花县政府大院县委统战部	（0799）7221247		337100
新余市侨联	江西省新余市毓秀东大道 623 号人保局附属楼 10 楼	（0790）6343887	（0790）6343887	338000
鹰潭市侨联	江西省鹰潭市梅园大道 3-3 号	（0701）6445381	（0701）6445380	335001
鹰潭市月湖区侨联	鹰潭市月湖新城经济大厦 213	（0701）6257696	（0701）6257696	335001
余江县侨联	江西省鹰潭市余江区鹰南大道 1 号余江区经济大厦 718 室	（0701）5881198	（0701）5881198	335200
贵溪市侨联	江西省鹰潭市贵溪市市政府大楼 7 楼 709	（0701）3316616	（0701）3316616	335400
赣州市侨联	江西省赣州市市政中心 1 号 1756 房	（0797）8391696	（0797）8391698	341000
赣州市章贡区侨联	江西省赣州市章贡区区政中心东楼 16 楼	（0797）8199187	（0797）8199187	341000
赣州市南康区侨联	江西省南康市政府院内	（0797）6605310	（0797）6632393	341400
瑞金市侨联	江西省瑞金市公务大楼 604 室	（0797）2525118		342500
赣县侨联	江西省赣县兴农路 2 号县委统战部	（0797）4441632	（0797）4441632	341100
信丰县侨联	江西省信丰县政府院内	（0797）3336706	（0797）3336706	341600
大余县侨联	江西省大余县委统战部	（0797）8722762	（0797）8723939	341500
上犹县侨联	江西省上犹县政府院内	13803585778		341200
崇义县侨联	江西省崇义县委统战部	（0797）7612612		341300
安远县侨联	江西省安远县委院内	（0797）3732161	（0797）3732161	342100
龙南县侨联	江西省龙南县委统战部	（0797）3512228		341700
定南县侨联	江西省定南县委统战部	（0797）4289116	（0797）4289116	341900
全南县侨联	江西省全南县委统战部	（0797）2632916	（0797）2632916	341800
兴国县侨联	江西省兴国县委统战部	（0797）5322215	（0797）5326368	342400
宁都县侨联	江西省宁都县委统战部	（0797）6832180	（0797）6832180	342800
于都县侨联	江西省于都县贡江镇红军大道 108 号县委大院	（0797）6233280	（0797）6233280	342300
会昌县侨联	江西省会昌县委统战部	（0797）5622428	（0797）5622428	342600
寻乌县侨联	江西省寻乌县委统战部	13807073590		342200
石城县侨联	江西省石城县政中心 A 区 306 室	（0797）5712025	（0797）5792308	342700
宜春市侨联	江西省宜春市土主庙路 26 号 012 中转站	（0795）3222279		336000
宜春市袁州区侨联	江西省宜春市袁州区政府办	（0795）3223676	（0795）3222518	336000
樟树市侨联	江西省宜春市樟树市吉佛路 59 号市文化馆	（0795）7362767	（0795）7362767	331200
丰城市侨联	江西省宜春市丰城市政府大院	（0795）6608429	（0795）6608429	331100
高安市侨联	江西省宜春市高安市政府大院	（0795）5212617	（0795）5212617	330800

江西省

单位名称	地　址	电话号码	传真号码	邮政编码
靖安县侨联	江西省宜春市靖安县统战部	（0795）4662545	（0795）4662545	330600
奉新县侨联	江西省宜春市奉新县政府办	（0795）4539151	（0795）4539151	330700
上高县侨联	江西省宜春市上高县政府办	（0795）2513275	（0795）2517517	336400
宜丰县侨联	江西省宜春市宜丰县政府办	（0795）2765503	（0795）2765486	336300
铜鼓县侨联	江西省宜春市铜鼓县政府办	（0795）8722090	（0795）8722090	336200
万载县侨联	江西省宜春市万载县政府大院	（0795）8822660	（0795）8822660	336100
上饶市侨联	江西省上饶市信州区金龙港 15 号	（0793）8223370		334000
上饶市信州区侨联	江西省上饶市信州区区政府大楼	（0793）8309733	（0793）8309733	334000
德兴市侨联	江西省上饶市德兴市朝阳路 4 号	（0793）7522292		334200
上饶县侨联	江西省上饶市上饶县吉阳西路 1 号	（0793）8466079	（0793）8466079	334100
广丰县侨联	江西省上饶市广丰县府前街 1 号	（0793）2650312	（0793）2650312	334600
玉山县侨联	江西省上饶市玉山县行政中心 13 楼	（0793）2552429		334700
婺源县侨联	江西省上饶市婺源县蚺城路 26 号	（0793）7355418	（0793）7351440	333200
鄱阳县侨联	江西省上饶市鄱阳县县委大院	（0793）6267728		333100
余干县侨联	江西省上饶市余干县县委大院四楼	（0793）3398425		335100
万年县侨联	江西省上饶市万年县政府大楼 1237 室			
弋阳县侨联	江西省上饶市弋阳县行政中心	（0793）5821269		
横峰县侨联	江西省上饶市横峰县行政中心大楼 00	（0793）5782471		
铅山县侨联	江西省上饶市铅山县西海岸大酒店			334500
吉安市侨联	江西省吉安市城南行政中心 B 座 7 楼	（0796）8935218	（0796）8935218	343000
吉安市吉州区侨联	江西省吉安市吉州区长征路 25 号	（0796）8280933		
吉安市青原区侨联	吉安市青原区行政中心区委统战部	（0796）8106996		
井冈山市侨联	江西省井冈山市新城区市政府大楼 3 楼	（0796）6890881	（0796）6890881	343600
吉安县侨联	江西省吉安县庐陵大道 27 号县政府大院	（0796）8442439	（0796）8442439	343100
新干县侨联	江西省新干县行政服务中心大楼	（0796）2160097	（0796）2160096	331300
永丰县侨联	江西省永丰县跃进路 27 号县委大院	（0796）2511795	（0796）2526792	331500
峡江县侨联	江西省峡江县百花路 6 号县委、县政府大楼	（0796）3672892	（0796）3672892	331409
吉水县侨联	江西省吉水县万里大道县委大楼	（0796）8689545	（0796）8689545	331600
泰和县侨联	江西省泰和县工农兵大道 003 号县委大院	（0796）8638206	（0796）8638206	343700
遂川县侨联	江西省遂川县行政办公中心	（0796）3628136	（0796）6328136	343900
安福县侨联	江西省安福县县委、县政府大楼	（0796）7622067	（0796）7622067	343200
永新县侨联	江西省永新县委统战部	（0796）7722975		
抚州市侨联	江西省抚州市行政中心 A-305	（0794）8259980	（0794）8282448	344000
抚州市临川区侨联	江西省抚州市临川区行政中心 A-813	（0794）8441245		
金溪县侨联	江西省抚州市金溪县行政中心 A-421	（0794）5397550	（0794）5397550	344800
崇仁县侨联	江西省抚州市崇仁县行政中心 A-616	（0794）6329365		
抚州市东乡区侨联	江西省抚州市东乡区行政中心 805	13755913846		
南丰县侨联	江西省抚州市南丰县桔都大道行政大厦五楼县委统战部	（0794）3226070		
黎川县侨联	江西省抚州市黎川县京川大道 180 号行政大楼 533 室	（0794）7566878		
广昌县侨联	江西省抚州市广昌县行政中心 828 室	（0794）3622274		

江西省

单位名称	地 址	电话号码	传真号码	邮政编码
乐安县侨联	江西省抚州市乐安县行政中心县委楼一楼县委统战部	（0794）6668269		
宜黄县侨联	江西省抚州市宜黄县党政大楼（世纪大道西侧）3 楼	（0794）7602175		
资溪县侨联	江西省抚州市资溪县建设西路行政中心南 2 楼 219 室	（0794）5797090		

山东省

单位名称	地 址	电话号码	邮政编码
山东省侨联	济南市经十路 18262 号	（0531）86093950	250061
济南市侨联	济南市龙鼎大道 1 号龙奥大厦 E1310 室	（0531）66601651	250000
济南市历下区侨联	济南市解放东路 99 号	（0531）88151011	250014
济南市市中区侨联	济南市经八路济南大厦 509 室	（0531）82078182	250001
济南市天桥区侨联	济南市堤口路 53 号	（0531）81601068	250031
济南市槐荫区侨联	济南市经十路 29851 号槐荫区政务中心 5 层 528 室	（0531）87589528	250117
济南市历城区侨联	济南市洪楼南路 2 号	（0531）66899784	250100
济南市长清区侨联	济南市经十西路 17166 号长清区政务中心 3 层贸促会	（0531）87228086	250300
济南市平阴县侨联	济南平阴县府前街 35 号外侨办	（0531）87893351	250400
章丘市侨联	济南章丘市龙泉大厦 12010 室	（0531）83278956	250200
商河县侨联	济南商河县行政服务中心五层	（0531）84876399	251600
济阳县侨联	济阳县政务中心一层投资服务中心	（0531）81178117	251400
青岛市侨联	青岛市香港中路 17 号市政府三期办公楼 1205 室	（0532）85912172	266071
青岛市市南区侨联	青岛市宁夏路 286 号	（0532）88729625	266071
青岛市市北区侨联	青岛市延吉路 80 号	（0532）85801290	266033
青岛市李沧区侨联	青岛市黑龙江中路 615 号	（0532）87610771	（0532）87610771
青岛市崂山区委统战部侨联	青岛市仙霞岭路 18 号	（0532）88997027	266061
青岛市城阳区侨联	城阳区山城路 195 号行政服务中心南五楼	（0532）87968063	266109
青岛市黄岛区侨联	胶南市北京路 10 号阳光大厦 815 房间	（0532）85166828	266400
胶州市侨联	胶州市北京路 2 号行政服务西楼 931 室	（0532）82206105	266300
即墨市侨联	即墨市振中街 16 号	（0532）88551361	266200
平度市侨联	平度市红旗路 16–1 号	（0532）87362051	266700
莱西市侨联	莱西市行政办公中心 0855 房间	（0532）88405333	266600
淄博市侨联	淄博市张店区柳泉路 312 号	（0533）3887403	255086
淄博市张店区侨联	张店区中心路 140 号侨兴书店	18653380088	255020
淄博市淄川区侨联	淄川区人口和计划生育局（般阳路 41 号）	15966955595	255100
淄博市博山区侨联	博山区县前街 10 号院 3 号楼 1 单元 302	15264348182	255200
淄博市周村区侨联	周村区恒丰盛世豪庭 11 号楼 2 单元 302	13805336142	255300
淄博市临淄区侨联	临淄区桓公路 268 号临淄区河道管理处	（0533）7180086	255400
淄博市桓台县侨联	淄博柳泉路 107 号国贸大厦 1210 室	（0533）3190617	255000
淄博市高青县侨联	高青县田镇二中宿舍楼中间楼西单元 2 楼东户	13325221386	256300
淄博市沂源县侨联	沂源县招商局转	13589590929	256100
枣庄市侨联	枣庄市新城光明大道 629 号综合楼 515 室	（0632）8687882	277800
滕州市侨联	枣庄市滕州市政府	（0632）5512748	277500

山东省

单位名称	地　址	电话号码	邮政编码
枣庄市薛城区侨联	枣庄市薛城区政府	（0632）4412417	277800
枣矿集团侨联	枣庄市枣矿集团	（0632）4081336	277800
枣庄市高新区侨联	枣庄市高新区	（0632）6611502	277800
枣庄市台儿庄侨联	枣庄市台儿庄区政府	（0632）6638998	277400
枣庄市山亭区侨联	枣庄市山亭区政府	（0632）8812329	277200
枣庄市市中区侨联	枣庄市市中区政府	（0632）3083023	277100
枣庄市峄城区侨联	枣庄市峄城区政府	（0632）7715196	277300
东营市侨联	东营市南一路 1226 号	（0546）8331817	257091
东营市广饶县侨联	广饶县乐安大街 501 号	（0546）6441429	257300
烟台市侨联	烟台市芝罘区环山路 2 号工商局 8 楼	（0535）6225321	264001
烟台市芝罘区侨联	烟台市芝罘区市府街 76 号	（0535）6214216	264001
烟台市福山区侨联	烟台市福山区河滨路 109 号	（0535）6363680	265500
烟台市牟平区侨联	烟台市牟平区文兴路 510 号	（0535）4219075	264100
龙口市侨联	龙口市行政中心 1535 室	（0535）8516939	265701
莱州市侨联	莱州市府东街南首	（0535）3070515	261400
蓬莱市侨联	蓬莱市钟楼东路 1 号	（0535）5642609	265600
招远市侨联	招远市泉山路 27 号	（0535）8211071	265400
海阳市侨联	海阳国际会议中心海滨中路 196 号	（0535）3223745	265100
栖霞市侨联	栖霞市腾飞路 199 号	（0535）5212395	265395
莱阳市侨联	莱阳市金水路 1 号	（0535）7215815	265200
长岛县侨联	长岛县委统战部	（0535）3212148	265800
潍坊市侨联	潍坊市高新区胜利东街 99 号市级机关综合办公大楼 2006 室	（0536）8789981	261061
昌邑市侨联	昌邑市会议中心	（0536）7112236	261300
济宁市侨联	济宁市红星中路 9 号市委院内	（0537）2967844	272000
泰安市侨联	泰安市望岳东路 3 号市政大楼 A8050 室	（0538）6991076	271000
山东农业大学侨联	泰安市岱宗大街 86 号山东农业大学统战部转	13805489518	271018
泰山医学院侨联	泰安市长城路 619 号泰山医学院统战部转	13668686899	271000
威海市侨联	威海市市政府六号楼	（0631）5220008	272000
荣成市侨联	荣成市外侨办	（0631）7562200	264300
文登区侨联	文登区外侨办	（0631）8452620	264400
乳山市侨联	乳山市侨联	（0631）6651932	264500
威海市环翠区侨联	威海市环翠区外侨办	（0631）5227422	264200
日照市侨联	日照市烟台路 29 号	（0633）8779938	276800
日照市东港区侨联	日照市烟台路 29 号	（0633）8253498	276800
日照市岚山区侨联	日照市岚山区岚山中路 1 号区级办公楼 505 室	（0633）2618799	276808
临沂市侨联	临沂市北城新区行政中心 1636 室	（0539）8727635	276000
临沂市兰山区侨联	临沂市金雀山路 57 号	（0539）8198530	276000
德州市侨联	德州市东风东路 1566 号新城综合楼主楼 1531 室	（0534）2687416	253000
德州市德城区侨联	德州市德城区地安街 97 号	（0534）2666051	253001
聊城市侨联	聊城市东昌东路 101 号	（0635）8288690	252000

山东省

单位名称	地　址	电话号码	邮政编码
聊城市东昌府区侨联	聊城市聊堂路 2 号	（0635）8413752	252000
滨州市侨联	滨州市滨城区黄河五路 385 号市政大楼	（0543）3162167	256603
邹平县侨联	邹平县政务中心	（0543）4261953	256200
菏泽市侨联	菏泽市中华路 1009 号菏泽市人民政府	（0530）5310919	252000

河南省

单位名称	地　址	电话号码	传真号码	邮政编码
河南省侨联	郑州市纬二路 10 号	（0371）65919601	（0371）65919620	450003
郑州市侨联	郑州市互助路 73 号市委北院 3 号楼 207 室	（0371）67183139	（0371）67183139	450000
开封市侨联	开封市金明大道 196 号政协大楼 430 室	（0371）23381211	（0371）23381211	475004
洛阳市侨联	洛阳市新区政和路市委院东楼 108 室	（0379）63317355	（0379）63317355	471023
平顶山市侨联	平顶山市新城区市政大厦九楼	（0375）2666686	（0375）2666686	467000
安阳市侨联	安阳市党政综合大楼	（0372）2550342	（0372）2550342	455000
鹤壁市侨联	鹤壁市淇滨区九州路市委第一综合楼	（0392）3327196	（0392）3327196	458030
新乡市侨联	新乡市人民东路甲 1 号 1356 室	（0373）3696865	（0373）3696865	453000
焦作市侨联	焦作市人民路市政大厦东配楼 303 室	（0391）3568311	（0391）3568311	454000
濮阳市侨联	濮阳市委统战部转市侨联	（0393）6669899	（0393）6669994	457000
许昌市侨联	许昌市健安大道市委 6 号楼 6341 室	（0374）2965758	（0374）2965269	461000
漯河市侨联	漯河市淮河路 10 号	（0395）3101680	（0395）3101680	462000
三门峡市侨联	三门峡市崤山路中段 14 号	（0398）2935007	（0398）2935007	472000
南阳市侨联	南阳市七一路 706 号（市委第二办公区）	（0377）63133120	（0377）63133120	473067
商丘市侨联	商丘市府前路 1 号市委 1 号楼 11014 室	（0370）3288561	（0370）3288561	476000
信阳市侨联	信阳市羊山新区行政中心 7 层	（0376）6366381	（0376）6366381	464000
周口市侨联	周口市莲花路市政府综合办公大楼 4 层	（0394）8262060	（0394）8262601	466000
驻马店市侨联	驻马店市开源大道 56 号 2521 室	（0396）2601728	（0396）2601728	463000
济源市侨联	济源市第一行政区 4 号楼 210 室	（0391）6835293	（0391）6835293	454650

湖北省

单位名称	地　址	电话号码	传真号码	邮政编码
湖北省侨联	武汉市武昌区水果湖路 272 号	（027）87821332 （027）87123269	（027）87123269	430071
武汉市侨联	武汉市汉口沿江大道江汉关	（027）85602297	（027）85602297	430022
武汉市江汉区侨联	江汉区新华下路特 15 号（区政府院内）	（027）85481663	（027）85481663	430022
武汉市江岸区侨联	江岸区六合路 1 号（区政府院内）	（027）82738792	（027）82738792	430010
武汉市硚口区侨联	硚口区沿河大道 518 号（区党委院内）	（027）83426340	（027）83426340	430034
武汉市汉阳区侨联	汉阳区芳草路特 1 号（区政府院内）	（027）84468590	（027）84468590	430050
武汉市洪山区侨联	洪山区珞狮路 318 号（区政府院内）	（027）87678215	（027）87678215	430077
武汉市武昌区侨联	武昌区中山路 307 号（区政府院内）	（027）88936342	（027）88936342	430060
武汉市青山区侨联	武汉市和平大道 971 号（区政府院内）	（027）68865065	（027）68865065	430080
江汉大学侨联	武汉市汉阳区（沌口）经济技术开发区（校综合楼）	（027）84225811	（027）84225811	430051
黄冈市侨联	黄冈市黄州区新港一路 8 号综合办公楼 3 楼	（0713）8112610	（0713）8112602	438000
浠水县侨联	浠水县政府办公楼 4 楼	（0713）4228489	（0713）4228489	438200
麻城市侨联	麻城市金桥大道路 1 号 6 楼	（0713）2950428	（0713）2950428	438300

湖北省

单位名称	地　址	电话号码	传真号码	邮政编码
襄阳市侨联	襄阳市荆州街 73 号政府大院	（0710）3511681-8383 （0710）3610498	（0710）3610498	441021
谷城县侨联	襄阳市谷城县侨联	（0710）7233505	（0710）7232388	441700
宜城市侨联	宜城市侨联	（0710）4250159	（0710）4250159	441400
老河口市侨联	老河口市侨联	（0710）8222069	（0710）8222069	441800
襄阳市襄城区侨联	襄城区广电中心编辑部	（0710）3566203 （0710）3570263	（0710）3566203 （0710）3570263	441000
襄阳市樊城区侨联	樊城区委统战部侨联	（0710）3705325 （0710）3705326	（0710）3705325 （0710）3705326	441100
襄阳市襄州区侨联	襄州区侨联（襄州区政府内）	（0710）2826826 （0710）2815424	（0710）2826826 （0710）2815424	441100
枣阳市侨联	枣阳市侨联（枣阳市政府内）	（0710）6990988 （0710）6228648	（0710）6990988 （0710）6228648	441200
南漳县侨联	南漳县委统战部侨联	（0710）5231418	（0710）5231418	441500
襄阳市中心医院侨联	襄阳市中心医院	（0710）3512850	（0710）3512850	441021
襄北监狱侨联	湖北省襄北监狱	（0710）2649618 （0710）2641999	（0710）2649618 （0710）2641999	441123
荆州市侨联	荆州沙市区碧波路 6 号	（0716）8246941 （0716）8115056	（0716）8115056	434000
荆州市沙市区侨联	沙市区文宫路 8 号（区党委院内）	（0716）4310086 （0716）4316303	（0716）4310086 （0716）4316303	434000
公安县侨联	公安县斗湖堤镇青路 2 号	（0716）5225619	（0716）5225619	434000
江陵县侨联	江陵县（郝穴镇）江陵县财政局	18908617909 13508617815	18908617909 13508617815	434139
监利县侨联	监利县容城镇民主路 48 号	（0716）3387318	（0716）3387318	433300
松滋市侨联	松滋市新江口镇民主路 166 号	（0716）6225777	（0716）6225777	434200
石首市侨联	石首市政府大院内	（0716）7814834 （0716）7813103	（0716）7814834 （0716）7813103	434400
洪湖市侨联	洪湖市赤卫西路市委大院内	（0716）2212159	（0716）2212159	433200
长江大学侨联	荆州市荆州区南环路 1 号长江大学统战部	13677229122	13677229122	434023
宜昌市侨联	宜昌市西陵区绿萝路 37 号人防备勤楼	（0717）6252978	（0717）6252977	443000
当阳市侨联	当阳市子龙路 9 号 10063 信箱	（0717）3253361 （0717）3250768	（0717）3253361 （0717）3250768	444000
宜都市侨联	宜都市委、市政府综合办公大楼 6 楼	（0717）4843813 （0717）4843827	（0717）4843813 （0717）4843827	443300
远安县侨联	远安县委统战部	（0717）3812254 （0717）3812256	（0717）3812254 （0717）3812256	444200
兴山县侨联	兴山县委统战部	（0717）2583042	（0717）2583042	443711
秭归县侨联	秭归县委统战部	（0717）2886020	（0717）2886020	443600
五峰县侨联	五峰土家族自治县五峰西北路 3 号	（0717）5821301	（0717）5821301	443400
长阳县侨联	长阳土家族自治县县委统战部	（0717）5326430	（0717）5326430	443500
宜昌市夷陵区侨联	宜昌市夷陵区委统战部	（0717）7825407 （0717）7821309	（0717）7825407 （0717）7821309	443100
宜昌市西陵区侨联	宜昌市西陵区委统战部	（0717）6768128	（0717）6768128	443000
宜昌市点军区侨联	宜昌市点军区委统战部	（0717）6080079	（0717）6080079	443000
三峡大学侨联	宜昌市大学路 8 号三峡大学统战部	（0717）6392625	（0717）6392625	443000
葛洲坝集团侨联	宜昌市葛洲坝六公司工会	（0717）6722523	（0717）6722523	443000
七一〇所侨联	宜昌市 710 所	（0717）6436084	（0717）6436084	443000

湖北省

单位名称	地　址	电话号码	传真号码	邮政编码
孝感市侨联	孝感市乾坤大道 123 号市行政大楼 3 楼	（0712）2856885 （0712）2861498	（0712）2861498	432100
孝感市孝南区侨联	孝感市孝南区书院街 6 号	（0712）2859453 （0712）2059611	（0712）2859453 （0712）2059611	432100
汉川市侨联	汉川市侨联	（0712）8392910	（0712）8392910	431600
应城市侨联	应城市政府侨务办公室	（0712）3268213	（0712）3268213	432400
安陆市侨联	安陆市外事侨务旅游局	（0712）5226989	（0712）5226989	432600
大悟县侨联	大悟县外事侨务旅游局	（0712）7228318	（0712）7228318	432800
孝昌县侨联	孝昌县政府侨务办公室	（0712）4776079	（0712）4776079	432900
云梦县侨联	云梦县政府侨务办公室	（0712）4322805	（0712）4322805	432505
十堰市侨联	十堰市北京中路信访楼 6 楼	（0719）8109889 （0719）8666673	（0719）8666673	442000
丹江口市侨联	丹江口市	（0719）5223372	（0719）5223372	442700
房县侨联	房县	（0719）3249318 （0719）3224385	（0719）3249318 （0719）3224385	442100
竹山县侨联	竹山县	（0719）4231406 （0719）4220168	（0719）4231406 （0719）4220168	442200
竹溪县侨联	竹溪县	（0719）2722211	（0719）2722211	442300
郧县侨联	郧县	（0719）7227876 （0719）7229136	（0719）7227876 （0719）7229136	442500
郧西县侨联	郧西县	（0719）6227601 （0719）6227833	（0719）6227601 （0719）6227833	442600
十堰市张湾区侨联	张湾区公园路 82 号	（0719）8676960 （0719）8662316	（0719）8676960 （0719）8662316	442000
十堰市茅箭区侨联	茅箭区	（0719）8782733 （0719）8795662	（0719）8782733 （0719）8795662	442012
黄石市侨联	黄石市杭州东路 1 号人大政协楼	（0714）6350100	（0714）6350100	435003
黄石市铁山区侨联	铁山区人民政府 9 楼	（0714）5421977	（0714）5421977	435000
黄石市黄石港区侨联	黄石港区人民政府 2 楼	（0714）6588108	（0714）6588108	435000
黄石市西塞山区侨联	西塞山区人民政府 10 楼	（0714）6481267	（0714）6481267	435000
黄石市下陆区侨联	下陆区人民政府 7 楼	（0714）5316026	（0714）5316026	435000
鄂州市侨联	鄂州市政府大楼 905 室	（0711）3830210 （0711）3830211	（0711）3830210	436000
随州市侨联	随州市城南新区市政府 6 楼	（0722）3596126 （0722）3596127	（0722）3596126 （0722）3596127	431300
荆门市侨联	荆门市象山大道 53 号市政府大院	（0724）2378056	（0724）2378056	448000
京山县侨联	京山县京开市镇中路 47 号	（0724）7331920 （0724）7328004	（0724）7331920 （0724）7328004	431900
钟祥市侨联	钟祥市呈祥镇石城中路 12 号	（0724）4222624 （0724）4225305	（0724）4222624 （0724）4225305	431900
沙洋县侨联	沙洋县平湖路 16 号	（0724）8558695 （0724）8551947	（0724）8558695 （0724）8551947	448200
咸宁市侨联	咸宁市政府大楼 10 楼	（0715）8126343	（0715）8126241	437100
咸宁市咸安区侨联	咸宁市咸安区政府办公大楼	（0715）8368058 （0715）8322688	（0715）8368058 （0715）8322688	437000
嘉鱼县侨联	嘉鱼县委统战部	（0715）6355996	（0715）6355996	437200
崇阳县侨联	崇阳县委统战部	（0715）3395413 （0715）3398702	（0715）3395413 （0715）3398702	437500

附录

湖北省

单位名称	地　址	电话号码	传真号码	邮政编码
赤壁市侨联	赤壁市赤马港行政新区	（0715）5336261 （0715）5336355	（0715）5336261 （0715）5336355	437300
天门市侨联	天门市陆羽大道市政府办公大楼二楼	（0728）5222335 （0728）5225505	（0728）5225505	431700
潜江市侨联	潜江市章华南路 18 号	（0728）6242671 （0728）6293462	（0728）6293462	433100
仙桃市侨联	仙桃市政府大楼四楼	（0715）3491176	（0715）3491176	433000
恩施州侨联	恩施市施州大道 29 号	（0718）8306546	（0718）8306542	445000
武汉大学侨联	武汉市武昌武珞路武汉大学统战部转	（027）68765162	（027）68762975	430072
华中科技大学侨联	武汉市珞喻路 1073 号华中科技大学统战部转	（027）87542801	（027）87544483	430074
武汉理工大学侨联	武汉市珞狮路 122 号武汉理工大学统战部转	（027）87651415	（027）87651415	430070
中南财经政法大学侨联	武汉市南湖南路 1 号中南财经政法大学统战部转	（027）88386935	（027）88386935	430073
中国地质大学（武汉）侨联	武汉市喻家山中国地质大学（武汉）统战部转	（027）67884338	（027）67884891	430074
华中师范大学侨联	武汉市武昌珞喻路 152 号华中师范大学统战部转	（027）67868029	（027）67867501	430079
华中农业大学侨联	武汉市狮子山街 1 号华中农业大学统战部转	（027）87282051	（027）87282056	430070
武汉体育学院侨联	武汉市武昌珞喻路武汉体育学院统战部转	（027）87190831	（027）87191698	430079
武汉音乐学院侨联	武汉市解放路 255 号武汉音乐学院党办转	（027）88066354	（027）88069436	430060
湖北第二师范学院侨联	武汉东湖高新技术开发区湖北第二师范学院统战部转	（027）87943623	（027）87943840	430205
湖北工业大学侨联	武汉市武昌南湖湖北工业大学统战部转	（027）59750040	（027）59750041	430068
武汉工程大学侨联	武汉市雄楚大街 693 号武汉工程大学统战部转	（027）87194621	（027）87195310	430074
湖北经济学院侨联	武汉江夏臧龙岛科技开发园区洋湖大道特 1 号湖北经济学院组织部转	（027）81973709	（027）81973781	430205
中南民族大学侨联	武汉市洪山区民院路 708 号中南民族大学统战部转	（027）67842674	（027）67842674	430074
武汉纺织大学侨联	武汉市鲁巷纺织路 1 号武汉纺织大学组织部转	（027）87181452 转 9426（组办） （027）62358788	（027）59367597	430073
武汉科技大学侨联	武汉市青山建设一路武汉科技大学统战部转	（027）68862793	（027）68862793	430081
湖北中医药大学侨联	湖北省武汉市洪山区黄家湖西路 1 号	（027）68890011	（027）68890031	430061
中科院武汉分院侨联	武汉市小洪山 1 号楼中科院武汉分院党办转	（027）87199982 （027）87199480	（027）87199315	430071
湖北大学侨联	武汉市武昌宝积庵湖北大学统战部转	（027）88663912	（027）88663912	430062
湖北省农科院侨联	武汉市武昌南湖瑶苑特一号湖北省农科院党办转	（027）87389577	（027）87389499	430064
铁道部第四勘察设计院侨联	武汉市武昌杨园和平大道 745 号铁四院宣传部转	（027）51155786 转 878	（027）51155389 （027）86814198	430063
湖北大学侨联	武汉市武昌宝积庵湖北大学统战部转	（027）88663912	（027）88663912	430062
中国长江航运总公司侨联	武汉市沿江大道 69 号长航大厦 32 楼	（027）82766527	（027）82766550	430021
中铁大桥局侨联	武汉市经济技术开发区（沌口）博学路 8 号中铁大桥局组织统战部转	（027）84957158	（027）84846738	430050
交通部长江航务管理局侨联	武汉市汉口沿江大道 134 号长江航务管理局统战部转	（027）82767322	（027）82766274	430014
长江水利委员会侨联	武汉市解放大道 1863 号长江水利委员会党委直属统战处转	（027）8282303	（027）8282307	430010
武汉铁路局侨联	武汉市武昌八一路 2 号武汉铁路局统战部转	（027）51126159	（027）51126159	430071
中南建筑设计院侨联	武汉市武昌中南路 17 号中南建筑设计院组织处	（027）87336632	（027）87317735	430071

湖北省

单位名称	地 址	电话号码	传真号码	邮政编码
湖北电力公司侨联	武汉市武昌徐东路 341 号湖北电力公司组干处	（027）88566522	（027）88565641	430077
武汉钢铁公司侨联	武汉市友谊大道 999 号武钢集团组织人事部（党委统战部）转	（027）86893613	（027）86899867	430080
武汉油料研究所侨联	武汉市武昌徐东二路 2 号武汉油料研究所党办转	（027）86812770	（027）86816451	430062
东风汽车公司侨联	武汉市东风大道特 1 号东风公司党委工作部统战部转	（027）84285179 （027）84285149	（027）84285155	430056
华中电网公司侨联	武汉市武昌东湖梨园华中电网公司人事处转	（027）86762222	（027）86765100	430077

湖南省

单位名称	地 址	电话号码	传真号码	邮政编码
湖南省侨联	长沙市迎宾路 185 号	（0731）84420029	（0731）84432327	410011
长沙市侨联	长沙市白沙路 255 号	（0731）85112576	（0731）85111802	410002
衡阳市侨联	衡阳市高新区延安路 22 号	（0734）8866810	（0734）8866820	421001
株洲市侨联	株洲市沿江中路 86 号	（0731）28687597	（0731）28687597	412000
湘潭市侨联	湘潭市岳塘区湖湘西路 6 号	（0731）58583235	（0731）58583235	411104
湘潭市侨联	湘潭市双拥路市委大院三楼	（0731）58583235	（0731）58583235	411104
邵阳市侨联	邵阳市城北路 6 号市政府大院	（0739）5685356	（0739）5363389	422000
岳阳市侨联	岳阳市南湖大道 184 号	（0730）8889827	（0730）8889927	414000
常德市侨联	常德市洞庭大道中段 760 号	（0736）7133915	（0736）7133915	415000
张家界市侨联	张家界市委办公楼四楼西	（0744）8288889	（0744）8288889	427000
益阳市侨联	益阳市人民政府办公楼	（0737）6206301	（0737）6206301	413000
郴州市侨联	郴州市苏仙北路市委第五办公楼	（0735）2368575	（0735）2368575	423000
永州市侨联	永州市冷水滩区湘江东路 166 号	（0746）8358222	（0746）8358222	425000
怀化市侨联	怀化市迎风中路 665 号	（0745）2719343	（0745）2719343	418000
娄底市侨联	娄底市湘中大道 290 号	（0738）8314652	（0738）8312118	417000
湘西自治州侨联	吉首市人民中路 5 号	（0743）8238486	（0743）8238486	416000
中南大学侨联	中南大学党委统战部	（0731）88879601		410083
湖南大学侨联	湖南大学党委统战部	（0731）88823893		410082
湖南师范大学侨联	湖南师范大学党委统战部	（0731）88872407		410081
湖南农业大学侨联	湖南农业大学党委统战部	（0731）84618011		410128
湖南工业大学侨联	湖南工业大学党委统战部（株洲市）	（0731）22622733		412008
南华大学侨联	南华大学党委统战部（衡阳市）	（0734）8281280		421001
湖南文理学院侨联	湖南文理学院党委统战部（常德市）	（0736）7186030		415000
长沙学院侨联	长沙学院党委统战部	（0731）84261433		410003
湖南人文科技学院侨联	湖南人文科技学院党委统战部（娄底市）	（0735）8325415		417000
衡阳师范学院侨联	衡阳市珠晖区衡花路衡阳师范学院东校区宣传统战部	13975406672		421001
湖南科技大学侨联	湘潭市湖南科技大学党委统战部	（0731）58290231		411201
湖南科技学院侨联	永州市零陵区杨梓塘路 130 号	13307461777		425199
湖南工程学院侨联	湘潭市岳塘区福星东路 88 号	（0731）58683528		411104
湘潭大学侨联	湘潭市雨湖区北二环	18173213863		411005
湖南铁道职业技术学院侨联	株洲市石峰区田心大道 18 号	13787813615		412001
湖南省侨联法顾委	长沙市迎宾路 185 号	（0731）84154612	（0731）84154612	410011

湖南省

单位名称	地　址	电话号码	传真号码	邮政编码
湖南省侨联参政议政委员会	长沙市迎宾路 185 号	（0731）84440029	（0731）84432327	410011
湖南省海外侨社团联谊总会	长沙市迎宾路 185 号	（0731）84448721	（0731）84448721	410011
湖南省侨联特聘专家委员会	长沙市迎宾路 185 号	（0731）84443372	（0731）84443372	410011
湖南·福建侨商会	株洲市天元区庐山路铭逸酒店 18 楼	（0731）22220591		412007
湖南省侨联青年委员会	长沙市迎宾路 185 号	（0731）84448721		410011

广东省

单位名称	地　址	电话号码	传真号码	邮政编码
广东省侨联	广州市天河区体育东路 140-148 号 23 楼	（020）38879251	（020）38879252	510620
广州市侨联	广州市东风东路 555 号粤海集团大厦 24 楼	（020）83876508	（020）83802278	510050
深圳市侨联	深圳市福田区上步中路 1023 号市府二办六楼西	（0755）82106483	（0755）82099277	518028
珠海市侨联	珠海市香洲区人民东路 101 号四楼	（0756）2252084	（0756）2115687	519000
汕头市侨联	汕头市金平区汕樟路 39 号侨联大厦三楼	（0754）88626580	（0754）88910149	515031
佛山市侨联	佛山市禅城区季华五路 18 号 10 楼	（0757）83358346	（0757）83358346	528000
韶关市侨联	韶关市风度北路 75 号市政府大楼 14 楼 1405 室	（0751）8882463	（0751）8882463	512000
河源市侨联	河源市富民街 2 号金视办公楼 2 楼	（0762）3335561	（0762）3821366	517000
梅州市侨联	梅州市嘉应东路侨联大厦	（0753）2259118	（0753）2259839	514011
惠州市侨联	惠州市惠城区江北市行政中心 5 号楼一楼	（0752）2808735	（0752）2808335	516003
汕尾市侨联	汕尾市区文德路市委党校综合楼一楼	（0660）3367524	（0660）3367524	516600
东莞市侨联	东莞市莞城区向阳路 18 号侨务楼 12 楼	（0769）22233372	（0769）22224823	523007
中山市侨联	中山市民权路 3 号	（0760）88824520	（0760）88855313	528400
江门市侨联	江门市建设路 26 号	（0750）3309627	（0750）3335022	529000
阳江市侨联	阳江市东风二路 60 号市府大院诚投集团综合楼八楼	（0662）3386193	（0662）3361292	529500
湛江市侨联	湛江市人民大道南 43 号 115 室	（0759）2274360	（0759）2218320	524001
茂名市侨联	茂名市油城六路市政府大院 2 号楼一楼	（0668）2911216	（0668）2274128	525000
肇庆市侨联	肇庆市城中路 49 号市府大院 1 幢 105	（0758）2202052	（0758）2231311	526040
清远市侨联	清远市新城鹿鸣路广源街清远大厦十二楼	（0763）3365545	（0763）3365594	511515
潮州市侨联	潮州市新桥西路 414 号侨联大厦	（0768）2268275	（0768）2267293	521000
揭阳市侨联	揭阳市榕城区马牙路揭阳市侨联大厦六楼	（0663）8768460	（0663）8768463	522000
云浮市侨联	云浮市天马行政中心	（0766）8988234	（0766）8988234	527300

广西壮族自治区

单位名称	地　址	电话号码	传真号码	邮政编码
广西壮族自治区侨联	南宁市青秀区桃源路 4-2 号	（0771）2806452	（0771）2806452	530021
南宁市侨联	南宁市青秀区嘉宾路 2 号 14 楼	（0771）5852861	（0771）5857859	530028
柳州市侨联	柳州市瑞康路 9 号 B 座二楼北	（0772）2660117	（0772）2663318	545001
桂林市侨联	桂林市临桂区西城中路 69 号创业大厦西辅楼 636 室	（0773）2848941	（0773）2829472	541100
梧州市侨联	梧州市新兴一路 121 号民主党派大楼 6 楼	（0774）2822280	（0774）2822280	543000
北海市侨联	广西北海市中山东路 213 号北海市归国华侨联合会	（0779）3132787	（0779）2068421	536000
防城港市侨联	防城港市港口区迎宾街红树林大厦东塔 10 楼 1001 室	（0770）2830686	（0770）2836920	538001

广西壮族自治区

单位名称	地　址	电话号码	传真号码	邮政编码
钦州市侨联	钦州市行政信息中心 B208-1	（0777）3688218	（0777）3688218	535000
贵港市侨联	贵港市港北区中山北路 483 号市审计局大楼 4 楼侨联办公室	（0775）4563106	（0775）4563106	537100
玉林市侨联	玉林市玉东大道市政府办公大楼 3E01 室	（0775）2823391	（0775）2822338	537000
百色市侨联	百色市右江区龙景东路 11 号聚丰广场写字楼 13 楼（1301-1304）	（0776）2826599	（0776）2826599	533000
贺州市侨联	广西贺州市贺州大道 36 号	（0774）5120616	（0774）5120616	542899
河池市侨联	河池市金城江区百旺路 17 号行政办公中心 8 楼	（0778）2284801	（0778）2284801	547000
来宾市侨联	来宾市人民路 1 号	（0772）4228286	（0772）4228286	546100
崇左市侨联	崇左市江州区石景林街道市总工会北楼三楼 312 室	（0771）7969026	（0771）7969026	532200

海南省

单位名称	地　址	电话号码	传真号码	邮政编码
海南省侨联	海南省海口市琼山区文坛路 2 号海南工商职业学院行政楼 7 楼	（0898）65355926	（0898）65237850	570204
海口市侨联	海南省海口市海甸岛一西路 2 号 8 楼	（0898）68532306	（0898）68546025	570208
三亚市侨联	海南省三亚市天涯区文明路 145 号市政府第二办公楼 1401 房	（0898）88260739	（0898）88260739	572000
文昌市侨联	海南省文昌市文清大道市政府办公楼东楼 4 楼	（0898）63330249	（0898）63330840	571339
琼海市侨联	海南省琼海市新民街 202 号侨联大厦 5 楼	（0898）62822406	（0898）62825229	571400
万宁市侨联	海南省万宁市档案局 805 室	（0898）62224201	（0898）62224201	571500
儋州市侨联	海南省儋州市东风路 189 号原市委第一办公楼 4 楼	（0898）23326672	（0898）23326672	571700
五指山市侨联	海南省五指山市红旗路五指山市图书馆	（0898）86633896	（0898）86639939	572299
东方市侨联	海南省东方市市委 1 号办公楼一楼	（0898）25522186	（0898）25522186	572600
乐东县侨联	海南省乐东县政府办公楼 1 楼	（0898）85532511	（0898）85532511	572500
琼中县侨联	海南省琼中县政府第三办公楼 2 楼	（0898）86222810	（0898）86222810	572900
澄迈县侨联	海南省澄迈县金江镇文化北路 110-5 号	（0898）67631028	（0898）67631028	571900
保亭县侨联	海南省保亭县保城镇民族风情街 2 幢海峡两岸交流基地办公楼一楼	（0898）83603711	（0898）83603711	572300
定安县侨联	海南省定安县定城镇兴安大道县行政办公大楼 611 房	（0898）63832838	（0898）63822751	571200
临高县侨联	海南省临高县委大院 2 号办公楼 308 房	28284569	28284569	571800
白沙县侨联	海南省白沙县牙叉镇滨河北路 1 号政府办公大楼一楼	27715858	27715696	572800
昌江县侨联	海南省昌江县政府机关大楼 401 房	26699068	26699068	572700
屯昌县侨联	屯昌县昌盛路县委大楼五楼 531 室	13907516939		571600

重庆市

单位名称	地　址	电话号码	传真号码	邮政编码
重庆市侨联	重庆市江北区北滨一路 359 号 4 楼	（023）63865696	（023）63610849	400020
重庆市万州区侨联	重庆市万州区福建大街 49 号	（023）58103321	（023）85795103	404000
重庆市黔江区侨联	重庆市黔江区正阳街道新城行政公共服务中心 1730	（023）79248521	（023）79248521	409700
重庆市涪陵区侨联	重庆市涪陵区太极大道 71 号区委办公楼 819 室	（023）72813197	（023）72813197	408000
重庆市渝中区侨联	渝中区管家巷 9 号区政府大楼 1909 室	（023）63507411	（023）63507411	400013
重庆市大渡口区侨联	重庆市大渡口区文体路 126 号	（023）68173813	（023）68833423	400084
重庆市江北区侨联	重庆市江北区金港新区 16 号 1831 室	（023）67712828	（023）67712828	400025
重庆市沙坪坝区侨联	重庆市沙坪坝区凤天大道 8 号	（023）65368697	（023）65368692	400038

重庆市

单位名称	地　址	电话号码	传真号码	邮政编码
重庆市九龙坡区侨联	重庆市九龙坡区杨家坪西郊路 27 号	（023）68782424	（023）68780345	400050
重庆市南岸区侨联	重庆市南岸区天文街道广福大道 1 号	（023）62988769	（023）62988769	400060
重庆市北碚区侨联	重庆市北碚城南海宇大厦 7 楼	（023）60300009	（023）68862795	400711
重庆市渝北区侨联	重庆市渝北区义学路 64 号	（023）67821706	（023）67821706	401120
重庆市巴南区侨联	重庆市巴南区龙洲大道 6 号行政中心 1 号楼	（023）66221279	（023）66221157	401320
重庆市长寿区侨联	重庆市长寿区桃花行政中心南楼 220 室	（023）40661225	（023）40661225	401220
重庆市江津区侨联	重庆市江津区滨江新城行政中心 1203	（023）81220225	（023）47550371	402260
重庆市合川区侨联	重庆市合川区希尔安大道 223 号 547 室	（023）42830708	（023）42830708	401520
重庆市永川区侨联	重庆市永川区人民大道 191 号	（023）49818959	（023）49818989	402160
重庆市南川区侨联	重庆市南川区东城街道和平支路 6 号	（023）71410689	（023）71422365	408400
重庆市綦江区侨联	重庆市綦江区古南街道北街 88 号	（023）48662881	（023）48662801	401420
重庆市大足区侨联	重庆市大足区棠香街道二环北路东段 1 号党政办中心 1108	（023）43763149	（023）43763150	402360
重庆市璧山区侨联	璧山区璧城街道双星大道 369 号新行政中心 1 号楼 6 楼	（023）41423420	（023）41423420	402760
重庆市铜梁区侨联	重庆市铜梁区巴川镇白龙大道 118 号	（023）45695550	（023）45695099	402560
重庆市潼南区侨联	重庆市潼南区江北行政中心一楼	（023）44551967	（023）44551967	402660
重庆市荣昌区侨联	重庆市荣昌区行政中心 A718	（023）61471289	（023）61471289	402460
重庆市开州区侨联	重庆市开州区开州大道中段区级机关综合办公大楼 B 栋 3 楼	（023）52661553	（023）52218248	405400
重庆市梁平区侨联	重庆市梁平区双桂街道新区行政综合大楼 126 室	（023）53220331	（023）53220331	405200
重庆市武隆区侨联	重庆市武隆区巷口镇建设中路 1111 号区委大楼六楼	（023）77729600	（023）77722145	408500
重庆市城口县侨联	重庆市城口县葛城镇土城路北门口 2 号（县委统战部）	（023）59222331	（023）59222331	405900
重庆市丰都县侨联	重庆市丰都县三合街道平都大道西段 53 号	（023）70605589	（023）70605521	408200
重庆市垫江县侨联	重庆市垫江县桂溪镇桂西大道行政办公中心垫江县侨联	（023）74512519	（023）74512519	408300
重庆市忠县侨联	重庆市忠县忠州镇中博大道行政中心三楼	（023）54238533	（023）54238535	404300
重庆市云阳县侨联	重庆市云阳县新县城杏花路 60 号	（023）55128107	（023）55128025	404500
重庆市奉节县侨联	重庆市奉节县永安街道朱衣路 3 号县委大楼 552	（023）56557086	（023）56557836	404600
重庆市巫山县侨联	重庆市巫山县广东中路行政大楼 2 楼	（023）57699187	（023）57682731	404700
重庆市巫溪县侨联	重庆市巫溪县行政综合大楼四楼	（023）51523497	（023）51522571	405800
重庆市石柱县侨联	重庆市石柱县南宾街道新开路 19 号	（023）81501557	（023）81501557	409100
重庆市秀山县侨联	重庆市秀山县行政中心办公大楼	（023）76662579	（023）76662579	409900
重庆市酉阳县侨联	重庆市酉阳县桃花源镇西山路 10 号	（023）75552046	（023）75552046	409800
重庆市彭水县侨联	重庆市彭水县委办公大楼 1 楼	（023）78442756	（023）78442756	409600
重庆市万盛经开区侨联	重庆市万盛经开区新田路 69 号	（023）64183014	（023）48271358	400800
重庆大学侨联	重庆大学党委统战部	（023）65105240	（023）65105240	400030
西南大学侨联	重庆市北碚区西南大学党委统战部	（023）68251202	（023）68252558	400715
重庆医科大学侨联	重庆市渝中区医学院路 1 号	（023）68485045	（023）68485005	400016
重庆工商大学侨联	重庆市南岸区五公里重庆工商大学	（023）62768147	（023）62768147	400067
重庆师范大学侨联	重庆市沙坪坝大学城中路 37 号重庆师范大学综合办公楼 415 室	（023）65362481	（023）65362481	401331

重庆市

单位名称	地　址	电话号码	传真号码	邮政编码
重庆三峡学院侨联	重庆市万州区沙龙路二段 780 号	（023）58101157	（023）58101157	404100
重庆第二师范学院侨联	重庆市南岸区学府大道 9 号	（023）62658909	（023）61638004	400067
中科院重庆绿色智能技术研究院侨联	重庆市北碚区方正大道 266 号	（023）65935555	（023）65935000	400714
西南铝业集团公司侨联	重庆市九龙坡区西彭	（023）65809514	（023）65809743	401326
中石油重庆公管中心侨联	江北区大石坝石油大庆村 C 区新闻中心	（023）67321378	（023）67321378	401147
重庆钢铁集团公司侨联	大渡口区大堰三村重钢集团党委统战部	（023）68877172	（023）68877172	400080
重庆市侨联特聘请专家委员会	重庆市江北区北滨一路 359 号 4 楼	（023）63624205	（023）63624205	400020
重庆市侨联法律顾问委员会	重庆市江北区北滨一路 359 号 4 楼	（023）63865696	（023）63610849	400020
重庆华商会	重庆市渝中区华盛路 10 号企业天地 2 号楼 2 楼重庆涉外项目服务中心	（023）81219261		400043
重庆侨界青年联谊会	重庆市渝中区华盛路 10 号企业天地 2 号楼 2 楼重庆涉外项目服务中心	（023）81219271		400043
《新华侨》编辑部	重庆市渝中区长江二路 183 号 17-2	（023）68739953	（023）68739953	400016

四川省

单位名称	地　址	电话号码	传真号码	邮政编码
四川省侨联	成都市一环路南三段 15 号十三层	（028）85592363	（028）85535286	610041
成都市侨联	成都市高新区蜀锦路 68 号	（028）61886828	（028）61886828	610012
自贡市侨联	自贡市自流井区塘坎上路 3 号市委大院 15 号楼 3 楼	（0813）2204694	（0813）2204694	643000
攀枝花市侨联	攀枝花市人民街 48 号市人大办公楼 5 楼	（0812）3337068	（0812）3337068	617000
泸州市侨联	泸州市江阳区江阳西路 1 号政府大院 2 号楼 5 楼	（0830）3110151	（0830）3190607	646000
德阳市侨联	德阳市长江西路 1 段 37 号市政府大楼	（0838）2307957		618000
绵阳市侨联	绵阳市涪城区云泉南街 6 号园艺山集中办公区 5 号楼 A 区 4 楼	（0816）2374100	（0816）2364880	621000
广元市侨联	广元市利州区利州东路劳动大厦 5 楼	（0839）3322613	（0839）3267366	628017
遂宁市侨联	遂宁市河东新区环岛商务中心 3323 室	（0825）2239093	（0825）2239093	629000
内江市侨联	内江市中区新华路政府大院八楼	（0832）2025181	（0832）2036767	641000
乐山市侨联	乐山市市中区嘉州大道 556 号	（0833）2139472	（0833）2139472	614000
南充市侨联	南充市顺庆区金泉路 302 号 309 室	（0817）2226664	（0817）2223092	637000
眉山市侨联	眉山市东坡大道南一段 1 号市政府主楼西 9-6	（028）38110668	（028）38168078	620020
宜宾市侨联	宜宾市叙州区崇文路 5 号	（0831）8220870	（0831）5958058	644000
广安市侨联	广安市思源大道 2 号市政府办公楼 13 层 1305	（0826）2332086	（0826）2398163	638000
达州市侨联	达州市通州区白塔路 326 号 715 室	（0818）2131032	（0818）2131063	635000
雅安市侨联	雅安市雨城区正和路 1 号市行政中心 5B906 室	（0835）2892625	（0835）2223891	625000
巴中市侨联	巴中市市政新楼 17 楼 14 号	（0827）5281159	（0827）5281159	636000
资阳市侨联	资阳市雁江区广场路 3 号市政府 2 号楼 1007	（028）26110160	（028）26110060	641300
阿坝州侨联	阿坝州马尔康市马尔康镇团结街嶂恰岭巷 9 号	（0837）2852067	（0837）2822607	624000
甘孜州侨联	甘孜州康定市工商大厦 10 楼	（0836）2828438	（0836）2828126	626000
凉山州侨联	西昌市三岔口南路 55 号州政府办公大楼 308	（0834）3865077	（0834）2162229	615000

贵州省

单位名称	地　址	电话号码	传真号码	邮政编码
贵州省侨联	贵州省贵阳市北京路 141 号省政协大楼 16 楼	（0851）86822627	（0851）86822627	550004
贵州侨商企业联合会	贵州省贵阳市北京路 141 号省政协大楼 12 楼	（0851）86821308	（0851）86821308	550004
贵州海外归国青年创新创业协会	贵阳国家高新区国际人才城 3 楼	（0851）87990030		550007
贵州归侨联谊会	贵州省贵阳市北京路 141 号省政协大楼 9 楼	（0851）86827217	（0851）86827217	550004
贵州省侨联法律顾问委员会	贵州省贵阳市北京路 141 号省政协大楼 9 楼	（0851）86827217	（0851）86827217	550004
贵州省侨联青年委员会	贵州省贵阳市北京路 141 号省政协大楼 12 楼	（0851）86821308	（0851）86821308	550004
贵州省侨联专家咨询委员会	贵州省贵阳市北京路 141 号省政协大楼 12 楼	（0851）86821308	（0851）86821308	550004
贵阳市侨联	贵州省贵阳市金阳行政中心市委大楼 4 楼	（0851）87988515	（0851）87988515	550023
贵阳市南明区侨联	贵阳市南明区箭道街 52 号南明区人民政府二楼	（0851）85812053	（0851）85812053	550002
贵阳市云岩区侨联	贵阳市云岩区新添大道 299 号云岩区人民政府八楼	（0851）86679057	（0851）86679057	550001
贵阳市乌当区侨联	贵阳市乌当区航天大道 7 号乌当区行政中心政协一楼	（0851）86402162	（0851）86402162	550018
贵阳市白云区侨联	贵阳市白云区行政中心南楼 314 号	（0851）84616918	（0851）84616918	550014
贵阳市花溪区侨联	贵阳市花溪区明珠大道 192 号花溪区行政办公楼 B 区五楼	（0851）83851904	（0851）83851904	550025
遵义市侨联	遵义市新浦新区府前路建投大厦 3 号楼 6 楼 628 号	（0851）28222100	（0852）28222100	563000
遵义市红花岗区侨联	贵州省遵义市红花岗区中华南路 40 号政协大楼 4 楼	（0851）28838028	（0851）28838028	563000
遵义市汇川区侨联	贵州省遵义市汇川区政府办公中心 A 区 219 室	（0851）28682912	（0851）28682912	563000
仁怀市侨联	贵州省遵义仁怀市行政中心 2 楼	（0851）22235719	（0851）22235672	564500
赤水市侨联	贵州省遵义赤水市人民街 25 号	（0851）22861170	（0851）22861170	564799
遵义市播州区侨联	贵州省遵义播州区政府大院政协大楼 1 楼	（0851）27222162	（0851）27222486	563100
湄潭县侨联	贵州省遵义湄潭县行政中心 B 区 2 楼	（0851）24255968	（0851）24251728	564100
务川自治县侨联	贵州省遵义务川自治县行政办公区	（0851）25621149	（0851）25621149	564300
道真县侨联	道真县玉溪镇尹珍大道县党政办公大楼 3 楼县委统战部	（0851）22582672	（0851）22582672	563502
安顺市侨联	贵州省安顺市西秀区金钟西路 19 号	（0851）33282299	（0851）33282355	61000
安顺市西秀区侨联	贵州省安顺市西秀区驼宝山广场 1 栋 3 楼 1353 室	（0851）33834990	（0851）33223291	561300
安顺市侨商会	安顺市开发区黄果树大街黔中商贸城九楼	（0851）38103365		561000
六盘水市侨联	贵州省六盘水市开发区开投大厦 10 楼	（0858）8325497	（0858）8325497	553001
水城县侨联	贵州省六盘水市水城县人民政府大楼左面办公楼四楼	（0858）6803778	（0858）6803778	553600
盘州市侨联	贵州省六盘水市盘县 1 号党政大楼八楼	（0858）3107053	（0858）3107053	553537
六盘水市钟山区侨联	贵州省六盘水市钟山区政府大楼 538 办公室	（0858）8785193	（0858）8785193	553000
六盘水市六枝特区侨联	六枝特区文化路人大一楼	15085198025		553400
铜仁市侨联	贵州省铜仁市花果山中路 8 号市政府 2 楼	（0856）5223508	（0856）5223508	554300
铜仁市碧江区侨联	铜仁市碧江区为民服务中心 6 号楼 A 区 1 层	（0856）5218236	（0856）5218236	554300
思南县侨联	贵州省铜仁市思南县政府大楼	13595636600		565100
毕节市侨联	贵州省毕节市行政中心 C 栋西 1020 室	（0857）8257726	（0857）8257726	551700
黔东南州侨联	贵州省凯里市营盘东路 40 号	（0855）8223118	（0855）82223823	556000
凯里市侨联	贵州省凯里市行政中心 C 座 310 室	（0855）8061724	（0855）8061647	556000
黄平县侨联	贵州省黄平县行政中心 155 室	（0855）2469526	（0855）2469627	556100
黔南州侨联	贵州省黔南州都匀经济开发区匀东大厦 B437	（0854）8190196	（0854）8190197	558000
都匀市侨联	贵州省黔南州都匀市文化路 63 号	（0854）8256196	（0854）8222527	558000

贵州省

单位名称	地　址	电话号码	传真号码	邮政编码
黔西南州侨联	贵州省兴义市盘江东路 16 号	（0859）3222819	（0859）3222819	562400
贵州大学侨联	贵州大学花溪北校区新行政楼四楼	（0851）88290031		550025
贵州师范大学侨联	花溪大学城新校区	13985003486		550025
贵州民族大学	花溪大学城新校区	13984313696		550025
贵州中医学院侨联	花溪大学城新校区	13638501890		550025
遵义师范学院侨联	遵义市新蒲新区平安大道中段	（0851）28920103		563006
遵义医学院侨联	遵义市新蒲新区学府西路 6 号（新蒲校区）	（0851）28642666	（0851）28609388	
安顺学院侨联	贵州省安顺市西秀区学院路 25 号	13885306165		561000
贵州省人民医院侨联	贵阳市南明区蟠桃宫省人民医院	（0851）85937284	（0851）85925503	550002
贵飞公司侨联	安顺市开发区贵飞公司	（0851）33385734		561100
安顺市黄果树贵州世团置业有限公司侨联	贵州省安顺市西秀区黄果树大街衢华大酒店	18108535558		

云南省

单位名称	地　址	电话号码	传真号码	邮政编码
云南省侨联	昆明市翠湖南路 94 号	（0871）65152947	（0871）65152450	650031
昆明市侨联	昆明市呈贡新区锦绣大街 1 号市级行政中心 7 号楼 281 室	（0871）68241798	（0871）68241798	650500
昆明市五华区侨联	昆明市五华区华山西路 1 号五华区政府大楼 913 办公室	（0871）63629639	（0871）63629639	650031
昆明市盘龙区侨联	昆明市盘龙区北京路 2198 号盘龙区行政中心 2 栋 205 室	（0871）63169160	（0871）63163562（盘龙区委统战部）	650000
昆明市官渡区侨联	昆明市官渡区云秀路 2898 号国投大厦 1233 室	（0871）67180778	（0871）67180778	650214
昆明市西山区侨联	昆明市西山区西苑路 188 号 12 楼 2 号西山区委统战部转西山区侨联	（0871）68227972（西山区委统战部）	（0871）68227972（西山区委统战部）	650118
昆明市东川区侨联	昆明市东川区市府街 1 号区政府办公大楼 1 楼东川区委统战部转区侨联	（0871）62130547（东川区委统战部）	（0871）62130547（东川区委统战部）	654100
昆明市禄劝县侨联	昆明市禄劝县政府办公大楼 5 楼禄劝县为统战部转禄劝县侨联	（0871）68999058（禄劝县委统战部）	（0871）68999058（禄劝县委统战部）	651500
昆明市嵩明县侨联	昆明市嵩明县嵩阳镇北街 102 号嵩明县委统战部转嵩明县侨联	（0871）67911122（嵩明县委统战部）	（0871）67911122（嵩明县委统战部）	651700
昆明学院侨联	昆明市昆师路 2 号昆明学院 昆明学院侨联	（0871）65324523（转郭卫舵主席）	（0871）65324523（转郭卫舵主席）	650031
曲靖市侨联	曲靖市文昌街 172 号政府 2 号院曲靖市侨联	（0874）8965957	（0874）8965957	655000
曲靖市麒麟区侨联	曲靖市南宁西路 28 号区政府内麒麟区侨联	（0874）3130016	（0874）3130016	655000
曲靖市陆良县侨联	曲靖市陆良县人民政府东门街 23 号陆良县侨联	（0874）6222766	（0874）6222766	655000
玉溪市侨联	玉溪市红塔区抚仙路 86 号高新区创业大厦 1502 室	（0877）2024577	（0877）2024577	653100
玉溪市红塔区侨联	玉溪市红塔区玉兴路 55 号	（0877）4011722	（0877）4011722	653100
玉溪市峨山县侨联	峨山县双江接到临江路 13 号	（0877）4011762	（0877）4011161	653200
玉溪市元江县侨联	元江县文化路 1 号	（0877）6515161	（0877）6515161	653300
保山市侨联	保山市隆阳区同仁街 26 号	（0875）2122786	（0875）2122786	678000
保山市隆阳区侨联	保山市隆阳区永昌文化园 1 号	（0875）2229079	（0875）2229079	678000
保山市施甸县侨联	保山市施甸县甸阳中路 31 号	（0875）8123053	（0875）8123053	678200
保山市腾冲市侨联	保山市腾冲市腾越镇火山社区茂华小区 7 号	（0875）5133709	（0875）5133709	679100
保山市龙陵县侨联	保山市龙陵县龙山路 133 号	（0875）6121030	（0875）6121030	678300
保山市昌宁县侨联	保山市昌宁县田园镇龙井社区南门街 8 号	（0875）7130191	（0875）7130191	678100

云南省

单位名称	地　址	电话号码	传真号码	邮政编码
昭通市侨联	昭通市昭阳区公园路 45 号市委大院内	（0870）2125666	（0870）2122489	657000
丽江市侨联	丽江市福慧路市委大院	（0888）5551878	（0888）5551877	674100
丽江市永胜县侨联	永胜县文明南路 40 号县人民政府统战部	（0888）6521028	（0888）6521028	674200
丽江市华坪县侨联	华坪县中心镇东路 13 号县委大院统战部	（0888）6121042	（0888）6121042	674880
丽江市宁蒗县侨联	宁蒗县县委大院统战部	（0888）5527605	（0888）5527605	674309
普洱市侨联	普洱市北部行政中心 7 栋	（0879）2148196	（0879）2189689	665000
普洱市思茅区侨联	普洱市思茅区过街楼 43 号	（0879）2122067	（0879）2122067	665099
普洱市景东县侨联	普洱市景东县锦屏镇玉屏路 75 号	（0879）6221194	（0879）6221194	676299
普洱市景谷县侨联	普洱市景谷县威远镇 47 号	（0879）5221349	（0879）5221349	666499
普洱市镇沅县侨联	普洱市镇沅县委统战部（人民路 20 号）	（0879）5811326	（0879）5811326	666599
普洱市宁洱县侨联	普洱市宁洱县行政办公区一楼	（0879）3232316	（0879）3232316	665199
普洱市墨江县侨联	普洱市墨江县联珠镇朝阳路 5 号	（0879）4232848	（0978）4232848	654800
普洱市江城县侨联	普洱市江城县勐烈大街 102 号青少年宫三楼	（0879）3722471	（0879）3722471	665900
普洱市澜沧县侨联	普洱市澜沧县委大院	（0879）7224722	（0879）7224722	665699
普洱市孟连县侨联	普洱市孟连县政府大院	（0879）8722384	（0879）8722384	665899
普洱市西盟县侨联	普洱市西盟县勐卡路 787 号	（0879）8342264	（0879）8342264	665700
临沧市侨联	临沧市临翔区世纪路 350 号（市政府大楼 4044）	（0883）2127321 （0883）2122774	（0883）2127321 （0883）2122774	677099
临沧市临翔区侨联	临沧市临翔区白塔路 101 号	（0883）2167207	（0883）2167207	677000
临沧市凤庆县侨联	凤庆育贤街 35 号	（0883）4211155	（0883）4211155	675900
临沧市耿马县侨联	耿马县委大院	（0883）6121305	（0883）6121305	677500
临沧市双江县侨联	双江县委大院	（0883）7621393	（0883）7621393	677300
临沧市镇康县侨联	耿康县南伞镇政府办公区	（0883）6633715	（0883）6633715	677700
临沧市沧源县侨联	沧源自治县侨联（县委一楼）	（0883）7121356	（0883）7123856	677400
楚雄州侨联	楚雄市汇东街 91 号二楼	（0878）3389554	（0878）3389554	675000
红河州侨联	蒙自市州五大中心老年宫 A312 室	（0873）3730519	（0873）3730519	661199
红河州蒙自市侨联	蒙自市行政中心 C209	（0873）3812180	（0873）3812180	661199
红河州个旧市侨联	个旧市市委党校综合楼 311 室	（0873）2123036	（0873）2123036	661000
红河州开远市侨联	开远市行政中心 406 室	（0873）7133207	（0873）7133207	661699
红河州建水县侨联	建水县新县委大楼 3-6	（0873）7662225	（0873）7662225	654399
红河州石屏县侨联小组	石屏县湖滨路县委大楼二楼	（0873）4857349	（0873）4857349	662200
红河州红河县侨联	红河县迤萨镇三棵树街 3 号	（0873）4621234	（0873）4621234	654499
红河州元阳县侨联	元阳县南沙镇元桂路 3 号	（0873）5769650	（0873）5769650	662400
红河州屏边县侨联	屏边县玉屏镇卫国路 25 号老党校办公楼	（0873）3223258	（0873）3223258	661200
红河州金平县侨联	金平县文化路 9 号	（0873）5225508	（0873）5225508	661599
红河州河口县侨联	河口县北山行政中心 422 室	（0873）3451110	（0873）3451110	661399
云锡集团（控股）公司侨联	个旧市金湖东路 121 号	（0873）3116242	（0873）3116438 统战部转	661000
文山州侨联	文山州文山市卧龙街道华龙西路 3 号	（0876）2122366	（0876）2122366	663099
文山州麻栗坡县侨联	文山州麻栗坡县政务楼 18 楼	（0876）6622523	（0876）6622523	663600
文山州富宁县侨联	文山州富宁县新华镇普厅南路 5 号金土地办公楼四楼	（0876）3022979	（0876）3022979	663400
文山州砚山县	文山州砚山县江那镇龙头街 24 号	（0876）3130863	（0876）3130863	663100
西双版纳州侨联	西双版纳州景洪市宣慰大道 67 号	（0691）2124337	（0691）2124337	666100

云南省

单位名称	地　址	电话号码	传真号码	邮政编码
西双版纳州景洪市侨联	景洪市嘎兰中路 55 号	（0691）2144523	（0691）2122596	666100
西双版纳州勐海县侨联	勐海县景广路 12 号	（0691）5128926	（0691）5122547	666200
西双版纳州勐腊县侨联	勐腊县新城行政中心	（0691）8161121	（0691）8161121	666300
大理州侨联	大理市龙山州级行政办公区	（0872）2319542	（0872）2319539	671000
大理州大理市侨联	大理市政府大院	（0872）2126675	（0872）2126675	671000
大理州宾川县侨联	宾川县政府大院	（0872）7142010	（0872）7142010	671600
大理州祥云县侨联	祥云县委统战部	（0872）3121400	（0872）3121400	672100
大理州漾濞县侨联	漾濞县委统战部	（0872）7520895	（0872）7520895	672500
大理州巍山县侨联	巍山县委统战部	（0872）6120077	（0872）6120077	672400
大理州弥渡县侨联	弥渡县政府大院	（0872）8163296	（0872）8163296	675600
大理州鹤庆县侨联	鹤庆县委统战部	（0872）4121129	（0872）4121129	671500
德宏州侨联	芒市德瑞路 6 号	（0692）2122201	（0692）8886708	678400
德宏州芒市侨联	芒市大街 109 号残联综合大楼六楼	（0692）2121206	（0692）2121206	678400
德宏州畹町区侨联	瑞丽市畹町开发区建设路 23 号	（0692）5151268	（0692）5151268	678500
德宏州瑞丽市侨联	瑞丽市新建路 2 号	（0692）4151968	（0692）4151968	678600
德宏州陇川县侨联	陇川县人民政府东楼	（0692）7173053	（0692）8891600	678700
德宏州盈江县侨联	盈江县行政中心七楼	（0692）8180528	（0692）8180528	679300
德宏州梁河县侨联	梁河县遮岛镇振兴路 13 号	（0692）6161347	（0692）6161347	679200
怒江州侨联	怒江州六库镇江东州委统战部	（0886）3622251	（0886）3622251	673100
迪庆州侨联	迪庆州香格里拉县建塘镇康珠大道 8 号州委统战部	（0887）8275111	（0887）8275111	674400

西藏自治区

单位名称	地　址	电话号码	邮政编码
西藏自治区侨联	西藏拉萨市城关区色拉路 40 号西藏社院金桥饭店	（0891）6345436 （0891）6332116	850000

陕西省

单位名称	地　址	电话号码	传真号码	邮政编码
陕西省侨联	西安市新城广场省政府大院	（029）63914568	（029）63914568	710006
西安市侨联	西安市凤城八路 109 号 7 号楼一楼	（029）86788180	（029）86788180	710007
咸阳市侨联	咸阳市渭阳中路 6 号市政府大院	（029）33210751	（029）33210077	712000
宝鸡市侨联	宝鸡市宝虢路 125 号行政中心 2 号楼 313 室	（0917）3260892	（0917）3260892	721004
宝鸡市渭滨区侨联	宝鸡市公园路 212 号	（0917）3234035		721006
宝鸡市金台区侨联	宝鸡市中山路 148 号	（0917）2892198		721001
宝鸡市陈仓区侨联	宝鸡市陈仓区南环路育才酒店西	（0917）6212163		721300
凤翔县侨联	宝鸡市凤翔县东大街 67 号	（0917）7212808		721400
岐山县侨联	宝鸡市岐山县凤鸣西路 51 号	（0917）8212272		722400
眉县县侨联	宝鸡市眉县首善镇平阳街 44 号	（0917）5542790		722300
陇县侨联	宝鸡市眉县首善镇平阳街 44 号	（0917）4601605		721200
扶风县侨联	宝鸡市扶风县新区市民中心	（0917）5227710		722200
铜川市侨联	陕西省铜川市新区朝阳路 9 号铜川政务大厦	（0919）3283217	（0919）3283217	727031
宜君县侨联	铜川市宜君县宜阳中街	（0919）5281401	（0919）5281401	727200
铜川市印台区侨联	铜川市印台区同官路 80 号	（0919）4185115	（0919）4185115	727000

陕西省

单位名称	地　址	电话号码	传真号码	邮政编码
铜川市王益区侨联	铜川市王益区红旗街 9 号	（0919）2188026	（0919）2188026	727000
铜川市耀州区侨联	铜川市耀州区学古路 3 号	（0919）6182479	（0919）6182479	727100
渭南市侨联	渭南市三贤路北段渭南市民综合服务心东配楼 412	（0913）2933539	（0913）2933539	714000
延安市归国华侨侨眷联合会	延安市南关街市委大院 124 号	（0911）2166131	（0911）2166131	716000
延安市宝塔区归侨侨眷联合会	宝塔区区委一楼	（0911）2113234		716000
延川县归侨侨眷联合会	延川县南大街政府办公楼	（0911）8117140		717200
子长县归侨侨眷联合会	子长县人大办公楼 117 室	（0911）7114138		717300
延长县归侨侨眷联合会	延长县委办公楼五楼 517 室	（0911）8612872		717100
黄陵县侨属侨眷联合会	黄陵县县委四楼	（0911）5212081		717300
洛川县归侨侨眷联合会	洛川县纪委三楼 306 室	（0911）3622135		
榆林市侨联	榆林市榆阳区青山路 8 号市政府大楼 205 号	（0912）3421987	（0912）3895566	719000
汉中市侨联	陕西省汉中市汉台区民主街 43 号	（0916）2626910	（0916）2212664	723000
汉中市汉台区侨联	陕西省汉中市汉台区区委大院内	（0916）2211219	（0916）2211219	
安康市侨联	安康市汉滨区育才路 113 号市政府行政中心 1412 室	（0915）3218781	（0915）3209755	725099
商洛市侨联	商洛市商州区民主路 1 号市行政中心 517 室	（0914）2383687	（0914）2383687	726000
杨凌农业高新技术产业示范区侨联	杨凌农业高新技术产业示范区新桥北路 6 号			712100

甘肃省

单位名称	地　址	电话号码	传真号码	邮政编码
甘肃省侨联	甘肃省兰州市城关区广场南路 51 号统办一号楼	（0931）8960286	（0931）8960286	730030
兰州市侨联	甘肃省兰州市城关区金昌南路 280 号红星大厦	（0931）8879545	（0931）8879545	730031
嘉峪关市侨联	甘肃省嘉峪关市政府办公楼	（0937）6328309	（0937）6328923	735100
酒泉市侨联	甘肃省酒泉市肃州区广场西路 4 号市直机关综合楼	（0937）2614380	（0937）2614380	735000
张掖市侨联	甘肃省张掖市甘州区南环路 679 号	（0936）8214834	（0936）8214834	734000
金昌市侨联	甘肃省金昌市金川区新华路 82 号行政中心主楼 914 室	（0935）8213327	（0935）8332606	737100
武威市侨联	甘肃省武威市凉州区交通大厦 317 室	（0935）2213613	（0935）2213613	733000
白银市侨联	甘肃省白银市白银区广场北楼 1 号政府统办 3 号楼北楼 409-2 室	（0943）8221790	（0943）8221790	730900
定西市侨联	甘肃省定西市安定区安定路 1 号	（0932）8212959	（0932）8212959	743000
天水市侨联	甘肃省天水市秦州区环城中路 6 号	（0938）8275515	（0938）8215024	741000
平凉市侨联	甘肃省平凉市崆峒区红旗街 113 号	（0933）8229372	（0933）8229372	744000
庆阳市侨联	甘肃省庆阳市西峰区庆州西路 1 号市委统办楼	（0934）8215741	（0934）8212174	745000
陇南市侨联	甘肃省陇南市武都区东江新区市政府统办大楼 401 室	（0939）8211517	（0939）8213892	746000
临夏州侨联	甘肃省临夏市西关路 4 号教育大厦 6 层	（0930）6225701	（0930）6225701	731100
甘南州委统战部侨联	甘肃省甘南州合作市当周街 426 号甘南州委	（0941）8212959	（0941）8212959	747000

青海省

单位名称	地　址	电话号码	邮政编码
青海省侨联	西宁市城中区七一路 346 号	（0971）8457060	810000
西宁市侨联	西宁市城中区校场街 10 号	（0971）8277821	810000
青海省民和县侨联	民和县川垣新区党政办公大楼	（0972）8522007	810800

青海省

单位名称	地　址	电话号码	邮政编码
青海大学侨联	西宁市宁大路 251 号	（0971）5310674	810016
青海民族大学侨联	西宁市城东区八一中路 3 号	（0971）8807301	810007
青海师范大学侨联	西宁市城北区海湖大道延长段 38 号（青海师范大学城北校区）	（0971）6306203	810006

宁夏回族自治区

单位名称	地　址	电话号码	传真号码	邮政编码
宁夏回族自治区侨联	宁夏回族自治区银川市兴庆区凤凰北街 106 号	（0951）6087029	（0951）5057809	750001
银川市侨联	宁夏回族自治区银川市金凤区北京中路 166 号	（0951）6889206	（0951）6889204	750001
石嘴山市侨联	宁夏回族自治区石嘴山市大武口区行政新区科技信息大楼	（0952）2218192	（0952）2218193	753000
中卫市侨联	宁夏回族自治区中卫市沙坡头区政通路 5 号中卫市委统战部	（0955）7068730	（0955）7068730	755000

新疆维吾尔自治区

单位名称	地　址	电话号码	传真号码	邮政编码
新疆维吾尔自治区侨联	乌鲁木齐市文化路 38 号	（0991）2812108	（0991）2810003	830002
伊犁哈萨克自治州侨联	伊宁市阿合买提江街 224 号	（0999）8034967	（0999）8034967	835000
塔城地区侨联	塔城市六合广场 C 区地委统战部	（0901）6222190	（0901）6221011	834700
阿勒泰地区侨联	阿勒泰市解放路 339 号	（0906）2210844	（0906）2135257	836500
克拉玛依市侨联	克拉玛依市迎宾路 60 号市机关 1 号楼	（0990）6233078	（0990）6256618	834000
博尔塔拉蒙古自治州侨联	博乐市文化路州直综合 1 号楼	（0909）2318222	（0909）2318222	833400
	昌吉市北京北路 130 号	（0994）2342624	（0994）2330708	831100
乌鲁木齐市侨联	乌鲁木齐市新兴街 5 号	（0991）4628116	（0991）4621593	830063
哈密市侨联	哈密市建国南路 17 号	（0902）7178180	（0902）7178180	839000
吐鲁番市侨联	吐鲁番市高昌区绿洲中路 115 号	（0995）8620873	（0995）8525172	838000
巴音郭楞蒙古自治州侨联	库尔勒市萨依巴格路 52 号	（0996）2024385	（0996）2024385	841000
阿克苏地区侨联	阿克苏市栏杆路 26 号	（0997）2139393	（0997）2139393	843000
克孜勒苏柯尔克孜自治州侨联	阿图什市帕米尔路西 3 院	（0908）4230259	（0908）4229725	845350
喀什地区侨联	喀什市解放北路 46 号	（0998）2308980	（0998）2308980	844000
和田地区侨联	和田市屯垦西路 49 号	（0903）2513846	（0903）2512937	848000

新疆生产建设兵团

单位名称	地　址	电话号码	传真号码	邮政编码
新疆生产建设兵团侨联	新疆乌鲁木齐市光明路 196 号	（0991）2899755	（0991）2896659	830002
新疆兵团第一师侨联	阿拉尔市胜利大道 1 号	（0997）6352022	（0997）4610336	843000
新疆兵团第二师侨联	铁门关市将军北路第二师党校	（0996）2118637	（0996）2023713	841007
新疆兵团第三师侨联	喀什市克孜都维路	（0998）2528192	（998）2523729	844000
新疆兵团第四师侨联	伊宁市解放路	（0999）8182242	（0999）8182545	835000
新疆兵团第五师侨联	博乐市红星路	（0909）2296961	（0909）2296926	833400
新疆兵团第六师侨联	五家渠市长征东街	（0994）5800272	（0994）5800497	831300
新疆兵团第七师侨联	奎屯市军垦广场 1 号	（0992）6687316	（0992）6687210	833200
新疆兵团第八师侨联	石河子市北三东路	（0993）2069982	（0993）2012414	832000

新疆生产建设兵团

单位名称	地　址	电话号码	传真号码	邮政编码
新疆兵团第九师侨联	塔城市额敏县朝阳区九师机关	（0901）3384326	（0901）3341104	834600
新疆兵团第十师侨联	北屯市龙疆东街 365 号	（0906）3373479	（0906）3374247	836099
新疆兵团建工师侨联	乌鲁木齐市河滩北路 1067 号	（0991）6652684	（0991）6686676	830000
新疆兵团第十二师侨联	乌鲁木齐市常州街 189 号	（0991）3781255	（0991）3676831	830013
新疆兵团第十三师侨联	哈密市大营房	（0902）2566690	（0902）2565603	839000
新疆兵团第十四师侨联	和田市屯垦西路 19 号	（0903）2566227	（0903）2566000	848000
新疆兵团石河子大学侨联	石河子市北四路	（0993）2057352	（0993）2057352	832003
新疆兵团农垦科学院侨联	石河子市乌伊公路	（0993）6683660	（0993）2553691	832000

中央和国家机关

单位名称	地　址	电话号码	邮政编码
中央和国家机关侨联	北京市西城区平安里西大街 33 号	（010）55604654	100035
中央金融单位机关侨联	北京市西城区成方街 32 号		100800
中央统战部直属机关侨联	北京市西城区府右街 135 号		100800
中央对外联络部直属机关侨联	北京市海淀区复兴路 4 号		100860
中央党校（国家行政学院）直属机关侨联	北京市海淀区大有庄 100 号		100091
中央党史和文献研究院侨联小组	北京市西城区毛家湾甲 1 号		100017
全国总工会机关侨联小组	北京市西城区复兴门外大街 10 号		100865
中国侨联直属机关侨联	北京市东城区工体西路 1 号		100027
全国政协机关侨联小组	北京市西城区太平桥大街 23 号		100081
外交部直属机关侨联	北京市朝阳区朝阳门南大街 2 号		100701
教育部直属机关侨联	北京市西城区西单大木仓胡同 35 号		100816
工业和信息化部直属机关侨联	北京市西城区西长安街 13 号		100804
财政部直属机关侨联	北京市西城区三里河南三巷 3 号		100820
人力资源和社会保障部直属机关侨联	北京市东城区和平里东街 3 号		100716
自然资源部直属机关侨联	北京市西城区阜成门内大街 64 号		100812
住房和城乡建设部直属机关侨联	北京市海淀区三里河路 9 号		100835
交通运输部直属机关侨联	北京市建国门内大街 11 号		100736
水利部直属机关侨联	北京市西城区白广路二条 2 号		100053
农业农村部直属机关侨联	北京市朝阳区农展南里 11 号		100125
商务部直属机关侨联	北京市东城区东长安街 2 号		100731
文化和旅游部直属机关侨联	北京市朝阳门北大街 10 号		100002
国家卫生健康委直属机关侨联	北京市西城区西直门外南路 1 号		100044
应急管理部直属机关侨联	北京市东城区和平里北街 21 号		100713
国务院国有资产监督管理委员会直属机关侨联	北京市西城区宣武门西大街 26 号		100053
国家市场监管总局直属机关侨联	北京市海淀区马甸东路 9 号		100088
国家体育总局直属机关侨联	北京市东城区体育馆路 2 号		100763
新华社直属机关侨联	北京市西城区宣武门西大街 57 号		100803
中国科学院直属机关侨联	北京市海淀区中关村南四街 18 号		100190
中国社科院直属机关侨联	北京市东城区建国门内大街 5 号		100732

中央和国家机关

单位名称	地　址	电话号码	邮政编码
中央广电总台中央电视台侨联	北京市复兴路 11 号		100859
中央广电总台中国国际广播电台侨联	北京市石景山区石景山路甲 16 号		100040
中国气象局直属机关侨联	北京市海淀区中关村南大街 46 号		100081
国务院扶贫办直属机关侨联小组	朝阳区太阳宫北街 1 号		100028
中国外文局直属机关侨联	北京市西城区百万庄 24 号		100037
中国国家铁路集团有限公司直属机关侨联	北京市海淀区复兴路 10 号		100844
中国出版集团侨联	北京市东城区朝内大街甲 55 号		100010
国家林业和草原局直属机关侨联	北京市东城区和平里东街 18 号		100714
中国民用航空局直属机关侨联	北京市东城区东四西大街 155 号		100710
国家中医药管理局直属机关侨联	北京市东城区工体西路 1 号		100027
国家知识产权局直属机关侨联	北京市海淀区西土城路 6 号		100088

中央企业

单位名称	地　址	电话号码	邮政编码
中央企业侨联	北京市西城区宣武门西大街 26 号国务院国资委党建局统战处	（010）63192017	100053